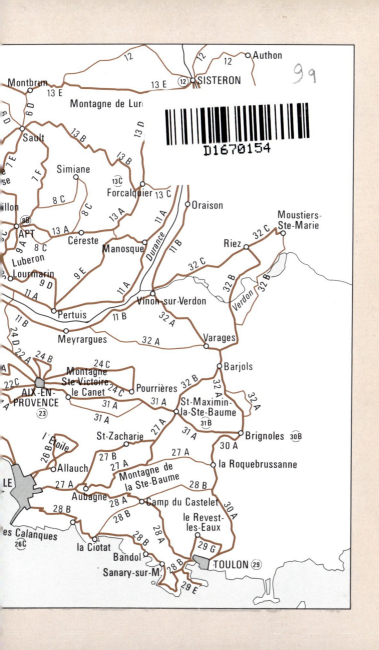

provence

avignon aix
marseille

Ce guide a été établi
par **Jean-Jacques Fauvel**
avec, pour les renseignements pratiques,
la collaboration de
Magdelaine Parisot

Direction
Gérald Gassiot-Talabot

Rédacteur en chef
Jean-Jacques Fauvel

Secrétariat de rédaction
Yvonne Vassart

Cartographie
René Pineau et Alain Mirande

Contrôle technique
Philippe Lepage

Couverture de **Roman Cieslewicz**

provence

avignon aix marseille

bouches-du-rhône
vaucluse
partie occidentale
des **alpes-de-haute-provence**
et du **var**

les guides bleus - hachette
79 boulevard saint-germain 75006 paris

© Hachette, 1979

*Tous droits de traduction, de reproduction
et d'adaptation réservés pour tous pays.*

Comment vous servir de ce guide?

Ce guide se compose de trois parties :

Une introduction culturelle et pratique à la Provence.

Un guide itinéraire, comportant des descriptions de villes, sites, monuments et itinéraires touristiques.

Un guide alphabétique groupant des renseignements pratiques, touristiques et hôteliers ainsi que, pour chaque ville importante, la liste des sites, musées et monuments.

Si vous êtes pressé

I. Pour trouver un nom de lieu (localité ou site), consultez directement le guide alphabétique. Celui-ci vous donnera :

— Le numéro de la page du guide itinéraire où se trouve sa description.

— Les renseignements pratiques sur le lieu recherché : hôtels, restaurants, avion, voiture, chemin de fer, banques, poste, etc.

— S'il s'agit d'une ville importante, une liste des principaux points d'intérêt, immédiatement à la suite des renseignements pratiques.

II. Pour choisir un itinéraire, consultez la carte-index (au début du volume). Vous y trouverez le numéro de l'itinéraire. Feuilletez ensuite le guide itinéraire :

— Le numéro d'ordre de l'itinéraire est reproduit sur chaque page en chiffres gras **(7)** dans le titre courant à côté de la pagination indiquée en chiffres maigres (235).

— Lorsqu'un itinéraire **(2)** est divisé en plusieurs sections, chacune d'elle est précédée du numéro de l'itinéraire, accompagné d'une lettre **(2 A, 2 B).**

Si vous disposez de votre temps

Consultez le plan du guide, p. 11, qui vous indique la structure générale de l'ouvrage et ses différentes rubriques (introduction, votre voyage, liste détaillée des itinéraires et des villes dans l'ordre où ils sont décrits).

COMMENT VOUS SERVIR DE CE GUIDE?

Vous pouvez consulter, dans le chapitre « Votre voyage », la rubrique « La Provence touristique » (p. 128) qui, illustrée d'une carte, attire votre attention sur les villes, sites et monuments les plus dignes d'intérêt.

Classification des points d'intérêts :

Sites, monuments, musées, œuvres, documents

Ils sont classés selon deux critères :

— Leur place dans une « hiérarchie des valeurs », établie le plus objectivement possible :

- * remarquable
- ** très intéressant
- *** exceptionnel
- ° singulier, insolite, spécial

— Le repérage, au moyen de signes conventionnels, des plus importants d'entre eux dans le cours des itinéraires et dans la description des villes.

Signes conventionnels

Vous trouverez ci-après les signes placés en marge des textes descriptifs et **utilisés dans l'ensemble des Guides Bleus**. Ils ne figurent donc pas tous nécessairement dans cet ouvrage.

D'une grande **simplicité de dessin**, ils se réfèrent à une symbolique courante et doivent permettre au lecteur de repérer **du premier coup d'œil** les points d'intérêt de l'itinéraire qu'il suit ou de la localité où il se trouve ; ils peuvent ainsi l'aider à prévoir des haltes ou des incursions jusqu'aux sites ou monuments les plus remarquables.

Le **fléchage** fait ressortir clairement le **type d'itinéraire** qui se présente au voyageur.

C'est ainsi que, par exemple, un report rapide d'index noir ➡ en index noir ➡ indiquera le déroulement continu de l'itinéraire principal et, facilitant la lecture du guide pour le texte correspondant, permettra au lecteur pressé de ne retenir que les informations qui l'intéressent pour le trajet qu'il va effectuer.

SIGNES CONVENTIONNELS

Fléchage des itinéraires

- itinéraire principal
- variante d'itinéraire ou itinéraire secondaire
- incursion en dehors d'un itinéraire principal ou secondaire pour la visite d'un lieu ou d'un monument recommandé

Symboles divers

- panorama, point de vue
- localité ou monument dans un site exceptionnel
- curiosité
- haut lieu historique
- château, fortification, rempart
- ruine, site archéologique
- monument civil intéressant
- musée
- œuvre ou document d'un intérêt exceptionnel justifiant la visite d'un musée ou d'un monument
- information ou anecdote concernant l'histoire littéraire
- information ou anecdote concernant l'histoire musicale
- église, abbaye
- calvaire
- mosquée ou monument d'art islamique
- rassemblement périodique de foule : marché, manifestation religieuse ou folklorique, etc.
- artisanat
- source thermale
- station balnéaire, plage
- forêt, parc, espace boisé
- excursion à pied
- excursion recommandée en montagne
- station de sports d'hiver
- parc zoologique, réserve naturelle
- lieu de pêche
- lieu de chasse
- palmeraie, oasis.

Abréviations

alt.	altitude.	*m*	mètre.
auj.	aujourd'hui.	*merc.*	mercredi.
av.	avenue.	*mm*	millimètre.
bd	boulevard.	*mn*	minute.
ch.	chambre.	*N.*	Nord.
cm	centimètre.	*O.*	Ouest.
dim.	dimanche.	*p.*	page.
dr.	droite.	*pl.*	place.
E.	Est.	*quot.*	quotidien.
env.	environ.	*s.*	siècle.
g.	gauche.	*S.*	Sud.
h	heure.	*sam.*	samedi.
ha	hectare.	*sem.*	semaine.
hab.	habitant.	*t*	tonne.
it.	itinéraire.	*t.a.*	toute l'année.
j.	jour.	*t.l.j.*	tous les jours.
kg	kilogramme.	*vendr.*	vendredi.
km	kilomètre.	*vol.*	volume.
kWh	kilowatt-heure.	*V*	voir.

Préface

Les bateliers qui descendaient autrefois le Rhône rythmaient, dit-on, leurs efforts du cri répété : « Empire, royaume, empire, royaume... » A leur droite s'étendaient en effet les possessions de la couronne de France, à gauche les terres d'Empire : le fleuve était frontière. Mais d'une rive à l'autre, chacun parlait la même langue, chaude et chantante, une langue dont quelques mots suffisent aujourd'hui à évoquer une lumière, une couleur, une atmosphère et un plaisir de vivre qui appartiennent à la Provence et en sont comme le signe de reconnaissance et d'unité.

Mais gardons-nous des clichés : au-delà des séductions réelles et trop souvent déformantes du pays, terre de soleil et de vacances, la Provence est une région vivante, dynamique, riche de ses oppositions et de sa diversité. Cependant elle n'échappe pas aux difficultés de notre temps. Ainsi la conjoncture éprouve-t-elle durement des équipements industriels de grande qualité, comme ceux de construction ou de réparation navale à La Ciotat ou à la Seyne, tandis que le rythme de développement de Fos, appelé à devenir le véritable Europort du Sud, doit être adapté à des conditions de crise.

Parmi toutes les composantes de cette Provence aux multiples aspects, quoi de commun entre la plaine agricole du Comtat, jardin de la France, et les étendues incertaines du delta : Camargue où ciel et eaux composent des paysages de début du monde? Quel lien entre les pierres tout imprégnées d'histoire des cités d'Avignon, d'Arles ou d'Aix, et les sites industriels des environs de Marseille? Du Ventoux, des monts de Vaucluse ou du Lubéron, de ces pays du miel, de la lavande et de la truffe qui rejoignent les « Alpes de lumière » chères à Giono, jusqu'aux zones littorales qui de ports en calanques et en plages conduisent aux confins du Languedoc, découvrir la Provence, c'est chercher à percer le secret que partagent tous les Provençaux et qui scelle en chacun d'eux un puissant attachement aux traditions du pays de Mistral.

Dans cet ensemble, pourtant, la forte personnalité de Marseille semble l'isoler quelque peu : métropole qui longtemps regarda au-delà des mers, la cité phocéenne voile son visage provençal sous les traits cosmopolites d'une grande ville. Mais au sein de son animation, Marseille conserve dans ses monuments et ses musées des témoignages d'une histoire et d'un art qui appartiennent à toute la Provence, carrefour de civilisations. Ce sont là d'autres richesses incomparables qui, outre la beauté des paysages et la clémence du climat, justifient le voyage ou le séjour, retenant en la cité papale d'Avignon, attirant vers la lumière aixoise inspiratrice de Cézanne, menant de Vaison-la-Romaine à la fondation Vasarely, du bourg fascinant des Baux à l'abbaye de Montmajour.

PRÉFACE

Second volet de l'ensemble remplaçant l'ancien Guide Bleu Provence-Côte d'Azur (le premier étant le Guide *Haute-Provence-Côte d'Azur*), cet ouvrage décrit donc les régions occidentales et méridionales de la Provence, celles qui s'ordonnent autour des trois centres historiques d'Avignon, Aix et Marseille, et qui sont irriguées par le Rhône et la Durance. Au fil des itinéraires qui, sans rien omettre des richesses du passé, s'efforcent de présenter les réalités contemporaines du pays, les lecteurs retrouveront la structure et l'esprit qui caractérisent la « nouvelle génération » des Guides Bleus, désireux de suivre toujours au plus près l'évolution des régions décrites et des formes de tourisme que l'on y pratique.

Sans céder à la mode (et à la facilité) qui permettent à certaines collections tantôt de se contenter de sèches nomenclatures, tantôt de noyer dans un texte vague des notations subjectives, cet ouvrage cherche à être un instrument de connaissance autant qu'un guide de voyage. Il devrait permettre aux Provençaux de reconnaître leur Provence et aux étrangers de la découvrir autant dans des aperçus préliminaires où l'on trouvera la synthèse de diverses disciplines que dans les descriptions précises et scrupuleuses des itinéraires.

Dans ce but, les observations que les utilisateurs de ce guide pourraient être conduits à formuler seront les bienvenues, leur attentive collaboration étant l'utile soutien des efforts d'exactitude qui ont accompagné la rédaction de l'ouvrage.

Nous remercions tout particulièrement :

M. Christian Bromberger, auteur de l'aperçu *La Terre et les Hommes* et de la plupart des notices économiques des différents chapitres du guide;

Mme Denise Bernard-Folliot, auteur de l'aperçu *Les Arts en Provence;*

M. Jean Boissieu, grand reporter au *Provençal,* à Marseille;

M. Jacques Bonnet, de la rédaction de *L'Arc,* à Aix-en-Provence;

Mme Simone Bourlard-Collin, conservateur des musées archéologiques, à Marseille;

M. Sylvain Gagnière, conservateur du Palais des Papes, à Avignon;

Mlle Josépha Jullian, conservateur du musée du Vieux-Marseille;

Mme Marielle Latour, directeur des musées des Beaux-Arts, à Marseille;

M. Georges de Loÿe, conservateur des musées d'Avignon;

M. Louis Malbos, conservateur du musée Granet, à Aix-en-Provence;

M. Patrice Milleron;

M. Emmanuel Muheim, directeur du centre culturel de l'abbaye de Sénanque;

M. André Olivaux, directeur du Parc naturel régional de Camargue;

M. Jean-Maurice Rouquette, conservateur en chef des musées d'Arles;

Mme Jeanne Silvestre, conservateur du musée didactique Vasarely, à Gordes;

M. Pierre Viala, du Village des bories, à Gordes.

Plan du guide

Préface	9
Cartes, schémas et plans	17

Introduction à la Provence

La Terre et les Hommes, par *Christian Bromberger*   21
De quelques clichés tenaces, 21.
Une Provence multiple : les pays de Provence (23). La Provence des plaines (25). La Provence intérieure (26). La Provence littorale (28). La Provence des montagnes (29).
Facteurs de l'unité provençale : le climat et la végétation (30). L'unité historique (34). La Provence, une unité linguistique (43).
Problèmes et atouts d'une région : une croissance démographique rapide (44). Une industrialisation faible et déséquilibrée (45). Atouts et problèmes de l'agriculture régionale (49). Le tourisme : panacée ou deuxième phylloxera? (52). Problèmes culturels (54).
L'habitat rural : dispersion et groupement (57). Le village provençal (59). Les habitations dispersées (61).
La vie quotidienne en Provence : les travaux et les jours (74). L'outillage agricole (75). L'irrigation au village (76). La transhumance (77). Les foires (78). La chasse en Provence (78). L'artisanat (79). La vie sociale (80). Fêtes et pèlerinages (82). La cuisine (87). Le costume (89).

Les arts en Provence, par *Denise Bernard-Folliot*   92

Indications bibliographiques et cartographiques   111

Votre voyage

Quand? 118. Quelques manifestations religieuses et traditionnelles (118).

Vers la Provence, par avion, 119.

Chemins de fer : voyager moins cher (121). La voiture et le train (122). Le vélo et le train (122). Le train et les handicapés physiques (122). Où se renseigner? (122). Ligne de Paris à Marseille et Toulon (123). Ligne d'Avignon à Marseille par Cavaillon et Martigues (125). Ligne de Marseille à Sisteron (126).

Vers la Provence, par la route : Paris-Marseille par autoroutes (127). Paris-Arles par le Massif Central (128). Paris-Sisteron par les Alpes (128).

La Provence touristique : Que voir? (128). Si vous aimez... (128).

Votre séjour : plages et stations balnéaires (133). Stations d'altitude (133). Sports d'hiver (133). Thermalisme (133). Stations vertes de vacances (133). Hôtels (133). Logis de France (134). Locations meublées (135). Gîtes ruraux (135). Centres familiaux de vacances (135). Auberges de jeunesse (136). Camping-caravaning (136). Restaurants et gastronomie (136).

Sports et loisirs : randonnées pédestres (136). La Provence à cheval (137). Spéléologie (137). Pêche et chasse (137). Voile, yachting, sports nautiques (137). Stages d'artisanat (138). Chantiers de jeunes, fouilles archéologiques (138). Travaux à la ferme (139). Spectacles et manifestations diverses (139).

Pour en savoir davantage, 139.

Guide itinéraire

Villes, sites et monuments

1 - Orange   143
Environs d'Orange, 149.
Mornas (150). D'Orange à Avignon par la N. 7 (150). D'Orange à Avignon par Châteauneuf-du-Pape (150).

2 - Avignon et Villeneuve   152
2 A - Le Palais des Papes, 159.
2 B - La cité épiscopale, 164.
2 C - Au cœur du vieil Avignon, 172.
2 D - Ursulines, Cordeliers et Célestins, 176.
2 E - Palais du Roure et musée Calvet, 178.
2 F - Avignon d'hier et d'aujourd'hui, 186.
2 G - Sur le pont d'Avignon, 188.
2 H - Vous pouvez voir encore, 189.
2 I - Villeneuve-lès-Avignon, 190.

3 - La plaine du Comtat   198
3 A - D'Avignon à Carpentras, 199.
3 B - De Carpentras à Orange, 200.
3 C - D'Orange à Vaison-la-Romaine, 200.
3 D - De Carpentras à Cavaillon, 202.
3 E - D'Avignon à Cavaillon, 205.
3 F - D'Avignon à L'Isle-sur-la-Sorgue, 205.

4 - Carpentras   208

5 - Vaison-la-Romaine   215
5 A - La ville romaine, 216.
5 B - Les monuments romans, 220.
5 C - La Haute-ville, 221.

PLAN DU GUIDE

6 - Le Ventoux — 223

6 A - Circuit du mont Ventoux, 225.
6 B - Les Dentelles de Montmirail, 228.
6 C - De Vaison-la-Romaine à Montbrun, 231.
6 D - De Carpentras à Sault, 232.
De Sault au Ventoux (233). De Sault à Montbrun (233).
6 E - A pied dans le Ventoux, 233.

7 - Plateau de Vaucluse — 235

7 A - Fontaine de Vaucluse, 235.
De Fontaine de Vaucluse à Carpentras par Saumane (237). De Fontaine de Vaucluse à Gordes (238).
7 B - Gordes, 239.
7 C - Sénanque, 242.
7 D - De Gordes à Carpentras, 244.
7 E - D'Apt à Sault, 246.
7 F - De Sault à Apt, 246.

8 - Le pays d'Apt — 248

8 A - De L'Isle-sur-la-Sorgue à Apt, 249.
8 B - Apt, 250.
8 C - Environs d'Apt, 255.
Roussillon (255). Plateau des Claparèdes (255). Canyon d'Oppedette et Simiane-la-Rotonde (256).

9 - Luberon et pays d'Aigues — 258

9 A - La route de crête du Petit-Luberon, 260.
9 B - Villages perchés du Petit-Luberon, 262.
9 C - D'Apt à Lourmarin, 265.
9 D - De Lourmarin à Pertuis, 266.
9 E - De Pertuis à Manosque ou à Forcalquier, 268.
9 F - A pied dans le Luberon, 270.

10 - Cavaillon — 272

11 - La basse vallée de la Durance, de Cavaillon à Sisteron — 278

11 A - Par la rive droite, 280.
11 B - Par la rive gauche, 288.

12 - Sisteron et ses environs — 294

Environs de Sisteron, 298.
Le faubourg de la Baume (298). Le Molard (298). Montagne de la Baume (298). Vilhosc (298). La montagne, entre Sisteron et Digne (298). La montagne, entre Sisteron et Serre-Ponçon (299). Gorges de la Méouge et vallée du Jabron (300).

13 - Pays de Forcalquier et montagne de Lure   301
13 A - D'Apt à Forcalquier, 302.
13 B - De Sault à Forcalquier, 305.
13 C - Forcalquier et ses environs, 307.
13 D - De Forcalquier à Sisteron par la montagne de Lure, 310.
13 E - De Montbrun-les-Bains à Sisteron, 311.

14 - Petite et grande Crau   313
14 A - D'Avignon à Salon-de-Provence, 313.
14 B - De Cavaillon à Tarascon, 316.
14 C - D'Avignon à Arles par Tarascon, 316.
14 D - La Crau, 320.
D'Arles à Salon-de-Provence (320). D'Arles à Fos-sur-Mer (321).

15 - Saint-Rémy-de-Provence et ses environs   322
15 A - La ville, 323.
15 B - Les Antiques et Glanum, 326.
15 C - Environs de Saint-Rémy, 331.
Maillane (331). Le lac et la Cheminée (333). Le tunnel et le mont Gaussier (333). Mont de la Caume (333).

16 - Les Baux et les Alpilles   334
16 A - De Saint-Rémy aux Baux, 335.
16 B - Les Baux-de-Provence, 336.
16 C - De Saint-Rémy à Arles, 344.
16 D - Circuit dans les Alpilles, 349.

17 - Tarascon et Beaucaire   351
17 A - Tarascon, 351.
17 B - Beaucaire, 357.

18 - Arles   363
18 A - Saint-Trophime, le théâtre, les arènes, 367.
18 B - De musées en thermes romains, 378.
18 C - Les Alyscamps, 385.
18 D - Autres monuments d'Arles, 388.

19 - La Camargue   390
19 A - D'Arles aux Saintes-Maries, 394.
Des Saintes-Maries au Salin-de-Giraud par la Digue à la mer (398).
19 B - Du Salin-de-Giraud à Arles, 398.

20 - Salon-de-Provence   400
De Salon-de-Provence à Marseille (405).

PLAN DU GUIDE 15

21 - Étang de Berre et golfe de Fos   407
21 A - De Salon-de-Provence à Martigues, 409.
21 B - Martigues, 412.
Vers la côte de l'Estaque : de Martigues à Carro (415).
21 C - De Martigues à Port-Saint-Louis-du-Rhône, 415.
21 D - De Martigues à Marseille, 417.
21 E - De Miramas à Marseille par Berre-l'Étang, 419.

22 - D'Avignon à Aix-en-Provence   421
22 A - Par la N 7, 421.
22 B - Par Salon et La Barben, 422.
22 C - Par Salon et la vallée de l'Arc, 423.

23 - Aix-en-Provence   425
23 A - La ville ancienne, 432.
23 B - Quartiers ouest ; les thermes, 442.
23 C - Quartier des Prêcheurs, 445.
23 D - Cours Mirabeau, 448.
23 E - Quartier Mazarin, 450.
23 F - Aix, hors les murs, 460.

24 - Environs d'Aix-en-Provence   464
24 A - Vallée de l'Arc, 465.
24 B - Entremont, 466.
24 C - Tour de la Sainte-Victoire, 467.
24 D - D'Aix vers le Luberon, 472.

25 - Marseille   474
25 A - Le Vieux-Port et la ville ancienne, 484.
25 B - Saint-Victor et le Pharo, 494.
25 C - Autour de la Canebière, 497.
25 D - Palais de Longchamp et musée Grobet, 506.
25 E - La Corniche et le Prado, 513.
25 F - Notre-Dame de la Garde, 518.
25 G - Le port, 519.
25 F - Le château d'If, 520.

26 - Environs de Marseille   522
26 A - L'Estaque, 522.
26 B - Allauch et la chaîne de l'Étoile, 524.
26 C - Les Calanques, la Marseilleveyre et le Puget, 526.
Sormiou (526). Morgiou (526). La côte de la Marseilleveyre (527). Massif de la Marseilleveyre (527). Massif du Puget (527). En-Vau (528).

27 - La Sainte-Baume — 529

27 A - De Marseille à Saint-Maximin par la Sainte-Baume, 530. De la Sainte-Baume à la Roquebrussanne (534).

27 B - De Saint-Maximin à Marseille par la vallée de l'Huveaune, 535.

28 - De Marseille à Toulon — 537

28 A - Par la route de l'intérieur, 538.

28 B - Par la route du littoral, 540. De La Ciotat à Méounes (545).

29 - Toulon et ses environs — 551

29 A - La vieille ville et le port, 557.

29 B - La ville moderne, 562.

29 C - Le Mourillon et le cap Brun, 563.

29 D - Le mont Faron, 563.

29 E - Le tour de la rade, 567.

29 F - Châteauvallon et Evenos, 569.

29 G - Le Revest-les-Eaux, le Coudon, 570.

30 - De Toulon à Brignoles — 572

30 A - De Toulon à Brignoles, 572.

30 B - Brignoles, 575.

31 - D'Aix-en-Provence à Brignoles — 578

31 A - D'Aix à Brignoles, 578. Variante par Trets (578).

31 B - Saint-Maximin, 580.

32 - Pays d'Argens et du Verdon — 584

32 A - De Brignoles à Manosque, 585. Variante par le « Vallon sourn » (585). De Varages à Peyrolles (587).

32 B - De Saint-Maximin à Moustiers, 589. Variante par le lac de Sainte-Croix (590).

32 C - De Moustiers à Vinon-sur-Verdon, 593.

Guide alphabétique

Signes conventionnels touristiques et hôteliers, 600.

Renseignements pratiques — 601

Cartes, schémas et plans

Cartes et schémas

1. Carte-index des itinéraires du guide, en tête du volume
2. Carte routière générale de la Provence, au 1/500 000, en huit couleurs, en fin de volume
3. Sols et reliefs provençaux   24
4. Principales agglomérations et activités industrielles   46
5. Mas camarguais   63
6. Bastide du pays d'Aix   65
7. Que voir en Provence?   130-131

Plans

1. Aix-en-Provence   430-431
2. Apt   251
3. Arles   368-369
4. Avignon   156-157
5. Avignon : Palais des Papes   160
6. Les Baux-de-Provence   337
7. Beaucaire   358
8. Brignoles   576
9. Carpentras   210
10. Cavaillon   274
11. La Ciotat   543
12. Glanum   330-331
13. Gréoux-les-Bains   596-597
14. Manosque   284
15. Marseille : plan général   480-481
16. Marseille : le centre   486-487
17. Orange   146
18. Salon-de-Provence   402

19. Saint-Rémy-de-Provence	324
20. Sisteron	296
21. Tarascon	353
22. Toulon : plan général	554-555
23. Toulon : la vieille ville	558
24. Vaison-la-Romaine	217
25. Villeneuve-lès-Avignon	191
26. Villeneuve-lès-Avignon : chartreuse du Val-de-Bénédiction	195

Introduction
à la Provence

La terre et les hommes

par **Christian Bromberger***

De quelques clichés tenaces

« Vous connaissez la Provence? » A coup sûr, chacun trouvera de quoi répondre à cette question. En France et en Europe, le « Midi » s'est taillé une réputation certaine. Pour beaucoup, c'est la terre des vacances, des baignades et du « farniente » : la Côte d'Azur, Brigitte Bardot à Saint-Tropez; pour certains — ils sont plus rares — c'est un pays rude et sauvage, balayé de vents violents et inondé de soleil : Van Gogh peintre des Alpilles, Jean Giono au Contadour; pour d'autres, c'est une vieille contrée latine, riche de monuments et de sites prestigieux : Arles et ses arènes, Orange et son théâtre... pour d'autres encore, c'est une province amie des arts : quelle ville n'a pas aujourd'hui son festival, sa fondation? Art lyrique, Saint-John Perse, Vasarely à Aix, jazz à Châteauvallon, fondation Maeght à Saint-Paul-de-Vence... Pour la plupart enfin, le Provençal représente un type bien à part dans la population française : à l'homme du Nord industrieux, il oppose l'humour, une certaine paresse, un peu de poésie, mais surtout — que n'a-t-on raconté à ce sujet? — vantardise et démesure : Marius et Olive, la « sardine bouchant le port de Marseille », le Méridional au « sang chaud » contant, sur un mode matamoresque, ses exploits de chasse et ponctuant son discours de *té, vé* et *boudiéu*, Fernandel et Raimu. Et si l'on s'amuse du Provençal, on est moins tendre pour le Marseillais, réputé vulgaire, souvent malhonnête, parfois truand!

Ces clichés, dont *R. Lafont* s'est fait le dénonciateur, ont la vie dure. Ils doivent en partie leur fortune à la plume d'écrivains — et parmi les plus célèbres — qui les ont propagés, officialisés, éternisés. Ce n'est pas le moindre paradoxe que des auteurs « provençaux » eux-mêmes, loin de combattre ces stéréotypes, les aient — parfois malgré eux — fixés voire renforcés. De **Mistral** à **Giono**, de **Daudet** à **Pagnol**, émergent, en effet, deux visions de la Provence, l'une et l'autre bien caricaturales : une Provence primitive, tellurique et solaire, qui vaut surtout par son paysage, son ciel et ses vents; une Provence bonhomme aux habitants gais, affables et vantards. La Provence de Mistral et de Giono, d'un côté; les « tartarinades » de Daudet et les « galéjades » de Pagnol, de l'autre. Entendons-nous bien. Il ne s'agit nullement de nier la valeur littéraire de **Mireille** ou du **Poème du Rhône**, la force et la beauté de **Regain** ou du

---

* Enseigne l'ethnologie à l'université d'Aix-Marseille I; a consacré plusieurs articles et ouvrages à la Provence.

Chant du Monde, l'art de conter d'un Daudet, le comique d'un Pagnol, mais de signaler qu'on ne trouvera dans aucune de ces grandes œuvres une évocation fidèle du faciès de la province et de la personnalité de ses habitants.

Si *Mistral,* dans **Mireille** et plus encore dans ses **Mémoires et Récits,** livre toute une série de notations sur la vie quotidienne, il s'est surtout fait le chantre d'une Provence rurale traditionnelle, antique pourrait-on dire, de paysages conventionnels, de cet « Empire du Soleil que borde comme un ourlet d'argent le Rhône éblouissant », de cette terre « où le soleil s'emparadise ».

Dans la foulée mistralienne, *Daudet* a aussi célébré la lumière et la nature provençales; qui ne partagerait son émotion en découvrant le paysage des Alpilles? Peintre de la nature, ce provençal d'adoption a surtout fixé pour le public parisien — **Les Lettres de mon moulin** comme **Tartarin de Tarascon** ont d'abord été publiés en feuilleton dans **Le Figaro** — l'image d'un méridional gai et hâbleur; à le lire, le Provençal est bon enfant, amateur de farandoles, de fifres et de tambourins; à sa gaieté il associe un goût pour l'emphase et la vantardise; c'est l'image de Tartarin qui a fait rire tant d'élèves et ancré tant de préjugés.

Plus récemment, *Pagnol* a renforcé cette image du provençal « galéjeur » et hâbleur (que l'on pense à la partie de cartes de **Marius**), Pagnol qui pourtant dans la célèbre trilogie de ses souvenirs d'enfance **(La gloire de mon père, Le château de ma mère** et **Le temps des secrets)** évoque avec finesse bien des aspects de la vie quotidienne en Provence au début de ce siècle.

Quant à *Giono,* il prolonge et amplifie le chant mistralien; pour lui la Provence se confond avec la nature; elle n'est plus qu'une occasion, un décor, rarement décrit, où il campe les passions éternelles de l'homme, les rudes contraintes et la beauté du travail de la terre face à l'asphyxie du monde des villes et de la civilisation « moderne ». Il oppose ainsi Paris, « l'usine de notre mort » à la « civilisation naturelle de la sève et du sang ». Autant dire que ses personnages deviennent avant tout les mythes d'une tragédie, d'une apocalypse moderne — qui n'ont plus grand-chose à voir avec les personnages provençaux.

Tous ces clichés, confortés par la tradition littéraire, **comportent sans doute une part de vérité.** Qui ne serait sensible à la beauté violente de certains paysages, à l'aspect grandiose de vastes solitudes, au faciès riant des collines? A la canicule estivale et aux assauts glaciaux du mistral? A la sociabilité — sinon à la bonhomie un peu niaise dépeinte par Daudet — au goût pour l'ostentation, au sens de l'honneur — sinon à la vantardise — des Provençaux?

Mais ces stéréotypes — qui masquent les problèmes et la vraie personnalité de la région — **ne sont pas innocents.** Si le Midi est la cible des quolibets ou encore le haut-lieu des extases esthétiques, c'est qu'il s'agit là d'une région encore périphérique, mal intégrée dans l'économie moderne, éloignée des grands centres de décision, une « colonie », diraient certains avec excès; une de ces terres, longtemps en marge du grand mouvement d'industrialisation septentrionale, que l'on a vite figée dans son passé, ses vestiges, ses souvenirs, son climat, ses paysages, ses habitudes amusantes pour l'offrir comme terre d'asile — de vacances ou de retraite.

LES « PAYS » DE PROVENCE 23

C'est à dépasser ces clichés, cette image d'une Provence « naturelle » et bonhomme, **que nous vous invitons** dans les pages qui suivent; à saisir, à travers les contrastes, la variété réelle d'une province; à découvrir, dans les chiffres et les faits, les problèmes parfois dramatiques d'une région en transition; à chercher, au-delà du paysage et de l'habitat qui le jalonne, les hommes qui les ont modelés, leurs habitudes, leur personnalité; bref à rompre avec un tourisme de spectacle — de consommation, dirait-on aujourd'hui — **pour découvrir de l'intérieur un pays** par bien des aspects **méconnu.**

Ce parti-pris entraîne plusieurs choix : la présentation générale qui suit laisse peu de place aux vestiges archéologiques et aux beautés naturelles; **on a surtout insisté sur les problèmes actuels** de la région et **sur la vie quotidienne des hommes** du début du siècle à aujourd'hui — cette tranche de temps inscrite avec précision dans la mémoire de nos contemporains; enfin, on a fait une large place aux phénomènes que le touriste peut *directement* observer ou *expérimenter* (maisons, villages, fêtes, cuisine...) au détriment d'aspects plus difficilement accessibles de la culture provençale (langue, littérature...).

Dans la collection des *Guides Bleus*, la Provence est désormais scindée en deux domaines : Provence occidentale et méridionale, d'une part, Haute-Provence et Côte d'Azur, de l'autre. Ce découpage est moins arbitraire — on y reviendra — qu'il n'y paraît à première vue. Dans cette présentation générale, nous y serons fidèles et traiterons essentiellement des départements suivants : Vaucluse (84), Bouches-du-Rhône (13), Var (83) et Alpes-de-Haute-Provence (04) — en partie seulement pour les deux derniers —, laissant de côté les Alpes-Maritimes (06), évoquées dans l'autre volume, et les Hautes-Alpes (05), traitées dans le Guide Bleu Dauphiné. Toutefois, pour aborder certains problèmes, nous nous référerons à toute la « région de programme » « Provence — Alpes — Côte d'Azur », telle qu'elle a été (re)définie en 1970 (incluant les 6 départements précédemment cités); statistiques et données globales portent souvent, en effet, sur l'ensemble de cette région.

Une Provence multiple

Les « pays » de Provence

La Provence, comme la plupart des régions méditerranéennes, forme un amphithéâtre dont les plus hauts gradins sont des massifs montagneux et les dernières marches des plaines littorales. Entre la montagne et la mer s'étend une zone de collines et de plateaux calcaires, interrompue tantôt par des dépressions fertiles tantôt par des chaînons abrupts, d'orientation Ouest-Est, relevant du système pyrénéo-provençal. Sillon rhodanien et val durancien confèrent à la Provence un visage bien particulier : **vastes plaines** alluviales et axes de communication, **au cœur d'un paysage,** dans l'ensemble, **tourmenté.**

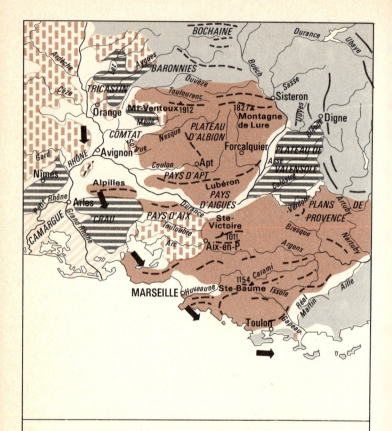

SOLS ET RELIEFS PROVENÇAUX

- Terrasses, cônes de déjection
- Plaines alluviales
- Zones marécageuses
- Relief alpin
- Bas plateaux calcaires
- Plateaux calcaires accidentés (de plus de 500 m)
- Massifs cristallins
- Chaîne pyrénéo-provençale
- Chaîne alpine
- *CRAU* Micro-région, "pays"
- Direction du mistral

LA PROVENCE DES PLAINES

Aussi peut-on distinguer quatre ensembles qui tranchent autant par leur relief que par leur économie : la **Provence des plaines**; la **Provence intérieure,** zone de collines et de plateaux; la **Provence littorale**, prolongée çà et là par quelques bassins prospères; enfin, coiffant le tout, la **Provence montagnarde,** sans unité géologique (massifs calcaires à l'Ouest, contreforts alpins à l'Est de notre domaine) mais présentant une réelle homogénéité écologique et humaine. Les trois premiers ensembles constituent ce que l'on appelle habituellement la Basse-Provence, grosso modo la zone où pousse l'olivier [1].

Chacun de ces ensembles se divise en micro-régions — les «pays» — , unités de paysage mais aussi unités de vie économique et sociale. Nous évoquerons en détail, dans la description des itinéraires de ce guide, le faciès et la personnalité de chacun de ces pays. Bornons-nous ici à situer les principaux d'entre eux.

La Provence des plaines

Le long du Rhône se succèdent trois plaines d'accumulation alluviale, deux d'accumulation très ancienne (plaine comtadine et Crau), la troisième encore soumise aux dépôts fluviatiles (Camargue); trois «pays» présentent des particularités remarquables dans leur paysage et leur mise en valeur.

La plaine comtadine et la basse vallée de la Durance qui la prolonge sont célèbres par leurs **vignobles** (vallée du Rhône), leurs **cultures fruitières** et leurs **produits maraîchers**. C'est le «jardin de France», remarquable par son **paysage marqueté** : les champs sont séparés par des haies coupe-vent, par des filioles de canaux d'irrigation. La **campagne** est ici **densément peuplée**. Les agglomérations sont de petites villes (Carpentras, Châteaurenard, Cavaillon, etc.) qui **doivent leur prospérité à la commercialisation des fruits et légumes**. Avignon, l'ancienne cité papale, doit son rayonnement à sa situation de carrefour (commercialisation et expédition des produits comtadins).

Deux bassins, entourant les Alpilles, prolongent à quelques variantes près, le paysage comtadin : l'un qui va, au N., de la Durance au Rhône, et dont la capitale est **Tarascon**; l'autre qui va, au S., des Alpilles à la tête du delta du Rhône, et dont la capitale est **Arles**. Ces bassins qui doivent leur **physionomie horticole** à un dense réseau d'irrigation se signalent par la présence sur les coteaux qui les dominent, de **prospères oliveraies**.

La Crau est une **steppe à l'herbe rare** couverte de cailloux et de galets *(coussou)*. Cette plaine qui s'étend sur 50 000 ha a longtemps été un espace uniquement pastoral, pâturé de l'automne

---

1. La distinction entre Haute et Basse-Provence, claire pour l'administration au XIXe s., tend aujourd'hui à s'estomper, cela au prix de deux confusions : l'une, traditionnelle en Provence, où l'on nomme facilement « montagne » toute colline escarpée; l'autre, nouvelle et officielle, selon laquelle la Haute-Provence débuterait dès que l'on quitte plaines et littoral.

au printemps par des moutons qui transhumaient dès le mois de mai vers les Alpes. Aujourd'hui, les vastes solitudes de la Crau ont été en partie bonifiées (développement de la culture du foin et du maraîchage).

La Camargue est la plus grande plaine de Provence (75 000 ha), partagée entre un **espace sauvage** (le *sansouiro*), où alternent sols marins et mares saumâtres, et un **espace agro-pastoral** (élevage ovin, vignoble et riziculture de Haute-Camargue).

La Provence intérieure

De Salon à Grasse s'étend une **zone de plateaux et de collines calcaires,** qui constituent le cœur de la Provence. Ce **paysage est interrompu,** tantôt **par des chaînons montagneux** (d'orientation Ouest-Est), parfois élevés (Grand Luberon, 1 125 m; Sainte-Victoire, 1 011 m; Sainte-Baume, 1 147 m), tantôt **par des dépressions** ou des bassins fertiles : c'est là que sont concentrées les activités agricoles les plus prospères (Bassin d'Apt et Pays d'Aigues à l'O.; bassin du Beausset, vallée du Gapeau, dépression « permienne » de Toulon aux Arcs). Cette Provence des « collines » est délimitée par les zones montagneuses qui la surplombent : Monts de Vaucluse au N.-O., contreforts alpins au N.-E., massifs cristallins (granit, gneiss et porphyre) des Maures et de l'Esterel au S.-E..

On peut distinguer en Provence intérieure trois ensembles de « pays » qui contrastent tant par leur physionomie que par leur économie :

Les « pays » de Provence intérieure occidentale :
— **Pays d'Apt,** circonscrit entre les monts de Vaucluse et le Luberon, où se côtoient des **cultures méditerranéennes traditionnelles** (céréales, vignes, fruitiers) **et des cultures plus délicates et précieuses :** garance autrefois, asperges et melons aujourd'hui.
— **Pays d'Aigues,** plateau fertile s'ouvre entre le Luberon, au N., et le Val Durancien, au S. Ce « pays » doit sa réputation à ses **cerises,** son **raisin de table** et ses **vins** dont la qualité a été sensiblement améliorée ces dernières années.
— **Pays d'Aix,** délimité, au N., par la Sainte-Victoire, à l'O., par la chaîne de la Trévaresse. Cadre d'une polyculture traditionnelle (vigne, céréales, élevage ovin), ce « pays » a connu une **intense mutation depuis une quinzaine d'années,** et cela pour deux raisons essentielles : irrigation (Canal de Provence), urbanisation rapide confisquant des terrains agricoles. Aix, capitale historique de la Provence, a changé de physionomie en un quart de siècle : traditionnellement ville judiciaire et universitaire, doublée d'un marché agricole micro-régional, elle est devenue une agglomération résidentielle et un haut-lieu du tourisme.

LA PROVENCE INTÉRIEURE

Les collines et plateaux de la Provence varoise [1] forment un ensemble confus où **la division en « pays » ne s'impose pas de façon aussi nette** que dans les autres zones de la région.

A défaut de pays, on peut distinguer, dans cette Provence intérieure varoise, **plusieurs ensembles plus ou moins contrastés** :
— **le Nord-Ouest forestier** (cantons de Rians et de Tavernes);
— **la haute vallée de l'Arc,** bassins de Pourcieux, Saint-Maximin... où l'on pratique la **monoculture de la vigne** (vins de qualité médiocre mais de très gros rendement : 100 hl à l'hectare);
— **le pays brignolais,** partagé entre la **vigne,** les **cultures** fruitières et une **industrialisation** récente;
— **les collines du Var intérieur,** au N. de l'Argens et au S. des Plans de Provence; c'est une zone de gros villages (Barjols, Carcès, Cotignac, Salernes, Lorgues...) dont la population était traditionnellement composée de **paysans** et d'**artisans.**

Parmi les **bassins et dépressions** qui interrompent ce relief de plateaux et de collines, signalons :
— la « **dépression périphérique** », large vallée qui ceinture le massif des Maures et constitue un des principaux axes de communication du Var intérieur (N 97; voie ferrée). C'est, sans doute, **une des zones les plus prospères de la Provence intérieure;** le vignoble couvre 85 % de la superficie agricole utilisée, donnant des vins réputés (Rosés de Provence);
— **la vallée du Gapeau,** célèbre pour ses cerises et ses figues précoces (Solliès);
— **le bassin viticole du Beausset,** aujourd'hui largement mité par les résidences secondaires.

Deux massifs montagneux — la Sainte-Baume et les Maures — qui appartiennent chacun à des systèmes géologiques différents, traversent ou bordent la Provence intérieure :

— **La Sainte-Baume,** célèbre par sa grotte où aurait vécu sainte Marie-Madeleine, est une chaîne calcaire relevant du système pyrénéo-provençal. L'**exploitation forestière** et l'**élevage ovin** étaient les principales ressources des villages installés au flanc de ce massif.

— **Les Maures,** à l'extérieur du domaine décrit par ce guide, sont un vestige de la Tyrrhénide primaire qui occupait l'emplacement de l'actuelle Méditerranée. Les « sommets » de ce massif très usé ne dépassent pas 800 m (pic de Notre-Dame des Anges : 779 m). C'est essentiellement un **pays boisé** (« Maure » ou « Maures » désignent traditionnellement la forêt communale).

---

1. La frontière entre le département des Bouches-du-Rhône et du Var reproduit la ligne de partage des eaux drainées à l'O. vers la région marseillaise, à l'E. vers les fleuves de Provence orientale, dont l'Argens est le plus important.

La Provence littorale

Le littoral provençal contraste nettement avec la côte languedocienne, plate et monotone. C'est ici une succession de caps, baies et calanques, multiples et menus alignements des chaînons provençaux coupés perpendiculairement par le rivage. Bassins et vallées abritent des cultures précieuses et prospères : le **gel,** qui atteint les cultures dès les premières collines, est ici, sinon inconnu, du moins **des plus rares;** les **précipitations** sont **moins abondantes** qu'à l'intérieur du pays (moins de 75 jours de pluie par an). Cette zone littorale se caractérise, en outre, par les traits suivants : la concentration des principales **agglomérations urbaines** de la région, un taux de croissance démographique et une extension des périmètres bâtis considérables (urbanisation et développement récent des résidences secondaires). Tout cela concourt à donner au littoral provençal un **faciès nettement contrasté.**

De l'E. à l'O. alternent plaines agricoles prospères et concentrations urbaines :

— à la limite orientale de la région décrite dans ce guide, la **basse vallée du Gapeau** débouche sur la **plaine d'Hyères,** dont jardins et vergers fournissent des **primeurs** de qualité et des **fleurs** (cultivées sous serre) qui sont expédiés aux quatre coins de France et d'Europe;

— le **pays toulonnais** est séparé de la Provence intérieure par toute une série d'obstacles naturels et **dominé par une agglomération portuaire et urbaine** (Toulon-La Seyne) en croissance démographique extrêmement rapide, malgré la stagnation des activités maritimes;

La mise en service de l'autoroute B 52, en 1974, eut pour but explicite, outre l'amélioration de la circulation, particulièrement difficile, la **création d'une nappe urbaine continue de Marseille à Toulon.** Dans ces espaces voués désormais à l'urbanisation subsistent **quelques îlots agricoles,** certains aux produits précieux et réputés.

— Le prolongement littoral du **bassin du Beausset** groupe des terroirs célèbres par leurs **produits maraîchers** (on surnommait encore récemment Saint-Cyr-les-Lecques : *Saint-Cyr-les-petits-pois),* leur production florale (Sanary, Ollioules) ou par leur vignoble (vins de Bandol).

— Une fois dépassée **La Ciotat** — dont la rade abrite des chantiers navals réputés —, les calanques et les **vignobles de Cassis** (produisant le meilleur vin blanc de la région), on gagne le pays marseillais à travers des collines abruptes, des chaînons disloqués et lépreux. Le **bassin de Marseille** est, en effet, **séparé de l'arrière-pays par des obstacles naturels** « où les rares échappées, note *Vautravers,* portent encore des noms de « coupe-gorge » : Montée de l'Assassin, vallon de la Destrousse, col de la Femme morte ».

— On évoquera plus loin l'histoire, les activités et la physionomie de la métropole régionale, **Marseille,** qui demeure le **premier port de la Méditerranée** (le port de Marseille s'est étendu, depuis 1920, à Berre, Lavéra et Fos). Bornons-nous à noter, dans ce rapide survol des « pays », que le **bassin marseillais** est aujourd'hui **entièrement voué à l'urbanisation.** Jusqu'à une période récente pourtant, les faubourgs de la cité étaient le cadre d'une agriculture qui, sous la poussée de l'urbanisation, s'est repliée à proximité de l'étang de Berre où la culture sous serre a pris un net essor.

La Provence des montagnes

La Provence montagnarde **ne forme pas, sur le plan géologique, un ensemble homogène** : massifs calcaires à l'O., appartenant au système pyrénéo-provençal : Mont Ventoux, Dentelles de Montmirail, Montagne de Lure et, plus au S., Monts de Vaucluse; plateau de Valensole, à l'E. du Val Durancien, constitué par d'énormes épaisseurs de cailloutis; contreforts alpins (Préalpes de Digne); plans de Provence, au S. du Verdon, hauts plateaux calcaires.

En revanche, **ces « pays »** de Haute-Provence **présentent une certaine homogénéité écologique, économique et humaine** : ils se différencient d'abord du bas-pays par une **absence** de marque, celle **de l'olivier** qui s'adapte mal à ces régions montagnardes; ils se différencient ensuite de la Basse-Provence par leur **végétation,** opposant leurs belles forêts de chênes pubescents, parfois de hêtres (Ventoux, Lure) aux bois méditerranéens, où le chêne vert et le pin d'Alep dominent.

Ils présentent des **caractéristiques communes dans leur paysage rural** : friches et *hermes* abondants pâturés par des moutons qui, dans ce haut pays, ne transhument pas; prés, champs de céréales et surtout de lavande. L'espace ici s'élargit : le réseau des villages et des villes est beaucoup moins serré qu'en Basse-Provence; la **densité de la population** est beaucoup **plus faible;** zone de grandes propriétés d'agriculture extensive, de mise en valeur difficile, la Provence montagnarde fut, de tout temps, une **région émettrice d'hommes.** Elle s'est vidée, du milieu du XIXe s. au milieu du XXe s., d'environ la moitié de sa population.

Pays de Sault et de Forcalquier. — Le pays de Sault coïncide, grosso modo, avec le **Plateau d'Albion,** vaste étendue calcaire, isolé de la Provence des plaines.

L'**économie rurale** repose sur la complémentarité de trois ressources : **élevage ovin** (avec une production prometteuse d'agneaux — race préalpine — de 3 mois), **céréales** et **lavande.**

Le Val Durancien constitue une région beaucoup **plus prospère** qui se rattache, par bien des points, à la Basse-Provence : on y pratique la **culture de l'olivier** mais aussi l'**arboriculture** (poires et pommes) qui a pris un nouvel essor depuis la mise en service du Canal de Provence.

Le plateau de Valensole est le pays, par excellence, de la lavandiculture.

Quant aux **Plans de Provence** (ceux de Canjuers et de Caussols), ils forment une zone de transition entre la Provence alpine et les collines varoises; solitudes dénudées, causses dépassant parfois 1 000 mètres, c'était traditionnellement des **espaces pastoraux**, aujourd'hui en partie transformés en champs d'exercices militaires.

Facteurs de l'unité provençale

Le climat et la végétation

Le **climat** provençal est caractérisé par un **été sec** et d'abondantes **précipitations printanières et automnales**. En dehors de ces deux constantes, il se signale surtout par son irrégularité.

Irrégularité d'une année à l'autre : hivers tantôt doux, tantôt glaciaux. L'histoire de la Provence est ainsi jalonnée de gels aux conséquences catastrophiques; 1709 (gel des oliviers), 1788-1789 (−18° : le Vieux Port de Marseille est couvert de glace), 1798-99, etc; plus récemment, 1928-29 (−15°), 1940-41 (des habitations sont ensevelies sous la neige), 1956 (dernier gel des oliviers), 1970-71 (tempête de neige dans la vallée du Rhône bloquant, pendant plusieurs jours, la circulation). **Irrégularité du rythme des saisons** : hivers doux favorisant le départ de la végétation soudain interrompu par de brutales gelées en avril voire en mai. Une année sur trois en moyenne la production de fruits est réduite à néant par des gelées tardives. **Irrégularité au cours d'une même journée** : il n'est pas rare de passer subitement en hiver d'une tiédeur printanière à un froid très vif.

Le climat se module de la mer à la « montagne »; en Provence maritime, il y a trois à quatre mois de sécheresse estivale, moins de 75 jours de pluie par an (560 mm), des températures élevées (à Marseille une moyenne de 23° en été, de 7° en hiver); en Provence intérieure, les étés sont moins secs (deux mois), les précipitations plus abondantes (600 à 1 000 mm), les amplitudes thermiques d'une saison à l'autre plus importantes. Enfin, passé les contreforts alpins, le climat se modifie sensiblement : sécheresse estivale beaucoup moins marquée, plus de 100 jours de pluie par an.

Parmi les **vents** dominants on citera tout d'abord le *Mistral* (*mistrau, biso* dans le N. du Vaucluse) dont les rafales venues du nord balayent les nuages. C'est le *vènt-terrau*, le *manjo-fango*, le mange-boue, qui assèche et purifie. Il s'engouffre par le couloir rhodanien et souffle du N.-O. vers le S.-E. sur le littoral, atteignant parfois 190 km/h, arrachant des arbres, enlevant des tuiles des toits, voire des voitures en stationnement!... Si le Mistral assèche, les vents d'est *(levant, marinado)* apportent la

LE CLIMAT ET LA VÉGÉTATION

pluie. Signalons enfin les vents chauds du sud, secs ou humides selon les régions (sirocco, marin, labé) et les vents d'ouest (tremountano, mountagniero [1]).

Ces caractéristiques climatiques ont de sensibles **incidences sur la vie paysanne** : protection des maisons et des cultures par des haies pour briser les assauts du Mistral; surveillance attentive du ciel au printemps. Plus généralement, le climat méditerranéen impose un **calendrier agricole qui tranche avec celui des pays plus septentrionaux** : semis de légumes dès janvier, déchaussage, taille et labour de la vigne dès février, intense activité au printemps (engrais, arrosage...); en revanche, l'été, dominé par la canicule, est moins absorbant qu'ailleurs : on récolte les légumes en juin, on achève les moissons début juillet. La cueillette des fruits s'étale de juin à septembre mais ne constitue pas un gros labeur. Quant à l'automne, il est dominé par les vendanges, le premier labour des vignes et la récolte des légumes semés au début de l'été.

La végétation. — Deux limites sont généralement retenues pour cerner l'extension de la végétation méditerranéenne : **celle de l'olivier** et **celle de l'association du chêne vert** (Quercus ilex). Ces deux limites coïncident grosso modo, bien que la frontière des forêts de chênes verts soit située légèrement plus haut que celle de l'olivier. On peut ainsi distinguer une **Basse** et une **Haute-Provence, chacune dominée par des associations végétales** typiques.

La **Provence méditerranéenne,** dont la limite supérieure passe au pied des Monts de Vaucluse à l'O., suit le Val Durancien jusqu'aux abords de Sisteron, s'arrête à l'E. aux Plans de Provence, est caractérisée par la garrigue à chêne kermès ou à romarin, la forêt de chênes verts ou de pins d'Alep.

En **Haute-Provence** (plateau d'Albion, de Valensole, préalpes de Digne, Plans de Provence), la forêt de chênes blancs (Quercus pubescens), de pins sylvestres et la hêtraie dominent. Au vrai, il faut passer en Haute-Provence pour trouver de véritables forêts, les formations d'yeuses (chênes verts) ou de pins n'étant plus souvent, en Basse-Provence, que des bosquets ou des taillis.

Ces grandes limites posées, on peut distinguer, en Provence méditerranéenne, **plusieurs ensembles d'associations végétales** qui se succèdent du delta du Rhône aux collines du Var intérieur. Nous ne reviendrons pas ici sur le **sansouire** de la Camargue ou le **coussou** de la Crau (v. les chap. 19 et 14 D).

Au-delà de ces zones, en **Basse-Provence occidentale,** s'étend une végétation présentant toutes les **transitions entre la forêt** (originelle) de chênes verts, de groupements (plus récents) de pins d'Alep, **et la garrigue** basse, produit dégradé de la silva d'origine. Les sous-bois sont peuplés de buissons denses et inhospitaliers : pistachiers térébinthes (petelin) et lentisques, clématites (vidaubo), salsepareilles (gros grame, gripo). La garrigue est essentiellement dominée par le chêne kermès (garrus) arbrisseau épineux — dont l'écorce de la racine (rusco) était exploitée pour son tanin — ; parfois, c'est le romarin (roumaniéu) qui est la plante la plus caractéristique de ces « hermes ». A ces végétaux s'associent : l'argélas

---

[1]. Le vocabulaire des vents n'est pas homogène dans l'ensemble de la région. Les mêmes noms peuvent désigner, selon les « pays », des vents de directions différentes.

(*Calycotome spinosa*, genêt épineux), la *brusquiero* (bruyère), l'*arboussié* (arbousier), le *cade* ou *genibre* (variétés de genévrier), l'*aladèr* (filaria à feuilles étroites), la *nerto* (myrte), la *farigoulo* (thym), le *pebre d'ase* (sarriette), l'*espi* (lavande aspic), l'*erbo de Pandecousto* ou *couteto* (chèvrefeuille), etc.

Certaines de ces **plantes** sont utilisées pour leurs **vertus aromatiques ou médicinales** : thym, — lequel est considéré comme stimulant et aphrodisiaque — ; romarin, laurier, sarriette parfument les civets et sont infusés pour faire des tisanes, remèdes traditionnels aux maux les plus divers. L'infusion de thym ou de feuilles de laurier fait digérer; celle de « petit chêne » a une forte action laxative; celle de salsepareille est aussi dépurative; celle de romarin guérit les affections respiratoires...

Les **ressources des sous-bois et garrigues** ont été traditionnellement exploitées en Provence : **pâturage** pour les troupeaux, **cueillette d'herbes** pour la cuisine, la médecine, mais aussi l'obtention de liqueur, récolte de **miel** dans les ruches sauvages, **ramassage des asperges** au printemps et **des champignons** à l'automne; notons qu'il n'y a pas de champignons propres à la région méditerranéenne : on ramasse communément le *safrané* ou *sanguin* (lactaire), le *pignen* ou *pissacan* (cèpe de pin), l'*oronjo* (oronge), la chanterelle, les oreillettes, les morilles... La garrigue et les sous-bois sont aussi les lieux privilégiés pour la **chasse**, activité traditionnelle importante que nous détaillerons plus loin.

Les Provençaux distinguent souvent un espace sauvage « sale » (garrigue et taillis au sous-bois dense) et un espace sauvage « propre », futaie plus dégagée. En Basse-Provence occidentale, la forêt proprement dite est devenue exceptionnelle; signalons que le chêne vert (yeuse, *tousco*) qui la composait, tend à régresser devant le pin d'Alep, à l'écorce lisse, à la cime arrondie, exploité çà et là pour sa résine.

Les **forêts de Provence intérieure** sont mieux fournies — et moins dégradées — que celles des bas plateaux calcaires. Elles sont peuplées de chêne vert et de chêne blanc *(rouro, rouve)*, de pins d'Alep et de pins maritimes (pins pinastres ou pins mésogéens). On a longtemps exploité chênes verts et pubescents (le pin brûle trop vite et se désagrège) pour la production du **charbon de bois** (on verra encore, dans les bois, les traces noires de l'emplacement des charbonnières et les murs en pierre sèche des cabanes où logeaient, pendant l'hiver, les *carbonari*); écorces de chêne, de châtaignier et noix de galle fournissent le **tanin,** utilisé pour rendre les peaux imputrescibles; enfin les forêts communales varoises faisaient l'objet d'adjudication pour les **coupes de bois** et la **recherche des truffes.**

Dans les **régions montagnardes** de notre domaine (Albion, Valensole, Préalpes de Digne), la garrigue et la forêt de chênes verts font place à une **lande** couverte de genêts longs, de lavande vraie *(Lavandula vera),* de buis... et à de beaux peuplements de chêne blanc, de pin sylvestre et de hêtre. C'est une telle végétation que l'on rencontre déjà sur le versant N. de la Sainte-Baume.

Les distinctions que nous faisons entre ces trois différents étages de végétation ne doivent pas masquer les **variations** sensibles que l'on enregistre **au cœur d'une même zone** : contrastes entre les *ubacs* (versants orientés au N.) et les *adrets* (versants exposés au soleil); les uns sont souvent peuplés, en Provence intérieure, de chêne blanc, les autres de chêne vert, voire d'une garrigue basse; contrastes aussi au sein d'un même ensemble, selon l'altitude relative, la nature des roches mères et des sols; ainsi, la Sainte-Baume abrite, sur ses versants N. et O., une forêt de hêtres et d'ifs dans une zone dominée par le chêne vert et le pin d'Alep;

LE CLIMAT ET LA VÉGÉTATION

quant au massif cristallin des Maures, au sol siliceux, il est souvent couvert de chênes-lièges, de châtaigniers, de pins maritimes.

Tôt, les **forêts provençales** ont été **menacées** : par les chèvres broutant les pousses, par les coupes et l'exploitation du bois, par les défrichements pour gagner des terres arables. Au XVIIIe et au XIXe s., les mesures de protection de la forêt se sont renforcées (arrêtés du Parlement d'Aix; puis, en 1827, Code général des forêts).

Ainsi, un arrêt de 1726 porte interdiction de faire paître les **chèvres** dans une commune varoise « à cause du préjudice qu'elles font aux bois qui y croissent [...]; il y a même peine de confiscation et d'amendes de mille livres contre les particuliers qui les y auront conservées et de pareilles amendes de mille livres contre les consuls qui les souffrent ».

Le dernier fléau en date c'est l'**incendie.** Ses ravages sont dus à plusieurs facteurs : accroissement du nombre des promeneurs dans les forêts, épaississement du sous-bois, progression du pin d'Alep — qui s'embrase rapidement — au détriment du chêne vert plus résistant. On a pris diverses mesures pour lutter contre ces incendies, dont certaines sont peut-être plus dangereuses qu'efficaces : ainsi la création de pistes forestières — normalement « interdites » au public — favorisant, en fait, la pénétration des promeneurs dans les espaces boisés, multiplie les risques d'incendie par négligence. Sachons que **« pour chaque hectare brûlé,** on estime que **disparaissent 300 oiseaux, 400 mammifères, 100 tortues, couleuvres et crapauds, 5 millions d'insectes ».**

Signalons enfin quelques **plantes ou arbres cultivés** qui confèrent à ce paysage méditerranéen son originalité et sa beauté : au premier rang de tous vient l'*olivier* dont on distingue plusieurs variétés, soit fournissant des fruits pour la **fabrication de l'huile,** soit donnant des **olives de table** (v. chap. 16).

L'*amandier* est également un arbre typiquement méditerranéen, produisant des variétés à « coque dure » ou à « coque fine » dont l'utilisation en confiserie a assis le renom d'Aix (calissons).

Le *figuier*, dont les fruits sont particulièrement prisés en Provence, donne deux floraisons : l'une en été (figues d'été ou figues fleurs), l'autre en automne (figues d'automne, plus petites mais très parfumées).

L'implantation du *mûrier* en Provence remonte au XVIe et au XVIIe s.; largement cultivé jusqu'à la fin du XIXe s., pour l'élevage des vers à soie, on n'en trouve plus aujourd'hui que quelques vestiges à proximité des maisons ou en bordure des chemins.

Des plantes poussant naturellement dans les garrigues et les friches ont été domestiquées et cultivées systématiquement : au premier rang de toutes, la **lavande** *(Lavandula vera)* plante montagnarde (à partir de 1 000 m) dont on ne trouve que des variétés inférieures *(aspic)* dans les basses garrigues; citons aussi le **câprier** *(tapènièr)* exploité aux environs de Toulon et de Marseille, le **fenouil,** cultivé dans le Vaucluse, le **safran,** etc, bien que l'on ne puisse dire avec certitude, pour ces dernières espèces, si c'est la plante sauvage qui a été adaptée pour la culture ou si c'est la plante cultivée qui s'est propagée dans la garrigue...

Last but not least, les **arbres d'agrément** des parcs, promenades et jardins confèrent au paysage provençal un aspect bien particulier : les **platanes,** grands dispensateurs d'ombrage n'ont été introduits dans notre région qu'au XVIIe s. et ne se sont véritablement répandus sur les places et au bord des routes qu'au XIXe; le **micocoulier** *(falabreguié)* est un des plus beaux arbres provençaux : il peut atteindre 30 m de hauteur; l'**ormeau** était l'arbre par excellence des places, des promenades et des cours avant l'intrusion du platane. Dans bien des communes, on se souvient d'un ormeau multiséculaire, souvent pourvu d'un nom propre, qui constituait un des points centraux du village. Selon *Ch. de Ribbe*, l'ormeau planté dans la cour de la ferme était encore, au XIXe s., le symbole de la continuité de la famille. Enfin les **cyprès,** qui encadrent les cimetières ou protègent les cultures, figurent parmi les arbres méditerranéens les plus caractéristiques.

On en connaît une dizaine de variétés en Provence dont les deux plus répandus sont l'**arbre de Montpellier** aux branches étalées *(Cupressus sempervirens horizontalis)* et le **cyprès** dit **fastigié** *(C. sempervirens pyramidalis),* fin et élancé.
Il faudrait mentionner les arbres acclimatés plus ou moins récemment (eucalyptus, palmiers, mimosas, yuccas, etc.) mais ceux-ci ont surtout connu fortune sur la Côte d'Azur proprement dite, qui échappe au domaine dont nous traitons ici.

L'unité historique

Le nom de Provence s'est appliqué, au cours des siècles, **à des pays de dimensions très variables.** La *Provincia* romaine incluait tout le sud-est de la Gaule, de Genève à Toulouse, à l'exception des Alpes-Maritimes; au Moyen-Age, la *Proenza* c'était tout le territoire, du Limousin à Nice, où l'on parlait la langue d'oc. Même s'ils étaient soumis à des royaumes et comtés différents, les Provençaux (ainsi appelait-on alors ceux que nous nommons aujourd'hui « occitans ») avaient conscience d'appartenir à une même unité linguistique et culturelle : « Provençaux, remarque *E. Baratier,* s'intitulent les barons qui suivent à la Première Croisade la bannière de Raimond de Saint-Gilles; Provençaux, les Chevaliers de Malte, originaires de nos régions et qui se regroupent à l'intérieur de l'Ordre dans une même langue ». La conscience de cette unité occitane s'est effritée, dès le Moyen Age, sous le coup des conquêtes et des partages successifs du territoire.
Provence désigne désormais le comté du même nom, c'est-à-dire le pays compris entre le Rhône, les Alpes et la mer (en revanche on a continué, jusqu'au XIXe s., d'appeler « provençal » la langue d'oc). C'est de ce comté qu'est héritière notre province actuelle.

Nous tentons, dans l'aperçu qui suit, non seulement de présenter les grandes étapes de l'histoire de la Provence, mais surtout de montrer comment, à travers le temps, se sont forgées l'unité et l'identité de la région.

L'UNITÉ HISTORIQUE 35

Provence celto-ligure et grecque. — Quand, vers 600 avant J.-C., des Grecs de Phocée fondent une colonie dans une calanque de la côte, *Massalia*, la Provence est habitée par une population ligure, pratiquant l'agriculture et l'élevage et vivant dans des villages compacts, les *castellas*.

La colonisation grecque se traduisit essentiellement par la **création de comptoirs** commerciaux sur la côte (*Ñikè* : Nice; *Antipolis* : Antibes; *Olbia* : Hyères; *Tauroentum* : Six-Fours; *Citharista* : La Ciotat...), en rien par une organisation administrative du territoire. La diffusion de l'hellénisme entraîna une modification du paysage rural (introduction de la culture de la vigne et de l'olivier : « il semblait non pas que la Grèce eut passé dans la Gaule mais que la Gaule se fut transportée en Grèce », note *Justin* admiratif) mais, en aucun cas, une unification de la région à l'initiative du colonisateur.

En fait, **les premiers rudiments d'organisation du territoire vinrent** d'ailleurs : **des Celtes,** arrivés en Provence sous la poussée des Germains aux IVe-IIIe s. av. J.-C. Ceux-ci constituent avec les Ligures une vaste confédération de tribus (les *Salyens*) dont les capitales sont des *oppida* : **Arelate** (Arles) et **Entremont** (près d'Aix).

Provence romaine. — Mais c'est **la colonisation romaine** qui **fixa,** pour la première fois, **les limites de la Provence, organisa** administrativement **le territoire,** créant villes et voies.

Les **liens entre Rome et Marseille** remontent au IVe s. av. J.-C. « Fidèles alliés » (Cicéron), les Marseillais l'avaient été aussi bien lors du sac de Rome par les Gaulois (ils avaient contribué à payer le tribut dû aux envahisseurs) qu'à l'occasion des guerres puniques. Aussi, quand en 125, Marseille fut menacée par une coalition celto-ligure, elle fit appel aux Romains pour la défendre. Rome intervint, pacifia la région mais ne la quitta plus. C'est que la Provence, maillon intermédiaire entre l'Italie et l'Espagne, constituait une zone stratégique pour l'impérialisme romain. Conquis, tout **le sud de la Gaule forma une nouvelle province,** *Gallia Transalpina,* devenue bientôt *Gallia Narbonnensis* (Gaule Narbonnaise), après la création en 118 av. J.-C. de cette ville. Seule Marseille conservait, pour prix de ses bons services, des possessions autonomes. Situation, au reste, éphémère. Quand, aux temps de la Guerre Civile, les Marseillais eurent à opter entre César et Pompée, ils prirent parti pour le second. Mauvais choix : la ville fut assiégée et dut capituler (49 av. J.-C.).

Dès César et Auguste, **les effets de la romanisation furent profonds : création de villes** et de colonies s'administrant librement sous l'autorité de vétérans (anciens soldats) : Apt, Arles, Avignon, Carpentras, Digne, Fréjus (*Forum Julii,* ville créé par Auguste), Glanum, Riez, Vaison..., établissement de *villae* pour la **mise en valeur agricole, construction** d'un important réseau **de routes** (*via Julia Augusta :* de Fréjus à Aix et au Rhône).

Les **limites de la province** furent **rigoureusement fixées :** la Narbonnaise incluait tout le sud de la Gaule, de Lyon à la mer, à l'exception des Alpes-Maritimes. Sous le Haut-Empire, la romanisation se renforça; la *Provincia* était, aux dires de *Pline l'Ancien,* « une autre Italie », fournissant huile et blé, célèbre par ses chantiers navals, déjà! Le fait que des écrivains renommés *(Cor-*

nelius Gallus, Tacite...) furent originaires de la *Provincia* atteste les progrès de la romanité en Narbonnaise. Encore faut-il noter que **la civilisation latine,** si elle imprégna villes et élites, **pénétra beaucoup moins les régions montagnardes et les villages de l'intérieur.**

Aux IIIe et IVe s. ap. J.-C., l'irruption des Barbares en Gaule entraîna une **réorganisation administrative** de la *Provincia* à des fins défensives : en 284, tout d'abord, la Narbonnaise fut scindée en deux : *Narbonnaise* proprement dite sur la rive droite du Rhône, *Viennoise* sur la rive gauche. En 375, la Viennoise est, à son tour, scindée en deux; Viennoise proprement dite à l'O., *Narbonnaise seconde,* à l'E. (dont le chef-lieu est *Aquae Sextiae,* Aix). Cette période du Bas-Empire est, dans notre province comme dans les autres colonies romaines, marquée par la **régression de la vie urbaine et municipale** : l'aristocratie s'installe dans les grands domaines ruraux qui seront la base d'un autre système d'exploitation de la terre et des hommes : le féodalisme.

Provence franque. — Dans la période troublée qui suit l'effondrement de l'Empire Romain d'Occident (476), l'ancienne *Provincia* est successivement occupée par les Wisigoths (de Toulouse au S. de la Durance) et par les Burgondes (au N.), puis par les Ostrogoths. C'est en 535 que les **Frans annexent** pacifiquement **la Provence : la région est partagée** entre les souverains d'Austrasie et de Burgondie : à *Clotaire,* le N. du domaine jusqu'à la Durance, à *Théodebert,* une zone intermédiaire en Durance, Alpes et plaine littorale; à *Childebert,* enfin, la Provence maritime (y compris Marseille) et une portion de la Provence intérieure.

Administrée par des *patrices,* le plus souvent indépendants des souverains francs, **le Provence devient « un territoire quasi autonome ».** *Charles Martel* fait l'expérience de l'indépendance provençale quand, dans les années 730, il refoule les Arabes qui envahissent le Midi : les Provençaux, loin d'épouser la cause franque, font appel aux Arabes : *Charles Martel* et ses troupes soumettent la région rebelle, mettant à sac Arles, Avignon et Marseille. A la fin du VIIIe s., la Provence est intégrée à l'Empire de ***Charlemagne.*** Période de paix mais aussi de régression sur le plan commercial (la Méditerranée est devenue la mer « arabe », incertaine et dangeureuse) et de stagnation sur le plan agricole : le grand domaine demeure la base de l'exploitation des campagnes.

Royaume de Provence et de Bourgogne-Provence. La première dynastie comtale. — Le traité de Verdun (843), démembrant l'Empire de Charlemagne, donna la Provence à *Lothaire* dont les possessions embrassaient les territoires allant de la Mer du Nord à l'Italie.

A la mort du souverain, *Charles,* son 3e fils, reçut en héritage les terres qui formèrent le **premier royaume de Provence** : celui-ci était plutôt un état alpin et « rhodanien » puisqu'il couvrait tous les territoires s'échelonnant de Lyon à la mer (Provence, Viennois, Dauphiné). Au milieu du Xe s., ce royaume fut incorporé à celui de Bourgogne — qui s'étendait au N.-E. (Jura, région de Sion, d'Aoste...) — pour former une nouvelle entité : le **royaume de Bourgogne-Provence.** Désormais, notre région est administrée par des comtes et des vicomtes de plus en plus indépendants de la tutelle bourguignonne. Un de ceux-ci, ***Guillaume*** dit ***le Libérateur*** (pour avoir expulsé les Sarrazins qui depuis un siècle semaient la terreur dans la région), prend le titre de *marquis de Provence,* instituant la première dynastie des Comtes Provençaux (972).

Le **marquisat de Provence** couvre les terres qui s'étendent du Rhône à l'actuelle frontière italienne, s'interrompant au N. selon une ligne allant du défilé de Donzère à la région d'Embrun. Le Xe s. provençal est marqué par une certaine renaissance : reprise du commerce maritime, développement de la féodalité (laïque comme ecclésiastique).

Les comtes catalans. — Le royaume de Bourgogne-Provence est rattaché, à la mort de *Rodolphe III* (1032) au Saint-Empire Romain-Germanique. Cette **tutelle septentrionale,** si elle dura jusqu'au XIIIe s., demeura **toute théorique.** En effet, le pouvoir véritable était désormais entre les mains des marquis de Provence. Le jeu des alliances et des successions, au sein de la dynastie issue de *Guillaume,* fit que les comtes de Toulouse et de Barcelone devinrent titulaires du Marquisat. Celui-ci fut partagé entre Toulousains et Catalans, par un traité (1125), **« véritable acte de naissance du comté de Provence ».**

Aux **comtes toulousains** furent attribuées les régions situées à l'O. du Rhône et au N. de la Durance (marquisat de Provence); aux **comtes catalans** les terres situées entre Rhône, Durance, Alpes et mer (comté de Provence). Avignon, Pont-de-Sorgues, Caumont et Le Thor étaient déclarés **possession indivise.**

La période pendant laquelle régnèrent les comtes catalans (1125-1246) est marquée par une nette **renaissance économique :** développement de l'agriculture, du commerce avec l'Orient, croissance de la vie urbaine, essor culturel (poésie lyrique des troubadours). Le Rhône devient un axe d'échanges florissant : y transitent les produits du nord de l'Europe et les denrées précieuses (soie, épices), acheminées des rivages orientaux de la Méditerranée. C'est l'époque des Croisades, mouvement religieux et économique (créations de comptoirs à Chypre, à Saint-Jean-d'Acre).

Mais le siècle catalan fut aussi agité par des **luttes intestines : guerres baussenques** — dont le principal protagoniste **Raimond des Baux** est présenté par la légende comme le héros de l'indépendance nationale face à la domination étrangère — guerres qui s'achevèrent à l'avantage des catalans; **luttes contre les comtes de Forcalquier** qui se prolongèrent jusqu'au début du XIIIe s., le mariage entre le fils d'*Alfonse Ier,* comte de Provence et *Gersende de Sabran,* héritière de Forcalquier, puis un compromis (1222) scellant enfin l'union des deux comtés; **luttes contre les Toulousains** enfin qui, profitant de la faiblesse du pouvoir catalan, tentèrent, à plusieurs reprises, d'étendre leurs possessions aux terres situées à l'E. du Rhône : en 1230 Marseille se donna à eux. En fait, il faut attendre le règne de *Raimond Bérenger V* pour que la paix et l'ordre reviennent dans la région; ce souverain **organisa administrativement la province,** instituant un corps de hauts fonctionnaires, les *bailes,* placés à la tête des *baillies,* circonscriptions fixes.

Provence angevine. — A la mort de *Raimond Bérenger V,* de catalane la Provence devint angevine. L'héritière du Comté, *Béatrice,* épousa, en effet, *Charles d'Anjou,* fils de *Blanche de Castille,* qui devint **Charles Ier de Provence;** un autre fils de Blanche,

Alfonse de Poitiers devint, dans le même temps, comte de Toulouse. « La maison de France, dit *E. Baratier,* investissait tout dans le Midi ». Il est vrai qu'au XIIIe s. s'amorcent l'emprise du Nord sur le Sud et la décadence de la civilisation occitane.

L'histoire des **deux maisons d'Anjou** qui se succédèrent en Provence (1246-1382, 1383-1481) fut marquée, du début à la fin, par une **politique expansionniste en Italie du Sud**. Dès 1266, *Charles Ier* acquiert, à la suite de la bataille de Bénévent, le royaume de Naples. Les rois d'Anjou en firent leur principale résidence, partageant inégalement leur temps entre leurs possessions italiennes, provençales et françaises. **La Provence dépendit** désormais **de la Grande Cour** royale **de Naples**. Si cette politique expansionniste permit l'instauration de relations commerciales florissantes entre la Provence et l'Italie du Sud, elle se solda surtout par des rivalités sanglantes et permanentes avec la Maison d'Aragon, rivalités qui ne devaient s'achever qu'en 1442. C'est à cette date que le *Roi René,* ayant échoué dans ses tentatives pour reconquérir le royaume de Naples, rentre en France où il se consacre désormais à ses domaines de Provence et de Maine-Anjou.

La période angevine est également marquée par **d'importantes modifications territoriales** en Provence et sur ses marches. *Charles Ier* étend les possessions comtales aux Baux, à la Vallée de Sault, à Grignan, à Gap et à Vintimille... Il se rend maître de Marseille qui, libérée de l'emprise des comtes toulousains, revendiquait son indépendance — nouvelle manifestation d'un atavisme sécessionniste. Mais les modifications les plus importantes survenues pendant cette période sont d'une autre nature que ces soumissions ponctuelles :

— **la constitution des États pontificaux** (1274-1348) : don de *Philippe III Le Hardi* des terres comtadines au Saint-Siège qui les revendiquait, puis vente d'Avignon aux Papes par la *Reine Jeanne* (1348) en échange d'une absolution (celle-ci avait, semble-t-il, fait tuer son premier mari *André de Hongrie*);

— **la sécession des régions de Nice**, Puget-Théniers et Barcelonnette (1388) qui reconnaissent la souveraineté du comte de Savoie.

Sur le plan intérieur, la période angevine est marquée par des **innovations administratives** importantes et par des **luttes entre factions rivales** — dont certaines sont liées à l'installation de la Papauté en Avignon. On doit à *Charles Ier* d'avoir institué les *vigueries,* districts dépendant des villes ayant déjà une ossature municipale solide (Aix, Arles, Draguignan, Marseille, etc.), districts qui se substitueront peu à peu aux anciennes *baillies* et subsisteront jusqu'à la fin de l'Ancien Régime. Sous *Charles II,* les **États de Provence** se réunissent pour la première fois; la Chambre des Comptes d'Aix (destinée à statuer sur les finances publiques du comté) est créée, etc.

Le règne de la *Reine Jeanne,* idéalisée à très injuste titre par la légende, inaugure une **période de troubles** dominée par les rivalités entre les partisans de la Papauté avignonnaise et ceux qui soutiennent le pape de Rome, regroupés en ligue, l'*Union d'Aix.* La reine ayant pris parti pour le pape d'Avignon *Clément VII,* les querelles furent exacerbées. *Marie de Blois,* veuve du successeur de la Reine Jeanne, eut grand peine à rétablir l'équilibre et à ressouder l'unité du comté; elle dut aussi s'opposer à *Raymond de Turenne* qui, s'appuyant sur des seigneuries traditionnelle-

L'UNITÉ HISTORIQUE

ment rebelles, sema pendant une dizaine d'années ravage et désolation dans le pays.

A cette période de troubles, succéda un **temps de renaissance** dont « le bon roi » *René* est le symbole; celui-ci contribua au renouveau économique de la région en établissant notamment des populations italiennes en Provence intérieure pour mettre en valeur cette zone au sol ingrat. Mécène et poète — moins toutefois qu'on ne le dit — *René* légua, à sa mort, le royaume à son neveu *Charles du Maine*. Celui-ci, malade et chétif, mourut un an plus tard laissant par testament le comté à la France (1481).

Provence française : le recul de l'autonomie. — Réunie à la France, la Provence n'en garde pas moins une certaine autonomie. Les 53 « chapitres » — ce qu'on a appelé la **Constitution provençale** — définissant les conditions de la réunion au Royaume, garantissaient une certaine indépendance politique et administrative au « Comté ». **La Provence s'unissait à la France** « non comme un accessoire à son principal, mais comme un principal à un autre principal, et séparément du reste du Royaume » **en gardant ses usages, coutumes et privilèges.** En fait, cette Charte — et l'autonomie qu'elle garantissait — allait être remise en cause dès le début du XVIe s. **Dès lors, l'histoire politico-administrative de la Provence est une longue suite d'affrontements entre le pouvoir central et les institutions provençales,** l'un tendant à réduire les prérogatives des autres.

Les premiers coups sont portés par *Louis XII* créant, par l'**Édit de Lyon**, une Cour de Parlement, doublant la vieille institution judiciaire provinciale — le Conseil éminent — ; sous *François Ier*, les atteintes à l'autonomie du comté seront encore plus dures : **Édit de Joinville** restreignant les attributions des États, transformant radicalement le vieux système institutionnel provençal pour l'aligner sur celui du royaume; **ordonnance de Villers-Cotterets** prescrivant l'usage du français dans les actes officiels, restreignant l'emploi du latin mais aussi du provençal. Bref, on passa rapidement « de l'union à l'unification ». Au XVIIe s., toute une série de mesures royales renforcent ces dispositions, limitant de plus en plus l'autonomie de l'ancien comté.

Face aux édits centralisateurs, la réaction de la **noblesse provençale vire parfois à la révolte.** Ainsi, en 1630, sous *Louis XIII* et *Richelieu*, la publication de l'**Édit des élus** — transférant aux délégués royaux la charge de répartir et de percevoir l'impôt et donc réduisant les attributions du Parlement de Provence — provoque la révolte des *cascavèu*, du nom du grelot dont les parlementaires rebelles avaient fait leur emblème. L'intervention du *Prince de Condé* à la tête d'une troupe de 6 000 hommes et l'assurance que l'édit sera retiré mettent, un an plus tard, un terme à la révolte. En 1639, les États de Provence refusent un subside demandé par le gouvernement royal. Leurs attributions seront désormais confiées à l'Assemblée générale des Communautés (ils ne se réuniront plus jusqu'en 1787). Les grands événements nationaux sont l'occasion pour les dignitaires provençaux de revendiquer leurs anciennes prérogatives : ainsi, la **Fronde** naît dans le Midi de circonstances toutes différentes de celles qui engendrèrent les émeutes parisiennes; il s'agit, une fois de plus, d'un conflit ayant pour origine la publication d'un **édit** — celui **de Fontainebleau** — modifiant l'organisation du Parlement.

Le règne de *Louis XIV* entraîna, en Provence comme ailleurs, un **renforcement de la centralisation** administrative; en 1657, les gouverneurs font définitivement place aux intendants pour l'administration de la province;

en 1691, les fonctions du premier Président du Parlement et d'intendant sont réunies; enfin, l'Assemblée générale des Communautés est réorganisée et entièrement subordonnée à l'intendance.
Les dernières **manifestations** de l'esprit **d'indépendance des parlementaires provençaux** remontent à la période pré-révolutionnaire. C'est d'abord la protestation, en 1771, contre la réforme du *Chancelier de Maupéou*, réorganisant la justice, supprimant le Parlement, et le remplaçant par la Cour des Comptes. Quand, quelques années après, à l'avènement de *Louis XVI*, les Parlements sont rétablis, le retour à Aix des parlementaires provençaux est accueilli dans la liesse populaire; ce sont enfin les réunions des **États de Provence** en 1787-89, renouant avec une tradition interrompue depuis 1639. Mais les attitudes de leurs membres traduisent bien ce qu'ont été, au fond, les **revendications** d'autonomie **affichées**, au cours des siècles, **par la noblesse provençale** : sans doute manifestent-elles le souci de conserver une certaine indépendance à l'ancien comté mais bien plus de **maintenir des privilèges traditionnels**.

Tentations et tentatives sécessionnistes. — Plus que les revendications d'autonomie, parlementaires et autres dignitaires des institutions provençales affichèrent, à la faveur de périodes troublées, des **velléités de sécession.**

Si **les Provençaux,** dans leur ensemble, **firent front,** toutes viguieries et classes confondues, **lors de l'invasion du Midi** par les troupes de *Charles Quint* (1524-1543), il n'en fut pas de même quand *Charles-Emmanuel de Savoie* occupa la région en 1590. Les parlementaires aixois, qui se trouvaient, en cette période de guerres de religion, du côté des ligueurs, réservèrent au duc de Savoie un accueil favorable; ils ne reconnurent *Henri IV* comme roi de France et comte de Provence qu'en 1594. Profitant de l'incertitude de l'époque, le premier Consul de Marseille, *Casaulx*, entendant constituer la ville en république indépendante.
Au XVIIe s., aux temps troublés de la Fronde, des événements similaires se répétèrent : en 1658, **Marseille,** soucieuse de maintenir ses libertés municipales, **se rebella** contre le gouvernement royal. La punition infligée par *Louis XIV* à ce « peuple violent et libertin » fut exemplaire (1660). Les tentatives de sécession ne se reproduisirent plus : au contraire, quand, en 1707, lors de la Guerre de Succession d'Espagne, le duc de Savoie marche sur Toulon, tout le pays se dresse derrière le *Comte de Grignan* pour organiser la défense du port et, en définitive, repousser l'envahisseur.

Modifications territoriales. — Par le traité de Cateau-Cambrésis (1559), *Henri II* avait cédé la **principauté d'Orange** à *Guillaume de Nassau*, Stathouder des Pays-Bas. Ce n'est qu'en 1713 (traité d'Utrecht) que la principauté sera reconnue possession française : elle ne sera définitivement incorporée au royaume qu'en 1731. Si la guerre de Trente Ans n'avait pas entraîné de modifications territoriales en Provence, les guerres de succession du XVIIIe s. (Espagne, Autriche) eurent davantage d'incidences : par le traité d'Utrecht, déjà cité, le duc de Savoie cède à la France la **vallée de Barcelonnette;** par le traité de Turin, **la frontière entre la France et les États sardes** est fixée au cours du Riolan, de l'Esteron, du Var.

Le contexte socio-économique. — Du XVIe au XVIIIe s., **les paysages et les activités** en Provence **se modifièrent sensiblement.** Si l'économie agro-pastorale demeure essentiellement fondée sur la céréaliculture et l'élevage ovin, la **vigne** prend un sensible essor, le **mûrier** (pour l'élevage des vers à soie) se répand. L'accroissement de la population a pour conséquence le **défrichement de terres** *« gastes »*, tandis que les besoins grandissants en bois (de chauffage ou de construction pour les arsenaux) entraîne une **déforestation** — que les intendants royaux auront grand mal à combattre.

Les **activités industrielles** sont **limitées** : transformation des produits locaux : tanneries, papeteries, terre cuite, textile (florissant à Avignon où s'installent des Génois experts en velours et en damas). Ce n'est qu'à partir du XVIII⁰ s. que commencent à être exploitées les ressources minières de la région (charbon de Fuveau). Marseille vit essentiellement du commerce avec le Levant mais d'autres petits ports sont aussi prospères par leur cabotage avec l'Italie, voire la « Barbarie » : La Ciotat, Cassis, etc. C'est **au XVIII⁰ s.** que s'amorce le **mouvement de concentration marseillaise** — éclipsant les ports voisins. A Marseille sont déjà implantées les industries de corps gras qui feront plus tard la fortune de la ville.
Au XVI⁰, XVII⁰ et XVIII⁰ s., la Provence fut ravagée, à plusieurs reprises, par des épidémies de peste qui décimèrent la population des villes, notamment en 1580, 1629, 1720. La **grande peste de 1720** ne s'éteignit qu'en septembre 1722, après avoir fait 100 000 victimes dont 38 000 à Marseille (soit la moitié de la population que comptait alors la ville). La tradition orale porte encore témoignage de cette terrible épidémie.

La Provence contemporaine : de l'ancienne Provence à la région Provence-Alpes-Côte-d'Azur. — L'organisation de la France en départements, décrétée en 1790 par l'Assemblée Constituante, entraîna, du point de vue institutionnel, la **disparition de l'ancienne Provence**. Celle-ci fut **divisée en trois départements : Bouches-du-Rhône** (dont le chef-lieu fut d'abord Aix puis, dès 1800, Marseille), **Var** et **Basses-Alpes.**

Les États Pontificaux, annexés en 1791, formèrent le département de **Vaucluse** — auquel furent adjoints les districts d'Apt, Sault et Orange. La conquête du comté de Nice par les armées révolutionnaires entraîna, en 1793, la création d'un nouveau département, les **Alpes-Maritimes;** celui-ci eut une existence sporadique : en 1814, il reviendra au royaume de Piémont-Sardaigne; enfin, en 1860, le comté de Nice, ainsi que la Savoie sont annexés à la France pour prix de l'intervention de Napoléon III contre l'Autriche en faveur de l'unité italienne.

La **« région de programme »** (Provence-Alpes-Côte-d'Azur) instituée en 1956, redéfinie en 1970, déborde largement le cadre de la Provence historique : elle **inclut les Hautes-Alpes et les Alpes-Maritimes,** qui ne faisaient pas partie de l'ancien comté. **Découpage assez artificiel** qui ne va pas d'ailleurs sans poser de problèmes : Nice boude les institutions régionales dont Marseille est le siège.

Provence « rouge », Provence « blanche ». — La Provence connut sous la Révolution son lot d'émeutes et d'insurrections, mouvements populaires contre les seigneurs, les magistrats municipaux... Après avoir envoyé aux États Généraux *Mirabeau,* farouche défenseur des droits du Tiers-État, elle dépêcha des délégations populaires à Paris — dont l'une, en 1792, se signala par de hauts faits (rixe avec les grenadiers royalistes des Filles de Saint-Thomas, demande à l'Assemblée Nationale de la déchéance du roi, assaut contre les Tuileries au chant de *La Marseillaise*).
Ces exploits révolutionnaires ne doivent pas dissimuler que **les forces de**

tradition demeuraient majoritaires en Provence. La contre-révolution s'organisa, prit Toulon, avec l'appui des forces anglo-espagnoles; il fallut toute l'énergie des Conventionnels — et l'habileté stratégique du jeune *Bonaparte* — pour rendre la ville à la République. Sous l'Empire et la Restauration, le **royalisme** demeure le **courant dominant;** encore faut-il distinguer — distinction que nous retrouverons souvent au fil de ces pages — une Basse-Provence occidentale « blanche » et royaliste (Vaucluse, Bouches-du-Rhône, Ouest Varois) et une Provence intérieure où le « libéralisme » est la tendance majoritaire. L'échec de la tentative de la *duchesse de Berry* illustre, dès les années 1830, la régression du royalisme populaire en Provence.

Mais il faut attendre la grande flambée républicaine des années **1848** pour que **la région bascule à gauche.** Dès lors, la Provence blanche sera concentrée dans quelques fiefs : quartiers bourgeois des villes, région d'Arles, cette « Vendée provençale » où naît le Félibrige (V. p. 55). La majorité des députés que la Provence enverra à l'Assemblée Nationale, de la IIIe à la Ve République, seront des « rouges » dont certains — *Clemenceau* notamment — s'illustreront dans les grands événements nationaux. **Cette opposition traditionnelle entre « blancs » et « rouges » est une des constantes de la vie politique municipale.** Notons enfin que la période contemporaine est aussi riche de manifestations « autonomistes », que celles-ci relèvent des « blancs » (Le Félibrige) ou d'un accord plus unanime : grandes manifestations régionales de la fin du XIXe s. liées à des problèmes économiques (V. p. 56).

Au terme de ce rapide survol de l'histoire de la région, que conclure?
Tout d'abord la Provence constitue une **entité historique bien délimitée.** Toujours soumise — il faut insister sur ce point — à des pouvoirs étrangers (Romains, Francs, Germains, Catalans, Angevins...), la **région a forgé son identité** historique **dans ses luttes pour la défense** et le respect **de son autonomie;** luttes le plus souvent du pot-de-terre contre le pot-de-fer. L'image d'un Midi particulier et sécessionniste est la rançon de cette tradition protestataire multiséculaire.

Autre trait remarquable, la **diversité des apports** dont a bénéficié la Provence au cours de son histoire. Cette diversité est en partie **due aux conquêtes** successives dont la région a été l'objet. L'étude des noms de lieux fournit un bon exemple de la stratification des civilisations en Provence : toponymes ligures, grecs (*Massalia, Citharista* [La Ciotat], *Antipolis*), romains (*Glanum, Aquae Sextiae* [Aix], *Fos*, etc.), germaniques (*Faraman*...). Mais la Provence a été aussi, de tous temps, une zone d'**importante densité migratoire** : migrations des montagnards (les *gavots* des Alpes) vers les plaines, migrations d'étrangers — en tout premier lieu les Italiens, venus dès l'époque du royaume angevin de Naples s'intégrer à la population locale.

La Provence des collines et des montagnes a aussi été une **terre de refuge** pour les émigrés chassés pour leurs convictions hérétiques. Au XVIe s., le Luberon compte bon nombre de villages « vaudois » — dont les habitants, émigrés du Piémont, avaient conservé des croyances proches de l'hérésie albigeoise avant d'adhérer au protestantisme. Ces villages (Cabrières, Peypin, La Motte d'Aigues, Lourmarin...) furent rasés en 1545 à l'initiative du Premier Président du Parlement d'Aix. Malgré les guerres de religion, le protestantisme demeura vivace dans les villages des collines vauclusiennes et de la haute vallée de la Durance.

Terre conquise, terre de migrations, la Provence garde aujourd'hui ces deux caractères : conquête économique et migrations touristiques sont les nouvelles formes de ces deux constantes de la vie méridionale.

La Provence : une unité linguistique

Le provençal est un **dialecte occitan** (c'est-à-dire appartenant à la *langue d'oc*) au même titre que l'auvergnat, le limousin, le gascon ou le languedocien. Ses limites débordent largement les frontières géographiques et historiques de la Provence. On parle provençal dans les vallées montagnardes du Piémont, les Alpes-Maritimes, les Hautes-Alpes, la Drôme et, à l'O. du Rhône, dans le Languedoc oriental et une partie de l'Ardèche.

Le provençal se subdivise en **plusieurs variétés dialectales** dont les limites font, elles, apparaître d'importantes coupures que nous avons déjà mentionnées. **Une frontière assez nette sépare les domaines du nord et du sud-provençal;** à l'O. elle coïncide avec la barrière montagneuse du Ventoux - Lure et donc avec la limite entre les départements de Vaucluse et de la Drôme; elle se poursuit à l'E., coupant en deux les Alpes-de-Haute-Provence et les Alpes-Maritimes. Les parlers provençaux du sud s'opposent à ceux du nord par une série de traits phonétiques, morphologiques et syntaxiques : ainsi, dit-on, au sud, *caud* (chaud), *cabro* (chèvre), *canta(r)* (chanter), *paga(r)* (payer), *gauto* (joue), tandis qu'au nord l'on dira *chau, chabra, chanta(r), paya(r), jòuto*[1], etc.

On peut ainsi opposer un sud-provençal plus conservateur, ayant gardé certains traits du latin dont il est issu *(cantar/cantare)* à un nord-provençal qui a davantage évolué (c → ch) sous l'influence des parlers utilisés plus au nord.

Sud et nord-provençal se subdivisent à nouveau en **sous-variétés;** ainsi peut-on distinguer, **pour le sud,** un **provençal « rhodanien »,** parlé de la Camargue au Comtat, et de Nîmes à Aix, un **provençal « méditerranéen »** utilisé en Provence intérieure et maritime; enfin le **« niçart »** parlé dans la partie méridionale de l'ancien comté de Nice. Autant « rhodanien » et « méditerranéen » sont proches, autant le « niçart » présente de remarquables particularités par rapport aux autres variantes dialectales.

Le **provençal « alpin »** — ou *gavot* —, apparu à la fin du Moyen-Age, est une autre variété de parler, utilisé dans les Hautes-Alpes et les régions septentrionales des Alpes-de-Haute-Provence et des Alpes-Maritimes. Le *gavot* se caractérise par certains archaïsmes qui ont disparu des autres variétés dialectales en raison de leurs contacts plus intenses avec le français; ainsi le *gavot* a conservé le s désinentiel pour marquer le pluriel (*lis omès, las femas/lis ome, li femo*). Notons — et ce point a son intérêt — que le provençal « alpin » n'est guère parlé dans la haute vallée de la

---

1. Il existe plusieurs graphies pour transcrire le provençal. La plus satisfaisante est sans doute la **graphie occitane normalisée,** qui permet de transcrire tous les dialectes d'oc selon un même système; son avantage est de manifester et de réhabiliter, à travers l'écriture et au-delà des variantes régionales, l'unité et l'autonomie de la langue occitane. Malheureusement, ce système de notation n'est pas le plus commoce pour le touriste ou l'apprenti. Aussi avons-nous retenu, dans ce guide, la **graphie dite mistralienne,** très proche de la graphie française et donc facilement accessible — sans nous leurrer toutefois sur sa validité : écrire le provençal en français, c'est le considérer, qu'on le veuille ou non, comme un patois.

Signalons quelques rares différences entre les graphies mistralienne et française : *j* se prononce *dj*, les diphtongues *au, éu, èu, óu, òu* se prononcent respectivement *aou, éou, èou, oou, ouou* (en une seule émission de voix).

Durance — sinon dans la région de Barcelonnette. Axe d'échange entre la Provence et la montagne, le Val Durancien constitue, sur le plan linguistique mais aussi humain, une percée provençale en zone montagnarde.

Problèmes et atouts d'une région

Pour la majorité des Français, **la Provence est la région du « bonheur ».** C'est du moins ce que révèle une enquête d'opinion menée par l'hebdomadaire *« Le Point »* sur le thème : « Où vit-on heureux? » Comme le souligne justement le journaliste, la carte du bien-être se confond de plus en plus, aux yeux de nos contemporains, avec celle de l'ensoleillement.
Les départements provençaux détiennent d'**autres records, plus inquiétants** ceux-ci.
Avec 3 676 000 hab., en 1975, la région Provence-Alpes-Côte d'Azur regroupe **7 % de la population** française; mais — et ces deux chiffres sont révélateurs — elle ne fournit que **4 % de l'emploi** national et **5 % de la production** du pays. Autant dire que la région détient la première place pour son pourcentage de population inactive (le taux d'emploi est de 37 % environ, c'est-à-dire de 10 % inférieur à la moyenne nationale). Si l'on examine la répartition de ces emplois, un autre trait sollicite l'attention : le **tertiaire** (commerce et services) **domine** (61 % du total des emplois, soit 10 % de plus que la moyenne nationale), reléguant loin derrière le secondaire (industrie et bâtiment : 32 %) et l'agriculture (7 %). Bref, peu d'emplois et mal répartis. Comment expliquer cette situation?

Une croissance démographique rapide

De toutes les régions de France, la « P.A.C.A. » est celle qui connaît le plus fort taux d'immigration (22 % de 1962 à 1968) et, partant, une croissance démographique extrêmement rapide. Encore faut-il noter d'emblée que **cette croissance est très inégale selon les départements** de la région : elle est spectaculaire dans les Bouches-du-Rhône (43 % encore de 1968 à 1975) qui concentre presque la moitié de la population régionale [1], timide dans les départements alpins (4 % pour la même période), accroissement qui ne compense pas ici la désertification de ces zones montagneuses qui ont perdu, en l'espace d'un siècle, sous la poussée de l'exode rural, près de la moitié de leur population.

---

1. En 1975, la population régionale se répartit, par département, de la façon suivante :
— Alpes-de-Haute-Provence . . . .   112 000 habitants
— Hautes-Alpes . . . .   97 000 habitants
— Alpes-Maritimes . . . .   817 000 habitants
— Bouches-du-Rhône . . . .   1 632 000 habitants (dont
                                                                                 1 005 000 habitants pour Marseille)
— Var . . . .   626 000 habitants
— Vaucluse . . . .   390 000 habitants

Cette croissance est due à **divers facteurs,** certains ponctuels, d'autres plus étalés dans le temps : afflux massif de rapatriés d'Afrique du Nord dans les années 60, attraction pour le Sud des populations septentrionales venues chercher des emplois au soleil ou le hâvre d'une paisible retraite. Bref, l'augmentation démographique est bien davantage due à l'influence des flux migratoires qu'à **la natalité** — qui **demeure plus faible que dans le reste de la France.**

Une industrialisation faible et déséquilibrée

Évoquant les problèmes économiques de la Provence, le Préfet de région diagnostique, en 1970, **« une sous-industrialisation marquée** qui s'est encore accusée en valeur relative, au cours de la période 1962-1968, par rapport aux autres secteurs. » Si 32 % de la population régionale active est employée dans le « secondaire », **moins de 20 % travaillent dans l'industrie proprement dite** (13 %, en effet, relèvent du Bâtiment et des Travaux publics). Si le département des Bouches-du-Rhône concentre la majeure partie des activités industrielles en Provence, il demeure, malgré tout, le moins industrialisé des départements de France incluant une grande métropole régionale. A cette sous-industrialisation, plusieurs causes traditionnelles :

Le poids des données traditionnelles. — La Provence recèle **peu de matières premières de base** dans son sous-sol : quelques gisements de bauxite, un bassin houiller (Gardanne-Meyreuil d'où l'on extrait du lignite), mais nulle trace de minerai de fer; la plupart des **activités** « secondaires » traditionnelles **relèvent davantage de l'artisanat** que de l'industrie : fabrique de tuiles, de briques, de « mallons », exploitations des carrières de pierre...

Les grandes villes de la région ont fondé leur réputation industrielle sur la **transformation de produits** de consommation, importés pour la plupart (minoteries, raffineries de sucre, huileries et savonneries, fabriques de vêtements, traitements des cuirs et peaux), bien **rarement sur l'industrie lourde** (constructions et réparations navales à La Seyne, La Ciotat et Marseille). Dans cette région, qui est restée en marge du premier grand mouvement d'industrialisation, **la petite entreprise continue de dominer** : 90 % des établissements industriels emploient moins de 10 salariés.

Une région économique longtemps périphérique et autonome : longtemps les industries provençales — la plupart concentrées dans la région marseillaise — ont fonctionné de façon autonome par rapport au marché intérieur français.

Marseille **vivait du commerce avec les colonies,** traitait les denrées importées puis écoulait les produits transformés soit dans la région soit sur les marchés africains et levantins. **Les difficultés de communication avec la France du Nord** interdisaient, par leur coût, des relations économiques soutenues dans le cadre du marché intérieur. Ce n'est qu'en période de crise, quand les récoltes avaient été mauvaises dans le Nord de la France, que les relations s'intensifiaient. Marseille augmentait alors sensiblement ses importations pour alimenter les villes du Nord touchées

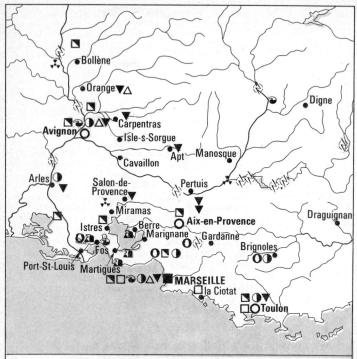

UNE INDUSTRIALISATION FAIBLE ET DÉSÉQUILIBRÉE 47

par la pénurie de céréales : « Marseille rit quand la France pleure, » disait-on.

Fait significatif, quand à la fin du XIXe s. le marché intérieur français « offre » aux industriels marseillais des matières premières équivalentes (betteraves, colza, blé), c'est un refus quasi-unanime de s'intégrer à l'économie nationale : le **coût des transports** intérieurs est **trop élevé**, les **« produits équivalents »** proposés par la France du Nord **répondent mal à la demande** africaine et levantine que doit satisfaire le commerce marseillais. Et quand vers 1890 une loi institue le protectionnisme, c'est une véritable levée de boucliers de la population et des industriels marseillais : « Le Nord armé contre le Midi comme un peuple ennemi », dit-on. C'est à force de manifestations, d'adresses et de discours que les Marseillais obtiendront la franchise des graines et des sucres.

L'écroulement de l'empire colonial a entraîné la **récession rapide de ces industries;** quelques-unes d'entre elles se sont reconverties vers la conservation de produits régionaux, mais un bon nombre a périclité. Alors que la quasi-totalité était traditionnellement possédée par des familles originaires de la région, aujourd'hui les **deux-tiers sont contrôlés par des groupes extra-régionaux.** En 1962, 3/4 des 90 établissements agro-alimentaires étaient encore aux mains de patrons « régionaux »; en 1975, 53 des 78 entreprises qui subsistent appartiennent à des firmes étrangères à la Provence.

L'industrialisation récente. — Après la deuxième guerre mondiale, on a tenté de rattraper le retard de la région en matière d'industrialisation et d'équipement; l'effort s'est porté essentiellement sur deux fronts : la **création d'un** vaste **complexe industriel** à l'O. de Marseille, la **production d'énergie hydro-électrique.**

L'entre-deux-guerres avait déjà vu s'établir sur les rives de l'étang de Berre un certain nombre de **raffineries** (à Lavéra, en 1933; à La Mède, en 1934...). Ce mouvement s'est amplifié dans les années 50, et désormais y sont installés les principaux groupements mondiaux *(Esso, Shell, B.P., C.F.P., I.C.I.)* employant plus de 8 000 personnes dans 23 établissements. Le **complexe de l'étang de Berre** raffine environ 45 millions de t de pétrole par an, occupant ainsi la **seconde place, à l'échelon national,** derrière la Basse-Seine (55 millions de t). La totalité du pétrole qui arrive à Berre (85 millions de t) n'est pas raffinée sur place; un oléoduc mis en service en 1962, draîne une partie du brut vers l'est de la France, la Suisse, la Sarre, l'Allemagne du sud, jusqu'à Karlsruhe. Stockage, raffinage du pétrole mais aussi **industries dérivées** : les filiales *Shell Chimie, Naphtachimie, Oxochimie* sont parmi les plus réputées pour la fabrication des produits de synthèse : solvants, détergents, bases pour fibres synthétiques, protéines artificielles... En quelque dix ans, de 1962 à 1971, l'**expansion de la chimie** a été considérable : l'indice de production a été multipliée par six (de 100 à 630).

Parallèlement, l'**industrie aéronautique** a connu un grand essor — au moins jusqu'à ces dernières années — sur les rives de l'étang de Berre; la *SNIAS (Société Nationale Industrielle Aéro Spatiale)* emploie près de 6 000 salariés (Marignane est le principal centre européen de construction d'hélicoptères). Plus récemment, la *Société des Avions Marcel Dassault* a implanté à Istres une usine pour le montage du Mercure — mais cette usine est restée à la mesure du succès de cet appareil, c'est-à-dire limitée.

Au total, la région de Berre, fortement industrialisée, regroupe plus de

200 000 hab. ; elle accentue le contraste démographique que nous avons déjà souligné entre l'aire marseillaise et le reste de la région.

L'industrialisation de l'étang de Berre posa, **dès les années 1960,** de **sérieux problèmes** : parmi ceux-là, l'urgente **nécessité de disposer d'un complexe portuaire moderne** pour recevoir les énormes navires pétroliers. **Fos** était né, au moins dans les esprits. Il s'agissait de créer, sur 7 300 ha (la superficie de Paris) un gigantesque port (l' *Europort du Sud*) au confluent de la Méditerranée et du Rhône; le Rhône qui, à travers la Saône et les canaux du Nord, devrait d'ici 1982, rejoindre le Rhin; on doubla le port d'une vaste zone industrielle. La réalisation du projet fut menée tambour battant et constitua un gouffre financier (quelque 12 milliards lourds) : mais Fos devait libérer la région du sous-emploi, entraîner la création d'entreprises diversifiées sur un vaste périmètre, bref relancer l'économie. Le port fut inauguré en 1968, la *Solmer* et *Ugine-Kuhlmann* s'installèrent dans les années 1973-74.

Il est difficile de juger un projet de cette envergure, quelques années seulement après sa mise en route. Disons simplement qu'**en l'état actuel des choses, la réalité ne répond pas aux espoirs** et que s'il fallait trouver une expression pour qualifier cette entreprise gigantesque, celle du « mythe de Fos » s'imposerait. On prévoyait 200 000 emplois nouveaux (y compris les emplois entraînés et induits); à peine 30 000 ont été créés (dont 8 000 pour les activités de base : port, sidérurgie). Il faut dire que **Fos a gravement pâti de deux crises** récentes : celle du pétrole en 1974 mais surtout plus récemment celle de la sidérurgie (que dire d'un des hauts fourneaux implantés à grands frais éteint juste après sa mise en service?).

Par ailleurs, **la réussite de Fos dépendait** — et continuera à dépendre — **de ses facilités de communication avec l'Europe du Nord.** A quand la réalisation définitive de l'axe Rhône-Rhin? « Il est tout de même anormal, note *C. Vautravers*, que de gros éléments de chaudronnerie ou des « colis lourds » sortis des usines du Creusot et destinés aux chantiers de Fos-sur-Mer, à moins de 450 km, aient dû voyager dix fois plus, « remontant » à Rotterdam pour être embarqués sur un cargo, franchir la mer du Nord, la Manche, le Golfe de Gascogne, longer les côtes portugaises, passer le détroit de Gibraltar pour être enfin débarqués dans les installations marseillaises ». A cela s'ajoute le **risque**, à terme, **d'un « court-circuitage »** de Fos et des villes du Midi méditerranéen par l'*« Europa Kanal »* qui, dès 1983, reliera Rhin-Main et Danube, assurant ainsi à l'Europe du Nord un autre débouché sur la Méditerranée, par la mer Noire cette fois-ci.

Fos, enfin, illustre mieux que tout autre exemple l'**emprise des capitaux étrangers** sur la région; à peu près toutes les entreprises d'envergure qui y sont établies ont leurs sièges sociaux en France du Nord ou ailleurs en Europe et dans le monde. Certaines de ces firmes, s'implantant là comme au Far-West, ont fait venir une bonne partie de leur main-d'œuvre des régions septentrionales où elles étaient précédemment établies (cas de la sidérurgie lorraine notamment).

L'aménagement du Rhône, dès l'après-guerre, devait contribuer à **« désenclaver » la région** en rendant le fleuve navigable (il ne reste plus aujourd'hui qu'un tronçon d'une quarantaine de km à équiper, de Péage de Roussillon à Pierre-Bénite); mais les grands travaux sur le Rhône, et plus tard sur la Durance et le Verdon, répondaient aussi à d'autres impératifs : **produire de l'énergie hydro-électrique,** domestiquer les cours impétueux du Rhône et de la Durance, véritables fléaux pour les riverains (*« Parlamen, Mistrau e Durènço, soun li tres fléu de la Prouvènço »*, dit le proverbe), organiser l'irrigation d'un territoire agricole souffrant régulièrement de la sécheresse.

Les travaux entrepris **sur le Rhône** en 1947 devraient s'achever en 1978 : 19 centrales (dont Donzère-Mondragon, Montélimar, Orange-Caderousse) produisant **16 milliards de kWh** par an. **Sur la Durance,** on entama les travaux un peu plus tard : la mise en eau de la réserve de Serre-Ponçon remonte à 1955; depuis, 24 usines ont été créées fournissant **7 milliards de kWh** par an. Enfin, on a aménagé cinq barrages **sur le Verdon.** En 1974, la mise en eau de la réserve de Sainte-Croix, rayant un village de la carte, a suscité une certaine émotion. Cet équipement hydroélectrique a fait faire à la région un bond en avant : la Provence-Côte d'Azur fournit actuellement **10 % de la production d'énergie du pays.**

Signalons rapidement d'autres activités ou industries d'implantation récente : **constructions électriques et électroniques,** secteur de type « foot loose », en net essor depuis une quinzaine d'années (une filiale de la *Thomson-CSF* emploie quelque 1 200 salariés à Aix-en-Provence), **centres d'études et unités de production nucléaires** : *C.E.A.* de Cadarache; centrale de Marcoule, la première à avoir produit en France de l'électricité d'origine nucléaire; « *Eurodif* », usine belgo-hispano-française, destinée à produire de l'uranium enrichi, actuellement en construction sur les bords du Rhône, dans le Tricastin; implantation de l'**armée,** enfin : silos atomiques sur le Plateau d'Albion; base de Canjuers, transformant ce « plan » de Provence en champ d'essai pour l'artillerie.

Malgré ces réalisations, la région se trouve toujours confrontée à une **difficile situation économique** : sous-emploi (75 000 chômeurs fin 1975), répartition très inégale des industries (les Bouches-du-Rhône concentrent 2/3 de l'emploi régional; la plupart des établissements sont installés sur l'arc de cercle que décrivent le Rhône, l'« aire » marseillaise et le littoral varois : la Provence centrale demeure un désert industriel, voir carte); colonisation extra-régionale (plus de la moitié des salariés dépendent de firmes dont les sièges sociaux sont établis ailleurs qu'en Provence). A coup sûr, l'économie industrielle de la région se trouve dans une période de transition délicate : tandis que les industries traditionnelles périclitent, **les réalisations récentes n'ont pas encore apporté tous les fruits que l'on attendait.**

Atouts et problèmes de l'agriculture régionale

Il y a moins de **100 000 agriculteurs** en Provence-Côte d'Azur : **7 % de la population active régionale.** La chute de la population agricole a été spectaculaire depuis le milieu du XIXe s. et s'est accentuée brutalement ces dernières années : en 1954, les agriculteurs formaient encore 18 % des actifs de la région.

Ce déclin a frappé très inégalement les différentes zones de la Provence. Ici aussi le déséquilibre est frappant entre une Provence prospère (la vallée du Rhône, la basse vallée de la Durance, le littoral varois...) — qui concentre la majorité des exploitations agricoles — et une Provence défavorisée, terre de l'exode rural (celle des plateaux varois, des plans de Provence, du pays de Lure...). D'un côté, une agriculture irriguée, intensive et « pilote », de l'autre la survivance, sur des sols ingrats, d'équilibres polyculturaux traditionnels qui s'adaptent mal aux conditions de l'économie moderne. Quelques chiffres illustreront ce contraste : dans le Vau-

cluse, la superficie agricole utilisée (S.A.U.) couvre 40 % du territoire du département; dans les Bouches-du-Rhône 37 %; ce pourcentage tombe à 24 dans les Alpes-de-Haute-Provence (encore faut-il noter que la superficie agricole comporte ici 55 % de pâturages), à 16,5 dans le Var. Le Vaucluse est en tête de tous les départements français pour son taux de motorisation agricole : 10 tracteurs pour 100 ha de S.A.U.; dans les Alpes-de-Haute-Provence on ne compte que 3 tracteurs pour la même superficie, etc.
Aussi faut-il distinguer **deux types d'agriculture, l'une spéculative** et en plein essor, **l'autre « traditionnelle »** et, dans l'ensemble, en régression.

Des secteurs de pointe — De la plaine comtadine à la Camargue s'échelonnent divers « pays » dont chacun doit son renom, en France voire dans le monde, à telle ou telle de ses productions : **vins** des Côtes-du-Rhône, de Châteauneuf-du-Pape, de Tavel et de Rasteau (le Vaucluse détient 98 % des vignobles d'appellation contrôlée — AOC — de la région Provence-Côte-d'Azur); **tomates** de Carpentras, **melons** de Cavaillon, **asperges** de Châteaurenard; **fruits** de Vaucluse et du val Durancien; **foin** de Crau (125 000 t en sont produites, bon an mal an, dont 100 000 sont expédiées vers le Nord, notamment pour la délicate nourriture des chevaux de course...); **riz** de Camargue, développé après la seconde guerre mondiale, donnant une production annuelle (90 000 t) un peu inférieure à la consommation française.

La **fortune** de la vallée du Rhône et du Val Durancien tient en deux mots : l'**eau** et le **soleil**. Ces régions ont tôt bénéficié d'un dense réseau de canaux d'irrigation permettant le maraîchage ou le développement de cultures spécifiques (le foin de Crau). Dès le Moyen-Age, les faubourgs agricoles des villes comtadines sont parcourus de canaux d'irrigation; en 1559, à l'initiative d'un salonnais, *Adam de Craponne,* est créé le canal qui porte son nom, amenant l'eau de la Durance en Crau; au XIXe s., le canal des Alpilles; puis celui de la vallée des Baux, et plus récemment celui de l'E.D.F. complètent cet admirable réseau d'irrigation, condition de la prospérité de la vallée du Rhône.

Parmi les activités de pointe, il faut également citer quelques **productions du littoral varois,** zone au climat particulièrement doux et qui échappe aux rigueurs du gel : **vignobles** de Cassis et de Bandol, **fleurs** d'Ollioules, **cultures maraîchères** des plaines de Saint-Cyr et de Hyères. Quant à l'arrière pays varois, il est parcouru de vallées et de dépressions dont certaines sont renommées pour leurs produits : **cerises** et **figues** de Solliès, **rosés** de Provence, de Pierrefeu et Cuers.

La **Provence-Côte d'Azur** occupe ainsi une position de **leader dans un certain nombre de secteurs** agricoles : **raisins de table, fleurs** (50 % de la production nationale), **légumes** (21 %); **fruits** (30 % des cerises, 35 % des poires récoltées en France viennent de Provence).

L'**essor** de ces cultures de pointe — qui s'accélère en raison de la multiplication des serres et de l'irrigation récente d'un certain nombre de micro-régions varoises — ne va pas cependant sans poser de **problèmes** : « **surproduction** » et **concurrence des pays** méditerranéens **voisins** entraînant des difficultés d'écoulement. Quant à la **vigne,** si elle fournit, dans l'ensemble de la région, 7 millions d'hectolitres (plus de 10 % de la production nationale) sa **qualité** demeure **très inégale** : 900 000 hectolitres d'AOC (Vaucluse, Cassis, Bandol), des VDQS réputés (Coteaux d'Aix, Côtes de Provence), mais aussi vins de consommation

ATOUTS ET PROBLÈMES DE L'AGRICULTURE RÉGIONALE

courante, vestiges d'une période où l'on recherchait davantage le rendement que la qualité, et dont la commercialisation n'est pas toujours aisée.

L'agriculture « traditionnelle » — Mais il y a aussi une autre Provence, celle des plateaux calcaires et de l'arrière-pays montagneux où l'eau est rare et le travail difficile. En Provence intérieure, **la polyculture a longtemps dominé** : vigne, blé, oliviers constituaient la trilogie de base — à laquelle s'ajoutaient l'élevage ovin, la sériciculture et la garance, plante tinctoriale cultivée dans certaines micro-régions.

Les coups portés à cette vieille économie agricole ont été particulièrement durs. Ce sont d'abord les **grandes crises du XIXe s. atteignant** successivement **l'élevage du ver à soie, la vigne, puis la culture de la garance** : crises dues à la pébrine (vers 1845), au phylloxera — qui débute en Provence vers 1865 —, à l'invention de l'alizarine, vers la même époque, solution chimique remplaçant définitivement la garance.

L'oléiculture a aussi sensiblement **régressé** : dans le département du Var, les oliviers couvraient quelque 50 000 ha au XIXe s. ; on n'en trouve plus que **6 000 ha environ aujourd'hui** : le grand gel de 1956 — encore gravé dans toutes les mémoires — n'est pas la cause véritable de ce repli spectaculaire de l'olivier. La Provence a connu tout au long de son histoire, des gels similaires (en 1709, 1788-89, 1819-20, 1829-30, 1871-72, 1928-29) qui n'ont pas remis en cause la culture des olives. Au vrai, le gel de 1956 a accéléré un processus plus qu'il ne l'a déclenché : la **concurrence** des huiles exotiques jointe aux **problèmes de la rentabilité** (la cueillette des olives est un travail long demandant de la main-d'œuvre) rendait difficile le maintien de cette culture. Aujourd'hui, seule la région des Alpilles, ce berceau de l'oléiculture provençale, maintient une production élevée.

Quant à **l'élevage des moutons — 11 % du cheptel** ovin français est réuni en Provence — il a sensiblement diminué du XIXe au XXe s. : en 1828 les grands troupeaux transhumant des **Bouches-du-Rhône** aux montagnes alpines (Vercors, Vallée de l'Ubaye, Alpes-Maritimes) comptaient quelque 500 000 têtes. En 1972, on en dénombre plus que **125 000** (22 % du total régional). Il s'agit ici essentiellement de *mérinos d'Arles,* moutons bons marcheurs et à la laine fine, nés au XIXe s. d'un croisement entre la race locale (la « cravenne ») et le mérinos espagnol. Dans le **Var**, l'élevage ovin continue aussi de régresser (il a presque diminué de moitié de 1960 à 1970); dans les **Alpes-de-Haute-Provence** (27 % du cheptel ovin régional) une **tendance à la reprise** semble se dessiner, après une longue récession du début du XXe s. jusqu'à ces dernières années.

Ce **déclin de l'élevage ovin** dans l'ensemble de la région est imputable à plusieurs facteurs : **mévente de la laine** (l'élevage est aujourd'hui entièrement tourné vers la production d'agneaux de boucherie); **régression** sensible **des espaces pastoraux** : progression de la vigne, au détriment des landes et des terres fourragères, de la lavande dans le haut-pays, confisquant des espaces traditionnellement réservés aux moutons; plus récemment, développement de l'urbanisation et des résidences secondaires « mitant » les antiques solitudes pastorales; installation enfin de camps militaires sur de vastes zones de pacage. A ces **problèmes** s'ajoutent ceux **de la main-d'œuvre** : le métier de berger est difficile, solitaire, encore mal rémunéré. Pourtant la demande en viande de mouton va s'accroissant et l'élevage ovin pourrait trouver un nouvel essor.

Les **céréales sèches** (blé, orge, seigle) sont aussi **en nette régression** mais il est vrai que leur productivité est particulièrement faible dans notre région. Cela dit, elles assuraient — et continuent partiellement d'assurer — des revenus stables, moins soumises aux crises et aux aléas climatiques que d'autres produits : vigne, lavande, arbres fruitiers.

Le pays montagnard, durement atteint par l'exode rural, a dû en partie sa survie à la **progression de la lavandiculture;** mais il s'agit là — contrairement aux céréales et à l'élevage ovin — d'une activité spéculative — tantôt miracle, tantôt maudite — dont la fortune a varié du tout au tout au cours du XXᵉ s. Après une succession de déboires alternant avec des périodes d'euphorie, la lavandiculture régionale a repris un nouveau départ : les cours ont atteint des records en 1976. Cela dit, elle **demeure en fragile équilibre,** soumise aux aléas de la concurrence et de la demande internationales (production des pays de l'Est européen et évolution du marché des parfums?).

Au total, l'agriculture de la Provence montagnarde et intérieure se trouve dans une **phase de difficile reconversion.** Le cas du département du Var est symptomatique : le **vignoble,** qui couvre 57 % de la superficie agricole utilisée, est encore d'une qualité **trop médiocre** (mis à part les « Côtes de Provence ») **pour prétendre à un essor sans problème;** les exploitations sont de dimensions réduites (plus des 3/4 ont moins de 5 ha); des **activités traditionnelles,** certaines fondamentales, d'autres d'appoint (oléiculture, élevage ovin, sériciculture) ont disparu ou sont ici **en régression sans avoir été relayées par de nouvelles productions.** Chiffre révélateur, 30 % des agriculteurs ont, dans ce département, plus de 64 ans (15 % en moyenne pour l'ensemble de la France).

La création, en 1959, de la *Société du Canal de Provence* devait permettre d'apporter à ces régions intérieures ce qui leur faisait le plus défaut pour leur mise en valeur : l'**eau;** une première tranche de travaux, irriguant le pays d'Aix, fut réalisée en 1969; une seconde alimentant les régions de Saint-Maximin, Brignoles, Signes, le Beausset, Saint-Cyr vient d'être achevée (1975). Ces équipements pourront **permettre de développer des cultures « pilotes »** (maraîchage) et de relancer, çà et là, l'activité agricole. Cependant, force est de le constater, l'approvisionnement en eau de ces régions a bien davantage incité les promoteurs à construire des ensembles d'habitations, les résidents secondaires à s'installer, que les agriculteurs à mettre en valeur de nouvelles terres ou à reconvertir leurs productions. Nous abordons là un problème crucial pour l'avenir de la région : le poids et les effets du tourisme.

Le tourisme :
panacée ou deuxième phylloxera?

Dans ce domaine, au moins, la région détient un véritable record : elle occupe le **premier rang européen,** accueillant, bon an mal an, quelque 5 millions de touristes. En 1975, on compte, en Provence-Côte-d'Azur, 216 000 résidences secondaires, 2 500 hôtels homologués, une quarantaine de villages de vacances, quelque 560 terrains de camping. La **progression,** ces dernières années, **a été spectaculaire** : le chiffre des résidences secondaires a crû de plus d'un tiers de 1968 à 1975! Certaines communes sont possédées aux 2/3 ou aux 3/4 par des étrangers à la région.

A n'en pas douter, la Provence a une vocation touristique : la mer y dispute au soleil, la colline à la montagne, les villages « pitto-

LE TOURISME : PANACÉE OU DEUXIÈME PHYLLOXERA ? 53

resques » aux garrigues désertes, les vestiges historiques aux sentiers odorants. Mais **l'afflux massif de résidents temporaires pose de sérieux problèmes aux collectivités locales et** plus particulièrement **aux agriculteurs,** dépossédés progressivement de leurs terres au profit d'une couche active de professionnels de l'immobilier.

Si l'exode saisonnier est **particulièrement spectaculaire sur le littoral,** il atteint aussi les autres zones de la région. Tentons rapidement de dégager les **différents profils de la clientèle touristique** qu'attire actuellement la région.

La catégorie la plus massive est constituée par les **vacanciers** : hébergé dans un hôtel, un camping, un pavillon ou un appartement qu'il loue, le vacancier se fixe le temps des congés, à proximité d'un centre de loisirs ou de distractions. C'est essentiellement la **clientèle du littoral** varois, entièrement tournés vers les plaisirs marins et nocturnes.

Parmi les **résidents secondaires** (propriétaires de maisons et de terrains), on distinguera plusieurs variétés : — les **bastidants,** clientèle aisée du Nord de la France, amateurs de nature provençale et de « vie traditionnelle », installés dans l'arrière pays (du bassin du Beausset à la montagne de Lure, en passant par le Luberon), loin des tumultes du littoral.

— les **propriétaires de maisons de village** appartiennent, dans l'ensemble, à la même couche sociale que les bastidants : depuis une vingtaine d'années, les parties les plus hautes des villages perchés, désertées par la population en raison de leur incommodité, ont été « colonisées », restaurées par une clientèle fortunée originaire des grandes villes de la région ou du Nord de la France (tels sont les villages du Castellet, dans le Var, de Bonnieux, de Goult dans le pays d'Apt, de Simiane, de Banon sur le plateau d'Albion...).

— quant au **cabanonnier,** il est originaire de la proche région, possède un lopin de terre (vignes et jardin) qu'il vient cultiver en fin de semaine et pendant les congés.

Signalons enfin l'émergence d'une nouvelle catégorie : les **résidents semi-principaux** : ceux-ci travaillent et séjournent habituellement dans une grande agglomération proche (Marseille, Aix...); pendant l'année, ils viennent passer les fins de semaine dans leur résidence secondaire; à la belle saison, ils s'y installent de façon continue; à la retraite, enfin, ils en font leur résidence principale. L'essor des résidences semi-principales est particulièrement net dans l'Ouest-Varois depuis la mise en service de l'autoroute B 52 reliant Marseille à Toulon.

Censé sauver les communes rurales de tous les malheurs en apportant un regain d'activité dans des zones à l'agriculture déclinante, en confortant les recettes communales ou en relançant le commerce local, **le tourisme pose en fait plus de problèmes qu'il n'en résout.**

Le **prix des terrains,** objets de convoitise et de spéculation, **augmente** dans des proportions considérables; l'agriculteur est tenté de vendre, en tout cas dissuadé d'acheter des terrains supplémentaires qui asseoiraient l'équilibre de son exploitation; les **servitudes collectives** (droit de passage, de vaine pâture pour les troupeaux) sont **bafouées** par les néo-résidents, prompts à enclore leurs terres; le **milieu naturel** est **pillé et dégradé** par les promeneurs : incendies de forêts (10 000 ha de pinèdes et de maquis sont brûlés tous les ans), mais aussi ravage des ressources de l'« espace sauvage » (gibier, champignons), appoint traditionnel dans le budget des paysans provençaux; il faut savoir que sur le Plateau d'Albion, la cueillette saisonnière des champignons peut rapporter à une famille jusqu'à 20 000 F; or, un jour de 1970, on dénombrait sur le territoire

d'une commune de ce plateau, plus de 650 voitures appartenant à des « étrangers »...
Contrairement à ce que l'on pensait, **le tourisme n'est guère créateur d'emplois,** sinon saisonniers et subalternes; il peut contribuer à modifier l'équilibre socio-politique des collectivités : intrusion des résidents secondaires dans les conseils municipaux, prise du pouvoir, à l'échelon local, par les catégories auxquelles profite le développement touristique : vendeurs de terrains; professionnels de l'immobilier et du bâtiment. L'**afflux massif des vacanciers pose des problèmes** sans précédent **aux collectivités d'accueil :** sécurité, distribution d'eau, enlèvement des ordures, pollution, etc. Enfin, **les touristes font fréquemment preuve d'incompréhension, voire de mépris, à l'égard du monde rural :** ils sont « spectateurs » du travail et de la vie des autres, et bien souvent spectateurs incompétents. Leur allure, leurs comportements choquent parfois les paysans qui, malgré eux, les accueillent : « Le comportement des touristes, lit-on dans un journal local, laisse souvent à désirer. Excusez les gens du cru si parfois ils se moquent de vos accoutrements. Ils ne comprennent pas toujours pourquoi, sous prétexte de défoulement... on s'habille n'importe comment et on se permet n'importe quoi ».

Beaucoup de communes de la région ont cru trouver dans le tourisme la solution de leurs maux (récession de l'économie locale, exode rural, etc.). Un trait est frappant : tôt ou tard — souvent trop tard — elles ont pris conscience des **limites d'un tel développement.** Après l'euphorie, le désenchantement; après le beau temps, la pluie. Aussi la plupart des municipalités, qui avaient joué la carte du tourisme, tendent aujourd'hui à limiter l'implantation de nouvelles résidences de loisir et à favoriser, au contraire, l'établissement de résidents principaux. Symptôme bien évident de leur désillusion.

Problèmes culturels

Une province menacée dans sa culture. — Les mutations qu'a connues la région depuis le milieu du XIXe s. ont entraîné la **disparition progressive,** ou un profond renouvellement, des activités de loisirs et **de la culture populaire traditionnelles :** théâtre, veillées, fêtes religieuses et profanes, croyances et coutumes, etc.

L'exode rural, la réduction des distances, la pénétration des modèles urbains ont relégué la plupart de ces activités au rang des souvenirs. Le **regain d'intérêt pour la fête,** manifesté depuis ces dernières années (on ressuscite le Carnaval, on exhume des cérémonies tombées en désuétude...) ne doit pas faire illusion : si, dans certains cas, il s'accompagne d'une prise de conscience de l'identité régionale, il **est trop souvent une simple réponse à la demande touristique.**

Les Provençaux ont aussi **perdu,** en l'espace d'un siècle, le symbole et le moyen d'expression de cette culture : **leur langue.** Dès 1840, *Victor Gelu* remarque : « L'idiome provençal se meurt; au train où va le siècle, avant 30 ans, cette langue sera aussi difficile à expliquer que la langue des hiéroglyphes pour quatre-vingt-dix-neuf centièmes de notre population marseillaise ».

PROBLÈMES CULTURELS

Si la francisation a tôt atteint les grandes villes, elle a été plus lente dans les campagnes.

La plupart des paysans âgés parlent encore aujourd'hui le provençal; ils se rappellent le temps où l'instituteur les punissait pour avoir échangé quelques mots en « patois » dans la cour de l'école. C'est que l'école laïque et obligatoire, si elle généralisa l'usage du français, servit aussi à **discréditer les langues régionales**. La littérature enfantine de l'époque se faisait l'écho de l'idéologie officielle. Dans *Le tour de France de deux enfants,* les héros se retrouvent dans une ferme où l'on ne parle que « le patois du Midi [...]. Mais, dans un petit nombre d'années, il n'en sera plus ainsi et dans toute la France on saura parler la langue de la patrie ».

Le Félibrige, espoir déçu. — Face à ces atteintes, la réaction fut, en Provence, particulièrement précoce; elle vint d'écrivains et de poètes qui se groupèrent pour « défendre et illustrer » leur langue menacée. C'est le 21 mai 1854, fête de Sainte Estelle, que *Roumanille,* le promoteur du mouvement, et six des plus jeunes poètes provençaux, *Mathieu, Aubanel, Tavan, Giéra, Brunet* et *Mistral,* réunis au château de Fontségune, sur la colline de Châteauneuf-de-Gadagne, fondèrent le **Félibrige**.

Les buts de ce **premier mouvement régionaliste** sont clairement définis dans le règlement de l'association, établi en 1862 : « Le Félibrige a pour but de conserver longtemps à la Provence sa langue, son caractère, sa liberté d'allure, son honneur national et sa hauteur d'intelligence, car telle qu'elle est la Provence nous plaît. Par Provence, nous entendons le Midi de la France tout entier ».

Rapidement, **le mouvement fut organisé** : à sa tête un *capoulié* (les premiers furent *Mistral* et *Roumanille*), président un consistoire composé de 49 *majouraù* — dont l'emblème était une cigale d'or. Le « Midi » fut divisé en régions ou *maintenances* (Provence, Languedoc, Guyenne-Périgord, Gascogne, Béarn, Auvergne, Limousin, Velay, Roussillon), chacune groupant des « écoles » devant perpétuer langue et tradition. De grands jeux floraux septennaires furent institués : le lauréat de ces grands jeux poétiques désignait la Reine du Félibrige qui lui posait sur la tête une couronne d'olivier en argent, emblème de la maîtrise en Gai-Savoir. Parallèlement fut créée une publication périodique, l'*Armana Prouvençau,* expression des revendications et de la vie du mouvement félibréen. Les **succès littéraires de Mistral** (*Miréio* paraît en 1859; en 1904, on décerne le Prix Nobel à l'auteur) **assurèrent au Félibrige un certain rayonnement**. En 1913, Raymond Poincaré lui-même s'arrêta à Maillane, patrie de Mistral, pour rendre hommage au poète.

A regarder de près **l'œuvre du Félibrige**, il faut bien reconnaître qu'elle **ne fut pas** — loin s'en faut — **à la hauteur des intentions** de ses prestigieux initiateurs. Qu'en reste-t-il aujourd'hui? Un dictionnaire monumental, *Lou Tresor dóu Felibrige,* édité par Mistral en 1865; un musée d'une richesse exceptionnelle, le *Museon Arlaten,* véritable reliquaire de la Provence, créé à l'initiative de Mistral qui y consacra le montant de son Prix Nobel.

Quant au grand mouvement populaire de renaissance provençale que devait susciter le Félibrige, on aurait grand mal à en retrouver la trace. Sans doute une telle inspiration fut-elle contrecarrée par le centralisme de la IIIe République; mais, il faut bien le dire, la portée du mouvement félibréen tint à sa nature même : un groupement d'**hommes de lettres davantage intéressés par le maintien** d'une langue et de coutumes traditionnelles **que par les grands problèmes**, sociaux et économiques, qui ébranlaient la région.

Il suffit d'examiner les termes qui désignent les responsables et les institutions de ce mouvement pour prendre la mesure du **caractère littéraire et passéiste de l'idéologie félibréenne** : *capoulié, majourau* (chefs bergers) se réfèrent à l'antique vie pastorale; les emblèmes sont des cigales et des rameaux d'olivier; les sections régionales sont des *maintenances* (on ne saurait mieux traduire l'intention!). Les manuels de provençal édités par le mouvement félibréen traitent d'une Provence rurale, littéraire, traditionnelle : on aurait grand peine à y trouver une allusion à la vie urbaine ou aux problèmes contemporains de la région.

Même sur le plan linguistique, l'œuvre du Félibrige fut ambiguë; sans doute Mistral et les siens contribuèrent-ils à conserver et à codifier (normalisation de l'écriture : graphie dite mistralienne, V. note p. 43) une langue qui se mourait; mais leur souci de purisme les amena à prendre pour norme une variété de provençal (celui parlé à Arles) et à considérer les autres dialectes utilisés dans la région comme des formes dégradées, des « patois ». Déjà **discrédités par les progrès du français, les dialectes provençaux le furent** — paradoxalement — **une seconde fois par le mouvement même qui prétendait les défendre**. L'idée est encore bien ancrée, dans notre région, que l'on ne parle le *vrai* provençal qu'aux environs de Maillane...

Mais, comme le note *R. Jouveau*, **le tort essentiel du Félibrige fut** de « s'enfermer un peu trop tôt dans son réduit linguistique et **de ne pas se mêler davantage à toutes les activités du pays** ». **Deux tendances** coexistèrent longtemps au sein de ce mouvement : **l'une, prudente** — qui devait l'emporter — incarnée par *Mistral* lui-même; **l'autre plus bouillonnante**, républicaine, attentive aux grands mouvements sociaux qui animaient la province, représentée par *Aubanel*, puis par *Dévoluy*. Le conflit entre ces deux tendances fut exacerbé en 1907, quand *Mistral* refusa de prendre la tête des manifestations de viticulteurs à Montpellier. Le Félibrige restait ainsi en marge d'un grand mouvement de protestation populaire; mieux — ou plutôt pis — il rejoignait bientôt les thèses royalistes (en matière de fédéralisme notamment) défendues par *C. Maurras*, félibréen convaincu et fondateur de *L'Action Française*. Dès lors, les orientations et les revendications du mouvement furent très marquées « à droite ».

Sombre destin d'un mouvement qui eut toutefois le mérite de susciter une **première prise de conscience de l'identité régionale**. Aujourd'hui, le Félibrige se confine dans des activités littéraires et folkloriques. Un des meilleurs connaisseurs du mouvement ne dit-il pas : « A l'heure actuelle, il est impossible de trouver dans le Félibrige cent lecteurs fidèles. Les écoles félibréennes, à de très rares exceptions près, ne sont plus que des groupes folkloriques »!

Les mouvements occitanistes.

— Encore peu développés en Provence — ils connaissent une beaucoup plus grande audience en Languedoc-Roussillon —, ils ont pris le relais, sur de tout autres bases, pour la **défense de l'identité régionale**. Dirigés par des jeunes, souvent « déracinés », ils **associent protestations culturelle et politique**, tâches d'enseignement de la langue (V. note p. suiv.) et activités d'animation (théâtre, festivals, fêtes locales...)**.**

Les **options** et les **slogans** de ces mouvements **varient** sensiblement : du radical « Francès, defora! » (Français, dehors!) au plus nuancé « Volem viure al pais »; **mais tous se rejoignent sur** un point, **la condamnation du Félibrige**; tantôt c'est la normalisation félibréenne de la langue qui est la cible : « Denonci lo Felibrige, lit-on dans un récent numéro de *Lutte*

Occitane, coma assasin de la cultura provençala »; tantôt c'est le passéisme félibréen qui est visé : danses folkloriques, vêtement arlésien; « Bralhatz vos de blujoan (blue-jean en francés) pour venir dançar la farandola! ». En définitive, le Félibrige est accusé « d'esser un moviment borgès-conservaire ». « Totafes, conclut l'éditorialiste, pas una rason per tirar la barba de toteis felibres que vesetz ».

Certaines iniatives des mouvements occitanistes méritent d'être mentionnées, celles qui, loin de figer la Provence dans un passé idyllique, **associent défense de l'identité culturelle et réflexion sur les problèmes socio-économiques contemporains.** Ainsi *Le Teatre de la Carriera* présente, à travers ses pièces, les problèmes actuels, ou encore présents dans les mémoires, de la région; les titres des œuvres sont eux-mêmes révélateurs : « La Pastorale de Fòs », « La guerra del vin », etc.

Cela dit, de **telles entreprises** demeurent **minoritaires et il n'est pas sûr qu'elles touchent le public auquel elles veulent s'adresser.** Indiscutablement, il y a aujourd'hui un regain d'intérêt pour la culture locale; la création d'un Office culturel régional en 1976 en témoigne; mais le risque demeure que le patrimoine valorisé soit confisqué par une élite minoritaire plus soucieuse d'activités de prestige que de la promotion des formes populaires d'expression à l'échelon des villages ou des quartiers de ville; le risque point aussi de voir se développer une culture artificielle, pétrie « d'occitanité », inintelligible pour ceux qui continuent à vivre au pays; enfin, le provençal risque de disparaître définitivement, d'ici à vingt ans, de l'usage quotidien; si l'enseignement du provençal connaît aujourd'hui une certaine vogue [1] — toute relative d'ailleurs — il s'adresse davantage à des « déracinés » qu'à la population stable des villes et des campagnes.

L'habitat rural

Dispersion et groupement

Où l'on retrouve deux Provences. — « La Provence, écrit *F. Benoît*, est d'une façon générale un pays d'habitat groupé ou concentré. » C'est, en effet, la première impression qu'éprouvera le voyageur en découvrant les « bourgs » des plaines et les villages perchés des collines provençales, où les maisons semblent entassées les unes sur les autres. Un examen plus attentif de la répartition des maisons amène pourtant à nuancer sensiblement ce lieu-commun faisant de la Provence la terre par excellence de l'habitat groupé. C'est que, de la Camargue aux collines varoises, **l'habitat rural présente une variété certaine.**

Aux régions de **collines** et de **moyenne montagne** caractérisées par un **groupement** dense de l'habitat s'opposent, en effet, les zones de **plaine** ou de **plateau** (Camargue, Crau, plaine comtadine, pays d'Aix...) où la **dispersion** domine. D'une enquête effectuée par *R. Livet*, en 1954, il ressort ainsi que dans le département de Vaucluse 52 % des communes abritent plus d'habitations dispersées que d'habitations groupées; dans les Bouches-du-Rhône le pourcentage des communes à dispersion dominante est de 35 %; dans le Var, il tombe à 21 %.

---

1. Dans la mesure des moyens qui lui sont impartis : à titre d'exemple, il n'existe pas de chaire de provençal dans les universités parisiennes mais quelques-unes... au Japon.

On pourrait donc distinguer **deux Provences** dont la frontière coïncide grosso modo avec celle du département du Var : la Provence intérieure où domine l'habitat groupé, la Provence des plaines où le mas, la bastide et le domaine l'emportent sur le village.
Comment expliquer ces variations?

Le poids de l'Histoire. — L'Antiquité a vu se succéder en Provence **deux types d'habitat** fort différents; les **Celto-Ligures** (VIe-Ve s. av. J.-C.) vivaient dans des **villages fortifiés** (*oppida*; on en a recensé quelque 250 dans le Var); à cet habitat groupé la **colonisation romaine** (Ier s. av. J.-C.-IVe s. ap. J.-C.) a substitué un tout autre mode d'établissement humain : les *villae*, exploitations rurales implantées en **ordre dispersé** à proximité des points d'eau (sources, rivières) et des grandes voies de communication.

Concédées à des colons, ces *villae* pouvaient être soit d'amples et luxueux **domaines de plaisance,** comprenant temple, bains, péristyles et mosaïques, soit des habitations plus modestes, sièges de **petites exploitations agricoles,** les *villae rusticae*.

Seuls quelques grands domaines ont subsisté sur les vestiges des *villae* gallo-romaines. C'est que, si le colonisateur romain recherchait, pour s'installer, la proximité de l'eau, le paysan provençal a le plus souvent préféré un site abrité des vents à une source ou une rivière. En fait, c'est à partir du Moyen Age que se dessinent les types d'habitat qui caractérisent encore aujourd'hui la Provence.

Au Xe s., apparaît le *castrum,* village fortifié, perché sur un piton rocheux ou accroché au bord d'un plateau. C'est l'**ancêtre de nos villages actuels,** caractérisé hier comme aujourd'hui, par l'entassement des bâtiments les uns sur les autres, la hauteur des maisons, l'étroitesse des ruelles.

On a souvent présenté le *castrum* médiéval comme le type même de l'habitat défensif. Cette hypothèse est démentie par la chronologie. La configuration de l'habitat, aux différentes périodes de l'histoire, semble indifférente aux menaces venues de l'extérieur. N'est-ce pas après — et non pendant — les incursions sarrazines (IXe-Xe s.) que s'établissent les *castra*? Inversement, n'est-ce pas aux temps troublés du règne de la reine Jeanne (XIVe s.) que l'habitat commence à se disperser?

En fait la **dispersion relative** de l'habitat à partir du bas Moyen Age correspond à plusieurs facteurs : — **création d'exploitations rurales** par des ordres religieux : moines de Saint-Victor, Templiers, Hospitaliers; — **emprise des villes sur la campagne** : du XVe au XVIIIe s. les *bastides* — qui sont à la fois, les résidences secondaires des citadins fortunés et des exploitations agricoles — prolifèrent à proximité des grandes agglomérations (Marseille, Aix, Toulon); — **colonisation paysanne** enfin, qui se traduit, dès le XVIe s., par la multiplication des *mas* dont les terres sont conquises et défrichées, soit avec l'agrément du seigneur, soit en marge de son autorité. Cette dispersion s'accentue, au XIXe s., dans certaines régions, la plaine comtadine notamment, avec le développement du maraîchage.

Dès le **milieu du XIXe s.,** sous la double poussée de l'exode rural et de la recherche de meilleures conditions de vie, les **villages changent de physionomie;** un mouvement de descente des sommets rocheux s'amorce. La **période contemporaine** enregistre enfin de **profondes mutations** : pulvérisation de l'habitat traditionnel, abandon par les paysans des vieux villages reconquis par des « esthètes » fortunés venus du nord de la France ou de l'Europe, mitage des terroirs par les résidences secondaires, pseudo-mas ou pavillons néo-provençaux.

Ces mouvements successifs **de concentration ou d'émiettement** de l'habitat, **ont affecté différemment les « pays »** de notre province. **Dans les zones de grande propriété** (Camargue, Crau, Haut-Var) la **dispersion** a toujours été le mode dominant d'établissement; ces régions ne connaissent pas — ou fort peu — l'imposant village retranché derrière ses remparts. A l'inverse, la Provence intérieure, **zone de petite propriété** (5 à 15 ha), est la terre par excellence, de l'**habitat groupé**. Les exploitants demeurent presque tous au village. Parfois — c'est le cas à Cotignac dans le Var — ils possèdent deux maisons, l'une à la campagne, où ils résident pendant la semaine, l'autre au village, où ils se rendent le samedi et le dimanche. Autant dire que la distinction que nous établissions plus haut entre deux Provences repose, avant tout, sur des différences d'ordre foncier et sociologique. « La misère, dit *F. Benoît* dans une formule lapidaire, groupe l'habitat et l'aisance le disperse ».

Le village provençal

Site. — Rares sont les villages implantés au fond des bassins ou sur le bord des rivières. On comprend aisément cette répulsion pour l'eau dans un pays où les **crues des fleuves et des rivières sont aussi violentes que catastrophiques.** Tous les villages du Val Durancien sont situés en retrait de l'impétueuse rivière. Quant aux habitants installés à proximité du Rhône, ils ont dû se prémunir, par les moyens du bord, contre les crues dévastatrices. Caderousse, près d'Orange, est ainsi ceinturé d'un rempart de défense... contre les eaux du Rhône.

La plupart des **agglomérations** sont **situées en hauteur, soit autour de massifs** dont elles épousent la pente (villages des Alpilles) **soit autour des bassins** qu'elles dominent (Cuers, Signes, Carnoules, Gonfaron, Les Arcs, Cotignac dans le Var) **soit**, formule la plus typique, **sur les bords inférieurs de plateaux ou des pitons rocheux** (villages des « monts » de Vaucluse et des Alpes de Haute-Provence, mais aussi des escarpements des Bouches-du-Rhône : Les Pennes-Mirabeau, Bouc-Bel-Air et le vieux Fos, juché sur son rocher, qui domine l'immense complexe industriel).

On serait bien en peine de fournir *une* raison qui rendrait compte de la **prédilection des provençaux** — et plus généralement des méditerranéens — **pour ces sites élevés.** On a vu plus haut ce que vaut l'hypothèse de l'habitat défensif. Sans doute faut-il chercher plus loin et plus profondément ce goût pour les sommets escarpés et l'entassement de l'habitat.
De tous temps en Provence, **la crête et le rocher semblent avoir guidé les hommes dans leur choix** d'un site villageois. **Les noms** mêmes **des agglomérations**, hérités pour bon nombre de la période pré-indo-européenne, **témoignent de cet attachement** multiséculaire aux *bau* (corniches rocheuses). Beaucoup comportent les racines *AK* ou *AKW* (Eyguières, Eygalières...), BL (Les Baux, Le Beausset...), *KR* (Carro, Carcès...) qui

toutes désignent la roche. Il faut dire que certains de ces *bau* ont de quoi fasciner : pensons à Cotignac, par exemple. Quant au tassement, hérité du Moyen Age, ne faut-il pas y voir, outre une recherche de l'ombre, l'indice d'un goût profond pour la vie publique, la sociabilité?

Comme on l'a indiqué plus haut, **beaucoup de villages sont descendus** de leur butte au cours des siècles : **recherche de l'eau** (on ne dispose sur les hauteurs que de citernes), **de meilleures conditions de circulation** à l'intérieur de l'espace bâti, autant de causes classiques du « déperchement » des villages. Le glissement est clairement lisible dans les différents types d'habitations qui s'échelonnent : vieilles bâtisses et anciens monuments collés contre la paroi, maisons cossues du XIXe s. en bas de la butte autour d'une place ou d'un cours aménagés à cette période; villas essaimées à la périphérie. Signalons quelques facteurs plus ponctuels de « descente » de l'habitat : installation d'une gare en aval du vieux village, tremblement de terre...

Un village « urbanisé ». — Le trait le plus caractéristique du village provençal c'est, paradoxalement, son **urbanité**; urbain, le village l'est par sa démographie, par sa morphologie, par sa sociologie. Nombreux sont les gros villages des collines qui, au XIXe s., regroupent plus de 2 000 habitants : les agglomérations rurales du pays brignolais sont presque toutes de gros bourgs (Barjols, Carcès, Cotignac, Salernes...) que leurs habitants qualifient, avec un peu de fierté il est vrai, de villes. C'est aussi **par son faciès et son décor** que **le village ressemble à la ville** : remparts, maisons hautes et étroites, comportant parfois 4 ou 5 étages, collées les unes aux autres; places et cours monumentaux, copiés sur ceux des grandes agglomérations proches.

Comme à la ville, **les rues et « boulevards » portent des noms** (la République, Gambetta, voire Staline sont les plus souvent à l'honneur en Provence « rouge »; en pays « blanc » les saints tutélaires et les notables locaux sont les plus cités); **les équipements** et des services de type urbain **ne font pas** davantage **défaut** : foires (d'une densité assez extraordinaire au XIXe s. en Provence intérieure); théâtre (jusque vers 1930 des troupes régionales s'y produisaient régulièrement); aujourd'hui C.E.S., stades avec gradins, etc. **Certains de ces équipements** — nous pensons à la taille des places et des cours, à la multiplication des foires — **dépassent** largement **la mesure des besoins communautaires**. C'est que les « paysans-citadins » des villages provençaux, guidés par un très **vif désir d'urbanité**, n'hésitent pas à jouer de surenchère : l'histoire porte témoignage de rivalités entre agglomérations proches, se disputant le « leadership » micro-régional, à coups de créations de foires qui leur conféreraient plus d'éclat.

Sociologiquement enfin, le village s'apparente aussi à la ville; sans doute comprend-il une majorité d'agriculteurs (mais la ville — Draguignan, Manosque, Aix... n'est-elle pas aussi traditionnellement la résidence de nombreux ouvriers agricoles?); il inclut, en outre, des artisans voire des ouvriers travaillant dans les fabriques locales (tanneries, tuileries, briqueteries etc.) et une « micro-aristocratie de bourgeois » : notaire, médecin et autres notables qui « font de lui une petite ville » *(M. Agulhon)*.

L'espace villageois. — L'espace du village est rigoureusement réparti entre les sexes et les classes d'âge : aux **hommes** la place, les cafés, le boulodrome, la mairie..., aux **femmes** fontaines et lavoirs, commerces, églises..., aux **personnes âgées** les sites ombragés, les bancs publics situés en retrait des lieux de rassemblement masculin et féminin; aux **enfants** un pré qui jouxte l'agglomération ou la « nouvelle » place...

Il faut insister sur les multiples fonctions que remplit **la place** dans la vie quotidienne provençale : c'est tout d'abord un **espace de loisir et de sociabilité pour les hommes** (platanes, boulodrome, bancs, cafés...); c'est ensuite le **nœud des relations économiques et sociales** entre la population groupée et la population éparse, entre la commune et l'extérieur (la plupart des commerces y sont concentrés, les marchés s'y déroulent, naguère les foires s'y tenaient); c'est aussi le **lieu de recrutement de la main-d'œuvre** (journaliers, manœuvres...), une bourse du travail, en somme; c'est enfin là que **sont réunis les** principaux **symboles qui scellent l'identité communautaire** : mairie, monument aux morts, orme légendaire, fontaine publique, beffroi.

Comme le note très justement L. Roubin, « la **maison villageoise** provençale ne comporte, à proprement parler, pas de pièce masculine. La cuisine, pièce commune du feu et de la table, est pour la maîtresse de maison la réplique de ce que la place est aux hommes ». De fait, les **maisons villageoises** (oustau) **sont des espaces essentiellement féminins** : au rez-de-chaussée remise, cuves, écurie (où veillaient parfois les femmes), chambre à provisions; au premier étage la « salle », pièce principale, où la femme « reste », s'occupant des travaux ménagers; au second les chambres; au-dessus, grenier, grange (des potences à poulie en signalent toujours l'emplacement). Un **jardin** prolonge généralement l'habitation sur l'arrière. C'est là aussi un espace essentiellement féminin. Les occasions de « sorties » pour les femmes sont les **courses** (elles ne font alors que traverser la place), la **lessive au lavoir** (encore utilisé de nos jours pour le rinçage même si l'on possède une machine à laver), haut-lieu de la sociabilité féminine : les conversations y vont bon train, dégénérant parfois en querelles.

La séparation entre les activités et les espaces masculins et féminins est nettement marquée dans ce pays méditerranéen. Le proverbe fait écho à cette situation « Ni estoupo près dóu fue, ni femo près de l'ome » (Ni étoupe près du feu, ni femme près de l'homme). Ce n'est qu'à l'occasion des fêtes et des grandes solennités qu'hommes et femmes se trouvent réunis sur l'agora villageoise.

Les habitations dispersées

Il est difficile d'englober dans une présentation synthétique les différentes formes d'habitations rurales de Provence; c'est que, du « cabanon » de la banlieue marseillaise au « domaine » de Camargue, de la « bastide » aixoise à la borie de « Vaucluse », les variantes ne manquent pas.

Distinguons d'emblée **deux grands groupes** : les habitations — ou complexes d'habitations — qui sont le **siège d'une exploitation agricole**, et, par ailleurs, l'**habitat marginal** (« cabanon », « bories », cabanes de gardians camarguais...).

Mas, bastide et domaine. — Le vocabulaire provençal est riche de termes désignant l'habitation rurale : **mas, bastide, grange,** ou encore **campagne** (« domaine » est, en revanche, rarement employé). Ce qui différencie ces mots ce n'est pas tant leur sens — dans l'ensemble similaire — que leur aire respective d'utilisation.

Dans la partie septentrionale de notre région (Comtat, plateaux d'Albion et de Forcalquier) on emploie surtout le terme **grange** (influence du Dauphiné); de Salon à Draguignan, **bastide** règne sans conteste; en Provence rhodanienne, la situation est plus complexe : **mas** est le mot le plus utilisé : il désigne aussi bien la petite construction, siège d'une exploitation familiale, que le grand domaine de Crau ou de Camargue; **bastide** a, dans cette zone, un sens bien précis : c'est un somptueux édifice réunissant une habitation de loisir (une « résidence secondaire » en quelque sorte) et des bâtiments ruraux. Quant au mot **campagne**, il désigne, dans toute la région, l'exploitation et l'habitation rurales. Les **bastidants,** les **campagnards** ce sont les agriculteurs de la commune qui résident en dehors du village.

Les distinctions offertes par la langue sont donc ici de peu d'aide pour ébaucher une classification; c'est par convention plutôt que par fidélité à l'usage linguistique que nous distinguerons :

Le mas. — Habitation rurale, de taille réduite, siège d'une exploitation familiale, il est, par excellence, la **résidence de** ces **petits propriétaires** relativement aisés que l'on appelait encore à la fin du XIXe s. les **ménagers.**

En région de plaine, il est étalé à terre, comportant **deux niveaux,** dont le second, mansardé, est de taille très réduite; au rez-de-chaussée se trouvent juxtaposés la « salle » et les dépendances pour les animaux et le matériel agricole; au premier étage, les chambres et le grenier.

En région « montagneuse », le mas est plus élevé (constructions comportant souvent **trois niveaux**) : dans certains cas (plateaux d'Albion et de Forcalquier notamment) logements des animaux et des hommes sont superposés; au rez-de-chaussée se trouvent écurie, bergerie, cabrière, cave, etc., au premier étage, la pièce commune; au second, les chambres et le grenier.

Les **matériaux de construction** du mas étaient, dans l'ensemble, **obtenus et traités sur place** : moellons des champs, galets (Crau), *tàpi* (pisé) pour la confection des murs; poutres rares et mal équarries pour supporter la couverture... (V. plus loin). Pour protéger et dissimuler les pierres, le plus souvent de mauvais appareil, on les recouvrait de crépi (mélange de chaux et de sable coloré). A coup sûr, rien de plus étranger à la sensibilité du paysan provençal que de laisser en pierre apparente la façade de sa maison.

Traditionnellement, la **toiture** du mas est en « appentis » (un seul pan) ou en « bâtière » (deux pans symétriques ou asymétriques); dans tous les cas les **murs latéraux** sont **aveugles** et l'adjonction au volume de base d'un bâtiment supplémentaire ne pose donc pas de problème technique particulier. Le mas est, pour ainsi dire, de par sa nature, une **construction évolutive,** à laquelle on peut accoler, en fonction des besoins et des possibilités, divers appendices.

Le domaine. — C'est avant tout par sa taille qu'il se différencie du *mas*; situé **au centre d'une vaste propriété** (certaines de ces propriétés dépassent 1 000 ha en Camargue ou dans le Haut-Var), le « domaine » regroupe les **habitations du maître et du**

LES HABITATIONS DISPERSÉES

personnel (jusqu'à 400 personnes) ainsi que d'imposants **bâtiments d'exploitation** (les bergeries de Camargue peuvent abriter 2 000 moutons). Ce type d'habitat est évidemment caractéristique des zones de grande propriété (Camargue, Crau, Haut-Var, plateaux d'Albion et de Valensole).

La disposition des bâtiments varie selon la taille du domaine et l'importance du personnel. Dans les **« petits » domaines**, fréquents en Crau, **maître, « baile-fermier », valets et journaliers, habitent le même logis** et partagent les repas. Ces « petits » domaines s'apparentent en fait, à de **gros mas,** les dépendances étant accolées à l'habitation humaine.

Les **grands domaines** présentent une autre physionomie : **habitations du**

FAÇADE SUD-EST
0   4m

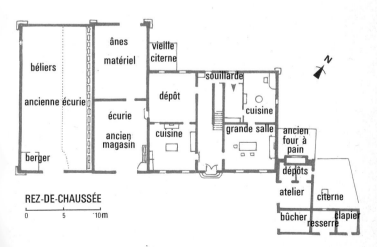

REZ-DE-CHAUSSÉE
0   5   10m

MAS CAMARGUAIS

maître et des gens de ferme, bâtiments d'exploitation sont, en général, **disjoints.**

L'**habitation principale** comporte souvent **deux logements,** situés de part et d'autre du corridor central, celui du propriétaire et celui du « baile-fermier » ou du régisseur; ainsi dans le **mas camarguais** (V. p. 63), le maître résidait naguère dans la « grande salle », le baile dans la cuisine. Dans d'autres cas, le propriétaire réside dans un petit château, le « régisseur » dans un mas proche. Gens de ferme et journaliers sont logés à proximité du « domaine » dans de petites maisons séparées ou dans des dortoirs. Souvent une cantine rassemble, à l'heure des repas, l'ensemble des salariés de l'exploitation.

Écurie, hangars et pigeonnier prolongent, dans la plupart des cas, l'habitation principale; la **bergerie** est, en revanche, un **bâtiment indépendant** (notamment en Camargue).

La **maison du maître,** bien que flanquée de dépendances agricoles, se signale à l'attention par quelques traits architecturaux : régularité des façades et des ouvertures, moulurations, poutres bien équarries. En Camargue on faisait venir par le Rhône de belles pierres de taille des carrières de Fontvieille pour édifier les maisons de maître; en revanche, bergeries, cabanes de gardian... étaient construites en matériaux uniquement végétaux (ormeau ou saule, roseau : *sagno*) disponibles sur place.

La bastide. — Caractéristique des **zones péri-urbaines** (pays aixois, littoral Ouest-varois), la bastide est la **résidence secondaire** traditionnelle **des classes aisées des villes,** et cela sans doute depuis le XIVe s. Elle **associe détente** et **loisirs** (élégante demeure, jardins ombragés, statues décoratives, postes de chasse...) **et rapport** (terres agricoles et bâtiments d'exploitation). *Millin,* en 1807, dénombre 5 000 bastides à proximité de Marseille.

Ce goût pour la bastide, comme celui des moins fortunés pour le cabanon, ne se laisse pas interpréter en termes strictement économiques : que la bourgeoisie urbaine ait réalisé de fructueux placements en acquérant des terres agricoles, sans doute! mais elle aurait pu tout aussi bien investir dans le commerce ou l'industrie naissante. En fait le « culte » de la bastide relève tout autant d'un **comportement économique** (emprise des villes sur la campagne) que d'un trait profond de mentalité : **attachement aux plaisirs agrestes** et à la détente.

Ce sont d'**amples bâtisses,** pourvues d'**ouvertures réparties symétriquement,** agrémentées, sur la façade, de **sculptures** et de **balcons** en fer forgé. Les murs sont en pierre de taille (pierre de Rognes dans la région aixoise). Parfois le toit comporte quatre versants, dans d'autres cas la façade est, sur le pignon, surmontée d'un fronton en « chapeau de gendarme », touche baroque qui définit bien le style de ces constructions de citadins en milieu rural (V. p. suivante).

Attenants à la bastide, ou à proximité, se trouvent les **bâtiments d'exploitation** et l'habitation du métayer. Ainsi animaux, volaille et matériel agricole, fontaines élégantes, jardins ombragés et statues décoratives se côtoient. A la fois exploitation agricole et habitation de loisir, la bastide symbolise l'association des capitaux bourgeois et du travail paysan.

Cette forme d'« association » tend aujourd'hui à disparaître : régression du métayage, désaffection de la bourgeoisie citadine pour la bastide des collines : on lui préfère la villa de bord de mer ou le chalet des Alpes.

FAÇADE SUD-OUEST

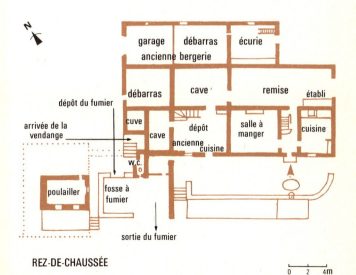

REZ-DE-CHAUSSÉE

BASTIDE DU PAYS D'AIX

Site et orientation. — Protection contre les vents dominants, recherche de l'ensoleillement (l'hiver), de l'ombrage (l'été)... sont les principaux facteurs qui commandent le site et l'orientation de l'habitation rurale.

Quand les conditions le permettent, **les bâtiments sont de préférence implantés au flanc d'un adret** (coteau exposé au S.) sur un terrain rocheux et sec. Établie contre la pente, la maison est ainsi **protégée contre les rafales glaciales du mistral.** C'est là le principal « ennemi » contre lequel il faut se prémunir : l'orientation des bâtiments, la disposition des ouvertures, divers aménagements traditionnels répondent à ce souci. La maison, dont la **façade principale** est **orientée vers le S.-E.,** présente ainsi un mur aveugle au mistral qui souffle du N.-N.-O. ; parfois, on a aménagé des haies denses de cyprès ou de roseaux, véritable rideau de protection des bâtiments ; dans d'autres cas, on a prolongé le versant postérieur du toit vers le sol pour mieux « briser » les assauts du mistral. Les seules ouvertures sont inégalement réparties sur la façade principale, les murs latéraux, exposés aux vents de pluie (d'E. et d'O.) étant eux aussi le plus souvent aveugles.

L'été, le mas est noyé dans **un îlot de verdure,** qui **le protège de la canicule** ; c'est aujourd'hui le platane, grand dispensateur d'ombrage, qui est le plus répandu dans les cours des habitations rurales, comme sur les places des villages ou des villes ; il a, depuis deux siècles, remplacé progressivement ormes, tilleuls, acacias, mûriers et micocouliers qui, çà et là, subsistent encore. Une treille, couverte de vigne-vierge ou de glycine, courant le long de la façade, abrite du soleil la terrasse. C'est là, « au frais », à l'ombre des platanes et de la treille, que les vieux de la maison, installés sur le traditionnel banc de pierre adossé à la façade, « restent » pendant la belle saison.

L'orientation de la maison au S. permet, en revanche, un **ensoleillement maximum pendant l'hiver** quand les arbres d'ombrage sont dégarnis. Ainsi, la maison et ses alentours sont-ils conçus pour répondre harmonieusement à ces deux constantes de la vie provençale : le mistral et le soleil. On ne saurait en dire autant de certaines villas modernes qui, depuis quelques décennies, prolifèrent dans la région : flanquées de larges baies vitrées et de fenêtres ouvrant sur le N., ce sont, au regard des contraintes climatiques, de véritables contresens architecturaux.

Un point étonnera : **la présence d'une source a rarement entraîné l'implantation d'habitat** ; seuls les bâtiments ruraux des « domaines », le plus souvent établis sur les vestiges des *villae* gallo-romaines, sont situés à proximité d'une source.

En général, **dans les zones de plaine,** de la Crau au Comtat, **le puits domine** ; on faisait souvent appel au « sourcier » pour déterminer présence et profondeur de la nappe phréatique. Le puits, d'une profondeur pouvant atteindre 25 à 30 mètres, est, le plus souvent, couvert d'une voûte en maçonnerie pour éviter l'évaporation.

Dans les **zones calcaires** (plateaux d'Albion, de Valensole, Luberon, etc.), l'approvisionnement en eau a traditionnellement posé des problèmes dramatiques ; c'est ici que les sols absorbent les eaux d'infiltration. Pas question donc de creuser des puits. Quand les pluies printanières ont été insuffisantes pour remplir les **citernes,** que l'été est rude, la pénurie en eau peut prendre la forme d'une catastrophe. Les procédés les plus ingénieux ne manquaient pourtant pas pour alimenter les citernes : savant réseau de gouttières, galeries drainant vers les bassins des eaux de ruissellement (certains de ces bassins, appelés *eiguié,* étaient recouverts d'une *borie* afin de conserver l'eau plus fraîche), entassement de neige pendant l'hiver dans les citernes pour prévenir les drames de la sécheresse.

LES HABITATIONS DISPERSÉES

Matériaux, techniques et style. — Ils variaient du tout au tout, on l'a vu, selon la fortune du propriétaire et le type de bâtisse.

Murs et revêtements extérieurs. — Les murs des **mas** sont, pour la plupart, en **moellons** des champs, liés par un mortier de sable et de chaux; en Crau et dans la vallée de la Durance, ils sont souvent en galets disposés en *« opus spicatum »*, c'est-à-dire en arêtes de poisson. Dans les Alpilles, le Vaucluse et en Camargue on voit encore des maisons en *tàpi* (pisé : mélange de terre, de paille hachée et de petits cailloux roulés), type de construction qui était jadis largement répandu dans la région; pour dresser les murs, on constituait un coffrage en bois où l'on coulait le tàpi.
Quel que fût le matériau de construction, **on revêtait les murs d'un enduit** ou crépi; ce n'est que dans les régions pré-alpines que l'on conservait la pierre apparente; ici en effet l'enduit ne peut tenir en raison des conditions atmosphériques. Le crépi est un mélange de sable, de chaux et de débris de tuile; tantôt c'est la nuance des tuiles qui l'emporte, conférant une teinte rose au revêtement; tantôt c'est la couleur du sable local qui domine : crépis orangés dans la région de Rians, rouges et mauves des maisons de Roussillon et du Tholonet. On attachait beaucoup de soin au revêtement et à l'entretien du mur de façade : tous les ans, pour le dimanche de Pâques, les femmes le badigeonnaient d'une nouvelle couche d'enduit (à la *farigoulo* : avec un balai de thym ou de cyprès).
Dans les mas, seuls les **encadrements des portes et des fenêtres** étaient construits **en pierre de taille**; certains de ceux-ci étant en plein cintre, avec ou sans clef, d'autres rectangulaires — formule qui semble avoir dominé au XIXe s. Au total, la **façade** du mas — partie de la construction que l'on donne à voir — se signale tout à la fois par sa **simplicité** et une certaine **recherche esthétique** : simplicité des matériaux et des formes, jeu contrastif sur les couleurs (teintes, dans l'ensemble légères, des crépis, couleurs vives, voire criardes, des volets : rouge carmin, vert, bleu...).
La **disposition des ouvertures** est, en général, **irrégulière**: il n'y a pas recherche systématique de la symétrie ou de l'ordonnancement.

En revanche **bastides** et **« domaines »** sont construits **en pierre de taille** et présentent des **façades régulières** dont les ouvertures sont réparties symétriquement de part et d'autre de la porte (V. p. 65). Quelques traits signalent la « noblesse » de ces demeures : balcons en fer forgé, mouluration des encadrements de portes et de fenêtres, heurtoir, escalier extérieur, parfois pourvu d'une rampe en ferronerie, menant à un perron... On notera ici la présence d'**éléments décoratifs en métal**, grand absent, du fait de sa rareté et de sa cherté, des habitations rurales plus modestes.

Toit et couverture. — A quelques exceptions près (fermes de la montagne de Lure, couvertes de dalles de pierre ou *lausas*, cabanes camarguaises, de javelles de joncs ou *sagno*), les maisons provençales ont un toit de **tuiles rondes**. On distingue la **tuile de recouvrement**, appelée « couverte » ou encore « capucelle » et la **tuile canal**, plus large, servant à l'écoulement des eaux, appelée « courante » ou « gorgue ».
Naguère, les artisans façonnaient les tuiles à la main, soit à l'aide de moules, soit en modelant l'argile sur leur cuisse... d'où les différences de format que l'on peut observer sur les toitures anciennes. Cuites au four, les tuiles ne recevaient pas la même chaleur selon qu'elles étaient placées à proximité ou à distance du foyer : c'est ce qui explique qu'aucune n'a exactement la même couleur. Les tuileries de Marseille, Aubagne, Arles, Lambesc, Auriol étaient et demeurent célèbres.
Autre élément remarquable, le débord de la toiture appelée **génoise** ou **genevoise** parce qu'elle a été introduite en Provence par les maçons

italiens au XVIIIe s. La gênoise est constituée de deux, trois ou quatre rangées de tuiles creuses qui forment un encorbellement et empêchent l'eau de ruisseler sur le crépi de la façade. Dans les riches demeures, elle est parfois soulignée par une ou plusieurs rangées de mallons.

On tente, dans les constructions modernes, les résidences secondaires en particulier, d'imiter ces anciens modèles. Mais la production artisanale a disparu et la fabrication industrielle ne propose plus que des tuiles d'un rouge vif et uniforme ou encore des séries de tuiles de couleurs inégales qui voudraient rappeler la variété des nuances traditionnelles. La copie demeure bien loin de l'original.

Sols. — Dans les habitations les plus modestes le sol des pièces est constitué d'un mélange de chaux, de sable, de ciment et de petites pierres : le *bétoun*; dans les grands mas de Crau, des Alpilles ou du plateau de Forcalquier ce sont de larges dalles de pierre, les *bards*, qui recouvrent le sol.

Mais la formule la plus répandue en Provence, c'est, sans conteste, le *maloun* (mallon), carreau de céramique, rouge ou brun. Il peut être carré, triangulaire, hexagonal (c'est la fameuse « tomette » de Salernes) ou octogonal. On l'utilise pour recouvrir les sols, aussi bien dans les demeures urbaines que dans les habitations rurales. C'est que la rareté du bois « interdit » que l'on construise des planchers.

Par ailleurs, les « mallons » présentent un double avantage : ils conservent la fraîcheur et sont d'un entretien facile. Notons l'**importance de ces carreaux de terre cuite dans les maisons provençales** : on en garnit les sols, la charpente du toit mais aussi les murs entourant la *pile* (l'évier) et le « potager » (V. plus loin).

C'est à Salernes, dans le Var, et à Aubagne que se trouvent concentrées les principales fabriques de mallons.

Voûtes. — Les voûtes, en pierre sèche ou en maçonnerie, sont, sans doute, les éléments les plus remarquables de l'architecture rurale traditionnelle en Provence. **Il ne s'agit pas**, contrairement à ce que l'on pourrait croire, **d'un procédé** de construction **propre aux habitations** les plus **somptueuses**; on en trouve des exemples aussi bien dans les grands mas de Crau (salles à voûtes d'arête avec nervures) que dans les bergeries du plateau d'Albion et de la montagne de Lure (voûtes en berceau).

C'est que la voûte présente, par rapport au plancher reposant sur des poutres, un **grand nombre d'avantages** : les **risques d'incendie** sont **écartés** (il faut savoir que, dans les maisons comportant un plafond en bois, on plâtrait les poutres pour diminuer ces risques : la poutre apparente n'était, à coup sûr, pas une formule recherchée!); les meilleures conditions d'**isolation thermique** sont réunies — point qui a son importance pour les bergeries, caves ou resserres.

Qu'elles fussent en pierre sèche ou en maçonnerie, les voûtes étaient construites sur un coffrage cintré fait de planches de bois que l'on déplaçait au rythme de l'avancement des travaux (certaines bergeries du plateau d'Albion ont 25 mètres de longueur). Ce procédé diffère donc radicalement de celui utilisé pour la construction des voûtes des *bories* (V. plus loin) qui sont en fait de « fausses voûtes » à encorbellement.

Nous ne pouvons évoquer, dans cette présentation générale, tous les traits caractéristiques des constructions provençales : des indications qui précèdent retenons cependant **quelques leçons générales**. Le goût, aujourd'hui si avivé, pour les matériaux bruts (pierres et poutres apparentes) ne semble pas conforme à la sensibilité provençale: **matériaux, formes** des habitations traditionnelles **et volumes** sont dans l'ensemble **simples, harmonieusement intégrés au site** environnant. La recherche systématique du décrochement des bâtiments — tendance que l'on observe aujourd'hui dans les maisons dites « occitanes » ou les pavillons néo-provençaux — jure avec les principes de l'architecture traditionnelle. Ici, comme dans d'autres domaines, on ne fait que singer des modèles dont on reproduit seulement, en les poussant jusqu'à la caricature, quelques éléments épars.

L'habitation humaine. — La « salle », de dimensions réduites, **est la principale pièce** d'habitation; jusqu'au XVIIIe s. on y dormait (on trouve encore, dans les salles communes des maisons anciennes, des vestiges d'alcôve). On y accède par un corridor qui sépare, dans les « domaines », les appartements du propriétaire et du « maître-baile » ou, dans les mas les plus simples, l'habitation humaine des dépendances (cellier, écurie...).
Centre de la vie domestique, la « salle » comporte invariablement une table, en noyer ou en bois blanc, et, sur l'un de ses côtés (en général au S.) la triade : *pile* (évier), cheminée, potager.

La *pile* est un **évier monolithe,** percé d'un trou pour l'écoulement; c'était le seul point d'eau de la maison : on y faisait la vaisselle et la toilette. Elle était rarement alimentée par une pompe et un robinet. « Avoir l'eau à la pile » était, il n'y a pas si longtemps encore, un « luxe ». C'est que, dans la plupart des cas, on s'approvisionnait en eau directement au puits ou à la citerne proches, au moyen de seaux et de cruches.
Ce n'est que dans les « domaines » et les bastides que l'on trouve des **cheminées** en pierre de taille, comportant de superbes linteaux monolithes; le soir, à la veillée, on s'installait à l'intérieur même de la cheminée, sous le manteau formant alcôve. Dans les mas, manteaux et hottes des cheminées sont en plâtre; la poutre de bois qui constitue le linteau est également recouverte de plâtre et forme ainsi une tablette où l'on entrepose des objets domestiques. Dans l'âtre pend *lou cremascle* (la crémaillère), permettant de régler la hauteur de la marmite. Aux murs de la cheminée sont accrochés divers ustensiles de cuisine : *sartan* (poêle), grill, broche, trépied de cuisson *(grapaud* ou *crapaud),* etc.
C'est essentiellement sur le *potager,* jouxtant la cheminée, que l'on cuisinait. Le potager est un **petit fourneau en maçonnerie,** percé sur le dessus de quelques trous carrés munis de grilles, au fond desquels on plaçait les braises, prélevées dans la cheminée. En dessous, se trouvent des niches où l'on récupérait la cendre, utilisée pour la lessive. C'est sur le potager, remplacé aujourd'hui par la cuisinière, que l'on faisait « mijoter » les plats (notamment la daube) dans des marmites en terre.
Dans le mur sont aménagés des **niches** et des **placards.** Le mobilier est constitué de **buffets, étagères** et **claies** élevables où l'on entreposait les aliments. Le type de buffet varie selon les régions de la province : lourds bahuts à quatre vantaux de Haute-Provence, buffets à gradins — dont l'étage supérieur consiste en deux étroits coffrets — fréquents dans la région d'Arles, buffets à crédence, aux deux tiroirs sans gradin, caractéristiques de la Provence intérieure. L'*escudié,* étagère où l'on rangeait la vaisselle, complète cet ameublement.

On ne peut parler de la salle commune sans évoquer les différents **meubles destinés à la fabrication et à la conservation du pain,** élément de base de l'alimentation traditionnelle. Si le blutoir, grand coffre muni d'un dispositif pour séparer le son du froment, se trouvait à la cave ou au grenier, **pétrin, four, huche** ou *panetière* étaient souvent réunis dans la « salle »; le pain pétri, on le logeait dans le four dont la porte s'ouvrait dans la cheminée. Jusqu'au XVIIIe s. on utilisait de grands coffres en bois (les huches) pour conserver le pain. « Au début du XVIIIe s. naquit la *panetière*, cage rectangulaire, suspendue au mur par deux crochets, dont les trois faces sont à claire-voie, avec porte pleine ou ajourée par des fuseaux au milieu du grand côté — petit sanctuaire domestique qu'accompagne souvent une image religieuse, les Saintes dans leur barque ou le patron local » (F. Benoît).

Signalons enfin que la salle commune est parfois prolongée par une petite pièce annexe, la *souiardo*, utilisée essentiellement pour le lavage de la vaisselle ; c'est là que se trouvait souvent aussi la *bugadiero*, grosse lessiveuse en fonte où l'on faisait macérer le linge dans un mélange d'eau bouillante et de cendre.

A l'**étage supérieur** de la maison se trouvent **chambres et grenier**. Traditionnellement, mari et femme faisaient « chambre à part » : les filles couchaient en général dans la même pièce que leur mère ; quant aux valets et domestiques célibataires, ils dormaient sur des litières dans le grenier ou la grange. C'est là aussi que s'installait le père quand il recevait un hôte.

C'est au grenier, sur des claies, que l'on stocke fruits et légumes (figues, melons, olives...) ; quant aux salaisons et fromages, on les conserve, dans un garde-manger, à la cave.

Les dépendances. — On ne s'étonnera pas que, dans ce pays de viticulture, la **cave** tienne une place de choix parmi les pièces et bâtiments spécialisés ; elle est, en général, voûtée et orientée vers le N. afin de maintenir une température constante (15º).

Hors les grands **foudres**, elle abrite les **cuves**, dallées de mallons, où le jus fermentait parfois jusqu'à Noël ; c'est à cette période que l'on « décuvait » ; on ouvrait le robinet de vidange et « le vin fait se filtrait grossièrement à travers un paquet de sarments maintenus au fond de la cuve par une pierre suffisamment lourde et coulait dans un récipient inférieur appelé « conquet » (A. de Saporta, 1894). Le vin était transvasé dans les foudres et le marc (résidus solides) pressé puis distillé afin de fournir de l'eau-de-vie.

Aujourd'hui, certains viticulteurs continuent à vinifier eux-mêmes, se passant des services des caves coopératives, mais il s'agit là d'exceptions, sauf dans les régions de grand vignoble (A.O.C.) où prime le souci de qualité de la production.

Autre élément remarquable, présent dans la plupart des habitations rurales (et villageoises), la **magnanerie** ou chambre des *magnan* (vers à soie). Située sous les combles, aérée par un simple fenestron, elle devait être maintenue à température constante (25º) quand, au printemps, on nourrissait « à la feuille » (de mûrier) les *magnan* installés sur des claies de canisses hérissées de bruyère.

Quand on n'avait pas de magnanerie, on dressait des claies dans toutes les pièces, cuisine, chambre à coucher, etc. C'était une période d'intense activité pour les femmes qui devaient ramasser les feuilles de mûrier, et nourrir trois fois par jour les vers jusqu'à leur transformation en cocons. Le décoconnage, opération délicate qui consiste à lever les cocons de la bruyère, à les trier et à les emballer en vue de leur livraison à la filature, clôturait le cycle de la soie (fin juin).

LES HABITATIONS DISPERSÉES

En règle générale, l'**écurie** fait partie du bâtiment principal et n'est séparée de la « salle » que par un corridor; une trappe ménagée dans le plafond permet de descendre le fourrage entreposé dans la grange.

La **bergerie** peut être intégrée au bâtiment principal (à côté de l'écurie) ou bien constituer un bâtiment indépendant, cas fréquent dans les régions où l'élevage ovin constitue la ressource principale. Parfois les deux formules sont associées.

Ainsi, sur le plateau d'Albion, les gros éleveurs possèdent deux types de bergeries : l'une se trouve au rez-de-chaussée de l'habitation (la salle est ici au 1er étage); l'autre est une construction indépendante, voûtée et en pierre sèche (V. plus haut), admirable bâtisse qui permet le maintien d'une température constante pour le troupeau, même aux plus rudes journées de l'été. A côté se trouve la cabane du berger, elle aussi en pierre sèche. *Massot* évalue à 3 000 le nombre de ces cabanes entre Lure et Albion.
Dans les grands domaines de Camargue, la bergerie est aussi un bâtiment indépendant. C'était naguère une immense construction faite de matériaux végétaux, recouverte de *sagno* (roseau), présentant au mistral dévastateur une abside en cul-de-four. Elle pouvait abriter, pendant l'hivernage, jusqu'à 2 000 bêtes et comportait également des chambres pour les bergers.

Parmi les bâtiments consacrés à l'élevage, il convient enfin de mentionner le **pigeonnier,** élément typique des habitations rurales — que les architectes à la mode n'ont pas manqué de singer.

Le pigeonnier, si beau fût-il, n'avait certes pas, dans l'ancienne Provence, un but décoratif. Dans un pays où la viande fraîche était une denrée rare, la chair de pigeon constituait, dans l'alimentation, un élément de choix; de plus, on utilisait les excréments pour fumer le potager.
On distingue deux types de pigeonniers : les **pigeonniers à pied,** comportant des *boulins* (nids : alvéoles aménagées dans les parois) de bas en haut du bâtiment; les **pigeonniers à fuie** dont la partie inférieure est réservée à un autre usage (remise, poulailler) qu'à l'élevage des pigeons (c'est un tel pigeonnier qui est représenté p. 65). Si les pigeonniers à pied sont assez rares, c'est qu'ils étaient soumis, contrairement aux pigeonniers à fuie, à des prérogatives et droits seigneuriaux.

On pourrait prolonger sans peine cette revue des dépendances du mas; signalons seulement, pour terminer, hors le puits et la citerne déjà mentionnés, l'**aire à dépiquer le blé,** plan circulaire dallé ou en terre battue, située à proximité de la maison. Jusqu'au XIXe s. on utilisait le fléau ou les pattes du bétail pour battre le blé : le rouleau de bois puis de pierre fut donc introduit tardivement. Les aires *(iero)* des habitations dispersées étaient individuelles, celles situées à la sortie des villages collectives (bien des rues et des lieux-dits s'appellent encore aujourd'hui « rue des Aires », « Les Aires »...).

La maison, un espace protégé. — Comme dans tous les pays méditerranéens, la **maison, symbole de la famille** (ne dit-on pas toujours quand on arrive chez quelqu'un « Oh! de l'oustau »), était l'**objet de rites** particuliers **destinés à la protéger** contre les potentialités menaçantes et les dangers de l'extérieur.

Contre le mauvais œil et les génies malfaisants on apposait sur les portes et les linteaux des assiettes de faïence, des galets vitrifiés; à l'intérieur, dans l'écurie ou dans la salle, on fixe encore de nos jours un chardon étoilé... autant d'objets symboliques réputés pour leur pouvoir protecteur. A l'E. de la maison, subsiste souvent un sorbier, défendant la famille contre le mauvais œil...

Qu'elle soit au village ou dans la campagne, la maison est un espace clos, protégé des regards et difficile d'accès pour l'« étranger ». Le touriste en fera l'expérience et devra s'habituer à de longs préambules sur le seuil avant d'être introduit à l'intérieur d'une habitation : **la maison est un espace essentiellement féminin** — siège donc de l'« honneur » des hommes, dont sont dépositaires les femmes. On n'ouvre pas la porte à qui veut. C'est dans l'espace public, sur la place, que se traitent les affaires et se nouent les amitiés.

L'habitat marginal : cabanons et bories.

Dans son dictionnaire, *Mistral* distingue deux acceptions du mot *cabanoun* : 1) abri campagnard, 2) « vide-bouteille », appelé aussi *bastidoun*, *maset* (dans la région nîmoise), *pavaïoun* (à proximité de Marseille). Dans les communes rurales, **le cabanon c'est**, en effet, **d'abord un abri agricole** où l'exploitant qui réside souvent au village même, stocke son matériel, « casse la croûte » à proximité du champ qu'il travaille. Mais le cabanon c'est aussi, et peut-être surtout, **un des hauts-lieux de la sociabilité** provençale.

Le **cabanon rural**, modeste construction, « mas en réduction » pour reprendre l'heureuse expression de *Massot*, est ainsi le **lieu** par excellence **des loisirs de la jeunesse masculine**. C'est là que l'on prépare, dans une ambiance débridée, les déguisements de carnaval; on y revient après avoir brûlé Carêmentrant pour faire bombance. C'est là qu'on enterre sa vie de garçon entouré de ses amis, que l'on fait ripaille lors du départ d'un conscrit. Bref, les activités cabanonnières sont marquées par l'excès et le dérèglement, s'opposant à l'ordre domestique et villageois. Le cabanon, c'est le monde à l'envers ou, si l'on veut, l'anti-maison.

Ce n'est pas l'examen des loisirs dans les **cabanons péri-urbains** (ceux des Goudes et de Cassis près de Marseille sont fameux) qui contredirait ce point de vue. Le cabanon est fait, nous dit un observateur marseillais, « per cantar, rire et boire... ». Ces **manifestations** bacchiques sont **essentiellement masculines**. Les hommes se rendent au cabanon le samedi après-midi. Les femmes ne les y rejoignent que le dimanche, parfois seulement après déjeuner. La matinée est passée à la pêche de poissons et de crustacés. On devise, on plaisante (les plaisanteries sexuelles et scatologiques figurent en bonne place). Inversion remarquable des rôles habituels, ce sont les hommes qui cuisinent : grillades et aïoli (le pilon, *lou treissoun*, qui sert à préparer la sauce, est un ustensile exclusivement masculin), plats qui tranchent avec ceux, bouillis et mijotés, préparés par les femmes pendant la semaine.

L'après-midi, on chante (des airs d'opéra), on danse, on organise des concours parfois scabreux, on noue des idylles aussi. Les chansons provençales qui vantent les plaisirs du cabanon abondent; elles enregistrent sans vergogne les excès auxquels on s'y livre.

LES HABITATIONS DISPERSÉES

On a fait de beaux romans sur les origines et les fonctions présumées des **bories** (V. it. 7 B), ces cabanes en pierre sèche construites selon le principe de la fausse voûte à encorbellement. En fait, les bories (appelées *granjoun* dans la région de Forcalquier) avaient dans l'ensemble les mêmes fonctions techniques que les cabanons ruraux : **habitat temporaire** pour les travaux des champs, **remise pour le matériel** agricole.

C'est au reste, dans les zones d'habitat groupé (là où le paysan réside au village même et doit disposer d'un abri à proximité immédiate de ses terres) qu'on en trouve la plus grande densité : il y en aurait 6 000 du pays aixois à la montagne de Lure (1 500 dans la région de Forcalquier; une commune comme Bonnieux en compte environ 300).

Les **fonctions spécifiques** de ces constructions sont presque toutes **liées à la vie agricole** : *eiguié* (bassins recouverts destinés à recueillir les eaux de ruissellement) cuves pour le vin, greniers; les plus vastes pouvaient être utilisées comme bergeries; d'autres enfin servaient de postes de surveillance : pour les cultures, pour la chasse à la grive, pour le guet (certaines auraient été construites par les réfugiés vaudois à des fins défensives).

Dans quelques cas, les *bories* sont groupées formant un hameau. Ce sont alors de véritables habitations, comportant chambre, cuisine, four à pain, écurie et parfois un étage. La grande cabane de Gordes a ainsi 17 m de longueur et 9 de hauteur.

On a beaucoup discuté des fonctions possibles de ces concentrations de bories : greniers collectifs? habitat permanent? ou encore habitat temporaire, utilisé pour la mise en valeur collective de terres ingrates? Il est probable que ces anciennes constructions ont été utilisées à ces différentes fins mais à des périodes successives de l'histoire.

Parmi les constructions « marginales » il faut enfin mentionner les **cabanes camarguaises, tantôt remises** pour le matériel, **tantôt habitations** pour les saliniers, les pêcheurs, les gardians, les bergers, les vanniers.

L'ossature de ces cabanes (piquets des murs, chevrons et poutre faîtière) était faite le plus souvent en bois d'ormeau. Les murs consistaient en un clayonnage de roseaux des marais *(sagno)* recouvert d'un mortier blanchi à la chaux. Un treillis de jonc garnissait le toit, surmonté, côté mistral (N.-N.-O.), d'une croix inclinées, protégeant la maison contre les menaces extérieures.

On ne verra aujourd'hui que des reconstitutions de ces cabanes, ici résidences secondaires, là chambres pour les touristes, bien rarement maisons de gardians ou de pêcheurs. Dans un pays qui manque de pierre, c'était pourtant un mode d'habitation très répandu jusqu'au XIXe s. Au Moyen Age, la plupart des maisons de la ville des Saintes-Maries-de-la-Mer étaient en *sagno*.

Si l'on a quelque peu insisté sur les différentes formes des habitations provençales, c'est que celles-ci constituent un des meilleurs guides pour pénétrer la vie, les mœurs et les coutumes de ceux qui y résident. On découvre, par l'examen de l'architecture et de la maison, les rudes contraintes climatiques qui modèlent le pays, les activités et les ressources qui font vivre les hommes, la sociabilité qui définit leur caractère. Une bonne introduction, en somme, à la vie quotidienne.

La vie quotidienne en Provence

Les travaux et les jours

La vie paysanne est rythmée par les **principaux travaux agricoles** — dont le calendrier a sensiblement changé de 1900 à nos jours. A travers un exemple — celui d'un village des collines vauclusiennes — nous dégagerons le profil de ces travaux hier et aujourd'hui.

Hier (1850-1900). — De **novembre à janvier**, c'était la **la cueillette des olives**, effectuée par les femmes. Les paysans gardaient leur huile, pour leur consommation personnelle, vendaient les olives qui leur restaient à la foire du 20 janvier, qui se tenait sur la place du village. En cette morte-saison agricole, le moulin était un haut-lieu de sociabilité.

Aux mois de **février et mars**, les hommes se partageaient entre le **travail du vignoble** (taille, premier labour) **et** celui **des olivettes** (chaussage des pieds des arbres; on les recouvrait de terre et de fumure pour les « réchauffer »; labour; taille). Enfin, on **semait le blé** de printemps.

A la **foire de la Saint-Marc** (25 avril) débutait une période d'intense activité agricole. L'**élevage des vers à soie** et la cueillette des feuilles de mûrier pour les nourrir mobilisaient les femmes pendant deux mois; le déconnage, opération délicate qui achevait le cycle séricicole, était effectué dans une atmosphère de fête; toutes les femmes du voisinage y participaient. Occasion de réjouissance, mais aussi nécessité de l'entr'aide; tout retard dans la collecte des cocons pouvait être catastrophique. Au printemps, les femmes devaient aussi **ébourgeonner les vignes, cueillir le romarin.** Quant aux hommes, le second **labour**, le déchaussage de la vigne, la plantation des **cultures potagères**, de l'osier, la **première récolte de miel** constituaient, à cette période, leurs principales activités.

Juin et juillet étaient aussi ce mois de dur labeur : **cueillette des fruits** (cerises, abricots, figues d'été, ...), **récolte des légumes,** deuxième et troisième **labours** pour la vigne, enfin **moisson** des céréales.

Sitôt **après la foire du 15 août,** qui coïncidait avec la fin des moissons, on entreprenait le **dépiquage du blé** (au moyen d'un rouleau) que suivait le **vannage** (au moyen d'un tarare). Le grain était ensuite soit vendu à l'occasion d'une foire, soit livré à l'un des moulins de la commune. Le paysan donnait au boulanger un nombre de kilos de farine correspondant à sa consommation annuelle de pain et au prix de la façon. Les blés traités, les hommes s'attaquaient au rude travail d'**arrachage des racines de garance,** dont l'exploitation fournissait une bonne part des recettes de la famille. La récolte de garance pouvait s'échelonner, selon les années, d'août à novembre.

Le **début de l'automne** était dominé par les **vendanges,** autre occasion de réjouissances festives associant les hommes et les femmes; le raisin était pressé dans un pressoir à vis ambulant qui était propriété communale. Il fallait aussi **labourer** les champs de céréales et **semer le blé** d'hiver. L'**engraissement de moutons** — achetés après la fin des moissons — constituait une autre activité automnale, réservée aux femmes et aux enfants. Les moutons paissaient sur les chaumes, on complétait leur alimentation par des feuilles de garance ou de mûrier. On les revendait à la foire du 1er décembre. **Cueillette des fruits** (figues d'automne, pommes), **seconde récolte de miel** complétaient cette gamme d'activités.

Au total, une polyculture vivrière et commerciale, marquée par un partage assez net entre activités masculines et féminines.

Aujourd'hui. — Si le calendrier des principales cultures (blé, vigne) n'a pas été sensiblement modifié, **des ressources traditionnelles ont disparu** (élevage des moutons, vers à soie, garance, olivier dans une large mesure), **d'autres sont apparues** ou ont pris de l'essor (asperges, pastèques, melons, carottes, cerises, raisin de table). La polyculture demeure avec **deux orientations** : des produits destinés à un **traitement de transformation** et de conservation : vin, cerises, pastèques (pour les confitureries d'Apt); des primeurs destinés à la **commercialisation immédiate**.

L'extrême diversification des cultures pose des **problèmes de calendrier et d'organisation du travail** : en novembre, il faut tout à la fois labourer le vignoble, les champs d'asperges et de melons, semer le blé; en mars, il faut tailler la vigne à raisins de table, poser les plastiques (serres) pour la plantation des asperges, semer les melons, etc.; en avril-mai, récolter les asperges, repiquer les melons sous plastique, etc.; en juillet, on doit récolter les melons, les tomates, faire la moisson, couper le sainfoin... Bref, le vieil adage « on ne lève pas deux récoltes en même temps », qui se vérifiait naguère, est aujourd'hui tout à fait démenti. **Le rythme de vie est accéléré** et la spécialisation des tâches agricoles entre homme et femme est encore plus marquée que naguère. Quant aux formes de commercialisation qui scandaient les grandes étapes du calendrier agricole, elles se sont complètement modifiées (création de coopératives dans les années 1920 pour le vin et le blé; groupement de producteurs plus récemment pour les primeurs).

L'outillage agricole

Persistance de la tradition. — Ce n'est qu'au XIXe s. que la charrue (avec versoir et avant-train) remplaça, pour les labours, l'antique *araire*, que la herse fut préférée, pour émietter la terre, au maillet brise-mottes, que la faux *(daio)* supplanta, pour les moissons, la faucille *(voulame)*; c'est à cette époque aussi que l'usage du sécateur, pour les vendanges, se répandit, au détriment de la serpette.

D'anciens outils, telles la houe *(eissado)* et ses diverses variantes (houe fourchue : *béchas, bechar, bigot*), la bêche *(lichet)*, sont encore utilisés aujourd'hui pour les travaux de jardinage, l'entretien des pieds d'olivier, le déchaussage des vignes, l'arrachage des pommes de terre... Longtemps (jusqu'au début du XIXe s.) on les a préférés, dans le labour des terres, à l'araire, au travail plus profond. Comme dit le proverbe : *Lou bigot vau mai que l'araire*. Comment expliquer l'**archaïsme de l'outillage traditionnel** en Provence, qui tranche avec celui utilisé dans la France du Nord, présentant, pour les mêmes périodes, des formes plus évoluées?

Une lente adaptation. — Ce que nous appelons rétrospectivement archaïsme n'est en fait que la forme ancienne de l'**adaptation aux conditions** contraignantes **du milieu et de la mise en valeur**. Dans une province où le sol est ingrat, où le fer était un bien rare, où la forme dominante de propriété était la petite exploitation familiale aux parcelles dispersées aux quatre coins du terroir, l'**outillage traditionnel était léger,** aisément transportable, essentiellement en bois, avec de rares pièces métalliques.

Ce qui nous paraît résistance à l'innovation n'est pas, comme on le croit bien souvent, l'effet de la routine, mais s'explique par un faisceau de **raisons économiques et sociales;** on a dit que la diffusion de la faux avait été lente en Provence. Si on lui a longtemps préféré la faucille, c'est que celle-ci coupe moins bas que la faux, laisse donc un chaume abondant, à la fois engrais pour la terre et pâture pour les bêtes.

Au total, de 1800 à nos jours, l'évolution s'est faite en trois temps : lente adoption d'outils déjà répandus en France du Nord au cours du XIXe s. (charrue, herse, faux, etc.); apparition des premiers instruments mécanisés pour la moisson (faucheuse; lieuse; batteuse) au début du XXe s. : ceux-ci ne furent longtemps utilisés que par les gros exploitants, les petits paysans continuant d'employer les procédés anciens; rapide diffusion des tracteurs et des autres moyens mécaniques au lendemain de la Seconde Guerre mondiale.

L'irrigation au village

Les communes provençales, qu'elles soient situées dans les plaines ou les collines, sont traversées par des canaux d'irrigation, tantôt formant un dense réseau, tantôt localisés sur une partie du terroir. Venant de sources ou de ruisseaux, captée dans des puits au moyen de roues à godets ou drainée souterrainement, l'eau est accumulée dans des réservoirs, puis distribuée dans les canaux d'irrigation *(biau, roubino, canau).*

Bien rare, l'**eau était l'objet d'un rigoureux contrôle communautaire;** dans la plupart des communes, sources et ruisseaux sont possessions collectives, inaliénables. Les règles d'arrosage sont strictes, fixées par la tradition ou encore codifiées dans les statuts d'un syndicat regroupant les « ayants droit », c'est-à-dire les propriétaires dont les terres jouxtent le canal.

Chacun d'entre eux dispose d'un « tour d'eau » qui peut être, selon les cas, fixé une fois pour toutes (de 8 heures à 16 heures tous les 6 jours, par exemple) ou variable d'une année à l'autre; le temps d'arrosage peut être, selon les circonstances, égal pour tous les propriétaires ou proportionnel à la superficie irriguée.

Traditionnellement, un « garde aigadié » veillait à l'observation de ces règles. C'est que les contestations et les disputes en matière d'irrigation étaient — et demeurent — monnaie courante. Que de bagarres à coups de poings, de bâton, de fusil pour des *martelières* [1] abaissées en violation des règlements! En période de sécheresse, il fallait surveiller jour et nuit l'utilisation du canal pour dissuader les « voleurs d'eau ».

Si ce type traditionnel d'irrigation subsiste, il est supplanté, depuis les années 1960, par **l'arrosage par aspersion,** au coût plus élevé, mais d'une plus grande efficacité. Aussi bien les règles communautaires qui organisaient l'usage de l'eau (fixation des « tours », nettoyage des canaux) tendent-elles à s'estomper.

---

1. La *martelière* est une planche ou une plaque de fer que l'on abaisse pour dériver l'eau du canal principal vers les *« filioles »*, rigoles irriguant les terres privées.

La transhumance

Très rares sont **aujourd'hui** les éleveurs qui continuent de pratiquer la transhumance à pied. Le **chemin de fer,** dès la fin du XIXe s., plus récemment le **camion** ont relégué parmi les souvenirs ces longues processions de bétail et d'hommes, du bas-pays vers les alpages montagnards (Ubaye, Briançonnais, Vercors...). Récapitulons rapidement les caractéristiques de cet élevage transhumant tel qu'il a subsisté jusqu'au début du XXe s.

En Crau, pendant l'**hiver,** le **troupeau** était **divisé en trois :** béliers, moutons et jeunes brebis *(lo vaciéu),* d'une part, brebis-mères *(li fedo)* de l'autre, agneaux enfin. **Les bêtes paissaient sur des « coussou »** et prairies, **privés ou loués,** dont les ressources étaient d'ailleurs insuffisantes pour les nourrir jusqu'au printemps. Aussi, aux mois de janvier-février, le berger devait-il compléter la nourriture du troupeau par des rameaux d'olivier, des écorces d'amande, des feuilles de mûriers séchées...

A la **mi-carême,** la situation se modifiait : le berger pouvait faire paître ses bêtes gratuitement **sur tous les « coussous » privés ou communaux :** c'est ce qu'on appelait le droit d'*esplecho,* c'est-à-dire la jouissance collective des terres.

Avant le départ pour la transhumance, **on tondait les moutons** (généralement en mars, de préférence le vendredi saint); la tonte était effectuée par des compagnies de tondeurs, la *chourmo,* à l'aide de forces; enfin **on marquait les bêtes** et on coupait la queue aux brebis (pour des raisons sanitaires).

A la fin mai, les troupeaux, ou « campagnes », chacun constitué de 6 000 à 25 000 têtes (le cheptel de plusieurs éleveurs était réuni), **se mettaient en mouvement.** Chaque « campagne » était divisée en *escabot* » regroupant des bêtes de même âge, de même sexe et de même espèce. A la tête de chaque « escabot », six bergers et deux ou trois chiens. Une vingtaine de chèvres et quelques boucs — les *menoun* — pourvus de grosses cloches, ouvrent la marche : « ils servent de guide, dit un observateur, bravent les dangers, donnent le signal de la marche, tracent la voie dans les passages dangereux ». Au milieu de la « campagne » une centaine d'ânes portent les objets nécessaires au voyage; on appelle cette partie du convoi, la « robe »; c'est là que se tiennent les maîtres-bergers (ou *baile*) qui élisent l'un d'entre eux pour être « le chef général de la société ». Le troupeau empruntait des *carraïro* ou *draio,* larges passages fixés coutumièrement. Aux étapes, on laissait le troupeau paître sur des friches *(relarg* ou *poussado),* propriétés des communes qui envoyaient leurs troupeaux transhumer. La marche était troublée par les récriminations des propriétaires riverains des « drailles » (les troupeaux soulevaient de la poussière, gâtant les champs [1] mais aussi par les rapts de moutons auxquels se livraient les paysans pauvres des régions où passaient les troupeaux.

Arrivés **à la montagne,** les *baile* « distribuent le terrain par quartiers, assignant le sien à chaque berger », rapporte *Villeneuve.* **Les pâturages** d'estive **étaient loués aux communes** montagnardes au terme de contrats préalablement fixés.

---

1. Jusqu'à la Révolution un droit de « pulvérage » était ainsi perçu par les seigneurs dont les terres étaient traversées par des drailles.

Le **retour** s'effectuait en **deux étapes** : on quittait les hautes montagnes les premiers jours de septembre pour s'installer dans des quartiers d'automne (automnade) situés plus bas; enfin on regagnait les pâturages d'hiver en octobre et novembre. La **descente** était **échelonnée** : dès le début octobre deux bergers, à la tête du convoi d'ânes, rejoignaient le bas-pays; suivaient début novembre les agneaux d'un an, les moutons et les chèvres; brebis et béliers, souffrant moins du froid, ne rentraient qu'à la fin du mois.

Les foires

Pour les achats courants et la nourriture, on se ravitaillait — et on continue de le faire — au **marché hebdomadaire** du village ou de la petite ville proche. Les **foires** avaient de tout autres fonctions : c'est là que l'on vendait les produits agricoles et que l'on achetait bétail, vêtements et articles ménagers. Bref, c'est à l'occasion des foires que se faisaient les **principales transactions économiques**.

Chaque agglomération — petite ou grande — **avait « ses » foires** — dont l'une, plus importante et renommée que les autres, attirait la population des villages voisins. On est frappé par le **nombre** de foires qui se déroulaient au cours de l'année dans la même micro-région. Barjols, Aups, Salernes, Entrecasteaux, Cotignac, Villecroze, Carcès, autant de gros villages des collines varoises sur un périmètre restreint, totalisaient encore une trentaine de foires annuelles au lendemain de la seconde guerre mondiale. C'est à l'occasion des foires que les bergers louaient leurs services : ils étaient reconnaissables par un morceau de laine qu'ils portaient à la boutonnière.

Les foires jouaient un rôle essentiel à une époque où les communications étaient difficiles; mais c'était aussi des **occasions de distraction** (fête foraine, bals, ...).

La chasse en Provence

Activité d'appoint et divertissement populaire, la chasse a toujours connu une grande fortune en Provence. Si l'on a fait plus haut justice aux « tartarinades » de Daudet, il faut bien cependant reconnaître avec l'auteur que **les Provençaux ont la « passion » de la chasse** : « Vous saurez d'abord que là-bas tout le monde est chasseur, depuis le plus grand jusqu'au plus petit. La chasse est la passion des Tarasconnais (...). Par malheur, le gibier manque, il manque absolument... ». Il est vrai que le **patrimoine cynégétique** est, en Provence, **assez pauvre**. Le contraste est saisissant — surtout à proximité des villes — entre la surabondance des chasseurs et la rareté du gibier.

C'est pour favoriser le repeuplement en animaux et protéger les terrains contre l'invasion des chasseurs « étrangers » que se sont constituées, dans les années 1920, des **sociétés communales** de chasse. Celles-ci fixent, lors de leurs assemblées, le nombre d'individus admis à chasser sur le territoire de la commune. Le barème des cotisations varie du tout au tout selon que l'on est propriétaire foncier habitant la commune, locataire,

LES FOIRES — LA CHASSE — L'ARTISANAT

résident secondaire ou enfin étranger. Ces derniers paient parfois une cotisation quinze fois supérieure à celle qui est demandée aux résidents principaux. Défense comme une autre contre la colonisation du territoire cynégétique.

Le seul gros gibier chassé aujourd'hui en Provence est le sanglier. Lièvres (peu abondants mais très appréciés), lapins de garenne, perdrix, faisans, bécasses, grives sont les principales autres cibles des chasseurs.

La chasse ne joue plus, en Provence, **un rôle économique** important; certes on continue de vendre les grives — dont on fait d'excellents pâtés en conserve. Mais la « passion » des Provençaux pour la chasse a d'autres raisons : c'est tout d'abord une **activité exclusivement masculine,** où le **plaisir d'être entre « collègues »** du même âge l'emporte sur l'importance du gain; c'est aussi l'occasion de prouver sa bravoure, son habileté : l'ostentation se donne libre cours à travers les récits des exploits de chasse; c'est, en définitive, **un des symboles de la virilité adulte :** devenir chasseur, avoir son premier fusil, c'est passer de l'état d'enfant (« minot ») à celui de « jeune », terme qui désigne les hommes de 15 à 40 ans environ.

Sans oublier, tout de même, que les produits de chasse sont particulièrement appréciés par les Provençaux (grives rôties, civets de lièvre ou de sanglier)!

L'artisanat

Les villages de Provence intérieure regroupaient traditionnellement, outre une population majoritaire d'agriculteurs, des ouvriers et artisans employés dans de petites entreprises « industrielles ». La coexistence d'activités rurales et industrielles confère à ces agglomérations un faciès « urbain » (gros village ou petite ville), trait original que nous avons évoqué plus haut. Les industries étaient — et demeurent pour la plupart — fondées sur la **transformation de produits d'origine locale** (argile, pierre, peaux, textiles, fruits, etc.). Quelques villages doivent leur renommée à leurs activités industrielles dont les produits ont franchi les frontières régionales; bien qu'un peu en dehors des limites de ce guide, Salernes, avec ses « tomettes », en est un bon exemple.

Les malloniers de Salernes. — C'est au début du XIXe s. que naît l'industrie du « mallon » à Salernes; à cette « naissance », **plusieurs raisons :** la **présence** de carrières **d'argile** de bonne qualité, **de** matériaux **combustibles** en abondance mais aussi **d'une main-d'œuvre** saisonnièrement disponible; enfin quelques propriétaires disposent de capitaux à une époque où l'urbanisation entraîne une « demande » de matériaux. Les grandes **crises agricoles** du XIXe s. vont provoquer la reconversion d'une partie de la population paysanne vers cette activité industrielle. Le nombre des fabriques de mallons passe de 14 à 40 de 1836 à 1899. C'est l'apogée de l'industrie de la « tomette » hexagonale, qui fournit les grandes villes de la région, voire les colonies. De 1914 à nos jours, on assiste à une concentration relative des entreprises (une dizaine subsistent aujourd'hui) et à un déclin de l'utilisation de la tomette. **Dans les années 60,** le regain de l'activité vient d'une diversification de la demande : non seulement « tomettes » pour restaurer des sols vétustes mais aussi carreaux faits d'argile jaune, lisses ou vieillis, émaillés, etc. pour le revêtement des villas ou des « mas » néo-provençaux. **Seule une entreprise** a pris de véritables **dimensions industrielles** (plus de 70 ouvriers); les autres demeurent des fabriques artisanales, groupant au maximum une dizaine d'employés et où le « patron mallonier » participe directement à la production.

Le **contexte social et humain** où s'est développée l'industrie « mallonnière » mérite aussi quelques commentaires : de paysanne, la majorité de la population est devenue ouvrière tout en gardant des attaches « rurales »; la plupart des ouvriers possèdent un lopin de terre (jardin, vignes). Longtemps, le travail à la fabrique n'a été que saisonnier : pendant l'hiver les « ouvriers » étaient employés comme journaliers pour la cueillette des olives ou le ramassage du bois. Intrication donc d'activités rurales et industrielles, dans le temps comme dans l'espace.

La vie sociale

Clivages sociaux... — Notre étude sur l'habitat a fait apparaître d'importants contrastes entre les maisons des grands propriétaires et des petits exploitants, entre les demeures villageoises des paysans et des notables. Loin d'être socialement uniforme, la population des communes provençales regroupe des **catégories socio-professionnelles hiérarchisées.**

Si l'on suit le meilleur historien de la région, *M. Agulhon*, on distinguait, **à la fin de l'Ancien Régime,** les « classes » ou catégories suivantes : **noblesse, clergé, bourgeois** (c'est-à-dire des individus qui vivaient de leurs terres travaillées par d'autres, profit auquel s'ajoutait souvent celui d'une entreprise commerciale), **négociants** (marchands et petits industriels), **artisans** (boulangers, bouchers, maçons, tailleurs de pierre, etc.), **ménagers** (paysans qui cultivaient leur terre et vivaient de ses produits, fermiers de grands domaines parfois), **travailleurs ou paysans** (on appelait ces salariés agricoles — ou éventuellement de l'industrie — les *logatié*). Tandis que les « ménagers » étaient réputés pour leur traditionalisme, les travailleurs ou journaliers constituaient la classe « dangereuse ».

Quitte à surprendre, on dira que **cette hiérarchie** sociale **ne s'est pas aujourd'hui essentiellement modifiée.** Si la noblesse et le clergé ont disparu en tant qu'ordres, si, dans l'ensemble, les différences sociales se sont estompées, le clivage entre bourgeois-notables (professions libérales conservant des terres exploitées en métayage ou en fermage), négociants, artisans, exploitants agricoles, salariés de l'industrie et de l'agriculture demeure *grosso modo* pertinent. Encore faut-il distinguer parmi les exploitants agricoles une gamme variée de statuts, du petit fermier ou métayer au propriétaire exploitant un domaine important. Il faudrait aussi noter la modification des activités artisanales (de plus en plus centrées sur le bâtiment) et l'intrusion récente, parmi les notables, des professionnels de l'immobilier.

... et politiques. — Ces catégories sociales aux intérêts divergents **se distribuent inégalement sur l'échiquier politique.** Méfions-nous cependant des équations simplistes selon lesquelles le partage entre « blancs » et « rouges » serait le simple reflet du clivage entre bourgeois notables et travailleurs (paysans ou ouvriers). En fait, il apparaît que les idées démocratiques ont, au XIXe s., gagné le peuple par l'intermédiaire de certaines fractions de la bourgeoisie villageoise. Ajoutons que **ces clivages politiques se combinent avec des oppositions traditionnelles** entre familles quasi « dynastiques » se disputant, à travers les générations, le pouvoir municipal.

Cela dit, les **conflits politiques** occupent traditionnellement une **place de choix dans la vie publique** provençale : exacerbés au moment des consultations électorales, ils traversent presque toutes les instances de la vie sociale ; les associations — professionnelles ou de loisirs — qui pullulent à l'échelon villageois, sont, pour la plupart, l'objet d'un enjeu entre « blancs » et « rouges ».

Cercles et associations. — Parmi ces institutions sociabilitaires, colorées politiquement, mentionnons, au premier rang, les « cercles ». Certains demeurent aujourd'hui : leur nom renseigne immédiatement sur la tendance politique qu'ils incarnent : « Cercle du Progrès », « Cercle des Travailleurs » ou encore « Cercle Saint-Joseph » ou « Cercle Saint-Hubert ». De quoi s'agit-il ? Vu de l'extérieur, d'un café comme un autre ; en fait c'est bien autre chose.

Le **« cercle »** (ce terme apparaît au XIXe s.) est l'héritier d'une antique institution provençale, la « chambrée » ou *chambreto*, que l'on pourrait rapidement définir comme la maison des hommes du village. C'est **à la fois une société et un local** où sont admis les hommes (à l'exclusion des femmes) de la communauté (à l'exclusion des étrangers) pour peu qu'ils aient été reconnus dignes d'en faire partie par les sociétaires. L'établissement est administré par un conseil élu et sa bonne marche confiée à un gérant. Le local s'apparente à un café. On y boit, on y joue aux cartes, au loto, on y échange les nouvelles... Plusieurs fois l'an on y organise un banquet réunissant la totalité des membres de la « chambrée ». Jusqu'au XIXe s., la *chambreto* est un lieu de réunion masculine, rigoureusement apolitique. Dès les années 1815, le « cercle » relaie la « chambrée » ; il conserve les mêmes fonctions sociabilitaires que son aînée, mais il devient une institution regroupant des individus de mêmes convictions politiques. Les cercles du Midi n'ont donc rien à voir avec ce que l'on connaît dans le Nord sous ce nom (établissements de jeux).

Dans une petite ville comme Salernes on compte, en 1877, 17 cercles (432 membres). **Ces sociétés jouent,** à l'occasion des grands événements nationaux (1848-52 notamment), **un rôle important,** tant pour la **diffusion des nouvelles** que pour la **prise de conscience politique.** Aussi « chambrées » et « cercles » seront fermés à plusieurs reprises par des arrêtés préfectoraux, aux temps de l'empire autoritaire de Napoléon III.

Le **café** a aujourd'hui relayé le cercle et la chambrée. Longtemps il n'a été qu'un lieu réservé aux étrangers de passage, souvent mal famé. On opposait ainsi la « moralité » et la propreté du cercle, à la saleté et à la débauche du café. Aujourd'hui, l'opposition entre cafés « rouges » et « blancs » reproduit celle qui existait naguère entre cercles « républicains » et « conservateurs ». Un ou deux établissements par village, tenus le plus souvent par des étrangers, sont à l'abri des clivages politiques et jouent le rôle des cafés du siècle dernier.

On épargnera au lecteur la liste des **nombreuses associations** ou sociétés villageoises (loisirs, sports, etc.) dont les activités ponctuent le calendrier des divertissements collectifs. On en mentionnera trois qui jouent un grand rôle dans l'animation de la vie au village — et sont dans l'ensemble moins soumises que d'autres aux traditionnels clivages politiques : la **société de chasse,** garante des droits communautaires sur l'utilisation de l'espace sauvage (voir plus haut); la **société de musique,** toujours vivante, dont les démonstrations, à l'occasion des grandes commémorations, sont particulièrement appréciées; enfin, la **société de boules,** organisant, lors des fêtes, des concours de « pétanque » toujours très populaires.

Les divertissements collectifs. — Leur **calendrier** est particulièrement **dense,** témoin d'un goût prononcé pour les loisirs communautaires, et plus généralement pour les activités festives. Le provençal est homme sociable, tant par ses activités « politiques », sa participation aux associations, que par son comportement en matière de loisirs.

Le **jeu de pétanque** est également populaire dans toutes les agglomérations provençales : sur certains boulodromes on allume, pendant l'hiver, des feux où l'on va se réchauffer entre deux tirs ou deux parties!

Autre jeu pratiqué pendant toute l'année : les **cartes**; la belote — n'en déplaise à Pagnol — ne s'est répandue que dans les années 1920; auparavant on jouait à la bourre, au tarot, à la quadrette, au 500, au sept-et-demi.

Parmi les **divertissements saisonniers,** signalons le **loto,** organisé dans les cafés et cercles, aux mois de décembre et janvier; les lots sont des pièces de gibier, tuées par les chasseurs du village qui, en cette période de ralentissement agricole, peuvent se livrer à leur « passion ». Naguère, on pouvait également gagner, à cette occasion, mouton, porc ou veau vivants, que l'on abattait pour le réveillon.

D'autres jeux saisonniers — **jeux-spectacles** ceux-ci — varient selon les régions de notre domaine : **joutes** des mariniers et des pêcheurs ou encore **courses à la cocarde** pratiquées en Provence rhodanienne, zone d'élevage taurin. Le principe de ces courses ancestrales est simple : les razeteurs doivent enlever la cocarde placée entre les deux cornes d'un taureau placé au centre de l'arène. Dès que la bête attaque, le razeteur doit courir vite, pour se réfugier au-delà des balustrades qui ceinturent l'arène. Si la course cocardière et ses variantes sont des jeux provençaux traditionnels, on ne saurait dire la même chose des corridas, prisées par les « esthètes » et les touristes, dont l'usage ne s'est répandu qu'à la fin du XIXe s.

Les autres divertissements sont liés aux fêtes traditionnelles qui scandent l'année.

Fêtes et pèlerinages

L'organisation des fêtes. — Elle revient traditionnellement en Provence à la **jeunesse masculine.** Jadis les jeunes gens *(lou, jouvent)* élisaient tous les ans leur chef, *abat* ou *guido.* L'**« abbé de jeunesse »** fixait le programme des fêtes et, entouré de ses camarades, parcourait le village, à la veille des réjouissances, demandant à chacun sa contribution financière. C'est qu'il fallait réunir une somme suffisante pour doter de prix les nombreux concours et jeux organisés en cette circonstance. Dans ces préparatifs, le *guido* collaborait étroitement avec un autre personnage central dans la société villageoise, le **capitaine de ville** ou **capitaine bravadier**.

Homme mûr, représentant les pères de famille de la communauté, le capitaine bravadier était, lui aussi, élu par ses congénères. Le « corps » qu'il dirigeait avait, dans l'ancienne Provence, plusieurs missions : défendre la collectivité contre les agressions extérieures; accueillir les hauts personnages qui rendaient visite au village (à cette occasion les bravadiers tiraient — en l'air! — une salve d'artillerie); participer à l'organisation et au déroulement de la fête (la bravade, on y reviendra, constitue un élément central de la cérémonie votive).

Le rôle des jeunes filles dans la préparation de la fête **est traditionnellement mineur** : sans doute existaient-ils deux magistratures électives (« abbadesse » et « belle de mai ») répliques féminines de l'institution masculine de l'abbaye de jeunesse; sans doute l'une et l'autre participaient-elles aux préparatifs des réjouissances, à la quête notamment (moyennant baiser aux généreux donateurs), mais les tâches principales d'organisation demeuraient l'apanage de la *jouvent* et des *bravadiers*.

Là où la fête est restée une réalité vivante, **les choses n'ont guère changé;** c'est toujours la jeunesse masculine et les hommes « mûrs » de la communauté — regroupés maintenant dans le Comité des Fêtes — qui préparent les réjouissances collectives; dans bien des cas, le corps des bravadiers existe toujours : il ne conserve de ses anciennes attributions que celles qui touchent à la fête; en revanche les magistratures féminines, traditionnellement moins importantes, ont disparu.

Fêtes votives et saints patrons. — La fête c'est, avant tout, la **fête patronale** (le *roumeirage* ou la *voto*), qui dure deux ou trois jours et se situe, en général, pendant l'été. Comme le remarque justement *L. Roubin,* **« le saint patron est souvent distinct du titulaire de l'église paroissiale ».** En Provence intérieure, la légende attribue souvent au saint que l'on honore le jaillissement d'une source ou d'une rivière miraculeuse.

Ainsi, à Cotignac [1] où, selon la légende, le 7 juin 1660, jour du mariage de Louis XIV, le jeune berger Gaspard, accablé de chaleur et mourant de soif sur le penchant du Bessillon (colline cailloûteuse et dénudée), aurait vu un vénérable vieillard nommé Joseph : celui-ci lui aurait fait découvrir en cet endroit très aride une source miraculeuse qui guérit les malades, la fièvre et le mal des yeux. C'est sur cette colline rebelle que les Cotignaciens édifièrent une chapelle en l'honneur de saint Joseph devenu saint patron de la communauté. Notons que les chapelles votives sont souvent situées en Provence sur des sommets à quelque distance du village.

Dans certains cas **le « patron » d'une corporation est devenu celui de toute la communauté.** Patron des maréchaux-ferrants, saint Éloi est

---

[1]. L'évocation du Roi Soleil dans cette légende est évidemment à rapprocher du pèlerinage accompli par le souverain dans cette localité en 1660.

aujourd'hui considéré comme le protecteur des agriculteurs en général; il a supplanté, dans plusieurs villages du Var, le saint titulaire de la paroisse. Les fêtes en son honneur sont marquées par des courses de chevaux et les cavalcades d'un char de verdure *(la carreto ramado)* qui témoignent de la survivance du culte originel. A Barjols (V. it. 32 A), la fête de la saint Marcel, célébrée le 16 janvier, semble bien être, au départ, une cérémonie en l'honneur du « patron » d'une corporation, celle des bouchers et tanneurs. En fait, on a remplacé l'authentique patron des bouchers (saint Antoine, célébré le 17 janvier) par saint Marcel.

Tambourins et coups de feu. — La fête patronale, quelle que soit son origine, se déroule en plusieurs étapes dont le rythme et la succession n'ont guère changé du XVIIIe s. à nos jours.

La **veille** de la fête, la jeunesse masculine parcourt les rues du village et, au son du *galoubet* (flûte) et du *tambourin*, demandant à chacun sa contribution.

Pendant **la messe** en l'honneur du saint, au moment de la consécration, les bravadiers font résonner une salve d'artillerie.

La **procession** qui se déroule après la messe votive, emprunte les principales rues du village. En tête viennent les bravadiers, puis les ménestriers et tambourinaires; suivent les élus municipaux, les représentants des différentes confréries, les enfants, le clergé entourant la statue ou la châsse du saint. A ce cortège s'associent, dans certains cas, chevaux et mulets (saint Éloi).

Une **farandole** achève souvent cette matinée, mettant un terme aux cérémonies proprement religieuses.

L'**après-midi** est, en effet, consacré à des **concours** et des **jeux** : courses d'animaux, d'hommes (enfants, jeunes filles, vieillards...), concours de chansons mais aussi grand concours de boules et, plus récemment, tournoi de football ou course cycliste.

Le **soir** c'est le **bal**, ouvert traditionnellement par l'abbé de jeunesse, aujourd'hui par le Président du Comité des Fêtes; jadis on dansait le rigodon, la volte et la mauresque. Une **farandole** achevait — c'est encore bien souvent le cas de nos jours — cette journée de liesse, une des rares occasions institutionnelles de rencontre entre les jeunes gens et les jeunes filles.

Le **soir même** de la fête **ou le lendemain**, un **grand repas** collectif (dont l'aïoli est le plat principal) réunit une bonne partie de la population du village et, au premier chef, ceux qui ont présidé à l'organisation des réjouissances. La fête se poursuit, selon les cas, un ou deux jours. Un rituel d'action de grâces en marque l'achèvement.

Noël en Provence. — Si Noël est avant tout la commémoration de la Nativité, c'est aussi une fête solsticielle — qui marque le début d'un lent renouveau. Elle coïncidait dans l'ancien calendrier avec les calendes du premier mois de l'année. Le terme qui désigne Noël en provençal, *Calèndo,* conserve la trace de l'origine de la fête. **Commémoration de la Nativité et rituel du renouveau sont mêlés** dans les cérémonies et les gestes qui accompagnent la célébration de Noël, laquelle présente, dans notre région, des particularités remarquables.

Quelques jours avant la fête on installe la **crèche**, représentation de la scène de la Nativité. L'originalité des crèches provençales réside non seulement dans la technique de fabrication des **santons** (moulés en argile et peints), mais surtout dans l'association pittoresque de figures évangéliques (Enfant Jésus, Marie, Joseph, bergers, rois mages) et de personnages typiquement provençaux : *lou tambourinaire*, *lou pescadou* (le pêcheur), *la femo sus soun ase* (la femme sur son âne), *l'amolaire* (le remouleur), *lou ravi* (personnage levant les bras au ciel), etc.

Crèches et Pastorales. — La crèche ne s'est répandue en Provence qu'au XVIIe s. (sans doute nous venait-elle d'Italie); c'est d'abord dans les **églises** que l'on prit l'usage de l'installer : elle ne comprenait que des personnages évangéliques, d'abord simples statuettes en bois sculpté puis, au XVIIIe s., mannequins couverts de vêtements. Parallèlement aux crèches d'église s'étaient développées, au XVIIIe s., des **crèches publiques** (ou **crèches parlantes**), véritables spectacles dialogués d'automates ou de marionnettes (pouvant atteindre 1 m de hauteur) qui représentaient la Nativité. Ces spectacles, organisés par des particuliers, étaient extrêmement prisés.

En cette fin du XVIIIe s., les **crèches familiales** étaient **rares** et sobres; on les appelait « chapelles » : elles ne regroupaient que la Sainte Famille, représentée par des santons en bois sculpté ou en mie de pain malaxée et moulée.

Notons enfin que, sous l'Ancien Régime, la tradition de la **crèche vivante** était très largment répandue en Provence : pendant la messe de minuit, les bergers faisaient offrande d'un agneau, les pêcheurs de poissons, etc. Cet usage, qui s'est longtemps maintenu dans certains villages ou quartiers de villes (Séguret, les Baux, paroisse Saint-Laurent à Marseille...) est aujourd'hui revitalisé à grand renfort de battage publicitaire et de reportages télévisés.

Au XIXe s., les diverses formes de **crèches** provençales **se modifièrent** sensiblement : augmentation du nombre des personnages, mais aussi changements dans les techniques de fabrication. Les santons des **crèches d'église** sont désormais moulés en carton pâte additionné de colle; dans certaines paroisses, les personnages sont « animés » (crèche mécanique).

Les **crèches parlantes** subissent aussi de sensibles modifications; s'y associent désormais l'évocation de la Nativité et des scènes comiques ou burlesques. Au milieu du XIXe s., les crèches parlantes sont relayées par des pièces de théâtre, issues d'un genre traditionnel en Provence : la **Pastorale**. Comme les crèches parlantes, les Pastorales du XIXe s. (dont la plus célèbre, la *Pastorale Maurel*, continue de connaître un grand succès populaire) mêlent des épisodes mélodramatiques et la commémoration de la Naissance de Jésus. Une des figures les plus marquantes de ces représentations est *Bartomièu*, aveugle et vantard, qui sera finalement guéri par le Christ.

Enfin, les **crèches familiales** se modifient du tout au tout (santons en argile de taille restreinte — souvent 8 cm —, décor plus apprêté — comprenant bastide, moulin, etc., multiplication des personnages profanes). Moins centrée sur la commémoration religieuse, la crèche devient un phénomène largement populaire — à une période où la déchristianisation atteint profondément le pays.

La veillée. — Un autre **rite typique** du Noël provençal, c'est le *cacho-fiò*. La veille de la fête, le plus jeune et le plus vieux de la famille placent dans l'âtre une bûche, qu'ils allument puis bénissent en l'aspergeant de vin avec un rameau d'olivier. Rite du feu nouveau qu'accompagne la formule suivante : *Emé Calèndo tout bèn vèn* (Avec Noël tout vient bien). Traditionnellement, on répandait les braises de cette bûche sur la table, signe **de protection de la maison** contre le malheur, et plus particulièrement contre les méfaits du tonnerre et de la grêle. C'est, au reste, toujours la coutume que de jeter par la fenêtre une bûche incandescente dès que retentit le tonnerre.

Avant d'aller entendre la messe de minuit, on mange le **« gros souper »**; à l'abondant menu figurent légumes et poissons séchés — mais **jamais de viande**. Voici les mets-types consommés en cette occasion, d'après *Mistral* : escargots, morue frite, muge aux olives, carde, cardon, salade de céleri, fougasse à l'huile. **Treize desserts** (dont le nombre évoque sans doute Jésus et ses disciples) achèvent le souper : raisins, figues, amandes, prunes, poires, pommes, cédrat confit, confiture de coings et de fruits, nougat blanc, nougat noir, galette au lait, *pompe* (grosse galette à l'huile).

On gagnait ensuite l'église paroissiale à la lumière des *fanau*. La messe de minuit se signalait par deux traits originaux : l'offrande des bergers (voir plus haut) : l'agneau était dépecé et consommé le lendemain (le curé en avait sa part); les cantiques en provençal qui scandaient l'office. Les « Noëls » — ceux notamment de *N. Saboly* (XVIe s.) — associant, comme plus tard les crèches, anecdotes quotidiennes et commémoration de la Nativité, sont particulièrment prisés dans notre région et occupent une bonne place dans la tradition du chant populaire provençal.

Enfin, après la messe, il arrivait que l'on prît un *« ressouper »*, ce que nous appelons le réveillon.

Carnaval.

— La **Chandeleur** ouvre le cycle de Carnaval-Carême. On bénit à cette occasion le feu nouveau, **symbole de la renaissance de la nature.** La bénédiction des cierges devant la statue de Notre-Dame du Fenouil (en fait, *Fue nòu* : feu nouveau), dans la crypte de Saint-Victor à Marseille, demeure une tradition vivace. C'est essentiellement cette renaissance de la nature — et l'expulsion de l'hiver — que symbolisent les rites carnavalesques.

A l'approche de **mardi-gras,** les jeunes gens font une tournée sur le terroir de la commune pour trouver des vieux habits dont ils se déguiseront pendant le bal puis le jugement de *Carêmentrant*. La mise à mort du mannequin de *Carêmentrant* — qui symbolise le vieil homme, l'hiver — est le moment central du Carnaval. Des chansons satiriques et volontiers scatologiques accompagnent la préparation du bûcher puis la mise à feu de *Carêmentrant*.

Carêmentrant pouvait être, dans certains cas, un monstre (tarasque, dragon) sacrifié après avoir défilé à travers les rues de la ville. Les fêtes carnavalesques s'accompagnaient traditionnellement de danses, la plupart d'inspiration bacchique et libertine, telles les danses des *boufet*, des olivettes, des fiélouses, des cordelles sans oublier des *chivaufrus* (chevaux-jupons).

La *danso di boufet* est d'un symbolisme particulièrement clair avec des jeunes gens en caleçon qui se poursuivent un soufflet à la main en chantant. La danse des *fiélouso* (quenouilles) qui pourrait paraître, par son intitulé, plus sage, est, en fait, empreinte d'un symbolisme sexuel dont sont investis les différents outils utilisés pour la filature. Autant de gestes et de rites qui symbolisent cette grande fête du renouveau où l'on chante l'abondance dans une atmosphère de licence.

Sous l'impulsion de la jeunesse masculine — là où elle est restée — **les rites carnavalesques,** naguère tombés en désuétude, **prennent aujourd'hui un nouvel essor.** Une tradition ancrée dans la vie provençale qui ne se sera estompée, en fait, que l'espace de deux générations (1935-1975).

Les pèlerinages figurent aussi parmi les hauts moments de la vie rituelle en Provence. Certains d'entre eux n'attirent que la population de la commune ou encore des « pays » voisins; d'autres regroupent des pèlerins venus des quatre coins de la région. Ainsi les pèlerinages de la Sainte-Baume, de N.-D.-des-Grâces à Cotignac, de N.-D.des Lumières à Goult, etc. Chaque sanctuaire est réputé pour les pouvoirs miraculeux de son titulaire.

Pour susciter l'intercession du saint ou lui rendre grâces des bienfaits qu'il a réalisés, on apposait, jusqu'à une période récente, des *ex-voto* qui tapissent encore de nos jours les murs des églises ou chapelles des sanctuaires. Ces *ex-votos* sont de petits tableaux, faits pour la plupart par des peintres locaux, représentant la scène (accident, maladie) faisant l'objet de la demande du dévôt. Le sanctuaire de N.-D.-des-Lumières, à Goult, compte ainsi 342 ex-votos datant du XVIIe au XIXe s.

Les **deux plus grands pèlerinages** de la région sont de nature très différente : le premier, c'est celui de **N.-D.-de-la-Garde,** à Marseille, qui draîne, à des dates fixes mais aussi pendant toute l'année, d'importants cortèges de pèlerins. La fortune de ce sanctuaire tient en deux mots : un site élevé au cœur de la métropole régionale, un culte marial (la « Bonne Mère ») particulièrement intense dans les contrées méridionales. Pour un étranger qui s'installe à Marseille, voire en Provence, faire le pèlerinage à N.-D.-de-la-Garde c'est s'intégrer « symboliquement » à la région dont il fait désormais sa patrie.

Le second grand pèlerinage régional c'est celui des gitans qui viennent honorer, le 25 mai et le 22 octobre, sainte Sara, leur reine, aux **Saintes-Maries-de-la-Mer.** Selon la légende bohémienne, Sara aurait accueilli en Camargue les deux Maries venant de Judée. Le pèlerinage comporte deux phases principales : la première est marquée par la procession à la mer de la statue de Sara qu'on immerge; la seconde, le lendemain, par une autre procession à la mer au terme de laquelle la barque portant les effigies des deux Maries est plongée dans l'eau.

La cuisine

On se fait, en général, une idée très fausse de la cuisine provençale : pour certains, grillades et pizza sont les mets les plus typiques de notre région! Pour d'autres, déjà mieux informés, le gigot, la daube, l'aïoli, la bouillabaisse ou la bourride sont à la base des menus provençaux. Il est vrai que **daube** et **aïoli** sont les deux **mets les plus représentatifs** de la cuisine traditionnelle. **Mais** il s'agit là de **plats exceptionnels,** consommés à l'occasion des fêtes. Au vrai, ce qui frappe quand on examine les menus quotidiens des familles provençales, c'est la

frugalité des repas. On ne mangeait de la viande, il y a encore une vingtaine d'années, que le dimanche et lors des fêtes.

Le plat de viande, par excellence, que l'on consomme le dimanche, c'est la **daube,** viande de bœuf cuite avec des aromates (ail, laurier, clous de girofle, écorces d'orange séchées, etc) dans du vin rouge. En Provence rurale, la viande de mouton (destinée à la vente) est peu consommée, sinon à l'occasion des fêtes : gigot rôti ou en daube (préparation appelée *carbounado*); pieds paquets : pieds et tripes de mouton farcies de tomates, ail et persil (l'ensemble est cuit, pendant toute une nuit, avec des oignons et du vin blanc); blanquette d'agneau, etc.

Volaille (dindes, poulets, pintades, pigeons), gibier (lapins, cailles, perdreaux), **porc,** engraissé à la ferme, avaient une place plus importante sur la table provençale que la viande de bœuf et de mouton. Toutes les parties comestibles du porc étaient utilisées et consommées (boudin, saucisse, saucisson, andouillette, jambon, caillette — foie haché mélangé à des épinards bouillis, cuit au four avec du saindoux — pieds pannés et grillés, lard, etc.).

Cela dit, **la part de l'alimentation carnée demeure mineure** dans la cuisine provençale traditionnelle. Les repas quotidiens se composent essentiellement de pain, de soupes et de légumes, parfois accommodés en omelettes; l'huile d'olive, les aromates de la garrigue, les épices, donnent du goût, corsent et relèvent une nourriture de base, dans l'ensemble, fade.

La soupe est, le plus souvent, midi comme soir, le **plat principal.** « La soupo, dit-on, tapo un trau » (la soupe bouche un trou). C'est très rarement une soupe grasse (comportant de la viande), bien plus **souvent un bouillon de légumes** (frais l'été, secs l'hiver), ou encore un mélange d'eau et de farine (de blé, d'épeautre, de maïs, de pois chiches, de fèves, de châtaignes). Ces dernières variétés de soupes sont connues sous le nom de *soupes au bâton,* car on les tournait avec une baguette de laurier. Parfois même ni légume ni farine n'entrent dans la composition de la soupe : tel est le traditionnel l'*aigo-boulido,* soupe d'eau aromatisée d'ail et de sauge que l'on consommait avec des tranches de pain enduites d'huile d'olive.

Si la soupe est riche, elle est le plat unique du repas; ainsi de la soupe au *pistou* préparée avec des légumes d'été, des vermicelles et une sauce épaisse (ail, basilic, tomates, huile d'olive, ...). Si la soupe est maigre, le repas est complété par des légumes (ceux qui ont servi à la préparation du bouillon) ou une salade — toujours assaisonnée d'ail.

Les légumes constituent la **base de l'alimentation** traditionnelle. Selon les saisons, on les prépare en gratins, en salades ou encore on les farcit. La farine de légumes est aussi abondamment utilisée : préparation des soupes mais également de bouillies épaisses que l'on faisait frire (tel le *panisso,* à base de pois chiches).

L'**hiver** est la saison des **gratins,** préparés dans de grands plats en terre, les *tian* : gratins de pommes de terre, de courges, d'épinards, de haricots notamment.

LA CUISINE — LE COSTUME

Au **printemps,** les légumes de saison *(artichauts, asperges...)* figurent en bonne place dans les menus. Les asperges cultivées sont mangées en salade, celles que l'on trouve dans la garrigue en omelettes. Les artichauts sont souvent préparés à la *berigoulo* : revenus dans l'huile avec de l'ail, on les baigne d'eau chaude aromatisée de thym et de laurier, puis on laisse cuire à petit feu...
Les légumes d'**été** (tomates, aubergines, courgettes) sont volontiers consommés **farcis** (la farce était naguère maigre, composée d'épinards et non de viande); l'aubergine est sans doute le légume d'été qui est préparé selon les recettes les plus variées : en beignet, en bohémienne, en daube... En **automne,** la cueillette apporte son lot de **champignons** : grillés ou revenus à l'huile et à l'ail, ils complètent, en cette saison de chasse, les préparations de gibier.

C'est seulement en **Provence maritime** que le **poisson** et les coquillages tiennent une place importante dans l'alimentation; encore faut-il noter que poissons et crustacés étaient **surtout** consommés **à l'occasion des fêtes.**
A évoquer les produits de la mer, on pense inévitablement à la *bouillabaisse,* plat à base de poissons de roche (rascasse, grondin, galinette, pageau, baudroie, rouget, loup...) cuit dans un mélange d'huile, d'eau et d'aromates. Bouillon et poissons sont servis à part. On ajoute au bouillon, dans certaines villes du littoral, de la rouille, mélange d'ail, de piment rouge et d'huile pour rehausser le goût.
La *bourride* est préparée avec des poissons blancs (loups, muges, baudroies, turbots) et servie avec un aïoli qui, délayé dans le bouillon, forme une crème que l'on consomme sur des tartines de pain. Les recettes à base de poisson sont extrêmement variées : *poutargo* (caviar d'œufs de muge), daube de tripes de thon, *sepioun* (petites seiches) frits, ou encore préparations de poissons d'eau douce : salade d'anguilles, etc.

Signalons quelques plats populaires : l'*anchoïade,* mélange d'anchois, d'huile, de vinaigre et d'ail pilé, souvent servi avec du céleri ou des cardes; les préparations de morue — pêchée en Terre-Neuve! — dont la célèbre *brandade* provençale. La morue est le mets principal des repas maigres des veilles de fête (« gros souper » de Noël, vendredi saint); on la sert avec un *aïoli,* crème d'ail, de jaune d'œuf et d'huile. Cela dit, l'association aïoli-morue est loin d'être fixe : on peut tout aussi bien consommer l'*aïoli* avec de la morue bouillie qu'avec des escargots, des œufs ou des côtelettes d'agneau.
Pour *Mistral,* l'aïoli est le symbole culinaire de la Provence : « L'aïoli, écrit-il, concentre dans son essence la chaleur, la force, l'allégresse du soleil de Provence, mais il a aussi une vertu : celle de chasser les mouches. Ceux qui ne l'aiment pas, ceux à qui notre huile fait venir des cuissons à la gorge ne viendront pas de cette façon baguenauder à notre entour. Nous resterons en famille. »

Le costume

Parler du **costume provençal** est faire œuvre d'archéologue. On ne verra plus de vêtements traditionnels que dans les musées (le *Museon Arlaten* en abrite une très belle collection) ou à l'occasion des fêtes et des démonstrations folkloriques. Au début du siècle, *Mistral* avait pourtant tenté de maintenir la tradition du costume provençal : il avait institué, en 1903, des fêtes au cours desquelles les jeunes filles qui le revêtaient pour la première fois promettaient d'y rester fidèles. La diffusion des modèles vestimentaires nationaux et internationaux ont tôt eu raison des velléités mistraliennes.

Le costume féminin le plus célèbre est celui d'Arles. Porté dans une région qui s'étend entre Châteaurenard, Lambesc, Istres, Les Saintes-Maries, Beaucaire et Aramon, il se composait d'une jupe longue, d'un corsage noir très ajusté *(eso)*, entr'ouvert sur la poitrine où il est orné d'un petit fichu de tulle et presque recouvert par un grand fichu, soit assorti à la jupe, soit de mousseline blanche.

La **coiffe** est un des éléments les plus originaux de ce costume : elle couvre un chignon haut sur la tête, enroulé autour d'un peigne; un large ruban de velours la maintient sur le devant; ce ruban est renforcé par un carton, dessinant ainsi une facette; dans d'autres cas le ruban est noué sur le devant, formant ainsi des ailes de papillon; sur la nuque on construit un second chignon sur lequel flotte le ruban de la coiffe. Pour les jeunes filles, « prendre la coiffe » était une sorte de « rite de passage » (un peu similaire au « premier fusil » pour les garçons) : jusqu'à treize, quatorze ans, elles ne portaient qu'un mouchoir noué sur le devant.

Au XIXe s., le type de coiffure que portaient les femmes renseignait immédiatement sur l'**origine sociale et régionale** de chacune d'elles. Les Avignonnaises avaient la *catalano* (chaperon blanc), les paysannes de la Côte d'Azur le chapeau plat (la *capelino*), les jeunes poissonnières marseillaises la coiffe et le fichu de couleur, les femmes de Haute-Provence la coiffe tuyautée à brides, etc.

Le costume masculin a subi, plus tôt encore que celui des femmes, l'influence des modèles étangers à la région. Au XIXe s., le paysan est habillé d'une chemise à col rabattu et d'un pantalon de toile, retenu par une ceinture de laine rouge ou noire *(la taiolo)*. Il porte un **chapeau de paille** à larges ailes ou un bonnet *(barreto)* dont l'extrémité pendait par derrière : *la barreto escarlatino cumo an li gent di mar latino,* dit Mistral dans Mireille. Aujourd'hui la casquette a remplacé le bonnet : c'était déjà la coiffure habituelle des artisans dans la première moitié du XIXe s.

L'originalité de la culture provençale transparaît à travers tous les aspects de la vie traditionnelle que nous venons d'évoquer : usages agricoles, sociabilité, habitat, loirirs et fêtes, cuisine, costume, langue... Cette identité est aujourd'hui menacée, comme, au reste, celle de toutes les provinces de France. Le raz-de-marée touristique n'est pas le moindre problème, on l'a

LE COSTUME

vu, qu'ait à affronter aujourd'hui notre région. Si à une consommation effrénée d'espace, à une mutilation des sites et des paysages se substituait une autre forme de tourisme : une découverte discrète et attentive du pays et des hommes, les données du problème seraient sensiblement modifiées. C'est à ce type de découverte que nous vous invitons. Bon voyage!

Les arts en Provence

par **Denise Bernard-Folliot**

Les temps préhistoriques

Les galets de la préhistoire. — Les silex moustériens des abris des Baumes, l'existence attestée des premiers ateliers de débutissage sur le bas plateau de Notre-Dame de Nazareth, à l'E. et à l'O. du lieu-dit Notre-Dame, les habitats moustériens du vallon de l'Ayguebrun, indiquent la présence de l'homme sur cette partie du monde dans les ténèbres de la préhistoire (100 000-50 000 av. J.-C.). Mais on ne retrouve pas sur la côte ces immenses ateliers de plein air où étaient fabriqués les indispensables outils, car les hommes de ce temps recherchaient les grottes ou les sites protégés des dangers toujours possibles.

Avec la **civilisation romanellienne** — habitats découverts près d'Istres, près de Saint-Marcel et à l'E. d'Aix, en bordure de ce qui est aujourd'hui notre route du Tholonet — apparaissent les **premières manifestations de caractère culturel et rituel** : ce sont des **galets ornés** de bandes et de points rouges tracés avec un art schématique et dépouillé.

Plus tard, bien plus tard, l'**homme de l'Aurignacien** a gravé une tête de canard sur une pierre retrouvée dans la combette de Bonnieux et qui fait partie de la collection Moirenc, à Lourmarin. Plus près de nous, plusieurs **sites magdaléniens** (Charasse, abris de Soubeyres près de Ménerbes, abri de Chinchon à Saumane de Vaucluse) conservent des plaques de calcaire gravées. Les coquilles de moules dentelées, les grains de collier peints en ocre montrent l'importance au septième millénaire des coquillages qui étaient tout à la fois éléments de protection pratique et magique et **éléments de parure** esthétique et funéraire.

Les grandes mutations. — Les peuples chasseurs, pêcheurs et collecteurs du Paléolithique moyen et supérieur, ont, au cours de profondes mutations humaines, fait place aux peuples agriculteurs et pasteurs de l'**âge néolithique**. C'est à ceux-ci que l'on doit la **première ébauche d'une architecture** qui va devenir caractéristique : ces habitats de pierre sèche qui sont à l'origine des « bories » que l'on rencontre toujours dans la campagne provençale. Ce sont eux qui bâtissent les premiers villages en « dur », protégés des intempéries, des fauves et autres ennemis par des remparts; ce sont aussi eux qui **inventent une poterie**, grossière peut-être, mais **déjà décorée**. Avec un coquillage appelé *cardium* ils tracent des zigzags, des flammes et des vagues sur les vases qui servent autant à l'usage domestique qu'au culte des dieux et des morts : c'est la **poterie cardiale**, particulière à la civilisation des îles et des côtes de la Méditerranée et dont les lointaines racines se retrouvent en Afrique du Nord.

Si, pendant toute cette période néolithique, les abris sous roche n'ont pas disparu, **les stations de plein air se sont multipliées** : ainsi, au N. de la route qui va de Murs à Gordes, d'innombrables champs étaient jonchés de **silex façonnés**; à Châteauneuf-du-Pape, à Malaucène, au Mourre du Diable, on a retrouvé les maillets de quartzite, de serpentine, de diorite fabriqués, pourrait-on dire, à l'échelle industrielle. Les musées de Cavaillon et d'Apt conservent maints exemples de la poterie de cette époque, façonnée à la main, séchée au soleil, passée au feu.

Au cours de la **dernière phase du Néolithique**, on a fabriqué dans le Vaucluse et aux abords de Toulon la **poterie à panses rebondies** décorée de damiers, de chevrons, de figures géométriques et de la caractéristique « Flûte de Pan ».

Jarres, céramiques et tians. — De l'époque énéolithique (2 000-1 750 av. J.-C.), on a mis au jour, au Pilon du Roi, dans la chaîne de l'Étoile, quatre grottes et une nécropole (sous roche aussi) où ont vécu, semble-t-il jusqu'au Moyen Age, ceux qu'on pourrait appeler les ancêtres directs des Ligures. Ce sont eux qui nous ont laissé cette grande jarre, à fond plat encore familière et qu'on nomme en provençal « tian ». Sur la côte, là où vient buter la chaîne de l'Estaque, un champ pierreux recouvre un village énéolithique : les maisons faites de pierre et de mortier de marne (technique qui n'a jamais été vraiment abandonnée) gardaient une **céramique locale sans décor** et une **céramique** caliciforme, probablement **importée** d'Espagne.

Le temps des métaux et des mégalithes. — Tandis qu'apparaît en Provence le bronze, venu de Crête, les hommes construisent des **hypogées funéraires de type cyclopéen** apparentés aux tombes creusées dans le roc en Sardaigne ou au Baléares et qui étaient courantes dans la région d'Arles, de Montmajour, de Fontvieille, du Castellet. Mais, en Provence, on a parfois retrouvé sur les parois des **gravures** élaborées. Ce qu'elles ont révélé aux archéologues montre une **influence orientale**.

C'est de cette époque si riche que datent aussi les mégalithes, dolmens et menhirs (dolmen de la Fée à Draguignan), tombeaux dans lesquels l'on a retrouvé la lampe qui éclairait l'esprit du défunt lors de son voyage dans l'au-delà. Plusieurs dolmens présentent cette **décoration à chevrons**, évoquant une longue chevelure, si particulière et semblable à celle de Gavrinis (une île du golfe du Morbihan).

Les stèles anthropomorphiques de la Durance. — Ces stèles (auj. au musée Calvet, en Avignon) constituent un phénomène mégalithique de l'**époque chalcolitique**. On en a répertorié presque une vingtaine : près de Sénas, à l'Isle-sur-la-Sorgue, à Lauris, dans le Vaucluse et surtout à Avignon, sur le rocher des Doms et dans l'actuel quartier de la Balance. Le nombre relativement grand des stèles anthropomorphiques dites d'Orgon semble indiquer qu'il y avait là une importante nécropole. Ce qui rend certaines de ces stèles plus mystérieuses, c'est que les visages sculptés n'ont pas d'yeux ni de bouche. Selon *F. Benoit*, la suppression de la bouche signifierait la suppression de la vie. La

Antiquité et Haut Moyen Age

L'arrivée des étrangers. — Au cours du dernier millénaire qui précède l'ère chrétienne, des peuples venus du S.-E. se succèdent sur les rivages du N. de la Méditerranée. Ce sont les *Ligures* qui, les premiers, édifient les *oppida* organisés — futurs *castellars* et *castellaras* — établis sur un éperon rocheux surplombant une voie à grand passage et qui sont déstinés à protéger hommes et bêtes.

Après eux, les **Phéniciens** ne s'aventurent guère, se contentant d'explorer la côte, de faire du troc, de guerroyer ici ou là, abandonnant des **amphores** et des **jarres**. Du passage (600 av. J.-C.) des *Rhodiens,* qui sont des Hellènes, on retrouve la trace dans la toponymie d'abord, et dans les **œnochœs en bronze,** les fragments d'**amphores** et les **poteries** dites *bucchero nero,* trouvés à Saint-Blaise, au Cap Couronne, au Mont Faron, au Castellan, indiquant ainsi des relations multiples mais confuses et sporadiques.

Le casque corinthien trouvé aux Baux, les calices de Chios montrent que de plus en plus les *Grecs* s'aventurent loin à l'intérieur des terres.

Avec les **Phocéens,** contraints à l'exil par la misère et l'exiguïté de leur territoire, il ne s'agit plus d'incursions mais d'établissement définitif sur certains points côtiers; encore qu'il n'y ait pas colonisation, et que les échanges avec l'arrière-pays demeurent limités, c'est à cette occasion que **la civilisation grecque pénètre** dans ce qui va devenir bientôt la Provence.

Ils créent *Massalia* sous le signe de la grande déesse *Artémis,* qu'ils vénéraient à Éphèse (on a retrouvé dans l'enceinte primitive de cette ville plus de quarante stèles d'Artémis), dont le temple s'élevait sur l'actuelle colline des Moulins. Au pied du Mont des Oiseaux, près d'Hyères, les fouilles on mis au jour, en 1970, le plan original de la ville grecque avec ses remparts, ses maisons, son sanctuaire, ses rues, ses égoûts. De nombreux tessons de **céramiques**, des **coupes attiques** à figures noires à rehauts violets, des vestiges cultuels ont été trouvés en Arles, où l'on rendait aussi le culte à Artémis, et il est curieux de trouver, dans le portail roman de Saint-Trophime, une représentation d'Hercule montrant combien ce dieu a enrichi les légendes et la tradition locales... Le site de Pègues marque l'avancée septentrionale greco-massaliote.

Les Celtes. — Au début du IVe s. av. J.-C., les *Celtes,* qui s'apprêtent à envahir l'Italie, s'installent sur le territoire compris entre le Rhône, le Var, la Durance et l'arrière-pays de Massalia. Ils se mêlent aux Ligures formant une sorte de confédération de tribus : celle des *Salyens.* Les Celtes apportent avec eux une technique perfectionnée, une organisation stable et le monde magico-religieux des peuples septentrionaux.

Les Gaulois coupeurs de têtes. — C'est l'historien *Posidonios d'Apamée*, dit *le Rhodien*, qui le premier s'étonna de ces têtes coupées. Plus de vingt siècles plus tard, l'archéologie a confirmé les récits de ce lointain savant : sur le **sanctuaire celto-ligure d'Entremont**, au N.-E. d'Aix, les héroïques combattants qui luttèrent pour conserver l'indépendance des Salyens vis-à-vis de la colonisation romaine ont été divinisés; ces têtes coupées (auj. au musée Granet, à Aix), posées l'une au dessus de l'autre, sont les **portraits** individualisés de ces guerriers.

Leurs yeux ne sont pas clos. Mais à Roquepertuse, des portiques de pierre, dont un est aujourd'hui reconstitué au musée Borely, supportaient des linteaux sur lesquels étaient gravées douze têtes d'hommes, **sans regard et sans bouche**, ainsi que des chevaux — qui portent les âmes — stylisés. Les piédroits du portique étaient creusés d'alvéoles destinées à recevoir les têtes réelles des guerriers. Ce portique est surmonté d'un rapace qui symbolise le voyage dans l'au-delà. A Roquepertuse, les linteaux ont conservé leur couleur vermillon. Des têtes coupées apparaissent encore aux Baux, à Mouriès, au Castellet près de Gordes.
A cette statuaire **un peu macabre** s'ajoute tout un **bestiaire fantastique** lié aux puissances des ténèbres : rapaces, lions, chevaux, serpent (assez rare, mais figuré à Entremont), qui symbolise l'obsession de dieux impitoyables et exigeants. C'est à un artiste salyen aussi qu'on doit l'*Hermès bicéphale* de Roquepertuse : les deux têtes sont unies par le bec du rapace qui emporte l'âme des guerriers morts au combat. A Roquepertuse encore, deux étranges et belles **statues**, dont on ne sait si le hiératisme et la force étaient ceux de divinités ou d'êtres humains, étaient recouvertes de vermillon. A Glanum, qui fut un autre important sanctuaire celto-ligure, un bloc de rempart hellénistique a été transformé en porte-crânes.

La Provence romaine. — De multiples témoignages parlent éloquemment de l'occupation romaine : les **arcs de triomphe** si typiquement romains tant par leur signification que par leur construction : Cavaillon, Saint-Rémy, Orange surtout, qui passe pour être l'un des plus beaux du monde avec son équilibre harmonieux et sa décoration de frises et de trophées rappellant les hauts faits de la Deuxième légion de César; les **amphithéâtres** d'Arles et de Nîmes, les **théâtres** de Fréjus, de Vaison, d'Orange encore; les **thermes** d'Arles et d'Aix : tout ici parle cette langue de la civilisation transalpine.

A Aix, les huit colonnes qui enveloppent le baptistère de la cathédrale Saint-Sauveur proviennent d'un temple romain. A Arles, une tête d'Octave — futur empereur Auguste — montre l'expressivité propre à l'art du portrait à Rome. A Saint-Rémy, le mausolée des Jules a peut-être été élevé à la mémoire des petits-fils d'Auguste : Lucius et Caïus, morts dans la fleur de l'âge; jadis, la petite rotonde supérieure abritait leurs effigies. Le tissu urbain de Vaison et le site de Glanum racontent la vie quotidienne dans la « Provincia ».

Les temps paléochrétiens. — Dès le IVe et Ve s., les **influences barbares** et les **influences méridionales** interviennent, mais ce qui subsiste de **la civilisation romaine se perpétue** à Arles et à

Marseille dans les ateliers de sarcophages, dans le sens sculptural des formes, dans un penchant pour la taille en ronde-bosse et surtout dans une éthique, contraire à l'éthique byzantine du temps qui rejetait toute représentation physique. Puis, au VIIe s., les artisans de sarcophages et de chapiteaux utilisent les motifs décoratifs stylisés ou géométriques. Le très ancien monastère chrétien élevé à Carluc, à l'emplacement d'un temple gallo-romain, mêle encore, sur le plan architectural, le paléo-chrétien au roman naissant.

C'est à cette époque que se multiplient dans cette partie de la Gaule les oratoires voûtés, comme celui de Saint-Victor à Marseille, assez semblables aux petites églises d'Asie Mineure, de même que les baptistères de Fréjus, de Riez et d'Arles montrent une **parenté très nette avec les constructions religieuses de Syrie** ou des côtes orientales de l'Adriatique : il s'agit le plus souvent d'une salle carrée, avec quatre niches aux quatre angles. A Avignon et à Fréjus, le groupe épiscopal pré-roman comprenait deux églises et un baptistère construits parallèlement sur un axe N.-S.

Le premier art roman. — A la fin de l'époque mérovingienne, la distinction entre l'église du culte et l'église - martyrium, commémorant le souvenir des saints, a vécu. A partir du Xe s., les deux sanctuaires se fondent en un seul, le tombeau du saint étant placé au chevet, tandis qu'un espace assez grand est ménagé afin de permettre aux fidèles de se recueillir — d'où un **agrandissement du sanctuaire** par un chœur prolongé à l'E. Ce **premier art roman,** qui pénétra tard en Provence, est caractérisé par l'emploi presque généralisé, en petit appareil, de pierres rustiques, et celui, systématique, d'arcatures aveugles et de piles plates dites **« bandes lombardes »,** venues, bien sûr, de la proche Lombardie.

L'art roman provençal. — Le XIIe s. voit s'épanouir les belles églises romanes que l'on connaît, vastes, recueillies dans la pénombre apaisante, austères et graves. La façade est nue, à quelques magnifiques exceptions près, et percée d'un portail surmonté d'un oculus. La nef, unique souvent, est couverte d'une voûte en berceau brisé sur doubleaux et les collatéraux, quand ils existent, sont en général étroits et ouverts de voûtes en demi-berceau. Au carré du transept, une coupole sur trompes est dont le prototype est à Sisteron.

Mais ce qui caractérise surtout le roman provençal, c'est l'**importance donnée aux masses et aux volumes dans la recherche de l'équilibre,** importance qui est une survivance de l'Antiquité, mais aussi qui révèle davantage l'idée de force régnante que l'idée d'élan.

Notre-Dame de Sisteron, Notre-Dame-des-Doms à Avignon, l'abbaye bénédictine de Montmajour, les trois abbayes cisterciennes du Thoronet, de Silvacane et de Sénanque, l'église Saint-Sauveur d'Aix et celles dont ce présent ouvrage ne parle pas mais qui appartiennent cependant au patrimoine provençal : Saint-Gilles-du-Gard et l'église de Bourg-Saint-Andéol, sont ainsi là pour témoigner du règne de Dieu sur la terre.

Les portails romans. — Si la sobriété et l'austérité caractérisent l'intérieur des églises romanes, il n'en est pas de même pour les portails : certains sont d'une éloquente beauté. L'**ampleur de l'imagination, le raffinement dans l'invention et l'exécution, la recherche intellectuelle donnent naissance à un art particulièrement riche.** Les plus remarquables sont sans doute ceux du prieuré bénédictin de Gânagobie et de l'église Saint-Trophime, à Arles.

A **Gânagobie**, sur les bords du tympan, des contours polylobés sont un rappel du feston de l'ébrasement; la baie centrale est sculptée de telle sorte qu'elle donne l'illusion d'une seconde façade tandis que la troisième baie laisse supposer une troisième façade dissimulée. A **Saint-Trophime**, le portail, avec ses colonnes à chapiteaux corinthiens, s'inscrit à l'intérieur d'un vaste fronton dont la plastique est une merveille d'harmonie et d'équilibre. Le portail de l'église Notre-Dame d'Embrun (dont il n'est pas question dans le présent ouvrage) n'est pas sans parenté avec les sarcophages gallo-romains avec son entablement, ses pilastres cannelés et ses frises. L'admirable porche de Notre-Dame de Salagon, avec ses six piliers différents, est lui aussi une des expressions les plus achevées de l'art roman.

La décoration intérieure. — Avec ses oves, ses perles, ses rais de cœur, ses entablements et ses frontons triangulaires, elle n'est pas dégagée de l'antiquité romaine. On sent bien que **Rome a marqué pour des siècles,** et plus que partout ailleurs, la langue, la vie quotidienne et **l'art de la terre provençale;** aussi, la riche décoration lapidaire du roman bourguignon ou auvergnat est-elle, ici, beaucoup plus assagie. Dans certains cas, elle montre une dématérialisation qui l'apparente maintenant davantage à l'art de Byzance; ce n'est d'ailleurs qu'en Provence que la peinture murale à fond sombre est la plus répandue, et l'on peut voir à Gânabogie de magnifiques mosaïques qui groupent en éventail un bestiaire d'inspiration orientale.

La sculpture. — La sculpture, qui n'apparaît que vers la fin de ce grand siècle, se révèle **souvent archaïque** par rapport à ce qui se fait dans le reste du royaume, **mais** aussi **raffinée et recherchée** que l'était l'art des bâtisseurs. Ainsi les magnifiques piliers d'angles du cloître Saint-Trophime portent-ils de grandes statues de saints qui, par maints détails, rappellent les statues du porche.

Les témoignages d'architecture civile romane sont beaucoup moins nombreux; certains ensembles subsistent cependant, comme à Viens où tout un groupe de maisons a inaltérablement survécu au temps depuis le XIIe s.

L'époque gothique

Naissance du gothique. — Le **style roman se prolonge assez tard** puisqu'on continue de s'en inspirer jusqu'au début du XVIIe s. : il y a presque toujours eu **décalage entre** ce qui se faisait en **Provence et** dans le **reste du royaume.** Mais, dès la fin du XIIe s. quelques tentatives gothiques se font jour : le porche de Saint-Victor, à Marseille, au milieu du XIIe s. est voûté d'ogives. L'église Saint-Jean de Malte, à Aix, est entièrement élevée dans le style gothique entre 1234 et 1264, sans collatéraux ni déambulatoire et avec un chevet plat. La nef de Saint-Sauveur est également reconstruite selon ces principes.

Mais le véritable siècle gothique, ici, est le XIVe s. et l'on pourrait dire aussi qu'**Avignon fut la capitale gothique dans cette partie de la France.**

L'**église Saint-Agricol** est des XIVe et XVe s., l'**église Saint-Pierre,** commencée au XIVe s., est achevée au XVIe s. : sa façade flanquée de tourelles offre un frontispice flamboyant; l'**église Saint-Didier,** du XIVe s., appartient à la grande époque d'Avignon : elle possède une chapelle gothique entièrement décorée à la fin du XIVe s. par des **artistes italiens** qui ont travaillé en Italie sous la direction de *Duccio* et de *Pietre Lorenzetti* et, en Avignon, sous celle de *Simone Martini;* l'**église du couvent des Célestins,** fondé en 1393, est un des rares exemples de **gothique nordique** dans le Midi : chœur pentagonal, nef de trois travées flanquée d'un seul collatéral au S. et de trois collatéraux au N., plusieurs chapelles; à l'abside, des nervures dentelées, qui reposent sur des consoles où apparaissent des anges musiciens, se rejoignent en une clef de voûte portant le Christ. Enfin l'**église des Bénédictins,** aujourd'hui temple réformé, date de cette époque : elle abritait le magnifique transi du Cardinal de Lagrange. Comme on le verra plus loin, Avignon fut aussi la grande cité du gothique profane.

La capitale du monde chrétien. — Mais avant tout, l'installation en 1309 de la papauté en Avignon a fait de la cité la capitale du monde chrétien, tandis que le triomphe du mouvement communal et la prospérité qu'entraîne la création de charges civiles et militaires dépendant du pouvoir pontifical engendrent une nouvelle classe sociale : la bourgeoisie. Bourgeoisie opulente et cultivée qui fait de la ville, et pour longtemps, une **terre d'élection pour les artistes,** les amateurs d'art, les collectionneurs.

Pour loger en hâte les prélats, leurs secrétaires et leurs Maisons, hommes d'église et hommes de guerre, les papes entreprennent la construction de l'énorme palais que nous connaissons : tenant surtout, à l'extérieur, de la forteresse, avec ses tours à mâchicoulis, ses murailles et ses créneaux, celui-ci offre, à l'intérieur, tous les raffinements du gothique. Et si le Palais Vieux révèle la formation cistercienne de Benoît XII qui l'édifia, le Palais Neuf possède le luxe dont aimait à s'entourer Clément VI qui préfigure les Pontifes de la Renaissance.

Naissance de la peinture. — Loin de Rome, les prélats font appel aux **artistes de l'Italie** pour embellir cette formidable maison. En 1339, *Simone Martini,* accompagné de sa famille et de ses aides, a quitté sa Toscane natale et s'est installé en Avignon, à la demande de Benoît XII, pour décorer Notre-Dame-des-Doms.

« Son œuvre, dit *Pétrarque* qui vivait à la cour et le connut bien, est de celle qu'aux cieux on imagine mais non ici où notre chair fait voile aux

L'ÉPOQUE GOTHIQUE

yeux. » Le temps aussi contraint à l'imagination, car il ne subsiste que de rares peintures du grand artiste toscan : au porche de Notre-Dame-des-Doms, Martini a représenté, avant 1343, un Christ en gloire et, en dessous, la Vierge et l'Enfant vénérés par un donateur. Les autres fresques ont disparu.

Martini a joué un rôle capital dans les relations entre la France et l'Italie et, à défaut d'œuvres nombreuses, il laissera des racines profondes : **il introduit,** dans l'expression picturale, **la recherche psychologique** et **l'attitude de la contemplation,** en même temps que **l'esprit de cour intellectuel et raffiné** qui annonce celui de la Renaissance.

Après sa mort, Clément VI appelle en Avignon, entre 1343 et 1347, *Matteo Giovanetti,* de Viterbe, pour poursuivre la décoration du Palais. Les peintures, essentiellement profanes, font penser surtout aux tapisseries françaises du temps. Une maison de Sorgues a été décorée aussi vers 1365 de peintures murales représentant des « cours d'amour » à la française.

Après les papes. — La vie artistique qui avait été si riche sembla, pendant les quelques années qui suivirent le départ des papes, somnoler; pourtant, les **artistes italiens** qui avaient décoré le palais, quelques églises et quelques somptueuses demeures aux alentours, **ont fait école** et, dès le début du XVe s., le renouveau se fait sentir; si bien sentir que **le milieu de ce siècle** se prodigieusement fécond **apparaît comme un sommet;** entre 1443 et 1470 vont naître en Provence quelques-uns des chefs d'œuvre de l'histoire de l'art.

En même temps, on assiste à ce phénomène qui se répètera aux XVIIe et XVIIIe s., et en partie au XXe s. — mais non, comme on le verra, au XIXe s. — : **la peinture est le fait de maîtres** qui, à de rares exceptions, sont **venus du Nord** ou vécu à la cour de Bourgogne. **Ils n'en créeront pas moins une œuvre provençale** en ce sens qu'elle est marquée par un sens profond du pathétique et une science très élaborée de la construction. Ce **double aspect dramatique et intellectuel,** on le retrouve chez presque **tous les peintres de Provence** — il y a des exceptions, bien sûr — **et à toutes les époques.**

Le **triptyque de l'Annonciation** (1443) dont le panneau central est à l'église de la Madeleine, à Aix, le volet représentant le prophète Jérémie au musée Royal d'Art ancien de Bruxelles, et celui représentant Isaïe au musée Boymans-van Beuningen de Rotterdam (une partie en est déposée au Louvre), a été attribué à divers artistes. Trois noms reviennent souvent, ceux de *Jean Chapus,* de *Guillaume Dombet* et de *Barthélemy de Clerc* (ou d'*Eyck*). Quoiqu'il en soit, c'est une **œuvre riche et complexe** dans laquelle la nature morte (celle justement qui est au Louvre) et le sens sculptural des volumes laissent supposer que l'auteur ou plus tôt son entourage avait travaillé dans l'entourage de Robert Campin, ou bien encore avait vécu à la cour de Bourgogne. On retrouve son influence dans le **retable de Boulbon** (de 1457, au Louvre) ainsi que dans la **Pietà de Tarascon,** de la même année et, jusqu'ici, tous deux anonymes.

Autre immense chef-d'œuvre est le **Couronnement de la Vierge** exécuté, vers 1453/1454, semble-t-il par *Enguerrand Quarton* (ou Charonton), qui venait de Laon. Tout ici est magistral et montre une connaissance approfondie tant de la perspective que de la symbolique religieuse médiévale. Cette œuvre savante et pleine d'émotion révèle tout à la fois un penchant pour la spéculation abstraite et pour la hardiesse : les masses cramoisies et bleues réparties sur trois registres, le refus de faire figurer Rome et Jérusalem comme le stipulait la commande mais plutôt Avignon et Villeneuve-lès-Avignon, la solennité des surprenants portraits de saints.

La **Pietà d'Avignon** (1460/1470), aujourd'hui au Louvre, est encore attribuée par certains au même *Enguerrand Quarton* en raison de son intellectualisme et de son sens de la synthèse, mais aussi de la pudeur; cette retenue atteint au pathétique. L'éclairage cru met en relief les formes sculpturales des personnages, la raideur des corps qui refusent l'abandon à la douleur, la découpe incisive et presque métallique des figures, le corps du Christ arqué par la mort et constituant la base du triangle formé par les trois têtes. L'importance du fond doré est un rappel de Sienne. Rarement dans l'histoire de la peinture — à l'exception des icônes des XIIIe et XIVe s. — le pathétique a atteint à une telle intensité avec une telle économie de moyens.

Le roi artiste. — Il était dans l'ordre naturel des choses que ces œuvres magistrales aient vu le jour sur les terres royales du mécène épris de l'esthétique des Pays-Bas et de la culture universelle qu'était le *roi René*. Il avait appelé à sa cour des **artistes venus de tous les horizons**, et qui apportèrent ainsi dans le Midi de la France une vitalité et une richesse exceptionnelles. On retrouve dans les merveilleuses miniatures qui enluminent le manuscrit, aujourd'hui à Vienne, du *Cuer d'Amour espris* (et qu'une tradition attribue au roi lui-même), l'influence directe de Robert Campin. Et c'est à un autre peintre au service du roi René que l'on doit un autre chef-d'œuvre de cet âge d'or provençal : le **triptyque du Buisson Ardent,** par *Nicolas Froment*.

La rigueur, la vigueur, le sens des volumes de ce tableau où se profilent Beaucaire et Tarascon, l'organisation de l'espace montrent que *Froment*, né à Uzès, élevé à la cour du roi René, ayant séjourné à Naples, a été formé autant au contact des Italiens qu'à celui des Flamands — bien que nul document ne le situe dans le Nord. Se rattache aussi à cette période et à cette école, le *Maître de Saint-Sébastien*, venu probablement du Hainaut et qui travailla à Marseille. Mais plus proches du gothique international apparaissant avec toute leur symbolique et leur raffinement les Dames à la Licorne et les **Heures de la reine Yolande** qu'on peut voir à la bibliothèque Méjanes.

La statuaire. — Elle comporte en général **moins de grands noms que la peinture** et il n'apparaît pas qu'une plastique caractérisée se soit dégagée des influences du temps ou de l'étranger. *Francesco Laurana* (1458-1502), venu de Dalmatie, fait partie de ces étrangers que le roi *René* avait fait appeler auprès de lui. Il a décoré maints autels d'églises provençales, comme à la Major de Marseille, où l'austérité est davantage encore accentuée.

Les musées et les sanctuaires conservent ces Vierges anonymes, de la fin du XIVe s., plus proches des châtelaines des cours d'Amour que de la mère du Christ, mais la Vierge en ivoire, au doux sourire, de la collégiale de Villeneuve-lès-Avignon, la Vierge du couvent des Célestins sont les rares exemples de la tradition gothique qui fut celle du Nord de la France. Par contre, la **statuaire funéraire** a laissé **quelques exemples éloquents :** tombeau de Jean XXII à Notre-Dame-des-Doms, d'Innocent VI à Villeneuve et surtout le **« transi » du cardinal de Lagrange** qui, avec une force convaincante et un expressionnisme réaliste, témoignent de ce temps où les guerres, les pestes, les inondations, les famines faisaient partie de la vie quotidienne.

Les temps modernes

La Renaissance. — L'immense mouvement humaniste qui modifia si profondément l'attitude des hommes et la vision de l'artiste — qui dorénavant allait porter son regard non plus vers Dieu mais vers la créature de Dieu — n'a pas laissé beaucoup de traces dans les arts en remontant la vallée du Rhône. Comme cela avait été le cas pour le roman et pour le gothique, **la Renaissance a pénétré tard en Provence** et c'est presque exclusivement dans l'architecture qu'elle s'est manifestée, et plus précisément dans les constructions profanes, car son éthique, si éloignée de la tradition théologique, ne pouvait s'accorder avec les conceptions des bâtisseurs d'églises. La Maison Diamantée, l'hôtel de Cabre (ce dernier de style gothique finissant est entièrement décoré à la nouvelle mode italienne), l'hôtel Mistral-Montdragon, le premier hôtel de ville d'Aix, l'hôtel Peyroneti (qui nous est parvenu presque intact), quelques demeures imposantes ici ou là, montrent l'**influence italienne** qui donne la prééminence à la beauté des formes.

La Provence fortifiée. — Souvent fortifiée au cours du Moyen Age, la Provence le sera encore davantage aux XVIe et XVIIe s. François Ier déjà avait fait construire le château d'If au large de Marseille mais, avec Vauban, l'**architecture militaire** dans cette partie du royaume prendra une importance primordiale. De nombreux forts furent bâtis à cette époque, en particulier à Marseille et à Toulon : les forts Saint-Jean et Saint-Nicolas à Marseille, le fort Balaguier à Toulon complètent les enceintes médiévales et protègent les villes contre les dangers qui surgissent tant de l'extérieur que de l'intérieur. Les masses puissantes, les lignes austères s'intègrent à la fois au paysage urbain et à la nature provençale.

Lorsque s'achève le XVIe s. la Provence est l'une des terres les plus riches du royaume : les cités, grandes ou petites, bourdonnent d'activités, les chantiers se multiplient, les commandes publiques ou privées qui font vivre les peintres, les ferronniers, les ébénistes, les sculpteurs, les marbriers sont nombreuses. Les villes rivalisent entre elles : Marseille, Aix, Arles, Avignon, Cavaillon, Toulon ont laissé d'innombrables témoignages de leur richesse, de leur luxe et de leur goût.

Le Baroque en Provence. — La Provence, qui avait montré sa réserve vis-à-vis de l'élégance et du raffinement de la Renaissance, **ne retiendra de l'architecture baroque,** qu'elle fût civile ou religieuse, **que les tendances et l'ornementation.** Le plan et l'extérieur des monuments, en général, restent sobres et mesurés.

Au-delà de la façade à ordres superposés des églises s'allongent la nef et deux collatéraux, coupés par un transept court. Une coupole centrale surmonte la croisée. C'est ainsi que se présentent les chapelles des collèges des Jésuites d'Avignon, d'Arles, d'Aix et de Carpentras, l'église de la Madeleine à Aix (1703), l'église de la Madeleine à Martigues (1688), Saint-Pierre à Toulon (1750).

L'**église de la Charité,** à Marseille, qui demeure l'exemple même du Baroque dans cette région, s'élève au milieu de la cour centrale de l'hospice de la Charité (1640), elle-même entourée de galeries voûtées d'arcades en plein cintre. L'église est l'œuvre de *Pierre Puget,* elle est conçue sur le plan elliptique qu'il affectionnait et surmontée d'un dôme ovoïde à six retraits rectangulaires. *Puget* est l'un des artistes les plus baroques, selon *Bernin,* que la France ait connue et son œuvre apparaît comme la résultante d'un **constant antagonisme entre son tempérament réellement baroque et sa culture essentiellement classique :** il a fixé dans la pierre, le marbre et sur la toile les fantasmes d'un esprit aux facettes multiples.

A Avignon, le *père de Martellange* a conçu selon les mêmes principes, l'église des Jésuites : commencée en 1620, achevée en 1660, cet édifice, aujourd'hui musée lapidaire, a fait passer la cité des papes de l'âge médiéval à l'âge baroque. La chapelle des Pénitents noirs conserve une décoration qui nous semble plus profane que religieuse, tantis que les synagogues de Carpentras (1741-1743) et de Cavaillon (1722-1774) ont cette surabondance de boiseries, de gypseries, de ferronneries propre à cet art qui, parfois, fut d'outrance.

L'architecture civile aux XVIIe et XVIIIe s. — C'est surtout dans les hôtels particuliers et les belles demeures privées que l'on peut imaginer cet art de vivre, fait surtout d'élégance de l'esprit, qui fut celui des cités provençales.

Pour Aix, **ces deux siècles furent un âge d'or.** La noblesse de robe et d'épée a fait construire d'admirables demeures et l'on devine plus qu'on ne voit, derrière de superbes grilles en fer forgé ou de solennels portails encadrés d'atlantes ou de cariatides, un **luxe et** une **opulence** qui **restent toujours de bon ton :** il en est ainsi des hôtels Maurel de Pontevès, de Saint-Marc, de Raousset-Boulbon, de Boyer d'Eguilles, d'Estienne de Saint-Jean, de Châteaurenard, de Forbin, de Lestang-Parade, de Grimaldi-Régusse, édifiés au XVIIe s. ; des hôtels d'Albertas, Isoard de Vauvenargues, de Villars, d'Arbaud-Jouques, de Maynier d'Oppède, de Caumont, qui sont du XVIIIe s. Ce qui ajoute encore au charme baroque d'Aix, ce sont **les fontaines,** leur somptuosité et leur vie jaillissante.

Dès le XVIIIe s., on le voit, le décor est planté pour les *Noces* ou *Cosi fan tutte.*

Ces mêmes familles disposent **à la campagne** de châteaux et de **gentilhommières :** le pavillon de Lenfant, le pavillon Vendôme, les châteaux de Lagoy et de Barbentane, tout en grâce et en harmonie.

Marseille, avec l'hôtel Roux le Corse, l'hôtel Pascal, le château Borely, Avignon avec l'hôtel de Crillon, l'hôtel de Fortia, de Villeneuve-Martignon, les hôpitaux d'Avignon et de Carpentras, offrent maints exemples d'**archi-**

tecture baroque **provençalisée**. Les hôtels de ville : ceux de Tarascon (1648), de Salon (1655), d'Aix (1652-1658), de Marseille (1661-1673), d'Arles, à peu près contemporain, avec leurs escaliers monumentaux, leurs vastes salons, leurs balcons ouvragés, leurs ors et leurs stucs, sont dignes de ceux qui représentaient le pouvoir royal.

La peinture au XVIIe s. — Marquée à la fois par le **réalisme et l'objectivité de la vision néerlandaise** et par **la magie vénitienne**, par **la prise sur le réel** et **le goût pour la spéculation abstraite**, une prédilection pour le portrait et le paysage, la **peinture de l'école provençale** continue de présenter le **dualisme** qui est le sien et qui atteindra son apogée deux cent cinquante ans plus tard avec Cézanne.

La filiation est directe entre *Finsonius* et le deuxième Maître d'Aix. Cette terre de roc et de feu qui nourrira le génie d'un grand Hollandais est le creuset où se forge un **art régional** d'une si parfaite expression qu'elle appartient à l'histoire. Ce n'est pas par hasard que dans la seconde moitié du XVIIe s., les riches collectionneurs de Marseille, Avignon, Cavaillon, Aix — le comte de Verne, d'Aix, possédait en son hôtel parisien de la rue du Bac douze toiles de Rembrandt — manifestent une goût marqué pour Rembrandt et pour les maîtres hollandais : goût pour le quotidien, pour le solide, pour la pérennité des gestes, pour une musique en mineur, mais en même temps un penchant pour l'abstraction et la méditation. Pour eux, le clair-obscur est beaucoup plus un langage de l'âme qu'un procédé.

Mais, comme ce fut le cas au cours des siècles précédents, **les artistes venus des lointains Pays-Bas ou de la péninsule** voisine **ont eu le génie de provençaliser leur art** après avoir assimilé la leçon rembranesque ou caravagesque, vénitienne ou bolognaise. Si *Finsonius* est venu de Bruges, **Jean Daret** de Bruxelles, *Michel Serre* de Tarragone, si *Trophime Bigot* s'est retrouvé en Caravage et si **Reynaud Levieux** a étudié à Rome, il n'en reste pas moins vrai qu'ils sont liés à jamais à la terre provençale. Aucun d'eux ne fera jamais du Rembrandt, ou du Cuyp, ni du Ter Borch ni du Guido Reni, ni du Carrachi ou du Caravaggio, mais chacun, au contraire ne parlera que sa propre langue. Et **Laurent Fauchier,** célèbre en son temps pour ses clairs-obscurs qui, aux connaisseurs, rappelaient ceux du maître de Leyde, n'a jamais mis les pieds ni en Hollande ni en Italie. Fauchier est mort à vingt-neuf ans, laissant l'ébauche d'une grande œuvre.

Le XVIIIe s. — Ce sont les dynasties des **van Loo,** venus d'Utrecht à la suite d'une sombre histoire, des **Mignard,** originaires de Champagne, des *Parrocel,* des *Vernet,* qui règnent sur la peinture. Chacun d'eux a, si, l'on ose dire, sa spécialité : *Carle van Loo,* le plus célèbre de sa famille, est le peintre de la sensualité élégante, de la douceur de vivre en Provence. Des quatorze artistes — parmi eux, sept furent académiciens — de la dynastie des **Parrocel,** *Joseph,* né à Brignoles (1646-1704), fut un peintre de batailles apprécié, et *Pierre* décora un grand nombre d'églises dans la région d'Avignon. **Joseph Vernet,** le plus connu des *Vernet,* fut le peintre des ports et des marines.

Hyacinthe Rigaud et *Hubert Robert,* bien que nés hors des limites de la province, ont travaillé en Provence; *Jean-Antoine David, Jean-Antoine Roux, Antoine Raspal* ont été des peintres sensibles et délicats. Cependant, ils sont tous dominés par une étrange et singulière figure, **Françoise Duparc,** dont on ignore à peu près tout, sinon qu'elle naquit de père provençal et de mère espagnole à Murcie, et qu'elle parcourut l'Europe où elle éparpilla ses œuvres. Les quatre tableaux qu'on peut voir en France et qui sont au musée de Marseille, montrent un sens du modelé, un don de spiritualiser le quotidien, une attention au sujet qui sont d'un véritable maître. Il y a du Vermeer (à l'époque totalement inconnu) chez *Françoise Duparc* et l'on souhaiterait que ses œuvres, dispersées entre la Russie et l'Angleterre, soient plus connues du public français.

L'époque contemporaine

Le XIXᵉ s. et la peinture de plein air. — Ce siècle est celui où le paysage acquiert ses lettres de noblesse et en même temps celui **où les artistes se sont nourris de la civilisation de cette province.** A partir de *J.-A. Constantin* (1756-1844), qui ne quitta pas Aix, toute une école de paysagistes apprendra à rendre l'âpreté minérale des hautes terres solitaires, le feu du soleil sur la rocaille brûlante, les grands pans d'ombre, se découpant, nets, sur cette terre incandescente qui, depuis toute éternité, est le creuset où « fusionnent les différences ». Il est assez caractéristique que la plupart de ces peintres — et en cela, ils devancent *van Gogh,* l'un des rares étrangers de Provence pendant ce siècle — se soient montrés beaucoup plus sensibles à la force tragique du paysage de l'intérieur qu'à la douceur de la côte.

Spontanément aussi et comme si la chose était une évidence, ils ont, dès le début, travaillé en « plein air », précédant là l'École de Barbizon — comme **François Marius Granet** (1775-1849) qui, dix sept ans durant, travailla à Rome et dans la campagne romaine. On connaît ses innombrables intérieurs d'églises et vues de cloîtres, dans lesquels il joue adroitement du clair-obscur, mais il reste que le meilleur de lui-même est dans ses aquarelles, qui ouvriront la voie aux recherches cézaniennes. *Émile Loubon,* qui fut son compagnon à Rome est, quant à lui, beaucoup plus attiré par le minéral et les garrigues désertes.

Paul Guigou a dû attendre plus d'un siècle pour que le public des connaisseurs lui rende justice. Il est aujourd'hui considéré comme **un des très grands paysagistes français.** Comme Boudin fut le peintre de Honfleur, *Guigou* est celui de la Haute-Provence et son sens extraordinaire de la lumière fait de lui un pré-impressionniste. Certes, il n'a jamais adopté la touche vibrante et la division des tons qu'ont utilisées un Monet ou un Sisley, mais celles-ci, qui s'accordaient parfaitement avec la nature des côtes normandes ou anglaises ou celle de l'Ile-de-France, ne pouvaient correspondre à la nature du Midi où les zones de lumière et d'ombre sont beaucoup plus tranchées. *Paul Guigou,* dont la destinée rappelle étrangement celle de Bazille (originaire de Montpellier), a vu la Provence en profondeur et l'on trouve chez lui le thème souvent repris d'une route qui s'enfonce dans les lointains.

Un personnage baroque. — *Adolphe Monticelli,* autre tempérament particulièrement original, fut davantage un peintre des scènes de genre qu'un paysagiste. Sa touche brève, traitant au couteau une pâte épaisse, riche et colorée, a beaucoup influencé van Gogh. Ce fut un peintre lyrique, fougueux, dont les toiles aux somptueux empâtements ont le dynamisme de la Commedia del' Arte.

Auguste Aiguier, Jean-Xavier Bidault, Gustave Ricard, Antoine Gresy le romantique, ont laissé de la Provence des images quotidiennes, saisies avec une grande justesse de ton. **Achille Emperaire,** dont Cézanne a fait un si magistral portrait, fut à la fois un peintre de natures mortes et de nus féminins : la chose mérite d'être mentionnée car les peintres provençaux n'ont en général pas peint de nus — même aux XVIIIe s. !

Avant de passer aux deux grands maîtres de la fin du siècle, il faut mentionner l'importance, à l'époque, de la **Société artistique des Bouches-du-Rhône** : cette société organisait régulièrement un salon annuel auquel participaient non seulement les peintres régionaux mais aussi *Delacroix, Th. Rousseau, Fromentin, Puvis de Chavannes.*

Le terrible Daumier. — Bien que pur Marseillais, il ne vécut guère dans sa ville natale, mais on retrouve peut-être ses origines dans son esprit caustique et son tempérament ardent. Qu'elle fût peinte ou dessinée, son œuvre frappe par son trait percutant et sa justesse. Ses tableaux, découverts après sa mort, se rattachent à l'Impressionnisme et sont de plus en plus appréciés.

L'étranger sur la terre et le deuxième maître d'Aix. — A la fin du XIXe s. deux des plus grands artistes de tous les temps vivent en Provence. L'un, *van Gogh,* préfigurant l'Expressionnisme, ne fera jamais école ; l'autre, *Cézanne,* va modifier si profondément la vision artistique que l'on peut **parler de temps avant Cézanne, de temps après Cézanne.**

C'est le 21 février 1888 que *van Gogh* arrive à Arles, plein d'attente et d'espoir. Arles, Saint-Rémy, Les Baux : il passera ici deux années si décisives qu'elles déboucheront sur le naufrage et la mort. *Van Gogh* venait chercher ici la lumière, mais il trouva aussi le soleil dur, les crêtes aiguës des montagnes lointaines, les formes noires des cyprès et celles, torturées, des oliviers, un ciel implacable, un univers minéral. Ce fut le choc qui allait faire s'épanouir son génie et éclater sa raison. Les cyprès, les oliviers, les tournesols, les personnages tordus, tendus, ne sont que l'expression de ce qui en lui se consume de souffrance, de passion, de recherche de dépassement, de tout ce qui va déboucher sur le drame d'Auvers. **Il a peint davantage ses cyclones intérieurs que ce qu'il voyait.** Mais, au musée de Cleveland (U.S.A.), on peut voir un tableau : **Les paveurs** : c'est le seul tableau qui représente une rue déterminée de Saint-Rémy, Saint-Rémy qui est jumelée avec la ville natale du peintre, Groot Zundert, où *Ossip Zadkine* a sculpté dans la pierre des Baux un monument représentant Théo et Vincent van Gogh.

Paul Cézanne avait dit un jour : « Il y aurait des trésors à emporter de ce pays-ci qui n'a pas encore trouvé un interprète à la hauteur des richesses qu'il déploie ». Avec *Cézanne,* la Provence a trouvé cet interprète (dont pourtant elle ne conserve aucune œuvre majeure, si ce n'est les trois aquarelles du musée Granet). *P. Cézanne* a participé à la première exposition des Impressionnistes en 1874 mais, par la suite, ses recherches ne tendaient pas, contrairement à ceux-ci, à exprimer la fugacité de l'instant, l'éphémère reflet du soleil et de l'eau, mais bien au contraire à traduire la pérennité des choses. Ayant pris de l'Impressionnisme ce qui lui convenait, *Cézanne* va désormais chercher inlassablement à restituer, uniquement par la couleur, la troisième dimension : c'est la **couleur** qui détermine les éléments spécifiques de la surface. Le peintre procède par larges touches juxtaposées, exprimant ainsi en même temps **la densité et le dynamisme.** A partir de 1899, il loue une chambre au Château Noir et, désormais, il peint la *Montagne Sainte-Victoire.* On connaît de lui au moins une soixantaine de toiles sur ce thème, sans cesse repris « pour la peindre mieux » disait-il. A la veille de sa mort, il écrivait à Émile Bernard : « J'étudie toujours sur la nature et il me semble que je fais de lents progrès ». Il l'a peinte avec passion et vigueur, avec tendresse, dans les teintes légères et la lumière dorée. Et toujours avec un besoin profond de mûrissement. La forme de la montagne résulte de la **conjugaison harmonieuse** — ce que le peintre appelle *modulation* — **du dessin et de la couleur.** Mais les dernières œuvres ont été poussées jusqu'à leur plus extrême dépouillement.

Après Cézanne. — Il est difficile d'imaginer que Cézanne ait pu avoir le regard qui est devenu le sien s'il avait vécu ailleurs qu'en Provence. Par contre, il apparaît bien qu'**après lui l'art,** dans cette province, est devenu moins dépendant du ciel et de la terre. Il **se rattache** désormais **plus directement aux courants internationaux** et, si les artistes sont de plus en plus nombreux à venir planter leur chevalet (quand ils utilisent encore un chevalet) sous ce vaste ciel bleu, c'est que la lumière, ici, est unique. Mais leur langage est devenu international.

« La couleur en elle-même exprime quelque chose », disait van Gogh, formulant par là, plus de quinze ans à l'avance, le principe fondamental du *Fauvisme.* Au début du siècle, un certain nombre d'artistes — les **Fauves** — ont compris ce côté expressif de **la couleur, l'aspect subjectif de l'acte de peindre.** Ils refusent la perspective, le clair-obscur, le modelé, mais ils exploitent au maximum « l'éclat strident » des rouges et des jaunes, ils juxtaposent les tons purs et souvent cernent l'objet d'un trait noir.

Matisse est parmi les premiers à préférer aux ciels d'Ile-de-France les paysages méridionaux, hauts en couleurs et plus tranchés. *Dufy,* à l'Estaque, exprime la fluidité du ciel et de la mer. *Derain,* à Martigues, peint des toiles exaspérées où dominent les verts et les violets et dans lesquelles les carrés, les points et les bâtonnets remplacent la ligne. *Charles Camoin, Jean Puy, Marquet, Friesz* ont aussi séjourné dans le Midi, dans la région de Toulon en particulier, et, dans cette haute clarté, embrasé des toiles dynamiques, sans modelé ni passages.

Le Cubisme dans le Midi. — Les leçons de Cézanne, qui décomposait l'objet dans ses structures élémentaires pour le reconstituer dans sa réalité existante, ont cheminé pendant que le Fauvisme s'épanouissait. Bien que marquant historiquement la naissance du *Cubisme,* les **« Demoiselles d'Avignon »** de

L'ÉPOQUE CONTEMPORAINE 107

Picasso n'ont, en dépit de leur titre, rien à faire avec la Provence, mais lorsque *Braque*, dès 1906, commence à peindre ces « petits cubes » que sont **« Maisons à l'Estaque »,** un des sites préférés de *Cézanne,* il introduit la Provence dans le cours de l'histoire de la peinture au XXe s. L'Estaque a d'ailleurs été un des sujets de prédilection pour tous les maîtres contemporains : *Picasso, Braque, Juan Gris, Dufy, Matisse* pour ne citer que les plus connus.

En 1912, **Picasso** et sa compagne *Eva,* en peine d'un gîte, trouvent un toit à la villa des Clochettes, à Sorgues, et sont bientôt rejoints par les **Braque.** Pour les deux artistes qui approfondissent le cubisme, c'est là une période particulièrement féconde. A l'automne de la même année, *Braque,* qui prolonge son séjour à Sorgues, commence son premier collage. **Juan Gris** a travaillé à Bandol et à Toulon. Après la guerre, en 1925, une autre génération d'artistes prend le chemin de Mirmande (Drôme) où *André Lhote* anime des débats sans fin sur l'art contemporain, tandis qu'*André Masson,* dont le nom ne se séparera bientôt plus de la Provence, travaille à Sanary pendant les étés de 1926 et 1927. *Mathieu Verdilhan,* vrai Marseillais, est le peintre de la mer, des petits ports au pied des falaises rouges de l'Estérel qu'il décrit avec de larges à-plats cernés de noir et avec une touche libre.

Le dernier maître d'Aix. — Depuis un demi-siècle, *André Masson* est revenu régulièrement dans cette région et, en 1941, avec sa famille, il attendait à Montredon, près de Marseille, le bateau qui devait l'emmener aux U.S.A. *André Breton* et *Max Ernst,* ses voisins au Château-Bel Air, prenaient peu après la même route de l'exil. *Masson* est revenu et s'est installé à Aix-en-Provence : fasciné par Cézanne, il est, malgré tout, beaucoup trop sensible aux mondes invisibles qu'il traque sous l'apparence du visible pour avoir le même regard que le maître de la Montagne Sainte-Victoire.

Manessier et *Tal Coat* — qui vit, lui, tout près de la maison du vieux maître — sont allés en Provence à la recherche du signe cézannien. *Nicolas de Staël,* peintre russe et tragiquement errant s'il en fut, trouva asile en 1953 dans un château en ruines de Vaucluse : la lumière de Provence lui fait abandonner l'abstraction pure dans des toiles violemment lyriques mais qui demeurent malgré tout subtiles. Un autre exilé, roumain : *Jacques Herold,* proche du Surréalisme, a trouvé lui aussi un refuge au château de Lacoste, jadis fief des marquis de Sade. *Paul Klee* et *M.-H. Vieira da Silva* ont travaillé à Marseille et *Soutine* à Arles.

Au château de Gordes, en 1970, puis à Aix en 1975, **Vasarely** a ouvert les deux volets de la **Fondation** dont il rêvait depuis plusieurs années. Héritier des Néo-plasticiens et des Constructivistes russes, il est à l'origine de ce qu'on a appelé le **cinétisme** et l'**Optical Art.** A Gordes et à Aix, où sont rassemblées plusieurs centaines d'œuvres, études et « intégrations » murales, les prototypes que Vasarely a entassés et classés par ordre alphabétique constituent une sorte de tableauthèque unique. Aujour-

d'hui, *Jacques Busse* et *François Bret,* qui enseignent tous deux à l'École d'art et d'architecture de Marseille, montrent une tendance à l'abstraction pure, comme *Michel Raffaelli,* Marseillais d'origine, toujours très austère et dont l'activité de peintre se double d'une activité de décorateur de théâtre et de ballets.
Deux des plus grands sculpteurs contemporains sont aussi provençaux de cette Provence : **Germaine Richier,** née à Grans près d'Arles, tire du bronze des formes agressives, complexes et surréalistes tandis que *César Baldaccini,* plus connu sous le nom de **César,** passe en travaillant le métal de la réalité au rêve, d'une manière parfois baroque, mais en refusant d'être prisonnier ni de l'abstrait ni du figuratif, de l'académisme ni de l'avant-garde.
Enfin, pour en terminer avec ce trop rapide aperçu, revenons à **Picasso** que l'on retrouve en maints endroits depuis 1912. D'abord longtemps fidèle à la région d'Antibes, il s'est par la suite attaché à celle d'Aix. En 1958, il a acquis le château de Vauvenargues et quelques années plus tard le mas de Notre-Dame de Vie, près de Mougins où il est mort le 8 avril 1973. Mais il est enterré dans le parc de Vauvenargues, dans l'ombre de la Montagne Sainte-Victoire.

Les arts décoratifs

Faïences de Provence. — C'est surtout grâce à ses faïences et à ses textiles que la Provence a acquis une renommée qui dépasse les frontières de la France. Dès le début du XVIe s., on fabriquait, à Avignon, des poteries vernissées avec des moulures savantes rehaussées d'or et qu'il était difficile de distinguer des productions italiennes. Vers 1737, un célèbre artisan, *Carbonel* les éclaircit et les rend plus riantes et plus originales.
Moustiers, fondée dès 1678, est la plus célèbre de ces fabriques (V. it. 32 B) mais, dans le Luberon, au **Castellet** d'abord puis à **Apt,** deux maisons, *Moulin* et *Bonnet,* produisent, à partir du XVIIIe s., une poterie très fine, à vernis jaune. En 1740, le seigneur de **Goult,** près de Gordes, fonde dans son château une manufacture qui restera active jusqu'en 1805 : elle emploie les ouvriers qui avaient auparavant travaillé à Moustiers et qui exécutent un décor très fin avec rocaille et médaillons; certaines pièces portent des couplets rimés; le décor est bleu, jaune ou polychrome. Une autre faïencerie est créée (1753-1775) dans son château de **La Tour d'Aigues** par le baron de Bruni, qui tentera même de fabriquer une porcelaine; les faïences de La Tour d'Aigues ont un délicat décor floral : le musée de Sèvres possède un magnifique plat avec paysage et personnages champêtres en camaïeu vert.

Les « Marseille ». — Un pelletier nivernais fonde vers 1675-1680 à **Saint-Jean-du-Désert** une faïencerie dont la production est décorée au grand feu; faïencerie qui, après 1680, est reprise par les *Clérissy,* de Moustiers. En 1750, on comptait à Marseille dix fabriques qui, pendant la seule année de 1766, exportèrent pour 105 000 livres de faïences vers les îles d'Amérique.

Ce que l'on appelle le « Marseille » est à décor polychrome au « feu de mouffle » ou au « réverbère » et sort de la fabrique d'*Honoré Savy* fondée en 1749 et devenue royale en 1777, ce qui explique que son poinçon soit la fleur de lys.

Les productions *Joseph Robert* (vers le milieu du XVIIIe s.) sont parfois dorées, ce qui les rend très rares et précieuses. En général le vert domine. Celles de la *fabrique Veuve Perrin* (1750-1789) semblent avoir connu à l'époque un grand renom. Ce sont de ses fours que sortent ce que l'on considère généralement comme étant les plus beaux verts. Les teintes dominantes sont le vert, le bleu, le jaune et le décor s'inspire de Boucher, Hubert Robert, Horace Vernet ou des porcelaines chinoises.

A la veille de la Révolution, on comptait à **Aubagne** seize fabriques de poteries et deux de faïences qui commerçaient avec les îles d'Amérique.

Artisanat et art populaire. — L'ébénisterie, ou plus exactement le **meuble d'Arles**, apparaît lui aussi au milieu du XVIIIe s. Il est en noyer et assez chargé tandis que les **meubles d'Aix et de Marseille**, généralement en bois des îles, combinent les influences venues d'Italie ou d'Ile-de-France.

Tout le monde connaît le **tissu provençal**, aux mille ressources, avec ses impressions légères de couleurs contrastées sur fond jaune, vert ou rouge.

Enfin, les **ex-votos** qui, innombrables, recouvrent les parois des petites chapelles campagnardes et presque toutes les surfaces des murs de Notre-Dame-de-la-Garde, de Notre-Dame-de-Mai, près de Toulon, mais surtout Notre-Dame-des-Lumières, à Goult, offrent des exemples souvent touchants de l'expression artistique populaire.

Tandis que, comme des étendards de la province, les **campaniles** ornent le ciel des villages de leurs dentelles de fer.

L'architecture contemporaine

Au XIXe s., à Marseille, l'architecture suit le large courant des styles dits historiques : néo-byzantin comme Notre-Dame-de-la-Garde ou la nouvelle cathédrale, édifiées par *Espérandieu,* ou néo-gothique comme l'église des Réformés ou bien encore, et cette fois avec plus de bonheur, néo-baroque comme le Palais Longchamp. Les installations des quais, les créations portuaires, témoignent déjà, au début du siècle, de beaucoup plus de recherche. Parallèlement à une tendance générale à la monumentalité, on retrouve dans l'architecture de la première moitié du siècle, un courant folklorique qui est lui aussi un pastiche : les villas sont censées avoir un style provençal avec porche et pergolas, terrasses et grandes jarres, et dont on a dit plus haut, à propos de l'habitat rural, ce qu'il fallait en penser.

Depuis la fin de la Seconde Guerre mondiale, les architectes et les urbanistes ont apporté une attention plus vive à ces questions, même si la **Cité Radieuse** de *Le Corbusier* n'a pas soulevé une adhésion générale. Cet unique building formant unité d'habitation apportait cependant des solutions originales à quelques problèmes et, là comme ailleurs, Le Corbusier se révélait un éveilleur et suscitait des recherches. Le nouveau **Palais des Congrès,** le **centre culturel Franz Mayor de Montricher,** le **centre universitaire Victor-Hugo,** l'**Institut médical de la Timone** et surtout le **magnifique domaine universitaire de Luminy** comptent au nombre des belles réalisations. Dans un site superbe de calanques, le parc de Luminy couvre deux cents hectares : là sont réunis des bâtiments d'enseignement, des foyers, cités, résidences universitaires, l'école régionale des Beaux-Arts, l'unité Pédagogique d'architecture, le centre d'informatique, une piscine olympique et un parc naturel. A Aix, on retrouve la marque d'un architecte de grand talent, *Fernand Pouillon,* qui a conçu les plans de la **Cité universitaire des Gazelles** et le centre urbain dit : **Les deux cents logements.** A Aix encore, un élève de Le Corbusier, *Georges Candilis,* a créé un autre ensemble : **Le petit Nice.**

Indications bibliographiques et cartographiques

Les livres

Ouvrages généraux

Ouvrages de référence

La meilleure introduction à la **vie quotidienne** en Provence demeure :
F. Benoît; *La Provence et le Comtat-Venaissin. Arts et traditions populaires* (Paris, Gallimard, 1949; réédition Aubanel, 1975).

Pour une connaissance **géographique** d'ensemble, on lira : *La Provence* (Paris, Larousse, collection Découvrir la France, 1974), ou **R. Livet** : *Atlas et géographie de la France moderne : Provence — Côte d'Azur — Corse* (Paris, Flammarion, 1978), ou encore **P. Carrère et R. Dugrand** : *La Région Méditerranéenne* (Paris, P.U.F., 1960).

Un ouvrage fait autorité en matière d'**histoire de la Provence**; il s'agit de : *Histoire de la Provence*, publié sous la direction d'**E. Baratier** (Toulouse, Privat, 1969); pour une introduction plus rapide on pourra consulter **R. Busquet** : *Histoire de la Provence* (Paris, P.U.F., coll. « Que sais-je? », 1966).

Le livre de **C. Vautravers** : *Provence — Alpes — Côte d'Azur de 1975 à 1985* (Paris Informations et conjoncture, 1976), donne une idée des principaux problèmes économiques de la région.

On trouvera en librairie un certain nombre de méthodes (un peu vieillotes) pour **apprendre le provençal;** l'ouvrage de **P. Bec**, *La langue occitane* (Paris, P.U.F., 1967), fournit une bonne description des différents parlers d'oc, dont le provençal. La situation de la langue et de la culture occitanes aujourd'hui est évoquée par **R. Lafont** dans *Clefs pour l'Occitanie* (Paris, Seghers, 1971). Signalons deux excellents dictionnaires : l'un, monumental, *Lou Tresor dóu Felibrige* de **F. Mistral** (rééd. Aix-en-Provence, 1967), ne concerne que la langue moderne (depuis le XVIe s.); l'autre d'**E. Levy**, *Petit dictionnaire provençal-français* (rééd. Heidelberg, 1961) est un outil indispensable pour lire les textes en ancien provençal.

Trois **atlas**, publiés ces dernières années, ont considérablement enrichi et renouvelé la connaissance du domaine provençal; tout d'abord l'*Atlas historique de Provence* (Paris, Armand Colin, 1969) réunissant quelque 350 cartes et plans, traitant tout aussi bien de l'histoire *stricto sensu* (invasions, limites de la province aux différentes périodes...) que de l'ethnographie et de la sociologie du temps passé (cartes des pèlerinages, des foires et marchés, des résultats des consultations électorales...); ensuite l'*Atlas de Provence — Côte d'Azur* (Bruxelles, Atelier de Cartographie Thématique et Statistique, 1974), présentant une synthèse (cartographique) des connaissances en matière de géographie humaine et économique; enfin, l'*Atlas linguistique et ethnographique de la Provence*, Paris, C.N.R.S., 1975; (tome 2 prévu pour 1979).

Pour une bonne connaissance de la **flore** et de la **faune,** on consultera **Harant** (H.) et **Jarry**

(D.) : *Guide du naturaliste dans le Midi de la France* (Neuchâtel, Delachaux et Niestlé, 1963).

Citons quelques **revues ou périodiques** où l'amateur trouvera matière à satisfaire sa curiosité sur tel ou tel point d'ethnologie, de géographie, d'histoire ou d'économie :

Les Alpes de lumière, (coll. « Sites et monuments », « Études et documents »), St Michel l'Observatoire.

Le Monde Alpin et Rhodanien, Ethnologie, Musée Dauphinois, Grenoble.

Cahiers du Centre d'Études et de Recherches Ethnologiques sur les Sociétés Méditerranéennes (C.E.R.E.S.M.), Université de Provence, Aix-en-Provence.

Méditerranée, Revue géographique, Gap, Éditions Ophrys.

Provence historique, Fédération historique de Provence, Aix-en-Provence.

Annales du Midi, Revue archéologique, historique et philologique, Toulouse.

Sud, Information économique, Marseille, I.N.S.E.E.

Il existe de nombreux périodiques en provençal et en occitan ; signalons-en deux, l'un félibréen : *L'Armana prouvençau, porto joio, soulas e passo-tèms en tout lou pople dóu Miejour* (L'Almanach provençal, portant joie, plaisir et passe-temps à tout le peuple du Midi), Aix-en-Provence ; l'autre, occitaniste : *Bulletin pédagogique du C.R.E.O.* (Centre de Recherches et d'Études Occitanes), Marseille.

Descriptions et évocations générales; la Provence par le texte et par l'image

Audouard (Y.) : *Ma Provence à moi* (Paris, Plon 1968).

Berger (Y.) et **Franck** (M.) : *Les Lubérons* (Paris, Chêne, 1978).

Brion (M.) : *La Provence* (Grenoble — Paris, Arthaud, 1966).

Clébert (J.-P.) : *Provence insolite* (Paris, Grasset, 1958). — *Provence-Côte d'Azur* (Paris, Vilo, 1967).

Galtier (Ch.) et **Rouquette** (J.-M.) : *La Provence de Frédéric Mistral ; collections du Museon arlaten* (Paris, Cuénot, 1978).

Giono (J.) : *Provence* (Paris, Hachette, Les Albums des Guides Bleus, 1958). — *Provence perdue* (Paris, Arthaud, 1967).

Jalabert (P.) : *La Provence et le Comté de Nice* (Paris, Lanore, 1949).

Mauron (M.) : *La transhumance du Pays d'Arles aux Grandes Alpes* (Paris, Amiot-Dumont, 1952). — *La Provence méditerranéenne* (Paris, Horizons de France, 1961). — *Mes Grandes Heures de Provence* (Paris, Perrin, 1962). — *La Provence au coin du feu* (Id.). — *Hommes et cités de Provence* (Paris, A. Michel, 1965).

Pezet (M.) : *Le Voyageur de Provence* (Paris, Hachette, Bibliothèque des Guides bleus, 1969). *Provence des châteaux* (Paris, Hachette-Réalités, 1976).

Samivel : *Soleils en Provence* (Paris, Arthaud, 1969).

Sved (E.) : *Provence des campanies* (St-Michel l'Observatoire, Sved, 1971).

Vaudoyer (J.-L.) : *La Provence* (Paris, F. Nathan, 1961).

Veber (M.) : *Voir la Provence* (Paris, Hachette-Réalités, 1977).

Voyageurs des XVIIIe et XIXe s.

Leurs récits nous fournissent souvent de très précieuses indications sur les coutumes et les usages qui étaient alors répandus en Provence ; ainsi :

Mérimée (P.) : *Notes d'un voyage dans le Midi de la France*, in Œuvres complètes (Paris, Champion, 1927).

Millin (A.-L.) : *Voyage dans les départements du midi de la France*, 5 vol. + atlas (Paris, 1807).

Moszynski (Comte) : *Voyage en Provence d'un gentilhomme polonais 1784-1785* (édité par F. Benoît, Marseille, 1930).
Young (A.) : *Voyages en France, 1787, 1788, 1789* (vol. I — Orange et Avignon).

Dictionnaires et statistiques des XVIIIe et XIXe s.

Ces ouvrages sont une mine de renseignements sur les habitudes culturelles aux siècles passés; citons parmi les plus célèbres:

Achard (Cl.-Fr.) : *Description historique, géographique et topographique des villes, bourgs, villages et hameaux de la Provence ancienne et moderne, du Comtat-Venaissin et de la Principauté d'Orange*, 2 vol. (Aix, Calman, 1787-1788).
Fauchet (le citoyen; préfet) : *Statistique du département du Var* (Paris, an X, rééd. 1805).
Garcin : *Dictionnaire historique et topographique de la Provence* (Draguignan, 1835, rééd. Nyons, 1972).
Villeneuve (Comte de) : *Statistiques du département des Bouches-du-Rhône avec Atlas par M. le comte de Villeneuve* (Marseille, 1821-1829, 4 vol. + 1 Atlas).

Ouvrages spécialisés

Histoire

Antiquité

Benoît (F.) : *Recherches sur l'héllénisation du Midi de la Gaule* (Gap, Ophrys, 1965).
Clébert (J.-P.) : *Provence Antique*, (2 vol.; Paris, Laffont, 1966-1970).
Clerc (M.) : *Massalia* (2 vol.; rééd. Laffitte reprints, 1971). — *Aquae Sextiae* (Aix, A. Dragon, 1916).
Rolland (H.) : *Fouilles de Glanum, Supplément à Gallia*, (études exhaustives, 1946-1967) — *Bronzes antiques de Haute-Provence* (Paris, C.N.R.S., 1965).

Moyen-Age

Baratier (E.) : *La démographie provençale du XIIIe au XVIe s.* (Paris, S.E.V.P.E.N., 1961).
Février (P.-A.) : *Le développement urbain en Provence de l'époque romaine à la fin du Moyen-Age* (Paris, Éd. de Boccard, 1964).
Guillemain (B.-W.) : *La Cour pontificale d'Avignon (1309-1370)* (Paris, de Boccard, 1962).
Malaussena (P.-L.) : *La vie en Provence orientale au XIVe et XVe s.* (Paris, Pichon et Durand d'Auzias, 1969).

Temps modernes

Bæhrel (R.) : *Une croissance : la Basse-Provence rurale de la fin du XVIe s. à 1789* (Paris, S.E.V.P.E.N., 1961).
Carrière (C.) : *Négociants marseillais au XVIIe s.* (Marseille, Institut Historique de Provence, 1973).
Emmanuelli (F.-X.) : *Pouvoir royal et vie régionale en Provence au déclin de la monarchie* (Thèse, Aix-en-Provence, 1971).
Vovelle (M.) : *Piété baroque et déchristianisation en Provence au XVIIe s.* (Paris, Plon, 1973). — *Les métamorphoses de la fête en Provence de 1750 à 1820* (Paris, Aubier-Flammarion, 1976).

Époque contemporaine

Agulhon (M.) : *La vie sociale en Provence intérieure au lendemain de la Révolution* (Paris, Société des Études Robespierristes, 1970).
Vigier (Ph.) : *La Seconde République dans la région alpine* (Paris, P.U.F., 1963, 2 vol.).
Guiral (P.) : *La libération de Marseille* (Paris, Hachette, 1974).
Guiral (P.), et collab. : *La Provence de 1900 à nos jours* (Toulouse, Privat, 1978).
Robichon (J.) : *Le débarquement de Provence* (Paris, Laffont, 1962).

Histoire de l'Art

Alauzen (A.-M.) : *La Peinture en*

Provence du XIVe s. à nos jours (Marseille, La Savoisienne, 1962).

Aubert (M.) : *L'art français à l'époque romane : Languedoc et Provence* (Paris, A. Morancé, 1950).

Barruol (G.) : *Provence romane II; la Haute-Provence* (La Pierre-Qui-Vire, Zodiaque, 1976).

Benoît (F.) : *L'art primitif méditerranéen de la vallée du Rhône* (Gap, Ophrys, 1955).

Bérenguier (R.) : *Châteaux en Provence* (Paris, Delmas, 1962).

Collier (R.) : *Monuments et Arts de Haute-Provence* (Digne, Société scientifique et littéraire des Alpes de Haute-Provence, 1966).

Cousin (B.) : « *Dévotion et société en Provence. Les ex-voto de Notre-Dame des Lumières* », *Ethnologie Française* (T. VII, n° 2, 1977).

Eydoux (H.-P.) : *Monuments méconnus de Provence* (Paris, Perrin, 1978).

Formigé (G.) : *Les monuments romains de la Provence* (Paris, Champion, 1924).

Fustier-Daustier (N.) : *Les bastides de Provence et leurs jardins* (Ivry, Serg, 1977).

Gagnière (S.) : *Le Palais des Papes d'Avignon* (Paris, C.N.M.H., 1977).

Laclotte (M.) : *L'école d'Avignon* (Paris, Gonthier-Seghers, 1960).

Monuments et Art de Haute-Provence (Digne, Société scientifique et littéraire, 1966).

Ripert (E.) : *François Marius Granet (1775-1849), peintre d'Aix et d'Assise* (Paris, Plon).

Roques (M.) : *Les peintures murales du Sud-Est de la France du XIIIe au XVIe s.* (Paris, Picard, 1961).

Rouquette (J.-M.) : *Provence romane I; la Provence rhodanienne* (Zodiaque, 1974).

Vaudoyer (J.-L.) : *Les peintres provençaux de Nicolas Froment à Paul Cézanne* (Paris, La Jeune Parque, 1947).

Villard (A.) : *Art de Provence* (Paris, Arthaud, 1963).

Géographie humaine, ethnologie

Habitat et habitation

Balfet (N.) et **Bromberger** (C.) : *Pratiques et représentations de l'espace dans les communautés méditerranéennes* (Paris, C.N.R.S., 1976).

Galy (G.-R.) : « *L'habitat de pierres sèches en Méditerranée nord-occidentale* », *Méditerranée* (n° 2, avril-juin 1970).

Livet (R.) : *Habitat rural et structures agraires en Basse-Provence* (Aix-en-Provence — Gap, Ophrys, 1962).

Massot (J.-L.) : *Maisons rurales et vie paysanne en Provence* (Ivry, Serg, 1975).

Activités de production et de transformation

Outre les ouvrages cités (**Benoît**, **Livet** et les traités géographiques d'ensemble) signalons :

Arbos (Ph.) : *La vie pastorale dans les Alpes françaises, étude de géographie humaine* (Paris, A. Colin, s.d.).

Bénévent (E.) : « *La vieille économie provençale* », *Revue de Géographie Alpine* (1938).

Benoît (F.) : « *Pressoirs d'olives à levier et à contrepoids en Provence et en Afrique* », *Mémoires de l'Institut historique de Provence* (1936); — « *L'économie du pâturage et les voies de transhumance* », *Revue d'Arles* (1941).

Bloch (M.) : *Les caractères originaux de l'histoire rurale française*, (Paris, Colin, 1952-1956).

Provence (M.) : *Faïenceries de Moustiers* (Moustiers, 1928).

Reparaz (G.-A.) : *Lavande et lavandin, leur culture et leur économie en France* (Aix-en-Provence, Gap, Ophrys, 1965).

Reynaud (H.-J.) : *Faïences ancien-*

INDICATIONS BIBLIOGRAPHIQUES

nes de Provence (Lausanne, Payot).

Cuisine et costume
Besson (J.) : *La Mère Besson : ma cuisine provençale* (Paris, Albin-Michel, 1977).
Jouveau (R.) : *La cuisine provençale de tradition populaire* (Nîmes, 1976).
Charles-Roux (J.) : *Le costume en Provence* (Paris, Bloud, 1909).
Lelée (L.) : « *Le costume d'Arles* », *Revue d'Arles* (n° 10, déc. 1941).

Vie sociale, religion, folklore
Outre les ouvrages d'ethnologues ou d'historiens déjà cités (**Benoît, Agulhon, Vovelle**) signalons :
Arnaud d'Agnel (G.) : et **Dor** (L.) : *Noël en Provence : usages, crèches, santons, noëls, pastorales*, (Marseille, Laffitte reprints, 1975).
Bérenger-Féraud (R.) : *Réminiscences populaires de la Provence* (Marseille, Laffitte reprints, 1971).
Dumont (L.) : *La Tarasque, essai de description d'un fait local du point de vue ethnographique* (Paris, Gallimard, 1951).
Mourgues (M.) : *La danse provençale* (Aix, Thèse, 1955).
Provence (M.) : *La chandeleur en Provence* (Aix, Éd. du Feu, 1938);
— « *Fêtes et Jeux, danses provençales* », *La Provence marseillaise* (1946).
Ribbe (C. de) : *La famille et la société en Provence avant la Révolution* (1879).
Ripert : « *Crèches et santons* », *La Provence marseillaise* (1946).
Rollet (C.) : *La vie quotidienne en Provence au temps de Mistral* (Paris, Hachette, 1972).
Seignolle (C.) : *Le folklore de la Provence* (Paris, Maisonneuve et Larose, 1967).
Saboly (N.) : *Li Nouvè* (Noëls). (Aix, Éd. Sextia, 1920).
Tavernier (J.-C.) : *La vie quotidienne à Marseille de Louis XIV à Louis-Philippe* (Paris, Hachette-Littérature, 1973).

Monographies
Coste (J.-P.) : *Aix-en-Provence et le pays d'Aix* (Gap, 1960).
Gagnière (S.) et **Granier** (J.) : *Avignon de la Préhistoire à la Papauté* (Avignon, 1970).
Gelu (V.) : *Marseille au XIXe siècle* (Paris, Plon, 1971).
Histoire d'Aix-en-Provence (Aix-en-Provence, Édi-Sud, 1977).
Histoire de Marseille (Toulouse, E. Privat, 1973).
Wylie (L.) : *Un village du Vaucluse* (Paris, Gallimard, 1968).
Voir aussi, chez Aubanel (Avignon), la collection des « Guides du Sud » : ouvrages sur *Avignon, Les Alpilles, Le Luberon*, etc.

Promenades pédestres

Quantité de petits guides sont à la disposition des randonneurs : citons ceux de **H. Imoucha** sur *la Marseilleveyre, le Puget, la Sainte-Victoire, la Sainte-Baume*, ainsi que **Pelloux**, *Promenades dans le pays d'Aix*, **Hiély**, *Pour visiter la Sainte-Baume*, et surtout **J. Boissieu** : *Sentiers et randonnées de Provence* (Paris, Fayard, 1977).
Pour les cartes et topo-guides, V. ci-après la rubrique Cartes.

Histoire de la littérature provençale et du mouvement félibréen

Jouveau (R.) : *Histoire du Félibrige (1876-1914)* (Nîmes, 1970).
Jullian (Ch.-P.) et **Fontan** (P.) : *Anthologie du félibrige provençal* (Paris, Delagrave, 1920-1924).
Lafont (R.) : *Mistral ou l'illusion* (Paris, Plon, 1954).
Lafont (R.) et **Anatole** (C.) : *Nouvelle Histoire de la Littérature Occitane* (Paris, P.U.F., 1971).
Lasserre (P.) : *Frédéric Mistral* (Paris, Payot, 1918).
Ripert (E.) : *La Renaissance provençale* (Paris, Champion, 1923).

Ouvrages littéraires sur ou ayant pour cadre la Provence

On ne présente ici qu'une très rapide sélection :

En provençal

Arbaud (J. d') : *Lou Lausie d'Arles* (Paris, Lemerre); — *La Coumbo* (Paris, Horizons de France).

Aubanel (T.) : *Li fiho d'Avignoun* (Avignon, Aubanel).

Baroncelli (F. de) : *Blad de Luno* (Paris, Lemerre).

Bonnet (B.) : *Li memori d'un gnarro* (Paris, Dentu).

Gras (F.) : *Li rouge dou Miejour* (Montpellier, Ch. Déhan).

Mistral (F.) : *Œuvres poétiques complètes* (Paris, Lemerre); — *Miréio* (Paris, Charpentier); — *Memori e Raconte* (Paris, Plon).

Rieu (C.) : *Cant dou terraire* (Marseille, P. Ruat).

Roumanille (J.) : *Vint contes de Roumaniho* (Cavaillon, Groupamen d'estudi provençau).

En français

Prose

Aicard (J.) : *Maurin des Maures;* — *L'illustre Maurin;* — *Roi de Camargue.*

Arbaud (J. d') : *Les contes de la Sauvagine;* — *La bête du Vaccarès* (Paris, Grasset).

Arène (P.) : *Contes de Paris et de Provence;* — *Jean des Figues;* — *La chèvre d'or* (Paris, Plon).

Bertrand (L.) : *Au bruit des fontaines d'Aix* (Paris, Grès); *L'invasion* (Paris, Fayard).

Bordeaux (H.) : *La fée de Port-Cros;* — *Le Parrain* (Paris, Plon).

Bosco (H.) : *L'Ane culotte;* — *Hyacinthe;* — *Le Mas Théotime;* — *Le Trestoulas;* — *Malicroix;* — *Les Balestra;* — *Un oubli moins profond* (Paris, Gallimard).

Daudet (L.) et **Maurras** (C.) : *Notre Provence* (Paris, Flammarion).

Giono (J.) : *Un de Baumugnes;* — *Colline;* — *Jean le Bleu;* — *Regain;* — *Que ma joie demeure* (Paris, Grasset). — *Le chant du monde;* — *Batailles dans la montagne;* — *Le grand troupeau;* — *Les âmes fortes;* — *Angelo;* — *Domitien* (Paris, Gallimard). — *Manosque des plateaux* (Paris, Émile Paul).

Martet (J.) : *Les cousins de Vaison* (Paris, A. Michel).

Mauron (M.) : *A l'ombre soleilleuse;* — *La Chèvre;* — *Le Taureau* (Paris, Amiot-Dumont). — *La transhumance;* — *Le royaume errant* (Plon).

Maurras (C.) : *L'étang de Berre* (Paris, Flammarion). — *La république de Martigues* (Paris, Le Cadran). — *La musique intérieure* (Paris, Grasset). — *Les secrets du soleil* (Paris, Cité des Livres).

Pagnol (M.) : *Œuvres complètes*, en particulier *La gloire de mon père;* — *Le château de ma mère;* — *Le temps des secrets.*

Scipion (M.) : *Le Clos du roi; mémoires d'un berger des Alpes de Haute-Provence* (Paris, Seghers, 1978).

Vaudoyer (J.-L.) : *Beauté de la Provence;* — *Nouvelles beautés de la Provence* (Paris, Grasset).

Poésie

Commune (L.) : *Poèmes de ma Provence* (Arles, Le Forum).

Davray et **Rigal** : *Anthologie des poètes du Midi* (Paris, Ollendorf).

Peyre (J.) : *L'Étang Réal* (Paris, Fayard).

Ripert (E.) : *La terre des lauriers* (Paris, Grasset). — *Le train bleu* (Paris, Flammarion).

Sicard (E.) : *Le jardin du silence et la ville du Roi* (Marseille, Le Feu). — *Poèmes posthumes* (Paris, Les Cahiers du Sud).

Les cartes

Pour le tourisme routier :

Cartes de l'*Institut Géographique National* (IGN)
— au 1/250 000 (1 cm pour 2,5 km; *série rouge*) : n° **115** Provence-Côte d'Azur. Carte tou-

ristique où les principaux sites et monuments sont signalés et complétés par la liste des musées et des manifestations et fêtes. Vous pouvez lui préférer la version « bi-carte » diffusée par *Le Nouvel Observateur* chez les marchands de journaux et qui comporte, au verso, une carte au 1/1 000 000 de la Frande entière.
— **au 1/100 000** (1 cm pour 1 km; *série verte*) : n° **60** (Cavaillon-Digne), **66** (Avignon-Montpellier), **67** (Marseille-Carpentras).
Plus détaillées et précises, elles comportent en outre l'indication du relief par courbes de niveau. La même carte existe en feuilles non pliées décrivant un territoire de 40 × 56 km env.; 11 feuilles couvrent la portion de Provence décrite dans ce guide.

Cartes *Michelin* :
— au 1/200 000 (1 cm pour 2 km) : n° **81** (Avignon-Digne), **84** (Marseille-Menton), **93** (Lyon-Marseille). Les plus largement diffusées et fréquemment mise à jour.

Pour le tourisme pédestre :

Cartes de l'*Institut Géographique National* :
— au **1/100 000** (1 cm pour 1 km) : signalées plus haut, les cartes de la *série verte* et leur version en feuilles non pliées peuvent, compte tenu de leur précision, rendre d'estimables services aux randonneurs.
— **au 1/50 000** (1 cm pour 500 m) : 28 feuilles, dont 5 existent en version pliée.
— **au 1/25 000** (1 cm pour 250 m) : une centaine de feuilles, dont certaines en cours d'établissement.
— l'*I.G.N.* propose aussi deux autres cartes touristiques du plus haut intérêt : l'une (n° *303*), au 1/50 000, décrivant le **parc naturel régional de Camargue,** la seconde (n° *269*), au 1/15 000, consacrée aux **calanques,** de Marseille à Cassis.

Topo-guides du *CNSGR*
Édités par le *Comité National des Sentiers de Grande Randonnée* (92, rue Clignancourt, 75883 Paris Cedex 18), ces topo-guides décrivent sur fond de carte au 1/50 000, l'itinéraire suivi par les G.R. et signalent les principaux centres d'intérêt, ainsi que les moyens d'accès, de ravitaillement et d'hébergement dont disposent les randonneurs. Sur les G.R. traversant la région décrite dans ce guide, V. p. 136.
A noter que l'IGN publie, au 1/1 000 000 (1 cm pour 10 km), une carte générale des sentiers de Grande Randonnée et que la carte au 1/100 000 les signale.

Votre voyage

Quand?

Choix délicat, dépendant autant des goûts de chacun et des buts que l'on se fixe que de données plus objectives telles que le climat, l'encombrement des routes, l'accessibilité des monuments ou l'ouverture des hôtels. Et si chaque saison a ses avantages, aucune en fait n'est dépourvue d'inconvénients (V. p. 30).

L'**été** est évidemment la saison-reine, celle du soleil et des festivals. Mais c'est celle aussi qui permet le moins facilement de partir à l'aventure : hors des hôtels de luxe, il est souvent malaisé de trouver une chambre si l'on n'a pas retenu suffisamment à l'avance. Une solution : se fixer un ou plusieurs points de chute, dûment réservés, autour desquels on rayonnera en circuits d'une journée.

L'**automne** a pour lui sa tranquillité, des journées encore belles en dépit d'une certaine instabilité du temps. Mais, comme partout en France à partir de fin septembre, nombre d'hôtels et de restaurants, de syndicats d'initiative, voire de musées et de monuments, observent une fermeture qui rend souvent le logement délicat et complique les démarches des visiteurs.

L'**hiver** offre parfois de belles — mais toujours courtes — journées. Il peut aussi être excessivement pluvieux. Et l'animation est au point mort sauf au moment de Noël dans certaines localités (messes de minuit avec pastrage, offrande des bergers).

Le **printemps** reste la saison idéale malgré, là encore, l'instabilité du temps. Mais le soleil est le plus souvent au rendez-vous, les hôtels sont tous ouverts et l'on y trouve toujours de la place, le réveil de la nature prend, ici comme ailleurs, des accents de fête.

Quelques manifestations religieuses et traditionnelles		
janvier (tous les quatre ans)	Barjols	*Fête des Tripettes (Saint-Marcel)*
2 février	Marseille	*Pèlerinage à Saint-Victor*
Mardi-Gras	Aix-en-Provence	*Carnaval*
fin avril	Sainte-Victoire	*Fête des Venturiers*
1er mai	Arles	*Fête des gardians*
Pentecôte	Apt	*Cavalcade, festival de musique*
dim. ap. le 15 mai	Monteux	*Fête de Saint-Gens*

MOMENT DE SÉJOUR — L'AVION

24-25 mai	Saintes-Maries-de-la-Mer	*Pèlerinage des gitans*
23 juin	Signes	*Fête de la Saint-Jean*
24 juin	Saint-Jean-de-Garguier	*Feux de la Saint-Jean*
dim. ap. le 24 juin	Allauch	*Fête de la Saint-Jean*
fin juin	Tarascon	*Fêtes de la Tarasque*
fin juin	Cassis	*Fêtes nautiques de la Saint-Pierre*
fin juin-début juil.	Arles	*Course de la « Cocarde d'or »*
sam. av. le 14 juil.	Carpentras	*Fête de N.-D. de Santé*
21-22 juil.	Sainte-Baume	*Pèlerinage à sainte Madeleine*
dernier dim. de juil.	Apt	*Fête de la Sainte-Anne*
dernier dim. de juil.	Graveson	*Fête de saint Éloi*
8 sept.	Saint-Blaise	*Pèlerinage*
vers le 22 oct.	Saintes-Maries-de-la-Mer	*Second pèlerinage*
décembre	Marseille	*Foire aux santons*
Noël	Fontvieille	*Veillée calendale, messe de minuit*
Noël	Séguret	*Veillée calendale, messe de minuit*
Noël	Les Baux	*Messe de minuit*
Noël	Saint-Michel-de-Frigolet	*Messe de minuit*

Sous le titre **« Provence, terre des festivals »**, un **calendrier complet des manifestations culturelles** ayant lieu en Provence, Côte d'Azur et Corse de juin à septembre est publié chaque année. Vous pourrez vous le procurer auprès du *Secrétariat de l'Association technique des Festivals*, Couvent Royal, 83470 Saint-Maximin (☎ 94 78-01-93), ou des offices de tourisme et syndicats d'initiative.

La Provence par avion

Avec l'avion, la Provence s'est singulièrement rapprochée de Paris : Marseille ne se trouve guère qu'à 1 h de vol de la capitale. C'est (après Paris, évidemment) la ville française la mieux desservie par les liaisons intérieures.

L'**aéroport de Marseille-Marignane** a connu, au cours de la dernière décennie, un impressionnant accroissement de trafic. Il a aujourd'hui une vocation nationale, mais également internationale. La métropole marseillaise est reliée quotidiennement à toutes les grandes villes françaises, et, pour quitter ou rejoindre Paris, vous avez le choix entre des dizaines de vols.

Il n'est pas utile de souligner l'**intérêt touristique du survol** des régions de France par avion. Le vol Paris-Marseille est, par temps clair, un des plus beaux parcours qui soient.
Marseille et Toulon sont desservis de manière régulière par *Air Inter*. En outre, *UTA* assure plusieurs liaisons quotidiennes entre Paris et Marseille, et la compagnie *Trans Air Régions* assure pour sa part des liaisons transversales entre Lyon et Toulon, Lyon et Marseille, Limoges et Marseille, et Limoges et Toulon, grâce aux appareils d'*Air Alpes*.

Dispositions en faveur des passagers. — *Air Inter* (et *Trans Air Régions*) ont prévu un certain nombre de dispositions tarifaires dont il est recommandé de s'informer avant d'organiser son voyage. Les avantages comportent principalement un système de **cartes d'abonnement** qui donnent droit à 30 % de réduction (ou à 20 % sur le plein tarif S.N.C.F. de 1re classe dans le cas d'un voyage combiné Air-Fer). D'autre part, le classement des vols *Air Inter,* selon leurs heures de départ, en **vols bleus, vols blancs** et **vols rouges** donne lieu selon les cas à de substantielles réductions.
Suivant l'âge du voyageur, les réductions peuvent aller de 25 % à 50 % : les personnes dites du **troisième âge** (60 ou 65 ans selon le sexe) peuvent bénéficier d'une réduction de 25 % (sur *Air Inter* et *Trans Air Régions*) ainsi que les jeunes de 12 à 22 ans. **Les enfants** de 2 à 12 ans bénéficient pour leur part d'une réduction de 50 % (les enfants de moins de 2 ans voyagent gratuitement).
Avec la **carte Jet** d'*Air Inter* (ou la **carte Stand-By** de *Trans Air Régions* pour les jeunes jusqu'à 26 ans) les jeunes de 18 à 22 ans et les étudiants de moins de 27 ans peuvent voyager à demi tarif sur certains vols (pas de réservation).
D'**autres formules** méritent d'être signalées : réduction de l'ordre de 50 % (10 % sur *Trans Air Régions*) pour les **groupes** de 10 personnes et plus ; réduction à taux modulé si vous partez en **famille,** ou simplement avec votre **conjoint**.

Air + Auto. — Cette disposition aménagée par *Air Inter* permet de trouver, dès l'arrivée à l'aéroport, une voiture de location à kilométrage illimité (pour un prix égal ou voisin à celui du billet aller-retour) dans le cadre du **forfait « week-end »** ou d'un **forfait « 3 jours »**.

Renseignements utiles :
La compagnie *Air inter* met à la disposition du public plusieurs points de vente à Paris même et sur les aéroports de la capitale :
Agence Vendôme, 12, rue de Castiglione 75001 ; — **Agence Étoile,** 47, rue de Ponthieu 75008 ; — **Agence C.I.P.,** Palais des Congrès, 2 place Maillot 75007 ; — **Aérogare des Invalides ;** — *Aéroport d'Orly-Ouest, Aéroport Charles-de-Gaulle.*

Renseignements et réservations *Air Inter :* — Paris : ✆ 539-25-25 ; — Ajaccio : aéroport Campo dell Oro (✆ 21-63-06) ; — Angers : aéroport d'Avrillé (✆ 91-72-39) ; — Bastia : aéroport de Poretta (✆ 36-02-95 et 36-06-59) ; — Bordeaux : ✆ 96-82-28 et 23 allées Tourny (✆ 44-80-70) ou aéroport de Mérignac (✆ 97-31-75) ; — Calvi : aéroport Ste-Catherine (✆ 65-00-63 et 65-05-95) ; — Clermont-Ferrand : aéroport d'Aulnat (✆ 92-28-28) et 69 bd Gergovia (✆ 93-06-80) ; — Lille : aéroport de Lesquin (✆ 96-06-46) et 10, rue Anatole-France (✆ 55-72-72) ; — Limoges : aéroport de Bellegarde (✆ 00-11-84) ; — Lyon : 3, rue du Pt-Carnot, 2e (✆ 52-80-45), 27, rue Bossuet, 6e (✆ 52-80-45) et aéro-

L'AVION — LES CHEMINS DE FER

port de Satolas (☏ 71-97-50); — **Marseille** : ☏ 91-90-90 et 8, rue des Fabres, 1ᵉʳ (☏ 54-77-21) ou aéroport de Marignane (☏ 89-02-86); — **Metz** : aéroport de Frescaty (☏ 69-02-80) et 2, place Raymond-Mondon (☏ 68-95-48); — **Mulhouse** : 13, av. du Mal-de-Lattre (☏ 46-21-82/3) et aéroport de Bâle-Mulhouse (☏ 67-00-00); — **Nantes** : ☏ 73-06-90 et 6, pl. Royale (☏ 71-05-05) ou aéroport de Château-Bougon (☏ 75-83-55 et 75-95-19); — **Nice** : ☏ 83-03-00 et 4, av. de Suède (☏ 87-83-32) ou aéroport (☏ 83-04-50); — **Reims** : aéroport de Champagne (☏ 07-20-60); — **Strasbourg** : 7, pl. S.-Brant (☏ 61-49-12) et aéroport d'Entzheim (☏ 98-83-93); — **Toulouse** : ☏ 62-59-52 et 76, allée Jean-jaurès (☏ 62-41-41) ou aéroport de Blagnac (☏ 71-03-65).

Renseignements et réservations *UTA :*
A **Paris** : réservation ☏ 776-41-52; renseignements horaires ☏ 775-75-75. **Agences** : 19, bd Malesherbes (☏ 266-30-30; aéroport Charles-de-Gaulle (☏ 864-13-47 et 864-13-74/5); aéroport d'Orly-Ouest (☏ 637-12-34).
A **Marseille** : 6, pl. du Général-de-Gaulle 13001 (☏ 33-70-75) et permanence téléphonique (sam. et dim.) à l'aéroport de Marignane (☏ 89-90-10).

Réservations *Trans Air Régions :*
Limoges : ☏ 00-11-84; **Lyon** : ☏ 48-65-47/8; **Marseille** : ☏ 57-41-41; **Toulon** : ☏ 57-41-41.

Chemins de fer

Par le choix de ses itinéraires, ce guide s'adresse plus particulièrement aux touristes circulant en voiture; on ne saurait cependant négliger les liaisons ferroviaires, aussi bien à cause des services qu'elles rendent comme *voies d'accès* à la Provence, qu'en raison de l'*intérêt touristique* de certaines portions de parcours.

Voyager moins cher. — Outre les tarifs réduits consentis à certaines personnes (enfants de 4 à 10 ans, famille nombreuses, titulaires de cartes d'abonnement, ou de cartes vermeil) la SNCF offre de nombreuses formules de billets à des prix avantageux.

Billets de famille : ce billet ne peut être établi que pour 3 personnes (d'une même famille voyageant ensemble). Les deux premières personnes paient plein tarif, mais les suivantes bénéficient d'une réduction de 75 %. A toutes, il est accordé une réduction de 10 % sur les services de tourisme de la SNCF. Un membre de la famille peut obtenir, contre paiement d'un droit de consignation, une carte d'identité lui permettant de voyager à 1/2 tarif, autant de fois qu'il le désire, entre la gare de départ et le lieu de séjour de la famille.

Billets combinés Rail-Route. — La SNCF met en vente des billets combinés permettant aux touristes de se rendre par chemin de fer au point de départ des services ou circuits d'autocars, d'effectuer par cars les excursions de leur choix, et de revenir par chemin de fer. Ces billets comportent de sensibles réductions 20 à 30 % sur le parcours par fer, 10 % sur les excursions par autocars. Se renseigner dans les bureaux de tourisme de la SNCF ou dans les agences de voyages.
En dehors de ces billets spéciaux, les titulaires d'un billet de famille, d'un billet de congé annuel ou d'un billet touristique, bénéficient d'une réduc-

tion de 10 % sur les autocars de tourisme de la SNCF à condition de prendre le billet d'autocar en même temps que le billet de chemin de fer.

Abonnements. — Il existe des abonnements sur des parcours déterminés ou sur une, plusieurs ou l'ensemble des 16 zones de la SNCF.

La voiture et le train. — La SNCF propose deux services qui permettent de disposer de sa voiture à l'arrivée :
— les **Trains Auto-Couchettes** (TAC) : voyage en couchette dans le même train que la voiture : Avignon; Toulon.
— le **Service Auto Express** (SAE) : voyage par le train de votre choix de nuit ou de jour; vous retrouvez votre voiture à l'arrivée, acheminée par un autre train : Avignon; Marseille.
Le service **Train + Auto** assure la réservation d'une voiture de location dont on peut disposer dès son arrivée à Aix-en-Provence, Arles, Avignon, Marseille, Orange, Tarascon, Toulon.

Réservations dans les gares où fonctionne ce service ainsi qu'à **Paris,** 3, rue Bernoulli, 8e (par lettre) ☎ 292-02-92; Telex : Tranoto 660818 F.
Bordeaux, gare Saint-Jean (☎ 91-20-65);
Lyon, gare de Perrache (☎ 37-14-23);
Marseille, gare Saint-Charles (☎ 50-83-85).
et, d'une manière générale, dans toutes les gares desservant des villes de plus de 20 000 hab.

Le vélo et le train. — Si vous voulez retrouver les joies de la bicyclette sans faire, pour une courte période, de frais d'acquisition, la SNCF met à votre disposition le service **Train + Vélo;** à l'arrivée, la bicyclette que vous aurez réservée (indispensable) vous attendra dans les gares de Aix-en-Provence, Arles, Avignon, Manosque.

Le train et les handicapés physiques. — Plusieurs gares sont équipées d'installations particulières mises à la disposition des handicapés physiques (fauteuil roulant, escaliers mobiles) : Aix-en-Provence, Avignon, Bandol, Marseille, Orange, Tarascon, Toulon.

Où se renseigner? — A **Paris,** des bureaux de tourisme sont ouverts au service des voyageurs (billets, renseignements, location) dans les gares et à :
— **Paris-Champs-Élysées,** 127, av. des Champs-Élysées, 8e;
— **Paris-Capucines,** 16, bd des Capucines, 9e;
— **Paris-ORTF,** 116, av. du Président-Kennedy, 16e.
De plus, le **Central des Renseignements Téléphonés** (☎ 261-50-50) fournit tous renseignements par téléphone et assure l'enlèvement des bagages à domicile.
En province, dans toutes les gares ouvertes au service des voyageurs.

Les lignes de chemin de fer

Depuis quelques années, certaines lignes secondaires de la SNCF ont été fermées au trafic des voyageurs et les trains qui les

CHEMINS DE FER

desservaient ont été remplacés, sur la totalité ou sur une partie du parcours, par des services d'autobus. Sur certaines sections de grandes lignes, les trains omnibus ont été remplacés aussi par des services automobiles fonctionnant sous le contrôle de la SNCF. Enfin, un grand nombre de lignes d'intérêt local ont été remplacées, elles aussi, par des services automobiles.

Nous avons tenu compte de ces changements tels qu'ils étaient réalisés au moment de l'impression du présent guide. Nous ne décrirons ici que les lignes encore desservies par les trains de voyageurs.

1 — Ligne de Paris à Marseille et Toulon (930 km). — Nombreux trains quotidiens, dont le célèbre *TEE Le Mistral* (6 h 39 de Paris à Marseille, 7 h 29 jusqu'à Toulon), le train Corail *Le Rhodanien* (6 h 36 de Paris à Marseille), ou les rapides de nuit *Paris-Côte d'Azur* (8 h 33 de Paris à Marseille, 9 h 29 jusqu'à Toulon) et *Train Bleu* (8 h 42 de Paris à Marseille-Blancarde, 9 h 32 jusqu'à Toulon).

Après (**699 km**) **Montdragon,** on a une belle échappée à g. sur le site rocheux de l'église et du château de Mornas. — 707 km : **Piolenc.**
On franchit l'Aygues. Sur la rive dr. du Rhône, les Cévennes s'abaissent peu à peu et font place à la garrigue languedocienne.

714 km : **Orange.** Vue à dr. sur la ville que domine le théâtre romain, lui-même dominé par la colline Saint-Eutrope.
La ligne traverse maintenant la plaine du Comtat que domine à g. la masse du mont Ventoux, en avant duquel se découpe l'arête calcaire des Dentelles de Montmirail. — 722 km : **Courthézon.**

728 km : **Bédarrides,** où l'on franchit l'Ouvèze. — 732 km : **Sorgues-Châteauneuf-du-Pape,** station située à Sogues et desservant Châteauneuf-du-Pape (7 km N.-O.). — **736** km : **Le Pontet.** Le chemin de fer revient longer le Rhône où s'étale la grande île de la Barthelasse; belle vue, en avant et à dr., sur l'énorme masse du château des Papes dominant les maisons d'Avignon.

742 km : **Avignon,** bifurcation pour Cavaillon, Salon et Miramas (ci-après, **3**).
A 4 km au-delà d'Avignon, la ligne de Marseille franchit la Durance sur un pont de 23 arches, long de 534 m : belle vue à g. sur le large lit de la Durance et les tours de Châteaurenard ; à dr. sur le petit massif décharné de la Montagnette et la tour de Barbentane.

748 km : **Barbentane.** — Riches cultures maraîchères abritées par des barrières de petits cyprès; mas provençaux typiques. On longe à dr. la Montagnette. — **754** km : **Graveson-Maillane,** à 2 km de Graveson et 4,5 km de Maillane.
En arrivant à Tarascon, vue à dr. sur la ville que domine l'énorme masse du château et, au-delà du Rhône, sur le château de Beaucaire. Presque tous les trains empruntent la dérivation qui évite la gare de Tarascon.

763 km : **Tarascon,** bifurcation pour Nîmes, Montpellier, Toulouse et Bordeaux. — La ligne suit à distance le rive g. du Rhône puis s'en rapproche.

777 km : **Arles.**
A la sortie d'Arles, la voie passe sur un viaduc de 31 arches, long de 769 m, haut de 8 m, d'où l'on voit à g. le **pont de Crau**, de 57 arches,

qu'emprunte la route de Marseille, au-dessus duquel un aqueduc de 97 arches, long de 662 m, porte le canal d'irrigation de Craponne. On entre dans la vaste plaine de la Crau : à g. de la voie, sur 20 km, bordure ininterrompue de cyprès et de pins, à travers laquelle on aperçoit, d'une façon fugitive, la chaîne des Alpilles; à dr., la plaine s'étend à perte de vue vers la mer.

811 km : **Miramas** : grande gare de triage; bifurcation pour Avignon par Cavaillon, ou pour Marseille par Port-de-Bouc (ci-après, 3). — A dr., vue sur le village de Miramas-le-Vieux.

816 km : **Saint-Chamas** : au sortir de la gare, la voie franchit la Touloubre sur un viaduc courbe de 385 m; à dr., en contre-bas, on remarque, franchissant aussi le lit rocheux du torrent, le **pont Flavien.** La voie longe sur quelques kilomètres l'étang de Berre, puis s'en éloigne et franchit l'Arc.

830 km : **Berre** : la ville est à 3 km S. et on en voit le clocher qui se dresse au-dessus des marais-salants. La voie s'élève par une forte courbe et se rapproche à nouveau de l'étang de Berre qu'elle domine : belle vue; de nuit, vision extraordinaire de la raffinerie *Shell* et du complexe pétrochimique, puissamment illuminés. — **836** km : **Rognac.**

840 km : **Vitrolles,** au-delà duquel la voie s'éloigne définitivement de l'étang de Berre en s'élevant sur les pentes de l'Estaque; à g., on longe les pentes sauvages de la chaîne de Vitrolles.

845 km : **Pas-des-Lanciers** (corruption de *Pas de l'ancié,* pas de la brèche, du latin *incisa*). — La ligne passe sous la chaîne de l'Estaque par le **tunnel de la Nerthe,** long de 4 638 m : à la sortie, on débouche dans une gorge rocheuse au-delà de laquelle on découvre une *vue admirable (mais fugitive) sur la rade de Marseille dominée par *la colline de Notre-Dame de la Garde.

853 km : **L'Estaque,** bifurcation pour Port-de-Bouc et Miramas (ci-après, 3). — **855** km : **Séon-Saint-Henri.** — Tunnel de Saint-Louis (475 m) suivi du vallon des Aygalades. — **857** km : **Saint-Louis—Les-Aygalades.** — **859** km : **Le Canet.** — **860** km : **Saint-Barthélemy.**

863 km : **Marseille,** gare Saint-Charles, bifurcation pour Aix et Grenoble (ci-après, 2), pour Miramas par la ligne de l'Estaque (ci-après, 3).

Les trains venus de Paris, font tête à queue en gare de Marseille. La voie traverse en remblai le faubourg des Chartreux, passe à la gare de **Marseille-Blancarde** et s'engage dans la vallée de l'Huveaune qui, jusqu'à Aubagne, fait partie de la banlieue marseillaise. A dr., la vallée est dominée par les pentes de la chaîne de Saint-Cyr : pinèdes puis grands versants arides, décharnée, grisâtres.

880 km : **Aubagne.** La voie traverse l'Huveaune, s'élève en décrivant un demi-cercle autour d'Aubagne : vue à g. sur l'extrémité O. du massif de la Sainte-Baume. Après un tunnel de 400 m, la voie remonte un sauvage vallon rocheux puis passe dans le tunnel du Mussuguet (2,6 km). A la sortie, vue à dr. sur Cassis et la mer.

890 km : **Cassis,** à 2,5 km N.-N.-E. de la ville. — On traverse un vallon parsemé de bastides, puis le tunnel des Jeannots (1,6 km), puis des bois de pins.

900 km : **La Ciotat,** à 5 km N.-E. de la ville : correspondance à tous les trains par service de cars. — Belle vue à dr. sur la mer, la ville et le Bec de l'Aigle. La voie se rapproche de la côte et contourne la baie de La Ciotat.

907 km : **Saint-Cyr-sur-Mer-Les-Lecques,** gare située près de Saint-Cyr-sur-Mer et desservant aussi la station balnéaire des Lecques, à 2 km S.-O. — A 2 km au-delà de la station, à dr., **château des Baumelles** (XVIIe s.); tunnel.

914 km : **Bandol** : la voie contourne la baie de Bandol (jolies vues; viaduc

CHEMINS DE FER

haut de 36 m sur un ruisseau) puis s'éloigne de la mer : vue en avant et à dr. sur le massif du cap Sicié.
921 km : **Ollioules-Sanary,** station desservant Ollioules, à 3 km N.-E. et Sanary, à 1,5 km S.-O. — La voie s'engage dans la dépression qui sépare les montagnes d'Ollioulles, à g., de la montagne isolée et arrondie de Six-Fours, à dr. — **925 km** : **La Seyne-Tamaris** : La Seyne est à 1,5 km S. et Tamaris à 6 km. — La voie traverse la Rivière-Neuve, dérivation creusée par les forçats au XVIIe s. pour emporter hors de l'arsenal de Toulon les eaux du torrent de Dardennes. On voit à g. le mont Faron.

930 km : **Toulon.**

2 — Ligne Avignon-Marseille par Cavaillon et Martigues

(136 km). — Trains express et autorails omnibus en 2 h à 2 h 50 selon les arrêts; nombreux services partiels.

La ligne parcourt la riche plaine d'Avignon. — **6 km** : **Montfavet** — **9 km** : **Morières-lès-Avignon.** — La voie traverse en tunnel une montagnette. — **12 km** : **Saint-Saturnin-d'Avignon.** Le chemin de fer parcourt la plaine du Comtat : belle vue à l'E. sur cette plaine que domine le front calcaire du plateau de Vaucluse.
15 km : **Gadagne,** station desservant Châteauneuf-de-Gadagne. — **18 km** : Le Thor.
22 km : **L'Isle-Fontaine-de-Vaucluse,** station située à L'Isle-sur-la-Sorgue, à 7,5 km O. de Fontaine-de-Vaucluse. — La ligne se dirige au S. et franchit le Coulon en arrivant à Cavaillon.

32 km : **Cavaillon.**
La ligne de Miramas remonte la vallée de la Durance sur 4 km puis franchit la rivière : très belle vue.
37 km : **Orgon.** — La ligne s'éloigne de la Durance : vue à g., de l'autre côté de la rivière, sur l'extrémité O. de la petite chaîne du Luberon; puis on découvre à dr. le massif calcaire désertique des Plaines.
42 km : **Sénas.** — La voie franchit le défilé ou **pertuis de Lamanon,** par où passait autrefois la Durance pour se jeter directement dans la mer et où passe aujourd'hui le canal de dérivation de Mallemort à Saint-Chamas qui rejoint l'étang de Berre. — **47 km** : **Lamanon.**
54 km : **Salon,** dont on découvre à g. l'imposant château féodal. — La ligne se dirige au S.-O. à travers la plaine de la Crau : sur la dr., à 12 km environ de distance, se découpent sur le ciel les sommets arides des Alpilles, couleur d'acier bleuté. — **58 km** : **Grans.**
66 km : **Miramas,** où l'on croise la grande ligne Paris-Marseille. Plus loin, la voie laisse à dr. le vaste aérodrome militaire d'Istres et à g. l'étang de l'Olivier. — **77 km** : **Istres.** — **79 km** : **Rassuen,** au-delà duquel le chemin de fer longue à g. les étangs de Lavalduc et d'Engrenier.
87 km : **Fos-sur-Mer,** station située à 2,5 km E. du bourg, près des grandes usines des ciments Lafarge. La ligne se rapproche du golfe de Fos et croise le canal d'Arles à Port-de-Bouc.

90 km : **Port-de-Bouc.** — La voie longe le canal maritime de Caronte qui relie l'étang de Berre à la mer. — **93 km** : **Croix-Sainte.** la ligne franchit le canal maritime sur le grand **viaduc de Caronte,** ouvrage long de 943 m et haut de 24,50 m.

95 km : **Martigues,** station située entre Martigues (2,5 km E.); et le port pétrolier de Lavéra (3,5 km O.).
La ligne se dirige vers le S. — **98 km** : **Ponteau-Saint-Pierre.** — Tunnel sous l'extrémité O. de la chaîne de l'Estaque.

102 km : La Couronne-Carro, à 200 m du bourg de La Couronne et à 2 km du petit port de Carro. — La voie parcourt un désert de roches calcaires en descendant vers la mer.
107 km : Sausset-les-Pins, petite station balnéaire entourée de pinèdes. Le chemin de fer court parallèlement à la côte escarpée de l'Estaque. —
111 km : Carry-le-Rouet, station balnéaire que la gare domine.
On franchit le val de l'Aigle sur un viaduc. — **115 km : La Redonne-Ensuès :** vue plongeante sur la calanque de La Redonne; Ensuès est à 2,5 km N.
120 km : Niolon, au-delà duquel on passe dans un long tunnel. La voie, coupée de nombreux tunnels est taillée dans le rocher à une grande hauteur au-dessus de la mer : belles vues sur le port et la ville de Marseille. — **122 km : Le Rove.**
126 km : L'Estaque, où l'on rejoint la grande ligne Paris-Marseille, décrite ci-dessus, **1.**
136 km : Marseille, gare Saint-Charles.

3 — Ligne de Marseille à Sisteron (vers Grenoble; 156 km). — Pour Grenoble, changement de train nécessaire à Veynes-Dévoluy. Pour Sisteron, quatre autorails express chaque jour, en 2 h 41 à 3 h. Nombreux services par autorail, en 40 mn, entre Marseille et Aix.

Au départ de Marseille, le chemin de fer traverse la banlieue marseillaise. — **5 km : Sainte-Marthe.** — Se dirigeant au N.-O. la ligne s'élève en passant entre les extrémités de la chaîne de l'Estaque, à g., et de la chaîne de l'Étoile, à dr. — **15 km : Septèmes.**
Vue g. sur les villages perchés de Cabriès et de Bouc-Bel-Air, desservis par la station de (**19 km**) **Bouc-Cabriès.** — **22 km : Simiane.**
26 km : Gardanne. — La voie décrit des contours à travers des collines couronnées de pins, encadrant des vallons où l'agriculture recule devant l'urbanisation. — Le chemin de fer redescend et franchit l'Arc.

37 km : Aix-en-Provence.
La ligne décrit un grand détour à l'O., à travers la gracieuse campagne aixoise, puis s'élève peu à peu.
59 km : Réclavier : carrières de marbre près de la station. — La ligne descend vers la Durance par le ravin rocheux du Grand-Vallat, environné de pinèdes, puis par une forte rampe courbe.
63 km : Meyrargues. — La voie traverse la vallée de la Durance.
La ligne de Grenoble remonte désormais jusqu'à Sisteron l'admirable ***vallée de la Durance.** Elle suit d'abord de près la rive dr. du puissant torrent qui coule dans une large plaine bien cultivée. Puis la vallée se resserre et la voie ferrée traverse la grandiose ***défilé de Mirabeau,** où la route franchit la rivière sur un pont suspendu.
86 km : Mirabeau. La vallée s'élargit. Belle vue à dr. sur le confluent du Verdon et de la Durance, transformé en un vaste lac par le barrage de Cadarache et dominé par le château de ce nom.
97 km : Corbières. — **101 km : Sainte-Tulle.** — La vallée s'évase encore, formant un couloir de prairies large d'une lieue entre les côtes qui la bordent; la vue s'amplifie, en avant, sur les Alpes de Provence.
106 km : Manosque-Gréoux-les-Bains, gare voisine de la ville de Manosque; services de cars pour la station thermale de Gréoux (à 14,5 km S.-E.) — **113 km : Volx.**
116 km : Villeneuve : à dr. s'ouvre la vallée de l'Asse. La voie longe de nouveau de tout près la rive dr. de la Durance.

121 km : La Brillanne-Oraison, station située à La Brillanne. Oraison est à 2 km E., sur la rive g. de la Durance.
126 km : Lurs. — **128 km : Gânagobie.** La vallée se resserre. — **134 km : Peyruis-Les-Mées,** station voisine de Peyruis à 3 km E., sur la rive g. ; vue à dr. sur les curieux rochers dits ***Pénitents des Mées** qui dominent la rive g. de la Durance, en aval du confluent de la Bléone.
139 km : Saint-Auban, gare isolée au milieu de la plaine d'alluvions formée par le confluent de la Bléone et de la Durance, où se trouvent l'aérodrome et l'importante usine de produits chimiques de Saint-Auban. La ligne de Grenoble continue de remonter la rive dr. de la Durance et laisse à dr. le barrage de l'Escale.
144 km : Château-Arnoux-Volonne, à 1 km N. de Château-Arnoux. Au-delà de la station ; jolie vue à dr. sur Volonne (rive g.).
50 km : Peipin, au-delà duquel on franchit le Jabron à son confluent. — La vallée devient plus sévère.
156 km : Sisteron, vue très pittoresque en avant sur la ville dominée par le roc abrupt qui porte la Citadelle.

Vers la Provence, par la route

L'axe autoroute du Sud (A. 6)-autoroute du Soleil (A. 7) constitue la **principale voie d'accès** à la Provence et à la Méditerranée. Bifurquant, à son extrémité S., en deux grandes directions (S.-O. et S.-E.), il draine à lui seul tous les courants de circulation en provenance aussi bien de la région parisienne que de l'Europe du Nord ou la vallée du Rhin, et à destination du Languedoc, du Roussillon et de l'Espagne (autoroute A 9, La Languedocienne, à partir d'Orange), comme de la Provence elle-même, de la Côte d'Azur et de l'Italie (autoroutes A 8, la Provençale, et B 52). C'est dire assez l'intensité du trafic qui l'anime en toutes saisons. Quant aux encombrements de la période estivale, aux ralentissements ou bouchons de plusieurs kilomètres, ils sont désormais aussi célèbres que réguliers.
Deux autres grands axes, l'un par le Massif Central, l'autre par les Alpes, certes moins rapides, offrent l'avantage de routes moins chargées et d'un parcours plus agréable.

Pour connaître l'*état des routes* sur l'itinéraire que vous devez emprunter, téléphonez au **Centre national d'information routière** (1) 528-90-33, ou (1) 858-33-33 ou, directement, aux Centres régionaux d'information :
Aquitaine-Pyrénées : Bordeaux (56) 96-33-33 ;
Nord : Lille (20) 52-22-01 ;
Rhône-Alpes-Auvergne : Lyon (78) 54-33-33 ;
Provence-Languedoc : Marseille (91) 47-65-21 ;
Champagne-Alsace : Metz (87) 75-22-24 ;
Bretagne-Pays-de-Loire : Rennes (99) 50-73-93 ;

Paris-Marseille par autoroutes (A 6 et A 7 ; 768 km ; c'est l'itinéraire le plus court et, en principe, le plus rapide). — **649 km : échangeur d'Orange** (sorties pour Orange, chap. 1, pour Vaison-la-Romaine, chap. 5, et le Ventoux, chap. 6). — **670 km : échangeur d'Avignon-N.** (sorties pour Avignon, chap. 2, pour le Comtat et Carpentras, chap. 3 et 4). — **680 km : échangeur d'Avignon-S.** (sorties pour la Petite-Crau, chap. 14, et pour Tarascon et Beaucaire, chap. 17 ; meilleure sortie pour

Arles et la Camargue, chap. 18 et 19). — **693** km : **échangeur d'Orgon** (sorties pour Cavaillon, chap. 10, pour le plateau de Vaucluse, le pays d'Apt et le Luberon, chap. 7, 8 et 9, ainsi que pour Saint-Rémy et les Alpilles, chap. 15 et 16). — **703** km : **échangeur de Sénas** (sortie vers la vallée de la Durance, chap. 11). — **710** km : **demi-échangeur de Salon-N.** (sortie pour Salon, chap. 20). — **717** km : **échangeur de Pélissanne** (autre sortie pour Salon, la Crau, Arles et la Camargue, et pour l'étang de Berre, chap. 21).
730 km : **à g. s'embranche la A 8** (La Provençale) vers Aix-en-Provence, Saint-Maximin et Brignoles et, via la B 52, vers La Ciotat, la côte jusqu'à Toulon.
737 km : **échangeur de Berre**, non loin des bords de l'étang et où l'on pénètre pratiquement dans l'agglomération marseillaise; les entrées et sorties de l'autoroute se succèdent désormais rapidement. — **747** km : on rejoint à dr. la **A 55**, venant de Fos et Martigues. — **755** km : à g. débouche la **A 51**, venant d'Aix. — **768** km : **Marseille-Porte d'Aix** (chap. 25).

Paris-Arles par le Massif Central (736 ou 786 km; peu rapide et assez accidenté, l'itinéraire ménage une superbe traversée du Velay et des Cévennes). — Par la **N 7** jusqu'à **Varennes-sur-Allier : 316** km. En saison, lorsque la route est encombrée, suivez plutôt l'**itinéraire Émeraude** par **Sully-sur-Loire** et **Bourges** : 366 km jusqu'à Varennes. — De là, par **Vichy, Thiers, Ambert** et **La Chaise-Dieu** jusqu'au **Puy-en-Velay, 195** km. Du Puy à **Nîmes** et **Arles** par **Pradelles, Villefort** et **Alès, 225** km.

Paris-Sisteron par les Alpes (712 ou 723 km; assez rapide). — De Paris à **Lyon** par la A 6 : **453** km. Après la traversée de Lyon (6 km) suivez de Lyon à **Grenoble** les autoroutes **A 43** et **A 48** : **99** km. — De Grenoble à **Sisteron**, on peut passer soit par la **N 75** (par le col de la Croix-Haute et Aspres-sur-Buech; 154 km), soit par la **N 85** ou route Napoléon (par le col Bayard et Gap; 165 km; itinéraire plus touristique).

La Provence touristique

Que voir? La carte des pages 130-131 mentionne les principaux sites, et lieux de manifestations susceptibles de vous attirer en Provence. Des noms pour la plupart célèbres mais qui ne représentent, en fait, qu'une faible partie de ce qu'offre une région ayant le rare privilège d'être, sur le plan touristique, d'une incomparable richesse.

Complétant la carte dans une certaine mesure, la petite liste thématique qui suit ne peut davantage prétendre à l'exhaustivité; elle n'a d'autre but que d'aider les plus pressés d'entre vous à faire leur choix.

Si vous aimez...

— **les sites et paysages marins** : Bec de l'Aigle; **Calanques d'En-Vau**, de Figuerolles, de Morgiou, de Sormiou; Cap Sicié; **Étangs de Berre**, de Vaccarès; Ile des Embiez; **Marseille**, N.-D. de la Garde et le Vieux-Port; **Rade de Toulon**;

— **les rochers, sommets, panoramas et cols** : Aiguilles de Valbelle; **Alpilles**; Avignon (rocher des Doms); Cavaillon (colline Saint-Jacques); **Dentelles de Montmirail**; Forcalquier; **Gânagobie; Loube; Luberon; Mont Faron; Mont Ventoux; Montagne de Lure; Montagne Sainte-Victoire**; Pilon du Roi; Rochers des Mées; Saint-Pilon;

LA PROVENCE TOURISTIQUE 129

— **les forêts** : Forêt de la Sainte-Baume; parc départemental de Saint-Pons;

— **les cascades, lacs et sources** : Fontaine de Vaucluse; lac du Bimont; Source de l'Argens; Source du Groseau; **Lac de Sainte-Croix;**

— **les clues, défilés et gorges** : **Les Baux** (Val d'Enfer); Canyon d'Oppedette; Combe de Lourmarin; Défilé de Mirabeau; Défilé de Pierre-Écrite; Gorges du Cimail; **Gorges de la Nesque;** Gorges d'Ollioules; Gorges du Régalon; Vallon Sourn;

— **les abîmes, gouffres et grottes** : Gouffre de Caladaire; Grotte des Fées (Les Baux); Grottes Loubière; Grotte de Thouzon; Sainte-Baume;

— **les monuments préhistoriques** : Dolmens du Castellet; **Oppidums** des Bringasses (Les Baux), du Chastelard, de Constantine, de La Courtine, **d'Entremont;**

— **les monuments grecs** : **Glanon** (Glanum); **Marseille** (fortifications, corne du port); **Saint-Blaise** (mur d'enceinte);

— **les monuments romains** : Arles (amphithéâtre, crypto-portiques, remparts, théâtre, thermes); Carpentras (arc de triomphe); Cavaillon (arc de triomphe); Fontvieille (aqueduc et minoterie de Barbegal); **Marseille** (docks); **Orange** (arc de triomphe, théâtre); La Penne (pyramide); Pont Flavien; Pont Julien; Riez (colonnade); **Saint-Rémy** (Les Antiques, Glanum); **Vaison** (fouilles, théâtre); Vernègues (temple);

— **les monuments pré-romans** : Aix (baptistère); Arles (abside paléochrétienne); Marseille (cryptes de Saint-Victor); Riez (baptistère); Saint-Blaise (fondations d'églises); Saint-Maximin (crypte); Saint-Pantaléon (église);

— **les monuments romans** : **Aix** (cathédrale, cloître); Apt (Sainte-Anne); **Arles** (cloître, Saint-Trophime, Saint-Honorat); Avignon (cathédrale); Boulbon (Saint-Marcellin); Brignoles (maison); Cavaillon (Saint-Véran, cloître); La Celle (église); Fontaine-de-Vaucluse (église); Forcalquier (Notre-Dame) : **Gânagobie** (église, cloître); Groseau (chapelle du); Lançon-Provence (Saint-Cyr); **Le Thor** (église); **Marseille** (Saint-Laurent, ancienne Major); **Montmajour** (abbaye de); Moustiers-Sainte-Marie (église); Notre-Dame d'Aubune (chapelle); Noves (église); Ollioules (église); Pernes (Notre-Dame); Saint-Andiol (église); **Saint-Gabriel** (chapelle); Saint-Hilaire (abbaye de); Saintes-Maries-de-la-Mer (église); **Saint-Paul de Mausole** (église et cloître); **Sénanque** (abbaye de); **Silvacane** (abbaye de); Simiane-la-Rotonde (rotonde); **Sisteron** (Notre-Dame); Six-Fours (église); **Vaison** (église, cloître); Venasque (église, « baptistère »); Villeneuve-lès-Avignon (N.-D. de Belvezet);

— **les églises gothiques** : Aix (cathédrale, Saint-Jean de Malte); **Avignon** (Saint-Agricol, Saint-Didier, Saint-Pierre, Saint-Symphorien, église des Célestins); Carpentras (Saint-Siffrein); Marseille (Saint-Victor); **Saint-Maximin** (basilique); Salon (Saint-Laurent); Solliès-Ville; Tarascon (Sainte-Marthe); Villeneuve-lès-Avignon (Notre-Dame, chartreuse);

— **les églises classiques et baroques** : Aix (église de la Madeleine); **Avignon** (chapelle du Collège, chapelle de l'Oratoire, chapelle des Pénitents Noirs, chapelle Saint-Charles, chapelle de la Visitation); Beaucaire (N.-D. des Pommiers); L'Isle-sur-la-Sorgue; Marseille (Saint-Théodore); Toulon (Saint-Louis);

— **les synagogues** : Carpentras; **Cavaillon;**

— **les ruines féodales** : Les Baux; Beaucaire; Boulbon; Châteauneuf-du-Pape; Châteaurenard; Mornas;

— **les fortifications médiévales et classiques** : Avignon (remparts, XIVe s.); Barbentane (portes, tour Anglica); Buoux (fort); Carpentras (Porte

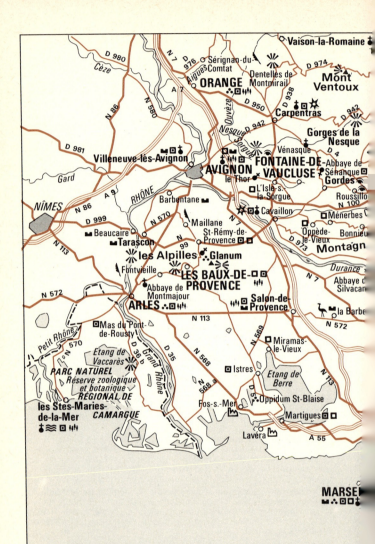

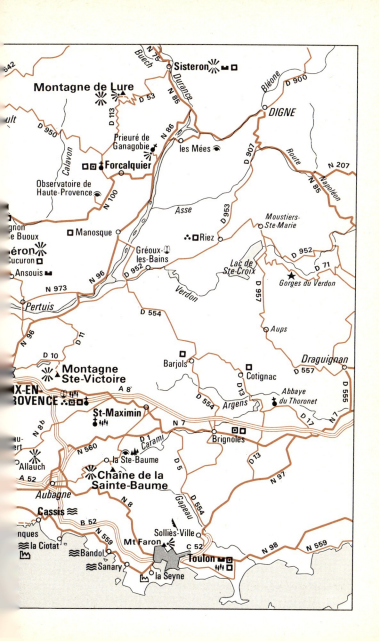

d'Orange, XIVe s.); Manosque (portes); **Marseille** (Château d'If, fort Saint-Jean, fort Saint-Nicolas); Montmajour (donjon, 1369); Noves (remparts, portes); Pernes (portes); Salon (porte); **Sisteron** (citadelle); Toulon (tour de la Mitre, XVIe s.); Trets (enceinte, portes); **Villeneuve-lès-Avignon** (fort Saint-André, 1302, tour de Philippe-le-Bel, XIVe s.);

— **les châteaux du Moyen Age et de la Renaissance** : Avignon (Palais des Papes); **La Barben**; Le Barroux; Cadarache; Château-Arnoux; **Gordes**; **Lourmarin**; Saint-Didier; **Salon**; Saumane; **Tarascon**; La Tour d'Aigues; Vauvenargues;

— **les châteaux classiques** : Albertas; **Ansouis**; l'Armellière; **Barbentane**; les Baumelles; Marseille (château Borély); Meyrargues; Mirabeau; Sauvan; Le Tholonet; La Verdière;

— **l'architecture baroque et classique** : **Aix** (hôtels de Boyer d'Eguilles, de Châteaurenard, d'Estienne de Saint-Jean, de Lestang-Parade, de Panisse-Passis, hôtels du cours Mirabeau, hôtel de ville, pavillon de Vendôme, place d'Albertas, place des Quatre-Dauphins); **Avignon** (hôpital Sainte-Marthe, hôtels de la rue Joseph-Vernet et de la Banasterie, hôtels Berton de Crillon, de Graveson, des Monnaies, maison Salviati); Beaucaire (hôtel de ville); Carpentras (Hôtel-Dieu, palais de Justice); Marseille (hôtel de ville, Vieille Charité); Salon (hôtel de ville);

— **les bourgs et villages pittoresques** : Barjols; **Les Baux**; Bonnieux; La Cadière d'Azur; Le Castellet; **Gordes**; Lourmarin; **Ménerbes**; Montbrun; Mornas; **Moustiers-Sainte-Marie**; **Oppède-le-Vieux**; Roussillon; Vaison (Haute-ville); Venasque; et mille autres à découvrir vous-mêmes;

— **les musées** : **Aix** (musées Granet, Paul-Arbaud, des Tapisseries, du Vieil-Aix, pavillon Cézanne, fondation Vasarely); **Arles** (museon Arlaten, musées lapidaires chrétien et païen, Réattu); **Avignon** (musées Calvet, lapidaire, Aubanel, du Petit-Palais); Beaucaire (musée du Vieux-Beaucaire); Brignoles (musée du Pays Brignolais); Carpentras; Cavaillon; La Ciotat; Fontvieille (moulin de Daudet); Forcalquier; **Gordes** (musée Vasarely); Istres; Maillane (maison de Mistral); **Marseille** (musées des Beaux-Arts, Cantini, Grobet-Labadié, Borely, des Docks romains, de la Marine, du Vieux-Marseille, de l'histoire de Marseille); Martigues; Moustiers-Sainte-Marie (faïences); Orange; mas du pont de Rousty (écomusée; parc naturel régional de Camargue); Saint-Rémy (dépôt archéologique, musée des Alpilles); Saintes-Maries-de-la-Mer; Salon (musée national d'art et d'histoire militaires); La Seyne (fort de Balaguier : musée naval); **Toulon** (musée d'art et d'archéologie, naval, mémorial du Faron); Villeneuve-lès-Avignon;

— **la peinture, des primitifs à la Renaissance** : Aix (triptyques de l'Annonciation et du Buisson ardent); **Avignon** (Palais des Papes, N.-D. des Doms, collections du musée du Petit-Palais); Pernes (peintures de la tour Ferrande); Saint-Maximin (retable de la Passion); **Villeneuve-lès-Avignon** (Couronnement de la Vierge);

— **les ex-votos populaires** : Marseille (N.-D. de la Garde); Goult (N.-D. des Lumières); Six-Fours (N.-D. du Mai); Gémenos (Saint-Jean de Garguier); Saintes-Maries-de-la-Mer (église).

— **l'architecture contemporaine** : Aix (fondation Vasarely; Les 200 Logements); Martigues (Viaduc de l'A. 55; ZUP); **Marseille** (Cité radieuse).

Votre séjour

Plages et stations balnéaires. — Si elles ont, dans l'ensemble, conservé un caractère beaucoup plus familial que sur la Côte d'Azur, elles ne sont pas moins fréquentées. De Carry-le-Rouet à Toulon, il ne reste guère de crique, de baie ou de calanque qui soit vraiment déserte; au moins profite-t-on, dans les grandes stations, d'un équipement généralement très bon.

Principales plages (d'O. en E.) : Saintes-Maries-de-la-Mer, Sausset-les-Pins, Carry-le-Rouet, Marseille-Prado, Cassis, La Ciotat, Les Lecques, Bandol, Sanary, Le Brusc, Les Sablettes, Toulon-Le-Mourillon.

Stations d'altitude. — Elles sont peu nombreuses, étant donné le relief assez peu élevé de cette partie de la Provence. En tenant compte de la particulière salubrité de leur air et de leur situation, ont peut assimiler à des stations d'altitude les localités de Nans-les-Pins (430 m), Moustiers-Sainte-Marie (631 m), Saint-Etienne-les-Orgues (697 m) et Sault (766 m).

Sports d'hiver. — Passer en quelques heures des joies du ski de neige à celles du ski nautique serait presque possible, grâce à la proximité du Ventoux de la mer. On peut skier essentiellement en deux endroits, le mont Ventoux (1 909 m) et la montagne de Lure (1 827 m).

Thermalisme. — Gréoux-les-Bains et Aix-en-Provence sont les seules stations importantes de Provence. La petite station des Camoins, dans la banlieue marseillaise, est surtout fréquentée par une clientèle régionale. A signaler également, l'existence de centres de thalassothérapie à Toulon et La Ciotat.

Stations vertes de vacances. — Ce sont des localités rurales rationnellement aménagées, suivant une charte, signée par la municipalité, pour offrir aux citadins à la fois le repos et des distractions en plein air pendant les vacances; pourvues d'un attrait naturel, plan d'eau, forêt, elles doivent posséder au moins un hôtel de tourisme et un terrain de camping★★

Dans le périmètre couvert par ce guide, il existe **trois « stations vertes »** : Beaumes-de-Venise (Vaucluse); ensemble touristique Le Beausset-Le Castellet (Var); La Roque d'Anthéron (Bouches-du-Rhône).
A noter que, de plus en plus nombreuses, certaines stations vertes proposent, pour les citadins du 3e âge, des séjours hors-saison à des tarifs intéressants et avec une animation appropriée. Tous renseignements à l'*Association Française des Stations Vertes de Vacances,* Préfecture de la Sarthe, 72000 Le Mans (☎ 43 84-96-00).

Hôtels. — Cette partie de la Provence est, dans l'ensemble, bien équipée en hôtels de toutes catégories. Mais l'affluence est grande... Si vous désirez loger à l'hôtel au plus fort de la saison (juil.-août), il est indispensable de réserver vos chambres assez longtemps à l'avance. Par contre, si vous voyagez en dehors de la saison, et particulièrement en novembre, vous éprouverez parfois des difficultés pour trouver hors des villes un établissement encore ouvert; il sera prudent de vous en inquiéter d'assez bonne heure en fin d'après-midi pour être certain de ne pas coucher dans votre voiture...

Sans les mentionner tous, surtout dans les localités où ils sont en grand nombre, nous avons tenu a en donner une sélection assez large plutôt que quelques-uns arbitrairement élus. Chaque *Comité régional du Tourisme* édite annuellement, avec le concours des conseils généraux et du Secrétariat d'État au Tourisme, un **« Guide des hôtels »** détaillé, mentionnant entre autres les prix, et disponible dans la plupart des syndicats d'initiative et des offices de tourisme.

A la description d'un certain nombre d'hôtels, nous avons ajouté le nom de la **chaîne** à laquelle ils appartiennent (lorsque ce nom ne fait pas partie intégrante du nom de l'établissement); vous pourrez ainsi réserver vos chambres à l'avance en vous adressant aux différents services de réservation centrale; à noter que l'on peut aussi, le plus souvent, réserver depuis un hôtel une chambre dans un hôtel de la même chaîne.

Concorde, réservation centrale, 58 bd Gouvion-Saint-Cyr, 75017 Paris (☏ 758-12-25; télex 650.990).

Frantel, réservation centrale, 78 rue Olivier-de-Serres, 75739 Paris Cédex 15 (☏ 828-88-00; télex 200.726).

Inter-hôtel, réservation centrale, Tour Olivier de Serres, 78 rue Olivier-de-Serres, 75015 Paris (☏ 828-54-50; télex 250.967 F), ou B.P. 30 31520 Ramonville-Saint-Agne (☏ 61 81-36-50; télex 530.135 Terotel).

Mapotel, réservation centrale, 3 rue de la Ville-L'Évêque, 75008 Paris (☏ 266-41-74; télex 290.987).

Mercure, réservation centrale, par ☏ 077 93-00.

Novotel, réservation centrale, Autoroute A. 6, C.E. 1405, S 91019 Évry Cédex-France (☏ 077-93-00; télex 600.664).

P.L.M., réservation centrale, hôtel PLM-Saint-Jacques, 17 bd Saint-Jacques, 75014 Paris (☏ 588-73-46; télex 270.740).

Relais et châteaux, renseignements, 17 place Vendôme, 75001 Paris (☏ 261-56-50; télex 220.319 RCH).

Relais du Silence, renseignements, hôtel Les Oiseaux, 38640 Claix (☏ 76 98-07-74; télex 980.718 Oiseaux).

Sofitel, réservation centrale, hôtel Sofitel-Sèvres, 8-12 rue Louis Armand, 75015 Paris (☏ 554-95-00; télex 200.432).

Centres de réservation hôtelière sur autoroutes :
Aire de Lançon-Provence : autoroute du Soleil, près de la sortie Salon-de-Provence (☏ 91 56-12-16; télex 440.519).
Aire de Brignoles : autoroute La Provençale, près de la sortie Brignoles (☏ 94 69-18-45).
Aire du Liouquet : autoroute B. 52, près de la sortie Saint-Cyr-Les Lecques (☏ 91 83-25-15).

Logis de France. — Ce sont des hôtels généralement classés une ou deux étoiles, et reconnaissables à un panonceau fixé sur la façade de l'établissement; ils sont signalés dans les renseignements pratiques du présent guide par la mention « LF ». Sauf exception, ces établissements ne se trouvent pas dans les grandes agglomérations. Les « auberges rurales » plus modestes, ne sont pas classées hôtels de tourisme et ne possèdent pas plus de 10 chambres.

Les hôteliers adhérents sont tenus de se conformer aux obligations définies dans une charte rigoureuse, particulièrement en ce qui concerne l'accueil et les prix qui doivent être établis toutes taxes et services compris.

VOTRE SÉJOUR

La *Fédération Nationale des Logis de France,* 25 rue Jean-Mermoz; 75008 Paris (☏ 359-86-67), édite chaque année un guide des hôtels et auberges rurales agréées.

Locations meublées. — Un arrêté ministériel de 1977 a officialisé les critères de classement définis dans une charte, ce qui rend désormais le choix d'un meublé moins hasardeux;de nombreux meublés sont ainsi classés selon trois catégories : normale, confortable, luxe.

Sans se charger de la location, les syndicats d'initiative et offices de tourisme disposent de listes de meublés, particulièrement nombreux sur le littoral.
Pour vous procurer la charte : *Fédération Nationale des Agents Immobiliers (FNAIM),* 192 rue du Faubourg-Saint-Honoré, 75008 Paris (☏ 742-27-79).

Gîtes ruraux. — Ce sont des meublés de vacances en milieu rural, équipés pour recevoir des familles qui trouvent tout l'équipement nécessaire à leur séjour. Adhérents à une fédération nationale, ils sont classés selon une charte qui les répartit en trois catégories (de un à trois « épis ») en fonction de leur confort. Les prix sont particulièrement intéressants hors saison.

Listes complètes des gîtes, avec détails sur leur équipement, tarifs, noms et adresse des propriétaires en s'adressant à la *Fédération Nationale des Gîtes Ruraux,* 34 rue Godot-de-Mauroy, 75009 Paris (☏ 073-25-43) ou aux relais départementaux :
Alpes de Haute-Provence : *Relais départemental des Gîtes ruraux,* maison de l'Agriculture, Bd Gassendi, 04007 Digne (☏ 92 31-36-35).
Bouches-du-Rhône : *Chambre départementale d'Agriculture,* Av. Henri-Pontier, 13100 Aix-en-Provence (☏ 42 23-05-23).
Var : *Relais départemental des Gîtes ruraux,* Conseil Général, bd Foch, 83000 Draguignan (☏ 94 68-55-43).
Vaucluse : *Relais départemental des Gîtes ruraux,* B.P. 147, 84008 Avignon (☏ 90 86-43-42).

D'une manière générale, vous pouvez, pour tout ce qui concerne l'hébergement, la restauration et les loisirs en **milieu rural,** vous adresser au *C.E.T.A. Loisirs-Tourisme,* mairie, 13640 La Roque d'Anthéron (☏ 42 28-42-94).

Centres familiaux de vacances. — Permettant aux familles dont les ressources sont limitées de prendre des vacances de qualité dans toutes les régions de France, ils comprennent des **maisons familiales de vacances** et des **villages familiaux de vacances** (pension complète), des **gîtes** (chaque famille confectionne ses repas) et des **campings familiaux** (terrains de camping traditionnels faisant bénéficier les familles des mêmes services collectifs que les MVF et les VFV). Certains centres sont ouverts toute l'année; d'autres ouvrent partiellement en dehors des vacances scolaires.

Centres à Barbentane, Beaucaire, Eyragues, Niozelles (Forcalquier), La Seyne-sur-Mer.
Renseignements : *Fédération des Maisons Familiales de Vacances,* 28 place Saint-Georges, 75442 Paris Cedex 09 (☏ 878-84-25).

De son côté, l'association *Villages-Vacances-Familles* dispose en Provence de deux ensembles de gîtes familiaux (appartements meublés sans pension), l'un à Montbrun-les-Bains, l'autre à Murs.

Villages-Vacances-Familles, 15 bd de Vaugirard, 75015 Paris (☏ 538-20-00).

Auberges de Jeunesse. — Accessibles aux filles et garçons âgés de 15 à 30 ans, elles offrent, avec un cadre de vie collective, une intéressante possibilité de voyager à bon marché.

La *Fédération Unie des Auberges de Jeunesse,* 6 rue Mesnil, 75116 Paris (☏ 261-84-03) édite un guide des auberges indiquant les prix (toujours modiques), et l'équipement des auberges.

Camping-caravaning. — La région, principalement la zone littorale, est particulièrement riche en terrains de camping parfaitement aménagés. Mais, comme pour les hôtels, il est pratiquement indispensable que vous reteniez votre place si vous voulez être admis, en été, dans un camp situé sur la côte.

Le *Touring-Club de France,* 65 av. de la Grande-Armée, 75116 Paris (☏ 502-14-00), la *Fédération Française de Camping et de Caravaning,* 78 rue de Rivoli, 75001 Paris (☏ 272-84-08), qui édite un guide annuel et le *Camping Club International de France,* 22, av. Victoria, 75001 Paris (☏ 236-12-40), peuvent vous fournir tous renseignements utiles sur ce sujet. — Les *Éditions Susse,* 3 bis rue de la Baume, 75008 Paris (☏ 359-13-74), éditent chaque année un guide très complet des terrains de camping de France.

Restaurants et gastronomie. — Nous avons évoqué ci-dessus, p. 87, les principales caractéristiques de la cuisine provençale. Les bonnes adresses ne manquent pas d'Avignon à Toulon et il en est même quelques-unes qui comptent parmi les grandes tables de France : pensons au célèbre *Oustau de Baumanière* (aux Baux), à *Hiély* (Avignon), à *Maurice Brun* (Marseille) et quelques autres...

D'une manière générale, nous avons signalé par une étoile tous les établissements, grands ou modestes, dont la cuisine nous paraît devoir mériter votre attention.

Sports et loisirs

Randonnées pédestres. — La Provence est traversée par plusieurs sentiers de Grande Randonnée : **GR 4 (Méditerrané Océan)**, de Moustiers-Sainte-Marie à Manosque, Simiane-Rotonde, Malaucène et Pont-Saint-Esprit; **GR 6 (Alpes-Océan)** de Sisteron à Mérindol, Lamanon, Les Baux et Beaucaire; **GR (Jura-Côte d'Azur)**, de Brantes au Ventoux, au pont Mirabeau, Vauvenargues, à la Sainte-Victoire, à la Sainte-Baume et à Bargentier; **GR 97 (tour du Luberon)**; **GR 98**, de Marseille aux Calanques et à la Sainte-Baume; **GR 99**, de Toulon au Verdon

SPORTS ET LOISIRS

— Les massifs du Ventoux, du Luberon, de la Sainte-Victoire, de la Sainte-Baume et les Calanques sont, par ailleurs, sillonnées de quantité d'autres sentiers, en grande partie balisés.

Pour ce qui touche aux cartes et topo-guides, V. ci-dessus, p. 117.

La Provence à cheval. — Pour satisfaire vos besoins en oxygène et retrouver un rythme de vie différent, les séjours équestres, promenades, randonnées ou raids vous proposent une agréable manière de redécouvrir l'espace rural.

Centres équestres à Aix-en-Provence, Apt, Barbentane, Bédoin, Buoux, Cuges-les-Pins, Entraigues-sur-Sorgue, Eygalières, Gigondas, Joucas, Manosque, Les Milles, Le Pontet, Reillane, Saint-Cannat, Saint-Didier, Saint-Estève-Janson, Saint-Rémy-de-Provence, Saintes-Maries-de-la-Mer, Sault, Viens, Vitrolles (V. les renseignements pratiques, en fin de volume).

Autres centres à Allauch, Avignon, La Bastide-de-Jourdans, Le Beausset, Cavaillon, Châteaurenard, Gréoux-les-Bains, Istres, Jouques, Mallemort, Marseille, Meyrargues, Port-de-Bouc, Riez, Salon-de-Provence.

Renseignements complémentaires : *Association Nationale pour le Tourisme Équestre et l'Équitation de loisirs (ANTE)*, 12 rue du Parc-Royal, 75003 Paris (☎ 277-48-56), et auprès des associations régionales : *ATEP*, Bar « Le Club », place de l'Horloge, 84000 Avignon (☎ 90 81-24-72); *ARTE-Provence*, L'Homme-à-Cheval, Maison du Docteur, 13810 Eygalières (ou 66 rue Marius-Monnier, 84300 Cavaillon); *ARTE-Provence-Côte-d'Azur*, Jardin de Grasse, Bât. Le Thym, 06130 Grasse (ou hôtel Beausoleil, 12 bd Crouet, 06130 Grasse).

Spéléologie. — Truffées de grottes et cavités de toutes sortes, les contrées calcaires des plateaux de Vaucluse et d'Albion, de la Sainte-Baume, etc., sont un vrai paradis pour les amateurs de spéléologie.

On pourra se procurer la liste des clubs régionaux et locaux auprès de la *Fédération Française de Spéléologie*, 130 rue Saint-Maur, 75012 Paris (☎ 357-56-54).

Pêche et chasse. — Si la pêche en mer est libre, la pêche dans les lacs et rivières, tout comme la chasse, est réglementée. Vous devrez vous adresser aux sociétés de pêche ou de chasse locales, aux Syndicats d'initiative ou dans les mairies pour obtenir tous renseignements sur ces points.

Voile, yachting, sports nautiques. — Pour répondre au développement considérable de la navigation de plaisance, les stations du littoral ont, pour la plupart, réalisé de vastes installations portuaires très bien équipées.

La navigation de plaisance est régie par la *Fédération Française de Yachting à Voile (F.F.Y.V.)*, 70 rue Saint-Lazare, 75009 Paris (☎ 526-00-30) où vous pourrez vous procurer la liste des clubs affiliés, ainsi que tous les renseignements utiles.

Le *Touring Club de France* possède une base nautique à **Saint-Mandrier** avec école de voile et de croisière.

Les instructions nautiques et les **cartes** marines éditées par le *Service Hydrographique de la Marine* sont en vente à l'Établissement principal du service hydrographique et océanographique de la Marine (E.P.S.H.O.M.), route du Bergot, 29283 Brest Cedex (☎ 80-12-00 ou 80-36-00), ainsi qu'aux *Éditions Maritimes et d'outre-mer,* 17 rue Jacob, 75006 Paris (☎ 329-06-20), aux *Éditions du Compas,* 71 rue Fondary, 75015 Paris (☎ 575-11-85) et chez un certain nombre de dépositaires dont l'**E.P.S.H.O.M.**, peut, sur demande, vous fournir la liste.

Le **ski nautique** se pratique à peu près sur toutes les plages et des **clubs de plongée** sous-marine existent dans toutes les grandes stations.
Renseignez-vous sur place auprès des Syndicats d'initiative.

Stages d'artisanat. — Redécouvrir un matériau noble, le bois, la terre, le métal, la laine... et vivre, durant une semaine ou un mois, une vie libre et créative : deux excellentes façons de s'écarter de la banalité du quotidien et d'oublier un temps les produits standardisés. On trouve des stages en tous genres et en tous lieux, depuis ceux qui s'apparentent à un apprentissage intensif jusqu'à ceux qui proposent, sur un mode plus détendu, une simple initiation à certaines activités, agrémentées de rencontres diverses visant à situer ces activités dans le contexte plus général de la découverte d'un village ou d'une région.

Stages à Aix-en-Provence, Arles, Apt, Banon, aux Baux, à Limans, Manosque, Ménerbes, Murs, Saint-Julien, La Tour d'Aigues, Vauvenargues, Venasque, Vitrolles, etc. Vous trouverez quelques adresses dans les renseignements pratiques, en fin de volume.
D'une manière plus générale, vous pouvez obtenir des **adresses** d'artisans prenant des stagiaires auprès du ***Centre National des Métiers d'Art, musée des Arts décoratifs,*** 107 rue de Rivoli, 75901 Paris (☎ 260-56-58), à la ***Maison des Métiers d'Art,*** 28 rue du Bac, 75007 Paris (☎ 261-58-54) ou des offices de tourisme. Consultez aussi : *Les stages d'artisanat en France et à l'étranger,* par Martine Grapas et Janine Pradeau (Paris, Seghers, 1977).

Chantiers de jeunes, fouilles archéologiques. — Pour sauver des « chefs-d'œuvre en péril » aussi bien que pour améliorer des équipements ruraux, pour fouiller un oppidum comme pour tracer, élaguer, baliser un sentier de randonnées, pour enfin se retrouver entre jeunes dans une action concrète au service de l'intérêt collectif.

Nombreuses associations, parmi lesquelles on peut citer *Alpes de Lumière,* Saint-Michel l'Observatoire, 04300 Forcalquier; *Union Rempart,* 1 rue des Guillemites, 75004 Paris; *Concordia,* 27 rue du Pont Neuf, 75001 Paris; *Jeunesse et Reconstruction,* 10 rue de Trévise, 75009 Paris; *Club du Vieux-Manoir,* 10 rue de la Cossonnerie, 75001 Paris. La plupart de ces associations sont réunies au sein de *Cotravaux,* 11 rue de Clichy, 75009 Paris (☎ 874-79-20), fédération placée sous la tutelle du secrétariat d'État à la Jeunesse et aux Sports et auprès de laquelle on pourra se procurer d'autres adresses.
Pour ce qui touche plus précisément aux **fouilles archéologiques**, on pourra également consulter la revue *Archéologia* qui, dans ses numéros de printemps, propose, sous le titre « Où ferez-vous des fouilles cet été? » plusieurs listes d'adresses de chantiers. On pourra enfin s'adresser à la ***Direction des antiquités préhistoriques,*** Fort Saint-Jean, 13002 Marseille (☎ 91 47-00-49), à la ***Direction des recherches archéologiques***

SPORTS ET LOISIRS

sous-marines (même adresse) ou à la *Direction des Antiquités historiques,* 21-23 bd du Roi-René, 13100 Aix-en-Provence (☏ 42 27-98-40).

Travaux à la ferme. — Vendanges et cueillette de fruits : deux bonnes façons de passer des vacances différentes, calmes, dépaysantes. Elles permettent de découvrir d'autres réalités et se faire des amis.

Renseignements auprès du *Centre d'Information et de Documentation Jeunesse,* 101 quai Branly, 75740 Paris Cedex 15 (☏ 566-40-20) et du *Centre de Documentation et d'Information rurale,* 92 rue du Dessous-des-Berges, 75013 Paris (☏ 583-04-92), ainsi qu'aux différents syndicats d'exploitants agricoles :
Syndicat des vignerons d'Aix et des Alpilles, BP 38, 13100 Aix-en-Provence.
Syndicat des vignerons du Var, 1 place Beauséjour, 83000 Toulon.
Syndicat des producteurs de VCO de Vaucluse, 92 rue Joseph-Vernet, 84000 Avignon.

Spectacles et manifestations diverses. — Pour compléter les renseignements donnés par le bulletin « Provence, terre des festivals », évoqué plus haut (V. au début du chapitre, la rubrique « Quand? »), vous obtiendrez sur place des informations détaillées quant aux festivals, fêtes votives, manifestations de tous ordres, programmes des théâtres et des cinémas, etc., dans la presse locale, quotidienne, mensuelle ou hebdomadaire, ainsi que dans quelques publications spécialisées : celles-ci sont soit vendues en kiosque (*Poche-Soir,* hebdo., Bouches-du-Rhône et Vaucluse; — *Sortir,* hebdo., Marseille; — *Var-Spectacles,* hebdo., Var), soit distribuées dans les offices de tourisme *(Le mois à Marseille, Le mois à Aix).*

Pour en savoir davantage...

Adressez-vous aux **offices de tourisme** et **syndicats d'initiative** des différentes localités (adresses dans les renseignements pratiques, en fin de volume) ou aux associations, chambres et offices régionaux ou départementaux du tourisme :
Association régionale du tourisme et des loisirs, 314, av. du Prado, 13008 Marseille (☏ 91 76-55-35).
Comité régional du tourisme, 372 rue Paradis, 13008 Marseille (☏ 91 53-46-16; télex 420-128 Deltour).
Fédération régionale des syndicats d'initiative, BP 147, La Balance, 84008 Avignon (☏ 90 82-65-11).
et :
Alpes de Haute-Provence : *Chambre départementale de tourisme,* 16 allées des Fontainiers, 04000 Digne (☏ 92 31-26-12; télex 430-605 Esidign).
Bouches-du-Rhône : *Association départementale de tourisme,* 4 La Canebière, 13001 Marseille (☏ 91 33-46-21; télex 430-681).
Var : *Promo-Var,* bd Maréchal-Foch, 83000 Draguignan (☏ 94 68-55-43); *Union départementale des SI et OT,* Palais de la Bourse, bd du Général-Leclerc, 83100 Toulon (☏ 94 92-37-64; télex 430-065).
Vaucluse : *Chambre départementale du tourisme,* BP 147, La Balance, 84000 Avignon (☏ 90 86-43-42; télex 431-018).

Guide itinéraire

Villes, sites et monuments

1 - Orange

En provençal, *Aurenjo,* 26 468 hab., les *Orangeois* ou *Orangeais* (se référant à son nom antique, on dit parfois les *Arausiens*).

Dans la litanie un peu monotone des sorties de l'autoroute des vacances, le nom d'Orange est le premier qui, vraiment, parle du Midi. Peut-être parce que là, enfin, se matérialise le choix : à droite s'élance la « Languedocienne », à gauche celle qui deviendra bientôt la « Provençale ». Une porte donc; symbole superbement concrétisé par l'arc romain qui accueille à l'orée de la ville les fidèles de la nationale 7, la bimillénaire *via Agrippa.*

Ceinture verte des boulevards ombragés de platanes sur le tracé des remparts médiévaux, platanes encore sur les placettes et le cours Aristide-Briand où le marché du jeudi vous offre le miel du Ventoux et la truffe de Vaison, l'olive de Nyons et la lavande du Tricastin, la farigoule et le romarin, et tous les fruits du Comtat : toute la Provence est déjà là. Tandis que, inondés de soleil, les vieux murs du théâtre antique où retentit chaque année la musique des Chorégies proposent un des plus spectaculaires témoignages de l'aventure romaine.

La ville dans l'histoire

Les origines. — *Dominant la plaine où, en 218 av. J.-C., Annibal avait franchi le Rhône et où, en 105, deux armées romaines avaient été écrasées par les tribus Cimbres en marche vers l'Espagne, Arausio, la vieille capitale de la peuplade celto-ligure des Cavares, voit s'installer, au début du règne d'Auguste, les vétérans de la 2e Légion gallique. Sous le nom de Colonia Julia Firma Secondanorum Arausio, elle connaîtra une existence prospère (si l'on en juge par l'importance de ses vestiges) et tranquille jusqu'à ce que, en 412, les Wisigoths la ravagent.*
Siège d'un évêché dès le IVe s., la ville fut le lieu de deux conciles régionaux en 441 et surtout 529 (où fut défendue la doctrine augustinienne de la grâce salvatrice).

Comtes et princes. — *Les armes de la ville (trois oranges et un cornet) constituent un double calembour : les fruits évoquent le nom, mais celui-ci n'est qu'une déformation du nom latin, et le cornet évoque le légendaire Guillaume au Court (ou Courb) Nez, héros d'une chanson de geste qui en fait l'un des neveux de Charlemagne et le fondateur, au IXe s., du Comté d'Orange. Devenue Principauté en 1178, Orange restera fief mouvant (en fait, très indépendant) du Comté de Provence* lorsque, en 1274, le Comtat Venaissin sera cédé à la papauté. Dotée par ses princes de « Privilèges et Libertés » dès 1247, puis d'une université (qui n'aura pas grande réputation de sérieux) en 1365, la ville obtiendra même, en 1470, la création d'un parlement qui subsistera jusqu'en 1703.

Possession hollandaise. — Échue par héritage en 1530 à la famille de Nassau, ce que Henri II ne reconnaît qu'en 1559 au traité de Cateau-Cambrésis, Orange sera d'autant plus éprouvée par les guerres de religion que la Réforme y est fortement installée et que ses princes protecteurs sont loin. Prise et reprise, pillée, partiellement rasée par les troupes de Louis XIV, Orange continuera malgré tout à être un lieu de transit pour les fugitifs vers Genève et un centre de culte pour les protestants cévenols et languedociens; il leur était pourtant interdit, d'abord sous peine de mort, plus tard sous menace des galères seulement (!), d'y aller faire « aucun exercice de la R.P.R. » (= religion prétendue réformée). Avec le traité d'Utrecht (1713), la souveraineté française est officiellement rétablie, au bénéfice du prince de Conti, le titre de Princes d'Orange étant seul laissé à la maison de Nassau : les souverains hollandais le portent encore. Le rattachement véritable à la couronne de France sera proclamé en 1731.

Célébrités. — Raimbaud d'Orange (XIIe s.), troubadour. La famille De Gasparin, orangeoise depuis le XVIIIe s., compte plusieurs membres illustres, dont surtout Adrien (1783-1862), l'un des premiers à appliquer les connaissances physiques et chimiques à l'agronomie.

Ce qu'il faut savoir

Orange romaine. — Notablement moins peuplée qu'aujourd'hui (sans doute guère plus de 1 000 hab. *intra-muros*), la ville était entourée de **remparts** dont on n'a retrouvé que de faibles traces, dessinant un hexagone à peu près régulier; englobant au S. la colline et s'arrêtant, au N., à une centaine de mètres en-deçà de l'arc de triomphe, cette enceinte passait, à l'E., au niveau de l'actuel Pont-Neuf et, à l'O., à 150 m env. du cours Aristide-Briand. Les **rues** s'y ordonnaient **en quadrillage,** de part et d'autre du *cardo maximus* (N.-S.), qu'on reconnaît auj. dans la rue Victor-Hugo (plan B 1-2), et du *decumanus maximus* (E.-O.), auj. rue du Pont-Neuf. Au S. de l'intersection de ces deux voies s'étendait une longue place se terminant en hémicycle à côté du théâtre, le **forum.** Dominant l'hémicycle, un temple s'élevait à mi-pente, dominé à son tour, au sommet, par le **capitole.** A l'O. de la ville, dans l'angle formé auj. par l'av. du Gén. de Gaulle et la bretelle d'accès à l'autoroute, quelques rares vestiges de l'**amphithéâtre** étaient encore visibles au début du XIXe s. L'emplacement des **thermes** reste conjectural.

Orange aujourd'hui. — Jadis célèbre pour sa paille à balais, Orange n'est encore que faiblement industrialisée : 1/3 des emplois et seulement 13 établissements de plus de 50 salariés. Elle tient néanmoins une petite place dans l'**industrie agro-alimentaire** (800 personnes, mais 15 % d'emplois saisonniers) avec, notamment, une fabrique de plats cuisinés et des conserveries (groupes *Buitoni,* 600 pers., *Panzani-Gervais-Danone,* 112 pers., *Scampi*), dans la chimie (usine Isover-Saint-Gobain; 670 pers.), le textile, la menuiserie métallique, les produits d'étanchéité et le cuir. Gros centre du **commerce des fruits et primeurs,** la ville est surtout caractérisée par l'importance du secteur tertiaire au sein duquel l'administration et l'armée (Base aérienne d'Orange-Caritat, 1er REC de la Légion Étrangère) occupent une place particulière : 19 % des emplois.

THÉÂTRE ANTIQUE

Les Chorégies. — Créées en 1869 pour profiter de l'incomparable cadre offert par le théâtre antique et devenues annuelles dès 1902, elles ont acquis dès l'origine une solide réputation, notamment grâce à la participation d'interprètes tels que *Mounet-Sully* et son frère *Paul Mounet*, *Sarah Bernhardt*, *Chaliapine*, *Caruso*, *Georges Thill*, etc. S'attachant, depuis 1971, à présenter des œuvres majeures du répertoire avec les distributions les plus brillantes, elles ont fait d'Orange l'une des grandes scènes lyriques internationales. Directeurs artistiques : MM. *Jacques Bourgeois* et *Jean Darnel*.

Visite de la ville

Une heure peut suffire, si vous êtes pressé, pour aller voir l'arc de triomphe et passer un moment au théâtre antique. Mais comptez plutôt une demi-journée pour avoir de la ville une vision moins superficielle, en complétant cette visite par celle du musée, une promenade sur la colline Saint-Eutrope et en flânant un peu dans les rues animées du centre.

Le ****théâtre antique** (plan B 3), construit, semble-t-il, dès les premiers temps de la colonie, est un des plus grands qui soient et surtout le mieux conservé. Restauré après avoir servi de forteresse et de carrière puis avoir abrité dans son hémicycle tout un quartier d'habitations, il présente notamment une ***façade** imposante de 37 m de haut sur 103 m de long que Louis XIV qualifiait de « plus beau mur de mon royaume ».

Visite : payante, t.l.j., de 8 h à 18 h 45 de Pâques au 30 sept.; de 9 h à 12 h et de 14 h à 17 h le reste de l'année.

Au bas de la **façade**, dix-sept arcades (deux autres, fermées, n'ont qu'une fonction décorative) donnaient sur les pièces intérieures, coulisses et escaliers. Un portique, large de 8 m, les précédait, couvert d'un toit en charpente (on voit encore les trous de logement des poutres) qui s'adossait, presque à mi-hauteur, au pied des grandes arcades aveugles. Plus haut subsiste la double rangée de corbeaux destinés à recevoir les mâts d'où l'on tendait les cordages soutenant le *velum*.

L'**hémicycle** *(cavea)*, desservi par plusieurs escaliers intérieurs ou extérieurs, comprend trois grandes zones (supérieure, médiane, inférieure) où 10 000 spectateurs peut-être [1] pouvaient prendre place en fonction de leur qualité : la plèbe en haut, les magistrats et chevaliers en bas, ainsi que l'indique encore une inscription sur les degrés du 1er rang : EQ G III *(Equites gradus tres)*. Au pied de ces gradins, trois autres, larges de 1 m, constituaient le *balteus* où étaient placés les sièges des personnages de marque. D'autres sièges, dans l'*orchestra* elle-même, étaient réservés aux sénateurs.

Un **portique** couronnait l'hémicycle, précédant le mur extérieur auquel étaient fixés les cordages soutenant le velum.

La **scène** *(proscænium)*, large de 61 m et profonde de 13, s'appuyait, devant l'orchestre qu'elle dominait de 1,10 m env., sur un mur bas *(pulpitum)* qui ne semble pas, comme à Arles, avoir été décoré; en arrière du pulpitum, une tranchée servait à loger le rideau qui, à l'inverse des théâtres modernes, se *levait* pendant les entractes.

---

1. Sur le nombre de places des théâtres et amphithéâtres romains, V. p. 375.

Le ***mur de scène** *(frons scænæ)*, au fond, le seul au monde qui subsiste dans son entier, était décoré de trois colonnades superposées, de niches abritant des statues, et de frises décoratives en marbre dont quelques éléments ont pu être restaurés : ainsi la **statue colossale d'Auguste**, haute de 3,55 m et retrouvée brisée, qui a été replacée dans la niche centrale. Trois grandes portes s'y ouvrent, par où entraient et sortaient les acteurs : **au centre, la porte royale,** figurant une entrée de palais et, de part et d'autre, les **portes** censées venir **de la ville** (à dr.) et **de l'étranger** (à g.).

De chaque côté de la scène, deux hautes constructions *(parascænia)* abritaient sans doute décors et accessoires; d'autres pièces de service, coulisses et loges d'acteurs, étaient aménagées dans le *postscænium*, entre le mur de scène et le mur extérieur; sous le plancher de la scène, doté de trappes, une machinerie assez savante permettait divers aménagements du décor.

S'appuyant au fond sur le mur de scène et, sur les côtés, aux parascænia, un **toit** protégeait la scène; s'évasant vers la cavea, il améliorait encore la **qualité d'une acoustique** dont vous pourrez, malgré sa disparition, vous rendre compte.

FORUM, TEMPLES, MUSÉE

∴ Le **forum et les temples.** Accolé à l'O. au théâtre et séparé de lui par une rue de 7 m de large, s'ouvre un **second hémicycle,** également creusé dans la colline et légèrement plus petit.

Face à cet hémicycle, des sondages ont révélé une vaste place allongée se poursuivant jusqu'au niveau de l'actuelle rue Saint-Martin. Après l'avoir considéré comme un cirque, puis comme un stade (gymnase de type grec), on y reconnaît auj. plus volontiers le **forum,** jadis bordé de portiques dont une arcade enjambe encore la rue du Pontillac (plan AB 2) avant de se perdre dans les constructions voisines.

Le milieu de l'hémicycle, où diverses substructions ont fait penser à un théâtre (dont la construction aurait pu être abandonnée, dès les soubassements, au profit de l'autre), est occupé par les **restes du podium d'un temple** construit probablement à l'époque d'Hadrien (début du IIe s.). Périptère, avec 8 colonnes en façade, il devait être l'un des plus grands de la Gaule : 35 m sur 24 (contre 26 m sur 15,5 à la Maison Carrée de Nîmes), sa hauteur atteignant, au fronton, 25 m env. (podium compris).

De chaque côté de l'hémicycle, deux **escaliers** gravissaient la colline et se rejoignaient au pied d'un **second temple,** exactement dans l'axe du précédent, dont quelques vestiges ont été reconnus avant de disparaître lors de la construction du château d'eau.

Plus haut encore subsistent les **soubassements,** épaulés de lourds contreforts, **d'une plate-forme** de 60 m sur 30 qui pourrait bien avoir porté **un triple sanctuaire** consacré à la Triade Capitoline.

◼ Le **musée municipal** (plan B 2), précédé d'un jardinet, propose un utile et agréable complément à la visite des monuments; il comporte trois sections : un musée lapidaire, le musée du Vieil Orange et une section de peinture.

Visite : t.l.j., de 9 h à 12 h et de 14 h à 19 h (de Pâques au 1er sept.), 18 h (en sept.) ou 17 h (le reste de l'année).

Le **musée lapidaire** (jardin et salles du rez-de-chaussée) regroupe quantité de morceaux d'architecture, éléments de décoration, chapiteaux, fragments de statues ou de bas-reliefs provenant du théâtre et d'autres monuments disparus (entre autres des **restes de frises** représentant des centaures ou des faunes et des ménades dansant), ainsi que des monnaies et poteries romaines et quelques objets de la préhistoire.

Dans la cour, deux sarcophages encadrent un blason en pierre provenant de l'ancien château construit sur la colline Saint-Eutrope par Guillaume II de Nassau (1650-1702), prince d'Orange, roi d'Angleterre et d'Écosse (1689-1701). Au mur du préau, inscription dédicatoire du Ier s., épitaphes du XIIe s. et pierre tumulaire d'un gouverneur de la principauté (XVIIe s.).

Une salle est consacrée aux **cadastres romains** d'Orange. Ces cadastres (les morceaux retrouvés appartiennent au moins à cinq cadastres différents) devaient être **exposés sur le mur de quelque édifice public** dont l'architrave portait une inscription dédicatoire qui a été partiellement retrouvée et donne sa date (77) et le nom de l'empereur Vespasien.

Ces grands tableaux de marbre, malheureusement très fragmentaires et dont les morceaux ont été découverts en majeure partie dans un amoncellement destiné, semble-t-il, à un four à chaux, **reproduisaient la configuration du terrain** avec ses cours d'eau et son partage en « centuries », parcelles carrées de 200 arpents (710 m) de côté (= 50 ha), qui pouvaient elles-mêmes être réparties entre plusieurs propriétaires. Ils **montrent l'étendue considérable du territoire rural attribué à la colonie** d'Orange, qui atteignait le S. de Montélimar, couvrant une superficie d'env. 35 km du N. au S. sur 24 km d'E. en O. Les fragments relevant du cadastre urbain, moins nombreux que ceux du territoire rural, mentionnent quelques monuments auj. disparus, mais ne permettent pas de les situer. Diverses inscriptions complétaient ces documents, mentionnant le montant de l'impôt assujetti aux parcelles, les terres incultes, les terrains publics abusivement occupés (et le chiffre des indemnités dues par l'usurpateur), etc., et **montrent la minutie de la comptabilité foncière des cités gallo-romaines.**

La salle des cadastres abrite une intéressante, quoique partiellement hypothétique, maquette de la ville antique.

Le **musée du Vieil Orange** comprend trois salles. La **salle De Gasparin** reconstitue, grâce à des meubles, portraits et souvenirs divers offerts par cette famille, un intérieur noble du XVIIIe s.

Une **seconde salle** est consacrée à l'**histoire locale** : portraits de princes et princesses de la maison d'Orange-Nassau, gravures, poids et mesures, armes; seringues à incendies en laiton (1624), ancêtres de l'extincteur; masse en argent (1583) de l'Université; sceptre d'un des derniers « rois du papegeai » (V. ci-après, arc de triomphe).

La **troisième salle** évoque la **fabrique d'« indiennes »** fondée à Orange au XVIIIe s. par les frères *Wetter* : des toiles peintes, provenant de leur salon (1764), représentent les différentes opérations de l'impression sur étoffes.

Les étages supérieurs abritent des **expositions temporaires** et la **section de peinture** qui possède surtout des œuvres de l'anglais *Frank Brangwyn* (1867-1943; aquarelles, dessins, gravures, etc.) et d'*Albert de Belleroche* († 1944), élève de Carolus Duran : toiles, fusains, lithographies, etc.

A l'E. de la place des Frères-Mounet (groupe en marbre : l'Art antique et le Génie moderne, par *Injalbert*), l'**église Saint-Florent** (plan C 2) ancienne église des Cordeliers (XIVe-XVe s.) abrite une jolie Vierge en albâtre attribuée à l'atelier de *Girardon* (XVIIIe s.).

De là, par la place des Cordeliers (fontaine du XVIIe s.), les rues Fusterie et Caristie (du nom de l'architecte qui restaura les monuments romains à partir de 1835) et par la place de la République, vous pourrez gagner la place Georges-Clemenceau (plan B 2) où l'**hôtel de ville** (XIXe s.) a conservé l'ancien beffroi de 1671 couronné d'un campanile en fer forgé du XVe s.

L'**église Notre-Dame** (plan B 1), ancienne cathédrale, est un vaste édifice de style roman provençal élevé au XIIe s. mais très largement reconstruit et remanié en 1597.

Les croisillons et l'abside (dont le mur externe, sur la place du Cloître, conserve quelques plaques tumulaires du Moyen Âge) en sont auj. murés et les bas-côtés ont été transformés en chapelles voûtées : dans celle de Saint-Joseph, un tableau attribué à *Mignard* représente la mort du saint; dans le chœur, grand Christ de 1608. L'entrée principale, du côté S., a gardé une partie de son décor roman.

L'****arc de triomphe** (hors plan B 1), à 500 m de la cathédrale, est en fait une sorte de trophée élevé, en avant de l'enceinte, pour célébrer la fondation de la ville et les anciennes victoires des vétérans de la 2e Légion sur les Gaulois.

Construit vers 20 av. J.-C., il fut, ainsi que l'atteste l'inscription de l'architrave (reconstituée d'après les traces des crampons qui fixaient

ARC DE TRIOMPHE

les lettres de bronze), dédié quarante-cinq ans plus tard à la gloire de Tibère, empereur régnant. Le surélevant par un mur crénelé et l'entourant de remblais et glacis, Raymond des Baux le transforma, au XIIIe s., en une petite forteresse : plusieurs des actes des princes d'Orange sont ainsi datés du « Château de l'Arc ». Partiellement réparé au XVIIIe s., l'arc a été restauré au XIXe s. et profondément remis en état il y a une vingtaine d'années.

Le roi de l'Oiseau. — *Du milieu du XIVe s. à la Révolution, l'arc fut confié, contre redevance, à une compagnie d'arbalétriers qui en avaient la jouissance complète et s'y entraînaient à tirer sur un* papegeai *(= perroquet) de bois. Chaque année, en mai, la « fête de l'oiseau » réunissait les membres de l'association en un concours dont le vainqueur devenait, pour un an, le « roi de l'Oiseau » : ce qui lui permettait de présider aux entraînements, de mener la compagnie aux processions religieuses et de jouir de quelques autres petits privilèges.*
Une autre compagnie, d'arquebusiers celle-là, s'exerçait de même manière au tir à l'oiseau sur la façade du théâtre antique; elle subsista jusqu'en 1825.

Haut de 19 m, large de près de 20, profond de 8,5, l'arc reste, malgré ses dégradations, l'**un des plus remarquables de la Gaule romaine**. Sa conception rappelle les arcs de Septime-Sévère et de Constantin, très postérieurs, avec une grande baie en plein cintre flanquée de baies plus petites, toutes trois couvertes de voûtes à caissons hexagonaux très ornementés.

Les **sculptures des faces principales** représentent des trophées d'armes, de vaisseaux et d'accessoires de marine, **symbole de la puissance augustéenne** depuis la victoire navale d'Actium. Deux scènes assez semblables de bataille (cavaliers et fantassins romains contre des barbares), d'une très belle exécution, ornent le second attique, au-dessus du fronton central; remarquez aussi, sur la face S., la frise de combattants bien conservée au-dessus de l'arcade de dr.

La **face E.**, divisée en trois panneaux par des colonnes corinthiennes engagées, conserve six **grandes figures de Gaulois captifs** surmontées de trophées : tuniques, casques, armes, enseignes et boucliers dont certains portent, comme ceux des faces principales, des noms qui pourraient être ceux des chefs barbares vaincus.

La **colline Saint-Eutrope** (97 m d'alt.), où vous pourrez monter en voiture par la montée des Princes d'Orange (plan A 3), est aménagée en un fort agréable **parc public**.

Plus qu'aux vestiges du soubassement du Capitole (V. ci-dessus) ou à ceux du château des princes d'Orange, plus qu'aux statues (dont celle de Raimbaud II, comte d'Orange, héros de la Première Croisade) et autres souvenirs (un chêne planté en 1952 par la reine Juliana) qui ornent le parc, vous pourrez vous intéresser au très beau *panorama qu'offre la colline, depuis le Ventoux et les Dentelles de Montmirail, à l'E., jusqu'à la Dent de Marcoule qui, à l'O., domine l'usine atomique.

Environs d'Orange

A l'orée de la Provence, Orange est un bon centre d'excursions vers les basses collines qui limitent au N. le Comtat, vers Valréas, cette enclave du Vaucluse en territoire dauphinois, vers le Tricastin, vers la rive dr. du Rhône aussi et ses garrigues calcaires tourmentées de gorges et de

A 11 km N. d'Orange, **Mornas** (1 192 hab.), blotti au pied d'une énorme falaise, marque véritablement, pour tous ceux qui viennent du N., l'entrée en terre provençale : une dernière fois la vallée se resserre dans un étroit verrou avant de s'ouvrir sur la plaine comtadine.
Le village est agréable, avec ses portes fortifiées et ses vieux platanes. Passant sous la voie ferrée et remontant un ravin, une ruelle vous permettra d'aller voir, dominant le cimetière, l'ancienne **église Notre-Dame du Val-Romigier**, du XIIe s.
De là, par un sentier pierreux, vous pourrez ensuite monter aux ***ruines du château**. Construit au XIIe s. par le comte de Toulouse, renforcé et agrandi aux siècles suivants par divers seigneurs vassaux de la papauté, il couvre une aire considérable : une forte muraille le précède à quelques centaines de mètres (remarquez le mode de construction en pierres plates posées de champ, typiquement provençal), transformant le plateau désert où l'herbe se couche sous le mistral en un immense enclos fortifié dont le château lui-même, à l'extrémité du promontoire, n'occupe qu'une faible partie. Place forte catholique, il fut, au temps des guerres de religion, pris par la troupe d'un des lieutenants du sinistre baron des Adrets : défenseurs et réfugiés furent à cette occasion précipités dans le vide depuis le mur couronnant la falaise; quelques jours plus tard, la vengeance catholique appliquera aux calvinistes la loi du talion avec la même sauvagerie.

La basse vallée de l'Aygues : V. ci-après, it. 3 C, d'Orange à Vaison-la-Romaine.

D'Orange à Avignon par la N 7 (28 km). — 9 km : à g., **Courthézon,** gros bourg de 4 382 hab., conserve une partie de son enceinte du XVIe s. Le troubadour *Raimbaud d'Orange* y avait, au XIIe s. un château où se tenaient des « cours d'amour ». On y a découvert en 1971 un habitat néolithique (4700 av. J.-C.), l'un des premiers à être trouvés hors d'une grotte.
13,5 km : Saint-Louis, hameau de **Bédarrides** (3 818 hab.); fabriques d'abrasifs, d'engrais, de jus de fruit *(Pampryl)* et de pâtes alimentaires.
18 km : Sorgues, où l'on entre pratiquement dans l'agglomération avignonaise, est une ville industrielle (papeteries, explosifs) de 15 057 hab. *Picasso* y séjourna en 1912, bientôt rejoint par *Braque* qui y fit plusieurs autres séjours en 1916-1917 et dans l'ancien atelier duquel on a retrouvé, en 1963, plusieurs de ses toiles.
23 km : Prenez à dr. la D 225, plus agréable, laissant la N 7 traverser les faubourgs industriels du **Pontet** (10 532 hab.; papiers, emballages, produits alimentaires, engrais, produits réfractaires).
28 km : Avignon, V. chap. 2.

D'Orange à Avignon par Châteauneuf-du-Pape (33,5 km; itinéraire plus intéressant). — Quittez Orange par la D 17 (plan A 2).
6 km : Caderousse (2 034 hab.), au bord du Rhône, est une curieuse bourgade entièrement ceinte d'une digue la protégeant jadis contre les caprices du fleuve. En période d'inondation, on fermait les deux portails, colmatant les brèches avec du fumier. Et les « campagnards », ceux qui résident dans les habitations dispersées, se rendaient au village en barque pour s'approvisionner. Dans ce paisible isolement, elle conserve une **église romane** remaniée par l'adjonction, au XVIe s., d'une ***chapelle** de style flamboyant.
La D 17, passant sous l'autoroute, rejoint (**9,5 km**) la route de Roquemaure qu'elle quitte 1 km plus loin pour se rapprocher du Rhône, au pied

CHÂTEAUNEUF-DU-PAPE

de collines couvertes de vignobles. Vue à dr. sur les ruines du **château de l'Hers** auxquelles répondent, sur l'autre rive, celles du **château de Roquemaure.**

16,5 km : **Châteauneuf-du-Pape** (2 113 hab.), un gros bourg fleuri de panneaux invitant à la visite de caves et à la dégustation du **« Pontife des Côtes du Rhône ».**

« Drapé d'une pourpre qui se moire d'or avec les années, d'une puissance inégalable, il exhale un bouquet où se mêlent subtilement la truffe et les épices... ». Accompagnant merveilleusement fromages aussi bien que venaisons, ce grand nom des Côtes du Rhône est dû aux papes, qui créèrent le vignoble. Cultivés à Châteauneuf même et sur une partie des communes voisines de Courthézon, Bédarrides, Orange et Sorgues, treize cépages donnent ensemble naissance à env. 80 000 hl par an (90 000 en 1970) d'un vin qui atteint sa pleine maturité entre deux et cinq ans ; le blanc, assez rare, révèle mieux son arôme lorsqu'il est jeune.

Les papes d'Avignon couronnèrent au XIVe s. la colline d'un **château,** leur résidence de campagne, incendiée au XVIe s. par le baron des Adrets ; de l'énorme donjon, que les Allemands firent sauter en 1944, subsistent les hautes faces O. et S.

Châteauneuf est la patrie d'*Anselme Mathieu* (1829-1895), l'un des fondateurs du Félibrige.

22,5 km : On rejoint la N 7, peu avant Sorgues (ci-dessus).
33,5 km : **Avignon.** V. chap. 2.

2 - Avignon et Villeneuve

En provençal, *Avignoun*. 93 024 hab., les *Avignonais* (ou *Avignonnais*). Préfecture du département de Vaucluse. Archevêché.

Un formidable palais-forteresse. Et, pendant une centaine d'années, il y a bien longtemps, la présence des papes. A chaque conclave, depuis, on se demande ainsi si le nouveau pontife va enfin être français et l'on scrute Rome en rêvant d'Avignon. Un objet de fierté, donc. Mais si, au lieu de quêter à six siècles en arrière une satisfaction au peu vaine, nous profitions de cette résonance qu'éveille en nous son nom pour chercher à mieux connaître l'Avignon d'aujourd'hui?
Avenio ventosa, cum vento fastidiosa, sine vento venenosa (Avignon venteuse, avec le vent fatigante, sans le vent puante) prétendait méchamment jadis un dicton — colporté sans doute par les partisans du retour des papes à Rome. *Quau se lèvo d'Avignoun, se lèvo de la resoun* (Qui s'éloigne d'Avignon perd la raison) lui répond un proverbe provençal, accompagné du chant des félibres ou des mille manifestations d'amour que lui témoignèrent des écrivains venus d'ailleurs. Avignon, c'est vrai, ne laisse pas indifférent. Peut-être parce que ce passé dont nous nous souvenons si complaisamment lui a laissé quelques témoignages de valeur? Ce palais, d'abord; celui des archevêques et des légats aussi; ceux des cardinaux encore — ces « livrées » qu'ils se faisaient construire en double exemplaire, une en Avignon, l'autre à Villeneuve; des églises, des couvents, des hôtels particuliers; à ceux-ci et à ceux-là travaillèrent — construisant, décorant, embellissant — quelques-uns des plus grands artistes de leur temps. Un pont fameux enfin, où l'on dansait tout en rond. Nouvelle farandole, la foule vient en masse depuis trente ans animer cours de palais et cloîtres, placettes et calades, emplis des échos d'un célèbre festival : Avignon est un bien beau décor. Tandis que s'éteignent les derniers projecteurs, des hommes entassent à Fontcouverte les fruits de la terre comtadine sur les trains en partance pour Rungis...

La ville dans l'histoire

Les origines. — *Les premiers siècles d'Aouenion (dont les Romains feront Avenio), d'abord petite cité cavare où les Massaliotes avaient un*

AVIGNON

comptoir, sont assez obscurs. Des fouilles récentes ont révélé la présence, sur le rocher des Doms et à l'emplacement de l'actuel quartier de la Balance, d'un habitat remontant au Néolithique; l'occupation du site fut continue jusqu'aux Ages du Bronze et du Fer et à l'installation, vers le VIe s. av. J.-C., du comptoir massaliote.

Déjà organisée au temps de César, devenue sous Auguste une des 80 cités de la Gaule, elle fut élevée au rang de colonie latine, sous Claude, puis romaine, sous Hadrien, mais ne conserve, en dépit de sa relative importance, que de rares vestiges des monuments de cette époque : quelques « arceaux » encore visibles dans la rue Saint-Étienne et des traces du forum (rue Racine) qui occupait à peu près l'emplacement de la place de l'Horloge. Mais l'Histoire garde le souvenir des invasions qui, au IIIe s., précipitèrent son déclin et surtout du massacre des habitants par Charles Martel, en 737, et du sac d'une ville qui, en quête d'indépendance, s'était livrée aux Musulmans.

La Commune d'Avignon. — Une certaine indépendance naîtra du partage (1125) du comté-marquisat de Provence qui la fait propriété indivise des comtes de Toulouse et des comtes catalans. Avignon s'affranchit davantage dix ans plus tard, lorsque le comte de Forcalquier cède ses droits aux consuls et à l'évêque.

S'octroyant ensuite une charte communale, elle devient alors une florissante petite république municipale battant monnaie et rappelant celles d'Italie. Malheureusement pour elle, elle prend en 1226 le parti des Albigeois contre Louis VIII : après trois mois de siège, elle sera contrainte de raser ses remparts, détruire trois cents maisons fortes et payer une indemnité considérable; elle perdra la plus grande partie d'une indépendance que sa faiblesse interne lui fera abandonner en 1251, acceptant la suzeraineté de Charles d'Anjou, comte de Provence.

L'installation des papes. — Ayant néanmoins sauvé certains de ses privilèges, et notamment son autonomie administrative, Avignon répare rapidement ses pertes et relève ses ruines; une université y est fondée en 1303 par le pape Boniface VIII dont le comte de Provence est, comme roi de Naples, le vassal.

C'est alors que, désireux de s'abriter des séditions qui ravagent l'Italie, Clément V (le français Bertrand de Got, élu pape en 1305) vient s'installer (1309) dans le Comtat Venaissin, que le Saint-Siège possède depuis 1274 : il résidera à Malaucène et à Carpentras, faisant de fréquents séjours en Avignon, au couvent des Dominicains. Son successeur Jean XXII (1316-1334) préférera quant à lui se fixer à Avignon même, dont il a été évêque et où il occupera son ancien palais épiscopal.

La capitale de la Chrétienté. — Sourd aux Italiens qui fulminent contre la « nouvelle captivité de Babylone », Benoît XII (1334-1342) matérialise le transfert du trône apostolique en entreprenant la construction d'une nouvelle résidence papale. Clément VI (1342-1352) achèvera ce Palais des Papes et, pour cesser de n'être que l'hôte du comte de Provence, achètera (1348) la villa à la reine Jeanne.

Malgré les ravages de la peste (1348), Avignon connaît alors une prospérité sans égale. La cour papale et celles des cardinaux y attirent étrangers, négociants, artistes, religieux, pèlerins, plaideurs, pénitents. La construction marche bon train. L'université compte des milliers d'étudiants. Terre d'asile, la ville est un abri pour Juifs (moyennant, néanmoins, redevance) et autres proscrits, mais aussi un refuge d'aventuriers de tout poil qui hantent ses innombrables tripots : cela lui vaudra, entre autres, les violentes invectives de Pétrarque (« égout de la terre »), ardent propagandiste du retour à Rome.

Le départ. — Innocent VI *(1352-1362)* poursuit l'œuvre constructrice de son prédécesseur en dotant la ville de nouveaux remparts; épris de paix, il évite à sa ville les exactions des Grandes Compagnies en payant *(1360)* une rançon de 40 000 écus à leur chef, mais son infortune reste totale devant la peste qui, en 1361, tue près de 20 000 personnes.
Urbain V *(1362-1370)*, qui doit lui aussi payer rançon *(100 000 écus, cette fois)* aux Grandes Compagnies que Du Guesclin entraîne vers l'Espagne, est un partisan du retour à Rome. Un séjour *(1367-1370)* dans la Ville Éternelle, où sa situation se révèle toujours précaire, l'y fait renoncer. Encouragé par sainte Catherine de Sienne, Grégoire XI *(1370-1378)*, malgré la résistance d'une partie de sa cour et l'opposition du roi de France, quitte Avignon en 1376.
La mort de Grégoire XI ramène un pontife en Avignon : l'« antipape » Clément VII *(1378-1394)*, que soutient le roi de France Charles V et auquel succèdera le non moins illégitime Benoît XIII *(1394-1409)* — que le roi ne soutiendra plus et contre lequel il enverra les troupes du maréchal de Boucicaut faire, sans succès, le siège de la ville *(1398-1399)*. Benoît XIII quitte discrètement Avignon en 1403 et, tandis que le schisme continue de déchirer l'Église (il y aura, pendant un moment, trois papes) pour ne prendre fin qu'au concile de Constance *(1417)*, les derniers partisans de l'anti-pape soutiennent dans le palais un siège de 17 mois *(1410-1411)*.

Succursale de Rome. — Gouvernée, au nom du pape, par un légat, Avignon reste, malgré une forte diminution de sa population, un foyer d'art et d'humanisme et un grand centre commercial. Mais le gouvernement des légats, trop favorable aux notables, s'aliène les petites gens qui, au XVIe s., embrassent volontiers le protestantisme en signe d'opposition : la répression sera sanglante, quoique sans commune mesure avec les massacres et saccages qui dévastent le Comtat mais épargnent la ville. Un siècle plus tard *(1653)*, une nouvelle fronde opposera une population accablée d'impôts à ses notables.
Dans le même temps, l'influence française ne cesse d'augmenter, et Louis XIV procède par deux fois à l'annexion, chaque fois temporaire, de la cité. La papauté elle-même, qui pourtant ne se désintéresse pas de cet État lointain, remplace en 1693 le légat par un simple vice-légat.

La réunion à la France. — Ravagée, une fois encore, par la peste *(1721)*, Avignon sera, en 1790-1791, le théâtre de luttes sanglantes entre « papistes » et « patriotes ». La Constituante prononce en 1791 l'annexion, ratifiée par la Convention en 1793 mais acceptée par le pape en 1814 seulement.
Comme partout ailleurs, le XIXe s. voit la ville se transformer : travaux d'urbanisme, arrivée du chemin de fer, naissance d'une petite industrie; mais le véritable essor économique ne viendra que plus tard, lorsque Crau et Comtat deviendront le jardin maraîcher de la France. Malgré la suppression de l'université, l'influence culturelle n'est pas éteinte : enfants d'Avignon, Aubanel et Roumanille *sont avec Mistral les artisans de la naissance (1854) du Félibrige; et c'est en Avignon qu'en 1859 Mistral publie* Miréio.

Célébrités. — Dix peintres de la famille Parrocel, depuis Ignace-Jacques *(1667-1722)* jusqu'à Thérèse *(1745-1835)*; le peintre Joseph Vernet *(1714-1789)*; le sculpteur Jean Chastel *(1726-1793)*; l'humaniste Esprit Calvet *(1728-1810)*, père du musée qui porte son nom; les félibres Théodore Aubanel *(1829-1886)*, Joseph Roumanille *(né à Saint-Rémy; 1818-1891)* et Félix Gras *(né à Malemort, 1844-1901)*; l'archéologue Fernand Benoît *(1892-1969)*; les musiciens Jean-Joseph

Mouret *(1682-1738)* et Olivier Messiaen *(né en 1908)*; Mme Favart *(1727-1772), comédienne; la chanteuse* Mireille Mathieu *(1946).*

Ce qu'il faut savoir

Avignon aujourd'hui. — Débordant sa vieille ceinture de remparts, l'agglomération avignonaise, avec plus de 150 000 habitants, couvre une superficie près de quatre fois supérieure à celle de la ville ancienne, s'étendant largement tant vers le S. que vers l'E., où elle rejoint **Le Pontet** et mange les cultures qui la séparent encore de **Montfavet**.
Dotée d'un « contrat de ville moyenne », elle coordonne aujourd'hui son urbanisation aussi bien dans le centre historique, où ont été entreprises diverses opérations de rénovation, qu'à l'extérieur. Escortée des tours de la ZUP, une large **rocade** dessert d'ores et déjà toute l'extension S., reliant les deux grandes **gares** d'où partent les trains maraîchers : **Champfleury**, à l'O., et **Fontcouverte**, à l'E., autour de laquelle gravitent la **zone industrielle de Saint-Chamand**, le **MIN** (Marché d'Intérêt National), le parc des sports et le nouveau centre commercial. Au S.-O., près du confluent du Rhône et de la Durance, la fin des travaux entrepris par la *CNR (Compagnie Nationale du Rhône)* a permis l'établissement de la vaste **zone industrialo-portuaire de La Courtine** tandis qu'à l'opposé, le long de la route de Marseille, l'**aéroport** d'Avignon-Châteaublanc agrandit ses pistes pour accueillir les appareils commerciaux.

La vie économique. — Capitale d'un département dont l'agriculture est la première ressource — d'où la présence d'un important centre de recherches de l'*INRA (Institut National de la Recherche Agronomique)* au faubourg de Montfavet — Avignon voit sa propre structure économique ainsi largement conditionnée. Transports, commerces de gros, intermédiaires divers s'ajoutant aux activités de service nées de son poids administratif et de sa vocation culturelle et touristique, en font une ville où **70 % des actifs sont employés dans le secteur tertiaire**.
Centre industriel de moyenne importance avec la moitié des emplois du département offerts dans la chimie, les engrais, la céramique, les matériaux de construction et le papier-carton, et le tiers dans l'agro-alimentaire, elle est, là encore, assez dépendante de l'agriculture environnante (emballages, engrais, industries agro-alimentaires). Peu d'entreprises de grande taille : sur 17 de plus de 50 salariés, une seule (l'*Électro-Réfractaire,* au Pontet) dépasse les 1 000.

Vie culturelle et Festival. — Berceau du mouvement félibréen de renaissance provençale, Avignon, dont l'université fut fermée par la Révolution, entreprend de renouer avec son passé culturel. La création successive de deux établissements, l'un littéraire, l'autre scientifique, réunis maintenant en un **« Centre Universitaire d'Avignon »**, puis d'un IUT, en constitue la première étape. Elle doit être prochainement suivie de l'ouverture d'une faculté de Droit ainsi que d'une faculté de Médecine liée à la construction d'un nouveau centre hospitalier.
Longtemps manifestation « importée » (direction, troupes,... et la plus grande partie des spectateurs), le **Festival** lui-même **contribue de plus en plus à l'expression de la pensée régionale**. La participation de troupes locales comme celles du *Théâtre de la Carriera* (Arles) ou du *Théâtre du Chêne-Noir* (Avignon) et le succès qu'elles ont remporté en témoignent.

C'est en 1946 que Jean Vilar crée la « Semaine d'Art en Avignon » qui deviendra, dès l'année suivante, le Festival. Créer un véritable théâtre populaire en est le but; la qualité des œuvres présentées, la valeur

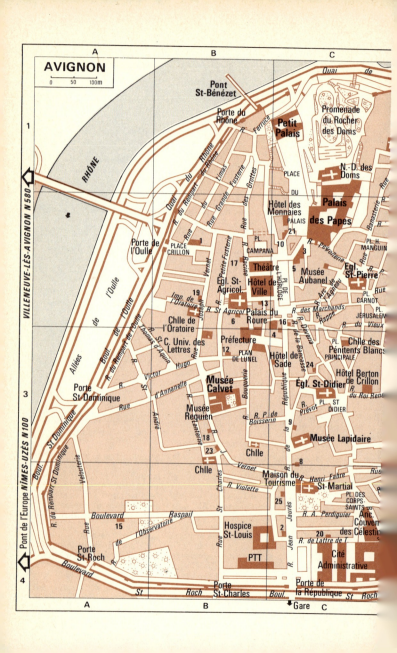

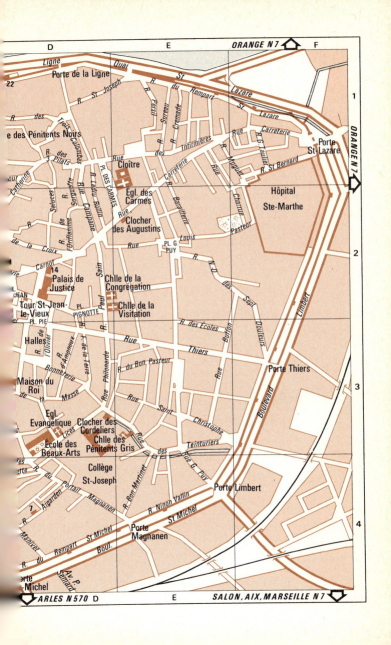

d'artistes comme Daniel Sorano, Sylvia Montfort, Jeanne Moreau, Gérard Philippe et tant d'autres, en seront les moyens; « Gérard attirait les foules en des spectacles dont Vilar garantissait la grandeur » (M. Clavel); en quelques années, le Festival deviendra ainsi l'un des événements majeurs du théâtre européen... faisant en même temps de la ville des papes « le plus grand hôtel de France » (J. Vilar).
En 1963, quittant le TNP dont il était le directeur depuis 1951, Jean Vilar se consacre exclusivement au Festival dont la durée passe de 15 jours à un mois. Bientôt va commencer la « seconde époque » du Festival, celle où d'autres troupes viendront, aux côtés du TNP, prendre place au programme; le Théâtre de la Cité, de Roger Planchon, est en 1966 la première d'entre elles. A partir de 1968, la venue de Maurice Béjart et de son Ballet du XXe siècle inaugurera l'élargissement de la manifestation à d'autres formes d'expression.
La mort surprend Jean Vilar en 1971. Paul Puaux, son adjoint, continuera l'œuvre d'ouverture, multipliant les participations étrangères et les lieux scéniques, tandis que marginaux et jeunes compagnies en quête d'audience peuplent en même temps la cité de spectacles (près de 300 chaque saison) qui constituent un véritable « off-festival ». Festival parallèle ou contre-festival, celui-ci répond en fin de compte à l'espoir du fondateur : « faire d'Avignon, à l'heure du Festival, un lieu privilégié du loisir populaire et de la réflexion ».

Visite de la ville

Une journée, bien remplie, suffit pour voir les principaux monuments et musées et goûter rapidement aux attraits de la cité et de Villeneuve. A tout seigneur tout honneur, vous visiterez d'abord le Palais des Papes (promenade 2 A); après un rapide passage par le rocher des Doms (2 B), qui vous permettra d'embrasser, dans une vue circulaire, la ville et sa voisine transrhodanienne, vous ne pourrez guère consacrer moins d'une heure à l'accumulation de chefs-d'œuvre du Petit Palais (2 B); une promenade en forme de flânerie dans les quartiers du centre (2 C) vous offrira ensuite les charmes conjugués de leurs vieilles rues aux belles demeures et de l'animation qu'y font régner commerces ou marchés.
Après déjeuner (Avignon possède quelques établissements de grande qualité et de prix très modérés), vous traverserez le quartier rénové de la Balance (2 F) pour aller voir de plus près, enfin, le fameux pont (2 G) et les remparts; et c'est du fort Saint-André, à Villeneuve (2 I), que vous regarderez les feux du couchant embraser remparts et palais de la cité papale.
Deux jours, toutefois, vous permettront de mieux apprécier la ville, d'approfondir votre connaissance de ses musées, églises ou hôtels particuliers, de musarder un peu à la terrasse d'un café de la place de l'Horloge, de goûter à l'atmosphère d'une cité tranquille qui devient, un mois par an, un... « bouillon de culture ».
Des visites-conférences du vieil Avignon, sous la conduite de conférenciers agréés par la CNMH, sont organisées chaque jour (sauf dim.) du 1er juil. au 30 sept., à 10 h. Départ du Palais des Papes. Renseignements : ☏ 82-65-11.

Où vous garer? Ce pourrait être un problème s'il n'existait, sous la place du Palais des Papes, un parking de 900 places; et si par hasard il était complet, les allées de l'Oulle, à 300 m à peine de la place de l'Horloge, compenseront cet éloignement relatif en vous offrant une place gratuite.

PALAIS DES PAPES

Si vous aimez...

— *l'architecture médiévale : voyez ou visitez le pont Saint-Bénézet, le Petit Palais, le Palais du Roure, l'hôtel de Rascas pour l'architecture civile; les remparts d'Avignon et le fort de Villeneuve pour l'architecture militaire; la collégiale et la chartreuse de Villeneuve, les églises Saint-Agricol, Saint-Pierre et Saint-Didier pour l'architecture religieuse; le Palais des Papes, enfin et surtout, pour les trois à la fois;*

— *la peinture médiévale : les fresques du Palais des Papes, celles de la chapelle pontificale de Villeneuve, les tableaux d'Enguerrand Charonton, au musée de Villeneuve, et surtout la remarquable collection de primitifs italiens et avignonnais du Petit Palais font d'Avignon, sur ce plan, une de vos étapes obligées;*

— *l'art baroque ou classique : la chapelle des Pénitents Noirs, celle de l'Oratoire, l'hôtel de Crillon ne sont, parmi beaucoup d'autres, que les plus célèbres des constructions d'une ville où œuvrèrent des architectes, décorateurs ou sculpteurs comme François Royers de la Valfenière, les frères Franque, François Laîné, Jean-André Borde, la famille Péru, tandis que les diverses églises et le musée Calvet se partagent les toiles de peintres des familles Parrocel, Mignard ou Vernet.*

Si vous vous intéressez aux formes d'expression artistique de notre temps, venez séjourner en Avignon à l'époque du Festival (mi-juillet à mi-août); associant loisirs et culture, les spectacles ou concerts qu'il produit, les manifestations spontanées, les expositions du musée Calvet, les rencontres de la chartreuse de Villeneuve en font alors un lieu privilégié en ce domaine.

2 A - Le ***Palais des Papes

Forteresse autant que palais, « la plus belle et la plus forte maison du monde » selon Froissart, c'est un des plus **magnifiques spécimens de l'architecture gothique** du XIVe s. Œuvre, pour l'essentiel, de deux souverains pontifes successifs, il offre à première vue une impression d'unité qui s'efface si l'on y regarde d'un peu plus près, et plus encore à l'intérieur : le **Palais-Vieux**, au N., traduit bien le **goût de la simplicité** et de l'austérité de l'ancien moine cistercien qu'était Benoît XII; le **Palais-Neuf**, au S., dont les voûtes d'ogives s'opposent aux plafonds de bois du Palais-Vieux, témoigne de la **magnificence** d'un prince de l'église, Clément VI, ancien archevêque de Rouen.

En dépit de la décoration dont celui-ci fit enrichir sa résidence ou des expositions qu'on y organise aujourd'hui, le palais, immense et vide, exhale une impression de majesté un peu froide : il faut l'imaginer avec ses meubles et parures, tout bruyant d'une foule qui s'affairait de cours en salles de réception et en chapelles, cardinaux et prélats, juges pontificaux, religieux, plaideurs et pèlerins, gardes et serviteurs.

Le Palais-Vieux. — *Porté au trône pontifical en 1316*, Jacques d'Euse (Jean XXII), *ancien évêque d'Avignon, prend pour résidence son ancien palais épiscopal qu'il fait agrandir et embellir. Commençant simplement par lui adjoindre la tour des Anges (1334-1337) et par doubler la superficie de la chapelle,* Benoît XII *entreprend dès 1336 de démolir les*

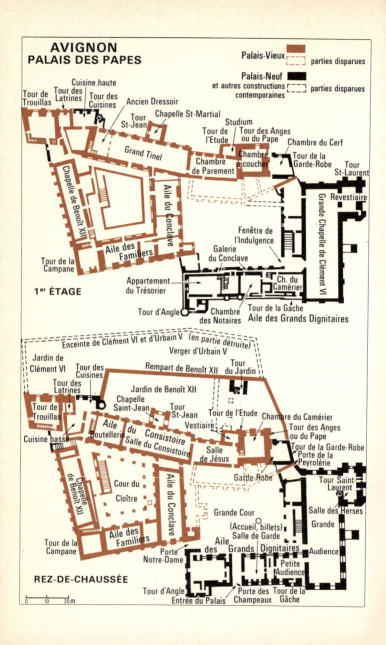

PALAIS DES PAPES

constructions de son prédécesseur pour les remplacer par des bâtiments plus vastes et plus adaptés. Pierre Poisson, architecte du pape et originaire comme lui du comté de Foix, *construira en huit années ce Palais-Vieux dont les tours sont comme autant de jalons :* tours de la Glacière (1338-1339), Saint-Jean (1338), *de la* Campane (1339-1340) *et de* Trouillas; *celle-ci, commencée en 1341, achevée en 1347, fut surmontée jusqu'en 1846 d'un châtelet haut de 7 m : elle a actuellement 52 m de hauteur et c'est encore l'une des plus hautes du Moyen Age. La* chapelle pontificale *de Benoît XII, consacrée en 1336 et restaurée d'une manière discutable en 1878, sert actuellement de dépôt aux archives départementales.*
C'est dans la cour intérieure de ce palais qu'eurent lieu, en 1562, l'exécution de Perrinet Parpaille, *un des protagonistes de la Réforme en Avignon, et en 1791 le massacre dit de la Glacière, qui fit soixante victimes.*

Le Palais-Neuf. — *C'est à* Jean de Louvres, *originaire de l'Ile de France, que* Clément VI *confie la construction de deux nouveaux corps de bâtiment et de la* tour de la Garde-Robe (1342-1343), *contiguë à la tour des* Anges. *Dans le même temps, les oratoires superposés de la tour Saint-Jean sont décorés de peintures par* Matteo Giovanetti, *de Viterbe.*
Innocent VI *terminera la partie orientale avec la* tour Saint-Laurent; Urbain V *fera quant à lui tailler dans le roc la grande cour d'honneur, creuser le puits, et relier le palais, par quelques bâtiments à l'E., avec les jardins créés derrière la tour des Anges.*

Décadence et renouveau. — *Les sièges de 1398 et 1411 inaugurent, pour le palais, l'ère des dégradations. Occupé par les légats à partir de 1433, il fut restauré en 1516 sur ordre de Léon X mais continua néanmoins à se détériorer. Il était au moment de la Révolution dans un état lamentable et aurait sans doute été démoli et si l'on n'y avait installé des prisons et une caserne, ce qui lui valut de nouveaux dommages. Libéré par ses occupants en 1906, il fut confié alors au service des Monuments Historiques qui en a entrepris, avec l'aide de la ville (propriétaire depuis 1810) une longue et couteuse restauration qui n'est pas achevée.*

Visite : payante, t.l.j., par groupes sous la conduite d'un guide (durée 50 mn env.) : chaque demi-heure de 8 h à 11 h 30 et de 14 h à 18 h 30 du 1er juil. au 30 sept.; à 9, 10, 11; 14, 15 et 16 h du 1er oct. aux vacances de Pâques; chaque demi-heure de 9 h à 11 h et de 14 h à 18 h pendant les vacances de Pâques; à 8, 9, 10, 11, 14, 15, 16, 17 et 18 h en mai-juin.
Visites-conférences avec des conférenciers agréés de la C.N.M.H. (durée 1 h 30 env.) t.l.j. sauf dim., à 10 h 30 et 15 h, du 1er juil. au 30 sept. — Renseignements : ☏ 81-07-40.

Conservation : *M.* Sylvain Gagnière, *conservateur.*

Par suite des travaux de restauration, l'itinéraire de visite est susceptible de modifications de détail.
Pour une description plus détaillée du palais, consultez la monographie que lui a consacré son conservateur, M. Sylvain Gagnière : Le Palais des Papes d'Avignon *(Éd. de la C.N.M.H., 1977).*

La **porte des Champeaux,** qui constitue l'entrée du palais, s'ouvre au milieu de la **façade de Clément VI;** au-dessus, armoiries modernes de ce pape. Les tourelles ont été fidèlement reconstruites en 1933 d'après des documents anciens; les vantaux cloutés datent de l'Ancien Régime.

De part et d'autre se trouvent les anciennes **salles des gardes** dont celle de dr. sert auj. de **salle d'attente** et de billeterie : de belles proportions, voûtée d'ogives reposant sur des culots sculptés (l'un, à sept personnages, est particulièrement remarquable), elle conserve des **peintures murales du XVII⁰ s.** : sur la paroi N., le pape Urbain VII entre deux figures allégoriques représentant la Prudence et la Justice.

La **cour d'honneur,** avec ses 1 800 m², est auj. plus grande qu'elle ne le fut jusqu'au XIXᵉ s. : face à la porte se dressait alors l'aile occidentale des appartements de Benoît XII tandis qu'à g. la rampe qui mène au Palais-Vieux était précédée d'un rempart où s'ouvrait une porte monumentale, la porte Majeure.

Au fond à dr., la **porte de la Peyrolerie** débouche sur l'actuelle place de la Mirande tandis qu'au S.-O. s'ouvre, sous la fenêtre de l'Indulgence (V. ci-après), le **porche de la Grande Audience.** En avant de l'aile S., une excavation conserve les restes des fondations d'une salle d'audience construite sous Jean XXII; à côté, puits, profond de 27 m, creusé sur l'ordre d'Urbain V. Au N.-O., entre l'aile des Grands Dignitaires et l'aile du Conclave, la **porte Notre-Dame** ouvre sur la rue montant à la cathédrale.

Palais-Vieux

La **cour du cloître,** de forme irrégulière, était autrefois entourée de deux étages de galeries : celles de l'E. et du S. ont récemment retrouvé leur aspect primitif. Du côté S., elle est bordée par l'**aile du Conclave** qui, restaurée, est aménagée aujourd'hui en **palais des Congrès de la Ville d'Avignon.** Réunie à la précédente par l'**aile des Familiers,** l'aile N. du palais abrite la **chapelle de Benoît XII,** délaissée par la suite au profit de la chapelle clémentine.

La **salle du Consistoire,** au rez-de-chaussée de l'aile orientale, a perdu toute la décoration dont *Matteo Giovanetti* avait orné ses murs; c'est là que se réunissait l'assemblée des cardinaux convoqués par le pape, là aussi que le souverain pontife recevait officiellement ambassadeurs et souverains. On y expose auj. de grandes **tapisseries des Gobelins du XVIIIᵉ s.** Sur cette salle s'ouvre la **chapelle du Consistoire,** ou **chapelle Saint-Jean,** aménagée dans la tour de ce nom : elle est ornée de *fresques exécutées par *Matteo Giovanetti* de 1346 à 1348 et représentant des scènes de la vie de saint Jean-Baptiste (côtés N. et E.) et de saint Jean l'Évangéliste (côtés S. et O.).

Le **Grand Tinel,** ou salle des Festins, occupe tout entier l'étage de la même aile. Long de 48 m et large de 10,25, il est couvert d'une imposante charpente en tiers point refaite d'après des modèles de l'époque; les fresques de *Giovanetti* ont également disparu et les murs en sont auj. ornés par les **fresques,** détachées couche après couche, esquisse après ébauche (les *sinopies*), dont *Simone Martini* avait décoré le tympan du portail de la cathédrale (V. ci-après 2 B). Correspondant à celle de l'étage inférieur, la **chapelle Saint-Martial,** aménagée dans la tour Saint-Jean, conserve elle aussi de remarquables *fresques; également dues à *Giovanetti,* qui y travailla en 1344-1345, elles représentent la vie et les miracles de saint Martial, apôtre du

PALAIS DES PAPES

Limousin (Clément VI, qui commanda les fresques, était né en Corrèze) que le peintre considère, ainsi que le veut une légende, comme un contemporain du Christ.

Un vaste **office** ou **dressoir** prolongeait le Tinel au N. (cheminée restituée) et le séparait de la **cuisine haute**, construite par Clément VI pour remplacer celle de Benoît XII : sa spectaculaire **cheminée**, sorte d'énorme hotte pyramidale reposant sur quatre trompes, est une des « curiosités » du palais.

La **chambre de Parement**, à côté du Grand Tinel et un peu en contrebas, était en quelque sorte l'antichambre du pape, là où attendaient les visiteurs ayant obtenu une audience privée; on y voit auj. quatre **tapisseries des Gobelins** (XVIIe s.) d'après *Raphaël* et *Lebrun*.

La ***chambre à coucher** du souverain pontife lui fait suite, occupant le troisième étage de la **tour des Anges** (ou **tour du Pape**); elle conserve une belle **décoration**, réalisée sans doute vers 1343, de grands rinceaux peints à la détrempe et enveloppant feuilles de chêne ou sarments de vigne, avec, çà et là, des écureuils ou des oiseaux; des cages, vides pour la plupart, ornent les embrasures des fenêtres; des carreaux vernissés modernes, recopiés sur ceux de la pièce voisine, couvrent le sol.

Le **studium de Benoît XII,** son cabinet de travail particulier, n'a conservé que des vestiges de sa décoration peinte; le **carrelage** d'origine, d'inspiration aragonaise avec ses fleurs stylisées, animaux fantastiques, etc., a par contre été retrouvé en 1963.

La ***chambre du Cerf,** au troisième étage de la **tour de la Garde-Robe** (ou **tour des Étuves**, car c'est au rez-de-chaussée de cette tour que se trouvait la salle de bains du pape), est l'ancien cabinet de travail de Clément VI. Ses murs sont entièrement décorés de ***fresques** du plus haut intérêt, exécutées en 1343, vraisemblablement sous la direction de *Matteo Giovanetti*, par une équipe de peintres dans laquelle se trouvaient des artistes français qui semblent s'être inspirés des tapisseries franco-flamandes. Ces peintures, où se manifeste un sentiment de la nature tout nouveau, représentent des scènes rustiques (pêche, cueillette des fruits, oiseleur, chasse, baignade) dans un décor d'arbres et de feuillages d'essences très variées.

Palais Neuf

La ***chapelle pontificale,** ou chapelle Clémentine, est un superbe vaisseau de 52 m de longueur sur 15 de large et 19,5 de haut. Les murs, qui ne comportent aucune décoration, étaient, les jours de cérémonies, tendus de tapisseries et de tentures. L'autel, restitué à sa place primitive, comporte un important morceau authentique de sa table, qui fut retrouvé lors de premières restaurations de la chapelle. A dr. de l'autel s'ouvre, dans la tour Saint-Laurent, la **sacristie** pontificale, ou **revestiaire,** où sont auj. exposés les moulages des gisants des papes Clément V, Clément VI, Innocent VI et Urbain V.

Au N.-O., le **portail** de la chapelle est très dégradé : on identifie néanmoins une scène de Jugement dernier qui ornait son linteau.

Ce portail donne sur une loggia qui ouvre sur la cour d'honneur par une grande baie restaurée (de manière discutable) : c'est la **fenêtre de l'Indulgence,** d'où le pape donnait sa bénédiction à la foule assemblée.

L'aile occidentale du palais, ou **aile des Grands Dignitaires,** est desservie, du côté de la cour, par l'étroite **galerie du Conclave,** ménagée dans l'épaisseur de la muraille et couverte de voûtes d'ogives. S'y succèdent, du S. au N., la **chambre du Camérier,** celle **des Notaires du Trésorier,** puis la **chambre des herses** (au-dessus de l'entrée, qu'elle défendait), et enfin la **chambre du Trésorier,** affectée au Palais des Congrès.

Le **grand escalier,** large et majestueux, coupé de paliers, permet de gagner le rez-de-chaussée.

La ***salle de la Grande Audience,** située sous la chapelle pontificale, est celle où se tenait le fameux **tribunal de la Rote.** Longue de 52 m, large de 15,8 et haute de 11, elle est divisée en deux nefs par une rangée de cinq piliers soutenant les voûtes d'ogives qui s'appuyent, le long des parois, sur de beaux culs-de-lampe sculptés. A l'extrémité orientale, restes d'une Crucifixion et d'un Jugement dernier, fresques détruites au début du XIXe s. Cette décoration, commandée par Clément VI, n'avait du reste pas été terminée ; une seule travée fut exécutée en 1352-1353 par *Matteo Giovanetti* : c'est la célèbre ***fresque des Prophètes,** assez bien conservée, où, sur fond d'azur semé d'étoiles d'or, figurent vingt prophètes ou personnages de l'Ancien Testament.

La **salle de la Petite Audience** est celle où siégeait le tribunal chargé de connaître les oppositions formées contre les pièces présentées devant les juridictions apostoliques, d'où son nom d'**Audience des contredites.** Au XVIIe s., les légats la transformèrent en salle d'armes ; de cette époque datent les trophées militaires peints en grisaille sur la voûte et les murs.

2 B - La cité épiscopale

La ***place du Palais** (plan C 1-2), au pied de l'immense résidence papale, fut ouverte en 1403 seulement. Ensemble monumental superbe, elle est le cœur même de la cité papale avec, outre le palais, la **cathédrale** — qui tire sans doute son qualificatif de l'ancienne demeure de l'évêque (de *domo episcopali*), qui lui était contiguë —, le **palais des évêques et archevêques,** ou Petit Palais, et l'**hôtel des Monnaies.**

La **cathédrale Notre-Dame des Doms,** le plus ancien édifice religieux d'Avignon, a bien conservé, malgré les remaniements dont elle fut l'objet, le plan et l'ordonnance de la grande époque de l'art roman provençal.

Élevée en 1140-1160, elle fut progressivement dotée de chapelles latérales du XIVe au XVIIe s. En 1670-1672, François Delbène *reconstruisit l'abside et éleva des tribunes, sculptées par* Pierre Péru. *Le clo-*

cher, restauré en *1431,* fut surmonté en *1859* d'une statue de la Vierge
en plomb doré dont l'effet n'est pas particulièrement heureux.

Le **porche,** dont le sobre décor (colonnes cannelées à chapiteaux corinthiens, corniche) est manifestement inspiré de l'antique, était décoré de
fresques exécutées en 1341 par *Simone Martini :* il n'en reste que celles
du portail lui-même qui, très détériorées, ont été déposées et sont auj.
présentées dans le Grand Tinel au Palais des Papes (V. ci-dessus), laissant
apparaître sur la pierre la première esquisse; au tympan inférieur, la
Vierge entourée d'anges; au tympan supérieur, le Christ bénissant.
Le **narthex** conserve quant à lui quelques **restes de fresques** du XIIIe s.
(Vierge à l'Enfant) et du XVe s. (à g., au-dessus du bénitier : Baptême du
Christ, avec une représentation du donateur). A côté de celle-ci, la **chapelle Saint-Jean-Baptiste** (1423) abrite et un Ecce homo en pierre peinte
du XVIe s. — A l'entrée de la nef, statues (XVIIe s.) de sainte Marthe et
sainte Madeleine, peut-être dues à *P. Mignard;* à dr., beaux fonts baptismaux du début du XVIe s.
La **nef,** longue de 23 m, large de 8,5 et haute de 15, couverte d'un
berceau brisé et comptant cinq travées, a perdu sa pureté romane avec
l'adjonction des tribunes de *Delbène* et *Péru;* on y remarque une Annonciation, par *Nicolas Mignard* (1637), et une Présentation, par *Reynaud
Levieux.*
Côté dr. La **1re chapelle,** de Saint-Joseph, abrite un autel roman. La
2e chapelle est une sobre construction de *La Valfenière* (1680), contemporaine de la suivante, œuvre élégante de *François Delbène* construite
pour abriter le tombeau de l'archevêque Hyacinthe Libelli (1673-1684) :
statues de saint Pierre, attribuée à *Puget,* de saint Jean, saint Thomas et
sainte Madeleine, par *Bernus;* sur l'autel, Vierge en marbre de *Pradier*
(1838). Dans la **4e chapelle,** tableaux de *N. Mignard* (Visitation, Présentation).
La grande **chapelle des Apôtres** (fermée), de 1316, abrite le très beau
*tombeau de Jean XXII, attribué au sculpteur anglais *Huges Wilfred*
(1345), malheureusement mutilé durant la Révolution et mal restauré en
1840 : une moderne statue couchée d'évêque remplace le gisant (perdu)
du pape; tableaux de *P. Parrocel* (saint Ruf) et *P. Mignard* (Assomption et
Résurrection).
Dans la **sacristie,** Saint Bruno dans le désert, par *P. Parrocel;* le trésor
possède une Flagellation, groupe de trois statues en argent massif ciselé
attribué à *Puget.*
Chœur. Il est précédé d'une très belle **tour-lanterne à coupole** de 1150,
ornée de peintures du XVIIe s.; remarquez surtout le système d'encorbellements par lequel l'architecte est passé du plan rectangulaire au plan
carré : on le retrouve à la vieille Major de Marseille, à Saint-Honorat (Arles)
et à Apt.
Dans le chœur même, ***siège en marbre du XIIe s.,** qui a servi aux souverains pontifes; à côté, cénotaphe moderne du « brave Crillon » († 1615);
en face, pierre tombale de Jean-Louis de Crillon († 1751), archevêque de
Narbonne (la cathédrale a abrité les sépultures de plus de cent cinquante
prélats).
Côté g. La **3e chapelle** (depuis l'entrée), décorée, comme celle qui la
précède, de peintures d'*Eugène Devéria* (vers 1835), renferme une belle
Vierge en pierre du XIVe s. Dans la **2e chapelle,** tombeau dit de
Benoît XII, en réalité composé d'éléments disparates, dont les principaux
proviennent de la tombe de l'évêque Jean de Cros; tombeau de l'archevêque Dominique de Marini, par *Péru* (1671). La **1re chapelle** abrite un autel
roman du XIIe s., en marbre, reposant sur cinq colonnettes en marbre ou
brèche africaine : c'est l'ancien maître-autel de la cathédrale.

Le **rocher des Doms,** où ont été retrouvées les premières traces de l'occupation humaine du site (2ᵉ millénaire), se dresse à pic au N. et à l'E. Un très agréable **jardin** y a été aménagé.

La promenade n'en manque pas de charme mais, plus que les bustes du félibre *Félix Gras* († 1901) ou des peintres *Paul Saïn* († 1908) et *Paul Vayson* († 1911), ou le cadran solaire analemmatique (où l'ombre de l'observateur lui-même marque l'heure), vous apprécierez le *panorama qu'offre, à pic au-dessus du Rhône, la terrasse supérieure : pont Saint-Bénézet et île de la Barthelasse, en arrière desquels la tour de Philippe le Bel et le fort Saint-André de Villeneuve semblent surveiller de loin la cité papale, tandis que sur la dr. la fière silhouette du Ventoux borne l'horizon.

Le ****Petit Palais,** ancienne résidence des évêques et archevêques d'Avignon, est un très bel édifice des XIVᵉ et XVᵉ s. Remarquablement restauré, il sert désormais de cadre, particulièrement séduisant, à la présentation d'un ****ensemble exceptionnel d'œuvres du Moyen Age et de la Renaissance.**

L'ancienne livrée, construite à partir de 1317 par le cardinal Arnaud de Via, neveu de Jean XXII, puis achetée par Benoît XII en 1335 pour y installer l'Évêché, fut agrandie en 1362-1366 par Anglic Grimoard, frère du pape Urbain V qui vint y mourir en 1370 : de cette époque date son organisation générale actuelle. Utilisé comme une citadelle lors du Grand Schisme et de ce fait partiellement ruiné, l'édifice fut, de 1456 à 1461, l'objet d'importantes réparations et remaniements par l'évêque Alain de Coëtivy.
A partir de 1480, le cardinal Julien de la Rovère, archevêque d'Avignon, légat du pape (son oncle Sixte IV) et lui-même futur pape (Jules II), en fait un véritable palais : établissement de nouvelles façades au Midi et au couchant, reconstruction de l'aile S., construction d'une tour (dont il ne reste que la base). Légèrement modifié aux siècles suivants, il fut utilisé comme établissement d'enseignement depuis la Révolution. En 1958, on décida de le transformer en un musée d'art médiéval qui, après les travaux de restauration entrepris par les Monuments Historiques, s'est ouvert en juillet 1976. Dans les deux ailes Est de l'édifice s'est installé un « Centre international d'études et de documentation des écoles d'art médiéval de l'Italie et du Midi de la France ».

Visite : payante, t.l.j., sauf mardi, de 10 h à 12 h et de 14 h à 18 h.
Un petit guide du musée est en vente à l'entrée, tandis que dans chaque salle des cartes et documents, ainsi que des feuilles d'information mises à la disposition des visiteurs, permettent une approche didactique des œuvres exposées. Également à la vente, catalogue scientifique complet et illustré des peintures italiennes.
Visites-conférences : sur demande; s'adr. au S.I. (☏ 82-65-11).

Conservation : *M. Georges de Loÿe,* Conservateur en chef; *Mᵐᵉ Élisabeth Mognetti,* Conservateur (☏ 86-44-58).

Les collections ont une double provenance : la **collection Calvet,** précédemment exposée en Avignon même, au musée Calvet et au musée lapidaire, et une partie des primitifs de la **collection Campana,** dont les œuvres avaient été dispersées dans l'ensemble des musées de province après la chute du Second Empire.
La **collection Calvet** (sur son histoire, V. ci-après 2 E) est constituée principalement d'une soixantaine de peintures (œuvres, auj. rares, de l'*École d'Avignon* du XVᵉ s., et œuvres d'artistes des écoles italiennes de

la même époque) et de près de 600 pièces de sculpture, toutes d'origine avignonaise (XVe s.).
La **collection Campana,** dont provient l'essentiel du fonds de peintures du musée (300 œuvres), est justement célèbre.

Fin lettré, humaniste, le marquis Gian Pietro Campana di Cavelli (1807-1880) était directeur général du Mont-de-Piété de Rome, qui faisait également office de banque de dépôt pour les finances pontificales. Grand amateur d'antiquités et d'art, cet insatiable collectionneur fut rapidement à la tête d'une collection prodigieuse de quelques 15 000 pièces qui comprenait, entre autres, 1 100 peintures, 500 sculptures antiques, 4 000 vases grecs, 2 000 terres cuites, 1 500 bijoux, etc., dont il faisait les honneurs à tous les grands du monde.
Mais confondant trop subtilement sa fortune personnelle avec celle du Mont-de-Pitié qu'il était chargé de gérer, il fut arrêté en 1857 et condamné à vingt ans de galères, peine commuée, sur intervention de Napoléon III, en bannissement à vie et confiscation de ses biens. Vendues alors pour rembourser les avances consenties, les collections furent achetées (1861), après d'assez vives escarmouches diplomatiques, par Napoléon III qui voulait en faire un « musée d'études » s'opposant à la conception « collection de chefs d'œuvre » du musée du Louvre. C'était trop demander aux conservateurs de ce dernier qui firent échouer le projet et, gardant les plus belles pièces, éparpillèrent le reste entre plus de cent musées de province.
C'est à Jean Vergnet-Ruiz, Inspecteur général des Musées de Province, que revient le mérite d'avoir entrepris le regroupement des tableaux du Moyen Age dispersés en province. Tâche délicate et longue qui a permis de réunir enfin un ensemble essentiel pour la connaissance de la peinture italienne du Moyen Age et du début de la Renaissance.

Impossible désormais, d'étudier sérieusement les peintres du Quattrocento sans faire étape en Avignon. Grâce à la diversité des achats du marquis Campana, on peut suivre, de salle en salle, l'évolution chronologique de la peinture italienne du milieu du XIIIe s. au début du XVIe s. à travers les divers foyers artistiques de la péninsule.

Salle 1. — De la petite pièce d'accueil, un escalier moderne, construit entre l'ancienne façade du XIVe s., à g., et le prolongement de celle du XVe s., monte à cette vaste salle, voûtée en berceau brisé sur cinq arcs doubleaux, qui avait été construite en 1420 par le cardinal Béranger Fredal l'ancien et achevée quelques années plus tard par Arnaud de Via ; la cheminée est du XVe s.
Un ensemble de **fresques** provenant d'une maison de Pont-de-Sorgues, où Jean XXII s'était fait construire un château, donne un précieux exemple de la décoration profane des livrées cardinalices au XIVe s. ; avec le décor de la Chambre du Cerf du Palais des Papes, elles témoignent du rôle d'Avignon dans la naissance et le rayonnement du mouvement artistique qui se développa vers 1400 dans toute l'Europe et que l'on qualifie de « gothique international ». Au cours des années à venir, toute la sculpture romane et gothique actuellement au musée lapidaire (V. prom. 2 E) sera regroupée dans cette vaste salle et dans la chapelle qui suit.

Salle 2. — Ancienne chapelle privée des archevêques, qui supprimèrent à la fin du XVIIIe s. une travée pour agrandir la salle suivante, elle ne comporte plus que trois travées, voûtées sur croisées d'ogives s'appuyant sur des culs-de-lampe sculptés d'animaux fantastiques. Le décor troubadour de la voûte, peint en trompe-l'œil, ne date que de la première moitié du XIXe s.

Elle doit abriter prochainement le ****tombeau du cardinal de Lagrange,**

ancien ministre de Charles V († 1402), ensemble monumental avec un « transi » d'un réalisme frappant et des statues dénotant une influence bourguignonne.

Salle 3. — Refaite en 1481 lors des travaux entrepris par l'archevêque Julien de la Rovère, dont les armoiries ornent les entrevous du plafond, elle fut au XVIIIe s., allongée vers l'E. au détriment de la chapelle, entraînant l'augmentation de la façade méridionale de deux fenêtres.
Deux œuvres toscanes, un **fragment de Crucifix** de l'atelier des *Berlinghieri* (milieu du XIIIe s.) et une **Cène** de l'atelier du *Maître de la Madeleine* (vers 1270) montrent l'influence, encore sensible, de l'art byzantin sur la peinture italienne de cette époque; époque à laquelle, pourtant, Giotto, à Florence, apporte, avec une nouvelle vision de l'homme et du monde, une organisation de l'espace et une recherche plastique qui appartiennent déjà au langage de la peinture moderne. Plusieurs retables ou panneaux de polyptyques, une **Vierge de Majesté** du *Maître de 1310*, un **Dieu le Père bénissant** du *Maître de Figline*, une ***Vierge à l'Enfant** de *Taddeo Gaddi* et un **Couronnement de la Vierge** de *Puccio di Simone* appartiennent à cette *École florentine* du début du XIVe s.
Diverses œuvres souvent anonymes témoignent des échanges entre les différents courants artistiques au long du XIVe s. : Calvaire avec saint François (influences ombriennes, florentines, siennoises), Vierge de Majesté *(École siennoise)*, Christ de Pitié *(École de Rimini)*, **Calvaire**, du *pseudo Jacopino di Francesco* (Bologne; influence de Rimini); **Vierge à l'Enfant** de *Paolo Veneziano* (Venise), où se maintient la tradition byzantinisante.

Salle 4. — Le décor peint du plafond a été ravivé. Cette salle est consacrée à l'*École siennoise*, dans laquelle persiste plus longtemps qu'à Florence l'influence des modèles antérieurs et qu'illustrent plus particulièrement une **Vierge à l'Enfant** de *Taddeo di Bartolo* — richesse du décor ornemental, élégance du trait, délicatesse du modelé — et une œuvre de *Paolo di Giovanni Fei*, à la sensibilité intense et raffinée. D'*Angelo Puccinelli* et de *Cecco di Pietro*, diverses figures de saints montrent respectivement l'influence de Sienne sur Lucques et Pise, cette même influence sur Gênes apparaissant dans une **Vierge à l'Enfant entre saint Jean-Baptiste et saint Michel** d'un élève de *Barnaba di Modena*.

Salles 5 et 6. — Toujours sensible à la tradition giottesque représentée, parmi d'autres, par le *Maître de Sainte Verdiana* (Vierge à l'Enfant entre saint Antoine, saint Jean-Baptiste, saint Jean l'Évangéliste, saint Louis de Toulouse et deux donateurs), l'*École florentine* voit, à partir de 1400, se développer en même temps le goût pour les scènes courtoises, l'arabesque gothique, le fantastique, qui caractérisent le « gothique international » au sein duquel se manifestent deux tendances : l'une, représentée par *Lorenzo Monaco* (dessin du **Triptyque de saint Laurent**, exécuté par un de ses élèves) et *Gherardo Starnina* (Annonciation), plutôt lyrique et élégante; la seconde, avec le *Maître du jugement de Paris du Bargello* (Jeune chasseur au faucon), narrative et courtoise.

Salle 7. — Les petites salles 6 et 7, trapézoïdales, sont ménagées entre l'ancienne façade du XIVe s. et celle construite au couchant en 1480 par le cardinal Julien de la Rovère (armoiries sur les entrevous de la salle 6). Cette salle est, quant à elle, ornée de stucs et d'une cheminée du XVIIIe s. L'*École vénitienne* de la fin du XIVe s. et du début du XVe s. marque, à l'inverse des précédentes, une persistance de la tradition byzantinisante (Crucifixion, du *Maître du Crucifix de Pesaro*) mais qui s'allie dans certains cas à une connaissance du gothique international : **Polyptyque** de *Zanino di Pietro*.

Salle 8. — Constituée par trois des galeries qui, au 1er étage, enveloppent la cour du cloître, elle groupe des œuvres illustrant les divers aspects du gothique international en Italie, hors de Venise et de la Toscane.

Après les peintures de l'*École bolonaise,* au style brillant et narratif, la galerie est consacrée aux *peintres de la région des Marches,* sensibles aux divers courants mais les intégrant dans un mouvement d'une grande homogénéité; goût de la couleur, noblesse du décor, élégance des costumes s'allient aussi à un sens de la narration qui n'exclut pas la délicatesse, aussi bien chez ***Ottaviano Nelli*** ou *Giacomo da Recanati* que chez ***Pietro di Domenico de Montepulciano*** **(Vierge de Miséricorde)** ou *Antonio Alberti* (Vierge à l'Enfant entre saint Dominique et sainte Madeleine).

Les tendances irréalistes et courtoises de l'*École siennoise* se manifestent dans les œuvres de ***Giovanni di Paolo*** **(Triptyque de la Nativité, Saint Clément),** de ***Sano di Pietro,*** ou de l'auteur anonyme de l'**Histoire de Didon.**

Salle 9. — L'*École florentine* de la seconde moitié du XVe s. a assimilé la leçon de Masaccio dont la conception savante, élaborée, géométrique, de la représentation des volumes et de l'espace conduit tout droit à la Renaissance : le groupe central (Vierge à l'Enfant) du **retable de *Francesco d'Antonio*** en témoigne, tandis que les prophètes qui l'encadrent marquent une persistance de l'idéal gothique de Lorenzo Monaco. La conception même de ce retable en un seul panneau, subdivisé par des arcatures encore gothiques, annonce, quant à elle, la forme unifiée des retables de la Renaissance dont celui du *Maître de la Madone de Buckingham* donne un exemple complet. Deux panneaux d'un coffre de mariage, **Histoire de la chaste Suzanne,** de ***Domenico di Michelino,*** évoquent la vie à Florence au milieu du XVe s.

Du peintre pérugin *Bartolomeo Caporali,* une **Annonciation** montre la diffusion des conceptions florentines apportées en Ombrie par Fra Angelico et *Benozzo Gozzoli.*

Salle 10. — Dans un décor de stucs de la fin du XVIIIe s., ont été installés un salon de repos où divers documents illustrent l'histoire du Petit Palais et celle de la collection Campana, et un comptoir de vente (guides, catalogues, cartes postales, diapositives, affiches, plans anciens, livres et brochures).

Salle 11. — L'exposition d'œuvres de l'*École florentine* de la seconde moitié du XVe s. se poursuit avec une **Annonciation** de *Bartolomeo della Gatta* (partie supérieure d'une Adoration des bergers exposée au musée de Vienne) d'où a disparu toute tradition gothique, tandis que la géométrisation de l'espace s'exerce d'une manière qui confine à l'abstraction; du même auteur, un **Saint Bernardin** manifeste l'influence de Piero della Francesca.

La prospérité de Florence à cette époque induit alors une forte demande et le succès des œuvres d'un Filippo Lippi ou d'un Francesco Pesellino en fait bien souvent les modèles dont s'inspireront des ateliers un peu « industriels » comme celui qui produisit un « tondo » (panneau rond) et une Vierge à l'Enfant qui fait partie du groupe des œuvres jadis attribuées au pseudo Pier Francesco Fiorentino». Élève de Lippi, ***Cosimo Rosselli*** **(Annonciation et quatre saints)** est au contraire un artiste de premier plan.

Également élève de Lippi, ***Sandro Botticelli*** saura concilier les tendances de celui-ci — souplesse gracieuse du trait, mélancolie des visages, relatif attachement à l'irréalisme gothique — avec celles de Pollaiuolo — réalisme anatomique, recherche de la représentation du mouvement — et celles de Verrocchio — au style plus vigoureux — avec lesquels il travailla, atteignant une dimension lyrique et parfois mystique. La délicatesse des coloris de la ****Vierge à l'Enfant,** sa composition et ses lignes, dégagent une grande tendresse.

Salle 12. — On y accède par un escalier à vis datant sans doute des travaux entrepris par l'évêque Alain de Coëtivy en 1457-1460.
Au nombre des écoles qui, se dégageant du « classicisme » florentin, se multiplient dans l'Italie du nord et du centre, l'*École de Padoue* — dont Mantegna sera le plus illustre représentant — intègre d'une manière particulière le mouvement de la Renaissance, réunissant le traitement florentin des volumes et de l'espace, une nostalgie du gothique que l'on trouvait dans l'École de Sienne (un peu éteinte depuis 1450) mais qui s'exprime ici bien davantage avec un goût du flamboyant et atteint parfois à l'exubérance. Plusieurs peintres sont les représentants de ce style dans la région des Marches : ***Girolamo di Giovanni*** (Saint Jean-Baptiste), ***Nicola di Maestro Antonio*** (Saint Jacques, Saint François), ***Ludovico Urbani*** (Vierge et l'Enfant entourés d'anges musiciens, Calvaire). Travaillant également dans les Marches, le vénitien ***Carlo Crivelli*** (quatre figures de **Saints**) concilie ses expériences padouanes avec la recherche vénitienne des coloris. Ce goût de la couleur et du luxe — qui est celui d'une ville dominée par un patriarcat qui a fait fortune dans le commerce — se retrouve également adapté aux tendances padouanes dans l'œuvre d'***Antonio Vivarini*** (Saint Pétrone et Saint Jacques, Saint Jean-Baptiste et Saint Louis de Toulouse) et dans celle de son frère ***Bartolomeo Vivarini***.

Salle 13. — L'*École des Marches* à la fin du XVᵉ s. est ici représentée par une **bannière (Vierge de Miséricorde)** peinte à l'huile sur toile par ***Niccolo da Foligno,*** des éléments du **polyptyque de San Veneziano de Camerino** (la partie centrale est au musée du Vatican), et plusieurs œuvres (Saint Julien) de *Vittore Crivelli,* frère de Carlo. Travaillant à Naples, ***Cristoforo Scacco,*** originaire de Vérone, adopte lui aussi le style padouan (Saint Jean-Baptiste).
L'*École siennoise* traditionnelle, dont le dernier grand représentant avait été Sassetta, connaît un certain renouveau grâce aux apports florentins ou padouans : triptyque de ***Lorenzo Vecchieta,*** **Enlèvement d'Hélène** de *Liberale da Verona,* Vierge et l'Enfant de *Francesco di Giorgio*.
En *Romagne,* à la fin du XVᵉ s., les influences de Ferrare et de l'Ombrie mêlent le raffinement décoratif à une recherche d'expression presque brutale : Vierge et l'Enfant entre Saint Pierre et Saint Jean-Baptiste.
A *Rome,* l'influence florentine reste prépondérante : **Vierge et l'Enfant entre Saint Jean-Baptiste et Saint Jean l'Évangéliste** d'*Antoniazzo Romano*.

La *Ligurie* est une région où se rencontrent plusieurs peintres d'origine lombarde ou niçoise, marqués par l'influence padouane comme ***Giovanni Massone*** (triptyque de la Nativité entre saint François d'Assise protégeant le pape Sixte IV et saint Antoine de Padoue protégeant le cardinal Julien de la Rovère), parfois sensibles aussi au goût provençal des ornements et des fonds d'or (***Carlo Braccesco,*** la Manne de saint André ; ***Louis Bréa,*** Présentation au temple et Assomption de la Vierge).

Salle 14. — La production courante de la *peinture florentine* de la fin du XVᵉ s. est surtout représentée ici par *Jacopo del Sellajo* et *Bartolomeo di Giovanni*.

Salle 15. — Quatre **panneaux de « cassone »** (coffre de mariage) à sujet mythologique, peints par l'anonyme ***Maître des cassoni Campana,*** qui travaillait à Florence à la fin du XVᵉ s., révèlent, par l'architecture des villes, palais et bâtiments qui y sont représentés, une probable origine française de leur auteur.

Salle 16 (au rez-de-chaussée). — Parmi d'autres œuvres, deux grands retables florentins du début du XVIe s. sont encore rattachés à la tradition de la première Renaissance : le **Couronnement de la Vierge,** de *Ridolfo Ghirlandaio,* et celui de *Rafaellino del Garbo.*

A la même époque, les influences de Ferrare, de l'Ombrie et de Venise sont particulièrement sensibles sur les peintres travaillant en Romagne : *Niccolo Rondinelli, Marco Palmezzano* **(Calvaire avec saint Jérôme),** *Francesco et Bernardino Zaganelli, Girolamo Marchesi.*

L'*École vénitienne* est, à ce moment, dominée par les personnalités de *Giovanni Bellini,* au style lyrique intense et poétique, et de *Vittore Carpaccio* (****Sainte conversation**) au sens tout-à-fait nouveau de la perspective et de la construction et dont le naturalisme poétique rejoint celui de Bellini, qui est ici son modèle.

L'*Adoration des Mages* du mystérieux « *Johannes Hispanus* » témoigne quant à elle de la vision nouvelle apportée par Giorgione.

Salles 17, 18 et 19. — *Avignon* est, dans la 2e moitié du XVe s., l'un des centres artistiques les plus vivants d'Europe, où se manifeste une tendance originale, à mi-chemin entre le réalisme minutieux des flamands et la stylisation abstraite, plus intellectuelle, des Italiens, et qui justifie le terme d'*école d'Avignon*. A rapprocher des fresques de Matteo Giovanetti conservées au Palais des papes ou à la chartreuse de Villeneuve, une **Dormition de la Vierge** témoigne de l'art à la cour pontificale vers la seconde moitié du XIVe s.

Enguerrand Quarton (ou *Charonton*), auteur de l'admirable Couronnement de la Vierge de Villeneuve (V. ci-après, prom. 2 l), est le fondateur et l'un des principaux représentants de l'École d'Avignon : la ***Vierge et l'Enfant entre deux saints et deux donateurs** est caractéristique de son style par la simplicité monumentale de sa composition, sa force sculpturale, le rôle de l'éclairage dans la construction des formes, que l'on retrouve chez les auteurs anonymes du **Saint Siffrein bénissant** (autrefois attribué à *Nicolas Froment*) et du **portrait du bienheureux Pierre de Luxembourg.** Un retable provenant de Venasque montre le seul exemple complet de l'architecture d'un retable de type provençal.

La prospérité d'Avignon attire quantité de peintres venus du nord de la France : *Josse Lieferinxe,* représenté ici par deux volets, peints recto-verso, d'un retable (deux autres volets et le fond sont à Bruxelles et au Louvre), l'**Annonciation** (au revers **Saint Michel**) et la **Circoncision** (au revers **Sainte Catherine**), est l'un des plus illustres. Les mêmes qualités apparaissent, sur un mode plus rustique, dans un autre tableau anonyme peint recto-verso : le **Songe de Jacob** (au revers **Toison de Gédéon**). Deux œuvres anonymes (vers 1500), une Déposition de Croix et une belle **Adoration de l'Enfant,** témoignent de l'originalité de la peinture avignonaise à un moment où, pourtant, elle commence à se pénétrer davantage des influences flamandes ou italiennes.

Toutes les **sculptures du XVe s.** présentées dans ces trois salles proviennent d'églises ou de couvents avignonais.

Vierge d'une Annonciation (Célestins?); deux ***Anges,** restes d'un retable monumental en pierre sculpté en 1463 pour le chœur de Saint-Pierre par l'Avignonais *Antoine Le Moiturier,* l'un des plus célèbres imagiers du duc de Bourgogne (tombeau de Jean Sans Peur); deux pleurants polychromes (Sainte Claire); Vierge à l'Enfant (Célestins); Pietà polychrome (collège N.-D. de Pitié, aux Dominicains). De *Jean de la Huerta,* ***Sainte Marthe et Saint Lazare, sous les traits du cardinal Jean Rolin** (Célestins); ***Sainte Catherine,** en pierre polychrome; **buste d'un chevalier,** en marbre polychrome.

De *Ferrier Bernard,* ***gisant d'Antoine de Comps** (1495; Saint-Didier);

pierres tombales de Raymond Rogier de Beaufort (de la famille des papes Clément VI et Grégoire XI; 1420; Saint Martial) et d'Olivier Darian (1426; Célestins).

L'ancien ***hôtel des Monnaies** (auj. conservatoire de Musique) fait face au Palais des Papes. Élevé en 1619 sous la légation du cardinal *Borghèse,* aux armes duquel ont été empruntés les dragons et les aigles qui ornent sa façade, il offre un décor baroque très italien qui contraste singulièrement avec l'architecture du palais. En arrière, avec un peu de recul, vous pourrez apercevoir la **tour** carrée **de la livrée de Canillac,** ou **de Murol,** connue encore sous le nom de **tour de l'Officialité,** reste d'une livrée cardinalice du XIVe s.

L'ancien **hôtel Calvet de la Palun** (fin du XVIIIe s.), sur le côté S. de la place, abrite aujourd'hui la Banque de France.

2 C - Au cœur du vieil Avignon

L'étroite **rue Peyrolerie** (plan C 2), taillée dans le roc, passe sous l'arceau d'un énorme contrefort épaulant l'aile S du Palais des Papes puis au pied de la tour Saint-Laurent et débouche sur la petite **place de l'Amirande** (ou de la Mirande), toute écrasée par la masse du palais : sur la place (n° 2-4), l'**hôtel Pamard,** ou **de Vervins,** a été élevé en 1687 par *Pierre Mignard.*

La courte rue des Ciseaux d'Or, à dr., conduit à la place Saint-Pierre.

Le **musée Théodore Aubanel** (plan C 2), à dr., au fond d'une impasse, occupe l'ancienne livrée construite au XIVe s. par le *cardinal de Praeneste* et considérablement remaniée depuis.

La présence en Avignon d'une université florissante, la tolérance assez large qui s'était exercée en matière d'édition sous le débonnaire gouvernement pontifical, faisaient de la cité, au XVIIIe s., un lieu prospère de l'édition et du commerce du livre : en 1756, on comptait ainsi 20 imprimeurs en Avignon et 33 seulement à Paris.
C'est dans ce contexte qu'en 1744 Antoine Aubanel (1724-1804) fonde une petite librairie; admis en 1756 au nombre des Maîtres-Imprimeurs et nommé en 1780 seul imprimeur du pape, il imprimera jusqu'à la Révolution le Courrier d'Avignon, *un des plus célèbres journaux français de l'époque. Aussi entreprenant que son père auquel il succède, Laurent Aubanel (1784-1864) perfectionnera les procédés typographiques par l'invention de la « lettre à pont »; esprit universel, il vendra une très belle collection de tableaux pour se procurer les fonds nécessaires au percement d'un tunnel sous le mont Cenis, entreprise tout de même trop considérable qu'il devra abandonner.*
*Éditeur comme son père et son frère Charles (son second frère, Joseph, est connu comme peintre), Théodore Aubanel (1829-1886) est d'abord un poète; provençal, il s'attachera à la renaissance de sa langue et sera l'un des sept fondateurs du Félibrige. Il a laissé trois pièces dramatiques et trois recueils de poésie lyrique, dont le célèbre « Li Fiho d'Avignoun » (*Les Filles d'Avignon, *1885), belle œuvre qui fut suspectée de paganisme et dont il dut brûler le tirage sur ordre de l'archevêque. La maison Aubanel est aujourd'hui encore dirigée par ses descendants.*

MUSÉE AUBANEL — ÉGLISE ST-PIERRE

Visite : gratuite, t.l.j. de 9 h à 11 h; fermé sam., dim. et jours fériés ainsi qu'en août. Sonner au n° 5. L'après-midi, visite sur rendez-vous : ☎ 84-46-26.

La **1re salle** est consacrée à *Théodore Aubanel* : manuscrits, bureau, objets personnels, portraits par son frère *Joseph*, correspondance avec les autres fondateurs du Félibrige. — Les **deux autres salles** évoquent l'histoire de la maison Aubanel, éditeurs-imprimeurs : presse à bras du début du XIXe s., manuscrits (à partir du XIIIe s.), collection de livres rares, dont un bel incunable; elles abritent quelques meubles provençaux et une ★**Annonciation** par *Finsonius* (1613).

L'★**église Saint-Pierre** (plan C 2), reconstruite à partir de 1358 et continuée jusqu'en 1525, est du type gothique méridional; en 1854, on perça le mur du fond des chapelles S. pour agrandir l'édifice d'un collatéral. Le **clocher** (fin du XIVe s.) est le plus beau d'Avignon. Sa belle façade de la fin de l'époque gothique (1512), d'après les plans du peintre *Philippe Garcin*, est une réplique enrichie du portail latéral de l'ancienne cathédrale de Carpentras; elle est ornée d'une jolie statue de la Vierge, en pierre, attribuée à *Péru* (ou parfois à *Bernus*).

Les ★**vantaux** des portes sont de très belles œuvres de la Renaissance; sculptés en 1551 par *Antoine Volard*, ils représentent saint Jérôme, saint Michel, la Vierge et l'Ange de l'Annonciation.

Sous la tribune de l'orgue, deux tableaux cintrés de *L. Parrocel*, jadis placés dans les travées du cloître disparu, représentent des scènes de la **vie de saint Antoine de Padoue**; ils appartiennent à une suite de dix toiles dont les autres sont conservées dans la sacristie. Sur les murs séparant à dr. les anciennes chapelles latérales, **Adoration des Bergers** de *Simon de Châlons* et **Immaculée Conception** de *N. Mignard*.

Dans la 2e chapelle de g., tableau de *N. Mignard* (Sainte Barbe et sainte Marguerite) et vitrine renfermant, entre autres, la dalmatique et le chapeau cardinalice du bienheureux Pierre de Luxembourg.

Belle **chaire** du XVe s., en pierre blanche sculptée; les statuettes gothiques, de provenances diverses, qui en décoraient les niches, ont été déposées au Palais des Papes après le vol de deux d'entre elles.

Le **chœur** est orné de boiseries exécutées sur les dessins de La Valfenière par *François Gallois* (1634-1659), *Mathieu Trentoul*, *Esprit* et *Sébastien Laffamant* (1667), formant un somptueux ensemble qui encadre 15 grands tableaux et 24 petits panneaux peints (fleurs et architectures); derrière le maître-autel, Saint Pierre recevant les Clefs, par *G.-E. Grève* (1635).

A g. du chœur, une chapelle abrite un **retable en pierre** d'*Imbert Boachon* (1526; les statues sont modernes). A dr. du chœur, dans la chapelle des Galéans, aménagée vers 1430, autel supportant une belle **Mise au tombeau** du milieu du XVe s.

Le **quartier de la Banasterie** (des fabricants de **banastes**, vanneries, dont la corporation comptait ici de nombreux représentants), attachant mais d'un calme qui confine à la léthargie, s'étend au N.-E. de l'église Saint-Pierre. Le va-et-vient des calèches ou carrosses a disparu et l'animation qui devait y régner jadis n'y semble plus qu'un souvenir, mais il conserve **quantité de vieux hôtels** des XVIIe et XVIIIe s.

La **rue de la Banasterie** (plan C 2-D 1) en constitue l'artère principale. Au n° **12** bis, sur une placette, une tourelle d'escalier est le seul reste de l'église Saint-Symphorien, désaffectée en 1792. Presque en face, au n° 13, *hôtel de Madon de Châteaublanc, bâti en 1687 sur les plans de *Pierre Mignard;* le pavage de la cour représente la comète de Halley, dont le passage fut observé en 1758. Plus loin, au n° 25, autre bel hôtel de la fin du XVIIe s.

La *chapelle des Pénitents Noirs (plan D 1), construite en 1739 par *Thomas Laîné* et *J.-B. Franque,* est sans doute le plus intéressant monument de style baroque en Avignon.

Fondée en 1586, la confrérie des Pénitents Noirs de la Miséricorde s'était donné pour mission essentielle d'assister les condamnés à mort et de secourir les aliénés (dont l'hospice, auj. occupé par la prison, est tout à côté) et les prisonniers; elle avait entre autres le privilège de faire gracier chaque année un de ceux-ci, le jour de la fête de la décollation de saint Jean-Baptiste, son saint patron. Elle subsista jusqu'en 1948.

Visite : s'adresser au conservateur des Antiquités et Objets d'art, au Palais du Roure.

La **façade** est ornée d'une gloire parsemée d'angelots et au centre de laquelle figure la tête tranchée de saint Jean-Baptiste.
L'**intérieur** offre une somptueuse décoration, plus mondaine que religieuse. Dans le vestibule, autel du XVIIe s. De belles **boiseries** blanc et or encadrent de nombreux tableaux : Sainte Madeleine, Crucifix, Visitation, Assomption, Saint Pierre, par *N. Mignard;* Saint Antoine de Padoue prêchant les idolâtres; Saint Sébastien et saint Roch aux pieds de la Vierge, Ascension, Saint Antoine guérissant des malades, par *Pierre Parrocel;* Sainte Famille, Saint Guillaume, Saint Jean-Baptiste dans le désert, en prison et baptisant le Christ, par *Reynaud Levieux;* au plafond, Apothéose de saint Jean-Baptiste par *Pierre Courtois;* dans la sacristie, lavabo en marbre, par *Mazetti,* et belles boiseries en noyer.

En revenant par le même chemin, vous pourrez faire un petit détour à dr. pour aller voir, au n° 5 de la **rue du Four**, l'**hôtel Galéans des Issarts**, œuvre de *Pierre Mignard* (fin du XVIIe s.), précédé d'une cour. Aussitôt après, la rue Sainte-Perpétue, à dr., conduit d'abord à la **rue Sainte-Catherine** (aux n° 6-10), restes du couvent de cisterciennes de ce nom, avec une chapelle de la fin du XIVe s. occupée par un garage et un cloître du XVIIIe s.), puis à la rue de la Croix que vous suivrez à dr.

Place de la Bulle, au n° 3, hôtel de Bianchetti (XVIIIe s.); charmante Vierge à l'Enfant à l'angle de la place (nombreuses sont les façades avignonaises qui en comportent). **Rue de la Croix**, au n° 9, l'ancien **hôtel de Beaumont** fut habité par Richelieu pendant sa disgrâce de 1617-1618; au n° 13, l'**hôtel de la Condition des soies** précède la face arrière du **Mont-de-Piété**, fondé en 1610 (beau portail sur la rue Saluces); en face, n° 14, hôtel de Massilian (fin du XVIIe s.).

Revenez sur vos pas jusqu'à la rue Armand-de-Pontmartin (à g.); à l'angle de la **rue du Gal**, à dr., l'Office des HLM occupe un bel hôtel du XVIIIe s.; la rue A.-de-Pontmartin ramène à la place Carnot, à côté de l'église Saint-Pierre.

L'*hôtel de Rascas, à l'angle de la rue des Marchands (plan C 2) et de la rue des Fourbisseurs, est la seule construction à colombages et en encorbellement qui subsiste en Avignon; construit aux XIVe-XVe s., il conserve de beaux **plafonds peints**, restaurés, visibles dans la confiserie.
Sur la **place Saint-Jean** (plan D 2), la **tour Saint-Jean-le-Vieux**,

ÉGLISE ST-DIDIER

du début du XIVe s., est le seul reste d'une commanderie des Hospitaliers de Saint-Jean de Jérusalem démolie en 1898.

Revenez vers le centre par la rue du Vieux-Sextier.

La **rue du Vieux-Sextier** (plan CD 2) conserve plusieurs façades intéressantes : le n° **24-22**, bâti pour servir de boucherie, offre une décoration appropriée; n° **20** et **33**, façades de l'époque Louis XV; n° **10**, un magasin *Prénatal* occupe l'ancienne église Saint-Geniès, construite par *Franque* en 1737. La **rue Rouge**, que l'on traverse ensuite, tirerait son nom du flot de sang consécutif aux massacres de Charles Martel en 737.

Sur la **place de la Principale** (plan C 3), l'ancienne paroissiale Notre-Dame-de-la-Principale, par la suite **chapelle des Pénitents Blancs**, n'offre plus qu'une banale façade du XIXe s. Construite au XIVe s. mais très mutilée, elle est un des lieux scéniques du Festival et ne conserve qu'un joli clocher à étage octogonal et à flèche (mieux visible depuis le bas de la place).

Sur la **place du Change** (au n° **16**, intérieur de pharmacie de 1786) s'ouvre la **rue Devéria** (plan C 2-3) : au n° **5**, ***maison du notaire Salviati**, très jolie construction de la fin du XVIIe s. occupée par l'Académie de Vaucluse. Plus loin à g., dans la **rue Figuière** (n° **5**), l'ancienne chapelle Saint-Antoine (XIVe s.), reste d'un hospice consacré aux personnes atteintes du « mal des ardents » et où fut inhumé en 1449 le poète Alain Chartier, est occupé par un cinéma et un institut universitaire.

L'***église Saint-Didier** (plan C 3) est une des plus grandes églises de style gothique méridional de la région — et l'un de ses exemples les plus achevés. Construite de 1356 à 1359 aux frais de la succession du cardinal *Bertrand de Déaux*, elle offre un extérieur fort simple où la toiture de la nef est dissimulée par un parapet percé de meurtrières; beau clocher du XIVe s.

L'**intérieur** est d'une nerveuse élégance. Au revers de la façade, grande tribune d'orgue de la fin du XVe s.

Côté dr. — 1re chapelle : ***retable de Notre-Dame du Spasme** (c'est-à-dire de l'évanouissement de la Vierge devant le Christ montant au Calvaire) exécuté en 1478 aux frais du roi René pour les Célestins par *Francesco Laurana* : c'est une des plus anciennes œuvres de la Renaissance en France; de chaque côté, statues (XVe s.) de saint Benoît et de saint Pierre-Célestin. — 3e chapelle : **Descente du Saint-Esprit**, tableau sur bois de *Simon de Châlons*.

Chœur : très beau maître-autel en marbre sculpté par *J.-B. Péru* (1750) provenant des Célestins. Statues de saint Jean-Baptiste et saint Bruno (XVIIIe s.) provenant de la chartreuse de Villeneuve. Dans l'abside, **Couronnement d'épines**, tableau sur bois de *Simon de Châlons* (1563) et vestiges imposants du **tombeau** du fondateur de l'église, le cardinal de Déaux († 1355), retrouvés en 1972 derrière les boiseries. Dans le sanctuaire, à dr., Adoration des Mages, toile de *Mignard*. A. g. du chœur, Sainte Famille, par *Sauvan*.

Côté g. — 5e chapelle : statue de saint Bénézet, par *Jean Péru* (vers 1700); vitrail moderne représentant la construction du célèbre pont. — 2e chapelle : restes de l'enfeu d'un tombeau dû à *Ferrier Bernard* (fin du XVe s.). — 1re chapelle : ***fresques** de la fin du XIVe s., découvertes en 1953 : en haut, le prophète Sophonie surmonte une Déposition de Croix entourée d'anges adorateurs; à dr., Vierge de l'Annonciation, Saint Grégoire, Saint Jean-Baptiste.

Rue du Prévôt, vis-à-vis du flanc S. de l'église, s'élève le puissant bâtiment de la **livrée de Ceccano** où séjourna vers 1632 le célèbre jésuite allemand *Athanasius Kircher* (1601-1680), physicien, inventeur de la lanterne magique et d'une machine à écrire; il installa ici un des premiers observatoires de France.

2 D - Ursulines, Cordeliers et Célestins

L'***hôtel de Berton de Crillon** (plan C 3), au **7** de la **rue du Roi-René,** est un des plus beaux de la ville; élevé au milieu du XVIIe s. par l'architecte génois *Domenico Borboni,* il offre une façade richement sculptée par *Jean-André Borde;* vous pourrez jeter un coup d'œil sur la cour, pavée de calade, et son escalier à double révolution.
L'**hôtel de Fortia de Montréal** (en face, n° 8-10), au décor moins chargé, a été bâti en 1637 par *François de Royers de la Valfenière;* au n° 12, l'**hôtel d'Honorati de Jonquerettes,** du XVIIIe s., compose avec les deux précédents un ensemble de grande allure.

La **maison du roi René** (n° 11) est constituée par un ensemble de bâtiments — dont l'ancienne livrée du cardinal de Verviers — acquis successivement par le roi qui entreprit, en 1476, d'y installer une somptueuse demeure.
Plusieurs peintres y travaillèrent en permanence jusqu'à la mort du roi (1480), dont **Nicolas Froment** qui y peignit en 1477 un « combat de naves turquesques et chrestiennes » et, disent les archives, diverses autres « painctures à plaisance », dont rien n'a encore été retrouvé. Un très beau **plafond peint** à la même époque et figurant les armoiries du roi, celles de la reine et toute une série de monstres, hybrides et grotesques, peut-être œuvre de *Roumier* (qui travailla à Aix pour le roi), a été dégagé en 1908. Occupée par un couvent d'Ursulines de 1623 à la Révolution, la maison du roi a subi au cours des temps quantité de réaménagements; décors des XVIIe et XVIIIe s., enduits et badigeons du XIXe, restructurations diverses ont considérablement altéré l'agencement et la décoration de cette demeure dont le service des Monuments Historiques a entrepris le sauvetage.

Sur le côté S. de la rue du Roi-René s'élevait jadis le **couvent de Sainte-Claire :** c'est dans la chapelle que *Pétrarque* aperçut *Laure* pour la première fois, le 6 avril 1327 (plaque n° 22).

La **rue de la Masse** prolonge la rue du Roi-René : au n° 19, l'ancien **hôtel de Salvador,** bâti par *J.-B. Franque* au début du XVIIIe s., conserve un bel escalier; au n° **38, hôtel de Salvan-Isoard.**

La rue de la Masse débouche dans la rue Bonneterie : avant de suivre celle-ci à dr., vous pouvez aller voir, au **37, rue du Four-de-la-Terre,**

RUE DES TEINTURIERS

l'hôtel de Montaigu, construit à la fin du XVIIe s. par *Royers de la Valfenière* (très bel escalier, plafond en gypserie; à l'étage, décoration peinte de l'École française).

Le clocher gothique du **couvent des Cordeliers** (plan D 3) domine le carrefour dit du Portail-Peint (du nom de l'une des portes de l'enceinte du XIIIe s. dont le tracé suivait les actuelles rues des Lices et Philonarde).

Avec une chapelle et quelques bâtiments conventuels, il est le seul reste de ce couvent partiellement détruit à la Révolution (et auj. occupé par le collège Saint-Joseph) où une légende place le **tombeau de la Laure** de Pétrarque († 1348); le poète lyonnais *Maurice Scève* prétendit en 1533 avoir retrouvé sa tombe, ce qui motiva, dit-on, une visite de François 1er la même année.

La ***rue des Teinturiers*** est sans doute l'une des plus attachantes d'Avignon; ombragée de platanes, elle longe un bras de la Sorgue où baignent encore plusieurs des roues à aubes qui, aux XVIIIe et XIXe s., fournissaient la force motrice nécessaire à des fabriques d'indiennes.

La **chapelle des Pénitents-Gris** (plan D 3), au n° 8, appartient à la plus ancienne confrérie d'Avignon, la seule qui subsiste encore.

Fondés en 1226 après le sanglant siège de Louis VIII, les Pénitents Gris — dont fit plus tard partie le cardinal-légat Julien de la Rovère — constituent la première des nombreuses confréries qui animèrent autrefois la vie religieuse en Avignon : 1488, Pénitents Noirs dits « Florentins »; 1527, Pénitents Blancs (dont firent partie plusieurs rois); 1557, Pénitents Bleus (issus de rivalités entre les précédents); 1586, Pénitents Noirs de la Miséricorde; 1622, Pénitents Violets (fondés par des Pénitents Bleus dissidents); 1700, Pénitents Rouges. La plupart furent supprimés à la Révolution.

La chapelle comporte un vestibule moderne, un vestibule ovale du XVIIe s., une travée hexagonale du XVIe s. avec, à g., une chapelle du XVe s., enfin une nef moderne. Son intérêt réside surtout dans quelques belles toiles : Saint Paul sur le chemin de Damas, tableau de 1585 attribué à *Simon de Châlons;* Vierge, par *Nicolas Mignard;* quatre tableaux de saints, par *Pierre Parrocel;* Visitation, Saint Benoît, Saint Ignace, par *Nicolas Mignard;* Supplice de Saint Geniès, attribué à *Pierre Parrocel.*

Rue des Teinturiers, au n° 26, belle maison de 1493 dont les créneaux et échauguettes évoquent le Petit-Palais.

La **rue des Lices** (plan CD 4-D 3) ramène vers le centre. Au n° 21 G, l'ancienne chapelle du Verbe-Incarné, bâtie en 1725 par *J.-B. Franque,* abrite auj. une église évangélique.

L'**école des Beaux-Arts** (plan D 3), à côté, est installée dans une partie des bâtiments (1753) de l'ancienne **Aumône générale,** hospice de vieillards fondé au XVIe s. : la ***cour*** est bordée sur deux côtés de façades offrant quatre étages de galeries à arcades.

La rue des Lices atteint, un peu plus loin, un carrefour où s'ouvrent à g. la place des Corps-Saints (ci-après) et, à dr., la **rue des Trois-Faucons** où subsistent plusieurs beaux hôtels du XVIII⁰ s. : n° **14, hôtel de Luynes;** n° **7, hôtel de Ribas;** n° **6, hôtel de Rochegude.**

L'ancien **couvent des Célestins** (plan C 4), au fond de la place des Corps-Saints, est encore partiellement occupé par la cité administrative.

Il fut fondé en 1393 par la reine de Sicile sur l'emplacement du cimetière des pauvres où le cardinal Pierre de Luxembourg, mort en odeur de sainteté à dix-neuf ans, en 1387, avait été inhumé. Sa tombe était en effet devenue l'objet d'une grande vénération et des miracles s'y seraient accomplis. L'église fut construite de 1396 à 1425 par l'architecte lyonnais Perrin Morel aux frais de Charles VI, de son frère le duc d'Orléans et surtout du cardinal de Brogny.

L'**église,** malheureusement fermée, appartient, chose exceptionnelle dans la région, au style gothique du Nord; elle comporte un chœur pentagonal (très belle voûte de la fin du XIV⁰ s.) et un transept de la plus grande élégance, une nef de trois travées, flanquée d'un seul bas-côté au S. et de trois collatéraux au N., enfin plusieurs chapelles élevées au cours du XV⁰ s. L'abside offre de curieuses dispositions défensives. A dr. de la façade, **portail** monumental du XVII⁰ s., au fronton décoré d'un écusson aux armes de la France.

2 E - Palais du Roure et musée Calvet

☐ Le ***palais du Roure** (plan B 2), construit à la fin du XV⁰ s., offre une haute façade gothique dont la simplicité fait mieux ressortir la délicatesse de sa ***porte flamboyante** que des branches de mûrier stylisées encadrent d'un bel entrelac.

Il y avait là, au XIV⁰ s., une taverne dont Pierre Baroncelli, banquier florentin, fit l'acquisition en 1469 avec deux petites maisons attenantes, et dont il confia la reconstruction au maître-maçon avignonnais Antoine La Coque. Après avoir subi d'importantes modifications au début du XVII⁰ s., l'hôtel de Baroncelli-Javon fut, de 1891 à 1899 le siège de la rédaction de L'Aïoli, le journal félibréen fondé par Mistral et le marquis Folco de Baroncelli-Javon; ceux-ci donnèrent à l'hôtel le nom de palais du Roure, sans doute en souvenir du collège de ce nom (V. ci-après, la préfecture). Vendu en 1909 à une société immobilière qui en enleva boiseries et peintures, le palais fut acheté en 1918 par Mme Jeanne de Flandreysy qui y rassembla d'importantes collections d'imprimés, de manuscrits et de souvenirs du Félibrige. Elle y reçut quantité d'écrivains et de peintres : le prêtre-poète Louis Le Cardonnel y passa la fin de sa vie et y mourut en 1936; Léo Larguier y vécut le temps de la guerre de 1939-1944. Ses collections et la riche bibliothèque gallo-romaine de l'historien et archéologue Émile Espérandieu (1857-1939), mari de Mme de Flandreysy, constituèrent le fonds (encore enrichi depuis, notamment par la bibliothèque de l'archéologue Fernand Benoît) d'un centre d'études qu'elle légua à la ville, avec le palais, en 1944.

Visite : au cours des visites-conférences réalisées par les guides de la CNMH ou sur demande à la conservation. ☎ 81-28-15. La bibliothèque est ouverte t.l.j. de 9 h à 12 h et de 14 h à 18 h sauf sam. et dim.

Centre d'études archéologiques, de littérature provençale et de folklore, le palais du Roure possède un petit **musée** rassemblant toute une collection

de cloches de Provence; on y voit aussi **Le Christ aux outrages,** toile célèbre du peintre belge *Henri de Groux* (1867-1930).
Devant le palais, sur la place Louis Le Cardonnel, un buste en marbre de Mistral par *J.-P. Gras* a été érigé en 1930 à l'occasion du centenaire du poète.

La **préfecture** (plan B 3) occupe, de part et d'autre de la rue Viala, deux beaux hôtels : au N., l'**hôtel de Forbin de Sainte-Croix,** reconstruit au début du XVIIIe s. par *J.-B. Franque* et décoré par *Thomas Laîné*, avait été au XIVe s. la résidence du cardinal-évêque de Poitiers qui fit construire l'arceau réunissant les deux parties de la livrée au-dessus de la rue Bouquerie; il abrita à partir de la fin du XIVe s. le **collège du Roure** fondé par le cardinal Julien de la Rovère (d'où vient le nom de Roure); au S., l'**hôtel Desmarets de Montdevergues,** de la fin du XVIIIe s., avec un beau balcon de fer forgé.

Par la rue Bouquerie, le Plan de Lunel et la rue de Petite-Calade, gagnez la rue Joseph-Vernet.

▪ Le ****musée Calvet** (plan B 3) est installé dans l'hôtel construit de 1742 à 1754 par **Jean-Baptiste** et **François Franque** pour le marquis Joseph-Ignace de Villeneuve-Martignan.
C'est un élégant bâtiment, avec cour d'honneur pavée de calade et jardins, dont le style français contraste avec les hôtels plus anciens de la ville qui sont d'une architecture très influencée par l'Italie. Après bien des vicissitudes, l'hôtel, racheté par la municipalité, accueillit en 1835 les collections publiques qui se trouvaient trop à l'étroit dans le couvent bénédictin de Saint-Martial.

Le fondateur du musée est l'Avignonais Esprit Calvet *(1728-1810) qui était professeur agrégé à la faculté de médecine de l'Université d'Avignon. Outre ses remarquables qualités professionnelles, il était également humaniste, archéologue, numismate et naturaliste. Il réalisa à sa mort l'intention qu'il n'avait cessé d'avoir « depuis l'âge de quinze ans » et qu'il avait répétée dans onze testaments successifs : doter sa ville natale d'une bibliothèque choisie mettant à la disposition de tous les moyens d'approfondir leur culture. Il créa ainsi une fondation d'un type très original, établissement indépendant et administrativement autonome géré par un conseil d'administration sur le modèle des* Trustees *anglo-saxons. Il avait demandé que ses « cabinets » d'histoire naturelle, d'antiques et de numismatique puissent être visités : c'est de là qu'est né le musée proprement dit, qui s'est développé par la suite, tant grâce à de judicieux achats que par des dons importants.*

Visite : payante, t.l.j. sauf mardi, de 9 h à 12 h et de 14 h à 17 h (en hiver) ou 18 h (en été); entrée gratuite le dimanche. — La bibliothèque est ouverte aux chercheurs t.l.j. non fériés de 9 h à 12 h et de 14 h à 18 h 30.

Conservation : *M. Georges de Loÿe,* Conservateur en chef, assisté de *M. H. Algiéri* pour les musées et de *M. F. de Forbin* pour les bibliothèques. ✆ 86-33-84.

Le **museum Calvet,** formé par la réunion des bibliothèques et des musées de la ville, constitue un foyer artistique et intellectuel extrêmement actif. De nombreuses expositions y sont organisées qui touchent aussi bien à l'art classique qu'à des modes d'expression contemporains, ou intéressent l'histoire locale et régionale. Quant au musée lui-même, « les tableaux sont placés de manière charmante, dans de grandes salles qui donnent sur un jardin solitaire, lequel a de grands arbres. Il règne en ce lieu une tranquillité profonde qui m'a rappelé les belles églises d'Italie : l'âme, déjà à demi séparée des vains intérêts du monde, est disposée à sentir la beauté sublime » (Stendhal, *Mémoires d'un Touriste*).

*De grands **projets de transformation** et d'équipement culturel et muséographique d'Avignon sont **en cours de réalisation** et vont modifier grandement l'actuelle présentation des musées. La description qui suit subira de ce fait d'importantes modifications au cours des années à venir. Déjà les 60 primitifs des Écoles d'Avignon et d'Italie ont rejoint la collection Campana au Petit-Palais. Le transfert de la bibliothèque dans un autre local (livrée Ceccano et ancien collège des Jésuites) devrait être achevé vers 1981 : le musée pourra ainsi doubler la surface dont il dispose pour la présentation des œuvres d'art du XVIe s. à nos jours.*

Rez-de-chaussée

Vestibule. — Buste de Calvet, par *Péru* (1771), et quelques sculptures du XIXe s. (*Rodin, Bosio;* artistes avignonais). À l'extrémité dr. du vestibule, grille de style Louis XV provenant de l'ancienne église des Cordeliers. De part et d'autre de cette grille, bustes des peintres Joseph Vernet, par *Brian* (1825), et Horace Vernet, par *Thorwaldsen* (1825).

Salle de la ferronnerie. — Magnifique *collection de ferronnerie (plus de 6 000 pièces, dont une petite partie seulement est exposée), formée et léguée par le serrurier d'art *Noël Biret*, à laquelle s'ajoutent un certain nombre de pièces acquises directement par le musée : marteaux de portes et heurtoirs depuis le XIVe s.; nombreuses serrures gothiques, Renaissance ou modernes; grilles de fenêtres du Moyen Age; potences d'enseignes, de lanternes et de poulies depuis le XVe s.; pièces de maîtrise; montres, horloges, etc.; deux boîtes à missel de la fin du XVe s. avec, à l'intérieur du couvercle, des gravures sur bois (Sainte Madeleine, Messe de saint Grégoire); coffrets en fer ou en cuivre gravé.

Salle des antiquités grecques (au fond à g.). — Les objets exposés proviennent principalement de la *collection Nani* : *Femme se coiffant (début du IVe s. av. J.-C.), *Femme à la poupée (vers 360 av. J.-C.), Naufrage (IIe s. av. J.-C.), *Repas funèbre (Ier s. av. J.-C.), etc. Reliefs votifs : Trois muses dans une grotte (fin Ve s. av. J.-C.), Héros assis (début IVe s. av. J.-C.), Homme debout avec son manteau sur l'épaule (vers 350 av. J.-C.), Enfant au bucrane (début du Ier s.), ex-voto à Cybèle (Asie Mineure, IVe s. av. J.-C.). *Décret de proxénie pris par Démosthène en faveur de trois généraux mégariens, le 2 juin 339 av. J.-C., pièce d'une insigne rareté. Statues d'Athéna (copie romaine du Ier s. av. J.-C.), de Jupiter héliopolitain (Syrie, IIIe s. ap. J.-C.). Urnes cinéraires étrusques en forme de tombeau.

Au fond, dans un **petit salon** dit méridienne, conservant intact un ravissant *décor Louis XVI, *réplique antique de l'**Apollon sauroctone** de Praxitèle (vers 350 av. J.-C.) et, dans les armoires, céramiques grecques et italiotes.

Revenez au vestibule : à l'extrémité opposée s'ouvre à dr. une enfilade de salons en retour sur le jardin.

1er salon. — *Œuvres de *Joseph Vernet* (1714-1789) : La Bergère des Alpes, six grands panneaux, marines. Portraits de Joseph Vernet et de sa femme par *Van Loo;* buste en marbre du peintre *S.-L. Boizot* et son portrait par Mme *Labille-Guiard*.

MUSÉE CALVET

Fils d'Antoine, humble peintre de fleurs et d'armoiries, Joseph Vernet naquit en Avignon d'une famille de vingt-deux enfants; ce sont ses vues des ports de France qui constituent l'essentiel de son œuvre. D'autres de ses toiles, des œuvres de son père, de son fils Carle *et de son petit-fils* Horace *sont exposées dans la grande galerie de l'étage.*

Dans la vitrine, buste d'enfant attribué à *Desiderio da Settignano* (XVe s.) et statuettes en bronze du XVIe s.

2e salon. — Important *ensemble de **Hubert Robert** (1733-1808) : les Quatre Saisons, Abreuvoir dans un temple en ruine, Tant va la cruche à l'eau, Le Colisée et l'arc de Constantin. De *Panini* (École romaine, 1695-1768), Dévouement de Marcus Curtius, Aumône à Bélisaire.

3e salon. — Cet ancien « salon de compagnie » conserve de très belles **boiseries et décors du XVIIIe s.,** avec du mobilier de l'époque; toiles de *Grimou, Parrocel, Sauvan,* etc.

4e salon. — Boiseries et décors Louis XV, mobilier du XVIIIe s. Peintures : *Baron Gérard,* *portrait présumé **de la reine Hortense enfant;** *Duplessis* (de Carpentras), portrait de Lassone, médecin de Louis XVI, *portrait inachevé **de Péru,** portrait de l'abbé Claude-Siffrein Duplessis (oncle du peintre); *Jean Pillement,* deux paysages (1793); *J.-B. Regnault,* l'Éducation d'Achille; *Devéria,* portrait de Calvet.

5e salon. — C'est l'ancien **salon de Calvet,** avec son bureau et une partie de sa bibliothèque; meubles du XVIIIe s. Portrait de Mme Grassini, par *Mme Vigée-Lebrun;* esquisse de *Vien;* Vue de la place du Palais des Papes en 1766 par *Gordot;* très curieuse peinture en trompe-l'œil (1686) par *Forbera.*

Traversant une petite pièce annexe, gagnez l'aile E., construite sur le jardin pour agrandir le musée en 1890-1900. Les trois salles en enfilade sont réservées aux nouvelles acquisitions et, de temps en temps, à des expositions temporaires; des modifications constantes sont de ce fait apportées à la présentation.

1re salle. — Au sol, mosaïque gallo-romaine du IIe s. provenant de Vaison (très restaurée) et représentant Narcisse se mirant dans la fontaine. Au mur, cheminée en stuc (XVIe s.) et peintures de la 1re moitié du XIXe s. : *C.M. Dubufe,* Apollon et Cyparisse (1821); *Carle Vernet,* Passage du torrent par un cosaque (1825); *P. Huet,* Paysage d'Auvergne (1841); *F.-M. Granet,* Réception de Jacques de Molay au Temple (1843); *P. Grivolas,* Marché à Avignon (1868), etc.

2e salle. — Nouvelles acquisitions de peinture des XVIIe et XVIIIe s. *Nicolas Mignard,* les quatre Saisons, Apollon et Daphné, Apollon et le roi Midas, Le Supplice de Marsyas : ces sept tableaux font partie d'une suite de vingt-et-un que l'artiste avait peinte en 1658-1659 pour le grand salon de l'hôtel de Tonduti à Avignon. *Subleyras,* Alexandre et son médecin; *Sicardi* (d'Avignon), portrait d'homme; *Peyron,* Curius Dentatus et les Samnites. Deux vues générales d'Avignon, l'une de 1700 *(P. Bonnard),* l'autre vers 1765. *A.-S. Noël,* Tempête, Le Soir. *Van Loo,* portrait de Livio, fils aîné de Joseph Vernet, etc.

3e salle. — Au centre, grande vitrine de vases chalcolithiques (vers 2000 av. J.-C.) trouvés lors de l'affouillement de la place du Palais des Papes en 1972. Sur les murs, peintures contemporaines de *Anfosso, Bergeo, Bret, Cassaza, Delcourt, Gérardin, Kischka, Rodde,* etc.

Galeries de préhistoire locale. — Au **rez-de-chaussée, salle de présentation** des techniques de fouilles (sites de Terra Amata pour le Paléolithique et de Roaix pour le Néolithique); au centre, **deux sépultures :**

l'une néolithique (IIIe millénaire av. J.-C.) provenant du quartier de la Balance à Avignon, l'autre d'un chef guerrier du 2e quart du 1er s. av. J.-C. (Saint-Laurent-les-Arbres, Gard) contenant un important mobilier : casque, épée, lance, umbo de bouclier, poignard, simpulum, assiettes, vases, urne cinéraire.
Dans l'**escalier**, carte des gisements préhistoriques du pays de Vaucluse.
Au début de la **galerie basse**, vitrines didactiques de phylogénie humaine.
Ensuite, les travées se présentent dans l'**ordre chronologique** : Paléolithique inférieur (des origines à 350 000 av. J.-C.), moyen (350 000 à 50 000 av. J.-C.), supérieur (50 000 à 10 000 av. J.-C.). Dans la première vitrine à dr., faune et outillage de la grotte du Vallonet, le plus ancien gisement connu en Europe (période Villafranchienne, env. 1 million d'années).
Dans la **galerie supérieure**, le déroulement chronologique se poursuit : Epipaléolithique (10 000 à 5 000 av. J.-C.) suivi d'une vitrine didactique d'anthropologie, puis les périodes néolithique (5 000 à 2 500 av. J.-C.) et chalcolithique (2 500 à 1 800 av. J.-C.). Enfin l'Age du bronze (1 800 à 900 av. J.-C.) qui termine la longue période de nos origines, la suivante (Age du fer) faisant partie de la Protohistoire.
La **dernière salle** rassemble les *** stèles anthropomorphes chalcolithiques** (vers 2 000 av. J.-C.), témoignage d'une civilisation qui s'est développée dans la basse vallée de la Durance (Avignon, l'Isle-sur-la-Sorgue, Puivert, Sénas, Orgon).

Revenez au hall d'entrée.

Escalier. — *Joseph Vernet*, deux marines; *Lajoue*, deux marines; *Horace Vernet*, Joseph Vernet étudiant une tempête, attaché au mât du navire. ***Tapisserie des Gobelins**, par Cozette, d'après *de Troy* : Jason coupe la toison d'or. Buste de Paul Claudel enfant, par sa sœur *Camille Claudel*, élève favorite de Rodin. Buste de vieillard, bronze par *A. Boucher.*

Étage : grande galerie de peinture

École flamande, XVIe s. — *Joes Bellinc*, la Création. **Pierre Breughel le Vieux,** la ***Kermesse**, le ***Cortège nuptial** (répliques d'atelier).

École flamande, XVIIe s. — *Joos Van Craesbeeck*, les Deux Ages. **D. Teniers**, Intérieur de cabaret. *J.-F. Voet* (attrib.), Marie Mancini, Cardinal Al. de Richelieu (frère du ministre). *Van Bloemen*, Paysage avec rivière, Paysage montagneux.

École hollandaise, XVIIe s. — *Ad. Brouwer*, Intérieur de cabaret. *G. Van den Eeckhout*, le ***Calvaire**. *Honthorst*, le Goût. *Van der Neer*, Effet de lune. *Ferd. Bol*, portrait d'un ecclésiastique. *C. Dusart*, le Fumeur. *Minderhout*, Port de mer.

École espagnole, XVIIe s. — *Fr. Herrera le Vieux*, le ***Marchand de balais**, Saint Pierre pleurant sa faute (copie). *Ribera*, ***Saint Pierre sauvé des eaux**. *Juan Carredo de Miranda*, portrait d'un archevêque de Séville.

École italienne, XVIe s. — *Ott. Cane*, Vierge à l'Enfant.

École italienne, XVIIe s. — *Magnasco*, ***Repaire de bohémiens**. *G. Serodine*, Décollation de saint Jean-Baptiste, Charité de saint Laurent.

École italienne, XVIIIe s. — *G. Panini*, ***Vue du Forum**. *Canaletto* (attrib.), Place Saint-Marc à Venise. *F. Zuccharelli*, Paysage. *Procaccini*, Saint Pierre guérissant sainte Agathe.

École française, XVIe s. — Petits portraits sur bois ou sur cuivre : Henri VII roi d'Angleterre. ***Cardinal de Châtillon**, par *Corneille de Lyon*.

MUSÉE CALVET

*Homme à la barbe rousse, par le *peintre de Rieux Châteauneuf*. *Capassini*, Femme à la collerette.

École française, XVIIe s. — *Charles* et *Henri Beaubrun*, portrait de la reine Marie-Thérèse d'Autriche. **Louis Le Nain**, *portrait d'une religieuse. *J. Courtois*, dit *le Bourguignon*, Étude pour un combat de cavalerie. *Séb. Bourdon*, *portrait de l'artiste, Chute de Phaeton et Bacchanales (esquisses). *M. Valentin*, Diseuse de bonne aventure. *J.-B. Santerre*, portrait de la marquise de Moulins-Rochefort. *Gaspard Dughet* dit *Le Guaspre Poussin*, deux paysages. *Pierre Mignard*, Mme de Montespan et le duc du Maine. **Nicolas Mignard**, portrait de l'artiste.

Nicolas Mignard (1606-1668) est né à Troyes mais, après un court séjour à Rome, c'est à Avignon qu'il fera carrière à partir de 1637. Ses deux fils naquirent en Avignon et devinrent des peintres estimés : Pierre (1640-1725), peintre de Marie-Thérèse, sculpteur et architecte, *et* Paul (1639-1691), *portraitiste et graveur qui travailla surtout en Angleterre.*

École française, XVIIIe s. — *Ad. Manglard*, Marine. *Esprit Calvet* (le fondateur du musée), Marine (d'après Manglard). *J. Valade*, portraits du marquis et de la marquise de Caumont. *Antoine Vernet*, Fleurs, écu. *Joseph Vernet*, deux *Marines.

École française, XIXe s. — *Carle Vernet*, *Course de chevaux libres à Rome, Chevaux effrayés par l'orage. *Horace Vernet*, *Mazeppa aux loups. *Louis David*, la *Mort de Bara (1794). *Boilly*, portrait en trompe-l'œil. *Géricault*, *Combat de Nazareth (1799, d'après une esquisse de Gros), Tête de femme. *Chassériau*, *Nymphe endormie (l'actrice Alice Ozy, 1850). *Ant. Chantron*, deux Vues d'Avignon. **Eug. Delacroix**, *Mise au tombeau (esquisse). *Daubigny*, les Iles Vierges à Bezons. *Corot*, *Paysage d'Italie. *Paul Guigou*, *portrait de l'artiste. *Isidore Dagnan*, Vue d'Avignon (1833). *Grésy*, Paysage près des Angles. **Éd. Manet**, *Nature morte : sombrero et guitare. *Eug. Carrière*, la Jeune mère. *Aligny*, Paysage mythologique. *Margottet*, portrait. *J.-F.-X. Bidault*, François Ier à la Fontaine de Vaucluse. Sculpture d'*A. Clésinger*, Femme piquée par un serpent : le modèle fut la célèbre « présidente », égérie d'un groupe d'écrivains sous le Second Empire, qui inspira dix-sept des poèmes des Fleurs du Mal.

Salle Joseph Rignault. — La *collection Joseph Rignault*, donnée au musée en 1947, comprend cinq *toiles de **Soutine**, ainsi que des peintures et dessins de *Boudin, Cézanne, H. Cros, H. Daumier* (Notre-Dame de Paris), *M. Denis, R. Dufy, C. Guys, M. Laurencin, A. Marquet, B. Morisot, Modigliani, Desvallières, Renoir, Rouault, Seurat, Seyssaud, Sisley, Toulouse-Lautrec, Utrillo, Vlaminck, Vuillard*, etc.

Salles modernes. — Lorsqu'elles ne sont pas occupées par des expositions temporaires, présentation d'œuvres contemporaines : *Al. André, Asselin, Baboulène, Bruneau, Y. Brayer, Brianchon, Chabaud, Dufresne, Fautrier, Gleizes, Gilles, Gritchencko, Guérin, Hermann-Paul, Rodde, H. de Waroquier;* tapisserie et peintures de *Vasarely*. Toiles d'artistes avignonais des XIXe et XXe s.

La **bibliothèque** (on ne visite pas) est une des plus riches de province; elle se compose de 260 000 volumes, 721 incunables, 6 000 manuscrits, 40 000 estampes, 32 000 autographes, 30 000 monnaies et médailles.

Nombreuses éditions rares du XVIe s. Collections formées par *E. Requien* sur l'histoire locale et l'histoire naturelle, œuvres de poètes provençaux.

■ Le **musée Requien**, qui jouxte le musée Calvet, n'est normalement ouvert qu'aux chercheurs. Parmi diverses **collections d'histoire naturelle**, il possède surtout un herbier célèbre, riche de plus de 200 000 plantes, où la flore provençale est particulièrement bien représentée.

La **rue Joseph-Vernet** est riche en beaux hôtels : au n° **58** (en face du musée), **hôtel des Taillades** (début du XVIIIe s.); au n° **64,** jolie petite maison du XVIIIe s. Plus loin, à l'angle de la rue Saint-Charles, vestiges de l'enceinte du XIIIe s. ; à côté (angle des rue Saint-Charles et Boussingault), la **chapelle Saint-Charles,** élevée par *J.-B. Franque* en 1758 et dont les voûtes plates sont remarquables, appartient à l'ancien Grand Séminaire (auj. annexe de la préfecture). Rue Joseph-Vernet, au n° **83,** hôtel **Lajard** (XVIIe s.); au n° **87, hôtel de Cambis** (XVIIIe s.).

Juste avant de déboucher sur le cours Jean-Jaurès, la rue Joseph-Vernet laisse à dr. l'étroite rue du Portail-Bocquier qui conduit à l'**hospice Saint-Louis** (plan B 4), ancien noviciat des Jésuites fondé en 1589, et utilisé comme succursale des Invalides de Paris de 1801 à 1852. Construit par *François de Royers de la Valfenière,* il conserve une belle **cour à arcades** du XVIIe s. et une jolie **chapelle** de 1601-1611 (difficile à voir en dehors des offices) à dôme central : pendentifs ornés de peintures du jésuite *Attiret* (XVIIIe s.); tableau de *Philippe Sauvan,* Saint Louis recevant la couronne d'épines. Escalier de *Péru.* L'ancien noviciat doit, au cours des prochaines années, retrouver sa vocation culturelle primitive en accueillant une partie de la bibliothèque Calvet et divers départements du Centre Universitaire d'Avignon.

La **Maison du Tourisme et du Vin** (plan C 4) ouvre au S. sur l'agréable **square Agricol-Perdiguier,** orné de bustes ou monuments de celui-ci, de J.-H. Fabre, des félibres Aubanel et Roumanille et de statues en pierre du XVIIIe s. provenant de l'ancien théâtre, et qui conserve quelques restes des bâtiments conventuels de l'ancien **couvent des bénédictins de Saint-Martial** (fin du XIVe s.) : la chapelle (auj. église évangélique; entrée rue Henri-Fabre) a un clocher de style gothique provençal (restauré) avec étage octogonal surmonté d'une flèche à crochets.

■ Le **musée lapidaire** (plan C 3), annexe du musée Calvet, occupe l'ancienne *chapelle du collège des Jésuites,* bâtie de 1620 à 1645 sur les plans de *François de Royers de la Valfenière.* La *façade,* sculptée en 1661 par *François Bérangier,* est un des plus beaux spécimens d'architecture baroque qu'on puisse voir en France; quant à l'intérieur, très clair, il est d'une grande élégance.

Un passage couvert porté sur une belle arcade du XVIIe s. réunit la chapelle à l'annexe du lycée Frédéric-Mistral, installé dans l'ancien collège des Jésuites, qui conserve quelques parties du XVIIe s.

Visite : entrée libre, t.l.j. sauf mardi de 9 h à 12 h et de 14 h à 17 h (hiver) ou 18 h (en été).

Le départ des 600 pièces de sculpture romanes et gothiques pour le musée du Petit-Palais entraînera un remaniement complet de la présentation du musée; il sera alors transformé en musée d'archéologie antique par l'adjonction, aux sculptures gallo-romaines qui s'y trouvent déjà, de

MUSÉE LAPIDAIRE

collections d'égyptologie, d'art grec et de petite archéologie (bronzes, céramique, verrerie, « instrumenta », etc.) actuellement non exposées.

A l'entrée, restes de **l'arc de triomphe d'Avignon;** masque de Jupiter provenant de Caderousse.

Nef. — **Mosaïque** de Saint-Paul-Trois-Châteaux, Hercule délivrant Hésione; mosaïque avec bordure dessinant une enceinte fortifiée (Orange); bel **autel païen** (Vaison); sarcophage chrétien (Apt); autres sarcophages des IIIe-Ve s.

De remarquables **statues antiques** ont été placées devant les pilastres séparant les chapelles : ce sont, en faisant le tour de la nef de dr. à g., un torse de femme provenant de Vaison, un Hercule et une statue de femme achetés par Calvet en Italie, une statuette de femme (Caumont), un ***torse de Bacchus** gréco-romain (Saint-Gabriel près Tarascon), les deux ***guerriers gaulois** (Vachères et de Mondragon), enfin la célèbre ***Vénus de Pourrières,** admirable ouvrage qui doit à son long séjour dans un terrain d'argile ferrugineuse une superbe patine.

1re chapelle de dr. — ***Sculptures gauloises,** remarquables spécimens de l'art primitif méditerranéen de la vallée du Rhône avant l'occupation romaine; elles représentent principalement des lions et des têtes humaines coupées qui devaient avoir une signification magique; la plus extraordinaire est le lion androphage dit ***Tarasque de Noves** (2e âge du fer, La Tène II).

2e chapelle. — **Dispater,** dieu gaulois au maillet, et Jupiter provenant de Séguret.

3e chapelle. — Grand ***bas-relief** provenant des environs de Vaison et représentant un sacrifice (l'encadrement ne date que de la Renaissance); petit bas-relief d'une très belle facture représentant une ***scène de halage** (Cabrières d'Aigues); buste de Julia Domma, femme de Septime Sévère; **cadran solaire gallo-romain** (Chusclan; Gard), objet très rare; ***tête d'un jeune prince** de la famille d'Auguste, en granit noir; buste d'Alexandre le Grand, en marbre polychrome; très belle ***tête de l'empereur Trajan.**

4e chapelle. — Grand ***bas-relief** provenant comme le précédent des environs de Vaison et représentant des voyageurs en charrette; torse de Bacchus (Orgon); stèle d'un quatuorvir ornée d'une chaise curule (Graveson).

5e chapelle. — Autel chrétien du VIe ou VIIe s. (Vaugines); ange d'Apt (XIIe s.); tympan provenant de la vicomté d'Avignon (XIIe s.); ****colonnettes** et **chapiteaux** romans du cloître de Carpentras.

Sacristie S. — ***Vasque** à ablutions du Ve s. avec inscription grecque (Apt); ***chapiteaux** romans du cloître de la cathédrale d'Avignon.

Chœur. — Gisant d'Urbain V (fin du XIVe s.) provenant de l'église des bénédictins de Saint-Martial; **tête de Pierre de Luxembourg, tête de la statue tombale de Clément VII** (1401), les deux provenant des Célestins.

Sacristie N. — Statuettes du tombeau du cardinal Philippe de Cabassole, l'ami de Pétrarque (XIVe s.) provenant de la chartreuse de Bonpas; **colonnettes** et **chapiteaux** (XIVe s.) du cloître des dominicains d'Avignon; ***Vierge** (XIVe s.), provenant d'une rue d'Avignon.

1re chapelle à g. (en revenant vers l'entrée). — Belles **statues du XVe s.** (Célestins) : Vierge, Couronnement de la Vierge.

2e chapelle. — Tombeau du cardinal de Brancas (XVe s.); gisant d'évêque (XVe s.).

3e chapelle. — Sculptures du XVe s. : *Le Père Éternel, clef de voûte provenant des Augustins; tombeau, croix de cimetière.

4e chapelle. — Cheminées Renaissance; bois sculptés du XVIe s.; reliefs italiens du XVe s. : deux Madones et une Sainte Hélène.

5e chapelle. — Fragments du *tombeau du maréchal de la Palice (XVIe), provenant du château de La Palisse et représentant les Vertus théologales; tombeau de Gaspard de Simiane (XVIIe s.).

Les escaliers et les tribunes abritent les réserves; ils ne sont accessibles qu'aux spécialistes et chercheurs, sur demande justifiée.

Plutôt que par la rue de la République, vous pourrez regagner le centre en vous engageant d'abord dans la petite **rue du Collège-d'Annecy,** en face du musée lapidaire : au n° **17** s'élève la **chapelle Notre-Dame-des-Fours,** construite en 1367 par l'évêque d'Avignon *Anglic Grimoard* et annexée en 1427 au collège d'Annecy fondé par le cardinal de Brogny : les bâtiments sur la cour ont été rebâtis en 1642 par *Royers de la Valfenière*. Au fond, à l'angle de la rue Bouquerie, inscription signalant la maison du peintre Nicolas Mignard, dont les dépendances comprenaient un jeu de paume où Molière donna la comédie en 1655 et 1657.

De là, la rue Bouquerie et la rue des Ortolans (2e à dr.; au n° 1, imposant portail du XVIIIe s.) vous mèneront à la **rue Dorée** : au n° **5,** l'ancien **hôtel de Sade,** bâti au XIVe s. mais entièrement reconstruit en 1536 par *Thomas de Gadagne*, a appartenu à la famille du fameux marquis pendant la 1re moitié du XVIIIe s.; il conserve une belle cour.

2 F - Avignon d'hier et d'aujourd'hui

La **place de l'Horloge** (plan C 2), ombragée de platanes, envahie de terrasses de restaurants et de cafés et lieu de spectacles spontanés du *festival-off*, est bien restée le forum qu'elle était à l'époque romaine.

L'**hôtel de ville,** reconstruit au milieu du siècle dernier, a remplacé l'ancienne livrée construite au début du XIVe s. par le cardinal *Giacomo Colonna* († 1318) et qui, achetée par les consuls de la ville en 1447, avait jusqu'en 1845 abrité les services municipaux.

La **tour de l'Horloge,** englobée dans la construction, est le seul reste de l'époque gothique. Sorte de donjon ajouté à la livrée Colonna en 1354 par le cardinal *Ardoin Aubert*, elle fut surélevée du beffroi proprement dit par les consuls en 1475-1480; l'ancien jaquemart a été remplacé en 1867.

La **rue Saint-Agricol** (plan B 2), animée et commerçante, mène à l'église du même nom; au n° **23,** l'**hôtel du Louvre** occupe l'emplacement d'une ancienne commanderie de Templiers (quelques restes de la chapelle du XIVe s.); son propriétaire, le poète **Anselme Mathieu** (1829-1895), l'un des sept fondateurs du Félibrige, y régala tant ses amis félibres qu'il s'y ruina; également-

ÉGLISE SAINT-AGRICOL

ment haut-lieu de la culture provençale, la **librairie Roumanille** fut fondée en 1855 par *Joseph Roumanille* (1818-1891) — un autre des sept —, le premier éditeur de *Miréio* (1859), collaborateur et éditeur de l'*Armana Prouvençau* (L'*Almanach provençal*), organe du mouvement félibréen.

L'***église Saint-Agricol** (plan B 2), qui abrite de précieuses œuvres d'art, est un bel édifice gothique dont la nef de cinq travées est, disposition exceptionnelle en Avignon, flanquée de bas-côtés.

Fondée sans doute dès le VIIe s., elle a été rebâtie de 1321 à 1326 et fut de 1485 à 1489 l'objet de profonds remaniements : voûtes refaites, nef allongée d'une travée, façade reconstruite. Le clocher, massif, ne date que du milieu du XVIe s. et un étage lui a été ajouté un siècle plus tard.
Patron d'Avignon depuis 1647, saint Agricol semble bien, en fait, n'avoir jamais existé. L'histoire de sa vie — d'abord moine à Lérins, il aurait été évêque de la ville de 660 à 700 env. —, écrite dans la 1re moitié du XVIIe s., n'est qu'un démarquage habile de celle de saint Césaire d'Arles, agrémenté d'emprunts à d'autres hagiographies.

La **façade**, précédée d'un large parvis, est un **bon exemple du style avignonais du XVe s.** Le tympan (restauré) est du sculpteur *Ferrier Bernard* (1489); il représente l'Annonciation, le Saint-Esprit et Dieu le Père; une jolie Vierge et deux anges garnissent les niches du trumeau et des jambages.
A l'entrée de la **nef,** beau bénitier en marbre blanc du début du XVIe s.
Bas-côté dr. — La **3e chapelle**, refaite sur plan circulaire de 1703 à 1705 aux frais de Pierre Le Blanc, marquis de Brantes, par *J.-B. Péru,* abritait de jolies **statuettes d'enfants musiciens** attribuées à *Bernus* (auj. au Palais des Papes); statues de la Vierge, par *Coysevox,* et de Saint Jean-Baptiste et de sainte Elisabeth, par *Péru.* — Dans la **4e chapelle**, Sainte Anne, de *Trevisani,* Assomption, de *J. Courtois,* dit *le Bourguignon,* et deux autres bons tableaux du XVIIe s.
Près de la sacristie, ***retable des Doni,** en pierre, par le sculpteur *Imbert Boachon* (1525), représentant l'Annonciation; c'est une des rares productions, en Provence, du style de la première Renaissance.
Chœur. — Remarquable **maître-autel,** par *Péru* (1773), en marbre jaune et blanc : le devant d'autel figure le tombeau de saint Agricol; Descente du Saint-Esprit, par *Grève;* Saint Bernard, de *P. Parrocel;* **Couronnement de la Vierge,** de *Simon de Châlons.*
Bas-côté g. — A g. du chœur, la **chapelle des Grillet,** refaite en 1547, a un bel autel du XVIIIe s.; à g., le tombeau des Pérussis est surmonté d'une N.-D. des Pauvres de *François Vernet.* — Dans la **3e chapelle** (en revenant vers l'entrée), Nativité, par *Nicolas Mignard,* d'après A. Carrache; dans la **4e chapelle,** Saint Michel, par *Sauvan,* d'après le Guide.
Le buffet du grand orgue cache une **fresque** de 1629 due à *Philippe Mathieu* et représentant l'ancien port du Rhône. Dans la sacristie, Institution de l'Eucharistie, de *P. Parrocel.*

La **chapelle de l'Oratoire** (plan B 2-3) à une cinquantaine de mètres de l'église, mérite une visite; bâtie de 1714 à 1750 sur les plans de *Delamonce,* c'est une intéressante construction elliptique avec un étage de tribunes (décoration de *Péru*); le mobilier liturgique (autel en bois sculpté et doré, toiles de *Mignard* et de *Parrocel*) vient en grande partie des Pénitents Blancs.

La **rue Petite-Fusterie** tire son nom des **« fustiers »** (marchands de bois, charpentiers, menuisiers) qui peuplaient le quartier au Moyen Age; au **n° 2** (angle du parvis Saint-Agricol), **hôtel de Brantes** (XVIIe s.); au **n° 17-19, hôtel de Lescarène**, du XVIIe s., avec quelques restes gothiques.

Rue Saint-Étienne (à g.) : au **n° 17, hôtel de Seguins-Vassieux** (XVIIe s.); au **n° 18**, maison Louis XVI où demeurèrent les Montgolfier et où Joseph de Montgolfier aurait découvert le principe de l'aérostation (nov. 1782); au **n° 22-24, maison** dite **de la reine Jeanne,** en fait bâtie de 1435 à 1440 par *Jean Cadard,* seigneur du Thor et médecin de Charles VII; malencontreusement coupée en deux, elle conserve néanmoins une belle cour.

Par la **rue Joseph-Vernet** (au n° 7-9, façade arrière de l'**hôtel de Lescarène**, V. ci-dessus) et la rue Folco-de-Baroncelli (à l'angle, tourelle Renaissance), vous rejoindrez ensuite la **place Crillon**, passant entre l'**ancien théâtre**, à g. (bâti en 1733 par *Thomas Lainé* et bien dégradé), et l'ancien **hôtel de Graveson** (XVIIIe s.; auj. hôtel de l'Europe). C'est au **n° 21,** dans ce qui était alors l'hôtel du Palais-Royal, qu'au cours de la Terreur Blanche le *maréchal Brune* fut crapuleusement assassiné le 2 août 1815.

La **rue Grande-Fusterie** est partiellement incluse dans le périmètre de rénovation du quartier de la Balance (ci-après); au **n° 8**, façade gothique de l'ancien **hôtel de Tertulle** (XVe s.).

La rue Chiron, à dr., conduit à la **rue des Grottes** (des *grottes,* ou arcades, établies à l'époque romaine pour racheter la dénivellation du terrain et sous lesquelles s'abritaient alors des échoppes) au pied des immeubles neufs du quartier de la Balance.

☐ Le **quartier de la Balance,** qui presse ses maisons au pied de la gigantesque silhouette du Palais des Papes, a été l'objet d'une polémique animée lorsqu'il s'est agi d'établir un programme de rénovation, nombre de ses maisons étant encore, il y a une dizaine d'années, dans un bien triste état; si certains étaient partisans de conserver la Balance dans son intégrité et de n'en restaurer les maisons, d'autres étaient favorables à une opération de rénovation plus poussée.

C'est finalement une **solution de compromis** qui a permis au quartier d'être aujourd'hui ce qu'il est : d'une part des **immeubles résolument modernes,** tournant le dos à la fausse solution du pastiche mais sachant, par un parti architectural de qualité, associer rythme, lignes, dimensions et formes à l'échelle du quartier; d'autre part des **immeubles remarquablement restaurés** (côté N.-O. de la rue de la Grande-Fusterie, côté E. de la ***rue de la Balance**). Au sud du périmètre de rénovation, des immeubles neufs entourent la nouvelle **place Campana**, au charme très italien, ornée d'une grande horloge de *Roger Bezombes.*

2 G - Sur le pont d'Avignon...

☐ Le **pont Saint-Bénézet** (plan B 1) est, avec ceux de Lyon, Vienne et Pont-Saint-Esprit, l'**un des quatre ponts de pierre** qui, à l'époque médiévale, permettait de franchir le Rhône **entre Lyon et la mer**. Ne conservant que quatre arches, il en comportait

PONT SAINT-BÉNÉZET

primitivement 22, formées de quatre cintres simplement juxtaposés, d'une largeur de 4,90 m; terminé par deux châtelets bâtis au XIVe et au XVe s., il était long d'env. 850 m et traversait en ligne droite le bras du Rhône qui baigne Avignon et l'île de la Barthelasse; du côté de Villeneuve, il formait un coude vers l'amont, de manière à opposer plus de résistance au courant.

Construit, dit la légende, par saint Bénézet — un pâtre du Vivarais auquel un ange avait révélé sa vocation — de 1177 à 1185, le pont semble en fait d'origine romaine. Bénézet et ses disciples l'ont, en tout cas, au moins partiellement réédifié. Ruiné lors du siège de 1226, il fut reconstruit de 1234 à 1237 : on en profita pour exhausser fortement le tablier. Restauré au XVe s. à la suite des dégâts de 1410, il servit encore jusqu'au milieu du XVIIe s.; rompu par les crues, il fut alors abandonné.

Visite : payante, t.l.j. de 9 h à 12 h et de 14 h à 18 h 30 (18 h en hiver).

Sur la seconde pile s'élève la **chapelle Saint-Nicolas.** Elle est romane, mais, au XIIIe s., fut divisée en deux étages au moyen d'une voûte d'ogives afin de répondre au rehaussement du tablier et de pouvoir mettre à l'abri des inondations les reliques du saint constructeur. La partie inférieure conserve l'abside romane ornée d'une colonnade arcaturée. La partie supérieure, qui ne correspondait qu'à la nef primitive, fut agrandie en 1513 d'une abside gothique bâtie au-dessus de l'abside romane. Un petit logement fut accolé, vers la même époque, au flanc N. C'est à *Adolphe Adam* que l'on doit la célébrité de la vieille chanson populaire « Sur le pont d'Avignon... » qu'il reprit en 1854 dans un opéra-comique intitulé « Le Sourd ou l'Auberge pleine ». En fait, c'est *sous* le pont que l'on dansait jadis, dans les guinguettes de l'île de la Barthelasse...

Les ***remparts,** destinés autant à protéger militairement la cité papale qu'à la garantir contre les excès d'un fleuve capricieux, furent commencés en 1359 par Innocent VI et terminés en 1370 un peu avant le départ d'Urbain V. Le comblement des fossés, réduisant leur hauteur apparente, leur a fait perdre un peu de leur prestance, mais ils constituent encore un **ensemble de belle allure** et « le temps a donné à ces pierres si égales, si bien jointes, d'un si beau poli, une teinte uniforme de feuilles sèches qui en augmente encore la beauté » (Stendhal, *Mémoires d'un Touriste*).

D'une manière générale, cette enceinte, composée primitivement de courtines sans mâchicoulis (les mâchicoulis actuels ont été ajoutés au XVe s.) et de tours carrées ouvertes à la gorge, est sensiblement en retard sur les progrès que l'architecture militaire avait réalisés dès le XIIIe s.
L'enceinte forme un ovale dont le grand axe, parallèle au Rhône, mesure env. 1 800 m et le petit axe, perpendiculaire au fleuve, env. 1 100 m; le pourtour a une longueur de 4,3 km. Cette enceinte était à l'origine percée de sept portes (Saint-Michel, Limbert, Saint-Lazare, de la Ligne, du Rhône, de l'Oulle, Saint-Roch) dont quelques-unes ont été transformées au XVIIIe s., d'autres malheureusement démolies à la fin du XIXe. Seule la partie S. a été restaurée, par *Viollet-le-Duc.*

2 H - Vous pouvez voir encore...

L'**église des Carmes** (plan E 2), ou **Saint-Symphorien,** reconstruite au XVIIe s., a gardé sa façade du XVe s.

La **nef** unique, très large, revoûtée au XIXe s., est bordée de chapelles; à l'entrée, fonts baptismaux du XVIe s.

1re chapelle de g. : L'autel (début XVIIIe s.) porte un *calvaire du XVIe s. avec trois belles statues de bois peint. — **2e chapelle** : Sainte Famille, par *P. Parrocel.* — **3e chapelle** : statues en bois de sainte Élisabeth et saint François d'Assise (XVIIIe s.); Saint André, par *Nicolas Mignard.* — **5e chapelle** : Saint Simon Stock recevant le scapulaire de la Vierge, par *N. Mignard.*
Chœur : Apothéose de saint Symphorien, par *Sauvan.*
2e chapelle de dr. (en revenant vers la façade) : Saint Éloi, par *N. Mignard.* — **6e chapelle** : Annonciation, par *P. Parrocel*, et Adoration des mages, par *Grève.*

A côté de l'église, le **cloître** (XIVe s.), auj. l'un des lieux scéniques du Festival, est dominé par le clocher (XIVe s.) de l'ancien couvent fondé au XIIIe s. et dont un portail (XVe s.) subsiste rue Carreterie.

Au S. de la place des Carmes, sur la rue Carreterie, le **clocher des Augustins**, du XIVe s. avec campanile de fer forgé du XVe s., est le seul reste du couvent fondé par ces religieux en 1261.

L'**hôpital Sainte-Marthe** (plan F 2) offre une belle façade, longue de 150 m, bâtie dans la seconde moitié du XVIIe s. par *Borde* et *Péru*; escalier monumental; pharmacie et salle des archives avec de belles boiseries.

La **chapelle de la Visitation** (plan E 2) a été bâtie en 1632 par *François de Royers de la Valfenière* pour l'archevêque et vice-légat Mario Philonardi : la façade et l'intérieur sont aussi remarquables par leur ordonnance que par leur décoration sculptée de *J.-A. Borde*. A côté, **chapelle de la Congrégation** (1753).

Au S. de la ville, l'ancienne **abbaye Saint-Ruf** (hors plan) fut fondée le 1er janvier 1039 par concession de l'évêque d'Avignon à quatre chanoines de la cathédrale qui y formèrent une communauté cannoniale selon la règle de saint Augustin. Cette fondation succédait à un ermitage suburbain où l'on vénérait, depuis le Xe s., les reliques de saint Just, évêque de Lyon.

Le monastère fut entièrement rebâti dans la seconde moitié du XIIe s. et démoli au XVIIIe s. Il n'en reste qu'**une partie de l'église** : l'abside, les deux absidioles et la travée attenante; l'intérieur était très inspiré de l'architecture antique.

Accès : *par le bd Saint-Ruf (sortie vers Arles; plan D4) jusqu'à la place du même nom (env. 750 m) puis, sur la g. l'av. du Chemin de Cabrière (350 m).*

2 I - Villeneuve-lès-Avignon

Les cardinaux, sans doute fatigués de temps en temps de l'agitation de la cour papale ou incommodés par les pestilences des rues de la ville, venaient jadis s'y réfugier dans leurs livrées secondaires, résidences non moins somptueuses que celles qu'ils occupaient sur la rive gauche.
Animant le pont d'un intense et incessant trafic, les Avignonais d'aujourd'hui leur ont succédé, venant nicher sur les pentes du

VILLENEUVE-LÈS-AVIGNON

Petit Montagné ou de Belle-Croix villas et lotissements abrités du mistral et des brumes matinales de la vallée. Villeneuve, qui bravant fleuve et limites administratives fut ainsi toujours dans la mouvance d'Avignon — ce qui ne l'empêcha pas, un temps, d'être son antagoniste — a perdu quelque peu de son importance; mais elle conserve de son passé quelques monuments dont la visite est indissociable de celle de la cité pontificale.

Un monastère bénédictin.
— *La sécurité qu'offrait le gros rocher appelé puy Andaon, plus ou moins entouré alors par les eaux du Rhône, en fit aux temps préhistoriques un lieu d'habitat pour l'homme. Lieu de culte à l'époque romaine, puis de vie érémitique aux premiers siècles du christianisme, il comportait une grotte où, si l'on en croit une inscription du Xe s. conservée à l'église, vécut et mourut en 587 sainte Casarie; objet de pèlerinage, le tombeau de la sainte vit bientôt s'installer quelques moines: l'abbaye de Saint-André apparaît régulièrement constituée vers la fin du Xe s.*
Surveiller Avignon. — *Profitant des mauvais rapports qui existaient entre l'abbé de Saint-André, dont il est l'hôte lors du siège de 1226, et la république d'Avignon, qui prétend avoir des droits sur l'abbaye et le bourg qui l'entoure, Louis VIII conclut avec le religieux un contrat de pariage qui assure ce dernier de la protection royale. Philippe le Bel, en 1292, le renouvellera, faisant alors cons-*

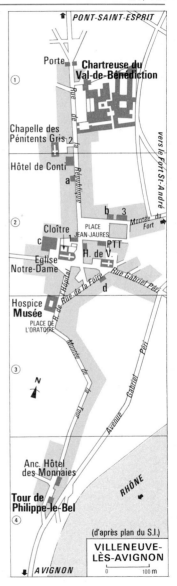

(d'après plan du S.I.)

VILLENEUVE-LÈS-AVIGNON
0 100 m

truire à la tête du pont la tour qui porte encore son nom; il fondera en même temps dans la plaine une « ville neuve » destinée à renforcer la position de la France dans la région, afin de tenir en respect le comté de Provence et le Comtat Venaissin, alors terres d'Empire. Grâce aux franchises qu'il accorde, ce contrat attirera rapidement d'assez nombreux paysans et artisans languedociens qui assureront le succès de l'entreprise.

La ville des cardinaux. — L'installation de la papauté en Avignon, au début du XIVe s., va faire la fortune de Villeneuve : la salubrité des lieux et leur tranquillité conduisent les cardinaux à s'y faire construire des résidences : il y en aura jusqu'à quinze et le pape Innocent VI lui-même y aura un palais où il fera venir les religieux de Saint-Bruno. Cela n'empêchera pas, d'ailleurs, Jean le Bon de faire fortifier en 1362 l'abbaye bénédictine. Le retour des papes à Rome n'affectera guère la petite cité; continuant à bénéficier des privilèges accordés lors de sa fondation, elle restera jusqu'à la Révolution un prospère centre administratif, militaire et commercial de la royauté au contact des terres pontificales.

*Comptez environ **deux heures** pour tout voir sans précipitation excessive. **En voiture,** vous ferez d'abord halte au pied de la tour de Philippe le Bel avant d'aller stationner place Meissonnier d'où vous irez visiter le musée et la collégiale. De là, vous pourrez **continuer à pied** en visitant successivement la rue de la République, la Chartreuse puis le Fort Saint-André. Si vous préférez **continuer en voiture,** il est plus facile, en raison des sens uniques, de monter d'abord au fort et de redescendre ensuite à la chartreuse.*
En effectuant cette visite assez tard dans l'après-midi, vous profiterez, depuis la tour ou le fort, du très bel éclairage que le soleil couchant dispense à Avignon.

Visite des monuments et du musée : t.l.j. sauf mardi, de 10 h à 12 h et de 14 h à 17 h du 1er oct. au 31 mars, et de 10 h à 12 h 30 et de 15 h à 19 h 30 le reste de l'année.
Des visites-conférences sont organisées t.l.j. sauf mardi pour les groupes par des conférenciers agréés de la CNMH : renseignements au S.I. ☎ 81-45-93.

La ***tour de Philippe le Bel** (plan car. 4), superbe construction haute de 39 m et remarquablement conservée, a été construite sur le rocher à la tête du pont Saint-Bénézet, pour tenir Avignon en respect, de 1293 à 1307; la tourelle de guet, ajoutée au XIVe s., a été surélevée au XVe s.

Visite : payante, V. ci-dessus.

Un double assommoir défend la porte d'entrée. **Trois salles** voûtées superposées occupent l'intérieur de la tour et conservent des traces d'une décoration murale; elles accueillent des **expositions temporaires**. Le sommet, d'où l'on domine le Rhône d'une soixantaine de mètres, offre évidemment un ***panorama** étendu.

Aux environs de la tour s'élevait jadis tout un quartier dont subsiste en particulier l'ancienne livrée du cardinal de Déaux, devenue **hôtel des Monnaies** au XVe s.

Le ***musée municipal** (plan car. 3) occupe le 1er étage de l'hospice, installé lui-même dans l'ancien hôtel construit au

MUSÉE—ÉGLISE NOTRE-DAME

XVIIe s. par le marquis de Montanègues. L'essentiel des œuvres qu'il abrite provient des deux monastères de la ville.

Visite : payante, V. ci-dessus. ☎ 81-58-27.

Dans l'escalier, statue de N.-D. de Lumières (XVIe s.) et toiles de *Reynaud Levieux*, peintre nîmois du XVIIe s. : Multiplication des pains, Saint Jean-Baptiste dans le désert.
La **porte** du musée (XVIIe s.) provient de la chartreuse.
Joyau du musée, le ****Couronnement de la Vierge** a été peint en 1453 par ***Enguerrand Charonton*** (ou *Quarton*). Autrefois attribué à Jean Van Eyck, à Jean Fouquet, à Jean van der Meire ou même au roi René, ce tableau remarquablement bien conservé est une des plus belles productions de cette École d'Avignon dont Charonton est l'un des fondateurs; de lui aussi (ou du moins peut-être, car cette attribution est de plus en plus discutée) la non moins célèbre et admirable ****Pietà d'Avignon** (représentée ici par une copie, l'original étant au Louvre depuis 1905) qui est un des sommets de l'art chrétien.
Un peu écrasé par la présence de ces chefs-d'œuvre, le reste est pourtant loin d'être sans valeur : **Mise au tombeau** de *Simon de Châlons* (sur bois, avec les portraits d'Innocent VI et du cardinal de Pampelune); **Christ en croix**, de *Philippe de Champaigne*. *Nicolas Mignard*, Sainte Casarie, Sainte Rosseline sous les traits de la marquise de Ganges, Les Chartreux pendus par ordre du roi d'Angleterre. *Reynaud Levieux*, Christ en croix. *Auguste Bigand* (XIXe s.), Saint Antoine bénissant un jeune ermite. *Bourgeois* (ép. romantique), François Ier à la Fontaine de Vaucluse. ***Masque funéraire** de femme, en marbre, du XIVe s. Sceaux, monnaies, deux mortiers du XVIIe s.; coffres ferrés, etc.

L'***église Notre-Dame** (plan car. 2), ancienne collégiale, appartient au type des églises à nef unique et à chapelles latérales encastrées entre les contreforts qui semble bien avoir été introduit en Provence par son fondateur, le cardinal *Arnaud de Via*.

Fondée en 1333, cette église n'avait, à l'origine, pas de chœur : la tour qui s'élève à l'E., bâtie en 1335 pour servir de beffroi et peut-être de tour de défense, ne comprenait qu'un étage reposant sur quatre piliers, le rez-de-chaussée servant de passage public. En 1350, le chapitre fit murer le passage et le transforma en chœur après l'avoir réuni à la nef par une courte travée voûtée en berceau. Vers 1355, la tour fut surélevée d'un second étage fortifié (le crénelage a été refait). Une voûte plate, établie en 1748, dissimule auj. la croisée d'ogives de la tour.

L'élégante **nef**, où l'on pénètre par le flanc dr., comporte dans les travées O. de beaux **culs-de-lampe historiés** figurant au S. la Vie du Christ et au N. la Vie de la Vierge.
Côté S., à g. de l'entrée : **2e chapelle** : La Sainte Famille, par *Reynaud Levieux*. — **3e chapelle** (au fond) : Saint Bruno, par *Nicolas Mignard*.
Côté N., en revenant vers le chœur : **1re chapelle** : Visitation, attrib. à *Philippe de Champaigne*. — **2e chapelle** : **restitution du tombeau du cardinal Arnaud de Via**; le gisant de marbre est la statue originale (XIVe s.) — **4e chapelle** : entrée du cloître (V. ci-après); Annonciation, copie d'après le Guide par le frère *Imbert*. — **5e chapelle** : belle statue de la Vierge, du XVIIIe s. — **6e chapelle** : Guérison de Tobie, par *Simon Vouet*.
Au-dessus de l'entrée du chœur, trois grands tableaux du XVIIe s. dont un Calvaire de *Reynaud Levieux* (1667).

Chœur : riche maître-autel en marbre avec ***bas-relief du Christ au tombeau** par le marseillais *Antoine Duparc* (1745), provenant de la chartreuse. A dr., ancien **siège abbatial** de Saint-André, en marbre, bel ouvrage du XVIIe s.
Côté S., en revenant vers l'entrée : **2e chapelle** : inscription de sainte Casarie (Xe s.), reconstituée; en face, Mariage mystique de sainte Catherine, par *Pierre Mignard*.

Visite de la sacristie et du cloître : payante, V. ci-dessus.

La **sacristie**, ajoutée au XVe s., abrite une ***Vierge en pierre, à deux faces,** du XIVe s., un voile brodé de perles de la même époque, ainsi qu'une ****Vierge d'ivoire**, polychrome, de la première moitié du XIVe s., don du cardinal Arnaud de Via à la Collégiale et l'un des chefs-d'œuvre de la sculpture française sur ivoire.
Le **cloître**, de la fin du XIVe s., est assez bien conservé; il est dominé par le beau clocher-arcade gothique qui, sur le flanc N. de l'église, lui servait à l'origine de campanile.

Rue de la République : au no **1,** en face de l'Hôtel de ville, l'ancienne **livrée du cardinal Arnaud de Via** s'ouvre par une porte et un couloir d'entrée défendus par une bretèche. A côté (no **3**), l'ancienne **livrée du cardinal de Pampelune** (plan 1, car. 2), Pierre Selva de Montirac, où mourut en 1387 Pierre de Luxembourg, a été reconstruite à la fin du XVIe s.; après restauration, elle doit accueillir le musée actuellement hébergé par l'hospice.
L'**hôtel** dit **du Prince de Conti** (qui, en fait, n'en fut jamais propriétaire), au no **45**, possède un portail monumental du XVIIe s., assez dégradé, et, dans la cour, une porte ornée d'une frise sculptée. Au no **53**, ancienne **livrée de la Thurroye** (plan 2, car. 1), reconstruite à la fin du XIVe s. par le cardinal Pierre de Thurry (ou de la Thurroye) : au fond de la cour s'élève la chapelle des Pénitents Gris, agrandie par J.-B. Franque (XVIIIe s.).

La ****chartreuse du Val-de-Bénédiction** (plan car. 1), la plus vaste de France, a retrouvé il y a quelques années — dans un cadre laïque et sous une forme radicalement différente il est vrai — ce qui fut sa vocation première : être un de ces lieux « où souffle l'esprit ».

La chartreuse a pour origine la livrée que le cardinal Étienne Aubert s'était fait construire en 1345 au pied du puy Andaon et où, élu pape en 1352 sous le nom d'Innocent VI, il aimait venir prier et méditer à l'abri des fastes et intrigues de la cour pontificale. Fondé par bulle papale en 1356, consacré dès 1358, le monastère sera agrandi après la mort du pape (1362) par ses neveux, au premier rang desquels le cardinal de Pampelune, Pierre Selva de Montirac, qui lui donnera à peu près son importance actuelle. La richesse et l'influence de la chartreuse ne feront par la suite que s'accroître jusqu'à ce que la Révolution, dispersant les œuvres d'art qu'elle abritait, vende les bâtiments par lots : de là les dégradations de tous ordres, les constructions parasites et la présence de plusieurs familles qui, aujourd'hui encore, habitent certaines parties du couvent. S'efforçant, depuis le début du siècle, de racheter peu à peu l'ensemble des constructions, la CNMH procède au fur et à mesure aux restaurations et dégagements nécessaires.

CHARTREUSE

Les Rencontres Internationales d'Été. — Né en 1973 de la concertation entre la CNMH et la municipalité, le CIRCA (Centre international de Recherche de Création et d'Animation) a pour but de redonner vie à la Chartreuse en accueillant chercheurs et créateurs venus de tous les horizons artistiques et culturels. Lieu de recherche, de réflexion et de formation aux langages artistiques de notre époque, il joue un rôle complémentaire de celui du Festival d'Avignon. Divers stages, ateliers, rencontres en font en ce domaine une véritable université d'été qui participe à la vie culturelle de la cité par toute une série d'expositions, carrefours, spectacles ou concerts publics. Directeur : *M. Tournois*.

Visite : payante, aux jours et heures indiquées plus haut, pour la partie restaurée (V. le plan); ✆ 25-05-46. Libre (extérieur seulement) pour le reste.

Un porche ouvrant rue de la République donne accès à une **première cour,** hors-cloître, où se dresse le **portail d'honneur** construit en 1649 par *François Royers de la Valfenière*. De là, l'agréable allée des Muriers conduit à la **maison du Procureur,** auj. pavillon d'accueil (billets).

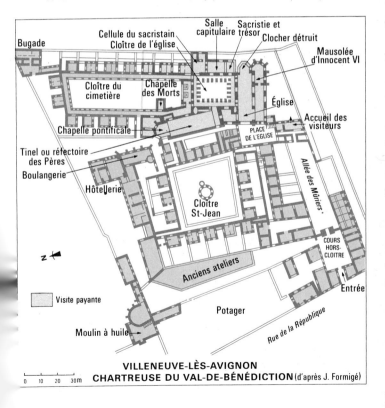

VILLENEUVE-LÈS-AVIGNON
CHARTREUSE DU VAL-DE-BÉNÉDICTION (d'après J. Formigé)

L'**église,** du XIVe s., est un édifice à deux nefs séparées par un mur de clôture du XVIIe s.; mais la vaisseau de dr., légèrement plus bas, a été divisé dès l'origine en trois chapelles par des murs pleins. La troisième de ces chapelles conserve une abside à cinq pans et abrite le ****mausolée d'Innocent VI** († 1362), exécuté par *Barthélemy Cavalier* en pierre de Pernes, sauf le gisant qui est en marbre; les statuettes qui l'ornaient ont disparu, à l'exception de celles du Christ et des saints Pierre et Paul. Le tombeau, que Mérimée avait fait transporter en 1835 dans la chapelle de l'hospice par mesure de sauvegarde, a retrouvé sa place en 1963. L'autre abside a disparu, si bien que la nef se termine par une ouverture béante qui offre le fort Saint-André en fond de tableau.

A g. de cette abside se trouvait le clocher, au rez-de-chaussée duquel était aménagée la sacristie. Remarquez, dans le mur N. de l'église, les ouvertures de vases acoustiques.

Le **petit cloître,** ou **cloître de l'église,** appartient avec celle-ci et le grand cloître (ci-après) aux constructions d'Innocent VI. Sur la galerie E. s'ouvrent l'ancienne **salle capitulaire** et, à côté, au fond d'une courette, la **cellule du sacristain.**

Le **grand cloître,** ou **cloître du cimetière,** bordé de cellules de pères chartreux, a été remanié aux XVIIe et XVIIIe s. Seule la partie S. en est pour l'instant dégagée : c'est là que se trouvait le **cimetière** où subsiste la petite **chapelle funéraire.**

La **chapelle pontificale,** au S. du grand cloître, appartient, avec le Tinel voisin, à la livrée qu'avait fait construire Innocent VI lorsqu'il n'était encore que le cardinal Étienne Aubert; elle se réduit à une abside à cinq pans dont les murs ont conservé de belles ***fresques** (Crucifixion, Vie de saint Jean-Baptiste, les douze Apôtres) exécutées par *Matteo Giovanetti* (V. le Palais des Papes, prom. 2 A).

Le **Tinel,** ancien réfectoire des pères (ils n'y prenaient en commun que le repas du dimanche) était primitivement la salle d'audience de la livrée cardinalice; protégés par une toiture provisoire, ses murs sont recouverts d'une décoration en stuc du XVIIIe s., époque à laquelle fut construit le lavabo, petite rotonde surmontée d'un lanternon, par laquelle on y accède.

De la maison du Procureur, vous pourrez ensuite aller voir la **place de l'Église** (porche du XVIIe s.; petit beffroi avec campanile de fer forgé) d'où un couloir conduit au grand **cloître Saint-Jean,** construit par le cardinal de Pampelune, remanié au XVIIe s. et qui a perdu ses galeries.

Au centre, une rotonde due à *J.-B. Franque* (XVIIIe s.) abrite la vasque de la **fontaine Saint-Jean**; à côté, puits du XIVe s.

Plus au N. se trouvent la **boulangerie,** du XVe s. avec une tourelle à pans coupés, et la **cuisine,** non loin du réfectoire. Parmi les autres dépendances de l'abbaye, une visite minutieuse vous permettrait de voir encore une belle **cave** à trois étages voûtés, les granges, les écuries, les ateliers, l'**hôtellerie** (en partie du XVIIIe s.), l'infirmerie des domestiques (1746), leur cuisine (1783), le terre-plein du moulin à vent, le moulin à huile, et la **bugade** (blanchisserie), dont une partie servait de prison.

La **livrée du cardinal Rossi de Giffone** (plan 3, car. 2), dans la rue Montée-du-Fort, fut construite vers 1380; elle est la mieux conservée, relativement, des livrées cardinalices de Villeneuve : il en reste un fort bâtiment carré où se trouvait la chapelle, flanqué de deux ailes partiellement défigurées.

Le ***fort Saint-André** (hors plan, car. 2) couronne le rocher dit *puy Andaon* d'une vaste ceinture de murailles aux tours impo-

FORT SAINT-ANDRÉ

santes, bâtie de 1362 à 1368. Cette enceinte, dont l'étendue (env. 750 m de périmètre) ne s'explique que par le fait qu'elle englobait le monastère et le village de Saint-André, était une véritable citadelle : construite sur ordre du roi de France, elle était destinée à surveiller Avignon et à soutenir, dans son office de gardienne du pont, la tour élevée en 1302 par Philippe le Bel.

Visite : payante (V. plus haut) de la porte fortifiée et de la chapelle; ☏ 81-58-15. Un second billet est nécessaire pour la visite de l'abbaye.

Une *porte fortifiée, ouvrant entre deux belles tours cylindriques à mâchicoulis, constitue l'entrée de l'enceinte : remarquez sous la voûte les traces laissées par l'**impressionnant système de herses** et de portes qui barraient le couloir d'entrée, exposé en outre au tir des archères pratiquées dans les murs latéraux. **A l'intérieur,** la salle de manœuvre des herses relie, au 1er étage, les deux tours où vous pourrez voir, dans l'une des *graffiti* dus aux prisonniers qui y furent enfermés au XVIIIe s. et pendant la Révolution, et dans l'autre un four (XVIIIe s.) avec marques pour le pain gravées sur la tablette de pierre. De la plate-forme, *vue étendue sur le Rhône, Avignon et toute la rive g. du Ventoux aux Alpilles.

Le reste de l'enceinte n'offre qu'une autre **tour** bien conservée, celle dite **des Masques.** Les courtines sont munies de place en place d'échauguettes avec toit, banc, cheminées et archères; elles portent la trace de divers remaniements des XVe et XVIe s. et des brèches ouvertes au cours des sièges subis par la forteresse.

La *chapelle **Notre-Dame de Belvezet** est une petite construction romane de la fin du XIIe s., très gracieuse et d'une pureté de lignes que fait encore ressortir l'absence de décoration. C'était l'église du village auj. disparu de Saint-André.

L'**abbaye bénédictine de Saint-André,** fondée autour de la grotte de sainte Casarie et presque entièrement reconstruite au XVIIe s., fut dévastée par la Révolution. Il en reste un grand porche d'entrée, un corps de bâtiment et surtout de fort agréables **jardins et terrasses,** d'un goût très italianisant. La grande terrasse est soutenue par de belles voûtes du XVIIe s. formant une salle ouverte sur le *panorama d'Avignon.

3 - La plaine du Comtat

Muscat de Hambourg et Chasselas, golden « delicious » ou starkinson, fraises, asperges, tomates, melons, c'est ici que, pour la plupart, naissent fruits et légumes qui colorent votre marché, plongeant leurs racines dans l'argile grasse irriguée par une Sorgue aux bras multiples, se gorgeant de soleil et de sucre au pied de sombres rideaux de cyprès. L'exploitation de la terre, intensive, relève ici de l'horticulture; avec attention et minutie, le Comtat est un immense jardin. Comme des allées, mille petites routes le sillonnent en tous sens, longeant les roubines et filioles aux talus plantés de grands roseaux dont on tirera les cannisses coupe-vent; car le bienfaisant « mangeur de boue », ce mistral qui assèche et pousse les nuages vers la mer, ne mesure pas toujours sa force...

Le Comtat dans l'histoire

Possession des comtes de Toulouse depuis le traité de 1125 qui avait instauré le partage en deux du comté-marquisat de Provence, le Comtat Venaissin, dont la capitale est, depuis 968, Pernes-les-Fontaines, fait partie des territoires enlevés à Raymond VII *lors du Traité de Paris (1229) qui consacre la défaite des Albigeois : le comte de Toulouse est tenu de fiancer sa fille Jeanne à Alphonse de Poitiers, frère de saint Louis, et de lui donner le Comtat en dot. Le mariage aura lieu en 1237.*
A la mort d'Alphonse de Poitiers (1271), le roi de France Philippe III le Hardi, *son neveu, s'empare du Comtat : il le gardera trois ans avant de le céder au pape Grégoire X qui le revendiquait. Pendant les soixante-dix années de présence papale en Avignon, les possessions pontificales vont sensiblement s'accroître : extension des territoires pontificaux au début du XIVᵉ s., puis vente d'Avignon (qui ne sera que juxtaposée au Comtat mais n'en fera pas partie) au pape Clément VI par la reine Jeanne (1348). Avignon et le Comtat Venaissin (dont la capitale est, depuis 1320, Carpentras) forment désormais les États pontificaux et ne seront réunis à la France — en dépit des velléités d'annexion de Louis XIV et Louis XV — qu'à la période révolutionnaire.*

Ce qu'il faut savoir

Une fois dépassés les lavanderaies, les champs de sorgho et de millet du Tricastin, les vignobles réputés du Haut-Comtat, on débouche sur une **succession de plaines prospères,** celles d'Orange, de Carpentras, d'Avi-

LA PLAINE DU COMTAT

gnon, de Châteaurenard, de Cavaillon. **Cultures fruitières** et **maraîchage** dominent dans la plaine comtadine proprement dite tandis que des **vignobles** de haute renommée (Châteauneuf-du-Pape, Tavel) ont fait la fortune de la vallée du Rhône.

Le paysage rural s'est profondément transformé depuis le Moyen Age : la culture en *oullière* (alternance de vigne et de blé) sur des sols marécageux a tôt fait place à une **horticulture intensive, grâce à l'assèchement puis à l'irrigation contrôlée**. C'est depuis le milieu du XXe s. que l'essor du maraîchage a été spectaculaire: multiplication des canaux d'irrigation, **amélioration des transports** et de la commercialisation, permettant l'expédition des primeurs aux quatre coins de la France puis à l'étranger.

Ce rapide essor s'est traduit par une **augmentation sensible de la population paysanne** (plus de 30 hab./km² dans les zones rurales) et par la **création d'un paysage marqueté** : les champs sont séparés par des haies coupe-vent (de roseaux, de cannes, de cyprès), par des filioles de canaux d'irrigation; légumes de plein champ, vergers alternent avec des cultures sous serre (sous « tunnel », dit-on) où sont produits, dès le début du printemps, melons et fraises que l'on se disputera, à hauts prix, sur les marchés parisiens. Au centre de ces parcelles régulièrement découpées se trouvent les bâtiments d'exploitation : l'**habitat** est ici **dispersé**, le paysan résidant à proximité de ses jardins. Nous sommes dans une **zone de petites propriétés** (2 à 3 ha en moyenne) où la richesse procède davantage d'une mise en valeur minutieuse des terres que de l'utilisation de grands espaces. Le soin apporté aux cultures, le sens aigu des microclimats (chaque soir, au printemps, on fait un « tour ciel » : un refroidissement peut être catastrophique), la connaissance précise des mécanismes de commercialisation (dans les villes proches ou les pays lointains...) sont des traits frappants de la mentalité du paysan comtadin.

On a vu p. 50 quelques données chiffrées sur l'agriculture comtadine. Rappelons simplement qu'en dehors de sa production vinicole, le département de Vaucluse — dont le Comtat représente presque à lui seul tout le potentiel agricole — occupe, en France, le 1er rang pour les cerises, pommes, raisins de table, melons, tomates de conserve, plants de vigne (commercialisés au cours d'un marché hebdomadaire à Carpentras), et le second pour les poires, l'ail, les asperges, les carottes, les tomates « de bouche » et les fraises.

Sur les routes comtadines

*Nous vous proposons ci-dessous les descriptions de **six** des **principales routes** reliant entre elles les villes du Comtat, itinéraires courts et rapides, agrémentés de quelques haltes, que vous pourrez combiner en **circuits** entre eux ou avec ceux figurant aux chapitres précédents ou suivants.*

3 A - D'Avignon à Carpentras

Route : 23 km par la D 942.

Quittez de préférence Avignon par la D 225 (plan F 1), moins encombrée.
6 km : on rejoint la D 942 peut avant de franchir l'autoroute A 7.
8 km : Le Logis-de-Sainte-Anne.

A 1 km S., **Vedène** (4 663 hab.), commune résidentielle en bordure de la zone industrielle d'Avignon-Le Pontet. Deux tours subsistent d'un château du XIIe s.; beffroi du XVIIe s.

11 km : Entraigues-sur-Sorgue, dont la population (4 902 hab.) a doublé depuis la Libération, conserve quelques restes de son enceinte médiévale et une tour élevée par les Templiers (2e moitié du XIIe s.).

A 2,5 km S.-E., **Althen-les-Paluds** (1 288 hab.) garde par son nom le double souvenir des immenses marécages qui couvraient autrefois la contrée et de l'agronome arménien *Jean Althen* qui, en 1768, introduisit la **culture de la garance;** après avoir, pendant près d'un siècle, assuré la prospérité du village, la racine de garance fut détrônée en 1872 par les colorants chimiques, et le village se consacre surtout, aujourd'hui, à la culture des glaïeuls dont les bulbes sont à l'origine d'un fructueux commerce avec les Pays-Bas.

18,5 km : Monteux (6 558 hab.); cultures de primeurs et de fraises; usines de feux d'artifices *Ruggieri*. **Porte Neuve,** excellent type d'entrée de petite ville, et **porte d'Avignon,** restes de remparts du XIVe s.; de l'ancien château-fort, détruit au XVe s. et qui avait été un séjour aimé du pape Clément V, ne subsiste que la **tour** dite **Clémentine.** Monteux est la patrie de *saint Gens* (XIIe s.), patron des agriculteurs vauclusiens (V. Le Beaucet), et de **Nicolas Saboly** (1614-1675), célèbre auteur de Noëls provençaux.
23 km : Carpentras, V. chap. 4.

3 B - De Carpentras à Orange

Route : 23 km par la D 950.

Quittez Carpentras par l'av. Notre-Dame de Santé (plan B 1) et, un peu plus loin à g., l'av. de l'Europe.
8 km : à g., Sarrians (4 054 hab.).

A 2 km O., le **château de Tourreau** est une charmante « folie » élevée en 1750-1770 par l'architecte avignonnais *Esprit Brun* à l'emplacement d'un édifice du XVIIe s. dont subsiste la chapelle. Celle-ci, construite en 1614 par *François de Royers de La Valfenière,* abrite d'intéressants ex-voto. Dans le parc, aménagé en jardin à la française, l'allée du parterre, coupée par un grand bassin octogonal, se termine par une colonne en pierre du pont du Gard surmontée d'un Rythme en fer de *Jean Périssac.*

Visite : en été, payante, t.l.j. (selon affluence), de 10 h 30 à 12 h et de 15 h à 18 h.

13 km : après le pont sur l'Ouvèze, on croise la route (D 977) de Courthézon à Vaison; sur la dr., un peu en arrière, se profilent les Dentelles de Montmirail.
15 km : Jonquières, gros bourg de 3 076 hab. — **20,5** km : on rejoint la N 7 à l'entrée d'Orange.
23 km : Orange, V. chap. 1.

3 C - D'Orange à Vaison-la-Romaine

Route : 27 km N.-E. par la route directe, D 975; 37,5 km en effectuant le détour conseillé.

SÉRIGNAN-DU-COMTAT 3 C / 201

Quittez Orange par le Pont-Neuf (plan C 2).
6 km : **Camaret-sur-Aigues** (2 255 hab.); de l'enceinte médiévale, il reste deux portes fortifiées dont la ***porte de l'Horloge,** encadrée de deux tours rondes, refaite en 1750 et surmontée alors d'un beau campanile en fer forgé. Grosse tour rectangulaire crénelée; église du XVIIIe s. Conserveries et fabriques de plats cuisinés *Buitoni.*

Plutôt que continuer tout droit, nous vous conseillons de prendre à g., à la sortie de Camaret, la D 43.

8 km : **Les Roards**, hameau suivi d'un pont sur l'Aigues.
10 km : **Sérignan-du-Comtat** (1 488 hab.), qui fut jadis la première baronnie du Comtat Venaissin, est surtout célèbre par le souvenir de *Jean-Henri Fabre* qui y vécut de 1879 à sa mort.

Né en 1823 d'une famille très modeste, Fabre, prodigieux autodidacte, fut successivement instituteur à Carpentras (1842-1849), professeur de physique à Ajaccio (1849-1853) et de physique et chimie à Avignon (1853-1870) : c'est là que, ulcéré par les critiques soulevées contre lui par la bourgeoisie bien-pensante de la ville — il avait osé décrire le mécanisme de fécondation des fleurs aux jeunes filles à qui il était chargé d'enseigner les sciences naturelles! —, il quitte l'Université.
Installé d'abord à Orange, il vit désormais en rédigeant des manuels scolaires et des ouvrages de vulgarisation touchant à tous les domaines (arithmétique, algèbre, trigonométrie, géométrie, cosmographie, physique, mécanique, chimie, géologie, histoire, géographie, hygiène et économie domestique); il y écrit le 1er volume de ses souvenirs.
L'« Homère », ou le « Virgile des insectes », ainsi qu'on l'a surnommé, achète en 1879 à Sérignan une propriété qu'il appellera l'Harmas (en provençal, terrain inculte). Il écrira là les neuf autres tomes de ses Souvenirs entomologiques, quantité de poèmes en langue provençale (il en mettra lui-même bon nombre en musique), peindra, continuant à herboriser et à étudier jusqu'à sa mort, à 92 ans (1915).

Acquis par l'État en 1922, l'**Harmas,** qui dépend du Muséum national d'histoire naturelle, conjugue le charme un peu émouvant d'un pèlerinage à l'intérêt didactique des collections réunies par le génie universel de Fabre.

Visite : payante, t.l.j. sauf mardi, de 9 h à 11 h 30 et de 14 h à 18 h (16 h du 1er nov. au 31 mars); fermé en octobre.

Le **cabinet de travail** (au 1er étage) où Fabre écrivit ses souvenirs conserve les collections du savant : coquillages, minéraux, oiseaux, collections entomologiques, son fameux herbier, divers objets trouvés au cours de fouilles, et quelques souvenirs personnels.
Au **rez-de-chaussée**, il faut voir surtout la remarquable collections d'***aquarelles** représentant des champignons : 260 env. sont exposées, sur les 625 qu'il peignit, ne disposant à l'époque d'aucun procédé valable de naturalisation.
Le **parc,** quoique aménagé en réserve botanique, a conservé l'aspect un peu sauvage qu'aimait le savant.

Dans le village subsistent quelques restes du château qui appartint à Diane de Poitiers et fut détruit par les Huguenots à la fin du XVIe s. : communs du XVe s. et tour, servant auj. de clocher à l'église.

A **1** km N.-E., au hameau de **Saint-Marcel,** chapelle romane.

De Sérignan, suivez la D 976 vers Nyons.

18 km : **Sainte-Cécile-les-Vignes** (1 652 hab.), où se tint en 1563 une assemblée de Calvinistes, est l'une des plus importantes communes productrices de côtes-du-rhône. Restes de remparts.

Prenez à dr. la D 8 vers Carpentras.

22,5 km : **Cairanne** (809 hab.), isolé sur un piton dominant l'Aigues, conserve quelques restes de fortifications élevées par les Templiers. La quasi totalité du terroir, 1 200 ha env., est constituée de terrasses et coteaux argilo-calcaires plantés de vigne produisant un agréable et puissant côtes-du-rhône-villages.

Longeant le bas des collines, la D 69 permet ensuite d'atteindre (**27,5** km) **Rasteau** (566 hab.), étagé au pied d'une église du XIIe s., et dont un vin doux naturel a rendu le nom célèbre.

28,5 km : on rejoint la route directe Orange-Vaison (prendre à g.).
31,5 km : **Roaix** (415 hab.), autre commune de l'aire de production du côtes-du-rhône-villages. — **33** km : prenez à dr.
37,5 km : **Vaison-la-Romaine,** V. chap. 5.

3 D - De Carpentras à Cavaillon

Route : 27 km S. par la D 938.

Quittez Carpentras par l'av. Victor-Hugo, au S. (plan B 3).

6 km : **Pernes-les-Fontaines** (6 088 hab.), première capitale du Comtat (968-1320) et aujourd'hui important centre de cultures fruitières et maraîchères, doit son nom aux 33 fontaines qui agrémentent ses rues et places.

Visite de la ville : 1 h env., à pied; laissez votre voiture place de Verdun, devant le pavillon de l'office de tourisme.

La **porte Villeneuve,** flanquée de tours rondes à mâchicoulis, est un bel ouvrage de 1550 et l'une des trois portes qui, au XVIe s., s'ouvraient dans l'enceinte.

Elle donne accès à la rue Gambetta par laquelle on atteint bientôt, précédée de la **fontaine du Gigot** (XVIIIe s.), la **tour Ferrande,** tour carrée du début du XIIIe s. où, en saison, sont organisées des expositions.

Visite : en dehors de la période d'ouverture du S.I., s'adresser à la mairie.

Appartenant sans doute jadis à un hôpital des chevaliers de Saint-Jean de Jérusalem dont elle est le seul vestige, elle conserve, à l'étage, une ancienne salle d'agrément ornée de précieuses ✱peintures murales de 1275 où se côtoient sujets religieux et profanes; on peut y voir en effet, entre autres, la Vierge et l'Enfant, saint Christophe, le pape Clément VI donnant l'investiture du royaume de Naples à Charles d'Anjou (1266; l'artiste donne l'impression d'avoir été le témoin de la scène), et des combats de cavalerie relatifs à la guerre menée par Charles d'Anjou en Italie.

Rejoignant le quai de Verdun, au bord de la Nesque, on laisse à dr. l'hôtel d'Anselme (façade gothique tardif du XVIe s., très restaurée) pour gagner l'autre rive.

L'✱**église Notre-Dame,** qui remonte à la fin du XIIe s., a été en partie reconstruite et remaniée à la fin du XIVe s., sans doute à la

PERNES-LES-FONTAINES

suite des dégâts causés par un siège. Elle fut laissée en dehors de la ville lors de la construction de l'enceinte au XIVe s. et de sa reconstruction au XVIe s.

Le **porche S.**, roman, est un intéressant exemple d'imitation de l'architecture antique.

La **nef**, de belles proportions, est voûtée en berceau brisé sur doubleaux et dépourvue de fenêtres; la voûte repose sur une belle **corniche** imitée de l'antique. Les chapelles sont des additions de l'époque gothique, sauf la première à dr. qui paraît romane. L'abside en cul-de-four, refaite à l'époque classique, est flanquée de deux chapelles gothiques.

A 200 m N., au bord de la route qui passe au chevet de l'église, intéressante **croix couverte** du XIVe s., dite « Croix de Boët ».

La ***porte Notre-Dame,** date de 1548; avec ses deux tours aménagées pour le tir de la petite artillerie, avec le pont dont une pile porte la chapelle Notre-Dame, et avec les pans de rempart qui la flanquent de part et d'autre, elle constitue un ensemble du XVIe s. tout à fait remarquable.

Passé la porte, l'élégante **fontaine du Cormoran** (XVIIIe s.) vous accueille devant la vieille **halle** de 1623. De là, on monte vers la **tour de l'Horloge**, ancien donjon carré et crénelé du château des comtes de Toulouse (XIe-XIIIe s.); un gracieux campanile de fer forgé la surmonte, placé en 1765.

La rue de Brancas mène ensuite à l'**hôtel de ville**, installé dans l'ancien hôtel (XVIIe s.) des ducs de Brancas (jolie cour; peintures dans la salle des mariages et la salle du conseil). Rejoignez alors la rue Raspail que vous suivrez à dr. (un petit détour à g. vous permettrait d'aller voir, place Reboul, une autre fontaine du XVIIIe s.) pour gagner la **porte Saint-Gilles**, pratiquée dans une tour carrée à mâchicoulis, ouverte à la gorge, seul vestige de l'enceinte du XIVe s.

L'avenue du Bariot, à dr., suivant le tracé des anciens remparts, ramène à la place de la Porte-Neuve (une simple ouverture aménagée dans l'enceinte en 1659), où une fontaine précède la **chapelle Notre-Dame de la Rose** (1628), puis, un peu plus loin à dr., à l'avenue Jean-Jaurès d'où l'on regagne la porte Villeneuve.

11 km : La route laisse à dr. **Velleron** (1 402 hab.), avec ses anciennes maisons seigneuriales de Cambis et de Trillans, celle-ci flanquée d'une tour crénelée.

17 km : **L'Isle-sur-la-Sorgue.** La patrie du poète *René Char* (né en 1907) est une petite ville de 11 932 hab., entourée et traversée par les multiples bras de la Sorgue — d'où son surnom de « Venise du Comtat » — sur laquelle tournent encore plusieurs vieilles **roues moussues** : il y en avait **jadis près de 70,** actionnant filatures de soie, teintureries, papeteries, moulins à grain et à huile.

Héritière des anciennes activités de tissage, une importante manufacture produit maintenant couvertures et tapis, dits d'Avignon; succédant à la pêche, qui fut aussi une importante ressource des habitants (plusieurs noms de rues en témoignent), un établissement se consacre à la pisciculture (voir la réserve de truites quai Rouget-de-Lisle et quai Jean-Jaurès); biscuiterie, fruits confits, confiseries, distilleries, engrais, colles et gélatines, plâtre, constituent les autres productions industrielles de la ville.

L'***église,** au centre de la ville, offre dans une structure encore gothique une somptueuse et complète décoration du XVIIe s., œuvre très homogène (en dépit d'ajouts postérieurs) d'artistes comtadins, **exemple caractéristique du baroque provençal.**

Elle comporte une vaste nef (14 m de large sur 20 m de haut) flanquée de chapelles portant des tribunes, le tout construit après 1663 par *François de Royers de La Valfenière* et encore voûté d'ogives; le chœur remonte peut-être au XIVe s. Clocher de 1538.

Au **revers de la façade,** tambour de bois sculpté surmonté d'un balcon en pierre; au-dessus, grande *gloire figurant l'Assomption et le Couronnement de la Vierge; attribuée au florentin *Angloglio,* elle se compose de 26 figures en bois doré, en ronde-bosse.

Le **chœur** est occupé par un gigantesque **retable** en bois doré orné d'une autre Assomption, peinte par *Reynaud Levieux,* et de quatre statues colossales en bois doré; riche maître-autel à baldaquin en marbres variés; de chaque côté, deux buffets d'orgues (l'un factice) en bois doré.

Dans la **nef,** huit grandes statues en bois ou en pierre de la fin du XVIIe s. ou du début du XVIIIe s. font face à la porte latérale; 22 statues allégoriques en haut-relief, dues à *Jean Péru* (XVIIe s.), ornent les écoinçons des arcades; la plupart représentent les Vertus, mais certaines n'ont pu être identifiées.

Côté dr., 1re **chapelle :** dans l'écoinçon, l'Humilité; six bas-reliefs représentent le martyre de saint Crépin et de saint Crépinien; retable en bois doré. — 2e **chapelle :** à g. la Patience, à dr. l'Innocence; la Vierge donnant le Rosaire à saint Dominique, par *Sauvan;* à g., Vierge en bois doré du XVIIe s. — 3e **chapelle :** portail S. — 4e **chapelle :** à g. la Libéralité, à dr. la Miséricorde; cette chapelle est ornée d'une **boiserie,** autrefois polychrome, de *Joseph Reboul* (1702); statues en bois des quatre Évangélistes. — 5e **chapelle :** à dr., la Perfection. — 6e **chapelle :** à g. la Sapience divine, à dr. la Vertu; retable du XVIIe s. avec un tableau de 1636 relatif à l'intervention de la Vierge lors de l'épidémie de peste.

Côté g. (en revenant), 6e **chapelle :** à g. l'Espérance, à dr. la Charité; **statue** en bois doré **de saint François d'Assise;** boiseries sculptées par *Benoît Gilibert* (1664). — 5e **chapelle :** à g. la Prudence, à dr. la Justice; Présentation de Jésus au Temple, par *Nicolas Mignard* (1665); *Nativité, par *Pierre Parrocel* (1704); Présentation de la Vierge au Temple, attribuée à *Simont Vouet.* — 4e **chapelle :** à g. la Tempérance; *Jésus apparaissant à Madeleine, par *Pierre Parrocel* (1707); Apothéose de sainte Élisabeth de Hongrie, par *Sauvan;* **Agonie de sainte Madeleine,** statue de 1707; petit bas-relief représentant la Résurrection de Lazare. — 3e **chapelle :** à g. la Religion, à dr. l'Autorité; deux statues en pierre (fin du XVIIe s.) de *Jean Péru* : à g. saint Jacques le Mineur, à dr. saint Jean l'Évangéliste; tableau des quatre grands docteurs de l'Église, par *Pierre Mignard* (1615); **boiseries.** — 2e **chapelle :** à g. la Chasteté, à dr. la Virginité; très belles **boiseries** sculptées et dorées dont une statue de la Vierge mourante. — 1re **chapelle :** dans l'écoinçon, la Foi chrétienne; autres belles boiseries.

L'office de tourisme, à côté de l'église, occupe l'ancien **grenier public** (1779). Parmi plusieurs maisons anciennes disséminées

L'ISLE-SUR-LA-SORGUE

dans la ville, voir surtout, au S. de la place, une belle maison Renaissance (4, rue Ledru-Rollin) et une ancienne maison seigneuriale du XVIe s. (51, rue Carnot).

L'**hôtel-Dieu**, à l'O. de la ville (accès depuis l'église par la rue Carnot, la place de la Juiverie à dr. et la rue Jean-Théophile), a été construit de 1749 à 1757 par les frères *Brun* sur des plans de *J.-B. Franque;* bel escalier; vestibule avec, dans une niche, une Vierge de bois doré; élégante chapelle; la *pharmacie possède de belles armoires renfermant des pots en faïences de Moustiers du XVIIIe s.; dans le jardin, fontaine de 1768.

19 km : Velorgues, hameau. — **22** km : croisement avec la route Avignon-Apt. — **25** km : on rejoint la route d'Avignon à Cavaillon.
27 km : Cavaillon, V. chap. 10.

3 E - D'Avignon à Cavaillon

Route : 24 km S.-E. par la N 7 et la D 973.

Quittez Avignon par l'avenue Pierre-Semard (plan F 4).
11 km : Bonpas, où l'on passe successivement sous le pont de la N 7 puis sous celui de l'autoroute A 7. Immédiatement après celui-ci, à g., un haut mur entoure l'ancienne **chartreuse de Bonpas**.

Ce ne fut à l'origine qu'une chapelle, élevée à la fin du XIIe s. par les Frères pontifes qui, pour faciliter le passage de la Durance (les brigands profitaient auparavant des difficultés de traversée pour rançonner les voyageurs), avaient édifié un pont à proximité, transformant en Bon pas un lieu connu jusque-là sous le nom de Mauvais pas. D'abord rattachés par le pape aux Hospitaliers en 1284, les religieux donneront le domaine aux Chartreux en 1320, sur la demande du souverain pontife.

Visite : payante, t.l.j.

Des jardins à la française, une terrasse offrant une belle vue sur la Crau et les Alpilles, la vieille chapelle du XIIe s. constituent un bien agréable lieu de promenade. Ce qui reste des bâtiments conventuels, notamment l'ancienne hostellerie du XVIIe s., est auj. habité et ne se visite pas, non plus que l'ancien logis du prieur, qui dresse au-dessus du mur d'enceinte une belle tourelle à mâchicoulis.

13,5 km : Caumont-sur-Durance (1 951 hab.); sur la colline dominant le village, chapelle romane de Saint-Symphorien, du XIe s., avec une crypte creusée dans le roc. Dans le village (restes de fortifications, porte), voir aussi une lanterne des morts du XVe s.
24 km : Cavaillon, V. chap. 10.

3 F - D'Avignon à L'Isle-sur-la-Sorgue

Route : 22 km E. par la N 100.

Quittez Avignon par la route de Lyon (plan F 1-2).
4,5 km : laissez à dr. la N 7F qui rejoint plus loin la route de Marseille en passant par (2 km) Montfavet.

PLAINE DU COMTAT

Montfavet, commune suburbaine maintenant rattachée à Avignon, a connu un certain renom, en 1950-1954, lorsqu'un inspecteur des P.T.T., *Georges Roux*, a révélé au monde qu'il était... le Christ réincarné.
Mais le bourg a aussi un autre intérêt, celui de posséder une fort belle *église du XIVe s., reste d'un prieuré d'augustins fondé en 1343 par le cardinal *Bertrand de Montfavet* (originaire de Montfavet en Quercy, d'où son nom puis celui du village); sous une silhouette extérieure trapue et fortifiée se cache un beau vaisseau à nef unique de type languedocien et provençal, avec des chapelles entre les contreforts; l'entrée est surmontée d'un linteau sculpté figurant un groupe de religieux en prière devant la statue de N.-D. de Bon-Repos (au tympan); l'intérieur abrite quelques autels du XIVe s., divers tableaux et la dalle funéraire de *Pierre de Cohorn*, soi-disant chambellan du roi de Danemark Christian Ier († 1479; en fait, la dalle est un faux du XVIIe s. et le défunt un très modeste immigré).

8 km : Morières-lès-Avignon (3 479 hab.), patrie d'*Agricol Perdiguier* (1805-1875), menuisier, compagnon puis député, célèbre sous le surnom d'*« Avignonais-la-Vertu »*.
12,5 km : Châteauneuf-de-Gadagne (1 743 hab.), où l'on fabrique du *Schweppes*, du papier et des couches pour bébés. Ruines d'un château.

A 800 m N., le château de Fontségugne, sans caractère, vit le 21 mai 1854 la fondation du Félibrige par Frédéric Mistral (Maillane, 1830-1914), Joseph Roumanille (Saint-Rémy de Provence, 1818-1891), Théodore Aubanel (Avignon, 1829-1886), Anselme Mathieu (Châteauneuf-du-Pape, 1828-1855), Alphonse Tavan (Châteauneuf-de-Gadagne, 1833-1905), Jean Brunet (Avignon, 1823-1894) et Paul Giéra (Avignon, 1816-1861), le propriétaire du château.

17 km : **Le Thor,** gros bourg de 4 003 hab. sur un bras de la Sorgue, tire presque exclusivement sa prospérité du raisin chasselas. De ses anciens remparts subsiste une porte du XIVe s. restaurée maladroitement en 1847 et transformée en beffroi.

L'***église,** édifice de la fin du XIIe s. (achevée en 1202) exempt de tout remaniement (sauf le clocher) est **un des meilleurs exemples de l'art roman provençal.**

Le portail O. et surtout le beau **porche S.** sont imités de l'art antique. L'**abside** polygonale, ornée d'arcatures retombant deux à deux sur des pilastres cannelés, s'apparente aux absides lombardes et dalmates du XIIe s. Le clocher octogonal, monté sur un gros massif à angles abattus, est resté inachevé; le dernier étage est une triste adjonction de 1834.
L'église comprend seulement une nef et une abside. La travée qui précède celle-ci est couverte d'une **coupole** octogonale nervée reposant sur des trompes ornées des symboles des Évangélistes. Les trois autres travées de la nef, romanes dans leur élévation, sont couvertes de **voûtes d'ogives** qui comptent parmi **les plus anciennes** qu'on ait lancées dans le Comtat sur une aussi grande largeur (10,4 m); de plus, les doubleaux et arcs de décharge ont le tracé brisé. La travée O. est pourvue d'une tribune reposant sur une voûte d'arêtes.
En face du porche S., bel autel de la Vierge, en bois doré du XVIIIe s. L'**abside** est couverte d'un cul-de-four nervé reposant sur une majestueuse colonnade à arcades, avec de beaux chapiteaux corinthiens ou ornés d'entrelacs, d'anges, d'aigles. La clé de voûte est sculptée d'un

MONTFAVET—LE THOR

Agnus Dei entouré de cinq aigles ornant le sommet des nervures. Belles statues en bois doré, du XVIIIe s., autour de l'abside.

A **2,5** km N. par la D 16, au pied d'une colline entaillée par les carrières et portant les ruines d'un château, ancienne dépendance de l'abbaye de Villeneuve-lès-Avignon, d'une chapelle romane, s'ouvre la **grotte de Thouzon.**

Visite : payante, t.l.j. de 9 h à 20 h en été et de 10 h à 18 h en hiver.

Longue de 230 m seulement et se terminant par un petit aven d'une dizaine de mètres de profondeur, elle offre stalagmites, stalactites, draperies, piliers, coulées et autres concrétions d'une étonnante variété et notamment, dans la salle du fond, de ces très fragiles « fistuleuses » que l'on nomme aussi... macaronis.

22 km : **L'Isle-sur-la-Sorgue,** V. ci-dessus, it. 3 D.

4 - Carpentras

25 463 hab., les *Carpentrassiens*. Sous-préfecture de Vaucluse.

Une bien aimable cité. Et qui mérite d'être connue pour autre chose que des sucreries, si délicatement parfumés que soient ses fameux berlingots. D'un passé qui fut un certain temps glorieux et prospère, elle a hérité quelques monuments de valeur parsemant un réseau de ruelles médiévales, étroites et sinueuses, qui gardent à l'ancienne capitale du Comtat Venaissin une dimension humaine. L'animation qui règne ici, particulièrement le vendredi matin, jour des marchés, n'est pas le moindre charme de ses rues, places ou terrasses d'où le regard s'envole vers la plaine — source de sa richesse — ou vers les montagnes qui, à l'E., en bornent l'hémicycle.

La ville dans l'histoire

Chef-lieu de la peuplade cavare des Meminiens, Carpentoracte, *dont les Romains feront* Forum Neronis, *devient en 1274, avec le pays environnant, propriété du Saint-Siège (V. chap. 3). La venue du pape Clément V qui, à partir de 1309, séjourne plus volontiers ici (ou à Malaucène), où il est chez lui, qu'en Avignon, où il est l'hôte du comte de Provence, vaut évidemment à la cité une certaine prospérité. Petite capitale économique d'une région où l'agriculture alimente un important marché hebdomadaire et deux grandes foires annuelles, elle éclate bientôt hors de ses anciens remparts (leur tracé est encore bien visible sur le plan, dans l'arrondi des rues des Halles, Raspail, du Collège, etc.) et se dote, dans la 2e moitié du XIVe s., d'une nouvelle enceinte.*

Le retour des papes à Rome, d'où une relative négligence dans l'administration de cette possession un peu lointaine, et la pression française (notamment les tentatives d'annexion de Louis XIV et Louis XV) provoqueront, aux XVIIe et XVIIIe s., une nette dégradation de sa situation économique. Au XIXe s., le creusement du canal de Carpentras et l'arrivée du chemin de fer, entraînant une profonde mutation agricole du Comtat, en feront un des plus importants centres français de production de fruits et légumes.

Célébrités. — *Carpentras a vu naître les peintres* Joseph Duplessis *(1725-1802), qui eut jusqu'à la Révolution une grande réputation de peintre mondain,* Bonaventure Laurens *(1801-1890), portraitiste et paysagiste, et son frère* Jules Laurens *(1825-1901), peintre orientaliste. Parmi les hommes politiques, citons* François Raspail *(1794-1878), médecin, chimiste et théologien devenu libre-penseur, et*

Édouard Dalaladier *(1884-1970), président du Conseil de 1938 à 1940.* Un des personnages les plus pittoresques de la ville fut Alexis Berbiguier de Terre-Neuve du Thym *(1764-1851), dont Marie Mauron a retracé la vie dans* Berbiguier de Carpentras. *Mais le plus grand personnage de l'histoire de Carpentras fut* Malachie d'Inguimbert, *qui y naquit en 1683 et, après avoir été trappiste, en fut évêque de 1735 à sa mort (1757); philanthrope et érudit, il dota à ses frais la ville d'un Hôtel-Dieu et lui fit don d'une riche bibliothèque et de collections qui furent le noyau du musée actuel.* — Pétrarque, *enfant, étudia à Carpentras, sa famille étant venue s'y fixer faute d'avoir trouvé un logis à Avignon.*

Ce qu'il faut savoir

S'il ne subsiste plus qu'une seule des deux grandes foires médiévales annuelles, Carpentras n'en n'a pas pour autant rompu avec sa tradition de **centre commercial** de la région : marché hebdomadaire certes, augmenté selon la saison d'un marché aux truffes et d'un marché aux oiseaux (appelants); mais surtout, marché de gros, quotidien d'avril à novembre, ce M.I.N. **où sont commercialisées les productions agricoles du Comtat** et, au premier rang d'entre elles, la tomate et le raisin de table. Dotée d'un contrat de ville moyenne, ce qui va lui permettre d'ordonner son développement et de réduire certains déséquilibres, Carpentras n'est pas encore, en dépit de la création récente d'un « lotissement industriel », une ville de grande industrie; elle ne compte que six établissements de plus de 50 salariés dont deux seulement, *Jams Sud* (meubles; 230 pers.) et *Prégypan* (plaques de plâtre; 160 pers.), atteignent une certaine dimension. Son **activité industrielle, très diversifiée,** est surtout liée à l'agriculture : industries agro-alimentaires (berlingots, fruits confits, conserves) et annexes (emballages, boîtes de conserve, etc.).

Visite de la ville

Deux heures suffisent (non compris le temps passé dans les musées) pour faire, sans trop se presser, une promenade permettant de découvrir la ville et ses principaux monuments. Plutôt que sur la place Aristide-Briand (plan B 3) où le stationnement (payant) est limité en temps et nombre de places, vous pourrez laisser votre voiture dans l'Allée des Platanes (plan C 3).

☐ L'**Hôtel-Dieu** (plan B 3), précédé de la statue de son fondateur Mgr d'Inguimbert, offre, avec sa façade à fronton sculpté couronnée de balustres et de pots-à-feu, toute l'élégance du XVIIIe s.; il a été construit de 1750 à 1760 par l'architecte carpentrassien *Antoine d'Allemand*.

Visite : t.l.j. sauf sam. après-midi, dim. et jours fériés, de 8 h à 12 h et de 14 h à 17 h; s'adresser au concierge.

La ***pharmacie** a conservé ses anciennes armoires, dont les panneaux ont été décorés par *Duplessis* de scènes en camaïeu bleu et de jolies singeries. Ces armoires renferment une belle collection de pots pharmaceutiques (faïences comtadines, provençales, italiennes) et de mortiers (XVIe-XVIIe s.) — La **chapelle,** d'une architecture très italianisante, abrite le tombeau de Mgr Malachie d'Inguimbert avec deux belles statues allégoriques, par *Antoine* (1774), ainsi qu'un élégant maître-autel en marbre et une barrière en fer forgé de la même époque. Bel escalier d'honneur (rampe) avec lanternes anciennes.

La rue de la République conduit au cœur de la vieille ville.

On laisse à g. la rue du Collège où l'on remarque la **chapelle** de l'ancien collège des jésuites, construction du milieu du XVIIe s. à lanterne centrale, inspirée des plans du lyonnais Étienne Martellange, architecte de l'Ordre.

La ***cathédrale Saint-Siffrein** (plan B 2-3) date, dans son état actuel, de la dernière période gothique (1405-1519). Contre la façade, flanquée de deux tourelles du XVe s. mais inachevée, a été plaqué au XVIIe s. un portail de style classique. Le clocher octogonal est moderne.

Connu sous le nom de **porte juive,** le beau ***portail S.**, qui s'ouvre sur la petite place Saint-Siffrein, est de style flamboyant (fin du XVe s.); les fenêtres qui le surmontent éclairent l'ancienne salle capitulaire. Sur le tympan du gable, en accolade, la fameuse *boulo di gari* (boule aux rats), petite sphère en saillie rongée par des rats, garde le mystère de sa

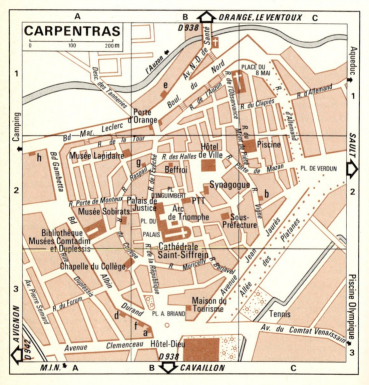

CATHÉDRALE SAINT-SIFFREIN

signification : symbole des hérésies qui dévorèrent le monde chrétien ou exorcisme contre la peste, tenue pour une malédiction divine?

L'intérieur de la cathédrale offre un bel exemple du style gothique méridional : large nef flanquée de chapelles latérales; abside à sept pans plus étroite que la nef. Celle-ci se compose de six travées, les quatre premières à croisées d'ogives barlongues correspondant aux chapelles latérales, les deux dernières, avant le chœur, couvertes d'une seule voûte sexpartite; moulures et retombées de voûtes appartiennent encore au style du XIVe s.

Au revers du mur de façade, quatre tableaux des XVIIe et XVIIIe s. sont encadrés dans une sorte de polyptyque; au-dessous, balcon en fer forgé (XVIIIe s.) communiquant jadis avec le palais épiscopal contigu; au mur g. de la nef (1re travée), une petite loge vitrée permettait à l'évêque d'assister aux offices. Outre divers tableaux de *Parrocel, Mignard, Natoire* et *Duplessis*, on remarquera surtout (1er chap. de g.) un Christ attribué au sculpteur comtadin *Jacques Bernus* (XVIIe s.) et l'**abondante décoration de marbres et de bois doré** de certaines chapelles.

Le **chœur**, précédé à g. du tombeau avec statue agenouillée de l'évêque Laurent Butti par *Bernus* (1710), abrite ainsi un maître-autel orné de deux anges adorateurs et surmonté d'une grande gloire, en bois sculpté et doré, également œuvre de *Bernus* (1694), manifestement inspirée de celle du Bernin à Saint-Pierre de Rome. La **tribune d'orgue**, exécutée sur les dessins de *La Valfenière* (1645), et la belle barrière de communion en fer forgé (XVIIIe s.) complètent cette décoration. A remarquer encore, les trois **vitraux** du fond du chœur (XVe s.) et, à g., un ***primitif** du XVe s., le Couronnement de la Vierge entre saint Michel et saint Siffrein.

Le **trésor** (s'adr. au presbytère, pl. Saint-Siffrein) abrite quelques belles pièces d'art religieux : **statues** en bois (***Saint Jean-Baptiste**, du XIVe s.; Vierge à l'Enfant, XIVe s.; le prophète Daniel, XVe s.; Sainte Anne, la Vierge et l'Enfant, XVIe s.; œuvres diverses de *J. Bernus*), ornements sacerdotaux, ***crosse en émail** limousin de la fin du XIe s., orfèvrerie, diptyque de la fin du XVe s.

Outre celles de son patron *saint Siffrein*, évêque du VIe s., la cathédrale abrite une étonnante relique connue sous le nom de **saint Clou** ou **saint Mors** : il s'agit d'un mors de cheval forgé, d'après la tradition, avec un des clous de la Passion (peut-être deux) retrouvé par sainte Hélène.

☐ Le **palais de Justice** (plan B 2) est l'ancien palais épiscopal reconstruit en 1640 sur les plans de *François de Royers de La Valfenière;* sa façade, rythmée par le ferme dessin des fenêtres qui en accusent la sobriété, est une réduction de celle du palais Farnèse. Plusieurs salles ont conservé intacte leur ***décoration du XVIIe s.** à laquelle de hautes frises peintes donnent un caractère très original.

Visite : s'adresser au concierge (rétribution).

La **salle des Assises**, ornée de belles frises de l'école de Mignard, offre de jolies boiseries (plafond et murs). La **chambre correctionnelle** est ornée de vues des petites villes relevant de l'évêché de Carpentras. La **salle du Conseil** constitue l'ensemble le plus remarquable; **ancienne chambre d'apparat** des évêques, elle conserve intacte ses frises peintes, son plafond à la française, sculpté, et l'alcôve, ornée de peintures de *N. Mignard* et abritant une cathèdre épiscopale du XVIIIe s. La **salle du jury** et la **salle des témoins** s'ornent de peintures de la même époque.

En ressortant du palais remarquez, contre le pignon N. (rue d'Inguimbert), un beau portail de style baroque provenant d'un ancien couvent de Carmélites.

La **place d'Inguimbert,** derrière le palais de Justice, voit, en été, s'installer le théâtre de plein air du festival de Carpentras.

Un **arc de triomphe,** au fond de la place, témoigne seul du passé romain de la cité.

Haut de 10 m sur 5,90 de largeur et 4,50 de profondeur, il remonte au début du Ier s. de notre ère et commémore les victoires d'Auguste sur les Francs. Très dégradé (il servit notamment de porche à la première cathédrale romane de la ville, V. ci-après), il conserve de **jolis rinceaux** à l'archivolte et surtout, sur les faces latérales, deux **bas-reliefs** représentant des captifs attachés à un trophée (un des personnages a été à moitié détruit par une ouverture pratiquée dans l'arc).

A côté de l'arc, contre le flanc N. de la cathédrale, subsistent des **restes de l'ancienne cathédrale romane** : mur latéral N. et belle coupole sur trompes où sont sculptés les symboles des quatre évangélistes. Le petit cloître carré qui accompagnait cette cathédrale a été détruit en 1829 pour permettre la construction de la prison qui, il y a quelques années encore, occupait une partie de la place d'Inguimbert; les musées de Carpentras et d'Avignon en conservent quelques colonnettes et chapiteaux.

La ***synagogue** (plan B 2), dont l'origine remonte à 1367 (ce qui en fait la plus vieille synagogue française en activité) a été reconstruite en 1742-1743 et restaurée en 1954. Boiseries et mobilier liturgique, du XVIIIe s., y composent un ensemble aussi rare que charmant.

Visite : t.l.j. sauf samedi, de 9 h à 13 h et de 14 h à 18 h (19 h en été).

Vous noterez tout particulièrement ses **deux étages** (le culte étant jadis célébré au second, ce qui est exceptionnel), ses couleurs, qui la font ressembler à quelque salon, sa galerie des femmes. Au rez-de-chaussée du temple, remarquablement conservés, se trouvent une salle de cuisson des pains azymes, avec son pétrin et ses fours (utilisés jusqu'en 1904), plusieurs bains, dont le fameux *« cabussadou »,* piscine dans laquelle avait lieu le rituel bain de purification des jeunes filles, la veille de leur mariage.

Dans l'histoire des Juifs de France, Carpentras, l'une des « quatre saintes communautés » (V. Cavaillon), occupe une place exceptionnelle. Protégée des papes, mais néanmoins objet de pratiques discriminatoires, la communauté fut en fait toujours dans une situation précaire et les nombreux conflits qui l'opposèrent aux autres carpentrassiens revêtirent plus d'une fois des formes tragi-comiques dont la littérature et la liturgie des Juifs de Carpentras conservent le souvenir. Armand Lunel et Darius Milhaud en ont fait une remarquable synthèse dans un très bel opéra-bouffe, Esther de Carpentras (1925).

L'**hôtel de ville,** dont la façade arrière regarde la synagogue, occupe l'ancien hôtel de la Roque (XVIIe s.); il borde l'attachante ***rue des Halles,** que longent des galeries couvertes. A g., englobé dans un pâté de maisons, le **beffroi,** couronné d'un campanile en fer forgé de 1576, est le dernier vestige du château édifié par les comtes de Toulouse au XIIIe s.

La ***porte d'Orange** (plan B 1), à l'extrémité N. de la vieille ville, est le seul reste de l'enceinte construite dans la seconde moitié du XIVe s. par les papes et détruite au XIXe s.; elle est percée dans une belle tour barlongue haute de 27 m et ouverte du côté de la ville, disposition déjà devenue rare à l'époque.

A quelques centaines de mètres, au bord de l'Auzon, la **chapelle Notre-Dame de Santé** (plan B 1) a été reconstruite en 1734-1748 par Mgr d'Inguimbert en souvenir de la cessation d'une peste; à côté, dans le square, jolie fontaine de la même époque provenant d'une propriété de Malaucène.

Plus loin, à l'E., la vallée de l'Auzon est franchie par un bel **aqueduc** de 48 arcades, long de 729 m, bâti en 1720-1730 par *A. d'Allemand*, l'architecte de l'Hôtel-Dieu.

Revenez sur vos pas pour suivre la rue Raspail (plan AB 2), où se trouve la maison natale du célèbre chimiste, et rejoindre le musée des Beaux-Arts.

Le **musée des Beaux-Arts** (plan A 2) est installé depuis 1847 dans un bel hôtel du XVIIIe s. bâti par *Antoine d'Allemand*.

Il doit son origine à la bibliothèque et au « cabinet » que Malachie d'Inguimbert avait constitués, surtout en Italie, quand, simple religieux, il était au service du Cardinal Laurent Corsini, le futur pape Clément XII. Nommé évêque de Carpentras en 1735, il ouvrit ses collections au public en 1745 et, à sa mort (1757), les légua à sa ville natale. D'autres comtadins ont, notamment au XIXe s., enrichi le musée de dons importants.

Conservateur : M. Henri Dubled.

Visite : t.l.j. sauf mercredi, de 10 h à 12 h et de 14 h à 18 h (16 h hors-saison). La bibliothèque est ouv. t.l.j. sauf samedi après-midi, dimanche et lundi matin, de 9 h 30 à 12 h et de 14 h à 19 h.

La porte d'entrée du musée provient de l'hôtel où Mgr d'Inguimbert avait primitivement installé ses collections.

Le **musée Comtadin,** fondé en 1913 par *Edouard Daladier,* occupe le rez-de-chaussée. Il abrite divers **souvenirs de la vie carpentrassienne et comtadine** : chaise à porteurs; canapé de Mgr d'Inguimbert; panneaux peints de « donatifs » commémorant des dons faits à l'hôpital depuis le XVIIe s.; ex-voto de pèlerinages du Comtat, notamment de Notre-Dame de Santé; médailles papales; monnaies et sceaux du Comtat; faïences; collection de santons; lampes et coiffes comtadines; **sonnailles** pour troupeaux; collections d'appeaux pour la chasse; poids et mesures; serrure du XVIIe s.; fusils de remparts, meubles; balances; objets fabriqués par des artisans de Carpentras; objets de culte israélite; peintures relatives au Comtat; collection Raspail; portraits de Barjavel et de Raspail, par *E. de Valernes*.

Le **musée de peinture,** ou musée Duplessis, occupe le premier étage (dans l'escalier, copie ancienne de la Danae du *Titien* et peintures persanes du début du XVIIe s.). — Madone entre saint François et saint Bonaventure (École italienne, 1488); Sainte Anne et saint Joachim (École française, XVe s.); portrait du cardinal Sadolet (XVIe s.), ce vertueux prélat qui tenta vainement d'arrêter les persécutions contre les Vaudois; *Le Guerchin* (attrib.), Martyre de sainte Catherine; Mort d'Holopherne (École flamande?; XVIe s.); *Frans Snyders,* La Poissonnerie; *R. Savery,* Entrée des animaux dans l'Arche; *Hyacinthe Rigaud,* ***portrait de l'abbé de Rancé** (il existe plusieurs répliques de ce portrait qui avait été commandé

par le duc de Saint-Simon; celui-ci fut offert par le duc au pape Clément XII qui le donna lui-même à Mgr d'Inguimbert).
Le musée possède également un grand nombre d'œuvres de **peintres de la région** ou y ayant travaillé : *Nicolas Mignard* (attrib.), Salomé; *J.-S. Duplessis,* 13 portraits et études parmi lesquels Joseph Deru, Autoportrait, l'Abbé Arnaud, la Marquise de Saint-Paulet, etc.; *Joseph Vernet,* 4 paysages et marines; *Évariste de Valernes* (1816-1895; ami de Degas), la ***Convalescente,** Danseuse; vues anciennes de Carpentras et du Comtat par les carpentrassiens *Jean-Joseph Bidauld* (1758-1846), *Denis Bonnet* (1789-1877), les frères *Bonaventure* et *Jules Laurens;* œuvres diverses de *Rosalie* et *Henri Bidauld,* respectivement nièce et petit-neveu de Jean-Joseph.
François Desportes, Oies et canards (études); *Alexis Peyrotte,* 2 singeries; *Andrieu,* la Mêlée; *Gustave Doré,* Dans les Pyrénées. Vitrines de statuettes gallo-romaines en bronze.
Portraits de Schumann, Chopin, Brahms, Saint-Saëns et autres musiciens du XIXe s. par *Bonaventure Laurens.*
Dans la galerie, nombreux portraits de dignitaires ecclésiastiques, notamment de Mgr d'Inguimbert; bronzes romains ou de la Renaissance acquis par l'évêque en Italie; meubles de style provenant du legs Sobirats.

La **bibliothèque Inguimbertine** a été fondée en 1746 par l'évêque, qui avait réuni à sa propre collection celles de Peiresc et des Thomassin de Mazaugues. Elle comprend plus de 220 000 volumes et 5 000 manuscrits (dont quelques autographes de Bach, Schumann, Brahms), 1 300 liasses et registres provenant des archives de la ville, du XIIIe au XIXe s.; une riche bibliothèque musicale léguée par *Bonaventure Laurens* (dont un manuscrit autographe de J.-S. Bach); de nombreux dessins des frères *Laurens* (entre autres ceux rapportés par Jules Laurens d'un voyage en Orient) et du voyageur *Eysséric* (fin du XIXe s.), un portrait de Mme d'Haussonville, étude par *Ingres,* et 3 nus, dessins rehaussés d'aquarelle par *Rodin.* L'entrée de la salle de lecture est ornée d'une riche série d'estampes des ports de France, d'après *Joseph Vernet.*

▣ Le **musée Sobirats** (plan A 2), installé dans l'ancien hôtel Armand de Châteauvieux, du XVIIIe s., est un **musée d'arts décoratifs** (11, rue du Collège; mêmes jours et heures que le musée des Beaux-Arts; billet commun).
Au **1er étage** sont exposés trois **salons Louis XV et Louis XVI,** garnis en Aubusson; des meubles des XVIe et XVIIe s.; des meubles d'origine locale; des **faïences** de Moustiers, Marseille et Saint-Jean-du-Désert. Au **2e étage,** trois salles : duchesse Régence et son fauteuil, mobilier Louis XV et Louis XVI, argenterie, faïences et porcelaines anciennes; reconstitution de la bibliothèque des comtes de Sobirats; salon Empire.

▣ Le **musée Lapidaire** (plan A 2) occupe, quant à lui, l'ancienne **chapelle de la Visitation,** charmante construction de style baroque de la fin du XVIIe s. (rue des Saintes-Maries; s'adr. au musée des Beaux-Arts).
Stèles funéraires, autels, mosaïques et verres gallo-romains; colonnettes romanes, chapiteaux et épitaphes provenant du cloître détruit de la cathédrale; fragments de sarcophages mérovingiens. Collections préhistoriques.

5 - Vaison-la-Romaine

5 211 habitants, les *Vaisonnais*.

Quatre cités superposées deux par deux, la moderne sur la romaine, la médiévale sur la préhistorique, celle-ci n'étant plus qu'un souvenir. Reste une petite ville active, bien provençale par le soleil, les platanes, l'accent et le marché du mardi, placidement étalée en pente douce au bord de l'eau verte. Deux mètres de terre seulement, le poids de quinze siècles, la séparent du « calme séjour où fonctionnaires et patriciens de Rome vinrent goûter le charme édénique des rives de l'Ouvèze ». Ici, fleurs et massifs, cyprès et palmiers colorent et animent murets remontés et colonnades redressées; débarrassé de sa sécheresse scientifique, mais non de sa rigueur, le champ de fouilles se fait jardin public. De son rocher ancestral, la Haute-ville du Moyen-Age contemple à la fois sa mère et sa fille; fuyant les trépidations de la vie moderne, toute une population s'y fixe à nouveau, déblayant les caves voûtées, restaurant les fenêtres à meneaux, remontant les toits effondrés.

La ville dans l'histoire

Antique capitale de la peuplade celte des Voconces — son nom romain lui-même, Vasio vocontiorum *en garde la trace — Vaison occupe, à l'origine, le rocher dominant la rive g. de l'Ouvèze. L'administration romaine, qui en fait une ville fédérée* (civitas fœderata) *et non une colonie, la transportera vers l'an 20 av. J.-C. dans la plaine où, attirés par la calme opulence et le climat agréable de la contrée, les familles patriciennes viendront en nombre, multipliant les édifices publics : théâtre, thermes, temples, acqueducs, ponts, etc. Sa prospérité dut être rapide car, dès 40 de notre ère, elle est citée en tête des villes les plus riches de la Narbonnaise; sans doute comptait-elle à l'époque de 15 à 20 000 habitants.*

*Christianisée de bonne heure (un évêché, qui subsistera jusqu'en 1790, y existe dès le III*e *s.), Vaison devient, après la chute de l'Empire et les ravages des Barbares, un centre religieux d'une certaine importance où se réuniront deux conciles, en 442 et 529 (où fut décidé l'introduction du* Kyrie *dans les chants de la messe).*

Dévastations des Grandes Compagnies, guerres de religion vont, par la suite, pousser la population à chercher de nouveau refuge sur le rocher préhistorique, au pied du château construit par les comtes de Toulouse.

A nouveau la ville prospère, profitant comme d'autres cités du Comtat de la proximité du Saint-Siège. Quelques habitants se réinstalleront dans la plaine au XVIIe s. mais ce n'est vraiment qu'au XIXe s. que les nécessités du développement urbain contraindront une nouvelle fois la ville à quitter son perchoir.

Vaison aujourd'hui. Mis à part une usine de matériel agricole, d'une importance relative, Vaison ne comporte pas d'établissement industriel. Ce petit chef-lieu de canton, où l'on vendait jadis des cocons de ver à soie, vit désormais de commerce — de **vin** surtout, mais aussi de **fruits** et des produits de la montagne voisine, lavande, miel, truffes — et du tourisme.

Visite de la ville

Une demi-journée suffit, en laissant votre voiture à l'ombre des platanes de la place Bhurrus (plan B 1), pour faire successivement connaissance avec les trois grands points d'intérêt qu'offre la ville : quartier des fouilles, en bordure de la ville moderne, Haute-ville, sur l'autre rive de l'Ouvèze, ancienne cathédrale, un peu excentrée à l'O. Si vous êtes pressé, vous pourrez utiliser votre voiture pour vous rendre de l'un à l'autre; notez cependant que la découverte (même rapide) de la Haute-ville ne se conçoit bien qu'à pied; l'accès en voiture est d'ailleurs strictement réservé, sage mesure, à ses habitants et aux clients de l'hôtel.
*Des **visites-conférences** sont organisées chaque jour (le dimanche, l'après-midi seulement) sous la conduite de conférenciers agréés de la C.N.M.H., pendant les vacances de Pâques et la saison d'été : à 10 h et 16 h pour les fouilles de Puymin, à 11 h et 15 h 30 pour le cloître et la cathédrale; sur demande pour la Haute-ville.*

5 A - La ville romaine

Une bonne partie en dort encore sous la cité actuelle. Les fouilles en révèlent chaque jour de nouveaux éléments, aussi bien dans le quartier de la colline de Puymin, à l'E., que dans celui de la Villasse, à l'O., séparés l'un de l'autre par la place du Chanoine-Sautel et le terre-plein de la place du 11-Novembre.

Après quelques découvertes fortuites, notamment celle du fameux Diaduméne en 1865 (V. ci-après), des fouilles méthodiques furent entreprises à partir de 1907 par le chanoine Joseph Sautel († 1955), très aidé, de 1924 à 1940, par le mécénat d'un industriel d'origine alsacienne, Maurice Burrus, dont le nom, amusante coïncidence, rappelle celui d'un autre Vaisonnais illustre, Sextius Afranius Bhurrus, le précepteur de Néron.

Visite : payante, t.l.j. de 9 h 30 à 18 h de Pâques à fin sept., de 9 h à 12 h et de 14 h à 18 h le reste de l'année (le dimanche à partir de 10 h); billet commun pour tous les monuments.

•*• Quartier de Puymin (plan C 1)

La **maison des Messii**, immédiatement à l'entrée du champ de fouilles, est encore partiellement couverte par la voirie moderne;

QUARTIER DE PUYMIN

c'était une riche et vaste demeure (le côté N. a 62 m de longueur), digne de celles de Pompéi.

On y pénètre aujourd'hui par une entrée secondaire donnant sur une courette bordée à dr. par les **bains** et au fond de laquelle se trouvait la **cuisine**. De là, un couloir mène à l'**atrium**, entouré d'un **laraire** et d'assez grandes **salles de réception** pavées de mosaïques; un autre vestibule reliait jadis cet atrium à l'entrée principale, au S. (sous la rue Burrus). La partie E. de la maison est occupée par un grand péristyle entouré de galeries avec un bassin large de 15 m; au N. de celui-ci se trouvait l'**œcus**, salle à manger, tandis qu'à l'E. s'étendait une vaste **salle d'apparat**, à colonnes, décorée de stucs.

Le **portique de Pompée** fait suite à la maison des Messii; de l'autre côté d'une petite rue. Dégagé en partie seulement, il mesure 52 m de large sur 64 environ de long.

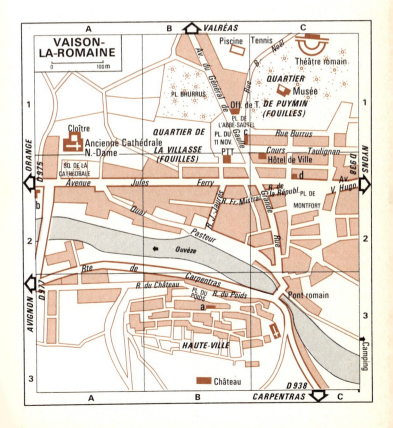

C'était une **promenade publique**; le jardin central est creusé d'un bassin où subsiste la base carrée de ce qui fut sans doute un kiosque isolé au centre de l'eau. Au milieu de la galerie N., la seule entièrement dégagée, s'ouvre une petite pièce à abside destinée vraisemblablement à abriter la statue du fondateur du portique. On y a placé un moulage de la **statue du Diadumène**, réplique de l'original de *Polyclète* qui, trouvé non loin de là, par hasard, en 1865, fut vendue quelques années plus tard au British Museum. Deux absides plus petites, du même côté, abritent les moulages d'autres statues conservées au musée de la ville.

Plus à l'E. s'étendent deux blocs de **maisons de rapport,** habitations dans l'ensemble assez modestes de 5 à 10 m de côté, séparées par une ruelle; une rue plus large, après le second îlot, a conservé son égout.

Au N. de cet ensemble, au pied des pentes supérieures de la colline, se trouvait le **nymphée,** précédé d'une esplanade bordée probablement de colonnes; deux bassins étagés y recevaient l'eau d'une fontaine monumentale dont il ne reste rien.

Encore plus loin à l'E., un autre chantier de fouilles (on ne visite pas) met actuellement au jour d'autres ensembles de maisons de rapport.

Du nymphée, vous gagnerez au N. le théâtre, soit directement en gravissant la colline, soit en revenant vers l'O. pour emprunter le **tunnel antique** *qui en facilitait l'accès aux spectateurs.*

☐ Le ***théâtre,** adossé à la pente N. de la colline, semble avoir été construit vers l'an 20 de notre ère, sous le règne de Tibère dont on a retrouvé, devant la « porte royale », une grande statue de marbre : celle-ci ornait très vraisemblablement la niche centrale du mur de scène. Réparé au IIIe s., il fut détruit au Ve.

Offrant les mêmes dispositions que celui d'Orange (V. p. 145), mais nettement moins bien conservé (avant son dégagement, puis sa restauration par *J. Formigé*, on n'en apercevait que les deux arcades des grandes entrées), il est un peu plus petit que celui-ci. Le diamètre de la *cavea* (qui comporte 24 gradins) est de 96 m (Orange, 103), celui de l'*orchestra,* 23 m; le mur de scène *(frons scaenæ),* dont il ne reste rien, s'élevait à 17 m; la scène, profonde de 8 m, se développait sur 62 m de largeur. Il ne reste qu'un fragment du *pulpitum,* haut de 1,25 m, qui précédait la scène en avant du fossé du rideau et des douze fosses rectangulaires qui abritaient la machinerie : c'est là qu'on été découvertes, en 1912-1913, la plupart des sculptures qui font l'intérêt du musée.

En revenant vers l'entrée du site, vous longerez, en bordure de l'actuelle rue Bernard-Noël, un ensemble d'autres constructions étagées sur la pente O. de la colline : plusieurs grandes **habitations** dont l'une s'ordonne autour de deux cours, la plus grande formant péristyle et la plus petite desservant une série de pièces rectangulaires aux murs jadis ornés de fresques; des **latrines publiques** aussi, rappelant celles de Pompéi ou de Timgad.

■ Le **musée,** semi-souterrain, s'intègre remarquablement au site. Il abrite diverses œuvres d'art et objets trouvés lors des fouilles.

Ce sont d'abord des collections de petits autels, stèles, épitaphes, fragments de bas-reliefs, frises et autres éléments décoratifs provenant des grands monuments ou des plus riches demeures de la ville. Quatre grandes ***statues de marbre** découvertes en 1912-1913 dans les ruines du

théâtre : Hadrien, son épouse l'impératrice Sabine, Tibère, Caligula; une très belle tête de *Vénus laurée, trouvée en 1927 dans la maison des Messii; un célèbre *buste d'homme en argent, découvert à la Villasse (ci-après) en 1926. Voir aussi une maquette du théâtre.
La suite de l'exposition nous rapproche davantage de la **vie quotidienne** avec divers objets ayant trait à la construction ou concernant l'habitat, des poteries, des lampes à huile, des outils, objets usuels, jouets, objets de toilette et de parure, des armes, quelques jolis vases en terre sigillée, de la verrerie, des urnes cinéraires en plomb ou en verre, une fort importante collection de monnaies impériales.

Quartier de la Villasse (plan B 1)

On y pénètre par une **rue antique,** sous le pavage de laquelle subsiste l'ancien égout, bordée de trottoirs; celui du côté O. était garni d'arcades sous lesquelles s'ouvrait une série de boutiques.

La **basilique** — du moins ce que l'on a pu en dégager — comporte, à g. de la rue, une grande nef de 12,5 m de largeur; une abside rectangulaire prolonge celle-ci au N., ouvrant par une grande arcade et bordée elle-même, le long de la rue, par quatre petites salles (la 3e est une latrine).

A l'E. de la basilique apparaît l'exèdre semi-circulaire d'une des salles dépendant des grands thermes du centre; la plus grande partie de ceux-ci se trouve encore sous le bureau de poste.

La **maison dite « du buste en argent »,** sans doute l'une des plus somptueuses de la cité, s'ouvre, par un vestibule, dans le portique qui longe le côté O. de la rue, à la suite des boutiques.

C'était une vaste et luxueuse construction qui semble avoir débordé peu à peu sur les habitations voisines. On y reconnaît en effet **deux parties** très distinctes : **la première, régulièrement orientée** sur la rue, comporte, à la suite du vestibule, un atrium d'où l'on pénètre dans la partie centrale de l'édifice, avec son tablinum et son œcus ornés de mosaïques et de revêtements de marbre; au S. se trouve un petit péristyle, au N. un vaste jardin avec bassin. **La seconde,** plus à l'O., **est désaxée** par rapport à la première; elle s'ordonne autour d'un **grand péristyle irrégulier,** large de plus de 40 m et agrémenté d'un bassin; une cour et des bains en occupent la partie N. tandis qu'au S., à un niveau inférieur, se trouvent les **substructions d'une autre maison,** dite maison à atrium; les pièces de celle-ci, décorées de fresques et de mosaïques, entourent un atrium central.

La **maison « au dauphin »,** contiguë à celle du buste en argent, offre un plan un peu plus régulier.

Elle s'ordonne autour de deux péristyles : un petit au N., bordé de bains et communiquant avec la rue, par l'intermédiaire d'un atrium; un plus grand au S., ouvert sur un long bassin à trois exèdres; entre les deux, diverses pièces d'habitation, certaines pavées de mosaïques.

Plus à l'O., les fouilles continuent en direction de la cathédrale où d'anciens sondages avaient révélé la présence probable d'un temple.
Le forum que devait comporter la cité n'a pu encore être situé et l'on ne retrouve pas, dans le plan de la ville, la disposition régulière en damier que l'on connaît dans les colonies voisines : l'urbanisme romain a dû se plier ici non seulement aux conditions naturelles du terrain, mais encore à la fantaisie des propriétaires du sol d'une ville restée, d'abord, une cité voconce.

5 B - Les monuments romans

L'ancienne ***cathédrale Notre-Dame de Nazareth** (plan A 1) est une des plus intéressantes productions de l'école romane de Provence.

Les **murs de l'abside et des deux absidioles** qui la flanquent remontent à l'époque mérovingienne (VIe ou VIIe s.) et sont fondés sur des fragments rapportés d'un temple romain du Ier s. En arrière, des fouilles ont mis au jour les substructions d'une abside antérieure qui remonterait au Ve s. ou à la fin du IVe.
Les **travées droites** qui précèdent l'abside et les absidioles sont du XIe s., époque à laquelle l'église avait été entièrement reconstruite. Ce sont les murs de cette époque que nous voyons aujourd'hui, mais la **nef** et les **bas-côtés** ne datent que du milieu du XIIe et du début du XIIIe s.

On remarque l'absence de transept, bien qu'une belle **coupole octogonale** sur trompes, ornées des symboles des quatre évangélistes, couvre la place de la croisée; les bas-côtés sont voûtés en berceau brisé asymétrique. La nef est éclairée, fait rare en Provence, par de petites fenêtres percées à la base de la voûte en berceau.

Au bas du bas-côté dr., fonts en pierre surmontés d'un tabernacle également en pierre (XVIIe s.). Dans la première travée du bas-côté g. a été dégagée en 1951 une colonne cannelée qui a très probablement appartenu à la basilique du VIe s. Dans le bas-côté g., fort jolies **statues** de sainte Madeleine et de saint Jérôme, en bois doré (XVIIIe s.).
L'***abside**, du VIe s., ornée d'une colonnade arcaturée dont les colonnes et les chapiteaux sont gallo-romains, a conservé (rare) sa **cathèdre épiscopale** en pierre, encadrée par le triple gradin du **banc presbytéral** (dégagé en 1951). Le maître-autel pourrait être du VIe s., tout comme le bel ***autel** de l'absidiole N. Derrière le maître-autel, sarcophage en pierre découvert en 1950, peut-être celui de saint Quénin. Dans le chœur se trouvent trois tombeaux du XIVe s., ornés de figurines en haut-relief, mutilées.

L'**extérieur** (flancs, façade et clocher) offre une très belle **décoration inspirée de l'antique** (début du XIIIe s.).

Un beau ***cloître** roman s'appuye au flanc N. de l'église.

Visite : mêmes jours et heures que les monuments romains, V. ci-dessus; billet commun; sonner à l'entrée de la sacristie, en haut du bas-côté g. de l'église, ou bien à la porte extérieure de la galerie E.
Les murs remontent au XIe s. mais les **galeries** ne datent que du début du XIIe s.; elles ont été fortement restaurées par *Révoil* (celle du S. a été entièrement refaite); celle du N. offre une disposition originale avec, au centre, deux grandes arcades encadrées, de part et d'autre, par trois petites. C'est de là que l'on aperçoit le mieux, sur le flanc N. de l'église en-dessous de la corniche, une célèbre **inscription** en vers léonins dont le sens énigmatique a donné lieu à de multiples interprétations.
Sous les galeries ont été rassemblés divers **éléments lapidaires** : deux autels tabulaires, un sarcophage chrétien en marbre du Ve ou VIe s., des pierres tumulaires, inscriptions chrétiennes, chapiteaux, corniches gallo-romaines, plaques décoratives mérovingiennes ou carolingiennes, sculptures du Moyen Age (belle croix à deux faces de la fin du XVe s.).

LA HAUTE-VILLE

La *chapelle Saint-Quénin, à 300 m N. de la cathédrale, offre, dans sa décoration, les mêmes réminiscences antiques que celle-ci.

Hors-plan A 1. Accès par l'av. du Général-de-Gaulle et, à g., la nouvelle bretelle rejoignant la route d'Orange.

Ce petit monument, qui passa longtemps pour carolingien, comporte une très curieuse *abside triangulaire de la fin du XIIe s. dont les angles sont marqués par des colonnes engagées cannelées, d'inspiration antique comme la frise décorative qui court en haut des murs. Une courte partie droite relie ce chevet à la nef, reconstruite au XVIIe s., sans doute avec les pierres de l'ancienne ; notez, au-dessus de la porte, le remploi d'une **plaque mérovingienne** figurant deux ceps de vigne sortant d'un vase et surmontés d'une croix.
A l'**intérieur**, l'abside, en cul-de-four nervé, est précédée d'une courte travée sur laquelle ouvrent, de biais, deux absidioles ; chapiteaux corinthiens, colonnettes à cannelures droites ou torses, corniche décorative, témoignent de la **persistance des formes antiques dans la décoration**.

5 C - La Haute-ville

*Vous vous y rendrez, depuis le centre de la ville moderne, en franchissant l'Ouvèze sur un vieux *pont romain (plan C 3) à arche unique, de 17,20 m d'ouverture (le parapet a été refait au XIXe s.).*

Une rampe rapide donne accès à la place du Poids (plan B 3), à l'orée de la **vieille ville** formée au XIIIe et XIVe s. sur la colline escarpée où les comtes de Toulouse s'étaient fait construire un château.
Passant sous deux arcades, on entre dans le bourg par une **porte fortifiée** du XIVe s. que domine la **tour du beffroi,** surmontée d'un campanile en fer forgé de 1786. Parcourant alors les vieilles *calades*, rues étroites pavées de galets de l'Ouvèze, vous pourrez vous promener, sans itinéraire précis, dans cette Hauteville devenue totalement déserte au début du siècle ; elle retrouve aujourd'hui une relative animation et nombre des maisons qui tombaient en ruines sont maintenant patiemment restaurées par leurs nouveaux propriétaires, lesquels comptent parmi eux une bonne proportion d'artistes ou d'artisans d'art.
La rue principale monte à l'ancien hôtel de ville (abandonné en 1907) et à l'**église,** qui fut cathédrale du XVe s. à la Révolution ; construite en 1464 par l'évêque *Pons de Sade*, elle a été agrandie de deux chapelles en 1601 ; façade et tribune de 1776. Du parvis, belle vue sur le Ventoux.
De l'église, à dr., prenez une ruelle passant devant l'ancienne cure et prévôté (XVIIe-XVIIIe s.) et serpentant entre les constructions ruinées de l'ancien palais épiscopal (XVIe et XVIIIe s.) ; un chemin raboteux lui fait suite, menant au **château** bâti par les comtes de Toulouse au sommet de la falaise.

Celle-ci constitue elle-même le côté méridional de l'enceinte. Trois corps de bâtiments, flanqués d'un donjon carré et entourant une cour intérieure, dessinent un parallélogramme de 22 m sur 19 ; l'ensemble remonte à la fin du XIIe s., avec remaniements et adjonctions du XVe s. (bretèche, échauguette, barbacane, canonnières); les salles intérieures sont voûtées en berceau brisé. Du pied des ruines, très belle vue sur la ville et sur le Ventoux.

Revenu dans la Haute-ville, vous poursuivrez agréablement votre promenade par la **rue des Fours,** dont les vieilles maisons sont particulièrement belles, la charmante **place du Vieux-Marché,** avec sa fontaine ombragée d'un platane, le **quartier de la Juiverie,** etc.

6 - Le Ventoux

Harcelé par un mistral qui souffle ici avec une vigueur exceptionnelle, le vieux *mons ventuosus* ressemble de loin à quelque géant déplumé et tranquille, belvédère d'accès facile pour qui veut, d'un coup d'œil circulaire, embrasser toute la Provence et bien au-delà encore. Trompeuse apparence; la route est bonne, excellente même, mais elle sinue et monte durement tandis que le gros massif se révèle peu à peu puissante montagne; à l'instar de ses sœurs alpestre ou pyrénéenne, la végétation n'y occupe le terrain que selon la stricte hiérarchie de la résistance au froid : de Bédoin au sommet, on grimpe de 1 600 mètres en abandonnant une douzaine de degrés centigrades. Et comme une vraie montagne encore, le Ventoux a parfois ses humeurs, bourrasques et orages aussi soudainement apparus que rapidement apaisés. L'hiver le coiffe d'une calotte de neige qui lui donne, dit Marie Mauron, l'allure d'un *Fuji-Yama* comtadin; après avoir été du printemps à l'automne le domaine des randonneurs, herboristes, chasseurs d'insectes, sportifs à moteurs ou à pédales, touristes et visiteurs, il devient alors, à soixante kilomètres seulement d'Avignon, celui des skieurs.

Ce qu'il faut savoir

Le « géant de Provence ». — Le Ventoux peut être considéré comme le sommet le plus occidental des Alpes; il en est aussi l'un des plus célèbres grâce à son isolement, à la majesté de son aspect, à l'immensité de l'espace qu'il domine. Géologiquement, il est constitué par du crétacé inférieur : néocomien sur le versant N., urgonien sur le versant S.
Il se compose d'une **crête de direction E.-O.**, culminant à 1 909 m et séparant les deux versants principaux. Le **versant S.**, sur lequel d'importants reboisements ont été effectués, est en pente douce avec une **flore méridionale** et méditerranéenne; le **versant N.** est raide, formant une sorte d'escalier gigantesque couvert d'une **végétation alpine** rappelant celle des Alpes calcaires du Dauphiné.

Les forêts du Ventoux, exploitées jadis sans discernement au profit des chantiers navals de Toulon, sont depuis la fin du siècle dernier en cours de reconstitution. Jusqu'à 800 m croissent l'olivier et le chêne vert; de 800 à 1 600 m, c'est d'abord la région du hêtre et du chêne blanc, qui disparaissent ensuite pour faire place à différentes sortes de pins (pins d'alep puis pins sylvestres et pins à crochets), à d'importants groupements de **cèdres du Liban,** une des richesses du massif, puis aux sapins et mélèzes. Au-dessus s'étend une zone de pierraille d'apparence aride mais où pousse une herbe parfumée dont viennent, en été, se nourrir les troupeaux.

Truffes, miel et lavande constituent aussi des ressources importantes du massif. La collecte des truffes, dont le Vaucluse est le premier département producteur, se fait avec des chiens de berger spécialement dressés, mais l'on repère parfois les truffières en suivant les évolutions d'une grosse mouche *(Suillia gigantea)* qui y dépose ses larves, au pied des chênes.

Ventoux sportif. — L'isolement et la rudesse du mont ne pouvaient manquer d'exercer sur les hommes une manière de fascination : un temple y aurait été élevé par les Romains et une chapelle y fut construite au XVe s., où l'on se rendait en pèlerinage à diverses occasions.
Lointain ancêtre des randonneurs d'aujourd'hui et autres coureurs de GR, *Pétrarque* en fera l'ascension le 9 mai 1336 et arrivera épuisé au sommet.
Le **Tour de France** s'en est emparé depuis et, avec certains cols pyrénéens ou alpins, en fait régulièrement une de ses plus redoutables étapes : c'est ici qu'est mort en 1967 le champion cycliste anglais *Tom Simpson*, victime du dopage.
La route, pour le moins accidentée, doit aussi à sa déclivité et à ses virages d'être chaque année, au mois de juin, le rendez-vous des coureurs automobiles qui s'affrontent dans la fameuse **Course internationale de côte du mont Ventoux**, organisée par l'*Automobile-Club Vauclusien*. C'est la plus vieille course automobile du monde; organisée pour la première fois en 1902, elle a vu participer la plupart des grandes vedettes du sport automobile, les *Rougier, Boillot, Behra, Trintignant* et autres, et les records successifs sont comme autant de jalons marquant les progrès de la mécanique autant que la virtuosité des pilotes. Le premier vainqueur en fut *Chauchard*, sur *Panhard-Levassor*, qui courut à 47 km/h de moyenne. L'actuel recordman est *Jimmy Mieusset*, sur *March* : il a couru les 21 km de l'épreuve à la moyenne de 142,278 km/h!
Banc d'essai impitoyable, le Ventoux a également donné son nom à des types de voitures *(Bugatti)* ou de moteur *(Renault)*; il est toujours utilisé par les services d'essai des constructeurs pour la mise au point de leurs modèles.
La neige enfin, présente de décembre à avril, a permis au sommet secondaire du Mont-Serein de devenir le centre d'une **station de ski** bien équipée et fort animée.

Routes et circuits du Ventoux

Nous décrivons ci-dessous **quatre itinéraires** *qui revêtent chacun un intérêt bien particulier : avec le* **premier,** *c'est à la* **découverte du Ventoux** *lui-même, des panoramas immenses qu'il offre, que nous vous convions au cours d'un circuit désormais classique. Le* **second** *circuit, aisément combinable avec le précédent, vous propose quant à lui une excursion autour et dans le petit massif des* **Dentelles de Montmirail,** *de caractère et d'aspect nettement plus provençal, avec sa ceinture de villages perchés et ses vignobles aux noms célèbres.*
Les **deux derniers** *itinéraires complètent la description de la* **région du Ventoux,** *le premier en suivant au N. la vallée du Toulourenc — qui sépare le Ventoux des Baronnies (V. le Guide Bleu Dauphiné) — et le second conduisant, par les gorges de la Nesque — qui marquent la limite entre Ventoux et plateau de Vaucluse — à Sault, là où se rejoignent mont Ventoux, plateau de Vaucluse et montagne de Lure.*

6 A — Circuit du mont Ventoux

Routes : 76 km au total : 37 km de Carpentras au sommet du Ventoux par la D 974 qui présente, par endroits, des rampes de 8 à 12 %. Du Ventoux à Malaucène, 21 km par la D 974 encore, dans l'ensemble un peu moins raide sur cette portion. De Carpentras à Malaucène, 18 km par la D 938. Routes déneigées en hiver.

Quittez Carpentras par la route de Sisteron (plan B 2) puis prenez à g. la route de Bédoin qui franchit l'Auzon au pied du bel aqueduc construit au XVIIIe s. pour alimenter la ville.
8 km : à g. (**2 km**) **Modène** (176 hab.); ruines d'un château du XIIe s.
10,5 km : route à g. pour (**2 km**) **Crillon-le-Brave.**

Ce petit village de 171 hab., perché sur une arête dans un site provençal typique, est l'ancien fief du célèbre compagnon d'armes de Henri IV — *Louis Balbis de Berton de Crillon*, né à Murs (1543-1615; V. it. 7 D, km 11,5) —, dont il a adopté le surnom. Le **château**, construit au XVe s., a été plusieurs fois remanié et n'est plus qu'une lourde bâtisse à créneaux postiches. Au pied du village, la très belle chapelle romane Saint-Michel conserve, sans doute pour peu de temps encore, des fresques du XIIIe-XIVe s. : abandonnée et à demi ruinée, elle attend un improbable sauvetage.

15 km : **Bédoin** (310 m; 1 635 hab.) est un charmant village au pied du versant S. du Ventoux, où l'on produit un estimable vin dit côtes-du-ventoux. Dans l'**église**, de style jésuite (XVIIe s.), retable orné de 14 panneaux attribués à *Mignard* et représentant des scènes de la Passion et de la vie de la Vierge. Dans la chapelle de l'hospice, retable attribué à *Pradier*.
16 km : à g., **chapelle Notre-Dame de Moustier,** romane (milieu du XIIe s.).
19 km : **Sainte-Colombe,** hameau.
21 km : **Saint-Estève,** dernier hameau, où commence la vraie route de montagne qui remonte un vallon à travers la forêt de Bédoin (chênes, cèdres, hêtres).
23,5 km : à g. se détache une petite route de 11,5 km permettant de rejoindre directement, à travers la forêt de cèdres, la station du Mont-Serein (V. ci-après).
24 km : **ferme de Rolland** (800 m), à g., dans un massif de cèdres.
26,5 km : route forestière à dr. pour le **plateau de Perrache.**
31 km : **chalet Reynard** (1 460 m), petit centre de ski, à la jonction de la route montant de Sault. La route sort de la forêt, offrant une vue immense.
33 km : **fontaine de la Grave** (1 515 m). — La route parcourt une zone de pierraille blanche et atteint le **col des Tempêtes** (1 829 m) : belle vue en enfilade sur les contreforts qui soutiennent le versant N. puis, à dr., sur la profonde vallée du Toulourenc.

37 km : sommet du Ventoux (1 909 m), étroite arête où le vent souffle souvent avec une extrême violence. On laisse d'abord à g. l'hôtel et la **chapelle Sainte-Croix**, située sur l'arête même de la montagne ; fondée à la fin du XVe s. par *Pierre de Valetariis*, évêque de Carpentras, elle a été rebâtie en 1936 ; au point culminant se dressent une haute tour, émetteur de télévision, un observatoire météorologique et une station radar.

Par temps clair, le ***panorama** embrasse le Dauphiné, la Provence, le Vivarais, les Cévennes : on distingue parfois Nîmes, Montpellier et la mer ; la nuit, on aperçoit alors, à plus de 100 km à vol d'oiseau, le phare du Planier, au large de Marseille.

La route redescend rapidement par quelques virages puis pénètre à nouveau dans la forêt. — **42** km : à g., dans le virage, route pour Saint-Estève (V. ci-dessus, km 23,5).
43 km : à dr., **Mont-Serein** (1 428 m) petit centre de ski implanté dans une cuvette de pâturages, à la lisière de bois de sapins, au pied du mont du même nom (1 445 m). Une route descend de là à (**1,5** km) la **combe de la Loubatière** puis (**2,5** km) au lieu-dit **Le Contrat**, en laissant à g. une chapelle œcuménique de forme triangulaire (1966).
Descente rapide sous l'arête de la montagne : larges vues vers le N.
49 km : **belvédère du versant N.** (984 m), d'où la vue est particulièrement belle vers le N.-O. sur les Dentelles de Montmirail.
50 km : **maison forestière des Ramayettes** (916 m ; fontaine). Un peu plus loin, la route traverse un replat de pâturages, le **plan de Saint-Baudille**, et descend en lacet vers le bassin de Malaucène.
55,5 km : à dr. de la route, un gros rocher dit **portail Saint-Jean** passe pour cacher de fabuleux trésors ; mais il ne s'ouvrirait, selon l'une des versions de la légende, que quelques instants, pendant la messe de minuit, et seulement au passage d'une personne particulièrement irréprochable !

56,5 km : **source du Groseau** (400 m), jaillissant par plusieurs fissures au pied d'un escarpement de plus de 100 m et dont les eaux (10 à 11º) emplissent un bassin, sur une esplanade ombragée de platanes, dans un site très attachant. Les Romains avaient amené l'eau de la source à Vaison par un aqueduc dont il reste quelques rares vestiges sur la route de Malaucène à Vaison.
57 km : à g., intéressante **chapelle du Groseau**, dans un beau cadre méridional.

La chapelle, des XIe et XIIe s., est le seul reste d'une ancienne abbaye établie en ces lieux dès le VIIe s. et qui appartint du XIe au XVe s. aux bénédictins de Saint-Victor de Marseille. Le premier pape d'Avignon Clément V, y séjourna souvent au début du XIVe s. et s'y fit construire une demeure auj. disparue.

Visite : s'adresser au presbytère de Malaucène.

La chapelle n'est autre que l'abbatiale, dont il ne reste plus qu'une travée et le chœur; elle a conservé une belle **coupole octogonale** sur trompes décorées des symboles des quatre Évangélistes, des chapiteaux corinthiens et des **restes de fresques**, exécutées (XIVe s.) pour le pape Clément V dont on voit les armoiries; elle est surmontée d'un clocher roman et entourée d'une corniche sculptée. Dans le chœur, un pilier votif romain porte une dédicace au dieu *Graselos*, éponyme du lieu (à rapprocher du nom des nymphes de Gréoux-les-Bains). A dr. du chœur, une absidiole de la fin du XIIe s. offre un **décor architectural** qui rappelle celui de la chapelle Saint-Quénin de Vaison. Le porche est du XIXe s.
Sur la terrasse, entre deux grands cyprès, table d'autel portant une croix de fer du XVe s. et reposant sur un cippe romain.

58 km : **Malaucène,** gros village de 1 955 hab. agréablement situé à 365 m d'alt. au pied O. du Ventoux. Entouré en grande partie d'un cours planté d'énormes platanes, il forme une petite agglomération compacte, aux rues étroites et sinueuses. Minoteries, plâtreries et surtout papeteries constituent l'essentiel des activités de la ville qui produit aussi, pour le plus grand plaisir des gourmands, un délicieux jambon aux aromates du Ventoux.

L'**église,** dont la légende attribue la fondation à Charlemagne, a été rebâtie au XIVe s. par les soins du pape Clément V.

Sa nef en berceau brisé sur doubleaux, ses chapelles latérales voûtées de berceaux brisés transversaux (certaines comportent cependant des voûtes d'ogives) appartiennent encore au **style roman;** la façade est également du XIVe s., avec un joli portail protégé par une bretèche; l'abside a été refaite en 1714. Des casemates aménagées postérieurement entre les contreforts, au-dessus des chapelles, montrent que cette église servit jadis de réduit fortifié.
A l'intérieur, beau buffet d'orgues du XVIIIe s. et chaire en chêne sculpté avec statuettes des Docteurs de l'Église.

Entrant en ville par la porte Soubeyran, au chevet de l'église, vous pourrez vous promener, un peu au hasard, au long des rues où subsistent çà et là de **vieilles maisons** (remarquez, sur la place Picardie, la belle **maison** dite **du Centenaire,** du XVIe s.), des **fontaines, lavoirs, oratoires,** restes des **portes** de la ville. Au centre se dressent un vieux **beffroi** carré et, sur un monticule rocheux, les restes infimes d'un château fort pris par les Calvinistes en 1560 et 1563 et rasé en 1827 pour être remplacé par un calvaire (belle vue sur les environs). Plus au N., une rue conserve le nom du **quartier de la Juiverie** que l'on fermait jadis, le soir venu, par de grandes portes.

Quittez Malaucène en direction de Carpentras (D 938).
61 km : **col d'Aurès** (384 m), qu'une petite route à g. (D 19) relie à Bédoin (9 km).

Traversant les bas contreforts méridionaux du Ventoux, elle offre à plusieurs reprises de belles vues sur les petites collines et la plaine comtadines, notamment depuis le **belvédère** aménagé un peu après l'embranchement de la petite route de Crillon-le-Brave.
3 km avant Bédoin, elle passe auprès du **prieuré de Sainte-Madeleine,** cité comme dépendance de l'abbaye de Montmajour dès le Xe s. Abandonné depuis la Révolution, le prieuré, restauré en 1953, abrite depuis

1971 une petite communauté bénédictine et n'est pas ouvert aux visiteurs. La chapelle, du milieu du XIe s., est un des plus anciens et des plus caractéristiques témoignages du premier art roman provençal.

63,5 km : la route laisse à dr. **Le Barroux** (348 hab.), charmant village dominé par un *château, intéressant exemple de transition entre le château fort et le château de plaisance.

Construit de 1539 à 1548 par *Henri de Roviglasc*, gentilhomme d'origine piémontaise, sur un château fort du XIIe s. ayant appartenu aux seigneurs des Baux, il a été restauré en 1929. Incendié en 1944, il a depuis été remis en état et abrite des expositions temporaires et un centre d'études historiques et archéologiques provençales. La chapelle est ornée de fresques du XVIIe s. (visites guidées du 1er juil. au 31 août). Dans le village, église romane.

Au-delà, la route ménage une *vue étendue sur la riche plaine du Comtat encadrée du N.-E. au S.-E. par le vaste hémicycle que forment les pentes du Ventoux et le rebord du plateau de Vaucluse. A l'O. se dresse l'arête calcaire déchiquetée des Dentelles de Montmirail; au loin au S. se découpent les sommets arides des Alpilles.

67 km : route à g. pour (**2,5** km) **Caromb.**

Ce gros village de 2 114 hab. où l'on produit du côtes-du-ventoux et des plants de vigne greffés mérite bien le détour.

L'**église** est un bel édifice du début du XIVe s., d'un style encore roman mais déjà influencé par le gothique. A l'intérieur, où l'on a retrouvé des restes de **fresques**, le sol est en grande partie constitué de dalles tumulaires. Le **maître-autel**, en bois doré du XVIe s., est surmonté d'un Christ du XVe s., de style espagnol; la chaire, également en bois doré, et le petit buffet d'orgues sont du XVIIe s. Dans la chapelle latérale ajoutée au XVe s., à g. du chœur, tombeau du XVe s. aux sculptures de qualité (malheureusement mutilées); dans la chapelle des fonts, en bas à dr. de l'église, **triptyque** peint de l'école d'Avignon (fin du XVe s.) figurant la vie de saint Georges. A noter également, dans la 2e chapelle du bas-côté g., une Vierge à l'Enfant en bois doré du XVIe s. et, dans la chapelle dite des hommes, le tombeau en marbre blanc d'Étienne de Vaësc († 1501) et un élégant pilier central en palmier. L'église possède également d'intéressantes **statues en bois doré**, œuvres comtadines des XVIIe et XVIIIe s. dont certaines sont dues à *Jacques Bernus*.

A voir aussi, dans le village, les restes des anciens remparts, avec trois portes conservées, le beffroi de 1523 surmonté d'un *campanile en fer forgé très délicatement travaillé, une fontaine du XVIe s. devant la mairie et l'ancienne chapelle des Pénitents Gris, avec une porte sculptée.

Les cultures environnantes sont alimentées en eau par le **réservoir du Paty**, construit au XVIIIe s. à 2 km de là : un agréable lieu de détente.

72 km : Serres, hameau. — **76** km : Carpentras, V. chap. 4.

6 B — Les Dentelles de Montmirail

Circuit total de 65 km. 24,5 km de Carpentras à Malaucène par la D 7 et la D 90; 9,5 km de Malaucène à Vaison-la-Romaine par la D 938; 31 km de Vaison-la-Romaine à Carpentras par les D 977, D 88, D 23 et D 7.

BAUMES-DE-VENISE   6 B/ 229

 Quittez Carpentras par l'av. N.-D. de Santé (plan B 1) et prenez à g., après la route d'Orange, en direction d'Aubignan.
5 km : **Aubignan,** gros bourg de 2 126 hab. produisant du raisin de table, des plants de vigne, du vin des côtes-du-ventoux et des primeurs.

Quelques restes des remparts du XIVe s.; le beffroi, du XVIIIe s., porte un **campanile** en fer forgé remarquablement ouvragé; dans l'église, la Vierge et saint Jean, tableau de *Nicolas Mignard*.

8 km : **Baumes-de-Venise** (150 m; 632 hab.), sur le torrent de la Salette, est adossé à une falaise percée de grottes qui lui ont valu son nom et que couronnent les ruines d'un château (accès par un sentier balisé) d'où l'on a une belle vue sur les Dentelles de Montmirail; non loin s'étend une nécropole de l'époque wisigothique. Fontaine du XVIIIe s. Petit musée archéologique.

Le vignoble en terrasses entourant le village produit un fameux *muscat à petits grains qui, surchauffés par le soleil, donneront un exceptionnel vin doux naturel; bu jeune et frais en apéritif, vin de dessert ou dans un melon, celui-ci conquiert les sens par le charme de ses parfums floraux.

La route remonte, parmi les vignes, la charmante vallée de la Salette, ménageant bientôt des vues superbes.
15,5 km : **Suzette,** petit village de 89 hab., sur un col, à 419 m d'alt., où l'on produit des abricots. Nombreuses possibilités de promenades dans le massif des Dentelles de Montmirail.

 Les *** Dentelles de Montmirail,** superbe crête rocheuse, abrupte et déchiquetée, culminent à 734 m au **pic de Saint-Amand.** Elles offrent des buts d'excursions multiples et leurs rochers aux formes parfois étranges (d'où leur nom, *mons mirabilis*) sont un petit paradis pour les varappeurs. De Suzette, une route forestière permet d'atteindre l'arête de la montagne (d'où l'on monte assez facilement au sommet du pic) et de redescendre soit sur Crestet (à **10** km; ci-après), soit sur Vaison (**15** km), soit encore sur Séguret (**12** km; ci-après).

La route descend ensuite dans le fort beau **cirque de Saint-Amand** avant de franchir un nouveau petit col.

24,5 km : **Malaucène** (V. it. 6 A, au km 58).

27,5 km : route à dr. pour Entrechaux (ci-après, it. 6 C).
30 km : route à g. pour (**2** km) **Crestet,** un village typiquement provençal de 297 hab., dominé par un vieux château en ruines; belle vue sur le Ventoux.

34 km : **Vaison-la-Romaine** (V. chap. 5).

De Vaison, suivez la D 977 (route d'Avignon) qui descend la vallée de l'Ouvèze sur la rive g., longeant le pied du massif des Dentelles de Montmirail.

39,5 km : prenez à g. la D 88.

 43 km : **Séguret** (250 m; 687 hab.), très joli village dans un beau cadre de verdure, sur les pentes d'une colline arrondie portant les ruines d'un château fort.

Peuplé d'artistes et d'artisans, ce « balcon du Haut-Comtat » qu'animent en été des expositions et un petit festival de théâtre provençal et, à Noël, une pastorale célèbre, vous propose de découvrir par un circuit fléché les monuments qui lui ont valu d'être un site classé. Partant de la vieille **porte Reynier**, dont l'origine remonte au XIIᵉ s., vous irez voir ainsi la **fontaine des Mascarons** (XVIIᵉ s.), le **beffroi**, l'église (XIIᵉ s.; de la terrasse, beau **panorama** sur la plaine comtadine; table d'orientation), les vieilles rues, portes, maisons et remparts du Moyen Age.

45 km : **Sablet** (146 m; 982 hab.), autre bourgade typiquement provençale avec ses rues concentriques (restes de remparts), groupé autour d'une église des XIIᵉ et XIVᵉ s.

49,5 km : **Gigondas** (400 m; 703 hab.), réputé pour ses **vins** (nombreux caveaux de dégustation) et où l'on fabrique aussi des tuiles « provençales ». Restes de l'enceinte médiévale et du château fort. De la terrasse de l'église (à l'intérieur, statues des saints Cosme et Damien, en bois doré, attribuées à *Jacques Bernus*), large **panorama** sur le Comtat.

Essentiellement vinifié en rouge, le *gigondas* est un des plus fameux côtes-du-rhône. Pline déjà en parlait et les évêques d'Orange, au XIVᵉ s., développèrent le vignoble. Particulièrement apte au vieillissement, majestueux et sauvage à la fois, il accompagne particulièrement bien fromages et gibiers.

➡ De Gigondas, une route laissant à g. la chapelle Saint-Cosme, romane (substructions du VIᵉ s.), remonte un vallon jusqu'à la petite station des **Florets**, au milieu des bois de pins dominés par les aiguilles des Dentelles de Montmirail; école d'escalade et nombreuses possibilités de promenades et randonnées.

53,5 km : **Vacqueyras** (816 hab.); restes de remparts et du château.

A 2 km E., **Montmirail**, hameau de Gigondas, fut un temps réputé pour sa source saline et sulfureuse aux propriétés purgatives. La source jaillit dans une grotte, au fond du frais vallon de Souïras, ombragé de chênes séculaires. Sur la colline, restes d'une vieille tour à signaux du XIIᵉ s. dite **tour des Sarrasins**.

57 km : à g. de la route, ***chapelle Notre-Dame d'Aubune,** construite au IXᵉ-Xᵉ s. et surmontée d'un clocher roman d'inspiration antique des XIᵉ-XIIᵉ s. (pour visiter, s'adr. à la ferme voisine).

Au-dessus, les rochers grisâtres du petit **plateau** dit **des Sarrazins** portent les ruines de la chapelle Saint-Hilaire, édifiée vers le VIᵉ ou VIIᵉ s., à l'emplacement d'un ancien *oppidum* réoccupé après le IIIᵉ s. Ravagé par *Charles Martel* (les Provençaux s'étaient, un temps, alliés aux Sarrasins pour sauvegarder leur indépendance), le village qui l'entourait fut alors abandonné.

60 km : **Aubignan** (V. ci-dessus, au km 5).

65 km : **Carpentras,** V. chap. 4.

6 C - De Vaison-la-Romaine à Montbrun

Routes : 36,5 km par la D 938 et la D 54 jusqu'à Entrechaux, la D 13, la D 5, la D 40 et la D 72 dans la remontée de la vallée du Toulourenc.

Quittez Vaison par la route de Malaucène (plan C 3).
3,5 km : prenez à g., vers Buis-les-Baronnies, la route qui remonte la vallée de l'Ouvèze.
6,5 km : **Entrechaux** (281 m ; 637 hab.), dominé par les ruines, de grande allure, d'un château des évêques de Vaison. Trois **chapelles** romanes, dispersées autour du village, retiendront l'attention des amateurs : deux d'entre elles présentent, dans leur décoration, ces réminiscences antiques déjà constatées à Vaison.
12 km : quittez la route de Mollans-sur-Ouvèze pour monter à dr. vers le **col de Veau** (386 m), par lequel on rejoint la **vallée du Toulourenc** qui court au bas du versant N. du Ventoux. La route serpente au flanc de la verdoyante **montagne de Bluye** (1 062 m) qui forme limite entre les départements de la Drôme et de Vaucluse ; vues, à peu près permanentes, sur l'écrasante masse du Ventoux.
21 km : Saint-Léger-du-Ventoux, modeste commune de 28 hab.
27 km : à g., route montant à **Brantes** (546 m ; 85 hab.), *village à flanc de montagne ; artisans.
30,5 km : Savoillan (506 m ; 56 hab.) — **34,5** km : Reilhanette (103 hab.).

36,5 km : **Montbrun-les-Bains** (608 m ; 479 hab.), au confluent du Toulourenc et de l'Anary, comprend deux parties bien différentes : en bas, la **Bourgade,** quartier moderne qui regroupe la majeure partie de la population ; sur la colline, le *vieux village, un peu à l'abandon, autour d'une placette en terrasse ombragée d'un platane qui précède la **tour de l'Horloge,** du XIVe s., à créneaux et mâchicoulis ; de là, un sentier permet d'atteindre les ruines encore imposantes du **château,** reconstruit à la Renaissance, où est né en 1530 *Charles Dupuy de Montbrun,* l'un des grands chefs du parti calviniste. Dans l'église, retable de *Bernus* encadrant un tableau de *P. Parrocel.*
La campagne environnante est plantée de nombreux **tilleuls** dont les fleurs, vendues sur le marché de Buis-les-Baronnies, sont une des ressources du pays avec l'essence de lavande.

A **7 km** N., **Aulan** (750 m ; 10 hab.) conserve une église romane (autel en bois doré de 1740) et surtout un *château, à la majestueuse silhouette, dont l'origine remonte au XIIe s. mais qui a subi, au cours des siècles, de nombreuses transformations. A l'intérieur sont présentés des souvenirs de la famille des comtes de Suarez d'Aulan et divers tableaux et objets d'art dont une Pietà en bois sculpté de l'école espagnole du XIVe s., un portrait de femme par N. *Mignard,* une Adoration des Mages par *Léonard Bramer* (éc. flamande du XVIIe s.), etc.

Visite : payante, t.l.j. sauf mardi, du 14 juil. au 29 août, sous la conduite d'un guide. Expositions temporaires.

6 D - De Carpentras à Sault

Route : 45 km E. par la D 942.

Quittez Carpentras par la place de Verdun et la route de Forcalquier (plan C 2).
7 km : **Mazan** (2 909 hab.), gros bourg viticole près duquel sont aussi exploitées d'importantes plâtrières, est surtout célèbre par son ***cimetière** : les clôtures N. et N.-O. de celui-ci sont en effet constituées d'un alignement d'une soixantaine de sarcophages gallo-romains trouvés au siècle dernier le long d'une antique voie semblable aux Alyscamps; dans le cimetière, **chapelle Notre-Dame de Pareloup,** romane du XIe s., remaniée au XVIIe s.

Le village lui-même conserve des **restes d'enceinte** médiévale avec deux portes et, à l'église, un clocher du XIVe s. Souvent remanié, l'ancien château des Sade abrite maintenant une maison de retraite. Dans la rue Saint-Nazaire, qui monte vers l'église, une ancienne chapelle de Pénitents Blancs a été transformée en petit **musée** (entrée libre, dim. et jours fériés à partir de 15 h 30) : archéologie, géologie, histoire, ornithologie, paléontologie, armes, anciens outils agraires, curiosités, numismatique, art religieux.
Mazan est la patrie du sculpteur comtadin *Jacques Bernus* (1650-1728).

8 km : à dr., château de Mazan, reconstruit en 1730.
12 km : route à g. pour **(1** km) **Mormoiron** (250 m; 1 018 hab.) village joliment situé sur une butte calcaire; abside romane à l'église.
15 km : route à dr. pour **(5** km) **Méthamis.**

C'est un beau village de 282 hab., perché à 381 km d'alt. à l'issue des gorges de la Nesque et non loin duquel des fouilles ont mis au jour des témoignages de l'occupation humaine au Paléolithique supérieur et au Mésolithique. Jadis à moitié abandonné, le vieux village est **en train de renaître** grâce aux efforts patients d'amateurs de « vieilles pierres ». L'église (nef du XIIe s.) conserve quatre chapiteaux romans assez originaux.

16,5 km : **Villes-sur-Auzon** (295 m; 773 hab.); raisins de table. A la sortie de Villes, la ***route de la Nesque,** étroite et sinueuse sur 22 km, s'élève à travers des mamelons couverts d'oliviers, de chênes verts, de maquis, remonte un instant la **combe de l'Hermitage,** puis contourne un éperon d'où l'on a, à dr., une belle vue sur l'issue des gorges. Elle débouche ensuite en corniche au-dessus des ****gorges** elles-mêmes, tapissées de maquis, bordées de gigantesques falaises criblées de grottes. A son point culminant (belvédère; 734 m), elle passe devant le fameux **rocher du Cire,** immense falaise concave de près de 400 m de

SAULT

hauteur où *Mistral* a situé un épisode de son poème épique *Calendal*.

38,5 km : **Monieux,** à l'entrée N. des gorges, village de 122 hab. adossé au rocher et dominé par une ancienne tour à signaux; l'église romane, bien que remaniée, conserve une coupole dont les nervures s'appuyent sur des culs-de-lampe sculptés.

45 km : **Sault** (766 m; 1 230 hab.), situé sur le rebord d'un plateau entre la Nesque et le Croc, est un agréable lieu de séjour et un petit centre d'excursions, bien placé entre le Ventoux et la montagne de Lure; ses ressources (miel, truffes, lavande) ont de quoi séduire.

Le bourg doit son nom (Saltus) *aux forêts qui couvraient jadis ses montagnes; il dispute à Pierrelatte, à Donzère, à Valréas, et à bien d'autres encore, l'honneur (?) d'occuper l'emplacement de l'antique Aeria. Sault fut au Moyen-Age le siège d'une baronnie, puis (1561) d'un comté qui appartint aux Créqui et aux Lesdiguières.*

L'**église** est d'une architecture assez intéressante : nef romane du XIIe s., abside et transept du début du XIVe s., collatéral N. établi au XIXe s. en faisant communiquer des chapelles latérales établies aux XVe et XVIe s.
D'un château, construit au XVIe s., restent plusieurs tours découronnées, englobées dans les habitations.
Un petit **musée** abrite diverses trouvailles faites dans la région : antiquités gallo-romaines et gauloises, armes, monnaies, poteries, échantillons géologiques (visite t.l.j. sauf sam. dim. et fêtes, de 8 h à 12 h et de 14 h à 18 h; s'adresser à la mairie).
De la promenade en terrasse qui domine la Nesque, belle vue sur le Ventoux.

De Sault au Ventoux (26 km N.-O. par la D 164). — Cette route, ouverte en 1950, descend d'abord pour franchir la Nesque puis s'élève en rampe continue mais modérée. A 18 km de Sault, un belvédère offre une vue étendue au S. et au S.-E.
20 km : **chalet Reynard,** où l'on rejoint la route montant de Carpentras (V. ci-dessus, it. 6 A, au km 31).

De Sault à Montbrun-les-Bains (12 km par la D 942). — Longeant le pied d'un plateau percé d'avens, la route atteint d'abord **(5 km) Aurel** (113 hab.) puis franchit une cluse séparant la montagne de Lure du Ventoux, surveillée par un donjon du XIIIe s. dit **Château-Reybaud.** Elle descend ensuite dans une gorge rocheuse, le **gour des Oulles,** à l'issue de laquelle on débouche dans la vallée du Toulourenc. — **11** km : prenez à dr. **12** km : Montbrun-les-Bains (V. ci-dessus, it. 6 C, au km 36,5).

6 E - A pied dans le Ventoux

Un bon réseau de sentiers, balisés ou non, chemin et routes forestières, offre dans ce massif d'inépuisables possibilités, de la petite promenade à la grande randonnée. Plutôt qu'une description — il existe pour cela d'excellents ouvrages spécialisés, les topo-guides du C.N.S.G.R. (V. bibliographie), ceux aussi des sentiers du Ventoux-Nord, édités par le S.I. cantonal de Malaucène et bien diffusés dans la région — nous vous en proposons ci-dessous un rapide inventaire.

◆→ **1** — **De Malaucène à Mollans-sur-Ouvèze,** par le flanc N.-O. de la **crête du Rissas** : d'abord par un V.O. puis sentier bien marqué jusqu'au hameau de **Veaux** (311 m). Par la D 40a on rejoint la vallée du Toulourenc et le col de Veau (386 m) d'où la D 40 conduit à Mollans (facile, 3 h 40).

◆→ **2** — **De Beaumont-du-Ventoux à Saint-Léger-du-Ventoux,** par le sentier GR 4 : la D 153 continue jusqu'à la chapelle Sainte-Marguerite où elle se prolonge par le GR 4 (marques blanches et rouges) qui remonte jusqu'à la **route forestière des Rams,** peu avant le col du Comte (1 004 m). Descendre ensuite sur env. 400 m pour prendre le premier chemin à g. On rejoint la D 40 et on prend à dr. (facile, 4 h 15).

◆→ **3** — **Du Mont-Serein à Saint-Léger-du-Ventoux,** par la route du Contrat et une descente sur la route forestière de Brantes à Malaucène. A g. on reviendrait au **col du Comte** et à Malaucène (ci-dessus, **2,** total 3 h 45). En continuant en face, le sentier descend en lacet raide jusqu'à la maison forestière et à la D 40 (facile, 2 h). De Saint-Léger, un bon chemin remonte au col de Fontaube, sur la D 72 (45 mn de plus).

◆→ **4** — **De Brantes à Sault** par le sentier GR 9 : De Brantes au Contrat comme ci-dessus (**3**) en sens inverse (4 h), puis du Contrat à la cabane de la Frache par le **sommet du mont Ventoux,** itinéraire commun avec le GR 4 (env. 3 h). De la Frache à Sault-de-Vaucluse, env. 2 h 30.

◆→ **5** — **Route forestière des rochers de Rams à Brantes** ou à Savoillan : 1 500 m après le belvédère des Ramayettes, prendre à g., la route forestière du col du Comte et la suivre au-delà, jusqu'au croisement de la maison forestière : à g. on descend sur Brantes (total, 3 h 45); à dr. la route continue à travers la forêt jusqu'à un sentier qui aboutit à Savoillan (total 4 h 10).

◆→ **6** — **Du plateau de Perrache à Sault** par Le Rat et le Jas Forest, par un sentier bien tracé, en 2 h 30 env.

◆→ **7** — **De l'observatoire à Bédoin,** par le massif des cèdres et le hameau des Beaux. Le sentier, parfois mal tracé et difficile à trouver, coupe d'abord la route forestière du chalet Reynard, puis la **route des Cèdres** qui va à la ferme de Rolland, et rejoint aux Beaux un V.O. direct pour Bédoin (total, 4 h).

7 - Plateau de Vaucluse

Entre Ventoux et Luberon, séparant Comtat et pays d'Apt, voici le domaine de la garrigue. Point ici de ces cèdres immenses à l'ombre fraîche et aux senteurs balsamiques, mais un chaud maquis subtilement parfumé, peuplé de chênes verts et kermès aux formes torturées. Le thym et le romarin doivent s'accomoder de la terre caillouteuse et sèche où la végétation dispute sa place à la pierre. Comme pour un rappel permanent de la géologie, les moindres vallées prennent des allures de gorges, des fontaines jaillissent au pied des falaises, des rivières incertaines disparaissent soudain, infiltrées dans le calcaire : c'est le karst. Le règne de la pierre, sauvage ou maîtrisée. Patiemment recueillie, elle s'assemble en longs murs serpentant en tous sens, clôtures d'un autre âge pour secrets troupeaux de bories; taillée, appareillée, elle offre églises romanes ou châteaux dans de rares villages, perchés sur le pourtour du plateau comme des sentinelles. Contraste avec l'opulence de la plaine; la terre ici n'est riche que de lumière. Inconvénient d'hier, l'aride solitude qui lui valut de se dépeupler peu à peu devient, avec le soleil, le facteur d'un nouveau succès.

Routes et sites

Les quatre premières promenades ou excursions de ce chapitre vous invitent à la découverte de la partie occidentale du plateau et de ses abords : Fontaine-de-Vaucluse, Gordes, Sénanque, Vénasque, sites et villages célèbres et... très fréquentés : quel que soit le temps que vous y passerez, votre visite sera toujours trop brève; aller rêver, la nuit tombée, au bord du gouffre de la fontaine, attendre le temps qu'il faut, dans le cloître de Sénanque, pour goûter, entre deux groupes de visiteurs, à la paix profonde des lieux, sont des privilèges qu'il faut pourtant savoir s'offrir.
Les quatre itinéraires suivants vous entraînent quant à eux dans la partie orientale du plateau, moins riche en « curiosités » consacrées, et par là même moins fréquentée, tout aussi attachante pourtant.

7 A - **Fontaine-de-Vaucluse

Arrosé par la Sorgue, déjà abondante, au pied des ruines d'un vieux château, un village de 700 habitants qui reçoit 800 000

visiteurs par an. A quelques centaines de mètres de là, une source mystérieuse, nichée dans la verdure au pied d'une formidable falaise. *Vallis clausa,* vallée close où plane le souvenir de Pétrarque.

La place centrale du village, ombragée de platanes, est ornée depuis 1804 d'une **colonne** érigée en souvenir du poète *Pétrarque* (1304-1374), célèbre par son amour pour la belle Laure : c'est pour se consoler de cette passion sans espoir qu'il se retira souvent, de 1337 à 1353, dans la solitude de Vaucluse où il écrivit une grande partie de ses œuvres.

L'**église Saint-Véran** est un bon exemple de petite construction romane provençale.

Nef unique bordée d'arcs de décharge et couverte d'un berceau brisé reposant sur des doubleaux formant diaphragmes. La travée précédant l'abside est couverte d'un berceau transversal, et l'entrée de l'abside est flanquée de deux colonnes antiques avec leur chapiteau. A dr. de l'abside, un petit caveau abrite le tombeau présumé de saint Véran (grossier sarcophage) : selon la légende, ce saint débarrassa Vaucluse d'un monstre appelé Coulobre.

De la place, un petit pont et un passage voûté mènent au modeste **musée Pétrarque,** installé dans une maison reconstruite sur l'emplacement de celle que le poète aurait habitée (éditions des œuvres de Pétrarque, ouvrages se rapportant au poète et à Vaucluse).

Le chemin de la fontaine (12 mn à pied), éclairé la nuit, bordé de cafés et de marchands de souvenirs, remonte la rive dr. de la Sorgue aux eaux claires et abondantes, « rivière trop tôt partie, d'une traite, sans compagnon » *(René Char),* au-dessus de laquelle, sur l'autre rive, se profilent les ruines du château des évêques de Cavaillon.

Le **centre artisanal et culturel de Vallis Clausa** a été aménagé en 1976 dans les bâtiments (arrasés au niveau du chemin car il déparaient fâcheusement le site) d'une ancienne papeterie, vieille industrie de Vaucluse, dont subsiste une grande roue à aubes.

Visite : libre, t.l.j. de 9 h à 18 h du 1er juil. au 30 sept., et de 9 h à 12 h 30 et de 14 h à 18 h le reste de l'année.

Le centre, créé par *Marius Péraudeau,* fondateur et conservateur du célèbre musée historique du papier du Moulin Richard de Bas, à Ambert (Puy-de-Dôme) a pour but d'intéresser les visiteurs aux **arts du papier et du livre;** d'autres **activités artisanales** et diverses **expositions** en renforcent encore l'intérêt.

Vous pourrez ainsi assister à la fabrication de papier à la main (avec ou sans inclusion de fleurs et plantes de la contrée), de papier de garde à la cuve; une chandellerie reconstitue un atelier de fabrication de bougies; des ateliers (certains en cours d'installation) montrent les différents moyens d'impression sur papier (lithographie, taille-douce, typographie, sérigraphie) ou sur tissus (pochoir, impression à la planche).

FONTAINE-DE-VAUCLUSE

La **collection spéléologique Norbert Casteret,** composée des plus belles stalactites et cristallisations (cristal de roche, aragonite, fleurs de gypse, etc.) recueillies par le célèbre spéléologue au cours de trente années d'explorations souterraines doit y être présentée, dans une grotte reconstituée.

En amont, la Sorgue jaillit sous le sentier et au milieu d'un chaos de roches moussues par plusieurs sources permanentes qui forment aussitôt une grosse rivière; puis le chemin se heurte bientôt à la falaise, haute de 230 m, au pied de laquelle s'ouvre, en arc de cercle, la grotte de la Fontaine; y sommeille, en temps ordinaire, un lac à niveau variable.

La **fontaine de Vaucluse** est le débouché d'un fleuve souterrain drainant les eaux des plateaux calcaires du Vaucluse, vastes de 1 700 km² et qui s'étendent entre le Ventoux, la montagne de Lure et le Luberon. La rivière surgit à l'extérieur par un siphon dont la branche antérieure constitue le « gouffre de la Fontaine ».

L'exploration de ce gouffre est une longue histoire et, malgré de nombreuses tentatives dont la première remonte à 1878, le mystère du fonctionnement de la résurgence, de ses variations de débit et surtout du réseau souterrain qui l'alimente, reste à peu près entier.
C'est en 1951 que le commandant Cousteau lance sa première expédition. En 1955, il revient à la Fontaine et parvient à la cote 69 en dessous du niveau du déversoir. Sa dernière tentative remonte à 1967 : son équipe de techniciens et l'Office français de recherches sous-marines utilisent alors le « Télénaute », appareil destiné à l'exploration des fonds sous-marins; le robot parviendra à la cote 110, au seuil d'une châtière rectangulaire au-delà de laquelle la fontaine garde ses secrets.

Diverses expériences de coloration à la fluorescéine des eaux de la Nesque et de quelques-uns des avens qui trouent le plateau ont en partie renseigné sur la provenance des eaux de la fontaine mais ne suffisent pas à expliquer son formidable débit.

Quand le débit de la Sorgue dépasse 22 m³ à la seconde (en hiver et au printemps), le lac verdâtre, jusque-là en sommeil sous la roche, s'enfle lentement : le niveau franchit alors le seuil de la conque et va rejoindre la rivière en se brisant en une superbe cascade. Le débit peut atteindre 200 m³ par seconde : c'est l'**une des plus abondantes sources du monde**. La Sorgue naît à la cote 82 m; le seuil du déversoir, à 300 m en amont, est à la cote 105,55 m; l'eau peut dépasser 108,50 m (lors du débit à 200 m³) et atteindre les figuiers accrochés à la paroi rocheuse. Un des niveaux les plus bas enregistrés dans la caverne fut celui de 1869 : 21 m en dessous du niveau du seuil; il servit à fixer le zéro de l'échelle dite *sorguomètre*; à ce point la rivière débite encore 5,5 m³ par seconde. La température de l'eau est d'une remarquable constance : 12 à 13 °C. A la hauteur des sources permanentes s'amorçait sur la rive g. le canal romain qui portait à Arles les eaux de la Sorgue : quelques vestiges mis au jour en 1951, en sont encore visibles à 1 100 m en aval du village, le long de la route de Cavaillon.

Si vous êtes randonneur, prenez le GR 6, à g. de la Fontaine : remontant une combe pierreuse par où l'on atteint Pourraque en 2 h, il permet de rejoindre l'abbaye de Sénanque, puis Gordes.

De Fontaine-de-Vaucluse à Carpentras par Saumane (21 km N.). — Quittez Fontaine-de-Vaucluse par la route de l'Isle-sur-la-Sorgue. — **2 km** : prenez à dr.

4 km : **Saumane-de-Vaucluse** (140 m; 443 hab.; truffes renommées, pisciculture), un très joli village dominé par l'ancien château des marquis de Sade. Précédé d'un petit parc aux pins parasols courbés par le mistral, le **château** apparaît comme une énorme forteresse : celle-ci — dont la construction entreprise au XVe s. semblait devoir atteindre une telle ampleur que, sur ordre du pape, elle fut interrompue — fut remaniée aux XVIe et XVIIIe s. en une superbe résidence où le « divin » marquis passa, auprès d'un oncle abbé... fort peu catholique, quelques années de sa jeunesse (on ne visite pas).
L'**église** Saint-Trophime, remaniée à plusieurs reprises, conserve un clocher-arcade roman (cloche datée de 1400).
8,5 km : **ferme de la Crémade,** atelier du santonnier (et félibre) *Joseph Montagard;* merveilleux conteur, chantre et explorateur passionné de sa région, celui-ci a réuni ses trouvailles dans un petit musée (outillage agricole ancien, archéologie) et construit une belle crèche provençale animée.

11 km : A g., **La Roque-sur-Pernes**, petit village de 235 hab. dont quelques-uns sont des *« Banatais ».*

Ce sont les descendants de pionniers lorrains, alsaciens ou bourguignons qui quittèrent la France entre 1717 et 1790, à l'appel de l'empereur d'Autriche, pour aller coloniser le « banat » (province) de Temesvar aux confins de la Hongrie (auj. Timisoara, en Roumanie). Ils y réalisèrent une œuvre remarquable, transformant ces vastes étendues marécageuses en de riches terres à blé. A la veille de la dernière guerre, ils étaient plus de un demi-million.
Les bouleversements de la guerre, l'occupation soviétique en 1944 et les persécutions dont ils furent victimes poussèrent 40 000 d'entre eux sur le chemin de l'exil. Certains reprirent en sens inverse le chemin que leurs ancêtres avaient parcouru et vinrent se fixer autour de Colmar, d'autres s'embarquèrent pour les États-Unis, le Canada ou l'Australie. Petit village moribond, La Roque-sur-Fernes fit alors appel à eux et l'on compte aujourd'hui une cinquantaine de familles « banataises » à La Roque, à Carpentras et dans les villages voisins.

12 km : route à dr. pour (**1,5 km**) **Le Beaucet**, petit village de 103 hab. où subsistent quelques restes de remparts et, dans l'église, une toile de *Parrocel.*
Mais le village est surtout célèbre par le pèlerinage dont est l'objet l'ermitage de saint Gens, situé à 3 km S. au fond d'un vallon sauvage qui semble bien avoir été, dès l'Antiquité, un lieu de culte des eaux.

Le **pèlerinage à saint Gens**, l'homme qui apprivoisait les loups et savait faire pleuvoir, a lieu le 16 mai. La veille, des hommes sortent la statue du saint de l'église de Monteux (son village natal) et l'apportent, au pas de course, jusqu'à l'ermitage où il se retira; l'arrivée a lieu de nuit, dans la lumière des cierges, au son de chants provençaux religieux et profanes.

14 km : **Saint-Didier** (184 m; 1 067 hab.), gros producteur de cerises, au pied du plateau de Vaucluse, possède un **château**, en majeure partie Renaissance, bâti par les comtes de Thézan du XVe au XVIIe s. et abritant auj. un établissement hydrothérapique; l'extérieur a été quelque peu défiguré mais la cour offre encore une belle ordonnance du gothique tardif; l'intérieur conserve de beaux plafonds à caissons, une cheminée sculptée attribuée à Bernus et des fresques attribuées à Mignard. Une tradition prétend que *Beaumarchais* y aurait séjourné et imaginé le dernier acte du Mariage de Figaro.
21,5 km : **Carpentras**, V. chap. 4.

De Fontaine-de-Vaucluse à Gordes (16 km E.). — Quittez Fontaine-

GORDES

de-Vaucluse par la route de Cavaillon. — **4** km : Prenez à g. pour traverser
(5 km) **Lagnes,** qui conserve deux tours rondes de ses anciens remparts.
9 km : **Cabrières-d'Avignon** (709 hab.), l'un des villages les plus sauvagement mis à sac par le baron d'Oppède dans sa poursuite des « hérétiques » vaudois. Église et château reconstruits au XVIe s.
11 km : on rejoint la route montant à Gordes (prenez à g.).
16 km : **Gordes,** ci-après.

7 B - Gordes

373 m d'alt. 1 574 hab.

Un bourg en forme d'acropole, sur un promontoire escarpé des monts de Vaucluse aux flancs couverts d'oliviers et d'amandiers. A moitié empilées les unes sur les autres, les maisons se pressent à la roche en une manière de piédestal géant supportant église et château. Royaume du soleil et de la lumière, « découvert » en 1938 par le peintre *André Lhote* et où, grâce à un autre peintre, *Vasarely,* passé, présent et avenir se rejoignent.

Le ***château** fut bâti au XIe s. et très profondément remanié vers 1525 par *Bertrand de Simiane* : c'est un intéressant spécimen de forteresse où apparaît la décoration Renaissance; tours à mâchicoulis, chemin de ronde aménagé derrière l'attique, comme au château de Lourmarin et, à l'intérieur, superbe cheminée Renaissance. Il abrite l'important **musée didactique Vasarely.**

Conservation : ☎ 72-02-89. *Mme Jeanne Silvestre,* conservateur.

Visite : payante, t.l.j. sauf mardi, de 10 h à 12 h et de 14 h à 18 h.

Né en Hongrie en 1908, Victor Vasarely, *qui a suivi les cours du Bauhaus de Budapest, s'établit à Paris en 1930. Dessinateur publicitaire rompu à toutes les techniques graphiques, il a, en 1947, après une longue période de tâtonnements, la révélation de l'abstrait et découvre que « la forme pure et la couleur pure peuvent signifier le monde ». Devenu l'un des chefs de file de l'art cinétique, puis de l'art optique (op'art), art abstrait qui s'oppose au « pop'art » (art populaire), il ouvre en 1970 le musée consacré à la partie picturale de son œuvre, premier volet d'une Fondation que complétera, en 1976, le centre d'Aix-en-Provence.*

Un nouveau langage. — Obsédé par l'usure du temps — et le vieillissement personnel —, *Vasarely* cherche une forme d'art qui, par sa rigueur et son essence même, échappe à l'éphémère et lui permette d'exister intensément par la création et la diffusion de ses idées. Libérant la peinture de son contenu informatif ou anecdotique pour mieux renforcer sa fonction esthétique, l'abstraction lui offre un vaste champ d'expérience; il créera alors un **« alphabet plastique »** à base de formes géométriques simples et de couleurs codifiées qui permettent — tout comme les lettres de l'alphabet permettent la littérature, ou les notes la musique — de satisfaire les besoins esthétiques de l'homme.

Le ****musée didactique Vasarely.** On verra, à la Fondation Vasarely d'Aix-en-Provence, comment l'alphabet plastique inventé par l'artiste offre l'intégration de la beauté à cet espace humain qu'est la cité. L'objet de ce musée est, quant à lui, de **présenter la partie « personnelle et** subjective » de l'œuvre du peintre : une sorte de rétrospective sur quarante années, réduite aux principaux jalons chronologiques de l'œuvre (y compris les « fausses routes »), ceux qui traduisent le cheminement de la pensée et des recherches de l'artiste.

Les œuvres exposées sont des « originaux de départ », pour la plupart mis de côté par *Vasarely* lui-même. Des présentoirs semi-automatiques, qui contiennent chacun 15 œuvres originales avec leurs numéro, titre, dimensions et année de création, en permettent une consultation et une comparaison aisées. Les grands formats et les tapisseries sont des originaux recréés à partir de l'un des petits formats se trouvant dans les présentoirs (ou en réserve, ou encore dans une collection particulière).

Une salle de projection, un stand de documentation et un comptoir de vente (planches originales, multiples, impressions, sérigraphies, ouvrages sur Vasarely) sont autant de moyens supplémentaires d'information pour les visiteurs auxquels *Vasarely* souhaite « donner à voir ».

Si puissant soit-il, l'intérêt porté au château-musée ne doit pas vous faire négliger le plaisir que procure une **promenade dans le bourg** : points de vue sur la plaine, vestiges de remparts — dont la porte dite de Savoie —, maisons anciennes restaurées avec respect et dont les pierres couleur de soleil illuminent les ruelles pavées, coupées d'escaliers et de voûtes, boutiques et ateliers d'artisans.

De la place du château, des flèches vous conduiront au petit **musée municipal** (pas de collections permanentes; expositions temporaires seulement), installé dans un beau bâtiment début du XIIIe s., peut-être une ancienne dépendance du château, qui passe à tort pour une ancienne chapelle : belles voûtes d'arêtes reposant sur des colonnes (effet décoratif par l'alternance des matériaux, grès et calcaire) par l'intermédiaire de chapiteaux au sobre décor floral.

En dehors du bourg, au bord de la route de Cavaillon, vous pourrez aussi visiter l'**Insula Maria**, reconstitution de villa romaine avec ses fresques et mosaïques et abritant une petite exposition relative à la paléontologie, la préhistoire et l'histoire romaine.

Le ***village des bories*** vous offre quant à lui d'en savoir plus sur ces mystérieuses constructions de pierre entrevues un peu partout autour de Gordes. Ce village, qui comporte cinq groupes de bories d'importances diverses, organisés chacun autour d'une cour et constituant chacun une habitation avec ses dépendances, présente un double intérêt : celui de vous révéler la richesse, encore relativement méconnue, de l'architecture de pierre sèche, celui aussi de vous apporter un incomparable **témoignage sur la vie rurale**.

Accès : par la route qui descend de Gordes vers la plaine; au bas de la pente (env. 2 km du château) un chemin carrossable, à dr., mène (1,5 km env.) à un petit parking, à 2 mn à pied du village.

Visite : payante, t.l.j. de 9 h au coucher du soleil du 1er fév. au 12 nov. En hiver, permanence de 10 h au coucher du soleil les week-ends et pendant les vacances scolaires (☎ 72-03-48).

Bories et autres « cabanes ». — *Nuraghi* en Sardaigne, *trulli* ou *caselle* dans les Pouilles, *talayot* aux Baléares, *casitas* en Espagne, *orris* dans les Pyrénées, *capitelles* en Languedoc, l'Europe méridionale est parsemée de

GORDES

ces constructions de pierre sèche, plus ou moins voisines de structure et de destination. Rien qu'en Provence, on estime leur nombre à 5 ou 6 000 dont près de 3 000 groupées **entre Ventoux, Luberon et montagne de Lure.**

Plus encore que le matériau — des lauses de calcaire de dimensions moyennes et d'une dizaine de centimètres d'épaisseur — c'est **la technique de construction** qui caractérise avant tout ce que l'on appelle souvent encore, ici, des cabanes : **fausse voûte en encorbellement,** où chaque assise est disposée en léger surplomb par rapport à la précédente; les murs ainsi se rapprochent peu à peu l'un de l'autre, jusqu'à ce qu'une dalle plus large, au sommet, suffise à assurer la couverture de l'ensemble; aucun mortier n'était nécessaire pour maintenir la cohésion de la construction et, si certaines bories semblent intérieurement maçonnées, l'enduit qui les tapisse n'était destiné qu'à protéger les habitants contre les courants d'air, les insectes et autres petits indésirables des maquis.

Des bories pour quoi faire? — Utilisées, lorsqu'elles ne sont pas à l'abandon (ou somptueusement aménagées en résidences secondaires), comme remises à outils ou greniers à foin, elles auraient servi aussi — légende ou réalité? — à isoler les pestiférés ou de cachettes temporaires à toutes les victimes de persécutions. Mais ce sont, à l'origine, de véritables fermes (pour les plus importantes du moins), **les plus grandes servant d'habitation, les autres de bergeries et annexes** diverses; elles étaient parfois groupées, comme c'est le cas ici, en hameaux, voire en villages plus importants et au sujet desquels demeure un mystère : aucun de ces villages ne comporte de lieu de culte ni de cimetière.

Problèmes de dates. — Héritières d'un **mode de construction attesté dès le néolithique,** les bories sont très difficiles à dater et l'étude même de leur forme n'est sur ce plan d'aucun secours. Des témoignages écrits, des dates parfois gravées dans la pierre, des trouvailles faites dans leur sol, permettent de situer les **bories de Gordes** approximativement **entre les XVIe et XIXe s.** Quelques-unes, à Gordes même ou ailleurs, peuvent être plus anciennes et dans l'une d'elles, au village des bories, on a trouvé une hache et des anneaux de bronze; une autre, dans la vallée, est intégrée à une maison romane.

Au village des bories. — Relevé, restauré, débarrassé d'une végétation envahissante, le village des bories vous offre de découvrir le **cadre authentique où vécurent quelques familles paysannes** jusqu'au début du XIXe s. Bergeries, cuves à vin et fouloirs, aires de battage, fours à pain, magnaneries, expositions d'outils agricoles et d'objets usuels, documentation photographique vous permettent d'imaginer leur vie quotidienne.

Pour en savoir davantage, lisez **« Le village des bories à Gordes dans le Vaucluse »,** *par P. Viala (en vente au village), les articles de G. Barruol dans la revue* **Archéologia** *(n° 7 et 8, déc. 1965-fév. 1966) et* **« Les bories de Vaucluse, région de Bonnieux »,** *par P. Desaulle (Paris, Picard, 1965).*

Environs de Gordes

- **1 — Abbaye de Sénanque,** à 4 km par une petite route se détachant à l'entrée du bourg. V. ci-après, 7 C.

- **2 — Moulin des Bouillons,** à 5 km S. par la route de Saint-Pantaléon (itinéraire fléché). Près d'un ancien moulin à huile du XVIe s., un remarquable ***musée du vitrail** présentant une vaste rétrospective de l'œuvre de *Frédérique Duran :* vitraux, murs de verre, sculptures, gravures, histoire du verre et du vitrail illustrée par des documents rares et des outils anciens (visite t.l.j. de 10 h à 12 h et de 14 h à 18 h).

3 — Saint-Pantaléon (88 hab.), situé sur une petite hauteur à 1 km du moulin des Bouillons, possède une petite **chapelle romane** très intéressante : à trois nefs, plus large que longue, elle date de la fin du XIIe s. et conserve quelques éléments de décoration (corniche intérieure) inspirés de l'antique ainsi que des chapiteaux à décor floral très stylisés, remployés, du XIe s. Comme à Montmajour, la chapelle est environnée de tombes creusées dans le rocher.

Autres environs de Gordes : promenades dans le pays d'Apt et le Luberon, V. les chap. 8 et 9.

7 C — Sénanque

Paix, silence, solitude. Dans l'austère et étroit vallon de la Sénancole, à l'eau peu abondante mais pure, écrasé de soleil, aux flancs couverts de garrigue, la troisième, chronologiquement, de ces abbayes appelées les « trois sœurs provençales ». Relativement épargnée par les vicissitudes de l'histoire, l'abbaye reste l'un des plus purs témoins de l'architecture cistercienne du XIIe s., une de ces constructions où l'art de bâtir, rejetant la fioriture, est fait d'une technique irréprochable s'alliant au sens de la forme, de la mesure et de la lumière. En dépit de leur « austérité », quoi de plus profondément humain que ces édifices équilibrés et homogènes où des hommes vécurent, dans la méditation, la prière et le travail manuel, à la recherche de la simplicité primitive ?

Fondée en 1148 par des moines venus de Mazan (Ardèche), l'abbaye s'accroît si rapidement qu'elle fondera elle-même une autre abbaye à Chambons quatre ans plus tard. En 1487 elle est suffisamment riche pour établir un collège en Avignon, mais sa prospérité lui vaut de passer en 1509 sous le régime de la commende (dont elle n'aura en fait pas à se plaindre). Ravagée par les Vaudois en 1544 (l'aile S., détruite, sera reconstruite en 1683-1712), elle ne compte plus qu'un seul moine en 1715.

Vide dès avant la Révolution, vendue en 1791, elle est achetée en 1854 par l'abbé Barnouin qui y restaure la vie religieuse : sous son impulsion les moines repeupleront même Fonfroide en 1858 et Lérins en 1871. Expulsés à deux reprises (1880 et 1901), les moines reviendront en 1927. Les derniers d'entre eux quitteront l'abbaye en 1969 pour se regrouper à Saint-Honorat de Lérins, maison-mère de l'ordre cistercien de commune observance qui demeure propriétaire de l'abbaye.

Sénanque aujourd'hui. — L'abbaye est désormais le siège d'activités culturelles diverses : l'**Association des Amis de Sénanque** patronne un cercle d'études médiévales, des expositions et des sessions ; le **Centre d'Études grégoriennes et de Musiques traditionnelles comparées du Bassin méditerranéen** organise des stages, des rencontres, des concerts de chant grégorien, de musique médiévale ; le **Centre international de Création artistique de Sénanque** suscite des expositions de peintres contemporains. Une trentaine de personnes peuvent y séjourner pour des sessions de travail, dans les bâtiments du XIXe s. récemment aménagés. Programmes sur demande.

Visite : payante, t.l.j. de 9 h à 12 h et de 14 h à 18 h ; de 9 h à 12 h 30 et de 13 h 30 à 19 h en juil.-août. Billet séparé pour l'exposition saharienne. ☏ 72-02-05.

ABBAYE DE SÉNANQUE

Comme celles de Silvacane et du Thoronet, l'****abbaye de Sénanque** est un parfait exemple de l'architecture cistercienne, aussi pure que dépouillée. Seule des abbayes de Provence, elle a conservé ses **toitures d'origine en lauses** (pierres plates) soigneusement appareillées, d'où la parfaite intégration des bâtiments au paysage.

De la salle d'accueil, on monte d'abord au **dortoir,** dont le grand berceau brisé, appuyé sur deux doubleaux, prolonge celui du transept de l'église. Au milieu du dortoir, un escalier descend au cloître.

Le ***cloître,** voûté en berceau, offre des arcades en plein cintre retombant sur de fines colonnettes géminées et encadrées trois par trois par de grands arcs de décharge ; les **chapiteaux,** pour la plupart à décor végétal, sont d'une étonnante diversité.

Dans la galerie N., deux fenêtres géminées flanquent la porte de la **salle capitulaire** où la communauté se retrouvait chaque jour pour la lecture commentée d'un chapitre de la Règle, la distribution des tâches par l'abbé, les admonitions et les coulpes ; il semble qu'elle ait été couverte, à l'origine, d'un simple plafond de bois ; les six voûtes d'ogives, dont le style semble accuser le début du XIIIe s., sont peut-être, en fait, postérieures.

La **salle des moines,** à côté, était la seule salle chauffée de l'abbaye, d'où son autre nom de **chauffoir.** Les moines venaient s'y réchauffer quelques instants par les grands froids ; n'ayant pas à leur disposition — comme c'était le cas dans d'autres abbayes — de *scriptorium,* les copistes s'y installaient pour travailler. Elle conserve de belles voûtes d'arêtes des dernières années du XIIe s., retombant sur un beau pilier central, et **une des deux cheminées** romanes d'origine, dont la hotte tronconique s'appuye sur deux colonnettes engagées.

L'***église,** dont on aura admiré en arrivant le magnifique étagement du chevet qui fait face au N. (et non vers l'E. comme c'est habituellement la règle, particularité motivée par l'exiguïté du terrain), fut construite à partir de 1158 et terminée vers la fin du XIIe s. La **nef,** couverte d'un berceau brisé sans doubleaux (exceptionnel dans la région), est flanquée de collatéraux voûtés en berceau brisé rampant ; sa qualité acoustique, remarquable, est mise à profit lors de concerts. L'**abside,** semblable à celle du Thoronet, et les **quatre absidioles** en hémicycle (mais intégrées dans un massif extérieur rectangulaire), voûtées en cul-de-four, ont conservé chacune leur très simple **autel d'origine** et donnent sur un vaste transept dont les croisillons sont couverts d'un berceau brisé transversal. La croisée est surmontée d'une coupole à huit pans irréguliers, sur trompes, et d'un clocher carré bâti sur les reins de la coupole.

Au S. du cloître, une construction du XVIIIe s. a pris la place de l'ancien **bâtiment des convers,** incendié en 1544 par les Vaudois. C'est là que, dans une sorte de petit monastère à part, avec son dortoir, son réfectoire, sa salle, vivaient ces frères laïcs qui ne se mêlaient aux moines que dans les travaux des champs et à certaines parties des offices auxquels ils assistaient en entrant à l'église par une porte spéciale.

Le **réfectoire,** exceptionnellement parallèle à l'église (pour les raisons topographiques déjà évoquées), fut aussi victime des dévastations de 1544. Reconstruit au XVIIe s. et utilisé comme chapelle par les derniers moines, il a été restauré en 1970. Il abrite une remarquable **introduction audio-visuelle à la vie cistercienne** et présente un grand tableau généalogique montrant la prodigieuse extension d'un ordre auquel on doit, en Europe et dans l'Orient latin, la fondation, avant la Révolution, de 760 abbayes d'hommes et près de 1 000 abbayes et prieurés de femmes.

Les **anciennes cuisines** (XVIIe s.), à côté, abritent une exposition qui propose, par le texte et par l'image, une **initiation à la symbolique romane.**

Le **bâtiment de ferme** (accès direct depuis la salle d'accueil) présente, sur deux niveaux, une **exposition permanente consacrée au Sahara**, issue des collections de la *Fondation Paul Berliet*.
Au **rez-de-chaussée** est retracée l'évolution à travers les âges des moyens de transport au Sahara; présentation de véhicules transsahariens; grandes missions automobiles transsahariennes : véhicules Citroën de la **Croisière Noire** (*Georges-Marie Haardt* et *Louis Audouin-Dubreuil*, 1924-1925) et des deux missions Berliet (1926, 1959).
Le **premier étage** évoque les grandes phases de l'histoire du Sahara, sa pénétration par les explorateurs, le rôle éminent de *Charles de Foucauld*. Une présentation moderne extrêmement claire vous conduit des dinosaures sahariens à l'habitat touareg du Niger en passant par les civilisations florissantes qui occupèrent le désert il y a quelques milliers d'années.

De Sénanque on peut, en remontant le vallon de la Sénancole, traverser le plateau et redescendre par un long vallon rocheux dominé de part et d'autre par de hautes falaises pour rejoindre (ci-après, it. 7 D, au km 25,5) **Venasque**, *à 13 km.*

7 D - De Gordes à Carpentras

Routes : trois routes s'offrent à vous, qui toutes trois vous permettront de voir Venasque, un des plus beaux villages perchés de Vaucluse, où l'agrément du site se conjugue à l'intérêt archéologique : — la première passe par Sénanque (V. ci-dessus, 7 C); — la seconde, quittant Gordes en face du château, traverse directement le plateau pour rejoindre, à 8,5 km de là, Murs; — la troisième, qui passe également par Murs, vous propose auparavant un petit détour par Joucas : au total 39 km de Gordes à Carpentras par les routes D 102, D 102^A et D 4 jusqu'à Murs, D 4 de Murs à Carpentras, très sinueuse dans la traversée du plateau.

Quittez Gordes à l'E. (route D 102). La route descend vers la plaine puis longe le pied des premières pentes du plateau de Vaucluse.
5,5 km : **Joucas** (204 hab.), très charmant village-balcon au-dessus de la plaine.
11,5 km : **Murs** (500 m; 306 hab.), patrie du *« brave Crillon »* (V. it. 6 A, km 10,5), compagnon d'armes de Henri IV, dont la maison natale (façade romane du XIIIe s.) abrite un petit musée. Le château, des XVe et XVIe s., a été très restauré au siècle dernier. Un peu avant le village, en contrebas de la route, chapelle romane Notre-Dame du Salut, du XIe s. : belle vue.

Dans les environs de Murs subsistent également quelques vestiges du fameux **mur de la Peste**, élevé en 1721 pour empêcher la propagation vers le Comtat et le Dauphiné de l'épidémie qui ravageait la Provence. Haut de 2 à 3 m selon les endroits, construit en pierres sèches comme les murets que l'on voit à Gordes (dans certaines parties il était remplacé par de simples palissades ou de larges fossés), il allait de Sisteron au confluent du Rhône et de la Durance et était jalonné de guérites; des sentinelles le surveillaient en permanence.

16,5 km : **col de Murs** (dit aussi **du Puy de Griffon**; 627 m) : vue au S. sur le pays d'Apt et la longue crête du Luberon, au N. sur le

VENASQUE

Comtat et le Ventoux. — Descente dans une gorge peuplée de pins et de chênes verts.

21,5 km : route à g. pour l'abbaye de Sénanque (V. ci-dessus, 7 C).

25,5 km : **Venasque** (310 m ; 526 hab.), l'ancienne *Vindasca* (d'où, peut-être, le qualificatif de *Venaissin* donné au Comtat), perché sur un *promontoire aigu dominant le Comtat, défense naturelle qui lui valut de susciter l'intérêt des Romains et, plus tard, des évêques de Carpentras qui installèrent là, à l'abri des incursions barbares, le siège de leur évêché (fin VIe à fin Xe s.).

Trois tours semi-circulaires aux murs épais et un rempart (en partie gallo-romain) précédé d'un fossé et où s'ouvrent deux portes coupent l'isthme de l'éperon, isolant le village du plateau voisin.

L'**église Notre-Dame**, au bord de l'à-pic de la vallée de la Nesque, est un petit édifice roman, coiffé d'un clocher assez seyant bien que du XVIIe s. ; on y reconnaît plusieurs étapes de construction : portail et façade du début du XIIIe s. (porche du XVIIe), nef légèrement antérieure, avec une voûte en berceau brisé et, en avant de l'abside, une coupole octogonale nervée, sur trompes ornées des symboles des Évangélistes ; abside du XIe s., désaxée par rapport à la nef ; chapelles latérales, aménagées aux XVIIe et XVIIIe s. entre les contreforts, dont l'une abrite une ***Crucifixion,** primitif de l'école d'Avignon (1498). Dans la nef, jolies statues en bois de sainte Anne et de sainte Rose (XVIIe s.).

Le ***« baptistère »** (entrée séparée, à g. de l'église), englobé dans des constructions d'âges divers, est relié à l'église par un couloir voûté. C'est un édifice de petites dimensions, consistant en un espace central presque carré (voûte refaite au XIXe s.) sur lequel ouvrent quatre absides semi-circulaires (dont trois sont même nettement outrepassées) voûtées en cul-de-four.

Dans Provence romane II, *M. Guy Barruol* a fait justice de la vieille hypothèse qui, depuis le XIXe s., voulait voir là un baptistère, construit de surcroît au VIe s. à l'instigation de saint Siffrein, évêque de Carpentras. Il s'agit en fait d'une simple **église cruciforme,** peut-être à destination funéraire, élevée dans le second quart du XIe s., ce qui suffit d'ailleurs à en faire un des édifices les plus anciens et les plus intéressants de la région.

Des colonnes antiques, en marbre rose et blanc, surmontées de chapiteaux corinthiens de marbre blanc forment l'entrée des **absides;** celles-ci sont décorées chacune de cinq **arcades** reposant sur six colonnes antiques plus petites, en marbre ou en calcaire (certaines placées la tête en bas ou plus maladroitement encore) par l'intermédiaire de **chapiteaux** soit corinthiens (remplois antiques), soit inspirés de la forme corinthienne : les uns à double rangée de feuilles d'acanthe, avec un relief peu marqué, les autres figurant une sorte de corbeille faite de boudins verticaux, les derniers, plus élégants et plus rares, décorés d'entrelacs. Au milieu du dallage, la cuve baptismale est une fantaisie des restaurateurs du XIXe s.

Au pied du village, près du pont sur la Nesque, le **centre spirituel Notre-Dame de Vie** conserve une chapelle du XVIIe s. abritant la pierre tombale de l'évêque Boëthius, mort en 604 : c'est un remarquable spécimen de la sculpture mérovingienne.

Laissant successivement à g. plusieurs petites routes pour Saint-Didier (V. ci-dessus, 7 A), la route court dans la plaine comtadine.

39 km : **Carpentras,** V. chap. 4.

7 E - D'Apt à Sault

Route : 37 km N. par la D 943, très sinueuse.

Quittez Apt par la route d'Avignon (plan A 2) et, à 2 km du centre, prenez à dr. la D 943.

9 km : **Saint-Saturnin d'Apt** (422 m ; 1 430 hab.), gros bourg agricole (asperges, cerises, raisins, huile d'olive et produits de la montagne : truffes et miel) sur les premières pentes du plateau de Vaucluse, dominé par les ruines de l'ancien château dont il reste une **chapelle romane** que diverses inscriptions datent assez précisément du milieu du XIe s.

La route, bordée d'oliviers et de chênes truffiers, franchit deux ravins et pénètre dans une région inculte. Beaux points de vue sur le Luberon et le pays d'Apt. On descend ensuite dans une gorge sauvage, puis on traverse le ravin de Font-Jouvale, au fond planté de châtaigniers.

15,5 km : **Font-Jouvale**, hameau.

16 km : route à g. pour (3 km) **Lioux** (279 hab.), village construit au pied d'une immense et superbe *falaise. De la bifurcation, mais en quittant un peu plus loin la route de Lioux pour prendre à dr., on peut également aller voir (3 km) le **château de Saint-Lambert**, occupé par un préventorium, à 700 m d'alt., au milieu d'une forêt ; avec ses tours puissantes, il a conservé l'allure imposante des châteaux provençaux des XVIe et XVIIe s.

22 km : **château de Javon**, ancien fief de la famille *de Baroncelli*, élevé au XVIe s. et restauré par le peintre *Paul Vayson*. En avant à g. s'élèvent les pentes du Ventoux.

29 km : **Saint-Jean-de-Durfort**, hameau, à 876 m d'alt. ; sur la montagne qui le domine, ancienne tour d'observation.

37 km : **Sault**, V. it. 6 D au km 45.

7 F - De Sault à Apt

Route : 39 km S. par la D 30, la D 34 et la D 22.

Quittez Sault par la route de Saint-Christol.

La route court, à un peu plus de 800 m d'alt., sur le fameux **plateau d'Albion** où l'armée a implanté, à partir de 1966, les silos abritant les missiles porteurs de bombes nucléaires de la « force de frappe » ; au moins bénéficie-t-on, dans le secteur, de quelques routes larges et bien entretenues.

11 km : **Saint-Christol,** pauvre village paisible et pastoral, de 283 âmes en 1963, est devenu bourg de garnison de 1 687 hab. en 1975.

L'**église**, ancienne dépendance de l'abbaye Saint-André de Villeneuve-lès-Avignon, comporte deux nefs, l'une romane de la 2e moitié du XIIe s., l'autre élevée en 1688-1690 ; la voûte de la première, trop pesante (d'où l'inclinaison des murs) et qui s'était peut-être effondrée, a été refaite lors de la construction de la seconde. **L'ornementation de l'*abside est particulièrement remarquable** : sa voûte en cul-de-four soigneusement appareillée repose, par l'intermédiaire d'une corniche sculptée de feuilles d'acanthe stylisées, sur une colonnade arcaturée ; chapiteaux à décor floral, bases zoomorphes et colonnettes au décor animal et végétal finement ciselé, sans oublier l'autel roman, constituent un ensemble d'une rare harmonie et de grande beauté.

A proximité de l'église, maison forte du XIIIe s.

SAINT-CHRISTOL

Les **plateaux de Saint-Christol et d'Albion**, à la limite incertaine du plateau de Vaucluse, du pays de Forcalquier et de la montagne de Lure, sont percés d'une quantité de gouffres et avens alimentant les cours souterrains donnant naissance à la fontaine de Vaucluse ; **aven de l'Azé, aven du Cervi,** etc., paradis des spéléologues ; le plus profond connu pour l'instant semble être celui de **Jean-Nouveau,** exploré dès 1892 par *Martel* et où une expédition a pu descendre jusqu'à − 520 m ; il comporte un puits vertical de 163 m.

20 km : **Lagarde-d'Apt** (1 087 m ; 40 hab.), la commune la plus élevée du département, au pied du mont Saint-Pierre (1 256 m), point culminant des monts de Vaucluse ; fromage de chèvres, miel, lavande.

32 km : après une longue descente sinueuse, la route débouche dans le pays d'Apt puis s'engage dans la vallée de la Doua.

39 km : **Apt**, V. chap. 8 B.

8 - Le pays d'Apt

Tout change vraiment à partir de Coustellet. Déjà les routes de l'Isle-sur-la-Sorgue, d'Avignon, de Cavaillon, avaient plus ou moins abandonné leur cortège de champs en marqueterie, de haies de cyprès et de canisses, tandis que les masses du plateau de Vaucluse, sur la g., et du Luberon, sur la dr., avaient peu à peu précisé leurs contours.
De part et d'autre de la route qui, pour quelques kilomètres encore, file droit et bien large, celles-ci désormais affirment leur présence, assignant de nettes limites à une plaine qui se fait montueuse. On roule maintenant au fond d'une cuvette hérissée de petites collines, sillonnée de rivières, où les champs de pastèques alternent avec les alignements de cerisiers : c'est le pays du fruit confit.
Climat agréable — bien abrité du mistral —, limpidité de l'atmosphère, tranquillité villageoise, ce fut aussi, à partir des dernières années de l'entre-deux-guerre et surtout après les années cinquante, la terre d'élection de quelques peintres et écrivains.
Sur mille petites routes sinueuses, sur les chemins balisés dans la garrigue par François Morenas, s'enfle aujourd'hui le fourmillement touristique qui conduit — trop vite — d'un cloître cistercien au « folklore planétaire » de Vasarely, du fantôme du « divin » marquis de Sade à celui du sinistre baron d'Oppède, de ruine romane en échoppe d'artisan, tandis que toute une intelligentsia vient ici se chercher de nouvelles racines, en marge de la factice agitation tropézienne. « Dans cette vallée d'Apt, entre Luberon et Vaucluse, ils sont tous là, les gourous fatigués qui ont bien mérité de se reposer à l'ombre des oliviers, au chant des cigales et au frais des piscines » écrivait, évoquant « Saint-Luberon-des-Prés », un journaliste du Nouvel Observateur. Le prix du terrain a quelque peu augmenté — ce qui pose d'ailleurs des problèmes aux agriculteurs — et, des villages perchés sur leurs carrières d'ocre sang et or à ceux nichés au pied des cèdres du Luberon, il ne reste guère de « vieilles maisons à retaper » ou de ruines à relever.
Succès oblige : n'oubliez pas de réserver votre chambre d'hôtel.

8 A — De L'Isle-sur-la-Sorgue à Apt

Route : 32 km par la N 100.

Longeant à quelque distance le pied de la falaise du plateau de Vaucluse, la route se rapproche rapidement du Luberon. — **8 km** : on rejoint la route directe d'Avignon (D 22).
10 km : **Coustellet**, hameau où l'on rejoint la route de Cavaillon. A g. se détache la route de (8 km) Gordes et (12 km) Sénanque (V. it. 7 B et 7 C).
La route remonte désormais la vallée du **Coulon** (qui porte un peu en amont, le nom de **Calavon**), suivant de plus ou moins près le cours de la rivière. — **15 km** : Beaumettes (139 hab.).

17,5 km : **Notre-Dame de Lumières**, célèbre pèlerinage provençal, à l'entrée du vallon du Limergue.

Le pèlerinage de Notre-Dame de Lumières tire son origine de lumières mystérieuses qui apparaissaient fréquemment, au début du XVIIe s., autour de la chapelle Notre-Dame, dans le vallon du Limergue, et de la guérison miraculeuse d'un vieux paysan en 1661. Dès lors se développa un pèlerinage bientôt fameux, où se firent de nombreuses guérisons. La Révolution l'épargna. Il fut restauré en 1837 par Mgr de Mazenod, évêque de Marseille, qui y installa la congrégation missionnaire des Oblats de Marie qu'il venait de fonder.

La **chapelle**, siège du pèlerinage, est un édifice bâti de 1663 à 1669. Elle comporte une crypte, qui est l'ancienne chapelle romane (remaniée). Plus encore que la statue (habillée) de Notre-Dame de Lumières, qu'une Vierge noire du XVIe s. (ou du XVIIe) et, dans une chapelle à dr., une Pietà du XVIIe s., vous remarquerez la **très intéressante collection d'ex-voto** (on en compte 342), datant du XVIIe au XIXe s., dont certains sont des véritables petits chefs-d'œuvre d'art naïf.
A côté de la chapelle du pèlerinage, les bâtiments qui abritent le scolasticat des Oblats de Marie renferment un petit musée missionnaire; chapelle en ciment armé de 1930 (*Curtelin*, architecte).

A 1 km N.-E., **Goult**, ancien fief de la famille d'Agoult — à laquelle il avait donné son nom —, connut jadis un certain renom grâce à ses verreries. Le village (1 052 hab.) conserve une église romane du milieu du XIIe s.
A 4 km N.-O., **Saint-Pantaléon** (V. env. de Gordes, it. 7 B); à 5 km S.-E., **Lacoste**, et à 6 km S.-O., **Ménerbes** (V. it. 9 B).

20,5 km : route à dr. pour Bonnieux (V. it. 9 B).
24 km : autre route à dr. pour Bonnieux, franchissant le Coulon (ou Calavon) sur le ***pont Julien**, un des ponts romains les mieux conservés de France : c'est un ouvrage de trois arches, long de 68 m, large de 4,25 m et haut de 14 m. Son nom lui vient de la colonie romaine voisine d'Apta Julia. Des ouvertures ménagées au-dessus des piles facilitent l'écoulement des eaux en temps de crue.

A 1 km env. en amont, le Calavon passe au pied de la petite forteresse de Roquefure, qui fut un temps un repaire de brigands; celle-ci qui remonte en partie au XIIIe s. (notamment la chapelle, creusée dans le roc).

La route, séparée du Coulon par un petit massif rocheux, traverse une contrée ou de grandes saignées rouges signalent la présence de l'ocre.

32 km : Apt, ci-après.

8 B - Apt

11 612 hab., les *Aptois* ou *Aptésiens*. Sous-préfecture.

Au pied des collines où quelques oliviers résistent encore à l'armée des cerisiers, bordée par le Calavon au débit pour le moins capricieux, Apt offre l'image traditionnelle des petites villes provençales : ceinture de boulevards plantés de platanes, vieilles tours subsistant d'anciens remparts, rues étroites et placettes tranquilles où souvent chante une fontaine ; et l'animation paisible, l'harmonie de sons et de couleurs du marché, le samedi matin, lorsqu'en une foule affairée mais sans fièvre se mêlent habitants de la ville, bastidants et touristes de passage.

La ville dans l'histoire. — *Héritière de l'ancienne capitale de la tribu celto-ligure des Vulgientes, située sur la colline voisine de Perréal et rasée par César en représailles de l'aide qu'elle avait apportée aux Massaliotes, Apt est fondée vers 40 av. J.-C. comme colonie romaine : Colonia Apta Julia. Bénéficiant des avantages inhérents à ce statut, située en outre sur la via Domitia, elle connaît, semble-t-il, une assez rapide expansion. Quantité d'objets, d'inscriptions, de fragments lapidaires, de vestiges divers, retrouvés à l'occasion de sondages ou de travaux dans le sous-sol, ont apporté aux archéologues des informations assez précises sur la topographie antique de la ville, la vie de ses habitants, etc. On a ainsi appris, par exemple, qu'Hadrien s'étant arrêté à Apt et y ayant perdu son cheval favori Borysthènes, les habitants élevèrent à celui-ci un monument ! On ignore en revanche s'ils offrirent un autre cheval à l'empereur...*
L'histoire de la cité est ponctuée, comme tant d'autres, de l'habituel et triste lot de malheurs, guerres et dévastations : ce sont les Juifs qui, accusés d'en favoriser la propagation, sont massacrés durant l'épidémie de peste noire du milieu du XIVe s. ; ce sont les luttes religieuses du milieu du XVIe s. ; c'est la peste de 1720...

Apt aujourd'hui. — « Capitale mondiale du fruit confit » avec une production d'env. 20 000 t par an (98 % de la production française), Apt s'enorgueillit — pour rire — d'être quotidiennement présente, par l'intermédiaire du *cake*, sur la table de la reine d'Angleterre. Bien que, comme les villes du Comtat, elle ne soit pas une ville réellement industrielle (3 établissements seulement, offrant ensemble env. 700 emplois, y dépassent 50 salariés), elle tient, comme elles, une **place relativement importante** — surtout évidemment grâce aux fruits confits et confitures — **dans l'agro-alimentaire** (20 % de la production vauclusienne), allant parfois chercher les fruits dont elle a besoin pour ses confiseries jusqu'en Italie, voire en U.R.S.S. (Crimée).

Bien que sévèrement concurrencées par les colorants chimiques — qui n'ont ni la même stabilité ni la même résistance — les **ocres** (mélanges de sables argileux et d'oxydes de fer) restent très employés comme pigments pour la peinture, et l'on en extrait, aux environs d'Apt, près de 4 000 t par

APT

an (70 % de la production nationale). A signaler encore, héritières d'une tradition remontant au XVIIIe s., plusieurs fabriques de **céramique** (surtout industrielle du bâtiment).

Mais si l'installation de familles de militaires employés sur la base de missiles stratégiques du plateau d'Albion a provoqué un temps un relatif essor démographique et redonné vigueur au commerce local, une certaine déshérence s'est manifestée néanmoins au niveau de la population résidente : d'où les études menées par la DATAR, les **projets de développement de l'irrigation** par un aménagement du réseau du Calavon, la **signature d'un « contrat de pays »** avec l'État et, pour maintenir le niveau de l'emploi, l'aménagement récent d'un « lotissement industriel » susceptible d'accueillir de nouvelles entreprises. La création du **Parc naturel régional du Luberon,** avec implantation à Apt de la Maison du Parc et de ses services administratifs, aura pour effet de conforter la cité dans son rôle de petite capitale historique de cette ancienne viguerie. Cette création pèsera certainement dans les futures décisions d'orientation touristique et économique du Pays d'Apt et des micro-religions du Luberon, qu'il recouvre.

Visite de la ville. — *Trois heures* suffisent pour faire un tour très complet de la ville, visiter église et musée, flâner un peu dans les vieilles rues et faire une indispensable halte dans un des magasins de fruits confits.

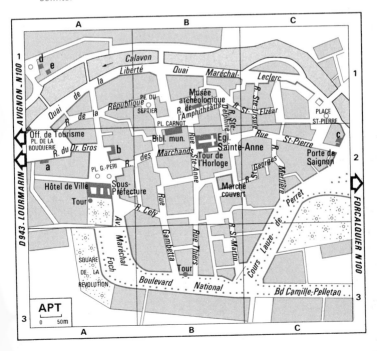

*En juillet-août, des **visites-conférences de la ville** ont lieu chaque mercredi à 14 h 30 : départ du S.I. D'autres **visites-conférences** proposant une découverte plus générale **du pays d'Apt** sont également organisées périodiquement : renseignez-vous au S.I.*
La visite du pays d'Apt est indissociable de celles du plateau de Vaucluse et du Luberon : les itinéraires décrits aux chapitres 7, 8 et 9 vous offrent sur ce plan de nombreuses possibilités de circuits.

La **place de la Bouquerie** (plan A 2) où débouche, par un pont sur le Calavon, la route d'Avignon, vous offre le premier — et avenant — contact avec la ville : fontaine, platanes, terrasses de cafés, syndicat d'initiative, à côté du poids public.

A l'O. de la place, l'av. Philippe-de-Girard conduit à l'hôpital, ancien hospice Saint-Castor (ou de la Charité) dont la **chapelle,** une assez jolie construction classique dont les dispositions rappellent celle de Versailles, conserve un tableau de *Daret,* d'Aix.
A l'E. de la place, la rue du Docteur-Gros mène à la place Gabriel-Péri où la sous-préfecture, l'hôtel de ville et le tribunal occupent l'ancien palais épiscopal élevé au XVIIIe s.

L'**église Sainte-Anne,** cathédrale jusqu'à la Révolution, est un intéressant édifice, en grande partie roman, où se retrouvent inscrites dans la pierre les grandes étapes de l'histoire religieuse de la cité.

Établie semble-t-il à cet endroit même dès l'époque mérovingienne, la cathédrale, alors sous le vocable de Notre-Dame et Saint-Castor, fut reconstruite une première fois dans la 2e moitié du XIe s. par l'évêque Alphant. A nouveau reconstruit un siècle plus tard, l'édifice, qui ne comprenait alors que l'actuelle nef centrale, le croisillon S., son abside et le croisillon N. (refait depuis), fut augmenté, au début du XIIIe s., du bas-côté méridional. Le XIVe s. ajouta le bas-côté N. et refit le bras N. du transept; les XVIe, XVIIe et XVIIIe s. ajoutèrent les chapelles latérales et un nouveau chœur, tandis que la nef était rehaussée (1706).
L'église doit son nom actuel à une tradition légendaire suivant laquelle elle conserverait les reliques de sainte Anne : celles-ci auraient été rapportées de Palestine par un pèlerin provençal et confiées par lui à Auspice, premier évêque d'Apt (IIIe s.), qui les aurait cachées pour les faire échapper aux profanations. En 776, lors d'un séjour de Charlemagne, le jour de Pâques, un jeune baron sourd et muet aurait découvert la cachette en même temps qu'il aurait été miraculeusement guéri. En fait, si le culte de la sainte est bien l'un des plus anciens qui lui soit rendu dans l'Occident chrétien, rien pour l'instant ne l'atteste avant le XIIe s. et il ne devint réellement populaire qu'à partir de la fin du XIVe s.

Un portail, ouvert dans le mur S. lors de la construction de la **tour de l'Horloge** (1569), donne accès au bas-côté S., couvert d'une voûte en plein cintre sur doubleaux et simplement orné d'une frise sculptée d'inspiration antique.
La **nef centrale** était à l'origine éclairée par des fenêtres (murées au XVIIIe s.) encore visibles de l'extérieur. La **croisée du transept** est couverte d'une **coupole** sur trompes portée, comme à la cathédrale d'Avignon ou à la vieille Major de Marseille, par de grands arcs en encorbellement; les arcades latérales sont coupées par un balcon avec ferronnerie du XVIIIe s. : celui de g. porte l'orgue qui masque le croisillon N. En haut de la nef, au-dessus de l'arcade de la croisée, le mur est orné d'une gloire en bois

doré encadrant un tableau de l'Ascension. Au bas de la nef, tableau de *Mignard*, la Sainte Famille et la famille de saint Jean-Baptiste.

Bas-côté g. — La **chapelle Sainte-Anne**, au droit de la première travée, a été construite au milieu du XVIIe s. (sur les dessins de *La Valfenière?*) pour abriter les reliques; la visite d'Anne d'Autriche, en 1660, lui vaut d'être auj. connue sous le nom de « chapelle royale »; grand reliquaire de sainte Anne.

A côté de la chapelle, une porte mène au **trésor** qui possède quelques très belles pièces : le **« voile de sainte Anne »**, grande pièce de tissu de lin ornée de bandes de médaillons, très beau travail fait à Damiette (Égypte) en 1096 et sans doute rapporté à l'issue de la 1re Croisade; **châsse** dite **de sainte Anne,** en émail de Limoges, XIIe s.; autre châsse en émail de Limoges, XIIIe s.; livre d'heures de sainte Delphine de Sabran, orné de miniatures, XIVe s.; deux **coffrets de mariage** florentins, fin XIVe s. ou début XVe s.; vase en verre émaillé et deux buires en verre de Venise, XVe s.; petit **coffret en ivoire** (travail arabe, XIIIe s.?); deux vases en argent repoussé, XVIIIe s.; chasubles des XVIIe et XVIIIe s.; deux chapes du XVIIIe s.; voiles de calices donnés par Anne d'Autriche, XVIIe s.; une très curieuse serrure en forme de tête humaine (XIVe s.).

La **2e chapelle,** abrite un ***sarcophage paléo-chrétien** en marbre, de la fin du IVe s., sur lequel sont représentés le Christ, saint Sixte et saint Hippolyte et, sur les côtés, les Évangélistes; au-dessus, ***primitif** du XVe s. représentant, sur fond d'or, saint Jean-Baptiste revêtu du manteau de l'ordre de Saint-Jean de Jérusalem.

Sous la dernière arcade, ***Annonciation**, toile de l'école italienne du XVIe s.; meuble de sacristie avec portes peintes du XVIIe s.

Chœur. — Stalle épiscopale en bois sculpté de 1710; ***vitrail** (restauré) du XIVe s. représentant sainte Anne, la Vierge et l'Enfant, entourés du pape Urbain V, de saint Elzéar de Sabran, de l'évêque d'Apt Raymond Bot et deux membres de sa famille; tableaux de Delpech.

Dans l'**absidiole** S., ***autel roman** en marbre blanc de la fin du XIIe s.

Cryptes. — La **crypte supérieure**, construite en même temps que l'église du XIIe s., comprend une courte nef de deux travées aux voûtes d'arêtes portées par quatre piliers et une absidiole voûtée en cul-de-four et ouvrant, par des baies, sur un déambulatoire annulaire; **l'ensemble est remarquablement appareillé** et devait servir à l'exposition de reliques devant lesquelles défilaient les pèlerins. L'**autel,** pré-roman, est posé sur un cippe gallo-romain dédié par la colonie romaine d'Apt au flamine Camilius; dans les niches du déambulatoire, six petits sarcophages de la fin du XIIIe s. ayant servi d'ossuaire.

La **crypte inférieure**, accessible par un étroit couloir dont le plafond est fait de **dalles carolingiennes**, ornées d'entrelacs, remployées, n'est qu'un petit caveau voûté en plein cintre remontant sans doute à l'époque mérovingienne; dans le couloir, une niche fermée par une grille en fer du Moyen Age passe pour être celle où auraient été cachées les reliques de sainte Anne.

■ Le **musée** (plan B 1) occupe un bel hôtel particulier du XVIIIe s. (Conservateur, *M. André Dumoulin*).

Visite : t.l.j. sauf lundi, de 9 h à 12 h et de 14 h à 18 h en juillet-août; le vendredi après-midi seulement le reste de l'année.

Hall d'entrée. — Inscriptions religieuses gallo-romaines.
Salles de préhistoire (à dr.) : **1re salle.** — Racloirs, pointes de flèches et autres éclats de silex et d'os provenant d'habitats paléolithiques (certains plus précisément de la période moustérienne) de la région.

2e salle. — Époque néolithique : armes et outils de silex, haches en pierre polie, tessons de terre cuite.
3e salle (à g. du hall). — Protohistoire, âges du bronze et du fer : armes et outils; terres cuites : urnes, jarres et vases divers provenant des fouilles de l'oppidum de Pérréal.
4e salle. — Sculpture antique; éléments décoratifs (chapiteaux, morceaux de frises) provenant d'édifices romains de *Colonia Apta Julia*.

1er **étage**

Palier. — Éléments de mosaïques romaines.
Salle 1. — Céramique gallo-romaine; à noter un très beau ***vase en terre sigillée** de la Graufesenque (célèbre atelier languedocien de la 2e moitié du Ier s.). Verrerie gallo-romaine. Bronzes romains dont une poêle à frire à queue repliable et une bouilloire.
Salle 2 (à g.). — Fouilles de l'**oppidum du Chastellard-de-Lardiers**, près de Banon (Alpes de Haute-Provence; V. it. 13 B, km 40) : outils et objets divers en fer, lampes, monnaies, fibules, aiguilles, broches, anneaux en bronze. Le Chastellard dut être un lieu de culte (divinité indéterminée) très important, ce qui explique l'énorme quantité de lampes à huile votives que l'on y a trouvé; les anneaux de bronze et les petites plaques percées sont très probablement, eux aussi, des objets votifs.
Salle 3 (à dr. de la salle 1). — **Mobilier funéraire** trouvé dans une nécropole d'*Apta Julia* : urnes cinéraires, la plupart en verre, lacrymatoires, cistes, amphores, balsamaires, etc.
Salle 4 : époque paléochrétienne, Moyen Age. — Sarcophage en plomb du IVe s. Collection de ***statuettes** qui ornaient le tombeau de saint Elzéar de Sabran à l'église des Cordeliers (XIVe s.) : ce ne sont ici que les moulages des œuvres originales qui se trouvent, à l'exception de deux conservées au trésor de la cathédrale, dispersées au Louvre et dans divers musées.

2e **étage**

Salle 1 (à g.) : Art religieux. — Riche **collection d'ex-voto** provenant de la cathédrale (XVIIe, XVIIIe et XIXe s.). Commode provençale d'époque Louis XV.
Les **autres salles** sont consacrées à la **faïence,** dont Apt fut, à partir du XVIIIe s., un important centre de production; le décor jaspé en est très caractéristique.
Une salle est consacrée au maître-céramiste aptésien *Joseph Bernard* († 1973) et couvre l'éventail de ses productions : faïences jaspées imitant celles du XVIIIe s., grands plats et vases à décor géométrique d'inspiration marocaine, vases, coupes et assiettes au décor flammé, etc.
Une autre salle regroupe, présentés dans leur mobilier d'origine, les ***pots de pharmacie de l'ancien hôpital d'Apt,** constitués pour partie de faïences de Moustiers (XVIIe et XVIIIe s.) et pour partie de faïences d'Allemagne-en-Provence (fin du XVIIIe s.).
La dernière salle est consacrée à *Léon Sagy* (1863-1939), autre grand céramiste aptésien.

La **porte de Saignon** (XVIIIe s.; plan C 2) limite à l'E. la ville ancienne. De la place Saint-Pierre voisine, les pont des Cordeliers et l'avenue de la Garde, à g., permettent de monter — en passant à côté de la **chapelle Notre-Dame de la Garde,** élevée en 1721 comme ex-voto de la cessation de la peste — vers le stade municipal près duquel s'élève la **chapelle Saint-Michel,** joli petit édifice roman de la fin du XIIe s. De là, le GR 9 offre aux randonneurs de gagner Villars et Saint-Saturnin d'Apt (2 h 30 env.) en suivant la crête de la colline des Puits.

Outre une ancienne tour des remparts (plan B 2), dite **tour de l'Hôpital**, vous pourrez voir encore la **chapelle Sainte-Catherine** (rue Scudéry, s'adr. au S.I. pour visiter), du XVIIe s., qui abrite sept grands tableaux de la vie de saint Augustin et un retable encadrant un grand tableau du Mariage mystique de sainte Catherine (par *G. Garcin*, élève de P. Mignard, 1677).

8 C - Environs d'Apt

1 — Ocres et fossiles (13 km N.-O.). — Quittez Apt par la route d'Avignon et, à 2,5 km du centre, prenez à dr. la D 101.
4 km : prenez à dr.
5 km : **Gargas**, village constitué de plusieurs hameaux épars (1 065 hab. au total) au pied de collines saignées çà et là par de vieilles carrières d'ocre. Amateurs de fossiles, vous en trouverez également à proximité un très riche gisement (huîtres et bélemnites) qui a valu à un sous-étage de l'infra-crétacé (ère secondaire) de porter le nom de *gargasien*.
Au N. s'élève la **colline de Perréal** (474 m), site de l'oppidum pré-romain des *Vulgientes* (V. histoire d'Apt), autre haut-lieu de la géologie et de la paléontologie : on y trouve des cristaux lenticulaires de gypse; dans les couches de lignite autrefois exploitées furent découverts plusieurs squelettes fossilisés de paléothérium.
Prenez à g. vers Roussillon. — **6 km** : la route coupe la D 101 et rejoint, 2 km plus loin, la D 4 que vous suivrez à g. — **9 km** : Prenez à dr. la D 199 qui passe au pied de plusieurs carrières d'ocre.

13 km : ***Roussillon**, un bourg plein d'attrait de 1 097 hab., bâti dans un ***site** extraordinaire, environné de carrières et de falaises d'ocres dont les couleurs, du rouge le plus sombre à l'or éclatant, se retrouvent dans le crépi des maisons.
Passant sous la tour du beffroi, vous monterez à la **plate-forme du Rocher** qui domine le vieux village et où s'élève l'église (plusieurs statues anciennes en bois doré). A côté, **point de vue du Castrum** (table d'orientation), avec un large panorama du Ventoux au Luberon. — A l'O. du parking de la poste, un autre point de vue commande l'ensemble du **Val des Fées**, encadré de falaises rouges, tandis qu'à l'E. un chemin permet d'aller voir, à 2 mn à pied, les falaises érodées dites **Chaussée des Géants**.
Roussillon fut choisi, en 1950, par le sociologue américain *Laurence Wylie* comme terrain de l'étude qu'il désirait mener sur un village français. Parues aux États-Unis en 1953 sous le titre « *Village in the Vaucluse* » et traduites peu après, ses observations, sans complaisance, ne soulevèrent guère l'enthousiasme des observés. Malgré leur sévérité, elles demeurent cependant pleines d'enseignements et constituent une bonne introduction à la vie quotidienne d'une commune rurale française.

De Roussillon, vous pourriez regagner Apt en faisant un beau circuit par Joucas (it. 7 D, km 5,5), Lioux et Saint-Saturnin d'Apt (it. 7 E, aux km 16 et 9) : 42 km env. au total d'Apt à Apt.

2 — Le plateau des Claparèdes (au S.). — Quittez Apt à l'E. par l'av. de Saignon (D 48).
4 km : ***Saignon** (686 hab.), joli village groupé, à 500 m d'alt., à côté d'un gros rocher escarpé et commandant une belle vue sur Apt et la vallée du Calavon.
L'**église** est romane (fin du XIIe s.) avec une façade en partie refaite; son **abside**, dont l'entrée est flanquée de deux colonnes antiques, est ornée d'une belle colonnade arcaturée dont les chapiteaux ont des crochets naissants. La voûte en berceau brisé de la nef a été remplacée au XVIIe s.

par des voûtes d'arêtes afin de permettre l'ouverture de fenêtres; les chapelles latérales, couvertes de berceaux transversaux, ont été modifiées à l'époque classique. Inscription gallo-grecque à l'intérieur, à dr. du portail.

Le village conserve quelques vestiges de son ancien château-fort et, au long de ruelles ou placettes agrémentées de fontaines, quelques maisons pleines de charme.

Saignon est aussi et surtout un des haut-lieux du tourisme pédestre : c'est ici que vivent *Claude* et *François Morenas,* apôtres d'une découverte vraie de la nature, infatigables baliseurs de sentiers, hôtes, guides et amis de tous les randonneurs en l'auberge de jeunesse, **« Regain »,** qu'ils ont fondée et tiennent pour eux. « Je veux marcher souplement et sans bruit, et que mon pied épouse la terre, et la connaisse autrement qu'avec des regards » (Cl. Morenas).

➡ A 1 km E. de Saignon, l'**abbaye Saint-Eusèbe,** transformée en ferme, semble avoir été fondée dans les premières années du XIe s.; l'église (2e moitié du XIIe s.), bien conservée sur le plan architectural, est couverte, à la croisée du transept, d'une très curieuse coupole.

En continuant à suivre la D 48, on atteindrait (9 km d'Apt) **Auribeau** (30 hab.). 500 m avant le village, une route empierrée monte à dr. vers la **crête du Luberon** (*panorama) en passant près des ruines d'une chapelle romane et, un peu plus haut, d'une tour carrée médiévale. Du col (5 km de la bifurcation), on peut redescendre sur Cucuron (à 10 km, V. it. 9 D, km 7) ou suivre vers l'E. la crête du Grand-Luberon (16 km) avant de redescendre sur Céreste (V. it. 13 A, km 18,5) ou sur Vitrolles (V. it. 9 E au km 16,5).

D'Auribeau, vous pourriez aussi gagner (**2,5** km) **Castellet** (53 hab. ; une belle maison romane du XIIIe s.) puis, de là, descendre vers la route (5,5 km) Apt-Forcalquier et remonter à (10,5 km) Saint-Martin-du-Castillon (ci-après, 3).

➡ De Saignon, la D 232 puis la D 114, à g. traversent le **plateau des Claparèdes** peuplé de bories (V. it. 7 B) et autres constructions similaires, — ces **« clapiers »** qui lui ont donné son nom — pour atteindre (13 km d'Apt) **Sivergues** (38 hab.) : promenades à pied vers la crête du Luberon ou la vallée de l'Aiguebrun et le fort de Buoux (V. it. 9 A, au km 7,5).

☞ **3 — Canyon d'Oppedette et Simiane-la-Rotonde** (circuit de 61 km au N.-E.). — Quittez Apt par la route de Forcalquier.
Entre Apt et (12 km) La Bégude, vous pouvez faire un agréable détour (4,5 km de plus) par **Caseneuve** (bifurquez à g. puis à dr. à 4 km d'Apt), village de 206 hab. où l'ancien château de la famille d'Agoult garde une belle façade romane; vous regagnerez ensuite la route normale par **Saint-Martin-de-Castillon** (449 hab.).
12 km : **La Bégude,** d'où monte à dr. une route vers Castellet (ci-dessus, 2).
15,5 km : prenez à g. la D. 33 qui continue à remonter le Calavon au bord duquel quelque vieux moulin inspira *René Char* : « Le vieux réfractaire faiblit au milieu de ses pierres, la plupart mortes de gel, de solitude et de chaleur... ».
18,5 km : laissez à g. la route de (3,5 km) **Viens** (304 hab.; importants restes d'enceinte; église en partie romane, notamment le clocher; maisons romanes; château conservant des éléments romans et gothiques).
Plus loin, après être passée près des ruines encore belles de la **chapelle Saint-Ferréol,** la route vient dominer le ***canyon d'Oppedette,** étroite clue rocheuse, longue de 2,5 km, dont les parois, parfois très rappro-

SIMIANE-LA-ROTONDE

chées, atteignent un moment 120 m de hauteur; le torrent est souvent à sec mais son lit est creusé de grandes marmites, ou *tines*, remplies d'eau.
25,5 km : **Oppedette** (52 hab.).
31,2 km : route à dr. pour (1 km) l'ancienne **abbaye cistercienne de Valsaintes,** fondée à la fin du XIIe s. et abandonnée au XVIIe s., auj. occupée par une ferme.
31,5 km : laissez à dr. la route de Carniol et Banon pour prendre à g.
31,8 km : un chemin à g. conduit (700 m) à la **ferme de Boulinette,** installée dans les bâtiments d'une grande et belle demeure du XVIIe s. construite par les moines de Valsaintes au cœur du domaine où ils s'étaient transportés après l'abandon de l'abbaye primitive, alors trop insalubre.
La route débouche bientôt dans une large cuvette dominée, en face, par le rebord du plateau de Saint-Christol, où s'accroche Simiane.
36 km : **Simiane-la-Rotonde** (630 m; 369 hab.), village perché, connu pour sa **« rotonde »,** ancien donjon d'un château-fort élevé aux XIIe-XIIIe s. dont restent quelques éléments importants du logis seigneurial. Cet édifice inhabituel (clé à l'épicerie) présente intérieurement un plan en dodécagone irrégulier; il comprend un rez-de-chaussée nu et un étage (le plancher qui les séparait a disparu) jadis directement accessible de l'extérieur par un portail orné de colonnettes, de bâtons brisés et d'un faux-tympan; douze niches profondes s'ouvrent entre les colonnes qui supportent les nervures — lesquelles se rejoignent autour d'un oculus en esquissant un mouvement hélicoïdal — d'une coupole ovoïde.
A 10 km N.-E. de Simiane, **Banon** (V. it. 13 B, au km 29).

Au pied de Simiane, la D 51 ramène vers Apt.
43 km : laissez à g. une route pour (5 km) **Viens** (ci-dessus au km 18,5).
46 km : à g., **Gignac** (21 hab.), dominé par son vieux château et à proximité de carrières et de falaises d'ocre où passe le sentier GR 6, suivant un parcours connu des promeneurs sous le nom de **« Colorado provençal » :** l'endroit vaut bien que vous abandonniez votre voiture pour une heure ou deux...
52 km : **Rustrel** (393 hab.), dont la mairie occupe un ancien château du XVIIe s. Carrières d'ocre.
55 km : on rejoint la route de Sault (V. it. 7 F) : prenez à g.
La route court au pied de la **colline des Tapets,** sous laquelle dorment d'épaisses réserves de soufre, encore exploitées au début du siècle.
61 km : **Apt.**

9 - Luberon et pays d'Aigues

Une lourde masse vert sombre, à la fois couchée de tout son long entre Durance et Calavon et repliée sur elle-même, semblant vouloir barrer la route à quelque intrus, comme si la Provence, en cet endroit, faisait le gros dos. Luberon des sortilèges dont Henri Bosco chanta la puissance : « mère de rêverie, qui, de loin, magnétise le corps et l'âme »; montagne secrète au pied de laquelle Camus a choisi de dormir pour le reste des siècles. Secrète mais non farouche pour qui sait l'approcher. Comme une brèche dans un rempart, la combe de Lourmarin semble nous inviter à entrer; l'eau y cascade de rochers blancs en cuvettes fleuries, s'élance, s'apaise en un remous, rebondit soudainement, jaillit puis se calme à nouveau pour musarder sur un lit de cailloux. Mille autres sentiers attirent aussi, sinuant dans la garrigue, contournant bouquets de buis ou d'aubépine, d'hysope, de romarin ou de laurier-rose. Ici, grottes et abris accueillirent nos ancêtres de la préhistoire, villages et hameaux perchés furent un temps — avant qu'un fou sanguinaire détruise tout — le refuge de ces chrétiens marginaux qu'étaient les Vaudois. D'escarpements de roches pelées en combes sauvages, on chemine alors dans la chaleur immobile d'une lumière grecque, découvrant des cuvettes cachées où l'on se prend à rêver de se faire un nid : le Luberon, moins encore que tout autre, ne se laisse conquérir; c'est lui qui vous conquiert.

Le drame Vaudois

Les « pauvres de Lyon ». — *C'est à la fin du XIIe s. qu'à l'initiative d'un marchand lyonnais, Pierre de Vaux (qui avait pris le nom latin de Valdo), naît une nouvelle secte chrétienne, groupant des gens généralement humbles, prêchant la pauvreté et le retour à la pureté évangélique des premiers temps du christianisme. Rompant rapidement avec l'Église officielle, le mouvement vaudois se développe peu à peu, faisant surtout des adeptes dans le Dauphiné et le Midi de la France, mais aussi dans les Flandres, le Sud de l'Allemagne, le Nord de l'Italie. Plus ou moins tolérés, les Vaudois se regroupent en communautés villageoises et, malgré quelques persécutions, vivent dans une paix relative jusqu'à l'avènement de la Réforme.*

Vers la répression. — *Au XVIe s., le gouvernement autoritaire des vice-légats exaspère de plus en plus les populations du Haut-Comtat, faisant par réaction gagner du terrain à l'hérésie. Le pouvoir pontifical et le pouvoir royal — les villages vaudois parsèment la limite du Comtat Venaissin et du Comté de Provence —, pour une fois d'accord, accentuent la répression et, en 1540, le Parlement d'Aix rend le fameux « Arrêt de Mérindol » prescrivant la destruction totale des villages vaudois et l'extermination, par le bûcher, des chefs de famille. François 1er, cependant, suspendra l'exécution de l'arrêt, demandant aux Vaudois d'abjurer leur hérésie.*

Sporadiquement pourchassés, arrêtés, exécutés, les Vaudois parfois se vengent (sac de l'abbaye de Sénanque en 1544), mais le « péril » qu'ils représentent est savamment exagéré par Jean Meynier, baron d'Oppède, président du Parlement de Provence, qui voit là une belle occasion d'arrondir le territoire de sa baronnerie, trop exigu à son gré.

L'extermination. — *La répression commence le 18 avril 1545 : Cabriérettes (le village n'existe plus depuis cette date), Cabrières-d'Aigues, Peypin-d'Aigues, La Motte-d'Aigues, Saint-Martin de la Brasque sont incendiés ; hommes, femmes, enfants, vieillards exterminés. Un déluge de violence et de folle sauvagerie s'abat sur le Luberon dont les villages sont, avec quatre siècles d'avance, de véritables Oradour. Mérindol, Cabrières d'Avignon, Villelaure, La Roque d'Anthéron, Lourmarin, Lacoste, La Tour d'Aigues, Très-Emines (autre village disparu), Murs et bien d'autres encore ajoutent en quelques jours leurs noms à la sinistre liste, tandis que les rares habitants ayant échappé à la tuerie iront mourir aux galères.*

Cinq mois plus tard, alors que tout est fini depuis longtemps, le roi accorde sa grâce aux « hérétiques ». L'opinion publique commence à s'émouvoir et, en 1551, le Parlement de Paris est saisi. Instruisant l'affaire au nom du roi Henri II, le magistrat Jacques Aubery du Maurier dresse un impitoyable acte d'accusation contre le baron d'Oppède et ses lieutenants : tout le monde, pourtant, s'en tirera à bon compte et seul un « sous-fifre », l'avocat général Guérin, d'Aix, par ailleurs coupable de vols, détournements et prévarications, sera condamné à mort.

Ce qu'il faut savoir

La montagne du Luberon, vaste anticlinal crétacé, s'allonge en un chaînon bien caractérisé sur une longueur d'environ 65 km, de Cavaillon, à l'O., jusqu'à Volx, à l'E., entre les vallées du Coulon, au N., et de la Durance, au S. Elle est nettement séparée en deux parties par la combe de Lourmarin, par où passe la route d'Apt à Cadenet : la partie orientale, appelée **Grand-Luberon,** longue de 42 km, culmine à 1 125 m ; la partie occidentale, longue de 23 km et dite **Petit-Luberon,** ne dépasse guère 700 m, mais présente une ligne de crête plus continue et presque rectiligne. Le versant N. du Luberon, assez aride, offre une pente rapide, tandis que le versant S. s'abaisse vers la Durance en un étagement de coteaux et de plateaux fertiles.

Accrochés au **flanc N. de la montagne,** les vieux villages perchés, longtemps à l'abandon, se sont peu à peu débarrassés des ronces et clématites qui les étouffaient, des figuiers qui poussaient dans les murs, achevant d'en desceller les pierres ; nettoyées, grattées, retapées, les vieilles maisons reprennent vie, surtout durant l'été, grâce à la venue d'artistes, d'artisans et de tous les « néo-luberonais ».

Les bourgs du **versant méridional**, bâtis au milieu de riches terroirs, n'avaient pas connu la même désaffection; si intense qu'y soit le mouvement touristique, ils ont, dans l'ensemble, conservé une apparence et une activité plus authentiques.

Le Luberon est un des lieux de Provence où faune et flore trouvent le mieux leur équilibre naturel; c'est pour la conservation de cet équilibre qu'est actuellement à l'étude la constitution d'un **Parc naturel régional du Luberon** qui, sur 100 000 ha, doit englober 52 communes de Vaucluse et des Alpes de Haute-Provence : Grand et Petit Luberon, et tout le pays d'Aigues.

Quand on a dépassé la combe de Lourmarin, s'ouvre, entre le Luberon, au nord et le Val Durancien, au sud, le **plateau du pays d'Aigues**. Cette région doit sa prospérité à plusieurs facteurs : les uns géographiques, des sols argilo-calcaires, dans l'ensemble, fertiles; les autres historiques ou socio-économiques.

Tôt, dès le XVIe s., la bourgeoisie aixoise a investi des capitaux pour la mise en valeur (à son profit) de ces terres; plus tard, au XIXe s., les agriculteurs du pays d'Aigues, stimulés par l'exemple de leurs voisins comtadins, ont orienté une partie de leur production vers les fruits et légumes — dont l'écoulement est assuré par les marchés de la basse-vallée de la Durance (Cavaillon n'est guère éloignée). Le **raisin de table**, les **cerises** du pays d'Aigues sont réputés; quant à la **vigne**, sa qualité a été sensiblement améliorée; le vin local, naguère de « consommation courante », y a gagné ses lettres de noblesse : « *côtes-du-luberon* ».

A la découverte du Luberon

Nous vous proposons ci-dessous **cinq itinéraires**, *aisément combinables en divers circuits avec ceux des chapitres précédents.* **Les trois premiers,** *en particulier, peuvent, dans l'ordre, constituer, si vous ne disposez que d'un temps limité,* **une belle excursion de la journée** *dans le Petit-Luberon : d'Apt, vous vous dirigerez d'abord vers Cavaillon par la route de crête du Luberon, puis vous reviendrez vers Bonnieux en flânant dans les villages perchés du versant N. avant de redescendre vers Lourmarin et son château. La visite du Grand-Luberon et du pays d'Aigues (it. 9 D et 9 E) pourrait de la même manière être groupée en un circuit de la journée avec celle du plateau des Claparèdes (V. env. d'Apt, chap. 8 C).*

9 A - La route de crête du Petit-Luberon

Route : 46 km d'Apt à Cavaillon; route par moments très étroite, mais goudronnée.

Quittez Apt par la rue des Bories (plan A 2; route D 113). La route s'élève sur le plateau des Claparèdes puis redescend dans le ravin de la Loube.

7,5 km : Buoux (72 hab.), dont la petite église renferme un autel du XIIe s.; chapelle du début du XIIIe s. dans le cimetière.

A 500 m N., l'ancien **château**, des XVIe s. et XVIIIe s. (décoration de gypseries; grand parc agrémenté de terrasses et pièces d'eau), de la

FORT DE BUOUX

famille de Pontévès, marquis de Buoux, abrite aujourd'hui une colonie de vacances.

La route descend dans le vallon de l'Aiguebrun, face à la falaise qui porte les ruines du ***fort de Buoux.**
9 km : prenez à g. et remontez la combe de l'Aiguebrun jusqu'à un groupe de maisons, le **Moulin-Clos**, où se détache, à dr., le chemin du fort, carrossable sur 100 m jusqu'à un petit parking.

Le sentier du fort (comptez 1 h 15 à 1 h 30 env., temps de visite compris) passe plus loin sous un énorme rocher en surplomb (abri préhistorique, tombes creusées dans le roc) puis grimpe vers les ruines qui couronnent un promontoire escarpé, de 500 m de long sur 50 à 100 m de large, entouré de grands à-pics.

Occupant une remarquable position stratégique au-dessus de la seule traversée facile du Luberon, le site fut fortifié à partir du XIIIe s. et englobait alors un village et le fort proprement dit. Réparée au XVIe s., la position servit de place d'armes aux protestants et fut démembrée sous Louis XIV.

Passant au pied d'un premier bastion, le sentier atteint d'abord le **rempart occidental** du plateau, construit au XVIe s. En arrière s'étend la place-forte, étendue chaotique semée de ruines plus ou moins identifiables, envahies par une végétation broussailleuse dont s'efforcent peu à peu de les dégager les habitants de la commune. Laissant de part et d'autre divers éléments défensifs, bastions ou corps de garde, le sentier atteint les **restes d'une chapelle** romane (XIIIe s.) : les arcs latéraux qui en subsistent attestent la qualité de sa construction ; tout autour, vestiges de l'ancien village.

Un peu plus loin, vous arriverez devant un ensemble de **silos**, grosses cavités sphériques creusées dans le sol les unes à côté des autres et où la population devait emmagasiner ses réserves (huiles, vin, grain, etc.). A proximité, un **escalier secret**, jadis caché de l'extérieur, devait permettre aux assiégés de descendre dans le vallon S. pour des coups de main contre les assiégeants.

La **partie haute du plateau** est ensuite protégée par une **première muraille**, précédée d'un fossé et percée de très nombreuses et hautes archères ; un second fossé, doublé d'un **mur muni d'une tour** rectangulaire à porte latérale en chicane et à archères dans les angles (dispositif assez rare), puis un troisième fossé et un **nouveau rempart** dont la porte n'était accessible que par un pont-levis, constituaient les impressionnantes défenses de cette forteresse où subsistent çà et là les pans de murs, très soigneusement appareillés, de bâtiments de diverses destinations.

Au point le plus étroit du promontoire (une vingtaine de mètres de large) une dernière ligne de défense protégeait une sorte de réduit où, à 80 m au-dessus du précipice (***vue**, du Ventoux à la montagne de Lure et au Luberon), s'élevait le **donjon** du XIIIe s. (il n'en reste que les basses assises) entouré d'un large fossé.

Face au rocher portant le fort, de l'autre côté de l'Aiguebrun, la **falaise du Moulin-clos** est percée de quantité de **grottes** où subsistent des murets, des rigoles pour recueillir l'eau de pluie, des trous visiblement destinés à permettre l'encastrement de poutres et divers autres témoignages d'occupation humaine : il n'est pas invraisemblable de penser que, comme en Orient, des ermites vécurent là aux premiers temps du christianisme.

Diverses cavités avaient déjà servi d'habitat aux époques les plus reculées de l'humanité : c'est le cas de la **baume des Peyrards** (non loin de l'Auberge des Seguins), où ont été trouvés des vestiges de l'époque moustérienne. A proximité, les spéléologues connaissent bien la **grotte des Pigeons** (30 m de profondeur ; 3 salles à stalactites) et la **baume de l'Eau** (15 m de profondeur).

11 km : retour au carrefour de la route de Buoux (km 9 ci-dessus) : prenez à g.
12,5 km : à g., émergeant d'un bouquet de chênes-verts, s'élève un svelte clocher roman, seul reste notable du ***prieuré de Saint-Symphorien,** ancienne dépendance de l'abbaye de Saint-Victor de Marseille.

Il ne subsiste que peu de chose de l'église elle-même, construite au XIe s. et en grande partie écroulée ; un chaos de pierres bien taillées — la voûte effondrée — encombre le sol d'une petite construction du XIIe s., aux murs bien conservés, qui constitue, au S., une sorte de transept.
Mais c'est le **clocher** carré du XIIe s. qui retiendra le plus votre attention par son élégance et la fraîche simplicité de ses lignes, avec ses baies en plein cintre, précédées au 3e étage par des colonnettes portant de faux-tympans, géminées au 4e étage.

13 km : on rejoint la grand'route (D 943) d'Apt à Lourmarin : prenez à g.
15 km : prenez à dr. la D 36 vers Bonnieux. Montée sinueuse dans un beau défilé rocheux, peuplé de chênes-verts et de châtaigniers, puis la route atteint le dessus du plateau.
18 km : prenez à g. la route forestière, qui s'élève peu à peu, ménageant de larges vues jusqu'aux Ventoux et à la montagne de Lure.
Laissant à g. le domaine de la Chambarelle, puis une haute tour construite au siècle dernier par un amoureux du Moyen Age, la route atteint la **crête du Petit-Luberon** qu'elle suit presque en palier à env. 700 m d'alt. On traverse ainsi le **pré de Roustan,** encadré de bois, puis le **massif de Cèdres** qui, en dépit des incendies, couvre encore la crête sur 3 à 4 km. Des **Hautes-Plaines,** où la route culmine à 719 m, la *vue est immense sur la plaine de Cavaillon, le Ventoux et, vers l'O. et le S., la vallée du Rhône, la Durance et jusqu'à l'étang de Berre.

Une descente sinueuse et parfois très sévère au-dessus de la combe de Vidauque ramène au niveau de la plaine où l'on croise (42 km) la D 31 et le canal de Carpentras.
44 km : on rejoint la D 973.
46 km : **Cavaillon,** V. chap. 10.

9 B - Villages perchés du Petit-Luberon

Route : 42,5 km de Cavaillon à Apt.

Quittez Cavaillon par la route directe d'Apt (plan C 2 ; route D 2), qui laisse sur la dr. le village de **Taillades** dont le nom vient de ses anciennes carrières.
5,5 km : **Robion** (2 431 hab.), bourg industriel (fours à chaux,

engrais, meubles) et agricole, conserve quelques restes de fortifications. Au pied des premières pentes du Luberon, plusieurs grottes y ont servi d'habitat à l'époque préhistorique.

7 km : prenez à dr. la D 29. — **8** km : **Maubec** (697 hab.), un de ces villages descendus dans la plaine au XVIII° s.

11 km : *__Oppède-le-Vieux,__ village abandonné au début du siècle au profit du hameau des Poulivets situé dans la plaine (907 hab. pour l'ensemble de la commune) et dont les ruines mélancoliques reprennent vie grâce à une véritable colonisation par les artistes et les écrivains. Murs médiévaux, maisons des XV° ou XVI° s. perdent peu à peu ce caractère fantomatique et le silence hautain et enveloppé d'ombres qui faisait dire à *Maurice Pezet* : « C'est là que l'on sent jusqu'aux os l'atmosphère inquiétante de l'insolite. Sentiment indéfinissable, sorte d'envoûtement par la matière dont la trame de chaleurs révolues anime les ombres d'aujourd'hui. En ces endroits, on ne sait si la rencontre d'un homme vous délivre ou vous achève ».

Dominant l'église, refaite au XVI° s., les ruines du **château** couronnent un ensemble de rochers escarpés. A part quelques murs d'origine romane, ses restes — notamment une belle tour carrée bien conservée — datent des XV° et XVI° s.

Construit par Raymond VI de Toulouse qui le céda en 1209 au pape, le château sera confié par la suite aux seigneurs des Baux puis à la famille de Meynier dont les papes feront des barons. Après la mort du tristement célèbre Jean Meynier d'Oppède (V. ci-dessus, le drame vaudois), il deviendra la propriété des marquis de Forbin.

16 km : *__Ménerbes__ (244 m; 899 hab.), « allongée sur un socle doré, étrave de navire surgissant de la nuit des temps », vieille place forte investie, grâce à une ruse, par les Calvinistes qui y résistèrent plus de cinq ans (1573-1579) aux troupes catholiques.

La mairie, surmontée d'un beffroi à **campanile** de fer forgé (XVII° s.), est flanquée d'une voûte qui encadre une superbe échappée vers le N. A l'extrémité du promontoire, l'église du XIV° s. abrite deux primitifs du XV° s. tandis qu'à l'E., le château, refait au XVI° s., est une petite citadelle qui couronne un rocher à pic.

Lieu de rencontre d'artistes et d'écrivains, notamment chez la photographe Dora Maar, *qui fut l'amie de Picasso, Ménerbes fut à partir de 1953 la résidence du peintre* Nicolas de Staël *(† à Antibes en 1955). Un buste rappelle que Ménerbes est aussi la patrie du poète, journaliste et homme politique* Clovis Hugues *(1851-1907).*

En contrebas du village, dolmen de la « Pichouno », un des rares monuments funéraires préhistoriques de ce type en Vaucluse.

Prenez la D 109 vers Lacoste. La route s'élève peu à peu.

20,5 km : on laisse à dr., en contrebas, l'ancienne **abbaye de Saint-Hilaire,** blottie au pied d'une petite falaise; d'abord simple prieuré, dont subsiste une modeste chapelle du XII° s., élevé au rang d'abbaye par saint Louis, elle conserve une église du XIIIe s. et un cloître du XVIIe s. et abrite auj. une ferme.

23 km : **Lacoste** (326 m; 282 hab.), autre village perché dont les carrières fournissent une belle pierre de taille. Quelques restes de remparts, un petit beffroi daté de 1620 et d'une élégante simplicité, et un très beau panorama sur le pays d'Apt.

Le **château** du marquis de Sade, dont les ruines imposantes dominent le village, a été partiellement restauré par un professeur de lycée, enfant du pays, M. Bouër, qui y consacra vacances et jours de congé, ne pouvant rester insensible à la misère de celui que Sade lui-même appelait déjà « mon pauvre château »; l'inventaire dressé lors de l'arrestation du marquis précise qu'il comportait 42 pièces et une chapelle.

Né en 1740, le « divin » marquis doit une partie de son éducation à un oncle abbé chez lequel il fut pensionnaire au château de Saumane (V. it. 7 A). Ayant déjà fait parler de lui et goûté la prison, Sade s'installe à Lacoste en 1771, mais la manière dont il organise ses plaisirs le conduira rapidement à la fuite. Revenu au château en 1774, le futur auteur de Justine y vivra jusqu'en 1778 — non sans quelques démêlés avec des familles des environs et la justice — jusqu'à ce que, arrêté à nouveau, il soit embastillé. Plusieurs fois libéré et réincarcéré, il mourra finalement « chez les fous », à l'asile de Charenton, en 1814.

La route serpente au flanc du Luberon, offrant une belle vue sur Bonnieux qui prend de ce côté un aspect pyramidal, au-dessus des jardins en terrasses.

28,5 km : **Bonnieux** (435 m; 1 360 hab.), « enroulé dans ses remparts, sur une roche où les tourbillons du vent se sont inscrits en cercles. Vision étonnante d'un Mont-Saint-Michel de Provence avec une Vierge veillant sur une église haute, couronnée de cèdres » *(Maurice Pezet).*

L'ancienne **église** paroissiale, en haut du bourg (gardien en saison), a été agrandie au XVe s.; les trois premières travées de la nef sont de style roman; dans l'abside, beau retable en bois doré du XVIe s. représentant la Transfiguration et la Cène; le socle de l'autel est constitué par une table d'autel du XIIe s.
De la terrasse voisine, belle **vue sur le pays d'Apt** et, au premier plan, sur la cascade des toits — celui de la mairie est surmonté d'un joli campanile en ferronnerie (XVIIe s.) — qui dégringolent jusqu'au pied de la pente où la nouvelle (1870) église a pour seul, mais réel, intérêt d'abriter, dans son déambulatoire, quatre **panneaux peints du XVIe s.** représentant des scènes de la Passion.

La route D 36, quittant Bonnieux en direction de Lourmarin (belles vues en arrière sur le village entouré de ses murailles), s'élève rapidement sur le plateau des Claparèdes.

*A **1,5** km du bourg, bifurcation où s'offrent à vous **quatre possibilités** suivant la manière dont vous avez organisé votre visite du Luberon :
— **gagner Apt directement** (12,5 km) par la D 232, à g., qui traverse le plateau et rejoint un peu plus loin la route Apt-Lourmarin (ci-après, 9 C) qu'elle suit en sens inverse;
— **gagner Apt par le prieuré de Saint-Symphorien et Buoux** (si vous*

n'avez pas encore suivi l'it. 9 A ci-dessus) : continuez alors tout droit sur 3,5 km puis prenez à g. pour emprunter, en sens inverse, à partir du km 15, l'it. 9 A décrit plus haut;
— **revenir à Cavaillon par la route de crête du Petit-Luberon** : continuez tout droit sur 500 m et prenez à dr. pour suivre, à partir du km 18, l'it. 9 A;
— **descendre sur Lourmarin** : continuez tout droit sur 3,5 km pour rattraper, au km 12, l'it. 9 C décrit ci-après.

9 C - D'Apt à Lourmarin

Route : 18,5 km par la D 943.

Quittez Apt par la place de la Bouquerie (plan A 2) et l'avenue Philippe-de-Girard.
La route, très sinueuse, s'élève sur les premières pentes du Luberon et atteint son point culminant (8,5 km) au **col du Pointu** (499 m).
10 km : à g. se détache la route de Buoux (V. it. 9 A au km 13) et du prieuré de Saint-Symphorien dont le joli clocher roman émerge, en contrebas, de la végétation.
12 km : route à dr. pour Bonnieux (V. it. 9 A, au km 15, et la fin de l'it. 9 B ci-dessus).
La route s'engage maintenant dans la **combe de Lourmarin,** seul passage traversant le Luberon : beau décor de rochers, de chênes verts et de châtaigniers.

18,5 km : **Lourmarin** (220 m; 685 hab.), au centre d'un petit bassin traversé par l'Aiguebrun, est un village ouvert dont le charme paisible a été chanté par les écrivains et les poètes.

Le **château* est situé sur une petite butte un peu à l'écart. Réchauffées par la belle tonalité de la pierre, le doux ombrage des pins et l'aménité de ses jardins en terrasses, sa rigueur géométrique, sa pureté de lignes et la disposition savamment équilibrée de ses volumes en font une très belle et accueillante demeure Renaissance.

Le château comporte deux parties : le **château vieux,** élevé de 1495 à 1525 par *Foulque d'Agoult,* baron de Sault et de Forcalquier; le **château neuf,** construit à partir de 1540 par *Blanche de Lévis* pour son fils François d'Agoult, page de François Ier. Acquis sous le Consulat par *François de Girard,* père de célèbre inventeur (V. ci-après), puis abandonné au cours du XIXe s., le château devint peu à peu un relais important pour les gitans sur la route de leur pèlerinage des Saintes-Maries. Racheté, restauré, remeublé en 1920 par l'industriel lyonnais *Robert Laurent-Vibert,* il a été légué en 1924 à l'Académie d'Aix avec les rentes nécessaires à son entretien pour devenir une sorte de villa Médicis de Provence, accueillant chaque année des groupes d'artistes, écrivains, savants et chercheurs.

Visite : payante, t.l.j. sauf mercredi, sous la conduite d'un guide, de 9 h à 12 h et de 14 h à 17 h.

Le château vieux, flanqué d'une grosse tour crénelée à bossages et d'une élégante tour d'escalier hexagonale, encadre une **cour intérieure** sur laquelle ouvrent trois étages de **galeries** d'une grâce toute méditerranéenne.

Le château neuf présente encore quelques dispositions défensives, en particulier les fusilières percées dans le parapet en forme d'attique qui masque la toiture; son grand **escalier à vis**, enfermé dans une tour carrée, est un superbe morceau d'architecture savante dont la coupole est soutenue par une svelte colonne.

Les **appartements**, restaurés avec goût, garnis de vieux meubles provençaux et espagnols, sont sobrement décorés de faïences, de gravures anciennes, et de quelques beaux **tableaux de l'école italienne des XVe et XVIe s.**

Dans les deux grandes salles du 1er étage, on verra surtout deux *cheminées** monumentales à deux étages ornés, l'un de colonnes corinthiennes, l'autre de très curieuses cariatides dont le style évoque celui des sculptures inca. La seconde de ces salles renferme les archives notariales de Lourmarin, Lauris, et Cucuron, de 1489 à 1822. A l'étage supérieur se trouvent la salle de musique (instruments d'Afrique et d'Extrême-Orient) et l'atelier de peinture.

Du château, vous reviendrez vers le bourg en longeant la petite **église** des XVe et XVIe s. (fonts baptismaux du XVe s.) puis en passant, à dr., devant une école qui occupe la **maison natale** de *Philippe de Girard* (1775-1845), inventeur de la filature mécanique et d'une machine à vapeur à expansion.

Un petit **musée Philippe-de-Girard** a été installé au 1er étage (portraits de famille, pièces de mécanique, modèles fabriqués par le célèbre ingénieur, etc.); il est actuellement fermé.

Au cimetière de Lourmarin reposent *Raoul Dautry* (1880-1951), réorganisateur des chemins de fer français, ancien ministre, et l'écrivain *Albert Camus* (1913-1960), prix Nobel de littérature.

9 D - De Lourmarin à Pertuis

Route : 19,5 km par la D 56.

De Lourmarin, suivez au N.-E. la D 56 vers Vaugines.

5 km : **Vaugines** (216 hab.), au pied du Luberon; dans un site très agréable au bord d'un ruisseau, l'église romane du XIIIe s. (chapelles latérales modernes) se greffe sur une abside du XIe s. Petit château Renaissance.

7 km : **Cucuron** (375 m; 1 206 hab.), dont *Alphonse Daudet* fit le *Cucugnan* des « Lettres de mon moulin », garde de beaux vestiges de l'enceinte munie de tours rondes dont elle fut entourée au XVIe s. Au milieu du bourg, la **tour de l'Horloge** témoigne quant à elle des remparts, plus petits, qui protégeaient le village du XIIe s.; transformée en beffroi, elle porte depuis le XVIe s. un joli campanile à lanternon.

Un peu plus haut, le rocher dominant le village porte un petit château dont les restes se réduisent principalement à un **donjon** carré (restauré; accessible en été) d'où l'on a une belle vue sur le Luberon et le pays d'Aigues.

CUCURON—ANSOUIS

L'**église Notre-Dame de Beaulieu** comporte une abside gothique du XIVe s., une belle nef romane provençale couverte en berceau brisé, des chapelles latérales gothiques ajoutées au XIVe ou XVe s. En façade, le portail du XIVe s. offre un joli tympan à décor géométrique.

De la Sainte Tulle à l'Assomption (21 mai), un peuplier, qu'on allait autrefois couper au bord de la Durance, est planté devant l'église en exécution d'un vœu fait lors de l'épidémie de peste de 1721 dont la sainte patronne délivra le village.

L'intérieur de l'église abrite plusieurs **retables** des XVIIe et XVIIIe s. dont celui, monumental, du **maître-autel** : exécuté en 1661 pour le couvent de la Visitation d'Aix aux frais de *Laure Martinozzi*, nièce de Mazarin, il est orné d'un relief en marbre blanc représentant l'Assomption et attribué à *Pierre Puget*; la chaire, en marbres incrustés, provient du même couvent. A remarquer aussi un petit orgue de la fin du XVIIe s., construit avec des jeux plus anciens, et, dans la chapelle des fonts, un bel **Ecce Homo** en bois peint du XVIIe s.

Le **musée**, installé dans l'ancien hôtel de Bouliers, du XVIIe s., évoque divers souvenirs de la vie des Cucuronnais.

Visite : t.l.j. sauf jeudi, de 10 h à 12 h et de 15 h à 19 h de juil. à sept.

Une salle est consacrée à l'**archéologie** et, outre quelques vestiges de la préhistoire (outils, haches, racloirs du Néolithique), présente des éléments de sculpture et divers objets — notez les curieuses têtes de Neptune et des Gorgones — trouvés dans un mausolée du Ier s. de notre ère mis au jour au lieu-dit Pourrières.
Une seconde salle abrite une petite collection de **fossiles** et de **costumes**.
La troisième salle est la plus intéressante, par ses **témoignages sur la vie rurale** : instruments et outils agricoles, objets usuels; une vitrine évoque la menuiserie, une autre la fabrication des santons.

→ De Cucuron, une route forestière, non revêtue, monte à (10 km) la **crête du Grand Luberon** d'où l'on peut redescendre sur Auribeau (à 5,5 km) ou suivre vers l'E. la route de crête (V. it. 8 C, 2).

→ De Cucuron, une petite route serpentant au pied des premières pentes du Luberon permet une agréable flânerie, passant par (5,5 km) **Cabrières d'Aigues** (400 hab.); entre Cabrières et **La Motte d'Aigues** (442 hab.), vous pouvez faire un détour par l'**étang de la Bonde**, beau plan d'eau qui alimentait autrefois les douves du château de La Tour d'Aigues (plage; pique-nique); de **Saint-Martin-de-la-Brasque** (255 hab.), vous pourrez ensuite soit bifurquer sur Grambois (V. it. 9 E, au km 11,5), soit, en passant par **Peypin d'Aigues** (95 hab.), où *Henri Bosco* place la ténébreuse affaire du *Trestoulas*, rejoindre La Bastide-des-Jourdans ou Vitrolles (V. it. 9 E, au km 16,5) : point de « curiosité » monumentale saisissante, mais d'aimables villages agricoles, une atmosphère.

11,5 km : ***Ansouis** (350 m; 538 hab.), un beau village perché, lui-même dominé par les terrasses qui portent le ***château**, vaste construction du début du XVIIe s. entourée de restes importants d'une forteresse des XIIe, XIIIe et XVe s. dont l'origine remonte au Xe s.

Appartenant depuis le XIIIe s. aux comtes de Sabran, le château est le berceau d'un saint assez populaire dans la région, saint Elzéar.

Né en 1285, Elzéar de Sabran fut marié à 14 ans à Delphine de Signes qui en avait 16 et qui, élevée au couvent, avait fait vœu de perpétuelle chasteté. Leurs hagiographes racontent que Delphine entraîna Elzéar sur le chemin de la vertu et que tous deux eurent une vie de prière et de charité, ce qui est d'autant plus méritoire qu'ils vécurent un certain temps à la cour de Naples où les mœurs n'étaient pas particulièrement rigides. Après la mort de son époux (1323), Delphine se défit de tous ses biens et survécut jusqu'en 1360 dans l'ascèse, se faisant remarquer par ses visions, miracles et autres prodiges, et intercédant auprès du pape pour obtenir la canonisation de son mari. Le procès, commencé un peu avant la mort de Delphine, aboutira effectivement en 1369 à la canonisation d'Elzéar; Delphine ne sera quant à elle que béatifiée, un peu plus tard.

Visite : payante, t.l.j. sauf mercredi, de 14 h 30 à 18 h 30.

Le bâtiment du XVIIe s. renferme un escalier monumental couvert d'une voûte à caissons, du temps de Henri IV, et des appartements décorés de charmantes gypseries du XVIIIe s. La salle à manger est ornée d'une suite de tapisseries des Flandres figurant l'histoire de Didon et d'Énée. Dans la partie ancienne, on visite également la « chambre des saints » où Elzéar et Delphine firent leur vœu. Le château est environné de jardins suspendus, plantés de cyprès et de pins et agrémentés de buis taillés.

L'**église,** romane, s'adosse au château dont elle est l'ancienne salle de justice; elle abrite naturellement les bustes-reliquaires de saint Elzéar et sainte Delphine; nef unique et transept sont voûtés en berceaux brisés perpendiculaires.

Au bas du village, le **« musée extraordinaire »** vous introduira dans le monde insolite de *Georges Mazoyer.*

Visite : payante, t.l.j. sauf mardi, de 14 h à 18 h (19 h en été).

Trente-cinq années de plongées sous-marines laissent quelques souvenirs; elles peuvent aussi susciter bien des rêves : les souvenirs, ce sont les petits hippocampes séchés, les coquillages de toutes formes et de toutes couleurs, les coraux spectaculaires rapportés par le plongeur; le rêve, ce sont les toiles que lui ont inspiré les profondeurs subaquatiques, les vitraux ou poissons de céramique et tout un monde reconstitué où l'imaginaire et le réel s'entremêlent en une curieuse féerie bleutée.

A l'E. d'Ansouis, la D 56 contourne un petit massif séparant le pays d'Aigues de la vallée de la Durance, puis descend vers Pertuis.

19,5 km : **Pertuis,** V. it. 11 A, au km 45.

9 E - De Pertuis à Manosque ou à Forcalquier

Route : 38 km par la D 956 jusqu'au col de Montfuron, la D 907 ensuite. — 45,5 km pour Forcalquier.

La route remonte la vallée du Lèze.
6 km : **La Tour d'Aigues** (268 m; 2 123 hab.), gros bourg agricole et fruitier au-dessus de la rive dr. du Lèze.

Un **château** ruiné fort important (60 × 80 m) en occupe le centre. L'entrée s'ouvre à l'O. sur une place en terrasse d'où l'on domine la rivière (pont médiéval très restauré).

Construit de 1545 à 1575 env. par l'architecte italien* Ercole Nigra *pour le* baron de Cental *sur les assises d'un château plus ancien, le château fut ravagé par un incendie en 1782; à peine était-il remis en état que, en 1793, pillage et incendie le vouaient de nouveau à la ruine.

La ***porte monumentale** forme un véritable arc de triomphe; quatre colonnes corinthiennes encadrent une ouverture en plein cintre accotée de deux victoires et supportent une frise de trophées en fort relief qui rappellent ceux de l'arc romain d'Orange; au-dessus est percée une arcade flanquée de deux autres plus petites; aux angles, deux grands pilastres corinthiens cannelés supportent l'entablement supérieur surmonté d'un fronton triangulaire.
Aux angles du front O. du château s'élèvent deux **pavillons** carrés, à bossages étoilés et à trois étages de fenêtres rectangulaires; celui de g. conserve une grande cheminée flanquée de deux lucarnes.
Les angles postérieurs du quadrilatère sont flanqués de deux **tours rondes** découronnées. **Au centre** de l'enceinte se dresse un **imposant donjon** carré de la 2e moitié du XIIIe s., rhabillé au XVIe s., dont la face O. s'est écroulée, laissant voir quelques restes de peintures à l'intérieur.

L'**église** présente deux absides opposées, l'une romane du début du XIIIe s., l'autre du XVIIe s. La nef, couverte d'un berceau roman brisé, est flanquée de chapelles latérales postérieures.

Devant l'abside romane, beau **Christ** peint de l'école italienne (XVe s.). A dr., Mise au tombeau due au sculpteur *Sollier*, né à Apt en 1810, élève de David d'Angers. Presque en face de la chaire (XVIIe s.), une chapelle latérale dont l'arcade est supportée par deux consoles à feuilles d'acanthe abrite un beau Christ en bois.

11,5 km : à dr., **Grambois** (392 m; 548 hab.), village perché et fleuri plein de caractère.

L'**église**, qui fut l'objet d'importants remaniements et restaurations, est pleine d'intérêt : nef romane (partiellement revoûtée après un séisme au début du XVIIIe s.), chœur et chapelles latérales du XIVe s., autres chapelles latérales des XVe et XVIIe s. Dans le chœur, très beau ***triptyque** peint de 1519, représentant la Vie de saint Jean-Baptiste; au mur de g., avant le chœur, **fresque,** peut-être du XIIIe s., représentant saint Christophe; dans une chapelle, l'Éducation de la Vierge, tableau attribué à *Mignard*. Le **chemin de croix** en céramique est dû à un artisan d'art du village, *Pierre Graille*, céramiste et santonnier, dont vous pourrez visiter l'atelier.

16,5 km : **La Bastide-des-Jourdans** (400 m; 601 hab.), conserve quelques parties de son enceinte fortifiée avec plusieurs portes.

→ A 5 km N.-E., **Notre-Dame-de-la-Cavalerie,** est un ancien monastère fondé en 1740 par un président du parlement d'Aix sur les ruines d'une commanderie de Templiers; il en subsiste une belle petite chapelle romane; quelques cisterciens s'y installèrent en 1849 avant d'aller relever Sénanque.

→ De La Bastide, la route D 216, au N., propose à ceux qui voudraient gagner (17 km) Céreste une agréable traversée du Luberon. Après (5 km) **Vitrolles** (650 m; 59 hab.) la route monte jusqu'à env. 700 m d'alt. avant de redescendre sur Céreste : au col s'embranche à g. la **route forestière du Grand-Luberon** : cette dernière, non revêtue et parfois assez dégradée par les pluies, s'élève jusqu'à la crête de la montagne qu'elle longe ensuite, offrant presque en permanence un immense ***panorama** (surtout vers le N.); après être passée (13,5 km du col) au pied du **sommet du Grand-Luberon** (1 125 m; relais hertziens), elle rejoint la route forestière de Cucuron (V. it. 9 D, au km 7) à Auribeau (V. it. 8 C, 2).

➡ De La Bastide, on peut gagner Manosque assez directement par la D 27 (D 6 dans les Alpes-de-Haute-Provence) : un raccourci de 5 km mais une route sans charme particulier.

De La Bastide, continuez à suivre la D 956. La route s'élève pour franchir l'extrémité E. de la chaîne du Luberon, ici couverte de pinèdes et de maquis.
26,5 km : à g., la D 907 permettrait de rejoindre, 3 km plus loin, la route d'Apt à Forcalquier (V. it. 13 A, au km 31).
27 km : **col de Montfuron** (645 m), dominé au S. par le petit village perché du même nom (79 hab.; vestiges d'un château); ***vue s'étendant des montagnes de la Haute-Provence, au N.-E., à la Sainte-Victoire, au S.-O., et embrassant une partie de la vallée de la Durance, de l'autre côté de laquelle se dresse la barrière du plateau de Valensole.
38 km : **Manosque,** V. it. 11 A, au km 81.

9 F - A pied dans le Luberon

Que vous portiez des chaussures de ville ou de bons gros souliers, le Luberon vous offre, en toutes saisons, un vrai choix : sentiers de grande randonnée (les GR 4, 6, 9, 92 et 97) balisés ou en cours de balisage, petits chemins fleurant bon le romarin tour complet du massif, balade respiratoire d'une heure ou deux. Topo-guides du CNSGR (pour certains tronçons), guides de François et Claude Morenas (V. bibliographie) vous aideront à en découvrir les richesses. Nous vous proposons, quant à nous, une rapide introduction aux principaux itinéraires.

➡ 1 — **D'Oppède-le-Vieux à Mérindol** (traversée S.-S.-E. du Petit Luberon; env. 14 km; 4 h 30; tronçon du GR 6; balisé). — Par un sentier au S.-E. d'Oppède, une montée en forêt par laquelle on rejoint (1 h 15) aux Hautes Plaines la route de crête du Petit Luberon, en face du **Bastidon de Pradon** (719 m). Le sentier redescend juste en face, retrouvant bientôt le chemin forestier du Trou du Rat à Mérindol; plus bas, il laisse à dr. le GR 6 A, qui rejoint Mérindol en traversant les ***gorges de Régalon** (V. it. 11 A, au km 13,5), pour gagner la **maison forestière de la Font-de-l'Orme** (230 m) puis la **ferme de Sadaillan** (d'où bifurque le GR 97, ci-après, 7) et Mérindol.

➡ 2 — **De Ménerbes à Mérindol** (traversée S. du Petit Luberon; env. 13 km; 4 h 30). — Quittez Ménerbes par la route D 3. Après (1 km) **La Peyrière,** prenez à dr. pour passer aux maisons de **La Drouine** puis tournez à g. ; 500 m plus loin, à dr., le sentier monte en forêt jusqu'à la crête du Petit Luberon qu'il atteint face au **rocher des Onze Heures** (629 m). Prendre à dr. la route forestière sur 800 m et engagez-vous à g. sur l'échancrure bien visible entre le rocher des Onze Heures et le **rocher de la Croix-de-Fer.** Descendez au S.-O. en vous tenant au pied du ressaut de la

Croix-de-Fer, par le **vallon des Trois Frères**, jusqu'à la maison forestière de la Font-de-l'Orme où vous rejoindrez l'it. précédent.

- **3 — De Vaugines à Apt** (traversée N. du Grand Luberon; env. 18 km; 5 h 15; tronçon du GR 9; balisé). — Quittez Vaugines à l'O. et suivez le chemin forestier qui remonte le **vallon de la Figuière.** Parvenu sur la crête, laissez à dr. un sentier assez mal marqué qui descend à Sivergues en 30 mn : prenez à g., d'abord par la crête, puis à dr. Le sentier atteint le **fort de Buoux** puis descend au **Moulin-Clos** (V. it. 9 A, au km 9). Passant non loin du prieuré de Saint-Symphorien puis remontant le vallon où se trouve le **château de Buoux,** il traverse ensuite un petit plateau avant de redescendre sur Apt.

- **4 — De Cabrières-d'Aigues à Saignon** (traversée N.-N.-O. du Grand Luberon; env. 12 km; 4 h; tronçon du GR 92; balisé). — Au N. de Cabrières, le chemin monte dans les taillis jusqu'à la crête du Grand Luberon qu'il suit alors à l'O. jusqu'au **point culminant** du massif (1 125 m; relais hertzien); rejoignant peu après la route, il s'en écarte au carrefour de celles qui descendent vers Auribeau et vers Cucuron pour descendre plus directement, quant à lui, vers Saignon.

- **5 — De La Bégude à Cabrières-d'Aigues** (env. 10 km S.; 3 h 30). — De La Bégude à **Boisset** par la D 48. Au-delà, un sentier remonte le **vallon du Monsieur** jusqu'à la crête du Grand Luberon où il coupe la route à l'E. du **Gros Collet** (1 604 m). En face, le sentier descend directement à travers les taillis sur Cabrières-d'Aigues.

- **6 — De Céreste à Manosque** (parcours à travers les contreforts E. du Luberon; env. 20 km; portion du GR 4; balisé). — On suit par 1 km la D 31 vers Vitrolles puis on bifurque à g. pour gagner une petite crête qui s'allonge au-dessus de Montjustin et où l'on rejoint une route forestière. De là, vers le col puis le village de **Montfuron** d'où l'on redescend au S. vers **Pierrevert.** Le sentier remonte ensuite au N.-E. sur la **butte de la chapelle Saint-Pancrace** puis redescend, suivant la route, à Manosque.

- **7 — De Mérindol à Montjustin** (moitié S. du tour du Luberon; GR 97 59 km; balisé). — De Mérindol, par le GR 6, on rejoint la **ferme de Sadaillan** où le GR 97 s'embranche à dr. Parcours à peu près en palier, puis montée au N.-E., d'abord dans le **vallon de la Tapi,** pour rejoindre le **Pied de l'Aigle** (629 m), presque à la crête. Le sentier passe ensuite de vallon en vallon, descendant l'un, remontant l'autre, pour retrouver la crête du **Cap de Serre** (614 m) d'où il redescend à **Lourmarin.** De là à **Vaugines,** sans trop s'écarter de la route, puis montée en direction du sommet du Grand Luberon par le **vallon de l'Ermitage.** Le sentier court ensuite au pied de la crête, à une altitude oscillant entre 700 et 800 m, puis rejoint **Vitrolles,** d'où la D 33, une route forestière à dr. et, 4 km plus loin, un V.O., mènent à Montjustin.

10 - Cavaillon

21 530 hab., les *Cavaillonnais*.

Platement étalée entre Durance et Coulon, au pied d'une colline qui surgit comme un hasard de la plaine comtadine, la capitale du melon a des allures de gros village. Limitant le bourg médiéval, un arc de boulevards trop larges par rapport à la hauteur des constructions qui les bordent accentue cette impression d'étalement : point de tours, point de ces immeubles aux lignes hardies dont se parent souvent les métropoles, grandes ou petites. La ville neuve, banale, et sa ceinture de résidences, lotissements et H.L.M., s'étendent sans souci, occupant l'espace entre la Durance et la voie ferrée, débordant largement celle-ci à l'est. Visage devenu presque inhabituel d'une cité dont la croissance s'est faite sur le plan horizontal, quasi ignorante jusqu'à présent de cette verticalité qu'imposent souvent les coûts fonciers.

Apparence paisible et tranquille d'une agglomération dont on ne soupçonnerait pas, à la voir ainsi, l'importance économique. Il faut être pris dans l'embouteillage des camionnettes et des poids lourds, franchir les portes du M.I.N., au sud de la ville, pour la voir vivre pleinement. Dans le vacarme des haut-parleurs, le va-et-vient des diables et fenwicks, toute une population s'active des ponts-bascules au carreau des producteurs, des halles de conditionnement aux quais d'embarquement ou à l'allée marchande...

La ville dans l'histoire

Déjà, le commerce... — *Occupée dès l'époque néolitique (vers le 2ᵉ millénaire), la colline Saint-Jacques servit encore d'habitat à des populations ligures avant que, vers le IVᵉ s. av. J.-C., ne s'y établisse la tribu celte des Cavares. Place forte, ou oppidum, la cité de Cabellio alors constituée devient vite un lieu de très intenses transactions commerciales entre les indigènes et la ville grecque de Massalia dont elle apparaît presque comme une colonie.*
La chute de Marseille et son passage — avec toutes les cités relevant de son influence — sous domination romaine entraînent le déperchement de la ville : Cabellio, dont les empereurs feront une colonie latine, s'installe au pied de sa colline primitive, la plaine étant plus propice à l'ex-

CAVAILLON

pansion et aux embellissements qui résultent d'une prospérité commerciale toujours plus grande.

... bientôt, le melon. — *La suite de son histoire ne diffère pas fondamentalement de celle des autres villes de Basse-Provence : fondation d'un évêché au IVe s., invasions barbares du Ve au VIIe s., passages successifs sous la domination de divers comtes, intégration au Comtat Venaissin, guerres de Religion, peste de 1636, heurts de l'époque révolutionnaire. Deux faits cependant ont marqué durablement le destin de la cité : c'est, en décembre 1537, l'autorisation donnée par François 1er, à l'occasion de son passage dans la ville, de dériver une partie des eaux de la Durance pour irriguer le terroir cavaillonnais; c'est aussi, vers le milieu du XIXe s., l'amélioration du réseau d'irrigation et la création du chemin de fer, qui allaient donner son essor au maraîchage.*

Célébrités. — *Cavaillon a vu naître en particulier le cardinal* Philippe de Cabassole *(1305-1372), éminent homme d'église, ami et protecteur de Pétrarque, le critique musical* Castil-Blaze *(1784-1857), également poète provençal, et* Azalaïs d'Arbaud *(1844-1917), la première femme qui écrivit en provençal moderne et la mère de Joseph d'Arbaud.*

Ce qu'il faut savoir

Le célèbre **melon**, dont Cavaillon reste l'incontestable capitale, est aussi un symbole : celui de tous les **fruits et légumes** — principalement les primeurs — dont la ville est un des plus importants centres d'expédition : créé en 1965 pour faciliter leur commercialisation (les transactions avaient jusque là lieu sur la place du Clos, congestionnant la cité de minuit à 10 h du matin), le **MIN** (Marché d'Intérêt National) en expédie annuellement entre 170 000 et 200 000 t; il occupe 600 personnes à plein temps et près du double pendant la période de plus forte production. Très largement dominée, donc, par le commerce agro-alimentaire, l'activité économique comprend néanmoins un petit secteur industriel qui se développe notamment dans la **métallurgie**, autour de la chaudronnerie et de l'emballage métallique.

Visite de la ville

Comptez **2 h à 2 h 30** *pour visiter sans trop vous presser la vieille ville et ses monuments, 3/4 d'heure de plus (aller-retour) pour monter à la colline Saint-Jacques (ce que nous vous recommandons). Le* **stationnement** *sur la place du Clos (plan A2) ou aux abords ne pose de problème — très limité si 100 ou 150 m à pied ne vous effraient pas — que le lundi, jour de marché. Pour la visite du MIN, il vous faudra vous lever de bon matin : c'est entre 6 et 8 h que l'activité y bat son plein.*
Des **visites-conférences** *de la ville sont organisées en juillet-août par le syndicat d'initiative chaque mercredi à 9 h 30.*

L'**arc de triomphe** romain (plan A 3) déçoit un peu si l'on s'attend à quelque chose de l'importance de ceux d'Orange ou de Saint-Rémy : quatre piles disposées en carré et portant des arcades en plein cintre aux intrados ornés de caissons.

La face antérieure du premier arceau et les faces latérales des piliers sont cependant couvertes d'une décoration sculptée de rinceaux fins et élégants dont la **richesse ornementale** contraste avec la simplicité architecturale du monument. L'arc, qui devait à l'origine être adossé à un autre édifice (la face postérieure du 2ᵉ arceau est fruste), ornait le forum de la ville antique, près de l'actuelle cathédrale; il a été transporté ici au siècle dernier.

L'**église Saint-Véran** (plan A 2), ancienne cathédrale, construite dans l'élégant style provençal de la fin du XIIᵉ s., fut consacrée en 1251 par le pape Innocent IV. Elle se compose d'une nef unique de cinq travées, d'une travée carrée portant une belle coupole octogonale et d'une abside voûtée en cul-de-four. Toutes les chapelles sont des réfections de l'époque classique remplaçant celles de l'époque gothique, sauf la première et la dernière du côté N. qui remontent au XIVᵉ s.

A l'extérieur, l'***abside** à cinq pans est ornée d'une arcature (chapiteaux très ornementés) et d'une corniche sculptée avec modillons ornés de

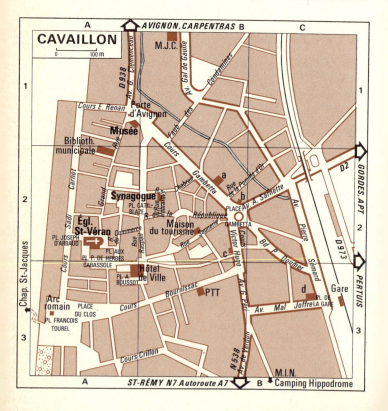

ÉGLISE SAINT-VÉRAN

masques ou de feuillages; elle est dominée par une grosse tour octogonale abritant la coupole et par une fine tourelle carrée ajoutée au XV⁰ s. et se terminant par un petit clocheton-arcade.

L'**intérieur** a été bariolé au XIX⁰ s., époque à laquelle on a également supprimé la partie inférieure des pilastres et soutenu le surplomb ainsi créé par de déplorables sculptures. Vous remarquerez par contre la belle **frise** à l'antique, qui court à la naissance de la voûte en berceau brisé, et les colonnettes corinthiennes d'inspiration très clunisienne qui supportent cette frise.

Au bas de la nef, à dr., imposant monument funéraire de M⁹ʳ de Sade († 1707) par le sculpteur *J.-A. Maucord*, né à Oppède.

Côté g. — La ***chapelle Saint-Véran** (1ʳᵉ), construite au XIV⁰ s., a reçu au XVII⁰ une exubérante décoration : retable en bois sculpté de *Barthélemy Grangier*, encadrant un tableau de *Pierre Mignard* (Saint Véran enchaînant le dragon de Vaucluse); de part et d'autre de l'autel, statues de saint Véran pèlerin et saint Véran évêque; le fronton et la décoration de la voûte sont de *Jacques Bernus*, tout comme les deux panneaux latéraux qui représentent les miracles de saint Véran.

Le ***cloître**, contemporain de l'église, a été remanié au XIV⁰ s. et restauré au XVI⁰. Ses quatre galeries, voûtées en berceau brisé sur doubleaux, s'ouvrent sur le préau central par de petites arcades en plein cintre retombant sur des colonnettes aux chapiteaux fleuris ou historiés. Dans la galerie N., tombeau mutilé de l'évêque Rostaing Belinger († 1261).

La place Philippe-de-Cabassole (plan A 2) s'étend au S. de l'église; elle tire son nom de l'ancien palais épiscopal, demeure du cardinal, dont une plaque, au fond de la place, signale l'emplacement; à l'opposé de l'église, le bureau d'aide sociale de la ville occupe l'ancien **hôtel de Perussis** (milieu du XVIII⁰ s.).

Par la place aux Herbes, rejoignez le chevet de l'église et la Grand-Rue.

La **chapelle du Grand Couvent** a été édifiée pour les bénédictines dans la seconde moitié du XVII⁰ s. : belle façade Louis XIV et porte à vantaux sculptés; restaurée, nettoyée, aménagée, elle abrite désormais la **bibliothèque municipale** (plan A 1-2) et offre un très beau cadre à d'intéressantes **expositions** temporaires.

◼ Le **musée archéologique** (plan A 1) occupe de la même façon, depuis 1946, la jolie chapelle (1755) de l'ancien hôpital et quatre salles contiguës (conservateur : *M. André Dumoulin*).

Visite : payante, t.l.j. sauf lundi et vendredi, de 9 h à 12 h et de 15 h à 19 h (en été) ou 14 h à 17 h (le reste de l'année).

Les deux salles voisines de la chapelle, au **rez-de-chaussée**, sont consacrées aux importantes collections de **préhistoire régionale** : objets provenant des grottes sépulcrales et stations de plein air (vallons de Vidauque et de Régalon; territoires de Robion, Taillades, Maubec, Cheval-Blanc); squelette d'adolescente préhistorique dans la position fœtale, provenant de la grotte de Font-Blanco.

La **chapelle**, remarquable par le savant appareillage de la voûte, renferme les **monuments lapidaires** : meule préhistorique et pierre à cupules; autels, cippes, stèles, colonnes et inscriptions de l'époque gallo-romaine; stèles funéraires gauloises; dans le chœur, table d'autel mérovingienne (VI⁰ s.).

Au **1ᵉʳ étage** sont présentés dans une première salle les nombreux **vases et objets** divers découverts dans des puits et fosses **de l'époque des**

Cavares (II₵ et 1ᵉʳ s. av. J.-C.), lors de l'exploitation des carrières de gravier sur le versant N. de la colline Saint-Jacques : remarquez un beau vase en terre rouge vernissée de la fabrique d'Arezzo (Italie); vestiges alimentaires bien conservés; tombes à incinération et mobilier funéraire. Dans la même salle reconstitution hypothétique de l'arc de triomphe romain de Cavaillon (par *G. Bourges*, 1897) et documents se rapportant à ce monument.

Le **2ᵉ étage** est consacré aux **souvenirs de l'ancien hôpital** : série de donatifs (panneaux peints mentionnant les legs faits à l'hôpital depuis 1662), portraits de bienfaiteurs, pots de pharmacie en faïence de Moustiers d'époque Louis XV. — La **collection numismatique** (non exposée) renferme 500 pièces de monnaies grecques, gauloises et romaines trouvées sur la colline Saint-Jacques : elle comporte notamment la série complète du monnayage autonome de Cabellio...

La **porte d'Avignon**, à côté du musée, est un reste des anciens remparts; elle a été reconstruite en 1740 sur les plans de l'architecte avignonais *J.-B. Franque*.

Par les rues Pasteur et Waldeck-Rousseau, la place Castil-Blaze et la rue Chabran (à g.), gagnez la rue Hébraïque.

☐ La ***synagogue** (plan B 2) occupe un bâtiment enjambant la rue. C'est, avec celle de Carpentras, un des plus attachants souvenirs des communautés juives comtadines en même temps qu'un très bel exemple de l'art comtadin du XVIIIᵉ s.

Bien que protégés des Papes, les Juifs du Comtat furent tenus, à partir du début du XVIIᵉ s., de résider dans l'une de ce qu'ils appelaient les Quatre Saintes Communautés : Avignon, Carpentras, Cavaillon et L'Isle-sur-la-Sorgue. Chaque communauté formait une sorte de petite république autonome — soumise comme les autres habitants aux lois de la cité — vivant dans un quartier spécial, la Carrière *(où les légats avaient confiné les juifs à partir du milieu du XVᵉ s.), et qu'administraient, au nom du* Conseil de la Communauté *(assemblée des chefs de famille), trois élus, les* baylons. *Une boulangerie communautaire fournissait le pain azyme nécessaire à la célébration de la Pâque. Défense était faite d'en vendre aux chrétiens, mais on raconte que ceux-ci étaient fort friands de ces sortes de galettes — qu'on appelait des* coudoules *— et que, bravant les prescriptions épiscopales, ils étaient fort heureux de s'en procurer.*

Visite : payante, t.l.j. sauf mardi, de 8 h à 12 h et de 14 h à 18 h en été; de 9 h à 12 h et de 14 h à 17 h le reste de l'année.

La **synagogue** proprement dite, reconstruite en 1772-1774, occupe le 1ᵉʳ étage du bâtiment, précédé d'une terrasse à balustrade, beau travail de ferronnerie du XVIIIᵉ s. L'intérieur a conservé sa décoration d'origine : c'est un véritable salon, orné de boiseries, ferronneries et gypseries, dont la **richesse décorative** s'exprime avec une **rare élégance**.

Le **musée judéo-comtadin**, au rez-de-chaussée (entrée sous la voûte) est installé dans l'**ancienne boulangerie**. Le four en est bien conservé, ainsi que la niche où l'on confectionnait les pains azymes sur une plaque de marbre. On y voit aussi les substructions de la synagogue primitive (XVIᵉ s.). Tous les objets réunis dans ce musée sont des souvenirs de la communauté israélite et du culte juif : **Torah** du XVIIᵉ s. dans un tabernacle aux volets Renaissance; divers **objets rituels** dont un fouet de contrition (pièce très rare); lampe à huile romaine en terre cuite ornée d'un double chandelier à sept branches, livres de prières, amulettes, pierres tombales de l'ancien cimetière israélite (il se trouvait jusqu'au XIXe s. à l'emplacement de l'actuelle place du Clos), etc.

La rue Hébraïque débouche dans la rue de la République (prenez à dr.), une des plus commerçantes de la vieille ville et désormais réservée aux piétons; suivez ensuite à g. la rue Raspail.

Dans la rue du Commerce, au n° 1, l'ancien **hôtel de Crillon** conserve des fenêtres à meneaux du XVIe s.; *Joseph d'Ortigue* (1802-1866), musicologue, y est né.

L'hôtel de ville (plan AB 3), du milieu du XVIIIe s., possède une belle rampe en fer forgé de la même époque.

Colline et chapelle Saint-Jacques. C'est sur ce rocher abrupt qui domine la ville à l'O. qu'était situé l'oppidum des Cavares (V. histoire).

Vous pourrez y monter soit à pied, en 15 mn par des escaliers qui s'ouvrent sur la place F.-Tourel (plan A 3), à g. de l'arc de triomphe, suivis d'un chemin taillé dans le roc; soit en voiture par une petite route qui se détache à g. sur la route d'Avignon, à la sortie N. de la ville (panneaux indicateurs).

Du sommet de la colline, également connue sous le nom de **mont Caveau**, très belle ***vue** (table d'orientation) sur la basse vallée de la Durance, la Crau, les Alpilles, la plaine du Comtat et le Ventoux.

La **chapelle Saint-Jacques**, précédée d'un porche assez élégant de la fin du XVIe s. ou du début du XVIIe., est un beau spécimen d'édifice rural provençal. Elle comprend une abside voûtée en cul-de-four et deux travées romanes du XIIe s. auxquelles deux travées plus larges furent ajoutées au XVIe s. sur le modèle des premières. Les doubleaux de la voûte reposent sur des consoles ornées des symboles des quatre Évangélistes.

La chapelle a longtemps (XIVe-XVIIIe s.) été occupée par des ermites; le plus célèbre d'entre eux fut sans doute *César de Bus* (1544-1607), né à Cavaillon, fondateur de la congrégation catéchiste de la Doctrine chrétienne, récemment béatifié. Au pied du mur N., une citerne, probablement romaine, est creusée dans le roc.

11 - La basse vallée de la Durance, de Cavaillon à Sisteron

Le gros torrent alpin s'est apaisé. Au milieu d'une véritable plaine de cailloux, l'eau claire et peu profonde ruisselle calmement, scintillante comme une coulée de miel, gonflant de temps à autre des retenues couleur d'émeraude. Bien sages, bien droits, bien propres avec leurs berges soigneusement talutées, des canaux s'y abreuvent pour transformer en courant électrique la fureur perdue des flots. A l'abri des inondations de jadis, les villages ne meurent plus. Dans quelques-uns, le crépi qui tombait, laissant voir les vieux murs de galets, fait place à de froids enduits comme pour mieux s'accorder aux lotissements voisins, symbole, au moins, d'un certain renouveau.
De l'un à l'autre, la route file, rapide, vers le haut pays des « Alpes de lumière », lançant à droite et à gauche cent émissaires vers les contrées qu'elle sépare et unit tout à la fois : Comtat, Luberon, pays d'Aigues, collines aixoises, forêts du haut Var. Passé un premier verrou — le défilé de Mirabeau —, voici la Haute-Provence : plateau de Valensole, royaume de la lavande, à droite, pays de Forcalquier, échelle vers la montagne de Lure, à gauche. Huit ou dix « pays », mais combien de visages? « La Durance, vers Cadenet, en regardant vers l'amont, c'est un fleuve du Canada enfoui sous les bouleaux et les trembles; en regardant vers l'aval, c'est une lettre de Madame de Sévigné en Provence. La Durance à Remollon, c'est le Styx; à Sisteron, Hubert Robert; à Manosque, les bas de soie de Parmentier; au-dessous de Pertuis, l'arroseur municipal » *(Jean Giono)*. Passé le second verrou — Sisteron —, ce serait le Dauphiné, une autre contrée encore, et un autre Guide Bleu.

L'aménagement de la Durance

Inaugurée en 1955 par le début des travaux du barrage de Serre-Ponçon pierre angulaire de l'ensemble, cette **entreprise** colossale s'est **achevée en 1976** avec la mise en route de la centrale de Salignac. De la haute digue de terre qui retient 1 250 millions de m³ d'eau jusqu'à Saint-Chamas, la dernière centrale, située sur les bords de l'étang de Berre, c'es

VALLÉE DE LA DURANCE

tout un chapelet de canaux de dérivation et de centrales qui marquent le paysage de leurs lignes de béton, le long du fleuve dont le flot fantasque a été domestiqué.

En aval de Serre-Ponçon, on distingue **deux parties** dans le cours du fleuve : la **Moyenne-Durance,** comprise entre ce barrage et le confluent du Verdon ; la **Basse-Durance** qui, du Verdon, vient rejoindre le Rhône. Sur la Moyenne-Durance s'échelonnent, en aval de Serre-Ponçon, la **centrale de Curbans** puis le **barrage de la Saulce** qui, par un canal de dérivation de 32 km, alimente l'**usine souterraine de Sisteron;** un peu en aval de la ville, le **barrage de Salignac** fait tourner, 6 km plus bas, les turbines de l'usine du même nom ; commençant en face de Château-Arnoux, au **barrage de l'Escale,** le **canal d'Oraison** mêle alors les eaux de la Durance à celles de la Bléone, recueillies par le **barrage de Mallijai,** pour actionner la **centrale d'Oraison.** Passant ensuite sur la rive droite, le même canal alimente ensuite les **usines de Manosque, Sainte-Tulle II et Beaumont** tandis qu'un second canal parallèle dessert celles, plus petites, de **La Brillane, Le Largue, Sainte-Tulle I.** Les eaux sont enfin restituées à la Durance au-dessus du **barrage de Cadarache** qui les envoie, avec celles du Verdon, dans le canal de la Basse-Durance.

Le **barrage de Cadarache** représente la **prise unique** de l'aménagement **de la Basse-Durance.** Sa retenue alimente un canal long de 80 km, partagé en cinq biefs par les **centrales de Jouques, Saint-Estève-Janson, Mallemort, Salon et Saint-Chamas,** au bord de l'étang de Berre : ce canal emprunte donc la vallée de la Durance rive g. sur 50 km, de Cadarache à Mallemort, pour s'en écarter ensuite et rejoindre directement l'étang de Berre par le seuil de Lamanon, suivant ainsi, à peu de chose près, le cours primitif de la Durance à l'époque tertiaire. **Un septième seulement du débit moyen de la Durance continue à se jeter dans le Rhône.** L'incidence économique est notable : outre l'exploitation du potentiel énergétique **(7,5 milliards de kWh par an),** l'aménagement de la Durance améliore considérablement l'**alimentation des canaux d'irrigation** pour l'agriculture ; plusieurs milliers d'hectares sont concernés et l'arboriculture fruitière prend ici des allures comtadines. L'**industrialisation** demeure **limitée** et, en dehors du **Centre d'Études Nucléaires de Cadarache** (mais, sur un effectif de 3 400 personnes, la moitié habitent Aix-en-Provence) et des usines chimiques de **Saint-Auban** et **Sisteron,** les entreprises restent de petite taille : industries alimentaires, industries de sous-traitance du C.E.N. de Cadarache : optique, électronique, petite chaudronnerie.

Les routes de la vallée

*Deux routes, chacune sur sa rive, s'offrent à vous pour cette remontée vers la « Provence près du ciel ». La plus importante, celle de la **rive dr.**, est aussi la plus intéressante.** Si donc l'organisation de votre séjour provençal vous amène à n'emprunter qu'une seule fois le chemin de la vallée, vous la choisirez d'autant plus facilement que les principaux points d'intérêt de l'autre rive restent accessibles au prix de détours très minimes.*

*La route peut se « faire » dans la journée, à condition de ne pas perdre de temps si l'on veut tout « voir ». **Deux jours** vous permettront mieux de profiter des charmes de Manosque et de certains villages, de faire un brin de marche dans les gorges de Régalon, de goûter à la paix profonde et à la beauté architecturale de l'abbaye de Silvacane ou du prieuré de Gânagobie, de vagabonder un peu, allant vous-même à la découverte de* ces mille petites choses — une grange, un arbre, un lavoir, des gens avec qui bavarder, et pourquoi pas des usines — qui font la beauté, l'intérêt, l'âme d'un pays. Manosque constituera alors une étape agréable avant de monter à Sisteron ou d'aller randonner dans les étendues pastorales du pays de Forcalquier et de la montagne de Lure (V. les chapitres suivants).

11 A - Par la rive droite

Route : 132,5 km. D 973 de Cavaillon au défilé de Mirabeau, N 96 de là à Château-Arnoux, N 85 ensuite.

Quittez Cavaillon par la route de Pertuis (plan C 2). Dès la sortie de la ville, la route se glisse entre le pied du Luberon et la Durance au-delà de laquelle bleuissent les cimes dépouillées des Alpilles.
4,5 km : **Cheval-Blanc** (2 029 hab. ; fabr. de tourteaux).
9 km : à g., route forestière du Trou du Rat, par laquelle on peut rejoindre la route de crête du Petit-Luberon (à 8 km ; V. it. 9 A).
13,5 km : immédiatement après le petit pont sur le canal de Carpentras, s'embranche à g. la route des **gorges de Régalon**.

L'asphalte cesse après 200 m et un chemin, à la rigueur carrossable, lui succède, qui vous permettra de vous rapprocher un peu. Les balises rouges et blanches du GR 6 vous mèneront plus sûrement à l'entrée des gorges (1,4 km).

Les ***gorges de Régalon** sont, suivant *Martel,* « l'un des plus curieux étroits de rochers que puissent citer les géologues ».
On gagne l'entrée des gorges proprement dites par un sentier qui se tient au flanc de la rive dr. On emprunte ensuite le lit même du torrent (l'excursion est donc impossible par temps de pluie) et la marche dans les cailloux éboulés est parfois un peu fatigante entre ces parois hautes d'une cinquantaine de mètres ; la fissure, par endroits, a moins d'un mètre de large et des blocs énormes y sont coincés.

15,5 km : route à dr. pour Mallemort, sur l'autre rive.
17,5 km : à g., **Mérindol** (1 021 hab.) ; le village actuel a remplacé celui qui fut détruit en 1545, après le massacre de ses habitants par les troupes du baron d'Oppède pour supprimer l'hérésie vaudoise (V. chap. 9).
Longeant la voie ferrée, la route, tracée au cordeau, traverse une plaine bien cultivée qui rappelle le jardin comtadin tout proche ; des fruits encore, mais surtout des asperges, principale ressource de **Puget** (km **22;** à g. ; 168 hab.), **Lauris** (km **27;** 1 755 hab.) et Cadenet ; sur les basses terrasses du Luberon, la vigne — pour le vin — et l'olivier — pour l'huile.

33 km : **Cadenet** (234 m) ; au pied d'une colline jaunâtre percée de grottes — anciennes habitations troglodytiques et refuges de Vaudois en 1545 — et couronnée d'un bosquet de pins et de cyprès, ce gros bourg agricole de 2 483 hab. honore, par une statue sur la place principale, la mémoire d'*André Estienne*

(1777-1838), le « Tambour d'Arcole » artisan de la fameuse victoire de Bonaparte (1796).

Cadenet conserve aussi le souvenir de deux autres de ses enfants, le troubadour Elian de Cadenet *(v. 1160-1239) et le compositeur* Félicien David *(1810-1876).*

L'**église**, au N. du bourg, mérite une visite. Elle est dominée par un beau clocher provençal de 1538 dont la souche carrée porte, par l'intermédiaire de quatre glacis, une tour octogonale et une flèche à crochets (refaite en 1844).
La **nef,** de belles proportions, remonte en partie à l'époque romane. Voûtée en berceau brisé, elle est flanquée de chapelles construites du XVIe au XVIIIe s. et réunies au XIXe s. pour constituer des bas-côtés. L'abside à cinq pans, de style gothique, a été refaite en 1537. Tableaux des frères *Mignard,* dont une Annonciation, due à *Nicolas;* Vierge à l'Enfant, bois sculpté du XIVe s. malheureusement peinturluré au XIXe s.; les ***fonts** baptismaux sont constitués par une moitié de baignoire antique, très belle pièce en marbre sculpté du IIIe s.

➻ A **6,5** km S.-O., sur l'autre rive de la Durance, abbaye de Silvacane (V. ci-après, it. 11 B, km 33).
➻ A **4** km N., par une route agréable, Lourmarin (V. it. 9 C, km 18,5).

La route court au pied de collines séparant la vallée de la Durance du pays d'Aigues.
38,5 km : **Villelaure** (1 288 hab.), où l'on cultive surtout l'ail, l'oignon et l'échalotte; belle vue à dr. sur la montagne Sainte-Victoire, à une vingtaine de kilomètres à vol d'oiseau.

45 km : **Pertuis** (195 m; 10 117 hab.), petite ville prospère, sur la rive g. du Lèze qui ouvre ici un large passage (d'où le nom du lieu) par où le pays d'Aigues communique avec la vallée de la Durance. Quelques activités tertiaires (c'est un chef-lieu de canton), un marché, des petites industries et le tourisme complètent les revenus de la plaine agricole qui sépare le bourg de la rivière.

Quelques restes d'enceinte, dont une **tour** du XIVe s. Sur la **place Mirabeau,** centre de la ville, une autre **tour,** dite **de l'Horloge,** subsiste d'un château du XIIIe s.; elle abrite le S.I.
L'**église Saint-Nicolas** — où fut baptisé *Mirabeau* — est de style gothique tardif; presque totalement reconstruite en 1537, elle conserve, à g. de la nef, des chapelles du XVe s. Abside flamboyante à sept pans; à dr. de la nef, large bas-côté et chapelles latérales du XVIe s. Le **mobilier** est **intéressant :** en haut du bas-côté S., deux statues en marbre données en 1653 aux capucins de Pertuis par le cardinal Barberini représentent la Vierge apparaissant à Antonio de Botta, près de Savone, en 1526; dans la chapelle à dr. de la chaire, beau triptyque du XVIe s. et charmante statue de saint Roch, en bois doré, du XVIIe s.; nombreux bustes-reliquaires. L'autel, en marbre polychrome (XVIIIe s.), vient d'une chapelle d'Aix.

Pertuis est la patrie de Victor Riquetti, *marquis de Mirabeau (1715-1789), père du célèbre tribun. Celui qui, pour Tocqueville, représentait* « *l'invasion des idées démocratiques dans un esprit féodal* » *se fera surtout connaître par la publication, en 1758, de* L'Ami des hommes, ou théorie de la population, *plaidoyer intelligent et sensible — encore qu'empreint d'un certain conservatisme — pour la paysannerie.*

50,5 km : La Bastidonne (259 hab.).
58 km : **Mirabeau**, à dr., sur une hauteur, est un petit village (175 hab. ; 410 pour l'ensemble de la commune) tranquille, connu surtout par le nom d'un de ses enfants, le turbulent député aux États Généraux.

Gabriel Honoré Riquetti (1749-1791), comte de Mirabeau, fils de Victor Riquetti (V. ci-dessus), n'est pas né ici, mais en Gâtinais, et y a en fait assez peu séjourné. Déjà marqué par une longue accumulation d'indélicatesses en tous genres — ce qui lui valut d'être enfermé six mois à Ré —, couvert de dettes, il épouse en juin 1772 une riche héritière provençale, Marie-Émilie de Covet, fille du marquis de Marignane, et la conduit en grande pompe au château. Il y restera jusqu'en mars 1774 lorsque, ayant accumulé de nouvelles dettes, il sera, sur la demande de son père, interdit comme prodigue et finalement incarcéré au château d'If puis au fort de Joux. Fugue amoureuse, nouvel emprisonnement, il ne reviendra à Mirabeau qu'en 1783 et sommera alors sa femme de le rejoindre ; celle-ci refuse ; procès, qu'il gagne, puis perd en appel devant la chambre d'Aix-en-Provence malgré une éloquence remarquée. Vivant comme journaliste, polémiste, pamphlétaire, il convoite en 1788 la députation aux États-Généraux mais s'aliène la noblesse provençale. Son éloquente « Adresse à la nation provençale » (11 fév. 1789) lui vaudra, deux mois plus tard, d'être élu député du Tiers État. On connaît la suite et la fameuse apostrophe, le 23 juin 1789, au marquis de Dreux-Brézé...

Incendié et pillé malgré tout pendant la Révolution, le château put être racheté, après la Terreur, par Mme *de Cabris, sœur de Mirabeau. Plus tard propriété de la comtesse de Martel de Janville, arrière-petite nièce de Mirabeau — plus connue sous le pseudonyme de* Gyp *qu'elle prit pour publier une centaine d'ouvrages dont le fameux Mariage de Chiffon —, il fut acheté ensuite par Maurice Barrès qui l'évoque avec lyrisme dans sa « Lettre à Gyp sur le printemps à Mirabeau ».*

Dans un beau cadre de pins « élégants et droits, jeunes aristocrates élancés au-dessous desquels de jeunes genévriers se livrent aux contorsions les plus maniérées » (M. Barrès), le **château**, flanqué de quatre tours crénelées, est un intéressant exemple de gentilhommière du XVIIe s.

60 km : on rejoint la N 96 à l'entrée N. du défilé de Mirabeau (V. it. 11 B, km 66,5) ; prenez à g.

➡ A env. **1** km à dr., non loin du pont, charmante **chapelle Sainte-Madeleine**, romane, bâtie sur un rocher à la fin du XIIe s., sans doute, d'après *Guy Barruol*, par quelque confrérie de bateliers. Sur la façade, inscription en langues latine et provençale relative à une éclipse de soleil en juin 1239.

La route passe au pied de la **chapelle Saint-Eucher** (reconstruite en 1704), plaquée contre la falaise près d'une grotte qui passe pour avoir été habitée, au milieu du Ve s., par un saint ermite de ce nom, qui devint plus tard évêque de Lyon.
Un peu plus loin, on laisse à dr. le **barrage** et la retenue de **Cadarache** puis, peu avant le hameau de (**70,5** km) Sainte-Croix, la **centrale de Beaumont**.
72 km : **Corbières** (483 hab.), au pied de collines couvertes d'une belle forêt.
75 km : Sainte-Tulle (300 m ; 2 740 hab.), près de laquelle

tournent deux centrales hydroélectriques. A l'entrée du bourg à dr., la **chapelle Sainte-Tulle** (XIIe s.) s'élève au-dessus d'une crypte assez vaste, constituée de trois pièces, partie creusées dans le roc, partie bâties, où aurait vécu, à la fin du Ve s., sainte Tulle, fille de saint Eucher (V. ci-dessus).

81 km : **Manosque** (387 m).

« La Durance, un galet, des collines, un ciel, c'est Manosque » : formule-choc et souhait de bienvenue aux entrées de la ville, et qui dit tout ou presque. Elle dit la forme de la cité et sa matière, son passé paysan et son devenir, son charme et celui du pays qui l'entoure. Qu'ajouter, sinon les platanes qui, sur le tracé des anciens remparts, ceinturent la vieille cité d'un anneau de verdure, les fontaines dont l'eau bruisse paisiblement au coin des rues et des placettes, et le marché hebdomadaire, cette fête familiale à l'échelle d'un canton? Stimulée par la proximité de Cadarache, Manosque est devenue, avec 19 570 hab., la première ville du département; et le vieux bourg agricole est surtout une place commerciale florissante et un petit centre d'industrie alimentaire.

La ville dans l'histoire. — *Un prieuré, dépendant de Saint-Victor de Marseille, et une maison des Hospitaliers de Saint-Jean-de-Jérusalem, peut-être établie par Gérard Tenque lui-même (V. Martigues, it. 21 B), motivent, à la fin du XIe s., les premières mentions connues du nom de la ville. La cité sans doute avait déjà une certaine importance puisque, avant de donner aux Hospitaliers (1208) le palais qu'il s'était fait construire peu de temps auparavant (et qui sera détruit à la Révolution), le comte de Forcalquier avait octroyé à la ville d'exceptionnelles franchises municipales.*

En 1516, François 1er serait venu à Manosque: on raconte que, chargée de remettre au roi les clefs de la cité, la fille du consul Antoine de Voland fut à ce point troublée par les compliments que le roi lui fit de sa beauté qu'elle préféra faire boursoufler son visage au-dessus de soufre enflammé pour éviter d'avoir à supporter d'éventuelles avances; de là le surnom de pudique *que la ville s'est donnée.*

Manosque a été un foyer de culture provençale : citons J. Toussaint-Avril *(1775-1841), auteur d'un dictionnaire provençal-français et d'un recueil de noëls provençaux;* Damase Arbaud *(1814-1876), qui recueillit deux volumes de chants populaires de Provence;* Elémir Bourges *(1852-1925), de l'Académie Goncourt; et surtout* Jean Giono, *également de l'Académie Goncourt, et dont presque toute l'œuvre a pour cadre la Haute-Provence, entre Durance et montagne de Lure, et pour acteurs les hommes de ce pays.*

Jean Giono. — *Fils d'un cordonnier, il naît à Manosque en 1895 et, hormis quelques brefs voyages, ne quittera presque jamais sa ville et sa région; il y meurt en 1970. Dès son enfance, les promenades sur les chemins de la Haute-Provence éveillent en lui l'amour de la nature. Doublé, après les horreurs de la Grande guerre, d'un pacifisme inconditionnel et militant, cet attachement à une terre paysanne que ne souilleraient ni les villes ni les machines, et qu'il exaltera dans ses premiers ouvrages, fera de lui le maître à penser d'une partie de la jeunesse*

284 / 11 A   VALLÉE DE LA DURANCE

d'alors et, dans une très relative mesure, un des précurseurs des écologistes d'aujourd'hui. La défaite et l'occupation, la récupération de certaines de ses idées par le régime de Vichy le laisseront sans illusion mais sans désenchantement. Son lyrisme paysan fera place à une vision plus clinique, plus « stendahlienne » de l'homme, et ses œuvres y gagneront en souffle épique et en poésie.

La Manosque de Giono. — « Les rues derrière l'église Notre-Dame circulent entre des fermes collées les unes contre les autres. Chaque maison ouvre sur la rue par une porte charretière qui donne accès à une cour intérieure. Dans chacune de ces cours était planté un murier. On les a coupés, depuis, mais je les ai vus en pleine prospérité. Autour de la cour, sur un côté, l'étable pour cinq à six brebis, un âne, une chèvre ou deux; sur un autre côté, l'écurie pour le cheval généralement appelé Bijou; le mulet, généralement appelé Tistou, c'est-à-dire Baptiste, ou la mule, dénommée Coquette; sur le troisième côté, la maison d'habitation... Tous

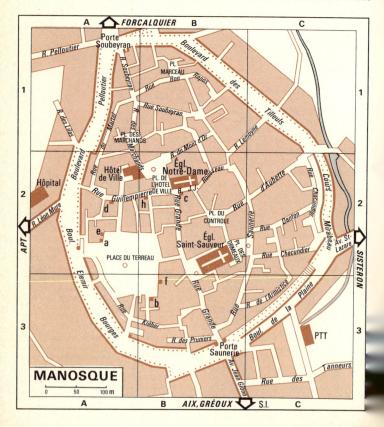

les jours, à la tombée de la nuit, les troupeaux rentraient des collines, buvaient aux grandes fontaines devant les portes de la ville, entraient dans les rues où les épiciers s'empressaient de garer les étalages de légumes verts... Les charrettes montaient en longues files de la vallée, chargées de foin, de blé, de pommes de terre, de choux ou de tomates, selon la saison. Depuis, ces petites villes se sont crues plus grandes villes qu'elles n'étaient. Elles se sont laissé dire qu'il n'y a pas de troupeaux dans les rues de Paris... » (in *Provence*, Album des Guides Bleus, 1958).

La **porte Saunerie* (XIVe s.; plan B 3), dans l'axe de l'avenue Jean-Giono, surveille toujours l'entrée de la **Rue-Grande;** au n° **23** de celle-ci, hôtel de style aixois, du XVIIIe s.

L'**église Saint-Sauveur** (plan B 2), d'origine romane, est flanquée au S. d'un clocher carré du XVIe s. desservi par un escalier remarquablement voûté que surmonte un ***campanile** en fer forgé très ouvragé de 1725.

La nef, commencée à la fin du XIIe s., a été revoûtée d'ogives au XVIIe s., époque à laquelle ont été ajoutés les bas-côtés. Le transept roman à deux absidioles est bien conservé : coupole octogonale nervée sur trompes et croisillons couverts de berceaux transversaux. L'abside, à cinq pans, est, comme les absidioles, couverte d'un cul-de-four nervé. L'orgue est du XVIIe s.

L'**église Notre-Dame de Romigier** est, comme Saint-Sauveur, d'origine romane et a subi des remaniements analogues; ***portail** Renaissance.

La première travée, les voûtes d'ogives de la nef et les bas-côtés ne datent que du XVIIe s.; l'abside gothique à cinq pans paraît remonter au XIIIe. L'autel est constitué d'un **sarcophage paléo-chrétien,** œuvre arlésienne du IVe ou du Ve s., décoré de sculpture figurant les Apôtres; voir aussi une très belle ***Vierge à l'Enfant** en bois noir, du XIIe s.

L'**hôtel de ville,** maison du début du XVIIIe s. qui abrite la mairie depuis 1770, conserve la **tête du buste-reliquaire,** en métal peint, de **Gérard Tenque** (V. histoire), attribuée à *Puget* mais plus vraisemblablement œuvre italienne du XVIIe s., et une magnifique clé de voute monolithe peinte et dorée, provenant de l'ancienne commanderie des Templiers dont elle figure les armoiries.

La **porte Soubeyran** (c'est-à-dire supérieure; plan A 1), en haut de la ville, est une construction analogue à la porte Saunerie; la partie supérieure a été restaurée et munie d'une tour à campanile bulboïde en fer forgé au milieu du XIXe s.

Sur les boulevards **Pelloutier** et **Elémir-Bourges** subsistent quelques **restes de l'enceinte** du XIVe s.; une plaque rappelle l'emplacement du palais des commandeurs de l'ordre de Malte dont la démolition, sous la Révolution, a dégagé l'actuelle place du Terreau (plan A 2).

Deux collines isolées constituent, aux portes de la ville, d'agréables buts de promenade : le **Mont d'Or** (1,5 km du centre; 528 m; tour, seul reste d'un château; panorama) et la **colline de Toutes-Aures** ou **de Saint-Pancrace** (2 km du centre, 475 m; chapelle; panorama); elles sont accessibles par la route.

Suite de la route de Sisteron. — **88,5** km : **Volx** (2 026 hab.).
90,5 km : à g. (**1** km), **Villeneuve** (1 144 hab.), d'où l'on peut faire une promenade à la **chapelle N.-D. de la Roche** (2 km N.-O.; abside romane), établie, en haut d'une colline qui domine la vallée du Largue (vue), près des vestiges d'une forteresse médiévale.
96 km : **La Brillane** (591 hab.), en face d'Oraison (V. it. 11 B, km 105,5).

A 3 km N.-O. par la route de Forcalquier et la D 116 à dr., **chapelle N.-D. des Anges**, pèlerinage provençal. Édifice de l'époque classique; belle chaire du XVIIIe s.

100 km : route à g. pour Forcalquier, au pied du village de Lurs (V. it. 13 C, environs).
103 km : à g. se détache la petite route, étroite et très sinueuse, montant au prieuré de Gânagobie (**4** km).

Le ****prieuré de Gânagobie**, qui en 1954 servit au tournage du film « L'élixir du R.P. Gaucher » de *M. Pagnol*, occupe à 660 m d'alt. le rebord oriental d'un petit plateau aux flancs escarpés, couvert de chênes verts et de maquis parsemé des vestiges d'une intense occupation humaine.

Fondé sans doute vers le milieu du Xe s. et donné peu après à Cluny, le monastère s'enrichit rapidement de donations diverses, notamment, aux XIIe et XIIIe s., de la part des comtes de Forcalquier. Très prospère jusqu'à la fin du XIVe s., il s'affaiblira au XVe , connaîtra un certain renouveau pendant la première moitié du XVIe s., puis sera complètement saccagé lors des guerres de Religion. A nouveau occupé au milieu du XVIIe s., il entrera néanmoins dans une lente décadence jusqu'à la sécularisation en 1788, la vente (1791) et la destruction partielle (1794) des bâtiments. Une petite communauté y reviendra une première fois à la fin du XIXe s. et la vie spirituelle renaîtra définitivement un peu avant la seconde guerre mondiale : le prieuré est aujourd'hui occupé par quelques bénédictins de l'abbaye d'Hautecombe, en Savoie. Fouilles et travaux de restauration s'y poursuivent lentement, en fonction des crédits disponibles.

Visite : t.l.j. de 9 h 30 à 12 h et de 14 h 30 à 18 h 30, sous la conduite d'un moine.

L'**église**, romane, d'une ordonnance sobre et harmonieuse, appareillée avec un soin extrême, a été construite vers le milieu du XIIe s.
Le ***portail** en est particulièrement remarquable, avec ses cinq voussures en arc brisé toutes constituées, à l'origine, par une simple moulure s'appuyant, par l'intermédiaire de chapiteaux corinthiens, sur des colonnettes à fût lisse ou cannelé. C'est sans doute au début du XVIe s. que les deux voussures intermédiaires et leurs piédroits furent remplacés par deux séries de **festons de pierre** en même temps que l'encadrement de la porte était modifié de même manière : une fantaisie diversement appréciée et qui a, au moins, le charme d'une certaine originalité.
Au **tympan**, le Christ en majesté est entouré des symboles habituels des quatre évangélistes et de deux anges, tandis que le linteau (endommagé par les festons découpés ultérieurement) représente, sous huit petites arcatures, les douze apôtres; l'ensemble, empreint d'un certain hiératisme, reste d'une facture assez naïve qui le rend touchant.
Le plan de l'église est assez voisin de celui des autres églises bénédictines de Provence : nef unique de trois travées et double transept sur lequel

ouvrent trois absides; la décoration intérieure est des plus réduites, à peu près limitée à l'arcature de l'abside centrale. Le sol du sanctuaire est en revanche couvert de très précieuses ***mosaïques** d'une dimension et d'une richesse iconographique exceptionnelles et qui vont être restaurées. Exécutées par un certain *Pierre Trutbert* vers le 3e quart du XIIe s., elles n'utilisent pratiquement que trois couleurs (blanc, noir, rouge) combinées dans un décor très diversifié de motifs géométriques et de figurations fantastiques d'une **inspiration toute orientale**. Dans l'église, Vierge à l'Enfant en bois, peut-être du XIVe s.

Le **cloître,** qui date de la fin du XIIe s., évoque celui de Montmajour : il offre sur chaque côté huit petites arcades abritées quatre par quatre sous de grands arcs de décharge; les colonnettes sont quadruples au milieu de chaque série d'arcades. Une partie du cloître a été restaurée de 1895 à 1905 par *Revoil*. La décoration est très sobre : remarquer, au pilier de l'angle S.-O., une colonnette ornée d'un personnage en léger relief (moine accueillant ses frères ou saint que l'on avait voulu particulièrement honorer?). De l'ancienne salle capitulaire ne subsiste que la porte, ouverte sur le cloître entre deux baies géminées. Le **réfectoire,** restauré par Revoil, est du début du XIIIe s.; il est couvert d'une voûte d'ogives en deux travées et abrite une intéressante restitution des mosaïques de l'église.

Après la visite du prieuré on peut faire, sur le **plateau de Gânagobie,** de courtes et intéressantes promenades : ainsi, à g., de l'église, l'allée des Moines, bordée de chênes verts, aboutit à une croix dominant la vallée : ***panorama** de toute beauté sur la Durance, le plateau de Riez et les grands sommets des Alpes de Provence; en face de l'église et à l'opposé de l'allée des Moines, un vieux chemin caillouteux mène au rebord occidental du plateau, à proximité de carrières où, jusqu'à une époque relativement récente, on taillait encore des meules : vue sur le bassin de Forcalquier et la montagne de Lure; enfin, à l'extrémité N. du plateau, subsistent les vestiges,envahis par les broussailles, d'un village abandonné au XVe s. et qui avait été, au XIIIe , protégé par un mur flanqué d'un bastion.

108,5 km : **Peyruis** (405 m; 1 621 hab.), au pied des ruines d'un château, est un tout petit chef-lieu de canton produisant des fruits et de l'huile d'olive; l'église conserve une nef romane (agrandie au XVIIe s.) et une abside gothique à quatre pans du XVIe.

111 km : carrefour.

A 2 km à g., surplombant l'ancienne voie domitienne (le passage par cette combe coupait, entre Sisteron et Peyruis, la courbe que fait la Durance), la **chapelle Saint-Donat** mérite un petit détour. A l'emplacement même où, au VIe s., aurait vécu l'ermite dont elle porte le nom, c'est un des rares témoignages (en cours de restauration) du **premier art roman provençal**. D'assez grandes dimensions — ce fut du Moyen Age à la Révolution un pèlerinage fréquenté —, c'est un édifice très sobre, aux lignes simples et harmonieuses, aux volumes puissants et équilibrés. Construite au XIe s., elle comprend une nef dont la voûte en plein cintre surhaussé retombe sur de grands arcs appuyés, fait rare dans la région, sur des piles cylindriques, des collatéraux très étroits voûtés en demi-berceau et un transept peu profond sur lequel ouvrent une abside et deux absidioles.

La N 96 traverse la plaine d'alluvions formée par le confluent de la Bléone et de la Durance, laissant à g. le vieux village perché de

Montfort; on aperçoit à dr. les **rochers des Mées** (V. it. 11 B, km 120).

115 km : **Saint-Auban** (460 m), une sorte d'énorme lotissement de près de 4 000 âmes, extension industrielle de Château-Arnoux (usines chimiques *Rhône-Progil* produisant des dérivés du chlore); c'est aussi un important centre de vol à voile.

117,5 km : à dr., **belvédère de l'EDF** (parking), dominant les ouvrages de l'Escale sur la Durance.

Les ouvrages de l'Escale comprennent un pont-barrage créant une retenue de 15,7 millions de m³ et sur lequel passe la N 85; une digue de 445 m de long qui limite la submersion de la plaine sur la rive g. Entre le pont-barrage et la digue s'embranche le canal d'Oraison, long de 24 km, qui franchit la Bléone sur un pont-canal puis passe derrière les rochers des Mées par un tunnel de 2 770 m. Une retenue complémentaire sur la Bléone alimente aussi ce canal qui, après avoir actionné l'usine d'Oraison (V. it. 11 B, km 105,5), franchit la Durance sur un autre pont-canal pour rejoindre l'ancien canal de La Brillane : celui-ci actionne à son tour six usines sur la rive dr. avant de rejoindre la retenue de Cadarache (V. « Ce qu'il faut savoir », en tête du chapitre).

118,5 km : **Château-Arnoux** (440 m; 2 296 hab. pour le bourg seul), petit centre touristique bien équipé; au milieu du bourg, joli château du début du XVIe s. (restaurant).

126,5 km : à g., **Peipin** (534 hab.), près des ruines d'un château.

132,5 km : Sisteron, V. chap. 12.

11 B - Par la rive gauche

Route : 147,5 km. D 973 (rive dr.) jusqu'à la hauteur de Mallemort où l'on rejoint la rive g. N 561 ensuite jusqu'à Meyrargues, N 96 de là au pont de Mirabeau, N 552 (D 952), D 554 et D 4 jusqu'à Sisteron.

Quittez Cavaillon par la route de Pertuis et suivez l'it. 11 A décrit ci-dessus sur 15,5 km.

15,5 km : gagnez à dr. Mallemort, sur l'autre rive.

18,5 km : **Mallemort** (3 386 hab.); sur une butte dominant la Durance, un gros bourg agricole (d'où ses conserveries) et un des maillons de la chaîne de centrales hydroélectriques implantées sur la Basse-Durance (420 millions de kWh/an).

De Mallemort, rejoignez la N 7 à Pont-Royal et, quelques centaines de mètres plus loin, prenez à g. la N 561.

25,5 km : **Charleval** (1 417 hab.).

31,5 km : **La Roque d'Anthéron** (175 m; 2 948 hab.), au pied de la petite chaîne boisée des Côtes (479 m), est une « station verte de vacances » avec un château de 1605 (centre médical; on ne visite pas) flanqué de tours.

33 km : à g., ancienne ****abbaye de Silvacane,** la dernière construite des trois « sœurs provençales » cisterciennes (les deux autres sont Sénanque et Le Thoronet), et l'une des rares

ABBAYE DE SILVACANE

fondations de l'ordre à n'être pas perdue au fond des bois ou d'un vallon solitaire; l'endroit, il est vrai, n'était jadis guère fréquenté, isolé qu'il était au milieu des marécages qui sont à l'origine de son nom (*sylva cana,* forêt de roseaux).

*Quelques moines dépendant de Saint-Victor de Marseille s'étaient installés là dès le XI*e *s. Après leur affiliation à l'ordre cistercien en 1145, ils reçoivent des terres de Guillaume de Fuveau et de Raimond des Baux tandis qu'en 1147 arrivent en renfort des moines de Morimond. Grâce à diverses donations, l'abbaye s'accroît très vite; elle fondera Valsainte dès 1188. Dans la 2*e *moitié du XIII*e *s. éclate un différent avec Montmajour : les bons pères ne dédaignent pas le pugilat et la lutte s'achèvera... par une prise d'otages! Pillages (1358, par les bandes du seigneur d'Aubignan) et gel des récoltes affaiblissent sérieusement le monastère qui est à peu près abandonné à l'aube du XV*e *s. D'abord incorporé au chapitre cathédral d'Aix (Bulle du pape Eugène IV en 1444, cassée en 1449, et bulle de cassation elle-même annulée un peu plus tard!), l'abbaye deviendra église paroissiale de La Roque d'Anthéron, village de colons fondé au début du XVI*e *s. par Jean de Forbin, marquis de Janson, pour mettre en valeur les terres environnantes. Le culte s'y maintiendra plus ou moins jusqu'à la Révolution. Vendue, transformée en ferme, elle a été rachetée par l'État en 1846 et les travaux de restauration et de mise en valeur s'y sont, depuis, très lentement poursuivis.*

Visite : payante, t.l.j. sauf mardi, de 9 h 30 à 12 h et de 14 h à 17 h 30.

Le plan général de l'abbaye, adapté à la déclivité du terrain, est un bon exemple du plan-type des monastères de l'ordre.

L'***église** a été construite de 1175 à 1230, en commençant par le chevet. Une toiture en tuiles a remplacé la couverture primitive de dalles en 1868; sur la croisée du transept, un petit clocher carré percée de baies a perdu sa coiffure (probablement une courte flèche en pierre à quatre pans). La façade offre un avant-goût de l'intérieur : simplicité et harmonie; le portail central est encadré de deux voussures en plein cintre ornées d'un simple tore s'appuyant sur des chapiteaux de feuillage stylisé; au tympan, les chanoines d'Aix firent sculpter, au XVe s., les armes du chapitre cathédral.

L'**intérieur** est, comme dans les autres abbayes cisterciennes de Provence, d'une **grande et sobre beauté;** l'absence de décor n'a rien d'austère : évitant au regard de se diluer dans le détail, elle permet au contraire de mieux apprécier l'**admirable équilibre des proportions et des volumes, la pureté des lignes, la perfection de l'appareil** et la **délicatesse de la lumière.** La nef, sans fenêtre, voûtée en berceau brisé sur doubleaux, est flanquée — à des niveaux différents suivant la pente — de bas-côtés voûtés en berceau brisé rampant. Tandis que la croisée du transept porte une voûte d'ogives qui est l'effet d'un repentir (d'autres traces d'hésitation ou de repentir lors de la construction sont du reste visibles dans cette église : fenêtre bouchée dans la 3e travée de la nef, voûtes des chapelles absidales S., arc de décharge dans le mur du croisillon N.), les croisillons sont couverts, suivant l'usage roman, de berceaux transversaux. L'abside, rectangulaire, est également couverte d'un berceau brisé; à g., près d'une fresque très effacée, restes d'un tabernacle en pierre du XVe s. Deux absidioles rectangulaires, voûtées d'ogives, ouvrent sur chaque bras du transept.

Dans le croisillon N., un escalier communique avec le dortoir, offrant aux moines un accès direct pour les offices nocturnes : *complies,* entre le dîner et le coucher, *matines* vers 2 h du matin, *laudes* à l'aube; en-dessous de l'escalier se trouvait l'**armarium**, bibliothèque de l'abbaye, tandis qu'à côté une petite porte donne sur la sacristie, en contrebas, salle longue et étroite couverte en berceau brisé et communiquant par une autre porte avec le cloître.

Le **cloître**, à 1,60 m en contrebas de l'église, a été construit dans la 2e moitié du XIIIe s.; encore roman par ses grosses arcades en plein cintre, qui embrassaient des baies géminées un peu semblables à celles du clocher (une seule a été remontée), et par ses voûtes en berceau, il comporte néanmoins, à trois de ses angles, des voûtes d'ogives; il est couvert de terrasses. Dans l'angle N.-O. du préau on a, en 1960, dégagé les restes du **lavabo**, fontaine où les moines venaient faire leurs ablutions.

La **salle capitulaire**, couverte par six travées de voûtes d'ogives reposant sur deux colonnes isolées et, le long des murs, sur de simples consoles, est antérieure au cloître avec lequel elle communique par une porte et deux baies : toute cette aile E. du monastère a été construite entre 1210 et 1225. Après l'**escalier du dortoir** (qui occupe tout l'étage; on ne visite pas), sous lequel un réduit semble avoir servi de prison, vient le **parloir**, seul endroit où les moines pouvaient rompre le silence : le parloir était également utilisé comme passage permettant aux cisterciens d'aller, dans les champs voisins, accomplir leur tâche agricole.

La **salle des moines** fait suite au parloir : un peu plus grande que la salle capitulaire, voûtée également d'ogives (qui s'appuyent ici, au niveau des murs, sur des colonnettes engagées), elle conserve une grande cheminée (la hotte paraît avoir été refaite) et servait de **chauffoir** : refuge de quelques instants les jours de grand froid, lieu réservé au travail intellectuel et de copie.

La galerie N. du cloître est bordée par le **réfectoire**, rebâti vers 1420 : c'est une belle salle rectangulaire gothique de quatre travées, voûtées d'ogives (chapiteaux et clefs ornés de feuillages) avec chaire du lecteur du XIIe s.

La cuisine (dans l'angle N.-O. du cloître) et le bâtiment des frères convers (réfectoire au rez-de-chaussée, dortoir à l'étage), qui flanquait la galerie O. du cloître, ont disparu.

La route se rapproche de la Durance qui coule ici au pied même des montagnettes calcaires de la rive g. : belle vue, de l'autre côté de la vallée, sur le gros bourg de Cadenet (V. it. 11 A, km 33) qui s'étage au pied du Luberon.

39,5 km : **Saint-Estève-Janson** (130 hab.), près d'une centrale hydroélectrique et en face des ruines d'un château.

43,5 km : **Le Puy-Sainte-Réparade** (209 m; 2,859 hab.).

48,5 km : on croise la route d'Aix à Pertuis.

51,5 km : **Meyrargues** (206 m; 2 222 hab.), à 1,5 km de la rive g. de la Durance; le bourg est dominé par une butte portant un **château** d'origine médiévale, reconstruit en 1638 par la famille d'Albertas, avec un perron monumental et une cour ouverte en terrasse au midi : c'est auj. un très confortable hôtel. Dans le ravin, à l'E. du château, restes de l'**aqueduc romain** qui portait à Aix les eaux de Traconnade.

57,5 km : **Peyrolles-en-Provence** (220 m; 2 297 hab.), gros bourg industriel (carrières, conserveries) dans un environnement agricole (fruits, vignobles). A l'entrée de la vieille ville, tour de l'ancienne enceinte (deux autres subsistent), transformée en **beffroi** au XVIIe s. Un vaste **château** — parfois appelé « du roi

René », en fait totalement reconstruit au XVIIe s. par les archevêques d'Aix — abrite la mairie. L'église conserve une belle nef romane voûtée en berceau brisé. Sur une plateforme rocheuse, **chapelle du Saint-Sépulcre,** assez originale (clef chez le photographe voisin) : de plan quadrilobé, surmontée d'un massif carré central avec petit clocher-arcade, elle date sans doute du XIIe s. et rappelle Sainte-Croix de Montmajour.

62 km : à dr., chemin montant vers la **chapelle N.-D. de Consolation,** romane : vue sur la vallée.

65,5 km : à dr., **centrale** hydroélectrique **de Jouques** (1959); sur le parking situé en amont, un panneau explique succinctement l'aménagement de la Basse-Durance et le fonctionnement de l'usine (productibilité, 400 millions de kWh/an).

66,5 km : laissez à g. le **pont de Mirabeau,** qui traverse la Durance en l'un des points les plus étroits de son cours inférieur; ce ***défilé de Mirabeau,*** important affaissement géologique où l'on distingue nettement, sur la rive opposée, les couches plongeant vers la rivière, marque l'entrée en Haute-Provence.

70,5 km : à g., **Saint-Paul-lès-Durance** (463 hab.), isolé entre la rivière et le canal qui lui emprunte ses eaux; l'église renferme un bel ensemble de boiseries du XVIIe s. (retables et statues provenant de la chartreuse de Villeneuve-lès-Avignon).

73 km : la route longe à dr. les installations du **Centre d'Études Nucléaires de Cadarache** (on ne visite pas).

Le *Commissariat à l'Énergie Atomique* poursuit dans ce centre un programme de **recherches expérimentales** — pratiquement à l'échelle industrielle — en vue d'assurer la mise au point et le développement de différents types de réacteurs.

C'est en 1959 que le site fut choisi : faible densité de la population — ce qui limite les risques en cas d'accident ou de pollution nucléaire —, abondance de l'eau et de l'énergie, relative proximité des centres universitaires d'Aix et de Marseille. Couvrant 1 600 ha, le centre emploie actuellement 3 400 personnes, sans compter le personnel des entreprises sous-traitantes, fort nombreuses. Plus de la moitié habitent Aix; le reste est réparti entre Manosque et quelques villages des environs qui ont, de ce fait, connu un développement rapide contre-balançant l'abandon progressif des plateaux voisins.

Un atelier de technologie du plutonium assure la mise au point et la fabrication de l'ensemble des éléments combustibles à base de plutonium nécessaires aux besoins français, en particulier ceux destinés aux réacteurs à neutrons rapides (dont fait partie le fameux Phénix de Marcoule). Sont poursuivies également à Cadarache des études de chimie industrielle portant sur le traitement des effluents et le dessalement de l'eau de mer, des recherches concernant la sûreté des piles et la protection contre les risques divers. Enfin, des laboratoires de chimie analytique, de radio-agronomie, de phyto-génétique, un centre de calcul, des installations de traitement des déchets radioactifs et de décontamination des matériels, en font un des centres pilotes de la recherche nucléaire appliquée.

74 km : à g., une route conduit au **barrage E.D.F. de Cadarache,** établi au confluent de la Durance et du Verdon.

→ Dominant le barrage, le **château de Cadarache** (utilisé comme maison d'hôtes du centre; on ne visite pas) a été bâti vers 1475 par *Louis de Villeneuve*, marquis de Trans, plus tard ambassadeur de France à Rome. C'est un vaste logis d'agrément très simple; du château ancien, on conserva comme donjon une grosse tour carrée qui est reliée au logis par un pont de pierre.

La terrasse qui porte le château est entourée d'une enceinte du XIVe s.; elle offre une belle *vue sur le confluent de la Durance et du Verdon et, au loin, sur les Alpes de Provence. A proximité du château, belle chapelle romane rurale du type habituel à la Provence.

75,5 km : à g., route (interdite) pour le château de Cadarache.
79,5 km : **Vinon-sur-Verdon** (284 m) ne comptait que 810 hab. en 1963 : il en a auj. 1832. Le vieux bourg occupe, au-dessus de la rive g. du Verdon, un piton que couronne une petite église du XVIe ou du XVIIe s.

Franchissant le Verdon, on laisse à dr. la route de Gréoux et Moustiers (V. it. 32 C, km 43) puis, contournant l'extrême pointe S.-O. du plateau de Valensole, on se rapproche peu à peu de la Durance.

88 km : à dr., **château de Rousset**, du XVIe s., restauré.
89,5 km : à g., route pour Manosque.
90,5 km : **La Fuste** : une bonne étape gastronomique si vous avez retenu votre table.
105,5 km : **Oraison** (373 m; 2 667 hab.), village fleuri, bourg agricole assez prospère (notamment grâce à son élevage de poulets) au débouché de la vallée de la Rancure et où le canal d'Oraison, né à Château-Arnoux (V. it. 11 A, km 118,5), actionne une puissante centrale hydroélectrique souterraine (675 millions de kWh/an); deux petites industries : cartes postales et pâte d'amandes.

→ A 3,5 km en aval, la Durance enjambe en quelque sorte son propre lit : le canal change en effet de rive grâce à un **pont-canal**, bel ouvrage en béton long de 230 m (1963).

112,5 km : à dr. (0,8 km), **château de Paillerols**, où *Pasteur* étudia la maladie des vers à soie; non loin, à l'abandon, petite chapelle de plan cruciforme, bien conservée, du XIIIe s.
120 km : **Les Mées** (410 m; 2 128 hab.), au pied des célèbres ***rochers des Mées,** semblables à un gigantesque alignement de pénitents de pierre, qui dominent le confluent de la Durance et de la Bléone; certains dépassent 100 m de hauteur.

Les rochers des Mées sont formées d'un poudingue dont les noyaux, calcaires pour la plupart, quelquefois siliceux, sont unis par un ciment très consistant. Certains, vus de profil, ressemblent à des pans de murs et sont encore attachés en partie à la masse de la montagne. C'est avec un peu de recul que ce bizarre alignement est curieux à voir : on dirait une procession, d'où le surnom de **Pénitents** qu'on leur donne habituellement. Une des légendes auxquelles cette curieuse formation géologique a donné lieu prétend d'ailleurs qu'il s'agit de moines pétrifiés par saint Donat pour avoir péché (en pensée) à la vue d'une troupe de mauresques descendant la Durance... Leur vague ressemblance avec des bornes, en latin *Metae*, est à l'origine du nom de la localité.

125,5 km : **Malijai** (428 m; 1 471 hab.), où un barrage détourne les eaux de la Bléone vers le canal d'Oraison. On rejoint ici la route Napoléon (N 85) : l'empereur passa au château la nuit du 4 au 5 mars 1815.
130,5 km : laissant à g. la route qui, passant sur le barrage de l'Escale (V. it. 11 A, km 117,5), rejoint la rive dr., puis à dr. le village de **L'Escale** lui-même (722 hab.), on continue tout droit.
134,5 km : **Volonne** (500 m; 1 253 hab.), plaqué contre un éperon rocheux encore coiffé des tours — dont une restaurée — d'un château médiéval. L'église, joliment située entre le bourg et la Durance, possède une abside romane au fond d'une nef gothique datant surtout du XVIIe s., le village ayant été incendié durant les guerres de Religion.

⇒ A 5 mn N., par le cimetière, l'**église Saint-Martin,** sauvée de la destruction totale par le mouvement « Alpes de Lumière », mérite une visite; de plan basilical, avec trois absides mais sans transept, très fruste sur le plan décoratif, c'est un **précieux témoignage de l'architecture romane du XIe s.**

136,5 km : carrefour.

⇒ Remontant la vallée du Vançon, la D 404, à dr., conduit à (**3** km) **Sourribes** (75 hab.), où l'on voit les restes (cloître gothique) d'un monastère de bénédictines fondé au XIIe s.

Un peu plus loin on passe près de la **centrale hydroélectrique de Salignac** puis (143,5 km) du barrage qui l'alimente.
147,5 km : **Sisteron,** V. chap. 12.

12 - Sisteron et ses environs

7 443 hab., les *Sisteronais,* 500 d'alt.

Un enchevêtrement de toits presque plats s'étageant au pied d'une citadelle; en face, un énorme rocher aux plis redressés, mille-feuilles géant de calcaire rongé par l'érosion; entre les deux, passé l'étranglement d'un pont sans âge, une Durance transformée en lac : le « site pittoresque » par excellence. C'est la porte de la Provence : la géologie, le climat, la végétation et l'histoire des hommes en ont ainsi décidé. Le terme, pourtant, a changé de signification : après avoir été le lieu par où l'on *quittait* la Provence en venant du S., et le Dauphiné en venant du N., Sisteron est devenu celui où l'on *entre* en Dauphiné dans un sens et où l'on entre en Provence dans l'autre. Une nuance bien moins byzantine qu'il n'y paraît. Les touristes ne s'y trompent pas, qui ont fait de ce chef-lieu de canton une petite plaque tournante d'excursions dans les deux régions.

La ville dans l'histoire

Occupé selon toute vraisemblance depuis des temps très reculés, le site recueillera les Romains qui fonderont là Segustero : une cité suffisamment importante pour être un des chefs-lieu de la Narbonnaise Seconde et devenir, au Ve s., siège épiscopal. Son histoire, dans l'ensemble, n'est pas très originale : c'est l'habituelle alternance de périodes de prospérité — des périodes sans histoire — et de souffrances : invasions diverses du Ve au Xe s., peste en 1348, raids d'aventuriers dix ans plus tard, guerres de Religion de 1560 à 1600; c'est l'appartenance successive au royaume du Bourgogne-Provence, au comté de Forcalquier (1054-1209) et au comté de Provence (1209-1481) avant le rattachement de ce dernier à la Couronne. Dotée de franchises municipales par les comtes de Forcalquier, la ville bénéficiera de la sollicitude des comtes de Provence et, notamment, de Robert d'Anjou, qui lui accorde un conseil et étend les libertées publiques.

Ne sachant comment la ville va l'accueillir, Napoléon préféra, le 4 mars 1815, faire halte à Malijai, tandis que Cambronne venait négocier; ce dernier dut être, pour une fois, particulièrement poli et diplomate : malgré son maire royaliste et son gouverneur républicain, Sisteron accueillit triomphalement l'Empereur le lendemain.

En 1944, les Allemands s'accrochent à la position stratégique que représente la ville : le 15 août, les Américains bombardent, à haute altitude; « arrosage » aveugle et inutile qui détruit le quart de Sisteron et fait quatre cents morts qu'on aurait sans doute pu éviter.

Célébrités. — *Sisteron est la patrie de Jean-Baptiste d'Ornano (1581-1626), maréchal de France et l'une des victimes de Richelieu, et de l'écrivain Paul Arène (1843-1896) dont Domnine et Jean des Figues sont les plus sisteronais de ses romans.*

Sisteron aujourd'hui. — De l'eau, de l'énergie, les vergers du val durancien : la vie économique sisteronaise est tout entière conditionnée par ces trois facteurs : l'eau et l'énergie permettent la production de produits chimiques (*SAPCHIM;* env. 180 emplois, la plus grosse industrie de la ville), les fruits fournissent du travail aux expéditeurs, à une conserverie et à des confiseurs ; fabrique de nougat *(canteperdrix).*
Sisteron est aussi un petit centre de services, et notamment un important marché : foire mensuelle et marché bihebdomadaire.

Visite de la ville

La **place de la République** (plan A 4 ; grand parking) est au centre du quartier reconstruit après la guerre.
Le **musée du Vieux Sisteron** (plan A 4) occupe, en attendant l'ouverture prochaine d'un établissement plus important, le 1er étage d'un bâtiment abritant également le S.I.

Visite : sur demande à *M. Pierre Colombe,* conservateur, rue de Provence.

Le musée rassemble essentiellement des sculptures gallo-romaines provenant d'un tombeau monumental, renfermant les restes d'un personnage important, dont les substructions ont été découvertes en 1949 dans le quartier de la gare, au cours de travaux de reconstruction (statues des Muses, figure des Vents, urnes cinéraires céramiques gallo-romaines). Quelques témoignages de la vie préhistorique. Nombreuses estampes, dessins, gravures et peintures illustrent la région, notamment par *Louis Javel,* peintre sisteronais (1911-1977).
Souvenirs de l'ancien évêché, statues polychromes et en bois doré provenant de la cathédrale, chapiteaux romans. Souvenirs de Paul Arène.

Au S. de la ville, sur l'av. de la Libération, l'O.N.F. occupe les restes de l'ancien **couvent des Cordeliers** où *Raimond Bérenger V* (1198-1245) rédigea le fameux testament par lequel il léguait la Provence à sa fille cadette Béatrice, prélude involontaire, par suite du mariage (1246) de Béatrice avec Charles d'Anjou (frère de Saint Louis) au rattachement ultérieur de la Provence à la France. Restes de la chapelle (chevet) et du cloître (deux arcades).

Quatre **tours** (plan A-B 4) subsistent des anciens remparts reconstruits au XIVe s.
L'***église Notre-Dame** (plan B 4), ancienne cathédrale, du XIIe s., est une des plus intéressantes constructions de l'école romane de Provence, marquée ici de très nettes influences lombardes.

La **façade** est très caractéristique, avec son portail ouvert sous une double voussure dont les claveaux sont en pierre de deux couleurs, et son décor sculpté d'animaux fantastiques qui orne piédroits et colonnettes. Il faut ensuite contourner l'édifice pour voir la **très belle composition du chevet :** remarquez en particulier la galerie, faite d'une petite colonnade architra-

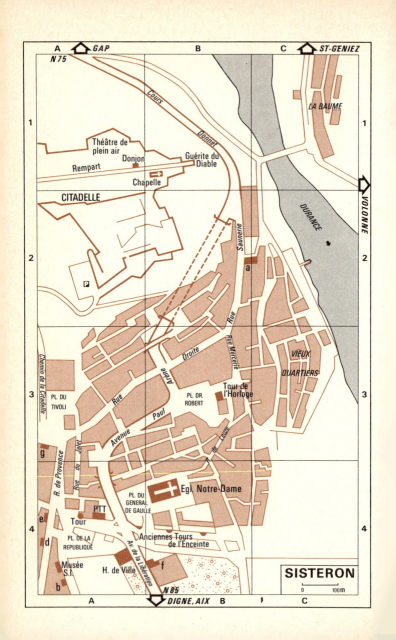

vée, qui orne le tambour octogonal bâti au-dessus de la coupole; elle portait sans doute à l'origine un clocher, celui que l'on voit aujourd'hui au N. n'ayant été élevé qu'au XIV⁰ s.

L'**intérieur** n'est pas moins remarquable par son plan et ses proportions : la nef voûtée en berceau à peine brisé et les bas-côtés, couverts de la même manière, se terminent, sans transept, sur trois absides semi-circulaires voûtées en cul-de-four. L'abside centrale est précédée d'une travée de chœur surmontée d'une belle coupole octogonale sur trompes. Les chapelles latérales sont des additions du XIVᵉ et XVIIᵉ s.

Les piliers de la nef sont cantonnés de demi-colonnes portant d'intéressants *chapiteaux. Dans la 2ᵉ chapelle de g., deux bons **primitifs français** du début XVIᵉ s. : Crucifixion et Mise au Tombeau; dans la 4ᵉ chapelle de dr., statue de la Vierge, du XVIIIᵉ s.; au maître-autel, grand retable en bois doré du XVIIᵉ s. encadrant un tableau de *N. Mignard;* stalles du XVIIᵉ s.

A g. de l'église s'amorce un itinéraire fléché par le S.I. à travers les **vieux quartiers,** étroitement serrés au-dessus de la Durance : c'est un charmant dédale de ruelles — les andrônes (du latin *andron,* passage entre deux murs) — coupées d'escaliers, enjambées de voûtes, débouchant sur des placettes; fontaines, vieilles maisons, portes anciennes composent un décor un peu médiéval qui n'est pas sans attrait.

Chemin faisant, on passera près de la tour de l'horloge (1892); le **campanile** en fer forgé est plus réussi que la tour elle-même. Dans la **rue Saunerie,** au n° 64, une plaque signale le passage de Napoléon (V. histoire). La rue se terminait jadis par une porte, détruite en 1944 : il n'y a plus là qu'une large terrasse dominant la Durance et offrant une belle vue sur la brèche ouverte par la Durance entre le rocher de la Citadelle et le rocher de la Baume.

La ***citadelle** (plan A 1-2) profite des particularités topographiques de l'endroit : une crête calcaire extrêmement étroite et escarpée qu'il a suffi de couronner d'une haute courtine — mais de grandes arcades de soutènement ont été tout de même nécessaires du côté de la ville. De part et d'autre de cette crête, sur les versants S. et N. du rocher, s'étagent diverses lignes de fortifications qui faisaient de la position un verrou très puissant commandant le confluent de la Durance et du Buech.

L'origine de la forteresse remonterait au XIᵉ s. Détruite et reconstruite, à nouveau très endommagée lors des guerres de Religion, elle fit l'objet d'une reconstruction quasi complète que l'on attribuait généralement, sans preuve, à Jean Errard (1554-1610), ingénieur militaire de Henri IV, qui fut le premier à utiliser en France le système des fortifications bastionnées; on pense, avec quelque vraisemblance, que cette reconstruction fut peut-être conduite en fait par un ingénieur piémontais. Très endommagée lors du bombardement de 1944 (la chapelle notamment, fut détruite), elle a été restaurée et sert de cadre à des manifestations organisées par une association dynamique, — Art, théâtre, monuments —, qui veille à sa protection et à sa mise en valeur : les travaux de restauration, poursuivis depuis 20 ans, sont, pour l'essentiel, financés par le produit des visites.

Visite : payante, t.l.j. de 8 h 30 à 19 h des Rameaux à la Toussaint; itinéraire fléché et sonorisé.

A l'entrée de la citadelle, un petit **musée** retrace, à l'aide de divers documents, son histoire. Au milieu de la courtine, dressée sur une crête orientée E.-O., s'élève le **donjon**, en partie du XIIIe s., où vous pourrez voir le cachot où fut enfermé (1639) *Jean-Casimir* (1609-1672), futur roi de Pologne; la plate-forme commande un immense horizon, tout comme l'extrémité orientale de la courtine, qui domine le pont de la Baume et porte une table d'orientation (592 m d'alt.) : vue au N. sur le Dauphiné, au S. sur la Provence, séparés à l'E. par le signal de la Baume (1 149 m). A côté, une terrasse porte la **chapelle Notre-Dame,** du XVe s., qui vient d'être restaurée.

Par un escalier qui traverse l'arête rocheuse, on descend aux enceintes du flanc N. ; à l'extrémité E. de la lame rocheuse, une échauguette, la **guérite du Diable,** surplombe le pont de la Durance. Plus bas, un escalier creusé dans le roc (365 marches) et percé d'ouvertures par lesquelles on pointait des bouches à feu, communiquait avec le bas de la vallée (attention, l'issue inférieure est fermée).

Passant près du théâtre de plein air qui trouve, dans l'enceinte N., un cadre particulièrement agréable, vous pourrez longer ensuite le pied de la grande muraille puis traverser à g. l'arête de rocher : la porte permet de mesurer l'extrême minceur du roc à cet endroit.

Environs de Sisteron

1 — Le faubourg de la Baume. — Au pied des énormes strates verticales de la rive g. — on imagine les restes d'un mur gigantesque qui aurait barré la vallée —, il conserve un ancien pied-à-terre des évêques de Gap (auj. hôtel du Rocher, fenêtre romane) et, un peu en amont, la petite église Saint-Jacques, du XIIe s. Les restes de l'**église Saint-Dominique** sont plus intéressants : c'était l'église d'un couvent de dominicains fondé en 1248 par *Béatrice,* fille de Raimond-Bérenger. Le chœur rectangulaire, percé d'un triplet, est surmonté d'un joli clocher planté obliquement et révélateur, par l'emploi de pierres de deux tons, d'influences lombardes.

2 — Le Molard (au S.-O. ; 2 h aller et retour). — Le sentier suivi par le GR 6 s'amorce à l'E. de la place du Tivoli (plan A 3) et monte sous bois presque jusqu'au sommet du **Molard** (749 m ; belle vue au S.). Un peu plus loin, sur la crête, un sentier descend au N. vers la vallée des Combes d'où la vieille route de Ribiers ramène au point de départ.

3 — Montagne de la Baume (à l'E.). — Le GR 6 s'embranche à g. de la route de Vilhosc, à 2 km du pont de la Baume; gravissant le flanc S. de la montagne (un sentier assez raide, à g., permet d'atteindre le sommet; 1 147 m; vue circulaire du Dévoluy au N. à la Sainte-Victoire et à la Sainte-Baume au S.), il descend ensuite sur le village d'**Entrepierres** d'où il remonte pour traverser la clue séparent la montagne de la Baume de la chaîne des rochers de Saint-Michel.

4 — Vilhosc (6 km O.). — D'un prieuré du XIe s. dépendant jadis de la communauté de Chavardon (V. ci-après) il ne reste plus auj. qu'une **crypte** caractéristique du premier art roman méridional, incorporée dans les bâtiments d'une ferme.

5 — La montagne, entre Sisteron et Digne (circuit de 80 km env.). — Quittez Sisteron par la Baume où vous prendrez la route (D 3) d'Authon. La route monte en lacet au petit **col de la Sacristie** (814 m) puis traverse une cuvette rocheuse dominée à g. par la **montagne de la Gache** et d'où elle remonte la vallée du Riou de Jabron.

NOTRE-DAME-DE-DROMONT

12 km : Le ***défilé de Pierre-Écrite** (1 000 m env.) aux rochers couverts en été de saxifrages, tire son nom d'une **inscription latine** de grandes dimensions gravée dans la roche : *Claudius Postumus Dardanus,* ancien préfet du prétoir des Gaules, converti au christianisme, aurait fondé ici, vers 415, une communauté nommée **Théopolis**, à la fois centre de vie spirituelle et village-refuge pour les chrétiens pourchassés, et l'aurait équipée de murs et de voies d'accès. Rien n'a été retrouvé qui puisse être avec certitude identifié comme un vestige de cette Théopolis. Peut-être faut-il chercher cette dernière au hameau voisin de (**15 km**) **Chardavon** : c'est là en effet — et pourquoi là, sinon peut-être en raison de ce passé ? — que s'établirent, au XIe s., des moines dépendant de Saint-Victor de Marseille.
16 km : **Saint-Geniez** (1 100 m ; 51 hab.), petit séjour d'altitude (nombreux gîtes ruraux), au bord d'une autre cuvette où les collectionneurs de minéraux trouveront peut-être de beaux morceaux de gypse, de marbre noir, de galène ou de barytine.
17,5 km : à dr. un chemin conduit (500 m) au hameau de **Chabert** où subsiste, à demi ruinée, la **chapelle Notre-Dame de Dromont**, du XIe s., revoûtée au XVIIe s. En dessous s'ouvre une crypte de très petites dimensions que l'on fait remonter au VIIIe ou IXe s. *(F. Benoît)* et parfois même au Ve s. (on prétend alors que ce fut la sépulture de Dardanus, V. ci-dessus, et de son épouse Nevia Galla) : selon *G. Barruol*, elle ne date en fait que du XIe s. Les deux chapiteaux en albâtre sont sculptés de paons, de têtes de béliers, de gerbes de blé qui sont des symboles de fécondité et attestent peut-être que cet antique lieu de pèlerinage était lié à un culte agro-pastoral.
Au-dessus se dresse le **rocher de Dromont** (1 285 m) où l'on a trouvé les vestiges d'un castrum du XIe s. ; très beau ***panorama** vers le S. et le S.-O. La route redescend ensuite vers la vallée du Vançon.
23 km : **Authon** (1 131 m ; 23 hab.), d'où, en suivant le GR 6, on peut faire une belle promenade jusqu'à la clue de Feissel (à 2 km). — Montée à travers bois.
27 km : **Col de Font-Belle** (1 304 m), dans la forêt domaniale de Mélan, dominé au S.-O. par la Grande Aiguille (1 704 m ; sentier), sommet de la montagne de Mélan. Le GR 6, que l'on croise au col, mène en 40 mn, à l'O., à la grotte de Saint-Vincent, vaste salle à stalactites et stalagmites où s'ouvrent plusieurs puits ; à l'E., il s'élève vers la crête de Guéruen (1 880 m). Descente progressive dans la vallée des Duyes.
38 km : route à g. pour **Thoard** (765 m ; 423 hab.) ; ruines féodales ; clocher gothique.
53 km : on atteint la **route Napoléon** (N 85) dans la vallée de la Bléone ; laissant à g. la direction de Digne (à 14 km, V. le Guide Bleu *Haute-Provence-Côte d'Azur*), on prend à dr. vers Sisteron.
58,5 km : **Malijai** (V. it. 11 B, km 125,5) où l'on rejoint la vallée de la Durance.
78,5 km (par Château-Arnoux et la rive dr. de la Durance) ou **82 km** (par Valonne et la rive dr.) : Sisteron.

6 — La montagne, entre Sisteron et Serre-Ponçon (circuit de 80 km au N.-E.). — Quittez Sisteron par la Baume, où vous prendrez à g. la route (D 951) de La Motte ; on s'éloigne de la Durance pour remonter la vallée du Sasse que l'on franchit à **8,5 km**, avant de passer au pied du petit massif des **Rochers de Hongrie** (1 189 m ; à g.). Après (**14 km**) **Nibles**, la route s'engage dans un défilé occupé par le lit caillouteux du torrent.
17,5 km : la route remonte désormais le torrent du Grand Vallon.
21,5 km : **La Motte** (704 m ; 509 hab. ; jadis, *La Motte-du-Caire*), petite station estivale non loin d'un lac de 2 ha (truites) et entourée de vergers (pommes, poires, pêches) ; château du XVIIIe s.

25,5 km : Le Caire (720 m; 69 hab.) d'où l'on peut faire à l'O. l'ascension du **Malaup** (1 561 m).
29,5 km : Faucon-du-Caire (910 m; 34 hab.).
33,5 km : col de SarrauT (980 m).
37 km : Gigors (875 m; 34 hab.).
37,5 km : bifurcation : prenez à dr. (par la route de g. on pourrait aller voir le barrage de Serre-Ponçon : 30 km aller et retour; V. le Guide Bleu *Dauphiné*).
38,5 km : Bellafaire (845 m; 135 hab.).
42 km : à g., **Turriers** (1 040 m; 226 hab.), dans un petit cirque de montagnes parsemé de blocs erratiques.
45 km : col des Sagnes (1 182 m), d'où une descente avec quelques virages serrés (Les Tourniquets) ramène vers la vallée du Sasse que l'on atteint peu avant Bayons.
50,5 km : Bayons (870 m; 69 hab. au village), sur la rive dr. du Sasse; **église** des XIe et XIIIe s., à nef unique, large et élevée, couverte d'un berceau brisé sur doubleaux; le chœur, rectangulaire, est couvert d'une voûte d'ogives sexpartite; portail gothique, beau clocher carré de type alpin, à pyramide de pierre et décor d'arcatures.
La vallée du Sasse forme une série de clues.
59,5 km : Clamensane (700 m; 101 hab.), parmi les arbres fruitiers.
62,5 km : carrefour où l'on rejoint la D 951 (ci-dessus, km 17,5).
80 km : Sisteron.

7 — Gorges de la Méouge et vallée du Jabron (circuit de 87,5 km à l'O.). — A la sortie N. de Sisteron, prenez à g. vers Ribiers la route (D 948) qui remonte la vallée du Buech.
9 km : Ribiers (519 m; 533 hab.); ruines d'un château du XVe s.; l'église conserve un portail roman du XIIIe s. A 4,5 km S.-O., dans le vallon de **Clairecombe,** ruines importantes d'une abbaye chalaisienne du XIIe s.
15 km : prenez à g. vers **Le Plan,** hameau central de la commune de **Châteauneuf-de-Chabre** (158 hab.).
La route pénètre peu après dans les ***gorges de la Méouge,** dominées à dr. par l'église de **Pomet** (de l'ancien cimetière, belle vue sur les gorges).
25 km : Barret-le-Bas (670 m; 352 hab.); ruines d'une église romane du XIe s.
28,5 km : à g., **Salérans** (714 m; 79 hab.), sur une butte tronconique.
36 km : à g., **Lachau** (750 m; 225 hab.); à 500 m S. ***église Notre-Dame-de-Calma,** bel édifice roman de la 1re moitié du XIIIe s.
45 km : Séderon (810 m; 321 hab.); entre deux hautes crêtes de calcaire érodé, un petit chef-lieu de canton où l'on distille la lavande.
47 km : prendre à g. la D 546 qui ramène à Sisteron par le col de la Pigière (968 m) et la **vallée du Jabron** : itinéraire décrit ci-après, 13 E.
87,5 km : Sisteron.

13 - Pays de Forcalquier et montagne de Lure

Entre Durance et Ventoux s'épanouit la vraie *Haute-Provence*. Point de ces reliefs alpins heurtés où naissent Var et Verdon, mais un jeu compliqué de plateaux et de cuvettes, de collines et de vallons qui s'étagent tranquillement jusqu'à la montagne de Lure, cet olympe provençal. Lumière, silence, paix : nature en apparence aimable, dispensatrice de mille douceurs, la lavande et le thym, la truffe et le miel. Méfions-nous, pourtant, de ces visions idylliques. Silence et paix ont ici des accents de solitude et d'austérité. Dans ce pays sévère où les fermes, repliées sur elles-mêmes, prennent des allures de petites forteresses, les villages qui semblent nés tout seuls de la roche se vident peu à peu de leurs habitants; les terres âpres et arides de la « Provence près du ciel » n'offrent plus toujours de quoi nourrir tout le monde. Immuables comme le roc, les vieux bergers que Giono disait un peu mages, un peu poètes, continuent de guider leurs troupeaux dans le tintement des sonnailles, au long des chemins poussiéreux; mais au pays des bergeries en pierre sèche, apparaissent çà et là les fermettes banales de résidents secondaires.

Ce qu'il faut savoir

Dans ce pays aux sources rares, où les rivières disparaissent parfois au creux de fissures et d'avens, l'**élevage ovin** reste, avec env. 150 000 têtes pour l'ensemble du département (le 1er département de la région sur ce plan), la ressource principale du pays, utilisant plus de la moitié de la S.A.U. (superficie agricole utilisée). Une petite **polyculture extensive,** largement dominée par la lavande et des céréales adaptées à un sol difficile, en occupe le reste, 12 % de la surface totale; pour exemplaires qu'ils soient, les reboisements effectués — au flanc de la montagne de Lure notamment — ne peuvent encore donner lieu à une réelle exploitation de la forêt. Quittant les hameaux épars du haut pays (Revest-des-Brousses a perdu 33 hab. sur 172 en dix ans, Redortiers 19 sur 104...), les habitants en surnombre par rapport aux ressources locales descendent vers la vallée et se reconvertissent dans le tertiaire. Et le tourisme n'a pas encore une grande incidence économique : ni celui des résidences secondaires, qui commencent à se multiplier dans la partie E. de la région; ni celui des estivants venant en famille goûter à la tranquillité des lieux et à la tonicité de l'air (le département se vante, à juste titre, d'être le moins pollué de France).

Sur les routes de Haute-Provence

Quatre itinéraires vous invitent ci-après à une découverte, très partielle, de ce pays : une simple prise de contact, en fait, car c'est à pied, surtout, qu'il faudrait le parcourir, de villages en hameaux, de granges en jas ou en clapiers. Marcher des journées entières, même seul — mais derrière ses sécheresses, ce pays a bien des générosités, et les contacts y sont plus faciles qu'il n'y paraît —, fait ici mieux saisir que ne le peut ce guide l'organisation de la terre et ses rapports avec les hommes. Et si vous voulez en savoir plus, vous mêler plus intimement à la vie des gens, prenez contact, à Saint-Michel, avec le mouvement **« Alpes de Lumière »** *: ses enquêtes, recherches, publications, stages et chantiers sont la meilleure introduction aux valeurs et problèmes de la région.*

13 A - D'Apt à Forcalquier

Route : 42 km par la N 100

D'Apt, suivez sur 15,5 km la route décrite it. 8 C, **3.**

18,5 km : **Céreste** (370 m; 832 hab.), entouré de vignes et d'oliviers, « assise au bord de l'Encrème comme une vieille dame dans un jardin potager », se souvient d'avoir été romaine : un pont sur la rivière, quelques vestiges de la voie domitienne et la tour d'Embarbe (d'Ahenobarbus), assez loin du village, au pied du Luberon, témoignent de l'ancienne *Catuiaca*.

A 3 km N.-E., le ***prieuré de Carluc** (propriété privée; on peut visiter) est un des plus attachants établissements religieux de la région.

*Fondé probablement vers le début du XI*e *s. et rattaché un siècle plus tard à Montmajour, le monastère fut assez prospère jusqu'au XIV*e *s. Il eut lui-même sous sa dépendance près d'une quinzaine d'autres prieurés. Mais le déclin commença dès le XVI*e *s. et, deux siècles plus tard, la ruine attaquait déjà les bâtiments conventuels. Les fouilles conduites de 1960 à 1971 par Jean et Guy Barruol ont mis au jour d'importants vestiges de cet ensemble tout à fait original.*

De l'**église**, en grande partie écroulée au XIXe s., il reste essentiellement l'**abside**, qui avait été restaurée vers la fin du XIIIe s. ou au début du XIVe s., conservant encore une facture romane; il faut surtout remarquer les chapiteaux du chœur, ornés de feuilles d'acanthe et, à l'extérieur, de part et d'autre de l'abside, les deux fines colonnettes cannelées, avec chapiteaux à décor animal et végétal, qui encadrent le chevet : tous révèlent, comme c'est le cas dans bien des églises romanes de Provence, de très nettes réminiscences antiques.

Au N. de l'église, une **galerie**, sorte de longue **crypte** de 26 m, semi-excavée et jalonnée de tombeaux, était jadis couverte de voûtes d'arêtes appuyées sur de petites colonnes trapues (beaux chapiteaux). La présence, dans les parages immédiats de la galerie, d'un grand nombre de tombes, semble indiquer que devait être inhumé ici quelque personnage vénéré auprès duquel les croyants auraient choisi de reposer, les défunts privilégiés ayant droit à la crypte elle-même.

La galerie débouche ensuite dans les vestiges d'une petite église, presque carrée, peut-être utilisée comme **baptistère** et à partir de laquelle se développent diverses cavités artificielles dont la destination primitive n'est pas entièrement éclaircie. Aucun vestige matériel n'a jusqu'à présent permis d'apporter un début de confirmation à la séduisante hypothèse d'une origine paléochrétienne.

→ Au S. de Céreste, la D 31 monte vers la **crête du grand Luberon** où elle rejoint celle montant de Vitrolles : V. it. 9 E, km 16,5.

La route pénètre ensuite dans la **vallée de Reillanne,** dont le charme bucolique contraste avec les hauteurs boisées qui l'entourent.
26 km : carrefour.

→ A **2,5** km à g., **Reillanne** (600 m; 665 hab.), qui fut un temps le siège d'une petite vicomté érigée par la reine Jeanne au XIVe s., est étagé sur une butte commandant un panorama étendu; porte fortifiée du XIIIe s. Un petit **musée** y présente une intéressante collection d'outillage rural ancien; dans une salle attenante sont organisées chaque année plusieurs expositions temporaires (ouv. pendant les vacances de Pâques et, de juin à oct., t.l.j. de 15 h à 19 h).

30,5 km : à 1 km à g., **Lincel**, posé comme une ruche dans un repli de colline, conserve une église romane du début du XIIIe s.; le château reconstruit après la Révolution a gardé deux tours plus anciennes.
31 km : carrefour.

→ A dr., route (D 105) rejoignant un peu plus loin celle de Manosque. Cette route permet de monter à **(4,5** km) **Saint-Martin-les-Eaux** (500 m) : **église** romane du XIIe s. très bien restaurée dont l'abside est ornée d'une élégante colonnade arcaturée; source sulfureuse; sous une colline au S. du village, des poches de sel ont été vidées (par injection d'eau et pompage) pour constituer le premier stockage géologique de pétrole réalisé en France.

→ A g., route (D 105) pour (3 km) Saint-Michel-l'Observatoire : en chemin, on laisse à dr. la petite chapelle Saint-Paul, romane du XIIe s., couverte de lauses et précédée de colonnettes trapues qui devaient, à l'origine, porter quelque galerie voûtée.

Saint-Michel-l'Observatoire (534 m; 262 hab. au village, 617 hab. pour la commune) doit à la pureté de son atmosphère (250 nuits utilisables par an) d'avoir accueilli en 1938 l'observatoire qui lui donna son nom. Peut-être était-ce là la première manifestation d'un intérêt qui allait transformer ce village en un foyer de culture : c'est ici que siègent les éditions discographiques *Harmonia Mundi*, que travaille le photographe et éditeur *Étienne Sved* (qui a publié un très bel album sur les campaniles de Provence), et d'ici aussi que le mouvement *« Alpes de Lumière »* œuvre pour une meilleure connaissance de la Haute-Provence, la conservation de son patrimoine et une mise en valeur équilibrée.

L'**église** (clef au presbytère), ancienne prieurale de bénédictins dépendant de l'abbaye de Saint-André à Villeneuve-lès-Avignon, est un édifice composite : nef et travée de chœur romanes du XIIe s. (belle coupole sur trompes appuyée sur des bandeaux plats), bas-côté du XIVe s., abside rectangulaire et tour carrée (de tradition romane avec sa flèche pyramidale en pierre) du XVIe s. Elle s'appuye à l'O., à l'ancien prieuré du XIIIe s., harmonieusement restauré. La **décoration** sculptée est **réduite** : belle corniche, inspirée de l'antique, à la façade O., colonnettes et chapiteaux à la façade O. et aux angles de la travée de chœur; plus intéressantes, compte tenu de leur rareté, sont les **fresques** du début du XIVe s., malheureusement peu visibles étant donné leur situation dans les parties hautes de la nef et du bas-côté; au-dessus de l'arc triomphal, Christ en gloire; dans le bas-côté, Vierge en majesté.

L'église basse du village abrite un Christ du XVe s.

A **2,5 km** N., au milieu d'un bois de chênes, l'**Observatoire national d'astrophysique** (650 m) est doté des derniers perfectionnements de la technique; une douzaine de coupoles abritent les instruments d'observation dont deux puissants télescopes de 193 et 152 cm de diamètre. D'autres équipements, dont des spectographes, télescopes électroniques, héliographes et interféromètres radioélectriques, permettent aux astronomes et astrophysiciens qu'accueille l'établissement de mener diverses études sur l'univers, mais l'industrialisation de certains points de la vallée et les émissions de fumées qui en résultent, les progrès de l'irrigation (d'où une humidification de l'atmosphère), la croissance de la modernisation des villes (d'où, la nuit, des halos de lumière) gênent parfois le travail des chercheurs.

Visite : le merc. à 15 h ainsi que, d'avril à sept., le 1er dim. du mois à 9 h 30.

34 km : autre route à g. pour Saint-Michel. Vue à dr. sur le village perché de **Dauphin** et la tour ruinée de Saint-Maime (V. env. de Forcalquier, it. 13 C). On laisse à dr. le **manoir du Plan,** en partie du XIVe s.

36,5 km : le **château de Sauvan** est un très bel édifice construit à partir de 1719 par *J.B. Franque,* auquel on doit plusieurs hôtels d'Aix et bastides des environs. Entouré d'arbres séculaires, c'est une des plus belles résidences classique de la Provence, au décor très pur.

Le château appartient un temps à la marquise de Forbin-Janson qui, pendant la Révolution, tenta courageusement de se substituer à Marie-Antoinette durant sa détention à la Conciergerie.

Visite : payante, les merc., jeudi, sam., dim. et j. fériés de 15 h à 19 h.

L'ordonnance de la façade est particulièrement équilibrée, avec son pavillon central surmonté d'un fronton et orné d'un élégant balcon en fer forgé; côté jardin, ce pavillon offre un péristyle d'ordre toscan. L'intérieur abrite un mobilier intéressant : chambre Louis XIII; salon de musique avec des meubles du XVIIIe s.; très beau salon Régence; salle de jeux avec trois canapés Louis XIII.

37,5 km : pont sur la Laye : à 200 m en amont subsiste un beau **pont médiéval** (XIIe-XIIIe s.) à trois arches.

38 km : à g., l'ancien **prieuré Notre-Dame-de-Salagon** était, au début du XIIe s., le plus important de la région par l'étendue de ses possessions; souvent remanié, il ne comporte plus aujourd'hui qu'une église et un bâtiment Renaissance où il faut s'adresser pour la visite.

L'**église**, de la fin du XIIe s., s'ouvre par un portail très simple dont la triple voussure s'appuie, par l'intermédiaire de chapiteaux corinthiens, sur de petites colonnes cannelées; une archivolte, ornée de billettes et prolongée de chaque côté en bandeau, et trois bandes sculptées de rinceaux et d'entrelacs l'encadrent. La **nef romane,** voûtée en berceau brisé sur doubleaux, est flanquée à g. d'un bas-côté de deux travées entièrement reconstruit au XVIe s. et d'une chapelle gothique du XIVe ou XVe s.; elle se termine par une abside en cul-de-four, très remaniée lors des travaux dont l'église fut l'objet au XVIe s.; la décoration en est à peu près limitée aux chapiteaux, la plupart à décor végétal stylisé : à noter, dans le bas-côté, entre la 1re et la 2e travée la présence, assez exceptionnelle, d'un **chapiteau historié** représentant le baptême du Christ et, dans l'abside, le remploi de **chapiteaux corinthiens antiques,** trouvées sans doute dans les vestiges d'un établissement romain qui devait se situer à proximité; un autre a d'ailleurs été découvert, en même temps que des vestiges paléochrétiens, en fouillant le sol de l'abside. Çà et là, incrustées dans les murs, petits **bas-reliefs romans** de facture naïve.

38,5 km : Mane (500 m; 834 hab.), dont les coteaux bien exposés portent vigne et arbres fruitiers; la plaine, très fertile, bénéficie quant à elle des bienfaits de l'arrosage, grâce au barrage en terre compactée établi en 1962 sur la Laye, à 3 km en amont (pêche, canotage); le village est dominé par une terrasse portant l'enceinte polygonale d'une ancienne citadelle (XVe-XVIe s.).
42 km : **Forcalquier,** ci-après, 13 C.

13 B - De Sault à Forcalquier

Route : 54 km par la D 950.

De Sault (V. it. 6 D, km 45), la route se dirige d'abord au N.-E., courant à travers l'immense versant méridional de la montagne de Lure, aux confins du **plateau d'Albion.**
7 km : **Saint-Trinit** (830 m; 82 hab.); couverte d'une voûte en arc de cloître, procédé assez peu usité en Provence, la travée de chœur de l'**église** (romane du XIIe s.) comporte de grands arcs de décharge dont deux sont ornés d'une frise à l'antique fort élégante.
16 km : **Revest-du-Bion** (940 m; 474 hab.).

A **2,5** km S.-O., près de la route de Saint-Christol, la **chapelle N.-D.-de-l'Ortiguière** abrite d'intéressantes sculptures romanes.

La route court sur le plateau, descend de temps à autre pour traverser un ravin où gît le lit caillouteux de quelque torrent desséché. On traverse bientôt les terres de **Redortiers,** une commune de 85 hab., sans véritable centre, constituée de granges (c'est-à-dire de fermes) éparpillées sur un immense territoire : du village lui-même (à 3,5 km N. de la route), il ne reste plus que des ruines, dominées par celles d'une tour romane.

A **7** km à g., **Le Contadour,** au cœur des hautes terres pastorales; hameau inspiré où *Giono* écrivit ses plus belles pages; lieu où, vers 1935, amis et disciples venaient communier avec lui aux joies simples d'une civilisation rurale, recueillir à la source le message délivré dans « Que ma joie demeure » ou « les Vraies Richesses ».

29 km : **Banon** (792 m; 850 hab.), l'un de ces villages peu à peu descendus de leur perchoir; dominant le bourg moderne, le vieux Banon presse ses maisons hautes et étroites au long de ruelles en pente, sinueuses, noyées d'ombre, coupées d'arcades, à l'intérieur de remparts dont il reste une belle porte à mâchicoulis du XIVe s.; belle vue sur la campagne banonaise et, au N.-E., sur une grande partie de la montagne de Lure.

Miel, truffes, lavandes, spécialités classiques des villages d'ici, cèdent le pas, au plan de la célébrité, à un **fromage de chèvre** qui a porté loin le nom de Banon : saupoudrés de sariette (la *pèbre d'ai*) ou séchés dans des feuilles de sariette, enveloppés dans des feuilles de châtaignier (ou de noyer) imbibées de marc, les banons sont affinés dans des jarres en terre où ils fermentent pendant deux mois; à maturité, ils sont souples au toucher... et particulièrement délectables avec un cornas, un gigondas ou un châteauneuf-du-pape!

→ A **2** km S.-O. à vol d'oiseau, mais à **8** km par la route, en passant par (**4** km) **Montsalier** (54 hab.) et à proximité de **Montsalier-le-Vieux** — où une petite église romane émerge des ruines mélancoliques du village abandonné — s'ouvre l'étroite entrée du **gouffre de Caladaire** : s'il n'est pas le plus profond du monde, ainsi qu'on l'avait cru et sans doute un peu espéré après sa découverte en 1945 (650 m env.; en France même, quelques cavités, dans le Vercors et dans les Pyrénées le battent largement), il reste néanmoins plein d'intérêt : des expériences de coloration à la fluorescéine ont apporté quelques éléments de réponse au problème de l'alimentation de la fontaine de Vaucluse, dont les eaux ont verdi, une fois de plus; sans doute toute cette région joue-t-elle le rôle d'un immense collecteur où les innombrables fissures, gouffres et avens drainent les eaux vers la résurgence de la vallée close.

→ A **10** km S.-O., Simiane-la-Rotonde (V. it. 8 C, 3, km 36).

→ Vers le S., la D 5 conduit vers (**18** km) Saint-Michel-l'Observatoire (ci-dessus, it. 13 A, km 31) en laissant à g. (**3** km), au bord du Cavalon naissant, le beau hameau des **Granges de Dauban** : un peu plus loin, elle rejoint la vallée du Largue au (**9** km) **Revest des Brousses** (620 m; 139 hab.); vieille porte fortifiée; dans un vallon, château de Sylvabelle, édifice du XVIIe s. au charme rustique, flanqué de tours rondes.

→ A **8** km N.-E., **Saumane** (820 m; 63 hab.) et **L'Hospitalet** (880 m; 33 hab.), au pied de la montagne de Lure, appartinrent à un fief relevant des Hospitaliers de Saint-Jean, fixés à Manosque.

De Banon, la D 950 descend dans la vallée du Largue d'où, en escaladant une petite crête, elle passe dans celle de la Laye.
40 km : carrefour.

→ La D 951, à g., conduit à (**7** km) Saint-Étienne-les-Orgues (ci-après 13 D, km 12,5) en passant (**2** km) au pied du village abandonné d'**Ongles**, près duquel on a trouvé des sarcophages gallo-romains. Petit château du XVIIe s. au « nouveau » village (613 m; 187 hab.).

→ La D 12, plus à g., conduit quant à elle à (**4** km) **Lardiers** (766 m; 63 hab.), village fondé, comme l'Hospitalet (V. ci-dessus), au XIIe s. par les Hospitaliers : il conserve de cette origine une petite **église romane** (très remaniée) et les restes de la commanderie qui la jouxtait. Sur une colline voisine s'étendent les vestiges de l'**oppidum pré-romain du Chastelard** où, dans les ruines d'un assez important sanctuaire de l'époque gallo-romaine, les fouilles — qui continuent — ont mis au jour plusieurs milliers de lampes votives en argile et d'anneaux votifs en bronze (aux musées de Forcalquier et, surtout, d'Apt).

La route, qui descend désormais la vallée de la Laye, passe au pied de **Limans,** dont l'église du XIVe s. conserve des éléments sculptés paléo-chrétiens (Ve-VIe s.) remployés dans le tympan, le dallage du chœur et les fonts baptismaux. Elle longe ensuite le petit **lac de Mane** (ci-dessus 13 A, km 38,5), retenue destinée à l'alimentation en eau potable et à l'arrosage par aspersion des cultures des communes environnantes.

54 km : Forcalquier, ci-après.

13 C - Forcalquier et ses environs

550 m; 3 346 hab., les *Forcalquiériens*. Sous-préfecture.

Au cœur du haut pays, perché sur un piton dominant de toute part une large cuvette, la vieille capitale de Raimond-Bérenger n'est qu'un bourg un peu plus gros que les autres, une de ces innombrables petites villes dont on oublie l'existence jusqu'à ce qu'un fait divers la hisse pour un temps au sommet de l'actualité journalistique. Reviennent alors les souvenirs ou les images de soleil et de rocaille qu'évoque son nom. A peine tirée de sa somnolence par son petit rôle administratif, elle se réveille vraiment lors des foires mensuelles et du marché hebdomadaire (les agneaux, particulièrement, y font l'objet d'importantes transactions), retrouvant momentanément l'animation qui devait être la sienne au Moyen Age... lorsqu'elle comptait 12 000 hab.

Les fours à chaux (Furnus calcarius) *dont la ville tirerait son nom n'ont peut-être jamais existé, et les diverses étymologies cherchant à en faire une fondation romaine restent aussi douteuses les unes que les autres : on ne sait rien, en fait, des origines de la bourgade. Sans doute était-elle déjà capitale de la contrée lorsque, au début du XIe s., l'évêque de Sisteron y établit un chapitre dont il fit, vers le milieu du XIIe s., le second siège de son évêché en élevant l'église au rang de concathédrale. C'est la grande époque de Forcalquier qui gardera longtemps, malgré la réunion du comté à la Provence, un certain prestige : les comtes de Provence porteront le titre de comtes de Forcalquier jusqu'à Louis XVIII.*

La ville des quatre reines. — *Témoignage du prestige acquis par Raimond Bérenger V dans l'organisation du comté de Provence et des relations avec les cours d'Occident, les quatre filles qu'il a eues de son mariage avec Béatrice de Savoie ont épousé des rois :* Marguerite, *Saint Louis (1234);* Eléonore, *Henri III d'Angleterre (1235);* Sanche, *Richard de Cornouaille, empereur d'Allemagne (1244);* Béatrice, *Charles d'Anjou, roi des Deux-Siciles (1246). Mais on est assez fier aussi, à Forcalquier, d'avoir été aussi l'un des pôles de l'insurrection qui, en décembre 1851, souleva la Provence contre le coup d'État de Louis-Napoléon...*

Au milieu des ormeaux — si rares aujourd'hui dans les paysages urbains de Provence depuis l'apparition du platane — de la **place du Bourguet,** une fontaine surmontée d'un obélisque commémore les mariages de deux des quatre reines.

■ Le **musée** occupe le 2e étage de la mairie, installée dans un ancien couvent de visitandines.

Visite : payante; s'adresser au S.I.

Introduction à la vie de la région, le musée abrite des collections très diverses : histoire naturelle (minéralogie, fossiles), archéologie, arts décoratifs. Dans la **collection archéologique**, il faut surtout remarquer, outre quelques témoignages de l'époque préhistorique, la collection de lampes votives gallo-romaines trouvées dans les **fouilles du Chastelard de Lardiers** (V. it. 13 B, km 40). L'**art religieux** des XVIe-XVIIIe s. tient une certaine place, avec notamment un ciboire en verre du XVIe s. Plusieurs pièces de **mobilier provençal**, dont un très beau buffet Renaissance. Quelques objets de **vie quotidienne**. Faïences de Moustiers. Salon (le canapé et quatre fauteuils) de *Jacob*, ébéniste de Louis XVI. Série de vues anciennes de la ville, poteries de Mane; portraits et souvenirs divers de personnalités. La **collection de peinture** regroupe des paysages de la région et diverses œuvres de peintres locaux. Petite collection numismatique.

L'ancienne **chapelle** des visitandines, consacrée en 1687, présente une belle façade classique.

☨ L'**église Notre-Dame** est d'une surprenante austérité qui fait peut-être mieux ressortir l'élégance de son portail gothique surmonté d'une rose.

Simple église paroissiale à l'origine, elle a hérité en 1486 du chapitre de chanoines et du titre de concathédrale qui avaient été précédemment attribués à une autre église, en mauvais état à cette époque et aujourd'hui totalement disparue. Élevée vers le milieu du XIIe s., consacrée seulement en 1372, elle a été remaniée en 1629 et 1643. L'histoire garde le souvenir des circonstances dans lesquelles Raimond Bérenger V rendit, en 1217, une ordonnance confirmant les privilèges accordés à la ville : « le comte siégeant comme un bon bourgeois sur l'escalier qui conduit au clocher ».

La **nef romane**, voûtée en berceau brisé, se prolonge par une **travée de chœur gothique**, beaucoup plus haute que la nef et terminée par une abside à cinq pans; celle-ci est flanquée de deux absidioles qui sont de rares spécimens, en Provence, de l'élégant style gothique de l'Ile-de-France : celle de g. est en hémicycle légèrement outrepassé, celle de dr. rectangulaire avec une voûte sexpartite. Les bas-côtés furent ajoutés à la nef au XVIIe s. Orgue du XVIe s.

De la place du Bourguet, le bd des Martyrs descend à l'E. vers le couvent des Cordeliers.

☨ Le ***couvent des Cordeliers,** qui sert en été de cadre à des expositions et des concerts, est l'une des nombreuses fondations franciscaines qui essaimèrent en terre provençale quelques années seulement après la fondation de l'ordre par le « Petit Pauvre » : c'est probablement en 1236 que les frères mineurs s'établirent ici, dans une demeure que leur offrit Raimond Béranger. Endommagé lors des guerres de Religion, mal entretenus par la suite, partiellement détruits ou défigurés à la Révolution, les bâtiments ont été sauvés et remarquablement restaurés de 1963 à 1967 par Mlle *Paulette Constant* qui a obtenu à cette occasion le prix des « chefs-d'œuvre en péril ».

FORCALQUIER

13 C / 309

Visite : payante, t.l.j. de 10 h à 12 h et de 14 h 30 à 18 h 30, en été; le reste de l'année, s'adresser d'abord au S.I.

Le bâtiment de façade, ancienne hospitalité, n'avait jusqu'au XIXe s. qu'un étage. Il s'ouvre, côté ruelle et côté cloître, par quelques fenêtres romanes.

Un passage voûté mène directement dans la **cour du cloître,** disparu, probablement couvert à l'origine d'une simple charpente s'appuyant sur des colonnes et, le long des murs, sur des corbeaux de pierre encore visibles. A dr., le long du mur de l'église dont la porte s'ouvre au milieu, huit grandes arcades abritaient des tombeaux. De l'**église** elle-même, dont le bureau de poste occupe près de la moitié, ne restent que les murs conservés à mi-hauteur, tandis que le sol est considérablement exhaussé par les remblais du XIXe s.

A l'opposé de l'église, le **réfectoire** occupait toute l'aile N.-E. du monastère. L'**oratoire**, à l'extrémité de l'aile S.-E., abrite une jolie Vierge à l'Enfant en bois sculpté du XVe s. et un beau Christ polychrome, travail florentin du XVIIe s.; dans la crypte ont été déposés des fragments de sculpture trouvés lors des fouilles.

En revenant vers l'église, on visite successivement plusieurs pièces : le **scriptorium,** ou **chauffoir,** couvert de voûtes de la fin du XVIIe s., la **bibliothèque,** qui a gardé son plafond d'origine, la **salle du chapitre,** dont les voûtes du XVIIe s. masquent en partie les fenêtres romanes par lesquelles elle s'ouvrait sur le cloître, puis l'ancienne **sacristie,** aujourd'hui coupée en deux par un mur. A la façade sur jardin de ce bâtiment s'appuye une large et belle **terrasse à balustrade** du XVIIIe s.

La **vieille ville,** dont les ruelles s'étagent au-dessus de l'église, conserve le souvenir d'un passé brillant : ici la **fontaine Saint-Michel,** de 1551, égayant une placette, çà et là les portails et les façades de **vieux hôtels,** généralement d'autant plus décrépis que l'on monte vers le haut de la colline; ici ou là encore, des restes de remparts, de portes, ou l'ancien couvent des Récollets, fondé au début du XVIIe s., utilisé au début de ce siècle comme prison, mis en vente et finalement sauvé — à la faveur d'une consultation électorale — grâce à un grand mouvement d'opinion.

Il faut une dizaine de minutes pour atteindre, tout en haut de la ville, la **terrasse de la citadelle,** où s'élevait le château fort comtal, démoli par Henri IV en 1601; ignorant la chapelle romano-byzantine du siècle dernier, vous apprécierez surtout l'immense **panorama** (une table d'orientation renseigne) qui se développe de la montagne de Lure au massif des Trois-Évêchés et au Lubéron.

Environs

Au N. de la ville, le **cimetière** — classé — mérite un coup d'œil : de grandes haies vives d'ifs taillés et creusés d'arcades lui donnent un caractère très original, tout autant que ces « cabanons » cylindriques de pierre sèche, à toiture conique, dont la construction rappelle celle des bories.

A la sortie de la ville par la route de La Brillane, restes de la **chapelle Saint-Promasse,** du XIIIe s., et de bâtiments conventuels de la même époque.

A 8,5 km S., **Saint-Maime** (280 hab.) conserve en partie une **tour octogonale** et une chapelle romane très simple portant des traces importantes de décoration peinte : ce sont les restes d'un château élevé par les comtes de Forcalquier au XIIIe s. En face de Saint-Maime, **Dauphin** (328 hab.) un joli village perché aux ruelles en calades qui grimpent comme des chèvres; escaliers, passages couvert, tours croûlantes des anciens remparts et vieilles maisons; pas de grand monument mais la simplicité rustique et chaleureuse d'un village provençal.

Au N. de la ville, le GR 6 (pour les marcheurs) ou la route (D 12) de Saint-Étienne (si vous êtes fatigué) permettent d'aller vers (**2 km**) les **Rochers des Mourres**, aux formes étranges dues à l'érosion.

La route la plus rapide, pour gagner Sisteron, est la D 12 qui rejoint (11,5 km) la vallée de la Durance au pied de **Lurs** (612 m; 275 hab.) : davantage connu pour le drame qui se déroula en 1952 à la ferme de la Grande Terre, le village, bâti à 200 m au-dessus de la vallée, fut longtemps la résidence, d'été surtout, des évêques de Sisteron, entre les deux sièges de leur diocèse bicéphale. Accueilli par une « place des Feignants », vous ferez une agréable promenade dans ce village médiéval aux nombreuses maisons restaurées et où depuis plus de vingt ans se tiennent chaque année, à l'initiative de *Maximilien Vox*, des rencontres internationales des arts graphiques.

13 D - De Forcalquier à Sisteron par la montagne de Lure

La montagne de Lure est le prolongement naturel du Ventoux, auquel elle ressemble par sa constitution géologique, son aspect physique, sa végétation. Elle en est séparée par le défilé des Oulles, entre Sault et Montbrun, et forme une arête régulière, longue d'une trentaine de kilomètres, qui finit presque à pic sur la vallée de la Durance au-dessus de Peipin.
Son versant N., abrupt comme celui du Ventoux, tombe sur la vallée du Jabron et se relève en un second pli (1 615 m à la crête de l'Ane) qui finit sur la vallée de la Méouge, en Dauphiné. Son versant S. s'étend en pentes douces jusqu'à la vallée du Coulon, au pied du Luberon, sur une largeur qui, par endroits, dépasse 30 km.
Avec ses champs de lavande parsemés d'amandiers, ses bois de chênes et de sapins, ses horizons immenses, elle donne une impression de paix immense qui confine parfois, malgré le soleil éclatant, à la mélancolie. Malgré aussi les petites maisons roses à toit plat, avec leur rez-de-chaussée surélevé où l'on monte par un perron couvert d'une loggia. De ces « villages à la saveur gallo-romaine frottée de couleur sarrasine » partaient jadis de véritables petites caravanes de mulets allant jusqu'en Bourgogne colporter les plantes médicinales cueillies dans la montagne.

Route : 64 km par la D 12 jusqu'à Saint-Étienne, la D 113-D 53 de là à la vallée du Jabron D 946 et D 53 (ou N 55) ensuite.

A la sortie de Forcalquier, la route, sinueuse, s'élève à travers les pentes parsemées des roches érodées des Mourres.
7,5 km : **Fontienne** (723 m; 24 hab.), dont 38 des 51 maisons sont des résidences secondaires.
12,5 km : **Saint-Étienne-les-Orgues** (697 m; 561 hab.), séjour d'été et petite station de ski au pied de la montagne de Lure.

A 5 km N.-E., par la D 51, **Cruis** (236 hab.) conserve une église en partie romane et les vestiges d'un cloître gothique. La même route conduit, **7** km plus loin, à **Mallefougasse** (38 hab.) dont l'église est un des rares exemples du premier art roman provençal (abside et clocher; la nef est du XVIIe s.); château de Consonove.

La D 113 s'élève à travers les champs de lavande puis à travers la forêt domaniale de Saint-Étienne, offrant au loin des vues sur la vallée de la Durance.

21,5 km : **oratoire Saint-Joseph,** où s'embranche à dr. un chemin (env. 800 m) qui descend rapidement à l'**ermitage Notre-Dame-de-Lure.**

Situé dans le ravin solitaire du Morteiron, à 1 222 m d'alt. (intéressants gisements de fossiles et beaux minéraux), l'ermitage actuel a succédé à une petite abbaye chalaisienne fondée dans la 2e moitié du XIIe s. L'**église romane,** légèrement remaniée au XVIIe s., compose, avec les tilleuls centenaires qui l'entourent, un tableau d'une simplicité apaisante. Pèlerinage marial le 15 août et le 8 septembre.

27 km : **refuge de Lure** (1 572 m), centre d'une petite station de ski équipée de remontées mécaniques.
29 km : une stèle rappelle qu'en 1605 l'astronome belge *Godefroy de Wendelin* édifia ici le premier observatoire français, lointaine préfiguration de celui de Saint-Michel (V. it. 13 A, km 31).
30 km : une échancrure, à g., offre une vue étendue.
31 km : la route atteint, à 1 700 m d'alt. env., la crête de la montagne dont le versant N., abrupt, contraste avec les pentes douces du versant S. On domine de près de 600 m une dépression de l'autre côté de laquelle la montagne de Pèlegrine masque la vallée du Jabron.

De là, suivant à pied la crête vers l'O., on peut monter en un bon quart d'heure au **signal de Lure** (1 826 m), point culminant de la montagne : le *panorama atteint, par temps clair, un rayon de 150 km.

34 km : **Pas de la Graille** (1 597 m), col par où la route redescend en lacet à travers les pentes boisées du versant N. puis longe, en un parcours sinueux, le pied de la muraille rectiligne, régulièrement ravinée, de la montagne.
54 km : **Valbelle** (580 m; 96 hab.), au fond du beau cirque de Saint-Pons.
57 km : on franchit le Jabron et l'on rejoint la route de la vallée (V. ci-après, 13 E, km 43,5).
64 km : **Sisteron,** V. chap. 12.

13 E - De Montbrun à Sisteron

Route : 54 km E. par la D 542 et la D 546-D 946.

De Montbrun (V. it. 6 C, km 36,5), la route remonte le ravin du torrent d'Anary.
8 km : **Barret-de-Lioure** (920 m; 34 hab.), pauvre village accroché à la montagne et dominant de très haut la vallée de l'Anary.
10 km : **col de Macuègne** (1 068 m), d'où l'on descend dans la haute vallée de la Méouge.

14 km : **La Tuilière** (846 m), carrefour où l'on abandonne la route de Séderon (V. it. 12, Env. 7, km 47) pour prendre à dr. la D. 546.

17 km : **col de la Pigière** (968 m), en contrebas duquel naît le Jabron : la route va lui tenir compagnie tout le long de son cours, traversant les champs de lavande semés de hameaux, lieu rêvé pour un vrai camping « sauvage », des ballades vivifiantes, des vacances vertes. Et six ou sept villages, pour la plupart descendus de leur colline en ne laissant que trois points noirs sur une carte...

20,5 km : **Les Omergues** (820 m ; 87 hab.), village épars où avait été tourné il y a quelques années, un télé-film tiré du « Hussard sur le toit » de *Giono*. Mais déjà les pavillons de parpaings commençaient à se mêler aux maisons rugueuses, couleur de terre... La route traverse la jolie **clue de Montfroc,** où le Jabron se fraie en bougonnant, lorsqu'il n'est pas à sec, un passage dans la gorge.

23,5 km : **Montfroc** (45 hab.), avec un petit château du XVIIe s.

25,5 km : **Curel** (696 m ; 31 hab.).

32,5 km : **Saint-Vincent-sur-Jabron** (630 m ; 124 hab.) ; ramassage des truffes, distillation de la lavande et élevage ovin.

40 km : **Noyers-sur-Jabron** (558 m) est, avec 232 hab., la plus grosse agglomération de la vallée : cela sans doute lui vaut d'être chef-lieu du canton ; de l'autre côté du Jabron, le château de Périvoye offre une harmonieuse façade du XVIIIe s.

➙ A 3 km N., le **Vieux Noyers** conserve, au milieu de ses ruines, une grande église romane (début du XIIIe s. ; chapelles latérales postérieures) intacte aux murs remarquablement appareillés, encore couverte de lauses.

43,5 km : à dr. s'embranche la route de Forcalquier par la montagne de Lure, décrite ci-dessus 13 D en sens inverse (V. au km 57).

45,5 km : une petite route à g. monte à **Bevons** (134 hab.), près duquel subsistent également les ruines de l'ancien village.

47,5 km : bifurcation : en continuant tout droit on rejoindrait, 3 km plus loin, la vallée de la Durance et la N 85 ; la D 53, à g. mène plus directement à Sisteron.

50,5 km : **Sisteron,** V. chap. 12.

14 - Petite et grande Crau

Assez nettement dessiné sur la carte par le tracé des fleuves et des grandes routes, le « triangle sacré » est, aux yeux de ses habitants, la vraie Provence, la seule, l'unique, celle de Mistral et de Daudet, la source féconde des grands thèmes de la littérature et de la mythologie félibréennes. En haut, c'est la Petite Crau, le pays des légumes et des fruits, la plaine fertile engraissée du labeur des hommes : un second Comtat. En bas, séparées de la Camargue par le Grand Rhône et frangées de zones industrielles, les étendues pastorales de la Crau, royaume du caillou et de l'herbe drue. Au milieu, les Alpilles ; des collines aux allures de montagnes, avec les grandes découpures bleuâtres de leurs « voilures de pierre », un air limpide aux senteurs légères de serpollet et de pin, une lumière et une transparence chantées en termes virgiliens par les poètes. Ici le soleil fait vibrer les cigales et là l'eau murmure dans canaux et roubines, tandis que le mistral, ce redoutable bienfaiteur, ploye les cyprès et tord les oliviers ou les figuiers sauvages...

Nous ne décrirons ici que les grands itinéraires de cette région si riche, réservant à Saint-Rémy et à ses environs, aux Baux et aux Alpilles, à Tarascon, des chapitres particuliers. Pour ce qui touche à l'organisation de votre séjour dans cette région, voyez donc les suggestions d'emploi du temps faites dans ces chapitres : à votre choix, Saint-Rémy, les Baux et Fontvieille constitueront, par leur situation autant que par leur équipement hôtelier, les trois meilleurs centres d'où vous pourrez rayonner.

14 A - D'Avignon à Salon

Route : 48,5 km S.-E., N 571 d'Avignon à Châteaurenard, D 28 et D 28 D pour rejoindre, par Noves, la N 7 que l'on suit jusqu'à Sénas, N 538 de là à Salon.

Quittez Avignon au S. par le boulevard Saint-Ruf (sortie vers Arles ; plan D 4, chap. 2).
4 km : à la sortie du pont sur la Durance, prenez à g.
10 km : **Châteaurenard** (43 m ; 11 027 hab.), petite ville ancienne, devenue, avec Cavaillon, le plus important centre d'expédition de primeurs de Provence et de fruits : un buste, devant l'hôtel de ville, honore le Dr *Mascle*, créateur du marché de

primeurs, tandis que, sur la place de la République, une fontaine (1909) due à *Férigoule* célèbre la Durance en rappelant qu'« ici l'aigo ès d'or ».

Ouvert toute l'année, le **M.I.N.** de Châteaurenard expédie chaque jour des trains entiers de légumes (choux-fleurs, tomates, salades y tiennent la vedette) et de fruits (essentiellement des pommes, des poires et des pêches) vers les marchés de la France du Nord, de Belgique ou d'Allemagne; le tonnage annuel a atteint 171 000 t de légumes et 130 000 t de fruits en 1977.

Jadis enserrée dans des remparts qui ont fait place à des cours ombragées de platanes, la vieille cité se presse au pied de la colline — auj. un très agréable jardin public planté de pins — portant les restes d'un ancien château des comtes de Provence.

On y monte à pied en quelques minutes, en prenant derrière l'église, ou en voiture : itinéraire fléché.

Démoli pendant la Révolution, le **château** (XIVe s.; dernier étage refait au XVe s.) présentait le plan très simple d'un rectangle flanqué de quatre tours cylindriques : il en reste deux, d'une construction très soignée, que *Mistral* comparait à des cornes : la plus à l'O., dite du Griffon, abrite un petit **musée** (visite payante, en saison, t.l.j. de 10 h à 12 h et de 14 h à 18 h). Très beau *panorama (table d'orientation).

14,5 km : **Noves** (43 m; 3 593 hab.), autre vieux bourg, sans doute d'origine très ancienne (c'est là que l'on a trouvé la fameuse sculpture préromaine dite Tarasque de Noves, aujourd'hui au musée lapidaire d'Avignon), prospérant aujourd'hui grâce aux fruits et légumes. L'**enceinte** du XIVe s. est en partie conservée, avec deux tours carrées ouvertes à la gorge où sont percées les portes N. et S.; dans le bourg, la porte de l'Horloge est surmontée d'un beffroi du XVIIe s.

L'**église** est un intéressant exemple de l'école romane de la Provence rhodanienne de la 2e moitié du XIIe s., avec son abside ornée d'une colonnade arcaturée et sa travée de chœur couverte d'une coupole octogonale sur trompes; elle est flanquée de chapelles latérales gothiques, revoûtées d'ogives au XVe s.; on remarquera surtout sa couverture de dalles avec crête de pierre et la belle composition de son abside.

Noves est la patrie de Laure de Noves, *épouse de* Hugues de Sade, *en qui l'on voit généralement la* Laure *aimée de* Pétrarque; *celle aussi de* Rostang de Noves, *archevêque d'Aix de 1283 à 1310.*

16 km : on rejoint la N 7.

20,5 km : **Saint-Andiol** (2 019 hab.), où les fruits (pêches, poires, pommes) l'emportent sur les légumes. L'**église** romane du XIIe s., fortifiée au XIVe s. (les siècles suivants ont ajouté des chapelles et le clocher), a réellement l'aspect d'un petit château fort; à l'intérieur, ciborium gothique en pierre, petit primitif peint sur bois, boiseries et chaire du XVIIIe s. Chapelle romane couverte de lauses, au cimetière. Château de 1642.

Autre témoignage de l'insécurité qui règne au XIVe s. dans la contrée — c'est l'époque des Grandes Compagnies — , l'église romane de **Verquières**, à **2** km O. (par ailleurs sans intérêt particulier) a été également fortifiée à l'époque gothique.

ORGON — SÉNAS

25,5 km : **Plan d'Orgon** (1 745 hab.), au carrefour avec la route Cavaillon-Tarascon (V. it. 14 B, km 5).

29,5 km : **Orgon** (85 m; 2 285 hab.), resserré entre deux collines dressées comme des sentinelles semblant surveiller la Durance qui, accompagnée de la route et de l'autoroute, force ici le passage entre Alpilles et Luberon.

La colline S. porte évidemment un château médiéval (réduit à quelques vestiges) et une chapelle (moderne et solide; à l'intérieur, Vierge du XVIe s.), dédiée à Notre-Dame-de-Beauregard, ce qui en dit long sur le *panorama.

A l'entrée du bourg, le **musée automobile de Provence** abrite une *collection d'une cinquantaine de voitures des origines à nos jours. Berlines, torpédos ou cabriolets, une majorité d'entre elles sont des véhicules de course et l'on retrouve les noms jadis célèbres de *Bugatti, Amilcar* (celle sur laquelle courut *Maurice Trintignant), Salmson*, etc. A remarquer aussi une *Citroën* Cady 1924, pièce aujourd'hui très rare, quelques cycles et motos et une collection de voitures jouets dont certaines à moteur électrique ou à essence.

Visite : payante, t.l.j. de 8 h à 12 h et de 14 h à 18 h.

Église gothique de 1325 à nef et abside uniques; chapelles latérales du XVIIe s.; dans la nef, trois panneaux du XIVe s. provenant d'un retable. Le bourg conserve une maison Renaissance et quelques restes de l'enceinte du XIVe s., avec une porte.

Le nom d'**urgonien** a été donné à un faciès géologique bien représenté ici et dont les grandes carrières *Omya* tirent, à raison de 250 000 t par an env., un carbonate de chaux dont la blancheur traduit la pureté; broyé en une poudre très fine, le carbonate est utilisé comme charge minérale dans les peintures, le papier, les plastiques de revêtement de sol, etc.

En route vers l'exil de l'Ile d'Elbe, l'Empereur déchu fut particulièremet mal accueilli dans ce qui était alors un fief royaliste; aux cris de « A mort le tyran », *il fut extrait de sa voiture et contraint d'assister à la crémation d'un pantin à son effigie.*

36,5 km : **Sénas** (95 m; 3 265 hab.), où l'on quitte la N 7. L'église, dont la nef, l'abside et le bas-côté N. sont gothiques du XIVe s., conserve un bas-côté S. roman provençal, en réalité nef d'une église antérieure; le clocher porte une flèche octogonale à crochets du XIVe s.; devant l'autel, cinq belles statuettes en marbre du XIVe s. : le Christ et les évangélistes.

41,5 km : carrefour.

A 1 km à dr., **Lamanon** (1 060 hab.), village situé au pied de la montagne du Défens (311 m), dernier contrefort oriental des Alpilles, séparée du massif aixois par le **pertuis de Lamanon** : c'est par ce défilé que la Durance, à l'époque tertiaire, débouchait directement dans la mer, en comblant peu à peu de ses cailloux la plaine de la Crau; la majeure partie de ses eaux, transportées par le canal E.D.F. de la Basse-Durance (V. introduction du chapitre 11), a repris aujourd'hui le cours primitif pour aller se jeter dans l'étang de Berre.

Au-dessus du parc du château de Panisse (1660) s'ouvrent les **grottes de Calès**, qui furent habitées depuis l'époque néolithique jusqu'au XVe s. On y monte (3/4 h AR) par un sentier prenant la g. de l'église et passant près d'une terrasse — où une statue moderne de la Vierge a pris la place d'un ancien château-fort — offrant une belle vue sur la région.

La route, accompagnée à g. du canal E.D.F. et de l'autoroute, à dr. du **canal de Craponne** (creusé au milieu du XVIe s. pour irriguer la Crau) et du chemin de fer, traverse le pertuis de Lamanon et débouche dans la Crau en longeant à g. les collines abruptes et arides de Roquerousse (324 m).
44,5 km : à g., à la sortie de la bretelle de l'autoroute, **monument à Jean Moulin,** bronze de *Marcel Courbier* (1969) figurant un parachutiste stylisé tombant du ciel.
48,5 km : Salon-de-Provence, V. chap. 20.

14 B - De Cavaillon à Tarascon

Route : 34 km O.; N 538 de Cavaillon au Plan d'Orgon, N 99 ensuite.

Quittez Cavaillon par l'avenue Gabriel-Péri (plan B 3, chap. 10). La route franchit successivement la Durance et l'autoroute A 7.
5 km : **Plan d'Orgon,** où l'on croise la route d'Avignon à Salon (ci-dessus, it. 14 A, km 25,5).
Bordée par moments d'épaisses haies de cannes, escortée plus loin par les rangées de platanes, **la *route longe à g. le pied des Alpilles** (V. chap. 16) tandis qu'à dr. s'étend la plaine cultivée.
9 km : carrefour.

A 2 km à dr., **Mollégès** (1 048 hab.) garde quelques jolies vieilles maisons sur la place de l'église; chapelle romane au cimetière; des sources vauclusiennes jaillissant au mas Créma alimentaient jadis l'aqueduc romain d'Arles.
Route à g. pour Eygalières (V. it. 16 D, km 47).
11 km : route à g. franchissant les Alpilles (V. it. 16 D, km 50).
14 km : route à g. pour **Romanin,** important centre de vol à voile, non loin des ruines du château de Romanin, célèbre au Moyen Age pour ses cours d'amour.

19 km : **Saint-Rémy-de-Provence :** V. chap. 15.

25 km : Mas-Blanc des Alpilles (139 hab.).
25,5 km : à g., une petite route (puis un chemin) permet d'atteindre la **chapelle Notre-Dame du Château,** romane (XIe s.), au milieu des pins. Le premier dimanche de mai voit s'y dérouler un grand pèlerinage au cours duquel se forme un long cortège de gardians, tambourinaires, etc. qui se rend jusqu'à Tarascon.
27,5 km : on laisse à g. **Saint-Étienne-du-Grès** (1 484 hab.).
30 km : on croise la D 79A, route directe Avignon-Arles.
34 km : **Tarascon,** V. chap. 17 A.

14 C - D'Avignon à Arles par Tarascon

Route : la route directe, N 570 (avec son raccourci D 79A), a l'avantage de la rapidité : 37 km; l'itinéraire que nous vous proposons l'agrément de quelques détours intéressants : D 34 et D 35E pour Barbentane et Saint-Michel-de-Frigolet d'où l'on redescend à la N 570 pour passer par Tarascon : 48,5 km.

BARBENTANE

Quittez Avignon au S. par le bd Saint-Ruf (sortie vers Arles; plan D 4, chap. 2).

4 km : pont sur la Durance.

6 km : **Rognonas,** gros bourg agricole (2 680 hab.) producteur de légumes (surtout des choux).

7,5 km : bifurcation; la N 570 tourne carrément à g. : continuez tout droit vers Barbentane.

10,5 km : **Barbentane** (51 m; 2 864 hab.) est un gros bourg vivant des cultures maraîchères, au pied des pentes N. de la Montagnette. Deux **portes fortifiées** du XIVe s. gardent les extrémités de la rue principale de la vieille ville : on entre par la porte Calendale. L'église, d'origine romane, a subi des adjonctions à diverses époques; le **clocher** de 1484, assez élégant, a perdu sa flèche à la Révolution. En face, ancienne maison forte des Puget-Barbentane, dite **maison des Chevaliers;** en majeure partie du XVe s., elle ouvre sur la rue par deux belles et larges arcades en anse de panier portant une galerie au toit reposant sur des colonnettes. Plusieurs autres maisons anciennes sont disséminées dans le bourg; sur le cours, la mairie occupe l'une d'entre elles, dite maison Chabert, du XVIIe s.

Le ***château** est un parfait exemple de goût classique en terre provençale. Conforme au goût imposé par les architectes du Grand Siècle aux châteaux d'Ile-de-France, il s'en distingue par une modénature plus rigoureuse, les ressauts accentués de ses façades et un attique orné de vases et percé de lucarnes, marquant l'influence méridionale.

Construit à partir de 1674 par Paul-François de Barbentane — *qui occupera la charge de permier consul d'Aix en 1693 —, Il ne fut achevé dans son état actuel qu'à la fin du XVIIIe s. : il appartenait alors à* Joseph-Pierre Balthazar de Barbentane, *ambassadeur du roi en Toscane, auquel on doit un aménagement intérieur d'un goût très italianisant. Le château, qui traversa sans dommage la période révolutionnaire, appartient depuis sa construction aux marquis de Barbentane, qui l'habitent toujours.*

Visite : payante, guidée (durée 30 mn env.), t.l.j. de Pâques à la Toussaint, de 10 h à 12 h et de 14 h à 18 h; fermé le mercredi sauf en juillet, août et septembre. En hiver, le dimanche seulement, aux mêmes heures, et sur rendez-vous pour les groupes.

Tout le rez-de-chaussée, pavé de marbres blancs et gris rapportés de Toscane, est couvert de très belles voûtes plates dues à *Pierre Thibault,* élève de **Mignard** et « rival » des **Franque.**

Dans le **hall d'entrée,** quelques beaux coffres, en ferronnerie ou peints. Le **salon des statues** porte un décor de gypseries d'une douce exubérance; arabesques et guirlandes encadrent les portraits de divers membres de la famille de Barbentane; à remarquer, deux superbes commodes provençales de style Louis XV. La suite des pièces offre les mêmes caractéristiques séduisantes avec son mobilier Louis XV, ses lustres et glaces en verre de Venise, gypseries, tapis et tapisseries d'Aubusson. On visite ainsi la **salle à manger,** au décor Louis XVI, le **petit salon,** aux vitrines rococos, le **grand salon,** orné d'une fontaine en marbres de couleur, le **boudoir chinois,** la **bibliothèque** et la **chapelle;** au 1er étage, la **chambre Vauban,** avec une belle commode laquée vert et or et de délicats papiers peints du XVIIIe s.

Le **jardin** en terrasse, orné de platanes aujourd'hui tricentenaires — ils ont été rapportés de Turquie par le premier marquis de Barbentane — et d'un miroir d'eau, ne dément pas la grâce italienne du château.

Au S. du bourg se dresse la belle **tour Anglica**, donjon haut de 40 m bâti en 1365 par *Anglicus Grimoard*, frère d'Urbain V, sur un rocher entouré de terrasses plantées d'oliviers (propriété privée; on ne visite pas); imitée de la tour de Philippe le Bel, à Villeneuve-lès-Avignon, restaurée au XVIIe s., elle servit d'observatoire à Cassini en 1760.

Du village, un chemin ombragé monte à la Croix-des-Veuves, sur le rebord de la Montagnette : vue sur les Cévennes et le Ventoux.

De Barbentane, montez au S. par la D 35E, qui traverse le petit **massif de la Montagnette** et la forêt dite **bois de Barbentane**.

15,5 km : **abbaye Saint-Michel de Frigolet**, au cœur de la Montagnette, en haut d'un vallon sauvage où poussent les pins, les oliviers, les cyprès et le thym (*férigoulo*, d'où le nom de l'abbaye).

De bénédictins en prémontrés. — *Une chapelle, peut-être ancienne fondation érémitique, est mentionnée dès 962 dans une donation aux bénédictins de Montmajour dont elle semble alors devenir un prieuré. Devenue par la suite propriété de l'évêque d'Aix (milieu du XIe s.), elle sera occupée par une communauté canoniale, incorporée au chapitre cathédral d'Avignon au début du XIVe s. Pratiquement abandonnée à partir du XVe s. la vie conventuelle n'y reprendra qu'en 1858 lorsque sera restauré en France l'ordre de Prémontré.*

« Faux moines et faux curés ». — *Alliant la vie active à la vie contemplative, les religieux sont des chanoines réguliers suivant la règle de saint Augustin. Non cloîtrés, ils peuvent sortir du monastère pour aller par exemple remplacer, dans une paroisse, un prêtre indisponible. Un abbé « mitré » (ayant vis-à-vis du monastère les prérogatives et responsabilités d'un évêque dans son diocèse) les dirige. Une des caractéristiques essentielles de l'ordre réside dans la liturgie, dont les cérémonies revêtent toujours un grand éclat.*

Un fameux élixir. — Et un élixir fameux, « liqueur verte, dorée, chaude, étincelante, exquise, qui vous ensoleille l'estomac ». Le bon **Révérend Père Gaucher** n'a pas existé, mais sa liqueur, fabriquée originellement par les Pères sous le nom de Nobertine, est une production aussi réelle que plaisante. Fabriquée sous licence, depuis le début du siècle, par des particuliers, elle a pris le nom que lui avait donné Daudet et l'on peut en acheter au monastère.

Visite : accompagnée, t.l.j. à 9 h, 10 h, 14 h, 15 h, 16 h, 17 h et 18 h; les dimanches et fêtes à 9 h 15, 11 h 45, 16 h, 17 h et 18 h. La visite du monastère n'est pas d'un intérêt artistique majeur, et doit plus être considérée comme une introduction à la vie de l'ordre. Les messes dominicales ont lieu à 6 h 30, 8 h, 10 h 30 et 18 h, les vêpres à 15 h. A Noël, la messe de minuit, au cours de laquelle a lieu le « pastrage », y rassemble toute la population des environs. Grande fête de la Jeunesse le lundi de Pâques.

De l'ancien prieuré, il reste essentiellement la petite **église Saint-Michel**. Romane mais très restaurée, son sol a été exhaussé, détruisant les proportions intérieures; elle a conservé sa toiture de dalles avec crête de pierre. Elle est flanquée au S. d'un **cloître** du XIIe s., très austère, ouvrant sur le préau par des arcatures en plein cintre groupées par deux sous de grands arcs de décharge.

CHAPELLE SAINT-GABRIEL

L'abbatiale, construite en 1863-66, englobe la **chapelle Notre-Dame du Bon Remède,** de style roman provençal (coupole octogonale sur trompes). Ce très vieux lieu de pèlerinage, où l'on venait à l'origine invoquer la Vierge pour être guéri des fièvres paludéennes, reçut en 1632 la visite d'*Anne d'Autriche* qui renouvela ici son vœu d'obtenir un fils. La naissance du futur Louis XIV, en 1638, fut aussitôt suivie du don que la reine fit, en action de grâce, des somptueuses *boiseries encadrant 14 toiles de *Mignard* représentant la vie de la Vierge.

La route (D 81) redescend le long d'un vallon et, par un pont, rejoint la N. 570.

28,5 km : **Tarascon,** V. chap. 17 A.

33,5 km : carrefour, où l'on rejoint la route directe Avignon-Arles.

En continuant tout droit par la route de Maussane, on pourrait aller voir, à 300 m env. la ***chapelle Saint-Gabriel** (clef au restaurant *Relais Saint-Gabriel*), l'un des plus attachants édifices romans de Provence et l'un de ceux où se manifeste avec le plus de netteté le goût antiquisant qui marque la sculpture provençale vers la fin du XII° s.

Aux temps où toutes les basses terres du secteur n'étaient encore qu'une étendue lacustre et marécageuse, il y avait en cet endroit une petite agglomération, d'origine sans doute très ancienne, connue à l'époque romaine sous le nom d'Ernaginum. Au croisement des courants d'échange N.-S. et E.-O., des corporations d'utriculaires (V. histoire d'Arles, chap. 18) assuraient les transbordements nécessités par la présence du plan d'eau. Rendu inutile par l'assèchement du marais, le village disparaîtra peu à peu, sans doute au XIV° s.; il n'en reste que l'église, élevée au XII° s.

En haut d'une petite terrasse à laquelle on accède par une quinzaine de marches, dorée par le soleil du couchant, la *façade offre une vision presque surprenante de netteté, d'harmonie, de rigoureuse perfection, au milieu de l'exubérance végétale des pins tordus, figuiers sauvages, touffes de thym et herbes folles. Une large arcade en plein cintre ornée d'oves et de perles y découpe une sorte de **porche** sous lequel s'ouvre le portail lui-même. Au-dessus, un arc saillant, légèrement brisé, révèle à l'extérieur le profil de la voûte de la nef; il encadre un superbe *oculus décoré de plusieurs rangées concentriques de feuilles d'acanthe, rosaces et masques humains, lui-même entouré des symboles des quatre évangélistes : œuvre très vraisemblablement due au sculpteur des chapiteaux de la galerie N. du cloître Saint-Trophime.

Par sa sculpture (feuilles d'acanthe, rangées d'oves et de perles, chapiteaux dérivés du corinthien) autant que par son ordonnance générale (un fronton triangulaire porté par des colonnes engagées) le *portail s'inspire avec bonheur **de l'Antiquité;** deux **bas-reliefs** encastrés dans cet ensemble contrastent notablement, par leur facture, avec cette perfection; **plus archaïques** et représentant, l'un Daniel dans la fosse au lion et Adam et Eve après la faute (au tympan), l'autre la Vierge entre saint Gabriel et les femmes de la Visitation (au fronton), ils trahissent une influence des sarcophages paléochrétiens et sont sans doute des remplois d'une chapelle un peu antérieure.

L'**intérieur,** totalement nu, est d'une grande harmonie : nef élancée de trois travées, couverte en berceau brisé sur doubleaux et sur laquelle ouvre une petite abside en cul-de-four; de grandes arcades aveugles allègent les murs latéraux.

Au-dessus de la chapelle (10 mn à pied), une *tour carrée du XIIIe s., découronnée, bâtie dans un bel appareil à bossages, est le seul reste notable des anciennes défenses du village. Çà et là, alentour, vestiges plus ou moins identifiables de maisons.

La route court dans la plaine cultivée et l'on aperçoit bientôt, à g., la butte boisée où se cache l'abbaye de Montmajour.
42,5 km à g. : route à g. pour Montmajour, Fontvieille et les Alpilles (V. it. 16 C, km 25,5).
45,5 km : **Arles**, V. chap. 18.

14 D - La Crau

La **Crau** (*Campus Lapideus* des Romains, plus tard *Campus Cravensis* ou *Cravus*) doit son nom aux cailloux, en majeure partie siliceux, dont elle est couverte. La **légende grecque** attribuait aux faveurs de *Zeus* la présence de galets en Crau; le dieu olympien avait fait pleuvoir ces galets pour aider *Hercule* à combattre les géants *Albion* et *Bergion* qui lui barraient la route du Jardin des Hespérides. Première explication mythologique d'un paysage déconcertant. En fait la Crau doit ses cailloux et ses galets à la Durance qui formait là son delta, se jetant alors directement dans la mer par le pertuis de Lamanon (V. ci-dessus, it. 14 A, km 41,5); cette plaine couvre une superficie d'environ 200 km². La partie S., ou **Pleine-Crau**, est la plus pierreuse et stérile. Au N. et sur les lisières E. et O. s'étendent des parties plus fertiles grâce à l'irrigation : champs d'oliviers, prairies fourragères, cultures, vergers, que des rideaux de cyprès abritent du mistral.

L'**histoire de la Crau** est celle d'une **longue lutte pour amender,** par irrigation, **les terres arides** des *coussous* **et pour bonifier,** par assèchement, **les zones marécageuses** où venaient stagner les eaux déferlant des Alpilles. Canaux de Craponne, dès le XVIe s., des Alpilles et de la Vallée des Baux au XIXe s. — amenant l'eau de la Durance — ont transformé le paysage rural de la Crau tandis que l'assèchement des marais par l'aménagement de *roubines* (fossés d'écoulement), puis la mise en œuvre de plans systématiques de drainage a permis de gagner de nouvelles terres.
Cette bonification des sols a entraîné le **développement de cultures spéculatives** : foin qui est, pour la plus grande partie, commercialisé en dehors de la région; maraîchage (les agriculteurs du Val durancien ont acheté bon nombre de terres irriguées de Crau pour y implanter cultures légumières et primeurs).
Cette **modification du paysage rural,** jointe à une **urbanisation croissante** (proximité des pôles industriels de l'étang de Berre) **a porté atteinte à** l'activité cravenne traditionnelle : **l'élevage ovin.** Saint-Martin-de-Crau, longtemps célèbre pour sa foire aux moutons, se présente aujourd'hui aux touristes comme la « capitale du melon de Crau ». On ne compte plus aujourd'hui que quelque cent mille mérinos, transhumant par camions : réduction du *coussous,* augmentation du prix de location des pâturages, poussée urbaine, raréfaction des bergers sont autant de facteurs qui expliquent cette régression. Malgré cette évolution, la **grande propriété** (de plus de 50 ha) continue de dominer.

1 — D'Arles à Salon-de-Provence

Route : 40 km E. par l'ancienne N 113 et la N 113 : sur 11 km à partir d'Arles, la nouvelle N 113, à deux chaussées séparées, double l'ancien

LA CRAU

tracé avant de se raccorder à la voie rapide N 568 (vers Fos et Marseille, V. ci-après **2**) ou, 3 km plus loin, à l'ancienne route vers Salon; c'est évidemment l'ancien tracé, plus intéressant sur le plan touristique, qui est décrit ci-dessous.

Quittez Arles par l'avenue Victor-Hugo (plan F 4; chap. 18) — Passé la petite **chapelle de la Genouillade,** à dr., la route sort de l'agglomération arlésienne en longeant, jusqu'à Pont-de-Crau, le **pont-aqueduc** qui porte à Arles les eaux du canal de Crapone.
7 km : un chemin à g. conduit (0,7 km) au petit **château de la Jansonne,** de 1717, occupé par un antiquaire (ouv. t.l.j.).
8,5 km : **Raphèle-lès-Arles,** administrativement rattaché à Arles.
11 km : à dr. s'embranche la route de Fos (ci-après, **2**).
16,5 km : **Saint-Martin-de-Crau** (1 163 hab. au village, 5 551 pour la commune).
25 km : carrefour de la Samatane, où l'on croise la route de Maussane à Istres.
34 km : carrefour du Merle, où l'on croise la route d'Orgon à Miramas.
40 km : **Salon-de-Provence,** V. chap. 20.

2 — D'Arles à Fos-sur-Mer

Route : 40,5 km S.-E. par l'ancienne N. 113 et la N. 568 V. ci-dessus.

Suivez, sur 11 km, l'itinéraire précédent puis prenez à dr. la N. 568. La route file, rapide, dans un paysage monotone.
32 km : **carrefour de la Fossette,** à l'orée du complexe industrialo-portuaire de Fos, où s'embranche à dr. la route de (16,5 km) Port-Saint-Louis-du-Rhône (V. it. 21 C, km 18,5).
40,5 km : la route rejoint le bord de mer au pied du vieux village de **Fos-sur-Mer,** îlot ancien préservé au milieu des installations industrielles (V. it. 21 C, km 10).

15 - Saint-Rémy-de-Provence et ses environs

En provençal, *Sant-Roumeu*. 7 970 hab., les *Saint-Rémois*.

Rare privilège des villes, grandes ou petites, de Provence : leurs noms sont connus de tous, ils parlent immédiatement à l'esprit, à chacun d'eux s'associe une image caractéristique : monument, légume ou fruit, festival... Saint-Rémy, à cet égard, ferait un peu figure de cité élue en nous parlant de tout, ou presque : de ruines antiques — Glanum —, sans doute les plus belles de Provence; du souvenir du plus grand poète provençal — Mistral —, qui naquit et vécut dans un village voisin; d'une petite chaîne de montagnes — les Alpilles — dont Mistral, justement, disait que ce bourg était la « perle »... Conscient de ces atouts, le syndicat d'initiative n'a même pas besoin, sur ses dépliants, de tricher sur le nombre des superlatifs. Inutile, dès lors d'évoquer encore la couronne des platanes, les parterres fleuris des carrefours, les fontaines, le soleil, l'accent, le marché, l'accueil : c'est la Provence et c'est Saint-Rémy.

La ville dans l'histoire

Succédant à Glanum, rasé vers 270 de notre ère par les Germains, une bourgade apparaît peu après sur le rebord de la plaine : les rois francs, qui pour marquer la reconnaissance qu'ils devaient à saint Rémi, leur protecteur, comblaient de libéralités les bénédictins gardant son tombeau à Reims, en feront une possession de la puissante abbaye rémoise : Villa Sancti Remigii *trouvera ainsi son nom. Ce n'est qu'à la fin du XVI*e *s. que naîtra la légende selon laquelle saint Rémi lui-même, de passage à Glanum vers 500, aurait ressuscité une jeune fille mourante dont le père lui aurait alors donné des biens considérables.*

*Annexé au royaume d'Arles par Boson vers la fin du IX*e *s., saint Rémi en partage le destin jusqu'à ce que Conrad le Pacifique en fasse présent à l'abbaye de Montmajour; l'abbaye rémoise fait alors valoir ses droits et la papauté partage la ville et son domaine entre les deux abbayes. Les contestations nées de ce partage ne s'éteindront que peu à peu au cours des siècles, les comtes de Provence l'emportant progressivement sur les autorités ecclésiastiques. Pas nécessairement pour le plus grand bien de ses habitants, d'ailleurs (procès et protestations l'attestent), car Saint-Rémy sera, aux mains des comtes de Provence, une sorte de ville-objet que l'on offre à l'un ou à l'autre : ainsi la reine Jeanne, le roi René,*

SAINT-RÉMY-DE-PROVENCE

Louis XI en feront-ils, à plusieurs reprises, cadeau à diverses familles jusqu'à ce qu'elle soit donnée avec Les Baux, en 1642, aux Grimaldi, marquis de Monaco.

Célébrités. — *Patrie de l'astrologue* Nostradamus (Michel de Notre-Dame; *1503-1566; V. Salon-de-Provence, chap. 20), Saint-Rémy occupe surtout une grande place dans la littérature provençale : ici naquirent et vécurent* Joseph Roumanille *(1818-1891), ami de Mistral et l'un des fondateurs du Félibrige,* Marius Girard *(1838-1906), poète, et sa fille* Marie Gasquet *(1872-1960). Ici est née* Marie Mauron *(1896) qui depuis quarante ans y consacre sa vie à la littérature; œuvre féconde à la gloire de la région, de la vie paysanne, des traditions et des hommes de ce pays. Le peintre* Albert Gleizes *a vécu à Saint-Rémy de 1939 à sa mort en 1953.* Van Gogh, *enfin, y a passé la denière année de sa vie, pensionnaire de l'hospice installé à Saint-Paul-de-Mausole (V. ci-après, prom. 15 B).*

Saint-Rémy aujourd'hui. — Pour remplacer la culture de la garance et du chardon, ruinées l'une par l'intervention des colorants chimiques, l'autre par la mise au point de grattoirs métalliques (on utilisait les chardons pour donner par grattage du velouté à certains tissus de laine ou de coton), Saint-Rémy fut, **jusqu'à la guerre,** un des grands centres de **production de semences** (pour fleurs, légumes, plantes fourragères). Il n'en reste aujourd'hui qu'un seul producteur et la plus grande partie du terroir Saint-Rémois est **maintenant** consacrée aux **cultures fruitières et maraîchères.** A noter que c'est à Saint-Rémy que sont installées les *Ets Caussade,* l'une des marques les plus connues parmi celles qui, la mode du barbecue aidant, se partagent le marché des herbes de Provence (boutiques *« l'Herbier de Provence »*). Quelques petites **industries,** fières, selon leur propre publicité, de leur caractère non-polluant (literie, portes, réservoirs à gaz). Mais, à côté de l'agriculture, la grande ressource réside désormais dans le **tourisme :** une vingtaine d'hôtels, presque autant de restaurants (y compris ceux des hôtels), des terrains de camping, des meublés et des gîtes pouvant héberger 500 personnes, donnent à Saint-Rémy de très grosses possibilités d'accueil.

L'animation et les fêtes. — Sorte de culte rendu à la terre nourricière en même temps qu'hommage aux animaux de trait qui aident l'homme dans son labeur, la **procession de la Carreto Ramado** promène dans la ville, le 15 août, un char orné de plantes, fruits et fleurs, tiré par une trentaine de chevaux et mulets harnachés « à la mode sarrazine » portant caparaçons, clochettes, petits miroirs; un spectacle, haut en couleur, et un rite qui se répète, sur le mode mineur, le 1er mai, lorsque l'on promène la **Carreto dis Ase.** La **fête votive,** le 4e dimanche de septembre, n'est pas moins animée, occasion de grandes **courses de taureaux;** on est ici à l'orée de la Provence Taurine et la saison — la Temporada — (de Pâques à la Toussaint) est ponctuée de jeux périodiques dans l'une ou l'autre des deux arènes que possède la ville. Foires, pèlerinages, fêtes de confréries s'ajoutent encore aux manifestations culturelles (expositions, spectacles folkloriques de la *Respelido prouvençalo,* conférences et rencontres littéraires de l'*Escolo dis Aupiho,* etc.) qui animent la saison touristique.

15 A - Visite de la ville

Une journée à Saint-Rémy. *C'est bien le minimum que l'on puisse lui consacrer pour une visite agréable. Quelques heures, en fait, suffiraient pour voir en détail monuments et musées, mais Glanum invite à la rêverie et, autour de l'asile de Saint-Paul, vous aurez peut-être envie de*

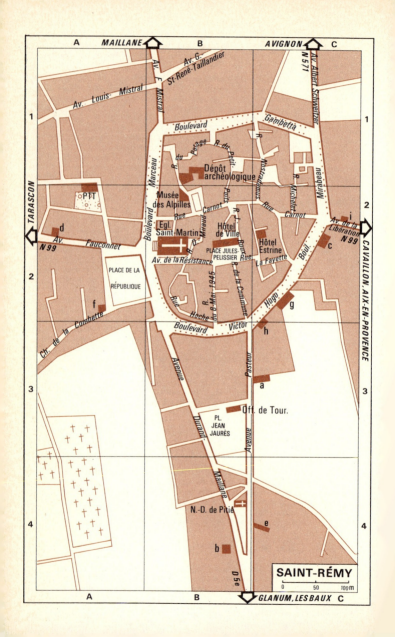

SAINT-RÉMY-DE-PROVENCE

retrouver les sources d'inspiration d'un pensionnaire nommé Van Gogh; sans compter le temps que vous accorderez aux boutiques d'artisans, aux galeries d'art, au marché; sans compter non plus les ballades dans les Alpilles toutes proches, vagabondages au long de sentiers perdus ou randonnées sur les circuits balisés (des plans-guides sont disponibles à l'office de tourisme).

La **place de la République** (plan A 2), à l'orée de la ceinture de remparts aujourd'hui remplacés par des cours ombragés, est un peu le pivot de la vie citadine; église, arrêt des autocars, cafés, proximité de la poste et de la mairie.

L'**église Saint-Martin,** un grand édifice classique de 1827, conserve l'ancien ***clocher** bâti en 1330 par le pape Jean XXII : surmontant un massif carré s'élève un étage octogonal desservi par une élégante tourelle d'escalier et surmonté d'une flèche à crochets. De part et d'autre du chœur, deux volets de triptyque de l'école espagnole (1529).

La rue Carnot (plan B 2) conduit en quelques pas à la place Favier, Iou Planet, bordée des façades des deux plus beaux hôtels de la ville.

▪ L'***hôtel Mistral de Mondragon,** de la Renaissance (vers 1550), abrite le **musée municipal Pierre-de-Brun** (collections ayant trait au folklore provençal des Alpilles; visite en saison); charmante cour intérieure avec tourelle d'escalier ronde flanquée d'une loggia à dr. et de trois étages de loggias à g.

▪ L'ancien **hôtel de Sade** (XV-XVIᵉ s.), relié à l'hôtel de Mondragon par un passage sur arcade, abrite, quant à lui, un **dépôt archéologique** de très grand intérêt; c'est là que *Henri Rolland* a réuni les pièces trouvées lors des fouilles de Glanum (V. ci-après, 15 B).

Visite : payante, de 10 h à 12 h et de 15 h à 18 h, t.l.j. sauf mardi, de début juin à fin sept. et pendant les vacances de printemps; les sam., dim. et lundi seulement en avril et mai, sam. et dim. en oct. Fermé du 2 nov. aux vacances de printemps. Renseignements à l'office de tourisme.

Rez-de-chaussée. — Inscriptions antiques, pièces d'architecture, stèles funéraires et stèle porte-crâne (retaillée dans un élément d'architecture hellénistique), témoignage de la sculpture et du fameux culte des têtes coupées des peuples celto-ligures; ***chapiteaux hellénistiques** décorés de figures où se trouvent associées divinités grecques et celtiques, documents exceptionnels qui avaient été remployés dans les fondations des monuments romains.

Premier étage. — Statue (décapitée) d'Hercule, invoqué à Glanum comme dieu guérisseur; bel **acrotère du temple de Valetudo** avec le buste de la déesse représentée sous les traits d'une déesse-mère gauloise portant le torque; **statue de captif gaulois** qui, avec d'autres figures analogues, accusait le caractère triomphal de la décoration de la fontaine; petit bas-relief en marbre d'Atys, travail archaïsant représentant l'amant de Cybèle, couché, entouré de ses attributs habituels; très beau ***portrait** en marbre **d'Octavie,** sœur d'Auguste, copie d'un original grec; beau ***portrait** en marbre **de Julie,** fille d'Auguste et mère des Princes de la Jeunesse (V. le mausolée, ci-après 15 B); statue d'adolescent (la tête manque malheureusement) portant au cou la bulle d'or réservée à l'enfance; autels votifs et diverses sculptures gallo-grecques et gallo-romaines.

Second étage. — Les vitrines renferment du **mobilier funéraire** et des **objets évoquant la vie quotidienne** à Glanum entre le IIIe s. et le IIIe s. ap. J.-C. : à remarquer, une très belle bague en cristal de roche décorée d'un buste de femme très finement sculpté (Ier s.), et un nègre endormi, bronze de style alexandrin, trouvés dans la maison des Antes. Une salle accueille divers produits des fouilles grecques et paléo-chrétiennes menées par *Henri Rolland* à Saint-Blaise (V. it. 21 A, km 26).

A côté de l'hôtel, une rotonde (restaurée) dont le coupole, munie de tuyaux d'allégement, repose sur une tablette d'appui faite de grandes dalles de pierre, passe pour avoir servi de baptistère au VIe s. (visible entre les n° 4 et 8 de la place).

Continuez à suivre la rue Carnot et, un peu avant la **fontaine Nostradamus** (à g.), prenez à dr. la rue Lucien-Estrine où l'**hôtel Estrine** sert périodiquement de cadre à des expositions; en face de celui-ci, l'étroit **passage Blain,** petit îlot de verdure aménagé avec des plantes des Alpilles, conduit à la mairie, qui occupe un ancien couvent du XVII[e]s. De là, la rue de la Commune rejoint au S., en passant sous une **porte de ville** du XVIIe s., la ceinture de boulevards où subsistent quelques restes de l'enceinte du XIVe s. (sur une centaine de mètres, entre le bd Victor-Hugo et la rue Hoche, plan B 2-3).

En face de la porte s'ouvre l'avenue Pasteur, amorce de la route de Maussane : à un peu moins de 300 m, **chapelle N.-D. de Pitié,** petit édifice du XVe s. agrandi de collatéraux au XVIIe s., aujourd'hui temple protestant; au S. s'étend le petit square Mireille, orné d'un **buste de Gounod** (par *Mercié*).

C'est à Saint-Rémy qu'en 1863 Charles Gounod (1818-1893) tira cette partition de l'œuvre de Mistral; sans doute l'une des plus attachantes et l'une des rares à conserver quelque intérêt sur l'ensemble d'une œuvre jugée, de nos jours, avec une sévérité probablement excessive.

15 B - Les Antiques et Glanum

1 km S. par la route de Maussane.

Dans un site admirable, un arc et un mausolée sont sans doute parmi les plus célèbres monuments qu'ait laissé la civilisation romaine sur le sol gaulois; ils ornaient jadis l'entrée, sur la route d'Espagne, de l'agglomération urbaine de Glanum. Mais si ces Antiques ont depuis longtemps frappé les imaginations — leur silhouette ne semble-t-elle pas avoir inspiré certains monuments arlésiens, et le nom de Mausole que porte un monastère voisin ne témoigne-t-il pas de leur prestige? —, la science archéologique n'a pas encore définitivement répondu aux questions que pose l'un d'entre eux.

L'***arc municipal** est sans doute le plus ancien des arcs de triomphe élevés en Narbonnaise. Sa décoration évoque la conquête des Gaules par César : des Victoires occupent les écoinçons de l'archivolte, et, sur chacune des faces principales, de part et d'autre de l'arcade centrale, des groupes de deux personnages attachés à des trophées d'armes figurent des captifs et des captives (l'abattement de ces dernières est particulièrement bien rendu).

L'arc mesure 12,40 m de longueur sur 5,60 m d'épaisseur; la hauteur de l'arcade est de 7,50 m sous voûte; celle du monument (il devait à l'origine être couronné d'un attique orné de statues) n'est plus que de 8,60 m.
La décoration sculptée est très soignée : colonnes cannelées des faces principales, archivolte de l'arcade ornée de fruits du pays, voûte en berceau à caissons hexagonaux au décor floral; sous la retombée de la voûte se développe une frise d'instruments de musique et de sacrifice. La silhouette générale de l'édifice, qui devait déjà être à peu près la même au Moyen Age, pourrait avoir inspiré le constructeur du portail de Saint-Trophime d'Arles, une influence que l'on retrouve avec plus de netteté encore, ainsi que l'a montré *Victor Lassale,* dans la composition du portail de la cathédrale de Saint-Paul-Trois-Châteaux, dans le Tricastin.

•.• Le ****mausolée** est, quant à lui, dans un état de conservation exceptionnel, et doit dater des premières années de notre ère. D'une silhouette peu habituelle, c'est un monument composite constitué par la superposition de trois éléments bien distincts : un socle (de 6,5 m de côté) orné de quatre bas-reliefs, évoquant un sarcophage; un « quadrifons », étage intermédiaire percé sur chaque face d'une arcade cintrée et cantonné de quatre colonnes cannelées, jouant le rôle d'un arc de triomphe; une rotonde formée de dix colonnes corinthiennes dont l'entablement supporte une coupole, sorte de petit temple circulaire abritant deux statues d'hommes, personnages héroïsés.

Ce serait, selon une hypothèse de *Henri Rolland,* un **cénotaphe élevé à la mémoire des petits-fils d'Auguste,** connus sous le nom de *Princes de la Jeunesse : Caïus,* qui fit campagne en Germanie puis en Arménie, où il fut mortellement blessé dans un guet-apens en l'an 4 de notre ère; *Lucius,* qui mourut à dix-neuf ans alors qu'il se rendait en Espagne. Déjà honorés de leur vivant, semble-t-il, dans les temples de Glanum, ils le furent aussi à Nîmes, où la Maison Carrée leur était dédiée. Les statues placées sous la coupole seraient celles de jeunes princes : la comparaison avec leur représentation sur des monnaies où ils portent le bouclier offert par la noblesse romaine (celui des statues a disparu mais on a la preuve qu'il existait), plaide pour cette attribution.

Empruntés au répertoire de l'art hellénistique (mais la cernure des contours accusant le relief des figures est une technique particulière à la Narbonnaise), **les bas-reliefs pourraient faire allusion à la biographie des deux héros :** la scène où Grecs et Troyens se disputent le corps de Patrocle face O. (les soldats sont d'ailleurs équipés à la romaine) évoquerait la lutte pour la possession du corps de Caïus; celle (face S.) où est figurée la mort d'Adonis, entre un jeune homme tombant de cheval (tirée du massacre des Niobides) et une chasse au sanglier à laquelle prennent part les Dioscures, protecteurs de Rome, évoquerait la mort de Lucius. Les scènes des faces N. et E., bataille de cavalerie et combat contre les Amazones, sont plus difficiles à interpréter.

Le mausolée avait longtemps été considéré aussi comme le tombeau d'un compagnon de César ou, avec beaucoup plus de vraisemblance, comme celui d'un notable de Glanum. L'inscription gravée sur l'architrave de la face N. : « Sextus, Lucius, Marcus, de la race des Jules, fils de Caïus, ont élevé ce monument à leurs parents » (parent doit être pris dans le sens « cousin »), pourrait dans l'hypothèse de *Henri Rolland* être postérieure au monument lui-même et trahir tout simplement la prétention d'une riche famille de Glanum à se rattacher à la famille impériale.

Le **monastère Saint-Paul de Mausole,** à l'extrémité d'une allée prenant à g. de la route, en face des Antiques, abrite aujourd'hui un hôpital-hospice : c'est là que fut soigné pendant un an *Vincent Van Gogh;* dans l'allée qui conduit à l'église, un beau buste en bronze, par *Zadkine,* rappelle son séjour.

Propriété, au Xe s., de l'abbaye bénédictine de Villeneuve-lès-Avignon, l'établissement fut, à partir du XIe s., le siège d'une communauté de chanoines réguliers suivant la règle de saint Augustin, rattachée en 1316 au chapitre cathédral d'Aix. Il fut cédé au début du XVIIe s. aux observantins (franciscains de stricte observance) qui, se consacrant aux malades, lui ont donné la vocation qu'il a encore aujourd'hui.

C'est de son propre chef que Van Gogh, *après plusieurs crises, entre à Saint-Paul le 3 mai 1889. Passant par des alternatives de travail intensif et de crise, il y peindra des vues de la fenêtre de sa chambre, des portraits, des paysages des Alpilles, et exécutera des copies de Rembrandt, Daumier, Delacroix, etc., d'après des gravures; explosion de couleurs et de formes torturées traduisant son éblouissement devant le monde ensoleillé de Provence en même temps que la fièvre intense qui l'habite et le mine. Quittant Saint-Paul le 6 mai 1890, le pauvre Vincent prendra le 15 le train pour Paris d'où il se rendra à Auvers-sur-Oise : il s'y suicidera le 27 juillet.*

Visite : libre (église et cloître), t.l.j. de 8 h à 12 h et de 14 h à 18 h.

L'*église romane (fin du XIIe s.; façade du XVIIIe s.), très petite, est une véritable réduction des grandes églises de l'école provençale avec abside, absidioles (celle de g. est aujourd'hui murée), transept et croisillons voûtés de berceaux brisés longitudinaux, bas-côtés très étroits voûtés en quart de cercle pour épauler la voûte de la nef : toute la décoration se réduit au bandeau orné de dents de scie et de damiers sur lequel repose le berceau légèrement brisé de la nef. Les chapelles latérales sont des additions gothiques, classiques et modernes.

Le *clocher est une très belle construction romane, aux faces ornées d'arcatures lombardes surmontées par une frise de carrés posés en pointe; un second étage, plus court et nu, porte le toit pyramidal de lauses.

Le *cloître, sensiblement carré et d'une vingtaine de mètres de côté, évoque celui de Montmajour avec ses baies groupées par trois sous de grands arcs surbaissés et ses galeries voûtées en berceau sur doubleaux. Les galeries N. et E. remontent au milieu du XIIe s.; les chapiteaux des colonnettes sont sculptés de **motifs floraux stylisés,** encore dans la lignée très géométrique de ceux de Montmajour; dans la galerie E. subsiste, entre deux fenêtres, la porte de l'ancienne salle capitulaire. Les galeries S. et O., légèrement plus tardives, ne datent que de la fin du XIIe s.; les feuilles d'acanthe et autres feuillages, les sphinx, basilics, quadrupèdes, masques, etc. y révèlent au contraire le **goût antiquisant** et l'**influence des modèles arlésiens** si caractéristiques de cette époque; dans la galerie S. s'ouvre la porte de l'ancien réfectoire.

Glanum, ville sainte des celto-ligures, hellénisés puis romanisés, s'étend à l'entrée d'un vallon : là, au pied du mont Gaussier,

LES ANTIQUES ET GLANUM

un petit sommet des Alpilles, jaillit la source miraculeuse qui lui a donné naissance.

Il n'y avait là, à l'origine, qu'un sanctuaire où les Salyens vénéraient le dieu Glan (ou Glanis), divinité topique de la source. Sans doute est-ce au cours du IVe s. av. J.-C. que, trouvant dans le contact avec les négociants grecs de Marseille une nouvelle source de prospérité, se développa une première agglomération, Glanon (ou Glanum I pour les archéologues).
A cette période hellénistique, caractérisée par l'emploi de pierres de grand appareil, sans mortier, succède celle de la romanisation (Glanum II), conséquence de l'occupation du pays par les légions de Marius (102 av. J.-C.) : les constructions sont alors en petites pierres de formes irrégulières. La prise de Marseille par César (49 av. J.-C.) marque le début de la troisième période (Glanum III), celle de la romanisation totale, qui durera jusqu'à la destruction de Glanum (vers 270 de notre ère) par les Germains : on construit alors un petit appareil de moellons réguliers, bien taillés et liés avec un mortier très dur.

Accès et visite : petite route à 200 m à g. après les Antiques; visite payante, t.l.j. sauf mardi, de 10 h à 12 h et de 14 h à 18 h.

Les eaux des deux ravins des Alpilles qui convergent vers Glanum étaient drainées par des égoûts creusés sous les rues de la cité : après son abandon, les conduites en furent rapidement obstruées et les ruines de la ville furent peu à peu ensevelies sous les terres amenées par les eaux; les fouilles, poursuivies depuis 1921, n'ont pas encore abouti au dégagement complet des ruines.

Les quartiers déblayés sont traversés du S. au N. par une rue principale conduisant à la source sacrée.

Au **N.**, l'îlot O., compris entre cette rue et le chemin d'accès, est celui qui a conservé le plus de vestiges de Glanum I : on y reconnaît deux belles ***habitations hellénistiques,** analogues aux maisons de Délos, avec leur cour centrale dont le péristyle encadrait l'impluvium. Dans celle du N., dite **maison des Antes**, quelques colonnes doriques du péristyle (restauré pendant la 2e période) ont été relevées; cette maison est séparée de la **maison d'Atys** par une petite place à portiques qui servait primitivement de **marché**, mais fut utilisée plus tard (sans doute au IIe s. ap. J.-C.) pour aménager un petit **sanctuaire de Cybèle** : on y voit un autel votif dédié aux oreilles de la Bonne Déesse par une de ses prêtresses.

De l'autre côté de la rue subsistent les ruines très reconnaissables des **thermes romains,** analogues par leur plan à ceux de Pompéi et encore caractéristiques des établissements construits dans les derniers temps de la République : du S. au N. se succèdent la piscine, la palestre (gymnase-solarium entouré de portiques sur trois côtés) et les trois salles principales des thermes, frigidarium, tepidarium, caldarium, ces deux dernières chauffées par un hypocauste; à l'O. de la piscine, la **maison du Capricorne** (construite à la 2e période sur une maison hellénistique à portique) a été modifiée au début du IIe s., en même temps que d'autres restructurations avaient lieu dans les thermes, pour devenir l'unctorium (salle de massages) de ceux-ci; elle a conservé (de la 2e période) des mosaïques polychromes qui compte, avec celles de la maison de Sulla (ci-après), parmi les plus anciennes de Gaule. Au N. des thermes, la **maison d'Epona**, construite en partie sur une maison hellénistique, fut elle-même partiellement aménagée en boutique; il y subsiste un petit pressoir.

La partie centrale des fouilles est constituée par le **quartier haut de la ville**, créé par exhaussement artificiel du sol, vers 25 à 20 av. J.-C., par-dessus les restes de la période précédente. Un vaste terre-plein, quelque peu défoncé aujourd'hui par la fouille des niveaux inférieurs, était occupé par la place dallée du **forum**, bordé de l'E. et à l'O. de portiques de

11 colonnes (il n'en subsiste que les bases cubiques). Au N. du forum se trouvait une terrasse plus élevée portant un édifice dont il reste les 24 piles de fondation et plus au N. encore, un grand monument à abside (temple ?); la terrasse recouvrait, dans l'angle N.-O., les restes de la **maison de Sulla**, du début du 1er s. av. J.-C. (elle-même fondée sur des substructions hellénistiques), dont une salle conserve un pavement en mosaïque à décor géométrique; dans sa partie S., le dallage du forum recouvrait les restes d'un grand portique hellénistique d'où proviennent les chapiteaux du musée.

Au S. du forum, une seconde **place dallée** garde les vestiges d'une **fontaine à caractère triomphal** (on y a trouvé deux statues de captifs) et, sur le côté O., de deux **temples géminés d'époque augustéenne** (l'un réduit à ses fondations, l'autre à son soubassement) peut-être dédiés à Caïus et Lucius (V. le mausolée ci-dessus), les « Princes de la Jeunesse ». Le péribole de ces deux temples a recouvert au S. les restes d'une salle de réunion d'époque hellénistique, du type du bouleuterion grec, avec ses gradins disposés sur plan rectangulaire.

Plus au S. encore, le site se rétrécit à l'entrée d'un ravin des Alpilles. En même temps, par suite de la déclivité du terrain, l'épaisseur du remblai artificiel diminue et les niveaux romains viennent se raccorder au niveau primitif; laissant de part et d'autre les restes de portiques, on atteint une **porte charretière** flanquée d'une poterne et ouverte dans un **rempart** barrant l'accès du défilé : l'ensemble est d'époque hellénistique et s'apparente à l'enceinte grecque de Saint-Blaise (V. it. 21 A, km 26).

Une trentaine de mètres plus loin, à dr., un escalier accédait au **sanctuaire**

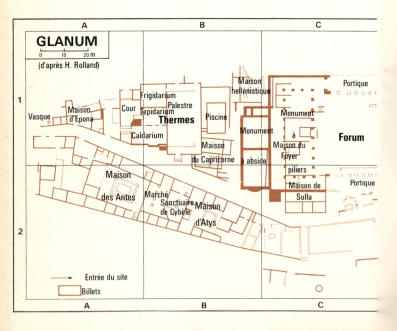

GLANUM — MAILLANE **15 B-C** / 331

primitif dont les terrasses, aménagées dès le VIe s. av. J.-C., s'étageaient jusqu'à une caverne dominant l'ensemble et abritant la statue d'un dieu accroupi; des piliers décorés de crânes humains l'escortaient tandis qu'en bas, une niche abritait les statues des glaniques, déesses protectrices de la ville.

En face de cet escalier, un passage dallé conduit à un autre escalier descendant quant à lui à la ***source sacrée** qui donna naissance à la ville; les murailles en grand appareil qui encadrent le bassin sont celles d'un **nymphée** monumental **d'époque hellénistique,** restauré vers l'an 20 av. J.-C. par Agrippa, gendre d'Auguste et son lieutenant en Gaule, le père des deux Princes de la Jeunesse; celui-ci fit, à cette occasion, élever au-dessus de la source un petit **temple à Valetudo,** déesse de la Santé; de l'autre côté du nymphée, au S., se trouvait un sanctuaire de la première époque romaine; dédié à Hercule, invoqué ici comme dieu guérisseur, il conserve les autels votifs encadrant le socle de la statue du dieu (au musée).

15 C - Environs de Saint-Rémy

→ **1 — Maillane** (7 km N.-O.). — Quittez Saint-Rémy par le bd Marceau et l'av. Frédéric-Mistral (plan B 1). La route (D 5) traverse une campagne de riches cultures protégées par des barrières de cyprès et sillonnées de canaux d'irrigation bordés de grands roseaux.

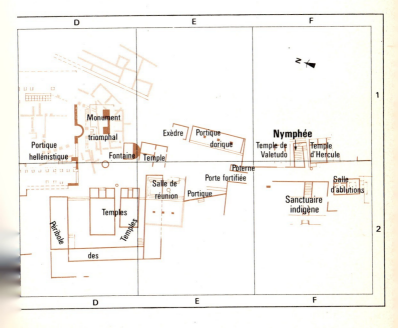

ENVIRONS DE SAINT-RÉMY

6 km : à g., **mas du Juge**, où *Mistral* naquit le 8 septembre 1830.

7 km : **Maillane,** bourg de 1 430 hab. rendu célèbre par *Frédéric Mistral* qui y demeura 59 ans. On y voit les deux maisons du poète, à dr. de l'église où il fut baptisé (autel en marbre du XVIIIe s.), et à l'entrée de la route de Saint-Rémy.

Fils de paysans aisés, Mistral *fréquente l'école de Maillane puis le collège installé à Saint-Michel de Frigolet avant d'aller préparer le baccalauréat en Avignon. Après une licence passée à Aix, il revient à Maillane où, tout en secondant son père, aveugle, dans la gestion du domaine familial, il se consacre à la poésie et à la renaissance de la langue provençale : il sera l'un des principaux artisans de la fondation du Félibrige, en 1854.*

Après la mort de son père (1855), il quitte le mas du Juge pour la maison du Lézard où il vivra avec sa mère, jusqu'à son mariage en 1876. C'est là qu'il achève Miréio *(1859), poème dramatique de la Provence rustique qui lui vaudra la notoriété. Dépassant l'œuvre de rénovation linguistique, il se lance, notamment par ses articles dans l'*Armana prouvençau *(créé en 1855) et la publication de la* Coupo Santo *(1868; véritable hymne national de la Provence), dans une action visant à restaurer, selon ses propres termes, « le sentiment de race » des Provençaux, plaidant à sa manière pour le régionalisme et la décentralisation.*

*L'ampleur de l'œuvre du poète (*Calendau, *1867;* Lis Isclo d'or, *1875,* Nerto, *1884;* la Réino Jano, *1890;* Lou Pouèmo dou Rose, *1897;* Lis Oulivado, *1912, etc.) ne doit pas masquer celle du philologue auquel on doit le prodigieux* Trésor du félibrige *(1878-1886), dictionnaire provençal-français en même temps qu'encyclopédie de la langue d'oc, ni celle du créateur du* museon Arlaten, *fondé dès 1899 et auquel il consacra par la suite le montant du prix Nobel de littérature qu'il reçut en 1904.*

Visite : payante, t.l.j., sauf mardi de 9 h à 12 h et de 14 h à 19 h.

Le **museon Mistral** a été aménagé dans la maison que le poète fit construire à l'époque de son mariage, et où il est mort en mars 1914. On y retrouve le cadre, conservé intact, dans lequel il vivait, ses meubles, sa chambre, et une accumulation de souvenirs. Dans le jardin, statue de Mistral par *Achard* (1929).

La **maison du Lézard**, où il vécut de 1855 à 1876, est juste en face. Une plaque la signale, portant les mots du père *Louis le Cardonnel* : « On dit Mistral comme on dit Homère ».

Au cimetière, le **tombeau du poète** est une reproduction du pavillon de la reine Jeanne, aux Baux (V. it. 16 B) auquel ont été ajoutées quelques sculptures symboliques : visages de femmes coiffées à la Provençale, étoile à sept branches (emblème du Félibrige), armes de Maillane, écusson du poète, Coupe Sainte, etc.

Plutôt que de rentrer directement à Saint-Rémy, vous pourrez faire un petit détour par **Eyragues,** à 4,5 km E. sur la route Avignon-Saint-Rémy : l'**église** a une belle nef romane, une abside et un bas-côté N. gothiques; deux chapelles romanes forment un faux transept : au fond de celle de dr., la chapelle du Christ (XVIe s. ou XVIIe s.) est couverte d'une belle voûte à caissons; à l'extérieur, clocher et chemin de ronde crénelé du XIIIe s. A la sortie S. du village, près de la bifurcation de la route de Maillane, la **chapelle Notre-Dame-du-Pieux-Zèle** (déformation de N.-D. des Pucelles) conserve une abside du XIIe s. et surtout, dans le porche classique, un petit tympan roman représentant la Tentation assez voisin de celui de la chapelle Saint-Gabriel (V. it. 14 C, km 33,5).

MAILLANE

- **2 — Le lac et la cheminée** (45 mn; au S.). — Quelques centaines de mètres avant les Antiques, aussitôt après le bureau des Ponts et Chaussées, prenez à dr. l'av. Antoine-de-la-Salle; un peu plus loin, obliquez à g. sur le chemin conduisant au barrage établi dans un très joli vallon rocheux. La cheminée est la grande excavation qui surplombe le lac. Un sentier permet de faire le tour de ce dernier et de revenir par la route de Maussane (2 h aller et retour).

- **3 — Le Tunnel et le mont Gaussier** (montée en 1 h). — A 450 m au-delà des Antiques, un sentier à g. s'élève au S. par des couloires et éboulis. Parvenu à une bifurcation (poteau indicateur) le sentier de g. monte au Tunnel, énorme roche percée de part en part tandis que celui de dr. permet d'atteindre le sommet du mont Gaussier (330 m) : deux grottes, avec curieux monolithe; jolie vue sur la plaine.

- **4 — Mont de la Caume** (7 km S.). — A 4 km de Saint-Rémy sur la route de Maussane se détache à g. une petite route de 3 km montant au mont de la Caume, sommet plat (387 m) en forme de forteresse naturelle, dominé par un relais T.V.; *panorama immense.

16 - Les Baux et les Alpilles

Au cœur du triangle sacré de la Provence, découpant leurs crêtes fines dans les pins frémissants, les Alpilles sont monde de poésie. « Plus grandes que les collines et plus belles que les montagnes », tour à tour Hymette et Pentélique, ces « magiciennes bleues » sont les hautes terres mystiques lancées vers le ciel, le royaume de lumière où s'envole l'âme des poètes. Des cours d'amour du Moyen Age au Félibrige, de Daudet à Maurice Pezet, jamais on n'a cessé de chanter l'étincelante clarté qui baigne bois et rochers, l'harmonie du paysage, sa sérénité à peine troublée, « de loin en loin, par un son de fifre, un courlis dans la lavande, un grelot de mules sur la route ». Monde à coup sûr magique où, du charme d'Eygalières aux sortilèges des Baux, l'homme se sent pris par quelque chose qui le dépasse.

Laissez-vous prendre, donc, par les étonnantes couleurs de l'aube et du crépuscule, les formes fantasques d'une nature secrète, l'émouvante beauté de certaines constructions humaines. Abolissant le temps, la route vous offrira, en une fabuleuse randonnée, de mettre vos pas dans ceux des hommes qui ont vécu ici. Habitants de la préhistoire ou grands bâtisseurs, moines assécheurs de marais ou producteurs d'olives de maintenant, chacun, à sa manière, vous livrant ses Alpilles, se fera peut-être un peu votre guide.

Ce qu'il faut savoir

Culminant à 493 m au **signal « dis Aupiho »** (abusivement transcrit *Opiés* en français), les Alpilles constituent un petit massif calcaire de 25 km de longueur sur 6 à 8 km de largeur, dressant au-dessus de la plaine de Saint-Rémy, au N., et de la Crau, au S., des cimes déchiquetées entre lesquelles se faufilent de profonds ravins. Couvertes de pins et de maquis, elles offrent, du côté S., des pentes un peu plus douces au pied desquelles renaissent les plantations d'**oliviers** : Mouriès (V. ci-après, it. 16 C, km 9,5) est ainsi devenu, en France, la « capitale de l'huile d'olive ». Plus bas, dans les anciens marais desséchés des Baux ou la basse plaine de Fontvieille, les **légumes,** les **fruits** et le **riz** représentent les principales productions d'un terroir remarquablement mis en valeur et exploité.

Si l'on ne tire plus autant de **pierre** que jadis des fantastiques carrières des Baux (mais celles de Fontvieille continuent de fournir un calcaire non moins beau), l'extraction de la **bauxite** — qui ne titre ici que 43 à 47 % d'alumine —, surveillée de près par les défenseurs de l'environnement, fonctionne à plein à proximité du village qui a donné son nom au minerai. Découvert en 1821, mis en exploitation par *Péchiney* en 1971 pour compenser partiellement l'épuisement progressif des gisements du Var et de l'Hérault, le gisement des Canonnettes produit ainsi annuellement 80 à 100 000 t; les réserves du massif sont estimés à env. 25 millions de t dont 2 à 4 au plus sont exploitables compte tenu des contraintes qui pèsent sur l'extraction : pour respecter le site, celle-ci se fait souterrainement, à partir d'un carreau camouflé par les masses de déblais boisées avec l'aide de l'O.N.F.; pour respecter la tranquilité des habitants, on a limité à 10 ou 12 le nombre quotidien des passages de camions qui emmènent le minerai vers les centres de traitement, passages totalement suspendus entre le 10 juillet et le 1er sept. pour ne pas gêner la circulation touristique.

Dernière grande ressource du massif, le **tourisme** : Fontvieille, Saint-Rémy (V. chap. 15) et les Baux offrent, sur le plan de l'accueil, un excellent équipement (pas toujours à la portée de toutes les bourses), et l'on compte, rien qu'aux Baux, plus d'un million de touristes par an. Dû à son incomparable beauté, à ses monuments prestigieux, le succès a aussi quelques revers et, en dépit de la protection dont bénéficient les Alpilles, les constructions en agglomérés, les pseudo-mas et autres résidences secondaires commencent à miter certains secteurs : les grandes zones industrielles de l'aire marseillaise ne sont pas loin et le réseau routier a été modernisé...

Visite des Baux et des Alpilles

*Deux heures pour le village seul; au moins autant pour une promenade dans les chaos rocheux du Val d'Enfer (non compris le temps passé dans la « cathédrale d'Images »); un circuit d'une demi-journée dans les Alpilles; quelques heures encore à consacrer à Fontvieille et à Montmajour : la journée ne suffira pas si vous voulez goûter tranquillement au charme étrange de la célèbre cité et à celui, plus agreste, du petit massif. Efforcez-vous (en retenant votre chambre à l'avance), **de passer la nuit aux Baux** : le site, au coucher du soleil, et une promenade nocturne à travers les ruines et au château, surtout par clair de lune, vous laisseront un souvenir inoubliable.*

16 A - De Saint-Rémy aux Baux

Route : 9 km par la D 31 et la D 27. Cet itinéraire, qui franchit les Alpilles plus à l'O. que l'itinéraire classique (décrit ci-après, 16 C), offre à l'arrivée une vue saisissante sur le site des Baux.

Quittez Saint-Rémy en direction de Tarascon (plan A 2) et, au monument de Roumanille, prenez à g. la D 31.

3 km : à g., **tour du Cardinal,** belle maison de plaisance, de style Renaissance, construite en 1558.

Un peu plus loin, prenez à g. la D 27 qui s'enfonce au cœur des Alpilles par un de ces vallons arides, peuplé de pins, caractéristiques du massif; vues en arrière et à g. sur la plaine de la Durance.

Après avoir croisé une piste coupe-feu (par laquelle on peut aller faire une promenade sur la crête des Alpilles), la route franchit le petit **col de Sarragan** : *vue sur le site extraordinaire des Baux dont les ruines se confondent avec les rochers déchiquetés qui les environnent. La route descend en lacet à travers un étonnant chaos rocheux, bordée de carrières de tuf souterraines dont les galeries débouchent à l'air libre par d'énormes portiques.
9 km : **Les Baux-de-Provence** (ci-après).

16 B - ★★★Les Baux-de-Provence

En provençal, *Li Baus*. 202 m d'alt., 367 hab., les *Baussencs*.

Jaillissant du maquis, un roc monumental, immense vaisseau de pierre déchiquetée portant les ruines d'un formidable château et d'un village fantôme s'avance au-dessus de la Crau. Comme une convulsion rocheuse de la nature, les falaises gigantesques et les découpures colossales des carrières se heurtent et se bousculent avec les éperons, les éboulis, les pans de murs tourmentés. Site étrange et fascinant où le règne de la pierre âpre et sauvage, si peu humaine, force l'admiration.

Adossé aux ruines, le vieux village peu à peu abandonné depuis le XVIIe s. reprend goût à la vie; redécouvert il y a quelques décennies, il gratte ses façades, remet des vitres aux fenêtres, cimente ses lézardes, refait ses toitures. Village-musée, bien propre et bien aménagé, presque trop, la capitale rêvée par Mistral (« Di Baus farieù ma capitalo ») s'anime, à la belle saison, d'une foule qu'elle n'a pas connue même au temps de sa plus grande prospérité. Le calme revenu, reste l'élégance des façades Renaissance, l'ambiance mystérieuse de la cité morte.

« Une race d'aiglons, jamais vassale ». — *Si les traces d'occupation humaine du site remontent à la plus lointaine préhistoire (jusqu'au Néolithique), ce n'est qu'au Xe s. que les Baux entrent vraiment dans l'histoire : une famille féodale très puissante assoit alors sa domination sur la Basse-Durance puis prend pour patronyme le nom du rocher* (Baù, de Balcio) *où elle vient d'élever un de ses meilleurs châteaux. Possesseurs de nombreux bourgs et fiefs (on en recense 79 au XIe s.) disséminés un peu partout en Provence — ces « terres baussenques » ne relèvent pas des comtes de Provence — les seigneurs des Baux entament, au début du XIIe s., une longue lutte (les guerres baussenques) contre les comtes catalans pour la possession du comté de Provence* : *Gilbert, comte de Provence avait en effet laissé le comté en héritage à sa fille Douce, épouse de Raimond Béranger de Barcelone, au détriment d'une autre de ses filles* Etiennette, *épouse de* Raymond des Baux.
La Maison des Baux, qui prétendait descendre du roi mage Balthazar et qui avait pris pour emblème l'étoile de la Nativité, obtint dans cette lutte l'appui — resté de pure forme — de l'Empereur. Le sort des armes sera favorable aux Catalans et Guillaume des Baux *(devenu par héritage prince d'Orange en 1173) obtiendra en compensation le titre de roi d'Arles (1215). Bénéficiant également de l'appui du pape et du roi de France (car les comtes de Barcelone soutenaient l'hérésie albigeoise), il*

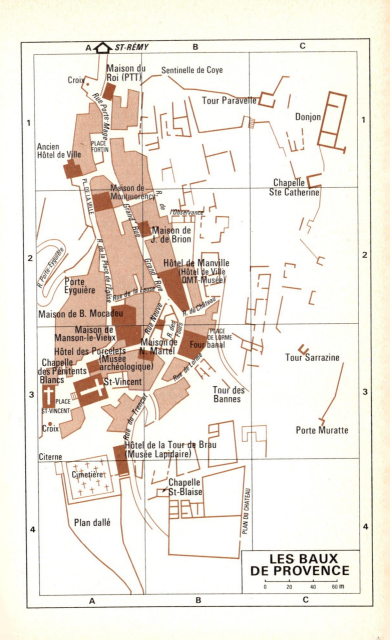

se fera même prendre par les Albigeois dans une embuscade près d'Avignon et sera écorché vif.
En dépit de toutes ces luttes, les Baux sont au XII° s. et surtout au XIII° s., le siège d'une vie brillante et raffinée : c'est la grande époque des troubadours Giraut de Bornelh, Raimbaud de Vacqueiras, Bertrand de Lamanon. Époque de prospérité aussi : la ville compte près de 4 000 hab.
Lorsqu'en 1245 les princes français de la Maison d'Anjou succèdent aux comtes de Barcelone à la tête du comté de Provence, les comtes des Baux les suivent dans la conquête du royaume de Naples : ce sera pour eux l'origine d'une nouvelle fortune. Pourtant, profitant des troubles qui, un siècle plus tard, accompagnent l'avènement de la reine Jeanne, ils recommencent à intriguer, n'hésitant pas, au besoin, à faire appel aux bandes de routiers qui dévastent le pays. Le dernier seigneur des Baux, Raimond-Roger de Beaufort, vicomte de Turenne, se comportera lui-même en véritable chef de bande, mettant la Provence à feu et à sang, rançonnant riches et pauvres. Finalement chassé de Provence (1399), il laissera ses terres à un lointain parent, mais Louis III d'Anjou, comte de Provence, s'en emparera et les incorporera définitivement à son comté.

Toujours rebelle. — Suivant désormais les destinées du comté de Provence, la ville est réunie à la Couronne en 1481; dès 1483, elle se révolte contre Louis XI qui fait alors démanteler le château : les Baux ne seront plus désormais qu'une petite baronnie.
Le connétable Anne de Montmorency, gouverneur du Languedoc, à qui elle échoit en 1528, va faire renaître l'époque faste connue trois siècles plus tôt : restauration du château, construction d'hôtels particuliers, d'églises, dont les restes témoignent encore de sa richesse d'alors, du cheminement des idées nouvelles en matière artistique; sur le plan religieux, la ville adopte la Réforme.
En 1631, le gouverneur suit Gaston d'Orléans dans son opposition à Richelieu : pour punir la ville, celui-ci s'en empare et soumet les habitants à un impôt qui permettra de payer le maçon chargé de faire définitivement sauter le château. Donnés aux Grimaldi en 1642, les Baux ont en fait cessé peu après d'exister : n'ayant plus ni privilèges ni indépendance à protéger, les habitants abandonnent peu à peu leur nid d'aigle et vont s'installer dans la plaine, aux hameaux de Mouriès et de Maussanne.

Les Baux aujourd'hui. — Site protégé, presque totalement classée monument historique, la cité entière, ruines comprises, a « l'éclat de neuf » grâce à de considérables travaux de restauration et d'aménagement. Nul câble électrique ou téléphonique, nulle antenne de télévision, et les voitures des visiteurs sont priés de rester sur l'un des parkings aménagés à l'extérieur.
Les **maisons** les plus caractéristiques des Baux, les demeures Renaissance, ont généralement les fenêtres du premier étage encadrées dans un ordre d'architecture librement inspiré de l'antique et reposant sur des consoles, le rez-de-chaussée étant à peu près dépourvus d'ornementation.

Noël aux Baux. — La nuit de Noël est célébrée en l'église des Baux une messe dont l'origine est très ancienne et qui fut souvent interdite dans le passé en raison des éléments profanes, voir païens, qui en faisaient partie. C'est la **fête du pastrage**, ou fête des bergers, réglée de nos jours par une liturgie qui a voulu l'épurer de ses éléments bachiques, mais dont l'intérêt si particulier draine vers l'église autant de curieux que de fidèles. « Au moment de l'offertoire, un ange caché derrière l'autel annonce la

Nativité aux bergers. La confrérie s'avance alors, précédée de tambourins et de galoubets, les bergers couverts de leur grand manteau, les bergères enveloppées du châle et coiffées du garbalin, bonnet conique orné de dentelles et de fruits. Au milieu d'eux, le chariot rustique en bois colorié, traîné par un bélier, garni de rubans et de chandelles allumées, avec un agneau nouveau-né sur un tapis. Le prieur, et après lui toute la confrérie, en fait l'offrande. On a adopté de nos jours, pour les paroles de ce mystère sacré, le Noël composé par Charloun Rieu, du Paradou, le poète paysan » (F. Benoît).

Visite de la ville. Laissez votre voiture au parking (payant) à l'entrée de la ville. Le billet collectif pour la visite des différents musées et de la cité morte est délivré à l'entrée de chacun d'eux. La cité morte est illuminée les mercredis, samedis et jours fériés.

On pénètre dans le bourg par la **rue Porte-Mage** où l'on voit, à g., la **maison du Roi,** (plan A 1) avec un grand pignon auquel s'adossent deux cheminées superposées; ainsi nommée parce qu'elle servait de logis au représentant de l'autorité royale, elle est partiellement reconstruite et abrite aujourd'hui la poste.

Un peu plus loin s'ouvre la petite **place Fortin,** d'où vous pouvez descendre à dr. à la **place de la ville,** en terrasse au-dessus du vallon de la Fontaine : là s'élève, à dr., l'**ancienne mairie** (voûte datée de 1657) restaurée en 1922; plus loin à g., une maison porte, réparti sur les quatre consoles de la corniche, le millésime de 1569; un peu plus loin encore, la rue descend à la **porte Eyguière** (porte de l'Eau; plan A 2), *lou Pourtau,* précédée d'une terrasse. Cette porte, la seule porte charretière de l'ancienne enceinte, fut reconstruite au XVIe s. par le connétable de Montmorency et restaurée au XVIIe s. par les princes de Monaco dont on voit les armes martelées. Dans le passage subsistent des assises de gros blocs, restes d'une enceinte préhistorique.

De la porte, un sentier en calade permet de descendre (1/2 h A.R.) dans le **vallon de la Fontaine,** au fond duquel un jardin public récemment aménagé entoure le ***pavillon** dit **de la Reine Jeanne,** en réalité kiosque de jardin élevé par *Jeanne de Quiqueran,* baronne des Baux, en 1581; c'est un charmant édicule de style Renaissance dont Mistral fit faire une copie pour son tombeau.

La plupart des maisons de la **Grand'Rue** remontent au XVe s. et sont en partie taillées dans le roc. A g., la **maison de Jean de Brion,** du XVe s., fut habitée par le maître-typographe et graveur *Louis Jou,* ami d'*Yves Brayer* qui a toujours la sienne non loin de là; elle abrite maintenant des expositions annuelles de livres et de gravures sur bois (ouv. du 15 juillet au 15 septembre).

L'***hôtel de Manville** (plan B 2), qui offre une belle façade Renaissance de 1572 et une cour intérieure à portique, est aujourd'hui occupée par la mairie, l'office municipal de tourisme et le **musée d'Art moderne.**

Visite : payante, t.l.j. de 9 h 30 à 12 h et de 14 h à 18 h 30 des vacances de Pâques au 30 sept., de 10 h à 12 h et de 14 h à 17 h le reste de l'année. **Conservateur** : *M. Patrice Arcelin*, conservateur des musées des Baux.

▣ Créé en 1971 et inauguré en 1972, le musée comporte trois salles dont les volumes sont modulables au gré des expositions. Accueillant annuellement des expositions temporaires réalisées en collaboration avec la direction des Musées de France ou du Centre Pompidou sur des grands artistes de notre siècle. Il possède lui-même un ensemble de peintures, dessins, lithographies et gravures, dont un grand nombre ont été donnés par les artistes, qui constituent un fonds exposé par roulement; une salle est réservée aux peintres régionaux; une autre est consacrée aux Baux et aux Alpilles. Citons principalement : *Roger Bezombes, André Bizette-Lindet, Yves Brayer, Bernard Buffet, Jean Carzou, Antoni Clavé, Chapelain-Midy, Albert Gleizes, Florence Hilaire, Max Ingrand, Claude-Perraud, Mario Prassinos, Georges Rohner, Maurice Sarthou, Antoine Serra, Pierre-Yves Trémois*, etc.

A dr. dans la rue Neuve, restes d'une **maison du XVIe s.**, peut-être une dépendance de l'hôtel de Manville (on voit encore la trace d'un passage sur arcade qui les reliait par-dessus la rue des Fours), qui servit d'oratoire protestant sous Claude II de Manville : une belle fenêtre à meneaux, datée de 1571, porte la devise calviniste « Post tenebras lux ».

Plus loin, dans la rue Neuve, ruines de la **maison de Nicolas Martel**, dont subsiste une belle cheminée portant, sur le manteau, le millésime 1529; en face, ruines de la **maison de Jean Laugier**.

▣ L'**hôtel des Porcelet** (1569; plan A 3) est, quant à lui, bien restauré; à l'angle, médaillon de Mistral. Les voûtes de la salle du rez-de-chaussée sont ornées de fresques du XVIIe s.

Après avoir longtemps abrité une auberge de jeunesse, l'hôtel est devenu depuis peu un **musée d'Archéologie régionale** : initiant au travail archéologique d'une manière très didactique (techniques de prospection et de fouilles, publication, etc.), il présente au public des résultats de recherches conduites sur la protohistoire dans toute la région, des Alpilles au Vaucluse, et notamment les fouilles menées par le Centre de Recherches Archéologiques des Alpilles (une antenne baussenque du laboratoire d'Anthropologie et de préhistoire des Pays de la Méditerranée Occidentale, du C.N.R.S. d'Aix-en-Provence) au pied du donjon du château (V. ci-après).

Une salle reste consacrée aux peintures, gravures et à quelques sculptures données aux Baux par *François de Hérain* et *Adrien Mertens*.

Visite : payante; mêmes horaires que le musée lapidaire.

L'**église Saint-Vincent**, précédée d'une terrasse en balcon au-dessus du vallon de la Fontaine, ouvre, sur un perron du XIXe s., par un portail roman restauré. A l'origine prieuré dépendant de Saint-Paul de Mausole, elle devint église paroissiale en 1481 après l'abandon de l'église de Saint-André, située dans le vallon de la Fontaine. A dr. de la façade, le clocher carré, d'une élégante simplicité, porte une courte flèche pyramidale; il conserve une cloche de 1477. Sur le flanc N., la chapelle funéraire des Manville est surmontée d'un gracieux lanternon Renaissance à trois gargouilles, faisant office de lanterne des morts.

LES BAUX DE PROVENCE

L'église est en partie troglodytique : une partie du bas-côté S. est creusée dans le roc. Construite dans la 2e moitié du XIIe s., elle ne comprenait à l'origine que deux travées couvertes en berceau; la 3e n'a été construite, en respectant admirablement le style des premières, qu'au début du XVIIe s. Les trois chapelles N., gothiques, ont été bâties vers 1530 sur un sous-sol à usage de charnier. Au chevet, vitraux de *Max Ingrand*, offerts en 1960 par le prince de Monaco dont le fils porte le titre de marquis des Baux. Bénitier de 1586. Côté dr., 1re chapelle : fonts baptismaux du XVIIIe s. — 2e chap. : anciens fonts, peut-être pré-romans. — Sur un pilier, à g. de la nef, pierre tombale d'un chevalier du XVe s. — Côté g. (en revenant vers la porte), 1er chap. : chapelle funéraire des Manville (V. ci-dessus). — 3e chap. : c'était la **chapelle** de deux confréries, celle **des vignerons** et celle **des tondeurs de moutons**, qui y ont laissé leur marque sous forme de consoles ornées de feuilles de vigne et de ciseaux à tondre.

La **chapelle des Pénitents-Blancs** (XVIIe s.) avait été restaurée en 1935 par la *Maintenance des Confréries des Pénitents de langue d'Oc* et consacrée à sainte Estelle, patronne du félibrige. A nouveau restaurée en 1974, elle a été décorée, sur le thème des Bergers (Annonce aux Bergers, Nativité, le Bon Pasteur, etc.), de grandes *fresques d'*Yves Brayer.*

En face de l'hôtel des Porcelet, prenez la rue de l'Église : deux belles maisons Renaissance la bordent : la **maison de Jean Manson le Vieux** et celle de **Bertrand Mocadeu**. A dr., ouvrant sous une arche Renaissance, la rue de la Lause, bordée de ruines, ramène à l'hôtel de Manville d'où vous suivrez la **rue des Fours** : à g., se trouvaient les anciens **fours banaux** de la cité.
La rue du Trencat, creusée dans le roc (d'où son nom qui signifie tranchée) à l'époque romaine, donne accès au plan du château (ci-après).

■ A dr., l'élégant **manoir de la Tour de Brau** (XIVe-XVe s.; plan A 3-4) abrite le **musée lapidaire et d'Archéologie**.

Visite : payante, t.l.j. de 8 h à 22 h en été; de 9 h à 12 h et de 14 h à 18 h le reste de l'année.

Dans une belle grande salle voûtée sur ogives sont présentées des vestiges lapidaires provenant essentiellement des ruines du château. A côté sont exposés des éléments d'**archéologie régionale** : trois sépultures à incinération du Ier s. av. J.-C. sont reconstituées; mobilier funéraire des IIe et Ier s. av. J.-C. Quelques objets néolithiques.
La seconde partie de l'exposition présente, au moyen de plans, photos anciennes, tableaux et schémas, un panorama du **patrimoine architectural** et artistique des Baux en même temps que des problèmes posés par sa sauvegarde. Réalisée avec le concours de *Péchiney,* une **exposition sur la bauxite** occupe le centre de la salle.

Le **plan du château** comporte schématiquement deux parties : au S., un promontoire à peu près nu, s'avançant vers la Crau; au N., abritées par les escarpements rocheux qui portent le château, les ruines de la cité morte.

Visite : payante, mêmes horaires que le musée lapidaire.

On laisse d'abord à dr. le petit cimetière où repose le poète

André Suarès (1866-1948). Peu après, à g., ruines de la **chapelle Saint-Blaise**, romane, que jouxtent celles de l'ancien hôpital Saint-André, bâti vers 1584. On longe ensuite à dr. un vaste **plan dallé** (plan A 4) destiné à recueillir les eaux de pluie, drainées vers une énorme citerne creusée dans le roc; à l'extrémité du plan dallé, restes d'un ancien moulin à vent.

Presque à la pointe S. du promontoire, monument au poète-paysan *Charloun Rieu* (1840-1924), auteur de chansons provençales et de traductions en provençal de la Jérusalem délivrée et de l'Odyssée, né au village de Paradou. *****Panorama** remarquable sur Maussanne, la vallée des Baux, Fontvieille, Montmajour, Arles, La Crau, l'étang de Berre, la Camargue. Dans le lointain S.-E. se profilent le Pilon du Roi et la Sainte-Victoire.

Entre la **tour sarrasine** (plan C 3), solidement campée sur son rocher, et les restes de la **tour des Bancs**, le **trou de Laure** (*trou de l'Auro*, porte du vent) donne accès au **plan du château** proprement dit, le *terras*, sorte d'immense basse-cour encombrée en constructions diverses, maisons, écuries, communs, magasins, etc.

Longeant le pied du rocher qui porte le château, on atteint bientôt les **ruines de la chapelle Sainte-Catherine**, l'ancienne chapelle castrale, d'origine romane mais remaniée au XVIe s., dont il reste une travée couverte d'une voûte flamboyante. Plus loin, après avoir laissé à g. la paroi, creusée d'une multitude d'alvéoles, d'un ancien **colombier**, on atteint l'extrémité N. du plateau, où se dresse la **tour Paravelle** (*****vue** sur le village et sur le val d'Enfer), et l'on monte à dr. au donjon.

Le *****donjon** (XIIIe s.; plan C 1) est la partie la moins ruinée du château, bien que sa face E., montée au-dessus des rochers à pic, ait été abattue; deux de ses côtés sont en partie taillées dans le rocher.

C'est une énorme bâtisse rectangulaire divisée en trois travées par deux murs de refend; au-dessus du rez-de-chaussée voûté d'ogives, quatre étages de chambres (dont seul le dernier était voûté) constituaient les appartements. Creusés dans le rocher, un silo et une citerne permettaient de tenir en cas de siège.

Du sommet, *****panorama** comparable à celui que l'on a depuis le monument à Charloun Rieu; on a également, de là, une bonne **vue** d'ensemble **du chantier de fouilles** ouvert en 1976 au pied même du donjon, à l'extérieur de l'enceinte (non ouvert au public) : il s'agit des restes d'un quartier d'habitation du IIe s. av. J.-C., lié vraisemblablement à l'exploitation des carrières voisines, qui recouvrent eux-mêmes les vestiges de cabanes du VIe s. av. J.-C.; le quartier dut vraisemblablement être détruit lors de l'arrivée des Romains (125-123 av. J.-C.) : on y a relevé aucune trace d'occupation postérieure à cette période.

Le rocher qui porte le donjon est sculpté extérieurement d'un **bas-relief** figurant trois personnages grandeur nature et appelé les **Trémaié** parce qu'on avait cru y voir une image des saintes Maries : c'est en fait une stèle votive romaine (elle porte d'ailleurs au bas l'inscription *Galdus apposvit*) : on ne la voit bien que depuis le col de la Vayède ou, mieux, en s'approchant par un sentier qui part de la route de Saint-Rémy.

VAL D'ENFER

La pointe N. du promontoire des Baux, en dehors du rempart qui descend du donjon à la maison du Roi, était occupé jadis par le **quartier** dit **de la Vayède,** qui a totalement disparu; on y a trouvé les restes d'une muraille celto-ligure et de deux cimetières : l'un pré-romain, où furent découvertes quantité d'urnes funéraires et de médailles; l'autre gallo-romain, dont les tombes sont creusées dans la pierre.

De l'autre côté du col de la Vayède (où se trouve la bifurcation de la route d'accès au village), le **plateau des Bringasses** porte les restes d'une autre enceinte celto-ligure. On y accède par un sentier de chèvres tracé à travers les rochers et les broussailles. L'oppidum est entouré d'un fossé taillé dans le rocher où l'on a réservé une sorte de pont conduisant à l'entrée; celle-ci est disposée en chicane entre de gros murs de pierre sèche; on y voit encore le trou où pivotait la porte et celui où glissait la barre de fermeture. A l'intérieur de la double enceinte, une esplanade nivelée à la main a conservé la base des piliers qui portaient une maison.

La grotte des Fées, le Val d'Enfer et les Portalets (très recommandé; 2 à 3 h à pied pour la promenade complète, aisément fractionnable : on peut aller directement en voiture à la **Cathédrale d'Images**). — Descendez dans le **vallon de la Fontaine,** suivez la route qui passe derrière l'*Oustau de Baumanière* — l'un des très grands fleurons de l'hostellerie et de la gastronomie française —. De là, en 15 mn, un sentier conduit sur la colline de g. à la **grotte des Fées** ou *Trau di Fado,* évoquée par *Mistral* dans *Mireiò*; creusée dans la molasse coquillière blanche, elle est constituée par un couloir de 206 m et deux entrées permettent la visite en circuit (pénétrez par l'entrée supérieure); on y a trouvé des traces d'occupation préhistorique (ossements humains et outils). Sur la crête, au-dessus de la caverne, petite enceinte celto-ligure.

Revenez par le même chemin pour gagner l'entrée du ***Val d'Enfer.** Cette gorge est un hérissement de roches, étrangement tourmentées par l'érosion, qui se dressent, se creusent, se prolongent sur le vide en gigantesques entablements portant une végétation échevelée; nombreuses y sont les grottes, ayant souvent servi d'abris à l'époque préhistorique et dont les poètes et les légendes ont fait le refuge de toute une population de sorcières, fées, lutins et autres génies. Après avoir suivi la gorge, on passe sous un rocher formant un pont naturel et l'on sort du Val d'Enfer, long d'env. 300 m, près des ***carrières** : certaines sont encore exploitées (carrières de Sarragan), d'autres à l'abandon, d'autres enfin ont reçu une nouvelle destination (coopérative viticole — on peut visiter et déguster — dans les caves de Sarragan).

Parmi ces dernières, la ***Cathédrale d'Images** propose un spectacle audiovisuel unique en son genre, conçu par le photographe et journaliste *Albert Plécy* (1914-1977), le fondateur des « gens d'Images ».

Visite : payante, t.l.j. de 10 h à 19 h. La température moyenne des carrières est de 15°, prévoir un vêtement. Renseignements : ☏ 97-46-68.

Une succession de salles majestueuses de 10 à 12 m de hauteur offre, sur 400 m, un fabuleux « itinéraire de spectacle ». Grâce à une trentaine de projecteurs, les murs de calcaire blanc, les plafonds, le sol lui-même, se couvrent de 4 000 m² d'images auxquelles le spectateur se trouve intégré; c'est l'« Image totale », libérée de son cadre, à laquelle rêvait *A. Plécy,* et une autre façon de voir : la technique de projection permet de montrer, sur 60 m², des détails de 2 à 3 cm, l'agrandissement devient en soi l'élément porteur d'une nouvelle émotion esthétique. Après « Féérie de la mer » de *Philippe Cousteau* et « L'Inde éternelle » de *Francis Brunel,* les années à venir verront la présentation de « La Provence légendaire » et de divers programmes de recherches.

16 C - De Saint-Rémy à Arles

Routes : 28,5 km par la D 5 de Saint-Rémy à Maussane, la D 17 ensuite.

Quittez Saint-Rémy au S. par le plateau des Antiques. La route remonte un vallon rocheux environné de pinèdes puis, après avoir franchi le faîte des Alpilles, redescend sur le versant S. : vue immense sur la Crau.
4 km : à g., une petite route de 3 km monte au **mont de la Caume** (387 m; panorama; V. it. 15 C, 4).
7 km : route à dr. pour (2,5 km) Les Baux.

9,5 km : **Maussane-les-Alpilles** (36 m; 1 352 hab.), dont le nom évoque l'ancienne insalubrité de l'endroit, due aux marais des Baux, drainés depuis le XVIIe s.

A 6 km S.-E. par la route de Martigues, **Mouriès** (18 m; 1 876 hab.) reste le premier village oléicole français malgré le terrible gel de 1956 qui a détruit 170 000 des 350 000 oliviers que comptait la commune. Avec deux moulins (dont l'un triture également des olives apportées de villages voisins), celle-ci produit annuellement environ 180 000 litres d'huile mais la récolte reste très dépendante des conditions climatiques et peut varier entre 60 000 et 250 000 litres (en 1976, année record). Grande fête de l'olive le 3e dim. de septembre.
On distingue en Provence plusieurs variétés d'oliviers : le Gailletier, l'Arabanier, le Blaquetier, le Berruguette, le Gayon, qui fournissent des fruits pour la fabrication de l'huile; le Salonnenque, le Verdale, le Grossonne, le Bichouline, le Lucques et l'Espagnol, qui donnent des olives de table. La salonnenque est une petite olive verte que l'on consomme cassée dans un mélange de fenouil et de laurier, la grossonne est une grosse olive noire que l'on pique et que l'on prépare avec de l'huile et des épices...

A dr. de la route, un peu avant le village, le **mas de Brau** et une belle gentilhommière de la Renaissance; construit sans doute par *Jeanne de Quiqueran* (à laquelle on doit le pavillon « de la reine Jeanne », aux Baux), il fut habité aussi par l'ingénieur hollandais *Van Ens* auquel on doit l'assèchement définitif des marais voisins. A 2 km N. du village, le **château de Servanes** (hôtel) appartient à l'architecte *Henri Révoil* (1822-1900) auquel on doit la restauration — parfois un peu abusive, selon la tendance de l'époque — de nombreux monuments de Provence; le parc et la cour sont ornés de divers restes archéologiques recueillis dans la région par son père, peintre, et par lui.

11,5 km : **Paradou** (21 m; 640 hab.), patrie du paysan-poète *Charloun Rieu* (1846-1924) : monument par *Botinelly* et, au cimetière, tombeau par *René Iché*. — A **2** km S., dominant les anciens marais desséchés des Baux, restes du château de Saint-Martin-de-Castillon.
14,5 km : à dr. débouche la route des Baux. — **16** km : route à dr. pour Tarascon, par Saint-Gabriel (V. it. 14 C, km 33,5).

19,5 km : **Fontvieille** (20 m), un gros et joli bourg de 3 007 hab. qui doit sa prospérité à ses carrières (d'où l'on extrait

FONTVIEILLE

depuis le XVe s. une pierre très injustement dite d'Arles), à la bauxite, et aux foules qu'attire le moulin d'*Alphonse Daudet*; peut-être un jour y viendra-t-on aussi en pieux pèlerinage, *Yvan Audouard* (qui y habite) ayant, au terme d'une longue enquête, découvert que contrairement à une opinion généralement admise, c'est ici qu'est né le « Petit Jésus »...

Le *moulin de Daudet se dresse, à côté des ruines de deux autres moulins, dans un très beau site au S. du bourg, sur un mamelon auquel conduit une magnifique allée de pins.

Visite : payante, t.l.j. de 9 h à 12 h et de 14 h à 15 h.

Né à Nîmes en 1840 et « monté » à Paris, où il mourra en 1897, Alphonse Daudet fréquenta Fontvieille dès sa jeunesse. Hôte, au château de Montauban, « originale et vieille demeure », de la famille Ambroy (il y viendra jusqu'en 1891), il conquiert la célébrité en 1866 en publiant les Lettres de mon Moulin, la seule de ses œuvres (avec certains Contes du Lundi, 1873) où soit peinte une Provence authentique; encore les Lettres doivent-elles énormément à Paul Arène *qui, selon* Octave Mirbeau, *était leur véritable auteur : sur ce sujet, V. la Vie quotidienne en Provence au temps de Mistral, par* Pierre Rollet. *Viendront ensuite (en nous limitant aux œuvres inspirées par la Provence) Tartarin de Tarascon (1872), Numa Roumestan (1881), Tartarin sur les Alpes (1885), Port Tarascon (1890) qui « concernent bien le Midi mais ne l'expriment pas. Dans la série des Tartarin comme dans Numa Roumestan, la vision caricaturale de la province l'emporte sur le sentiment d'appartenance à un monde d'expression originale »* (Pierre Rollet). *La publication, en 1869, de l'Arlésienne (pièce pour laquelle* Bizet *écrira une musique de scène, devenue célèbre, en 1872), le brouillera avec* Mistral, *celui-ci pardonnant difficilement à Daudet d'avoir puisé son sujet dans un drame familial authentique : le jeune Frédéri qui se suicide par désespoir d'amour s'appelait en réalité François, et il était le propre neveu de Mistral.*

Le moulin, qui a inspiré l'œuvre de *Daudet* mais ne lui a jamais appartenu, a été partiellement restauré et le mécanisme en est bien conservé. « Dans la pièce du bas, basse et voûtée comme un réfectoire de couvent », se niche un petit musée consacré à l'écrivain : manuscrits, épreuves, portraits, caricatures, éditions, illustrations se rapportant à sa vie et à son œuvre, gravures de *José Ray,* le premier illustrateur des Lettres de mon Moulin.

A **3 km** S. de Fontvieille et à quelques centaines de mètres à l'E. du carrefour D 33-D 78 E, subsistent des restes importants de l'**aqueduc de Barbegal** qui, après avoir traversé le rocher par un canal, actionnait une grande *minoterie romaine établie à flanc de côteau : les eaux faisaient fonctionner deux séries parallèles de huit roues à aubes échelonnées sur une dénivellation d'une vingtaine de mètres et animant ensemble seize moulins : cette véritable usine paraît dater de la fin du Ier s. ap. J.-C. Plus à l'O., restes d'un second aqueduc, destiné à l'alimentation d'Arles.

A la sortie de Fontvieille, on voit à dr. une belle **tour** construite en 1353 par l'abbaye de Montmajour pour protéger ses biens fonciers des exactions des Grandes Compagnies et des seigneurs des Baux; elle est flanquée d'un bâtiment du XVIe s. ; un peu plus loin à g., oratoire Saint-Victor et Saint-Roch, érigé en ex-voto après la peste de 1721.

21,5 km : la route longe le pied de la **butte du Castellet** où, à g., une ferme conserve quelques restes d'un château fort des comtes de Provence : on voit encore l'abside de la chapelle, dite Sainte-Croix du Castellet.

Le plateau de landes du Castellet et ses environs conservent **cinq grandes allées couvertes** souterraines, sépultures collectives remontant à l'époque chalcolitique (env. 2 000 av. J.-C.) qui comptent, par leur importance et leur qualité d'exécution, parmi les plus beaux témoignages préhistoriques de France. Elles sont malheureusement d'accès difficiles, incluses pour certaines dans une propriété privée, dans une décharge pour d'autres. **Celle du Castellet** (ou d'**Arnaud**) longue de 18 m, est à dr. de la route; **celles de la Source** et **de Bounias** sont à g.; elles sont entourées d'une rigole circulaire qui délimitait le tumulus aujourd'hui disparu, et celle de la Source porte une dalle couverte de gravures qui doivent exprimer un mythe solaire. **Celle de Coutignargues**, au S.-O. du plateau, est creusée dans la terre au lieu de l'être dans le rocher et comporte des murs bâtis. **Celle** dite **des Fées**, la plus remarquable, longue de 45 m, entièrement creusée dans le roc, se trouve beaucoup plus au S. sur le **mont de Cordes**, butte de 65 m isolée au milieu des anciens marais; sur le flanc S. du mont de Cordes, restes d'une muraille préhistorique.

Vue superbe, en avant, sur l'abbaye de Montmajour, dominée par son donjon. A 200 m env. en avant de l'abbaye s'élève, à g. de la route, la ***chapelle Sainte-Croix,** de la fin du XIIe s., entourée de tombes creusées dans le roc.

Reliée jadis à l'abbaye par une allée creusée dans le roc, la chapelle se compose d'une travée carrée flanquée de quatre absidioles (ce plan quadrifolié se retrouve dans plusieurs édifices provençaux très anciens, V. le pseudo-baptistère de Venasque, it. 7 D km 25,5), celle de l'O. étant précédée d'une courte travée formant porche. La **décoration**, aussi bien extérieure qu'intérieure, est des plus **réduites** mais, une fois encore, la perfection de l'appareillage (V., à l'intérieur, le raccordement des culs-de-four sur la voûte centrale en arc de cloître, d'un type très rare), l'équilibre des masses, la pureté des lignes témoignent du **haut degré de raffinement** de l'art roman provençal.

23,5 km : l'*****abbaye de Montmajour,** construite sur une butte ombragée de pins et entourée de vastes rizières, est un de ces grands monuments où la beauté du site rivalise avec la majesté architecturale. Grâce aux travaux incessants dont elle fut l'objet, c'est aussi une passionnante anthologie des formes de l'art roman en Provence entre le début du XIe et le début du XIIIe s. *Van Gogh* en fit de nombreux dessins durant son séjour en Arles.

Le rocher portant l'abbaye était à l'origine une de ces îles, comme celles de Cordes, du Castellet, d'Arles même, émergeant d'étendues lacustres et marécageuses dont l'assèchement, commencé par les moines, ne sera terminé qu'au XVIIe s. Dès l'époque carolingienne, il y avait là une nécropole chrétienne, relevant du chapitre de Saint-Trophime, sur laquelle veillait un groupe d'ermites.
En 949, une femme pieuse du nom de Teucinde *en fait l'acquisition et la donne aux religieux qui se constituent alors en une communauté régulière. Observant la règle bénédictine mais dépendant directement du pape, l'abbaye reçoit très vite quantité de donations qui lui permettront*

ABBAYE DE MONTMAJOUR 16 C / 347

d'être à la tête d'un vaste domaine foncier, tandis que l'institution, en 1030, d'un « pardon » qui a lieu le 3 mai, pour la fête de l'Invention de la Sainte-Croix, ne fait que grandir son renom et sa fortune; elle essaimera de nombreux prieurés dans toute le Provence.

Sa prospérité lui vaut, au début du XIVe s., de passer sous le déplorable régime de la commende : elle n'est plus, alors, qu'un bénéfice que le pape offre à tel ou à tel cardinal : dès lors, se succèderont sur le siège abbatial des hommes uniquement préoccupés d'en tirer des revenus. Après les abbatiats successifs de Pierre, puis de Joseph-Charles d'Ornano (qui démissionnera de lui-même en 1624), le monastère est dans une décadence telle que l'archevêque d'Arles demandera aux bénédictins de Saint-Maur de la relever.
Le renouveau sera de courte durée; en 1786, l'abbaye sera supprimée à la suite de l'affaire du collier de la Reine : l'abbé commendataire n'était que le cardinal de Rohan.

Vendus comme bien national, transformés en ferme, les bâtiments seront lentement sauvés par des achats successifs des peintres Réattu et Révoil (le père de l'architecte), du département, de la ville d'Arles et finalement de l'État; Jules Formigé travaillera pendant près de cinquante ans (1907-1955) à leur restauration. Une œuvre de longue haleine — le réfectoire était toujours, il y a une dizaine d'années, utilisé comme bergerie, — qui n'est pas encore terminée.

Visite : payante, t.l.j. de 9 h à 12 h et de 14 h à 18 h; un droit est perçu pour la photographie. Des visites-conférences, sous la conduite de conférenciers agréés de la CNMH, ont lieu t.l.j. sauf mardi, du 1er juil. au 15 sept., à 16 h.

L'***église** n'est pas terminée et ne comporte que deux travées sur les cinq prévues. C'est un puissant édifice au milieu du XIIe s. dont il faut voir d'abord l'extérieur du ***chevet**. Appuyée sur le large piédestal que forme l'église basse, l'abbatiale offre une juxtaposition de grands plans géométriques, d'une simplicité qui en accentue le caractère monumental et, comme dans les monuments romains, ne laisse en rien deviner la répartition des volumes intérieurs.

L'**intérieur**, à nef unique voûtée en berceau à peine brisé sur doubleaux, comporte un transept dont la croisée a été revoûtée en 1200 sur croisée d'ogives et dont les croisillons N. et S. moins élevés, sont couverts d'un berceau droit transversal. L'abside centrale, prise extérieurement dans un polygone à quatre pans, est semi-circulaire et voûtée en cul-de-four décoré de cinq bandeaux plats. Sur les croisillons s'ouvrent des absidioles en cul-de-four.

Une chapelle du XIVe s. s'élève dans le prolongement du croisillon N. et garde les tombeaux gothiques, mutilés et violés, de l'abbé *Bertrand de Maussang* († 1316) et de son frère. Au XVe s., une sacristie (lavabo du XVIIIe s.) et une salle destinée aux archives furent bâties contre le flanc N. de la nef.

Au bas de la nef, à dr. de l'entrée, un escalier descend à une galerie en forte pente, voûtée en berceau (marques de tâcherons) qui aboutit à l'***église basse**, édifice mi-excavé mi-construit, aménagé pour racheter la déclivité du terrain et permettre d'asseoir l'abbatiale. Cette construction (vers 1150) est remarquable à plusieurs titres : par la qualité générale de l'exécution; par l'influence très nette des modèles romains dans la résolution des problèmes architecturaux; enfin par la profonde originalité du plan.

Au bout du couloir en pente, qui serait vraisemblablement devenu une véritable nef si les travaux avaient été achevés, s'ouvre un étroit et long

transept, construit à g., creusé dans le roc à dr. Dans l'axe du couloir, une **chapelle en rotonde**, voûtée d'une coupole et précédée d'une courte et massive travée, communique par des baies en plein cintre avec un **déambulatoire** dont la voûte torique est un chef-d'œuvre de stéréotomie. Sur le déambulatoire s'ouvrent **cinq chapelles rayonnantes**, voûtées en cul-de-four, au plan légèrement outrepassé comme celui des absidioles donnant sur le transept.

Le ****cloître**, commencé dans le 3e quart du XIIe s., et terminé au début du XIIIe s., est un des plus beaux que l'on puisse voir en Provence après celui d'Arles ; chaque travée, épaulée par un contrefort cannelé qui rappelle les pilastres d'Arles, est composée de trois ou quatre arcades ouvrant à l'extérieur sous un grand arc de décharge surbaissé (qui n'existe pas à Saint-Paul-de-Mausole à Arles mais que l'on retrouve à Saint-Paul-de-Mausole) manifestant la même **inspiration antique**. Les galeries sont couvertes de voûtes en plein cintre, portant de belles toitures de lauses, dont les doubleaux retombent sur des consoles ornées de figures grotesques ou fantastiques vigoureusement traitées.

La **galerie N.** (à dr. en entrant) est la plus ancienne, mais tous les chapiteaux des arcatures ont été refaits au XIXe s. Les consoles et les chapiteaux des pilastres portant les arcs doubleaux ont par contre été conservés ; ils offrent le **même répertoire sculpté que ceux de Saint-Trophime** d'Arles : les mêmes sculpteurs ont peut-être travaillé sur les deux chantiers. A dr. de l'entrée, **enfeu gothique** flamboyant de l'abbé *Jean Hugolin* (XVe s.).

La **galerie E.**, où l'on voit à g. le bel enfeu roman des comtes de Provence, a gardé ses chapiteaux romans ; ils sont à décor végétal, sauf celui de la 2e colonnette qui figure, dans un **style très arlésien**, la Tentation du Christ. En face s'ouvre la **salle capitulaire**, en partie creusée dans le roc et couverte d'une voûte en plein cintre de trois travées.

La **galerie S.** manifeste encore, dans ses **chapiteaux** (datant de 1375 env.), l'**influence arlésienne** ; comme ceux de la galerie S. de Saint-Trophime, beaucoup sont historiés et reprennent les mêmes schémas : saint Pierre, représenté en pape, reçoit un cortège, Funérailles d'un moine, Pentecôte, Annonciation, Repas chez Simon, couronnement de la Vierge, etc. Cette galerie est bordée par le **réfectoire** dont la porte (fermée, mais le réfectoire est accessible par l'extérieur) est cantonnée de deux niches abritant des statues romanes dégradées : Salomon et la reine de Saba (ou le comte Guillaume et la comtesse Adélaïde, bienfaiteurs de l'abbaye?)

La **galerie O.** a été profondément remaniée en 1717 mais conserve sa décoration romane ; de là, vue sur le petit clocheton-arcade de l'abbaye.

Sortant du cloître par l'angle S.-O., on se trouve dans une **basse-cour** couverte par un pont reliant l'abbaye médiévale aux **constructions du XVIIIe s.** : celles-ci, aujourd'hui en ruine, furent élevées en 1703 sur les plans de *Pierre Mignard*, d'Avignon (neveu du peintre) à l'occasion de la restauration du monastère par les bénédictins de Saint-Maur. Ravagés par un incendie en 1726, ils furent reconstruits sur les plans d'un autre avignonnais, *Jean-Baptiste Franque* ; leur ampleur, la pureté de leurs lignes, la perfection de la maçonnerie restent remarquables.

Après avoir jeté un coup d'œil sur le **réfectoire** (porte à dr. de celle du cloître), une salle romane de quatre travées couverte d'une grande voûte en berceau surbaissé sur doubleaux, autrefois surmontée du dortoir, dirigez-vous vers le donjon.

Le ***donjon**, ou tour des abbés, est une superbe tour rectangulaire de 26 m de hauteur, avec tourelle d'escalier en ressaut sur la face O. ; bâtie dans un **très bel appareil à bossages** par l'abbé *Pons de l'Orme* en 1369 elle est couronnée de mâchicoulis et de créneaux avec échauguettes rondes aux angles. A l'intérieur, une haute salle voûtée d'ogives était jadis divisée en trois étages par des planchers. Du sommet (123 marches), très belle vue sur l'ensemble de l'abbaye; on aperçoit Arles au S.-O. Au pied de la tour, tombes creusées dans le rocher.

Au S.-E. du donjon, au pied de l'escarpement abrupt du rocher, un escalier conduit à la ***chapelle Saint-Pierre** (visite sur autorisation spéciale depuis des actes de vandalisme en 1976), en partie souterraine, touchant au sanctuaire qui date des premiers temps du monastère (1re moitié du XIe s.). On s'y rend par une porte gothique ouverte dans le mur d'enceinte, près d'un bas-relief un peu fruste du XIVe s. représentant Saint-Pierre. La chapelle est précédée d'un vestibule rectangulaire formant **narthex,** avec deux tombes creusées dans le roc, et se compose de **deux nefs avec absides** : celles de g. est entièrement excavée; celle de dr. est couverte d'un berceau grossier, en blocage enduit, portant la toiture en appentis. De part et d'autre de la nef de dr., des arcades s'appuient sur des colonnes de remploi par l'intermédiaire de chapiteaux à décor géométrique ou floral très stylisé que l'on a comparé à ceux de Venasque. En arrière des absides subsiste un petit **ermitage** comportant un réduit dit « confessionnal de Saint-Trophime »; dans le roc est creusé un siège qui passe pour être sa chaire. Le mur externe de la chapelle est épaulé par quatre énormes contreforts du XVe s.

La route achève de contourner la butte de Montmajour, franchit sur le pont dit des Moines un canal d'assèchement et rejoint (25,5 km) la route de Tarascon (N 570).
28,5 km : **Arles,** V. chap. 18.

16 D - Circuit dans les Alpilles

Route : 68 km.

Des Baux, rejoignez d'abord (4 km) **Maussane** (ci-dessus it. 16 C, km 9,5) où vous prendrez la route du Destet (D 78) qui serpente sur le versant méridional des Alpilles (de Maussane au Destet, vous pouvez aussi faire le détour par Mouriès : 2,5 km en plus).
12 km : **Le Destet** : suivez à g. la D 24 qui escalade le versant méridional de la chaîne qu'elle traverse par un col à 184 m d'alt.
17 km : **mas de Monfort** (149 m) : prenez à dr. la D 25 qui remonte d'abord un ravin puis redescend lentement, dominée à dr. par une belle arête calcaire.
24 km : à dr., un sentier permet de monter à l'**Aupiho,** point culminant des Alpilles (499 m; 1 h 30 aller et retour).

Le versant N. est à pic. Le faîte est une étroite plate-forme d'environ 20 m de diamètre qui porte un signal géodésique. ***Vue** immense, s'étendant du Ventoux à la mer.

Un peu plus loin, laissant à g. le **château de Roquemartine** (XVIIe s.), on rejoint le N 569 devant le rocher escarpé que couronnent les ruines de l'ancien château, dit **castellas de Roquemartine.**

28,5 km : **Eyguières** (88 m; 3 248 hab.), sur un terroir fertile au pied des Alpilles, est un joli bourg qui doit son nom à ses nombreuses sources. Chapelle romane au cimetière.
Prenez la D 17 vers Maussane. Traversant des oliveraies, on longe à nouveau le pied des Alpilles.
35,5 km : prenez à dr. la route d'**Aureille** (573 hab.; son nom viendrait de la *via Aurelia)*, situé à l'entrée d'un vallon que va remonter la route.
40 km : on rejoint la D. 25 que l'on suit à g. pour revenir au (**42,5** km) **mas de Monfort** où l'on reprend, à dr. cette fois, la D 24 : belles vues lors de la descente.
45 km : prenez à dr. vers Eygalières.

47 km : **Eygalières** (105 m; 1 284 hab.), sans doute le plus joli village des Alpilles, accroché à la roche avec laquelle il se confond. Le vieux bourg, construit primitivement sur un éperon rocheux (déjà occupé à l'époque néolithique), a débordé de son rocher pour glisser lentement vers la plaine. Comme Eyguières, c'est à la présence de sources qu'il doit son nom : à l'époque romaine, *Aquileria* est le point de départ d'un aqueduc alimentant Arles.

Église du XIIe s., dénaturée par un clocher du XIXe s., et ancienne tour du château portant une disgracieuse Vierge moderne. A voir surtout une ancienne **chapelle de Pénitents** du XVIIe s., servant de dépôt archéologique et lapidaire aux Amis du Vieil Eygalières et, dans la grand'rue, un bel hôtel Renaissance.
Son charme de crèche provençale a séduit les artistes et, après *Alfred Latour* (1888-1964), *Roland Oudot, Raymond, Guerrier, Winsberg*, etc., y ont élu domicile. Des écrivains aussi, en particulier **Maurice Pezet**, le chantre des Alpilles (V. bibliographie).

A **1,5** km E. par la route d'Orgon, la **chapelle Saint-Sixte**, d'une touchante rusticité, dessine, sur un mamelon planté d'amandiers et de cyprès, un tableau plein de poésie.

D'Eygalières, la D 74 A, au N., passe devant le **mas de la Brune**, un charmant manoir Renaissance (1572) aménagé en hôtellerie, puis rejoint (**50** km) la route d'Orgon à Saint-Rémy : prenez à g.
59 km : **Saint-Rémy-de-Provence.** V. chap. 15.
68 km : **Les Baux-de-Provence,** ci-dessus, it. 16 B.

17 - Tarascon et Beaucaire

17 A - Tarascon

En provençal *Tarascoun*. 10 665 hab. les *Tarasconnais (Tarascounen)* alt. 17 m.

Tartarin n'est donc pas mort. Si l'on demande à un Tarasconnais ce dont il est le plus fier, c'est le château du « bon roi René » — probablement l'une des plus belles réalisations féodales de France — qui vient en tête des suffrages. Pêle-mêle, on cite ensuite la Tarasque, Sainte-Marthe — qui en débarrassa le pays —, la tranquillité de la ville, les tissus Souleïado, l'action de la municipalité dans le domaine de la qualité de la vie, le dynamisme de la Jeune Chambre Économique ou les résultats des clubs sportifs. Sans oublier Tartarin; et l'amoureux sincère d'une Provence authentique, lui qui aurait espéré n'entendre jamais prononcer ce nom, en sera quelque peu désappointé. Car le bonhomme a colporté dans la France entière une image des Provençaux beaucoup moins innocente que lui. L'intention, au départ, n'était pas de médire, mais d'amuser, et l'on est trop gentil, ici, pour en vouloir vraiment à Daudet. Mais de là à faire du petit gros barbichu, immortel vantard et chasseur de casquettes, une des célébrités de la ville; à le faire défiler lors des fêtes et un de ces jours, qui sait, à lui élever une statue... Les Tarasconnais ont assurément, une grande qualité : ils ne sont pas rancuniers.

La ville dans l'histoire. — *Dans une région et à une époque où les cours incertains du Rhône et de la Durance mêlaient leurs eaux en abandonnant çà et là d'immenses étangs, Tarascon était à l'origine une de ces petites agglomérations celto-ligures qui, comme Arles ou Ernaginum (Saint-Gabriel, V. it. 14 C, km 33,5) servaient de comptoirs d'échanges aux Grecs de Marseille.*
La cité occupait alors une île, nommée Jovarnica, *l'actuel faubourg Jarnègues; les Romains s'y établirent, bâtissant un* castrum *là où s'élève auj. le château médiéval. Port important sur le Rhône, en relation avec Beaucaire (en dépit d'une certaine rivalité entre les deux villes, un pont de bateaux les unissait), très important pèlerinage au tombeau de Sainte-Marthe, Tarascon comptait près de 20 000 hab. au XIIIe s. Dotée de privilèges confirmés (non sans quelques luttes) par les comtes de Provence — y compris celui de battre monnaie — la ville sera gouvernée jusqu'à la Révolution par une assemblée de consuls tirés au sort parmi nobles et bourgeois.*

Sainte Marthe et la Tarasque. — *C'est vers 48 de notre ère que Marthe, sœur de Marie-Madeleine, serait arrivée dans le pays qu'elle allait évangéliser. Un redoutable monstre amphibie, sorte de dragon mi-crocodile mi-lion, y semait alors la terreur, dévorant tous ceux qui passaient à sa portée. Domptant miraculeusement la bête en lui jetant de l'eau bénite et en lui montrant une croix, la sainte la prit en laisse avec sa propre ceinture et la livra ainsi aux habitants qui la déchiquetèrent à coups de lances et de pierres.*

Les fêtes. — *Elles furent, dit-on, réglées par le roi René lui-même, qui les présida en 1469. La première avait lieu le 2ᵉ dimanche après la Pentecôte ; au cours d'une procession solennelle, la Tarasque, représentée furieuse, renversait de son énorme queue tous ceux qui tentaient de s'approcher d'elle. Dans la seconde procession, le jour de la Sainte Marthe (29 juillet), elle était au contraire tranquille et menée en laisse par une jeune fille. Les deux fêtes sont maintenant confondues en un seul défilé, le dernier dimanche de juin, enrichi, du vendredi soir au lundi, d'une succession de spectacles de variétés, courses de taureaux, fanfares, spectacle pyrotechnique, bals et... « aïoli monstre ».*

Tarascon aujourd'hui. — **Centre commercial** depuis son origine (de grandes foires y ont encore lieu le 8 septembre et le 13 octobre), Tarascon est devenu, avec la mise en valeur des terres cravennes, un **centre agricole** d'une certaine importance : fruits et primeurs, et surtout riziculture, sont ses principales ressources. Le **secteur industriel** n'y est encore que **moyennement développé** et compte essentiellement une usine de pâte à papier *(la Cellulose du Rhône)* et les ateliers *Souleïado* (célèbres tissus imprimés à la main).

Visite de la ville. — *Deux bonnes heures, dont une pour le seul château, sont nécessaires pour voir rapidement l'essentiel : vous stationnerez sans problème au pied du château ou de l'église. Arrangez-vous pour être là en fin d'après-midi : depuis le pont de Beaucaire, la vision du château doré par le soleil qui décline est alors particulièrement belle.*

Le ****château** (plan A 1), bâti sur un rocher calcaire baigné par le Rhône et isolé du côté de la ville par de larges fossés, est, par son importance autant que par son exceptionnel état de conservation, l'un des plus beaux châteaux forts de France. Vigilante sentinelle, il surveillait la frontière de la Provence face à Beaucaire, situé en territoire royal. Ses hauts murs, percés d'ouvertures rares et puissamment grillagées, lui donnent une allure puissante, essentiellement militaire, qui ne laisse en rien présager l'élégance intérieure : cette forteresse, pourtant, était aussi une résidence princière.

A l'emplacement du castrum romain, le château actuel a succédé à plusieurs édifices antérieurs, tour à tour ruinés par les Sarrasins, reconstruits par les rois d'Arles, remaniés et agrandis. C'est en 1400 que Louis II d'Anjou, comte de Provence et roi de Sicile, entreprit de le faire rééditier de fond en comble. Le roi René, son fils, qui y séjourna souvent, le fit terminer de 1447 à 1449. Utilisé comme prison à partir du XVIIIᵉ s. il a été racheté par l'État et restauré à partir de 1926.

Visite : payante, t.l.j. sauf mardi, sous la conduite d'un guide, à 9 h, 10 h, 11 h, 14 h, 15 h, 16 h et 17 h.

TARASCON

Le château comprend **deux parties** distinctes : au N., la **basse-cour**, entourée de courtines flanquées de tours rectangulaires; au S., le **logis seigneurial** dont la masse imposante élève à 45 m de hauteur ses murs, flanqués, du côté de la ville, de deux énormes tours arrondies à l'extérieur.

La **porte d'entrée** donne dans une véritable souricière creusée dans le rocher entre la basse-cour et le logis seigneurial reliés l'un à l'autre par un pont dormant de trois arches (jadis un pont-levis) : en cas de nécessité, le logis seigneurial pouvait ainsi constituer une forteresse autonome. La basse-cour est bordée à l'O. par la façade des anciens communs.

Le **logis seigneurial** entoure de ses quatre faces une ***cour intérieure** ombreuse et fraîche où les grâces du gothique flamboyant contrastent avec l'austérité extérieure. Le fond de la cour, du côté S., est occupé par une terrasse où l'on monte par un large perron : là s'ouvre à g. le portail de la **chapelle inférieure**, qui occupe deux étages de la tour d'angle S.-E.,

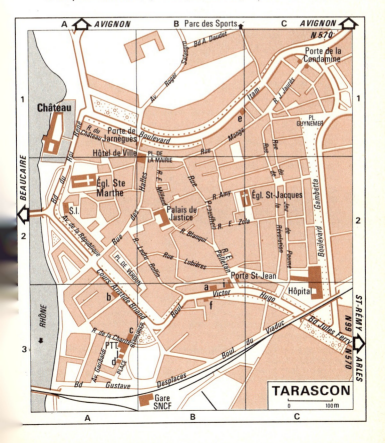

ronde à l'extérieur. Plus haut, une grande baie flamboyante éclaire la **chapelle supérieure**, dans laquelle deux petits réduits sont ménagés de chaque côté de l'abside : ce sont les oratoires du roi et de la reine de Sicile. A dr. du portail de la chapelle, en retour d'équerre, jolie **clôture flamboyante** en pierre fermant l'arcade surbaissée de l'ancienne **chapelle des chantres**.

Le **corps de logis donnant sur le Rhône** ne comprend à chaque étage qu'une seule grande salle, avec de larges fenêtres d'où la vue est magnifique sur le fleuve et sur Beaucaire : celles du rez-de-chaussée (**salle à manger**) et du 1er étage (**salle de réception**) sont plafonnées. Leurs murs étaient, à l'époque du roi René, couverts de tapisseries dont les comptes du roi permettent de se faire une idée. Au second étage, la **salle des Audiences**, voûtée de trois travées d'ogives, communique avec la **salle du Conseil**, dans l'angle S.-O., également couverte d'une belle voûte; autre salle voûtée dans la tour d'angle N.-O. La décoration sculptée est aussi soignée que réduite : consoles des voûtes, figures sculptées aux angles supérieurs des grandes fenêtres donnant sur le Rhône.

Le **corps de logis situé du côté de la ville**, entre les deux tours rondes, était **réservé aux appartements** d'habitation, desservis par une ravissante tourelle d'escalier sous laquelle s'enfonce une profonde citerne cylindrique. Son **rez-de-chaussée** est occupé par un **long préau** couvert de voûtes d'ogives surbaissées. Chaque étage est divisé en deux salles plafonnées, celles de l'étage supérieur étant seules voûtées; ces salles communiquent avec celles — à destination plus militaire — de la grosse tour N.-E. (la tour de l'horloge) dont la plus haute porte une voûte hexagonale. Entre l'entrée du logis seigneurial et la tour N.-O. s'élevait un autre bâtiment (sa trace est encore visible sur les murs voisins) détruit lors de l'aménagement du château en prison.

Des terrasses dallées du château, très beau ***panorama** sur la ville, le Rhône, Beaucaire, la Montagnette et les Alpilles.

La ****collégiale Sainte-Marthe** (plan A 2) est devenue l'un des sanctuaires les plus célèbres de la Provence lorsqu'en 1187 eut lieu l'invention officielle des reliques de l'hôtesse du Christ, que les Tarasconnais vénéraient depuis longtemps déjà. Naguère entourée d'un vieux quartier, elle doit aux destructions de 1944 (elle même fut alors sérieusement endommagée) d'apparaître totalement isolée au milieu d'une place trop grande pour elle : une mise en valeur qui ne lui apporte rien, révélant une silhouette composite où nef, bas-côté, clocher, pris dans une accumulation de constructions adventices — chapelles, épais contreforts surmontés de pinacles —, offrent une juxtaposition de volumes sans équilibre. L'intérieur, par contre, abrite une intéressante **collection d'œuvres d'art** avec, notamment, des tableaux de peintres provençaux ou ayant travaillé en Provence : *Mignard, Sauvan, Van Loo* et surtout *Vien* et *Parrocel*, auteurs de nombreuses toiles relatives à la vie de sainte Marthe.

Citée dès le Xe s. (elle dépendait alors du chapitre de N.-D. des Doms à Avignon), la collégiale fut reconstruite à la suite de l'invention des reliques de sainte Marthe et consacrée en 1197; au XIIIe s. et surtout au XIVe s., la nef fut rebâtie; le siècle suivant ajouta le clocher, les arcs-boutant et une sacristie. Le XVIIe s. restaura la crypte et ajouta deux chapelles hexagonales de part et d'autre de l'église. Après les destructions de 1944, une importante campagne de restauration y fut entreprise, qui n'est pas encore entièrement terminée.

Le grand **portail sud** a malheureusement perdu les sculptures de son tympan en 1793; c'est une **élégante composition romane,** avec une porte en plein cintre profondément ébrasée, au-dessus de laquelle règne une galerie décorative très originale : les colonnettes, alternant avec des pilastres cannelés, reposent sur une corniche très saillante soutenue par des consoles sculptées de grotesques, animaux, aigles qui, comme certains chapiteaux des piédroits du portail lui-même, affichent une nette parenté avec ceux de Saint-Trophime d'Arles. Le porche conserve l'inscription commémorant la consécration de l'église (1197) et une épitaphe de Rostan Gaucelme (1202).

L'**intérieur** de l'église offre une structure gothique avec nef de cinq travées, abside à sept pans plus basse que la nef, bas-côtés et chapelles latérales plus basses que ceux-ci; il n'y a pas de transept. Les deux travées occidentales sont séparées du reste de la nef par un mur auquel est adossée la tribune de l'orgue (buffet du XVe s.); au revers du mur. Sainte-Cunégonde et Sainte-Cécile, toile de *Parrocel;* encastrée dans un pilier, pierre tombale de Guillaume Crespin, capitaine du château († 1440).

Bas-côté g. (N.). — 1re **chapelle** : châsse de sainte Marthe, ouvrage d'orfèvrerie moderne censé reproduire celle que le roi Louis XI avait offerte à l'église en 1478 et qui fut vendue aux Gênois en 1789. A g., au-dessus de l'escalier de la crypte, Funérailles de sainte Marthe, par *Vien* (1749). — 2e **chap.** : Annonciation, Adoration des bergers, Adoration des Mages, toiles de *Parrocel.* Derrière la chaire, armoire à reliques fermée par une belle ***grille** du XVe s. ou XVIe s. — 3e **chap** : Arrivée de Jésus à Béthanie, toile de *Mignard* (1640); Saint-Dominique, par *Sauvan.* — 4e **chap.** : Adoration des mages et des bergers, peinture sur bois de la fin du XVe s.; sainte Marie l'Égyptienne, toile de *Parrocel;* éléments d'un triptyque, repris dans des encadrements moins anciens, où figurent la Vierge, saint Michel, saint Jean, saint Laurent et saint Roch.

Bas-côté dr. (S.; en revenant vers le bas de l'église) : dans la chapelle à dr. du chœur, surmontant l'autel, Assomption, de *Mignard* (1643). — 2e **chap.** : Christ en croix, par *Parrocel.* — 3e **chap.** : ***Saint François d'Assise** par **C. Van Loo.** — Sur la 2e travée du bas-côté s'ouvre l'ancienne chapelle des fonts, du XVIIIe s., surmontée d'un lanternon.

Crypte : c'est, avec le portail S., la seule partie notable qui subsiste de l'église consacrée en 1197; le XVIIe s. la remania profondément. — Dans l'escalier, à dr., protégé par une grille en fer forgé de l'époque, ***tombeau de Jean de Cossa,** sénéchal de Provence (1476) : le gisant est attribué à **Francesco Laurana** ou, du moins, à son atelier; avec ses cartouches sculptés, c'est l'un des plus intéressants ouvrages de la Renaissance italienne en France. A côté, dans une niche du XIVe s., grande statue féminine (vers 1400).

On entre dans la crypte proprement dite par une porte du XIVe s. qui a conservé sa belle grille. Dans la 1re travée, à dr., ancien ***tombeau** en pierre **de sainte Marthe** (XVIe s.) : un sarcophage où des bas-reliefs figurent sainte Marthe et la Tarasque, sainte Marthe ravie par les anges, et saint Lazare; de part et d'autre du tombeau, deux grandes statues du XIVe s. : le Christ et saint Front. Vis-à-vis, minuscule oratoire qui passe pour avoir été fondé par Louis II d'Anjou; il conserve une grille du XVe s. et un relief du XVIIe s. représentant la Résurrection de Lazare tandis qu'un puits, connu par les documents depuis 1200, occupe une encoignure.

La travée suivante, revoûtée au XVIIe s., est flanquée de deux petits réduits : dans celui de dr., autel cubique du XIIe s., relief du XVIIe s. représentant Jésus chez Marthe : dans celui de g., autre relief figurant saint Front et les pèlerins de Périgueux devant sainte Marthe; des soupiraux donnent dans des excavations qui ont longtemps passé pour des catacombes.

L'abside de la crypte abrite le **tombeau** en marbre rose **de sainte Marthe,** commandé à Gênes (où il fut réalisé en 1648) par l'archevêque d'Avignon Dominique Marini : c'est un bel ouvrage représentant sainte Marthe étendue sur un lit de parade ; à l'intérieur est enfermé un sarcophage chrétien du V° s. qui passe pour être le premier tombeau de la sainte.

Après une halte au S.I. (plan A 2), ne serait-ce que pour y voir, dans la grande salle où elle est exposée durant les mois d'été, la fameuse **Tarasque,** vous pourrez rejoindre la **rue des Halles** (plan A B 2), charmante avec ses vieilles arcades.
L'**hôtel de ville** (plan B 2) date de 1648 ; c'est une jolie construction, élégante et simple, dont la façade s'orne d'une statue de sainte Marthe (au-dessus du buste de Marianne) ; la grande salle du 1er étage conserve ses boiseries d'époque.
Non loin, le **tribunal** occupe l'ancien **hôtel de Preignes** (portail du XVIIe s.).

Au 39 de la rue Proudhon, un hôtel du XVIIIe s. abrite les **ateliers d'impression à la main** *Souleïado* et leur fameux « grenier à planches » (visite sur rendez-vous, ☎ 91-08-80).

C'est vers la fin du XVIIe s. que, par suite de l'engouement de la cour pour les toiles peintes importées des Indes, naissent en France les premières fabriques d'indiennes. Très vite, dès 1686, cette industrie sera interdite par Colbert car, semble-t-il, elle produit des articles d'une qualité médiocre qui nuit au prestige du textile français. La mesure ne sera rapportée qu'en 1759 et la « prohibition » aura pour premier effet de faire redoubler le succès des toiles peintes et de favoriser le développement des fabriques situées hors du royaume : Avignon et surtout Orange en profiteront largement. Une certaine désaffection, l'introduction de machines, entraîneront peu à peu la disparition de tous les petits ateliers où l'on imprime encore à la main, au moyen de planches. Seul subsistera, un peu sommeillant, celui de Tarascon, fondé vers le milieu du XVIIe s. et auquel Charles Deméry va donner un nouvel essor à partir de 1935, trouvant dans une collection de 40 000 dessins anciens, un inépuisable fonds.

C'est bien là l'intérêt essentiel de la visite : à ces 40 000 motifs correspondent en effet autant de blocs d'impression en bois — une collection probablement unique au monde — utilisés aujourd'hui encore.

A proximité, l'**église Saint-Jacques,** du XVIIe s., abrite une toile de *J.-B. Van Loo :* Sainte Marthe domptant la Tarasque.

Prolongeant la rue Proudhon, la rue E. Pelletan aboutit à la **porte Saint-Jean,** reconstruite dans la 1re moitié du XVIIe s.
L'**hospice Saint-Nicolas** (plan C 3), ancien Hôtel-Dieu fondé au XVe s., vient de faire l'objet de très importants travaux de réaménagement ; il conserve une chapelle du XVe s. et, dans la pharmacie du XVIIe s., une fort belle **collection de pots à pharmacie** du XVIIIe s. provenant des ateliers de Moustiers, Saint-Jean du Désert et surtout Montpellier. (S'adr. au concierge, t.l.j. sauf dim.).

Dans l'axe de la route d'Avignon, la **porte de la Condamine** (plan C 1) est le seul reste notable des anciennes fortifications du XIVe s. : construite en 1379, elle s'ouvre entre deux grosses tours rondes jadis crénelées.

Environs

➡ A 7 km N. par la D 35, **Boulbon** pourrait être la première étape d'un petit circuit de la Montagnette vous menant ensuite à Barbentane et Saint-Michel-de-Frigolet (V. it. 14 C).
Ce village agricole de 836 hab. est dominé par les **ruines d'un énorme château** qui s'incruste dans les découpures des rochers. Contrastant avec l'absence d'ouverture dans les murs, la dentelure des corbeaux moulurés (portant jadis les mâchicoulis) qui les couronne confère à cette forteresse une certaine élégance, plutôt inattendue. Au pied du château, de grandes terrasses superposées portent les restes pour le moins confus de constructions et de jardins d'agrément aménagés au XVIIe s. Si le rôle du château est clair — comme celui de Tarascon, il surveillait la frontière de la Provence —, son origine l'est beaucoup moins. Cité à plusieurs reprises dès le début du XIe s. il semble, dans son état actuel, avoir été construit au XIIIe s. ou XIVe s.; le couronnement est contemporain des travaux du château de Tarascon (1re moitié du XVe s.).
Le village possède encore quelques **restes de fortifications** et une église, abandonnée, du XVe s. mais il faut surtout aller voir, au cimetière, la très belle ***chapelle Saint-Marcellin**, romane (clé au presbytère). Construite dans la 2e moitié du XIIe s., sans doute en réutilisant partiellement un édifice plus ancien, c'est un petit édifice à nef unique et abside semi-circulaire flanqué de deux chapelles couvertes d'un berceau transversal et constituant une sorte de faux transept : dans celle de g., remarquable tombeau du XIVe s., avec un gisant entouré de pleureurs. De part et d'autre de l'abside, l'arc triomphal s'appuie sur des consoles sculptées représentant des protomes de taureaux, visiblement inspirés de la sculpture romaine. Statue en bois de saint Marcellin. Dans le cimetière, tombe du XIVe s. ou du XVe s.

➡ A 5 km N.-N.-O. de Tarascon, le **barrage de Vallabrègues,** mis en eau en 1970, constitue l'un des maillons les plus importants de l'aménagement du Rhône en commandant toute la partie aval du fleuve. Outre ses conséquences au niveau de la navigabilité, il alimente la centrale hydroélectrique de Beaucaire dont la production annuelle est d'environ 1,1 milliard de kWh. A quelques kilomètres au N. du barrage, la **centrale thermique d'Aramon** projette sa cheminée à 230 m de hauteur.

17 B - Beaucaire

En provençal *Bèu-Caïré*. 12 997 hab., les *Beaucairois;* ch.-l. de canton du Gard.

Sans doute aussi vieux que Tarascon, Beaucaire en fut aussi longtemps une sorte de rival : comme deux coqs affrontés, leurs châteaux se défient mutuellement par dessus le Rhône et ses bancs de sable, gardant l'un l'entrée en Provence, l'autre l'entrée en Languedoc. Une rivalité, d'ailleurs, qui sait à l'occasion s'estomper pour le plus grand intérêt des deux parties; du Moyen Age, lorsqu'un pont de bateaux relie les deux cités, permettant aux Provençaux de fréquenter en terre languedocienne l'une des plus célèbres foires d'Europe, à aujourd'hui où les responsables des deux villes unissent leurs efforts pour une promotion économique et touristique commune. Mais le temps n'est plus où Beaucaire s'emplissait, une semaine durant, de l'animation de visiteurs dix fois plus nombreux que ses propres habitants. Dans la ville assoupie entre fleuve et canal, quelques façades témoignent cependant encore de son ancienne prospérité.

La ville dans l'histoire. — *Bien que son sol ait livré divers vestiges des époques préhistoriques les plus reculées, on ne sait rien de précis de son histoire jusqu'à l'arrivée des Romains qui, sous le nom d'Ugernum, établissent ici un castrum pour surveiller le passage de la voie domitienne. Capitale, sous les Mérovingiens et les Carolingiens, du Pagus Argentus, ou Pays d'Argence, elle deviendra chez celui-ci, au XI*e *s., la propriété successive des vicomtes de Narbonne puis des comtes de Toulouse; mais Raymond VII de Toulouse devra en 1229, la céder au roi de France en réparation du soutien qu'il avait apporté aux hérétiques Albigeois. Longtemps rival de Nîmes, Beaucaire reste, au XVI*e *s., le champion du catholicisme face à Nîmes qui devient un des boulevards de la Réforme; le calme n'y règne pas pour autant et les massacres perpétrés alternativement par les fidèles des deux religions y feront, dans la 2*e *moitié du XVI*e *s., quelques milliers de victimes.*
Beaucaire a vu naître le cardinal François-Marie Rovérié de Cabrières *(1830-1921), évêque de Montpellier qui, lors des troubles viticoles de 1907, ouvrit les églises à tous ceux qui cherchaient un refuge.*

La foire de Beaucaire. — *Elle remonte officiellement à 1217, lorsque Raimond VI de Toulouse accorda à la ville une charte, lui permettant de tenir la « foire de Madeleine », en même temps que diverses autres*

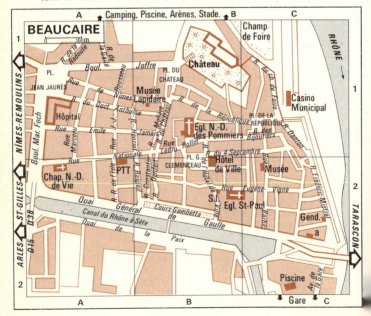

BEAUCAIRE

franchises et privilèges. Elle commençait le 22 juillet et durait une semaine. Beaucaire étant un port très important, la foire, au début, se tenait sur l'eau, où se trouvait réunie une flotte considérable d'embarcations de toutes tailles. Très vite, son succès fut tel qu'elle investit toute la ville dont chaque rue, dès lors, se spécialisa : ici la laine (rue du Château), là les poissons salés (quai du canal), ailleurs les épices; la rue des Bijoutiers garde ainsi le souvenir de son ancienne activité. Mais 100 000 personnes assemblées, venues de tous les coins de France et parfois de l'étranger avaient besoin de se distraire : bateleurs, jongleurs, acrobates et autres saltimbanques faisaient aussi de la foire une gigantesque kermesse...

Favorisant les communications et les échanges, la mise en service du pont suspendu en 1832 et l'arrivée du chemin de fer sept ans plus tard diminuèrent d'autant l'intérêt de ce grand rassemblement : la foire disparut au cours du XIXe s.

Beaucaire aujourd'hui. — Si l'agriculture gardoise y alimente quelques expéditeurs de fruits et légumes et des riziculteurs, c'est surtout dans le **commerce des vins** que la ville se taille une place importante : la *Sté Guichard-Perrachon* est, sur ce plan, une des premières centrales d'achat de France. Mais Beaucaire est aussi un **petit centre industriel,** avec la *Sté des Ciments Français*, la *SOCEA* (tuyaux en ciment et en béton), l'*Européenne de Brasserie,* et diverses entreprises moindres (emballages, meubles, préfabriquées en ciment, apéritifs *Martini,* etc.).

Visite de la ville. *— Deux heures, à peine, pour une vue globale de l'ensemble de la ville, ou une demi-journée pour une connaissance très détaillée : une visite que vous pourrez aisément combiner avec celle de Tarascon (V. ci-dessus, 17 A) et quelques excursions aux environs. Stationnement facile cours Gambetta (plan B 2), place du Château (plan B 1) ou sur le champ de foire. Le circuit décrit ci-après peut être effectué en partant directement du château.*
En saison, visites guidées par des hôtesses du S.I.

Des quais du canal du Rhône à Sète, la **rue de l'Hôtel-de-Ville** (plan B 2) conduit au cœur de la cité.

A dr., au fond d'une impasse, **église Saint-Paul,** ancienne église des Cordeliers : façade (tympan représentant un cordelier portant l'Enfant Jésus entre deux rois), et nef du XIVe s. (statues en bois du XVIIe s.); trois tableaux de l'histoire de saint Paul par l'arlésien *Réattu*), clocher à flèche de pierre et chœur du XVe s.

Au milieu du XVe s., le financier Jacques Cœur, condamné à mort sur de fausses accusations, voit sa peine commuée : le roi le contraint à se retirer aux Cordeliers. Il y restera deux ans avant de s'évader pour aller à Rome, se réfugier auprès de Calixte II. En 1622, le roi Louis XIII vient aux Cordeliers présider la réunion des États du Languedoc.

L'**hôtel de ville** (plan B 2) a été bâti par des architectes locaux (*J. Cubizol* et *De la Feuille Merville,* et non par *Mansart,* comme on le dit parfois) de 1679 à 1683. C'est une belle construction à trois corps dont le grand escalier se développe dans une vaste cage carrée séparée de la cour d'honneur par un portique à deux étages; remarquer l'emblème du Roi-Soleil.

En face, un café occupe le vieil hôtel de Fermineau, de la Renaissance.

L'**église Notre-Dame des Pommiers,** construite en 1734-1744 par l'avignonnais *J.-B. Franque,* présente derrière une façade curviligne de belle proportions « des grâces de bonbonnière sous une voûte savamment appareillée ».

La croisée du transept est couverte d'une coupole et les croisillons sont arrondis; maître-autel et chaire en marbre du XVIIIe s., grilles de 1802-1808, nombreux tableaux dont plusieurs sont attribués à *Parrocel* et à *Sauvan*.
A l'extérieur, encastrée dans le mur du croisillon dr., remarquable ***frise du début du XIIe s.** provenant de l'ancienne église romane et représentant la Cène, le Baiser de Judas, la Flagellation, le Portement de Croix et la Résurrection.

La **rue de la République** (plan B 1) conserve quelques anciens hôtels particuliers : aux n° 40 et 31 belles portes du XVIIe s.; au n° 23, hôtel du XVIIe s. avec porte encadrée de deux cariatides; au n° 21, hôtel du XVIIIe s. dont la cour est dominé par une tourelle.

Rejoignez à g. la place du château, d'où par des escaliers, on monte au château.

▙▟ Le **château** (plan B 1) est beaucoup moins impressionnant vu de l'intérieur que depuis les bords du Rhône : tout le mur O. en a été arasé lors du démantèlement de la forteresse et il ne reste plus aujourd'hui qu'un haut mur crénelé reliant la porte fortifiée au donjon.

A l'emplacement du castrum romain, un premier château, élevé sans doute au XIe s., sera, en 1216, le théâtre de furieux combats lors de la lutte contre l'hérésie albigeoise : les troupes françaises, qui ont réussi à s'emparer du château, y sont finalement assiégées par les Beaucairois et les troupes du comte de Toulouse, eux-mêmes assiégés par l'armée de Simon de Monfort qui cerne la ville : c'est, après treize semaines de siège, le château qui capitulera le premier. Très gravement endommagé, il sera reconstruit plus tard, sous saint Louis, lorsqu'après 1229 la séné-chaussée de Beaucaire aura été cédée à la Couronne par le comte de Toulouse.
Le second siège de Beaucaire sera fatal à la forteresse : occupé en 1632 par le duc de Montmorency, gouverneur du Languedoc, et Gaston d'Orléans, frère du roi, révoltés contre le pouvoir royal, le château sera, avec l'aide des Beaucairois eux-mêmes, pris par les troupes de Louis XIII et démantelé.

Une agréable **promenade publique** plantée de pins occupe désormais l'emplacement de la basse-cour; sur l'esplanade, nue, du château lui-même, ne subsiste plus qu'une petite **chapelle** encore romane bien que du XIIIe s., dédiée à saint Louis. Le ***donjon,** parfaitement conservé, intrigue par son plan triangulaire, déterminé uniquement par la forme du rocher sur lequel il s'appuie : de la plate-forme (100 marches), très beau ***panorama** sur Tarascon, le Rhône et les aménagements de Vallabrègues, la Montagnette, les Alpilles, le Luberon, les Cévennes et l'immensité camarguaise; au pied même du donjon, on voit une **barbacane** qui, à l'origine, défendait une des entrées du château, disparue dans les réaménagements du XIIIe s. et du XIVe s. Au N.-O., la tour ronde est percée, sous le crénelage, d'une série de petits trous : peut-être était-elle couronnée de hourds dont les poutres s'y encastraient.

BEAUCAIRE

Visite du donjon et de la chapelle : gratuite, t.l.j. de 9 à 12 h et de 14 h à 18 h.

Au N. du château s'étendent au bord du Rhône les belles allées d'ormes et de platanes du champ de foire où se tenait jadis une partie de la célèbre foire.

Du château, redescendez au S.-E. par la ruelle dite montée du Château (les collections des musées doivent y être regroupées dans un bâtiment en cours de réaménagement), au bas de laquelle vous suivrez à g. la rue de la République.

La **place de la République,** ancienne Place-Vieille, est encore en partie bordée d'arcades; quelques hôtels des XVIIe et XVIIIe s. y subsistent aussi, autres témoignages de son ancienne prospérité commerciale; au N. l'étroite et charmante **rue Roquecourbe** conduit à la **porte** du même nom (XVIIIe s.) qui constituait l'entrée monumentale de la foire.

Le **musée du Vieux-Beaucaire** (plan C 2) n'occupe plus que pour quelque temps, au 27 de la rue Barbès, l'ancien hôtel de Roure, du XVIIe s., qui a gardé une tourelle d'escalier du XVe s. sur la cour. En face, un autre hôtel du XVIIe s. présente une façade à bossages.

Visite : gratuite, les mardi, mercredi et vendredi de 15 h à 17 h, toute l'année. Parfois également possible les autres jours ou le matin, en été : renseignez-vous au S.I.

Plusieurs salles, au charme vieillot y sont consacrées à la foire de Beaucaire, à la vie locale ancienne, au costume et réunissent aussi de petites collections paléontologique, archéologique et numismatique; meubles et objets du terroir.

Plus loin, un autre hôtel du XVIIIe s. marque l'angle de la rue Eugène-Vique qui, à dr., ramène à la rue de l'Hôtel-de-Ville (V. ci-dessus) : portes du XVIIe s. aux n°s 32 bis et 20.

Vous pouvez voir encore...

Le **musée lapidaire** (plan B 1), rue de Nîmes, qui abrite divers restes archéologiques gallo-romains, paléo-chrétiens et romans provenant de fouilles exécutées dans la commune : stèles, statues, fragements de mosaïques, etc...

Visite : se renseigner au S.I. Musée en instance de regroupement avec le musée du Vieux-Beaucaire.

A **1,5 km** S. sur la route (D 15) d'Arles, se dresse une ***croix couverte,** édicule de plan triangulaire élevé vraisemblablement à la fin du XIVe s. par le duc Jean de Berry, lieutenant du roi en Languedoc, sur l'emplacement d'une croix plus ancienne : une tradition rapportait que saint Louis se serait agenouillé à cet endroit avant de s'embarquer pour Tunis.

A **5 km** N.-O. par la route (D 986 L) de Remoulins, le **rocher de l'Aiguille** (152 m), qui porte les restes d'un très curieux **monastère troglodytique** (visite en saison le dimanche après-midi).

Sa première mention connue remonte à 1102 lorsqu'il fut donné à l'abbaye de Psalmodi; son origine, d'après une tradition médiévale, remonterait au Ve s. Mi-excavé, mi-construit, le monastère fut agrandi vers 1360 pour recevoir un collège fondé par Urbain V puis, sécularisé en 1537, fut transformé en un véritable château. Saccagé pendant les guerres de Religion, le château fut démoli au siècle dernier. Saint-Roman de l'Aiguille fut sauvé de l'anéantissement par la Société d'Histoire et d'Archéologie de Beaucaire, qui s'efforce d'en consolider les ruines.

Un lambeau de mur portant la base d'une échauguette est tout ce qui reste du château lui-même. L'abbaye est un extraordinaire enchevêtrement de grottes naturelles réaménagées, de salles entièrement creusées et de parties construites.

Dans l'**église souterraine,** le chœur, d'une facture encore plus rustique que le reste, est peut-être une ancienne cellule d'ermite auquel aurait été rendu un culte ; sur la dr., deux niches, dont la plus grande, sculptée d'un curieux décor (IXe s.?) semble être le siège de l'abbé. Au S. de la nef, une grande excavation était jadis occupée par trois salles superposées : celle du 1er étage était sans doute la **salle capitulaire.** Tout en haut du piton, où de grands pins se courbent sous le mistral, la plateforme est creusée d'une **série de tombes** à côté desquelles s'ouvre une grande citerne.
*Panorama.

18 - Arles

50 345 hab., les *Arlésiens*. Sous-préfecture des Bouches-du-Rhône.

Dans nos souvenirs ou dans nos rêves, le nom d'Arles nous parle d'abord d'hommes et de femmes; de fêtes aussi. Arlésiennes à la beauté de Mireille, avec leur fichu de dentelle blanche jeté sur les épaules et leur coiffe savamment arrangée au-dessus du chignon, dansant la farandole au son des tambourins et galoubets; gardians de Camargue juchés sur leurs chevaux blancs et inaugurant, tridents levés comme des oriflammes, quelque manifestation taurine; défilés et processions où le sacré se mêle au profane dans le maintien d'un folklore vivant, cortèges perpétuant le souvenir des saints personnages qui contribuèrent à sa gloire religieuse.
Car Arles n'a pas oublié qu'elle fut longtemps une des métropoles du monde chrétien après avoir été celle de la Gaule romaine. Effacées ces visions de carte postale, surgissent d'autres images, évoquant justement ce passé prestigieux. D'abord une église, dont le portail et le cloître comptent parmi les plus grandes créations de l'art roman; un cimetière ensuite, ces Alyscamps dont le nom resta pour païens et chrétiens celui du lieu envié de leur finale béatitude. Comme une couronne de pierre grise, voici les arènes, où la moitié de la ville s'enivre du prodigieux ballet que lui offrent ensemble raseteurs tout de blancs vêtus et noirs taureaux de Camargue; le vieil amphithéâtre romain aux gradins usés par quatre-vingt générations d'Arlésiens retentit des clameurs païennes d'un rituel solaire. Tout à côté, voici le théâtre où, passées les heures chaudes de l'après-midi, l'art dramatique d'aujourd'hui prend à l'occasion d'un Festival le relais des tragédies antiques. A deux pas de là, éparpillés dans un dédale de rues étroites et de placettes aux maisons couronnées d'attiques à l'italienne, quatre musées dont l'un, plus qu'un témoin, se veut acteur partiel de la création artistique arlésienne, et un autre, le Museon Arlaten de Frédéric Mistral, le « reliquaire de la Provence ».
La Provence. Sans doute lui fallait-il un lieu pour conserver, avant qu'ils ne disparaissent des intérieurs familiaux, la panetière et le potager; sans doute lui fallait-il que la piété félibréenne mette à l'abri divers souvenirs matériels d'un passé où elle retrouve une part de son identité. Mais pour le reste, voyez

dehors. Écoutez l'accent des gens, l'accent du vent; rêvez devant le flot gris d'un Rhône nourricier de la terre de Camargue; goûtez à l'ombre douce des platanes en vous rafraîchissant d'un pastis sur une terrasse des Lices...

La ville dans l'histoire

La fondation. — Les découvertes faites en 1975 à l'emplacement du Jardin d'Hiver ont apporté la preuve matérielle de l'existence d'une ville indigène largement antérieure à la conquête romaine. Enfin apparaissaient des restes notables de la ville celto-ligure, remontant au milieu du VIe s. av. J.-C., et que les Phocéens, avec lesquels elle entretenait d'étroits rapports économiques, appelaient Théliné (la Nourricière).
Connue plus tard sous le nom d'Arelate (la Ville aux marécages), la ville est un important centre d'échanges et de contacts entre les Massaliotes et les peuples gaulois de l'intérieur, surtout après le creusement, par les soldats du consul romain Marius, d'un canal (les Fosses Mariennes) reliant Arles au golfe de Fos (104 av. J.-C.).
L'intervention romaine en Transalpine sera l'occasion, pour Arles, de se débarrasser de la sujétion marseillaise : en 49 av. J.-C., elle offre des navires à César pour l'aider à assiéger Marseille qui a pris parti pour Pompée. César ayant vaincu, elle hérite des dépouilles de sa rivale et César y installe en 46 les vétérans de la Sixième Légion; Arles est désormais colonie romaine, sous le nom de Colonia Julia Paterna Arelatensis Sextanorum.

Le temps des utriculaires. — Sans pour autant devenir, comme on l'a dit parfois, la métropole de la Méditerranée, Arles bénéficie du sort infligé à Marseille. Les vieux chantiers de construction de bateaux du quartier de la Roquette trouvent un souffle nouveau, la ville déborde rapidement, au N., les limites de la colonie; elle se couvre de monuments publics qui font refluer une partie de la population sur l'autre rive où naît une agglomération (auj. Trinquetaille) bientôt aussi vaste que l'ancienne.
Au point de jonction des voies romaines faisant communiquer l'Italie avec l'Espagne et avec la vallée du Rhône — le fleuve est traversé par un pont de bateaux —, Arles est une ville de commerçants, d'armateurs, de charpentiers et de navigateurs en tous genres; elle possède de puissantes corporations de marins, distinctes des mariniers de rivière et appelés utriculaires parce qu'ils naviguent sur des radeaux portés par des outres.

La « petite Rome des Gaules ». — Au milieu de la décadence générale qui frappe l'Empire à la fin du IIIe s. et pendant tout le IVe, Arles demeure prospère, accroissant même son importance : elle est siège épiscopal (un évêché y est attesté dès 254) et des conciles y sont réunis (celui de 314 qui condamna le donatisme; celui de 393); l'empereur Constantin y réside à plusieurs reprises; Honorius y transfère, en 395, la préfecture du prétoire des Gaules, jusque-là installée à Trèves; le pape Zozime lui attribue le titre primitial de la Viennoise en 417; l'année suivante Honorius, à nouveau, promulgue un rescrit la désignant comme lieu de réunion de l'assemblée des Sept Provinces (Viennoise, Aquitaine 1re et II^{nde}, Novempopulanie, Narbonnaise Ire et II^{nde}, Alpes-Maritimes). Arles est pratiquement devenue la capitale politique et religieuse de ce qui reste de la Gaule romaine, qualité que lui avait reconnue, non sans un peu d'exagération, le poète Ausone (IVe s.) qui l'appelait « Gallula Roma ».

Le royaume d'Arles. — *La seconde moitié du Ve s. marque le début d'un relatif déclin. Assiégée par les Wisigoths à trois reprises (429, 452, 457) elle tombera finalement sous leur coupe en 480 et* Euric *y établira sa résidence.* Ostrogoths, Burgondes, Francs *puis* Sarrazins *et autres envahisseurs leur succéderont. Lors du second démembrement de l'empire de Charlemagne, en 855, Arles est intégrée au royaume de Provence, devenu en 934 royaume de Bourgogne-Provence, dont elle demeurera la capitale jusqu'en 1032.*
Le passage du comté-marquisat de Provence sous l'autorité impériale, puis son partage, n'affecteront guère, dans un premier temps, la position de la ville. Celle-ci est assez puissante pour que, dès 1132, elle s'administre elle-même par l'intermédiaire de consuls élus, et son rayonnement est encore assez grand pour que, en 1178, le suzerain de la Provence, l'empereur Frédéric Barberousse, *vienne à Saint-Trophime se faire couronner roi d'Arles.*
L'éviction du vicaire impérial par Raimond-Béranger, *en 1239, marque la fin de l'histoire particulière d'Arles. Elle partage désormais, avec l'arrivée de la maison d'Anjou à la tête du comté, le destin du reste de la Provence.*

Célébrités. — *L'histoire religieuse de la cité est riche de saints personnages, pour la plupart titulaires du siège épiscopal, et parmi lesquels on peut retenir, outre saint* Trophime *(sans doute IIIe s., V. ci-après 18 A), les noms de saint* Hilaire *(401-449), à la bonté légendaire, et de saint* Césaire *(503-543). Arles a vu naître entre autres l'empereur* Constantin II *(316-340), le sculpteur* Jean Dedieu *(1646-1727), le peintre* Philippe Sauvan *(1698-1792), le marquis de* Méjanes *(1729-1786), célèbre bibliophile et fondateur de la bibliothèque d'Aix-en-Provence, les peintres* Antoine Raspal *(1738-1811) et* Jacques Réattu *(1760-1833), son neveu, le photographe* Lucien Clergue *(1934; V. ci-après).* Vincent van Gogh *vécut dix-huit mois en Arles (1888-1889; V. ci-après, 18 D). L'écrivain* Yvan Audouard *(né à Saigon en 1914) a choisi Arles comme sa « ville natale préférée ».*

Ce qu'il faut savoir

Arles romaine. — Les **remparts du Bas-Empire,** conservés sur le front E., ont été en grande partie repérés sur les côtés N. et S. : au S.-E., ils suivaient le tracé de l'actuel boulevard des Lices (plan E 4) puis, suivant la rue de la République (plan C-D 3), rejoignaient le Rhône à peu près là où se trouve auj. le pont de Trinquetaille; du côté N., ils joignaient en droite ligne l'angle N.-E. encore visible (plan F 2) le lit du fleuve, passant à proximité des arènes pour aboutir derrière l'église Saint-Julien. Le rempart précédent, du Ier s. av. J.-C., suivait le même tracé (sauf la rue de la République).
La **superficie** ainsi englobée n'excédait pas **une quinzaine d'hectares** et l'on comprend que la ville dut rapidement sortir de ses limites primitives (V. histoire). Une immense **nécropole** bordait la cité au S.-E., dont subsistent les Alyscamps et les tombes retrouvées récemment dans le Jardin d'Hiver, par-dessus le niveau celto-ligure. Des **faubourgs** occupaient l'emplacement de l'actuel Bourg-Neuf (autour de la place Voltaire; plan E 2) et du quartier de la Roquette (plan B 3); au-delà de celui-ci, où se trouvaient les **chantiers navals,** s'étendait le **cirque,** ou hippodrome.
Les monuments conservés et quelques rues donnent une idée, encore conjecturale sur bien des points, de la **topographie de l'intérieur** de la ville : la rue Nicolay (plan D 3) suit le tracé de l'ancienne **voie décumane;**

les rues de l'Hôtel-de-Ville et Jean-Jaurès (plan D 3-4) donnent celui du **cardo**; les autres rues s'ordonnaient en quadrillage sur ces deux axes, délimitant des îlots de 25 m sur 35, avec des rues de 4 à 5 m de large.

Le **forum**, dont les cryptoportiques (V. ci-après, 18 B) donnent l'emplacement, était bordé au N. d'un petit temple d'époque antonine qui devait s'ouvrir sur une place à colonnade — une sorte de second forum dont l'actuelle place de ce nom (plan D 3) conserve le souvenir — le reliant majestueusement au palais et aux thermes de Constantin.

Arles aujourd'hui. — Arles est la plus vaste commune de France (76 900 ha), le territoire communal englobant la plus grande partie de la Camargue, cette Camargue qui, avec la **riziculture,** assure à la ville une de ses principales ressources. Si elle a perdu son rôle antique de gros centre d'échanges, Arles reste néanmoins un **marché** d'une certaine importance, **alimenté par l'agriculture** régionale (riz, moutons — le mérinos d'Arles est célèbre —, productions maraîchères de la Crau).

L'**industrie**, localisée dans deux Z.I. situées respectivement au N. et au S. de la ville, est **très diversifiée** : de l'alimentaire (notamment le fameux saucisson d'Arles) à la métallurgie (chaudronnerie, réparation de navires, constructions métalliques) en passant par le textile (chemiserie), le papier-carton (carton ondulé et emballages, papier-journal) et la chimie.

L'animation. — Connue depuis longtemps pour les **corridas** et **courses à la cocarde** qui se déroulent de Pâques à fin septembre, la vie arlésienne s'enrichit, en juillet, d'un désormais célèbre **festival**. Investissant arènes et théâtre antique, primatiale, cloître Saint-Trophime et cour de l'archevêché, se transportant certains jours dans le cadre remarquable de Montmajour, les manifestations associent la qualité à l'éclectisme; soirées folkloriques alternent avec concerts, spectacles de ballets avec fêtes tauromachiques ou représentations du *Théâtre de la Carriera* pour faire du festival d'Arles un des plus provençaux des festivals de Provence.

Dans le même temps, les **Rencontres Internationales de la Photographie et de l'Image**, créées et animées par *Lucien Clergue*, célèbre photographe et enfant du pays, font d'Arles, pour quelques jours, la capitale mondiale de la photographie. Entre les rencontres, conférences, ateliers, stages et expositions où les amateurs, débutants ou avertis, passionnés ou futurs professionnels, viennent s'initier aux langages des grands maîtres, la ville s'emplit alors d'un crépitement de déclics et d'éclairs de flashes. Mais que tout cela ne vous fasse pas négliger le **marché,** qui envahit les Lices le mercredi et le samedi matin.

Visite de la ville

Une journée à Arles, c'est suffisant mais court; suffisant pour voir tout très vite; certainement beaucoup trop court pour goûter. Si donc vous êtes pressé, contentez-vous de faire, dans l'ordre, les trois premières des promenades décrites ci-après.

*Si vous disposez de **deux jours, temps minimum** pour apprécier réellement la richesse monumentale de la ville, sa beauté, son atmosphère, vous y ajouterez une promenade dans le vieux bourg et à Trinquetaille (promenade 18 D), et alternerez visites de monuments ou musées et flâneries dans la vieille ville (terrasses de cafés de la place du Forum ou des Lices; animation commerçante de la rue de la République). En fin d'après-midi, l'ombre grandissante des arbres et le silence qui peu à peu étouffe les bruits de la ville donnent aux Alyscamps (18 C) l'atmosphère de paix infinie qui convient à la visite d'un tel lieu.*

Où vous garer? — Ce peut être, surtout en juillet, un problème si vous tenez absolument à vous garer au centre : la place de la République n'offre ses emplacements (payants mais à un tarif modique) que pour un temps trop limité pour vous permettre d'aller et venir à votre guise en toute tranquillité. On trouve par contre plus facilement des places, gratuites et libres en durée, du côté des arènes, sur les boulevards, au bord du Rhône ou, au pis, place Lamartine (plan E 1). Tout près du centre, le grand parking du Jardin d'hiver (plan E 4) doit ouvrir en juil. 79.

Si vous aimez...
— ***l'architecture antique*** : le théâtre, les arènes, les thermes de Constantin et les cryptoportiques sont des témoignages majeurs de l'art de bâtir des Romains;
— ***l'architecture médiévale*** : l'église, le cloître Saint-Trophime et l'église à demi ruinée de Saint-Honorat comptent au nombre des grands monuments romans de la région;
— ***la sculpture*** : c'est sans doute dans ce domaine de l'expression artistique qu'Arles brille avec le plus vif éclat : sculpture antique du musée lapidaire païen, sculpture paléochrétienne au musée lapidaire chrétien (une des plus importantes collections qui soient) et surtout sculpture romane du célèbre portail et du cloître de l'église Saint-Trophime;
— ***les musées*** : outre les deux déjà cités, Arles compte deux autres grandes collections dont la richesse, l'intérêt et la qualité de la présentation rendent la visite indispensable : le musée Réattu et le Museon arlaten; le cadre dans lequel ils sont installés — de très beaux hôtels des XVIe et XVIIe s. — ajoute encore à leur attrait.

Visite des monuments et des musées. — Les huits grands monuments et musées suivants : arènes, théâtre antique, cloître de Saint-Trophime, musée lapidaire païen, musée lapidaire chrétien, musée Réattu, thermes de Constantin et Alyscamps sont ouverts t.l.j. sauf le 1er mai, le jour de Noël et le 1er janv. : de 9 h à 12 h et de 14 h à 16 h 30 (janv. et fév.) ou à 17 h 30 (mars); de 8 h 30 à 12 h et de 14 h à 18 h 30 (avril) ou à 19 h (mai); de 8 h 30 à 12 h 30 et de 14 h à 19 h (1er juin-15 sept.), à 18 h 30 (15 sept.-11 oct.), à 18 h (12 oct.-1er nov.), à 17 h 30 (1er-7 nov.), à 17 h (fin nov.) ou à 16 h 30 (déc.).
Un **billet global**, comprenant également l'accès au Museon arlaten, peut être acheté à l'entrée de l'un quelconque de ces monuments ou musées.

Des **visites-conférences** sous la conduite de conférenciers agréés par la CNMH sont organisées chaque jour (sauf dim.) du 1er juil. au 15 sept., à 16 h pour les Alyscamps, 17 h pour le cloître; les lundi, mercredi et samedi à 10 h 15 pour un circuit comprenant le cloître, le théâtre et les arènes; le mercredi et le vendredi à 17 h, un itinéraire spécial évoque Van Gogh en Arles.
Hors saison, du 3 avril au 30 juin et du 16 sept. au 9 oct., le circuit cloître, théâtre, arènes reste organisé aux jours et heures habituelles, l'itinéraire Van Gogh n'est proposé que le mercredi à 17 h.
D'autres visites-conférences peuvent être organisées à la demande, pour les groupes, toute l'année : renseignements au S.I.

18 A - Saint-Trophime, le théâtre, les arènes

La **place de la République** (plan D 3), seule grande place de la vieille ville, est le cœur de la cité. Ici se mêlent les courants de la

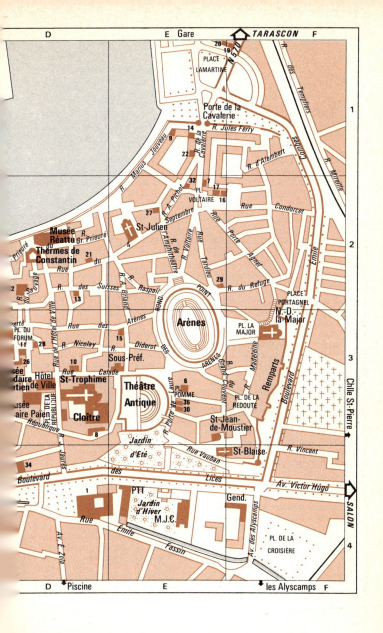

vie urbaine, liés à la présence de l'hôtel de ville ou des commerces des rues voisines (rue de la République, rue Jean-Jaurès), et ceux du tourisme (présence de l'église Saint-Trophime et du cloître, du musée lapidaire païen, rues montant au théâtre antique ou aux arènes ou encore conduisant aux autres musées).

L'**obélisque** ornant le centre de la place décorait jadis la *spina* du cirque romain dans les vestiges duquel il fut retrouvé en 1675; en granit d'Égypte, il mesure 15,25 m de haut.

L'**★★église Saint-Trophime** (plan D 3), ancienne cathédrale et primatiale, est une des plus intéressantes manifestations de l'art roman provençal. La majesté du volume intérieur, renforcée par une quasi absence de décoration, la richesse ornementale de son portail en font un des meilleurs spécimens d'un art qui a su assimiler les leçons plastiques de l'Antiquité en même temps qu'elles traduisent dans la pierre la primauté religieuse de la ville et son importance comme étape sur l'une des grandes routes de Saint-Jacques de Compostelle.

Succédant à une église élevée sans doute dans la 1re moitié du Ve s. par saint Hilaire et dédiée à saint Étienne, une nouvelle église est construite à la fin du Xe ou au début du XIe s. : il en reste quelques assises en petits moellons, visibles au bas de la façade et des murs latéraux. A nouveau reconstruit à la fin du XIe s. (transept) et dans la première moitié du XIIe (nef), le sanctuaire est en quelque sorte inauguré, en 1152, par la translation solennelle, dans une crypte qui n'existe plus (à l'emplacement actuel du maître-autel) des reliques de saint Trophime, promu au rang de saint patron.

Durant le troisième quart du XIIe s. est ajouté le portail : pour accentuer son caractère majestueux, il est placé en haut d'un escalier, ce qui oblige à remblayer le sol de la nef de 1,50 m. C'est à ce moment que Frédéric Barberousse *vient, le 30 juillet 1178, se faire couronner roi d'Arles. Peu après, l'ancien clocher, qui surmonte la coupole, est remplacé par la tour carrée actuelle.*

Deux chapelles latérales seront construites au XIVe s., mais les travaux qui affecteront le plus l'édifice seront entrepris après le remariage du roi René avec Jeanne de Laval, célébré dans la primatiale en 1456 : construction du chœur actuel, avec son déambulatoire et ses chapelles rayonnantes. Le XVIIe s. verra quant à lui la modification des croisillons : percement de grandes verrières et construction de tribunes.

Saint Trophime *traditionnellement considéré comme l'évangélisateur d'Arles, en a sans doute effectivement été l'un des premiers évêques, mais vers la fin du IIe s. ou le début du IIIe. Ce n'est qu'au IXe s. que certains hagiographies le confondent avec un autre Trophime, cousin et disciple de saint Paul. La légende va naître alors, et s'enrichir de nombreux détails : on le dit arrivé en Arles en 46, ce qui lui aurait permis d'accueillir ensuite les saintes Maries, sainte Madeleine et Lazare en Camargue (V. chap. 19); on raconte qu'il s'est d'abord retiré dans une grotte des environs (sur laquelle sera édifiée, plus tard, l'abbaye de Montmajour) puis qu'il a, aux Alyscamps, bâti un oratoire dédié à la Vierge encore vivante. Un premier transfert de ses reliques dans la cathédrale Saint-Étienne, en 972, et leur installation solennelle et définitive dans l'édifice reconstruit deux siècles plus tard, donneront pour longtemps au mythe le poids d'une vérité historique.*

ÉGLISE SAINT-TROPHIME

Le ****portail,** qui rivalise avec celui de Saint-Gilles du Gard, date donc de la 2e moitié du XIIe s. Malgré une très grande liberté d'interprétation, **son ordonnance est inspirée de l'antique,** marquant, par une sorte d'arc de triomphe — on pense à celui de Glanum — l'entrée de la primatiale. La sculpture elle-même dénote le même effort de synthèse de la part des sculpteurs arlésiens entre les conceptions purement romanes et les réminiscences de l'art antique.

Il est formé d'une grande baie divisée en deux par un trumeau et surmonté d'un tympan encadré d'une profonde voussure et d'une archivolte richement moulurée. Une magnifique frise, englobant le linteau du tympan, occupe toute la largeur de la colonnade.

Ainsi que le notait *Émile Mâle*, la composition du **tympan** est d'un type inhabituel : « En France, dès le XIIe s., les deux manières de représenter le Jugement dernier (d'après l'Apocalypse et d'après saint Matthieu) coexistent. A Saint-Trophime, elles se combinent. Le tympan nous montre encore le roi traditionnel cantonné des quatre animaux, que décrit l'Apocalypse, mais déjà les bas-reliefs de la frise nous font assister à la séparation des bons et des méchants, conformément à l'Évangile de saint Matthieu ». Le **Christ en majesté** est entouré des symboles des quatre évangélistes. Au-dessous, sur le linteau, les douze apôtres assis. La voussure du tympan est couverte d'une double rangée d'anges en buste, jusqu'au sommet où sont figurés les trois anges du **Jugement dernier.** En prolongement du linteau se continue la scène : à g. la procession des élus aboutissant à une figure d'ange déposant leurs âmes dans le sein des patriarches; à dr., un ange écartant de l'entrée du Paradis les damnés entraînés par les démons vers l'Enfer. Sous cette frise court un autre bandeau plus étroit où sont figurés : à dr., l'Adoration des Mages et les bergers avec leurs troupeaux; à g., les Mages devant Hérode et le Massacre des Innocents.

De **grandes figures en pied,** séparées par des pilastres ornés de magnifiques rinceaux, complètent la décoration du portail : ce sont à g. en partant de la porte, saint Pierre, saint Jean l'Évangéliste, saint Trophime en costume épiscopal, saint Jacques le Majeur et saint Barthélemy; à dr., saint Paul, saint André, puis la Lapidation de saint Étienne (faisant pendant à la figure de saint Trophime), saint Jacques le Mineur et saint Philippe. Des lions dévorant des hommes se voient sous les pieds de saint Pierre et de saint Paul, de part et d'autre du portail.

Remarquez enfin les beaux chapiteaux des colonnes dont les socles sont curieusement historiés : Samson et le lion, Samson et Dalila.

La **nef** est le plus haut vaisseau que nous ait laissé la Provence, le seul qui atteigne 20 m de hauteur (il en aurait 21,5 si le sol n'avait été remblayé), et l'un des rares qui soient éclairés par des fenêtres hautes. Hauteur frappante, soulignée par la longueur de la nef, sa nudité, son étroitesse exceptionnelle et celle des bas-côtés, voûtés en demi-berceau, qui l'épaulent. Plusieurs tapisseries d'Aubusson (fin du XVIIe s.) représentant des scènes de la vie de la Vierge sont accrochées dans les parties hautes.

Bas-côté dr. — 1re travée : tombeau (XVe s.) du consul Balbi († 1468). — 4e travée : Saint Trophime, peinture de *Fouque*, avec une vue d'Arles antique. — Chapelle des Rois, bâtie dans le style flamboyant en plein XVIIe s. (1620-1627) : sur l'autel, **Adoration des Mages,** par *Finsonius* (1614); tombeau (1677) de l'archevêque Gaspard de Laurens († 1630)

par le sculpteur arlésien *Jean Dedieu;* inscription commémorative moderne du cardinal Louis Aleman († 1450), qui joua un rôle important au concile de Bâle et fit construire le chœur de la cathédrale.
Croisillon dr. — *Peinture française de la fin du XVIe s.* représentant la Vierge au milieu d'une assemblée de prélats; Immaculée Conception, par le peintre arlésien *Sauvan.* Épitaphe de l'archevêque Raymond de Bollène († 1182).
Chœur. — La face E. du **maître-autel** est une plaque de marbre à rinceaux, du XIIe s., peut-être une ancienne table d'autel. Contre le pilier S.-E. de la croisée du transept est scellée la pierre tombale en marbre blanc, sciée dans le fût d'une colonne antique, du cardinal Aleman (V. ci-dessus); au-dessous, une autre dalle porte son épitaphe. Stalles du XVIIe s. Côté nef, l'arc triomphal est surmonté d'un tableau de *Finsonius* (1614) : *Lapidation de saint Étienne.*
Déambulatoire. — Chapelle du Saint-Sépulcre : autel formé par un *sarcophage chrétien,* de 400 env., qui servit de tombeau à Geminus, fonctionnaire transféré de Cologne à Arles : il représente le Christ entre saint Pierre et saint Paul; au-dessus, **Mise au tombeau,** beau groupe en pierre de la fin du XVe s. provenant de l'église des Dominicains; à g., tombeau avec gisant du cardinal-archevêque Pierre de Foix († 1464); à dr., tombeau de Robert de Montcalm († 1625), orné de quatre jolies statuettes représentant la Foi, l'Espérance, la Charité et la Justice. — Chapelle de la Vierge : statue de la Vierge, en marbre, œuvre du Génois *Léonardo Mirano* (1619) provenant de Saint-Honorat des Alyscamps.
Croisillon g. — **Annonciation** de *Finsonius.* Au fond, chapelle Saint-Genès : l'autel est un *sarcophage en marbre (IVe s.) représentant le passage de la Mer Rouge; tombeau des archevêques François († 1689) et J.-B. de Grignan († 1697).
Bas-côté g. — Le mur, près du transept, porte une belle inscription du XIe s. dont le sens, symbolique, est double, glorifiant saint Trophime, patron de la primatiale, et affirmant la primauté d'Arles dans le rayonnement de la foi en Gaule. Plus près de la façade, et surmonté de deux colonnes antiques en basalte, très beau *sarcophage chrétien (IVe ou Ve s.) à deux rangs de sculptures. — Contre le mur de façade, Christ en croix, bon tableau du XVIIIe s.
La sacristie est couverte de voûtes d'ogives du XVIIe s.

Le **palais archiépiscopal,** immédiatement au S. de l'église, a maintes fois été reconstruit; les bâtiments actuels, qui abritent la bibliothèque municipale, datent du XVIIIe s.

La cour du palais, d'où l'on apprécie le mieux l'élévation extérieure de l'église et la vigueur puissante de son clocher, est bordée à l'E. par des bâtiments d'époques diverses derrière lesquels, au niveau de l'étage (par suite de la déclivité du terrain) se trouve le cloître, accessible par un escalier situé au fond à dr.

Le **cloître de Saint-Trophime,** construit en deux grandes campagnes (XIIe s. et XIIIe-XIVe s.), traduit les mêmes soucis de recherche de la perfection plastique que la primatiale elle-même : équilibre des volumes, harmonie et qualité de la décoration sculptée qui font d'Arles un des moments majeurs de l'histoire de l'art roman.
Visite : V. p. 367.

La galerie N. est la plus ancienne et fut construite dans le 3e quart du XIIe s.; celle de l'E. semble avoir été élevée aussitôt après, au moment même où se terminait le portail de la primatiale. Après un siècle d'inter-

CLOÎTRE DE SAINT-TROPHIME

ruption, la construction reprit par la galerie S., vers la fin du XIIIe s., suivie par celle de la galerie O. au milieu du XIVe s.

Le plan général du cloître est un rectangle (28 m × 24) légèrement déformé : la galerie N. étant un peu plus longue (25 m) que la galerie S.
Les deux **galeries romanes** s'ouvrent sur la cour centrale par trois séries de quatre petites arcades que séparent des contreforts à pilastres cannelés (N.) ou cantonnés de colonnettes engagées (E.); elles sont couvertes de voûtes en berceau. Les **galeries gothiques**, voûtées sur croisées d'ogives, ouvrent quant à elles sur le préau par des arcades groupées deux à deux. Toutes les arcades reposent sur de petites colonnes géminées. Au-dessus des galeries règne un promenoir, dominé par les belles toitures en dalles calcaires des salles canoniales.
Ouvrant sur la galerie N. par une série d'arcades en plein cintre et une porte romane, la **salle capitulaire**, couverte d'une belle voûte en berceau brisé, abrite désormais des expositions temporaires. Bordant la galerie orientale, une seconde **salle**, également voûtée en berceau brisé, a reçu la même destination; ancien magasin où les chanoines entreposaient les revenus en nature de leurs propriétés foncières, elle est coupée à mi-hauteur par une très belle voûte surbaissée de la fin du XVIIe s.; un escalier à balustres prenant dans l'angle N.-E. du cloître permet d'y accéder. — Un **musée d'art religieux** a été aménagé dans la galerie N. : outre diverses tapisseries d'Aubusson (fin du XVIIe s.; notamment des scènes de la vie de la Vierge), il abrite des éléments lapidaires romans : chapiteaux, inscriptions, pilier du cloître de Montmajour (XIIIe s.), etc., ainsi que le trésor de l'église : un olifant en ivoire (XIe s.), une crosse en ivoire du XIIe s., une croix du XVe s., un coffret du XIVe s., en bois et ivoire, et la boucle en ivoire d'une ceinture ayant, dit-on, appartenu à saint Cézaire († 543) : la boucle est certainement un travail byzantin du VIe s. ou du VIIe s.

On retrouve, dans la **sculpture des galeries romanes** (piliers, chapiteaux, écoinçons des arcades), l'imitation, déjà notée dans le portail de la primatiale, des modèles antiques; caractéristique de cette école provençale — et particulièrement arlésienne — que la profusion des monuments romains ne pouvait manquer d'influencer.

Galerie N. — **Deux thèmes** sont abordés dans la décoration sculptée : **Résurrection du Christ, rappel de la primauté d'Arles dans la diffusion de la Foi** par la glorification de ses saints patrons. C'est ainsi que sur le pilier d'angle N.-O. sont figurés saint Jean, saint Trophime et saint Pierre, séparés par deux reliefs représentant la Résurrection et les Saintes Femmes achetant des parfums; sur les piliers intermédiaires, on voit d'une part le Christ ressuscité entre les deux pèlerins d'Emmaüs, d'autre part le Christ montrant ses plaies entre saint Thomas et saint Jacques le Majeur. Sur le pilier d'angle N.-E. sont figurés saint Paul, saint Étienne et saint André, séparés par deux reliefs représentant l'Ascension et la Lapidation de saint Étienne.
Les **chapiteaux** des colonnettes intérieures (ceux des colonnettes extérieures sont ornés de feuilles d'acanthe) se rattachent, par des scènes symboliques, aux mêmes thèmes que les piliers : Résurrection de Lazare, Sacrifice d'Abraham, Balaam sur son ânesse, Camp des Israélites, Abraham et Sarah recevant les trois anges, Abraham portant un veau sur ses épaules, saint Paul devant l'Aréopage, Moïse gardant son troupeau et recevant les tables de la Loi.

Galerie E. — Arles étant une citadelle de la Foi, **les chapiteaux s'articulent** ici **autour de trois grands moments de la profession du message chrétien** : l'Annonce aux bergers, l'Adoration des mages, l'Entrée du Christ à Jérusalem. Du N. au S. : l'Annonciation, la Visitation et la Nativité, l'Annonce aux bergers (1re travée); Massacre des Innocents, Fuite en

Égypte, les Mages devant Hérode (2ᵉ travée); l'Adoration des Mages, l'Entrée du Christ à Jérusalem le jour des Rameaux, le Départ des Apôtres après la Pentecôte (3ᵉ travée).
Les piliers traitent quant à eux **de la Passion du Christ :** scène de la Flagellation sur le 1ᵉʳ pilier, bas-reliefs représentant le Baiser de Judas, la Cène, le Lavement des pieds, puis le Baptême et les Tentations du Christ sur le pilier S.-E.; ce dernier porte en outre un très beau ***bénitier** d'angle soutenu par un personnage accroupi. En avant du pilier, margelle, taillée dans une base de colonne antique, de la citerne, alimentée par l'eau des toits, qui assurait l'approvisionnement en eau des chanoines.
Galerie S. — Malgré la différence de traitement elle conserve, notamment dans les chapiteaux, une allure générale assez voisine des précédentes. Mais le thème abordé est totalement différent : il s'agit de l'**illustration d'épisodes de la vie de saint Trophime.**
Galerie O. — Au mur, autel Renaissance dédié à la Vierge. **Les chapiteaux,** très proches de ceux de la galerie S. de Montmajour, **traitent de sujets typiquement arlésiens :** Lapidation de saint Étienne, Samson terrassant le lion, et surtout Sainte Marthe et la tarasque, Sainte Madeleine baisant les pieds du Christ, et de scènes diverses : l'Annonciation, le Couronnement de la Vierge, la Pentecôte.

La **rue du Cloître** (plan D 3), encore bordée de maisons qui furent, avant la Révolution, des demeures de chanoines, longe l'ancien mur de la cité épiscopale : une **porte romane** monumentale, entre l'hôtel du Cloître et son annexe (qui en occupent d'anciens communs), y donnait jadis accès.

•°• Le ***théâtre antique** (plan E 3; entrée du côté N.), moins bien conservé que les arènes, témoigne néanmoins comme elles de l'importance de la ville. Il pouvait semble-t-il accueillir plus de 12 000 spectateurs. Les débris antiques qui y ont été retrouvés, qu'ils soient maintenant au musée lapidaire ou, pour bon nombre d'entre eux, visibles dans les ruines même, montrent une somptuosité décorative qui contraste avec les monuments semblables de Rome et de l'Italie : sans doute les sculpteurs sont-ils davantage allés chercher leurs modèles dans l'art de la Grèce hellénistique; sans doute est-ce aussi un des effets de la munificence augustéenne à l'égard de la Gaule narbonnaise.
Visite : V. p. 367.
Contrairement à celui d'Orange, le théâtre d'Arles, construit dans les premières années du règne d'Auguste, s'élève sur un terrain à peu près plat. Comme vous pourrez vous en rendre compte en montant en haut des gradins restaurés (il en reste sensiblement la moitié), la **cavea** était portée par tout un système de voûtes, d'arcades et de galeries, appuyé sur de forts murs rayonnants. Le mur extérieur de la cavea offrait **trois étages d'arcades** en plein cintre : en partie conservés au rez-de-chaussée, celles-ci subsistent sur trois niveaux en façade de la **tour,** dite **de Roland,** qui fut aménagée durant le haut Moyen Age, du côté S. (on ne les voit bien que depuis le jardin public).
L'**orchestra** a conservé son dallage de pierre; elle est séparée de la scène par un large passage réunissant les deux grandes entrées du théâtre dont le diamètre, hors œuvre, est de 102 m. En avant, il ne subsiste que la trace du **pulpitum,** ce mur bas qui précédait la scène; il était percé de niches ornées de diverses sculptures : le bel autel d'Apollon du musée lapidaire pourrait bien avoir été placé dans la niche centrale. Immédiatement derrière le pulpitum, le **fossé du rideau de scène** est presque intact.

LES ARÈNES

La **scène**, profonde de 6 m, conserve deux très belles **colonnes corinthiennes** avec leur entablement, l'une en brèche africaine, l'autre en marbre jaune de Sienne, qui flanquaient jadis la Porte Royale. Divers éléments lapidaires ont été rassemblés à proximité, chapiteaux, fragments de corniches et de frises, tous d'une rare qualité de style et d'exécution. C'est dans l'amoncellement des blocs de la scène effondrée qu'ont été notamment trouvés, en 1651, la **Vénus d'Arles** (offerte en 1683 à Louis XIV pour orner le parc de Versailles, elle a été restaurée par Girardon et se trouve auj. au Louvre) puis, plus tard, les morceaux épars de la grande **statue d'Auguste** (env. 3 m de haut) qui devait occuper la niche centrale du grand mur de scène, au-dessus de la Porte Royale (auj. au musée lapidaire).

En face de l'entrée du théâtre, la sous-préfecture occupe un hôtel du XVIIe s.; la décoration de la façade sur rue est du XVIIIe s.

Les ***arènes** (plan E 3) — c'est-à-dire l'**amphithéâtre** — doivent leur relativement bon état de conservation au fait d'avoir été transformées, durant le haut Moyen Age (sans doute au moment des invasions sarrazines), en poste militaire, puis envahies par tout un quartier d'habitation (plus de 200 maisons et deux chapelles, détruites au XIXe s.); trois hautes tours (il ne reste que l'amorce d'une 4e) témoignent du rôle guerrier que tint ainsi, un temps, un lieu voué au divertissement.

Visite : V. p. 367.

A peine plus grand que celui de Nîmes, l'amphithéâtre mesure 136,15 m (133,38 à Nîmes) au grand axe et 107,62 m (101,40 à Nîmes) au petit. Moins bien conservé dans l'ensemble, il a cependant gardé ses **deux étages d'arcades** (60 baies à chaque niveau), mais a perdu l'**attique** qui les couronnait. Sa décoration extérieure comporte, au rez-de-chaussée, des pilastres doriques portant un entablement avec architrave, frise et corniche, et, au premier étage, des colonnes corinthiennes adossées. La galerie extérieure n'est pas voûtée mais couverte d'énormes dalles : marque de l'influence grecque en Arles.

L'**arène** (69 m sur 39) a été creusée dans le roc; tout une charpente — on a reconnu les encoches de logement des poutres — y portait un plancher constituant le sol véritable sous lequel se trouvait la machinerie nécessaire à certains spectacles; notez à ce propos que l'on n'y donnait certainement pas ces *naumachies* si célèbres au Colisée : aucun reste des conduites d'eau et autres agencements indispensables n'a en effet été découvert, et le calcaire fissuré du sous-sol n'aurait visiblement pas retenu l'eau.

La **cavea** comprenait quatre séries de gradins, les **moeniana**, que des escaliers séparaient verticalement en secteurs, ou **cunei**. Plus de 20 000 spectateurs pouvaient y prendre place : des divisions de cinq places sont repérées par des signes en forme de fougères, distants de 2 m les uns des autres, gravés sur la face antérieure des gradins; chaque spectateur disposait donc de 40 cm.

La date de construction de l'amphithéâtre reste discutée. La découverte d'un fragment du rempart de la colonie primitive sous ses fondations, l'examen de céramiques trouvées en 1946 dans un dépotoir antique contre les soubassements du monument, et l'étude de certaines particularités architecturales inclinent à situer sa construction vers la fin du Ier s. ou au début du IIe s., et plus probablement à l'époque flavienne (vers 80-90). Déblayé de 1809 à 1830, il a été restauré à partir de 1846 par Quesnel puis, après 1876, par Révoil et Formigé.

Au S.-O. des arènes, émerge des maisons de la rue Diderot (plan E 3) la flèche octogonale de l'église disparue d'un couvent de Cordeliers (1469).

L'**église Notre-Dame-la-Major** (plan F 3) comporte aujourd'hui une large nef romane de trois travées voûtée en berceau brisé sur doubleaux (XIIe s.), des bas-côtés ajoutés au XIVe s., une abside et un chœur gothiques du XVIe s., une façade et un clocher (refait au XIXe s.), du XVIIe s.

Elle a succédé à une église paléochrétienne, elle-même construite à l'emplacement d'un temple consacré à Cybèle, la « Bonne Déesse », et où s'est peut-être tenu en 455 le 3e concile d'Arles.

L'église possède quelques bons tableaux et une statue de la Vierge du sculpteur italien *Monti* (XIXe s.). A l'entrée du bas-côté dr., statue en bois de saint Georges (fin du XVIe s.), patron des gardians de Camargue.

Sur la place de la Major, un monument (1963) honore la mémoire de deux grands manadiers-félibres de Camargue : *Folco de Baroncelli* et *Joseph d'Arbaud*.

Le **quartier de l'Auture,** au S. de l'église, occupe l'emplacement du secteur oriental de la colonie romaine dont les remparts, bien conservés, dominent le boulevard Émile-Combes. Ce fut sans doute **de tout temps un centre religieux** et, sous les souvenirs des premiers temps chrétiens de la cité — notamment de la grande époque (début du VIe s.) à laquelle saint Césaire donna un élan particulier à la vie monastique — dorment les substructions de divers édifices de culte païen.

La rue de la Madeleine conduit au S. à la place de la Redoute d'où une poterne ouverte dans le rempart permet de descendre sur le boulevard Emile-Combes.

Le **rempart** (plan F 3) remonte en partie au Ier s. av. J.-C. C'était un mur en petit appareil très régulier, refait à plusieurs reprises et finalement doublé par un mur médiéval de moyen appareil. Deux tours rondes marquent l'emplacement de l'ancienne **porte de la Redoute,** dite aussi **porte d'Auguste,** par laquelle la voie aurélienne pénétrait dans la ville.

Au pied de la tour septentrionale, restes de l'**aqueduc** — coupé par le boulevard qui a été taillé dans le plateau rocheux, abaissant le sol en dessous du niveau primitif — qui alimentait la colonie en eau des Alpilles; on en voit d'autres vestiges juste en face, dans le mur du cimetière.
A 100 m S. de la porte, la **tour des Mourgues,** dodécagonale, à base prise dans un fort chemisage, marque l'angle S.-E. du castrum romain.

En face de la porte, la rue de l'Aqueduc romain conduit, à 250 m, à la chapelle Saint-Pierre de Mouleyrès dont la visite complète celle des Alyscamps (V. ci-après, 18 C).

En remontant place de la Redoute vous pourrez ensuite gagner l'église Saint-Blaise en prenant la rue E.-Barrère puis, à g., la rue du Grand-Couvent, qui passe sous une voûte.

ÉGLISES SAINT-BLAISE ET SAINT-JEAN

L'**église Saint-Blaise** (plan E-F 4) est, dans son état actuel, le résultat de plusieurs campagnes de construction : sa façade (porche du XVIIe s.), percée d'une élégante fenêtre, date du XIVe s.; la 1re travée, voûtée en berceau brisé (remarquez les ouvertures de vases acoustiques à la naissance de la voûte), est de la fin du XIIIe s.; la travée suivante, qui semble lui avoir servi de modèle, est de la fin du XIIe s. La 3e travée, en plein cintre et flanquée de collatéraux très étroits, remonte, comme le petit transept non saillant et la croisée couverte d'une voûte en arc de cloître, au début du XIIe s. L'abside romane a disparu.

Abbatiale jusqu'à la Révolution, l'église a succédé à un édifice plus ancien, vraisemblablement la cathédrale primitive de la ville : les fouilles actuellement en cours apporteront peut-être les éclaircissements nécessaires. Cette cathédrale, abandonnée comme siège épiscopal au début du Ve s. au profit de celle qui devait devenir Saint-Étienne puis Saint-Trophime, fut réutilisée en 508 par saint Césaire pour y installer la communauté de moniales qu'il avait fondée l'année précédente aux Alyscamps et dont sa sœur était l'abbesse. Le monastère, qui prit le nom de Saint-Césaire à la mort de son fondateur, abrite auj. un hospice.

Au fond de l'impasse, à dr. de l'église, substructions de l'abside polygonale d'une église paléochrétienne du IVe ou du Ve s., peut-être une dépendance de la cathédrale primitive (on ne visite pas).

A gauche de Saint-Blaise, l'**église Saint-Jean-du-Moustier** conserve également, dans son vocable, le souvenir du monastère (d'où *Moustier*) fondé par saint Césaire et dont elle occupe l'emplacement du baptistère (d'où *Saint-Jean* [Baptiste]). Partiellement démolie, elle garde encore une travée romane et une très belle *abside voûtée en cul-de-four, extérieurement décorée de pilastres plats, cannelés et sommés de chapiteaux corinthiens portant une corniche moulurée, remarquable exemple de l'influence des modèles antiques dans la sculpture arlésienne. A l'intérieur, la voûte repose sur des nervures s'appuyant sur des arcatures (colonnes et chapiteaux restaurés).

La **rue Vauban** (plan E 4), établie sur le rempart, sépare ces vieux quartiers du bien agréable **jardin d'Été** que vous traverserez pour descendre vers les Lices. Contre la partie haute du jardin, on voit bien les trois étages d'arcades, pris dans la **« tour de Roland »**, de l'ancien mur du théâtre antique.

Le **boulevard des Lices** (plan D-E 4), bordé de cafés, ombragé de platanes, devient chaque samedi matin le centre de la vie arlésienne : le **marché s'installe,** où vous ferez, au moins, provision d'images, de couleurs, de parfums. Mais thym et laurier, olives et fenouil, légumes, fruits et fromages des environs, agneaux à la chair parfumée par le foin de la Crau, poissons du Vaccarès, gibier des Alpilles, escargots... feront naître en vous d'irrésistibles fringales; et vous ne pourrez plus quitter Arles sans avoir goûté à un agneau à la gardiane, à la soupe arlésienne, au *reguignéu*, au *catigot* d'anguilles, au *cacalaussado* ou aux escargots à l'arlésienne...

En contrebas des Lices, le **jardin d'Hiver** est depuis juillet 1975 le lieu de fouilles archéologiques qui ont permis de mettre au jour des vestiges de la cité préromaine (V. histoire). A côté, l'hôtel Jules César occupe un ancien couvent de carmélites dont la chapelle, du XVIIe s., abrite des expositions temporaires.

18 B - De musées en thermes romains

Le ***musée lapidaire païen** (plan D 3) est l'un des plus riches de France en antiquités gallo-romaines. Alimenté par les trouvailles fortuites faites sans cesse dans le sous-sol de la ville et par le produit de fouilles menées à diverses reprises, il n'a pas, dans son état actuel, vocation didactique, et se contente d'abriter — et d'offrir à votre admiration — les plus belles pièces, en attendant que naisse le grand musée archéologique prévu aux portes de la ville.

Visite : V. p. 367.

Le musée est installé depuis 1805 dans l'ancienne église Sainte-Anne, construite de 1621 à 1629 avec le concours de Louis XIII qui donna 15 000 livres : c'est un très curieux exemple de gothique méridional, style du XIVe s., survivant en plein XVIIe s.

Nef. — A l'entrée, un devant de sarcophage avec scène de chasse précède la grande **mosaïque du Zodiaque et des Quatre Saisons,** trouvée au cimetière de Trinquetaille. A g., sarcophage de Lucinia Magna (en pierre; sur le côté g., Jupiter et Léda); à dr., sarcophage de Tyrrania, orné d'instruments de musique.

Au milieu, **mosaïque de la Conquête de la Toison d'Or,** trouvée à Trinquetaille en 1933. A g., statue de femme drapée; à dr., sarcophage d'Attia Esyché, avec son couvercle d'origine en forme de toiture à écailles, d'inspiration hellénistique; statue de Médée s'apprêtant à égorger ses enfants (IIe-IIIe s.). Deux statues fragmentaires de Silène couché (marbre; Ier s.). Au milieu, couvercle du sarcophage dit de Phèdre et Hippolyte, en forme de lit funéraire (marbre; IIe-IIIe s.). A g., autel de la Bonne Déesse (marbre; Ier s.). Au milieu, ***sarcophage dit de Phèdre et Hippolyte,** trouvé à Trinquetaille, représentant la chasse et la mort d'Hippolyte (marbre; IIe-IIIe s.). A g., sarcophage de Psyché (IIe s.); à dr., sarcophage de Cornelia Jacena (Ier-IIe s.).

Abside. — **Statue colossale d'Auguste** et deux ***statues de danseuses** provenant du théâtre (marbre; Ier s. av. J.-C.). Statue de Saturne Mithriaque entouré d'un serpent et des signes du zodiaque, provenant du cirque (marbre). Petite statue de Minerve provenant de la place du Forum (marbre; Ier s.). Au fond, **bouclier votif en l'honneur d'Auguste,** découvert en 1951 dans les cryptoportiques (marbre; 26 av. J.-C.) : c'est l'unique copie connue du bouclier d'or offert à Auguste par le Sénat de Rome, en l'an 27. Diverses têtes et bustes, dont l'un d'Octave (marbre; Ier s. av. J.-C.).

Chapelles de g. *(commencez par la plus proche de l'abside).* — 1re : draperie en pierre jadis adaptée à la statue d'Auguste; grand ***autel d'Apollon** trouvé dans le théâtre où il ornait sans doute la niche centrale du pulpitum (marbre; Ier s.); moulage de l'original de la **Vénus d'Arles** (copie du Ier s. d'un original grec, début du IVe s. av. J.-C.) exécuté en 1683 par *J. Péru* avant l'envoi de la statue à Louis XIV. — 2e chapelle : frise de guerriers (pierre; Ier s.). — 3e chapelle : Victoire ailée et frise aux aigles, en pierre, provenant vraisemblablement d'un arc de triomphe. — 4e chapelle : corniche de mausolée (animaux affrontés; lions ailés gardant

MUSÉE LAPIDAIRE

les urnes) des Alyscamps. — 5e chapelle : colonne honorifique de Constantin, trouvée à Trinquetaille; deux superbes chapiteaux corinthiens en marbre.
Chapelles de dr. (en remontant). — 2e chapelle : cippe à portrait de Julia Servata (pierre; Ier s.); mausolée de la prêtresse Valeria Urbana; statues funéraires. — 3e chapelle; statue funéraire de femme assise; cippes à portraits. — 4e chapelle : deux colonnes avec leur chapiteau; **mosaïque de l'Enlèvement d'Europe;** devant du *sarcophage d'Apollon et des Muses (IIe ou IIIe s.). — 5e chapelle : *mosaïque d'Orphée charmant les animaux, découverte en 1934 au Clos-Saint-Jean; frise des Amours auriges; restes de monuments funéraires des Alyscamps.

☐ L'*hôtel de ville (plan D 3) est un bel édifice élevé de 1673 à 1684 par l'architecte arlésien *Peytret*, d'après des plans de Mansart. Il englobe le beffroi, bâti en 1555, dont la lanterne porte une statue du dieu Mars de la même époque. Le vestibule, couvert d'une voûte plate, chef-d'œuvre de stéréotomie, communique avec le Plan de la Cour. A côté, des salles accueillent des expositions temporaires.
Sur le **Plan de la Cour,** deux bâtiments, qui abritent diverses annexes la mairie, présentent un grand intérêt : c'est d'abord l'ancien **municipe,** construit vers 1500 et dont la façade est incrustée d'un petit tympan roman orné d'un bœuf; puis l'ancien **hôtel du Viguier,** ou **palais des Podestats** (l'équivalent de nos préfets) : rez-de-chaussée des environs de 1200, étage refait au XVe s.; au pied du mur on remarque encore les gradins sur lesquels siégeaient les magistrats.

■ Le ****musée lapidaire chrétien** (plan D 3) abrite une très belle collection de sarcophages du IVe s. trouvés exclusivement dans les deux nécropoles paléochrétiennes d'Arles, les Alyscamps et Saint-Genès. Dans un excellent état de conservation, ce remarquable ensemble (que sa richesse place, dit-on, au second rang après celui du musée du Vatican) offre un **témoignage d'une extrême précision sur la création artistique dans les ateliers arlésiens au IVe s.** : tous les sarcophages se situent, chronologiquement, entre 330 et 395.
Visite : V. p. 367.

La conversion des empereurs au christianisme donne, au début du IVe s., un **élan nouveau à l'art chrétien.** Sans pour autant être devenu un art officiel, celui-ci traduit désormais la primauté de la religion et œuvre pour la **glorification de la foi nouvelle.** Les thèmes iconographiques du siècle précédent — avec leurs emprunts au monde romain, augmentés de sujets tirés du Nouveau Testament — ne changent pas fondamentalement mais s'enrichissent d'**images** nouvelles **à caractère triomphal** tandis que leur expression plastique concourt à cette affirmation de la suprématie chrétienne : le style est empreint d'un certain classicisme (traitement des drapés, des formes du corps humain) qui n'exclut pas l'expressionnisme populaire de l'époque précédente; ainsi les visages sont-ils souvent de véritables portraits des défunts. Les sarcophages d'Arles peuvent ainsi être classés en deux grandes catégories, correspondant à peu près à deux périodes : les sarcophages à strigiles et ceux dont les sculptures s'organisent autour d'une image centrale (époque constantinienne); les sarcophages à compartiments, dont les scènes sont encadrées par des compositions architectoniques ou des arbres (à partir du milieu du IV⁰ s.).

Le musée est installé dans l'ancienne chapelle dont les jésuites dotèrent au XVII⁰ s. l'hôtel de Laval-Castellane (auj. Museon arlaten, V. ci-après) acquis par eux pour être transformé en collège; il en a conservé le grand retable en bois sculpté du XVII⁰ s. et le plafond de bois du début du XVIII⁰ s.

Nef. — Au milieu, sarcophage de Marcia Romana Celsa, orné de diverses scènes du Nouveau Testament, de la Chasse, de la Trinité, de saint Pierre et saint Paul. — File de g. : sarcophage dit de Constantin II; sarcophage de la Chaste Suzanne, avec couvercle du sarcophage de Pascasia; sarcophage païen (deux couples entre les Dioscures) avec sujets chrétiens ajoutés plus tard sur les côtés. — File de dr. : sarcophage de Concordius, évêque d'Arles vers 374; sarcophage dit de l'Olivaison (cueillette des olives).

Sous les arcades de dr. — Sarcophages de la Source miraculeuse et de l'Adoration des bergers et des Mages; couvercle décoré de scènes pastorales; sarcophage de l'Orant; sarcophage à strigiles du Christ nimbé; sarcophages de la Chaire de saint Pierre, des Adorants; devant de sarcophage à niches.

Abside. — Sur les marches de l'autel, sarcophage de la Remise de la Loi à saint Pierre; à dr., sarcophage des Arbres (niches formées d'oliviers, avec personnages); à g., sarcophage d'Abraham et de Daniel.

Chapelles de g. — Sarcophages de saint Genest, de l'allégorie de Jonas; devant de sarcophage de Servane; fragment de sarcophage orné du Labarum.

Du musée, vous descendrez dans la partie S.-O. des ***cryptoportiques,** vaste monument souterrain en forme de U, de 106 m de long d'E. en O. sur 72 m de large : au-dessus régnaient les portiques encadrant le **forum** (81 m × 37 m).

Chaque branche comprend **deux galeries** parallèles voûtées en plein cintre, séparées par des arcades surbaissées en grand appareil. Ces galeries, de la fin du I⁰ʳ s. av. J.-C., étaient dès l'origine en position de sous-sol, éclairées et ventilées par des soupiraux ouvrant vers le forum et distants de 3,50 m les uns des autres. Protégées de l'humidité par un épais enduit couvrant les murs et un plancher constitué de trois couches de planches de chêne enrobées dans de la poix, elles servaient peut-être d'**horrea,** c'est-à-dire d'**entrepôts municipaux,** où l'on conservait par exemple le grain en vrac.

La travée N., barrée par les fondations du temple du forum (ci-après), a été doublée au IV⁰ s. par une nouvelle galerie voûtée d'arêtes à claveaux de brique; c'est à l'extrémité de la galerie N. qu'ont été trouvées quelques pièces de grande importance telles que le buste d'Octave et le bouclier de marbre qui sont au musée lapidaire païen.

Revenez au Plan de la Cour, d'où la courte rue du Palais, à g. conduit à la place du Forum.

La **place du Forum** (plan D 3), au cœur de la vieille ville, n'occupe pas réellement l'emplacement du forum antique : celui-ci, dont le tracé nous est donné par les cryptoportiques, était immédiatement au S. de la place actuelle. A l'angle de l'**hôtel Nord-Pinus, deux colonnes corinthiennes** surmontées d'un fragment de fronton appartiennent à un petit temple de l'époque de Trajan ou d'Hadrien (*J. Formigé* considérait qu'il pouvait s'agir d'une porte monumentale d'entrée du forum) entièrement restauré à l'époque constantinienne : sans doute ce temple ouvrait-il alors sur une place à colonnade, sorte de second forum, reliant le forum augustéen au palais (?) et aux thermes de Constantin. Le nom de *Capduelh* (déformation de *Capitolium?*) que portait au XVIIIe s. une rue voisine a suggéré que ce temple aurait pu être le **Capitole.**

La **statue de Mistral** (par *Th. Rivière,* 1909), avec un médaillon de Mireille (par *Férigoule*) est entourée d'une grille dont les barreaux sont en forme de *ficheiroun,* ces tridents des gardians de Camargue.

Une succession de rues étroites (rue des Thermes, rue du Sauvage, rue Dominique-Maïsto) conduit ensuite aux thermes de Constantin.

→ La rue du Quatre-Septembre mènerait à (200 m) l'**église Saint-Julien** (plan E 2), bâtie en 1648 pour remplacer un édifice consacré en 1119 par le pape Calixte III : c'est un de ces exemples, assez fréquents, de gothique méridional construit en plein XVIIe s., à l'exception de la façade, classique, restaurée après les bombardements de 1944. Elle conserve, dans le chœur, de somptueuses *boiseries de 1683.

Les **thermes de Constantin** (plan D 2), surnommés **palais de la Trouille,** ne sont qu'en partie conservés et s'étendaient jadis beaucoup plus au S. où, ils rejoignaient peut-être le palais de Constantin : des restes importants existent encore dans les constructions de la place et de la rue du Sauvage (à l'emplacement de l'ancienne *palestre,* ou salle de culture physique), notamment des murs de brique percés d'arcades qui s'élèvent sur deux étages des maisons actuelles.

Visite : V. p. 367. En cas d'absence du gardien, adressez-vous au musée Réattu.

Il reste surtout une magnifique **abside** semi-circulaire, aux murs de pierre avec chaînage de brique, couverte d'une **voûte en cul-de-four** en pierre appuyée sur des nervures de brique, qui abritait l'une des piscines. La grande salle qui précède cette abside était également voûtée, malgré ses dimensions considérables : c'était le *caldarium,* ou salle chaude. L'hypocauste est bien conservé : de ce sous-sol par où l'on chauffait les piscines, l'air chaud montait le long des murs grâce à des doubles parois que l'on voit encore très bien. Le revêtement de marbre est encore en place par endroits; ailleurs, les tenons qui le fixaient ont subsisté.

▣ Le ***musée Réattu** (plan D 2) est l'un des pôles de la vie culturelle arlésienne. A côté d'un petit fonds de peinture ancienne, il possède un ensemble d'œuvres des XVIIe et XVIIIe s. provenant d'ateliers arlésiens (dont *A. Raspal* est le plus important représentant) et la quasi totalité des œuvres de *Jacques Réattu*. En matière d'art moderne et contemporain, il s'efforce de regrouper des œuvres directement liées à la région, celles d'artistes qui y sont nés, y ont vécu ou puisé leur inspiration, ou y travaillent actuellement, en même temps qu'il s'intéresse aux œuvres marquantes de notre temps. C'est dans cet esprit qu'est née, d'une collection commencée en 1965, une section d'art photographique, première étape vers la création d'un **Centre international de la Photographie et de l'Image.**

Le musée est installé dans l'ancien **Grand Prieuré de Malte,** primitivement commanderie fondée au XIVe s., agrandie au XVIe s. : le grand prieuré de

Saint-Gilles y fut transféré à la suite des guerres de Religion, en 1583. Dans la seconde cour intérieure, bordée de deux façades du XIVe s., grand escalier aboutissant à une loggia à balustres du XVIIe s. Au bas de l'escalier, la chapelle, de 1503, est couverte d'une belle voûte à trois travées d'ogives. Sur le quai du Rhône, intéressante façade gothique. L'édifice, pillé pendant la Révolution, fut acheté par le peintre arlésien *Jacques Réattu* (1760-1833) dont les collections passèrent à la ville à la mort de sa fille.

Juste en face, l'ancienne **commanderie de Sainte-Luce,** d'abord commanderie de Templiers avant de passer aux Hospitaliers de Saint-Jean, est en cours de restauration. Ses bâtiments des XVe et XVIe s., entourant une cour sur laquelle donne une belle loggia semblable à celle du Grand Prieuré, doivent devenir une annexe du musée.

Conservateurs : *M. Jean-Maurice Rouquette,* conservateur des musées d'Arles; *Mme Moutashar,* conservateur-adjoint.

Visite : V. p. 367.

On entre par un bâtiment du XVIIe s. dont le rez-de-chaussée est réservé à des expositions temporaires. Dans la 2e cour, le **Griffu,** important bronze de *Germaine Richier.* Dans l'escalier, bénitier provenant de l'abbaye de Montmajour.

Salle I. — Portrait d'un sénateur vénitien, de l'atelier du *Tintoret.* Portrait d'homme, par *Alexis Grimou* (1680-1740).

Salle II. — Cinq tapisseries des Flandres, du début du XVIIe s., représentant les Merveilles du monde. D'*Ossip Zadkine* (1890-1967), une Odalisque (bois, 1936) et un Torse féminin.

Salles III et IV. — **Peinture ancienne :** œuvres de *Jean-Baptiste Monnoyer* (1634-1699), *Gerrit van Houckgeest* (1600-1661), *Thomas Wyck* (1616-1677), *Ephrem Comte, Isaac Kœdyck* (1616-1668), **Antoine Coypel** (1661-1722); Junon commandant à Eole de déchaîner les vents contre Enée. Paysages de l'école de *Salvator Rosa* (XVIIe s.) et de *Claude Le Lorrain* (1600-1682). Oeuvres de l'école hollandaise : *Jacob Cuyp* (1594-1651), *Muller le Vieux* (XVIIIe s.; Marines). École de l'Italie du Nord. *Hippolyte Lecomte* (1781-1857). Buste de Krishnamurti par *Bourdelle* (1928).

Salle V. — Oeuvres de *Henri Rousseau* (1875-1933), peintre de sujets orientaux (il était né au Caire) mort à Aix-en-Provence.

Salle VI. — Série de **portraits** à la pierre d'Italie par *Jacques Réattu* (1760-1833), prix de Rome en 1791.

Salle VII. — Consacrée au peintre arlésien **Antoine Raspal** (1738-1811) dont on voit, notamment, l'**Atelier de couture** (1760), qui a servi de modèle à une reconstitution du Museon arlaten, le Peintre et sa famille, Cuisine provençale. Deux toiles de *Guillaume de Barrême de Châteaufort* (1719-1775).

Salles VIII et IX. — **Peintres vivants, ayant vécu ou séjourné en Arles.** Oeuvres de *M. de Vlaminck, P. Picasso, F. Léger, A. Manessier, Y. Brayer, André Marchand, R. Bezombes, Théo Kerg, Jacques Hauer, Marcel Gromaire* (études de nu; 1950), *Moïse Kisling* (1891-1953; Paysage au bord de la mer), *J. Pichette, Jean Lombard, Valentine Prax, Pierre Trofimoff, P. Gauguin, R. Dufy.* Sculptures de *Bourdelle.*

Salle X. — L'**Art cinétique,** représenté par des sérigraphies de *Carlos Cruz-Diez,* et l'**Hyperréalisme,** par des sérigraphies de *Jacques Monory.*

Salle XI. — L'**Abstraction Lyrique,** évoquée par des œuvres de *Mario Prassinos* et de *Maurice Sarthou,* et le **Nouveau Réalisme,** illustré par une compression de motocyclette de *César.*

Salle XII. — Les dessins de *Picasso*. Il s'agit de 57 dessins réalisés du 31 décembre 1970 au 4 février 1971 et donnés à la ville d'Arles en mai 1971 par l'artiste en témoignage de l'amitié qu'il lui portait.

Arlequins, mousquetaires, hommes assis, le peintre et son modèle, hommes et femmes, constituent une sorte de journal intime où le peintre, jetant sur le papier ces images si connues qui hantent toute son œuvre, poursuit, dans la paix de son atelier de Mougins, son dialogue avec lui-même. Les techniques employées (encre, lavis, crayons de couleurs, fusain), la matière des supports (cartons blancs ou teintés dont la texture lui plaît tant), le style adopté (tour à tour truculent, féroce ou mélancolique), tout autant que les dates elles-mêmes des dessins (on s'aperçoit ainsi que plusieurs — jusqu'à huit — ont pu être réalisés le même jour) ou le fait que bon nombre d'entre eux figurent au recto et au verso de la même feuille, montrent bien cette frénésie du peintre dans sa recherche plastique, cet élan quasi juvénile d'un homme de quatre-vingt-dix ans dont la puissance créatrice manifeste un incessant besoin de renouvellement de l'expression. Dans certains dessins cependant (les têtes de vieillards), dans le choix des thèmes (arlequins, saltimbanques) perdure l'expressionisme des années du Bateau-Lavoir.

La **section d'art photographique** du musée possède une collection d'œuvres des plus grands photographes français et étrangers. Citons, entre autres, *Man Ray, Ed. Weston, Edouard Boubat, Izis, Cécil Beaton,* sans oublier **Lucien Clergue,** poète du noir et blanc, chantre inspiré de la mer et du nu.

La visite du Museon arlaten constituera le point d'orgue de votre découverte de l'Arles muséographique : si vous êtes pressé, vous vous rendrez directement au musée par la rue de l'Hôtel-de-ville, la place et la rue de la République. Si vous disposez de quelques temps, nous vous conseillons de vous promener d'abord un peu le long du quai du Rhône, non loin duquel vous pourrez voir l'ancienne église des Dominicains, de style gothique provençal du XVe s. (désaffectée), et de rejoindre le musée en flânant dans les ruelles de la vieille ville.

■ Le ***Museon arlaten** (plan C 3), ou **palais du Félibrige,** est un fort intéressant musée ethnographique régional, « véritable reliquaire de la Provence », fondé par *Frédéric Mistral* lui-même en 1896. Le poète lui consacra plusieurs années de travail et le montant du prix Nobel dont il fut honoré en 1904 ; on reconnaît sa fine écriture sur un grand nombre d'étiquettes.

Le musée est installé dans l'***hôtel de Laval-Castellane,** importante construction gothique du début du XVIe s. (remarquable cour avec tourelle et préau). Les jésuites l'acquirent en 1648 pour en faire un collège et c'est à eux que l'on doit la façade d'entrée ainsi que la chapelle où est auj. installé le musée lapidaire chrétien.

Dans la cour, les fouilles de *Formigé* ont mis au jour en 1908 une belle ***exèdre romaine** percée de dix niches qui devaient abriter les statues de dix grands dieux. Le monument était, semble-t-il, situé au fond d'une place publique (dont le dallage est en partie dégagé) bordée vraisemblablement, du côté opposé, d'un second monument semblable ; cette place communiquait à l'E. (ab aut ?) avec le forum tandis qu'à l'O. de larges escaliers donnaient accès à un temple dédié au Génie de la colonie : on a retrouvé des inscriptions lui appartenant.

Visite: payante (billet commun avec les autres monuments et musées), t.l.j. de 9 h à 12 h et de 14 h à 18 h d'avril à fin sept. ; à 16 h d'oct. à fin févr., à 17 h en mars ; fermé le lundi en hiver.

Rez-de-chaussée.

I. Salle des baumes et de la flore. — Herbier provençal, avec les propriétés médicinales ou magiques des plantes, écrites de la main de *Mistral*. Collections préhistoriques, antiquités; carrelages en faïences du XVII⁰ s.

II. Consistoire (ancien réfectoire du collège; cheminée de l'hôtel de Laval). — Galerie réservée aux assemblées du Félibrige; statue de Mistral et bustes de félibres; toiles marouflées figurant les légendes félibréennes, par *Valère Bernard*, et des scènes de l'histoire de la Provence, par *Marcel Dyf*.

III. Escalier des bannières. — Le départ de la rampe est orné de la « Coupe sainte », en argent ciselé, offerte par les Catalans aux félibres provençaux (1868); anciennes bannières de corporations; draperies imagées dont on décorait les rues lors des processions; écusson de la ville d'Arles, « d'azur au lion assis d'or ».

Premier étage

IV-VI. *Galerie du costume. — Trois sections montrent l'évolution du costume féminin arlésien du XVIII⁰ s. à nos jours. Nombreux portraits et dessins, dont certains de de *Raspal, Sauvan, H. Vernet*, etc.
Reconstitution, par *Férigoule*, de l'Atelier de couture peint par *A. Raspal* en 1760 (le tableau est au musée Réattu). Documentation de *Léo Lelée* sur les transformations du vêtement et de la coiffure.

VII. *Salle du meuble. — Mobilier arlésien en noyer ciré où prédomine le style Louis XV, marqué d'un caractère provincial par ses moulures contournées en colimaçon.

VIII. *Galerie des rites, coutumes et légendes. — Figuration de la Tarasque, le monstre légendaire de Tarascon. Petites boîtes renfermant des sujets pieux composés avec des figurines en verre filé, en cire, en carton-pâte ou en terre cuite; reliquaires. « Chevelure d'or » trouvée dans une tombe du Moyen Age à l'église des Baux; documents sur les jeux et les danses anciennes. Collection de talismans populaires. Objets rituels de la synagogue de Carpentras.

IX. Chambre de l'enfant. — De là, vous monterez au second étage par l'**escalier Alphonse Daudet** (X) : documents concernant l'écrivain, l'amitié qui le lia un temps à Mistral et le moulin de Fontvieille.

Deuxième étage

Tout cet étage doit être fermé en 1979-1980 pour transformations et restaurations, sauf la galerie de Crau et Camargue.

XI. Salle d'histoire du Royaume d'Arles. — Monnaies grecques (de Marseille) et romaines; monnaies et sceaux du Moyen Age. Portraits, cachets, autographes, reliures, armoiries, balances de changeurs; impression d'Arles et d'Avignon; littérature en langue d'oc antérieure à la Révolution.

XII. Salon José Belon. — Mistral aux Arènes, aux fêtes du cinquantenaire de Mireille (1909), par *Belon*. Iconographie de *Mistral*.

XIII. Galerie Léo Lelée. — Étude de l'évolution du costume d'Arles de 1903 à nos jours. Courses de taureaux. Gitans.

Les **salles XIV, XV et XVI** abritent des souvenirs de *Ziem*, de *Van Gogh*, et des œuvres de divers artistes provençaux de la première moitié du siècle : *Cornillon, Hermann Paul, Auguste Chabaud*, etc.

XVII. Art religieux. — Tableaux provenant d'anciens couvents d'Arles; tableau sur bois du Bon Samaritain (repeint en 1666).

XVIII. Salle romantique. — Dessins de *Réattu, Labadyé, Huard, E. Loncle*,

LES ALYSCAMPS

J.-M. Véran, Louis Mège, P. Revoil, J.-B. Laurens; lithographies et gravures faisant revivre Arles à l'époque romantique; autographes, ouvrages historiques et littéraires; littérature provençale du « pré-félibrige ». Documents sur le comte de Chambord et l'ouverture de la voie ferrée d'Avignon à Marseille (1842-1848).

XIX. Galerie des métiers et du terroir. — Chefs-d'œuvre de compagnons; documents concernant les corporations et le Compagnonage; petits métiers du terroir et industries rurales.

XX. Galerie du Rhône et de la mer. — Ancienne batellerie du Rhône; types et maquettes de bateaux; croix de mariniers. Objets en bois sculptés par les forçats de Toulon. Iconographie des sites et des villes du Rhône. Documents concernant la foire de Beaucaire et le port d'Arles.

XXI (à dr. de l'escalier). **Galerie de Crau et Camargue.** — Cabane de Camargue à abside arrondie, faite en roseaux, renfermant les instruments primitifs du gardian.

Premier étage (suite)

XXII. Salle de la visite à l'accouchée. — Chambre arlésienne avec mobilier d'un intérieur bourgeois et personnages en grande toilette apportant à l'accouchée les cadeaux symboliques.

XXIII. Salle calendale. — Le souper de Noël dans la cuisine ou salle commune d'un mas provençal.

XXIV. Salle Castellane. — Iconographie des sites et monuments de la Provence. Oeuvres de *Cornillon* (1811-1892). Scènes de la vie populaire.

XXV. Salle de la poterie. — Terraio rustique des fours du Bas-Languedoc (Beaucaire), de Provence (Avignon, Apt, Aubagne, Le Castellet, Manosque) et du Dauphiné (Dieulefit). Faïence plus luxueuse des fabriques de Moustiers, Varages, Marseille, Montpellier. Bénitiers de poterie vernissée de Moustiers, Apt, Avignon et de verre filé des verreries d'Avignon et de Goult. Carreaux émaillés d'Espagne et imitation par des fabriques méridionales (XVIIe s.).

XXVI-XXVII. Salles Frédéric Mistral et du Félibrige. — Berceau de *Mistral* et souvenirs de son enfance. Illustration de son œuvre. Iconographie du Félibrige.

XXVIII. — **Salle de la musique,** ou **J. Charles-Roux.** — Tambourins et galoubets. Instruments d'église; luths, vielles, serpents et instruments de musique populaire. Chansons provençales.

XXIX. La bibliothèque Frédéric Mistral (on ne visite pas) est fermée par une belle porte de la Renaissance italo-provençale.

Le **corridor de la Révolte (XXX)** ramène à l'escalier.

Au rez-de-chaussée, plusieurs salles abritent chaque été des expositions temporaires.

A côté du musée, ancien **hôtel de la Lauzière,** du XVIIe s. — En face du musée, la Maison de la Presse occupe l'ancienne église du couvent des Trinitaires (fin du XVe s.; remaniée en 1630).

18 C - Les *Alyscamps

Hors-plan F 4.

Coincée entre le canal de Craponne, des usines et des quartiers d'habitation, une allée, bordée de tombeaux, menant à une église à demi ruinée : le reste d'une nécropole immense et célèbre, ces Champs-Élysées où pendant près de quinze siècles les Arlésiens et autres habitants des rives du Rhône choisirent d'avoir leur sépulture.

C'est par les Alyscamps que la voie Aurélienne entrait en Arles, et les Gallo-Romains encore païens l'avaient déjà bordée de riches tombeaux. Il est probable que, dès le milieu du IVe s., les chrétiens adoptèrent la nécropole.

La légende suivant laquelle saint Trophime aurait été inhumé aux Alyscamps semble s'être formée au VIe s. : son tombeau aurait été le théâtre de miracles qui le rendirent célèbre et auraient favorisé la multiplication des fondations pieuses autour de lui. Au milieu du désordre et de l'ignorance grandissantes, ces traditions ne firent que croître et embellir. On prétendit que le cimetière avait été consacré par saint Trophime lui-même et que le Christ était apparu au cours de la cérémonie. « Des cendres de l'Arles romaine naquit une Arles légendaire, l'Arles épique de Charlemagne et de Guillaume d'Orange. Le Moyen Age raconta que les héros tués à Roncevaux et les douze pairs avaient été enterrés aux Alyscamps. Charlemagne était venu livrer lui-même bataille aux Sarrazins dans la plaine d'Arles; tant de morts jonchèrent le terrain qu'on ne put, après la bataille, distinguer les cadavres des Infidèles de ceux des Francs. Par miracle, tous les corps des chrétiens furent transportés dans des cercueils de pierre » (F. Benoît).

Suivant certains chroniqueurs, les habitants du bassin du Rhône livraient au fil du fleuve les cercueils des morts qu'ils voulaient faire enterrer aux Alyscamps : on mettait dans le cercueil une certaine somme, appelée « droit de mortellage », que les Arlésiens percevaient après avoir arrêté les funèbres épaves au pont de Trinquetaille. Si l'on peut mettre en doute la réalité de certains détails de cette étonnante pratique, il reste néanmoins certain que, de fort loin, on envoyait les morts aux Alyscamps.

Au XIIIe s., la nécropole, que les moines de Saint-Victor de Marseille desservirent de 1054 à 1450, renfermait 19 églises ou chapelles, mais la translation, en 1152, du corps de saint Trophime à la cathédrale Saint-Étienne, qui prit alors son vocable actuel, lui enleva de son prestige. Au XVIe s., beaucoup de sarcophages furent offerts en présent à des princes ou à des villes. Charles IX en fit charger plusieurs navires qui sombrèrent dans le Rhône. Le musée Barberini, à Rome, reçut plusieurs monuments en marbre; Lyon eut celui de Servilius Marcianus, Marseille ceux de Flavius Memorius et de Cœcilia Aprula.

A partir du XVIIIe s., on se préoccupa de mettre à l'abri, dans les églises, les plus beaux de ces mausolées et, au début du XIXe s., on les réunit dans le musée lapidaire actuel. Plus tard, l'établissement de la voie ferrée et la construction d'ateliers saccagèrent l'immense nécropole et l'on rassembla les sarcophages restants le long de la seule allée qui subsiste aujourd'hui.

Comme aujourd'hui, les sarcophages des Alyscamps n'étaient primitivement pas enterrés; mais le temps a remblayé le terrain et, en certains endroits, le « succès » du cimetière obligea les fossoyeurs à superposer les tombes comme on peut le voir à côté de l'église Saint-Honorat.

La **chapelle Saint-Accurse**, à l'entrée à g., fut élevée en 1520 par *Quiqueran de Beaujeu* en expiation du meurtre d'Accurse de la Tour; l'architecture en est encore gothique, mais la décoration est entièrement Renaissance. Attenant à la chapelle, l'**arc** dit **de Saint-Césaire** est le seul reste de la porche d'une église romane disparue; il abrite un enfeu gothique du XVIe s.

ÉGLISE SAINT-HONORAT

Un peu plus loin à dr., monument commémoratif (1720) des consuls d'Arles morts de la peste en 1720. Viennent ensuite à g. la **chapelle des Porcellet,** fondée par la famille de ce nom à la fin du XVe s., puis, plus loin, un pan de mur, probablement carolingien, reste de la chapelle Notre-Dame.

L'***église Saint-Honorat,** devant laquelle les fouilles ont mis au jour les différents étages de tombeaux depuis le VIe s., règne sur ce domaine des morts.

D'abord consacrée à saint Genest, greffier municipal d'Arles décapité à Trinquetaille au IIIe s. pour avoir refusé de transcrire un édit de persécution, elle fut dès le Ve s. le but d'un pèlerinage fréquenté. Vers 1040, l'archevêque d'Arles la donna à l'abbaye Saint-Victor de Marseille, qui en fit un de ses prieurés et la consacra à saint Honorat de Lérins : celui-ci avait été évêque d'Arles de 426 à 429, et le nouveau saint patron ne tarda pas à l'emporter sur le premier auprès des pèlerins. Tombé en décadence, le prieuré fut repris au XVIIIe s. par les Minimes.

La **nef,** ruinée depuis le XIIe s., conserve des murs carolingiens en petit appareil, mais le **portail** avait été refait à la fin du XIIe s. comme première étape d'une reconstitution générale qui ne fut jamais terminée : c'est une œuvre d'un style roman très sobre.
Au fond de la nef s'élève la **partie reconstruite vers 1175** et qui comprend une belle abside sur crypte, flanquée de deux absidioles, un transept et une travée de nef flanquée de bas-côtés voûtés en berceau à peine brisé; la croisée du transept est couverte d'une coupole octogonale. La médiocrité des fondations (l'abside est bâtie à même les tombes du cimetière) a malheureusement obligé, au XVIe s., à renforcer les piliers d'un lourd et disgracieux chemisage cylindrique. La crypte a été refaite en 1615.
Le ***clocher** central, octogonal, offre deux étages de baies en plein cintre inspirées, semble-t-il, de celles de l'amphithéâtre romain; sorte de lanterne des morts, il abritait sans doute un feu signalant de loin le cimetière aux pèlerins. C'est sans doute la plus belle tour romane de Provence.
Plusieurs **chapelles** furent ajoutées à l'église primitive : dans la partie ruinée de la nef, celle de dr. est une œuvre du XVIIe s.; à dr. du transept et de la travée de nef, deux autres, du début du XVIIe s., offrent des voûtes très originales et une élégante décoration (l'une d'elles conserve des restes de peintures murales, en très mauvais état, de 1618). Du côté g., celle de la famille Bouic-Ayguière (dans la partie ruinée de la nef), de la fin du XVe s., renferme un bel enfeu de cette époque et un litre funéraire; celle du marquis d'Alleins, à g. de la partie conservée de la nef, est également de la fin du XVe s.
Plusieurs sarcophages antiques sans décoration, trois sarcophages carolingiens, de grandes urnes (dolia) en terre cuite provenant des docks de Trinquetaille ont été rassemblés dans l'enceinte de l'église.

Deux promenades complémentaires vous donneront, après la visite des Alyscamps, une meilleure idée de l'étendue et de la disposition de la nécropole : — celle de la **chapelle Saint-Pierre de Mouleyrès** (hors-plan F 3), petit édifice roman de plan tréflé, très fruste, qui s'élève sur une petite butte entre les deux tranchées ouvertes au XIXe s. pour les voies du chemin de fer : sortant plus ou moins des flancs de la tranchée, plusieurs sarcophages sont encore en place; — celle de la **chapelle de la Genouillade** (ou de l'Agenouillade; à 700 m du centre-ville, à dr. de la route de Marseille) : c'est là que le Christ serait apparu à Trophime, s'agenouillant sur une pierre qui aurait conservé la trace de son genou; la chapelle a été entièrement reconstruite en 1529.

18 D - Autres monuments d'Arles

Prolongements possibles de vos promenades à pied dans le centre de la cité ou courtes excursions en voiture, divers endroits de la ville ou de la proche périphérie vous invitent, à l'ombre des monuments consacrés, à une flânerie qui vous permettra d'emporter une image moins schématique.

Vous pourrez commencer ce circuit en vous rendant sur la **place Lamartine** (plan E 1), ornée d'un buste du poète, sur laquelle s'ouvre la **porte de la Cavalerie**, du XVIIe s., flanquée de deux tours rondes à bossages : c'est l'entrée du **Bourg-Neuf**, qui n'était pas compris dans l'enceinte romaine, et ne fut entouré d'une muraille qu'au XIIe s. C'est dans une petite maison de la place — la fameuse « Maison jaune » — que s'installa *Van Gogh* durant son séjour en Arles (V. ci-après) et c'est là que, le 24 décembre 1888, il eut cette crise de délire au cours de laquelle, après avoir menacé Gauguin, il se coupa l'oreille. La maison a disparu, victime des bombardements alliés en 1944 dont tout ce quartier a grandement souffert.

Autre quartier non compris dans l'enceinte romaine, celui de la **Roquette**, où d'étroites ruelles vous conduiront jusqu'à l'**église Saint-Césaire** (plan B 3-4), jadis église conventuelle des Grands Augustins.
Nef de la fin du XVe s., du type gothique du Midi, abside du XVIIe s. précédée d'une coupole octogonale barlongue à lanternon, à rapprocher des chapelles contemporaines de Saint-Honorat; à g. dans la nef, épitaphe et tombeau de Honoré de Quiqueran de Beaujeu, grand prieur de l'Ordre de Malte au XVIIe s.

Non loin de là, entre le canal de Craponne et le remblai de la N 113, ne subsiste que la façade, très dégradée, d'une ancienne **église des Carmes** (Arles comptait, au XVIIIe s., une quinzaine de couvents et monastères).

Près d'une ancienne **tour de l'enceinte médiévale,** vous passerez ensuite sous le nouveau pont de la N 113 pour aller dans la zone industrielle sud.

La bretelle de raccordement de la nouvelle route est établie à l'emplacement de l'ancienne écluse du canal d'Arles à Port-de-Bouc, dont le creusement avait jadis permis de retrouver une partie du **cirque romain**, bâti sur pilotis, qui devait avoir env. 400 m de longueur. C'est là qu'a été découvert l'obélisque qui orne auj. la place de la République. Le dégagement des vestiges du monument, entrepris en 1974, doit aboutir dans le futur à la présentation du cirque et à la construction d'un grand musée archéologique.

A l'extrémité S. de la zone industrielle (env. 2 km du centre), vous pourrez aller voir, sur une autre écluse du canal d'Arles à Port-de-Bouc, un pont-levis absolument semblable au **pont de Langlois** dont *Van Gogh* fit, en 1888, un tableau célèbre. Une dizaine de ponts du même type avaient été construits sur le canal vers 1826. Tous ont disparu, sauf celui-ci, transféré de Fos-sur-Mer en 1960. Celui que peignit *Van Gogh* était situé à 800 m de l'emplacement actuel.

C'est le 21 février 1888 que Vincent Van Gogh *arrive en Arles. D'abord installé dans un petit hôtel (auj. détruit) de la rue de la Cavalerie, il loue en mai la « Maison jaune » de la place Lamartine, toute proche. Rêvant d'installer une sorte de coopérative d'artistes — « l'Atelier du Midi » — il y fait venir Gauguin, qui arrive le 20 octobre. Mais Gauguin n'a pas pour Arles le même enthousiasme que Van Gogh et leurs conceptions se heurtent souvent. Hospitalisé après sa crise du 24 décembre (V. ci-dessus) Van Gogh rentre chez lui début janvier 1889 mais est à nouveau interné un mois plus tard, bénéficiant de permissions qui lui permettent de sortir pour peindre. A nouveau enfermé le 19 mars, à la suite d'une pétition, il quittera Arles le 3 mai pour entrer, de sa propre volonté, à l'asile de Saint-Paul de Mausole (V. it. 15 B).*

On pourrait dire que le pont de Langlois constitue une sorte de frontière. Lorsque *Van Gogh* en fait un tableau, il s'est déjà libéré des tentations impressionnistes mais garde encore de sa rencontre avec Paris et de la découverte des estampes japonaises le goût des couleurs claires. C'est en ce printemps 1888 que sa palette aura été la plus claire. Dans ce tableau très simple, il y a quelque chose de hollandais dans le choix du thème, dans la sobriété de l'exécution, dans le grand ciel vaste, dans la recherche de la structure fondamentale du motif. Mais Van Gogh est un expressionniste par nature, c'est-à-dire que pour lui « la couleur exprime quelque chose »; en l'occurrence, le jaune — « la haute note jaune » — est le symbole de la foi et de l'espérance. Le temps n'est pas encore venu du trait cursif et échevelé, des explosions de couleurs, des cyprès, des oliviers, des personnages, des tournesols tendus, tordus, qui ne sont que l'expression de ce qui en lui se consume d'angoisse et de désespoir, et débouchera, exactement deux ans plus tard, sur le drame d'Auvers. Il existe plusieurs versions de ce tableau que l'on aimerait pouvoir contempler ici; l'une, **Le pont de Langlois avec des lavandières,** se trouve au musée Kröller-Müller d'Arnhem; une autre est au Stedelijk Museum (Amsterdam).

Sur la rive dr. du Grand Rhône, vous pourrez aussi aller faire un tour au faubourg de **Trinquetaille,** presque totalement anéanti par les bombardements de 1944. La moderne **église Saint-Pierre** (plan B 1), construite en 1954 par *Pierre Vago* dans un style trop dépouillé (et, à vrai dire, générateur d'une certaine froideur), abrite des vitraux de *Manessier* et *Jean-Luc Perrot* et un grand Christ en terre cuite de *Navarre*.

Au N. du cimetière actuel, des fouilles ont permis de mettre au jour un vaste portique de 49 m de long sur 35 m de large qui devait constituer un petit forum au Ier s. de notre ère. A l'intérieur de la cour centrale, plusieurs autels dédiés aux dieux lares formaient un sanctuaire de quartier pour les ouvriers, marins et « dockers » qui travaillaient dans ce faubourg industriel et commercial.

19 - La Camargue

Tamaris effilochés, touffes de roseaux ondulant silencieusement sous le vent, eaux clapotantes brusquement agitées par le passage d'une manade de taureaux et aussi soudainement apaisées. Sous l'aube tiède, bêtes et plantes s'éveillent ensemble dans l'intimité retrouvée d'une nature primitive. Plus que jamais, l'homme, ici, ressent sa condition d'intrus et son âme, alors, s'abandonne au rêve qui la porte vers les lointaines puretés des premiers temps. Étrange et fascinant monde amphibie où la création semble s'être arrêtée dès les premiers jours, laissant les éléments primordiaux encore mêlés dans une stagnation indécise : il faut voir la Camargue sauvage à l'aurore ou au crépuscule, par temps d'orage ou de Toussaint, lorsqu'étangs et nuages confondent leurs gris bleutés dans des solitudes sans limites.

La Camargue dans l'histoire

On sait, d'après des documents, que les Grecs de Marseille eurent en Camargue un temple consacré à Artémis d'Ephèse; si l'emplacement n'en a pas encore été retrouvé, de nombreux débris de poteries attiques des Ve et IVe s., et surtout des cippes romains, des poteries gallo-romaines ne laissent aucun doute sur l'ancienneté de la présence humaine sur le sol camarguais. Déjà sous les Romains, l'élevage, la culture des céréales y faisaient la fortune des commerçants arlésiens tandis que d'immenses forêts alimentaient les chantiers navals de la ville. Les textes du Moyen Age nous montrent une région partiellement couverte de forêt dont trois grandes abbayes (Psalmody, Ulmet, Sylveréal) cultivent les clairières. Et la présence de quantité de tours de guet, situées en bordure des cours successifs du Rhône, et destinées à prévenir des invasions, protéger les navigateurs en difficulté et percevoir des droits, les fortifications dont se dotent les Saintes-Maries au XIIIe s. restent les témoignages incontestables d'une richesse qu'il fallait défendre contre les convoitises.

Après le XVIe s., qui a vu l'introduction du riz, juste cultivé pour dessaler les terres, et donné ensuite en pâture aux animaux (la riziculture restera en fait pratiquement en sommeil jusqu'à la seconde guerre mondiale) et de grands travaux d'endiguement des rives du Rhône (pour éviter, notamment, les dévastations de ses crues), le XVIIe et le XVIIIe s. constituent une période d'intense développement agricole : c'est de cette période que datent les grands mas et les châteaux que l'on voit aujourd'hui encore à la tête d'énormes domaines. Mais le déboisement, l'endi-

guement du Rhône, arrêtant le colmatage des bas-fonds, supprimant les inondations qui fertilisent le sol et le rincent du sel qu'il contient, entraînent un déclin de l'agriculture... et le développement du paludisme.
La 2e moitié du XIXe s. voit, en Camargue aussi, l'avènement des temps industriels. La construction de digues est systématisée, aussi bien le long des berges du Rhône que face à la mer.
Vers 1870, l'arrivée du phylloxéra, qui décime l'ensemble du vignoble français, fait la fortune de la Camargue. Cet insecte peut en effet être neutralisé par l'immersion des vignes durant 40 jours par an : la pratique est aisée en Camargue et la culture de la vigne se développe très vite sur les terres hautes.
Après la 2e guerre mondiale, la perte des colonies indochinoises et le grand besoin de la France en céréales provoquent le développement de la riziculture qui entraîne parallèlement l'aménagement d'une vaste infrastructure hydraulique.

Ce qu'il faut savoir

La Camargue : sansouire et riziculture. — Immense dépôt alluvionnaire, la Camargue, avec ses 75 000 ha, est **la plus grande plaine de Provence;** elle s'inscrit entre les deux bras du delta du Rhône (Grand Rhône, à l'est, qui se jette dans le golfe de Fos, Petit Rhône à l'ouest, qui se ramifiait, à proximité de la mer, en Grau d'Orgon et Grau Neuf); ce triangle — dont le sommet est Arles — constitue la Camargue proprement dite; au-delà, le « paysage » camarguais se prolonge jusqu'à la Costière de Nîmes (à l'ouest) et s'estompe vers la Crau (à l'est).

La région doit sa physionomie (étangs, marais, bourrelets alluviaux ou *lônes*, cordons sableux), **partie au travail des ramifications du Rhône** — dont le tracé a varié au cours des temps —, **partie à l'action de la mer.** Tandis que la côte avance à l'est et à l'ouest, elle recule au centre de la région : Aigues-Mortes, d'où s'embarqua saint Louis pour la Croisade, est aujourd'hui à plus de 5 km du littoral; de même, l'embouchure du Grand Rhône, les pointes de Beauduc et de l'Espiguette progressent par la constitution d'îlots sableux; en revanche, la côte qui borde l'étang de Vaccarès et la Petite Camargue recule sous les assauts de la houle du sud-est. Les Saintes-Maries-de-la-Mer étaient au XVIIe s. à 2 km de la mer; vers 1810, la distance n'était plus que de 600 mètres; en 1902, la cité fut dangereusement menacée par les flots qui emportèrent la première digue, construite au XIXe s.

La construction d'une **Digue à la mer,** jointe aux travaux pour stabiliser Grand et Petit Rhône, a partiellement stoppé recul et progression de la côte. L'ensablement du golfe de Fos demeure cependant problématique au moment où l'on y établit un immense complexe portuaire et industriel.

Il faut distinguer **deux Camargues** : une Camargue sauvage où alternent sols marins et mares saumâtres : c'est la Camargue laguno-marine dont l'association végétale la plus caractéristique est la **« sansouïre »**; une Camargue agricole, célèbre par certaines de ses productions : c'est la Camargue fluvio-lacustre.

La sansouïre abrite une flore et une faune particulièrement remarquables : parmi les plantes halophiles (qui poussent sur les sols salés), citons la *salicorne* et la *soude* (*salsoda kali*, d'où l'on tirait la soude), la *saladelle*, la fleur bleue des gardians dont la mariée porte un bouquet le jour de ses noces, l'*obione* ou faux pourpier; le tamaris est le seul arbuste qui pousse; jonchaies et roselières bordent les marais. On trouve en Camargue plus de 400 variétés d'animaux sauvages : blaireaux, loutres, castors, mais surtout échassiers et palmipèdes : hérons, flamants roses, aigrettes, canards sauvages, sarcelles, bécasses, courlis cendrés, etc.

Si la **sansouire** est surtout aujourd'hui un **lieu de retrouvailles avec la nature**, de promenades et de vacances, elle fut — et demeure en partie — le **cadre d'activités de production particulières** : **élevage de chevaux et de taureaux** dont les manades (troupeaux) sont confiées à des gardians (il reste aujourd'hui une cinquantaine de manadiers et une vingtaine de gardians affiliés à l'Amicale des gardians salariés), **travail des joncs** et des roseaux, **pêche**, mais surtout **exploitation des salines** qui remonte à l'Antiquité et fut prospère pendant le Moyen Age (ce sont les fameuses « abbayes du sel » : Ulmet et Sylveréal). L'exploitation industrielle du sel commença tôt en Camargue : en 1860, *H. Merle* achète une partie du Vaccarès et 1 500 ha de *sansouire* et d'étangs à Salin-de-Giraud, afin de produire le sel nécessaire à l'usine de soude de Salindres (Gard) : tels sont les débuts de *Péchiney* dont la *Compagnie des Salins du Midi et des Salines de l'Est* assure aujourd'hui l'exploitation des salines.

En **Haute-Camargue**, l'activité prédominante a longtemps été l'**élevage ovin** : en 1802, la commune d'Arles comptait quelque 300 000 moutons sur ses 46 000 ha — dont environ 200 000 sur le sol camarguais. Aujourd'hui cet effectif a régressé de plus de la moitié; il est vrai que les conditions de l'élevage se sont profondément modifiées : amélioration de la race ovine par introduction au XIXe s. du mérinos, mouton plus « productif » et mieux adapté à la transhumance, mais surtout **développement de l'agriculture au détriment des espaces pastoraux**.

La **mise en valeur agricole de la Camargue** s'est toujours heurtée à **un obstacle**, la salinité des sols. De **grands travaux** d'aménagement (drainage et irrigation : stations de pompage sur le Rhône) **ont permis** depuis une trentaine d'années, **d'accroître** sensiblement la **superficie agricole** : **vigne** qui occupe environ un quart de l'espace camarguais, **légumes et fourrage**, mais surtout **riz** dont la culture s'est développée de façon spectaculaire depuis 1946.

La Camargue, pastorale ou agricole, a toujours été terre de **grande propriété**. En 1850, 200 domaines de plus de 100 ha se partageaient la quasi-totalité de la région; 8 regroupaient plus de 1 000 ha; une quinzaine possédaient chacun plus de 1 000 moutons. **La structure foncière ne s'est guère modifiée** mais les propriétés ont souvent changé de mains au profit de la bourgeoisie aisée des villes et, plus récemment, de sociétés civiles agricoles. Le faire-valoir demeure indirect, un régisseur contrôlant l'exploitation et le travail des salariés et journaliers (parfois de 100 à 200). L'**habitat camarguais** reflète, on y reviendra, ces conditions particulières de mise en valeur du sol (mais imposants, dortoirs pour les salariés, immenses bergeries...). Notons enfin la **très faible densité du peuplement** (quelque 10 000 habitants), l'**absence de véritable agglomération** (les Saintes-Maries-de-la-Mer n'étaient traditionnellement qu'une bour-

LA CAMARGUE

gade de pêcheurs) qui contrastent très sensiblement avec les concentrations humaines du reste de la Provence rhodanienne et maritime.

Écologie et protection de la Camargue. — L'extrême richesse de la nature camargaise a, dès le début du siècle, frappé les responsables, et en 1928, la *Société d'Acclimation de France,* devenue la *Société nationale pour la Protection de la Nature* obtenait la création de la **réserve zoologique et botanique de Basse-Camargue,** laquelle englobait la majeure partie du Vaccarès et les îles et étangs qui la séparent de la mer : c'est là en particulier que se trouve le bois des Rièges, île couverte de genévriers rouges de Phénicie dont l'origine reste inexpliquée : peut-être est-ce là le dernier vestige d'une forêt post-würmienne, miraculeusement sauvée depuis les temps géologiques? D'**autres réserves** furent créées par la suite : à l'O., celle, départementale, dite **des Impériaux** (3 000 ha entre les Saintes-Maries, Cacharel et la réserve nationale), à l'E. la petite réserve privée **de la Tour du Valat,** centre de recherches ornithologiques et écologiques dirigé par *Luc Hoffman,* vice-président du Fonds Mondial pour la protection de la Nature. Une antenne du C.N.R.S., le Centre d'Écologie de la Camargue, s'est installée ensuite à proximité. En 1970 est approuvée la charte du **Parc naturel régional de Camargue,** effectivement créé en décembre 1972; il s'étend sur 85 000 ha, englobe la grande et la petite Camargue (10 000 ha à l'O. du Petit-Rhône). En 1972 enfin, l'État devient propriétaire de 11 400 ha — dont la plus grande partie du Vaccarès — qui appartenaient à la Cie des Salins du Midi.

Bien que très strictement protégée (l'accès, notamment, en est interdit) la réserve est dans un état d'équilibre écologique précaire : les eaux de drainage qui parviennent au Vaccarès ne sont pas d'une très grande propreté, l'afflux touristique aux abords immédiats, le bruit, les fumées industrielles, sont autant de menaces sur ce paradis sauvage.

Le **Parc naturel régional de Camargue** a une triple mission : protéger l'équilibre naturel existant; permettre aux Camarguais de continuer à vivre chez eux en conciliant leurs intérêts avec les nécessités de la protection; organiser et contenir l'afflux touristique, renseigner, sensibiliser les visiteurs aux problèmes camarguais.

Chevaux blancs et taureaux noirs. — On ne connaît, en fait, les ascendances précises de l'un ni de l'autre. Et si le **cheval** blanc a sans doute un peu de sang arabe — les cavaliers maures sont restés suffisamment longtemps dans le pays — rien n'irrite un Camarguais comme l'affirmation que son cheval est de souche sarrasine. Car le cheval camarguais qui se plait tant dans l'eau a une origine mythologique : c'est lui qui tirait le char de Neptune. Relativement petit et trapu, le fameux *Crin-blanc* a un ventre assez volumineux pour sa taille, une encolure courte, des membres plutôt bruts, une superbe crinière et une non moins belle queue. Habitué aux grands espaces, infatigable, il est capable de démarrages foudroyants.

Uni dans la même liberté — aujourd'hui bien surveillée —, le **taureau** s'auréole de la même origine légendaire : il est tout à la fois le Minotaure, le taureau de Mithra dont le culte, sinon l'animal lui-même, fut introduit par les Romains. Longtemps réunis en énormes troupeaux groupant plusieurs manades, les taureaux étaient marqués (ils ne le sont plus que pour maintenir la tradition) : les bouvillons (jeunes taureaux) sont séparés des anciens par les gardians munis de leur *ficheiroun* (trident); les *anoubles* (bouvillons d'un an) ou les *doublens* (taureaux de deux ans) sont alors rassemblés dans une enceinte ou un bayle-gardian les marque, à la cuisse, au moyen d'un fer rouge : c'est la *ferrade,* prétexte à une petite fête.

La course camarguaise. — Les divers « jeux » taurins sont attestés dès l'Antiquité : outre ceux qui rythment normalement l'élevage, telle la **fer-**

rade, on pratique aussi l'**abrivado**, la **bandido**, l'**encierro** et la **corrida** (à l'espagnole ou à la portugaise) et surtout la **course à la cocarde** ou **course camarguaise**, remise à l'honneur par le *marquis de Baroncelli*. Le jeu se déroule dans une arène et consiste, pour le **raseteur**, à enlever, à l'aide d'un crochet spécial, une cocarde, des glands et leurs ficelles fixés entre les deux cornes d'un **cocardier** (c'est un taureau soigneusement sélectionné); il dure quinze minutes au cours desquelles on juge aussi bien de la technique et de la maîtrise du raseteur que de la qualité et la vaillance du cocardier. Une course réunit en général six à sept taureaux successifs. Ceux-ci, leur carrière terminée, retourneront finir paisiblement leur existence dans les manades.

Visite de la Camargue

Deux itinéraires principaux vous permettront de vous faire une première idée du pays. Le premier d'entre eux, d'Arles aux Saintes-Maries, passe au **mas du pont de Rousty** *où le Parc naturel régional de Camargue a installé le « Musée camarguais » : un* **arrêt indispensable** *en prélude à la découverte vraie de la Camargue. Partant du Salin-de-Giraud, à la pointe opposée du delta, le second itinéraire conduit en Arles (ou aux Saintes) par une petite route longeant le Vaccarès. Vous compléterez cette première approche par des promenades à pied (notamment des incursions sur la « digue de la mer », interdite aux voitures), en bicyclette, mais surtout à cheval, par des visites de manades où vous pourrez assister, pendant la saison, à des reconstitutions de « ferrade » (les vraies ont généralement lieu en mai); ne manquez pas, naturellement, d'assister à une course camarguaise : le calendrier est, sur ce plan, assez riche pour vous permettre d'organiser facilement votre séjour.*

Quand venir? Hors-saison, si cela vous est possible : pour votre propre plaisir et votre intérêt autant que par respect pour le Parc, que l'afflux massif des visiteurs de l'été risque de mettre en danger; le **printemps** *est évidemment la meilleure période (et il n'y a pas encore de moustiques). N'oubliez pas aussi que, par-delà certaines exploitations touristiques un peu voyantes, la Camargue reste un pays fragile qu'il faut savoir respecter : outre, par exemple, qu'il vous empêcherait de faire l'exaltante rencontre d'une mésange, d'un héron cendré ou d'un castor, un bruit peut aussi entraîner la destruction d'une couvaison...*

19 A - D'Arles aux Saintes-Maries

Route : 38 km par la N 570.

↦ Quittez Arles par le nouveau pont (plan A 4).
La route court entre d'anciens marais, drainés, domaine de la riziculture et, au début surtout, de la vigne.

11,5 km : à g., mas du Pont de Rousty, où une grande bergerie ancienne abrite le nouveau ***musée Camarguais,*** introduction à la vie de la région; le mas lui-même est le siège de l'administration du Parc.

Visite : payante, t.l.j. (sauf le 1ᵉʳ mai) d'avril à sept., de 9 h à 12 h et de 15 h à 19 h; t.l.j. (sauf le mardi, le 25 déc. et le 1ᵉʳ janv.) d'oct. à mars, de 9 h à 12 h et de 14 h à 18 h. Renseignements et programmation de visites de groupes : ☏ 97-10-93.

ALBARON — PONT DE GAU

Le **musée Camarguais** propose, suivant le principe de l'écomusée, l'évocation de l'histoire de la Camargue en six grandes parties :
— Camargue des temps géologiques et préhistoriques;
— Camargue des temps protohistoriques et historiques;
— Camargue au temps de « Mireille »;
— Reconstitution de la bergerie du Mas du Pont de Rousty en 1957;
— Camargue des temps industriels;
— Camargue d'aujourd'hui et de demain.
Il utilise les moyens muséographiques modernes : modèles, maquettes, objets en situation, diaporamas et est climatisé.
Sa visite dure **1 h 15** environ et peut être associée au parcours du **« Sentier de découverte des paysages d'un mas de Camargue »** qui permet, sur un itinéraire pédestre de 3,5 km, de traverser successivement les cultures, les pâturages et la sansouïre et d'atteindre les marais.

16 km : **Albaron** (de *Lou Baroun*), sur la rive g. du Petit-Rhône dont une tour des XIIIe s.-XVIe s. (sur l'autre rive) défendait le passage.

A 6 km S.-E. par la D 37, **Domaine de Méjanes,** mas dont l'origine remonte au XIe s. et qui conserve une ancienne tour de guet. Au milieu de la sansouïre, à quelques centaines de mètres seulement du Vaccarès, c'est le centre d'une importante manade appartenant à *Paul Ricard;* des fêtes taurines y sont organisées, dans les arènes de Basse-Méjanes, de mai à oct. (ferrades chaque dim. matin, courses de bêtes emboulées); un ensemble de cabanes de gardians a été transformé en hôtel. Promenades équestres. Petit train longeant le Vaccarès.

La route longe le Petit-Rhône de plus ou moins près, côtoie des rizières et quelques vignes.
19 km : **Paty de la Trinité** (déform. de *pâtis* = paturage), où se trouvait une église au XVIIe s.
25,5 km : à 300 m à dr., **château d'Avignon,** restauré.
26,5 km : à dr. route pour ****Aigues-Mortes** (V. le Guide Bleu *Cévennes-l anguedoc*).

A 5 km du carrefour, la route passe le Petit-Rhône sur le **pont de Sylvéréal** : ce nom, et celui du mas de La Grande-Abbaye, à 2 km S., sont à peu près tout ce qui reste d'une abbaye cistercienne d'abord installée à **Ulmet** (V. it. 19 B, km 8), puis fut transférée ici en 1240 sur une terre donnée par Alphonse II d'Aragon, comte de Provence.

29,5 km : **Pioch-Badet,** où se détache à g. la route (D 85 A) par le **mas de Cacharel.**

A peine plus longue (**1,5** km de plus), elle offre l'avantage de traverser une zone un peu plus lacustre encore et de venir frôler la réserve de l'étang de l'Impérial. Du **mas de Cacharel** (hôtellerie), une piste non carrossable longe l'étang de Malagroy puis le Vaccarès pour rejoindre (à 12 km) Méjanes : une belle promenade sur un chemin peu fréquenté, pour les amateurs de tranquillité et d'observation de la nature.

33,5 km : **Pont de Gau;** le **parc ornithologique** (ouv. t.l.j. de 8 h au coucher du soleil; entrée payante) y permet une approche de la faune camarguaise et surtout des principales espèces d'oiseaux, vivant dans leur milieu naturel en semi-liberté. Une présentation en volières de grandes dimensions est complétée par un parc de vision de 7 ha, dans un paysage de marais. Non loin, **centre d'information du parc de Ginès** (entrée libre; exposition permanente sur les milieux protégés de Camargue, expositions sur les dunes, montages audio-visuels en continu ou à la demande des groupes, documentation sur la région, renseignements sur le parc naturel régional).

34,5 km : route à dr. pour (2 km) le bac du Sauvage, sur le Petit-Rhône.

36 km : **musée de cire du Boumian** (du *Bohémien*; reconstitution de scènes camarguaises; collections ornithologiques et d'armes).

38 km : **Les Saintes-Maries-de-la-Mer** (en provençal *Li Santo* : 2 120 hab. dont 1 003 pour le bourg seul, les *Saintois* ou, en provençal, *Santens*). Le tranquille petit village de pêcheurs, où les barques étaient tirées sur la plage, a quelque peu souffert de son prestige. Noyées dans la banalité d'une immense station balnéaire de 60 000 personnes, aux constructions disparates, aux fausses cabanes de gardians, assiégées par les parkings plus que complets et les entassements caravaniers de campings vraiment sauvages, les Saintes sont, en été, totalement défigurées. Triste rançon des plages immenses et du soleil. Reste l'espoir que suscitent les efforts actuellement entrepris pour endiguer le flot, le discipliner, et débarrasser la cité de ses laideurs. Et si la morte saison, qui a vide de ses envahisseurs, lui donne un peu des airs de grande carcasse vide, comme échouée, poussée là par les vents du large, au moins permet-elle plus facilement d'en retrouver les beautés secrètes.

Le bourg dans l'histoire. — *Située, au Moyen-Age, à plusieurs kilomètres du rivage (et encore à 600 m au début du XIX*e *s.), la* Villo de la Mar, *déjà occupée par les Romains, possède dès le VI*e *s. une chapelle, mentionnée sous le nom de* Beata Maris de Ratis *(Notre-Dame du Radeau) dans le testament de saint Césaire. D'abord sous la dépendance des religieux de Saint-Césaire d'Arles, elle passe ensuite sous celle de Montmajour, dont elle devient prieuré au XI*e *s. sous le nom de Notre-Dame-de-la-Mer. L'habitude qu'ont les pirates et barbares divers de pénétrer en Provence en remontant le Rhône en suscite bien vite la transformation en une petite place forte : la ville est ceinte de remparts et l'église elle-même, haute sentinelle, se fortifie au XIV*e *s.*

*Avec l'« invention » des reliques (V. ci-après) en 1448, elle devient un important centre de pèlerinage : c'est alors qu'apparaît pour l'église le vocable de Saintes-Maries-de-la-Mer, nom que la commune prendra au XIX*e *s.*

La légende. — *Elle rapporte que* Marie Jacobé *(la sœur de la Vierge),* Marie Salomé *(mère des apôtres Jacques-le-Majeur et Jean) et leur servante égyptienne* Sarah, *accompagnés de* Lazare *(le ressuscité),* Marthe *(sa sœur),* Marie-Madeleine *(la pécheresse) et* Maximin *(on ajoute aussi parfois* Trophime, Saturnin et Sidoine, *l'aveugle guéri), chassés de Judée par le Sanhédrin et jetés dans une barque sans rame ni voile, auraient abordé là vers 44-45 de notre ère.*

Tandis que leurs compagnons d'exode partent évangéliser la Provence, Marie Salomé, Marie Jacobé *et* Sarah *restent sur le lieu de leur débarquement, auprès de l'autel qu'elles ont construit en action de grâces.*

SAINTES-MARIES-DE-LA-MER

C'est là que s'élèvera plus tard l'église où, sur l'initiative du roi René, aura lieu le 2 décembre 1448 l'« invention » de leurs reliques.

Les pèlerinages. — *Si le culte des saintes Maries prend rapidement une certaine ampleur, celui de Sarah, attesté au XVIe s., semble en fait rester assez marginal. Quant aux gitans, leur apparition en Provence remonte bien au début du XVe s., mais on n'a pas le moindre soupçon de preuve qu'ils aient, dès cette date, porté une dévotion particulière à Sarah la Noire. Ce n'est en réalité que vers la fin du XIXe s. qu'apparaît un pèlerinage gitan régulier et il faudra encore attendre jusqu'en 1935 pour que, grâce à l'intervention du marquis de Baroncelli, Sarah soit associée aux saintes Maries dans la « procession à la Mer » qui vient d'être instituée.*

Le temps de la ferveur. — Le premier pèlerinage a lieu les 24 et 25 mai et près de 10 000 « boumians », comme on dit en Provence, venus de toute l'Europe, s'y pressent pour venir honorer leur sainte patronne.
Le 1er jour, les châsses en bois peint contenant les reliques sont descendues de la chapelle haute (V. ci-après) et exposées à la vénération des fidèles qui les veilleront une bonne partie de la nuit, en même temps que la statue de Sarah, exposée quant à elle dans la crypte. Le lendemain, après la messe, un immense cortège réunit gitans, arlésiennes en costume et gardians dans une procession qui emmène la barque des saintes jusqu'à la mer où elle sera bénie. La solennité religieuse est suivie de fêtes et réjouissances profanes et, tous les trois ou quatre ans, les gitans profitent de ce rassemblement pour élire leur reine. Un **second pèlerinage**, un peu moins important, a lieu le samedi et le dimanche les plus proches du **22 octobre**.

A l'entrée de la vieille ville, une statue de Mireille, par *Mercié* (1920) accueille le visiteur.
L'***église** est une superbe petite forteresse, d'allure à peine sévère compte tenu de ses dimensions modérées et de la belle couleur dorée de la pierre. C'est un édifice roman du 3e quart du XIIe s. auquel deux travées ont été ajoutées au XVe s. avec un remarquable souci de respecter le style des autres. Tout autour, un chemin de ronde, porté par des arcatures reposant sur des consoles alternant avec les contreforts romans, a été ajouté lors des travaux de fortification de l'édifice, au XIVe s. et XVe s. : c'est de cette campagne de travaux que datent le clocher arcade et surtout la chapelle haute, sorte de donjon servant en même temps de tour de guet et de repère pour les navires. Du XIIe s., le chevet conserve sa sobre décoration d'arcatures lombardes.

Avec sa pierre noircie par la fumée des cierges et ses rares ouvertures, l'**intérieur** est très sombre. Il offre une structure très simple (nef unique couverte d'un berceau à peine brisé et abside en cul-de-four) et sa décoration est réduite à la **colonnade arcaturée tapissant le fond de l'abside** : les **chapiteaux** (les uns à décor végétal d'où émergent des figures humaines, les autres historiés) en sont particulièrement intéressants et semblent l'œuvre de sculpteurs ayant travaillé l'un à la cathédrale de Nîmes, l'autre à Saint-Trophime.
Dans la **nef**, un puits permettait d'approvisionner en eau, le cas échéant, les assiégés. Les pèlerins font aujourd'hui provision de cette eau pour s'assurer la protection de Sarah. Dans la **2e chapelle de g.**, près de la barque processionnelle des saintes Maries, l'« oreiller » des saintes est un

morceau de marbre, sur lequel auraient été retrouvés leurs ossements lors des fouilles de 1448. Ex-voto.

Sous le chœur s'ouvre la **crypte** construite en 1448 par le roi René à la suite des fouilles. On y vénère les reliques de sainte Sarah et sa statue, couverte d'étoffes et de bijoux. Un fragment de sarcophage du IIIe s. sert d'autel tandis qu'à g. se trouve un taurobole, autel païen de Mithra.

La tour qui surmonte l'abside abrite la **chapelle Saint-Michel**, ou chapelle Haute (on ne visite pas), où deux chasses en bois peint abritent les reliques des saintes Maries : aux jours de pèlerinages, elle sont directement descendues dans l'église, au moyen de cordes décorées de fleurs, par une trappe. La chapelle est décorée de boiseries peintes du XVIIIe s. C'est dans cette chapelle que *Mistral* fait mourir *Mireille*, frappée d'insolation...

■ Au S. de l'église, dans l'ancienne mairie, le **musée Baroncelli** possède une belle collection d'oiseaux présentés dans leur milieu naturel ; une salle est consacrée aux taureaux, aux manades et aux gardians ; peintures ; meubles provençaux. Archéologie.

Visite : payante, t.l.j. de 9 h à 12 h et de 14 h 30 à 18 h 30 de mai à fin sept. ; de 9 h à 12 h et de 14 h 30 à 17 h 30 le reste de l'année. Fermé en novembre.

Le marquis Folco de Baroncelli-Javon (1869-1943), Lou Marquès, est une des plus nobles figures de la Renaissance provençale. Ami de Mistral, cousin de Joseph d'Arbaud, il fut le rénovateur des traditions et coutumes camarguaises, et l'auteur de Blad de luno et Babali.

En bord de mer, les arènes dominent la plage, immense.

☞ **Des Saintes-Maries au Salin-de-Giraud par la digue à la mer** (30 km, dont 15 sur la digue).

Traversant la partie S. de la réserve, le chemin de la digue à la mer est interdit aux voitures, pour lesquelles il est du reste désormais totalement impraticable. Mais vous pourrez y aller à pied, ou en vélo si vous êtes un adepte du vélo-cross.

Plutôt donc que la traversée complète, la digue à la mer pourra faire l'objet des deux incursions à pied : des Saintes-Maries, vous pourrez vous avancer sur 1 km env. avant d'abandonner la voiture ; du Salin-de-Giraud, vous pourrez venir en voiture jusqu'à (14 km) la maison du garde (V. ci-après au km 6) qui marque l'extrémité E. de la digue.

Quittez les Saintes à l'E. par le boulevard longeant la mer.

1,5 km : début de la digue ; on longe à g. l'**étang de l'Impérial**.
6,5 km maison de garde-digue ; à dr., **étang des Batayelles**, suivi de l'**étang du Tampan.**
12 km : phare de la Gacholle.
16 km : maison de garde-digue, où l'on retrouve la route : prenez à g.
22 km : carrefour du Paradis : prenez à dr. pour le Salin-de-Giraud, à g. pour continuer le tour du Vaccarès (V. ci-après, 19 B km 8).
28,5 km : on rejoint la grand'route (D 36) d'Arles au Salin-de-Giraud.
30 km : Salin-de-Giraud, V. ci-après.

19 B - Du Salin-de-Giraud à Arles

Route : 39 km par la D 36 C, longeant l'étang de Vaccarès. La route directe D 36 (37,5 km) n'a d'autre intérêt que sa rapidité.

SALIN-DE-GIRAUD

Salin-de-Giraud (3 300 hab.; section de la commune d'Arles) est un village né vers la fin du siècle dernier, lors de la mise en exploitation à grande échelle du sel marin. Avec l'installation de la société belge *Solvay,* à la fin du XIXe s., en a vu ainsi apparaître en terre provençale un urbanisme assez représentatif du type des cités ouvrières du Nord, avec ses maisons toutes identiques et sagement alignées sur une trame orthogonale; le bourg comporte deux quartiers tournés chacun vers leur usine (au S.-O., celle des *Salins du Midi-Péchiney,* au N.-E. celle de *Solvay*) articulés autour d'un point central où se trouvent la mairie, la poste, les écoles, la gendarmerie et l'église...

→ A l'E. de Salin-de-Giraud, le **bac de Barcarin** assure la traversée du Grand-Rhône (t.l.j. jusque vers 21 h, chaque demi-heure).

→ De Salin-de-Giraud, la D 143, au S., conduit (**12 km**) à la mer A **1,5 km** env. du bourg, elle laisse à dr. un **belvédère** d'où l'on a une vue étendue sur les salins : avant d'arriver en cet endroit où, après évaporation de l'eau, le sel est récolté au début de l'automne, l'eau a traversé une succession de bassins où elle s'est peu à peu concentrée. La production actuelle est de l'ordre de 900 000 t/an. Après avoir quelque temps longé le Grand-Rhône, la route aboutit à la **plage de Faraman**, ou **de Piémanson** (dangereuse; poste de secours en juillet-août seulement).

▶ Quittez le Salin par la route d'Arles et prenez à g. à **1,5 km** (route D 36 C). La route laisse à g. une tour de surveillance bâtie au Moyen Age par les Marseillais.
8 km : **carrefour du Paradis,** où s'embranche à g. la route de la digue à la mer (V. ci-dessus, 19 B); prenez à dr. A g. s'étendent les terres où avait été fondée en 1173 l'**abbaye** cistercienne **d'Ulmet,** transférée en 1240 à Sylveréal.
11,5 km : **Salin-de-Badon. — 14,5** km à g., **mas de Fiélouse.**
Deux kilomètres plus loin, la route vient longer le **Vaccarès,** étang de 6 000 ha parsemé, surtout dans sa partie S., de *radeù* (îlôts), et qui constitue la réserve naturelle zoologique et botanique dite **Réserve Nationale de Camargue.** Il doit son nom aux bovins qui peuplaient jadis en grand nombre ses rives.
22,5 km : **Villeneuve.**

→ Si vous allez aux Saintes-Maries, la D 37 à g., permet de rejoindre à Albaron la route d'Arles aux Saintes. Après avoir quelques temps encore longé le Vaccarès et traversant une zone où alternent vignes et riziculture, elle atteint (**11,5** km) **Basse Méjanes** puis (**15** km) **Albaron** : V. it. 19 A, km 16.

→ A 5 km E., entre la D 36 et le Rhône le ***château de l'Armellière** (on ne visite pas), centre d'un grand domaine viticole, a été construit en 1607 par *A.P. de Sabatier,* ancien officier du roi : son architecture (des tours flanquant un édifice carré) et sa décoration (mâchicoulis traité comme un ornement, trophées) rappellent les anciennes fonctions du constructeur.

29,5 km : on rejoint la D 36, qui longe le Grand-Rhône, puis 5 km plus loin, la N 570.
39 km : **Arles,** V. chap. 18.

20 - Salon-de-Provence

35 587 hab., les *Salonais*. **Alt. 82 m.**

Connu surtout par son École de l'Air, Salon est d'abord une de ces vieilles cités commerçantes de Basse-Provence auxquelles le développement des voies de communication donneront un élan décisif. Pressée autour du rocher qui porte son château, la ville a débordé brusquement de ses anciennes limites, essaimant dans la plaine une succession de quartiers neufs. Laissant le centre historique se replier sur son passé, toute l'animation s'est alors reportée sur la zone de contact entre les deux époques, ces cours ombragés de platanes qui ont pris la place des anciens remparts.

La ville dans l'histoire

Héritière de l'oppidum celto-ligure du Salounet, *située sur une branche de la voie Aurélienne, Salon n'est citée pour la première fois qu'à la fin du IXe s., dans un acte de recensement des biens de l'archevêque d'Arles : peut-être était-elle alors une étape sur la route du sel (d'où son nom?) venant de l'étang de Berre. Propriété des archevêques d'Arles, elle le restera pratiquement jusqu'au rattachement du comté de Provence à la France : les premiers rois de Provence puis, lors de la création du comté, l'empereur d'Allemagne — suzerain en titre — le confirmeront à plusieurs reprises.*

Situé au carrefour de plusieurs routes commerciales, Salon est un petit centre de négoce. Les progrès de l'irrigation avec, au XVIe s., la création du canal de Craponne, vont lui permettre de se développer; les plantations d'oliviers se multiplient et donnent naissance à une industrie oléicole et à un commerce qui prend son plein essor à partir du règne de Louis XIV.

Célébrités. — Michel de Notre-Dame, *plus connu sous le nom de* Nostradamus (1503-1566), *né à Saint-Rémy de Provence, se fixe à Salon en 1547 : c'est là qu'il écrira ses fameuses Centuries.* Adam de Craponne (1525-1576), *créateur du canal d'irrigation qui porte son nom.* A.-B. Crousillat (1814-1899), *poète provençal.*

Salon aujourd'hui. — Capitale de la Crau, Salon est devenu le grand centre de commercialisation de ses productions agricoles (vigne, fruits et primeurs, moutons, fourrage) et quatre grandes foires s'y tiennent chaque année.

Mais c'est surtout à l'**industrie et au commerce des huiles** (celles-ci de plus en plus remplacées par des huiles minérales) et savons, et aux

SALON-DE-PROVENCE

petites industries annexes de l'emballage, qu'elle doit un développement accéléré depuis la fin du siècle dernier (4 800 hab. en 1820, 6 200 en 1872, 13 100 en 1921, 32 000 en 1972); la création, en 1936, de l'**École de l'Air**, fut un autre facteur d'expansion. Aujourd'hui, située à l'orée de la grande zone industrielle de l'étang de Berre et de golfe de Fos, Salon tend à devenir également une cité périphérique de résidence.

Visite de la ville

Une heure (ou deux, ou plus, selon l'intérêt que vous accorderez au musée militaire du château) suffit pour emporter de la ville une image assez complète. Parking assez facile (mais limité : zone bleue) à proximité du centre, sur les cours, ou à défaut pl. du Gén.-de-Gaulle (plan A 2), au parking souterrain de la place des Platanes (plan C 3) ou place J. Morgan (plan A 3; sauf mercredi). Si vous avez de jeunes enfants, l'office de tourisme peut vous les garder pendant que vous visitez (prévenir à l'avance).

La **place Crousillat** (plan B 2), ombragée de platanes, est ornée d'une rafraichissante fontaine, énorme champignon moussu.
En face, la **porte de l'Horloge** constitue l'entrée N. de la vieille ville; cette ancienne porte de l'enceinte a été rebâtie au début du XVIIe s. pour servir de beffroi : le **campanile** est un très beau travail de ferronnerie.

La **rue de l'Horloge,** axe de la vieille ville, monte tout droit vers l'esplanade du château, laissant à dr. la rue du Moulin Isnard, où subsiste le portail Renaissance de l'**hôtel de Lamanon,** et, à g., la **rue Nostradamus** où se dresse encore, à l'angle de la place de la Loge, la **maison du célèbre astrologue.**

Après des études en Avignon où il devint maître es Arts en 1521, Michel de Notre-Dame suit à Montpellier les cours de la faculté de médecine. Avant même d'obtenir son doctorat (1530), il voyage dans le Sud-Ouest, soignant les pestiférés, puis entame ensuite un long tour de France, s'arrêtant à Poitiers, pour publier ses « Singulières recettes pour entretenir la santé du corps humain », et à Lyon où il fait paraître un « Traité des Fardemens et Confitures » aux recettes précises et bien alléchantes...
En 1547, il épouse une Salonaise et se fixe à Salon comme médecin. Les petits almanachs où il publie alors, sous forme de quatrains, quelques prévisions, surtout météorologiques, rencontrent un succès tel qu'il se lance dans la prédiction historique « à grande échelle » : en 1555 paraissent « les Prophéties de M. Michel Nostradamus », appelées également « Centuries » parce qu'elles sont rédigées sous forme de quatrains groupés par centaines. Son audience devient rapidement considérable et la cour elle-même le reçoit ou lui rend visite à Salon. Il mourra en 1566 à la tête d'une belle fortune.

Le ***château de l'Emperi** (plan B 2-3), garde, malgré trois tours manquantes et le crénelage disparu, assez fière allure. Juché sur un rocher à pic qui lui fait un formidable socle, il domine toute la ville de sa silhouette puissante.

SALON-DE-PROVENCE

Ancienne résidence des archevêques d'Arles (seigneurs de Salon sous la suzeraineté des empereurs romains-germaniques, d'où le nom d'Empéri), à la fois palais et forteresse, le château est l'un des plus anciens de Provence : dès la première moitié du Xe s. les archevêques avaient établi là une forteresse leur permettant de surveiller et de défendre leurs possessions. Reconstruit au XIIe s., puis à nouveau au XIIIe s., le château sera, au long des siècles suivants, l'objet de modifications et adjonctions, notamment au XVIe s. avec la construction de la cour d'honneur. Transformé en caserne au XIXe s., très gravement endommagé par le tremblement de terre de 1909, il sera restauré à partir de 1926. Une nouvelle campagne de travaux, commencée en 1977, est encore actuellement en cours pour permettre l'installation définitive du musée.

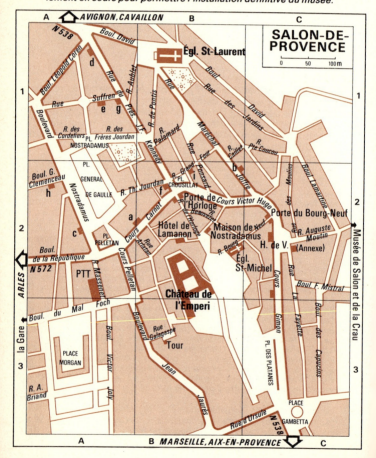

SALON-DE-PROVENCE

■ **Les collections.** — Constituées par *Raoul* et *Jean Brunon* à partir de 1908, ce sont des collections d'art et d'histoire militaires couvrant l'histoire de l'armée française de la fin du règne de Louis XIV à la Grande Guerre, soit de 1700 à 1918. Acquises par le **musée de l'Armée** en 1967, elles constituent, pour la période considérée, une ensemble absolument unique par sa richesse documentaire.

Visite : payante, t.l.j. sauf mardi de 10 h à 12 h et de 14 h 30 à 18 h 30 du 1er avril au 30 sept.; de 10 h à 12 h et de 14 h à 18 h le reste de l'année. Fermé le 1er janv., le dim. de Pâques, le 14 juil. et le jour de Noël. ☏ 56-22-36.

La **porte d'entrée,** surmontée de mâchicoulis tréflés d'une belle exécution (le crénelage a disparu), date de 1585; à dr., elle est précédée d'un petit **corps de garde** de 1656 dont la porte, élégante, a été surmontée il y a quelques décenies des armoiries de Jean Ferrier (V. ci-après).

La **cour du château,** ancienne basse-cour, est close par une muraille peu élevée (mais découaronnée) qui suit le rebord du rocher à pic. Un fossé la séparait jadis du château proprement dit : il a été comblé en 1860 lors du nivellement de la cour en vue de la construction de la caserne (auj. C.E.S.) qui fait face à l'entrée. Au revers de l'entrée, borne milliaire romaine de 2,30 m provenant de la voie Aurélienne et érigée en l'honneur d'Auguste. Dans l'angle S. de la cour (à g.), une terrasse surélevée servait au XIVe s. d'assise à une tour crénelée.

L'**entrée du château** proprement dit, dominée par une haute et mince tour de guet, s'ouvre dans une sorte de châtelet crénelé, au milieu d'un bâtiment du XIIIe s. remanié, notamment dans les ouvertures, par le cardinal *Pierre de Foix* (1450-1462) pour la partie g., et par l'archevêque *Jean Ferrier* (1499-1521) pour la partie dr. A l'angle g., la grosse **tour Pierre de Cros,** carrée, s'élève à 26 m de hauteur; construite au XIIIe s. et couronnée de mâchicoulis au XIVe s., elle comporte un sous-sol voûté en berceau brisé et un étage plafonné; les deux autres étages se sont effondrés au XVIe s. A l'opposé, à dr., la **tour Rostang de Cabre** a été rasée au niveau de la courtine en 1920.

Le **passage vers la cour d'honneur,** jadis précédé d'un pont-levis, est couvert d'arcs-diaphragmes surbaissés, très rapprochés les uns des autres et supportant des dalles : un mode de couverture très rare en France (on le retrouve aussi dans quelques salles du château) et qui pourrait avoir été rapportée de Syrie, où il est très fréquent, par les Hospitaliers.

La ***cour d'honneur** n'a plus rien de militaire et sert, chaque été, de cadre aux manifestations du *Festival de Salon*. Les côtés O. et N. ont été flanqués, au début du XVIe s., d'une très élégante **galerie couverte** ouvrant ses fenêtres à meneaux au-dessus d'arcades surbaissées. Au fond de la cour, la galerie précède la partie la plus ancienne du château, seul reste des constructions du XIIe s.

La **cour de l'Emperi** n'a pas connu la bonne fortune de la cour d'honneur : au fond, au-dessus d'anciennes écuries voûtées en berceau brisé, la **salle Jean III des Baux** a été éventrée par l'effondrement de la tour du Pigeonnier en 1909, tandis qu'en avant, les arcades des remises construites au XVIIe s. sont loin d'avoir l'élégance de celles de la cour précédente; sur la g., les bâtiments du XIIIe s. sont précédés d'une façade du XIXe s. A dr., un bâtiment du XIIIe s. couvert d'une terrasse comporte deux salles : la plus au N., voûtée d'ogives, était peut-être à l'origine un **oratoire;** elle fut transformée en prison au XVIIe s.; la seconde, beaucoup plus grande, présente le même curieux système de voûte que l'entrée; c'est l'ancien **cellier** du château.

On rentre dans le **musée** par l'**ancienne chapelle** (tympan orné d'une croix pattée, de facture assez archaïque), divisée au XIVe s. en deux étages au moyen de voûtes d'ogives surbaissées. A partir de là, on visite la suite des salles dont la diversité de style et de volume permet une présentation attrayante et une parfaite mise en valeur des collections : armes blanches et à feu, coiffures, uniformes, armures, drapeaux (en soie peinte ou brodée), décorations, canons, équipements et harnachements, peintures, dessins, gravures, autographes, documents, livres, plusieurs milliers d'objets authentiques, et parmi eux d'incontestables œuvres d'art, témoignent de l'un des aspects de notre histoire.

Au cours de la visite, on verra ainsi : la **chapelle haute**, avec sa voûte en berceau brisé et une assez belle grille moderne; dans le même bâtiment les **chambres des maîtres**, où logeaient les officiers de l'archevêque; la longue **galerie Jean Ferrier**, dont le sol est fait de carreaux vernissés verts et jaunes alternant avec des briques non vernissées et dont le plafond porte les armoiries peintes de Henri d'Angoulême et de l'archevêque Gaspard du Laurens (XVIIe s.); dans le bâtiment O., au 1er étage, la **salle dite des Consuls**, décorée de fleurs de lys accompagnées du monogramme royal L.R., et la **chambre de Monseigneur**, où subsiste un manteau de cheminée en stuc, très ouvragé; enfin, à dr. de l'aile E., un corps de bâtiment construit par *Jean Ferrier* au XVIe s. et où l'on accède directement par la cour d'honneur : au rez-de-chaussée, une très belle salle, couverte ici aussi d'arcs-diaphragmes portant des dalles, utilisée comme prison civile au XVIIe s.; à l'étage la **salle d'Honneur**, ou salle des Anges, conserve une remarquable cheminée en pierre d'Orgon dont la balustrade flamboyante est un chef d'œuvre de ciselure.

L'**église Saint-Michel** (plan B 2) a été construite entre 1220 et 1228; c'est un édifice de transition, surtout remarquable par son ***portail** offrant, au-dessus de colonnettes et chapiteaux gothiques, une archivolte et un tympan romans; celui-ci, qui est un remploi, est un assemblage de panneaux figurant, au moyen d'une taille en réserve de facture assez naïve ou archaïsante, l'Agnus Dei crucifère et Saint-Michel.

Un petit clocher carré de 1427 domine la façade; plus beau est le **clocher-arcade** roman qui chevauche la nef. L'**intérieur**, à nef unique, est de proportions trapues : il est couvert de voûtes d'ogives qui ont remplacé le berceau initialement prévu. Chapelles latérales S. du XVe s. Abside polygonale un peu postérieure à la nef. Maître-autel du XVIIe s. avec un tableau de l'époque : sainte Ursule et saint Augustin. Vierge en bois du XVIIe s.

La **porte du Bourg Neuf** (plan C 2), belle tour carrée à mâchicoulis, est un des rares restes importants des remparts médiévaux. A côté, l'***hôtel de ville** est un charmant édifice d'époque Louis XIV. En face, la statue d'Adam de Craponne (par *Ramus*, 1854) surmonte une fontaine : l'eau qui y jaillit vient évidemment du canal auquel l'illustre ingénieur a attaché son nom...; à quelques pas de là, sa maison (1571) subiste au 21 de la rue Auguste-Moutin.

A 400 m E. par la rue A.-Moutin et l'av. C.-Cabrier, le nouveau **musée de Salon et de la Crau** est installé au « Pavillon », belle demeure provençale du XVIIIe s.

AURONS—LANÇON-PROVENCE

Visite : payante t.l.j. sauf mardi, de 14 h à 18 h. Les sam. et dim., de 10 h à 12 h et de 14 h 30 à 18 h 30. ☎ 56-28-37. **Conservateur** : M*me* Genevet.

Une partie de l'exposition est consacrée à la **faune provençale**, principalement représentée par une belle collection ornithologique réunie et léguée par le D*r Marius Delevil*. Une seconde section évoque la **vie provençale**, et plus particulièrement cravenne : costumes, meubles, outils, ustensiles divers. Tableaux de *Théodore Jourdan* (1833-1909), se rapportant pour la plupart à la vie pastorale. Expositions temporaires.

La *****collégiale Saint-Laurent** (plan B 1) a été construite par les dominicains en 1344 pour remplacer une église romane déjà bâtie en dehors de l'enceinte. C'est une des meilleures productions du gothique provençal, construction homogène et soignée avec une nef d'une largeur exceptionnelle (15 m) et un beau clocher avec étage octogonal, pinacles et flèche.

Louis XIV, qui, il est vrai, n'était pas avare de compliments de ce genre, disait qu'elle était « la plus belle chapelle de son royaume ». De l'**époque romane**, l'église a gardé le **portail latéral** s'inscrivant dans un cadre d'arcatures lombardes. L'intérieur est sobre et majestueux, avec une abside polygonale plus basse et plus étroite que la nef. Dans la **2e chapelle de g.**, petit bas-relief en marbre rapporté de Gênes en 1478 par un Salonais et figurant le Christ en croix. Dans la **4e chapelle**, ***Vierge** en albâtre du XVIe s. et épitaphe (XIXe s.) de Nostradamus dont les restes, primitivement inhumés au couvent des Cordeliers, furent transférés ici pendant la Révolution. Dans la **dernière chapelle**, grande et belle Descente de Croix, en pierre polychrome, du XVe s., également transférée des Cordeliers. Entre cette chapelle et l'abside, inscription commémorant la pose de la première pierre de l'église, en 1344, par l'archevêque Jean des Baux. Au-dessus de la porte S., 15 tableaux représentent les mystères du Rosaire (vers 1500). Orgues du XVIIIe s.

Environs

↪ A 7 km N.-E. par la D 16, **Aurons** (225 m; 247 hab.) possède une minuscule église romane. La route qui y conduit laisse à dr. un chemin conduisant près de l'ancien **prieuré de Saint-Pierre-des-Canons** (des chanoines), du chapitre d'Aix, repris en 1516 par les observantins, qui agrandirent la chapelle et, au XVIIe s., construiseront le vaste bâtiment et tracèrent le beau jardin qu'on voit encore. En haut du village, grottes; plus haut, ruines d'un château médiéval : ***vue sur la région.

↪ A 5,5 km S.-O. par la D 16, **Grans** (49 m; 2 801 hab.) conserve quelques belles façades au XVIIIe s. Source vauclusienne. On peut y assister (en nov. déc.) au pressage des olives (rue Émile-Zola). Grans est la patrie du sculpteur *Germaine Richier* (1904-1959).

☞ **De Salon-de-Provence à Marseille** (50 km par la N 113 et l'autoroute A 7). — Quittez Salon par le cours Gimon (plan C 3) et les allées de Craponne.
3,5 km; la route longe à g. la **base aérienne** (on ne visite pas) où l'on peut parfois, avec un peu de chance, voir la *Patrouille de France* à l'entraînement.
7,5 km : à g., **Lançon-Provence** (107 m; 2 743 hab.); au milieu d'une plaine rocheuse, le village garde quelques traces, dont une porte à mâchicoulis, d'une enceinte très simple élevée sur l'ordre de François Ier; ruines

d'un château élevé au XIIe s. par les seigneurs des Baux et dont le front S. avait été refait au XVIe s. Quelques maisons anciennes, dont l'une dite des Templiers. Au bord de la N 119, **chapelle Saint-Cyr,** remarquable petit édifice roman du XIe s.

La route s'élève pour traverser un petit chaînon désertique : en redescendant, vue sur la vallée de l'Arc couverte d'oliviers, l'étang de Berre et ses installations industrielles et la chaîne de Vitrolles.

14,5 km : **Les Guigues; à 1 km à g., La Fare-les-Oliviers;** au pied de la colline portant les vestiges d'un château, les collectionneurs de fossiles récoltent des hippurites.

La route descend vers l'étang de Berre.

21,5 km : on croise la route de Berre-l'Étang (à dr.) à Rognac : de là à Marseille, V. it. 21 E.

50 km : **Marseille.** V. chap. 25.

21 - Étang de Berre et golfe de Fos

Radicalement différentes de celles que l'on a vues jusqu'ici, voici les images d'une Provence industrielle, celles aussi de la soudaine expansion marseillaise à l'ouest du bassin où la cité s'était développée depuis deux millénaires et demi. Images juxtaposées de deux grandes étapes de la prise de possession par la cité du débouché de la voie rhodanienne : rives de l'étang de Berre, conquises entre les deux guerres mondiales, et golfe de Fos, où s'édifie depuis plus de dix ans ce qui doit devenir l'Europort du Sud. Région en profonde mutation où le béton pousse plus vite que l'herbe et où l'odeur du pétrole couvre souvent celle du poisson ou des herbes de Provence. Autoroutes, voies rapides, nationales et départementales sans cesse élargies filent en tous sens, se contournent et s'entrecroisent sur des échangeurs énormes, reliant entre elles usines, raffineries, gares, darses et zones d'habitation (peut-on encore parler de bourgs et de villages?). Tandis que naît un nouveau paysage, avec ce que cela comporte — serait-ce une fatalité? — d'agressions contre l'environnement en dépit d'incontestables mais trop rares réussites esthétiques, les bouleversements imposés au cadre et aux habitudes de vie ne sont pas toujours compensés par une nouvelle prospérité : la crise économique, ici, à de dramatiques conséquences sur l'emploi.

La région dans l'histoire

Exploitées dès la plus haute Antiquité, les salines de l'étang de Berre et des lagunes voisines fournissent, au VIe s. avant notre ère, un précieux élément d'échange au commerce marseillais; l'essor de celui-ci retentira sur la prospérité de Mastramellà (oppidum Saint-Blaise, V. it. 21 A, km 26), important relais entre Marseille et la voie rhodanienne. Le creusement des Fosses mariennes, en 104 av. J.-C. offrant aux navires un accès plus direct vers le Rhône, ruine Saint-Blaise au profit de Fos; les bords de l'étang, bien que longés par les routes commerciales (la voie Agrippa passe sur la rive E.), vivent désormais surtout de l'agriculture et de la pêche. Martigues, relié à la mer par un canal creusé à l'époque romaine, se développe comme port de pêche et chantier naval. Le percement du canal d'Arles à Port-de-Bouc (1836), le développement des liaisons ferroviaires (1875 : raccordement de Martigues à la voie Paris-Marseille) préparent, dès la seconde moitié du XIXe s., le développement industriel de la région. Un moment retardé par la guerre, celui-ci prend son essor dès 1919, sous l'égide de la chambre de Commerce de Marseille. La mise en service de raffineries (1931 à Berre, 1933 à Lavéra, 1934 à La Mède), l'installation d'entreprises de constructions aéronautiques (1938 à Marignagne), pétrochimiques (1950, Naphtachimie à Lavéra) en marquent les grandes étapes pendant la première phase.

C'est en 1963 que naît, sur le papier, le pendant méditerranéen de Rotterdam : le quai pétrolier, le port à conteneurs et le port minéralier entreront en service dès 1968. L'année suivante est prise la décision d'implanter à Fos une aciérie : celle-ci commencera à fonctionner dès 1974. 1972 voit la mise en service du terminal méthanier, 1973 le triplement de la capacité de production de la raffinerie installée par Esso 10 ans plus tôt. Ralentis par la crise, les travaux d'équipement continuent et déjà sont envisagées les extensions qui devraient permettre — si l'on y arrive — de fournir travail, logement, loisirs, à une population que certaines prévisions évaluent à 3 millions d'habitants (pour l'ensemble de l'aire métropolitaine marseillaise) en l'an 2000.

Ce qu'il faut savoir

L'étang de Berre. — Synclinal recreusé par les eaux de la Touloubre et de l'Arc avant que la fonte des glaces würmiennes n'y ramène la mer, il est entouré de collines calcaires peu élevées mais généralement escarpées : au N., la chaîne de la Fare (200 m), à l'E. celle de Vitrolles (270 m), au S. celle de l'Estaque (150-280 m) qui le sépare de la Méditerranée, à l'O. enfin, les collines d'Istres et de Saint-Mitre (100-150 m) qui le séparent de la Crau.

D'une **superficie de 15 530 ha** et d'une **profondeur** maximum **de 8 à 9 m**, il a été en partie comblé par les **apports alluviaux** des fleuves qui s'y déversent et ont constitué au N.-E., la plaine basse de Berre, avec ses **salines,** et au S.-E. celle de Marignane avec les Salins du Lion et le long cordon littoral du Jaï qui enferme l'étang de Bolmon; entre les deux s'amorce un nouveau cordon, la Pointe, qui tendrait à refermer sur luimême l'étang de Vaïne : la profondeur, ici, est rarement supérieur à 5 m.

Mutations économiques. — L'industrialisation récente (V. p. 47) a, l'on s'en doute, bouleversé profondément l'économie d'une région où, il y a un siècle, la moitié des habitants vivaient de l'**agriculture**. Celle-ci n'emploie plus aujourd'hui que **4 % env. des actifs** pour une exploitation intensive du sol : cultures maraîchères sur les plaines alluviales, vigne sur les coteaux (celles de la vallée de l'Arc bénéficient de l'A.O.C. coteaux d'Aixen-Provence), oliviers au pied de la chaîne de la Fare. La **pêche**, activité traditionnelle, a beaucoup regressé; interdite sur l'étang par suite de la pollution en 1957, elle s'est tournée vers la mer et fournit encore pour l'ensemble des ports de Marseille, Martigues, Port-Saint-Louis, 7 à 8 000 t de **sardines** par an; puis, partiellement ré-autorisée, elle a fait de Martigues un grand port de pêche aux **anguilles** (2 000 t/an). Le **secteur tertiaire,** enfin, reste insuffisamment développé et ne procure encore que **20 % des emplois** (dont près du tiers dans les transports).

Pollution et aménagement. — Victime des effluents industriels, l'étang fut interdit comme zone de pêche dès 1957. Vinrent ensuite les eaux de la Durance dont le déversement, à l'issue de la centrale de Saint-Chamas, a eu pour effet d'abaisser la salinité de l'étang à moins du tiers de celle de la Méditerranée. A cela s'ajoutèrent, jusqu'à ces dernières années, les eaux

usées de villes dont la population s'accroît à un rythme accéléré et qui ne disposaient d'aucune station d'épuration. La pollution, c'est aussi l'ensemble des nuisances nées de la proximité de deux bases aériennes, les émissions de fumées, l'urbanisation désordonnée.
C'est pour tendre à la création d'un cadre de vie adapté aux besoins des hommes qu'a été créée, en 1970, une **Mission d'Aménagement de l'Étang de Berre**. Dans le cadre du schéma directeur de l'aire métropolitaine marseillaise, celle-ci s'efforce de contenir le développement autour de certains pôles de manière à réserver, dans un tissu urbain très lâche, de larges coupures vertes. Tâche écrasante, consistant à concilier des intérêts souvent opposés et exigeant d'énormes investissements, mais « ardente obligation » : les rives de l'étang de Berre, peuplées en 1970 de 200 000 personnes (depuis les années 50, des villes comme Vitrolles ou Istres ont accru leur population de 100 %, et Marignane de 500 %), auront 500 000 habitants en 1985.
Menée depuis 1975 par le **S.P.P.P.I.** (Secrétariat Permanent pour les Problèmes de Pollution Industrielle), **la lutte contre la pollution** commence à porter quelques fruits. Il était temps : en 1973 le golfe de Fos tout entier a failli être interdit aux pêcheurs. En maîtrisant dès le départ les nuisances des entreprises qui s'installent (la raffinerie *Esso* s'enorgueillit d'être la plus propre de France), en imposant aux usines anciennement installées de réduire leurs fumées ou de traiter leurs eaux sales, on a d'ores et déjà obtenu d'encourageants résultats. La tâche à accomplir reste pourtant énorme et le temps n'est pas encore venu où les défenseurs de l'environnement pourront relâcher leur vigilance.

21 A - De Salon-de-Provence à Martigues

Route : 35 km S. par la D 69 et la N 569 jusqu'à Istres, la D. 5 ensuite.

Quittez Salon par le boulevard de la République (plan A 2) et prenez à g. après avoir traversé la voie ferrée.
11 km : **Miramas** (49 m; 15 765 hab.) s'est développé à partir de 1848 autour de la gare construite à 3 km N. du vieux village du même nom, toujours perché sur son rocher (V. it. 21 E, km 3). Grande gare de triage, centre de recherches du CEA, insdustries mécaniques, bâtiment.

De Miramas à Istres, il est beaucoup plus agréable de suivre la D 16 (allongement du parcours de 3,5 km) qui longe l'étang de Berre : sortez pour cela de Miramas en direction de Saint-Chamas et prenez à dr. 2 km plus loin. Peu avant d'arriver à Istres, la D 16 laisse à dr. l'**étang de l'Olivier**, relié à l'étang de Berre par un canal et dominé au S. par le vieil oppidum celto-ligure **du Castellan,** devenu jadis colonie massaliote sous le nom d'**Astromela.**

20 km : **Istres** (8 m; 19 702 hab.), entre la Crau et l'étang de Berre, a depuis le début du siècle une vocation aéronautique; c'est en 1917 qu'y fut fondée une des premières écoles de pilotage. Aujourd'hui célèbre par son **centre d'essais en vol,** chargé de tester les appareils aussi bien civils que militaires, la ville possède également des ateliers *(Bréguet-Dassault)* où sont construits le Mercure et les avions d'affaires Mystère 10 et 20. Industrie de chimie minérale, du bâtiment et alimentaires.

Au centre de l'agglomération, le vieux noyau urbain a conservé sa forme ronde avec une porte de ville de 1652.

Le **musée du Vieil-Istres,** installé dans un hôtel du XVIIe s. au 7-9 rue du Portail-Neuf, abrite des témoignages archéologiques recueillis lors de fouilles exécutées à Istres et sur le territoire des communes voisines.

Visite : payante, t.l.j. sauf mardi, de 15 h à 18 h, du 1er mai au 30 sept. ✆ 55-04-95/97.

Rez-de-chaussée. — **1re salle** : très importantes collections d'amphores, de toutes tailles et de types divers, utilisées pour le transport des denrées alimentaires (vin, huile, olives, grains, garum, etc.), et trouvées lors des fouilles sous-marines conduites à Fos-sur-Mer. — **2e salle** : restes lapidaires romains, fragments de colonnes, meules, couvercle de sarcophage; autre collection d'amphores. — Couloir : petite collection zoologique; éléments du costume régional; armoire provençale. — **3e salle : *Reconstitution d'une cuisine provençale** avec tous ses meubles et ustensiles de cuisine; la table est dressée comme pour le repas de Noël, avec les plats traditionnels et notamment les treize desserts... (V. p. 86).
Premier étage. — **1re salle** : fouilles de l'**oppidum du Castellan**, occupé sans discontinuer depuis le 2e âge du fer (Halstatt; VIIIe s. avant J.-C.) jusqu'au IIe ou IIIe s. de notre ère : vases, tessons de poterie et de céramique, verreries, fibules, etc. — **2e et 3e salles** : consacrées aux fouilles sous-marines effectuées à Fos-sur-Mer, elles abritent une belle collection de céramiques : leurs origines diverses (Gaule du sud, Étrurie, Campanie, etc.) attestent des courants d'échanges dont la région était le carrefour dès le IIIe s. av. J.-C. Lampes romaines; objets de la vie quotidienne.
Deuxième étage. — Fouilles de deux habitats préhistoriques dont l'un remonte au Paléolithique supérieur.

Sortez d'Istres en direction de Fos-sur-Mer (N 569).
22 km : prenez à g. la D 52, qui vient longer les salines de Rassuen puis, 1 500 m plus loin, la D 52 A, à dr.; la route passe entre les étangs de Lavalduc (à l'O.) et de Citis (à l'E.), situés l'un et l'autre à quelques mètres au-dessous du niveau de la mer.

26 km : grande esplanade, à dr., dominée par la ***chapelle Saint-Blaise,** bâtie dans un très beau site, très provençal et encore intact, sur un petit plateau escarpé commandant une vue étendue sur la région.

Offrant une position facile à défendre, le plateau fut occupé, avec une longue interruption durant le haut empire romain, de l'époque néolithique jusqu'à la fin du XIVe s. Entreprises par Henri Rolland en 1935 et continuées, après sa mort en 1970 par André Dumoulin, les fouilles ont permis le déblaiement de huit couches archéologiques successives, correspondant à huit grandes phases de l'histoire du site.
La couche VIII, la plus profonde, correspond au niveau préhistorique.
La couche VII marque quant à elle l'apparition d'un courant commercial très intense avec l'Étrurie et, sans doute par l'intermédiaire de celle-ci, avec la Grèce et l'Asie mineure; cette période « pré-phocéenne » prend fin avec la fondation de Marseille par les Grecs de Phocée, vers 600 av. J.-C.
La première moitié du VIe s. (couche VI) voit d'abord une reconstruction de la ville, détruite sans doute par un incendie; le commerce avec les Étrusques demeure actif mais Mastramellà — c'est le nom de la cité — semble de plus en plus dépendante des Massaliotes.
La 2e moitié du VIe s. (couche V) est caractérisée par une amélioration du

OPPIDUM—SAINT-BLAISE

fort des habitations; l'abondance des petits objets en bronze trouvés lors des fouilles témoigne d'une très certaine prospérité. L'agglomération est alors enfermée dans une enceinte assez primitive.

Une couche stérile marque l'abandon du site par les massaliotes au début du Ve s. : conséquence du déclin passager de leur ville et du contrôle qu'exercent alors Étrusques et Carthaginois sur la Méditerranée. C'est l'époque à laquelle les bandes gauloises descendent vers la mer (elles prendront Rome en 390). Des stèles et surtout ces fameux piliers creusés d'alvéoles destinés au culte des têtes coupées attestent alors (couche IV) *de l'occupation des lieux par les Gaulois.*

La reprise économique de Marseille amène les Massaliotes à réoccuper leur ancien comptoir dans la 1re moitié du IVe s. (couche III) : *nouvelle époque de grande prospérité au cours de laquelle seront élevés (début du IIIe s.) de puissants remparts. La fondation de Fos (102 av. J.-C.) lui porte un premier coup; la prise de Marseille par les Romains (49 av. J.-C.) lui sera fatale : assiégé à son tour, il sera pris puis démantelé et abandonné.*

Après quatre siècles d'oubli, le site est réoccupé (couche II) *au début du IVe s. de notre ère lorsque les invasions barbares obligent les populations à se regrouper sur des points stratégiques; une nouvelle enceinte est alors reconstruite grossièrement sur et avec les restes des beaux murs antiques. La cité d'*Ugium *— dont le nom survit partiellement dans celui de l'étang voisin de Lavalduc* (vallis de Ugio) *— sera détruite (mais non totalement abandonnée) en 874 par les Barbares.*

En 1231, l'archevêque d'Arles tente de la repeupler à l'abri d'un nouveau rempart qui ne barre plus que la pointe N. du plateau : cette localité médiévale (couche I) *nommée* Castelveyre *(le vieux château) couvre à peine le quart de la ville antique. Elle sera saccagée à son tour vers 1390 par les bandes de Raymond de Turenne et, dès lors, définitivement abandonnée; les derniers habitants se réfugieront à Saint-Mitre.*

La **chapelle Saint-Blaise** est une petite construction romane du XIIe s., restaurée au XIIIe s. et dont la façade a été refaite en 1608 lors de la construction de l'ermitage voisin. Environnée de tombes médiévales, elle est précédée par les substructions d'une église du XIe s. (église Saint-Pierre) elle-même reconstruite sur les restes d'une église du Xe s.

On est là à l'**emplacement de la cité de Castelveyre**; le long mur, construit en 1231 pour la protéger, clôture aujourd'hui le champ de fouilles où les ruines d'Ugium recouvrent celles de la ville antique.

Visite : payante, jeudi, sam. et dim. de 9 h à 12 h et de 14 h à 17 h, lundi, mercr. et vendr. de 14 h à 17 h seulement; fermé le mardi.

De l'entrée, en suivant à g. le sentier (flèche) qui rejoint la falaise de Citis, on atteint à une centaine de mètres le très beau ***rempart hellénistique** (début IIIe s. av. J.-C.), surmonté de l'**enceinte paléochrétienne**, qui barrait le plateau obliquement du N.-N.-E. au S.-S.-O. sur env. 400 m de longueur. C'est un mur en grand appareil à joints vifs, sans mortier, avec contre-mur en moellons et tours carrées. Certains blocs portent des lettres ou des signes dont les uns sont des marques de tâcherons et les autres des repères de contrôle indiquant la quantité de pierres assemblées. Un crénelage à merlons arrondis couronnait le mur. En avant de celui-ci, se développe un avant-mur en appareil primitif, limitant un fossé sec.

A une vingtaine de mètres de l'extrémité septentrionale du rempart, subsistent les traces d'une très curieuse **voie** dont les **ornières** semblent avoir été creusées intentionnellement; se dirigeant vers le S. elle mène, à 250 m env., à une **nécropole chrétienne** comportant un grand nombre de tombes creusées dans le roc.

Vers le milieu du rempart se trouvait une **porte charretière**, accompagnée d'une **poterne** en chicane : de chaque côté, dans l'épaisseur du rempart hellénistique, on voit encore le **parement d'un mur primitif** qui défendait précédemment la ville (fin VIe s. au plus tôt?). Près de la porte, côté ville, substructions de la **basilique paléochrétienne** Saint-Vincent d'Ugium (Ve s.).

En continuant à suivre le tracé du rempart (un moment disparu) on atteint une tour carrée dont l'intérieur s'appuie sur un **tumulus de cendres**, reste probable d'un ensemble de foyers rituels et dont on a extrait des débris de vases des VIIe et VIe s. av. J.-C. Plus au S. on atteint, à l'endroit le plus élevé du site, l'extrémité S.-O. du rempart : la **vue sur la région** explique l'intérêt stratégique et économique de la position.

En regagnant l'entrée du site, on traverse les **vestiges de la ville** elle-même; on peut y reconnaître, dans les types de constructions, les traces de divers habitats qui se sont succédés et notamment, le long d'une rue hellénistique, trois niveaux d'occupation (datés grâce aux tessons qu'on y a retrouvé) correspondant ici au couches VII, VI et III.

A l'extérieur du champ de fouilles, au pied de l'oppidum, un petit **musée** regroupe des poteries appartenant aux différentes couches d'occupation et quelques débris lapidaires.

30 km : on rejoint la grand'route (D 5) qui laisse à g. **Saint-Mitre-les-Remparts** (85 m; 3 327 hab.) : le village conserve une partie de son enceinte de 1 407 avec une porte ouverte dans une tour carrée.

Au milieu d'une aire que les schémas d'aménagement prévoient de conserver zone verte, le village possède deux plages sur l'étang de Berre (Massane et Varages, 4 km N.). Nombreuses promenades dans les collines, entre autres à l'étang du Pourra (1,5 km S.-O.), en partie desséché et relié par un tunnel romain à l'étang d'Engrenier.

37 km : Martigues, ci-après.

21 B - Martigues

En provençal *Lou Martegue;* 38 373 hab., les *Martégaux.*

Au bord de l'étang de Berre, là où s'embranche le canal le reliant à la mer, la petite ville de pêcheurs est brusquement devenue centre industriel en ayant doublé sa population en une vingtaine d'années. En dépit des bouleversements entraînés dans la cité et surtout à ses abords par une telle expansion, les vieux quartiers ont gardé le charme et le pittoresque qui séduisirent Corot, Ziem et tant d'autres peintres, celui aussi que chanta Charles Maurras, enfant de Martigues : « trois petites îles qui font la chaîne au couchant de l'étang de Berre, avec un ruban de maisons qui flotte sur les deux rives : on dirait qu'elles sont là pour amarrer au continent les trois perles que l'eau emporterait ou qu'elle engloutirait ».

La ville dans l'histoire. — *Peut-être d'origine romaine, Martigues est composée au Moyen Age de trois bourgades indépendantes l'une de l'autre, chacune ayant son administration, son église, ses remparts, sa* bannière : Ferrières *au N.*, Jonquières *au S.*, *l'île au milieu; ce n'est qu'en 1581 que Henri III réussira à leur imposer un traité entraînant leur fusion en une seule commune qui prend le nom de* Martigues *(de* mouartaïgues, eaux mortes, en vieux dialecte marseillais) *porté alors par l'étang voisin.*

Jusqu'à la grande peste de 1720, qui tuera le tiers des habitants et en fera s'enfuir un autre tiers, la cité connaît une période extrêmement brillante : avec 20 000 habitants, elle est, au XVIIe s., un important port de pêche et une ville de marins, disposant d'un tribunal maritime, de chantiers navals, etc.

Après deux siècles d'un sommeil relatif — mais la pêche reste prospère et, pour défendre leurs droits contre les appétits de la famille de Gallifet, titulaires nominaux de la principauté érigée par Henri IV, les pêcheurs soutiendront avec succès au XIXe s. un procès célèbre — Martigues *voit, à la veille de la Première Guerre mondiale, entreprendre les premiers travaux d'infrastructure qui préludent à son nouveau développement : 1906, commencement de la ligne de chemin de fer l'Estaque; 1910, construction de la jetée de la Mède à Martigues; 1914, inauguration du viaduc de Caronte...*

Célébrités. — *Martigues a vu naître :* Gérard Tenque *(1040-1118), fondateur, en 1089, de l'ordre des Hospitaliers de Saint-Jean-de-Jérusalem, auj. ordre de Malte;* Charles Maurras *(1868-1952), de l'Académie française, philosophe, polémiste et homme politique, mais aussi écrivain provençal, majoral du Félibrige et délicat poète. Bourguignon fixé à Marseille,* Félix Ziem *(1821-1911) installa son atelier sur les bords du canal de Caronte; c'est là qu'inspiré par la lumière et les façades baroques se mirant dans l'eau, il peignit quantité de tableaux dont quelques paysages... vénitiens qui seraient à l'origine du surnom de « Venise provençale » dont on a paré la ville. Beaucoup d'autres peintres, parmi lesquels* Corot, Renoir *et les provençaux* Casile, Appian, Maglione, *etc., apprécièrent les paysages martégaux.*

Martigues aujourd'hui. — La pêche est restée une activité importante et, si celle à la **sardine** a un peu régressé, elle a été longuement compensée par le développement de la pêche aux **anguilles** (plus de 2 000 t/an). Mais l'**industrie** occupe désormais les **2/3 des actifs** dans des entreprises de sous-traitance, d'entretien ou de production de fournitures (fonderie, chaudronnerie, tuyauterie, construction mécanique et électrique) pour les grandes industries voisines, le bâtiment, les travaux publics et les matériaux de construction et, dans une moindre mesure, l'alimentation.

Les trois petites citées plus ou moins rivales de jadis forment aujourd'hui encore trois quartiers, désormais plus unis que séparés par les canaux qui les baignent.

■ A **Ferrières** (rive N.), le **musée du Vieux-Martigues,** en face de l'église du XVIIe s., réunit d'intéressants témoignages sur la vie de la cité.

Visite : payante t.l.j. sauf mardi, de 14 h à 19 h. ☏ 80-49-64.

Le musée du Vieux-Martigues proprement dit abrite des collections d'archéologie locale, d'art populaire et d'art religieux (*Vierge à l'Enfant du XVe s.). Le **musée Ziem** renferme des tableaux d'artistes provençaux contemporains, quelques œuvres de *Rodin, Odilon Redon, Rops, Signac,* etc. et une trentaine d'esquisses de *Félix Ziem.*

A 1 km O. de Ferrières, au pied du viaduc autoroutier, se développe le nouveau quartier (Z.A.C.) du **Paradis Saint-Roch** : 1 500 logements ache-

vés en 1974 (arch. *Manolakakis*) où fantaisie architecturale et couleur ont pu s'exprimer pour une véritable réhabilitation de l'habitat collectif.
Le **viaduc de l'A 55** (1972) est quant à lui un ouvrage assez remarquable, qui dégage au-dessus du chenal maritime de Caronte une passe navigable de 45 m de hauteur; d'une longueur totale de 875 m, il se compose de deux viaducs d'accès en béton précontraint et d'un pont métallique central, formant un arc à béquilles d'une grande élégance, d'une portée de 210 m et d'une longueur totale de 300 m.
La colline à laquelle s'adosse le quartier de Ferrières porte, à 107 m d'alt., la petite **chapelle Notre-Dame des Marins** : *panorama sur la région; table d'orientation.

La rue de la République traverse l'**Ile,** isolée entre l'étang de Berre, le canal Baussenque (au N.) et le canal Gallifet (au S.); elle est elle-même divisée par le **canal Saint-Sébastien** que la rue de la République franchit sur un petit pont offrant une *vue mille fois vantée : à dr., le canal, encombré de barques, sépare l'**église de la Madeleine** (XVIIe s.; façade corinthienne; buffet d'orgues Louis XVI) de l'**hôtel-de-ville,** bel hôtel du XVIIe s., de style aixois; à g. au pied des maisons peintes du vieux quartier de **Brescon,** c'est le même troupeau tranquille d'embarcations, à peine animées, de temps à autre, d'un hochement de mât sous l'effet d'une vaguelette ridant la surface du **« Miroir aux oiseaux ».**

Jonquières (rive S.) est relié à l'Ile par un pont levant d'une sobre élégance (1962, par *Jean Couteaud;* les deux volées levantes de 500 t se manœuvrent en 2 mn). Sur le quai du canal, l'**église Saint-Geniès** (1625-1669 façade ornée d'une statue de Gérard Tenque) est accolée, au chevet, à la **chapelle de l'Annonciade** qui offre un somptueux intérieur baroque de boiseries dorées (2e moitié du XVIIe s.).

A 5 km O. de Jonquières, le **port pétrolier de Lavéra** s'étend à l'entrée du chenal de Caronte, à l'abri d'une langue de terre sur laquelle s'élève le **fort de Bouc,** tour élevée au XIIIe s. par les Marseillais (elle porte auj. le phare) et entourée plus tard d'une enceinte bastionnée par Vauban.
Le port ne fut d'abord, à partir de 1822, qu'un simple entrepôt de pétrole raffiné; c'est en 1933 que *B.P.* y installa sa raffinerie : la production dépasse auj. 12 millions de t/an). Elle alimente une partie du complexe pétrochimique voisin, constitué des usines de *Naphtachimie* — spécialisée dans les « grands intermédiaires » qui servent eux-mêmes à l'industrie chimique, tels le benzène (utilisé pour la fabrication du polystyrène, du caoutchouc synthétique ou du nylon, etc.) où l'éthylène (600 000 t/an) — de *Rhône-Poulenc* (chlorure de vinyle, matériau de base de nombreuses fibres synthétiques), d'*Oxochimie* (solvants, plastifiants, détergents, etc.). La *B.P.* elle-même avait installé une usine-pilote fabriquant, à partir du pétrole, des protéines servant à l'alimentation des animaux (16 000 t/an; arrêtée provisoirement). A 100 m sous le sol de Lavéra ont été creusées de gigantesques cavernes (120 000 m³; deux fois le vólume de l'Arc de Triomphe de l'Étoile) utilisées pour le stockage géologique du propane.
Du port part depuis 1962 un oléoduc, auj. connecté au port pétrolier de Fos, alimentant les raffineries installées sur l'étang de Berre. De là aussi part l'**oléoduc sud-européen,** long de 782 km, qui alimente des raffine-

PORT-DE-BOUC

ries dans la vallée du Rhône (notamment à Feyzin), en Alsace, en Suisse et à Karlsruhe (11 raffineries au total); également raccordé à Fos, il a maintenant une capacité de transport de 70 millions de t/an, qu'il est encore prévu de faire passer à 90 millions de t/an.

Visite de la zone industrielle et de la raffinerie : ☏ 80-08-78 (service d'informations et des relations extérieures).

A 4 km S. de Lavéra, en bord de mer, la **centrale thermique de Martigues-Ponteau** comprend quatre groupes d'une puissance de 250 000 kW chacun, produisant ensemble près de 6 milliards de kWh par an. Elle consomme pour cela env. 1 million de t de fuel : les gaz de combustion sont rejetées dans l'atmosphère par quatre cheminées de 140 m de hauteur et le refroidissement est assuré par l'eau de mer, rejetée à raison de 36 m³/s à une température de 6 ºC supérieure à celle de l'eau pompée. Une centrale nucléaire est en projet.

Vers la côte de l'Estaque : de Martigues à Carro (11 km S. par la D 5 et la D 49, beau parcours). — La route quitte Jonquières en passant au-dessus de l'A 55 et franchit une première ligne de collines.
4 km : Les Ventrons; on laisse à g. la route de Sausset-les-Pins.
La route traverse ensuite le vallon de Saint-Pierre, oasis abritée parmi les rochers arides environnants; puis elle remonte pour franchir l'extrémité de la chaîne calcaire de l'Estaque sur un plateau rocheux accidenté où la violence de vents ne laisse plus pousser qu'une végétation rabougrie de plantes épineuses. Du petit **col de la Gatane** (120 m), vue étendue sur le golfe de Fos.
9 km : La Couronne, hameau dépendant de Martigues et où des carrières, déjà exploitées par les Romains, fournissent auj. la matière première à d'énormes **cimenteries;** une petite route conduit à (1,5 km) l'extrémité du **cap Couronne** (phare; restes d'un habitat néolithique).
La route de Carro descend dans un ravin rocheux où la rejoint la voie rapide des plages de l'Estaque puis longe à g. l'anse du Verdon (plage).
11 km : Carro, petit port de pêche (autrefois spécialisé dans la pêche au thon) bien abrité au fond d'une crique. Petites plages dans les criques voisines.
Les plages de l'Estaque sont décrites au chap. 26.

21 C - De Martigues
à Port-Saint-Louis-du-Rhône

Route : 35 Km O. par la N 568 et la N 568.

6 km : à g., **Port-de-Bouc** (21 426 hab.), la plus ancienne cité industrielle du secteur : c'est en 1899 qu'y avaient été installés les *Chantiers de Provence* (constructions navales).

La crise qui sévit dans la construction navale a frappé ici dès 1966, entraînant la fermeture des chantiers, le licenciement de 1 650 personnes (2 000 emplois perdus en comptant les sous-traitants) et imposant des reconversions, notamment dans la construction mécanique, la chaudronnerie-tuyauterie. La croissance continue de la cité (elle n'avait que 12 510 hab. en 1965) illustre le drame des villes-dortoirs dont les ressources propres ne sont pas en rapport avec les dépenses que supposent les équipements collectifs nécessaires à leur population. Port-de-Bouc reste le siège d'**industries** chimiques *(Kuhlmann)* nées, avant l'arrivée du pétrole, des salines de Berre et de Fos et produisant en particulier de l'acide sulfurique et des produits servant à la fabrication de fongicides. La **pêche** (12 chalutiers) n'y fait vivre qu'une quarantaine de familles.

La route vient bientôt longer le golfe de Fos, dont elle n'est séparée que par le canal de Marseille au Rhône; à dr., salines de l'étang de l'Estomac.

10 km : **carrefour Saint-Gervais,** au niveau de la pointe sablonneuse du même nom qui s'avance dans le golfe et constitue la plage de **Fos** : c'est un peu au large, à faible profondeur, qu'ont été trouvés les vestiges du port fondé par *Marius* en 102 av. J.-C. après qu'il eut fait creuser les **Fosses mariennes** (dont viendrait le nom du bourg), canal évitant aux navigateurs d'avoir à franchir la barre du Rhône.

A 1 km à dr., **Fos-sur-Mer** n'était en 1963 qu'un vieux village de 2 439 hab. : il espère en accueillir dix fois plus en 1985 et en compte déjà 6 709 : c'est dire la mer de constructions — les 400 maisons du quartier de la Jonquière, harmonieusement disposées de manière à prolonger naturellement le village, méritent cependant un regard — qui commence à assaillir l'ancien récif où s'était réfugié le ***bourg médiéval** : celui-ci conserve des restes importants de ses remparts, (***vue** sur la région), les ruines d'un château du XIVe s. (tours carrées, poterne à mâchicoulis) et une petite église romane très simple, sans doute du XIe s. Autre chapelle romane à côté du vieux cimetière.

A partir du carrefour Saint-Gervais, la route d'Arles longe à g., pendant plusieurs kilomètres, les installations de la **raffinerie** *Esso* qui fonctionne depuis 1963 et traite annuellement 9 millions de t de brut; de manière à insérer le mieux possible cet ensemble dans le paysage méditerranéen, on a fait un large emploi de la couleur, notamment dans les réservoirs. Viennent ensuite, d'abord à g., puis à dr. de la route, les réservoirs de la *Société du pipe-line sud-européen.*

18,5 km : **carrefour de la Fossette,** où l'on quitte la route d'Arles (V. it. 14 D, 2, km 40,5) pour suivre à g. la N 568 A; à côté se trouve le **Centre de vie de la Fossette** (Centre d'information du Port Autonome de Marseille).

Visite : le centre est ouvert t.l.j. de 9 h à 12 h et de 13 h à 17 h : maquette de l'ensemble industrialo-portuaire, projection d'un film de 30 mn, renseignements (☏ 05-03-10). Pour la visite (groupes et individuels) des installations, prendre rendez-vous, suffisamment à l'avance, en écrivant au *Service des Relations Publiques du P.A.M.,* 23, pl. de la Joliette, 13002 Marseille (☏ 91-90-66).

L'**Europort de Fos** (V. aussi p. 484) s'étend sur 7 300 ha et, d'ores et déjà, 3 000 ha supplémentaires ont été acquis par le *Port Autonome de Marseille* en vue d'une éventuelle extension au N.-O. Il comportera, en phase finale, trois darses principales.

La darse n° 1, la plus grande, a 4,5 km de long et 650 m de large : le port de la Joliette y tiendrait tout entier. Tout au fond se trouve le **terminal méthanier** du *G.D.F.* où l'on débarque annuellement 4 milliards de m^3 de méthane liquéfié en provenance d'Algérie; à côté, une usine d'*Air Liquide* en récupère les frigories (le méthane liquide est à -160 ºC) pour ses propres productions de gaz liquéfiées (azote et oxygène) en grande partie utilisés par les industries de la région; l'installation d'une usine de surge-

PORT SAINT-LOUIS-DU-RHÔNE

lés est à l'étude, la production de froid dépassant largement les besoins.
Là sont aussi installées les **industries pétrochimiques** : usine de chlore de *Péchiney*, usine de polyéthylène d'*Imperial Chemical Industries*.

Le quai E. de la darse n° 1 est le **port minéralier** : c'est là que sont déchargés le minerai et le charbon nécessaires au fonctionnement de l'**aciérie** de la *Solmer* : deux hauts-fourneaux, rallumés en 1976 et 1977 et capables de produire 3,5 millions de t/an et un long train de laminage en continu d'où les bandes de tôle sortent à 60 km/h. Sur le quai opposé, *Ugine-Kuhlmann*, alimentée par la Solmer, produit 600 000 t/an d'aciers spéciaux.

En avant de la darse n° 1, un **quai pétrolier** s'avance de 1 km vers la mer, au bord d'un chenal creusé à 23 m de profondeur : il peut ainsi accueillir des pétroliers de 300 000 t. A la naissance de ce quai s'appuie un large terre-plein où il est prévu de construire une centrale thermique dont la productibilité pourrait atteindre, si nécessaire, 33 milliards de kWh/an (près du quart de la consommation française actuelle). Sur le quai, face à l'aciérie, s'élève la belle **tour-vigie** du port, en béton brut de décoffrage (1968 ; arch. *Jaubert* et *Lopez*).

La **darse n° 2** est à peine plus petite que la précédente (4 km de long), mais pourra être prolongée, si nécessaire, de 2 km vers le N.-O. Réservée également aux **matières pondéreuses**, elle reçoit la bauxite d'Afrique destinée à compléter une production nationale insuffisante ; elle est également équipée spécialement pour le **déchargement des portes-conteneurs**. Plus à l'E., la **darse n° 3** est en cours de creusement.

La route décrit une grande boucle autour des installations, franchit le canal de Marseille au Rhône à sa sortie de la darse n° 1 puis (**26** km) laisse à g. l'embranchement desservant le môle central (entre les darses n°s 1 et 2) du port. Longeant l'étang du Caban (salins), elle rejoint (**32,5** km) la route d'Arles à Port-Saint-Louis : prenez à g.

35 km : **Port Saint-Louis-du-Rhône** (10 313 hab.), à 7 km de l'embouchure du fleuve, a pour origine la tour Saint-Louis, bâtie en 1737 par les Marseillais pour surveiller celle-ci.

Relié au golfe de Fos par un chenal de 4 km également raccordé au Rhône, le **port**, qui dépend de celui de Marseille, a actuellement un trafic de l'ordre de 1 million de t/an, partagé entre les hydrocarbures raffinées, les vins, le sel, la pâte à papier, le bois, le riz, le blé, le ciment et les engrais. C'est aussi un petit **port de pêche** et une **cité industrielle** (chimie minérale, par suite de la proximité de salins ; alimentation).

➥ De Port-Saint-Louis une petite route longeant d'abord le Rhône conduit (7 km) vers les immenses **plages** bordant le **They de Roustan** (à l'O.) et le **They de la Gracieuse** (à l'E.) : ce dernier, qui s'avance de 4 km env. dans le golfe de Fos où il abrite une sorte d'avant-port, s'est formé par suite de l'accumulation des alluvions du Rhône autour d'une carcasse de navire qui lui a donné son nom. On projette d'y aménager un poste d'accostage pour pétroliers géants de 500 000 t.

21 D - De Martigues à Marseille

Route : 42,5 km par Marignane (itinéraire décrit) ou 41 km par l'autoroute. Si la visite des rives industrielles de l'étang de Berre ne vous intéresse pas, vous pouvez aussi passer par les plages de l'Estaque :

48 km V. ci-dessus, it. 21 B pour le trajet Martigues-La Couronne, et it. 26 A pour le trajet La Couronne-Marseille.

3-5 km : la route longe la **raffinerie** *Total* de **La Mède,** construite dès 1934.

D'une capacité de traitement de 16 millions de t/an, elle est reliée par oléoducs aux terminaux pétroliers de Lavéra et Fos d'où elle reçoit le brut; l'appontement du canal de Marseille au Rhône, inaccessible aux gros navires, n'est plus utilisé que pour le transbordement de produits trop lourds (fuel bitumeux) pour passer dans un pipe-line. Un autre pipe-line relie la raffinerie au stockage géologique de Manosque où les produits raffinés sont injectés, en sous-sol, dans des couches préalablement vidées de leur sel.

La route laisse à dr. **Châteauneuf-lès-Martigues** (8 600 hab.); industries surtout liées à la construction.
12 km : prenez à g. la D 9. La route franchit peu après le canal de Marseille au Rhône qui, à 2 km E., s'engage sous le massif de l'Estaque par le souterrain du Rove, où il est obstrué par un éboulement depuis 1963.

15,5 km : **Marignane** (26 479 hab.), à g., ville industrielle en pleine expansion : elle a depuis 1963 multiplié sa population par 5.

Centre aéronautique de vieille tradition — c'est là qu'en 1910 l'ingénieur *Fabre,* de Marseille, fit voler le premier hydravion —. Marignane possède d'importantes usines où la *SNIAS* occupe près de 6 000 personnes, en grande partie pour la construction d'hélicoptères (1er centre européen); industries de sous-traitance (composants électroniques) et industrie du meuble complètent ces activités. L'**aéroport,** dont les pistes s'avancent d'un bon kilomètre dans l'étang, est quant à lui le second de France, assez loin derrière Paris et peu avant Nice, avec 2,2 millions de passagers/an et 15 000 t de frêt.

Au milieu de l'agglomération, le bourg original a gardé ses ruelles étroites et tortueuses. Là se trouve l'**église,** dont la nef, couverte d'un berceau brisé sur gros doubleaux très rapprochés (procédé de voûtement un peu analogue à celui de l'entrée du château de Salon), est du XIIIe s.; bas-côtés voûtés d'ogives; clocher-porche du XVIe s.; maître-autel en bois doré de la fin du XVIe s. L'**hôtel de ville** occupe l'ancien **château** dit **de Mirabeau :** construit au XIVe s., agrandi au début du XVIIe s. et doté d'une nouvelle façade en 1696, il appartenait en fait à la famille *de Covet* et passa aux Mirabeau lors du mariage d'*Émilie de Covet* avec *Mirabeau* (V. it. 11 A, km 58). On peut y visiter plusieurs salles, restaurées, pendant les heures d'ouvertures de la mairie.

De Marignane, une route de 2,5 km, longeant l'aéroport, conduit au N. à la longue plage de Jaï, établie sur le cordon dunaire de plus de 6 km qui sépare l'étang de Berre de l'étang de Bolmon.

De Marignane, suivez à l'E. la D 9 qui longe à g. l'énorme zone industrielle de Vitrolles (V. ci-après, it. 21 E, km 28,5).
19,5 km : échangeur avec l'autoroute A 7 : à partir de là, il est préférable de suivre l'autoroute.
42,5 km : **Marseille,** V. chap. 25.

21 E - De Miramas à Marseille par Berre-l'Étang

Route : 56,5 km en suivant la rive orientale de l'étang.

Quittez Miramas à l'E. par la D 10.
2 km : laissez à dr. une petite route pour Istres.
3 km : à dr., **Miramas-le-Vieux,** perché sur une table rocheuse que borde une enceinte médiévale et d'où l'on découvre une belle *vue sur l'étang de Berre ; restes d'un château des vicomtes de Marseille (XIIIe s.) et église du XVe s. avec un joli clocher-arcade. Au cimetière, situé un peu en contrebas, chapelle romane.
5 km : à dr., **Saint-Chamas** (37 m ; 5 164 hab.), bourg divisé en deux par une colline percée de grottes qui servirent d'habitat à l'époque préhistorique. Vestiges de remparts et porte du Fort, du XVe s. Église du XVIIe s., avec une intéressante façade baroque, abritant un retable de la Visitation attribué à *Étienne Peson* de Marseille (1519). Au sommet de la colline, chapelle N.-D. de Miséricorde, érigée après la peste de 1720.

L'industrie chimique est une des plus anciennes de l'étang : c'est en 1683 que *Colbert* installa ici une poudrerie qui fonctionne toujours. En arrière du bourg, la vigne couvre les coteaux de la Touloubre.

A **4,5** km N.-E., **Cornillon-Confoux** (112 m ; 810 hab.), joli village perché sur un promontoire qui commande une belle vue sur l'étang de Berre, garde quelques restes de fortifications ; au cimetière, une chapelle romane conserve, encastrées dans la maçonnerie, trois stèles romaines du Ier s. ; nécropole paléochrétienne à côté.

6 km : à g. de la route, ***pont Flavien,*** sur la Touloubre, portant le nom du patricien qui le fit bâtir au début du Ier s. de notre ère comme l'indique une inscription gravée sur l'une des architraves.

Il se compose d'une seule arche cintrée de 21,40 m de long sur 6,20 m de large. A chaque extrémité s'élève un petit arc triomphal de 7 m de haut jusqu'à l'entablement, supporté par des pilastres cannelés ; chaque entablement porte deux lions sculptés : un seul est d'époque romaine ; les trois autres ont été refaits par *Chastel* au XVIIIe s.

La route rejoint la rive de l'étang.
9,5 km : à g., **centrale hydro-électrique de Saint-Chamas.** C'est l'ouvrage terminal de l'aménagement de la Durance (V. it. 11). L'usine a une productibilité annuelle de 560 millions de kWh. Devant l'usine, belvédère (commentaire par magnétophone) offrant une large vue sur l'étang ; un monument (1968) symbolise la maîtrise de l'homme sur la matière, source d'énergie.
12 km : prenez à dr. la D 21 B.

Tout droit, la route continue vers Aix, longeant le pied de collines assez escarpées qui dominent la vallée de l'Arc. A env. 3 km du carrefour, un éperon porte les vestiges de l'**oppidum celto-ligure de Constantine,** encore occupé à l'époque paléo-chrétienne, entouré d'une enceinte flanquée de 18 tours rondes dérasées.

La route traverse la plaine alluvionnaire de l'Arc : cultures maraîchères et fruitières, vignes.
17,5 km : prenez à dr. la D 21.
21 km : **Berre-l'Étang** (12 069 hab.), où s'est installée, en 1931, la première raffinerie de la région.

D'une capacité annuelle de 15 millions de t, la raffinerie *Shell* alimente tout un **complexe pétrochimique** produisant, entre autres, des solvants, des détergents, des produits de base pour l'industrie des fibres synthétiques (éthylène) ou du caoutchouc artificiel (butadiène), du noir de fumée, des produits phyto-sanitaires, etc. La **chimie minérale** repose sur l'exploitation des salins (en déclin par suite de la baisse de salinité). Petites **industries** de construction mécanique et électrique et du bâtiment. **Base aéronavale.**
A l'entrée du vieux bourg, la **chapelle N.-D.-de-Caderot** (1680) a de belles boiseries de la fin du XVIe s. Au milieu du bourg lui-même, église romane avec collatéral et clocher octogonal gothique du XVe s.; maison des Lions, ancien hôtel seigneurial.

Longeant la base aéronavale (à dr.) puis la raffinerie (à g.) la route rejoint (**26** km) la N 113.
28,5 km : prenez à g. la route montant à (**30,5** km) **Vitrolles** (135 m; 13 441 hab.), village perché devenu le centre d'une énorme commune industrielle.

Le vieux village s'est établi sur un palier de la chaîne calcaire de Vitrolles, dans un beau site rocheux d'où l'on découvre tout l'étang de Berre. Il est dominé par un rocher, abrupt, de belle allure, portant une chapelle du XVIIe s.; le pied du rocher, du côté où il est accessible, est couvert par une enceinte ruinée qui devait jadis protéger le village primitif; église de 1744 renfermant une statue de la Vierge du XVIIe s.
Au pied du village s'étend le nouveau Vitrolles : Z.U.P., centre commercial avec hypermarchés, zone industrielle de 250 ha regroupant des activités très variées : industries lourdes (bâtiment et T.P.) et légères (constructions mécaniques et électriques, meuble, alimentation), entrepôts et services.

De Vitrolles, la D 55 F, en corniche, rejoint la N 113 où vous prendrez à dr. pour rattraper (**33,5** km) l'autoroute A7, plus commode pour entrer à Marseille.
56,5 km : **Marseille**, V. chap. 25.

22 - D'Avignon à Aix-en-Provence

De la cité des Papes à la vieille capitale de la Provence, routes et autoroutes, larges et bien tracées, incitent facilement à la vitesse. Quelques sites et localités, pourtant, méritent que l'on s'y arrête ou que l'on s'impose un léger détour.

Si vous êtes vraiment très pressé, les autoroutes A 7 et A 8 vous permettent d'aller de l'une à l'autre en 1 h env. (83 km de centre à centre dont 67 km sur autoroute).
Si vous avez un peu de temps, vous pourrez choisir entre trois itinéraires : le premier, par la N 7, reste assez rapide; le second n'en est qu'une variante incluant la visite de Salon-de-Provence et du château de La Barben; le troisième, lui-même variante du précédent, fait précéder l'arrivée à Aix d'une promenade dans la vallée de l'Arc.

22 A - Par la N 7

Route : 74,5 km.

D'Avignon au **pont de Bonpas,** suivez sur 11 km l'it. 4 E. Passé le pont, on rejoint, peu après **Noves,** l'it. 14 A : suivez ce dernier jusqu'à **Sénas,** où vous continuerez par la N 7, à g.
41 km : **Douneau**; à 1,5 km à g., **Mallemort** (V. it. 11 B; km 18,5). — La route croise le canal E.D.F. qui détourne les eaux de la Durance vers l'étang de Berre, leur faisant, après celle de Mallemort, actionner les centrales de Salon et de Saint-Chamas.
44 km : **Pont-Royal** (134 m) où se détache à g. la route remontant la rive g. de la Durance (V. it. 11 B).

A 3 km O., **Alleins** (1 041 hab.) est dominé par un rocher portant les ruines d'un château du XVIe s. (tourelle d'escalier le mettant en communication avec le pied de la falaise). Dans le bourg, beau beffroi du XVIIe s. monté sur une tour d'enceinte du XVIe s.; maison Renaissance. Au cimetière, chapelle romane où sont scellés de beaux fragments de sculpture romaine.

47 km : **Cazan.**

A 4 km O., **Vernègues** (352 m; 286 hab.), ancien village perché détruit par le séisme de 1909 et reconstruit plus bas; de l'ancien village, à 1 km N. (restes d'une église romane et d'un château), vue sur la vallée de la Durance.
A **1,5** km O. de Cazan, le **Château-Bas** est, au centre d'un domaine viticole

(vente de vin), une belle demeure des XVIe-XVIIIe s. malheureusement gâtée par l'adjonction d'un bâtiment en agglomérés; dans le domaine, reste d'un *temple romain du Ier s. : soubassements, un des quatre murs de la cella et une colonne corinthienne du portique, le tout d'un très beau style. Attenante au temple, qui avait été un temps transformé en église, **chapelle Saint-Césaire.**

La route redescend dans le bassin de Lambesc : au loin se profile la montagne Sainte-Victoire.

54 km : **Lambesc** (204 m; 3 588 hab.), érigé en principauté par le roi *René,* fut aux XVIIe et XVIIIe s. le siège de l'Assemblée générale des Communautés (à laquelle furent confiées de 1639 à 1787 les attributions des États de Provence) : le bourg garde, de cette époque, plusieurs hôtels de style aixois. Au centre du bourg, ancienne porte des remparts, transformée en beffroi au XVIe s. et dotée au XVIIe s. d'un jacquemart. Le clocher du XIVe s. a été conservé lors de la reconstruction, au début du XVIIIe s., de l'**église** (par *Laurent II Vallon,* d'Aix; tableau de *Mignard* dans le croisillon S., statues en bois du XVIIe s.); il a été découronné par le tremblement de terre de 1909.

La route de la Roque-d'Anthéron, qui traverse la petite chaîne des Côtes, permettrait d'atteindre (à 5,5 km) le **plateau de Manivert**, à 500 m d'alt. : monument aux maquisards des Bouches-du-Rhône; **chapelle Sainte-Anne de Goiron,** romane du XIIe s., avec chapelles gothiques formant transept. *****Vue** étendue sur la région.

58,5 km : **Saint-Cannat** (190 m; 1862 hab.), fief érigé en marquisat en 1724 pour la famille de Suffren, seigneurs de Saint-Tropez, et où naquit le *bailli de Suffren* (1729-1788) : sa maison natale abrite la mairie (petit musée, ouv. sur demande, les jours d'ouverture de la mairie : souvenirs du bailli de Suffren, instruments aratoires, costumes, documents sur le séisme de 1909). Dans l'église (clocher du XVe s.), un sarcophage antique sert de cuve baptismale.
67,5 km : **La Calade,** avec un château du XVIIe s.
71,5 km : **Celony,** d'où la route plonge sur Aix.
74,5 km : **Aix-en-Provence,** V. chap. 23.

22 B - Par Salon et La Barben

Route : 84 km. — N 571, N 7 et N 538 jusqu'à Salon, N 572 et N 7 de là à Aix.

D'Avignon à Salon-de-Provence, suivez l'it. 14 A.
Quittez Salon au S. par la N. 572 (direction Aix).
56 km : **Pélissanne** (84 m; 5 155 hab.) conserve un beffroi du XVIIe s. flanqué d'un fragment de courtine à mâchicoulis de 1585.
58 km : à g., **La Barben** (114 m), village, très dispersé, de 350 hab.

CHÂTEAU DE LA BARBEN

61 km : route à g. pour (0,5 km) le ***château de La Barben,** solidement campé, dans la verdure, sur un rocher de la rive dr. de la Touloubre, fief de la puissante famille *de Forbin* qui l'habita jusqu'en 1963.

Vendu en 1474 à Jean II de Forbin par le roi René, le château est mentionné dès 1063; il fut remanié au XIVe s., puis transformé, au cours des XVIIe et XVIIIe s., en une demeure de plaisance. Épargné par la Révolution, il fut partiellement endommagé par le séisme de 1909 : du XIXe s. et de cette époque datent certaines restaurations extérieures un peu discutables.

Visite : payante, t.l.j. (sauf mardi en hiver), de 10 h à 12 h et de 14 h à 18 h; le parc et le vivarium (tickets séparés; V. ci-après) sont ouverts t.l.j. de 10 h à 19 h mais on ne délivre pas de tickets entre 12 h et 13 h 30.

L'intérieur, habité, est remarquable par ses plafonds à la française du début du XVIIIe s. aux poutres ornées de cartouches et d'arabesques, ses cuirs de Cordoue, son mobilier des XVIIe et XVIIIe s. et de l'Empire; gracieux boudoir pompéien, avec mobilier Directoire; chambre à coucher de *Pauline Borghèse*, sœur de Napoléon, qui eut une liaison particulièrement sincère avec *Auguste de Forbin*. Très belle vue depuis les terrasses; jardin à la française dessiné par *Le Nôtre*.
Un parc de 30 ha de pinèdes entoure le château : il a été aménagé en **parc zoologique** (400 animaux divers, fauves, éléphant, cervidés; attractions).
Un **vivarium**, installé dans l'ancienne bergerie, voûtée, du château, présente une belle collection de reptiles et abrite un aquarium et une oisellerie.

68 km : **Saint-Cannat,** où l'on rejoint la N 7 (V. ci-dessus it. 22 A, km 58,5).
84 km : **Aix-en-Provence,** V. chap. 23.

22 C - Par Salon et la vallée de l'Arc

Route : 88,5 km. — N 571, N 7 et N 538 jusqu'à Salon. N 113, D 10, D 65 et D 64 de là à Aix.

D'Avignon à Salon, suivez l'it. 14 A puis, de Salon au carrefour des Guigues et à La Fare-les-Oliviers, V. chap. 20.
De La Fare-les-Oliviers, la route D 10 remonte la vallée de l'Arc, de plus en plus étroite.
72 km : prenez à dr. la D 65. — **77** km : route à g. pour Ventabren (V. it. 24 A, km 15,5).

77,5 km : ***aqueduc de Roquefavour,** construit de 1842 à 1847 par l'ingénieur *François de Montricher* pour conduire à Marseille les eaux de la Durance.

Le canal creusé de 1837 à 1848 par Montricher sur 90 km de long resta jusqu'en 1973 la principale alimentation de la ville. Il est maintenant doublé par la branche Marseille-Est du canal de Provence.
Presque deux fois plus haut que le Pont du Gard, et accusant sa verticalité par des piles très élancées, l'aqueduc (hauteur 83 m; longueur 375 m) a pris une belle couleur cuivrée et compose, dans le cadre verdoyant de la gorge de l'arc, un assez joli tableau.

Les environs offrent d'agréables buts de promenades. Au N., le promontoire du **Bau de Mario** porte les vestiges d'un oppidum celto-ligure.

Suivez la D 64 vers Aix.
82,5 km : à dr., parc et **château de Galice,** qui servirent de cadre à *Zola* pour « La faute de l'abbé Mouret ».
84,5 km : on passe sous l'autoroute puis, longeant à dr. l'immense **Z.A.C. du Jas de Bouffan** — le père de *Cézanne* avait acquis ici un domaine où le peintre vint souvent travailler —, on entre dans Aix.
88,5 km : **Aix-en-Provence,** V. chap. 23.

23 - Aix-en-Provence

En provençal *Aïs dou Prouvenço*, 114 014 hab., les *Aixois*. Sous-Préfecture des Bouches-du-Rhône. Université. Archevêché.

Une ville aimée. Rares sont les cités qui, à ce point, recueillent sans qu'on les connaisse vraiment tant de préjugés enthousiastes, un tel ensemble de louanges. On oublie facilement la vétusté de certains coins de la vieille ville où s'entassent les immigrés, l'asphyxiante saturation automobile, l'envahissement rapide des paysages cézanniens par des troupeaux de villas ou des cohortes de tours, pour ne retenir que les nobles façades, l'animation nonchalante d'une atmosphère de vacances, la douceur provençale.
Nobles, les façades, mais ni sévères ni hautaines; souriantes et aimables, au contraire. Est-ce par la chaude tonalité de la pierre, le jeu mouvant des taches de lumière que les platanes laissent filtrer, la grâce d'un baroque puissant mais sans ostentation ou d'un classicisme sans raideur? On se plairait à les contempler au son d'une musique de cour et la musique, justement, les illumine. Chant fantaisiste et léger des fontaines, écho des opéras et des concerts qui enveloppent les nuits d'été ou des compositions contemporaines qui réveillent celles de l'automne.
Universitaire par la grâce d'un prince, foyer d'art par le goût de ses patriciens, la cité tout entière baigne ainsi de nos jours dans une ambiance de culture qui n'a rien ici que d'attirant. Et l'intellectuel au repos, heureux mais comme gêné de n'avoir rien à faire, y gagne une justification de sa présence. Boire un pastis — Provence oblige — au café des Deux-Garçons, chargé de souvenirs littéraires, tient plus, en juillet-août, d'un rituel initiatique que d'un véritable besoin de rafraîchissement. Le cours Mirabeau devient alors un Saint-Germain-des-Prés de l'été, avec tout ce que cela suppose de hippies et de ministres en vacances, de guitaristes ou de vendeurs de bibelots « africains », d'artistes, de curieux, d'oisifs.
Passé le temps des congés, apaisée l'agitation festivalière, reste la ville, redevenue elle-même. Reste son charme de vieille aristocrate affable; reste son décor et reste la vie artistique, restent les marchés, les fêtes et les gens.

La ville dans l'histoire

Dès l'origine, une capitale. — *L'histoire d'Aix commence, plus de trois siècles av. J.-C., sur le plateau d'Entremont, à 3 km N. de la ville actuelle : la confédération celto-ligure des Salyens établit là l'oppidum qui sera sa capitale. En 123 av. J.-C., répondant à l'appel des Marseillais dont l'expansionnisme territorial provoque des attaques de la part des Salyens, Rome intervient : les Salyens sont refoulés, Entremont est détruit et Rome installe des garnisons pour protéger la route reliant l'Italie à l'Espagne.*
C'est ainsi que naît, au pied de l'ancien oppidum, un poste militaire que le proconsul Caïus Sextius Calvinus baptisera Aquae Sextiae *pour que, rapporte Tite-Live, son nom fît allusion et à son créateur et à la qualité de ses eaux. L'endroit sera un puissant point d'appui des armées romaines lors de la victoire que remportera Marius, en 102 av. J.-C., contre les Cimbres et les Teutons.*
Élevée au rang de colonie latine par César, puis romaine par Auguste (Colonia Julia Augusta Aquis Sextiis), *la cité devient alors une ville véritable, dotée de monuments, aqueducs, etc., dont il ne nous est parvenu que d'infimes vestiges. L'établissement de la* via Julia Augusta *(de Fréjus à Aix et au Rhône) accroît rapidement son importance.*
En dépit des invasions barbares de la fin du IIIe s. qui provoquent une nette régression du périmètre urbain, elle est encore assez puissante pour être promue, vers 375, capitale de la Narbonnaise seconde, nouvelle entité territoriale issue de la réorganisation administrative de la Provincia. *A la même époque, elle devient siège d'un archevêché.*

Les siècles obscurs et le Moyen Âge. — *Rivale d'Arles, qui bénéficie de la sollicitude des empereurs, Aix connaît, en même temps qu'elle, invasions et dévastations. Après les passages successifs des Wisigoths (Ve s.), des Lombards (VIe s.) puis des Sarrasins (VIIIe-Xe s.), il ne restera pratiquement plus rien de l'ancienne cité romaine.*
Devenue en 1189 la résidence des comtes de Provence, Aix est dotée par eux, quelques années plus tard, de ses premiers privilèges municipaux. Peu à peu ses faubourgs se développent, des couvents s'installent à leurs portes, tandis que l'octroi de nouveaux privilèges lui permet bientôt de s'administrer elle-même pendant que ses comtes tentent, en Italie, d'affirmer leur autorité sur leur royaume de Naples.
Avec le XIVe s. vient le temps de la peste, de la Guerre de Cent Ans et de ses répercussions sur la Provence (dévastations par les bandes de routiers), des querelles et des luttes relatives à la succession de la reine Jeanne († 1381). L'ancien bourg épiscopal, trop excentrique, est difficile à protéger : le siège cathédral est transféré à Saint-Sauveur à la fin du XIVe s.
Rendant à la cité les privilèges (1387) que lui avait enlevé Louis Ier à cause de son insoumission, Marie de Blois, *sa veuve, négocie avec les Aixois et assied l'autorité angevine sur la Provence. Son fils,* Louis II, *dotera la ville d'une université en 1409.*
La prééminence d'Aix s'accroît encore sous le règne du roi René (1434-1480) : entouré d'artistes, celui-ci en fait un véritable foyer de création artistique (c'est l'époque durant laquelle le Maître de l'Annonciation d'Aix et Nicolas Froment peignent leurs fameux triptyques) et s'attache à l'embellir d'aménagements dignes de son rang : création de la place des Prêcheurs, agrandissement du palais comtal, achèvement de la cathédrale.

Les grands siècles d'Aix. — *Bien installée dans son rôle de capitale du Comté de Provence, Aix ne souffre pas de son rattachement à la France en dépit des luttes entre factions, guerres de Religion, invasions étrangères qui, pendant plus d'un siècle, vont marquer son histoire et amener leur lot de destructions. Bien au contraire. Dès 1482, les* États de Provence *adoptent une constitution (elle sera respectée par Louis XI) qui, en garantissant la complète autonomie administrative, politique et judiciaire du comté, confirme Aix dans son rôle de métropole. La création par* Louis XII, *en 1501, du* Parlement d'Aix, *dont le roi entend faire l'instrument de son pouvoir, aura la même conséquence; tout comme celle, en 1639, de l'*Assemblée générale des Communautés, *instituée pour remplacer le Parlement jugé trop contestataire.*

La multiplication des « grands commis de l'État », la création d'une véritable cour aixoise autour du gouverneur, entraînent la ville dans la voie d'embellissements sans rapport avec son importance démographique réelle ou son poids économique. C'est l'époque à laquelle s'édifient de somptueux hôtels — pas toujours achevés —, celle durant laquelle sont tracés des quartiers nouveaux : Villeneuve, à l'E., à partir de 1583; Villeverte, à l'O., à partir de 1606; quartier Mazarin, au S., à partir de 1646, gigantesque opération d'urbanisme — pour l'époque — couronnée en 1651 par la création d'un « cours à carrosses », lieu de promenade où aujourd'hui encore il est de bon ton de venir parader à l'ombre tiède des platanes.

Le mouvement artistique reprend, stimulé par un retour à la tradition de mécénat du roi René : les cabinets de tableaux du conseiller Peiresc *et du conseiller* J.-B. de Boyer d'Éguilles *sont aussi importants que réputés. Des peintres* (Finsonius, Jean Daret, Laurent Fauchier, *les* Van Loo, *etc.), des sculpteurs* (Jean-Claude Rambot, Jean Chastel), *des architectes* (Pierre Pavillon, Laurent II Vallon, Georges Vallon), *des décorateurs, aixois de naissance ou d'adoption, travaillent à l'embellissement des églises et des hôtels. Des places sont aménagées, des fontaines et des arbres viennent agrémenter le décor urbain où se meut une société raffinée et avide de paraître.*

Vers le renouveau? — *La Révolution, en supprimant privilèges et institutions, semble ravaler Aix au rang de simple décor. Un temps chef-lieu du département des* Bouches-du-Rhône (1790-1800) *nouvellement créé, puis simple sous-préfecture, elle reste à l'écart du mouvement de développement ferroviaire et industriel, et par suite démographique, qui anime Marseille, son antique rivale, ou Avignon. Son renom, pourtant, lui permet de conserver son rôle culturel : facultés et écoles entretiennent et développent la tradition universitaire mais, pratiquement jusqu'à la seconde guerre mondiale, elle ne restera plus qu'une vieille capitale intellectuelle, dans un décor splendide mais figé, avec une population qui n'augmente que faiblement : 28 000 hab. à la veille de la Révolution, 23 000 au début du XIXe s., 30 000 en 1914, 40 000 en 1940.*

L'essor économique de Marseille, l'industrialisation de la région (mais non d'Aix elle-même, qui ne comptera encore que 5 000 emplois industriels en 1975) bouleversent, après la guerre, le visage traditionnel de la ville qui devient une agglomération résidentielle : la population est multipliée par trois, avec 114 000 hab. en 1975, couvrant les abords de la vieille cité de nouveaux quartiers semés de villas (surtout au N., au flanc du plateau d'Entremont) ou hérissés de grands immeubles et de tours (ZUP, *au S.-O., à l'entrée de l'autoroute de Marseille, ou* ZAC du Jas de Bouffan, *à l'O.).*

Parallèlement ne cesse de croître son importance culturelle et de s'amplifier un mouvement touristique né de son prestige de ville d'art et d'histoire. Plusieurs raisons à cela : l'essor de l'université, qui multiplie les liens avec les universités étrangères, la création d'un festival qui compte, sur le plan international, parmi les grands événements de l'année musicale, l'organisation d'incessantes rencontres, expositions, congrès, enfin tous ces efforts d'animation qui, au niveau de la rue, poussent aux dialogues et aux échanges.

Célébrités. — *Nés ou non à Aix, nombreux sont ceux dont le nom est à associer à celui de la cité qui les honore, souvent, par une plaque de rue ou en rebaptisant un bâtiment public : nous aurons, lors de la visite de la ville, l'occasion d'évoquer la plupart d'entre eux* (l'abbé Brémond, Campra, Granet, Darius Milhaud). *En nous limitant aux plus importants, citons cependant ici le marquis de Vauvenargues (1715-1747), moraliste, les peintres Jean-Baptiste van Loo (1684-1745) et* Paul Cézanne *(1839-1906),* Émile Zola *(1840-1902) qui, né à Paris, fut élevé à Aix jusqu'à l'âge de dix-huit ans, sans oublier* Mirabeau *(1749-1791), né en Gâtinais, élu en 1789 député du Tiers-État à la fois à Aix et à Marseille et qui choisit d'être le représentant d'Aix.*

Ce qu'il faut savoir

Les cent quatre-vingt-dix hôtels particuliers, en quasi-totalité des XVIIe et XVIIIe s., qui donnent à la cité ce visage aristocratique et cette aura de ville d'art, présentent, du moins pour bon nombre d'entre eux, quelques particularités décoratives ou architectoniques qui les différencient des hôtels parisiens des mêmes époques : c'est par exemple le **matériau,** ce beau calcaire coquillier de Bibémus qui tempère de sa chaleur de ton les lignes architecturales les plus strictes; ce sont aussi les **toitures,** basses, jamais mansardées, toujours en tuiles rondes et semblables en cela aux demeures provençales les plus humbles. Mais ce sont surtout les **façades,** où l'influence du baroque italien apporte une certaine ampleur (portails à bossages ou à fronton, atlantes, dernier étage en attique, etc.) qui sait rester mesurée.

Les **hôtels du quartier Mazarin** traduisent bien aussi cette **influence du climat** déjà notée à propos du choix du site et de l'orientation des bastides campagnardes : la façade « intime », tournée vers le S., donne sur un jardin verdoyant qui, l'été, la protège des fortes chaleurs tandis qu'en hiver elle recueille le maximum de lumière, les communs, qui ferment le jardin au S., étant constitués d'un bâtiment bas. La façade N. donne sur la rue : c'est la façade noble, celle sur laquelle ouvre le portail principal, accès au hall, à l'escalier, aux salles de réception.

Aix : loisirs et culture. — Créé en 1948 et associant concerts et art lyrique (son directeur, *Bernard Lefort,* doit prendre en 1980 la direction de l'Opéra de Paris), le *Festival International de Musique* a, depuis plusieurs années déjà, atteint une réelle importance : c'est, sur le calendrier du mélomane, un des très grands moments de la saison comme le sont ceux de Bayreuth, Salzbourg ou, plus près, les Chorégies d'Orange (V. chap. 1). Ne touchant, à l'origine, qu'un public averti — ce qui, en dépit de son succès, limitait son audience —, il est maintenant complété par une série de manifestations transformant non seulement la ville en une vaste maison de la culture pendant tout l'été, mais se prolongeant bien au-delà : c'est la *Saison d'Aix,* à l'origine simple série d'exhibitions de troupes folkloriques, aujourd'hui ensemble de représentations tant folkloriques que théâtrales; c'est *Musique dans la rue,* fête musicale favorisant la rencontre et le dialogue entre créateurs et public; ce sont le *Festival de musique contemporaine* de l'automne, les *Rencontres inter-*

AIX-EN-PROVENCE

nationales de télévision (en septembre), les congrès, les colloques, sans oublier les expositions (entre autres la *Biennale internationale des peintres de la Provence)* qu'organise l'actif musée Granet.

Aix gourmand. — Une des rares confiseries dont la forme, la composition soient en quelque sorte « déposées » (un syndicat veille à la protection de l'appellation, reconnue juridiquement) : c'est le **calisson,** en provençal *canissoun* ou *calissoun*. Il remonterait au XVIe s. mais les polémiques ne sont pas closes sur ce point pas plus que sur l'origine de son nom. Le calisson est fait d'une pâte obtenue en broyant ensemble amandes douces et melon confit, additionnés de sirop de fruit; la pâte est ensuite moulée et dressée sur une feuille de pain azyme puis couverte d'un glaçage et étuvée : la production dépasse 200 tonnes par an. Le fait qu'on en distribuait autrefois dans les églises (pour certaines fêtes) prouve bien que la gourmandise n'est pas toujours un péché...

Visite de la ville

A pied dans la ville. — *Cinq promenades suivant, avec beaucoup de liberté, la chronologie de la croissance urbaine : une heure à une heure et demie pour les plus courtes (prom. 23 B, C, D, E), deux bonnes heures pour la plus longue (prom. 23 A); un petit circuit d'une heure ou deux à la périphérie (prom. 23 F); ajoutez à cela un peu de temps pour la visite des musées (au nombre de six, et dont certains méritent un arrêt prolongé), pour flâner aussi (à l'ombre des platanes, les terrasses de cafés du cours Mirabeau sont bien accueillantes) ou vadrouiller parmi les étals des marchés qui s'installent place Richelme, place de l'Hôtel-de-Ville, place des Prêcheurs et place de Verdun. Au total **un minimum de deux journées** bien remplies pour tout faire... trop vite. Choisissez plutôt de séjourner à Aix et d'alterner promenades en ville et excursions aux environs.*

Aix en passant : si vous êtes vraiment très pressé, limitez-vous (2 h 30 env.) à la visite de la partie la plus ancienne de la ville et à une promenade sur le cours Mirabeau (prom. 23 A et 23 D).

Où vous garer? Circulation et stationnement posent un réel problème à l'intérieur des boulevards de ceinture où le tissu urbain remonte, dans ses parties les plus récentes, au XVIIe s., malgré l'élargissement de quelques rues et l'aménagement de quelques places au XVIIIe et XXe s.
Le plus pratique est de laisser votre voiture au parking souterrain de la place des Cardeurs (plan C 2), malheureusement très petit; si vous n'y trouvez pas de place, ceux du boulevard Carnot (plan F 3-4), de la place Bellegarde (plan E 1) ou de l'av. Pasteur (hors plan C 1) ne sont, tout compte fait, pas bien loin du centre.

Si vous aimez...
— l'archéologie : les fouilles de l'oppidum celto-ligure d'Entremont, quelques vestiges, très modestes, d'une villa romaine, et les collections du musée Granet, plus intéressantes, ne sont pas ce que la ville offre de moins passionnant.
— l'architecture médiévale : elle est un peu mieux représentée, avec la cathédrale Saint-Sauveur, son baptistère (peut-être) paléo-chrétien et son cloître, et l'église Saint-Jean-de-Malte.
— l'architecture civile et religieuse des XVIIe et XVIIIe s. : quelques chapelles ou églises, au premier rang desquelles celle de la Madeleine,

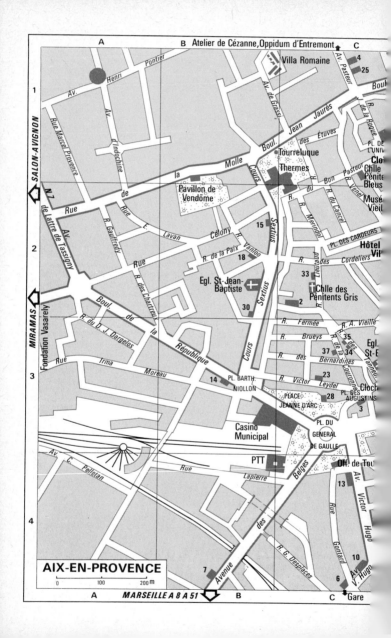

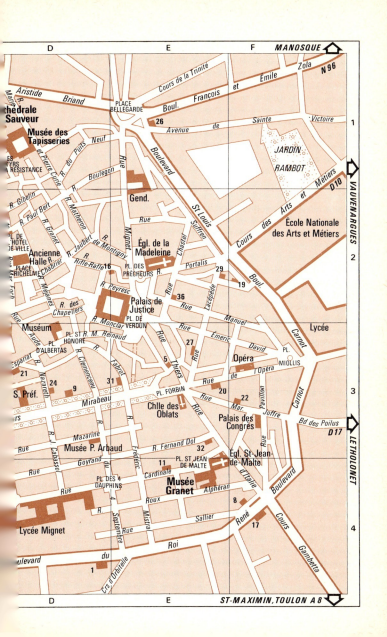

mais surtout ces nombreux hôtels, déjà évoqués, donnent à Aix ce charme de vieille aristocrate qui est une des raisons de sa célébrité.

— **les musées** : Aix en compte six (musée des Tapisseries, musée du Vieil Aix, muséum d'Histoire naturelle, musée Arbaud, musée Granet, fondation Vasarely) qui, chacun dans sa spécialité, abritent de belles collections de trésors; sans oublier les œuvres d'art que renferment les églises (le fameux triptyque du Buisson ardent, à Saint-Sauveur, et le panneau central de celui de l'Annonciation, à la Madeleine, pour ne citer que les principales) et les expositions que propose la fondation Saint-John-Perse.

— **l'animation** : le cours Mirabeau, lieu de confrontation des élégances, les voies piétonnes du centre, où le lèche-vitrine ne se heurte plus à la bousculade et aux voitures qui entravaient — lorsqu'elles ne la rendaient pas périlleuse — la traversée des rues, et, surtout les jours de marché, la place Richelme, la place des Prêcheurs, la place de Verdun, vous en offrent trois types, d'un intérêt sans cesse renouvelé.

— **la musique** : venez à Aix entre le 15 juin et la fin août; c'est alors la **Saison d'Aix,** avec **Musique dans la rue** et ses concerts quasi quotidiens et, du 10 au 31 juillet, les prestigieuses manifestations du **festival international d'Art lyrique et de Musique.** Durant la 2ᵉ quinzaine d'octobre vous aurez droit à un automne musical, avec le **festival de musique contemporaine.** Hiver et printemps, évidemment moins riches que la haute-saison, maintiennent à un bon niveau, par les concerts et spectacles donnés au théâtre, la tradition musicale de la cité.

Les programmes et horaires des spectacles, manifestations, expositions, etc., sont donnés, avec d'autres renseignements utiles, dans « **Le mois à Aix »,** bulletin mensuel gratuit publié par l'Office municipal du Tourisme, pl. Général-de-Gaulle (plan C 4).

Des visites-conférences sont organisées, du 1ᵉʳ juillet au 30 sept., sous la conduite de conférenciers agréés de la C.N.M.H. : visites générales de la ville t.l.j. à 10 h, 16 h; 21 h (monuments illuminés); ces visites ont également lieu, hors saison, chaque mercredi à 16 h. Visites de quartiers du lundi au samedi, à 16 h (chaque jour un quartier différent; seules ces visites offrent la possibilité de voir l'intérieur de certains hôtels particuliers). Site archéologique d'Entremont, une fois par mois. Renseignements complémentaires et point de départ à l'Office de Tourisme.

23 A - La ville ancienne

Le bourg Saint-Sauveur occupe, selon la tradition (faute de preuves archéologiques), l'emplacement du castrum fondé par *Caïus Sextius* et dont les rues des Menudières, des Guerriers, Venel, Paul-Bert, Marie et Pierre Curie, dessinent sans doute les anciennes limites : c'est là qu'à la fin du XIᵉ s. sera reconstruite la cathédrale (plan CD 1).

La ville comtale, au S. du bourg, (approximativement entre la place de l'Hôtel-de-Ville et la rue Espariat) succédera, à partir du XIIIᵉ s., à la colonie fondée par *Auguste* et repliée sur ce secteur à la suite des premières invasions barbares (elle s'étendait auparavant beaucoup plus vers le N.-O.). Le château — puis palais — des comtes est excentré (à l'emplacement actuel

CATHÉDRALE SAINT-SAUVEUR

du palais de Justice, V. prom. 23 C) et des faubourgs d'artisans, où s'installent plusieurs couvents, l'entourent à l'E. (entre les rues Marie et Pierre Curie et Mignet), au S. (de la rue Espariat au cours Mirabeau, ouvert plus tard sur le tracé des anciens remparts) et à l'O. (de la rue de la Verrerie à la rue de la Couronne).

Quelques **restes de remparts** (XIVe s., partiellement refaits au XVIe s.), au débouché des rues des Guerriers et des Menudières (plan C 1), marquent l'entrée dans le bourg Saint-Sauveur.
La **rue Jacques-de-la-Roque** et, plus loin, la rue Gaston-de-Saporta (sans doute héritières, dans leur tracé, d'une ancienne voie romaine), axes de ce vieux quartier, ont, mise à part leur relative étroitesse, à peu près perdu tout caractère médiéval : au n° 28, hôtel d'Aiguines, du XVIIIe s. avec une entrée de cour encadrée de six grandes colonnes.

La ****cathédrale Saint-Sauveur** (plan CD 1) ne frappe pas, dès l'abord, par une grande beauté. Le manque d'unité que traduit sa façade — la cathédrale est constituée de deux églises juxtaposées — se révèle pourtant bien vite être le symbole même de son intérêt : celui d'un monument composite, aussi bien dans son architecture que dans son mobilier et sa décoration, auquel chaque époque a apporté sa touche.

Les certitudes manquent encore quant à l'histoire des premiers temps de la cathédrale. A l'origine, il y avait là un baptistère (remontant peut-être à la fin du IVe ou au début du Ve s.) qui existe toujours, une chapelle, fondée, selon la légende, par saint Maximin et détruite en 1808, et une église (à l'emplacement actuel de la nef) du XIe s., dédiée à Notre-Dame et sans doute héritière elle-même d'églises antérieures.
Une nouvelle église, placée sous le vocable du Corpus Domini, est construite à la fin du XIe s. et consacrée en 1103 (d'après J.-M. Rouquette, in « Provence romane II »; d'autres auteurs situent cette construction vers 1160-1180); elle sera, à partir de 1285, annexée comme simple bas-côté d'une nouvelle cathédrale reconstruite à l'emplacement de l'église Notre-Dame. La nef de cette nouvelle cathédrale est achevée vers 1350 à l'exception de la façade et de la première travée, terminées seulement en 1513.
Entre le clocher, commencé en 1323, et le croisillon N., diverses chapelles, élevées au XIVe et XVe s. et aussi hautes que la nef, seront réunies au XVIIe s. par des percements pour constituer un second bas-côté. D'autres encore seront, du XVe au XVIIIe s., ajoutées à l'ensemble.

La façade se divise en trois parties distinctes :
— à dr., la **façade de l'église romane**, très nue, avec un oculus et un portail très simple inspiré de l'antique; à côté, un fragment de mur longtemps considéré comme romain;
— au centre, la **façade flamboyante de la cathédrale** elle-même, assez élégante; commencée en 1477 et achevée en 1513, elle a perdu à la Révolution une grande partie de ses statues (partiellement remplacées au XIXe s.) : seules subsistent la Vierge du trumeau, sculptée avant 1505 par *Perrin Souquet,* artiste originaire de Saint-Quentin, et la statue de Saint-Michel, due à des artistes bourguignons. Les ***vantaux** du portail (1508-1510) sont dus au toulonnais *Jean Guiramand;* en noyer sculpté,

ils figurent, au milieu d'une riche décoration mi-gothique mi-Renaissance, les quatre grands prophètes et les douze sibylles païennes qui symbolisent les grands événements de la vie du Christ;
— à g., le **clocher**, commencé en 1323 et terminé vers 1425, est flanqué d'une élégante tourelle; le haut étage octogonal qui le couronne a été refait au XIXe s.

L'église romane. — Devenue bas-côté dr. de la cathédrale, c'est un fort beau vaisseau de cinq travées, d'une grande simplicité de lignes, dont la **décoration**, très sobre, est **inspirée de l'antique** : corniches de feuilles d'acanthe ou d'oves sur lesquelles s'appuie le berceau brisé de la voûte; impostes, chapiteaux, colonnettes variées, sur lesquels retombent les arcatures des murs gouttereaux ou les doubleaux. La 4e travée est couverte d'une coupole sur trompes ornées des symboles habituels des évangélistes : les chapiteaux, d'un style différent, semblent lui indiquer une reconstruction dans la 2e moitié du XIIe s. Au mur de g., quatre belles **tapisseries flamandes du XVIe s.** appartiennent à la même série que celles tendues dans la nef : Mort et Assomption de la Vierge, Entrée de Jésus à Jérusalem et Lavement des pieds, Arrestation de Jésus et Jésus devant Caïphe, Résurrection du Christ.
Sur la **1re travée** s'ouvre une chapelle du XVIe s. utilisée comme **dépôt lapidaire** : très beau ***sarcophage** dit **de saint Mitre** (Ve s.); deux lions de la fin du XVe s., sculptés en bas-relief, constituent les seuls restes du tombeau de Charles III, dernier comte de Provence († 1481); Saint Martin partageant son manteau, groupe en marbre du XVe s., etc.
Aux **2e et 3e travées** est accolé le ***baptistère**, partie la plus ancienne de l'ensemble cathédral encore que l'on n'en connaisse pas la date de construction : son plan octogonal avec un déambulatoire appuyant sur huit colonnes de marbre rappelle celui d'édifices de la fin du IVe s. ou du début du Ve s. mais pourrait être largement postérieur; d'importants remaniements y ont été effectués : voûte du déambulatoire (refaite au XIIe s.) et coupole, surélevée d'un lanternon et ornée de gypseries (1577) composant un superbe décor maniériste. Colonnes et chapiteaux, du IIe ou du IIIe s., sont des remplois d'édifices antiques, peut-être de ce fameux temple d'Apollon sur l'emplacement duquel, d'après la tradition, aurait été construite la cathédrale. La cuve baptismale primitive, indiscutablement paléochrétienne quant à elle, a été dégagée en 1929.
Au niveau de la **4e travée**, la chapelle Sainte-Catherine abrite une Apparition de la Vierge à saint Jean, par **Gilles Garcin** (XVIIIe s.); au fond s'ouvre la porte du cloître. V. ci-après.
A hauteur de la **5e travée**, la chapelle du Sacré-Cœur (XVe s.) conserve un vitrail en partie du XVIe s. et une Crucifixion de *Jean Daret* (XVIIe s.).

Grande nef. — Au mur de dr., le célèbre ****triptyque du Buisson ardent**, peint vers 1476, pour le roi René, par *Nicolas Froment*, l'un des plus grands peintres de la 2e moitié du XVe s., est assez caractéristique de la manière dont s'exprime l'école provençale à partir du milieu du XVe s.; mêlant les caractéristiques du **style italien de la Renaissance** (recherche de la perspective, paysage) à un **certain réalisme flamand** (souci du détail, lourdes draperies, traitement des visages). Au centre, la virginité de Marie est symbolisée par le buisson ardent apparu à Moïse et présenté par l'ange; un paysage provençal constitue le fond de la scène; sur le volet intérieur de dr., Jeanne de Laval, femme du roi René, avec saint Jean l'Évangéliste, sainte Catherine et saint Nicolas; sur le volet de g., le roi René avec sainte Madeleine, saint Antoine et saint Maurice. Dans les écoinçons supérieurs du cadre, une chasse à la licorne, en camaïeu, commente l'enseignement du panneau central, lui-même résumé par une

louange liturgique inscrite au bas. Le triptyque provient de l'église disparue des Grands-Carmes où étaient ensevelis les viscères du roi René.
A côté, le **triptyque de la Passion** est un bel ouvrage français du XVe s. (volets modernes); bien qu'éclipsé par son illustre voisin, il mérite tout de même un regard. Presque en face du Buisson ardent, tableau du peintre flamand *Louis Finson*, ou *Finsonius*, qui aurait travaillé à Aix de 1609 à 1614, **Incrédulité de saint Thomas;** daté de 1613, il porte sous la signature trois lignes en flamand que l'on peut ainsi traduire : « Par les serviteurs de Bacchus et les compagnons de Vénus, la peinture est ici méprisée, d'où vient le proverbe Gueux comme un peintre que l'on répète journellement ».
Dans la dernière travée sont tendues quatre admirables ***tapisseries** de 1511, dont les cartons sont dus à des artistes bruxellois contemporains de Quentin Metsys; elles représentent à dr. 9 scènes de la vie de la Vierge, à g., 8 scènes de la Passion; ces tapisseries, avec celles qui sont exposées dans l'église romane, avaient été données à la cathédrale de Canterbury : vendues plus tard par les protestants, elles furent achetées à Paris en 1656 par le chapitre d'Aix. Des deux beaux **buffets d'orgue du XVIIIe s.** qui les dominent, celui de dr. est postiche, simplement placé là dans un but décoratif de symétrie.

Chœur. — Derrière le maître-autel, orné d'un bas-relief (Résurrection de Lazare) de *Ch. Veyrier* (XVIIe s.), s'ouvre la **chapelle Saint-Mitre,** du milieu du XVe s.; outre les **vitraux** de cette époque, par *Guillaume Dombet*, il faut remarquer surtout un tableau sur bois du XVe s., attribué à *Nicolas Froment* et représentant le **Martyre de saint Mitre.** A dr. du chœur, la chapelle du Corpus Domini, de 1739 (belle grille) abrite une Cène de *Jean Daret* (XVIIe s.).
A g. du chœur, chapelle N.-D. d'Espérance (XVIIe s.) : ce petit chef-d'œuvre baroque de *Laurent II Vallon* est la chapelle absidale de la nef Notre-Dame de l'Espérance qu'il aménagea vers 1695-1697 en reliant entre elles les chapelles bordant le flanc g. de la grande nef. Elle abrite une **Vierge en pierre polychromée** du XVIe s., et, sur l'autel, bas-reliefs de la fin du XVIIe s. dûs à *Antoine Duparc* et représentant le coadjuteur Bonacorsius guéri d'une apoplexie après avoir invoqué la Vierge, en 1312, et la Remise des clefs de la ville à la Vierge en 1649.

Bas-côté g. (ou nef Notre-Dame de l'Espérance, v. ci-dessus). — A l'extrémité du croisillon N., qui conserve des **vitraux** du XVe s., la chapelle Saint-Maximin abrite un retable **(Adoration des Mages)** de l'école du *Pérugin* (XVIe s.). — Dans la dernière chapelle latérale, il ne reste que le socle, avec quelques statuettes mutilées, du tombeau de l'archevêque Olivier de Pennart (1473). — Au bas du côté, chapelle Sainte-Catherine, ou de l'Université : ***autel en pierre sculptée** d'un bas-relief figurant la Vierge, l'Enfant Jésus et sainte Anne, à g. saint Maurice, à dr. sainte Marguerite sortant du dragon qui l'avait mangée (on avait longtemps cru qu'il s'agissait de sainte Marthe avec la Tarasque).

Le ****cloître,** au S. de la cathédrale, a été reconstruit à la fin du XIIe s. et remploie peut-être quelques éléments d'un cloître antérieur. De petites dimensions, couvert d'une simple charpente qui permet à ses arcades en plein cintre de ne s'appuyer que sur des couples de fines colonnettes, il est d'une grâce et d'une légèreté rares. La **décoration,** abondante et variée, **rappelle** à maints égards **celle du cloître Saint-Trophime** à Arles, notamment dans les piliers d'angles, surmontés des symboles des évangélistes, et dont celui du N.-E. porte une grande figure de saint Pierre.

La plupart des chapiteaux sont en très mauvais état. Dans la **galerie N.**, les **chapiteaux historiés** figurent des scènes de la vie du Christ : Annonciation, Nativité, Circoncision, Adoration des mages, Jésus enseignant, Voyage des mages, Fuite en Egypte, Descente de croix, Christ au tombeau. Disséminés dans les autres galeries, où les chapiteaux sont surtout ornés de feuillages, d'autres chapiteaux historiés montrent encore, dans leur facture (scènes s'enroulant en frise autour de la corbeille) ou dans le choix des thèmes (par ex. Constantin vainqueur de Maximien, c'est-à-dire la Religion triomphant du paganisme), une très **nette parenté avec ceux d'Arles.**

La **place des Martyrs de la Résistance** (plan D 1) — ancienne place de l'Archevêché —, sur laquelle donne le cloître, a été ouverte au XVIIIe s. Elle est bordée de façades Louis XV et ornée de la fontaine d'Espéluque (1618) qui porte un médaillon à la mémoire de *Marcel Provence* (1892-1951), « mainteneur de l'âme provençale »; co-fondateur du musée du Vieil-Aix, celui-ci fut aussi à l'origine du renouveau de la faïence de Moustiers.

L'***archevêché,** au fond de la place, traduit, par son ampleur et sa magnificence, l'importance du rôle, séculier en même temps que religieux, qui fut celui des archevêques d'Aix pendant plusieurs siècles : trait d'union entre le pouvoir royal et les représentants de la province.

Construit entre 1650 et 1730 par les *Vallon,* famille d'architectes auxquels on doit notamment plusieurs églises et hôtels d'Aix, et rehaussé en 1905, le bâtiment s'ouvre par une très belle **porte Régence** (1708-1720) attribuée à *Bernard Turreau,* dit *Toro* (1661-1731); la ***grille** de la cour (qui sert de cadre aux principales manifestations du festival) provient de l'ancienne église de la Miséricorde. Sur la g., l'escalier à double révolution, avec une belle rampe en ferronnerie de 1793, donne accès au **musée des Tapisseries.**

Visite : payante, t.l.j. sauf mardi, certains jours de fête et en janvier, de 10 h à 12 h et de 14 h 30 à 17 h (18 h en été).

Conservation : ☎ 23-09-91. *Mme Marie-Henriette Krotoff,* conservateur.

Le musée montre essentiellement trois séries de très belles ****tapisseries de Beauvais,** trouvées dans les combles en 1849 et dont on ignore l'origine : — les **Grotesques,** six pièces d'après *Berain* (XVIIe s.), caractéristiques des décors agencés par cet ornemaniste (rinceaux, arabesques, animaux et chimères ornant un fond architectural gracile devant lequel dansent des personnages, tout cela traité de façon fraîche et délicate); — l'***Histoire de Don Quichotte,** neuf pièces tissées (1735-1744) sous la direction d'*Oudry* et de *Besnier* d'après des cartons de *Natoire* (d'une facture tout à fait différente, ce sont de grands tableaux illustrant avec une certaine emphase les épisodes du roman de Cervantès); — les **Jeux Russiens** (c'est-à-dire « rustiques »), quatre pièces d'époque Louis XVI (1769-1793), sur des cartons de *Leprince,* gracieuses et bien représentatives de la vision aimable et idyllique que la cour pouvait avoir du monde rural : on pense à Marie-Antoinette et à son hameau du Petit Trianon.

1re salle. — Tapisseries : Rencontre de Don Quichotte et de la Duchesse, Sancho et la marchande de noisettes, Repas de Sancho, Sancho amenant Dulcinée à Don Quichotte.

Salon Jaune où, d'après la tradition, se réconcilièrent *Louis XIV* et le grand *Condé,* le 27 janvier 1660. — Tapisseries : Don Quichotte combat-

tant les chauves-souris dans la caverne de Montesinos, Don Quichotte et la princesse de Micromicon, Don Quichotte chez la Duchesse, Don Quichotte et le chevalier des Miroirs.
Salle à manger, décorée de stucs des XVIIe et XVIIIe s. Armoire Régence et **statue de saint Jean,** en bois, du XVIe s.
4e salle. — Tenture de six pièces d'après *Berain* (V. ci-dessus). Paravent à décor Berain.
5e salle. — Trois tapisseries des Jeux Russiens : les Dénicheurs d'oiseaux, la Danse, Halte de bohémiens. Commode en marqueterie de *Foullet*.
6e salle. — De part et d'autre de la porte du fond, Sainte Madeleine enlevée par les anges, Saint Maximin communiant sainte Madeleine, **bas-reliefs** en marbre de *Ch. Veyrier* (1637-1689), sculpteur aixois. Tapisserie des Jeux Russiens : Banquet de plein air. Face aux fenêtres, Départ de Sancho pour l'île de Barataria.

Avant de poursuivre par la rue Gaston-de-Saporta, revenez devant la cathédrale.

La **place de l'Université** ne nous fait pas quitter le domaine archiépiscopal : à ses fonctions civiles et religieuses, l'archevêque ajoutait celle de Chancelier de l'Université. Le côté O. de la place est bordé par l'ancienne **faculté de Droit,** dont l'origine remonte à 1409. Le bâtiment actuel, élevé en 1734 par *Georges Vallon,* abrite désormais l'Institut d'Études politiques.

La place est ornée d'un buste de **Nicolas Claude Fabri de Peiresc,** conseiller au Parlement, l'une des grandes figures d'Aix au début du XVIIe s.

Né à Belgentier, dans le Var, en 1580, et mort à Aix en 1637, cet érudit et collectionneur s'intéressait tout autant à l'astronomie qu'à l'histoire, à l'archéologie, à la littérature, au droit, aux sciences naturelles et physiques et entretint une correspondance suivie avec les grands esprits et les grands savants de son époque : Galilée, Gassendi, le Père Mersenne, Finsonius et Rubens (dont il fut l'ami), Malherbe, Balzac, Chapelain, Grotius et beaucoup d'autres. Son cabinet de tableaux était célèbre et fréquenté, et il contribua pour une bonne part au développement du mouvement artistique que connut Aix à cette époque.

➡️ La **rue du Bon Pasteur** (plan C 1-2) passe pour conserver le tracé de l'une des voies décumanes de la cité romaine. L'ancienne **chapelle des Pénitents Bleus,** de 1775, abrite maintenant l'Institut for American Universities.

La **rue Gaston de Saporta** (plan D 1-2), réservée aux piétons, offre, en condensé, un des visages typiques des vieilles rues d'Aix : nobles hôtels et boutiques à la mode — antiquaires, artisanat, épicerie fine et produits naturels.
Au n° **23,** le bel **hôtel de Maynier d'Oppède,** bien qu'acheté et rebâti en 1730, conserve le nom de la célèbre famille qui l'avait possédé depuis 1490. Longtemps occupé par la faculté de Lettres (1846-1950), il est auj. le siège de l'Institut d'Études Françaises pour étudiants étrangers, de l'Association pour la protection des demeures anciennes et d'une annexe des Archives départementales (le fonds est constitué pour l'essentiel par les archives du Parlement de Provence et des notaires d'Aix).

Au n° 21, l'hôtel Boyer de Fonscolombe, du milieu du XVIIIe s., est, quant à lui, occupé par l'Institut des Sciences pénales; beaux plafonds peints, attribués à *Pinson* et *Ziegler*.

L'***hôtel de Châteaurenard**, au n° 19, siège des services sociaux de la municipalité, a été élevé en 1650 pour *Jean-François Aimar-Albi*, baron de Châteaurenard, conseiller au Parlement. Il est célèbre par la richesse et la virtuosité de son décor intérieur, notamment l'**escalier monumental décoré en trompe-l'œil**, réalisé en 1654 par *Jean Daret*. De passage à Aix, Louis XIV y habita.

Le ***musée du Vieil Aix** (plan C 2), créé en 1933 par *Henri Dobler* et *Marcel Provence,* est installé au rez-de-chaussée du bel ***hôtel d'Estienne de Saint-Jean**, reconstruit en 1664, dont la solenelle façade, avec ses pilastres cannelés sommés de chapiteaux corinthiens et sa porte sculptée de feuillage, était traditionnellement attribuée à *Pierre Puget;* ou en fait plus volontiers, aujourd'hui, une réalisation de *Laurent II Vallon*.

Visite : payante, t.l.j. sauf lundi, de 10 h à 12 h et de 14 h à 17 h (18 h en été).

Faisant fi du didactisme, la présentation rassemble des séries de témoignages du passé, aussi bien aristocratique que populaire, de la cité. Un amas, un peu hétéroclite et un rien poussiéreux, de souvenirs de toutes sortes : ce n'est pas le moindre de ses charmes; l'impression, parfois, de visiter le grenier des grands-parents, avec ce que cela réserve de découvertes passionnantes.

1re salle. — Faïences de **Moustiers**. Souvenirs et documents relatifs à Mirabeau. Portraits et bibelots. Vues anciennes d'Aix, en particulier du palais des comtes de Provence qui fut démoli en 1782.
2e salle. — Curieux ensemble de **marionnettes** avec décors peints, du début du XIXe s., représentant l'**ancienne procession et les jeux de la Fête-Dieu**; masques des jeux de la Fête-Dieu. Institués en 1462 par le roi *René*, les jeux de la Fête-Dieu ont longtemps constitué une des plus importantes fêtes provençales. Un immense cortège rassemblait alors une grande partie de la population, défilant en une suite de tableaux vivants inspirés des mystères du Moyen Age. S'y mêlaient diverses sortes de personnages costumés, notamment les fameux « **chivau-frus** », jeunes gens affublés d'un cheval juponné, en carton-pâte, avec lequel ils dansaient sur une musique que l'on attribuait au roi René lui-même. Costumes, lanternes et porte-cierge provenant des anciennes **confréries de pénitents**. Chefs d'œuvre de charrons, selliers, bourreliers.
3e salle. — **Santons articulés** de l'ancienne crêche mécanisée et parlante de la chapelle des Grands-Carmes d'Aix (1830-1911) : ils jouaient une pastorale en 25 tableaux.
4e salle. — Lithographies, gravures, plans, documents divers concernant le vieil Aix.
5e salle (face à l'entrée). — Costumes. Grande toile imprimée de l'ancien atelier des Infirmeries d'Aix (XVIIIe s.). Très beau coffre en fer du XVIIe s.
6e salle. — C'est un petit **boudoir** avec un joli plafond et une petite coupole peinte peut-être par *Daret*. Tableaux divers.
7e salle. — Ancienne salle de bains de l'hôtel; plafond et carrelage du XVIIe s.

TOUR DE L'HORLOGE — HÔTEL DE VILLE

☞ *Si vous disposez d'un peu de temps, vous pouvez, avant de poursuivre, faire un tour dans la partie occidentale de la vieille ville :*

Presque en face du musée, suivez la rue de Littéra puis, dans son prolongement, la rue Campra, et prenez à g. la **rue Marie et Pierre Curie** : au n° 10, l'**hôtel de Galice**, du début du XVIIe s., occupé par les services techniques de la ville, abrite un très bel escalier au plafond orné de gypseries ; au n° 17, **hôtel d'Oraison,** avec une belle façade du XVIIIe s.
Vous pouvez faire ensuite un petit circuit par les **rues Loubet** (la construction du parking Bellegarde a dégagé, en bordure de la rue, les restes d'une tour des remparts), Saint-Henri, **du Puits-Neuf** (portail intéressant au n° 15), qui ont mieux conservé leur allure médiévale : rues austères, à rares fenêtres, à lourdes portes, à murs crayeux sur lesquels se découpent de grands pans d'ombre. Par la **rue Paul-Bert** (belle maison au n° 20), vous pouvez ensuite gagner directement la place de l'Hôtel-de-Ville.

☛ La ***tour de l'Horloge,** qui enjambe la rue, marque la limite S. du bourg Saint-Sauveur. Élevée sur des blocs romains de remploi, succédant à une ancienne porte du rempart qui séparait le bourg de la cité comtale, elle devint le symbole même de l'unité de la ville lorsque, au XIVe s., l'hôtel de ville fut établi à son pied.

Surélevée en 1510 et décorée alors de pinacles flamboyants, elle porte une horloge horaire et une horloge astronomique (1661) surmontant primitivement sept statues en bois des Jours de la semaine ; réduites à quatre au XIXe s., on les chargea alors de symboliser les Saisons. Un beau campanile en fer forgé du XVIIe s. abrite la « cloche du ban ».

☐ L'**hôtel de ville** (plan CD 2) succède, dans sa forme actuelle, à deux autres édifices : le premier, construit au XIVe s., fut incendié en 1536 par les armées de Charles Quint ; reconstruit puis de nouveau détruit, il fut rebâti de 1655 à 1660 et de 1665 à 1670 sur les plans et dessins de *Pierre Pavillon,* architecte et sculpteur célèbre en son temps (né à Paris en 1624). La décoration fut réalisée sous ses directives par deux artistes dont les noms sont attachés à la plupart des édifices publics et des grands hôtels d'Aix, *Jean-Claude Rambot* (1621-1694) et *Jacques Fossé.*
Les façades ont conservé l'essentiel de leur style baroque avec encorbellements, enroulements de colonnettes et frontons, notamment dans la **cour,** très italianisante. La ferronerie du balcon et la superbe grille en fer forgé de la cour sont l'œuvre de *Pavillon.*

Dans la cage d'escalier, belle statue baroque du maréchal duc de Villars (1653-1734), par *Coustou ;* le gouverneur de la Provence pose comme un personnage d'opéra. Au 1er étage, la **salle des États,** décorée en 1716 et 1739, détruite par les « Marseillais » en 1792, a été restaurée au XIXe s. ; elle surmonte la **salle des mariages** qui, au rez-de-chaussée, est curieusement voûtée d'ogives.

La **bibliothèque Méjanes,** aux 1er et 2e étages de l'aile g., est, par la richesse de son fonds ancien, l'une des plus importantes de province. Elle a été fondée par *J.-B. Piquet, marquis de Méjanes* (1729-1786), consul d'Aix, bibliophile passionné qui, par testament, légua ses collections à la ville sous condition de les ouvrir au public. Outre ses 300 000 volumes, elle possède 1 600 manuscrits, dont des manuscrits à peintures célèbres (parmi lesquels un Evangéliaire du XIIe s., le Missel de Murri, le Livre d'heures du roi René, etc.), et 400 incunables, visibles à l'occasion des expositions temporaires qu'elle organise chaque année entre Pâques et la Toussaint.

La bibliothèque s'est enrichie en 1976 d'une **fondation Saint-John-Perse,** qui groupe un petit musée consacré au poète (1887-1975) et à ses œuvres, une bibliothèque et un centre d'études, et organise également diverses expositions au cours de l'année.

La **place de l'Hôtel-de-Ville** n'a été ouverte qu'en 1741 pour dégager l'édifice communal. Un marché aux fleurs s'y tient les mardi, jeudi et samedi, le matin. La **fontaine,** réalisée par *Chastel* en 1755 avec une colonne romaine, rappelle par ses inscriptions le souci que manifestaient les édiles communaux, les premiers personnages de la province et ceux du royaume, à commencer par Louis XIV, quant à l'alimentation en eau de la cité.

L'ancienne **halle aux grains,** construite par *Georges Vallon* vers 1760 au S. de la place qu'il venait d'aménager, a été également décorée par *Jean Chastel,* toujours sur le thème de l'eau (c'est l'époque à laquelle sont faits de grands efforts pour développer l'irrigation) : le fronton figure le Rhône et la Durance (sous les traits de Cybèle).

Plutôt que d'aller directement place Richelme (ci-après), repassez sous la tour de l'Horloge pour gagner d'abord la place des Cardeurs.

La **place des Cardeurs** (plan C 2), ouverte à partir de 1960 à la place d'un îlot insalubre, s'étire, nue et calme, à deux pas de l'agitation du centre. Point d'hôtels nobles, mais ses façades simples de maisons modestes, vieilles plutôt qu'anciennes; de belles portes aux n[os] **8, 20, 26**; une jolie boutique, la **Galerie des Cardeurs,** à l'entrée de la vétuste rue Venel : au n° **27** de celle-ci, l'**hôtel de Venel** (auj. bureau d'accueil pour les travailleurs étrangers) conserve une importante décoration intérieure et notamment de très beaux plafonds peints, en particulier la « Chute des géants », par les frères *G. et J.-B. Daniel* à la fin du XVIIe s.; il avait été construit pour Gaspard de Venel, conseiller au Parlement, qui avait épousé Madeleine de Gaillard-Longjumeau, gouvernante des sœurs Mancini puis des enfants de France.

La **rue de la Verrerie** (qui croise la rue des Cordeliers, très commerçante), puis la **rue des Marseillais** (au n° **10,** bas-reliefs en stuc du XVIIIe s. représentant les Saisons), ramènent à la place Richelme.

La **place Richelme** (plan D 2), à l'ombre des platanes, rejustifie chaque matin son vieux nom de **place aux Herbes** : c'est le marché aux fruits et légumes, qui se tient ici depuis des siècles et où la tradition veut que le roi René, dont la vieillesse fut pauvre, ait eu aussi son banc où un membre de sa maison venait vendre le produit des jardins royaux.

Deux rues, de part et d'autre de la halle aux grains, relient la place Richelme à la place de l'Hôtel-de-Ville : dans la **rue Maréchal-Foch**, à l'O., l'imposant **hôtel d'Arbaud** (n° **7** ; fin du XVIIe s.) offre un portail encadré de deux atlantes, en mauvais état, assez inhabituellement disposés (l'un de face, l'autre de dos) ; la **rue Vauvenargues**, à l'E., tire quant à elle son nom de celui de *Luc de Clapiers, marquis de Vauvenargues* (1715-1747 ; V. aussi it. 24 C, km 45), qui y naquit au n° 26.

Officier, ayant renoncé à la carrière diplomatique, il se lia avec les plus beaux esprits du temps et se consacra à la littérature. Ses réflexions et maximes (1746) méritent d'être relues et méditées.

La **rue Méjanes** est le cœur du **secteur piétonnier** d'Aix : façades refaites ou plaquées de ce chaud calcaire de Rognes, pavage de couleur assortie, bacs de fleurs, boutiques rivalisant d'élégance discrète ; ici l'on peut flâner ; l'animation est celle de l'activité humaine, non de la mécanique ; les bruits sont gens qui parlent ou envols de pigeons et non vrombissements de moteurs.

Rue Laurent-Fauchier (ce peintre mal connu — 1643-1672 — avait suffisamment bonne réputation pour que *Puget* le choisisse comme maître de son fils), on passe devant la façade sévère (n° **12**) de l'**hôtel Barthélemy** (XVIIe s.).

Dans la **rue Aude**, au n° **13**, l'***hôtel de Croze-Peyroneti** a été élevé en 1620 ; intéressante façade ornée de pilastres jumelés et d'une frise dorique à bucranes.

L'hôtel a appartenu à la famille de Miollis, dont sont issus Sextius de Miollis (1759-1828), général d'Empire, et surtout Bienvenu de Miollis (1753-1828), frère du précédent, évêque d'Aix à la bonté légendaire en qui Hugo aurait trouvé le modèle du Mgr Myriel des « Misérables ».

La **rue Bédarrides**, piétonne elle aussi, descend vers la **rue Espariat**, laissant à g. une ancienne chapelle du XVIIIe s.

L'**église du Saint-Esprit** (plan C 3), ancienne chapelle de l'hôpital de ce nom, reconstruite en 1706-1716 par *Laurent Vallon* et son fils *Georges*, présente une façade très sobre. Mirabeau s'y maria le 23 juin 1772.

Dans le croisillon g., le **triptyque de l'Assomption**, daté de 1505, semble pouvoir être attribué à *G. Francia* ; une tradition veut que les douze apôtres aient les visages des douze premiers personnages du Parlement, qui avait commandé ce triptyque pour sa chapelle. Dans le croisillon dr., Descente du Saint-Esprit, par *Jean Daret* (1653).

En face de l'église, le ***clocher des Augustins** (XVe s.), couronné d'un très beau **campanile en fer forgé** de 1677, est le seul reste important d'un couvent établi ici au XIIIe s. ; divers autres vestiges de ce couvent sont noyés dans le pâté de maisons, notamment ceux d'une chapelle intégrée auj. dans les bâtiments de l'hôtel d'Europe.

La **rue Espariat**, commerçante, animée, fut jusqu'à l'ouverture du Cours l'une des principales artères de la ville ancienne : elle conduisait au palais.

La ****place d'Albertas** (plan D 3), toujours pavée en calade (c'est-à-dire en galets de rivière), réunit charme, élégance et équilibre. Cadre propice aux manifestations musicales qu'elle accueille les soirs d'été; c'est alors, surtout, qu'il faut la voir, lorsque les illuminations mettent délicatement en valeur ses trois faces rythmées de pilastres ioniques et appuyées sur la solide façade à refends du rez-de-chaussée, et les mascarons des fenêtres. Elle fut ouverte en 1745 par *Jean-Baptiste d'Albertas* pour dégager la façade de l'hôtel construit par son père. La fontaine, ajoutée en 1912, s'y intègre magnifiquement.

L'**hôtel d'Albertas,** sur le côté N. de la place, avait été bâti vingt ans plus tôt par *Henri Reynaud d'Albertas,* premier président de la Cour des comptes. Sa façade, plus sobre, est échancrée sur la g. d'un pan coupé destiné à permettre aux carrosses de tourner pour emprunter la porte cochère.

L'***hôtel de Boyer d'Eguilles,** un peu plus loin (6, rue Espariat) a été élevé en 1675 par *Magdeleine de Forbin d'Oppède,* veuve de Vincent de Boyer d'Eguilles. L'œuvre fut poursuivie par *Jean-Baptiste de Boyer-d'Eguilles,* conseiller au Parlement mais aussi élève de Pierre Puget et qui **aurait lui-même travaillé à la décoration intérieure.** Les ailes et la façade ont conservé de cette époque leur grande allure. L'aménagement et la décoration intérieure sont dus principalement à *Jean-Claude Rambot* et certaines pièces du mobilier, entre autres les panneaux des Quatre Saisons peints par *Reynaud Levieux* (1613-ap. 1694), proviennent de la chambre de Lucrèce de Forbin-Solliès, dans l'hôtel de Rascas qu'elle avait rue de la Verrerie.

Visite : t.l.j. sauf dim. matin et jours fériés, de 10 h à 12 h et de 14 h à 18 h.

L'hôtel abrite, au 1er étage, le **muséum d'Histoire naturelle** qui possède des collections générales ou locales de minéralogie, pétrographie, conchyliologie et paléontologie; des collections d'ichtyologie et de botanique, et, parmi ces dernières, celles qui ont été l'objet des travaux de *Gaston de Saporta* et qui comptent parmi les plus importantes qui soient. Enfin, outre les collections de préhistoire et de paléontologie d'Afrique du nord, le muséum possède un ensemble de **coquilles** et d'**œufs fossiles de dinosaures** provenant du gisement, proche d'Aix, de Roques-Hautes.

La rue Espariat conduit à la petite **place Saint-Honoré,** au cœur du secteur piétonnier : à g. s'ouvre la rue des Bagniers en haut de laquelle, sur une fontaine ancienne, a été apposé un médaillon exécuté d'après *Renoir* et figurant Cézanne; sur la dr., les rues Clemenceau ou Fabrot conduisent au cours Mirabeau.

23 B - Quartiers ouest; les thermes

En bordure de la ville ancienne, cette promenade vous entraîne dans ses anciens faubourgs, établis à l'emplacement de la colonie romaine. Dans la partie S., à l'intérieur du rempart, une opération d'urbanisme fait surgir en 1605 le petit quartier de Villeverte, aux rues régulièrement tracées. Plus au N., les thermes, exploités depuis l'époque romaine, dominent sans discontinuer la vie du quartier avec les diverses activités nées de la présence de sources (bains chauds de la rue des Étuves, lavoirs, tanneries, etc.). A l'O. enfin, hors les murs, s'étend le faubourg qui, à partir du XVIIe s., se développe peu à peu pour rejoindre, à Notre-Dame de la Seds, l'ancienne « Ville des tours », premier siège épiscopal de la cité avant son transfert au bourg Saint-Sauveur.

De la **Rotonde,** la rue Espariat, au N.-E., conduit à la petite **place des Augustins** (plan C 3), ornée d'une fontaine de 1820. De là, la rue de la Couronne, qui longe à g. le quartier de Villeverte, atteint ensuite la place des Tanneurs et sa fontaine ombragée.

La **chapelle des Pénitents Gris** (plan C 2; ouverte le sam. à 17 h), du XVIIe s., abrite une monumentale ***Descente de Croix** en bois sculpté, en partie du XVIe s; d'une qualité exceptionnelle, cette œuvre est peut-être due à *Jean Guiramand.* La confrérie des Pénitents Gris (ou *Pénitents Bourras,* comme on les nomme ici) est la seule qui subsiste des nombreuses que comptait la ville sous l'Ancien Régime.

Les maisons du côté g. de la **rue Lieutaud** englobent totalement les restes (notamment deux galeries de cloître) de l'ancien couvent des Cordeliers, fondé au XIVe s., dont un restaurant (au no 21) conserve le nom.

La **rue des Cordeliers** conserve quelques belles maisons bourgeoises (on peut aller voir, en faisant un petit crochet à dr., les portes ouvragées et les balcons en ferronnerie des no **31** et **36**); elle conduit à g. au **cours Sextius,** débouchant presque en face de la fontaine Pascal (1922) où les Aixois viennent remplir d'eau thermale bouteilles et bonbonnes.

L'**église Saint-Jean-Baptiste** (plan B 2), reconstruite par *Laurent Vallon* entre 1685 et 1692 sur l'emplacement d'une ancienne chapelle de doctrinaires, est restée inachevée.

Du plan en croix grecque prévu, seules deux branches ont été réalisées de part et d'autre de la coupole centrale. La décoration et le mobilier sont baroques; maître-autel du XVIIIe s.; la chaire, en marbre, est l'œuvre de *Jean-Claude Rambot* (1704).

De la fontaine Pascal, la rue Van Loo mène à la rue Celony où, au no **32,** *s'ouvre l'allée conduisant au pavillon Vendôme.*

Le **pavillon Vendôme** (plan B 2), précédé d'un petit jardin à la française, a été construit à partir de 1664 par *Antoine Matisse,* Parisien fixé en Arles, et *Pierre Pavillon,* l'architecte de l'hôtel de ville. Il n'avait alors qu'un étage coiffé d'un toit à la Mansart, type de couverture tout à fait exceptionnel en Provence. Achevé et surélevé dans les premières années du XVIIIe s., il fut décoré par *Jean-Claude Rambot* qui sculpta les atlantes — qui semblent bien éprouvés par le poids de la pierre —, les frises et les figures des Quatre Saisons. Seul le balcon central a gardé sa délicate balustrade d'origine.

Le pavillon Vendôme est une « folie » qui fut bâtie sur un terrain offert par la Provence en témoignage de reconnaissance à *Louis de Mercœur, duc de Vendôme,* petit-fils de Henri IV et de Gabrielle d'Estrées et qui, durant son gouvernement, pacifia la province. Marié à Laure Mancini, puis devenu veuf, le duc de Vendôme vieillissant lia avec la jeune et jolie *Lucrèce de Forbin-Solliès* (connue à l'époque sous le nom de la « Belle du Canet ») des liens suffisamment tendres pour que le roi s'en émeuve et le contraigne à prendre le chapeau de cardinal. Après la mort, en 1669, du duc-cardinal, le petit château changea plusieurs fois de propriétaires. Il fut acquis en 1730 par le peintre *Jean-Baptiste Van Loo* (1684-1745), qui y installa son atelier et y mourut et, beaucoup plus tard, par *Henri Dobler* qui le légua à la ville pour en faire un musée.

Visite : payante, t.l.j. sauf mardi et certains jours de fête, de 10 h à 12 h et de 14 h à 17 h 30 (18 h en été).

Conservation : ☏ 21-05-78 ; *Mme* Marie-Henriette Krotoff, conservateur.

Bien qu'ayant perdu une grande partie de son décor intérieur, c'est un **musée d'ambiance** où quelques meubles et objets anciens et les parties subsistantes du décor tentent de restituer l'atmosphère d'une époque. A voir de préférence lors des expositions qu'il accueille fréquemment... où en se faisant inviter à l'une des réceptions officielles de la municipalité auxquelles il sert aussi de cadre.
Le vestibule est imposant car les carosses pénétraient jadis à l'intérieur et venaient se placer au pied de l'escalier. A g., **salon Louis XIV** où l'on voit les portraits de Lucrèce de Forbin et du vieux duc de Vendôme, un « cabinet » d'enfant et une très belle armoire hollandaise en palissandre renfermant des faïences de Marseille ; à côté, une pièce aux murs couverts de cuir de Cordoue est utilisée comme salle de projections sur l'histoire de la construction et l'architecture du pavillon.
Dans l'**escalier,** de noble allure avec une rampe de style Louis XIV et des gypseries, parfois un peu lourdes, de *Pierre Michel* (1684), très belle commode en bois de rose de style transition.
1er étage : Le **cabinet hollandais,** polychrome, rappelle l'importance de l'étape d'Aix pour les peintres hollandais qui faisaient le voyage d'Italie ; dessin du XVIIIe s. représentant le pavillon ; deux sanguines. — Le **salon Bleu** est tout à fait caractéristique du style provençal rustique (remarquer la petite marguerite, qui est le « poinçon » des ébénistes provençaux) ; paravent en toile peinte ; portrait de Louis XIII enfant ; deux natures mortes du XVIIe s. — Dans le **salon rose,** décoré dans le style naïf provincial, deux tapisseries d'Aubusson, deux sanguines, un autoportrait de *Van Loo* et un portrait de lui (pastel) par *M. Quentin de Latour.* — La **grande salle** garde de beaux meubles d'encoignures et plusieurs dessins et **tableaux de l'école provençale du XVIIIe s.**

L'**établissement thermal** (plan BC 1) a été construit en 1705 à côté des anciens thermes de Sextius (définitivement détruits au XIXe s.), à l'angle N.-O. du **rempart** de la ville médiévale. Il reste de celui-ci quelques fragments visibles dans les façades de la rue en contre-bas du cours Sextius et, au N. des thermes, à l'entrée du parc, la **Tourreluque** (XIVe s.), la seule à peu près bien conservée des 39 tours de l'enceinte.

PALAIS DE JUSTICE

L'eau : elle est faiblement minéralisée (bicarbonatée calcique et à peine sodée) et sort de terre à 32,8° à raison de 800 m³ par jour à la **source Sextius**. Limpide, incolore, sans saveur ni odeur, elle est exploitée selon nécessité en boissons, bains et douches, massages sous l'eau, et traite les troubles veineux (varices, phlébites), l'obésité nutritionnelle, les rhumatismes articulaires; son action sédative et désintoxicante (diurèse) peut la faire utiliser dans le traitement de certains troubles nerveux.

Le cours Sextius ramène, à deux pas de la Rotonde (place du Général-de-Gaulle; plan C 3), à la **place Barthélemy-Niollon** (fontaine du milieu de XIXe s.) où, au n° 2, se trouve la maison où *Darius Milhaud* (V. prom. 23 E) passa son enfance.

23 C - Quartier des Prêcheurs

A la limite orientale de la ville comtale, voici un autre faubourg, peuplé aussi d'artisans et de congrégations religieuses. C'est à l'orée de ce quartier que s'effectue, dès la fin du XVIe s., la première des grandes opérations d'urbanisme consécutives à l'expansion du rôle politique de la cité. Les rues, anciennes ou nouvelles, convergent sur la place des Prêcheurs, drainant la vie mondaine vers le pied du Palais.

En haut du cours Mirabeau (n° **55**), engagez-vous dans le **passage Agard,** ouvert sur l'emplacement de l'ancien couvent des Grands-Carmes qui abritait les mausolées du roi René et de l'une de ses filles, Blanche.

De ce couvent ne subsistent plus que des vestiges, assez importants, du **cloître,** reconstruit au XVIIe s. et dont quelques boutiques élégantes (mode, artisanat d'art, antiquités, etc.) occupent les arcades. D'autres parties, plus ou moins dégradées, ont été intégrées dans les maisons voisines : des restes de la chapelle sont reconnaissables à g. dans la petite rue des Carmes.

Le **palais de Justice** (plan DE 2), construit dans une pierre très blanche qui semble vouloir souligner sa froideur officielle, occupe l'emplacement du château des rois-comtes de Provence, château embelli en particulier par le roi *René* qui fit construire l'aile orientale et une loggia. Après l'annexion de la Provence par la France, le Palais abrita les grandes administrations de l'État : le Parlement; la Cour des comptes, les Finances, la Sénéchaussée.

Démoli de 1776 à 1786, en même temps que l'on entreprenait une rénovation totale du quartier, le Palais aurait dû être reconstruit à la veille de la Révolution sur les plans de Nicolas Ledoux; mais, interrompus, les travaux ne reprirent qu'en 1822 pour s'achever dix ans plus tard. L'architecte en était Penchaud, qui a laissé de nombreux monuments néo-classiques en Provence (église de Saint-Rémy, arc de triomphe de la Porte d'Aix à Marseille, etc.). Le Palais a été surélevé et couvert d'une verrière en 1957.

De part et d'autre de l'escalier, **statues** de marbre, dues au sculpteur aixois *J.-M. Ramus* (1805-1888), de deux célèbres jurisconsultes d'Aix : *Joseph-Jérôme Siméon* (1749-1842) et *Joseph-Marie Portalis* (1778-1858), qui participèrent à la rédaction du Code civil. Dans l'immense salle des Pas-Perdus, monument en marbre de Mirabeau par un autre Aixois, *A.-F. Truphème* (1820-1888). — Derrière le palais de Justice, la prison.

Devant le Palais s'étend la **place de Verdun,** prolongée au N. par la **place des Prêcheurs.** C'est là que se tient, chaque mardi, jeudi et samedi, le matin, un vaste **marché** : fruits, légumes et aromates — les vraies « herbes de Provence » — place des Prêcheurs; antiquités, brocante, place de Verdun; habillement et divers, au pied du palais et de la prison (friperie et dentelles de grands-mères rue Monclar).

La place des Prêcheurs est la plus ancienne d'Aix, créée vers 1450 par le roi *René.* En face du palais, au n° **4, hôtel d'Agut,** bâti en 1676 pour Pierre d'Agut, conseiller au Parlement; deux atlantes, traitées comme des figures de proue de navire, encadrant la porte. Plus haut, en face de l'église, l'ancien **hôtel de Gras** conserve une belle porte sculptée de 1769.

A côté, un pasage voûté, le **Portalet,** donne dans la rue Rifle-Rafle, bordée à dr. par l'ancien **hôtel du Périer** où mourut *Rose de Périer* : c'est à l'occasion de ce deuil que *François de Malherbe* (1535-1628; un Aixois d'adoption) écrivit sa célèbre « Consolation à du Périer ». Côté place des Prêcheurs, l'hôtel est, depuis la fin du XVIe s., occupé par une librairie, selon le vœu même de son constructeur, *Gaspard du Périer* grand bibliophile.

C'est au 34 de la place des Prêcheurs qu'est né l'abbé Henri Brémond *(1855-1933), académicien, célèbre pour ses polémiques sur la « poésie pure » et auteur d'une « Histoire littéraire du sentiment religieux en France » qui fait autorité.*

La **fontaine des Prêcheurs,** décorée en 1758 par *Jean Chastel,* porte quatre médaillons représentant le proconsul Caïus Sextius, Charles III du Maine, dernier comte de la Provence indépendante, Louis XIV, et le comte de Provence, futur Louis XIV.

L'***église Sainte-Marie-Madeleine** (plan E 2), plus communément appelée **église de la Madeleine,** est l'ancienne chapelle du couvent des dominicains — les « Prêcheurs » — installé hors les murs en 1274 et englobé dans l'enceinte de la cité lors de l'agrandissement du XVe s. C'est un édifice à coupole centrale, reconstruit de 1691 à 1703. La façade n'a été bâtie qu'en 1855-1860 par *Révoil.*

L'église a hérité d'une **grande quantité de tableaux des XVIIe et XVIIIe s.** provenant d'églises détruites et pour la plupart œuvres de peintres aixois. Les **orgues** (1743; restaurées) sont dues au frère *Isnard,* dominicain de Tarascon qui fit aussi celles de Saint-Maximin.
Bas-côté dr. — ***Vierge** en marbre, une des plus belles œuvres de *Jean Chastel.* Peintures de *Jean Daret* : Sainte Thérèse recevant des mains de la Vierge et de saint Jean l'habit du Carmel, la Vierge donnant le rosaire à saint Dominique et à sainte Catherine de Sienne.

Croisillon dr. — *****Visitation,** par *Reynaud Levieux;* Salvator de Horta guérissant des malades, par *Daret.*
Chœur. — Six grandes statues de saints, du XVIIIe s.; épitaphes, dont celle de Peiresc.
Croisillon g. — Au-dessus de l'autel, Madeleine chez Simon, par *Michel Serre.* Ange donnant à l'Enfant Jésus les instruments de la Passion, par *Carle Van Loo;* *****Martyre de saint Pierre,** autrefois attribué à *Rubens;* sainte Madeleine à la Sainte-Baume, par *J. de Lestang-Parade.*
Bas-côté g. — La chapelle Notre-Dame de Grâces abrite le panneau central du célèbre ****triptyque de l'Annonciation,** peinture du milieu du XVe s., commandé par le drapier Pierre Corpici. C'est un réel chef-d'œuvre, connu notamment pour le sourire de la Vierge et son atmosphère de mystère; il contient en effet une abondance de symboles (d'envoûtement?) qui laissent perplexe : le singe dans le rayonnement divin, les chauve-souris agrémentent les écoinçons de l'arc surmontant l'ange, le personnage dont le visage inquiétant apparaît entre deux colonnes derrière la Vierge, etc. Son attribution reste très discutée car on y décèle à la fois des influences flamandes, bourguignonnes et provençales : on a proposé d'y reconnaître l'œuvre du peintre *Jean Chapus,* qui travaillait à cette époque à Aix, ou celle de *Guillaume Dombet,* auteur des vitraux de la chapelle Saint-Mitre à la cathédrale. On a parfois aussi avancé le nom de *Colantonio* en raison d'analogies dans la composition avec son saint Jérôme (au musée de Naples). Des copies des volets sont visibles à la sacristie (les originaux sont l'un à Bruxelles, l'autre, coupé en deux, pour moitié à Rotterdam et au Louvre).
Dans la même chapelle, *****statue de Notre-Dame de Grâces,** Vierge en bois peint de la fin du XIIIe s. — Dans la dernière travée du bas-côté, Mort de saint Joseph, par *J.-B. Van Loo,* et Nativité, par *N. Mignard.*

Au N. de la place des Prêcheurs s'ouvre la **rue Mignet** : au no 6, **hôtel d'Ailhaud,** décoré vers le milieu du XVIIIe s. Aux nos **12 à 20,** un pensionnat occupe l'ancien monastère de la Visitation, fondé en 1624; la façade de la chapelle, baroque, est de *Pierre Pavillon* (bel intérieur; on peut visiter). A côté, l'**hôtel de Valbelle,** ample construction du milieu du XVIIe s., abrite la gendarmerie. En revenant à la place des Prêcheurs, vous pouvez faire un agréable crochet par la charmante **place des Trois-Ormeaux** (à l'angle des rues Jaubert, Matheron, et de Montigny; plan D 2 ; mais trois platanes les ont remplacés au siècle dernier).

La **rue Thiers** (plan E 3) qui, au S. de la place des Prêcheurs, ramènerait vers le Cours, a été ouverte sur un rempart du XIVe s.; une librairie, à l'entrée de la rue, conserve de cette époque de remarquables caves voûtées. Au no **2, hôtel de Roquesante,** du XVIIe s., qui appartenu à Pierre de Roquesante, conseiller au Parlement qui fut exilé de sa province pour être courageusement intervenu en faveur de Fouquet; l'hôtel a conservé une importante décoration baroque. Au no **10, hôtel de Piollenc,** de la fin du XVIIe s.

Rue Manuel : au no **1, l'hôtel de Simiane,** au décor baroque abondant, a été bâti en 1641 par Angélique de la Ceppède, veuve de Henri de Simiane et fille de Jean de la Ceppède, poète et ami de Malherbe.
Plus loin, la rue Manuel croise la **rue Lacépède** (en dépit de l'orthographe, il s'agit bien du poète sus-nommé) où vous pouvez aller jeter un coup d'œil, à g., sur la **chapelle du collège de Jésuites,** élevée par *Laurent Vallon* vers 1680; à l'intérieur,

pilastres corinthiens, tribunes, frise et corniche composent un abondant décor classique.

Vers le S., la rue Lacépède rejoint la rue **rue Emeric-David** qui conserve plusieurs belles demeures : au n° **12**, l'**hôtel de Carcès**, construit en 1590 pour Jean Guesnay, trésorier général de France, passa ensuite dans la famille de Carcès-Simiane; la cour a gardé son allure au XVIᵉ s., ses larges portails et ses frontons.

Lors du passage à Aix de Louis XIV, les filles d'honneur de la reine mère logèrent en cet hôtel dont l'inscription, hôtel de Carcès, fut changée par des plaisantins en hôtel des Garces; l'affaire n'eut pas de suite (!)... uniquement parce que le roi s'en était fort amusé.

Au n° **16**, l'**hôtel de Panisse-Passis**, de 1739, a gardé l'heureux mélange de style classique allié à la fantaisie du baroque. Au n° **25**, l'**hôtel de Maliverny**, doté d'un imposant portail à bossages, conserve un plafond peint par *J.-B. Van Loo.*

La **rue Fontaine d'Argent,** qui doit son nom à une **fontaine** dessinée par *Chastel* (1758; à l'angle de la rue de la Mule Noire), débouche dans la rue de l'Opéra, juste en face de l'**hôtel de Lestang-Parade** (n° **18**), construit en 1650 par *Pierre Pavillon* pour Jean-Louis de Venel; la décoration intérieure est de *Jean-Claude Rambot.*

C'est ici que naquit la poétesse **Louise Colet** *(1810-1876), amie intime de Musset, Victor Cousin, Flaubert, etc., « qui fit longtemps parler d'elle dans le monde des Lettres et collectionna les aventures et les prix d'Académie ».*

A côté de l'**hôtel d'Arlatan** (n° **24**; XVIIIᵉ s.), l'**hôtel de Grimaldi-Régusse** (n° **26**) a été édifié vers 1680 sur des plans attribués à *Laurent II Vallon;* la sobriété de sa façade lui donne grande allure. Presque en face s'élève l'**Opéra,** construit en 1756 sur ordre du duc de Villars (sa décoration date de 1786).

La **rue Pavillon** conduit à la rue Maréchal-Joffre où le **Palais des Congrès** s'est installé dans l'ancienne chapelle des Pénitents Blancs, édifice d'origine gothique (élévation et voûtes) refait à la fin du XVIIᵉ s. (façade inachevée, et culs-de-lampe de l'intérieur).

La rue Maréchal-Joffre ramène à la **place Forbin** (plan E 3), dominée par la façade baroque de la ***chapelle des Oblats**, construite de 1693 à 1701 pour les carmélites par *Thomas Veyrier* et coiffée d'une coupole elliptique.

23 D - **Cours Mirabeau

L'étendard d'Aix. Aux yeux de tous, le symbole même du charme aixois, fait de distinction, de douceur de vivre, de platanes, de fontaines et de soleil provençal. Un lieu de promenade, de rencontre, de loisir; à quelques exceptions près, le commerce ne concerne ici que l'agrément : cafés et brasseries, librairies, confiseurs; survivance involontaire du temps où il était totalement interdit, réservant la place au déploiement des élégances, à l'étalage de la richesse. Riche ou pas, élégant ou non, on s'y montre toujours, en même temps que l'on vient voir. Voir tout et rien; les gens qui déambulent, les voitures qui passent, le temps qui court. Et les façades, immuablement belles.

Le cours fut créé en 1649 sur l'emplacement des remparts médiévaux, abattus quelques années plus tôt lors de l'aménagement, au S. de la ville ancienne, du quartier Mazarin. « Cours à carrosses », non prévu pour le passage, il est alors interdit à la circulation des charrettes et mulets comme à l'activité commerciale ou artisanale : le premier café ne s'y ouvrira qu'un siècle plus tard. A l'O., le cours est fermé par le rempart, rasé vers 1720 et remplacé alors par une balustrade ouvrant une vue sur la campagne et devant laquelle sera élevée une fontaine ornée de chevaux marins. Balustrade et fontaine seront démolies en 1778 pour aménager une vaste place où convergent les routes d'Avignon et de Marseille, la Rotonde; l'époque Napoléon III dotera la Rotonde de sa lourde fontaine. En 1830, les vieux ormeaux du cours sont remplacés par les platanes actuels (certains commencent à donner des signes de fatigue) et, en 1876, la municipalité le baptisera du nom de son bouillant député : jusqu'alors, on disait simplement le Cours. Mais les Aixois sont restés fidèles à leur passé.

Des quatre fontaines dont, au milieu de la chaussée, s'ornait jadis le Cours, il en reste trois : à la tête du Cours, la **fontaine du roi René** (1824), surmontée de la statue du roi par *David d'Angers*; le monument porte les médaillons de deux illustres ministres du roi, Matheron de Salignac et Palamède de Forbin, tandis que le roi tient à la main une grappe de ce raisin muscat qu'il passe pour avoir introduit en Provence. Viennent ensuite la **fontaine chaude** (1736), couverte de concrétions et de mousse et alimentée par la source thermale des Bagniers, puis la **fontaine des Neuf-Canons** (1691).

L'**hôtel du Poët**, dans l'axe du Cours, a été élevé en 1730 par *Henri Gautier*, ancien clerc de notaire, « self made man » devenu finalement trésorier général des États.

On descend d'abord le côté S. du Cours (à g.).

Au n° **44**, la **galerie Blanc** a remplacé le **Caf'Clem'** où Cézanne retrouvait ses amis.

Au n° **38**, l'***hôtel Maurel de Pontevès** est une magnifique demeure, construite en 1647, avant même que soit ouvert le Cours dont elle est l'une des plus riches et des plus intéressantes.

L'hôtel, dont les jardins s'étendent jusqu'à la rue Mazarine, borde aussi la rue du 4-Septembre; à l'angle, une niche abrite une Vierge. La façade sur le Cours superpose les trois ordres décoratifs : toscan, ionique, dorique; l'imposant portail est encadré par deux atlantes qu'on attribue à *Jacques Fossé*. L'intérieur, décoré en partie par *Jean Daret*, conserve un escalier monumental et, dans ses salons, de belles gypseries.

Au n° **20**, le Crédit Lyonnais occupe l'**hôtel de Forbin**, de 1656, à la décoration plus simple que l'hôtel de Pontevès, et dont quantité de personnages de haute noblesse ont été les hôtes aux XVIIIe et XIXe s.

Au n° **18**, l'**hôtel de Saint-Marc**, de 1657, habité depuis le XVIIIe s. par la même famille, conserve un mobilier de toute beauté.

Au n° **16**, ancien **hôtel de Mirabeau** (XVIIIe s.).

Au n° **14**, **hôtel de Raousset-Boulbon**, de 1660, avec de beaux vantaux.

Au n° **10**, **hôtel d'Isoard de Vauvenargues**, de 1710, acheté en 1722 par le marquis d'Entrecasteaux, Président du Parlement et passé au début du XIXe s. au cardinal d'Isoard ; c'est dans cette demeure qu'à l'instigation de sa maîtresse, Bruno d'Entrecasteaux, lui aussi Président du Parlement, assassina sa femme.

Au n° **4**, **hôtel de Villars**, à portique dorique empiétant sur le Cours — un rare privilège —, construit en 1710 par Louis d'Emery de Moissac ; l'hôtel fut habité à partir de 1750 par Honoré Armand, duc de Villars, fils et successeur du maréchal-duc comme gouverneur de Provence.

En remontant le côté N. du Cours :

Au n° **3**, ancien **hôtel** (comprenez ici établissement hôtelier) **des Princes** ; construit en 1775, ce fut longtemps, le seul du Cours.

Au n° **19**, **hôtel d'Arbaud-Jouques**, occupé auj. par la sous-préfecture ; édifié au tout début du XVIIIe s., il offre en façade une ornementation en ordres superposés et de belles ferronneries, et conserve, à l'intérieur, des salons Régence, Louis XV et Louis XVI.

Au n° **23**, **hôtel du chevalier Hancy**, du milieu du XVIIIe s.

Au n° **27**, l'**hôtel d'Estienne d'Orves**, malheureusement abîmé par la présence d'un Monoprix, conserve une façade de la fin du XVIIe s.

Au n° **37**, hôtel de Nibles, du milieu du XVIIIe s.

Après le n° **47** s'ouvre à g. la rue Clemenceau, entrée du **secteur piétonnier** (V. fin de la prom. 23 A).

Au n° **53 bis**, le **café des Deux-Garçons** occupe l'emplacement de l'**hôtel de Valbonnette** qui devint au XVIIIe s. le Cercle Guion où, de l'Empire à l'époque romantique, se retrouvait la jeunesse aisée ; la clientèle est aujourd'hui plus variée mais c'est toujours un des hauts lieux de la vie intellectuelle aixoise.

Au n° **55**, la maison où *Cézanne* passa son enfance : son père y vendait des chapeaux (gros et détail) avant de devenir banquier.

Tout de suite après s'ouvre le passage Agard (V. prom. 23 C).

23 E - Quartier Mazarin

C'est au frère du célèbre cardinal, *Michel Mazarin*, lui-même archevêque d'Aix, que ce quartier doit sa création en 1646. Un tissu urbain parfaitement orthogonal, avec des rues un peu plus larges et aérées que dans la ville ancienne. Des alignements,

MUSÉE PAUL-ARBAUD

des perspectives et, sous une apparente uniformité, une légère variété, suffisante pour créer l'harmonie. Çà et là, un bouquet d'arbres dépassant d'une cour donne un peu de vie à ce quartier résidentiel.

La **rue du 4-Septembre,** axe N.-S., longe la façade latérale de l'hôtel Maurel de Pontevès (V. prom. 23 D).

Le **musée-bibliothèque Paul-Arbaud** (plan D 3), installé dans un hôtel de 1730, abrite les collections réunies par *Paul Arbaud,* érudit et bibliophile aixois,qui les légua en 1911, avec l'hôtel lui-même, à l'Académie d'Aix.

L'hôtel a vu naître le marquis Folco de Baroncelli-Javon *(1869-1943), chantre de la Camargue et restaurateur de ses traditions, compagnon de Mistral et de Joseph d'Arbaud, et l'une des plus nobles figures de la Renaissance provençale.*

Visite : payante, t.l.j. sauf merc. et en octobre, de 10 h à 12 h et de 14 h à 17 h (18 h en été).

Conservateur : Mlle Marie-Christine Trouillet. **Bibliothécaire :** M. André Carré.

Le musée possède une remarquable *collection de faïences provençales, l'une des plus belles qui soient en Provence avec celle du musée Cantini. De Moustiers : huit plats de chasse de *Tempesta* (ateliers *Clérissy),* deux plats à décor *Bérain,* des plats, plateaux, fontaines d'*Olérys,* à décor de grotesques ou de scènes myhologiques, diverses pièces de *Ferrat,* qui ressemblent un peu aux porcelaines de Strasbourg, tant par le procédé de fabrication que par le type de décoration; de la période de « décadence » de Moustiers, quelques pièces de *Féraud* (le dernier four; 1779-1793), au décor polychrome.

De Marseille : des plats aux sujets mythologiques de **Saint-Jean du Désert,** des plats de *Leroy,* à décor de grotesques; des plats, fontaines, légumiers et assiettes de la fabrique de la *Veuve Perrin,* qui fut la première à introduire les paysages provençaux dans le décor; une urne décorée par *Joseph-Gaspard Robert,* l'un des plus importants peintres sur porcelaine du milieu du XVIIIe s.

D'**Allemagne-en-Provence,** des fontaines et assiettes octogonales, très caractéristiques; de **Varages,** des assiettes, légumiers, pots à tabac; d'**Apt,** reconnaissables à leur décor jaspé, de **Goult** et d'**Avignon.** Des **sculptures** et des **tableaux** sont exposés dans le hall, la salle des faïences et l'escalier, parmi lesquels un fronton de porte sculpté par *Chastel,* et un Assassiné, cadavre très expressif, si l'on peut dire, exécuté d'après nature après une rixe à laquelle l'artiste avait fortuitement assisté; Saint Dominique, relief en bois de *J.-C. Rambot;* buste de Mirabeau par *Lucas de Montigny.* Deux beaux **primitifs** français; un sujet religieux de *Dandré-Bardon* (1700-1778); Enée chez Didon, par *Coypel;* les Trois Grâces, grand dessin de *Carle Van Loo* exposé au Salon de 1763; Autoportraits d'*Arnulphy* (1697-1786) et de *Constantin* (1756-1844); *Autoportrait de *Granet* (v. ci-après, au musée Granet); portrait de Peiresc, par *Finsonius;* **Puget,** *Portrait de sa mère. Nombreux portraits de Mirabeau ainsi que quinze tableaux représentent des membres de la famille Riquetti de Mirabeau.

La **bibliothèque,** tapissée, comme les autres pièces de l'étage, de velours de Gênes, conserve des lettres autographes de Marie de Médicis, de René d'Anjou au duc de Milan, de Gassendi, et une lettre de cachet de Henri IV; des manuscrits, des incunables, etc., concernant surtout la Provence et le

Félibrige; des éditions rares, dont le missel d'Aix, de 1527; une collection de **reliures** incomparables; des dessins de *Fragonard* et de *Puget*, des pièces d'orfèvrerie; diverses **statuettes**, dont une **Vierge noire** du XIVe s.; des **meubles des XVI et XVIIe s.**; les portraits de Mistral, Aubanel et Roumanille, par *Amy*.

Suivez, vers l'O., la rue Mazarine :

Au n° **14, hôtel de Dedons de Pierrefeu,** reconstruit au milieu du XVIIIe s. et décoré selon des thèmes mythologiques par *Chastel.*
Au n° **12, hôtel de Marignane,** de la fin du XVIIe s.

L'hôtel est connu pour le scandale qu'y provoqua Mirabeau : celui-ci s'y montra un matin en petite tenue, compromettant ainsi la fille du marquis de Marignane pour la contraindre à l'épouser (V. it. 11 A, km 58).

Au n° **10, hôtel de Ricard de Saint-Albin,** qui a appartenu aux familles de Ribbe et Miollis; il a été reconstruit, agrandi et décoré au cours du XVIIIe s. dans le style exotique par un Forbin de la Barben.
Au n° **8, hôtel de Bezieux,** du début du XVIIIe s.

Par la rue Laroque, à g., rejoignez la rue Goyrand :

A l'angle (n° **17), hôtel de Grignan-Simiane,** où la marquise de Simiane, née de Grignan, vécut les dernières années de sa vie; à l'intérieur, gypseries et trumeaux dans le style de Joseph Vernet.
Au n° **9, hôtel du Muy** (début du XVIIe s.); au n° **7, hôtel de Montvallon** (XVIIe s.).

A l'angle de la rue Joseph-Cabassol, l'***hôtel de Caumont** (n° **1),** dit aussi **de la Tour d'Aigues,** a été construit de 1715 à 1742 sur les plans de *Robert de Cotte*. Sur la façade, l'avant-corps central est décoré de deux frontons et d'un balcon de ferronnerie; autre belle ferronnerie dans l'escalier de maître, orné d'atlantes. Récemment restauré, l'hôtel abrite le Conservatoire Darius Milhaud, Ecole nationale de Musique et de Danse.

La musique a toujours tenu une grande place dans la vie aixoise : l'existence d'une école de musique dépendant de Saint-Sauveur est attestée dès le XIe s. par l'épitaphe (retrouvée dans le cloître) d'un de ses directeurs. Peut-être existait-elle même à l'époque carolingienne. C'est cette école qui, sous la direction de Guillaume Poitevin (1630-1706), formera Jean Gilles (1669-1705), auteur d'une célèbre Messe des morts, Esprit Blanchard (1696-1775), Laurent Belissen (1694-1762) et surtout André Campra (1660-1744). Successivement maître de chapelle à Toulon, Arles, Toulouse et Notre-Dame de Paris, celui-ci, attiré par la musique lyrique, abandonnera motets et cantates pour donner des opéras pleins de verve et de fraîcheur, qui lui vaudront une célébrité méritée, et de nombreux divertissements de cour.

Darius Milhaud, né à Marseille (1892-1974), fils d'un négociant en amandes, passe son enfance à Aix où il fréquente le lycée Mignet (V. ci-après) avant d'entrer au Conservatoire de Paris (1909). De Paris aux USA et à Genève, du Groupe des six au professorat, Milhaud restera toute sa vie un provençal. Comme Cézanne en peinture (qu'il admire et

ÉGLISE SAINT-JEAN-DE-MALTE

auquel il dédiera son 1er Quatuor), il est en musique un véritable coloriste sans pour autant méconnaître la délicatesse ou la nuance poétique. Son attachement aux paysages et aux hommes de Provence transparaît dans ses œuvres, du Carnaval d'Aix *à la* Suite provençale *en passant par* Esther de Carpentras, La cheminée du roi René *ou à la musique qu'il écrivit pour le film* Tartarin de Tarascon *de Raymond Bernard.*

Continuez par la rue Goyrand et reprenez à dr. la rue du 4-Septembre.

Rue Goyrand : au n° **5**, hôtel de Coriolis de Simiane (XVIIIe s.); au n° **3**, hôtel de Lagoy, de la fin du XVIIe s. Au prix d'un petit détour, il faut surtout voir, au n° **2**, l'**hôtel de Bonnet de la Baume** qui a conservé, de sa construction à la fin du XVIIIe s., un portail monumental et une façade à l'antique.

Rue du 4-Septembre : au n° **9**, l'hôtel de Villeneuve d'Ansouis a gardé de belles ferronneries, des balcons et un abondant décor floral sur la façade (XVIIIe s.).

Le milieu de la ***place des Quatre-Dauphins** (plan D-E 4), centre du quartier, est orné de la **fontaine des Quatre-Dauphins** dessinée en 1667 par *J.-C. Rambot.*

La place est bordée à l'O. par la **Banque de France**, installée dans l'ancien **hôtel de Valori**, reconstruit au milieu du XVIIIe s. pour les Bausset-Roquefort, et de l'autre côté par l'**hôtel de Boisgelin**, bâti en 1650 par *Pierre Pavillon* et décoré par *J.-C. Rambot* (voir le vestibule et l'escalier).

La **rue Cardinale** longe, dans sa partie O., le **lycée Mignet**, constitué de deux anciens couvents (ursulines et bénédictines) du XVIIe s. transformés par la suite en collège. *François Mignet* (1796-1884), historien de la Révolution, y fut élève avant *Zola, Cézanne, Darius Milhaud*, etc.

Vers l'E., la **rue Cardinale** conduit vers le musée Granet et l'église Saint-Jean-de-Malte (ci-après) qui se dresse dans la perspective de la rue. Au n° **32**, hôtel Lieutaud, de la fin du XVIIIe s.; au n° **17**, hôtel de Carondelet, de la fin du XVIIe s.

L'**église Saint-Jean-de-Malte** (plan E 3-4) est l'ancienne chapelle de la commanderie des Hospitaliers de Saint-Jean de Jérusalem, protecteurs des voyageurs, construite ici en bordure de la route d'Italie (la rue qui passe au chevet en a conservé le nom). Reconstruite de 1272 à 1278 selon le vœu de Béatrice de Provence, une des cinq filles de Raimond-Bérenger V, c'est un bel et sobre édifice gothique fortifié, en forme de croix latine à chevet plat. A g. de la façade, le ***clocher** haut de 67 m, terminé en 1376 et restauré en 1963, évoque ceux d'Avignon par ses pignons et sa flèche.

L'église était en outre flanquée de trois **tours de garde** dont deux subsistent, partiellement visibles dans la rue d'Italie, de part et d'autre du chœur; la troisième, sur le flanc S., a été détruite en 1693, sauf le rez-de-chaussée, aménagé en chapelle. Une autre chapelle a été ajoutée au XIVe s et cinq au XVIIe s.
Côté S. — **1re chapelle** : aménagée en baptistère et décorée de peintures

modernes pour le moins inadaptées au reste de l'édifice. — **2ᵉ chap.** : lavabo géminé du XIIIᵉ s.; Résurrection (1610), tableau de *Finsonius.* — **3ᵉ chap.** : aménagée en 1693, au rez-de-chaussée de la tour des Archives (XIIIᵉ s;). — **4ᵉ chap.** : La Religion foulant aux pieds les idoles, par *Carle Van Loo;* Descente de croix, d'après *Daniel de Volterra.*

Croisillon S. — Apothéose de saint François de Paule, par *Jouvenet;* tête de saint Jean-Baptiste et l'Enfant Jésus portant sa croix, marbres de *Ch. Veyrier.* — A dr. du chœur, la sacristie occupe une tour de garde du XIIIᵉ s.

Croisillon N. — Reconstitution du **tombeau des comtes de Provence** (détruit en 1793), faite avec fidélité par le sculpteur *Pesetti* en 1828 d'après des dessins anciens : la statue couchée représente Alfonse II, les autres Raimond-Bérenger V et sa femme Béatrice de Savoie. Le tombeau de Béatrice, qui faisait, dans le croisillon S., pendant à celui de son père, n'a pas été reconstitué.

Côté N. — La chapelle adjacente au croisillon a été ajoutée en 1331 par Hélion de Villeneuve : Enfant Jésus étendu sur la croix, et Saint-Jean à l'agneau, statuettes de *Ch. Veyrier;* Notre-Dame du Mont Carmel, par *Nicolas Mignard;* Apothéose de saint Augustin, par *Michel Serre* — **3ᵉ chap.** : tombeau du prieur Viany, recteur de l'université († 1726), avec son buste par *Ch. Veyrier.* — Dans l'ancienne chap. des fonts (1347, modifiée en 1680), quatre bustes d'apôtres par *Veyrier.*

La porte intérieure du clocher conserve de très belles ***ferrures** de la fin du XIIIᵉ s. ou du début du XIVᵉ s.

▣ Le ****musée Granet** (plan E 4), l'un des plus riches de Provence, porte le nom du peintre (1775-1849) qui en fut l'un des principaux donateurs. Enrichi surtout par des collections particulières provençales, il donne une idée de la richesse, mais aussi du goût et du discernement dont faisaient preuve aristocrates et grands bourgeois aixois.

Le musée remonte en fait à 1765 : il avait alors été fondé dans le but d'illustrer l'enseignement du dessin et de la sculpture qui était donné dans le cadre de la Faculté des Arts de l'université. Constituées, à partir de là, par les « cabinets d'antiques et de peinture » que de riches mécènes, à l'exemple du Duc de Villars, *gouverneur de la Provence, son premier bienfaiteur, léguèrent à la ville, les collections furent d'abord présentées à l'hôtel de ville; mais, en 1789, l'École de dessin fut supprimée et il fallut attendre 1825 pour que la municipalité fasse l'acquisition du Prieuré de Saint-Jean-de-Malte où les œuvres d'art furent transférées entre 1828 et 1838.*

Visite : payante, t.l.j. sauf mardi et certains jours fériés, de 10 h à 12 h et de 14 h à 18 h (20 h pour les expositions temporaires). Visites commentées les lundi et jeudi à 18 h30, les autres jours sur demande adressée une semaine à l'avance.

Conservation : ☏ 26-09-06. *M. Louis Malbos,* conservateur.

Les collections et leur origine. — La tradition des cabinets d'amateurs, qui s'est perpétuée de la Renaissance au Second Empire et se trouve à l'origine de ce musée, a entraîné un certain encyclopédisme de son caractère : la collection *Fauris de Saint-Vincens,* acquise par la ville en 1820, était ainsi riche d'antiquités grecques, étrusques, égyptiennes, romaines, gallo-romaines et de peintures primitives; la collection *Arnaud,* entrée en 1847, comportait des œuvres du XVIIᵉ au XIXᵉ s.; la collection *Granet,* léguée en 1849 par le peintre, comprenait d'une part la quasi-totalité de son œuvre personnelle, tableaux, dessins, aquarelles, et l'ensemble des tableaux, embrassant toutes les époques, du XIe s. au XIXe s., plus les sculptures, le mobilier, les antiques, que l'artiste avait rassemblés au cours de son séjour en Italie ou au cours de sa carrière officielle comme conservateur des musées royaux; la donation *Frégier* (1858) contient un ensemble d'œuvres de l'Ecole du Nord et un nombre important d'estampes; la collection *Bourguigon de Fabregoules*, plus de six cents peintures de toutes les écoles du XIVe au XIXe s., est entrée au musée en 1863, année même où la ville achetait les dessins de Constantin. Ajoutons enfin les legs et dons des familles *de Gueidan, d'Auberge, Rostan d'Abancourt, Fernand Dol*, et de *Lestang-Parade*.

Si l'**apport italien** est important, l'**apport hollandais et flamand** n'est pas moins considérable; sans doute les amateurs éclairés aixois retrouvaient-ils dans les œuvres du Nord le même goût pour la « vie chez soi », pour la maison, pour les objets familiers, pour les gestes auxquels le répétition quotidienne confère une valeur d'éternité, le goût du palpable aussi, et le rejet de l'emphase, du clinquant, de l'ostentation.

Cependant, si la plupart des peintres de l'école provençale sont allés étudier à Rome ou à Venise, il n'y en a guère qui soient allés au-delà de Paris mais, par contre, nombreux sont les peintres flamands et hollandais qui ont fait le voyage d'Italie; quelques-uns se sont arrêtés à Aix et n'en sont jamais repartis. Ces multiples raisons ont fait que le musée s'enorgueillit aujourd'hui de posséder un des plus beaux et des derniers autoportraits de **Rembrandt** ainsi qu'un magnifique portrait de famme âgée qui, selon toute probabilité, doit être attribué à **Franz Hals.**

L'**École française.** — des Primitifs à la fin du XIXe s. — est aussi diverse que riche, en particulier en ce qui concerne les portraitistes des XVIIe et XVIIIe s. et la première moitié du XIXe s; le musée possède entre autres deux œuvres d'*Ingres* qui sont considérées comme parmi les plus belles de cet artiste.

La présentation des **tableaux italiens** fait actuellement l'objet d'une réorganisation complète; aussi, pendant quelques années encore, la plus grande partie des toiles restera-t-elle entreposée dans les réserves.

La **politique d'acquisition** est aujourd'hui axée principalement sur les œuvres de l'**École provençale**, enrichissant sans cesse une galerie permanente d'art contemporain tout entière tournée vers la provence.

Le musée dans la vie culturelle aixoise. — Le fonds du musée est d'une richesse telle qu'il lui est possible d'organiser des expositions thématiques sans avoir recours à des emprunts extérieurs, comme ce fut par exemple le cas en 1969 à l'occasion du tricentenaire de Rembrandt : « Hommage à Rembrandt, ses sources, son œuvre, ses élèves et son influence dans les collections du musée Granet ». Diverses expositions, en général de trois à cinq par an, sont ainsi organisées, dont une **Biennale internationale des peintres de la Provence** créée en 1970. Le musée est aussi le siège de l'**Association des Amis du musée Granet et du quartier Mazarin**, du **Centre aixois d'études et de recherches sur le XVIIIe s.**, du **Centre d'études et de recherches sur l'art byzantin et post-byzantin en Provence**, de l'**Escolor de Lar**, centre de maintenance de la culture provençale qui y organise des cours hebdomadaires de langue et de littérature provençales, de l'**Association Dante Alighieri.**

Département d'archéologie (sous-sol et rez-de-chaussée).

*Combattant perse, superbe statue de l'école de Pergame (200 ans av. J.-C.), rapportée d'Italie par le sculpteur aixois *J.-B. Giraud*; deux torses virils gréco-romains découverts l'un à Saint-Rémy, l'autre à Salon; torse de Bacchus gréco-romain; autel chrétien du Ve s.; inscriptions, mosaïques, statues et sarcophages gallo-romains de provenance locale; **sarcophage** des ateliers arlésiens (début du Ve s.) repr. le Passage de la mer Rouge; antiquités égyptiennes.

Précieuses ***sculptures celto-ligures** prov. de l'oppidum d'**Entremont**, à 3 km N. d'Aix. Quelques-unes proviennent de fouilles anciennes mais les plus nombreuses ont été découvertes en 1943 et 1946 au cours des fouilles méthodiques effectuées par *Fernand Benoît*.

Ces sculptures sont le produit d'un art indigène celto-ligure pénétré d'influences grecques et étrusques; elles remontent à la fin du IIIe s. et au début du IIe s. av. J.-C. : ce sont donc les plus anciens monuments connus de la sculpture préromaine en Gaule. Cette **collection, unique en France,** comprend une statue de guerrier accroupi; quatre torses de guerriers cuirassés, dont un portant un *gorgoneion;* un trophée de masques de défunt aux yeux clos; des masques de défunts avec imposition rituelle de la main; une série de têtes prov. d'un sanctuaire dédié aux héros de la cité; enfin les éléments d'un portique (reconstitué) décoré de bas-reliefs dont un représente un cavalier au galop avec une tête coupée attachée au cou de sa monture.

Département de peinture

Primitifs et Écoles de la Renaissance. — *École italienne du XIVe s.,* Annonciation, Nativité, Couronnement de la Vierge. *École d'Avignon,* deux panneaux du **triptyque de la reine Sanche,** sans doute d'un maître travaillant vers 1340-1345 dans l'entourage de *Simone Martini. Maître de Flemalle* (peut-être *Robert Campin,* qui travaillait vers 1400 et serait mort en 1444), Vierge en gloire avec donateur entre saint Pierre et saint Augustin. Collection de **peinture byzantine** (XIVe s.) et **post-byzantine** (XVe au XVIIIe s.). *École florentine,* Naissance de la Vierge, Assomption. *École ombrienne du XVe s.,* Saint Bernard, sainte Catherine et un saint évêque. *École italo-provençale,* Saint Louis-de-Provence entre le roi Robert et la reine Sanche. *Josse van Clève* (1485-1541), la Vierge allaitant l'Enfant Jésus, Charles Quint enfant. *Corneille Engelbretchsen* (1468-1533), le Rédempteur. *Albert Bouts,* Christ couronné d'épines.

XVIe s français. — *François Clouet,* portrait d'Arthur de Cossé de Gonnod. *François Quesnel,* portrait de Henri III. *École de Fontainebleau,* La Paix, Le Repas galant, Le Parnasse, La Femme entre les deux âges.

Écoles flamande et hollandaise du XVIIe s. — *Jacob Jordaens* (1593-1678). Retour chez Pénélope, études pour des têtes d'apôtres (le musée en possède plusieurs). *Adrian Brouwer* (1577-1638). Paysans écoutant un violoniste. **Pierre-Paul Rubens** (1577- 1640), portraits d'un inconnu et de sa femme, Hercule étouffant Antée. *Antoine van Dijck* (1599-1641; peintre ordinaire de la cour d'Angleterre), portraits de deux peintres. *Franz Snyders* (attrib. incertaine), Ours attaqué par une meute. *Le Pseudo van de Venne,* Un mendiant aveugle. *Jan Anthonisz van Ravensteyn* (1570-1657, appart. à la première école de La Haye), Portrait de femme inconnue. *Jacob Cuyp* (1594-1651; de la grande famille des peintres de Dordrecht), Portrait de Margaretha de Geer qui, douze ans plus tard, posait à deux reprises pour Rembrandt. **Franz Hals,** Portrait d'une femme âgée.

Heindrick Pot (1585-1657, mais attrib. encore incertaine), Portrait d'un homme inconnu assis près d'une table. *Thomas de Keyser* (1596-1667), portrait d'homme. *Abraham Blomaert* (1564-1651, un des caravagesques de l'école d'Utrecht), Prédication de saint Jean-Baptiste. *Cornélis Poelenburgh* (1586-1667, autre hollandais italianisant qui travailla à Florence et à Rome), Adoration des Bergers; le palais Pitti conserve une

composition prsque semblable inspirée par le même sujet. *Jacob Swanenburgh* (Leyde, 1571-1638), Incendie nocturne d'une ville traversée par des canaux. *Simon de Vlieger* (1601-1653), Marine par gros temps. *Jan van Goyen* (1596-1656), Navire sur des eaux calmes, Marine par temps calme. *Pieter Molijn* (1595-1661), Paysage avant l'orage; cette toile était connue jadis pour être de Ruysdaël.
Rembrandt van Rijn (1606-1669), Autoportrait de 1665; l'œuvre, dont l'attribution reste contestée, pourrait cependant être rapprochée des autres autoportraits; saint Jérôme en prière. *Jean Lievens* (1607-1674), La robe de Joseph présentée à Jacob. *Gerrit Dou* (1613-1675; premier élève de Rembrandt à Leyde), saint Jérôme en prière, saint Jérôme dans la grotte (celui-ci est une attrib.). *Willem de Poorter* (1608-1648; il s'agit aussi d'une attrib.), Démarche d'Esther auprès d'Assuérus. *Salomon Koninck* (1609-1656), Homme au turban, œuvre probablement imitée de Rembrandt. *Carel Fabritius* (1622-1654, l'élève le plus doué et le plus original de Rembrandt et dont l'œuvre se distingue très nettement de celle de son maître), Portrait d'un prédicateur.
Jan Molenaer (1610-1668), Jeune femme jouant du flageolet devant un paysan. *Gérard ter Borch* (1617-1681), Le Trompette-messager, une des nombreuses variantes sur un thème favori et dont la plus célèbre se trouve en Mauritshuis à La Haye. *Gabriel Metsu* (1629-1667), Loth enivré par ses filles, la Leçon de clavecin, Portrait présumé de la mère de l'artiste lisant la Bible, réplique du tableau conservé au Rijksmuseum d'Amsterdam. *Albert Cuyp* (1620-1691), Pêches sur un plat de Delft. *Jean Steen* (1625-1679), Adoration des bergers. *Pieter de Hooch* (1629-1684), Intérieur avec trois personnages.
Des écoles hollandaise et flamande, le musée possède, en plus de nombeuses **eaux-fortes de Rembrandt** et d'une série riche en **toiles de David Teniers,** des œuvres de *Gérard de Lairesse,* de *Herman* et *Cornelis Saftleven, Ludolf de Jongh, A. van der Neer, Slingelandt.*

École allemande du XVIIe s. — École de *Adam Elsheimer* (1578-1610), Tobie et le poisson miraculeux. *Abraham Mignon,* Nature morte à la perruche. ***Lucas Cranach,*** deux portraits. ***Jean Gossaert*** dit ***Mabuse,*** ***Portrait de Thomas Morus,** l'un des chefs-d'œuvre du musée.

École italienne du XVIIe s. — Il n'est pas possible de dresser un catalogue des œuvres italiennes en raison de la réorganisation complète — actuellement en cours — de leur présentation; la plus grande partie est dans les réserves pour quelques années encore. Citons un ensemble important d'œuvres du ***Guerchin*** *(Giovanni Barberi* dit *il Guerchino,* 1591-1666), de ***Corrège,*** de ***Bronzino,*** de ***Bassano,*** de ***Crespi,*** de ***Luca Giordano,*** de ***Strozzi*** et de ***Rosalba Carriera.*** Cette collection italienne comprend plusieurs centaines d'œuvres, d'inégale valeur sans doute, mais certaines sont très belles.

École française du XVIIe s. — *Louis le Nain* (1593-1648; attribution discutée), Joueurs de cartes. *Nicolas Mignard* (1606-1668), Portrait dit de Marie Mancini, Mars et Vénus (représentés peut-être sous les traits de Molière et de Madeleine Béjart). *Sébastien Bourdon,* Descente de croix, Halte des soldats. ***Jacques Callot*** (1592-1635; un des plus grands graveurs de tous les temps, réaliste, sobre et puissant), Gueux portant un drapeau, Repas de la Sainte Famille. *Philippe de Champaigne* (1602-1674), Portraits d'un échevin de Paris et de M. de Pompone de Bellièvre. ***Pierre Puget,*** Autoportrait, La Visitation. *François Puget* (1651-1707, fils du précédent), Portraits de M. et Mme Guintrand. Œuvres de *Lubbin Baugin; Atelier de Jean Daret,* portrait de Pierre-Joseph de Haitze, historien de la ville d'Aix.

École française du XVIIIe s. — L'essentiel des œuvres de cette époque a été regroupé dans un vaste salon dont le mobilier Louis XVI, les tapisseries et les portraits de membres d'une même famille ayant posé pour des peintres différents, ressuscitent l'atmosphère de luxe et de culture dans laquelle vivait un Président au Parlement de Provence.

Maurice Quentin de Latour, *Portrait d'un inconnu, *Portait du duc de Villars, gouverneur de la Provence (pastels). *François Vincent* (1746-1816), Tête de jeune femme. *Nicolas de Largillière* (1656-1746), Gaspard de Gueidan écrivant, *Adélaïde de Gueidan et sa sœur au clavecin, **Mme de Gueidan en Flore. *Hyacinthe Rigaud* (1659-1743), portraits de l'artiste (1701) et de deux militaires (1713 et 1715), Gaspard de Gueidan en avocat général (1719), la Menaceuse (1708), *Gaspard de Gueidan en joueur de musette. *J.-B. Van Loo* 1684-1745), l'Amour à l'école, Mme d'Albert en jardinière. *Cl. Arnulphy* (1697-1786), Un enfant de la famille de Gueidan, Vauvenargues (le père du moraliste), Mlle Bayol de Peiresc (pastels). *André Cellony* (1696-1746), Mme de Cabanes. *Van Wick,* J.-D. Magnan de la Roquette (pastel). *Greuze,* Triomphe de Galatée, Tête d'enfant, Étude de nu (sanguine).

École française du XIXe s. — La collection, importante, comprend des œuvres de grande valeur; le musée possède en particulier cinq tableaux d'*Ingres* parmi lesquels le **portrait de Granet,** exécuté durant le séjour commun des deux peintres à Rome, et **Jupiter et Thétis,** de 1811, ces deux toiles comptant parmi les plus belles de l'artiste. *Louis David,* Portrait d'un jeune garçon. Étude pour la tête du vieil Horace. *Théodore Géricault,* l'Oriental (1824), Étude. *Baron Gros,* Portrait d'Alexandre de Lestang-Parade. *Baron Gérard,* Mme de Lestang-Parade.

Œuvres de *Louis Ducis, L. Cogniet, Antoine Raspal, L.-M. Clerian, Marguerite Gérard, P. Duqueylard, Achille Deveria* et *Paul Flandrin.*

De la dernière moitié du XIXe s., le musée possède plusieurs paysages de l'*école de Barbizon* : (paysages de *Corot* et de *Daubigny*) et des peintres pré-impressionnistes. *Charles Jacque* et *Johan-Barthold Jongkind,* autre Hollandais installé en France et qui fut un des maîtres de l'Impressionnisme.

A remarquer enfin, trois petits tableaux de *J. Germain Nouveau* (1852-1920), poète et compagnon de Rimbaud à Londres; il sont d'une incomparable maîtrise et *André Breton* disait de l'un d'eux : « L'espace est encore empli du cri du fruit sous la lame quand on a soif et quand on a faim » (*in* Flagrant Délit).

École provençale. — Jusqu'à la fin du XVIIIe s., on peut dire que l'école provençale a été représentée non seulement par des autochtones (les *Puget, Joseph Parrocel, Michel-François Dandré-Bardon,* les *Cellony, Arnulphy),* mais aussi par des peintres non provençaux, des peintres du Nord en particulier, qui s'étant arrêtés une fois en Provence n'en étaient jamais repartis, comme ce fut le cas de *Michel Serre* (de Tarragone), de *Jean Daret* (de Bruxelles), des *Van Loo* (de Hollande), et sans doute le qualificatif de provençal, tenait-il davantage à une question de lieu qu'à une question d'esprit et d'atmosphère. Mais après la seconde moitié du XVIIIe s., avec *Fragonard* et surtout avec les paysagistes du XIXe s., l'école devint spécifiquement provençale, caractérisée par une gravité, une pudeur pourrait-on dire, une réserve aristocratique, et surtout par un approfondissement constant de l'étude de la lumière qui trouvera son apothéose à la fois chez *Cézanne* et chez un autre Hollandais de Provence, *Van Gogh.*

Les « Étrangers » provençaux. — *Jean Daret* (né à Bruxelles en 1613 et venu à Aix en 1637 où il mourut rue Cardinale en 1668; il a décoré plusieurs hôtels, en particulier l'hôtel de Châteaurenard). Le Guitariste, Autoportrait. **Michel Serre** (Tarragonais d'origine mais venu en France dès l'âge de dix-sept ans; après plusieurs années en Italie, devient provençal et s'inscrit dans le goût rembranesque du XVIIIe s., ce qui est sensible dans l'emploi du modelé ferme et des tons bruns et chauds), Portrait d'un des jeunes fils de l'artiste.

Les Provençaux. — Jean-Antoine Constantin (1756-1844; cet artiste, qui travailla près de dix ans à Rome, fut directeur de l'École de dessin d'Aix où il forma la plupart des peintres aixois de la génération de François Granet; le musée conserve plus d'un millier de dessins et de tableaux de Constantin, achetés par la Ville en 1850), Tête de vieillard au turban, qui est manifestement une réminiscence rembranesque, Paysages d'Italie et de Provence.

François-Marius Granet, Vieillard à la tête de mort, La Mort de Poussin, plusieurs **autoportraits,** nombreux intérieurs de couvents et d'églises et surtout nombreuses vues de Rome et paysages de la campagne romaine, en particulier **Ruines du palais de Septime Sévère,** etc.

François Granet est né à Aix, rue du Puits-Neuf, en 1775, fils d'un maître-maçon assez étonnant qui avait la passion de la peinture et collectionnait les petits tableaux, dessins, estampes qu'il pouvait acquérir. Le fils n'eut donc aucune difficulté pour entrer à l'École de dessin où il se lia d'amitié avec le jeune comte de Forbin, amitié favorisée par l'intérêt que portait la comtesse à sa peinture. Après un premier séjour à Rome où il rencontre Ingres, *il commence une véritable carrière officielle; remarqué par Bonaparte, il devient ensuite le peintre officiel de la monarchie et conservateur des musées royaux. Il partage alors son existence entre Paris, la Provence et l'Italie. Bien que, de son temps, sa renommée ait été due à ses tableaux de la vie monastique, de nos jours ses paysages paraissent avoir beaucoup plus d'intérêt, certains même annoncent l'impressionnisme et d'autres, plus étonnants,* Cézanne, *par leur façon de traiter la lumière, par l'emploi du bistre et de l'ocre, par la « fluidité mouvementée » de leurs ciels.*

Portraits de **Granet** par *Paulin Guérin* et *Jean-François Gigoux* (peintre de Besançon, 1806-1894).
Gustave Ricard (1823-1873), Portrait du peintre Félix Ziem, on connaît deux répliques, l'une au Petit-Palais, l'autre dans l'ancienne collection Jacques-Émile Blanche. *Adolphe Monticelli* (V. Marseille), Tête de reître, Scène de parc, Paysage. Œuvres diverses de peintres aixois, *Honoré* et *Jérôme du Veyrier, J.-B. Olive, Joseph Gibert.*
Avec *Émile Loubon* (1809-1863; artiste qui s'est attaché davantage à rendre l'âpreté de la Haute-Provence et de la Crau que la douceur provençale), Les Menons de la Crau, Le col de la Ginestre; avec **Paul Guigou** (1834-1871), qu'un siècle après sa mort le public redécouvre dans les galeries parisiennes; avec *Achille Emperaire* (1829-1898, dont Cézanne a fait un très grand portrait), Suzanne au bain, Fruits sur un plat en terre brune, on arrive à **Cézanne,** dont malheureusement le musée ne possède pas d'œuvre maîtresse mais dont il garde par bonheur **tout l'œuvre gravé** et trois précieuses aquarelles : **Paysage de la campagne d'Aix, La Montagne Sainte-Victoire, Rochers au Château-Noir.** En l'honneur du plus illustre peintre aixois, le musée Granet a aménagé un cabinet qui rassemble quelques dessins (par roulement), des portraits de lui par ses contemporains et amis : *Emperaire, Ph. Solari, Herman-Paul, Pissaro;* deux œuvres d'*Émile Bernard,* Hommage à Cézanne. *Charles Camoin* (V. Marseille), Autoportrait. **Nu,** offert au musée par *Matisse* en hommage à Cézanne.

Du XXe s., le musée possède des œuvres (aquarelles) d'*Yves Brayer*, *d'Auguste Chabaud* et de *Charles Camoin*.

Sculptures. — *Houdon*, bustes du marquis de Suffren et de Cagliostro. *Pierre Puget*, autoportrait et premier projet d'une tête de saint Jean-Baptiste pour une Décapitation.

23 F - Aix, hors les murs

Les murs n'existent plus mais le boulevard périphérique, où le flot des voitures s'enfle jusqu'à l'étouffement, marque toujours la même séparation entre la ville ancienne et la ville nouvelle; vient l'image d'une cellule vivante, avec noyau et cytoplasme. Intégrés les faubourgs, lotie la campagne, la couronne urbaine héberge presque les neuf dixièmes des habitants; quartiers sans attraits particuliers, nés simplement de l'impossibilité de se loger au centre, coins charmants encore préservés, à découvrir au cours de promenades sans but précis, lotissements, ZAC et ZUP, avec parfois de belles réussites architecturales.

Au N. de la ville, l'**avenue Pasteur** (plan C 1) conduit au Centre hospitalier. Au n° **6**, restes assez dégradés d'un **mausolée** qu'un riche bourgeois aixois, *Joseph Sec*, s'était fait construire en 1792; actuellement en cours de restauration, c'est un des rares vestiges que la France ait conservé de l'architecture révolutionnaire.

Un peu plus loin à g., après la pointe du jardin de l'hôpital, la rue des Nations conduit à un groupe scolaire construit sur les **vestiges d'une** très importante **villa romaine** dont deux colonnes, restes d'un péristyle de type rhodien, se dressent mélancoliquement au-dessus d'une fouille envahie par les herbes folles. D'autres vestiges romains ont été retrouvés dans le secteur, notamment lors de la construction récente du parking Pasteur (mosaïques).

Prenez à dr. de l'hôpital.

L'ancien **hôpital Saint-Jacques**, auj. Centre hospitalier d'Aix, a été fondé en 1519 par *Jacques de la Roque*, agrandi en 1565 puis au milieu du XVIIIe s. Il conserve en particulier une chapelle de style gothique tardif (XVIe s.) avec portail de la Renaissance (1542; ouvrant sur l'av. Ph. Solari, dans le prolongement de l'av. Pasteur).

L'intérieur (s'adr. à l'Office de tourisme) a recueilli un *autel* du XVe s. prov. d'une église disparue, élevée par le roi René : sur un vaste soubassement orné d'une belle inscription gothique, statue du Christ portant sa croix; une statue repr. saint Augustin (XVIe s.) a été placée postérieurement; au maître-autel, Assomption attribuée sans raison à *Simon Vouet*; à côté, saint-Jacques le Majeur et saint Maximin, peintures de *Jean Daret*; au-dessus d'un bénitier, on a encastré un intéressant fragment de sarcophage gallo-romain.

A dr. de l'hôpital, l'avenue Paul Cézanne conduit au **pavillon Cézanne**, que le peintre fit construire en 1900-1902 et qui

PAVILLON CÉZANNE

fut offert en 1954 à l'Université d'Aix par ses admirateurs américains.

Visite : payante, t.l.j. sauf lundi, de 10 h à 12 h et de 14 h 30 à 18 h. Parking 200 m plus loin.

Cézanne à Aix. — *Né le 19 janvier 1839 au 28 de la rue de l'Opéra, baptisé à l'église de la Madeleine le 23 février, Paul Cézanne, dont le père tient boutique de chapelier au 55 du cours Mirabeau (il sera par la suite banquier), fréquente d'abord l'école Saint-Joseph (à côté de l'église de la Madeleine) de 1849 à 1852. Installé en 1851 rue Matheron, il poursuivra de 1852 à 1858 ses études au collège Bourbon (auj. Lycée Mignet) où il est le condisciple d'Émile Zola. Fréquentant le musée Granet, il entre à l'école de dessin voisine dès 1856 puis continue ses études à la faculté de Droit (1859-1860). C'est en 1859 que son père achète le Jas de Bouffan, dont Cézanne décore le salon : il viendra y peindre jusqu'en 1898. En 1886, il épouse Hortense Figuet à l'église Saint-Jean-Baptiste. Après la mort de sa mère et la vente du jas de Bouffan, en 1899, il s'installe au 23 rue Boulegon et se fait construire cet atelier du chemin des Lauves : il viendra y peindre jusqu'à sa mort (rue Boulegon), le 22 octobre 1906.*

Peu apprécié de ses contemporains (y compris de sa famille) qui le jugeaient un peu fou et le considéraient comme un barbouilleur dilettante profitant de sa fortune personnelle, Cézanne, prend part aux Salons des Indépendants en 1899, 1901 et 1902; ce n'est qu'en 1904, qu'enfin célébré par nombre de peintres et d'amateurs, il dispose d'une salle entière au Salon d'Automne. C'est, deux années seulement avant sa mort, le triomphe.

Le peintre, dont la ville natale ne possède aucune toile, recherche, pour travailler, la solitude des propriétés familiales ou des cabanons ou appartements qu'il loue dans les environs d'Aix. De là, il apprécie les formes géométriques des carrières de Bibémus, les cubes des maisons, la masse puissante de la falaise de la Sainte-Victoire, tous ces paysages aux formes amples, aux masses découpées qui caractérisent son œuvre. Négligeant le détail et l'anecdote, le maître de la Sainte-Victoire s'attache davantage à l'harmonie des formes et des couleurs. C'est une nouvelle vision du monde que nous apporte ce précurseur de l'art abstrait (répondant en 1953 à une enquête, Braque, Léger, Villon diront eux-mêmes : « nous sommes partis de Cézanne »), et une nouvelle vision de l'art lui-même, dont il nous montre que « la noblesse n'est pas diminuée par l'humilité du sujet ».

Des souvenirs du maître d'Aix sont rassemblés dans l'atelier qui occupe tout l'étage. Lieu de pèlerinage, centre d'études cézanniennes, le pavillon est entouré d'un jardin sauvage d'où l'on aperçoit au S. le Pilon du Roi, juste au-dessus du clocher de la cathédrale veillant sur la houle rose des toits de la cité.

A l'O. de la ville, le **boulevard de la République** (plan A 2-B 3) puis, à g., le cours des Minimes, longent un quartier établi sur l'ancienne « Ville des tours » (V. histoire) : l'**église de la Seds,** reconstruite à maintes reprises — c'est actuellement un édifice néo-roman de 1853 —, fut selon toute vraisemblance le premier siège épiscopal de la cité (IVe s.). Plus loin, **aussitôt après le pont sur la rocade ouest,** s'ouvre à g. la rue conduisant à la **fondation Vasarely,** en bordure de ce domaine du Jas de Bouffan où le père de Cézanne avait acheté une propriété et où poussent maintenant les grands immeubles d'une ZAC.

AIX-EN-PROVENCE

■ La **fondation Vasarely** est née du désir de l'artiste de donner un contenu concret à ses idées sur les rapports entre l'art et le monde. Inventeur d'un alphabet plastique à base de formes géométriques simples et de couleurs codifiées (V. le musée didactique Vasarely de Gordes, it. 7 B), donc totalement abstrait, Vasarely a voulu créer un langage artistique qui puisse toucher l'homme, où qu'il se situe sur la planète et quel que soit le poids de son passé culturel. Satisfaire les besoins sensoriels de l'homme en intégrant la beauté plastique dans l'ensemble des fonctions vitales de la communauté, est son but; cette fondation, sorte d'immense catalogue pratique, à la fois musée et centre d'études, montre par quels moyens celui-ci peut être atteint.

Visite : payante, t.l.j. sauf mardi, de 10 h à 18 h du 1er avril à la Toussaint, de 10 h à 17 h le reste de l'année.

Direction : ☎ 20-01-09, télex 410-930. *M. Claude Pradel-Lebar,* directeur.

Réalisé en 1975 sur une idée de Vasarely lui-même et inauguré en 1976, le bâtiment est l'exemple-type de l'une de ces intégrations architectoniques proposées par l'artiste : seize hexagones accolés offrent une façade en aluminium anodisé, rythmée par une alternance de ronds blancs sur carrés noirs et de ronds noirs sur carrés blancs qui atténue singulièrement les dimensions apparentes, pourtant imposantes, de l'ensemble (12 m de hauteur, 94 m de long, 40 m de large).
La **première partie** de l'exposition est consacrée aux **intégrations murales**. Dans sept salles (n° 2 à 8), 42 œuvres de grandes dimensions (jusqu'à 8 m sur 6) donnent, sous diverses formes, (émaux de Briare, éléments d'aluminium, plaques de céramique, panneaux peints, tapisseries, etc.), des exemples d'intégration de la beauté plastique à un bâtiment.
La **seconde partie,** constituée par l'étage de trois autres hexagones, offre dans 22 présentoirs semi-automatiques (durée de passage d'une image : 30 secondes), **798 documents** (des banquettes permettent de regarder sans fatigue) **traduisant en images les conceptions vasareliennes.** Il s'agit essentiellement d'expliciter les bases de l'alphabet plastique, de son fonctionnement, de montrer des décorations et intégrations intérieures et extérieures déjà réalisées, de faire des propositions quant à la polychromie des bâtiments, voire des suggestions plus audacieuses débouchant sur l'idée de « cité polychrome » universalisée dans le concept du «folklore planétaire ».
Transformer l'artiste en plasticien, participant avec ethnologues, sociologues, architectes, etc., à la création de la cité, répond à ce souci d'insertion de la beauté plastique à l'architecture.
Une autre voie est préconisée — et explorée — par Vasarely dans cette fondation : celle de la **diffusion.** Vasarely refuse la pièce unique, l'œuvre de chevalet, qu'il considère comme un mythe aliénant; seule la valeur esthétique entrant en ligne de compte, l'œuvre de base n'est qu'un prototype destiné à être reproduit en aussi grand nombre d'exemplaires que nécessaire. Raison pour laquelle on trouvera, au rez-de-chaussée, une **salle de vente** d'œuvres, reproductions, lithographies et sérigraphies, cartes postales, livres, etc. A côté, une salle accueille des **expositions temporaires** d'artistes plasticiens contemporains.
Divers autres aménagements doivent être réalisés progressivement pour

FONDATION VASARELY

doter la fondation d'une salle de projection, d'un atelier de recherche, d'un grand écran électronique susceptible de visualiser la totalité des structures permutables — explorées par ordinateur — de l'alphabet plastique et fonctionnant avec la participation du public, etc.

Sortant d'un anonymat le plus souvent mérité, quelques **constructions contemporaines** sont, à la périphérie, de grandes réussites : citons par exemple la **Cité universitaire des Gazelles** (accès par le cours d'Orbitelle, plan D-E 4, et l'av. Jules-Ferry), construite sur les plans de *Fernand Pouillon*, également auteur du groupe dit des **Deux Cents logements** (Bd Fr. et E. Zola, plan E-F 1), le premier construit après la guerre (1948-1952), et, non loin de là, le **Petit Nice** (1965) œuvre de *Georges Candilis*, ancien collaborateur de Le Corbusier : fidèle à la leçon d'humanisme du maître, l'architecte a manifesté un grand souci d'animation par des décrochements, des alternances de masses, des variations de hauteur, des articulations, le jeu des matériaux, ou celui des ouvertures contrastant avec la nudité des façades.

24 - Environs d'Aix-en-Provence

Un large et calme bassin, doucement ondulé; perchés sur le rebord des plateaux, les villages contemplent les dépressions fertiles où s'égaillent les bastides, ces résidences de campagne de la bourgeoisie aixoise.
Petites « folies » ou véritables châteaux, celles-ci, par leur architecture à la fois simple et raffinée, jamais hautaine, par leurs parcs plantés de grands pins, donnent à la contrée une amabilité, un air d'insouciance que renforce la variété du paysage cultivé : vignes et champs, jardins maraîchers, olivettes et vergers, alternant sans rigueur.
Les noirs fuseaux des cyprès piquettent la campagne comme bon leur semble, répondant aux profils des campaniles; des touffes vertes et échevelées de pins d'Alep coiffent des îlots rocheux émergeant de la terre rouge.
Admirable toile de fond, la Sainte-Victoire dresse vers le ciel sa haute silhouette nimbée de lumière bleutée.

Dans cette région d'Aix-en-Provence où chaque paysage est une toile de *Cézanne,* se sont installés ou travaillent quantité d'autres peintres : *André Masson* (né en 1896), qui habita route du Tholonet à partir de 1947 et travailla beaucoup dans la campagne; *André Marchand* (né à Aix en 1909), qui partage son temps entre Paris et la Provence; *Bernard Buffet* (né en 1928), qui vécut de 1959 à 1965 au château l'Arc, près de Pont-de-l'Arc; *Picasso,* qui acheta le château de Vauvenargues en 1958, y peignit assez régulièrement jusqu'en 1961 et y a été inhumé en 1973; *Pierre Tal Coat* (né en 1905), qui s'installa de 1943 à 1960 au Château-Noir où avait peint *Cézanne,* tout comme *Léo Marchutz* (1903-1976). *Sam Bjorklund* (né en 1938), *Christophe Coffey* (né en 1951); *Eléna Vieira da Silva* (née en 1908), *Bernard Rancillac* (né en 1931), *Daniel Ravel* (né en 1915), *Francis Tailleux* (né en 1913), et beaucoup d'autres encore.

Trois promenades d'une demi-journée chacune (la dernière un peu plus longue si vous faites, à pied, l'ascension de la Sainte-Victoire) vous proposent ci-après une première découverte de la campagne aixoise, de ses bastides (prom. 24 A et B; demeures privées, on ne les visite en principe pas, sauf à l'occasion de certaines visites organisées : renseignez-vous à l'office de Tourisme d'Aix) et de ses paysages cézanniens (certains bien défigurés, d'autres — prom. 24 C — mieux respectés).

24 A - Vallée de l'Arc

Route : circuit de 36,5 km à l'O. d'Aix.

Sortez d'Aix par l'autoroute de Marseille (plan B 4) et quittez celle-ci à (**4** km) la 1re sortie (Les Milles). Parvenu sur la D 9, on longe à dr. la nouvelle **zone industrielle et commerciale des Milles;** en arrière, vers la dr., s'élève le **château de la Pioline** (XVIIe s.; on ne visite pas mais on peut y acheter, surtout des meubles : c'est un magasin d'antiquités).
6 km : à dr., **Les Milles,** centre commercial (supermarchés) et industriel; encore quelques agriculteurs.
La route longue la zone industrielle des Milles puis le golf-club d'Aix-Marseille.
9,5 km : carrefour de Lagremeuse; prenez à dr. la N 543.
12 km : prenez à g. la D 65.

Quelques centaines de mètres plus loin, la N 543 franchit l'Arc au hameau de **Saint-Pons,** au pied d'un **château** où Malherbe séjourna quelquefois; près du pont, maison du XVIe s., hôtellerie où mourut, en 1714, le comte de Grignan (gendre de Mme de Sévigné), lieutenant du Roi en Provence. Le pont, dans un site charmant, se compose de deux parties juxtaposées : la plus ancienne est médiévale (et non romaine comme on le dit parfois) et a été doublée au XVIIe s.

La D 65 descend la vallée de l'Arc : belle vue sur l'aqueduc de Roquefavour.
15 km : *aqueduc de Roquefavour (V. it. 22 C, km 77,5).
15,5 km : prenez à dr. la route de Ventabren qui, en montée continue, offre de belles vues sur la chaîne de l'Étoile (au S.-E.), la chaîne de Vitrolles (au S.), la basse vallée de l'Arc et l'étang de Berre (au S.-O. et à l'O.).
18,5 km : **Ventraben** (218 m; 1 537 hab.), un très joli village dominé par les ruines d'un château. Dans l'église, **Vierge de majesté,** beau primitif de l'école d'Avignon (1484). Moulin à vent (expositions temporaires). Pastorale vivante la nuit de Noël. Panorama.
De Ventabren, revenez vers Aix par la D 64 A et la D 10.
23,5 km : carrefour de Bompard.

Plutôt que rentrer directement à (32,5 km) Aix, vous pouvez faire un intéressant détour par Eguilles.

27 km : **Éguilles** (266 m; 3 033 hab.), village perché dont la mairie occupe l'ancien château des Boyer d'Eguilles, reconstruit en 1642 : vue étendue depuis la terrasse. Vignobles (AOC coteaux d'Aix). Le donjon, remanié, d'un ancien château féodal, sert de clocher à l'église.

Un peu avant d'arriver au village, à dr., restes d'un des aqueducs romains qui alimentaient Aix. Plus bas, le petit mamelon boisé de Pierredon fut le site d'un oppidum celto-ligure.

On rentre à Aix par la D 17 qui passe à 1 km N. d'Eguilles : presque rectiligne (notamment dans sa partie O., vers Salon) c'est l'ancienne voie aurélienne, dont la D 17 n'a fait que reprendre, sur plus de 20 km, le tracé.
36,5 km : **Aix-en-Provence.**

24 B - Entremont

Route : circuit de 22 km au N.

Sortez d'Aix par l'avenue Pasteur (plan C 1) et continuez tout droit. La route s'élève rapidement à travers les villas.
3 km : pont, sous la rocade N.
Une cinquantaine de mètres avant le pont s'embranche à dr. le chemin conduisant à l'**oppidum d'Entremont,** site de l'ancienne capitale de la confédération celto-ligure des *Salyens*.

Laissez de préférence votre voiture sur le terre-plein situé à g. de la route, immédiatement après le pont.

Visite : s'adresser au gardien. Des visites commentées sont organisées régulièrement par l'association « Les Amis d'Entremont » : dates et heures en sont annoncées dans « le mois à Aix ».

Cette capitale, dont on ignore le nom (Entremont est un nom médiéval), fut détruite en 123 av. J.-C. par le proconsul Caius Sextius Calvinus, *le fondateur d'Aix (V. histoire d'Aix, chap. 23). Elle était apparue vers le IVe s. ou le IIIe s. av. J.-C. et groupait sous son autorité plusieurs cités, centres de négoce, places fortes et sanctuaires comme Arles, Tarascon, Glanon, les oppida de Constantine, du Baù Rous, de Pierredon, le sanctuaire de Roquepertuse.*
Entretenant avec les Grecs de Marseille de fructueuses relations commerciales, les Salyens élaborèrent grâce à ce contact une civilisation originale — anéantie par les Romains — où les vieux fonds de techniques et croyances indigènes se pénétrèrent d'influences grecques et étrusques. Quelques trouvailles fortuites (au XIVe s., puis en 1943) avaient révélé l'art des Salyens; des fouilles méthodiques, entreprises en 1946 par Fernand Benoit *et poursuivies depuis, ont permis de mieux connaître la statuaire (exposée au musée Granet), l'urbanisme, les mœurs de ces lointains ancêtres.*

On entre sur le site en franchissant le **rempart** qui défendait la cité au N. ; en gros blocs appareillés sans mortier et flanqué de tours carrées aux angles arrondis, il avait env. 400 m de longueur et sa hauteur atteint encore, en certains points, plus de 4 m. De forme triangulaire, s'étendant sur 3,5 km, l'oppidum était protégé, sur les deux autres côtés, par les escarpements du plateau, défenses naturelles doublées par d'autres remparts dont on n'a retrouvé de traces notables que sur le flanc S.-O.
A l'intérieur de cette enceinte, **un mur refendait la ville,** isolant un quartier supérieur, peut-être réservé aux prêtres et à l'aristocratie guerrière : en suivant ce mur vers le S.-E., on atteint le **rebord S. du plateau** : de là, un escalier descendant vers les sources de la plaine. ***Vue** superbe sur toutes les montagnes célèbres de la Provence, Ventoux, Luberon, Sainte-Victoire, Sainte-Baume, Étoile, ainsi que sur l'étang de Berre.
On revient vers l'intérieur de la **ville haute** où le rigoureux ordonnancement des maisons, selon un **plan d'urbanisme régulier,** avec des rues se coupant à angle droit, des égouts, contraste avec la **technique de cons-**

truction encore très **primitive** (murs en pierres sèches). Adossés au rempart N. de la ville haute (il n'en reste que les fondations et celles de deux tours), restes d'un portique avec un bloc portant une tête stylisée entre deux cavités où l'on plaçait des crânes : vestiges probables d'un **sanctuaire** où l'on a retrouvé des crânes humains encore munis du clou qui avait servi à les fixer; ce rite de la tête coupée est caractéristique du culte des celto-ligures.

Entre le rempart de la ville haute et le rempart extérieur s'étend un quartier artisanal : on reconnaît des fours, des pressoirs à huile, avec leur meule, etc.

Continuez tout droit et à la bifurcation, prenez sur la g. la D 14 A.
6,5 km : **Puyricard;** petite église romane avec maître-autel génois du XVIIe s. en marqueterie de marbre.

A 1 km N.-O., ruines du château de Grimaldi, construit à partir de 1657 par le cardinal de ce nom, archevêque d'Aix, sur des plans si grandioses que son successeur n'eut pas les moyens de l'entretenir et le fit démolir en 1709.

De Puyricard, la D 13 A conduit à (**12,5** km) **Venelles** (409 m; 2 672 hab.) vieux village perché près d'un petit col sur la « route des Alpes » (route d'Aix à la Durance); détruit par le séisme de 1909, le village a été en partie reconstruit plus bas, sur la nationale; ce fut notamment le cas pour l'église, dont les habitants restés à Venelles-le-Haut se trouvèrent dès lors démunis. L'affaire fit du bruit... à tel point qu'une partie d'entre eux se convertirent au protestantisme et que l'église fut remplacée par un temple. Vue au N. sur le val durancien et au S. le bassin de la Touloubre. — Suivez la route d'Aix (N 96).
15 km : prenez à g. la D 63 B et, un bon km plus loin, la D 63 C à dr. : cette route redescend vers Aix par le **vallon des Pinchinats** dont les sources et les frais ombrages ont attiré les belles résidences : on passe ainsi devant le petit **château de la Gaude,** charmante « folie » du XVIIIe s. dont l'élégance robuste et dépouillée évoque certaines villas italiennes; puis (**17,5** km) devant le **château de la Mignarde,** simple bastide du XVIIe s. acquise au XVIIIe s. par *Gabriel Mignard*, « confiseur ordinaire » du duc de Villars (gouverneur de la Provence); son fils, Sauveur, y fit, de 1760 à 1780 des travaux d'embellissement considérables; le château abrita un temps les amours de Pauline Borghèse et Auguste de Forbin. La route laisse enfin à dr. (**20,5** km) le parc où s'élève le **pavillon de Lenfant,** autre petite folie du dernier quart du XVIIe s. (l'intérieur conserve de beaux stucs ouvragés du XVIIe s. et un plafond peint par *Van Loo* : Apollon et les Arts).
22 km : **Aix-en-Provence.**

24 C - Tour de la Sainte-Victoire

Route : très beau circuit de 59 km à l'E.

Quittez Aix par le bd des Poilus (plan F 3), auquel fait suite la D 17, ou **route Cézanne.**
4,5 km : à g., sur la colline, le **Château Noir** : *Cézanne* y avait loué une pièce où il aimait venir peindre (de 1887 à 1906).

6 km : **Le Tholonet** (193 m; 1 165 hab.) : un *site superbe et, de ce fait, un des lieux de promenade favori des Aixois, dans le vallon inférieur de l'Infernet. Abrité au N. par la falaise, précédé au S. par de belles allées de platanes escortant une pièce d'eau, le **château** des Gallifet, du XVIIIe s., abrite auj. l'administration de la *Société du Canal de Provence*. Petite église de 1780.

Au N., dans le **vallon de l'Infernet** (appelé aussi Cause, ou Cose), vestiges de l'aqueduc romain qui portait à Aix les eaux du Bayon. En remontant le vallon (tracé brun), on peut atteindre la Petite-Mer, réservoir aménagé sans doute au XVIIIe s. pour alimenter les pièces d'eau du Tholonet. Plus loin, **barrage Zola**, ouvrage de 36 m de haut et l'un des premiers barrages voûtés, construit de 1843 à 1854 par l'ingénieur italien *François Zola*, père d'Émile Zola, pour l'alimentation d'Aix. A 2 km en amont se trouve le barrage du Bimont (V. ci-après, km 51).

A la sortie du Tholonet, à g., stèle (1939) avec le médaillon de Cézanne.
8,5 km : route à dr. pour (**1** km) **Beaurecueil** où subsiste une belle bâtisse seigneuriale du début du XVIIe s., cantonnée de tours. Vue superbe, en avant, sur la Sainte-Victoire.
9 km : à dr., **ferme de l'Hubac;** en face oratoire de Notre-Dame, dans un site magnifique.

Là s'amorce le tracé rouge, vers la Sainte-Victoire, qui suit d'abord la route et s'en détache 900 m plus loin : 2 h jusqu'à la Croix de Provence par le pas du Berger et le Prieuré. Au N. s'élèvent les Roques Hautes, brèches où l'on trouve des œufs de dinosaures.

10,5 km : à g. s'amorce le tracé jaune, montant en 20 mn au refuge Paul Cézanne (444 m; 24 pl.), construit près de l'ermitage ruiné du Trou.
12,5 km : **Saint-Antonin-sur-Bayon** (423 m; 80 hab.), au pied d'un petit plateau portant les vestiges de l'oppidum celto-ligure du Bayon. Château du XVIIIe s.

A 800 m s'embranche à g. le tracé noir vers la Croix de Provence.
De Saint-Antonin, on peut faire de belles promenades sur le **plateau du Cengle**, table calcaire ceinturée de falaises qui forme au S. le soubassement de la Sainte-Victoire :
— suivant le tracé jaune, au S.-E., on traverse le Bayon puis on monte à travers les bois de Devançon jusqu'au (30 mn) col de Bayle : toujours à travers bois, on redescend à la (50 mn) **ferme du Bayle**, ancienne fondation des Templiers (XIIe s.); le sentier, au S., traverse champs et (1 h 10) bois de pins, jusqu'à la falaise délimitant le plateau puis descend au pas de Méry (479 m; 1 h 30) : de là, on peut descendre en 1 h aux Bannettes, sur la N 7.
— suivant le tracé rouge, au S., on traverse également le Bayon et l'on monte vers les bois; on oblique ensuite au S.-O., dépassant deux sentiers à g. pour atteindre (20 mn) une clairière, qu'on traverse jusqu'au col des Masques; reprenant la direction du S., le sentier atteint (1 h) le pas de la Lèbre d'où on peut aussi, en 1 h, descendre à Châteauneuf-le-Rouge, sur la N 7.

VAUVENARGUES

La D 17 longe le pied de la montagne Sainte-Victoire : superbe parcours dans un paysage provençal caractéristique, tout entier dominé par cette « Aile déployée toute bleue, Aux rayons vainqueurs de midi... » *(L. Malbos).*

14,5 km : on laisse à dr. la *route D 56 C qui, traversant le plateau du Cengle, descend ensuite à (**6,5** km) La Bégude-de-Rousset, sur la N 7, en offrant un beau panorama sur le haut bassin de l'Arc.

17 km : relais de **Saint-Ser**, d'où part le tracé rouge vers Saint-Ser (V. ci-après).

20,5 km : **Puyloubier** (352 m ; 827 hab.), au pied des ruines d'un château médiéval.

De là, on monte (jalons bleus) en 4 h à la Sainte-Victoire par le pic des Mouches (1 011 m) et les crêtes.
On peut également visiter l'**ermitage de Saint-Ser** (1 h 15 par un bon chemin ; jalons rouges), accroché au flanc de la montagne, dans un site remarquable. Saint Ser qui, selon la tradition, menait en cet endroit une vie érémitique, fut décapité par les Wisigoths en 405 et enterré dans la grotte en avant de laquelle a été bâtie la chapelle : celle-ci passe pour avoir été consacrée en 1001 par l'archevêque d'Aix Amalric.
De Puyloubier, la D 57 E, au N.-E., empierrée et très mauvaise, permet éventuellement de couper le circuit de la Sainte-Victoire ; jolies vues.

26,5 km : **Pourrières** (299 m ; 1 270 hab.) : une tradition fait venir le nom de village des cadavres qui pourrirent sur son territoire après la fameuse bataille où *Marius* écrasa, en 102 av. J.-C., les Ambrons et les Teutons : son origine, plus prosaïquement, dérive de *Poreires*, ou *Porreries,* le champ de poireaux. Pourrières est la patrie du poète *J. Germain Nouveau* (1852-1920).
Prenez, vers le N., la route (D 23) de Rians.

32 km : à dr., un sommet de 612 m porte les vestiges de l'important **oppidum** celto-ligure **du Pain-de-Munition,** avec trois enceintes.

33,5 km : prenez à g. la route de Vauvenargues (D 223 puis D 10), tracée au pied du versant N., austère et boisé, de la Sainte-Victoire. Superbe descente sinueuse dans le haut vallon de l'Infernet.

45 km : **Vauvenargues** (411 m ; 485 hab.), suspendu au-dessus de l'Infernet qui le sépare de la Sainte-Victoire au S. Église des XIe, XIIIe et XVIIIe s.

Le **château** de Vauvenargues, sur un mamelon isolé au milieu de la vallée, est une grande bâtisse carrée des XVIe-XVIIe s., flanquée de deux tours rondes, avec une enceinte du XIVe s. et une porte d'entrée Louis XIII (on ne visite pas).

La seigneurie de Vauvenargues appartint jusqu'au milieu du XIIIe s. aux comtes de Provence. Louis XV l'érigea en marquisat en 1722, en faveur de Joseph de Clapiers, **en récompense du courage dont celui-ci avait fait preuve comme premier consul d'Aix pendant la peste de 1720. Son fils aîné,** *Luc de Clapiers de Vauvenargues,* **le célèbre et généreux mora-**

liste, né à Aix en 1715, tenta une carrière militaire qui ne lui apporta que
désillusions et dont il démissionna en 1744; incompris par les siens,
mais ami de Voltaire et Marmontel, il poursuivit à Paris une trop brève
carrière littéraire et mourut, désespéré et seul, à l'âge de 32 ans (1747).
Son portrait en médaillon, sculpté par Francis Deltour, a été apposé au
château en 1947 à l'occasion du 2e centenaire de sa mort.
Le château a été acquis en 1958 par Picasso (1881-1973); celui-ci y
séjourna assez souvent jusqu'en 1961 (c'est là en particulier qu'il peignit ses « Déjeuners sur l'Herbe » en 1960) et y a été inhumé, sur la
terrasse.

Une grande salle, à l'E., appelée le Réduit, faisait, dit-on, partie d'un fort
romain. Les appartements sont décorés de belles gypseries et d'élégantes
cheminées du XVIIe s. L'une des tours contient un oratoire où est inhumé
le corps de saint Séverin, don de Pie VII au cardinal d'Isoard.

Vauvenargues est relié à (**14,5** km) Jouques (V. p. 587) par une jolie route
(D 11) franchissant la montagne des Ubacs au col du Grand Sambuc
(597 m), d'où l'on peut faire l'ascension du **Concors** (779 m).

46,5 km : à g., **Les Cabassols,** hameau d'où se détache le plus
aisé (tracé rouge et blanc du GR 9) des sentiers de la Sainte-
Victoire.

Montagne Sainte-Victoire. — Bien tracé mais pénible par sections, le
sentier remonte un vallon tapissé d'abord de chênes verts, de pins, de
bouleaux et de buis en abondance, puis de genévriers et, plus haut, de
bois.
1 h 30 (des Cabassols) : **Prieuré de Sainte-Victoire** (888 m), but de
pèlerinage séculaire, avec chapelle édifiée de 1656 à 1661 sur des
vestiges du haut Moyen Age, restaurée. Sur l'esplanade, citerne (eau
potable), petit monastère (1661) restauré par l'association « Les Amis de
Sainte-Victoire » et utilisé comme refuge (20 places). Il fut habité autrefois par des carmes (1664) puis par des camaldules (1681), et abandonné en 1790. Chaque année à fin avr., fête-pèlerinage des « Ventu-
riers ».
De la brèche des Moines, creusée en partie en 1656, vue plongeante sur
les escarpements à pic de la face S. de la montagne, le plateau du Cengle
et Saint-Antonin. La vue est encore plus étendue du sommet O. de la
montagne (10 mn de la chapelle; 945 m) où se dresse la **Croix de
Provence** : cette croix en fer, de 19 m, érigée sur un soubassement de
11 m, a remplacé en 1871 l'ancienne croix de bois élevée en 1785; son
socle porte quatre inscriptions : en français vers le N., en latin vers l'E., en
grec vers le S., en provençal vers l'O.
La Sainte-Victoire culmine à 1 011 m au pic des Mouches, à l'E. C'est une
échine de calcaire supra-jurassique, longue d'environ 12 km, orientée
E.-O. et beaucoup plus abrupte sur son versant S. que sur son versant N.

*La Sainte-Victoire passe pour tirer son nom du fait que l'armée de
Marius l'occupa à la veille du désastre qu'elle devait infliger aux Ambro-
Teutons dans la plaine de Pourrières, en 102 av. J.-C. C'est en fait le
dérivé de Ventour (même origine que le Ventoux), nom ancien, bien
antérieur au passage des légions de Marius. Le nom provençal encore
employé par les habitants de la vallée est* Ventùri.

De la croix on découvre un **immense horizon;** au S. le plateau mamelonné
du Cengle, la vallée de l'Arc, la chaîne de l'Étoile et de N.-D. des Anges, la
crête de la Sainte-Baume; à l'E., les Maures et le massif de l'Estérel; au N.,
les Alpes du Dauphiné, le Sambuc, la vallée de la Durance, le Luberon et
le Ventoux; à l'O., la plaine du Rhône, la Trévaresse et la Camargue.

MONTAGNE SAINTE-VICTOIRE

De la croix, ne pas manquer d'aller visiter (10 mn N.-E.) le **Garagaï** (abîme, en provençal) d'où l'on découvre une vue curieuse sur Saint-Antonin à travers une grandiose arche naturelle. Le gouffre proprement dit s'ouvre au bas de l'arche, à g. du sentier (tracés noir et vert). Exploré pour la première fois par *Robert de Joly* en 1928, il a 142 m de profondeur avec une salle longue de 170 m et haute de 20 m; un autre gouffre moins important s'ouvre à 60 m plus au S.; ces deux abîmes ne sont accessibles qu'aux spéléologues.

Descente directe sur Aix. — On rentrera directement à Aix, soit en suivant la crête vers l'O.; puis en descendant vers le S. (tracé rouge), par le Pas du Berger (facile), à la ferme de l'Hubac (ci-dessus, km 9) — soit par le tracé vert (difficile), par le versant S. et l'Hubac; — soit en continuant de suivre la crête vers l'O. (tracé bleu), par le Baoù Satger, et en descendant le sentier Imoucha pour atteindre en 1 h 30 le barrage du Bimont (ci-après, km 51) d'où l'on rejoint en 15 mn le Puits des Savoyards, sur la route de Vauvenargues, à 6 km d'Aix.

Descente sur Puyloubier (recommandé; tronçon du GR 9). — On suit à l'E. la crête de la montagne qui, marquée de quelques cols, se tient à 950 m d'alt. moyenne. — 2 h (depuis la croix); Pic des Mouches (1 011 m), point culminant de la montagne. On suit toujours à l'E. la crête qui s'abaisse peu à peu. — 3 h : Oratoire de Malivert. Le sentier ne tarde pas à descendre au S. le vallon de l'Église. — 3 h 30 : Puyloubier (ci-dessus, km 20,5).

Du col de Saint-Ser, avant le pic des Mouches, il est recommandé de descendre (tracé rouge) sur l'**ermitage de Saint-Ser** (30 mn) dont la chapelle est ouverte et où un refuge confortable peut abriter sept ou huit touristes.

A 10 mn au-dessus de la chapelle (tracé noir) s'ouvre la **grotte du Champignon**, la plus vaste et la plus belle du département (accès délicat).

51 km : route à g. pour (**1,2** km) le **barrage du Bimont.**

Appelé aussi barrage *Rigaud*, du nom de l'ingénieur qui le construisit de 1946 à 1952 dans la gorge de l'Infernet, c'est un de ces ouvrages en forme de voûte mis au point par *André Coyne* (1891-1960). Haut de 87,5 m et long de 250 m en crête, il a une épaisseur de 18 m à la base et 4 m au sommet et retient, en un lac de 4 km de longueur où se mire la Saine-Victoire, 40 millions de m^3. Belvédère à 355 m d'alt. *Site.

La réserve du Bimont est intégrée au réseau de distribution du canal de Provence (V. p. 590) qui l'alimente par l'intermédiaire de la branche du Bimont; elle dessert Aix et sa région.

En aval du barrage, un sentier (tracé rouge) conduit en 1/4 d'h. au **balcon de l'Infernet** : belle vue plongeante sur la retenue du barrage Zola.

51,5 km : la route passe au pied du **château de Saint-Marc-Jaumegarde.**

La route qui y mène prend 400 m plus loin, à g. Le **château**, du XVIe s., est flanqué de trois tours rondes et d'une tour carrée plus ancienne dite tour des Templiers; porte de la Renaissance. Saint-Marc fut au XVe s. le fief de Jacques (*Jaume* en provençal) Garde, baronnie possédée au XVIIe s. par les Puget et au XVIIIe s. par les Meyronnet-Saint-Marc, parlementaires d'Aix.

A dr. de la grand'route, en face de la route de Saint-Marc, une allée (prop. privée) conduit à (150 m) la **source de Saint-Marc,** dans un cadre magnifique; fontaine monumentale du XVIIe s. avec urne en marbre et pièce d'eau.

59 km : Aix-en-Provence.

24 D - D'Aix vers le Luberon

Route : 29 km N. Cet itinéraire peut constituer le premier tronçon d'un autre circuit d'une demi-journée avec retour par la vallée de la Durance (it. 11 B) et la route d'Aix à Pertuis (N 556-N 96).

Quittez Aix par la N 7 en direction d'Avignon.
9,5 km : prenez à dr. la N 543 vers Rognes.
11 km : à dr. (**0,5** km) hameau du **Grand Saint-Jean**, ancien poste fortifié des Hospitaliers de Saint-Jean de Jérusalem ; la chapelle, reconstruite au XVIe s., est flanquée de trois tours. Château de Saint-Jean-de-la-Salle, où avaient été reçus Louis XIII (1622) et Louis XIV (1660), reconstruit à la fin du XVIIe s.
La route s'élève pour franchir, à 362 m, la petite chaîne de la Trévaresse.

19,5 km : **Rognes** (323 m ; 1 426 hab.), célèbre par ses carrières.
L'**église**, de 1610, conserve un superbe ensemble de ***retables** en bois sculpté de la fin du XVe s. au XVIIIe s. : voir en particulier le maître-autel et le retable situé à g. de l'entrée du chœur, orné de belles figures en demi-relief.

La pierre de Rognes. — La Provence compte un certain nombre de carrières célèbres : celles de Beaucaire, Fontvieille, Lacoste, Ménerbes (pierre tendre crème), celles des Estaillades, de Brouzet, de la Roche d'Espeil (pierre demi-ferme blanche, crème ou beige), celle de Cassis (pierre dure et blanche)... Les carrières de Rognes (six étaient exploitées à la fin du XIXe s., deux le demeurent aujourd'hui) renferment une belle pierre brune demi-ferme.
Avant la mécanisation — assez récente — du travail, on extrayait les pierres avec un *escudo,* outil muni d'un long manche et d'une lame en trapèze ; avec l'*escudo* on effectuait des « saignées » dans la masse puis, avec des coins introduits dans les failles ainsi creusées, on détachait les blocs de pierre. Ceux-ci étaient ensuite taillés au « marteau », grattés et polis au « chemin de fer » (variété de rabot), creusés et sculptés avec la « briquette » (pour obtenir des refends) ou avec des scies (« sciotte », « crocodile »). Les carriers étaient, pour l'ensemble, des paysans rognens travaillant à l'extraction de la pierre pendant la morte-saison agricole. Ils étaient payés non au temps passé, mais au cubage débité.
La pierre de Rognes et les autres pierres coquillères tendres et demi-dures de la région (Bibemus, Fontvieille, etc.) ont été tôt utilisées pour la construction des édifices nobles des villes de la région : églises et chapelles, hôtels particuliers aixois. L'emploi de ces pierres, belles par leur grain et leur couleur, allant de l'ocre au brun, est recommandé officiellement aujourd'hui pour la restauration et la construction des bâtiments dans le centre historique d'Aix. Il est vrai que la principale qualité de ces pierres est d'ordre esthétique ; matériau poreux, friable, soumis à l'action du gel, la pierre est surtout utilisée pour daller les façades, rarement pour édifier des murs porteurs. La vogue de la pierre de Rognes vient du goût si répandu aujourd'hui pour le matériau brut : on sculpte bancs, tables, statues et on expédie des dalles de pierre coquillère dans la région parisienne, voire à l'étranger pour couvrir les façades des villas les plus luxueuses.

La route descend vers la vallée de la Durance et vient longer le bassin de Saint-Christophe (**22** km) qui sert à décanter les eaux du canal

ROGNES

de Marseille (qui passe sur l'aqueduc de Roquefavour, V. it. 22 C, km 77,5) prélevées sur la Durance à une douzaine de kilomètres en amont.
25,5 km : on rejoint la N 561 à 3 km en amont de l'abbaye de Silvacane (à g. ; V. it. 11 B, km 33) : prenez à dr. puis aussitôt après à g. pour franchir la Durance.
29 km : **Cadenet** (V. it. 11 A, km 33), à 4,5 km de Lourmarin (V. it. 9 C, km 18,5), porte sud du Luberon.

25 - Marseille

En provençal, *Marsiho,* 914 356 hab. (1 076 897 avec l'agglomération). Préfecture des Bouches-du-Rhône, chef-lieu de la région de programme Provence-Alpes-Côte d'Azur. Université. Archevêché.

Il aura donc fallu près de vingt six siècles pour que Marseille, cité grecque née sur un coin du littoral de Provence, commence — ou consente? — à devenir une ville provençale. Encore n'est-ce que poussée par l'impérieuse nécessité de survivre dans un monde qui a changé autour d'elle, et tenue par son orgueil de rester fidèle, en quelque sorte, à un passé qui en fit une des grandes métropoles de la Méditerranée.

De la Provence, Marseille n'a, en fait, que quelques traits morphologiques : le soleil et le mistral, les escarpements rocheux et les talus pelés limitant son bassin — lequel, d'ailleurs, tourne le dos au pays et ne regarde que vers la mer (c'est plus qu'un symbole); des platanes aussi, et deux ou trois fontaines encore, l'accent des gens et leur manière d'être. Pour le reste, son comportement et son devenir — l'essentiel —, elle fut tout au long de son histoire et demeure en partie une sorte d'îlot au destin autonome. Ainsi l'avaient voulu les commerçants-navigateurs phocéens qui la fondèrent six siècles avant notre ère sur le modèle des cités-états du monde hellénique; ainsi le commanda l'intérêt de leurs descendants qui, important, transformant, exportant les produits de contrées lointaines, traitant d'égal à égal avec les États, limitaient leurs relations régionales à la construction de quelques entrepôts.

Trop préoccupée d'une puissance commerciale susceptible de garantir sa propre indépendance pour avoir des visées territoriales, Marseille s'est en fin de compte hissée au premier rang des ports français; elle est le plus important port aussi de la Méditerranée et le second d'Europe, et la deuxième ville de France; par la stature ou la célébrité des hommes qui font d'elle ce qu'elle est (de Gaston Defferre à Roland Petit, ou de Marcel Maréchal à Emmanuel Vitria, le Français au cœur greffé), comme par le retentissement des affaires qui l'agitent (quel supporter n'a vibré aux heurs et malheurs de l'O.M.!) ou des drames qu'elle connaît (qui n'a été troublé par l'affaire Terrin?), elle offre une « image de marque » qui déborde largement du cadre

régional; tandis que tours et buildings, métro et embouteillages renforcent sur place son alllure de métropole.
Depuis trente ans que la fin de l'ère coloniale a imposé une nouvelle organisation des relations marchandes, Marseille s'efforce de se reconvertir. Et si la construction de Fos — l'Europort du Sud — est déjà de sa part une marque d'intérêt pour la zone continentale, il en est d'autres par lesquelles elle tend plus nettement à affirmer un rôle régional : cela va de la création, en cours, d'un centre directionnel, à l'amélioration des relations routières et des transports, en passant par l'association, dans un schéma commun d'aménagement de l'aire métropolitaine, avec près de soixante communes des environs.

La ville dans l'histoire

De Gyptis à César. — *Histoire ou légende? c'est en tout cas dans le domaine poétique que se place* Justin, *historien latin du II*e *s., pour nous conter les origines de Marseille. Selon lui, de jeunes navigateurs de Phocée, ville grecque d'Asie Mineure « ayant osé s'avancer jusqu'au dernier rivage de l'océan à l'embouchure du Rhône, furent séduits par la beauté du lieu... Les chefs de la flotte étaient* Simos *et* Protis. *Ils allèrent trouver le roi des Ségobriges, nommé* Nannus, *sur le territoire duquel ils désiraient fonder une ville... Justement, ce jour-là, le roi était occupé à préparer les noces de sa fille* Gyptis, *que, selon la coutume de sa nation, il se disposait à donner en mariage au gendre choisi pendant le festin. On introduisit la jeune fille et son père lui dit d'offrir l'eau à celui qu'elle choisissait pour mari; alors, laissant de côté tous les autres, elle se tourne vers le Grec et présente l'eau à* Protis *qui, d'hôte devenu gendre, reçut de son beau-père un emplacement pour y fonder une ville ».*
Ainsi fondée, en 600 av. J.-C., Massalia *va devenir très rapidement une ville d'autant plus importante que, suite à la destruction de Phocée par Cyrus en 540, elle hérite non seulement d'une partie de la population de la cité-mère, mais encore se retrouve à la tête de tous les établissements fondés par celle-ci. N'entretenant avec les Ligures, la plus importante des populations autochtones, que des relations commerciales, les Massaliotes ne se soucient pas de conquérir le pays ou d'en assimiler les populations (il y aura néanmoins quelques heurts sérieux) : l'emplacement est avant tout une base permettant, par le couloir rhodanien, de gagner les pays du fer et de l'étain.*
*La rivalité des Carthaginois et des Étrusques, contre lesquels elle remporte plusieurs victoires (535, 480, 474), ne l'empêche pas d'établir, de 475 à 350, sur tout le bassin occidental de la Méditerranée, une série de comptoirs qui assurent sa puissance navale et commerciale; vers 350, les voyages d'*Euthymènes *vers les côtes africaines, et de* Pythéas, *jusqu'aux limites du monde boréal inconnu, illustrent sa vocation.*
Alliée de Rome (elle a même payé une partie de la rançon de la ville, saccagée par les Gaulois en 390), notamment en raison d'une commune hostilité à Carthage, Massalia fait appel à elle lorsque en 125, la pression des Salyens celto-ligures, des Voconces et des Teutons commence à menacer sérieusement son domaine : Rome vient à son secours, installe des garnisons dans l'arrière-pays et en entreprend la colonisation. Massalia, alors, est au faîte de la fortune; non colonisée elle-même, elle traite sur pied d'égalité avec Rome dont elle ravitaille les légions.

Lorsque César et Pompée s'affrontent, Massalia a le tort de se ranger du côté de Pompée (celui-ci a le contrôle des mers). Assiégée par les armées de César en 49, elle sera prise, démantelée, privée de la presque totalité de ses colonies (sauf Nice) et restera sous la surveillance d'une armée d'occupation.

L'époque romaine. — Rebaptisée Massilia par les Romains, la ville demeure néanmoins pour plus de deux siècles une cité éminemment grecque : c'est seulement en 212 ap. J.-C. qu'elle adoptera le régime municipal romain. Ne rayonnant plus par son commerce — Arles a hérité de ses anciens privilèges —, elle se conforte dans son rôle de phare avancé de l'hellénisme et entretient une université brillante, dernier refuge de l'esprit grec en Occident.
Le christianisme fait, semble-t-il, son apparition assez tôt : une tradition ancienne place vers 295 le martyre de saint Victor et de ses compagnons, et un évêque, Oresius, y est historiquement attesté en 314; un siècle plus tard, Jean Cassien fondera, sur la tombe du martyr, un monastère qui sera jusqu'au XVIIe s. un des plus puissants établissements religieux de Provence.

Marsiho provençale. — Avec la seconde moitié du Ve s. commence pour Marseille comme pour le reste de la Provence le temps des invasions et autres ravages : Wisigoths en 464, Wisigoths encore en 476 (ceux-ci céderont peu après la ville aux Ostrogoths qui la rétrocéderont eux-mêmes aux Francs en 576), peste en 591, Charles Martel en 736 et 739, Sarrasins en 838. Siècles obscurs où Marseille est moins que jamais maîtresse de son destin et partage celui d'une Provence à la recherche d'elle-même, tout en s'efforçant, chaque fois que possible, de retrouver une certaine indépendance.
A la fin du Xe s., la disparition des Sarrazins provoque le réveil d'une économie que viendra encore stimuler, deux siècles plus tard, l'organisation des Croisades. Administrée alors, comme plusieurs autres cités de Provence, par un groupe de consuls, Marseille profite de l'anarchie qui s'empare du comté à la mort de Pierre II d'Aragon pour s'ériger en république indépendante (1214). Résistant à l'action unificatrice de Raimond-Bérenger V, elle sauvegardera son autonomie pendant 30 ans, cédant enfin devant Charles d'Anjou (1252) qui, tout en lui laissant de précieux privilèges municipaux, lui imposera un gouverneur.
La fin des Croisades et la perte des marchés du Levant inaugurèrent pour la ville une période de crise. Ce n'est que dans la seconde moitié du XVe s. que, bénéficiant de nouveaux avantages octroyés par le roi René, Marseille retrouve progressivement une fortune certaine, base d'une puissance avec laquelle le roi de France devra désormais toujours compter.

Marseille et la France. — Le rattachement de la Provence à la Couronne, en 1481, offre à la cité de nouvelles occasions de s'enrichir : Charles VIII, qui entend faire valoir ses droits à la couronne de Naples, puis Louis XII, qui regarde quant à lui du côté de Milan, en font un port militaire de première importance. Et c'est la population tout entière qui, en 1524 comme en 1536, saura, par une résistance héroïque, faire rapidement lever les sièges que viennent mettre devant la ville les armées impériales de Charles-Quint. A la fin du siècle, les troubles de la Ligue épargnent à peu près la ville (les catholiques ligueurs, en écrasante majorité, n'ont pas de protestants à massacrer), mais Marseille profite de l'anarchie qui règne dans le royaume pour tenter, sous la conduite de son premier consul Charles de Casaulx et avec l'aide des troupes espagnoles de Philippe II, de retrouver son autonomie : l'assassinat du consul

par les sbires du roi (1596) délivre Henri IV de ses inquiétudes de ce côté.
La première moitié du XVIIe s. marque pour Marseille le début d'une nouvelle ère de prospérité; dotée, en 1600, d'une Chambre de Commerce qui arme ses propres bateaux et entretien ses propres représentations diplomatiques dans les grands centres d'Asie Mineure, du Proche et de l'Extrême-Orient, favorisée par Richelieu *qui fait passer l'effectif des galères de 13 à 24 unités, Marseille se croit assez puissante pour résister au gouvernement royal dont le représentant manœuvre pour mettre la main sur l'hôtel de ville. Prise par l'armée royale en 1660, elle est désarmée, frappée d'une contribution extraordinaire et placée sous la surveillance de deux forts construits à cet effet, les forts Saint-Jean et Saint-Nicolas.*
Néanmoins, Colbert *en stimule l'activité commerciale en faisant d'elle un port franc. La cité est au faîte de la richesse et certains de ses négociants édifient des fortunes colossales, tel ce* Georges Roux, *dit* Roux-le-Corse, *qui commerce avec le monde entier; c'est à cette époque qu'est fondée la compagnie du Cap Nègre, ou Compagnie d'Afrique, aînée de la Compagnie des Indes. Mais c'est à cette époque aussi qu'une épouvantable épidémie de peste tue 38 000 habitants sur 75 000.*
La Révolution est le signal de luttes sanglantes entre le peuple marseillais et l'aristocratie marchande. Toutefois, acquise aux idées de liberté, la ville prend dans un premier temps une part active au mouvement révolutionnaire. Et c'est de Marseille que partent, en juillet 1792, quelques centaines de volontaires décidés à soutenir la lutte des révolutionnaires parisiens; ils prendront une part importante aux événements de l'été 1792 et feront connaître à la France ce Chant de guerre de l'armée du Rhin *qui, sous le nom de* Marseillaise, *deviendra son hymne national. Dès 1793 toutefois, la ville, girondine, entre en conflit ouvert avec la Convention, dominée par les Montagnards. Prise par le général* Carteaux, *elle est, par punition, décrétée « ville sans nom » et* Barras *et* Fréron *y font régner le « respect de la Convention ».*
Après la Révolution, l'Empire, avec son blocus continental, achève de ruiner le commerce marseillais : c'est avec une joie non dissimulée que la ville accueillera le retour de la monarchie. Profitant alors tout à la fois de l'essor de la navigation à vapeur, de la conquête d'Alger puis, un peu plus tard, du percement de l'isthme de Suez, la ville connaîtra, pratiquement jusqu'à la Deuxième Guerre mondiale, un essor quasi continu malgré quelques sombres périodes lors des troubles suscités par la duchesse de Berry (1832) puis durant la révolution de 1848, lors de la Commune et pendant la première guerre mondiale.
Lors de la deuxième guerre mondiale, Marseille, qui était occupée depuis novembre 1942, fut libérée par l'armée française le 28 août 1944, treize jours seulement après le débarquement de Toulon (une visite au mémorial du débarquement des Alliés en Provence, au mont Faron, — it. 29 D — vous permettra de revivre, jour après jour, le déroulement de cette épopée); aux pertes en vie humaines s'étaient ajoutées la destruction des quartiers du Vieux-Port et l'anéantissement presque total des installations de la Joliette.
Passé le temps de la reconstruction, la ville dut répondre à d'autres sortes de questions. Avec la décolonisation, qui allait imposer un changement total de la structure des échanges, affluèrent les rapatriés, aiguisant les problèmes de logement et surtout de l'emploi dans une région déjà sous-industrialisée. Pour renouer un jour, peut-être, avec sa prospérité d'antan, Marseille cherche de nouvelles assises pour son développement : en se préparant à remplir, sur le plan européen, cette

fonction d'Europort du Sud pour laquelle elle a aménagé le golfe de Fos, et en s'efforçant désormais de jouer le rôle de métropole régionale qu'elle avait jusqu'alors toujours négligé (ou méprisé?). Les actuelles entraves à son expansion, les maux dont elle souffre, sont de même nature que ceux que connaît la Provence dans son ensemble; ils ne peuvent être surmontés que par une action solidaire.

Célébrités. — Marseille a vu naître un grand nombre de personnages illustres, connus et moins connus parmi lesquels, en reconnaissant l'inévitable arbitraire de ce genre de choix, nous citerons surtout : Auguste Barthélemy (1796-1867) et Joseph Méry (1798-1865), deux poètes profondément enracinés dans leur terroir, Joseph Autran (1813-1877), poète de l'Antiquité, de la mer et de la vie rurale, Victor Gelu (1806-1885), dont l'œuvre s'apparente à celles de Richepin, Rictus et Zola, Edmond Rostand (1868-1918), Antonin Artaud (1896-1948) et Gabriel Audisio (1900-1978);
— le sculpteur Pierre Puget (1620-1694; V. prom. 25 D), le peintre et dessinateur Honoré Daumier (1808-1879), les peintres Françoise Duparc (1726-1778; V. prom. 25 D) et Adolphe Monticelli (1824-1886), le sculpteur César Baldaccini, dit César (1921); né en Espagne en 1658, le peintre Michel Serre *vécut et travailla à Marseille de 1675 à sa mort en 1693;*
— les compositeurs Ernest Reyer (1823-1909), Vincent Scotto (1876-1952) et Darius Milhaud (1892-1974; *mais il alla habiter Aix dès sa plus tendre enfance);* Fernandel (Fernand Contandin, 1903-1971); le grand avocat Émile Pollack (1915-1978), ardent adversaire de la peine de mort; le chorégraphe Maurice Béjart (1927); la cantatrice Régine Crespin (1927).

Ce qu'il faut savoir

Croissance et mutations urbaines. - Entrecoupées de périodes de stagnation, voire de profonde récession économique, l'histoire de la ville est aussi celle d'une lente prise de possession du rivage, du Lacydon à Fos-sur-Mer; elle a laissé çà et là, dans le paysage urbain, des marques qui permettent d'en retracer les grandes étapes.
Aux **époques grecque et romaine, la ville occupe la seule rive N. du Lacydon** — le Vieux-Port —, couvrant le sommet et les pentes d'une série de buttes étagées : butte Saint-Jean (à l'emplacement du fort actuel; plan d'ensemble B 3), butte Saint-Laurent (église; plan du centre A 3), butte des Moulins (dont le nom survit dans celui d'une rue et d'une place; plan du centre B 2) et butte des Carmes (plan du centre C 1); le bassin était alors plus large d'une centaine de mètres et s'enfonçait plus profondément dans les terres, lançant vers la butte des Carmes une corne retrouvée lors des travaux du quartier de la Bourse (V. prom. 25 C).
Pendant tout le haut **Moyen Age, la cité va rester cantonnée à cette rive N.**; à partir du milieu du XIe s., elle relève de **deux autorités** administratives distinctes : sur les hauteurs se trouve la **ville épiscopale**, sur le rivage, la **ville comtale**. En face, la rive S. est occupée par la seule abbaye de Saint-Victor; la prospérité que connaît la cité (notamment comme port de guerre) à partir de son rattachement à la Couronne entraînera un début d'occupation de cette partie du rivage, qui reste cependant hors les murs.
Tout change à partir du **règne de Louis XIV** qui, après avoir entrepris l'édification des forts Saint-Jean et Saint-Nicolas pour tenter de mater l'esprit d'indépendance des Marseillais, voit le **triplement de la superficie urbaine**. Les limites de la cité sont repoussées au N. jusqu'à l'actuel

boulevard des Dames (plan du centre B-C 1), à l'E. au cours Lieutaud (plan du centre F 4), au S. au cours Puget (plan du centre C-D 4) et à la rue de la Corderie. Comme à Aix vingt ans plus tôt, les remparts médiévaux sont abattus et remplacés par un cours-promenade (le cours Belsunce et son prolongement le cours Saint-Louis) bordé de nobles façades.

L'expansion économique du **XIXe s.** s'accompagne de nouvelles transformations : on nivelle, on perce la rue de la République en tranchée dans les quartiers anciens, on construit des édifices solennels, mais aucun « schéma directeur » ne vient ordonner un développement qui se fait surtout au gré de la spéculation foncière. Rompant avec une partie de son histoire, **la cité abandonne le Lacydon** : de nouvelles installations portuaires sont établies plus au N., des quartiers résidentiels prennent peu à peu possession de la plaine de l'Huveaune. Progressivement, les villages des environs deviennent les noyaux d'une **banlieue** pavillonnaire réservant encore de larges espaces à l'agriculture.

Le **dernier quart de siècle** a vu de nouvelles et **radicales transformations** du paysage urbain. Au lendemain de la guerre, la ville s'étendait de la Joliette (au N.) au Prado (au S.) et s'interrompait, à l'E., au plateau de Saint-Barnabé. Le reste du bassin de Marseille était le lieu d'une active agriculture péri-urbaine : maraîchage, élevage (production laitière). Des villages, aujourd'hui disparus sous les immeubles, étaient de petits centres agricoles (Caillols, Allauch, La Valentine, La Penne-sur-Huveaune...). Dès les années 50, pour remédier aux destructions subies pendant la guerre et pour répondre aux besoins d'une immigration croissante, l'urbanisation a été rapide et massive : elle atteint surtout les quartiers N. (Saint-Antoine), N.-E. (La Rose), E. (la vallée de l'Huveaune).

La prolifération des constructions dans ces banlieues s'est accompagnée d'un profond **changement dans l'organisation sociale** de l'espace urbain. Traditionnellement le centre ville et ses abords étaient habités par une population mêlée (ouvriers, artisans, négociants). A cette hétérogénéité sociale se superposait une bigarrure ethnique : depuis le début du XXe s. le centre de Marseille était un foyer d'immigration (régionaux, Italiens, maghrébins). Désormais, un clivage net apparaît entre, d'une part, les banlieues N. et E., populaires et denses, de l'autre, le centre-ville et le S., résidences des plus favorisés. Quelques îlots populaires demeurent à proximité du centre de la ville (quartier du Panier, quartier de la Porte d'Aix, peuplés surtout d'immigrés maghrébins) mais ils vont se vider de leurs occupants actuels avec les travaux dont ces quartiers font ou vont faire l'objet (plan de restauration du quartier du Panier, plan de restructuration du secteur Sainte-Barbe, faisant suite à l'implantation voisine d'un centre de commerce international, le centre directionnel de la Bourse, récemment inauguré).

De superficie très réduite, le **centre de Marseille regroupe le tiers des emplois**, d'où de graves problèmes de circulation, partiellement résolus aujourd'hui par la création de voies rapides (autoroutes, tunnel sous le Vieux-Port; construction en cours d'un tunnel routier du Vieux-Port à la gare du Prado) et la mise en service progressive, depuis la fin 1977, d'un métro qui desservira 28 stations.

L'économie marseillaise. — Marseille demeure le **premier port de la Méditerranée**. Porte de l'Orient, tête de pont métropolitaine de l'empire colonial, la ville dut longtemps sa prospérité à l'importation de denrées exotiques, traitées sur place par des industries florissantes.

L'essor immense de la ville dans la seconde moitié du XIXe s. est directement fonction de la colonisation de l'Afrique et de l'ouverture du canal de Suez, apportant de nouveaux débouchés commerciaux. C'est à cette époque que se créent les grandes compagnies de navigation : *Compagnie des*

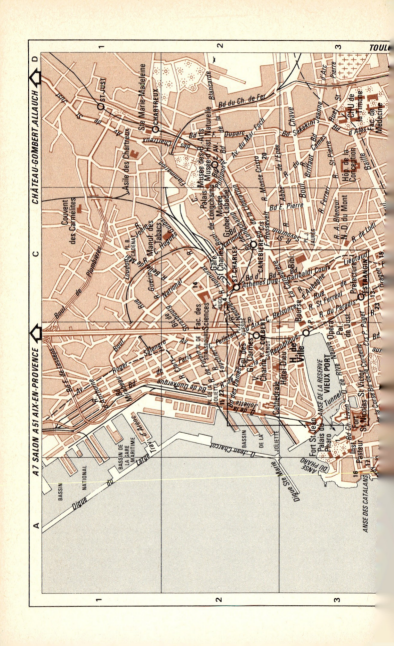

Messageries Maritimes, Compagnie des Transports à vapeur Fraissinet et *Compagnie de Navigation mixte*. Pour répondre à cette augmentation du trafic, on agrandit le port (création du bassin de la Joliette).

Les activités portuaires marseillaises **se sont** aujourd'hui **complètement modifiées** (écroulement de l'empire colonial, fermeture temporaire du canal de Suez). Sur les **90 millions de tonnes** qui transitent dans le port de Marseille (étendu progressivement depuis 1920 à Berre, Lavéra et Fos), **90 % sont des importations pétrolières.** Dans la ville même de Marseille ne transitent plus que quelque 6 millions de tonnes (fruits et légumes du Maghreb, bois exotiques, minerais...). Bref, les activités industrielles les plus importantes se sont reportées sur un autre front, le complexe portuaire et pétrolier de l'étang de Berre et de Fos-sur-Mer.

Si les **industries agro-alimentaires** fournissent encore **9 % de la production nationale,** elles sont en nette régression depuis une vingtaine d'années. Jusqu'à une période récente, Marseille était un gros importateur de matières premières agricoles : sucre de Madagascar, des Antilles, de la Réunion, arachides de la côte ouest africaine et des Indes, café et cacao, blés d'Ukraine et d'Algérie. Les grandes fortunes marseillaises se sont bâties sur le commerce et le traitement de ces produits : raffineries de sucre (c'est le fameux sucre Saint-Louis), huiles et savonneries (qui n'a entendu parler du savon de Marseille?), minoteries et semouleries. Ces industries fournissent encore actuellement, dans le cadre national, 25 % du sucre raffiné, 35 % des huiles végétales, 70 % de la semoule, et viennent en bon rang pour les pâtes alimentaires, la biscotterie, la biscuiterie, la brasserie, la distillerie, la chocolaterie; encore que cela n'ait pas un poids économique considérable, rappelons aussi que Marseille est la capitale française du chewing-gum...

L'**industrie chimique** traditionnelle met encore sur le marché 45 % du savon, 95 % de l'acide tartrique. Dans le domaine de l'industrie lourde, Marseille s'était taillée une place de choix dans la **réparation navale** (70 % de l'activité nationale) grâce à des chantiers jouissant d'une solide réputation pour la diversité des tâches qu'ils étaient à même d'entreprendre autant que pour la haute qualité de leurs prestations. Cela n'a pas empêché la crise de frapper l'entreprise *Terrin* en 1978 (et, avec elle, ses filiales et sous-traitants) et, en dépit des efforts faits par la municipalité et des mesures qu'elle a prise pour sauvegarder un incomparable outil de travail, l'avenir est loin d'être assuré dans ce secteur. Autres industries notables, les matériaux de construction, chaux, ciments et surtout tuiles (localisées notamment à l'Estaque), quelques industries mécaniques et radio-électriques, le matériel roulant, l'ameublement, la confection, la fabrication des cigarettes (le tiers de la production nationale de Gauloises).

Marseille demeure toutefois très nettement **sous-industrialisée,** et souffre de sous-emploi; on a vu p. 48 que la création de Fos, qui devait libérer la ville et sa région de ce problème aujourd'hui national, n'a pas encore répondu aux espoirs que l'on avait formés. **Le taux d'activité n'excède pas 35 %** (6 % de moins que la moyenne nationale). Comme, par ailleurs, la ville connaît une **croissance démographique rapide** (810 000 hab. dans l'agglomération en 1963, plus de 1 000 000 en 1975), la situation économique est particulièrement préoccupante.

Signalons enfin — pour retrouver les vraies raisons d'un adage qui a fait fortune dans le Nord de la France —, que Marseille et les ports qui l'environnent (Martigues, Port-Saint-Louis) fournissent 7 à 8 000 tonnes de **sardines** par an, ce qui les placent au **premier rang de la production nationale** dans ce domaine. Mais la pêche a sensiblement régressé sous le coup de l'industrialisation et de la pollution des eaux.

Visite de la ville

***Deux jours** sont nécessaires pour voir **rapidement** l'essentiel, mais **le double pour une découverte en profondeur,** accordant aux monuments et musées autre chose qu'un simple coup d'œil et prenant le temps de s'imprégner de l'atmosphère de quelques uns des quartiers les plus vivants d'une cité aux multiples visages.*

***Si vous êtes très pressé,** nous vous recommandons de monter directement à N.-D. de la Garde (prom. 25 F) pour un premier tour d'horizon; de là vous redescendrez visiter Saint-Victor (prom. 25 B) puis, par le tunnel du Vieux-Port (si vous êtes en voiture) ou le ferry-boat de la mairie (si vous êtes à pied), vous pourrez gagner la vieille ville (prom. 25 A). Par les vestiges du port grec (prom. 25 C) et le bas de la Canebière, vous pourrez enfin aller passer un moment au musée Cantini (prom. 25 C) avant de faire un rapide tour de la ville en voiture par la corniche et l'avenue du Prado (prom. 25 E).*

***Où vous garer?** Compte tenu du temps que vous risquez de perdre à chercher une place libre (en parcmètre), vous avez tout intérêt, pour la visite des quartiers centraux (prom. 25 A et 25 C) à laisser votre voiture dans un des parkings souterrains (V. le plan) : celui de la Bourse est le plus pratique.*

Si vous aimez...
*— **l'archéologie :** les vestiges du port grec (prom. 25 C) pourront vous servir de base à une rêverie sur les premiers siècles de la cité; les collections du musée Borély (prom. 25 E) et celles du musée des Docks romains (prom. 25 A) les évoqueront plus complètement, la crypte de Saint-Victor (prom. 25 B) vous ramènera, quant à elle, aux premiers temps du christianisme;*

*— **les monuments d'architecture :** si l'époque médiévale a légué à la ville deux œuvres insignes, l'ancienne cathédrale (prom. 25 A) et Saint-Victor (prom. 25 B), la Renaissance n'a laissé qu'un très bel hôtel (lequel abrite aujourd'hui le musée du Vieux-Marseille; prom. 25 A); du XVIIe s., il faut voir essentiellement l'hôtel-de-ville et la Vieille-Charité (prom. 25 A); mis à part le château Borély (musée; prom. 25 E), et dans une moindre mesure l'Hôtel-Dieu, le XVIIIe n'a doté la cité d'aucun monument majeur. Le XIXe s. et le début du XXe s., furent quant à eux, beaucoup plus prolifiques, œuvrant tour à tour dans le néo-gothique (église des Réformés; prom. 25 C), le romano-byzantin (N.-D. de la Garde, prom. 25 F; cathédrale, prom. 25 A) et le triomphalisme (palais Longchamp, prom. 25 D; escalier de la gare Saint-Charles, prom. 25 C). A l'époque contemporaine, la croissance de la cité a donné lieu à plusieurs réalisations intéressantes : domaine universitaire de Luminy (prom. 25 E) et surtout « Cité radieuse » de Le Corbusier (prom. 25 E).*

*— **les musées :** la ville en compte huit, offrant sans doute de quoi satisfaire la plupart des curiosités : — Borély (archéologie, collection de dessins : prom. 25 E); — Cantini (art contemporain; faïences provençales; prom. 25 C); — Docks romains (prom. 25 A); — Grobet-Labadié (peinture, mobilier et objets d'art dans la demeure d'un collectionneur; prom. 25 D); — Histoire naturelle (prom. 25 D); — Palais Longchamp (Beaux-Arts; prom. 25 D); — Marine (prom. 25 C); — Vieux Marseille (crêches, santons, etc.; prom. 25 A). Un ambitieux musée de l'histoire*

de Marseille est en cours d'installation a côté des restes du port grec (prom. 25 C).

— l'animation : si la criée ne fait plus désormais partie du paysage du Vieux-Port (elle est réinstallée à Saumaty, assez loin au N. de la Joliette), les marchandes de poissons continuent d'installer leur étal chaque jour sur le quai des Belges (prom. 25 A). Et c'est non loin de là, au cœur du quartier Noailles, dans la rue Longue des Capucins (prom. 25 C), que la ville vient faire son marché quotidien. La rue Saint-Ferréol et la rue de Rome sont le domaine des boutiques chics, la Canebière celui du grand commerce et des banques, le cours Saint-Louis et le cours Belsunce celui des cafés et des marchands en kiosque; et c'est en haut de la Canebière, sur les allées de Meilhan, que se tient début décembre une célèbre foire aux santons.

25 A - Le Vieux-Port et la ville ancienne

Les reports au plan concernent tout le plan du centre.

Le ****Vieux-Port** (plan A-B-C 3) occupe l'emplacement du Lacydon, superbe plan d'eau parfaitement abrité où s'installèrent les Phocéens. L'entrée, à l'O., se resserre en un goulet à demi barré par le promontoire portant le parc et le château du Pharo, et qu'encadrent les masses blanches et géométriques de deux forteresses, le fort Saint-Jean à dr. (rive nord), et le fort Saint-Nicolas à g. (rive sud). A 200 m au-dessus du niveau de l'eau, en retrait sur la g., la *Bonne Mère* veille sur la flotille de bateaux de plaisance qui peuple les rives du bassin.

Seul port de Marseille jusqu'au XIXe s., le Vieux-Port se révéla insuffisant, notamment en raison de sa faible profondeur (6 m), pour accueillir les unités, nombreuses et de grande taille, nées de l'expansion considérable du trafic maritime méditerranéen. Secondé, puis complètement remplacé par les bassins de la Joliette (V. prom. 25 G) pour le trafic des marchandises et des passagers, il est désormais totalement réservé à la plaisance depuis l'aménagement d'un nouveau port de pêche (avec criée, installations de refrigération, etc., village des pêcheurs) dans l'anse de Saumaty, tout-à-fait au N. de la rade, entre Mourepiane et l'Estaque.

Ce départ n'est que la dernière en date d'une suite de transformations qui ont radicalement modifié, depuis la guerre, le cadre où *Pagnol* fit vivre les héros de sa célèbre trilogie.
Le **quai N. (quai du Vieux-Port)** où s'était développée la ville antique et médiévale et où un quartier vétuste abritait pendant la guerre d'irréductibles foyers de résistance, fut rasé à l'explosif par les Allemands en 1943; encadrant l'hôtel-de-ville, qui avait échappé à la destruction, une série d'immeubles redessinés par *F. Pouillon* y fut alors reconstruite, d'un modernisme assez sobre pour ne pas étouffer le pittoresque.
A **l'entrée du port**, le pont transbordeur qui, depuis 1905, enjambait le goulet, a été démonté en 1944-1945; un tunnel routier de 592 m le remplace depuis 1966, dont l'échangeur d'accès emprisonne l'ancien bassin de carénage dans un double courant de véhicules.
En dépit de ce flot sans cesse grandissant de voitures qui engorge maintenant le **quai S. (quai de Rive-Neuve)**, c'est ce dernier qui a le mieux conservé son aspect traditionnel; passé les grands immeubles qui, à la fin

VIEUX PORT—HÔTEL DE VILLE

du XVIIIe s., ont remplacé l'ancien arsenal des galères (V. prom. 25 B), le quai est bordé d'immeubles et de maisons sans âge, plus en retrait; quelques vieux bistrots — lequel est celui de *César* et de *Marius?* —, quelques marchands d'accastillage — lequel a pris la succession de « maître » *Panisse?* Reliant le quai à celui d'en face, le « ferry-boîte » du vaillant « capitaine » *Escartefigue* poursuit son va-et-vient régulier tandis qu'au fond du port, sur le **quai des Belges** (plan C 3) d'où partent les services touristiques pour le château d'If et les calanques, les marchandes de poisson popularisées sous les traits d'*Honorine* et de sa fille, la frêle *Fanny*, continuent de prendre le ciel à témoin de la qualité de leur marchandise...

L'**église Saint-Ferréol** (plan D 2-3) a beaucoup souffert des travaux d'urbanisme du XIXe s., perdant une travée et demie en 1804, et s'enrichissant d'une façade néo-Renaissance soixante-dix ans plus tard.

Construite par les Grands-augustins sur les restes d'une église du XIIe s. appartenant aux Templiers, elle fut commencée en 1369 et terminée seulement en 1588. Sa nef large, sans bas-côtés, est caractéristique du style gothique provençal. Maître-autel du XVIIIe s., en marbre polychrome, dû au sculpteur *Fossatti*.

→ Au-delà de l'église, la **rue de la République** (plan B 1-C 2), commerçante, relie le centre de la ville aux installations de la Joliette (V. prom. 25 G).
A mi-chemin, sur la petite place des Prêcheurs, se dresse l'**église Saint-Cannat**, ancienne église d'un couvent des dominicains, ou frères prêcheurs, construit au XVIe s. Le chœur et l'abside sont Renaissance, le **maître-autel**, en marbre polychromé, de l'école de *Pierre Puget*, est considéré comme l'un des plus beaux de Provence. Le baptistère est fermé par une superbe grille en fer forgé, exécutée en 1739. Mais ce que l'église possède de plus remarquable est sans conteste le **grand orgue** qui fut construit en 1742 par le frère convers *Isnard*, du couvent de Tarascon, qui est également l'auteur des orgues royales de Saint-Maximin et de celles de la Madeleine d'Aix. L'orgue de Saint-Cannat, restauré plusieurs fois, a conservé son buffet imposant qui domine l'avant-corps sculpté richement et qui repose sur quatre colonnes.

☐ L'***hôtel de ville** (plan B 2-3), sur le **quai du port,** est un des très rares vestiges du quartier que les Allemands rasèrent en 1943. La première pierre de l'actuel édifice, qui fut construit à l'emplacement d'une maison communale datant de 1480, fut posée en 1653; les plans sont peut-être l'œuvre de *Gaspard Puget* (frère de Pierre Puget) qui dirigea les travaux. C'est un bâtiment vaste et somptueux, mais moins grandiose que celui pour lequel Pierre Puget avait aussi fait des plans qui furent repoussés parce que jugés trop onéreux par la municipalité. Les travaux, suspendus en 1656 en raison des hostilités qui existaient entre la ville de Marseille et le pouvoir royal, furent repris en 1665 et l'élégante construction baroque, inspirée des palais génois fut achevée en 1674; sur la façade, moulage de l'écusson de Marseille dont l'original, sculpté par *Pierre Puget*, se trouve au palais Longchamp. Notons que *Robespierre le Jeune* siégea à l'hôtel de ville dont la destruction, prévue par le gouvernement révolutionnaire, fut évitée grâce au 9 Thermidor.

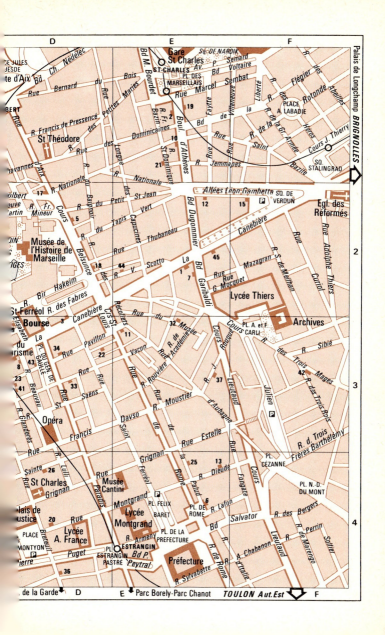

■ Le **musée des Docks romains** (28, place Vivaux; plan B 2) a été aménagé pour abriter les produits des fouilles effectuées lors de la reconstruction du quartier et qui ont permis, en particulier, la découverte des énormes jarres des entrepôts romains. Il s'agit, en fait, des premières découvertes archéologiques importantes des vestiges de la cité antique. Maquettes, cartes et objets divers font de ces docks un centre de documentation sur le commerce antique.

Conservation : ☎ 91-24-62. *Mme Simone Bourlard-Collin,* conservateur.

Visite : payante, t.l.j. sauf mardi et mercredi matin, de 10 h à 12 h et de 14 h à 18 h 15.

Totalement réaménagé en 1975, ce musée n'est pas une reconstitution, mais présente sur leur site primitif, mis au jour en 1947, une partie des ***docks romains** qui s'étendaient sur plus de 200 m : la fouille laisse apparaître un gros mur de soutènement et une trentaine de jarres **(dolia)** importées d'Italie, qui étaient enfoncées en terre jusqu'au col et servaient au stockage des grains, des vins ou de l'huile. Ces jarres, inégales, atteignant jusqu'à 2 m de hauteur et 1,75 m de diamètre, sont en argile.

L'entrepôt remonte à la seconde moitié du Ier s. de notre ère, mais la place grecque du Lacydon a été retrouvée au-dessous, à 4 m du niveau de la place Vivaux et à 117 m au N. du quai actuel, ce qui prouve le rétrécissement du port depuis l'origine. Le rez-de-chaussée de ce magasin s'ouvrait sur le quai primitif, formé d'une estacade en bois, tandis que l'étage communiquait sans doute par un portique avec le plan de la voie décumane, artère principale de la cité antique (rue Caisserie actuelle). Cet étage était décoré de marbre polychromes, de mosaïques et de sculptures dont certains fragments ont été retrouvés, notamment un bas-relief de Jupiter barbu et les débris d'une statue de nymphe.

Le musée présente une **reconstitution de la cité antique**, par *A.-P. Hardy*, d'après les relevés des fouilles de 1946-1956 et des découvertes du quartier de la Bourse en 1967 ; la stratigraphie de la place Vivaux, montrant l'exhaussement du sol de l'époque grecque au Moyen Age ; une carte du commerce méditerranéen antique (itinéraires à l'époque grecque) et deux cartes du commerce massaliote dans le Midi de la Gaule, l'une aux VIe-Ve s. av. J.-C., l'autre aux IIIe-Ier s. av. J.-C. ; l'**épave d'un navire** de commerce romain, trouvée en 1862 lors de la percée de la rue impériale (rue de la République actuelle), et des pilotis de l'estacade du port romain ; des jas d'ancre en plomb et des ancres en pierre ; des baignoires et moulins à grains de bord ; des amphores provenant des épaves de la baie de Marseille ; des échantillons de **céramique campanienne** et diverses pièces d'armement provenant de l'**épave du Grand Congloué** (IIe s. av. J.-C.), fouillée par le commandant *Cousteau,* et des épaves du Planier ; une statuette de **Zeus Dolichenus** trouvée au XVIIe s. dans le Vieux-Port ; une collection de bouchons d'amphores, de couvercles et de marques doliaires ; des documents relatifs à la navigation, à la technique navale et aux métiers de la mer, ainsi que des maquettes de navires antiques, etc.

☐ La ***maison Diamantée,** épargnée par les destructions de 1943, est un des plus précieux vestiges de l'architecture civile de la Renaissance à Marseille; avec sa façade aux pierres taillées en pointe de diamant, elle trahit une influence italienne due sans doute aux voyages effectués dans la péninsule par *Pierre Gardiolle,* un riche négociant marseillais qui se la fit construire de

MUSÉE DU VIEUX-MARSEILLE

 1570 à 1576. Le **musée du Vieux-Marseille** (plan B 2) y est installé depuis 1967.

Conservation : ☏ 90-80-28. *Mlle Joséphina Jullian*, conservateur.

Visite : payante, t.l.j. sauf mardi et mercredi matin, de 10 h à 12 h et de 14 h à 18 h 15.

Parcourant rapidement l'histoire de Marseille aux siècles passés, le musée s'attache surtout, notamment par ses collections consacrées aux arts et traditions populaires, à restituer certains des aspects les plus caractéristiques de la vie de la cité aux différentes époques.

Rez-de-chaussée : hall d'accueil. — Coffres de marins, figure de proue de voilier, peintures représentant des vues de Marseille à la fin du siècle dernier.

Salle de dr. — **Mobilier provençal,** avec notamment trois pétrins et trois belles panetières ; au fond, une grande vitrine abrite des casseroles et moules à gâteaux en laiton et en cuivre rouge et les divers autres récipients et instruments composant une batterie de cuisine ; belle collection de **faïences** dont Marseille fut, au XVIIe et surtout au XVIIIe s., un important centre de production.

La salle de g. est réservée à des présentations audio-visuelles.

Un ****escalier Renaissance** à caissons et rosaces conduit au **1er étage.**

Salle centrale. — **Marseille au XIXe s.,** illustrée par le grand plan-relief au 1/200 (5 mm pour 1 m) réalisé par *Fortuné Lavaste* (1848), qui rappelle les journées insurrectionnelles des 22 et 23 juin 1848 ; peintures, lithographies ; série d'aquarelles dues aux *Roux*, famille d'artistes marseillais du XIXe s. (le plus célèbre est *Joseph-Antoine*, 1765-1835, qui, spécialiste des navires, des portraits et des ex-voto, eut une production très abondante).

Salle de dr. — Marseille au XVIIIe s., avec une série de gravures concernant les **galères** dont Marseille fut, de 1265 à 1785, et tout particulièrement à l'époque de Colbert, un important chantier de construction. Un portrait de *Mgr de Belsunce* introduit à une autre série de gravures ayant trait à l'épouvantable **épidémie de peste** de 1720, qui tua la moitié de la population de la ville ; le prélat montra à cette occasion un dévouement resté, depuis, légendaire ; autre figure héroïque de l'époque, *Nicolas Roze*, dit le *Chevalier Roze* (1671-1733), dont la mémoire est honorée par un grand tableau de *J.-B. Duffaud*. On remarquera aussi la grande pince en fer forgé qui servait alors à ramasser les cadavres dans la rue : on avait, pour le transport de ceux-ci, réquisitionné les galériens de l'arsenal en leur promettant la liberté ; aucun ne devait malheureusement en profiter : tous furent atteints par la contagion.

Salle de g. — ***Collection de santons,** depuis les petits santons d'argile jusqu'aux grands santons costumés utilisés dans les crèches d'églises, en passant par les santons napolitains richement vêtus ; quelques crèches provençales très caractéristiques. En attendant l'installation de mannequins habillés, quelques portraits complètent l'évocation du costume que proposent aussi les santons.

Second étage : salle centrale. — Gravures et lithographies représentant des **vues de Marseille** à différentes époques ; une peinture sur bois, anonyme, de la fin du XVe s., figurant sainte Madeleine prêchant devant Charles III, le dernier comte de Provence, est **la plus ancienne représentation picturale du Vieux-Port.**

Salle de g. — Autres vues de Marseille. La **pêche** est évoquée par une collection de harpons et fouënes. Une importante collection de bâtons de

Pénitents, de draps et poëles funéraires, témoigne du nombre et de l'activité des **confréries** jusqu'à une époque assez récente.

Salle de dr. — Elle est tout entière consacrée aux **cartes à jouer** et notamment au **tarot de Marseille** grâce à un don de la maison *Camoin* qui, de 1760 à 1974, en fut une des plus importantes fabriques; bois gravés, clichés en cuivre rouge et en zinc, outils utilisés pour la gravure, pochoirs des coloristes, etc., évoquent quelques aspects d'une industrie dont Marseille fut, pendant quatre siècles, un centre important.

La rue de la Prison aboutit à la **place Daviel**, à l'angle de l'ancien **palais de Justice** (auj. Recette municipale) qui fut construit en 1743 par les frères *Gérard* à l'emplacement d'une maison de Justice du XVIe s. C'est du haut du balcon de fer forgé que les sentences du Tribunal révolutionnaire étaient proclamées publiquement.

La place est dominée par l'immense **Hôtel-Dieu** (plan B 2), ancien hôpital du Saint-Esprit fondé en 1118. Il fut agrandi et restauré à plusieurs reprises au cours des siècles mais il conserve le style majestueux que lui avait donné *Mansart,* neveu de Hardouin-Mansart, au XVIIIe s.

Sur la g. s'ouvre par une grille la **cour des Accoules** qui offre un curieux décor religieux : à dr. s'élève la chapelle du Calvaire, en rotonde, du début du XIXe s. ; au fond, des cryptes, où se voient des groupes de la Passion, s'ouvrent sous un amas de faux rochers creusés d'une grotte de Lourdes, d'une grotte de sainte Madeleine, et surmontés d'un grand calvaire sous un édicule en bois; au-dessus, enfin, se dresse le **clocher des Accoules**, du XIVe s., seul reste d'une église détruite sous la Révolution et dont la base est celle de la tour Sauveterre (Xe s.). A g. de la cour, les escaliers de la montée des Accoules accèdent directement au quartier du Panier (V. ci-après).

A dr. sur la place Daviel commence la **Grand-Rue**, ancienne *Via Recta,* qui, on le sait aujourd'hui, reliait le centre de Massalia aux quais du Lacydon (V. les fouilles, prom. 25 C), et qui traverse la rue de la République.

Au n° 29, à l'angle de la rue Bonneterie, se trouve l'**hôtel de Cabre** qui demeura, lui aussi, seul presque intact au milieu des décombres de 1943. Achevé en 1535, il a été édifié par *Louis Cabre* dans un style original qui unit le gothique finissant au début de la Renaissance. L'histoire veut que l'hôtel ait été bâti à l'occasion du mariage du duc d'Orléans (futur Henri II) avec Catherine de Médicis, mariage qui avait lieu à Marseille en présence de François Ier et du pape Clément VII. Au moment de la reconstruction générale du quartier, l'hôtel du consul Cabre — aujourd'hui succursale du Crédit Agricole des Bouches-du-Rhône — fut déplacé d'un seul bloc sur plus de 70 m et on le fit pivoter de 90 degrés pour l'amener à l'alignement.

La **rue Caisserie** (plan B 2) prolonge vers l'O. la Grand-Rue, suivant elle aussi le tracé de l'antique *Via Recta :* à la limite de la zone rasée en 1943, elle conserve, du côté dr., ses maisons du XVIIe s., un peu de guingois, avec leurs façades hautes et étroites et leurs balcons de fer forgé. Au n° 6, au fond de la petite place des Augustins, maison de 1764; au n° 38, façade de l'ancien hôtel Salomon, de 1678.

ÉGLISE SAINT-LAURENT — FORT SAINT-JEAN

La **place de Lenche** (plan A 2), qui tient son nom de la famille corse *Lincio*, originaire de Calvi, semble occuper l'emplacement de l'*agora* de Massalia. Au cœur de la vieille ville, paisible et un peu villageoise, elle paraît bien loin des rumeurs et de l'agitation de la grande cité qui se développe autour d'elle.

L'**église Saint-Laurent** (plan A 3), à l'extrémité de la butte du même nom, est un petit édifice de pur style roman provençal sans transept; la nef et les deux bas-côtés se terminent par une abside et deux absidioles; la façade ne fut jamais reconstruite alors que le campanile octogonal, de 1664, a été restauré il y a quelques années. L'église Saint-Laurent, aujourd'hui et pour de longues années en cours de restauration, était l'église des marins et des pêcheurs; elle était connue pour les traditions qui lui étaient attachées : messe particulière pour les marins, offrande de poissons, etc.

*A l'emplacement d'un temple païen encore plus ancien, les Massaliotes édifièrent un temple à Apollon sur cette butte qui servait à la défense de leur cité. C'est en ce point que les légions romaines s'établirent, lorsque César eut réduit Massalia. En 850, l'évêque Babon fit construire un ensemble défensif, le château Babon, où les habitants cherchaient refuge en cas de danger, en particulier lorsque les Sarrazins effectuaient leurs incursions; c'est alors qu'on construisit une église saint Laurent à laquelle l'édifice actuel a succédé au XII*e *s.*

Elle est doublée par la grande chapelle Sainte-Catherine, dite aussi Notre-Dame-Étoile de la Mer : dans la nef à g., Christ de l'école espagnole, du XVII*e* s.; à dr., Pietà des Calfats, en bois doré, du XVII*e* s.; dans le chœur, beau maître-autel Louis XIII, en bois doré, surmonté de la statue de Notre-Dame de la Mer. Deux toiles d'*André Verdilhan* : Crucifixion et Descente de croix.

A l'E. de l'église, un escalier descend aux rares vestiges (quelques gradins au pouvoir évocateur assez limité) d'un **théâtre antique** de type grec qui était adossé à la butte et a été retrouvé rue des Martégales lors de la reconstruction du quartier.
A l'O. de la butte, une tranchée sépare celle-ci du fort Saint-Jean : jusqu'en 1939 y passait un canal reliant les bassins de la Joliette au Vieux-Port; elle est aujourd'hui occupée par le quai de la Tourette et la trémie d'accès N. du tunnel du Vieux-Port (ou tunnel saint-Laurent); plus au N.-O., les vastes terre-pleins qui s'étendent entre le port et la Joliette ont été gagnés sur la mer.

Le **fort Saint-Jean** occupe la pointe d'un petit promontoire rocheux contrôlant l'entrée du Vieux-Port.

Les Hospitaliers de saint Jean de Jérusalem avaient édifié en 1140 une commanderie et une église, l'église Saint-Jean-Baptiste. A l'extrémité du goulet s'élevait la tour Maubert qui fut détruite par Alfonse d'Aragon et ses galériens en 1423.
Le roi René y vécut de 1447 à 1452 et, pour remplacer la tour Maubert, fit construire l'énorme tour carrée à rares meurtrières, à mâchicoulis et à chemin de ronde, dite tour du roi René.
En 1664, les Hospitaliers furent chassés et un fort fut édifié, par ordre de Louis XIV, afin de maintenir présente son autorité. La construction fut confiée au chevalier de Clerville, lui-même émule de Vauban. L'église

saint Jean-Baptiste fut en grande partie enfouie sous les décombres, seuls subsistent le chœur et un portail.
En 1793, les Compagnons du Soleil prirent le fort d'assaut et massacrèrent 130 détenus.

☦ La **cathédrale** (plan A 1-2), que l'on a appelée, comme l'ancienne, la *Major* ou *Sainte-Marie-Majeure,* a été bâtie de 1852 à 1893 « dans le style byzantin, mais avec le plan des églises gothiques et de nombreux détails empruntés à l'architecture romane ». L'édifice est construit en assises alternativement blanches (pierre de Calissanne) et vertes (pierre de Florence).

Ce monument célèbre — avec Notre-Dame de la Garde, il fit, à la fin du siècle dernier et jusqu'à un passé pas très éloigné, l'objet de « chromos » fort répandus — et qui était considéré non seulement comme la plus vaste (ce qui est exact) mais encore comme « la plus belle cathédrale qui ait été bâtie en France depuis le Moyen Age » (ce qui est plus discutable), a été élevé par Léon Vaudoyer *auquel succédèrent* H. Espérandieu *puis* M. Révoil.

La forme est celle d'une croix latine avec déambulatoire et chapelles rayonnantes; sa longueur hors d'œuvre est de 140 m; des coupoles secondaires l'accompagnent sur les croisillons, sur le chœur et, en arrière, sur la chapelle de la Vierge. La façade est flanquée de deux tours terminées en coupoles. Les sculptures de la porte principale, au tympan, représentent le Couronnement de la Vierge. La nef est flanquée de bas-côtés pourvus de tribunes; sous la coupole centrale sont quatre grandes statues représentant les évangélistes, par Botinelly (1937). Crucifix du XVIe s. dans la nef. Dans le trésor, petit coffret reliquaire des saints Innocents, ivoire de forme ovale, du XIIe s., et autre coffret arabe transformé en reliquaire.

☦ L'***ancienne cathédrale,** la *Major,* est une des plus belles productions de l'école romane de Provence. Construite sur l'emplacement d'un temple de Diane-la-Grande, elle était d'imposantes dimensions et s'étendait jusqu'au bord de la falaise qui domine la mer. En 1852, sa destruction fut décidée pour construire la Nouvelle Majeure mais, sous la pression de l'opinion publique, la destruction fut arrêtée à la 2e travée et un mur de protection édifié. Le croisillon g. est flanqué d'une petite tour carrée. L'église est aujourd'hui désaffectée.

Visite : s'adr. au gardien (sonnette), t.l.j. sauf vendredi, de 9 h à 12 h et de 14 h 30 à 17 h.

Nef et bas-côtés voûtés en berceau brisé. La croisée du transept est couverte d'une curieuse coupole octogonale sur trompes, à grosses nervures carrées : l'architecte est passé du plan rectangulaire au plan octogonal au moyen d'arcades en encorbellement comme à la cathédrale d'Avignon, à celle d'Apt, à Saint-Honorat des Alyscamps.
Le cul-de-four de l'abside est monté sur des nervures analogues à celles de la coupole et porté par une colonnade arcaturée (chapiteaux corinthiens très dégradés). Aux deux absidioles primitives, couvertes chacune d'une moitié de coupole octogonale sans nervures, ont été ajoutées à l'E., au XIVe s., deux chapelles gothiques de plan carré.
Tandis que le croisillon N. est couvert d'un berceau longitudinal, le croisillon S. est couvert d'un berceau transversal, mais cette dissymétrie est le

résultat d'une réfection du croisillon S. qui, primitivement, était voûté comme l'autre.

Le **croisillon g.** est occupé par la ***chapelle Saint-Lazare** : deux arcades à l'italienne reposant sur des piédroits décorés de charmantes arabesques mêlées de *putti;* autel surmonté des statues de Lazare et de ses sœurs Madeleine et Marthe, le tout de la Renaissance et d'une date à remarquer : 1475 à 1481 (l'armoire aux reliques, à dr., est datée de 1481). Ces œuvres sont les plus anciennes qui aient été exécutées en France dans le style de la Renaissance, après le tombeau de Charles d'Anjou (cathédrale du Mans), avec le retable des Célestins (église Saint-Didier à Avignon); elles sont, de plus, comme le retable et le tombeau précités, de la main du célèbre sculpteur et médailleur *Francesco Laurana*, sculpteur dalmate qui fut le disciple de della Robbia et qui travailla en France vers 1460-1480. L'**autel-reliquaire de Serenus**, dont une face fort belle est encore debout, est une œuvre provençale du XIIe s. Chapelle à g. de l'abside : intéressant ***autel roman** de 1175 environ, mais d'un style archaïque, primitivement en forme de sarcophage; à g., ***bas-relief en faïence** blanche, œuvre de *Lucca della Robbia,* d'une superbe facture (Ensevelissement du Christ).

Appliqués contre les murs des chapelles et du bas-côté S., quatre tombeaux du XVIIe ou du début du XVIIIe s.; dans l'absidiole de dr., sépulture de *Mgr de Belsunce* († 1755).

L'édifice abrite, en outre, des inscriptions et fragments lapidaires provenant d'anciennes églises de Marseille.

En face de la cathédrale, l'ancien palais épiscopal, bâti de 1648 à 1671, embelli par Monseigneur de Belsunce au XVIIIe s. est devenu hôtel de police; il a été restauré et agrandi en 1944.

Le **quartier du Panier** ou, comme on dit, **le Panier,** est un des derniers témoins du Vieux-Marseille et, en dépit de son délabrement (mais il va être restauré), un des plus attachants de la cité. Jadis peuplé de pêcheurs et, pour une bonne part, d'immigrés venus de toutes les rives de la Méditerranée, c'est un ensemble de rues étroites qui se croisent et s'entrecroisent selon un plan assez régulier, de maisons hautes et noires, reliées entre elles par des alignements de linge qui claque au vent.

La ***Vieille-Charité** (plan B 1) est l'une des rares réalisations de *Pierre Puget* qui ait été conservée; elle est aussi tout à fait caractéristique du style somptueusement baroque de son auteur.

Le 14 août 1640 fut posée la première pierre de ce qui allait être l'Hospice général de Notre-Dame de la Charité, mais les travaux ne furent réellement entrepris que 30 ans plus tard et se poursuivirent, pour des raisons financières, jusqu'au début du XVIIIe s. La Vieille-Charité commença à tomber en ruine après la Révolution; d'abord utilisée comme caserne, elle était devenue avant la guerre « le refuge d'une foule de vagabonds, une sorte de cour des miracles dans laquelle nul n'osait plus s'aventurer ». Sa restauration, entreprise il y a quelques années, est sur le point de s'achever.

Les bâtiments composent un quadrilatère, enfermant une cour intérieure qui mesure 80 m de long sur 45 m de large, et sur laquelle ils s'ouvrent par **trois étages de galeries** superposées à arcades en plein cintre.

Au centre de la cour, une **chapelle**, de proportions modestes mais harmonieuses, a été construite sur le plan elliptique cher à Puget. Sa coupole, de plan ovoïde, repose sur un tambour épaulé de consoles renversées; à l'intérieur quatre chapelles voûtées en berceau et deux salles latérales flanquent la rotonde entourée d'une colonnade dorique en pierre rose de la Couronne, qui ajoute encore à la légèreté de la construction. Mais un porche à colonnes, ajouté au XIXe s., nuit extérieurement à l'unité de l'ensemble.

A quelques dizaines de mètres à l'E. de l'entrée de la Vieille-Charité, à l'angle de la rue de la Charité et de la rue Puits-du-Denier, maison où naquit *Pierre Puget* le 16 octobre 1620.

Pour regagner le centre :
— *à pied :* par la rue Puits-du-Denier et la rue des Muettes jusqu'à la place des Moulins (plan B 2); la montée des Accoules permet alors de rejoindre la place Daviel, à deux pas de l'hôtel-de-ville;
— *en bus :* redescendez à la cathédrale, où vous pourrez prendre le 46 ou le 49 b.

25 B - Saint-Victor et le Pharo

Pour s'épargner une longue marche à travers un quartier d'intérêt assez limité, on peut gagner directement Saint-Victor en prenant l'autobus : nos 55, 61, 63 ou 81.
Les reports au plan concernent tous le plan du centre.

Le **quai de Rive-Neuve** (plan B 4-C 3), où quantité de restaurants vous promettent chacun la meilleure bouillabaise, la vraie, la « Royale » (avec langouste), etc., est bordé, au fond, d'un ensemble de constructions ayant remplacé l'arsenal des Galères, construit au XVIIe s. et détruit en 1781 lorsque fut entreprise la création de la ville nouvelle. De l'arsenal, il ne reste plus que la façade classique à fronton, au n° 23 cours d'Estienne-d'Orves. Le **cours d'Estienne-d'Orves** a été aménagé par le comblement, en 1927, de l'ancienne darse.

Le quai de Rive-Neuve est dominé par un quartier plus homogène que celui de la rive opposée. De la ville du XVIIIe s. subsistent quelques belles demeures aux balcons de fer forgé, aux fenêtres cintrées, en particulier **rue Sainte**, qui tire son nom de ce qu'elle conduisait à la basilique et au cimetière chrétien; elle était la principale artère de la nécropole, dont la **rue Paradis** constituait la limite...

La *****basilique Saint-Victor** (plan A 4) est un des plus intéressants sanctuaires de Provence. Siège d'une abbaye puissante et célèbre qui essaima prieurés et monastères bien au-delà des limites régionales, elle conserve le témoignage des premiers temps du christianisme.

La tombe d'un martyr. — *Si la rive N. du Lacydon était païenne avec ses temples dédiés aux dieux grecs et romains, la rive S., couverte de forêts de pins et creusée de grottes, a vu naître les premières manifestations du christianisme. La colline descendait en pente douce jusqu'à la mer, et c'est lors des travaux effectués pour le bassin de carénage qu'une épitaphe a révélé que les premiers chrétiens étaient enterrés en ce lieu. Jusqu'à ce que soit promulgué l'Édit de Milan par lequel, en 313, l'empereur Constantin autorisait la liberté du culte, les catacombes servirent de refuge aux vivants, qui fuyaient les persécutions, et aux morts, afin que les tombes ne fussent pas profanées.*

BASILIQUE SAINT-VICTOR

Saint Victor *était un officier romain qui, ayant refusé de sacrifier aux dieux païens et ayant contribué à la propagation de la foi chrétienne, subit le martyre vers 215 de notre ère; plus probablement,* Victor *n'est que l'adjectif qui désigne le martyr « victorieux ». On raconte que, peu avant sa mort, il avait converti ses gardiens. Il semble bien que dès la paix de Constantin le corps du martyr ait été déposé au fond d'une carrière voisine où un oratoire à sa mémoire fut creusé dans le roc.*

Un des premiers monastères d'Occident. — *Peu après, l'évêque de Marseille,* Procule *(381-428), chargea un moine, originaire d'Orient, de fonder un monastère. Ce moine,* Jean, *plus connu sous le nom de Cassien, était né en Arménie d'une mère grecque et d'un père scythe et connaissait parfaitement le monde chrétien oriental. C'est à Byzance que saint Jean Chrysostome l'avait fait diacre. Cassien fonda alors, vers 413, deux monastères : l'un pour les femmes qui fut établi place de Lenche sous le nom de Saint-Sauveur, l'autre, Saint-Victor, où il mourut en 433; derrière la colline où se dresse l'église il y avait un vallon et la grotte était creusée dans le roc au niveau du vallon : c'est là que Cassien édifia sa première basilique.*

Tout l'édifice de Cassien se retrouve dans ce qu'on appelle aujourd'hui les cryptes du sanctuaire nommé aussi Notre-Dame de la Confession (ci-dessous). Le cimetière attenant au monastère devint une sorte de lieu sacré et la rue qui y conduisait prit le nom de rue Sainte, nom qu'elle a conservé jusqu'à ce jour. Sidoine Apollinaire rapporte que de tous les points de la Gaule on venait à Saint-Victor qui représentait en ces temps troublés et obscurs un asile sûr. Les anachorètes assuraient la garde spirituelle du sanctuaire, tandis que d'autres moines cassianites approvisionnaient le royaume franc en sel marin en même temps qu'ils défendaient le rivage contre les pirates barbaresques qui, cependant, ravagèrent et pillèrent le monastère.

Saint-Victor abritait les sarcophages des saints Innocents, ceux des compagnons de saint Maurice, des soldats de la légion thébaine, les reliques de saint Chrysanthe et de sainte Darie, des fragments de la croix de saint André, du saint Suaire, des vêtements de la Vierge et de ceux de sainte Madeleine. Quelques rares épitaphes indiquent entre autres que saint Lazare, évêque d'Aix, les abbesses Eusébie, Eugénie *et* Tillescole *furent aussi inhumés dans ce lieu, mais le nombre et la beauté des sarcophages témoignent de la richesse de l'abbaye.*

De cassianites en bénédictins. — *Rasée par les Sarrazins en 923 tandis qu'étaient décimés les cassianites, l'église fut reconstruite par les bénédictins qui édifièrent une solide basilique; celle-ci tenait plus d'une forteresse militaire que d'un lieu saint et fut bénie par le pape Benoît IX. Cependant, cent soixante ans après, les murs, bien que très épais, commencèrent à se lézarder et un autre édifice fut construit par les abbés* Wilfred *et* Isarn *(1279). L'église fut encore modifiée par l'abbé* Guillaume de Grimoard, *connu dans l'histoire sous le nom de pape Urbain V, qui fit construire le transept et l'abside (1363) et qui accentua encore le caractère de forteresse militaire en ajoutant les créneaux et les mâchicoulis. A l'intérieur, Urbain V enrichit considérablement le sanctuaire avec des joyaux, des œuvres d'art et un carrillon de 23 cloches. En 1739, l'abbaye fut sécularisée par le pape Clément XII et en 1751, un décret royal signé de Louis XV en faisait la paroisse du quartier sud. Pendant la Révolution, la basilique supérieure fut transformée en grenier à fourrage, ce qui la sauva des destructions.*

On entre dans l'**église** sur le flanc N., par un portail du XVIIe s. qui donne dans un porche remarquable par sa croisée d'ogives à profil rectangulaire, sans clef, la plus ancienne peut-être (milieu du XIIe s.) qui soit en Provence.

La nef et les bas-côtés de l'église, bâtis dans la première moitié du XIIIe s., sont une intéressante construction de l'époque de transition, où l'on voit que les architectes ont hésité entre la voûte en berceau et la voûte d'ogives : les bas-côtés sont voûtés d'ogives, tandis que la nef est voûtée en berceau brisé, alors que la disposition des chapiteaux montre qu'on avait d'abord prévu des voûtes d'ogives; les étroites fenêtres qui éclairent la nef ne datent que du XVIIe s.

Seul le mur latéral N. de l'église semble être un reste de l'église d'Isarn, consacrée en 1040.

Visite des cryptes : accès au fond de l'église; entrée payante, t.l.j. de 10 h à 11 h 15 (sauf dimanche), et de 15 h à 18 h. Commentaire enregistré à la disposition des visiteurs.

L'escalier descend dans la chapelle Saint-Mauron, la première d'un ensemble de cryptes aux puissantes voûtes en berceau établies autour du sanctuaire original pour servir d'assiette à l'église supérieure.

•⋅• La **chapelle Notre-Dame de Confession** (Ve s.), minuscule comme d'autres oratoires provençaux disparus, comprenait une nef voûtée en berceau (le berceau semble avoir été refait au Moyen Age) terminée par une abside dont il ne reste rien, et deux étroits collatéraux; celui de g. a été défiguré au début du XIIe s.; celui de dr. a conservé ses deux piliers carrés et deux de ses trois voûtes d'arêtes; l'intrados de l'arc d'entrée offre une curieuse décoration en stuc, représentant des rinceaux de vigne et rappelant certains motifs des catacombes romaines; il est possible que ce motif soit un précieux vestige de la décoration du Ve s. On voit dans la chapelle une petite Vierge en bois, dite Notre-Dame du Fenoou (ou du Fenouil, en fait du Feu Nouveau), qu'une tradition erronée attribue à saint Luc; elle est en effet de la fin du XIIIe s.

La chapelle s'appuie à dr. à la petite crypte où aurait été enterré *saint Victor* qui, du moins, en était le titulaire dès le Ve s.; un petit réduit est dit grotte de saint Lazare et Marie-Madeleine, (il s'agit en fait de Lazare, archevêque d'Aix, qui se retira à Saint-Victor vers 400; c'est un ancien sanctuaire des saints Innocents); un pilier carré pré-roman est orné de gravures en creux représentant l'arbre et le serpent symboliques et surmonté d'une curieuse tête de Moïse; une colonnette torse et son chapiteau sont de la même époque; le bas-relief relatif à la Madeleine est un ouvrage du XVIIe s. La grotte se prolonge par un réduit destiné à recevoir des sarcophages. Autour de la chapelle primitive, ménagés dans les murs du début du XIIIe s., d'autres caveaux funéraires : sarcophages chrétiens du IVe et Ve s.; *inscriptions chrétiennes du Ier s. (la plus ancienne connue) et du IIe s.; *table d'autel de l'abbaye de Saint-Victor (Ve s.); *tombeau d'Isarn († 1047), abbé de Saint-Victor, première sculpture en ronde bosse exécutée au Moyen Age.

Immédiatement au S. de la chapelle Notre-Dame de Confession, une aire carrée en est l'ancien **atrium** (Ve s.); il était primitivement entouré de neuf colonnes antiques, en marbre ou en granit, que le préfet *Delacroix* fit enlever, en 1802, pour orner les carrefours de la ville et qui, depuis, furent perdues ou brisées; six d'entre elles ont été remplacées par des piliers cylindriques en pierre dont quatre à l'entrée de la chapelle.

Sortant de l'église par la petite porte O., on peut en faire le tour pour aller voir, au S., la **cour** qui occupe l'emplacement du cloître démoli pendant la Révolution; on y remarque deux arcades romanes dont l'ornementation à l'antique (fin du XIIe s.) est très dégradée : elles donnent dans une salle voûtée en berceau brisé qui est peut-être l'ancienne salle capitulaire.

Au-delà de la basilique, la rue Saint-Maurice, très escarpée, redescend sur le boulevard Charles-Livon, devant les **forts**

Saint-Nicolas; le percement du boulevard a en effet séparé le Haut-fort et le Bas-fort. Ce dernier sert aujourd'hui de cantonnement à la Légion étrangère, tandis que les parties basses du Haut-fort (dit aussi fort d'Entrecasteaux) sont librement accessibles au public. L'ancien moulin à vent du fort a été récemment transformé en monument aux morts.

Le fort Saint-Nicolas a été construit en 1660-1668 par le chevalier de Clerville, lui-même émule de Vauban, d'où la construction en étoile du fort. C'est sur l'ordre de Louis XIV que le fort fut créé bien moins pour protéger Marseille contre un danger extérieur que pour rappeler aux Marseillais l'omniprésence du pouvoir royal, ce qu'ils avaient oublié en se révoltant contre Mazarin.

Le boulevard Charles-Livon conduit au **parc** et au **château du Pharo** (plan d'ensemble B 3) qui, conçus par Napoléon III, ont été créés par la ville qui les a offerts à l'Impératrice Eugénie, laquelle, à son tour, en a fait don à la municipalité. Longtemps, le parc a abrité les facultés de médecine et de pharmacie; il ne reste plus, et pour peu de temps encore, que l'École dentaire. Le château sert aux réceptions officielles de la ville et abrite les services techniques de la municipalité. Sur la terrasse N., d'où la ***vue** sur l'entrée et le fond du Vieux-Port, sur le fort Saint-Jean et la Cathédrale, est incomparable, se dresse le **monument aux Héros de la Mer,** érigé par *Verdilhan* en 1923.

25 C - Autour de la Canebière

Les reports au plan concernent tous le plan du centre.

La **Canebière** (plan D 3), dans l'axe du Vieux-Port, a le visage un peu stéréotypé de toutes ces artères maîtresses autour desquelles s'organise la vie d'une cité; présence de grands hôtels, banques, grands magasins, agences de voyages, etc.

Son nom lui vient des corderies de chanvre (en latin cannabis, *en provençal* cannèbe) *jadis établies dans les parages. Entre le cours Belsunce et le port, n'existait à l'origine qu'une large place, séparée du Vieux-Port par une partie de l'arsenal des Galères, qui fut transformée en rue Canebière lors de la démolition de l'arsenal; jusqu'au milieu du XIXe s., cette rue n'était prolongée vers l'E. que par l'étroite rue de Noailles et les allées de Meilhan. La restructuration complète de ces trois voies s'étendit sur près d'un siècle et ce n'est qu'en 1927 que la Canebière fut inaugurée dans ses dimensions actuelles.*

La **Bourse** (plan D 3) est un vaste édifice construit de 1852 à 1860 par *Pascal Coste* et tout à fait représentatif du style du Second Empire. Elle est le siège de la chambre de commerce et fut inaugurée en présence de Napoléon III en 1860. Le bâtiment a beaucoup souffert des combats de la Libération en août 1944 et a fait l'objet d'importants travaux de restauration de 1945 à 1949.

Au 1er étage, une bibliothèque riche en ouvrages concernant l'économie, le droit, la marine et la géographie, a été installée dans l'ancienne salle d'audience du tribunal de commerce. Au rez-de-chaussée, le **musée de la marine,** aménagé en 1968, occupe la grande salle d'Honneur (Conservateur : M. *Félix Raynaud*).

La chambre de commerce est la plus ancienne de France puisqu'elle a été créée par lettre patente de Henri IV en 1599; la lettre est conservée aux Archives municipales.
A l'extérieur, une plaque commémorative rappelle que c'est en ce lieu que le roi Alexandre de Yougoslavie *et le ministre français des Affaires étrangères* Louis Barthou *furent assassinés le 9 octobre 1934.*

Visite : libre, t.l.j. sauf mardi, de 10 h à 12 h et de 14 h 30 à 19 h.

Le musée permet au visiteur de découvrir l'histoire de Marseille à travers l'histoire de sa vie maritime, la cité ayant été de tout temps beaucoup plus attirée par la mer que par le continent. L'aménagement a été réalisé selon les conceptions muséographiques les plus modernes par le conservateur assisté de l'architecte *François Guy*. La présentation est vivante, l'accrochage très mobile, et si les 25 000 pièces que possède le musée ne sont naturellement pas toutes exposées, les pièces essentielles le sont en permanence.

L'une des curiosités est une **carte** étonnante, presque surréaliste, de la Méditerranée. Des vitrines abritent des amphores, des coupes, des objets usuels trouvés dans les épaves des navires. On y verra de nombreux documents officiels, parmi lesquels l'Édit de franchise du port de 1669, de nombreux plans du port à des époques différentes, une importante iconographie, à partir du XVIIIe s., la reproduction d'un dessin qui est la représentation la plus ancienne de Marseille; exécuté au IVe s. ap. J.-C., il est conservé à la bibliothèque de Berne.
Autre curiosité : le nombre et la qualité des **maquettes de navires.** Maquette de **galère;** une galère était un bateau qui servait à protéger les navires de commerce et dont les rameurs étaient des condamnés, politiques ou de droit commun; les galères furent supprimées en 1748. Maquette de **tartane** (caboteur provençal du XVIIe-XVIIIe s.), de **bombarde** (bâtiment de commerce dérivé de la galiote), du **chebec** (type de bateau des barbaresques, rapide et capable de remonter le vent), d'**allège d'Arles** (type de bateau qui remontait le delta du Rhône jusqu'à Arles); maquette du trois-mâts **Ville-de-Marseille,** plus connu dans l'histoire sous le nom du **Vengeur** et qui fut offert par la Chambre de commerce de Marseille au roi de France; du **Danube** (1855), qui marque la transition entre la marine à voile et la marine à vapeur; du **Mistral** (1905-1908), un des derniers grands voiliers, qui fit naufrage au retour de la Nouvelle-Calédonie; il était aussi équipé de la vapeur pour faciliter le chargement et le déchargement; du **Sidi-Brahim** (1940-1954), seul navire marchand qui ait gagné les deux croix de guerre; du **Venezzia;** de l'hydravion **Canard,** le 1er hydravion qui ait volé; l'essai eut lieu le 28 mars 1910, au-dessus de l'étang de Berre; du bananier le **Narval** (1968) qui grâce au « bulbe », fait un gain de vitesse de 1 à 2 nœuds, sans augmentation de consommation de carburant; du pétrolier **Aquitaine** (334 m de long; 240 000 t), construit en 1974 à La Ciotat. Parmi les tableaux, citons une toile, exécutée en 1944, qui représente le port peu après la Libération : les bateaux battent pavillon américain, le personnel, le matériel de manutention sont américains.

Au pied des constructions du nouveau **centre directionnel** s'étend le champs de **fouilles archéologiques** qui ont mis au jour en 1967 les remparts et les quais de Massalia, décou-

MUSÉE DE LA MARINE

vertes qui se sont révélées être les plus importantes de cette sorte en France.

Visite : en attendant son aménagement définitif en un « jardin des vestiges » librement accessible et que le musée voisin, en cours d'installation, permettra de mieux apprécier, le champ de fouilles n'est visible que des terrasses environnantes ou depuis un petit belvédère installé rue Henri-Barbusse et ouv. t.l.j. de 9 h à 11 h 50 et de 14 h à 17 h 20.

A l'occasion de la restructuration de tout ce secteur, entreprise en 1967, des fouilles ont mis au jour un ensemble architectural d'une importance exceptionnelle qui s'inscrit au nombre des grandes découvertes archéologiques faites depuis la fin de la dernière guerre. Il s'agit de fragments considérables de la **fortification grecque** élevée au IIIe-IIe s. avant notre ère autour de Massalia. On sait maintenant que le rempart venait se raccorder au fond du Lacydon, aussi la superficie de la colonie s'en trouve-t-elle augmentée d'un tiers environ. On a longtemps cru en effet que l'emplacement de la colonie grecque s'inscrivait dans un quadrilatère formé par l'actuelle cathédrale de la Major, la place Sadi-Carnot et le début de la rue Coutellerie, englobant la butte Saint-Laurent et la butte des Moulins, mais on sait aujourd'hui que la butte des Carmes était comprise dans ces limites et que le rempart rejoignait la côte O. à la hauteur de l'anse de l'Ourse.

Le complexe le plus proche de la Bourse comprend une **tour d'angle** carrée, dont la hauteur conservée atteint 3 m et à laquelle s'accroche une **courtine,** un mur haut de 4 m qui semble être le mur avant d'une autre tour. Cet ensemble est précédé de l'extérieur d'un large mur en ligne brisée destiné à arrêter les premiers assauts de l'ennemi, percé de deux poternes et dont la base seule est conservée.

Après la deuxième tour, s'étend un espace découvert auquel aboutissait la *Via Recta* (actuelle Grande-Rue) qui, prolongée par la rue Caisserie allait du port à l'agora, actuelle place de Lenche.

Une autre **tour,** moins bien conservée que la première lui fait pendant et le rempart qui fait suite est assez fragmentaire. Un pan de parement avait déjà été mis au jour auparavant et qui était haut de 5 m; sur la foi d'un récit de Pline l'Ancien on avait alors cru retrouver le mur qu'un riche médecin, du nom de **Crinas** et passé au service de Néron, avait offert à sa ville natale en témoignage de reconnaissance. Les récentes découvertes ont révélé qu'il ne s'agissait nullement d'un élément de décoration, mais que ce fragment était semblable aux restes des fortifications et qu'il portait même la marque des maçons (*alpha* et *ro* entremêlés).

A 30 m en arrière de la courtine précédente, une petite tour traversée par un égout semble avoir fait partie d'un bassin d'eau douce. Enfin un mur, moins élevé, domine un vaste cul-de-sac au N. du Vieux-Port, constituant ainsi la **bordure de la « corne » du Lacydon.**

D'après tout ce que l'on sait de la science des fortifications grecques et si l'on s'en rapporte aux enceintes de la Rome républicaine, de Pompéi, de Paestum, de Syracuse, de Saint-Blaise et d'Olbia en Provence, l'origine hellénique des remparts de Massalia ne fait aucun doute. Après l'Euryale de Syracuse, Marseille donne le deuxième exemple d'un avant-mur; ils ont aussi des agencements communs, les meurtrières, entre autres, qui sont à Marseille remarquablement nettes.
Le système de défense de Massalia est celui-là même qui protégea la ville contre les assauts furieux des légions de César. César, dans la Guerre civile *et Lucain, dans la* Pharsale, *ont abondamment parlé de cette défense, puisque des souffrances inouïes et plusieurs défaites navales ont été nécessaires pour venir à bout de la résistance des Mas-*

saliotes et que l'on sait que les légions romaines, massées sur la butte Saint-Charles ont subi de lourdes pertes. De ce siège, Massalia sortait démantelée, appauvrie et ne possédant plus qu'une seule colonie, Nice; César laissait, après son départ, une légion d'occupation qui prit position sur la butte Saint-Laurent, point le plus proche du centre de la cité. Par la suite, les fortifications résistèrent au siège de Constantin, en 309 de notre ère.

Les objets trouvés au cours des fouilles montrent la richesse du terrain archéologique et l'on reste étonné devant l'ampleur de ce que l'on soupçonne. Ont été mis au jour plusieurs éléments d'architecture ionique, des blocs à moulures doriques et à mutules, des éléments de portail à voussoir, des fragments de sculptures à ornementation végétale, des fragments d'amphores rhodiennes, une amphore complète et totalement scellée qui contenait des olives confites avec un brin de fenouil, des monnaies romaines, une épitaphe grecque, un morceau de sarcophage romain avec inscription, de nombreux tessons de céramiques campaniennes à vernis noir et ibériques, enfin deux tombes contenant deux squelettes intacts et datant du IIIe siècle de notre ère.

Si les découvertes archéologiques ont fait naître les espoirs des archéologues, elles ont soulevé, pour la municipalité, les promoteurs du plan de reconstruction du quartier et le ministère des Affaires culturelles, un nombre considérable de problèmes délicats. Modifiant les plans pré-établis, on a donc décidé de conserver ces vestiges exceptionnels *in situ* en aménageant un **jardin des vestiges**, aussi évocateur que possible de l'ancienne disposition des lieux, et d'y adjoindre un musée historique.

▪ Le **musée de l'histoire de Marseille** (conservateur : M. Nicolas), en cours d'installation dans les bâtiments voisins (il devrait en principe ouvrir en 1980) a une double vocation : fournir d'une part toutes les explications nécessaires sur les vestiges voisins et d'autre part être à même de répondre à toutes les questions que peut poser le public sur l'histoire de la ville. Divisé en espaces correspondant à de grandes périodes historiques et où les objets exposés seront véritablement « mis en scène », de manière à restituer au mieux leur contexte originel, il s'attachera à évoquer surtout la vie quotidienne des Marseillais, leurs façons de manger, de se vêtir, leurs fêtes populaires, beaucoup plus que l'histoire événementielle; entre chaque espace, des salles intermédiaires donneront, de manière didactique, diverses informations ponctuelles. Réunissant une énorme somme de documents issus des collections publiques de la ville, faisant appel aux diverses techniques audio-visuelles, il constituera, selon la volonté de ses fondateurs, une expérience pilote de « démocratisation » de la connaissance historique; aux questions posées pourront être apportées des réponses à trois niveaux : soit par un court texte (une vingtaine de lignes) de portée générale, soit par la consultation d'une médiathèque regroupant divers types de documents (livres, gravures, diapositives, microfilms, textes sur cassettes, etc.), soit par la fourniture d'une bibliographie et d'un recensement iconographique exhaustif.

Expositions temporaires sur l'histoire de Marseille, conférences et projections viendront compléter l'action de ce musée conçu davantage comme un centre vivant de documentation que comme un dépôt de souvenirs historiques.

Le **« centre directionnel de Marseille-Métropole »**, dont les bâtiments déjà réalisés ne représentent que la première phase, est une énorme opération d'urbanisme qui, outre le secteur « Bourse », englobe la majeure partie des terrains s'étendant entre la rue d'Aix et la butte des Carmes et se prolonge, au-delà de la Porte d'Aix, vers la gare Saint-

COURS BELSUNCE — RUE D'AIX

Charles. Son but est de permettre à la ville d'accueillir les administrations des grands organismes régionaux, les directions des grandes entreprises industrielles installées à Fos, et les sièges des sociétés commerciales axées sur la Méditerranée.

Dans cette optique, le **secteur Bourse** est appelé à remplir deux fonctions essentielles (outre la fonction culturelle assurée par le musée, et la fonction stationnement assurée par un parking souterrain de 1 900 places) : une fonction commerciale, avec deux grands magasins en 25 000 m² et une galerie marchande de 15 000 m² groupant des petits commerces spécialisés ; une fonction affaires, avec un immeuble offrant 20 000 m² de bureaux et un hôtel de 200 chambres.

Le **cours Belsunce** (plan D 2) a été ouvert sous Louis XIV à l'emplacement des remparts élevés au XIVe s. ; il s'est longtemps appelé le Cours, mais au XVIIIe s. il a pris le nom du bienfaiteur de la ville pendant la Grande Peste, Mgr de Belsunce.

Il a depuis longtemps perdu le caractère bourgeois qu'il avait lors de son établissement. A l'O., trois grands immeubles-tours, intégrés dans les constructions du centre directionnel, ont remplacé les maisons du XVIIe s., tandis que, de l'autre côté, le vieillissement et la **dégradation du patrimoine immobilier** (certaines façades à fière allure cachent bien souvent des intérieurs sans confort) en ont fait le refuge d'une population qui ne pouvait se payer mieux.

Devenu aussi un axe important de la circulation urbaine, le cours Belsunce n'est également plus le lieu de promenade qu'il a été pendant si longtemps et le fameux **Alcazar,** où tant de vedettes se produisirent, de *Vincent Scotto* à *Yves Montand,* en passant par *Raimu, Fernandel* et *Maurice Chevalier,* a lui-même disparu il y a quelques années.

C'est non loin du Cours, dans la **rue Thubaneau** *(n° 25), chez le traiteur David, que le délégué de Montpellier auprès des Fédérés de Marseille chanta pour la première fois, le 22 juin 1792, le* « Chant de guerre aux armées des frontières », *chant repris par bataillon marseillais qui* « *montait* » *à Paris et qui devint le* Chant des Marseillais *avant d'être, en 1830,* la Marseillaise.

Cette dégradation est particulièrement sensible dans la **rue d'Aix** (plan D 1), qui prolonge le cours vers le N., et dans tout le quartier qui s'étend à l'E. de l'axe rue d'Aix-cours Belsunce : on s'en aperçoit rapidement aux odeurs d'épices, aux petits commerces entassés comme dans un souk ; c'est le **quartier maghrében de Marseille,** où les djellabas voisinent avec les costumes européens, où l'arabe est sans doute plus parlé que le français et où, dans une atmosphère toute orientale, quelques milliers d'immigrés, se retrouvant entre eux, essaient d'oublier leur déracinement.

Au cours d'une promenade dans ce quartier, vous pourrez jeter un coup d'œil sur l'**église Saint-Théodore,** à l'entrée de la rue des Dominicaines (plan D 1). Cette ancienne église de récollets, construite en 1633-1648, comporte une nef, flanquée de bas-côtés, et séparée du chœur par une travée couverte d'une lanterne de plan ovale. Le chœur est bordé de tribunes fermées de grilles en bois, jadis à l'usage des religieux ; il est décoré de boiseries du XVIIe s. et, au fond, dans un cadre en bois doré, d'un immense tableau du XVIIIe s. : l'Embarquement de Saint Louis pour la croisade.

MARSEILLE

A l'O. de la rue d'Aix s'étendent les **secteurs Sainte-Barbe** et de la **butte des Carmes,** compris dans le programme d'aménagement du centre directionnel : commerces, parking et auditorium occuperont l'espace compris entre la rue d'Aix et la rue Sainte-Barbe, installés dans des constructions assez basses pour préserver la vue sur Notre-Dame de la Garde depuis la porte d'Aix.

En arrière, le secteur de la butte des Carmes comprendra toute la gamme des fonctions prévues dans le centre directionnel, réservant toutefois une large part à l'habitat. Au sommet de la butte, l'**église Notre-Dame-du-Mont-Carmel** a été construite à partir de 1620 lors de ce grand mouvement de renaissance catholique qui se traduisit à Marseille par une floraison de couvents.

La **porte d'Aix** (plan D 1) est un arc de triomphe élevé de 1825 à 1832 par *Penchaud* et orné de statues, trophées, médaillons et bas-reliefs sculptés par *David d'Angers* pour rappeler les hautsfaits des armées de la République et de l'Empire.

A l'emplacement d'une porte — celle qui menait vers Aix — de l'enceinte du XVIIe s. et aujourd'hui à l'entrée de l'autoroute N. (vers Aix et vers le complexe Fos-Étang de Berre), le **secteur de la porte d'Aix** se caractérisera, dans la réalisation du centre directionnel, par une nette prédominance de la fonction « affaires » (construction d'une tour offrant 35 000 m² de bureaux) ; pour réduire le déficit du centre-ville en espaces verts, un jardin en plateformes étagées doit y être aménagé.

Au N.-E., derrière la gare Saint-Charles, s'étend le quartier universitaire Victor-Hugo où se trouve la nouvelle **bibliothèque municipale;** celle-ci possède entre autres 144 incunables fort rares et 2 051 manuscrits parmi lesquels il faut signaler (encore que l'on ne puisse les voir qu'à l'occasion d'expositions occasionnelles) :
Heures de la Vierge du diocèse de Thérouanne, très richement enluminé (fin XIIIe s.); Livre d'heures du XVe s., aux marges enluminées de fleurs et de fruits; Speculum humane salvationis, suivi de l'Ars bene morienti (XIVe s. et XVe s.). Reliures de la Renaissance (*Grolier* et *Canevarius*). Nombreuses reliures aux armes. Dix-neuf volumes in-18, type Cazin, ayant fait partie de la bibliothèque personnelle de Bonaparte pendant la campagne d'Égypte. Fonds provençal très important. Série complète de journaux locaux de la Monarchie de Juillet et du Second Empire. Les portes de la bibliothèque sont dues au sculpteur *César,* qui naquit non loin de là, dans le quartier de la Belle-de-Mai.

Occupant le rebord d'un plateau qui domine la ville, la **gare Saint-Charles** (plan E 1) mérite un détour pour l'*escalier monumental dont la dota en 1925 une ville riche, récoltant à pleines brassées les fruits abondants de « l'épopée » coloniale.

La décoration sculptée comprend : — au bas de l'escalier, deux groupes de pierre : les Colonies d'Afrique et les Colonies d'Asie, par *Louis Botinelly;* — au milieu, deux obélisques décoratifs surmontés de lanternes en bronze doré où s'adossent deux statues : Marseille colonie grecque et Marseille Porte de l'Orient, par *A. Martin;* — en haut de l'escalier, deux groupes en pierres, lions et enfants; — sur les rampes, petits groupes en bronze représentant : la Chasse et la pêche, les Fleurs et les fruits, la Moisson et les vendanges, par *Ary Bitter* et *Henry Raybaud.*

Le boulevard d'Athènes, prolongé par le boulevard Dugommier, ramène à la Canebière (plan E-F 2).

➨ A l'E. du carrefour, la Canebière, longée à g. par les **allées de Meilhan** où se tient, du 10 décembre au 6 janvier, une célèbre **foire aux santons,** atteint enfin un vaste carrefour. Là s'élèvent le monument aux morts de 1870 et l'**église Saint-Vincent-de-Paul** (plan F 2), beaucoup plus connue sous le nom d'**église des Réformés** parce qu'elle fut bâtie à l'emplacement d'un couvent d'Augustins réformés; c'est un grand édifice de style néo-gothique, construit entre 1849 et 1890, d'après les plans de Mgr Pougnet. Sur le perron, statue de Jeanne d'Arc par *Botinelly* (1943); au portail, Vierge, de *Carli* (1931) et, à l'intérieur, Christ en marbre de *Botinelly* (1931) exécuté d'après le Saint-Suaire de Turin.

A dr. de l'église Saint-Vincent-de-Paul, dans la rue Thiers, la maison natale d'*Adolphe Thiers* (1797-1877) est occupée par l'Académie des sciences, lettres et arts de Marseille qui fut fondée par Louis XV en 1726 (dans la salle des séances, bas-relief grec en marbre de Paros, dit bas-relief d'Aristarché).

➨ Dans le prolongement du boulevard Dugommier, le boulevard Garibaldi laisse sur la g., après le lycée Thiers, la petite **place Auguste-Carli** (plan F 3) au fond de laquelle se dresse l'**ancienne bibliothèque municipale,** construite par *Espérandieu* en 1867 : elle abrite désormais le Conservatoire de Musique et les **Archives municipales** qui comprennent la majeure partie des archives de la Provence à l'exception de celles du Parlement qui sont toujours à Aix. Le ***Cabinet des médailles** contient une collection unique de 22 000 pièces, dont 3 000 monnaies provençales depuis la fondation de Marseille jusqu'à nos jours; séries massaliotes, grecques, romaines, byzantines, des rois et des comtes de Provence, des patrices de Marseille, des papes, des grands maîtres de l'ordre de Malte, des rois de France, etc. Visibles uniquement à l'occasion d'expositions temporaires, ces pièces pourraient rejoindre, dans un avenir que l'on souhaite proche, les collections du musée d'histoire de Marseille en cours d'installation près des fouilles de la Bourse (V. ci-dessus).

En redescendant la Canebière du côté pair, on longe à g. le **quartier de Noailles** : c'est le « ventre » de Marseille, enchevêtrements de rues étroites vouées au commerce de l'alimentation et où se tient quotidiennement un marché haut en couleurs et en odeurs; étals débordant de tous les fruits de la Provence, de poissons, de produits d'outre-Méditerranée; amoncellement de tentations...

On laisse ensuite à g. le **cours Saint-Louis** (plan D 2-3), prolongement du cours Belsunce (dont la Canebière, à l'origine, ne le séparait pas) et qui conserve encore un bel ensemble architectural des XVIIe s. et XVIIIe s. avec des ferroneries aux balcons.

➨ Le cours Saint-Louis est prolongé par la longue **rue de Rome** qui se termine à la place de Castellane. Au n° 68 de la rue de Rome, habitait jadis la famille de *Désirée Clary* : n'ayant point épousé Bonaparte qui l'eut faite impératrice des Français, celle-ci épousa le maréchal Bernadotte qui la fit reine de Suède. La rue de Rome longe le flanc N. de la préfecture, à côté de laquelle a été élevé un monument au roi Alexandre de Yougoslavie et à Louis Barthou, assassinés devant la Bourse en 1934.

La **rue Saint-Ferréol** (plan D-E 3) est la rue « chic » de Marseille : banques et commerces de luxe. Elle croise d'abord la rue Venture où (n° 14) habita *Stendhal* puis la rue Grignan où se trouve (n° 19) le musée Cantini.

Le ***musée Cantini** (plan E 4) occupe depuis 1936 le bel hôtel de la Compagnie du Cap Nègre, connu aussi sous le nom d'hôtel Montgrand, et qui fut la résidence du *comte de Grignan*, gouverneur de Provence et gendre de Mme de Sévigné. Le dernier propriétaire, le sculpteur et marbrier *Jules Cantini*, qui avait fait fortune sous le Second Empire, le légua à la ville avec les collections de meubles, de tapisseries, de faïences, en même temps que tous ses biens immobiliers dont les revenus étaient destinés à l'enrichissement du musée, qui fonctionne comme une fondation. En 1951 fut créé la **Galerie de la faïence de Marseille et de Provence**, qui comprend près de six cents pièces.

Visite : payante, t.l.j. sauf mardi et mercredi matin, de 10 h à 12 h et de 14 h à 18 h30.

Conservation : ☏ 54-77-75. *Mme Marielle Latour*, directeur des musées des Beaux-Arts; *Mlle Brigitte Hedel*, conservateur de la collection de faïences.

Rez-de-chaussée. — Deux grandes salles en équerre encadrant le jardin renferment les belles collections de la **Galerie de la Faïence de Marseille et de Provence**. On y voit une sélection de près de 600 pièces de la production provençale des XVIIe et XVIIIe s., où Marseille, Saint-Jean-du-Désert et Moustiers tiennent le premier rang.
Parmi les **Marseille** à grand feu, on remarque la belle vitrine des *Fauchier*, avec leurs pièces à fond jaune et décor floral, et le magnifique ensemble de *Louis Leroy*, avec le livre manuscrit où ce maître faïencier notait ses recherches et ses secrets de fabrication. Puis ce sont les **Marseille** au petit feu, avec les splendides services à poisson de la *Veuve Perrin*, les productions de *Jean-Gaspard Robert, Bonnefoy, Savy* et *Borelly*.
De **Moustiers**, on peut admirer les fabrications des *Clérissy, Ferrat, Fouque, Pelloquin, Féraud, Barbegier* et surtout les pièces splendides d'*Olérys* qui rapporta d'Alcora (Espagne), en 1738, le décor polychrome et le genre « grotesque » où il excella. Signalons deux pièces exceptionnelles : la célèbre **« plaque aux singes »** d'*Olérys*, et le grand plat signé « Viry chez Clérissy, 1711 ».
Enfin, à cette production de haute qualité, les faïenceries d'**Apt, Avignon, Aubagne, Allemagne** près Moustiers, **Le Castellet, Varages, La Tour d'Aigues**, et maintes petites fabriques régionales, ajoutent la variété d'un charme plus rustique, mais où la finesse provençale ne cesse de s'affirmer.

Les **salons** regroupent la donation *Nicolas Zafiri*, offerte au musée en 1936 et 1943 et les collections très variées léguées par *Jules Cantini*. A remarquer surtout : des tapis — séries du XVIIe (Flandres, Arras, Savonnerie) et du XVIIIe s.; — des meubles de la Renaissance (Italie, France), du XVIIIe s. et modernes; des meubles provençaux; — des céramiques grecques et des statuettes de Tanagra; — des céramiques, ivoires et émaux de la Chine; — des porcelaines françaises et allemandes du XVIIIe s.; — des faïences de *Deck* (1823-1891) qui fut directeur de la Manufacture de Sèvres; — des verres romains; des verreries de Venise, de Bohême et de Silésie (XVIIIe s.); — des peintures sur verre (Italie) et de Hollande (XVIIIe s.); — des œuvres d'art anciennes et modernes; — les bustes de Franklin et de Washington par *Canova*, etc.

Étages. — Ils sont consacrés à l'**art moderne**. Centre de diffusion, le musée abrite **plusieurs fois par an des expositions** consacrées aussi bien à l'histoire de l'art provençal (Le portrait en Provence de Puget à Cézanne,

MUSÉE CANTINI

1961; Grandes heures de l'histoire de Marseille, 1964) qu'à la découverte d'autres continents (Art des Mayas, 1967; Arts africains, 1970), aux mouvements déterminants du début du XXe s. (Gustave Moreau et ses élèves, 1962; l'Expressionnisme allemand, 1965), ou encore aux grands maîtres de l'art moderne (Picasso, 1959; Renoir, 1963; César, 1966; Masson, 1968; etc.). Les diverses formes que peut revêtir l'expression artistique sont également explorées (L'estampe, 1961; la poterie, 1962; l'affiche, 1967; la peinture sous-verre, 1968, etc.).
Centre d'information, le musée s'efforce également de constituer d'année en année, par des achats ou des commandes, et grâce aux dons qui lui sont faits, une **collection représentative de l'art contemporain international;** l'exposition « Cantini 69 » en dressait un premier bilan, repris depuis 1972 par une présentation annuelle des acquisitions récentes. On peut ainsi relier aux mouvements historiques du début du siècle comme **Dada** et le **Surréalisme,** représentés par *Picabia* (Connaissance de l'avenir, 1953), *Hérold* (La terre, la nuit, 1965), *Masson* (Le Terrier, 1946; l'Ame de Napoléon, 1967), les différentes écoles et tendances des créateurs contemporains :

Abstraction lyrique et optique : *Messagier* (Mesdemoiselles Printemps, 1968); *Hartung* (P. 1967 A 40, 1967); *Feito* (Diptyque 563, 1966); *Ado* (F.M.K., 1971); *Vieira da Silva* (Le Satellite, 1955); *Tapiès* (L'Échelle, 1969); *Vasarely* Lacoste W., 1969); *Fruhtrunk* (Intervalles violets, 1965); *Grau-Garriga* (Féridès II, 1971);

Figuration : *Germaine Richier; Pignon* (La Vague, 1961); *Bret* (Les Blancs motifs, 1967; Déjeuner dans un jardin, 1963); *Prassinos* (Amour de Mai, 1963; Pretextat, 1965); *Alechinsky* (Vulcanologie, 1968); *Busse* (La Chute, 1967); *Folon* (Comme un aimant, 1972); *Adami* (Il Posto, n° 5, 1969); *Day* (Erebos au Portail, 1971); *Segal* (Femme assise, 1969); *Pons* (Au pays des insectes, 1967; La Ville, 1959; Figure de Proutt, 1971);

Néo-réalisme et Figuration narrative : *César* (Plaque, 1959; Hommage à Louis Renault, 1965; La Pacholette, 1966; Expansion contrôlée, 1967); *Arman* (Azurs, 1968); *Raysse* (Éléments de vocabulaire pour dire peut-être quelque chose de simple et de doux, 1968); *Niki de Saint-Phalle* (Nana assise Négresse, 1971); *Voss* (Un Soupçon de révolte, 1968); *Segui* (A vous de faire l'histoire, 1968); *Saul* (San-Francisco n° 2, 1966); *Gilli* (Trois coulées, 1966); *Miralda* (Soldats soldés, 1969); *Kermarrec* (Fond rose, Langue, n° 1468, 1969); *Rancillac* (Malcom X, 1968); *Télémaque* (Les Vacances de Hegel, suite à Magritte n° 1, 1971); *Monory* (For all, that we see or seem is a dream within a dream, 1967);
Les **nouvelles tendances,** représentées par *Raynaud* (Triptyque n° 1A, 1968), *Titus-Carmel* (Deux poires, 1968), *Viallat* (Formes, 1971), *Kowalski* (Sphère I, 1966), et la **jeune école marseillaise :** *Alessandri* (L'Enfer, 1970), *Daumas* (Ouverture sur la Droite, 1971), *Sylvander* (Le Passif, 1969), *Surian* (Pin pon pompi pompiers, 1969).

A citer encore la présence de photographies de *Lucien Clergue,* de dessins de *Paul Delvaux, Fernand Léger, Marchan, Marquet,* jusqu'à *Jacques Carelman.*

↦ En arrière du musée Cantini, dans la rue Montgrand, le **lycée Montgrand** occupe l'ancien hôtel Roux : *Roux-le-Corse* fit une fortune énorme et, contrairement à ses contemporains qui faisaient construire leur bastide à l'extérieur de la ville, fit bâtir en ville un véritable hôtel particulier.

On regagne le Vieux-Port par la rue Paradis qui laisse sur la g. l'**Opéra,** reconstruit en 1924.

L'architecture intérieure, la décoration, les bas-reliefs, le mobilier et les ferronneries sont du plus pur **style « Art déco »**. Grille extérieure avec bas-reliefs en bronze de *Sartorio;* plafond du foyer par *Carrera;* bas-relief allégorique de *Bourdelle* en fronton de la scène.

25 D - Le palais Longchamp et le musée Grobet

Accès. — Par le métro : station **Cinq-Avenues**; par autobus nos **4, 45, 7, 76, 75**.

Le **palais Longchamp** (plan C 2) a été construit de 1862 à 1870 par *H. Espérandieu* qui s'est inspiré d'un projet primitif, dessiné en 1859 par le sculpteur *Bartholdi*. Bâti en face du boulevard Longchamp, il offre un développement total de 136 m de façade. Au centre est le château d'eau, haut de 36 m; à g., le musée des Beaux-Arts; à dr., le muséum. Ces deux derniers bâtiments, reliés au château d'eau par une colonnade ionique, ont chacun 63 m de longueur et dominent les jardins de 25 m.

Le tigre, la panthère et les deux lions de l'entrée du jardin sont de *Barye;* le groupe central du château d'eau, figurant la Durance, accompagnée de la Vigne et du Blé, de *Cavelier*. Les médaillons en bronze enchâssés dans le mur et représentant Puget et Poussin, Aristote et Cuvier, sont de *Ph. Poitevin* et de *Maurel*. Près du bassin de l'hémicycle, bustes de Consolat et de Montricher, créateurs du canal de Marseille. De la galerie supérieure, belle vue sur Marseille, ses environs, ses ports et la mer.

Le **musée des Beaux-Arts** *a été créé par arrêté du gouvernement consulaire le 1er septembre 1800. Le premier apport fut constitué par une partie des œuvres d'art ramenées par les armées de Bonaparte et par des saisies effectuées par le gouvernement révolutionnaire dans la région, saisies qui avaient été protégées par le Dr Claude-François Achard. Le musée fut installé dans la chapelle du couvent des Bernardines par Charles Delacroix, père du peintre et préfet des Bouches-du-Rhône. C'est en 1804 que le musée fut officiellement inauguré.*
Lorsque le musée fut réinauguré le 14 août 1869, dans le palais actuel, il reçut en don les peintures de la collection Borély, qui était avec celle de Guillaume de Paul la plus importante des collections privées constituées à Marseille : elle comprenait 113 tableaux, des dessins, des gravures, un ensemble de sculptures dont le Faune de Pierre Puget. Il fut aussi enrichi par les acquisitions de la Ville. En 1896, le legs de Mme de Surian faisait entrer la Vierge et l'Enfant de Simon Vouet, des œuvres de H. Rigaud, de Nicolas de Largillière, de Jean Raoux. En 1939, le legs du comte Armand apportait au musée des œuvres de Corot et une grande partie de sa collection de peintres provençaux.

C'est surtout depuis 1949 que le musée des Beaux-Arts a subi une transformation radicale; il s'est agrandi, en 1967, d'un musée pour enfants destiné à éveiller chez les jeunes visiteurs de quatre à douze ans l'intérêt pour la peinture et peut-être même à susciter des vocations. Ce musée, qui fut le premier de ce genre en France, a fait école, et plusieurs autres musées pour enfants ont été ouverts depuis dans diverses villes.

Conservation : ☏ 62-21-17. *Mme Marielle Latour*, directeur des musées des Beaux-Arts. *M. Henri Wytenhove*, conservateur du musée.

Visite : Le musée est actuellement fermé pour travaux et pourrait rouvrir en 1980. La description qui suit, ordonnée selon l'ancienne présentation, n'a d'autre but que de vous éclairer sur le contenu des collections.

Salles Puget. — Pierre Puget, *né à Marseille en 1620, est mort dans la même ville le 2 décembre 1694. Placé à la mort de son père en apprentissage chez un sculpteur sur bois, il manifesta des dons artistiques si évidents qu'il se résolut à entreprendre des études d'art à Rome dans l'atelier de Pierre de Cortone. De retour en France, il reçut plusieurs commandes officielles mais ne fut guère compris de ses contemporains; ses projets d'embellissement de la ville ne furent pas tous acceptés par la municipalité qui les jugeait trop grandioses, trop onéreux et sans doute pas assez classiques. C'est pour Versailles qu'il exécuta ses chefs-d'œuvre, Diogène et Alexandre, et surtout son Milon de Crotone (1683) qui fit dire à la reine, lorsque les voiles furent ôtés : « Oh! le pauvre homme comme il souffre! » Le Milon de Crotone consacra le talent de Pierre Puget qui, peintre, décorateur, urbaniste et ingénieur maritime, fut l'un des plus grands sculpteurs baroques du XVIIe s. « On retrouve, écrit René Huyghe, tous les traits d'un art anti-classique : déchiquetage de la masse, torsion des corps, coulée mobile des formes, ondulation des couleurs ».*

La première salle, dont l'entrée s'ouvre entre les deux atlantes de l'ancien hôtel de ville de Toulon (moulages), renferme les moulages des principales œuvres de **Puget** : le Milon de Crotone, les statues de l'église de Sainte-Marie de Carignan à Gènes (saint Sébastien, saint Alexandre Sauli), Diogène et Alexandre, la Vierge Marie, la Conception de la Vierge. La petite salle de g. est réservée aux ****œuvres originales** du maître, peu nombreuses mais de qualité : — pour la **sculpture** : le buste en marbre du Salvator Mundi, le Faune (maquette, terre cuite); le célèbre bas-relief de la **Peste à Milan**, provenant de la « Santé » du Vieux-Port; le **portrait de Louis XIV**, médaillon en marbre, une des représentations les plus réalistes du grand roi; les **Armes du Roi**, écusson provenant de l'hôtel de ville de Marseille; le bas-relief en marbre de **Louis XIV à cheval;** — pour la **peinture** : Salvator Mundi, le Baptême de Constantin, le Baptême de Clovis, la Vierge et l'Enfant, l'Education d'Achille, le Sacrifice de Noé, le **portrait de l'artiste par lui-même**. Homme assis : — pour les **dessins** : Proues de navires, Marines avec personnages, Navires et Architecture, etc.

Salle Daumier. — *Pour le cent cinquantième anniversaire de sa naissance, une salle entière a été consacrée en 1958, à Honoré Daumier qui naquit à Marseille en 1808. Venu encore jeune avec sa famille à Paris, il commença à dessiner et à apprendre la lithographie dès 1892. A partir de 1829-1830, il fait de nombreuses lithographies politiques — et féroces — contre Louis-Philippe et ses ministres (on notera cependant qu'il cessa de caricaturer aussi violemment le roi après l'abdication). Daumier collabora au « Charivari » et à la « Caricature » périodique interdit en 1835. Bien que condamné à six mois d'emprisonnement, l'artiste demeura toute sa vie un ardent défenseur de la liberté. Il se spécialisa ensuite dans les séries de portraits-charges : Les Parlementaires, les Avocats, les Petits Bourgeois, la République, les Émigrants, l'Émeute. Dessinée ou peinte, son œuvre frappe toujours par son trait percutant et sa justesse; son œuvre peinte, qui fut surtout découverte après sa mort, et qui annonçait l'Impressionnisme, est, de nos jours de plus en plus appréciée.*

Galerie de l'École provençale. — *Michel Serre,* La Présentation au temple. *Pierre Parrocel,* Le Couronnement de la Vierge. *François Granet*

(V. Aix, p. 459), L'Atelier du peintre; Moine en prière. *Gustave Ricard* (1823-1873); peintre abondant et à la mode au milieu du XIXe s.), portraits de Loubon, de Chenavard, du duc de Buckingham.
Adolphe Monticelli, ensemble de 16 toiles.

Adolphe Monticelli *(1824-1886), enfant naturel né dans le milieu de la bourgeoisie marseillaise, fut élevé dans les montagnes de Haute-Provence. Il garda de l'intimité liée pendant son enfance avec la nature une impression ineffaçable et il apparaît bien que la touche très particulière de ce peintre a été influencée par les couleurs infiniment changeantes des paysages de l'arrière-pays provençal. Parmi les paysagistes régionaux de ce siècle, il y en a peu qui aient laissé une œuvre aussi originale. Vincent Van Gogh ne s'y était pas trompé, qui nourrissait pour* Monticelli *une immense admiration. Bien qu'inégales, bien que manquant parfois de puissance, les toiles de Monticelli frappent surtout par leur technique.*

Françoise Duparc. Adolescent à la besace, la Ravaudeuse, la Marchande de tisane; la Vieille.

Françoise Duparc, *née à une date inconnue en Espagne d'un père sculpteur provençal émigré et d'une mère espagnole, revint s'établir à Marseille en 1730. Elle fut, très jeune, l'élève de J.-B. Van Loo. Cette artiste aux dons exceptionnels eut une vie étrange, qu'elle passa, pour la plus grande partie, en Angleterre et en Russie, où l'Ermitage conserve la partie importante de son œuvre. Celle que l'on a appelé « le Chardin féminin » montre, en effet, un respect devant le modèle, une sorte de recueillement devant les choses, une sûreté de traits, un sens de l'équilibre qui l'apparentent aux grands artistes d'un siècle qui fut celui du portrait. Malheureusement la France ne possède de* Françoise Duparc *que quatre toiles, très belles, qui sont au musée et que l'on recommande à l'attention du visiteur.* Françoise Duparc, *après ses pérégrinations, revint finir sa vie à Marseille où elle était membre de l'Académie; elle y mourut en 1778.*

Œuvres de : *Paul Guigou* (Villars, près Apt, 1834-1871), *Henry d'Arles* (1734-1784), *M.-H. de Bounieu* (Marseille, 1740-1814), *comte de Forbin* (1777-1841), *Ant. Constantin* (1756-1844), *Camille Roqueplan* (1802-1855), *Prosper Grésy* (1804-1874), *Émile Loubon* (1809-1863), *Ant. Magaud* (Marseille, 1817-1899), *François Simon* (Marseille 1818-1896), *Aug. Aiguier* (1819-1865), *Félix Ziem* (1821-1911), *François Suchet* (Marseille, 1824-1896), *Marius Engalière* (Marseille, 1824-1857), *Stanislas Torrents* (Marseille, 1839-1916), *J.-B. Olive* (Marseille, 1846-1936), *Alfred Casile* (Marseille, 1847), *Courdouan*, etc.

Le grand escalier qui conduit à l'étage supérieur est décoré de deux grandes compositions de *Puvis de Chavannes* : Marseille, colonie grecque et Marseille, porte de l'Orient, exécutée l'année du percement du canal du Suez.

Salles des XVe, XVIe et XVIIe s. — XVe et XVIe s. : *Rogier van der Weyden* (d'après), La Crucifixion. *École allemande,* Diptyque : La Flagellation et au verso La Résurrection. *École flamande,* Baptême du Christ; au verso, Un donateur en prière; il s'agit très probablement d'un polyptyque aujourd'hui disparu. *École d'Avignon,* Saint Bernardin et deux donateurs, qui seraient Isabelle de Lorraine, première femme du roi René et leur fils Jean de Calabre. *École française,* Portrait du roi René. *École italienne,* Saint Sébastien. *Josse van Clèves,* Vierge à l'Enfant et un donateur. **Pietro Vanucci** dit **le Perugin,** La famille de la Vierge; autour de l'enfant Jésus, le peintre a groupé quatre enfants qui allaient jouer un rôle dans sa vie : saint Jacques le Majeur, saint Jean l'Evangéliste, saint Jacques le Mineur,

saint Joseph d'Arimathie; le tableau provient de Santa-Maria de Pérouse.
École provençale, Le Prêche de la Madeleine; on reconnaît l'entrée du
port, la tour Saint-Jean et, au fond, un phare. *Anonymes italiens,* La petite
princesse; portrait d'un homme de la famille Monsini; Histoire de Thésée
et d'Ariane. *École vénitienne,* Portrait d'un homme en noir. *Entourage du
Caravage,* Le Christ aux anges. **Annibal Carrache,** La Noce au village;
l'œuvre faisait partie de la collection personnelle de Louis XIV. *Jacopo da
Ponte,* dit le *Bassano* ou le *Bassan,* Noé construisant l'arche. *Barocci,* La
Visitation. *Carriani,* Saint Sébastien.

XVIIe s. — Le sentiment de grande diversité qui se dégage de l'ensemble
des œuvres des dernières années du XVIe s. à la fin du XVIIe s. tient à ce
que toutes les formes de l'art pictural sont représentées, depuis les peintres de la réalité, tels les Hollandais, à qui la part la plus grande est faite,
jusqu'aux peintres de l'ombre, tels les caravagesques italiens et français,
en passant par Rubens et les portraitistes français.

Pays-Bas du Nord et du Sud. — *Adam van der Meulen* (né à Bruxelles en
1632, mort à Paris en 1690, où il était « peintre du roi » depuis 1673),
Combat près du canal de Bruges. **Pierre-Paul Rubens** (1577-1640) :
Portrait présumé d'Hélène Fourment, un des nombreux tableaux que le
peintre fit de sa femme; **L'Adoration des Bergers,** l'œuvre provient de
l'église Saint-Jean à Malines; La Résurrection du Christ (esquisse), qui
vient également de l'église Saint-Jean de Malines; La Chasse au sanglier,
entièrement de la main de Rubens, contrairement à beaucoup d'autres.
Franz Pourbus, **Philippe d'Orange, fils du Taciturne;** la toile faisait autrefois partie de la collection Borély. *Jacques Clacu* (né et mort à Dordrecht
où il fut l'un des fondateurs de la Guilde de Saint-Luc; ce peintre de
natures mortes était le gendre de Jan van Goyen et le beau-frère de Jan
Steen), Vanitas. *Jan van Biljert* (1603-1671; appartient à l'école d'Utrecht), Portraits d'homme et de femme. *Joos de Momper le Jeune*
(1564-1635; les personnages des tableaux de cet artiste qui travailla
beaucoup en Suisse et en Italie, sont souvent de Jan Breughel), Paysage.
Jacob van Ruisdaël (1628-1682; rappelons que ce peintre qui est considéré de nos jours comme le plus grand des paysagistes hollandais du
XVIIe s., obtint son diplôme de docteur en médecine à l'université de Caen
en 1676), **Paysage.** *Cornélis Decker* (à Haarlem où il mourut en 1676, ce
peintre paraît avoir été l'élève de Salomon van Ruisdaël), Paysage. *David
Teniers le Jeune* (né à Anvers en 1610, mort en 1690 à Bruxelles où il
était le peintre de l'archiduc Léopold Wilhem; Teniers, qui a subi l'influence de Rubens et de Brouwer, s'est spécialisé dans les scènes de genre),
Scène avec masques et grotesques. *Jean Daret* (V. Aix, p. 458), Portrait
d'un magistrat. *Cornélis de Man* (né et mort à Delft, 1621-1706; l'artiste,
qui a subi l'influence de Pieter de Hooch et de Jan Vermeer, a peint de
nombreux intérieurs avec des portes s'ouvrant sur des perspectives inconnues; il a longtemps séjourné en Italie et en France), La lettre. *Pieter van
Mol,* Adoration des Bergers, exécutée pour l'église Saint-Germaindes-Prés à Paris. *Jean Breughel de Velours,* L'air; Le feu.
Gaspard de Crayer (1584-1669), L'homme entre le vice et la vertu; la toile
provient de l'hôtel de ville de Gand. *Franz Snyders* (peintre anversois,
1579-1657, qui fut l'élève de Pieter Breughel le Jeune), Grande nature
morte.
Œuvres de *Pieter Bosch, Boudewijn, Jan Neel, Johan Bloemen, Gottfried
von Schalcken. Anonyme flamand,* Les malheurs de la guerre, un des
rares tableaux du temps faisant référence à l'histoire événementielle.

France. — *Anonymes français,* L'homme en gris, de 1634; L'homme à la
ganse jaune; David tenant la tête de Goliath; Christ mort. **François Millet**
(1642-1680), Paysage. *Simon Vouet* (attribution incertaine), Vierge et

Enfant Jésus. *Jacques Courtois,* Scène de bataille. *Blain de Fontenay,* Fleurs. **Eustache Le Sueur,** Présentation au temple.
Nicolas de Largillière (1636-1746), avec le Portrait d'un gentilhomme, et **Hyacinthe Rigaud** (1659-1743), avec le Portrait de Louis Boucherat, ont été tous les deux d'excellents portraitistes, à la manière des Hollandais et tous deux marquent la transition entre le XVIIe et le XVIIIe s. français. *Claude Halle* (1652-1736), Réparation faite à Louis XIV par le doge de Gênes.

Italie. — *Vassolo* (Gênes vers 1650), Scène champêtre. *Giovanni Lanfranco* (1582-1647; école bolonaise), Saint Jérôme. *Carlo Marratta* (1625-1713), Portrait du cardinal Cibo.

Espagne. — *Francesco Zurbaran* (1598-1664; attribution incertaine), Le repentir de saint Pierre; Un franciscain, *Antonio Pereda* (Valladolid 1599-Madrid 1669), Déposition de croix.

Salle du XVIIIe s. — Parce que ce siècle fut celui où la vie de société comptait essentiellement dans les rapports humains, il fut le siècle du portrait, le siècle où l'intimité commençait à être appréciée. Le musée de Marseille conserve quelques très beaux portraits de cette époque.
Jean-Marc Nattier (1685-1766), Portrait de Mme de Châteauroux. **Louis-Tocqué** (1696-1772), Portrait du comte de Saint-Florentin. **Robert de Tournières,** Portraits de M. de Saint-Cannat et de ses enfants. **Jean Raoux** (peintre provençal), deux portraits de femme. *Élisabeth Vigée-Lebrun* (1755-1842; célèbre portraitiste à qui l'on doit les portraits de personnages importants du XVIIIe s.), Portrait de la duchesse d'Orléans. *Jean-Baptiste Greuze* (1725-1805), Autoportrait; Portrait d'homme. *École de Greuze,* Monsieur de Raucourt, de la Comédie-Française. *Joseph Vernet* (1714-1789), Tempête, *Adélaïde Labille-Guiard* (1749-1803), Portrait de femme âgée. *François Vincent* (1746-1816), Portrait du comédien Dazincourt. *J.-P. Louterbourg* (1740-1880), Une bergerie; Une caravane. *P.-J. Verdussen,* Choc de cavalerie; Bataille. *Hubert-Robert* (1733-1808), Ruines d'architecture; Pont sur une rivière. *Fragonard* (attribution tout à fait incertaine), Allégorie. **Watteau,** Fête allégorique. **Charles de Lafosse** (1636-1716), Le char du soleil; une autre esquisse est au musée de Rouen. **Domenico Tiepolo** (1690-1770; le plus grand des artistes italiens de ce siècle; prodigieusement doué et inventif, avec un tempérament de décorateur de théâtre), La femme adultère. *Francesco Trevisiani* (1656-1746; école vénitienne), Jésus au jardin des oliviers; le tableau provient de l'ancienne collection Borély. *Jean-Baptiste Oudry* (1686-1755; un des plus grands peintres de natures mortes, en particulier de gibier, du XVIIIe s.), Oiseaux.

Salle des XIXe et XXe s. — Il est rare de voir dans l'histoire de la peinture un siècle, comme le XIXe, où se soient succédées autant d'écoles, de mouvements de tendances, depuis le classicisme néo-antique jusqu'aux impressionnistes en passant par le romantisme, le réalisme, sans oublier les grands peintres solitaires dont l'influence fut cependant immense.
Jean-Louis David (1748-1825), Saint Roch et les pestiférés, de 1772. *Anne-Louis Girodet* (1767-1824; disciple de David), Portrait de Monsieur Giuseppe Favrega. *Antoine Gros* (1771-1835; autre élève de David qui se sépara assez rapidement de son maître, sans doute à cause de son culte pour Rubens; on lui doit aussi des portraits de femme d'une grande sensibilité), Philotecte; Portrait de Monsieur Bruguière, exécuté lorsque celui-ci était Président de la Chambre de commerce française à Gênes; Portrait de Monsieur Favrega. *Théodore Chassériau* (1819-1856), La Servante de Cléopâtre. **Jean-Dominique Ingres** (1780-1867; un des plus grands dessinateurs français), Eliézer et Rebecca, copie d'un fragment d'un tableau de Poussin conservé au Louvre.

PALAIS DE LONGCHAMP

Jusqu'aux premières décennies du XIXe s. le paysage n'était guère à l'honneur : sa fonction essentielle consistait soit à inspirer de nobles sentiments soit à servir de toile de fond à un récit historique ou mythologique, également noble de préférence. Mais à partir de 1830 apparurent les petites toiles de Corot, exécutées surtout dans la campagne romaine et qui étaient, tout d'abord, de timides tentatives pour imposer le paysage en tant que paysage, un paysage familier qui ne devrait rien à l'histoire; Corot marque ainsi un tournant dans l'histoire de la peinture et ce siècle qui verra se succéder tant d'écoles, de mouvements et de tendances sera surtout le siècle du paysage.

Jean-François Millet, Une mère. *Louis-Gabriel Isabey* (1803-1896, peintre de paysages, de marines et d'histoire, connu aussi comme lithographe), Village normand; Mgr Belsunce et les pestiférés. *Charles Jacque* (1813-1894, graveur et lithographe et paysagiste de l'école de Barbizon), Paysage. **Camille Corot,** Le bouleau; Le petit pont; Vue de Riva. *Narcisse Diaz de la Peña* (1808-1876, d'origine espagnole ce peintre eut une grande influence sur les peintres provençaux, Monticelli en particulier), Sous-bois, de 1854. **Gustave Courbet,** Portrait de M. Grangier; Paysage; Le Cerf à l'eau. **Charles Daubigny,** Les Graves à Villerville, une des nombreuses toiles inspirées par ce site.

François Ravier (1814-1900), deux paysages, et *Antoine Vollon* (1833-1900), L'orage, sont tous deux des peintres lyonnais qui ont également renouvelé l'art du paysage.

Œuvres diverses de *Dallège de Fontenay,* de *Brascassat,* de *Peyron,* de *Thomas Couture,* de *Chaplin* et de *A. François.*

Raoul Dufy (1877-1953), Arbres à l'Estasque, Port de Honfleur; Le port de New York, Hôtel Sube à Saint-Tropez; Bassin et statue; Bateau dans un port; L'arbre; Trente-neuf Cargos (deux toiles).

Chacun des autres peintres représente une des tendances de la peinture du début du siècle. *Vuillard* (1868-1940, un des fondateurs du groupe des Nabis dont le chef incontesté était P. Gauguin), Le tramway. *Albert Gleizes* (1881-1953; théoricien du Cubisme, il eut sur les peintres de sa génération une grande influence et fonda la colonie d'artistes de Moly-Sabata, près d'Avignon), L'Écolier. *André Beaudin* (né en 1895, Beaudin reçut l'enseignement de l'École des Beaux-Arts; sa grande admiration pour Juan Gris lui fit adopter les théories cubistes qu'il appliqua avec une grande sobriété dans la construction et beaucoup de raffinement dans l'utilisation des couleurs), La conversation, 1936. *Léon Valtat* (1869-1952, élève de l'atelier Julian et de Moreau, il participa au Fauvisme), En famille. *Albert Guillaumin* (1841-1927, rattaché à l'Impressionisme), Le rocher Gaupillat au Trayas. *Charles Camoin* (né à Marseille en 1879, il travailla dans l'atelier du Gustave Moreau où il se lia d'amitié avec Cézanne, Renoir, Matisse; il appartenu au groupe des Fauves), La mère de l'artiste; La petite Lina. *François Desnoyer* (né en 1894, il reçut l'enseignement de Bourdelle aux Arts Décoratifs où il enseigna lui-même après 1938), Paysage de Savoie. *Julius Pascin* (né en Bulgarie en 1885, il arriva à Paris après un long séjour à Munich; il appartient à l'école de Paris), Somnolence; Sur le grand canapé.

Le **Musée des enfants** comprend des tableaux, parmi lesquels un très beau portrait, par *Kisling,* de Bel Gazou (la fille de Colette), des gravures, des dessins, et des sculptures dont une composition de *César* et un mobile de *Calder.* L'ensemble englobe l'art pictural depuis les enluminures jusqu'à l'art abstrait; des panneaux expliquent la composition d'un tableau et les combinaisons des couleurs fondamentales.

▣ Le **Muséum d'histoire naturelle,** installé dans l'aile dr. du palais Longchamp, comprend des collections intéressantes concernant la paléontologie, la conchyliologie, l'ichtyologie, l'ornithologie, la mammalogie; une grande salle est consacrée plus particulièrement à la faune et la flore provençales (conservateur : *M. Robert Jullien*).

Visite : payante, t.l.j. sauf mardi et mercredi matin, de 10 h à 12 h et de 14 h à 18 h 15. ☎ 62-30-78.

Dans les sous-sols du musée est installé depuis 1974 un **aquarium** réunissant 180 espèces différentes où, à côté des principaux spécimens de la faune locale, on pourra voir les poissons parfois étranges, et toujours splendidement colorés, des régions tropicales.

Derrière le palais Longchamp s'étend un jardin public orné du monument à Frédéric Mistral (par *Botinelly*) et de la statue de Lamartine. Ce jardin communique avec le **parc zoologique** (6 ha; ouv. de 6 h à la nuit; entrées : 11 bd du Jardin-Zoologique, ou 128 bd Flammarion; bars, restaurant) qui possède plus de 500 animaux et fauves : lions, tigres, panthères; reptiles; singes; oiseaux; zèbres; dromadaires; hippopotames; girafes, etc. Le jardin zoologique est complété par une école de dressage de fauves et un jardin d'enfants avec moniteurs.

Le ***musée Grobet-Labadié,** ouvert en 1925, est aménagé dans l'hôtel particulier Grobet-Labadié et il est constitué par la remarquable collection de meubles, de tableaux, de tapisseries, d'objets d'art qui ont été légués à la ville en 1919 par Mme *Grobet* née *Labadié,* conformément aux volontés de son mari, le peintre et violoniste *Louis Grobet*.

Le musée est situé 140 bd Longchamp, en face du palais Longchamp (plan d'ensemble C 2).

Conservation : ☎ 62-21-82. Mme *Marielle Latour,* directeur des musées des Beaux-Arts. Mlle *Matermati,* conservateur du musée.

Visite : payante, t.l.j. sauf le mardi et le mercredi matin, de 10 h à 12 h et de 14 h à 18 h 30.

Rez-de-chaussée. — Vestibule et hall (1) : — ***Deux anges présentent au Jugement dernier deux âmes bienheureuses,** fragment d'un bas-relief du XIIIe s., tapisserie représentant une scène de cour (Flandre, XVe s.); vasque en marbre, œuvre italienne du XVIe s. Chaise à porteurs d'époque Louis XV; horloge du XVIIIe s. — **Antichambre (2)** : belle console provençale Louis XV en fer forgé (tablette en brèche violette); tapisseries (verdures) d'Aubusson, du XVIIIe s.; vitrine de faïences de Moustiers (XVIIe s.); Portrait de jeune homme par *Terborch* (1617-1681); terre cuite représentant saint Gaétan et attrib. à *Filippo Parodi* (1630-1702). — **Salon (3)** : sièges en Aubusson Louis XVI; tapisseries d'Aubusson, d'époque Louis XVI; clavecin italien du XVIIIe s. Grand tapis de la Savonnerie (époque Louis XIV) et vitrine de montres, bijoux, etc. — **Salle à manger (5)** : belles boiseries du début du XVIIe s. provenant d'un hôtel particulier d'Amiens; table à gibier provençale (XVIIIe s.); collection de verrerie et d'argenterie; trompe-l'œil en faïence; imposte en fer forgé, travail marseillais du XVIIe s. — **Boudoir (4)** : tapisseries d'Aubusson (XVIIIe s.); commode-tombeau d'époque Régence.

1er étage. — Palier (6) : Portraits des XVIIe et XVIIIe s.; tabouret d'époque Louis XIV. — **Salle des Primitifs (7)** : meuble provençal à deux corps, de la fin du XVIe s.; coffre de mariage de la même époque; médaillon de Henri IV et Catherine de Médicis, par *Guillaume Dupré* (1574-1647); Vierge à l'Enfant attribuée à *J. Van Scorel* (1475-1562); Portrait de femme, par *Nicolas Neuchatel* (1527-1590); dans une vitrine, objets musulmans en cuivre repoussé. — **Antichambre (8)** : deux tapisseries de Beauvais (XVIIIe s.) : Le déjeuner sur l'herbe et La diseuse de bonne aventure; sièges du début du XVIIIe s.; cabinet italien du XVIe s. orné de plaques d'ivoire gravées, d'après *Jules Romain;* terre cuite de *Clodion* (1738-1814), La famille du satyre. — **Cabinet de curiosités (9)** : boîtes en paille (XIXe s.); sculpture pré-romaine repr. une tête de femme (trouvée à Marseille); microscope ancien; cartel Louis XIV, par *N. Delannoy*. — **Chambre Louis XV (10)** : meubles Louis XV, dont une superbe armoire bretonne; École de Fontainebleau, Femme nue à mi-corps; Adoration des Bergers, par *Murillo* (1618-1682); glace du XVIIIe s.; crêche en verre filé de Nevers; console en bois doré et marbre de la fin du règne de Louis XIV. — **Bureau (11)** : bureau à cylindre d'époque Louis XVI; cartel d'époque Louis XV; Cigogne et canard, école hollandaise, XVIIe s.; petits bronzes de *Barye* (1796-1875); dans une vitrine, manuscrits enluminés et belles reliures. — **Salon Louis XVI (12)** : mobilier Louis XVI; tapisseries des Gobelins (XVIIe s.) sur des cartons de *Lebrun;* deux portraits d'Arlésiennes, par le peintre arlésien *Antoine Raspal* (1738-1811); étude pour La ménagère surprise, par *J.-B. Greuze* (1725-1805). — **Cabinet des faïences (13)** : pots à crème et soupière de la fabrique de la veuve Perrin (Marseille; XVIIIe s.; petit feu); plateau (Rouen; XVIIIe s.; grand feu); Fontaine et son bassin, de l'atelier d'*Olérys* (Moustiers; XVIIIe s.); assiettes et plat de la Cie des Indes (XVIIIe s.).

2e étage. — Escalier et palier (14); Télémaque à l'île de Calypso, tapisserie de Bruxelles (XVIIIe s.); portraits d'Alexandre Labadié et de Marie Grobet, par *Paul Mathey.* — **Salle de la ferronnerie (15)** : superbe grille en fer forgé du XIIe s.; clés d'époque romaine; clés des XVIIe et XVIIIe s.; paire de pistolets de la fin du XVIIe s. : arbalète de dame, du milieu du XVIe s. — **Antichambre (16)** : vitrine de faïences d'Italie, d'Espagne, de Rhodes et d'Isnik; chapiteau roman provenant de la basilique Saint-Victor; Vierge à l'Enfant, en pierre, du XVe s.; tête de femme, également en pierre, de la même époque; vitraux du XVIe s.; tapisserie de Flandre (fin du XVe s.), Salomon et la reine de Saba. — **Salle de sculpture (17)** : Sainte Marguerite et le dragon, en pierre (Autriche, XIVe s.); chevalier en armure, bois polychrome du début du XVIe s. (Allemagne); Vierge à l'Enfant, en pierre (Bourgogne; XVe s.); statuettes en bois doré (Malines; XVe s.); tête de Christ, en pierre (XIIe s.); collection de casques et de pertuisanes; orfèvrerie religieuse, émaux, des époques romanes et gothique; fragment de tapisserie : scène de chasse (Tournai; XVe s.). — **Salon de musique (18)** : violons et autres instruments de musique anciens, dont un Stradivarius ayant appartenu à *Louis Grobet;* autographes de Beethoven et de Paganini; vitraux; nombreux tableaux, dont un portrait de Louis Grobet jouant du violon, par *P. Mathey,* Le Bucentaure, par *F. Ziem,* Deux lavandières devant la montagne Sainte-Victoire, par *P. Guigou;* Les graves à Villerville, par *Daubigny,* etc.

➡ Si vous disposez d'un peu de temps vous pouvez, par le boulevard Philippon et l'avenue des Chartreux, aller voir l'**église des Chartreux,** intéressant spécimen d'architecture religieuse classique (1680-1696) avec une façade superposant deux ordres d'architecture (ionique et corinthien); vitraux de *Max Ingrand.*

25 E - La Corniche et le Prado

Si vous ne disposez d'une voiture, vous pouvez faire cette excursion en empruntant l'autobus 82a ou 82b, qui emprunte le même circuit.

Après le parc du Pharo, l'**avenue J.-F. Kennedy** (l'ancienne Corniche, que les Marseillais continuent du reste à appeler ainsi) récemment élargie et embellie, longe la côte sur plus de 5 km, depuis l'anse de Catalans jusqu'à Pointe-Rouge. Contournant et dominant toutes les découpures du rivage, elle offre d'un bout à l'autre de superbes points de vue sur la rade et les îles, d'une part, et sur la massif de Marseilleveyre, d'autre part. C'est une promenade qu'il ne faut pas manquer de faire au coucher du soleil ou le matin, très tôt, et pourquoi pas aussi la nuit lorsque la ville est illuminée.

Après le **monument aux morts de l'Armée d'Orient,** œuvre du sculpteur *Sartorio* qui domine la mer, l'avenue J.-F. Kennedy franchit le **vallon des Auffes,** surplombe un charmant petit port de pêche (rest.) et coupe la pointe d'Endoume.

Le vallon des Auffes tire son nom de l'alfa *(auffo,* en provençal) qu'on y débarquait. Il se trouvait alors suffisamment éloigné des quartiers habités pour que l'odeur très forte de cette herbe n'incommode personne.

Après le **vallon de l'Oriol,** puis l'**anse du Prophète,** on atteint la **pointe de Roucas-Blanc,** où a été élevé le **monument des Rapatriés;** peu après commence l'immense **plage du Prado,** au sable fin (bains, piscine, restaurants, bars), et actuellement objet de travaux gigantesques visant à en agrandir la superficie. L'avenue J.-F. Kennedy atteint un large rond-point, au débouché de l'Huveaune et dans l'axe de l'avenue du Prado qui prend à g. Au centre de ce rond-point se dresse (1951), une réplique du David de Michel-Ange, en marbre de Carrare.

Partie sud de la Corniche (7,5 km du rond-point). — De la plage, on continue de suivre le rivage, en longeant d'abord à g. l'hippodrome du parc Borély, puis les quartiers de **Bonneveine** et de **La Vieille-Chapelle.**
2 km : **La Pointe-Rouge,** plage de sable et port de plaisance, où la route quitte le bord de la mer pour traverser **Montredon** : ce nom de Mont-Redon, donné aujourd'hui à l'ensemble du quartier, désignait au XIIe s. le mamelon rocheux (podium rotendum) qui le domine. — 4 km : **La Madrague-de-Montredon.**
La route s'élève, dominée à g. par les ravins rocheux du massif de Marseilleveyre, laisse à dr. la colline du **mont Rose,** sur laquelle est établie la station de la radio maritime, et revient longer la mer à hauteur de la minuscule **calanque de Samena** : *vue au S.-O. sur le cap Croisette, les îles Maire et Tiboulen.
5,5 km : **Les Goudes,** petit port de pêcheurs dans une anse, au pied du **cap Croisette** (fortin) qu'un étroit chenal sépare de l'île Maire. — La route s'élève à travers les rochers pour passer derrière le cap Croisette, puis redescend : vue sur l'*île Riou, âpre échine rocheuse longue de 2 km, haute de 194 m.
7,2 km : **Callelongue,** au fond d'une étroite calanque, au pied du rocher des Goudes, au terminus de la route et d'où part un sentier vers les Calanques (V. it. 26 C).

L'**avenue du Prado** est une magnifique artère bordée d'arbres qui relie la Corniche à la place Castellane sur une longueur de 3,4 km. A dr. on longe bientôt le parc Borély.

Le **parc Borély,** (plan d'ensemble C 6), vaste de 54 ha, tracé par l'architecte-paysagiste *Alphan,* comporte des jardins anglais et des jardins à la française tandis que dans sa partie O. sont aménagés l'hippodrome et le stade de la Société olympique.

A la pointe E. du parc, le **jardin botanique** (ouv. t.l.j. de 9 h à 11 h et de 14 h à 16 h) comprend une école publique de botanique, des pépinières expérimentales (200 essences), un châlet-laboratoire possédant l'herbier Honorero (Provence et flore de France, 10 000 espèces), un herbier général (6 000 espèces), un herbier régional (3 000 espèces) et une collection de semences.

▣ Au fond de la perspective centrale du parc, le **château Borély** abrite le **musée d'archéologie** et la **collection Feuillet de Borsat** (dessins) dans un cadre admirable, au milieu de parterres et de pelouses, de bassins et de fontaines.

Le château fut édifié de 1776 à 1778, sur les plans de Clérisseau, *par l'architecte* Brun *et par le peintre* Chaix *pour l'armateur Louis Borély. La propriété fut vendue en 1856 à* Paulin Talabot, *promoteur de la ligne de chemin de fer Paris-Lyon-Marseille, qui ne tarda pas à la céder à la municipalité. Dès 1863, le château était transformé en musée d'archéologie. Au fonds de ce musée qui était constitué par les collections de la famille* Borély *vinrent s'ajouter les antiques que possédait la ville et une série de monuments et statues rapportés d'Égypte et qui composaient la collection du* Dr *Clot-Bey. Une partie de la collection* Campana *vint par la suite compléter cet ensemble qui, avec les legs divers, les dons, les produits des fouilles régionales, font que le musée possède plus de dix mille pièces d'un grand intérêt. La collection égyptologique, qui ne le cède en valeur qu'à celles du Louvre et du musée de Strasbourg, est une des premières de France.*
Depuis 1968 le musée Borély *s'est enrichi de la remarquable collection de dessins de la donation* Feuillet de Borsat.

Accès direct par **autobus** n° 44 depuis le Vieux-Port. En **voiture,** passer de préférence par l'av. Clot-Bey (petit parking).

Conservation : ☏ 73-21-60. Mme *Simone Bourlard-Collin*, conservateur.

Visite : payante, t.l.j. sauf le mardi et le mercredi matin, de 9 h 30 à 12 h et de 13 h à 17 h 30.

Le musée est précédé par le double monument figurant *Euthymènes* et *Pythéas*, les deux célèbres navigateurs massaliotes du IVe s. av. J.-C. (V. histoire).

Rez-de-chaussée : salles d'Égypte. — Fragment d'obélisque en basalte noir, venant de Tanit; relief en grès de la déesse Mout, provenant de Karnak; — 4 grandes statues en granit : ***prince royal** (le plus ancien antique rapporté en France, en 1570, par Christophe de Vento), déesse Sekhmet à tête de lionne (donnée en 1818 par le comte de Forbin), reine vêtue d'un fourreau collant et statue royale de Ramsès VI; — statuettes en bois : homme marchant (provenant de Guiza), homme vêtu d'une jupe courte (Guiza), captifs attachés au poteau, statuettes d'Isis et d'Osiris; — deux sarcophages en basalte et serpentine (Saqqarah), d'autres en bois de cèdre ou de sycomore; stèles funéraires en calcaire ou en bois stuqué et peint; linteau de porte d'un caveau (Guiza, milieu du IIIe millénaire); statuettes de « répondants »; ***table d'offrande** en calcaire provenant de Thèbes (fin du IIe millénaire); statuettes en bronze des principes divins; série d'amulettes; etc. La plupart des antiquités égyptiennes proviennent des collections du Dr Clot-Bey, cédées à la ville en 1861.

Premier étage : archéologie méditerranéenne. — Orient antique : *statuettes et céramique de Suse (Coll. J. de Morgan), Chypre (Coll. Cesnola), bas-reliefs de Khorsabad (fouilles de Botta), inscriptions cunéiformes; — Bronzes grecs, étrusques et romains; — Céramique préhellénique, géométrique, grecque, italo-grecque, étrusque et campanienne (*aiguière mycénienne, Crète); — Céramique romaine et gallo-romaine (Arezzo, midi de la Gaule, poterie du Bas-Empire); — Tanagras et statuettes (Grèce, Cyrénaïque, Grande Grèce, Gaule).

Second étage : donation Feuillet de Borsat. — Dans une suite de salons, de cabinets et de galeries dont les fenêtres permettent d'embrasser un paysage superbe, est exposée la collection de dessins, du XVIIe s. aux premières années du XXe s., qui ont été réunis, au cours de toute son existence, par *Maurice Feuillet*. Né en 1873, il était journaliste, reporter, correspondant de plusieurs journaux anglais à Paris, et correspondant permanent du Figaro, du Gaulois, du Monde illustré, du Journal.

La **donation Maurice et Pauline Feuillet de Borsat** comporte des œuvres de *J.-B. Perroneau, Honoré Fragonard, Nattier, Nicolas Poussin, Jacques Callot, Pierre Puget, Eustache Le Sueur, Antoine Coypel, Paul Mignard, Carle van Loo, Nicolas de Largillière, Lancret, Watteau, Natoire, Jean-Baptiste Leprince, François Boucher,* des frères *Moreau,* de *Oudry, Greuze, Pater, Lépicié, Clodion, Prud'hon, Delacroix, Ingres, Isabey, C. Guys, Victor Hugo, Henri Monnier, François-Charles* et *Karl Daubigny* (père et fils), *Camille Pissaro, Maurice Feuillet;* une galerie est consacrée à *Hubert-Robert* et une autre à de *Saint-Aubin* (la cote de ce dernier artiste subit actuellement une très forte hausse).

Hollandais et Flamands : *Breughel l'Ancien, Jordaens, J. van Goyen, Jacob van Ruisdaël, Paulus Bril, A. van der Berghem, Adriaen van Ostade, Willem van Mieris, Dirk Maes, Albert Cuyp;* deux dessins attribués à *Rembrandt*.

Italiens et Espagnols : *Francesco Goya, Tiepolo, Corrège, Castiglione, Donato Creti, Pannini;* œuvres attribuées à *Léonard de Vinci,* au *Titien,* à *A.-F. Guardi.* — Plusieurs dessins anonymes français, flamands, italiens.

Le **musée lapidaire,** aménagé dans les communs du château (à g. dans la cour d'honneur), est réservé à l'archéologie régionale. — Au centre de la cour, une colonne spiralée de l'ancienne fontaine de l'abbaye de Saint-Victor se reflète dans un miroir d'eau bordé de dalles du quai romain. Autour sont disposés les vestiges de la cité antique : mur grec de l'enceinte de la colonie phocéenne, rempart de la cité romaine, dallage du forum, bornes milliaires, puits romain, colonnes, etc.

Préau du chapiteau grec (à dr. de la cour) : *chapiteau grec archaïque d'ordre ionique, de la fin du VIe s. av. J.-C., provenant probablement du temple d'Apollon élevé sur la butte Saint-Laurent; autels votifs d'époque romaine; sarcophage de Cœcilia Aprulla (1er s.), destiné à recevoir les cendres de Desaix; caisson funéraire à incinération (Ier s.); ciste à incinération en forme de dolmen; tombeau en tuiles (basse époque romaine); stèles à épigraphie grecque et latine.

Galerie de sculpture (à g. de la cour) : *stèles d'Artémis provenant du sanctuaire de la déesse, sur la butte Saint-Laurent (VIe s. av. J.-C.); *buste-portrait d'un notable marseillais du Ier s.; bustes-portraits du VIe s.; sarcophages païens importés d'Italie, trouvés dans la nécropole de saint Victor; tombeau de Pierre Libertat († 1597).

Salle de Roquepertuse : *portique du sanctuaire celto-ligure de Roquepertuse, près Rognac, décoré de crânes (IIIe-IIe s.); deux *statues de héros accroupis, Hermès bicéphale et frise de têtes de chevaux provenant du même sanctuaire; céramique importée provenant des oppida préromains.

CITÉ RADIEUSE

L'**avenue du Prado** continue jusqu'au grand rond-Point du Prado (plan d'ensemble D 6) d'où part, à dr., le **boulevard Michelet**.

A 1 200 m à dr. s'élève la célèbre **cité Radieuse** de *Le Corbusier*, « unité d'habitation » réunissant tous les services nécessaires à la vie quotidienne de 1 600 personnes.

Symbole des théories corbusiennes, l'unité d'habitation de Marseille a suscité de violentes polémiques (on l'appelait ici la « maison du fada ») et a demandé sept ans pour être achevée (1945-1952). Elle manifeste **l'essentiel des principes de l'architecte** depuis les pilotis jusqu'au toit-terrasse, en passant par la généralisation du brise-soleil qui donne aux façades une cadence très harmonieuse. Tous les **appartements** sont disposés **sur deux niveaux,** mettant en application l'échelle du **modulor** (c'est un système de proportions basées sur les proportions mêmes du corps humain : une silhouette d'homme debout, moulée dans le béton, au pied de l'édifice, le rappelle aux visiteurs), qui donne à l'ensemble, en dépit de ses imposantes dimensions (56 m de hauteur, 140 m de long et 24 m de large), une extraordinaire légèreté. Une **galerie marchande** et un **hôtel-restaurant,** aménagés aux sixième et septième étages, ainsi que des **équipements sociaux** (école, crèche) **et sportifs** (gymnase) installés sur la terrasse, donnent son autonomie à cet ensemble de 350 logements. Admirable à de nombreux égards, la cité radieuse ne semble en fait être admirée que pour sa seule beauté plastique et la formule qu'elle proposait n'a pas connu une grande diffusion : seules quatre autres unités d'habitation semblables ont été élevées, à Nantes-Rézé (1952-1957), Berlin (1957), Briey-en-Forêt (1955-1960) et Firminy (1968; cette dernière, posthume, fut réalisée par *André Wogenscky*, principal disciple de Le Corbusier).

Le boulevard Michelet aboutit au **Rond-point de Mazargues** où se dresse l'obélisque qui se trouvait jadis place Castellane, où elle a été remplacée par la fontaine Cantini. C'est aussi à Mazargues que se trouve aujourd'hui érigée la statue de Jeanne au Bûcher qui, jadis, s'élevait place Gambetta à Oran. Rappelons aussi que c'est à Mazargues que *Madame de Grignan* mourut de la petite vérole en 1705.

Au-delà de Mazargues, la route de Cassis laisse sur la dr. le **domaine de Luminy,** vaste de 200 ha, s'étendant à proximité des calanques de Sormiou et de Morgiou (V. it. 26 C; accès par l'autobus n° **24** depuis le centre-ville).
La moitié du domaine, cédé à l'Éducation nationale, est devenue le **Centre universitaire de Marseille-Luminy,** qui comprend de vastes bâtiments d'enseignement et une cité universitaire. Sur l'autre partie du domaine, la Chambre de Commerce et d'Industrie a installé une École supérieure de commerce et d'administration des entreprises, ainsi qu'une École d'ingénieurs et divers centres spécialisés. C'est aussi à Luminy que se trouvent, depuis 1967, la nouvelle École régionale des Beaux-Arts et une Unité pédagogique d'architecture, ce qui permet aux étudiants des beaux-arts de bénéficier des avantages du centre universitaire et de certains cours universitaires. Outre le Centre d'informatique et le Centre régional hospitalier de l'assistance publique, Luminy comporte des installations sportives, un théâtre de plein air et un Institut Régional d'éducation physique.
Toujours à Luminy, une Unité d'enseignement et de recherches des sciences de la mer associe étroitement un Centre d'études à la station océanographique d'Endoume.

Sur le Rond-Point du Prado s'ouvre l'entrée du **parc Amable Chanot,** situé entre le boulevard Rabateau et le boulevard Michelet, et qui englobe la patinoire olympique, le Palais des sports, la Maison de la Radio et de la Télévision, le nouveau Palais des Congrès et les installations de la Foire Internationale de Marseille.

Le nouveau **Palais des Congrès** (arch. *Coste* et *Raynaud;* décorateur, *J.-F. Raynaud*), édifié à l'emplacement de l'ancien musée des Colonies, a été conçu pour abriter les congrès et les séminaires les plus importants. Les superficies d'expositions ont été accrues et le palais doté de tous les perfectionnements : salles de réunions professionnelles, de réception, cabines de taduction simultanée; installations de téléphone, de cinéma, de télévision, plusieurs salles de commission, salle pour la presse, banque pour le change; la salle des congrès proprement dite compte 1 250 places; on y trouve aussi deux grands restaurants et de la vaste terrasse panoramique la vue sur la ville et la mer est superbe.

En bordure du parc Chanot, sur le boulevard Rabateau (au n° 30) a été inauguré en novembre 1968 le **Centre culturel Franz Mayor de Montricher** où ont lieu des expositions et des manifestations culturelles diverses.

A 2,8 km du rond-point du Prado, à l'angle du bd Romain-Rolland et du bd Icart, l'**église Saint-Maurice,** construite en 1961 par *Vivés,* est une intéressante construction, encore que l'originalité de ses formes semble peu compatible avec la gravité du service liturgique; sobres vitraux de *Henri Guérin;* Christ et Vierge de *Lech*.

L'avenue du Prado oblique nettement à g. et aboutit à la **place Castellane** (plan d'ensemble C 4) dont le centre est occupé par une fontaine monumentale exécutée en marbre d'*Allar* et qui fut offerte à la ville par le sculpteur *Cantini :* quatre groupes représentant la Mer et Amphitrite, la Source, le Rhône, le Torrent, entourent la base d'une haute colonne portant la statue de Marseille.

L'avenue du Prado est prolongée jusqu'à la Canebière par la rue de Rome (plan d'ensemble C 3), dont la perspective, prolongée par le cours Belsunce, aboutit à la Porte d'Aix (6 km en ligne droite de la Porte d'Aix à l'obélisque de Mazargues).

25 F - Notre-Dame de la Garde

*Accès. — **En voiture,** par la rue du Fort Notre-Dame, sur le quai Rive-Neuve, et le boulevard Notre-Dame; par **l'autobus n° 60** au départ du cours d'Estienne-d'Orves; **à pied,** par la rue du Fort Notre-Dame jusqu'au cours Pierre-Puget, où à g. en face de l'entrée du jardin Pierre-Puget on prend le boulevard André-Aune.*

La **basilique Notre-Dame de la Garde** (plan d'ensemble B 4) s'élève à 162 m d'altitude, sur un âpre piton calcaire. Construite par *Espérandieu* dans le style romano-byzantin et consacrée le 5 juin 1864, elle remplace la célèbre chapelle de ce nom qui datait de 1214 et avait été reconstruite en 1477. Le clocher, haut de 45 m, renfermant un bourdon de 8 234 kg, est surmonté d'une statue dorée de la Vierge, la *Bonne Mère* qui veille sur

NOTRE-DAME-DE-LA-GARDE

les Marseillais, haute de 9,70 m, par *Lesquesne* (1867, restaurée en 1963).

Tous les revêtements intérieurs sont en marbre blanc de Carrare alternant horizontalement avec le marbre rouge d'Afrique, ainsi que les soubassements, à l'exception des colonnes du transept, en marbre vert des Alpes. Les peintures murales sont de *Muller*, de l'école de Düsseldorf. Sur l'autel, statue en argent de la Vierge avec l'Enfant, par *Chanuel* (1837). Les murs sont couverts de nombreux et parfois curieux, mais toujours attachants, *ex-voto populaires. — La chapelle inférieure ou crypte renferme une Mater dolorosa, marbre par *Carpeaux*.

Le parvis de la basilique est établi à l'emplacement d'un ancien fortin bâti en 1526 sur l'ordre de François I*er*, à la suite du siège de Charles Quint. A l'un des angles du parvis se dresse la vigie qui signale les navires arrivant à Marseille. A côté, un belvédère, muni d'une table d'orientation, permet d'admirer une *vue plongeante saisissante sur le Vieux-Port et un vaste **panorama**.

Pour les Marseillais, Notre-Dame de la Garde est tout autant un lieu de culte que le symbole, par excellence, de l'identité de leur ville, voire de leur région. Pour un étranger s'installant en Provence, faire le pèlerinage est une manière de s'intégrer symboliquement à sa nouvelle région.

25 G — Le port

A hauteur du chevet de la cathédrale, dans l'axe de la place de l'Esplanade, une rampe donne accès aux vastes terrasses qui recouvrent la **gare maritime de la Joliette** (plan d'ensemble B 2), une des plus vastes d'Europe, terminée en 1953.

Sur la terrasse longitudinale, parallèle au quai de la Joliette et longue de plus de 500 m, où peuvent stationner les voitures, s'embranchent deux terrasses transversales, établies sur deux des môles. La plus vaste, au S. (à g. en regardant la mer), s'avance juste en face du **phare Sainte-Marie**, construit sur la grande jetée extérieure, parallèle au rivage. De l'extrémité de cette terrasse, on découvre une magnifique *vue d'ensemble sur le port moderne et la rade : à dr. sur les bassins échelonnés et sur la chaîne de l'Estaque, avec les nombreux viaducs du chemin de fer; à g. sur l'avant-port, les îles Ratonneau et Pomègues, le château d'If et le phare du Planier qu'on aperçoit entre le château d'If et la pointe du Pharo. C'est aussi le meilleur endroit pour assister au départ ou à l'arrivée des navires.

Visite : Les dimanches et jours fériés, la jetée du large est librement accessible au public par le pont d'Arenc.
La visite détaillée des installations portuaires ne peut se faire agréablement qu'en bateau : les départs ont lieu quai des Belges, sur le Vieux-Port; plusieurs bateaux proposent une visite combinée du château d'If et des bassins du port.

*L'aménagement des quais du port de Marseille ne fut entrepris qu'en 1520, puis poursuivi et accru aux XVII*e *et XVIII*e *s.; au XIX*e *s., le développement de la machine à vapeur, le percement du canal de Suez, la création de l'empire colonial qui multipliait les échanges, rendaient*

insuffisant le port naturel. Dès 1840, un nouveau port fut envisagé (après de longues polémiques, le projet d'extension vers le Nord l'emporta sur le projet vers le Sud, les Catalans et la pointe d'Endoume) et, par la suite, l'extension se poursuivit vers l'Estaque, puis au-delà de l'Estaque, et enfin au-delà de Fos.
La construction des bassins se fit alors à un rythme accéléré : le bassin de la Joliette en 1845, le bassin de Lazaret et d'Arenc en 1860, le bassin de la gare maritime et le bassin national en 1865, le bassin de la Pinède en 1900, le bassin du Président-Wilson en 1918 et en 1939 le bassin Mirabeau. En 100 ans, les quais avaient atteint une longueur de 26 km. A la dernière guerre, ce magnifique ensemble portuaire se trouva presque anéanti par l'explosion des 2 500 mines allemandes déposées de 25 m en 25 m sous les quais. Après 18 années de travail acharné, la reconstruction était terminée et l'extension du port reprise vers le Nord en même temps qu'on entreprenait la colossale réalisation du port de Fos.

Le port de Marseille se divise aujourd'hui en quatre zones : Marseille même; Lavéra, Caronte et Berre; Fos; Port-Saint-Louis-du-Rhône.
Le **port de Marseille** même (pour les autres, V. chap. 21), s'étend sur 8 km de long et comporte plus de 300 ha de plan d'eau aménagés en 6 grands bassins sans une seule écluse avec 130 postes à quai : le **bassin de la Grande Joliette**, prolongé par le **bassin du Lazaret** avec 30 ha de plan d'eau, 34 postes à quai sur 2 400 m de quais : le **bassin de la gare maritime**, 2 500 m de quais, 17 ha de plan d'eau, 2 darses parallèles, 1 darse à remorquer, 14 postes à quai; le **bassin national**, 40 ha de plan d'eau, 2 quais pour minéraliers, 1 quai pour oléagineux, 23 postes à quai; le **bassin de la Pinède**, 28 ha de plan d'eau, 21 postes à quai, 2 darses et un bassin aux pétroles; le **bassin du Président-Wilson,** 35 ha de plan d'eau, 22 postes à quai, 1 darse pour le trafic des longs courriers; le **bassin Mirabeau,** 30 ha de plan d'eau, 2 darses (darse S. pour les longs-courriers, darse E. abritant deux grandes formes de radoub et un dock flottant constituant ainsi l'ensemble de Mourrepiane).
On peut résumer ainsi en disant que les bassins méridionaux accueillent les navires d'Afrique du Nord, les primeurs et les fruits; que les bassins du centre assurent le trafic industriel et une partie des chantiers navals, et les bassins du Nord, les plus récents, situés à proximité des grands fonds, accueillent les navires au long-cours.
Au pied de l'Estaque, entre des terre-pleins de Mourrepiane et l'entrée du tunnel du Rove (inutilisable pour suite d'un éboulement), se trouvent les installations de **Saumaty,** nouveau port de pêche de Marseille. Le port, qui comporte deux darses d'une superficie totale de 91 500 m², avec 1 400 m de quais, peut abriter 180 chalutiers ou 110 chalutiers et 140 barquettes; il est entouré, entre autres, d'installations d'entretien et de réparation, d'usines et d'équipements frigorifiques permettant de traiter le produit de la pêche, et d'habitations pour les pêcheurs.

25 H - Le château d'If

Départ des bateaux quai des Belges, sur le Vieux-Port; trajet en 1 h 30 env., aller, visite et retour; visite du château payante. Certains bateaux proposent une visite combinée avec le port mais non avec les îles du Frioul, qui sont desservies par un service particulier.

Sortant du Vieux-Port, le bateau passe au pied du château du Pharo. On aperçoit bientôt le petit îlot de roc blanc et dénudé du Château d'If (long

LE CHÂTEAU D'IF

de 200 m; large de 168 m), et en arrière les **îles Ratonneau** (2 700 m de long, sur 100 à 600 de largeur) et **Pomègues** (2 500 m de long, sur 100 à 600 de large), réunies par la jetée du **port du Frioul**.

L'archipel du Frioul est, depuis 1974, l'objet de grands travaux visant à l'aménagement d'un centre permanent de loisirs; en voie d'achèvement, les travaux comportent la création d'un **village** de 17 ha (1 500 logements) construit sur les plans de *José Luis Sert*, l'aménagement d'un **port de plaisance** de 1 500 places, et celui d'un **parc maritime** de 185 ha (plus de 90 % de la superficie totale), zone protégée où seront tracés des sentiers d'accès aux principales criques et où l'on s'efforce de reboiser tous les secteurs favorables au développement de la végétation.

20 mn : Petit débarcadère du **château d'If.**
On pénètre par une rampe dans l'enceinte du fort, aujourd'hui déclassé, construit par François Ier en 1524, utilisé plus tard comme prison d'État et qui doit une grande part de sa célébrité au roman d'*Alexandre Dumas* : « Monte-Cristo ».
Les fortifications, intéressant spécimen de l'art militaire du XVIe s., comprennent une **enceinte bastionnée** élevée dans les dernières années du XVIe s., **sur les rochers du bord de l'eau**, et, **au milieu, un puissant réduit carré** flanqué de trois tours cylindriques dont les plates-formes sont aménagées pour l'artillerie : c'est le château bâti sous François Ier.
Le gardien montre dans le château : — au rez-de-chaussée, les cachots légendaires de l'*abbé Faria* et *d'Edmond Dantès*, les héros du roman de Dumas; dans la cour, puits et plaque commémorative des internés politiques morts au château d'If à la suite des événements de 1848-1851; plaque à la mémoire des 3 500 protestants condamnés aux galères, de 1545 à 1750; — sur l'escalier, à dr., le cachot des condamnés à mort, ceux des *abbés Perrette* et *Demazière;* — autour de la galerie de l'étage, les cachots bien aérés et donnant vue sur la mer, du *marquis de la Valette*, du *Masque de Fer*, de *Glandevès*, de *Niozelles* qui fut prisonnier six ans pour s'être présenté couvert devant Louis XIV, de *Mirabeau*, enfermé sur l'ordre de son père, de *Lahorue*, consul d'Espagne à Bayonne (à g., retrait où fut déposé le corps de Kléber en 1810) et du prince *Jean-Casimir de Pologne*.

De la terrasse du château, on découvre une vue superbe sur les îles et le port du Frioul, sur Marseille. Vers le large, on aperçoit, à 14 km S.-O., le **phare du Planier** (1 éclat blanc t. les 5") qui s'élève sur le rocher de ce nom. Détruit en 1944, il a été reconstruit par l'architecte *Arbus;* c'est une tour en pierre haute de 68 m, en forme de colonne surmontée d'un chapiteau dorique.

26 - Environs de Marseille

Limitant la cuvette où se développe la cité, trois chaînons montagneux, souvent dénudés, couverts çà et là de garrigue à chênes verts et pins d'Alep, donnent au pays de Marseille toute son originalité. C'est l'Estaque, au N., croupe pelée abritant du mistral une série de petites stations où fleurissent villas et guinguettes : Marseille et ses environs viennent ici, chaque week-end, goûter en famille aux joies de la plage. C'est le massif de l'Étoile, à l'E., où, sur les basses pentes, H.L.M. et grands immeubles prennent peu à peu la place des cabanons. Ce sont enfin la Marseilleveyre et le Puget, au S., projetant dans la mer leurs replis de calcaire : aux portes de la ville, loin de ses bruits, des gaz d'échappement, de son agitation, vingt kilomètres de côte sauvage entaillée d'admirables calanques où l'on ne vient qu'à pied ou en bateau.

Deux itinéraires routiers vous mèneront, ci-dessous, à la découverte des principaux sites de l'Estaque et de la chaîne de l'Étoile : compter une demi-journée pour chacun.
*Les **calanques** ne sont, quant à elles, accessibles qu'**à pied** : vous pourrez vous approcher des principales d'entre elles — mais ce sont les plus fréquentées — en voiture ou en autobus; pour une visite rapide, vous pourrez aussi prendre part à une excursion en bateau : nombreux services au départ de Marseille (quai des Belges) ou de Cassis. Pour les excursions plus solitaires, vous utiliserez le guide Marseilleveyre, Puget de Henry Imoucha, ou Les Calanques, des Goudes à Cassis (tous en vente notamment à la librairie Frezet, 8 rue Paradis, Marseille) et/ou la carte de l'I.G.N. au 1/15 000 (n° 269) qui reproduit les tracés des sentiers balisés par la section provençale du C.A.F. ou l'active Société des Excursionnistes Marseillais : à noter que cette association organise périodiquement des excursions gratuites ouvertes à tous les randonneurs; les programmes, dates, lieux et heures de rendez-vous sont annoncés dans la presse (au particulier dans Le mois à Marseille, publication de l'office de tourisme); renseignements complémentaires au siège de la Société, 33 allées Léon-Gambetta, Marseille, 1er (permanence t.l.j. en été, de 18 h à 20 h, sauf dim.).*

26 A - L'Estaque

Route : 31 km par la N 568 B et la D 5.

Quittez Marseille au N. par la voie rapide longeant le port de la Joliette (plan d'ensemble B 1) et, plus loin, les terre-pleins de Mourrepiane et l'anse de Saumaty.

L'ESTAQUE

9,5 km : à dr., **L'Estaque,** aujourd'hui faubourg industriel connu surtout pour ses tuileries, fut à la fin du siècle dernier et au début de notre siècle un des lieux privilégiés de la création artistique.

Cézanne *peignit le paysage de l'Estaque de nombreuses fois à partir de 1870 alors qu'il s'y était réfugié pendant la guerre en compagnie de Hortense Fiquet. Il y passe l'été en 1876 puis y fait de fréquents séjours de 1878 à 1882. En 1882, il y reçoit la visite de Monet et de Renoir et, l'année suivante, de Monticelli, avec qui il ira peindre dans les environs. La région de l'Estaque obsèdera longtemps Cézanne; il entreprend, abandonne, puis reprend ensuite avec passion de nombreuses toiles, essayant de donner à chaque paysage un poids, une durée dans l'espace.*
C'est à l'Estaque, l'année même de la mort de Cézanne, que Braque, *alors âgé de vingt-quatre ans, découvre pendant l'hiver 1906 le soleil et les tons exaltants, là même où le maître d'Aix, qu'il admirait, avait assis les bases de son art. Il y peint beaucoup et revient dans la région durant l'été 1907, puis en 1908 avec* Dufy, *et de nouveau seul pendant l'été 1910. La construction cézanienne l'a, dès 1907, orienté du fauvisme à une peinture moins colorée, plus structurée; l'influence de Picasso détermine la géométrisation des volumes. C'est devant les Maisons à l'Estaque, tableau exposé en novembre 1907 à la galerie Kahnweiler, que Matisse parlera de « petits cubes » et que le critique Louis Vauxcelles inventera le terme de « cubisme ».* Dufy *suit la même évolution que son ami mais il abandonne rapidement la construction géométrique pour une peinture plus sensible tandis que* Braque *approfondit de plus en plus son optique personnelle à partir d'une palette très réduite.* Derain *peignit également à l'Estaque en 1905 et 1906.*

11,5 km : la route passe au-dessus de l'entrée du **tunnel du Rove.**

Le tunnel maritime du Rove, par lequel le canal de Marseille au Rhône passe de la rade de Marseille dans l'étang de Berre sous la chaîne de L'Estaque, a 7 266 m de long. Mis en service en 1926 — ce fut à l'époque un des plus longs du monde — il est obstrué depuis 1963 par un éboulement et n'a pas encore été remis en état.

La route offre une belle vue sur la rade de Marseille, le port, les îles et le massif de la Marseilleveyre, puis s'engage dans un défilé rocheux remontant vers la crête de l'Estaque.
17 km : prenez à g. la D 5.
18,5 km : route à dr. desservant (**4,5** km; très fortes pentes) la jolie calanque de **Niolon.**
20,5 km : **Ensuès-la-Redonne** (1 699 hab.), dans un petit bassin abrité où l'on cultive la vigne et l'olivier.

➡ A 4 km S. par une route étroite et en forte pente, on peut descendre à la **Madrague-de-Gignac,** près d'une petite calanque étroite, ou (branche de g. de la route) à **La Redonne,** dans une calanque un peu plus large. De La Redonne, une petite route longeant le chemin de fer de l'Estaque conduit à (**1,5** km E) **Méjean,** au fond d'une autre calanque.

Par le vallon de l'Aigle, la route redescend vers la côte.
24,5 km : **Port du Rouet-Le Rouet-Plage,** station annexe de Carry.

27 km : Carry-le-Rouet (3 304 hab.), port de pêche et surtout de plaisance, petite station balnéaire très fréquentée (900 résid. secondaires sur 2 100 logements) par les Marseillais, encore pleine de charme (malgré la surprenante tour qui se dresse près du port...) avec ses villas plutôt cossues égrenées au pied de collines couvertes de pins. Une rue Don-Camillo y honore la mémoire de *Fernandel (Fernand Contandin, 1903-1971)*, qui avait ici sa villa et repose au cimetière. Église construite par *Pierre Vago* en 1950.

Longeant la côte, la route traverse ensuite une agglomération quasi continue de mas, mazets, bastidons, résidences et autres villas.

31 km : Sausset-les-Pins (2 205 hab.), un autre ancien port de pêche reconverti dans le week-end balnéaire, au milieu des pinèdes qui lui valent son nom (700 résidences secondaires sur 1 700 logements). Promenades aux calanques du Four-à-chaux et du Petit-Rousseau.

A 4 km N. par la route de Martigues, **Saint-Julien-les-Martigues** : un peu avant le hameau, à dr. de la route, chapelle Saint-Julien, où est encastré un bas-relief gallo-romain de 2 m sur 4 représentant neuf personnages et deux chevaux : il semble figurer la chasse d'Hippolyte et provient sans doute d'un mausolée.

Longeant encore la côte sur 2 km, la D 49 rejoint, à 6 km O. de Sausset, **La Couronne** (V. env. de Martigues, it. 21 B) : elle laisse à g. une petite route desservant les anses de Tamaris et de Sainte-Croix.

De Sausset, on peut rentrer rapidement à Marseille par la voie rapide de l'Estaque et la A 55 (36,5 km).

26 B - Allauch et la chaîne de l'Étoile

Route : Circuit de 57 km au N.-E., sur lequel s'embranchent plusieurs excursions pédestres.

Quittez le centre de Marseille par le boulevard de la Libération (plan d'ensemble C 2) et le bd des Chartreux, amorce de la route N 8 bis.

4,5 km : bifurquez à g. vers Château-Gombert.

9 km : Château-Gombert (140 m); perché sur les premières pentes de la chaîne de l'Étoile, c'est un de ces anciens villages aujourd'hui presque totalement intégrés à l'agglomération (et à la commune) marseillaise. « Presque » seulement : à l'heure où tant d'autres villages ne sont plus que des quartiers sans originalité de la cité dévoreuse d'espace, Château-Gombert conserve, avec son **musée d'Art provençal**, le précieux témoignage des époques passées.

Visite : payante, les sam., dim. et lundi, de 14 h à 18 h.

Installé dans une vaste maison particulière, le musée, créé par *Julien Pignol*, a ce côté un peu désuet, hétéroclite, mais profondément chaleureux que représentent les collections recueillies, une vie durant, par un

ALLAUCH

homme qui voulait garder, à l'usage des générations ultérieures, quelques images de la vie quotidienne de son village et de sa région à des époques plus ou moins récentes. Injustement méconnu de la grande masse des touristes, il est, pour beaucoup de Marseillais, le lieu où l'on vient, avec un brin de nostalgie, réveiller quelques souvenirs devant une cuisine ou une chambre provençale, revoir quelques costumes que l'on a peut-être connus sur le dos de ses grands-parents, revivre ou simplement imaginer toutes ces fêtes, défilés, pèlerinages dont témoignent, entre mille autres objets, des harnachements de parade pour la fête de Saint-Éloi ou des collections de bannières et de bâtons de pénitents.

L'**église** (XVIIIe s.) abrite quelques œuvres intéressantes : ***Résurrection de Lazare,** par *Finsonius;* Assomption de sainte Marthe et Franciscain devant la Vierge, par *Michel Serre;* Vocation de saint Mathieu, par *François Puget,* fils de Pierre Puget; buste en bois de saint Mathieu, par *Antoine Duparc.*

Chaque année, début juillet, festival international de Folklore, organisé par le *Roudelet Félibren.*

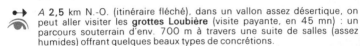

A **2,5** km N.-O. (itinéraire fléché), dans un vallon assez désertique, on peut aller visiter les **grottes Loubière** (visite payante, en 45 mn) : un parcours souterrain d'env. 700 m à travers une suite de salles (assez humides) offrant quelques beaux types de concrétions.

De Château-Gombert, descendez à **Plan de Cuques** *(2 km) où l'on coupe la grand'route pour prendre juste en face, la route qui remonte vers le vieil Allauch.*

13 km : **Allauch** (223 m; 11 149 hab.), autre vieux village devenu cité-dortoir : 70 % des Allaudiens travaillent à Marseille. Le bourg ancien, sur une petite terrasse au flanc du Garlaban, conserve une **église** des XVIe, XVIIe s., avec façade du XVIIIe s., renfermant un tableau de *Michel Serre* et une Assomption peinte par *Monticelli.* A g. de l'église, sur la place Pierre-Bellot, une demeure bourgeoise du XVIIIe s. abrite le S.I. et l'**Oustau d'Alau** **(musée du vieil Allauch;** ouv. mercr. et sam. de 15 h à 17 h, et dim. de 10 h à 12 h et de 15 h à 17 h). Sur l'esplanade Frédéric-Mistral subsistent quatre **moulins à vent** du XVIIe s.; l'un d'eux abrite en été, des expositions temporaires. Panorama sur l'agglomération marseillaise.

Le village occupait, à l'époque médiévale, le piton qui domine à l'E. le bourg actuel (montée à pied en 10 mn à peine) : on y voit quelques restes d'enceinte, dont une porte percée dans une tour carrée du XIIIe s.; la chapelle N.-D. du Château, reconstruite en 1859, occupe la place de l'ancienne église : messe de Minuit avec pastorale. **Panorama** étendu de l'Estaque (à l'O.) à la Sainte-Baume (à l'E.) avec échappée sur N.-D. de la Garde, les îles et une partie de la ville.

Par la « route du feu » (interdite aux voitures), partant au-dessus du cimetière, on peut monter en 2 h à la grotte dite **Baume Sourne** (c-à-d., sombre) et à la **Croix du Garlaban** (710 m) : vue immense dans toutes les directions, du Luberon aux Alpes de Haute-Provence et de la Sainte-Baume à l'étang de Berre, en passant par le Faron, La Ciotat, le massif de Saint-Cyr, le golfe et la ville de Marseille.

A **5** km S. d'Allauch par la D 4 A et une petite route à g., **Camoins-les-Bains,** petite agglomération dépendant de la commune de Marseille, possède un établissement thermal situé dans un repli de terrain, au milieu d'un parc. La source du Roi doit son nom à Charles IV, roi d'Espagne, qui, exilé à Mazargues, venait en boire les eaux (1811). Les eaux sulfureuses sont employées pour le traitement des maladies cutanées, du lymphatisme, de l'arthritisme, etc. Des Camions, ont peut éventuellement redescendre à (3 km) La Valentine d'où l'autoroute Est (A 52) ramène à Marseille.

Quittez Allauch par la D 4 A (entre le cimetière et le stade).
17 km : **Le Logis-Neuf**, où l'on croise à nouveau la N 8 bis pour continuer tout droit par la route de Mimet; celle-ci s'élève rapidement sur le flanc S. de la **chaîne de l'Étoile** (route étroite et sinueuse, en forte pente sur les deux derniers kilomètres).
23 km : **Notre-Dame-des-Anges** (525 m), chapelle et restes d'un ermitage.
25,5 km : **col de Sainte-Anne** (600 m) où l'on franchit la chaîne de l'Étoile à l'O. de son point culminant (Tête du Grand Puech; 781 m).

Du col, un bon chemin à l'O. puis un sentier (marques bleues) conduit en 30 mn au pied du **Pilon au Roi** (670 m), borne de calcaire organien dont l'escalade est difficile. — Plus loin, on traverse un petit défilé dolomitique puis l'on rejoint la crête pour atteindre successivement (1430) le signal de l'Étoile (626 m; env.), le sommet de l'Étoile (652 m) et enfin (2 h) la Grande Étoile (590 m) où se dresse le rééметteur de T.V. de la région marseillaise. De là, on peut redescendre soit par la route de service (7 km; interdite aux voitures) à Septèmes-les-Vallons, soit, par un sentier, jusqu'aux grottes Loubière.

La route descend vers le bassin industriel de Gardanne, hérissé de cheminées d'usines et de terrils.
28 km : **Mimet** (512 m; 1 532 hab.), village belvédère.
29,5 km : on rejoint la D 7, que l'on suit à dr. — **31,5** km : **Saint-Savournin**. — **34** km : **Cadolive**.
34,5 km : on rejoint la N. 8 bis : à dr. vers Marseille. Jusqu'au Logis-Neuf, beau parcours à travers une gorge boisée de pins. —
45 km : **Le Logis-Neuf**.
57 km : **Marseille**.

26 C - Les Calanques, la Marseilleveyre et le Puget

1 — Sormiou. En voiture, par l'av. de Mazargues et le chemin du Roi d'Espagne, jusqu'à La Cayolle.
De là (2,5 km à pied) en suivant la route du feu (interdite aux voitures), on monte au col de Sormiou (183 m) avant de redescendre vers la **calanque de Sormiou**, la plus vaste de toutes, qui abrite un petit port de pêche et possède une belle plage de sable fin. A l'extrémité O. de la calanque, dans les rochers du Bec de Sormiou, grotte marine du Capélan accessible en bateau (la piste en sous-bois — tracé noir — n'est praticable que par les randonneurs alpinistes).

2 — Morgiou. En voiture, par l'av. de Mazargues et le chemin de Morgiou : dépassez à g. les immenses **prisons** départementales **des Baumettes**, construites en 1937 et dont les murs sont ornés de bas-reliefs de

LA MARSEILLEVEYRE

Sartorio représentant... les sept péchés capitaux! On quitte la voiture 300 m plus loin (parking) et l'on suit la route du feu qui, après avoir passé un petit col, descend en 3 km env. à la **calanque de Morgiou** où se nichent, comme dans la précédente, quelques cabanons de pêcheurs. La calanque est abritée au S. par le Cap Morgiou, qui porte les ruines d'un fortin du XVIIe s.

À l'E. de Morgiou s'ouvre la **calanque de Sugiton,** accessible par le GR 98 b (randonneurs expérimentés) ou, beaucoup plus facilement, par la route de Cassis et le domaine de Luminy : de là, laissant sur la g. l'École d'Art et d'Architecture, on suit un chemin d'exploitation, non balisé, qui rejoint le GR 98 a peu avant le col de Sugiton; 500 m après le col, bifurcation : le chemin de dr. descend vers Sugiton, celui de g. vient dominer l'anse dite **calanque des Pierres Tombées** en rejoignant le sentier (marques rouges) qui passe au pied de la Grande Candelle (très difficile au-delà de la Calanque).

Vers l'O., le GR 98 escalade le cap Morgiou dont il suit un moment l'arête et rejoint Sormiou (randonneurs expérimentés).

◆→ **3 — La côte de la Marseilleveyre.** En voiture par la plage du Prado, la Madrague de Montredon et les Goudes, jusqu'au terminus de la route à la **calanque de Callelongue**. De là, par l'ancien sentier des douaniers (GR 98 b; facile) qui suit la côte, desservant successivement les **calanques de la Moumine, de Marseilleveyre, des Queyrons, du Podestat**, puis, d'un peu plus loin, celle **de l'Escu, l'anse de la Melette** et la **calanque de Cortiou** (près de laquelle le débouché des égouts de la ville fait une belle tache grise dans la mer!); on rejoint le col de Cortiou et, peu après celui de Sormiou (V. ci-dessus, **1**).

◆→ **4 — Massif de la Marseilleveyre.** Incomparable école d'escalade, réunissant sur une petite échelle tous les accidents de la haute montagne avec leurs divers degrés de difficulté, le massif reste assez **facilement accessible aux simples promeneurs**. Son nom, attesté au XIVe s. sous la forme *Masselha veyra*, semble dériver du latin *vigilia* : un poste de vigie a effectivement existé, dès l'époque pré-romaine, au sommet (435 m); on a, de là, un ✱**panorama** étendu sur Marseille, la baie, les îles, le delta du Rhône, la chaîne de l'Étoile, le Garlaban, les Alpes, la Sainte-Baume, le littoral jusqu'au Bec de l'Aigle, le cap Sicié.

En voiture, par la plage du Prado et, moins d'un km après le port de plaisance de la Pointe Rouge, le bd de la Grotte-Roland à g., puis le bd de Marseilleveyre. De là, en suivant les marques noires, on atteint assez facilement la grotte, ou **baume Roland**, long couloir de plus de 100 m aboutissant à une salle spacieuse dite... salle du Trésor. 300 m plus loin bifurque à dr. un des sentiers (marques jaunes) accédant au sommet de la Marseilleveyre (pour randonneurs expérimentés) : les promeneurs peuvent continuer à suivre les marques noires pour atteindre le lieu, — totalement dénudé — dit **bois de la Selle** : en suivant les marques jaunes (ou vertes) on peut alors monter au **col de la Selle** où se séparent les sentiers : par les marques jaunes, on rejoint directement la **calanque de Callelongue,** terminus de la route; par les marques vertes, on descend dans le grand Malvallon qui rejoint, au-dessus de la **calanque de Marseilleveyre**, le sentier des douaniers (décrit ci-dessus, **3**).

◆→ **5 — Massif du Puget.** Plus abrupt et plus sauvage que la Marseilleveyre, il est surtout remarquable par les falaises à pic de son versant S. (Grande Candelle, Devanson, l'Oule).

Pour les promeneurs, un beau circuit, un peu long mais facile. De Marseille, par la route de Cassis et la **route forestière du col de la Gardiole** (259 m; parking; V. it. 28 B, km 18) où on laisse la voiture; de là, on suit à dr. le chemin d'exploitation qu'emprunte un moment le GR 98 a. Par le plateau du Plan Perdu on atteint le haut du vallon de la Candelle, dominé à dr. par le **mont Puget** (564 m) puis le refuge du **Cap Gros**. De là, en suivant au S.-E. les marques vertes, on longe la crête des *****falaises du Devanson** : *****vues** superbes sur les calanques du Devenson, de l'Eissadon et de l'Oule.

Le sentier descend dans le **vallon de l'Oule** (laissant sur la dr. un accès difficile à la calanque elle-même) qu'il remonte jusqu'au **col de l'Oule** : on peut alors soit regagner la maison forestière de la Gardiole (marques brunes) puis le col de la Gardiole (marques rouges et vertes), soit continuer jusqu'à Cassis par En-Vau, Port-Pin et Port-Miou en suivant toujours les marques vertes.

●→ **6 — **En-Vau.** La plus célèbre et la plus grandiose de toutes les calanques : un bon chemin, desservant en même temps celles de Port-Miou et de Port-Pin (cette dernière est également l'une des plus belles), y conduit en 1 h 30 depuis Cassis. De Marseille, on peut s'y rendre également par la route de Cassis et la route forestière du col de la Gardiole (V. it. 28 B, km 18) à 240 m d'alt., où il faut abandonner la voiture. De là, en continuant par la 2ᵉ route forestière à dr., (marques rouges et vertes) on atteint la maison forestière de la Gardiole puis l'on descend dans le *****vallon d'En-Vau,** magnifique gorge boisée, hérissée de nombreuses aiguilles, qui débouche au fond de la calanque.

27 - La Sainte-Baume

Qu'elles soient ou non qualifiées de saintes, les montagnes de Provence semblent toujours porter, dans le cœur des Provençaux, l'aura de ces lieux privilégiés où, loin du quotidien, l'homme enfin retrouve la marque des forces du monde. D'un Ventoux écrasant de puissance à une Sainte-Victoire que l'on escalade davantage en pèlerin qu'en alpiniste, d'Alpilles peuplées de fées à une Montagne de Lure baignée de la lumière pure des champs célestes — sans parler de Vaucluse et du Luberon avec leurs sortilèges —, c'est toujours le même regard empreint de mysticisme, le même élan à parer de spiritualité un monument de la nature. La Sainte-Baume ne pouvait faire exception à la règle. A cinq cents mètres au-dessus de la campagne environnante, dominant un ensemble de rocs le plus souvent pelés et de cimes caillouteuses à peine couvertes d'une maigre garrigue, voici un plateau-oasis, aussi vert et frais qu'une vallée jurassienne; voici une véritable forêt druidique, la plus étonnante de France sans doute, où croissent ensemble hêtres et sycomores, ifs, chênes et tilleuls, émergeant d'un semis de fleurs rares; voici une falaise, longue crête d'or dressée vers le ciel, au pied de laquelle se niche la *baume* sainte, cette grotte alibi du nom, où Marie-Madeleine la pêcheresse serait venue faire pénitence... A deux pas de la ville millionnaire en habitants, étouffée par la circulation, voici surtout le plus vaste de ses parcs publics, une revigorante réserve d'oxygène.

Ce qu'il faut savoir

Le **massif de la Sainte-Baume,** situé à la limite des Bouches-du-Rhône et du Var, dresse sa crête rocheuse à l'altitude moyenne de 1 000 m sur une longueur de 12 km. Entre Marseille et Brignoles, il est entouré par les bassins de l'Argens, du Gapeau et de l'Huveaune.
Sur le plan géologique, il apppartient au plissement pyrénéo-provençal et le crétacé y est particulièrement représenté. Son orientation actuelle, qui va de l'O.-S.-O. à l'E.-N.-E., est due à un important plissement anticlinal qui, au Miocène, fit émerger les principaux sommets de la région.
Le massif se présente sous la forme d'un **plateau,** s'étendant à l'altitude moyenne de 700 m, le **Plan d'Aups,** flanqué sur son rebord méridional d'une arête rocheuse aux strates violemment redressées dont le versant N. tombe sur le plateau par une falaise à pic, tandis que le versant S. présente une pente relativement accessible.

La conjonction de **particularités géologiques et climatiques** a permis l'établissement, sur le plateau d'une belle et célèbre **forêt**, depuis longtemps protégée. Celle qui couvre les flancs N. et O. du massif a donné, un temps, matière à exploitation, tandis que, sur les pentes S. et E., couvertes d'une lande à végétation rare, et sur les chaumes du Plan d'Aups, prospérait l'élevage ovin.

Une **activité annexe**, qui fut florissante jusqu'à la fin du XIXe s. et dont on trouve encore des vestiges, fut la **fabrication de la glace** dans d'immenses fosses couvertes ou des cavités protégées par des constructions en pierre sèche surmontées d'un dôme. L'exploitation de ces glacières était soumise à un certain nombre d'obligations, celles notamment de ravitailler les agglomérations de Marseille et de Toulon, grosses consommatrices de glace en période estivale. Les blocs étaient convoyés par des charretiers au petit matin.

*Comptez **une demi-journée** pour vous rendre de Marseille à Saint-Maximin par la Sainte-Baume (it. 27 A); la brièveté du chemin (65 km) vous permettra d'abandonner un peu la voiture pour faire deux très belles promenades — l'une dans le parc départemental de Saint-Pons, l'autre dans la forêt de la Sainte-Baume — propres à éveiller en vous une vocation de botaniste. Le massif de la Sainte-Baume est du reste sillonné de **sentiers balisés** (dont le GR 9), généralement faciles : vous en trouverez le détail, avec toutes les indications nécessaires, et une carte reproduisant en couleurs les balisages, dans le Guide des Excursions de la Sainte-Baume, par Henry Imoucha.*

27 A - De Marseille à Saint-Maximin par la Sainte-Baume

Route : 65 km. Autoroute A 52 jusqu'à Aubagne, puis D 2 (dans les B.-d.-R.) — D 80 (dans le Var) de là à la Sainte-Baume, D 80 et N 560 ensuite.

Quittez Marseille par l'autoroute Est (A 52)
16 km : bifurcation A 52 (Auriol) B 52 (Toulon) : prenez l'A 52 et sortez immédiatement après (sortie : Aubagne).
17,5 km : **Aubagne** (102 m; 33 601 hab.), patrie de *Marcel Pagnol* (1895), au fond d'une cuvette argileuse (d'où ses vieilles tuileries) resserrée entre des pentes calcaires et dont routes et voies ferrées ne s'échappent que par de laborieuses sinuosités ou un tunnel; terrain exigu mais fertile où les cultures maraîchères reculent de jour en jour devant l'urbanisation : coincée entre trois autoroutes, Aubagne, où fleurirent un temps les cabanons, n'est plus guère qu'une ville-dortoir de la banlieue marseillaise.

De la place Foch, centre de l'agglomération, des ruelles escarpées montent dans le vieux quartier où subsistent quelques vestiges des remparts. L'église, de 1346, a été revoûtée d'ogives au XVIIe s.

C'est à Aubagne, au camp de la Demande, qu'a été réinstallé en 1962 le quartier général de la **Légion Étrangère**; en arrière du monument aux morts, rapatrié de Sidi bel-Abbès, un petit musée retrace l'histoire de la Légion (t.l.j. sauf lundi et vendredi matin).

D'Aubagne, suivez la direction de Gémenos (D 2).

AUBAGNE — SAINT-PONS

22,5 km : **Gémenos** (150 m; 3 029 hab.), au pied des contreforts occidentaux du massif de la Sainte-Baume; la mairie occupe l'ancien château des marquis d'Albertas, bâti vers 1 700 (belle rampe d'escalier en fer forgé). La route remonte le verdoyant vallon de Saint-Pons.

25,5 km : ***parc départemental de Saint-Pons,** aux magnifiques ombrages dont la fraîcheur est entretenue par les eaux vives de la source du Fauge qui forme une belle cascade.

Le parc est l'ancien domaine de l'**abbaye** de moniales cisterciennes de Saint-Pons-de-Gémenos, fondée en 1205 et abandonnée en 1407, dont il ne reste que l'église : celle-ci, encore romane, se présente sous la forme d'une longue et étroite nef qui n'est en fait que le bas-côté S. d'une église beaucoup plus grande... qui ne fut jamais réalisée; à côté, entourant l'emplacement du cloître, subsistent l'hôtellerie (très remaniée) et, à l'opposé, les restes de la salle capitulaire.
Plus haut dans le vallon, joli site du Gourg de l'Oule, puis cirque des Crides où la grotte de la Tournecrache, après les pluies, une partie des eaux qui s'infiltrent sur le plateau de la Sainte-Baume; sangliers en semi-liberté. Grande fête de saint Éloi le dernier lundi de juillet.

Peu après le parc, la montagne perd son aspect riant; longue montée, par d'incessants virages, dans un cirque pelé et sec.
32,5 km : **col de l'Espigoulier** (728 m), entre la Tête de Roussargue (749 m; à g.) et la Roque-Forcade (956 m; à dr.).
37,5 km : **La Coutronne**, à la jonction de la route d'Auriol.
41 km : **Plan d'Aups** (700 m; 213 hab.), hameau dispersé, à l'extrémité O. du plateau du même nom, et modeste station climatique. Sur le chambranle du porche de la petite église romane (XIIe s.), dalle avec inscription romaine de l'époque des Antonins.

44 km : **hôtellerie de la Sainte-Baume,** ancien couvent de dominicains, auj. occupé par une petite communauté de religieux et de laïcs qui en on fait le **Centre International de la Sainte-Baume,** foyer culturel et spirituel ouvert à tous (groupes ou individuels) pour des stages, des séminaires, rencontres, etc. (Concerts et manifestations culturelles diverses en été.

Selon la tradition, c'est dans une grotte (= baume) voisine que Marie-Madeleine, après son arrivée en Provence avec sa sœur Marthe, son frère Lazare et d'autres saints (V. it. 19 A, km 38), vint se retirer pour faire pénitence. Elle aurait, dit la légende, vécu là trente années avant d'être, à la veille de sa mort, transportée par les anges à Saint-Maximin (V. it. 31 B) où elle fut inhumée.
Plus tard, des anachorètes s'installèrent dans les environs et, au Ve s., Jean Cassien, le fondateur de l'abbaye Saint-Victor de Marseille, établit là une petite communauté monastique qui disparut lors des invasions barbares. La renaissance du culte de la sainte, à son tombeau de Saint-Maximin, fit au XIIIe s. sortir la grotte de l'oubli : elle devint rapidement un pèlerinage célèbre et, en 1295, les dominicains y établirent un couvent. La grotte et le couvent étaient fortifiés. Des rois, des papes (huit, dit-on) y vinrent en pèlerinage. Louis XI, encore dauphin, fit construire dans la grotte un baldaquin pour abriter l'autel de l'eau qui suintait de la

voûte; plus tard François Ier fit placer à l'entrée sa propre statue ainsi que celle de sa mère. La révolution chassa les religieux..
C'est à l'instigation du père Lacordaire *qu'en 1844 renaquit la vie spirituelle. S'éloignant un peu de la grotte, remise en état en 1822, les dominicains se réinstallèrent en 1859 dans un nouveau couvent (l'actuelle hôtellerie), construit au milieu du plateau. Ils en furent chassés en 1904 et c'est en 1968 que le père* Philippe Maillard *y créa l'actuel centre communautaire.*

La **chapelle** a été aménagée par le peintre *Thomas Gleb* (1970), qui l'a ornée d'une belle **tapisserie**. Sur la façade N. de l'hôtellerie, plaque du CAF indiquant la durée des principales excursions et la couleur des jalons.

La grotte et le Saint-Pilon (sentiers faciles; 45 mn jusqu'à la grotte, à 1,7 km de l'hôtellerie, 1 h 30 jusqu'au Saint-Pilon; 2 h 30 aller et retour).
— Derrière l'hôtellerie on prend le sentier qui se dirige droit vers la forêt (marques rouges et blanches du GR 9) et s'élève bientôt sous une magnifique futaie de hêtres.

La ***forêt de la Sainte-Baume** (138 ha) se compose surtout de hêtres, dont quelques-uns ont un aspect particulièrement majestueux; elle offre un boisement tout à fait inattendu sous cette latitude et dans le climat méditerranéen : elle doit en fait son existence à la présence de l'immense falaise qui, la dominant au S., tempère les ardeurs du soleil. Sa présence reste, cependant, un « miracle botanique » : la forêt ne se reproduit que difficilement et ne survit que grâce à la protection que, depuis deux mille ans, lui apporte la « sainteté » des lieux; papes et rois ont toujours interdit d'en couper les arbres et l'administration a, par la suite, respecté ces interdictions. Du milieu de ses rochers, couverts de ronces, de scolopendres, de capillaires et de fougères s'élancent ainsi des arbres de hautes futaies, aux troncs parfois multiséculaires. Accompagnant les hêtres, érables, tilleuls, chênes blancs, ormes, cornouillers, frênes, peupliers, trembles, ifs, sycomores, nerpruns, pins sylvestres, entrelacent leurs branches en une voûte par endroits impénétrable aux rayons du soleil.
Les botanistes y retrouveront (mais sauront les admirer sans les cueillir) une grande variété de plantes et de fleurs du Nord et du Midi, telles que la grande thymélie, vrai gazon des officines, l'hémionite, l'osmonde, le lis, le narcisse, la verge d'or, la bétoine, la véronique, la scabieuse, le sureau, l'hiébel, la belladone, la petite livèche, la petite coquette, le sceau de Salomon, la mercuriale des montagnes, le globulaire, l'anémone, la violette, le cytise, l'émerus, l'orhis et bien d'autres variétés peu courantes.
20 mn : carrefour du Canapé (802 m) : prenez à g.
30 mn : carrefour de l'Oratoire (835 m) : prenez à dr. pour monter le chemin jalonné d'**oratoires** élevés en 1516 par *Jean Ferrier,* archevêque d'Arles (restaurés en 1937). On atteint bientôt le pied de la falaise où un escalier de 150 marches monte à la terrasse de la grotte.
45 mn : la **grotte de Sainte-Marie-Madeleine,** ou **Sainte-Baume,** s'ouvre au pied d'un formidable escarpement, à 886 m d'alt., face au N., sur une terrasse d'où l'on a une très belle vue sur la forêt, le Plan d'Aups et, au-delà, l'Aurélien et la Sainte-Victoire.
Derrière le maître-autel, quelques marches montent à une petite terrasse dite lieu de Pénitence : la **statue** en marbre blanc **de Marie-Madeleine,** œuvre de *Ch. Fossaty* (fin du XVIIIe s.), est en réalité l'une des quatres pleureuses qu'avait fait sculpter le comte de Valbelle pour son tombeau à la chartreuse de Montrieux; Mlle Clairon, célèbre comédienne, avait servi, dit-on, de modèle. Au fond de la grotte, à dr., une source jaillit près de l'autel du Rosaire que surmonte une Vierge en marbre blanc du XVIIIe s.
Jusqu'au XIXe s., c'était, dans toute la Basse-Provence, un usage très répandu de monter à la Sainte-Baume, à la lanterne, dans la nuit de Noël.

GROTTE DE LA SAINTE-BAUME — SAINT-PILON

Aujourd'hui, les pèlerinages ont surtout lieu lors de la fête de Marie-Madeleine (21-22 juillet).

Pour aller au Saint-Pilon, on peut redescendre au carrefour de l'Oratoire et prendre alors à dr. le GR 9 (montée en 30 mn). Si vous n'êtes pas trop sujet au vertige, il est plus intéressant (et un peu plus long) de prendre, au pied de l'escalier, le sentier (marques brunes) qui atteint la crête de la falaise au Pas de la Cabre (945 m); de là, suivre à l'E. les marques rouges.

Le **Saint-Pilon** (998 m) est un piton portant une chapelle, auj. dépouillée, élevée sur un sol semé de pierres. Elle avait été autrefois revêtue de marbres et de sculptures par *Éléonore de Bergues*, princesse de Sedan, et par son fils le cardinal de Bouillon. Cette chapelle a remplacé la colonne — ou pilon — primitivement érigée à cet endroit : c'est là en effet que, d'après la légende, la sainte en extase était transportée sept fois par jour par les anges pour se livrer à la prière... L'endroit offre une ***vue** admirable (table d'orientation du TCF). A 60 m S. de la chapelle, **gouffre Gaspard de Besse**, étroit boyau oblique accessible sur une vingtaine de mètres. Pour redescendre, on peut continuer à suivre la crête sur 150 m env., jusqu'au col du Saint-Pilon (950 m), d'où l'on descend au N. par un sentier en lacet. Après la chapelle des Parisiens (XVIIe s.), on atteint le carrefour de l'Oratoire, où l'on reprend le chemin de l'aller.

Autres promenades à pied : 1 — La grotte aux Œufs (25 mn aller, depuis la grotte de Sainte-Marie-Madeleine). — Au pied de l'escalier de la grotte, suivez à g. les marques vertes; laissant à g. le Pas de la Cabre (V. ci-dessus) on continue à longer les falaises jusqu'à la **grotte aux Œufs**, haute fissure dans le calcaire turonien, longue de 40 m env., dont les parois présentent une granulation boursouflée qui est sans doute à l'origine de son nom. Le retour peut s'effectuer en suivant toujours les marques vertes jusqu'à Giniez où l'on prend alors vers l'E. (marques jaunes) pour regagner l'hôtellerie.

2 — Crêtes des Béguines et glacières de Fontfrège (5 h aller et retour). — Du col du Saint-Pilon, on suit à l'E. la **crête rectiligne de la falaise** (GR 9) : très belle promenade, quasi aérienne. On passe successivement au **Baù des Béguines**, au Jouc de l'Aigle ou **Croix des Béguines** (1 116 m; caverne sur la face S. et petit aven) et, **30 mn plus à l'E.**, au **signal des Béguines** ou de la Sainte-Baume (1 147 m), culmen de la chaîne; autre gouffre à 10 mn O.). La crête s'abaisse rapidement, passe **(2 h 45)** au **Pas de l'Aï** (1 071 m) d'où, par un sentier non jalonné, on descend au **(3 h 15)** col des glacières (1 010 m) et aux **glacières** abandonnées **de Fontfrège**. De là, on rejoint rapidement la route de Mazaugues, à 6 km E. de l'hôtellerie.

3 — Partie O. des crêtes. — Du Pas de la Cabre, à l'O., par les marques rouges, ou du pied de l'escalier de la grotte par les marques vertes (puis bleues en haut de la falaise) : les deux sentiers longent sensiblement la crête jusqu'au **pic de Bertagne** (1 041 m) puis descendent ensuite au S. pour rejoindre, au col de l'Ange, la route N 8.

4 — Sources de l'Huveaune (30 mn N. aller; facile). — La rivière, qui naquit, dit la légende, des pleurs versés par Marie-Madeleine, jaillit à quelques centaines de mètres de l'hôtellerie, à g. de la route de Nans (ci-après).

5 — Descente vers Toulon par le GR 9. — Du col du Saint-Pilon jusqu'au Pas de l'Aï, V. ci-dessus, 2. Le sentier descend ensuite au S.-E. vers le **château de Font-Mauresque**, traverse le vallon de Latay, remonte à la ferme de Taillane et passe un petit col entre le Mourré-d'Agnis (915 m) au N.-E., et le Pédimbert (847 m), au S.-O., avant de redescendre à **Signes**

(4 h 30 à 5 h de l'hôtellerie; V. it. 28 B, km 40, it. La Ciotat-Méounes au km 28,5).

6 — Le flanc S. du massif (descente sur Cuges-les-Pins). — Du col du Saint-Pilon on suit les marques vertes; le sentier descend droit sur le Pied-de-la-Colle d'où, par une petite route, on rejoint **Riboux**, l'une des plus petites communes de France (18 hab.; le centre communal est marqué par quelques maisons, un puits et une chapelle). De là, par le vallon de la Serre, on gagne (4 h de l'hôtellerie) **Cuges-les-Pins** (V. it. 28 A, km 30,5).

De la Sainte-Baume à La Roquebrussanne (28 km E. par la D 95 et la D 64). Très joli parcours à travers des montagnes sauvages où les pinèdes s'accrochent aux rochers calcaires.

16 km : Mazaugues (420 m; 331 hab.), village cultivant une petite dépression fertile; vignobles. Le village conserve quelques-unes de ces constructions cylindriques qui, jusqu'à la fin du XIXe s. servaient de glacières naturelles.

Apprécié des Romains, l'usage de la glace avait à peu près disparu en France et n'y fut réintroduit que vers le milieu du XVIIe s. par les Italiens. On entassait alors la neige et la glace hivernales dans des cavités, bien protégées de la chaleur, où la glace pouvait se conserver tard dans la saison. Le débit de la glace était un privilège : il fut accordé, pour la Provence, par Anne d'Autriche (1648) à Magdeleine de Gaillard, épouse de Gaspard de Venel, conseiller au Parlement d'Aix, gouvernante de Laure Mancini.

De Mazaugues, par la D 64, on peut gagner (22 km) **La Roquebrussanne** *(V. it. 30 A, km 35) ou, en continuant à suivre la D 95, descendre plus directement sur (32 km)* **Brignoles** *(V. it. 30 B).*

Suite de la route de Saint-Maximin. — Un kilomètre après l'hôtellerie de la Sainte-Baume, prenez à g. la D 80.
53 km : **Nans-les-Pins** (430 m; 953 hab.), joli village et petite station estivale au milieu... des pins (et des vignes). Ruines d'un château.

Au S.-E. du village (30 mn à pied), source intermittente de la Grande Foux, qui donne naissance au Cauron; elle est alimentée par les eaux qui s'infiltrent sur le plateau et jaillit d'une grotte (36 m de long) terminée par un gouffre (20 m) au fond duquel l'eau dort.

La route descend face au mont Aurélien (875 m).
56 km : carrefour du **Logis de Nans** (365 m), où l'on prend la N 560 vers Saint-Maximin.

La route de Brignoles (D 1), à dr. passe à (4 km du carrefour) **Rougiers** (320 m; 504 hab.), joli village qui illustre très bien le phénomène du « déperchement ».

Sur les collines qui, à 600 m d'alt., dominent au S. le village actuel, s'établit, vers 1150, la castrum de Saint-Jean, peut-être héritier lui-même du petit oppidum du Piégu (1,5 km à l'O.); village fortifié dont subsistent les ruines du château (donjon carré conservé sur plus de 10 m de haut, tours rondes en semi-circulaires ouvertes à la gorge) et où l'on a construit en 1860 une petite chapelle de pèlerinage à Saint-Jean-Baptiste, Saint-Jean fut partiellement abandonné en 1250 au profit de Vieux-Rougiers, au pied des collines. Après une période de réoccupation intense, à partir du milieu du XIVe s. (la peste noire, qui a fait passer

SAINT-ZACHARIE

la population de 34 à 13 feux, et les dévastations des Grandes Compagnies expliquent ce repli) Saint-Jean fut définitivement abandonné au profit de Rougiers, nouveau village établi dans la plaine en 1424.

A **Vieux-Rougiers**, chapelle de N.-D. du Pays-Haut, renfermant un retable de la Vie de saint Honorat (1556). Dans le village bas, une maison conserve ses fenêtres Renaissance.

63 km : au bord de la route, le **Petit Pilon** est une colonne en pierre du XVe s. surmontée d'un groupe sculpté figurant Marie-Madeleine transportée par les anges.

65 km : Saint-Maximin-la-Sainte-Baume, V. it. 31 B.

27 B - De Saint-Maximin à Marseille par la vallée de l'Huveaune

Route : 54,5 km par la N 560, la N 96 et l'autoroute A 52.

Quittez Saint-Maximin par la route décrite ci-dessus, it. 27 A, du km 65 au km 56.

9 km : carrefour du **Logis-de-Nans,** où l'on continue par la N 560.

17 km : **Saint-Zacharie** (268 m ; 1 532 hab.), dans la haute vallée de l'Huveaune ; quelques ateliers y entretiennent la tradition de la poterie.

Dans l'**église**, d'origine romane (très remaniée), on vénère « lou San Sabatoun », la sainte savate : la légende affirme qu'elle appartint à la Vierge.

Au N. de Saint-Zacharie, la D 85-D 12 conduit à (**14** km) **Trets,** dans le bassin de l'Arc (V. it. 31 A, variante du km 8,5), en franchissant au Pas de la Couelle (500 m) la petite **montagne du Regagnas,** contrefort O. de l'Aurélien. A pied, on peut rejoindre Trets (3 h) en suivant le GR 9 qui franchit la montagne à l'**oratoire de Saint-Jean-du-Puy** (658 m ; très belle **vue ;** une route forestière de 3 km relie l'oratoire à la D 12).

Au S. de Saint-Zacharie, le GR 9 suit d'abord la rive g. de l'Huveaune vers l'E. jusqu'à l'auberge de la Grande-Foux, d'où, en suivant à dr. le chemin qui monte régulièrement pour rejoindre le vieux chemin de Nans, on atteint la D 280 ; côtoyant Nans, on remonte un vallon qui, par un sentier, s'élève pour rattraper la D 80, peu avant l'hôtellerie de la Sainte-Baume (2 h 55).

La route descend la vallée de l'Huveaune ; les constructions s'y multiplient, annonçant l'approche de Marseille.

23 km : à moins d'être pressé, laissez, droit devant, l'entrée de l'autoroute, pour prendre à dr. vers Auriol.

24 km : **Auriol** (196 m ; 3 278 hab.) aujourd'hui bourg industriel, jadis renommé pour ses cultures de « saboulas », ou plants d'oignons.

Sur la place Sainte-Barbe, beffroi des XVIIe-XVIIIe s. ; de là, des ruelles montent à g. aux ruines de l'ancien château, sur la plateforme dite du Pâti-d'Amour, et au Dugou, roche à silhouette de moine encapuchonné. Vestiges de fortifications, notamment la tour de l'Horloge (1564), près de la mairie.

➡ D'Auriol, la D 45 A monte au S. à la Sainte-Baume, rejoignant à (12 km) la Coutronne la route de Gémenos (ci-dessus 27 A, km 32,5) : beau parcours. Un sentier (marques rouges), suit sensiblement le même chemin : comptez 3 h d'Auriol à l'hôtellerie de la Sainte-Baume.

26 km : on rejoint la N 96 (prenez à g.) qui s'engage peu après dans le petit **défilé de Saint-Vincent** où l'Huveaune se fraye un passage entre le massif du Garlaban et celui de la Sainte-Baume.
28 km : **Roquevaire** (160 m ; 5 042 hab.), dont les abricots et les figues avaient jadis belle réputation ; *Ch. Maurras* raconte que, dans les boîtes de figues sèches, on prenait soin de mettre une immortelle sur chaque fruit...

Point de départ d'un sentier (marques rouges) pour la Sainte-Baume par les crêtes de Basson, la Tête de Roussargue et la route montant d'Auriol.
A **1,5** km O. de Roquevaire, **Lascours,** hameau au pied du Gaslaban à proximité, grottes des Rato-Pennados (des chauve-souris ; trois étages ; l'étage inférieur à 90 m de long sur 23 de large). De Lascours, un chemin puis un sentier permettent d'atteindre, au N., le **col du Marseillais** (471 m) d'où, par une route de feu, on peut rejoindre le relais T.V. : panorama.

Plutôt que de rentrer directement à Marseille, vous pouvez faire le détour suivant :

Continuez à suivre la N 96 et, 1 500 m après Roquevaire, prenez à g. la D 43d.
32,5 km : **Saint-Jean-de-Garguier,** au pied des premières pentes de la Sainte-Baume ; château du XVIIIe s. Lieu de pèlerinage depuis l'époque médiévale, une **chapelle** abrite une très belle ***collection d'ex-voto** populaires, peints entre 1500 et 1914. Fête folklorique et feux à la Saint-Jean.
33 km : croisement avec la N 96 : continuez tout droit.
35 km : on rejoint la D 2 : prenez à dr. vers Aubagne.
37 km : **Aubagne** (ci-dessus, it. 27 A, km 17,5) d'où l'on rentre à Marseille par l'autoroute.
54,5 km : **Marseille.**

28 - De Marseille à Toulon

Un avant-goût de Côte d'Azur? Sans doute. Ici règne le soleil, dont les dépliants les moins vantards vous promettent la présence durant au moins trois cent vingt jours par an : des chances sérieuses de rentrer bien bronzé de vos vacances. Ici règne la mer. Par ses plages succédant aux criques, calanques succédant aux anses sableuses, îles, îlots, rochers et falaises, baies, golfes et rades, elle offre toujours de quoi plaire au pêcheur sous-marin comme à l'amateur de voile, de natation ou de motonautisme.

Mais cette portion de littoral a aussi d'autres richesses. Celles, notamment, d'être nettement moins engorgée que la Côte d'Azur (encore que cela risque de ne guère durer) et d'être plus authentiquement provençale, fréquentée en majorité par des familles toulonnaises, marseillaises, aixoises. Celle, surtout, de constituer une région animée d'une vie propre, où l'exploitation touristique ne domine pas tout : ici vous verrez construire d'énormes navires, aussi bien que cultiver la vigne pour des vins de qualité ou récolter d'énormes brassées de fleurs.

Ce qu'il faut savoir

Agriculture et tourisme. — Entre les agglomérations marseillaise et toulonnaise, s'allongent soixante-dix kilomètres de côte découpée où les collines calcaires de Basse-Provence tombent dans la mer par des falaises qui sont parmi les plus hautes de France (399 m à la Grande-Tête), isolant des baies plus ou moins larges où se nichent quelques petits ports. La garrigue couvre tout, laissant à l'agriculture les rares dépressions ou vallons au débouché des petits fleuves côtiers : si l'**irrigation** permet quelques cultures **maraîchères et spéculatives** (fleurs), c'est malgré tout la **vigne** qui domine largement, occupant la plus grande partie du bassin du Beausset, les plaines et coteaux de Saint-Cyr, Bandol et Cassis.

Alors que la **pêche** n'a jamais été une ressource très importante (les fonds marins descendent trop rapidement), que les relations difficiles avec l'arrière-pays et surtout la concurrence marseillaise ne favorisaient pas leur développement comme centres d'échanges, les petits **ports** de Saint-Cyr, Bandol et La Ciotat furent relativement prospères aux XVIIIe et XIXe s. grâce à l'exportation des vins (jusqu'aux Antilles) que leur teneur en alcool et en tanin faisaient particulièrement apprécier. Au cours du XIXe s. et de la première moitié du XXe s. le vignoble s'est considérablement dégradé, les viticulteurs recherchant le rendement plutôt que la qualité. Depuis les

années 1950, sous l'impulsion de quelques riches propriétaires, les cépages ont été de nouveau sélectionnés pour donner **les meilleurs vins de la région** : les vins de **Cassis** (blancs surtout) et de **Bandol** (blancs, rosés et rouges), qui bénéficient tous deux d'une AOC. Mais le regain du vignoble de Bandol se heurte aujourd'hui à la pression foncière et à la montée fantastique du prix des terrains dans cette zone désormais péri-urbaine. **L'industrialisation** demeure **limitée** : carrières à Cassis et surtout importants **chantiers navals** (mais durement frappés par la conjoncture) de La Ciotat.
« Chasse gardée » des Marseillais et des Toulonnais, qui y ont construit des résidences secondaires (60 % de la capacité d'accueil), les criques et plages commencent désormais à connaître, la saturation de la Côte d'Azur aidant, l'envahissement par les « étrangers ». Mais l'ouverture des autoroutes Marseille-Toulon et Aix-Toulon autant que le développement de la métropole marseillaise sont aussi des facteurs de renforcement de la fréquentation régionale.

***Deux itinéraires** vous sont proposés ci-après, l'un par l'intérieur, l'autre par la côte; quels que soient les mérites du premier, notamment la beauté de certains paysages de sa partie varoise, c'est le **second** qui **présente** le **plus d'intérêt** : une « valeur ajoutée » due, pour l'essentiel, à la présence de la mer avec ses possibilités de farniente sur une plage, d'excursion à une île ou dans les calanques, au charme de petits ports comme Cassis, etc. C'est un itinéraire, avant tout, de promenade; rien, à proprement parler, à y « visiter », mais beaucoup quand même à y découvrir. Soixante-dix kilomètres que vous mettrez quelques heures à parcourir si vous n'êtes pas trop pressé (si vous l'êtes beaucoup plus, l'autoroute, à péage, vous propose 64 km de parcours rapide). Et, dans la région de Bandol, de petites routes qui permettent quelques jolis circuits dans l'arrière pays.*

28 A - Par la route de l'intérieur

Route : 65,5 km par l'autoroute A 52 et la N 8.

Quittez Marseille par l'autoroute Est.
16 km : bifurcation; suivez la direction de Toulon. — **18** km : prenez la bretelle « Toulon par RN 8 ». — **20** km : on rejoint la nationale qui longe un moment le bassin d'Aubagne avant de s'engager dans un petit défilé au pied des premières pentes de la Sainte-Baume.
27 km : **col de l'Ange** (218 m), que d'assez jolies routes relient à Cassis (15 km; D 1) et La Ciotat (15 km; D 3d et D 3).
La route redescend dans le Plan de Cuges, bassin fermé qui est un ancien fond de lac, oasis de cultures (vignes presque exclusivement) au milieu de montagnes plus ou moins boisées.
30,5 km : **Cuges-les-Pins** (193 m; 1 288 hab.), blotti au pied de la Sainte-Baume.
36,5 km : **Le Camp-du-Castellet** (396 m), l'on croise la route de La Ciotat à Méounes.

39,5 km : **aérodrome** et **circuit du Castellet**, à g. de la route; à dr. de la N 8, sur le parking bordant la bretelle d'accès aux installations, ateliers de verriers (« *Verrerie d'art de Bendor* ») où l'on peut assister au travail du verre.

LE CASTELLET—OLLIOULES

Au N. de la route, l'aérodrome, doté d'une piste de 1 760 m, ouvert à l'aviation de tourisme et d'affaires, est aussi le siège de l'aéro-club du Soleil; promenades aériennes en saison.

Derrière la piste de l'aéroport se développe, sur le plateau rocheux, le **circuit automobile Paul-Ricard**, ou **circuit du Castellet**; avec une piste de 5 800 m d'une largeur de 12 m, c'est l'un des meilleurs circuits européens, spécialement conçu pour les courses de Formule 1 et prototypes. Également circuit d'essais, il est ouvert toute l'année aux écuries de courses, aux constructeurs, aussi bien qu'aux particuliers. Pour les amateurs ou les futurs champions, piste spéciale de 2 200 m où, dans le cadre d'une école de pilotage, vous pourriez découvrir les joies de la conduite sportive au volant d'une monoplace Formule Renault.

Belle descente sur le bassin agricole du Beausset (cultures maraîchères, important vignoble, quelques oliviers), piqueté de bastides et de villas : vue sur les villages perchés du Castellet et de La Cadière et sur les baies de La Ciotat et de Bandol.

49,5 km : **Le Beausset** (167 m; 2 992 hab.).

- A **1,5** km S. le **Vieux-Beausset**; ancien ermitage; le nom même de la **chapelle N.-D. de Beauvoir** (romane; belle collection d'ex-votos) traduit l'intérêt du site.
- A **2** km O. par la D. 226, **Le Castellet** (283 m; 2 048 hab.), vieux village fortifié, campé sur un piton rocheux offrant lui aussi un panorama étendu. Ancienne place forte celto-ligure, puis gallo-romaine, le bourg appartient aux seigneurs des Baux puis au roi René. La petite église, construite sur l'emplacement de l'enceinte romaine (un fragment d'ancienne tour lui sert d'abside), remonte au XIIe s. Quelques vestiges des remparts médiévaux, dont une tour du XIIIe s.
- A **6** km O., **La Cadière-d'Azur** (144 m; 2 044 hab.), autre vieux village perché sur une colline qui, au N., est coupée par une falaise. A proximité de la plage des Lecques et de Saint-Cyr, il en devient de plus en plus une annexe résidentielle. Ruines d'un château; église du XVIe s.; deux chapelles de pénitents conservent un mobilier et des objets liturgiques du XVIIIe s. Dans le hall de la mairie, portes cloutées fermant jadis les remparts et chapiteau de marbre prov. de la Madrague (V. it. 28 B, km 48,5).
- A l'E. du Beausset, la plaine est dominée par les **rochers de l'Aigle** (605 m; vestiges d'un oppidum; *vue); on peut y monter par des chemins d'exploitation (7,5 km env.).

52,5 km : **Sainte-Anne-d'Evenos**, d'où l'on peut faire une belle excursion dans les montagnes de l'arrière-pays toulonnais (V. it. 29 F, km 17).

La route s'engage peu après dans les *gorges d'Ollioules, bordées de falaises calcaires déchiquetées.

57,5 km : à dr., **Ollioules** (40 m; 8 810 hab.), à l'issue des gorges; le bourg est célèbre par ses **cultures florales** : voir, le matin de bonne heure, la vente des fleurs soit à la SICA soit à l'ancienne criée.

L'**église** est un bon spécimen du roman provençal avec une nef et des bas-côtés voûtés en berceau et terminés, sans transept, par une abside et deux absidioles; les chapelles latérales, voûtées de berceaux transversaux, ont été ajoutées par la suite; la porte centrale, amortie par un arc brisé à claveaux allongés, conserve des vantaux du XIIIe s. avec leur fermeture d'origine. Tableau de *Bonnegrâce* : Martyre de saint Laurent.

Quelques vieilles maisons à arcades, une fenêtre Renaissance au-dessus d'un passage (rue Marcabeau), les ruines d'un château élevé au XIII° s. par les vicomtes de Marseille témoignent du passé. Au S.-E. du bourg, le **château de Montauban**, qui servit de quartier général aux républicains lors du siège de Toulon (1793), est une solide bâtisse du XVII° s. flanquée de tours.

Sur une colline dominant Ollioules au N., restes de l'oppidum de la Courtine (V. it. 29 F, km 7).

D'Ollioules, on peut monter, par la D 20, au **Gros Cerveau**, chaînon calcaire retombant au N. par des falaises et offrant des vues immenses sur les environs. La route s'élève d'abord sur des collines déboisées par le feu puis atteint (**8** km) la crête à une bifurcation : à dr. on peut monter (**1** km) à un fort (429 m; *vue); à g. la route continue par un mauvais chemin empierré jusqu'à (**3,5** km) un autre ouvrage fortifié couronnant la **Pointe du Cerveau** (316 m).

65,5 km : **Toulon**, V. chap. 29.

28 B - Par la route du littoral

Route : 69 km par la N 559 (direct); 92 km avec les détours proposés.

Quittez Marseille par le bd Michelet (plan D 6).
8 km : **Le Redon,** où la route sort de l'agglomération marseillaise pour remonter le Vaufrèges (vallon froid) dominé à g., de près de 500 m, par les superbes falaises de la **chaîne de Saint-Cyr** (culmen au mont Carpiagne, 646 m) : vue en arrière sur la rade et les îles.
9 km : on laisse à dr. la route d'accès au domaine de Luminy.
13 km : **col de la Gineste** (327 m), entre la chaîne de Saint-Cyr et le massif du Puget.
18 km : **Le Logisson,** point de départ de la route forestière du col de la Gardiole (à dr.; interdite aux voitures 3 km plus loin) descendant vers la calanque d'En-Vau (V. it. 26 C-6). A g. de la route s'étend le camp militaire de Carpiagne.
22 km : prenez à dr. pour descendre à Cassis.

23 km : **Cassis** (5 831 hab.; les *Cassidens* ou *Cassidains*). Au fond d'une baie encadrée par les hauteurs un peu dénudées de la Gardiole, à l'O., et les falaises abruptes du cap Canaille, à l'E., fermée à l'arrière par des collines couvertes de quelques oliviers et figuiers — et surtout des vignes qui produisent le fameux vin blanc —, Cassis est un petit port de pêche qui doit d'abord à la proximité de Marseille d'être devenu une station balnéaire très fréquentée. En dépit des immeubles et lotissements qui s'étagent autour du port, où les plaisanciers sont désormais plus nombreux que les pêcheurs, elle conserve (mais pour combien de temps encore?) un charme indéniable. *Qu'a vist Paris, a pas vist Cassis, a ren vist* (Qui a vu Paris, s'il n'a pas vu Cassis, n'a rien vu) prétend un dicton obligeamment répété sur tous les dépliants...

CASSIS

Héritière du Carsicis Portus de l'Itinéraire d'Antonin, Cassis n'était, vers le XIIe s. qu'un hameau dépendant du village voisin de Roquefort et appartenant comme lui aux seigneurs des Baux. Ceux-ci avaient construit, sur la colline voisine, une petite forteresse où, désertant le village par suite de l'insécurité qui régnait dans la contrée, les habitants se regroupèrent vers la fin du XIVe s. Ils n'en redescendirent que deux siècles plus tard pour construire le bourg actuel et commencer (1623) à creuser le port.

Tirant quelques ressources de la **pêche**, mais bien plus de ses **carrières** (dont la présence altère sérieusement le caractère de la calanque de Port-Miou), d'une **cimenterie** (sur la route de Roquefort), et du **tourisme** (la population est, en été, multipliée par 3 ou 4), Cassis doit une certaine renommée à son **vin blanc**, sec et parfumé, plein de soleil (un très bon accompagnement pour les fruits de mer de la Côte Bleue ou pour la bouillabaisse). Ce vin, dont *Mistral* disait, dans Calendal : « L'abeille n'a pas de miel plus doux, il brille comme un diamant limpide et sent le romarin, la bruyère et le myrte qui recouvrent nos collines », est l'une des plus petites mais l'une des plus anciennes AOC de France (décrets de 1935); sa production est de l'ordre de 4 500 hl/an (dont les 2/3 en blanc, le reste en rouge et rosé).

Le **port**, coloré et « pittoresque », s'abrite derrière un large terre-plein promenade où s'élève l'ancien casino et contre lequel, à deux pas du centre-ville, s'appuie la plage de la Grande-Mer. Un peu en retrait, sur la place Baragnon, ombragée par les platanes à l'orée d'un joli jardin public, la mairie abrite un petit **musée** (au 1er étage).

Visite : les mercredi et vendredi, le matin.

Vestiges de l'époque romaine (un cippe, quelques monnaies), divers souvenirs ou documents ayant trait à l'histoire locale, sculptures et peintures, pour la plupart d'artistes locaux ou ayant travaillé dans la région : on remarquera surtout, parmi d'autres, des œuvres de *Louis Audibert*, qui eut son heure de gloire à Marseille à la fin du siècle dernier, de *Louis Frégier* et de *Pierre Marseille*, qui appartenaient au même groupe d'artistes qu'*Audibert*, d'*Étienne-Martin* et de *Félix Ziem*. Expositions temporaires au rez-de-chaussée.

De l'autre côté de l'avenue Victor-Hugo s'étend la vieille ville, reconstruite sur plan régulier aux XVIIe et XVIIIe s. et conservant plusieurs maisons de cette époque (quelques portails intéressants).

De la plage de la Grande-Mer, on peut suivre vers l'E. la **promenade des Lombards** (bien aménagée), d'où l'on découvre une belle vue sur l'ensemble de la baie. Elle aboutit au petit plateau des Lombards, au-dessus de la pointe rocheuse du même nom (derrière laquelle s'abrite l'anse de Corton avec une plage); de là, un tunnel pour piétons rejoint le dessus du plateau qui porte encore (à g., dans une propriété privée) des restes importants des murs et des tours du château élevé par les seigneurs des Baux au XIIe s. Le chemin ramène directement au centre-ville.

Sur le côté opposé de la baie, on peut suivre les quais du port (où se trouve la maison natale de l'abbé *Barthélemy*, 1716-1795, l'auteur du « Voyage du jeune Anacharsis en Grèce »), amorce de la route de Port-Miou (ci-après), jusqu'à la **plage du Bestouan**. Belle vue sur la ville.

DE MARSEILLE A TOULON

Les Calanques (très belle excursion, que l'on peut faire en bateau : 2 h env.; départs réguliers du port. A pied, 1 h 30 env. pour l'aller). En voiture, on peut suivre, au-delà de la plage du Bestouan, l'avenue des Calanques jusqu'à **Port-Miou** (dont le nom vient peut-être de *Portus melior*), la plus longue de toutes (1 200 m), malheureusement défigurée par des carrières. A dr. du chemin, deux gouffres communiquent avec la mer. A l'O., dans le dernier coude de la calanque avant la mer, près d'un rocher appelé îlot de la Madrague, jaillit sous l'eau une importante résurgence d'eau douce dite **« fleuve de Cassis »**; étudiée dès le XVIIIe s., la source sous-marine fascina notamment Rimbaud par son origine mystérieuse; moins préoccupée de poésie, la *Société des Eaux de Marseille* a exploré la rivière souterraine qui l'alimente et, par un puits percé en amont, prélève une partie des eaux pour les besoins de la ville.
Du fond de Port-Miou, suivre à pied le tracé vert.
30 mn : ***calanque de Port-Pin,** avec une petite plage, entourée de pins d'Alep. Du fond de la calanque, on peut s'avancer (sentier non balisé) jusqu'à la pointe Cacau, qui sépare Port-Pin de la baie de Cassis, belle vue sur les falaises de Castelvieil et sur la calanque d'En-Vau, dominée au fond par la Grande Candelle.
Le tracé vert rejoint le **vallon d'En-Vau** d'où l'on descend, à g., à la calanque.
1 h 30 : ****calanque d'En-Vau,** la « perle des calanques », encadrée de superbes falaises dénudées, hérissées d'aiguilles; l'eau, d'une parfaite limpidité, y offre de magnifiques colorations.
D'En-Vau, on peut monter à la brèche de Castelvieil (tracé rouge) ou aller visiter le Trou du Serpent (belle vue sur l'Oule; tracé bleu). D'autres excursions dont les calanques sont décrites au chap. 26 C.
Le retour à Cassis peut s'effectuer en bateau : s'entendre à l'avance sur les horaires de rendez-vous avec les bateaux faisant l'excursion.

De Cassis à La Ciotat, la nationale 559 offre un parcours plaisant mais sans intérêt particulier : empruntez plutôt la Corniche des Crêtes, décrite ci-après.

Quittez Cassis par la route de la plage de l'Arène (D 41 A). La route rejoint l'anse de Corton puis, coupant la pointe de la Goye et l'anse de l'Arène, s'élève tout droit vers une échancrure du massif du Soubeyran.

25 km : **col du Pas de la Colle** (197 m) où l'on prend à dr.; à g. se détache une petite route montant au **baù de la Saùpe** (340 m) dominé par un relais T.V. : ***vue aérienne sur Cassis et ses environs.**

La route, en forte pente, monte jusqu'à **cap Canaille** (362 m) puis court sinueusement sur le rebord de la falaise; parkings et belvédères aménagés aux principaux points de vue.

36 km : à dr. route (**1** km) du **sémaphore** (328 m) : ***panorama** sur toute la côte, à l'E. jusqu'à la presqu'île du cap Sicié, à l'O. sur la côte des calanques (mais Cassis est masqué) et l'île de Riou.
Descente sur La Ciotat.

40 km : **La Ciotat.** (32 733 hab., les *Ciotadens*). Deux villes juxtaposées, vivant chacune à leur rythme propre. D'un côté la cité balnéaire, réellement animée trois mois par an, et de l'autre la ville elle-même, qui vit onze mois sur douze à l'heure des chantiers navals : ici des rues étroites, des petits commerces,

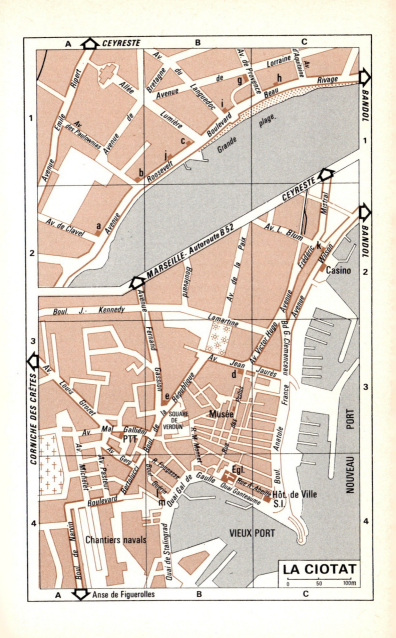

des maisons, des H.L.M.; là-bas des avenues plantées de palmiers, des jardins, quelques boutiques, des villas, des résidences. A la charnière, la route de Marseille, qui déverse son flot de vacanciers, le casino et le port de plaisance; mais les deux cités ne s'interpénètrent guère : les habitants de La Ciotat-ville sont bien chez eux et les Ciotadens de l'été ne sont venus que pour une plage qui bat des records d'ensoleillement...

La ville dans l'histoire. — *La Ciotat (= la cité) était jadis le port de Citharista (Ceyreste), comptoir établi par les Phocéens de Marseille. Supplantant peu à peu la cité-mère, elle entra avec elle dans de sérieux conflits qui furent réglés, en 1429, par la séparation des deux villes, ordonnée par l'abbé de Saint-Victor de Marseille, seigneur des lieux. La Ciotat, dès lors, put s'administrer elle-même : à côté d'un juge et d'un viguier nommés par l'abbé, siégeaient trois consuls élus.*

La ville commence à se développer au XVIe s. De petits armateurs assurent alors un cabotage méditerranéen, des capitaines et des équipages ciotadens servent sur les navires marseillais, des chantiers navals utilisent le bois des forêts de Signes et de Cuges, on exporte du vin : relative prospérité qui dure jusqu'à la première moitié du XVIIIe s. (La Ciotat est même épargnée par l'épidémie de peste de 1720) mais finit par succomber à la concurrence — pas toujours loyale — de Marseille.

C'est en 1836 que commence l'histoire de la ville contemporaine, celle des chantiers navals. Quatre ans plus tard seront édifiées les premières cales et, en 1869, l'impératrice Eugénie *inaugure le bassin de radoub. Un siècle plus tard on mettra en service la « Grande forme », capable de recevoir des pétroliers dépassant 300 000 tonnes.*

Les chantiers navals. — En partie pris sur la mer, ils occupent 35 ha dont près de 9 de surface couverte. La pièce maîtresse en est la « Grande forme » évoquée plus haut; d'une longueur de 360 m pour une largeur de 60, elle est desservie par un portique de 500 t, d'une hauteur de 52 m, et une grue de 250 t. Deux autres cales permettent la fabrication de navires de 80 000 et 22 000 t. Grâce à des investissements considérables et à la qualification des employés, les chantiers, qui sont par importance les seconds de France (après Saint-Nazaire), construisent des navires de haute technicité : pétroliers de 250 000 t (mais la demande s'est quelque peu ralentie), porte-conteneurs et surtout méthaniers (pour lesquels ils revendiquent la 1re place mondiale).

Avec près de 6 000 emplois sans compter la sous-traitance, les chantiers assuraient en 1978 plus des 3/4 de l'activité de La Ciotat. S'ajoutant à 500 départs ou mise à la retraite anticipée en cours d'année, 1 200 licenciements ont frappé le personnel en décembre 1978 : conséquence de la crise, de la concurrence japonaise (et même, désormais, polonaise). Malgré la haute qualité de l'outil, l'avenir reste incertain.

Célébrités. — *La Ciotat est la patrie de l'amiral* Ganteaume *(1755-1818), qui tenta de forcer le blocus de Brest pour rejoindre la flotte de Villeneuve avant la bataille de Trafalgar; d'*Émile Ripert *(1882-1948), poète, historien du Félibrige; du sculpteur* Joseph Lieutaud *(fin du XVIIe s.). L'incomparable luminosité du ciel a amené* Louis Lumière, *inventeur du cinéma, à y tourner ses premiers films,* « L'Entrée du train en gare de La Ciotat » *(1895),* « L'Arroseur arrosé », « Le Repas de bébé », *etc. Elle a aussi attiré les peintres :* Jongkind, *en 1880,* Braque, *en 1907,* Friesz, *en 1908-1910.*

Le ***port** (plan B 4), haut-lieu de l'activité de la cité, en est l'endroit le plus attachant; d'un côté, au N., c'est le vieux quai bordé de maisons provençales et de platanes au pied desquels se balancent mollement les barques blanches ou bleu pâle des pêcheurs; de l'autre ce sont les énormes masses brunes des navires en construction, le ciel hérissé de flèches et de poutrelles métalliques où les bras de grues gigantesques dansent un lent ballet aérien, les éclairs bleutés des soudeurs à l'arc, les coups de gong des tôles qu'on martèle.

L'**église** (plan B 4), au-dessus du quai, a été commencée en 1626. A l'intérieur, dans un cadre du XVIIIe s., **Descente de Croix**, de *Finsonius* (XVIIe s.) et la Vierge protégeant La Ciotat de la peste par *Michel Serre* (XVIIIe s.).

Dans la vieille ville, plusieurs maisons du XVIIe s., notamment rue Fougasse (plan B 4) et rue Adolphe-Abeille (plan BC 4), et deux anciennes chapelles, celle des Pénitents Noirs (1557; pl. Esquiros) et celle des Pénitents Bleus (1614; esplanade de la Tasse), qu'occupent les ateliers municipaux.

Le **musée Ciotaden,** au 51, rue des Poilus (plan B 3), abrite des collections évoquant l'histoire locale (ouv. sam. de 17 h à 19 h et dim. et fêtes de 10 h à 12 h).

◆→ **Promenades : 1** — **Le Mugel et Figuerolles** (au S. et au S.O.). — Contournant les chantiers navals on rejoint, par l'av. des Calanques, l'**anse du Grand Mugel**, avec une petite plage de galets, puis l'anse du Sec, au pied des collines déchiquetées, couvertes de pins, qui projettent dans la mer le cap de l'Aigle (V. ci-après, 2).

Revenant à l'av. du Mugel, vous prendrez ensuite l'av. de Figuerolles (à g.) pour gagner la jolie **calanque de Figuerolles** (plage de galets) étroite échancrure dans le poudingue rougeâtre, dominée par l'étrange silhouette du rocher du Capucin.

Par l'av. de Figuerolles vers le centre-ville, puis, à g., le chemin de la Garde (route D 40), on monte enfin à la **chapelle Notre-Dame de la Garde** (80 m; belle vue sur la région); en chemin, on laisse à g. un ensemble de logements d'une blancheur plutôt crue, assez intéressant sur le plan de l'urbanisme (circulation piétonnière, individualité des logements renforcée par l'étagement sur la pente, le jeu des terrasses et des jardins), mais très critiqué des Ciotadens amoureux de la nature (ils l'ont surnommé la Casbah) qui militent pour la **création d'un parc naturel dans toute la zone du cap de l'Aigle**. Depuis longtemps inscrit à l'inventaire des sites à protéger (les calanques elles-mêmes sont classées depuis 1975), toute cette bande littorale est, outre sa grande beauté, un trésor écologique (terrain siliceux à la végétation originale, cyprès bleus, bruyère arbustive, chêne velani de Grèce, etc.) sur lequel planent les plus vives menaces : rocades, lotissements...

Après la bifurcation de la chapelle, la route continue à s'élever puis fait bientôt place à un chemin et à un sentier par où l'on peut rejoindre le sémaphore (V. ci-dessus, km 36).

◆→ **2** — **Ile Verte** (en saison, service régulier de vedettes au départ du vieux port; 1/2 aller et retour). — Croupe sombre, couverte de garrigue et striée de calanques aux eaux claires : un petit paradis pour la pêche ou la chasse sous-marines. De l'île, belle vue sur le cap de l'Aigle, falaise en surplomb qui, vue sous un certain angle, offre effectivement un profil d'oiseau de proie.

☞ **De La Ciotat à Méounes** (vers Brignoles; 37 km N.-E. par la D 3 et la D 2). — Quittez La Ciotat par l'av. Émile-Ripert (plan A 1).

5 km : **Ceyreste** (74 m; 2 037 hab.), l'ancienne colonie massaliote de Citharista, dont La Ciotat n'était à l'origine que le port. Petite église romane à deux nefs. Restes d'enceinte médiévale; une fontaine voûtée qui peut remonter au XIIe ou au XIIIe s. est flanquée d'un bassin circulaire creusé dans un bloc de marbre portant les traces d'une inscription romaine.

18 km : Le Camp-du-Castellet (V. it. 28 A, km 36,5). — La route longe le versant méridional de la Sainte-Baume puis descend dans le bassin de Signes.

28,5 km : Signes (350 m; 922 hab.), au milieu des vignobles et des cultures; l'église conserve un portail des XIe s.; jolies fontaines des XVe et XVIe s.; belle excursion à la Sainte-Baume en suivant les balises du GR 9.

32 km : bifurcation : prenez à g., laissant à dr. la route qui descend la vallée du Gapeau vers la chartreuse de Montrieux (V. it. 30 A, km 26).

37 km : Méounes-lès-Montrieux, sur la route de Toulon à Brignoles (V. it. 30 A, km 28).

La route N 559 quitte La Ciotat en longeant la grande plage (pente très douce) derrière laquelle s'étend la station, offrant une belle vue sur la ville, le cap de l'Aigle, l'Ile Verte.

44 km : Le Liouquet, petite station, annexe de La Ciotat-plage.

48,5 km : **Les Lecques,** station balnéaire au caractère très familial, dépendant de Saint-Cyr-sur-Mer.

En continuant à suivre la côte jusqu'à **La Madrague,** on atteint à g., au-delà de la plage en direction du port, le **musée de Tauroentum,** installé en 1965 sur les fondations d'une villa romaine du Ier s.

Visite : payante, t.l.j. sauf mardi, de 16 h à 19 h, de juin à sept., les sam. et dim. de 14 h à 17 h le reste de l'année.

Connus depuis longtemps, quelques vestiges romains du secteur avaient été identifiés dès le XVIIe s. comme appartenant aux restes de l'antique port massaliote de Tauroention *(Tauroentum à l'époque romaine) : hypothèse controversée par ceux qui situent Tauroention au Brusc (V. ci-après, km 69), lesquels semblent bien, en l'état actuel des connaissances, avoir raison.*

Quoi qu'il en soit, on a découvert là d'intéressants témoignages des époques grecque et romaine, en particulier un **tombeau d'enfant** à deux étages, avec une chambre sépulcrale plaquée de marbre rose et surmontée d'une chambre de libation avec toiture en bâtière; un four de potier; des chapiteaux, colonnes, fragments de stucs peints, mosaïques, etc. Dans les vitrines sont exposées des **poteries** sigillées des ateliers de la Graufesenque et d'Arezzo, des tessons de poterie ionienne et phocéenne, des **céramiques** campaniennes à vernis noir (IIe s. av. J.-C.), de la verrerie, des lampes funéraires, des bijoux, des vases grecs des VIe et VIIe s. av. notre ère, etc. De la villa elle-même subsistent une partie de l'enceinte et l'aile du péristyle, ornée de **mosaïques** polychromes.

50 km : **Saint-Cyr-sur-Mer** (24 m; 4 899 hab.) au sein d'un terroir viticole (AOC Bandol) de plus en plus mité par les résidences secondaires. — A **3 km** N.-E., **Saint-Côme,** où l'on peut visiter un moulin à huile.

51,5 km : on aperçoit à dr. le *château des Baumelles (XVIIe-XVIIIe s.), autrefois propriété de l'abbaye de Saint-Victor de Marseille, simple bastide flanquée de cinq minces tours rondes sur une terrasse plantée de pins et de cyprès.

52 km : on laisse à dr. une route pour la Madrague ou pour le **Port-d'Alon,** ensemble résidentiel (entrée payante) établi dans une pinède où s'ouvre une jolie calanque.

LES LECQUES—BANDOL—SANARY

58 km : **Bandol** (6 204 hab.), la plus importante station du littoral entre Marseille et Toulon, dans un site agréable à l'orée d'une baie abritée des vents par un amphithéâtre de collines boisées.

La station s'étend de part et d'autre d'une presqu'île, prolongée par des remblais portant le stade municipal, à l'abri de laquelle est établi un vaste **port de plaisance** bordé d'une promenade plantée de palmiers et d'eucalyptus.
A l'O. s'incurve la **plage de Rénecros** d'où l'on peut, en suivant le rivage vers l'O. (en voiture jusqu'au lotissement des Engraviers), faire de belles promenades dans les collines boisées qui retombent en petites falaises sur la baie de la Moutte.
A l'E., au-delà du port (en arrière de celui-ci, l'église abrite quelques statues des XVIIe et XVIIIe s.), précède la plage du Casino, les terrains gagnés sur la mer où a été construit, en 1930, le casino municipal, puis les plages que longe la route de Toulon.

Les **vins** du terroir **de Bandol** jouissent d'une renommée assez ancienne et faisaient, dès le XVIIe s., l'objet d'exportations vers les « Indes » occidentales ou les pays nordiques. Le blanc, sec et nerveux, n'est pas très répandu; on produit davantage de rosé, à la saveur légèrement épicée, qui accompagne bien une bouillabaisse, et surtout du **rouge**, qui ne donne sa mesure qu'après quelques années de vieillissement : à boire chambré, pour accompagner le gibier ou les fromages. Bénéficiant d'une AOC (l'aire de production s'étend sur les communes de Bandol, Sanary, La Cadière, Le Castellet et, partiellement, sur celles du Beausset, de Saint-Cyr, d'Ollioules et d'Evenos), la production a quadruplé depuis 1960 et s'élève actuellement à env. 16 000 hl/an (dégustation et vente au Caveau des vins de Bandol, allées Alfred-Viviers, sur le port; ouv. de 10 h à 13 h 30 et de 16 h à 20 h 30 en été, de 10 h 30 à 13 h et de 16 h 30 à 19 h en hiver).

➡ L'**île de Bendor,** à quelques centaines du rivage, a une superficie de 7 ha. Elle appartient à *Paul Ricard* qui l'a aménagée, à partir de 1953, en centre touristique, culturel et sportif. Un complexe hôtelier avec salles de congrès, une école de voile et un centre de plongée sous-marine y voisinent avec un **musée de la mer** (coquillages, poissons, maquettes de bateaux, etc.), une galerie d'art, un petit zoo, un **musée universel des vins et spiritueux,** (dix mille bouteilles, provenant de cinquante-deux pays). Monument à Pierre Puget, par *Botinelly*, et statue de la Vierge des pêcheurs, par *Servian*. **Accès** : une liaison avec Bandol (port) chaque demi-heure; traversée en 7 mn.

 Par la route du Beausset (D 559b) et une petie route à dr., on peut aller (**3 km**) visiter le **jardin exotique** et **zoo de Sanary-Bandol** (t.l.j. de 8 h à 12 h et de 14 h au crépuscule — 19 h en été) : plantes tropicales, animaux (dont une importante collection d'oiseaux).

 La route contourne toute la baie de Bandol, puis coupe la pointe de la Cride.
 63 km : **Sanary-sur-Mer** (*San Nary* = Saint-Nazaire; 10 406 hab.), autre station balnéaire, elle aussi bien abritée du mistral au pied de collines derrière lesquelles se profile la chaîne du Gros-Cerveau.

Le port est bordé par le quai du Général-de-Gaulle, planté de palmiers et orné à ses extrémités de deux fontaines, par *Adalbert*, avec les figures symboliques de la Marine (encore que celle-ci n'ait jamais représenté pour Sanary un secteur économique important) et de l'Agriculture (pour les vins de Bandol et les cultures florales). Sur la dr., une tour médiévale carrée, haute de 23 m, est englobée dans un hôtel.

A l'O. de la ville, la **pointe du Ban Rouge**, promontoire escarpé dont l'échine porte la chapelle N.-D. de Pitié (1700) et une ancienne tour de vigie (belle vue), sépare la baie de Sanary de la petite plage de Port-Issol (1 km du centre); celle-ci est elle-même séparée de la baie de Bandol par la pointe de la Cride (ruines d'un fort), de l'extrémité de laquelle (3 km du centre) on a une jolie vue sur l'ensemble de la côte.

La N 559 quitte Sanary en longeant le fond de la baie, où s'étend la **plage de Six-Fours.**

64,5 km : à g. s'embranche la D 63, par laquelle on pourrait rejoindre Toulon en évitant la traversée de Six-Fours et de la Seyne.

Par cette route et une petite route à g. (panneau indicateur), on peut surtout aller voir la très jolie ***chapelle Notre-Dame de Pépiole;** au coin d'un bois de pins et de chênes lièges, surgissant entre vignes, oliviers et cyprès, c'est un petit édifice à trois nefs et trois absides, d'allure très rustique, qui doit dater du Xe ou du XIe s.

65 km : la N 559 quitte le rivage pour rejoindre à g. Six-Fours, deux km plus loin; il est beaucoup **plus intéressant de continuer à suivre la côte** pour faire (partiellement) le tour de la presqu'île de Sicié : prendre la D 616.

La route coupe la petite pointe Nègre, qui sépare la baie de Sanary de la rade du Brusc.

69 km : **Le Brusc,** station balnéaire qui s'est développée autour d'un petit port de pêche dans une rade bien abritée par l'archipel des Embiez.

C'est au Brusc que l'on s'accorde maintenant (à peu près; V. ci-dessus, les Lecques) à reconnaître l'emplacement du port antique de Tauroen- tion, *fondé par les Phocéens de Marseille, colonie massaliote jusqu'à l'an 49 av. J.-C., puis romaine (sous le nom de* Tauroentum*) après la défaite que Decimus Junius Brutus infligea, pendant le siège de Marseille, à la flotte de Nasidius, lieutenant de Pompée, et à celles des Massaliotes et des Tauroentins. Le long de la route de Six-Fours, un aqueduc souterrain haut de 1,80 m, retrouvé sur une cinquantaine de mètres, serait le dernier témoin du port grec.*

La route du bord de mer aboutit à un terre-plein d'où part le bac accédant à l'île du Grand Gaou, où se trouve le camping municipal; en arrière se dessine la principale des **îles des Embiez**, l'île de la Tour Fondue, appelée plus simplement île des Embiez; l'archipel comporte encore quelques îlots rocheux dont le plus important, le Grand Rouveau, porte un phare.

L'**île des Embiez** est, comme celle de Bendor, propriété de *Paul Ricard* qui y a également installé à partir de 1962 un complexe touristique (avec un important équipement hôtelier), sportif (l'île est un centre de motonautisme) et culturel (avec l'Observatoire de la mer). D'une superficie de 95 ha, culminant à 64 m, l'île, qui porte quelques vignes, abrite un port très sûr de 8 ha que dominent les ruines médiévales du château de Sabran.

LE BRUSC—SIX-FOURS

Accès : liaisons régulières, en 10 mn, avec le port de Brusc (un passage par heure, de 7 h à 22 h). On peut éventuellement passer les voitures : t.l.j. de 8 h à 15 h (dim. et j. fériés jusqu'à 13 h).

L'**Observatoire de la mer**, dirigé par le *Dr Alain Bombard,* est une création de la *Fondation Scientifique Paul Ricard.* Installé dans l'ancienne batterie de marine de la Pointe Saint-Pierre, il comprend une série de laboratoires — où chercheurs et stagiaires peuvent venir poursuivre des travaux de biologie marine — et, pour la partie ouverte au public, une **bibliothèque** (ouvrages scientifiques, revues, articles ayant trait à la navigation, à l'exploration sous-marine, à l'écologie, l'aquaculture, etc), un **musée** (animaux et végétaux marins naturalisés, fossiles, tableaux explicatifs) et des ***aquariums**. Les études portent principalement sur l'écologie des milieux marins et les problèmes de pollution des mers.

Visite : payante, t.l.j. sauf mardi, de 9 h à 12 h 30 et de 14 h à 18 h du 1er oct. au 31 mai (dim. de 10 h à 19 h).

Directement alimentés en eau de mer, les bacs offrent, en une centaine d'espèces vivantes, un **panorama de la vie en Méditerranée**. La progression de la visite se fait de manière très didactique, passant des invertébrés (éponges) aux cœlentérés (anémones, gorgones, coraux, parmi lesquels se promènent quelques hippocampes), aux mollusques et céphalopodes (le poulpe est paraît-il un animal très affectueux et qui s'apprivoise bien), aux crustacés puis aux vertébrés (poissons, avec notamment des murènes, inoffensives si on les laisse en paix, des roussettes — ces mini-requins — et quantité d'autres, sans oublier la rascasse, que sa laideur a fait surnommé crapauds de mer... mais qui est indispensable à toute bonne bouillabaisse).

Du Brusc, on suit sur quelques centaines de mètres la route de Six-Fours (D 16), puis on la quitte pour monter à dr., par la **route de N.-D.-du-Mai** en serpentant à travers des collines autrefois bien boisées mais ravagées par les incendies.
75,5 km : prendre à dr. la route qui monte à la chapelle.
76 km : petit parking, d'où l'on atteint la chapelle en 5 mn à pied.

La **chapelle Notre-Dame-du-Mai** (1625) s'élève, à côté d'une ancienne tour de vigie (1589) ruinée et d'un réémetteur T.V., au point culminant du **cap Sicié** (358 m), presque à pic sur la mer. ***Vue** superbe sur la côte et l'ensemble des montagnes encadrant la rade de Toulon. La chapelle, ouv. t.l.j. durant le mois de mai, abrite une très intéressante ***collection d'ex-voto** populaires.

De la chapelle, on peut gagner Toulon par la rade (détour de 5 km) : redescendez par la route de l'aller jusqu'au km 75,5 et continuez tout droit; 300 m plus loin s'ouvre à dr. une nouvelle route qui, venant longer la mer en corniche, descend à **Fabrégas** *et rejoint au* **Pas du Loup** *(7 km de la chapelle) la route D 16 de Six-Fours aux Sablettes; prendre alors à dr. Des Sablettes à Toulon, V. it. 29 E en sens inverse.*

Pour gagner Toulon par Six-Fours, redescendez tout droit depuis la chapelle.
81 km : **Six-Fours-les-Plages** (234 m; 20 151 hab.), dominé au N. par une montagne isolée qui portait le vieux village (210 m).

On y monte par une petite route de **1,5** km qui se détache à g. de la N 559 à la sortie de la localité en direction de Toulon. Du village, rasé au XIXe s.

pour permettre la construction d'un fort (on ne visite pas), subsiste l'ancienne **collégiale Saint-Pierre** (ouv. les sam. et dim. après-midi).
L'église comprend deux parties, l'une romane, d'un style provençal très pur, l'autre du début du XVIIe s., encore gothique et construite perpendiculairement à la première qui lui tient lieu de première travée; belles boiseries du XVIIe s., mutilées; dans le chœur roman, remarquable **tableau du XVIe s.**, la Vierge entourée de compartiment représentant des saints, attribué à *Jean de Troyes;* quelques autres tableaux des XVe et XVIe s.; au maître-autel, tableau de *Guillaume Grève*, d'Avignon (XVIIe s.), le Christ donnant l'investiture à Saint-Pierre.

La N 559 descend vers la rade de Toulon, qu'elle rejoint à l'entrée de La Seyne-sur-Mer (V. it. 29 E).
92 km : **Toulon,** V. chap. 29.

29 - Toulon et ses environs

185 048 hab., les *Toulonnais*, Préfecture du Var. Préfecture de la 3ᵉ région militaire maritime. Siège du vice-amiral d'escadre, commandant en chef pour la Méditerranée. Évêché.

Le soir venu, les marins en permission se reconnaissent à trois traits : ils vont par petits groupes, sont jeunes, et n'ont les cheveux qu'à peu près courts; particularités peu caractéristiques mais voulues : la tenue civile est plus discrète pour aller s'amuser. Fini, donc, le temps des cols bleus, pompons rouges et pantalons blancs et, avec lui, effacée l'une des images traditionnelles de la cité. A ceux qui le regrettent, il reste encore un peu partout dans la ville pas mal de plantons — en uniforme, ceux-là — veillant devant les portes des établissements militaires. Et, dans le port, les silhouettes gris-bleu, hérissées de tubes à feu, de radars et d'antennes, des navires de la « Royale ».

Mais Toulon c'est d'abord un site, un arc superbe de montagnes de calcaire blanc, piquetées de touffes de pins, qui se déploie derrière la ville et revient par-devant pour embrasser un morceau de mer. Une rade qui passait pour l'une des plus belles du monde.

Il fallait sans doute qu'elle le fut vraiment pour garder une telle beauté malgré l'invasion du béton, les immeubles-barres et les tours dont les lignes raides ne s'accordent pas plus au reste du paysage urbain qu'aux mouvements naturels du relief. Et ce ne sont pas quelques trop rares réussites architecturales qui rachètent la banalité, l'allure froide et administrative de presque tout ce que l'on a construit ou reconstruit depuis une centaine d'années. Du haut du Faron, merveilleux belvédère, les tours paraissent heureusement plus petites. Et au cœur de la vieille ville, les rues étroites, les fontaines moussues, les platanes, le marché quotidien du cours Lafayette, peuvent encore nous replonger dans l'ambiance provençale.

La ville dans l'histoire

Modestes débuts. — *Si exceptionnel qu'il fut, le site qui allait valoir un jour la fortune de Toulon semble bien, à l'origine, avoir contrarié le développement de la cité : par suite sans doute des difficultés avec* l'arrière-pays, ni les Grecs ni les Romains ne lui accordèrent beaucoup d'intérêt. Ceux-ci, toutefois, avaient fait de la rade un point de relâchement de leurs flottes et installé dans la bourgade — citée dans l'Itinéraire d'Antonin sous le nom de Telo Martius — une fabrique de pourpre, colorant que l'on tirait alors du murex, coquillage abondant sur cette partie de la côte. Siège d'un évêché à partir du Ve s., pillé fréquemment par les pirates et les Sarrasins, Toulon reste longtemps un bourg sans grande importance.

Le port militaire. — Le rattachement de la Provence à la France, en 1481, marque les débuts d'un nouveau destin. Utilisé comme port de guerre à l'occasion des guerres d'Italie, Toulon entreprend quelques travaux (construction de la Grosse Tour, en 1514, à l'entrée de la petite rade) encore bien insuffisants pour le rôle qu'elle va jouer : la ville sera facilement envahie par les troupes impériales lors des invasions de la Provence par Charles-Quint en 1524 et en 1536. Henri IV fera alors construire une nouvelle enceinte, en 1589, puis créera une darse de 15 ha protégée par des jetées, un arsenal et des chantiers de constructions navales.

C'est sous Louis XIV que la ville prend une réelle importance. Elle devient en 1653 le port d'attache des galères royales, jusque-là stationnées à Marseille, puis Colbert fait agrandir l'arsenal et charge Vauban (1679) d'étendre l'enceinte vers l'O. et de créer de ce côté une nouvelle darse de 20 ha, la Darse Neuve : pour assainir les terres marécageuses qui la bordent, on fait creuser par des forçats la Rivière Neuve qui entraîne beaucoup plus à l'O. les eaux des ruisseaux descendus du mont Caume. A l'abri de ses remparts, renforcés par les défenses avancées que sont, en divers points de la côte et sur les sommets environnants, quantité de forts et fortins qui doivent prévenir toute attaque d'où qu'elle vienne, Toulon développe, tout au long des siècles suivants, sa fonction militaire ; l'enceinte de Vauban finira par devenir elle-même trop exiguë et sera remplacée, en 1852, par une nouvelle ceinture bastionnée (elle-même détruite en 1925-1930 pour permettre l'extansion de la ville).

Guerres et autres maux. — L'histoire de la cité ne diffère pas fondamentalement, sur le plan événementiel, de celle des autres villes du littoral ; aux dates près, c'est toujours la même succession de malheurs en tous genres, entrecoupée de période de répit, voire de prospérité ; on notera donc, pour Toulon, les ravages barbaresques du Haut Moyen Age et les invasions des Impériaux, déjà cités, puis, en 1707 le siège victorieux de deux semaines qu'elle soutint devant les troupes austro-sardes à l'occasion des guerres de la Succession d'Espagne, enfin l'épouvantable épidémie de peste de 1720, qui fit ici 15 000 victimes sur 26 000 habitants.

Vient alors la Révolution et les insurrections qu'elle provoque en Provence : Toulon est livrée aux Anglais par les royalistes durant l'été 1793. Les armées de la Convention assiègent la ville et, grâce à une opération de Bonaparte, s'en rendent maîtres le 19 décembre : le jeune capitaine d'artillerie y gagnera directement ses galons de général, la « ville infâme » sera baptisée « Port-de-la-Montagne », les conventionnels Frénon et Fouché exerceront de sanglantes représailles, réquisitionnant 12 000 ouvriers pour la raser, projet qui, enfin de compte, ne sera pas exécuté.

La seconde guerre mondiale ramène par deux fois la ville au premier rang de l'actualité militaire ; c'est, en 1942, lors de l'occupation de la « zone libre » par l'Allemagne, le sabordage de la flotte : soixante des plus belles unités de la marine, dont 3 cuirassés et 7 croiseurs s'abîment *au fond des bassins sur ordre de Vichy; quelques sous-marins, dont le légendaire Casabianca, réussissent à prendre le large à travers les barrages de mines. C'est enfin, le 15 août 1945, le débarquement allié en Provence et la décision du général* de Lattre de Tassigny, *le 18, de bousculer les plans pré-établis : en 7 jours de combats, parfois à l'arme blanche (V. ci-après 29 D), Toulon sera libéré.*

Célébrités. — Jean d'Antrechaus *qui, consul de sa ville natale, se signala par son dévouement lors de la peste de 1720. Les peintres* Joseph *(1686-vers 1740) et* Louis-Michel Van Loo *(1707-1771), frères de* Jean-Baptiste *(né à Aix), y naquirent : tous trois y passèrent une partie de leur jeunesse et y travaillèrent; plusieurs autres peintres toulonnais ont travaillé dans leur ville natale ou se sont inspirés des paysages des environs :* Paulin Guérin *(1783-1855), peintre d'histoire,* Vincent Courdouan *(1810-1893), et* José Mange *(1866-1935), paysagistes,* Paulin-André Bertrand *(1852-1940) paysagiste et sculpteur,* Edmond Barbarroux *(1882-1948), peintre de marines et paysages.* Eugène Baboulène *(né en 1905), etc.*
Dans le domaine littéraire il faut évidemment citer Jean Aicard *(1848-1921), poète (Poèmes de Provence), romancier et conteur (le Roi de la Camargue; Maurin des Maures),* Richard Andrieu *(1867-1945), conteur, témoin malicieux des travaux et des jours de sa ville,* Charles Poncy *(1821-1881), poète-ouvrier,* Pierre Fontan *(1882-1952), majoral du Félibrige. Toulon est enfin la patrie de* Raimu *(Jules Muraire, 1883-1946), inoubliable interprète de Giono et de Pagnol, du fantaisiste* Félix Mayol *(1872-1914) et de* Gilbert Bécaud *(François Silly, né en 1927).*

Ce qu'il faut savoir

Problèmes de croissance. — Toulon, devenu préfecture du Var le 4 décembre 1974, regroupe dans son agglomération 380 000 hab., c'est-à-dire près de **deux tiers de la population départementale.** La croissance de cette « unité urbaine » a été extrêmement rapide : 100 000 nouveaux habitants en une quinzaine d'années (dont bon nombre de rapatriés d'Afrique du Nord). Cette augmentation de la population pose de lourds problèmes : **les activités qui ont fait la fortune** et le renom **de la ville** (port militaire, arsenal de la Marine Nationale — où travaillent 11 000 personnes —, ravitaillement de l'escadre méditeranéenne) **stagnent** et ne sont pas susceptibles de couvrir de nouveaux emplois, même si l'arsenal de la Marine s'est partiellement reconverti vers la construction et la réparation navales civiles, secteurs qui ne sont pas particulièrement en expansion.

Les **activités industrielles des banlieues,** à l'O. comme à l'E., demeurent insuffisantes : *Constructions Navales et Industrielles de la Méditerranée* (6 000 emplois), chantier réputé s'orientant aujourd'hui vers la fabrication de navires commerciaux modernes (frigorifiques, méthaniers, porte-conteneurs, etc), mais aussi vers la production de biens d'équipement (chaudronnerie, escaliers mécaniques, etc) et *Société des Batignolles*, où l'on monte les chars AMX à La Seyne; aciérie *Sud-Acier* (acier « électrique », fers à béton; fermée peu après sa mise en service : rouvrira-t-elle?) et usine de textile du groupe italien *Fratelli Franchi* (nylon-mousse), dans la zone industrielle de Toulon-Est. **Toulon souffre de sous-industrialisation et de sous-emploi :** la population ne compte que 36 % d'actifs.

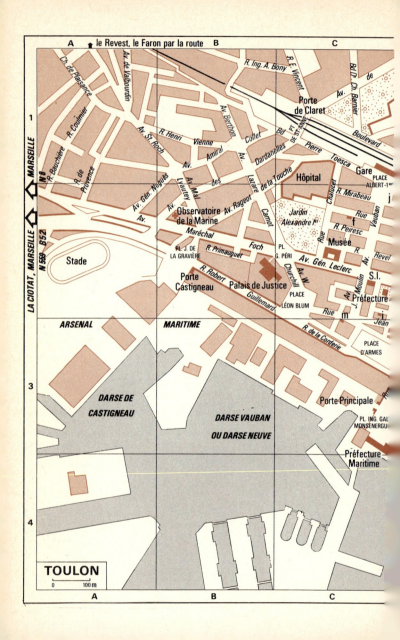

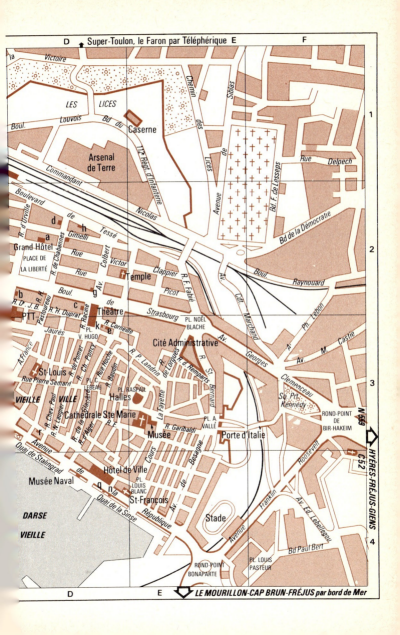

A la recherche d'un avenir. — L'aménagement dans la partie O. de la petite rade de la nouvelle **zone-industrialo portuaire** de 27 ha **de Brégaillon** (déjà partiellement en service, elle devrait être terminée en 1980) débarrassera le port de Toulon-Centre du trafic marchandises (500 000 t/an export. + import.) tout en offrant des emplacements pour l'**installation de nouvelles entreprises** : déjà le *CNEXO* y a installé sa base méditerranéenne. On espère compenser le développement nécessairement limité du **trafic commercial** (on prévoit d'atteindre 1,5 millions de t, mais Marseille-Fos est un concurrent bien proche) par le **développement du trafic passagers** (160 000/an) : la libération du port de ses tas de bauxite et de kaolin, en facilitant le stationnement, la mise en service en 1977 de la portion Aubagne-Aix de l'autoroute B 52, nouvel atout pour un désenclavement, et l'adoption de Toulon comme port d'attache de ses navires de croisière par la *Cie Nouvelle des Paquebots (Paquet)* vont dans ce sens. Ensemble de mesures qui, avec en outre le **développement l'infrastructure touristique** (Toulon est le 2ᵉ port de plaisance de la côte après Cannes) et la création d'un centre universitaire, permettront peut-être à Toulon de retrouver une partie de sa prospérité d'antan : celle-ci avait toujours été fondée uniquement sur les activités maritimes. Il est en effet remarquable que Toulon a traditionnellement vécu en marge de la Provence intérieure, dont la ville est séparée, il est vrai, par toute une série d'obstacles naturels : c'est en partie ce qui explique les émeutes provoquées par le déménagement de la préfecture de Draguignan, installée au cœur des collines, à Toulon, ville maritime.

Visite de la ville

Une journée, bien remplie, suffit pour faire connaissance avec la ville que les particularités de son site vous permettront de découvrir de trois manières différentes et complémentaires : visite classique de la vieille ville (à pied), la ville vue de la mer (avec une promenade en bateau dans la petite rade), vue générale de la rade en montant (en voiture ou par le téléphérique) au sommet du Faron. Une seconde journée vous permettrait de flâner plus à loisir dans la vieille ville et de compléter votre vision par quelques promenades en voiture aux environs (prom. 29 E, 29 F, 29 G), notamment sur le pourtour de la rade.

*Commencez, dès le **matin**, la visite de la **vieille ville** de manière à profiter de l'animation qui règne autour du marché. Parvenu au port, faites en vedette un **tour de la rade,** puis, **après déjeuner** (les restaurants ne manquent pas sur le port), achevez votre visite de la ville. Vous pourrez ensuite monter au **Faron,** mais arrangez-vous surtout pour y être lorsque, le soir, commencent à s'allumer les lumières de la ville : le spectacle en vaut la peine.*

*La circulation et le **stationnement,** particulièrement dans la vieille ville, ne sont pas très facile : laissez votre voiture dans l'un des parkings souterrains (payants) de la place de la Liberté ou de la place d'Armes.*

La ville et ses quartiers. — Avant d'entreprendre la visite de la ville, il n'est pas inutile, autant pour se repérer que pour en comprendre le développement, de **regarder quelques instants le plan** : on reconnaît tout de suite à l'enchevêtrement des ruelles le **noyau ancien**, limité à l'O. par les rues d'Alger et Hoche (plan D 3) et à l'E. par la rue Paul-Landrin et le cours Lafayette (plan E 3), ouvert sur l'emplacement des remparts primitifs; c'est le Toulon d'avant le rattachement de la Provence à la France. De part et d'autre de ce quartier, deux ensembles aux rues beaucoup plus régulières mais encore étroites (plan D 3 et E 3-4) résultent du **premier accroissement de la ville** avant le règne de Louis XIV; autour de la porte d'Italie subsistent les fortifications (reconstruites ultérieurement) élevées sous Henri IV. Tout cet ensemble forme la **vieille ville** — la « Basse ville » comme disent les Toulonnais —, curieux mélange de maisons sans âge, de jolies façades, de boutiques de luxe et parfois de taudis.

Autour de la place d'Armes (plan C 3) s'étend le **quartier établi lors de l'extension par Vauban** de l'enceinte fortifiée : ces fortifications, qui reprenaient à l'E. le tracé des précédentes, suivaient très approximativement le boulevard Général-Leclerc et de Strasbourg (plan CD 2) puis obliquaient vers la place Léon-Blum et englobaient la Darse Neuve (plan B 3).

Au N. du boulevard de Strasbourg s'étend la **« ville nouvelle »**, aux rues larges et au plan en damier : c'est la ville du XIXe s., encore partiellement enclose dans les fortifications de 1852 (plan DE 1). Tout autour, enfin, les **accroissements du début de notre siècle** : quartiers ouvriers à l'E. et à l'O., quartiers résidentiels et bourgeois au pied des premières pentes du Faron, tous établis selon une trame beaucoup plus irrégulière due autant aux particularités topographiques qu'à la croissance spontanée de la cité, sans plan d'urbanisme et au hasard de la spéculation foncière.

29 A - La vieille ville et le port

Les reports de plan renvoient au plan de la vieille ville.

De la place Victor-Hugo, derrière le théâtre (plan B 1), quelques pas conduisent à la **place des Trois Dauphins** (buste de Raimu) et à la **place Puget** : celle-ci doit tout son charme à la végétation ébouriffée et luxuriante de lauriers-roses, mousses, figuiers, fougères et autres capillaires qui a envahi la *fontaine des Trois-Dauphins; mais on dit que certains aimeraient l'en débarrasser pour remettre au jour le groupe de dauphins dû au sculpteur aixois *Jean Chastel* (1782)...

Par la rue Hoche et la **rue d'Alger,** qui descendent vers le port, puis à g. par la rue Émile-Zola, on gagne la cathédrale.

Célébrée dans une chanson de corps de garde, la rue d'Alger fut un temps (elle est aujourd'hui plutôt vouée aux boutiques de luxe, et il vaut mieux voir les rues voisines) une de ces rues typiques du quartier « chaud » du vieux Toulon, au visage équivoque et changeant; aspect méditerranéen bon-enfant de la journée, avec une densité « normale » de passants, gens qui vont et viennent, vaquant à leurs occupations, ménagères faisant leurs courses ou secouant leurs chiffons, linge qui sèche aux fenêtres; aspect tout autre du soir avec une population plus nombreuse et bigarrée qui s'attable dans les pizzerias et autres petits restaurants, avec ses bars à lumière tamisée, ses hôtels discrets, ses couloirs faiblement éclairés et, fidèles à la tradition (sur ce point au moins; V. plus haut), ses marins en bordée.

La **cathédrale Sainte-Marie-de-la-Seds** (plan B 2) se caractérise par un curieux mélange de styles : sa belle façade classique (1696), rythmée par des pilastres — sous lequel s'ouvre le portail central —, est dominée par un massif clocher de 1740 et précède un édifice dont la structure reste romano-gothique.

TOULON ET SES ENVIRONS

La première cathédrale élevée en ce lieu fut construite au XIe s. et remaniée, semble-t-il, deux siècles plus tard; elle était régulièrement orientée E.-O. De 1654 à 1661, cette église fut englobée dans une nouvelle construction à axe N.-S., qui en imitait le style et dont elle constitua, dès lors, les trois premières travées. Encastrée dans la façade, à g., une inscription (1239) provient du mausolée élevé par Dame Sibylle à ses parents et à son mari, Gilbert des Baux, dans le cimetière qui s'étendait au S. de l'église primitive; Sibylle était le dernier membre de la famille des vicomtes de Marseille, sous la domination desquels était Toulon : c'est elle qui légua les fiefs de Toulon et de Trets à Charles d'Anjou, comte de Provence.

Dans la **nef**, chaire en noyer (1829) de *L. Hubac* et *B. Sénéquier*, sculpteurs toulonnais; Christ du XVIIIe s.

Bas-côté dr. — La **2e chapelle** est l'abside romane de l'église primitive. — **4e chap.** : au-dessus de l'autel, Saint Félix de Cantalice, tableau de *Pierre Puget* (vers 1650); à g., Fuite en Égypte, par *Paulin Guérin* (XIXe s.). En haut de ce bas-côté, **chapelle du Corpus Domini** avec un exubérant retable baroque en marbre et stuc dû à *Christophe Veyrier*, neveu et élève de

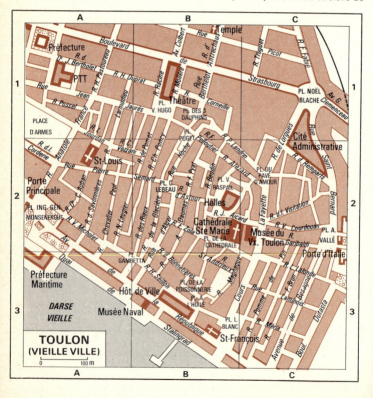

Puget; ce retable est orné d'un groupe en haut-relief : Dieu le Père parmi les anges; de part et d'autre, statues des saints Pierre et Paul; à g., triomphe du Saint-Sacrement, toile de *J.-B. Van Loo*; en face, Le Sacrifice de Melchisédech, par *J.-B. Achard* (1718). Au-dessous, Ensevelissement de la Vierge, bas-relief de *M. Verdiguier* (XVIIIe s.).

Bas-côté g. — A g. du chœur, **chapelle de la Vierge,** avec une Adoration du Saint-Sacrement, par *Jacques Volaire* (1754) et une Annonciation, par *P. Puget* (1650; abîmée par une restauration maladroite). — Dans la chapelle voisine, Assomption, grande toile de *Pierre Mignard* (1654) et statue de la Vierge, sous un baldaquin, par *Vian* (1838).

Le ***cours Lafayette** (plan C 2-B 3), ombragé de platanes, fut ouvert au XVIIe s. sur l'emplacement des remparts médiévaux. C'est, chaque matin, le lieu où se tient **un des plus célèbres marchés de Provence,** celui peut-être dont le spectacle vivant et coloré, l'ambiance de fête, ont inspiré la chanson : « voici pour cinq francs du thym de la garrigue, un peu de safran et un filet de figues... ».

Le **musée du Vieux-Toulon** (plan B 2) occupe, au n° 69, l'ancien évêché, reconstruit en 1786.

Visite : Le musée est fermé par suite de travaux qui dureront vraisemblablement jusqu'en 1981. La bibliothèque reste accessible aux chercheurs. ☎ 92-29-23. Siège de l'association des Amis du Vieux-Toulon.

La **salle historique** évoquait, par divers documents, les faits d'armes des libérateurs de la ville (*Dugommier* et *Bonaparte* en 1793, *de Lattre de Tassigny* en 1944); armes anciennes. Une salle était consacrée à l'**art sacré** et abritait aussi des tableaux et gravures illustrant l'**histoire de Toulon**, des plans de la cité, des maquettes de bateaux anciens, quelques céramiques provençales (un beau poêle de faïence de Moustiers). Cabinet d'estampes et de dessins. La bibliothèque renferme d'intéressants documents sur l'histoire de la Provence et des antiphonaires du XVIe s.

En face du musée, la rue Garibaldi conduit à la **porte d'Italie,** refaite en 1775, qui s'ouvre dans la partie conservée de l'enceinte de Henri IV.

L'**église Saint-François de Paule** (plan B 3), de 1744, offre une élégante façade cintrée, d'un baroque très italianisant.

Restaurée après les dégats subis en 1944, elle abrite un autel du XVIIe s. et une grande ***statue de la Vierge,** en bois doré, dite N.-D. de la Paix, exécutée en 1660 par *Raymond Langueneux*, élève de Puget, en souvenir de la paix des Pyrénées.

Au pied de la haute masse de verre et d'acier du nouvel **hôtel de ville,** s'élève, sur la **place à l'Huile,** la maison des Têtes, du XVIIIe s.; à côté la **poissonnerie** offre chaque matin, dans l'animation d'un marché provençal, de quoi constituer de succulentes bouillabaisses.

En bordure de la Darse Vieille, le **quai de Stalingrad** (plan AB 3), réservé aux piétons, aux terrasses ensoleillées des cafés, et à tous ces vaillants « capitaines » à casquette blanche qui chacun vous promettent le plus beau et le plus intéressant tour de la rade, semble totalement séparé de la ville.

Les vieilles maisons détruites en 1944 ont été remplacées par quatre longs et uniformes bâtiments de sept étages (architecte *Jean de Mailly*) formant un véritable mur de 450 m de long et 24 m de haut, qui, en dépit des interruptions ménagées aux débouchés de la rue d'Alger et du cours Lafayette, ne permet pas l'interpénétration de la ville et de son port. L'avenue de la République, où les commerces ne sont pas nombreux, ne connaît pas une véritable animation piétonnière, et la croissance de la ville en a fait un des grands axes de la circulation : avec ses façades noircies par les gaz d'échappement, le défilement ininterrompu des voitures, elle accentue cette impression de coupure brutale.

La Darse Vieille est la partie la plus ancienne du port : on commença à l'aménager en 1589 sous le duc d'Épernon, gouverneur de la Provence; les deux digues qui la ferment au S. (le Grand Rang à l'O. et le Petit Rang à l'E.) furent terminées en 1610. Une chaîne était tendue dans le passage de 30 m qu'elle laissait libre, d'où le nom de chaîne vieille conservé à la passe de sortie.

Au S.-E. de la Darse Vieille, séparé d'elle par le quai des Pêcheurs, le port marchand, creusé en 1840, s'ouvre directement sur la Petite Rade. Il est désormais exclusivement réservé au trafic passagers (et croisières), le trafic des marchandises s'effectuant, depuis 1977, sur le port nouvellement aménagé à la Seyne-Brégaillon (V. ci-dessus : « ce qu'il faut savoir »).

■ Le **musée naval** (plan B 3) évoque, au moyen de maquettes, tableaux, pièces diverses provenant de navires, l'histoire maritime de Toulon. Sur la façade du bâtiment ont été replacé les deux célèbres *cariatides de *Puget*.

Ces deux « cariatides » (il s'agit en fait d'atlantes) ont été sculptées en 1656 par *Pierre Puget* et constituent l'une de ses premières œuvres de sculpteur : il était jusque-là plus connu comme peintre; elles représentent, sous les traits de deux hercules — qui semblent aussi éprouvés l'un que l'autre par le poids du balcon qu'ils supportent —, la Force et la Fatigue. Ornant jadis la façade de l'hôtel de ville, qui s'élevait à cet endroit, elles avaient prudemment été mises à l'abri avant la guerre et échappèrent au désastre de 1944.

En avant du musée s'étend le **Carré du Port** : un bronze de *Daumas* y symbolise le Génie de la navigation.

Visite : payante, t.l.j. sauf mardi et jours fériés, de 10 h à 12 h et de 13 h 30 à 18 h (17 h en hiver). Le musée est en instance de déménagement; il sera transféré dans un bâtiment construit pour lui, entre la préfecture maritime et l'arsenal (plan A 2-3).

Les *collections, réparties sur quatre niveaux, comportent quelques pièces propres à soulever l'enthousiasme des visiteurs les moins motivés. Parmi beaucoup d'autres, citons les *figures de proue du « Neptune » (1803), du « Charlemagne » et de la frégate « Bellone » (1807); deux superbes *maquettes, de plus de 4 m de longueur, de la « Sultane », frégate de 26 canons (1764-1793), et du « Duquesne », vaisseau de 74 canons (1787-1803), lancés tous deux à Toulon; les modèles de la frégate la « Flotte » (1811) et de l'« Inflexible », vaisseau de 90 canons (1839-1865), des cuirassés mixtes le « Flandre » (1864-1886) et le « Trident » (1876-1900), du croiseur « Colbert » (1928).

Des épaves évoquent le souvenir de la frégate la « Sémillante », dont le naufrage aux îles de Lavezzi, au S. de la Corse, fit 773 victimes (1855) et de la tragique explosion du cuirassé « Liberté » en rade de Toulon (1911). Parmi les **peintures**, signalons une toile de *Joseph Vernet* représentant le port de Toulon au XVIIIe s.; l'Embarquement de l'amiral Ruyter, par *Isabey;* le Combat du vaisseau « Romulus », par *V. Courdouan*. Du dernier étage, belle vue sur la rade.

La **préfecture maritime** (plan A 3) marque, à l'extrémité O. du quai de Stalingrad, le début des installations militaires (cérémonie des couleurs t.l.j. au coucher du soleil ou, au plus tard, à 20 h).

L'**arsenal maritime** (plan A 2) qui fut à l'origine du développement de la ville, en reste encore le plus important établissement industriel.
Partiellement détruit pendant la guerre et reconstruit, il s'ouvrait sur la place Monsenergue par une ***porte monumentale** que l'on a récemment déplacée de quelques dizaines de mètres pour faciliter la circulation; construite en 1738 sous la direction du sculpteur *Joseph-Ange Maucord,* elle est flanquée de quatre colonnes doriques accouplées, en marbre cipolin, rapportées de Grèce au XVIIe s., et supportant un attique de chaque côté duquel sont assises les statues de Mars (à g., par *Verdiguier;* 1796) et de Bellons (à dr., par *Maucord*).

Visite : les jours ouvrables t.l. 20 mn env., de 9 h à 10 h 45 et de 13 h 45 à 16 h, sur présentation de la carte nationale d'identité; durée 45 mn.

Face à l'entrée, la direction de l'arsenal est surmontée par la **tour de l'Horloge** (XVIIIe s.) coiffée d'un ***campanile** en fer forgé (1954) supportant une cloche en bois : l'ancienne cloche, qui était ornée d'une effigie de Louis XIV, grattée à la Révolution, est déposée au pied. L'arsenal englobe toute la partie O. du port, avec la Darse Neuve ou darse Vauban, la darse Castigneau creusée en 1852, et celle de Missiessy, établie par Napoléon III dix ans plus tard. Près des bassins, le long de la Darse Neuve, se trouvait le bagne, évoqué par *Victor Hugo* dans les Misérables. Enchaînés deux par deux, les bagnards faisaient fonctionner les pompes permettant d'assécher les bassins, étaient employés aux forges, à la fonderie de canons, à la corderie. Le bagne fut supprimé en 1854, lorsque fut instituée la relégation à Cayenne.
L'Arsenal n'est plus, aujourd'hui, un grand port de constructions neuves : il joue par contre un rôle prépondérant pour l'**entretien et la réparation des navires de guerre** (et accessoirement de commerce), ce qui explique l'énorme importance de son équipement. Il possède en effet treize formes de raboub dont deux grands bassins de 420 m de long qui comptent parmi les plus grands du monde, et occupe ici plus de 400 ha; mais l'ensemble des installations militaires en couvre le triple et, sur 12 km de littoral toulonnais, la marine en détient 8. Cette entreprise de haute qualification, dont l'activité est, selon *R. Livet* (V. bibliographie), « tantôt celle d'une sentinelle désœuvrée, tantôt celle d'un commando technique », travaille au rythme non planifiable des nécessités de la réparation navale : c'est ce qui lui permit parfois — du temps que les carnets de commande de ceux-ci était bien remplis — de s'associer avec des chantiers civils pour participer à la construction de navires aussi bien que de construire le monocoque Club Méditerranée avec lequel *Alain Colas* a couru la « Transat » 1976.

La **place d'Armes** (plan A 1) a été créée par Colbert en 1683; contre le mur de l'arsenal, porte monumentale de l'ancien sémi-

naire des jésuites, de 1689, assez voisine, par le style, de la porte de l'arsenal; toute la façade E. de la place est du XVIII⁰ s.
L'**église Saint-Louis** (plan A 2), bâtie par *Sigaud* de 1782 à 1789, gravement endommagée en 1944, a été restaurée par *Colas* en 1955.

C'est un intéressant spécimen de l'architecture religieuse française de la fin du XVIII⁰ s., avec son chœur en rotonde surmonté d'un lanternon, la double colonnade dorique qui porte sur des architraves la voûte de la nef et les deux chapelles rondes aménagées dans l'épaisseur de la façade. Chaire sculptée de *Vian* (milieu du XIX⁰ s.); Vierge du XV⁰ s.; Saint Pierre aux liens, toile de *Van Loo*.

29 B - La ville moderne

Elle s'ordonne autour de l'axe formé par le bd du Général-Leclerc et le bd de Strasbourg, artère maîtresse regroupant la majeure partie des grands magasins, cafés et cinémas, malheureusement envahie par une circulation asphyxiante depuis qu'elle relie entre elles les deux autoroutes Est et Ouest.

Le **Théâtre** (1862, plan D 2-3), ou **Opéra municipal**, à l'orée de la vieille ville, passe pour posséder l'une des meilleurs acoustiques des salles françaises. Toute la décoration en est due à des artistes toulonnais : statues des Muses du Poème épique par *Pierre Montagne*, à la façade N., de la Comédie et de la Tragédie lyrique par *Daumas*, à la façade S. A l'intérieur, la galerie conduisant au foyer est ornée d'une vaste composition du peintre *Sellier* reproduisant, sous les traits de personnalités locales, la farandole de l'opéra Pétrarque (composé par le Toulonnais *Hippolyte Duprat*); dans la salle, plafond peint par *Deveau*.

La **place de la Liberté** (plan D 2), ombragée de platanes et de palmiers, est ornée du pompeux monument de la Fédération, par *André Allart*, élevé en 1889 pour le centenaire de la Révolution. Dans l'angle N.-O. de la place, le bâtiment de la **Caisse d'Épargne** (1962) est un très bel exemple des possibilités offertes en architecture par le verre et l'aluminium.

▣ Le **musée-bibliothèque** (plan C 2), construit de 1882 à 1887, abrite un musée d'Art et d'Archéologie, un museum d'Histoire naturelle et la bibliothèque municipale.

Visite : payante, t.l.j. sauf lundi et mercredi, de 10 h à 12 h et de 15 h à 18 h. Conservateur : M. *Jean Lacam*.

Le **museum d'Histoire naturelle** (au rez-de-chaussée) se divise en deux sections : géologie, avec une belle collection de fossiles et de minéraux; zoologie, avec une collection importante de coquillages et coraux s'ajoutant aux habituels oiseaux, reptiles, mammifères naturalisés. Des projections y ont lieu périodiquement pendant l'année scolaire.

Le **musée d'Art et d'Archéologie** comporte quant à lui trois sections : archéologie, art d'Extrême-Orient, peintures.
Salle d'archéologie (rez-de-chaussée) : — Tête sculptée de Ramsès II (XIX⁰ s. dynastie thébaine); collection de figurines égyptiennes (1ᵉʳ millé-

naire avant J.-C.); ensemble de vases grecs historiés (du VIe s. au IIIe s. avant J.-C.); les suppliants de la Courtine, rare spécimen de l'art celto-ligure (IVe s. au IIe s. avant J.-C.); nombreuses sculptures romaines trouvées dans le sous-sol de la ville (IIe s. et IIIe s.); monnaies et poteries romaines; meules de moulins à huile provenant de la Courtine. Médaillier de 1 000 pièces.

Salle orientale (au rez-de-chaussée); belle collection provenant d'un legs). — **Asie centrale** : figurines en terre cuite, art de Gandhara, IIe s. — **Tibet** : statuettes, trompettes, théière, moulins à prières, encensoir, bannières, etc. — **Inde** : statuettes, battants de cloches, antéfixes, etc. — **Insulinde** : statuettes, armes, théâtre d'ombres, etc. — **Chine** : statues, statuettes époque Tang, époque Song. Bel ensemble de céramiques (statuettes, plats, coupes) époques Wei, Tang, Song. Urne funéraire (époque Song); panneaux de bois sculpté. — **Japon** : céramique, statuettes, cloisonnés, etc.

Galerie de peinture (au 1er étage). — **École Byzantine** : Christ (XIIe s.). — **École italienne** : *Anonymes*, le Triomphe de David (XVIe s.), Jésus et les Apôtres (prédelle; éc. de Toscane, XVIe s.), portrait d'homme (XVIe s.), le Faune blessé (XVIIe s.); *G. Sogliari* (1492-1544), la Vierge, l'Enfant et saint Jean; *A. Carrache*, Ariane à Naxos, Bacchus et Ariane quittant Naxos; *Solimena*, saint Benoît guérissant les malades; *Panini*, Marine et architecture. — **École du Nord** : *Pietro Aersten* (1508-1575), Marthe préparant le repas de Jésus; *P. Breughel*, Proverbes flamands; *G. Honthorst*, le Buveur; *Victoor Jan*, portrait d'un bourgmestre. — **École française** : *Jean Raoux*, Jeune fille lisant; *Carle Van Loo*, Hercule et Achéloüs; *Fr. de Troy*, Gentilhomme avec son chien; *Louis David*, les Princesses Zénaïde et Charlotte; *Honoré Revelly*, portrait de Verdussen et de sa femme; *Paulin Guérin*, portrait de Mme Guérin, portrait de Charles X; autres portraits des XVIIe et XVIIIe s., toiles de *Monnoyer, Leconte, Joseph Vernet, Volaire*. — Œuvres d'*Émile Bernard, Eugène Carrière, Courdouan, Coste, Lucie Cousturier, Engalière, Ch. Guérin, Guigou* et *Monticelli*. — La **salle de peinture moderne** abrite des œuvres de *Maurice Denis, Vlaminck, Othon Friesz, Roland Oudot, Brianchon*, etc.
À citer encore, les **peintres provençaux** *Ambrogiani, Baboulène, Eisenchitz, Échevin, Mattio, Palmieri, Perthus, Olive, Tamari*, etc.

Au 1er étage se trouve également une **salle consacrée à la photographie** et regroupant, grâce à des dons, des œuvres de grands maîtres contemporains.

Le **jardin Alexandre Ier** (plan C 2) mérite un coup d'œil; planté de belles essences méditerranéennes, il est orné de divers monuments en bustes (dont celui de Pierre Puget par *Injalbert*) et conserve la porte (XVIIe s.) d'une ancienne chapelle de Six-Fours.
En arrière s'étend l'hôpital civil, fondé en 1678 et agrandi en 1853; la façade de la chapelle est ornée des statues des fondateurs par *Daumas* et *Montagne*; dans la cour, cyprès chauve du Canada, provenant d'une bouture rapportée en 1797.

29 C - Le Mourillon et le cap Brun

Courte promenade en voiture (7,5 km A.R.)

Du Rond-point Bonaparte (plan E 4), suivez au S. l'av. de l'Infanterie de Marine, qui longe à dr. les installations du port de Commerce, puis, après le rond-point de l'Artillerie, continuez tout droit par l'av. des Tirailleurs Sénégalais, le long de l'arsenal du Mourillon, jusqu'à la pointe de la Mitre.

La ***tour Royale** ou **Grosse tour de la Mitre**, est la plus ancienne des défenses installées à l'entrée du port : elle fut construite sur l'ordre de Louis XII, de 1514 à 1524, par l'ingénieur italien *Jean-Antoine de la Porta.*

La tour n'a en fait servi que tardivement : livrée sans combat à Charles Quint lors de sa première invasion de la Provence (on ignore ce qu'il advint d'elle lors de la seconde), elle était couverte à l'E. par le fort Saint-Louis lors du siège de 1707 et le fut davantage encore après la construction du fort Lamalque. On l'utilisa comme prison, à partir de 1793 et au cours du XIXe s. et, en 1944, les Allemands y installèrent des pièces d'artillerie antiaérienne; classée monument historique en 1947, elle fut ensuite aménagée en annexe du musée naval.

Visite : payante t.l.j. sauf lundi, de 14 h à 18 h du 1er juin au 15 sept., et de 15 h à 18 h du 16 sept. au 30 oct., pendant les vacances de Noël et du 1er mars au 31 mai.

Les deux derniers étages de la tour ont été détruits par les bombardements alliés. Il reste, malgré tout, un **énorme ouvrage** de 60 m de diamètre, aux murs épais de 5 à 7 m à la base et 3 au sommet, entouré d'un large fossé jadis rempli d'eau. A la base, une galerie circulaire est flanquée de seize casemates arrondies, voûtées en cul-de-four et percées d'embrasures pour batteries à tir rasant. La tour abrite quelques belles pièces du **musée naval** : figures de poupes et de proues, dont celle du navire « Montebello », armes, dont un très beau canon chinois en bronze.

 Du chemin de ronde, superbe ***panorama sur la rade**, la presqu'île de Saint-Mandrier rattachée à la terre par le petit isthme des Sablettes (en arrière duquel se profile le cap Sicié), vers l'O. ; la grande rade, séparée de la petite rade par trois jetées longues de 1 250 m, vers le S. ; le port, la ville et le Faron, vers le N.

Revenez sur vos pas sur 700 m pour prendre à dr. le bd du Docteur-Cunéo.

On débouche sur la grande rade, devant le petit ***port du Mourillon**, surveillé par le fort Saint-Louis.

Construit sur les plans de l'ingénieur Niquet, *de 1692 à 1697, le fort subit, lors du siège de 1707, un bombardement ininterrompu de 19 jours, mais sa résistance héroïque aux troupes austro-sardes sauva la Provence de l'invasion. Relevée aussitôt de ses ruines, il ne servit plus ensuite que de prison. Il est auj. occupé par le club nautique de la Marine nationale.*

Toute cette portion du littoral, plus connue jadis sous son nom de rade des Vignettes, vient de faire l'objet de grands travaux d'équipement : on y a aménagé des **plages artificielles** bien abritées ainsi qu'un vaste **port de plaisance**.

La **corniche Frédéric-Mistral**, qui longe la côte, laisse sur la g. une rue montant au **fort Lamalgue**, construit en 1762, très endommagé en 1944, et d'où l'on a une belle vue sur la grande rade, puis également à g., le **jardin d'acclimatation** de la Société d'horticulture. Au-delà du port de plaisance, elle s'éloigne pour couper le **cap Brun**, dont les pentes boisées sont occupées par un quartier résidentiel et, au sommet, par un fort.

 Du port de plaisance, une agréable promenade à pied consiste à suivre l'ancien sentier des douaniers qui, au-delà du Cap Brun, rejoint l'anse de Port-Méjean, aux flancs ombragés de pins.

29 D - Le mont Faron

C'est la plus belle excursion que l'on puisse faire dans les environs immédiats de Toulon; pour profiter du meilleur éclairage, vous choisirez de préférence l'après-midi, mais la fin du jour, avec les lumières qui s'allument tout autour de la rade, offre aussi un spectacle de choix. Si vous êtes pressé, vous pourrez monter par le téléphérique : départ rue Édouard-Perrichi, au pied du restaurant de l'hôtel Frantel-La Tour Blanche (parking; on y monte tout droit par le bd Sainte-Anne, partant de l'av. de la Victoire : plan D 1); le téléphérique fonctionne t.l.j. de 9 h à 12 h et de 14 h 15 à 18 h 30 en été ou 17 h 45 en hiver (un départ toutes les 10 mn; navettes d'autobus entre la gare inférieure et le bd de Strasbourg : arrêts reconnaissables à leur cabine rouge). Si vous avez le temps, vous pouvez monter en voiture : itinéraire balisé sur une route extrêmement sinueuse et assez étroite, mais à sens unique : superbe parcours de 18 km.

En prélude, ou en remplacement éventuel, vous pouvez aussi faire, en voiture, la promenade de **Super-Toulon** : ce quartier résidentiel, étagé sur les premières pentes au Faron, est traversé dans toute sa longueur par le **boulevard du Faron** et la **corniche Marius-Escartefigue** qui constituent une superbe *route panoramique; à parcourir le matin dans le sens E.-O. ou l'après-midi dans le sens contraire. On peut rejoindre la corniche par le chemin indiqué ci-dessus pour la gare du téléphérique, ou la prendre à son extrémité occidentale, place du Cdt Lamy, que l'on rejoint par l'av. Saint-Roch et l'av. Valbourdin (plan A 1).

Pour monter au Faron (itinéraire fléché) on suit également l'av. Valbourdin (plan A 1) puis, toujours tout droit, on rejoint le chemin du Fort Rouge que l'on prend à dr. La route, alors, s'élève rapidement sur des pentes rocheuses, plus ou moins boisées de pins d'Alep.

9 km : mémorial du Débarquement des Alliés en Provence, aménagé dans le petit fort de la **tour Beaumont**, construite en 1845 à 530 m d'alt. pour assurer la protection terrestre de Toulon.

Visite : payante t.l.j. de 9 h à 11 h et de 14 h à 18 h 45 du 1er juillet au 15 sept.; de 9 h à 11 h et de 14 h à 17 h du 16 sept. au 30 juin.

La libération de Toulon. — *Le 15 août 1944, l'armée franco-américaine commandée par le général Patch débarque sur la côte des Maures et de l'Estérel. Le plan initial ne prévoit l'attaque de Toulon que 15 jours plus tard. Mais le 18 août, le général de Lattre de Tassigny qui commande les forces françaises, apprenant que l'ennemi renverse son dispositif, décide de brusquer l'attaque du camp retranché, pivot de la défense allemande. Moins de 15 000 Français vont se heurter à 25 000 Allemands, puissamment retranchés. Cette décision hardie surprend l'ennemi en pleine manœuvre et avant l'arrivée de ses réserves.*
La manœuvre de débordement est menée rapidement. Le 20 août, les éléments de la division Monsabert, guidés pendant la nuit par les F.F.I. à travers le sauvage massif du Grand-Cap, occupent le Revest, le Croupatier, Le Pipaudon et repoussent toutes les contre-attaques.
La manœuvre frontale est menée par les divisions Moignon et Brosset. La première occupe la partie E. de Solliès-Pont. Une brigade des Forces

Françaises Libres enlève le mont Redon, au N.-E. d'Hyères; une autre enlève les Salins, atteint l'Almanarre, isolant la presqu'île de Giens, tandis que le centre se heurte au barrage du Gapeau qui ne sera franchi, au carrefour du Golf-Hôtel, que le 21 août.
Un glorieux fait d'armes achève la rupture d'équilibre : l'enlèvement du fort du Coudon, clé du camp retranché de Toulon. Ce fort domine la plaine de plus de 500 m; il n'est abordable que par le N.; les versants du belvédère rocheux sont extrêmement escarpés des trois autres côtés.
Le 20 août au matin, favorisés par le brouillard, des éléments du groupe de choc du colonel Bouvet parviennent sous les murs du fort qu'ils escaladent à l'aide de cordes, et attaquent les défenses à l'arme blanche. Les Allemands se rendent. Les mortiers et les munitions de l'échelon lourd parviennent dans la nuit à dos de mulet et, au jour, toutes les batteries allemandes de la région de La Farlède sont réduites au silence.
La prise de Coudon entraîne l'écroulement de tout le système défensif allemand. La lutte continue sporadiquement les 23 et 24 août. A l'intérieur de la ville, les groupes de la Résistance avaient engagé le combat dès le 17 août. Le 25 août fut la journée de la libération définitive de Toulon. Seule continue la résistance de la presqu'île de Saint-Mandrier, refuge de l'amiral Ruhfus avec 1 800 hommes d'élite. L'artillerie française réduit au silence les pièces de 340 et l'amiral allemand capitule dans la nuit du 27 au 28 août.
L'ennemi a perdu à Toulon 25 000 hommes dont 18 000 prisonniers et 7 000 tués ou blessés. Du côté français, les pertes se chiffrent à 2 000 tués ou blessés.
Le 27 août, les troupes victorieuses défilent dans Toulon devant le général de Lattre de Tassigny. Le 13 septembre, 25 bâtiments de la marine française qui ont pris part à la bataille de Toulon, sous le commandement de l'amiral Lemonnier, font leur rentrée dans la rade encombrée d'épaves.

Inauguré le 15 août 1964, à l'occasion du vingtième anniversaire du débarquement, par le général de Gaulle (on découvrit peu de temps après qu'un attentat avait, à cette occasion, été préparé contre le chef de l'État), le mémorial comprend plusieurs **salles d'exposition** consacrées aux différentes armées qui ont participé au débarquement et à leurs chefs, une salle où sont exposés divers objets, maquettes, photographies, documents, relatifs aux opérations, une salle de cinéma et surtout un **diorama** de 15 m de développement, animé et sonorisé, représentant la côte depuis Anthéor jusqu'à Marseille et sur lequel un spectacle audio-visuel de 20 mn fait revivre dans ses grandes lignes l'ensemble du débarquement.
De la plate-forme supérieure de fort, magnifique **panorama*; des tables d'orientation permettent de situer la ville et ses environs dans le cadre des opérations militaires d'août 1944.

La route parcourt la crête du Faron; après une chapelle aménagée dans une ancienne poudrière, on peut visiter, un peu plus loin, un **zoo**, en même temps centre de reproduction, d'élevage et de dressage de fauves (lions, tigres, jaguars, pumas, et otaries, ours, singes, etc.; entrée payante t.l.j. de 8 h à 12 h et de 14 h à 20 h en été, ou de 10 h à 12 h et de 14 h à 18 h en hiver).
A l'extrémité orientale du massif, on atteint le **fort de la Croix-Faron** (539 m) puis, par des virages serrés, laissant à g. le **fort Faron** (398 m), on plonge sur la ville.

29 E - Le tour de la Rade

*Une autre belle excursion, à faire **en bateau** (recommandé; 1 à 2 h selon l'itinéraire) **ou en voiture** (2 h ou plus, suivant le temps que vous accorderez à la flânerie). En bateau, vous pourrez soit emprunter les services réguliers (15 mn pour La Seyne; 30 mn pour les Sablettes ou Saint-Mandrier, plus intéressants) soit l'une des promenades qui sont proposées aux touristes; tous les départs ont lieu du quai de Stalingrad. En voiture, 17 km jusqu'à Saint-Mandrier d'où l'on peut revenir en faisant éventuellement un crochet par le cap Sicié.*

Sortez de Toulon par l'av. Maréchal Foch (plan A 2) et, plus loin à g., la N 559 qui passe sous l'autoroute et vient rejoindre (**5** km) le rivage de la petite rade.

7 km : **La Seyne-sur-Mer** (51 669 hab., les *Seynois*), seconde ville du département, cité industrielle vivant au rythme de ses importants chantiers de constructions navales.

A l'origine très modeste port de pêche, « La Sagno » vit s'établir, vers 1580, quelques négociants descendus de Six-Fours, alors fief des abbés de Saint-Victor de Marseille. En 1614, le village fut constitué en paroisse et en 1636, il était administré par ses propres syndics. Mais ce n'est qu'en 1657, par lettres patentes de Louis XIV, qu'il acquit l'indépendance communale.

Les chantiers navals. — La vocation industrielle de la ville remonte à 1835, lorsqu'y furent installés les premiers chantiers, constitués en 1856 en *Forges et Chantiers de la Méditerrannée*, puis devenus, après une crise grave en 1965-66, les *Constructions Navales et Industrielles de la Méditerrannée (CNIM)*. Second ex-aequo avec ceux de La Ciotat, les chantiers emploient env. 6 000 personnes et s'étendent sur 35 ha, dont 10 de surface couverte. Disposant de deux cales de 250 m de long, d'une grande forme de 215 m sur 57 m, d'un double môle d'armement de 325 m et d'un quai d'armement en eau profonde de 500 m, tous équipés d'énormes moyens de levage, les **chantiers se sont spécialisés** dans la construction de navires transporteurs de gaz liquéfiés dont la capacité peut atteindre jusqu'à 280 000 m^3; ils construisent aussi des porte-conteneurs, cargos rouliers, pétroliers, navires frigorifiques, etc., voire des bâtiments militaires (pour des Marines étrangères; ils ont même construit quelques sous-marins).

Mais le **secteur non maritime** représente ici une **part assez importante** (env. 30 %) **de l'activité** des chantiers : construction d'usines d'incinération d'ordures, d'unités de dessalement de l'eau de mer, aussi bien que d'escaliers mécaniques, de pièces de grosse chaudronnerie (notamment pour l'industrie nucléaire), l'usinage de pièces mécaniques de très grandes dimensions telles que turbines, matériel d'armement, etc. L'ensemble des chantiers travaille à 70-80 % pour l'exportation.

Église de 1674. **Hôtel de ville** construit, après les destructions de la guerre, par l'architecte *Jean de Mailly*.
Le **musée municipal de la Mer** (av. Garibaldi, à l'angle de la rue Camille-Flammarion) expose plus de 3 000 pièces de la faune et de la flore sous-marines, assez curieusement naturalisées et présentées (entrée payante t.l.j. sauf le vendredi et les lundis et samedis matin, de 10 h à 12 h et de 14 h à 18 h).

La route contourne les chantiers puis rejoint le rivage (vue sur Toulon) peu avant le petit **fort de l'Eguillette**, constuit de 1672 à 1680.

- **10,5** km : **fort de Balaguier**, construit de 1634 à 1635 sur l'ordre de Richelieu, de manière à fermer, avec la Tour Royale qui se trouve en face, l'accès à la petite rade; il abrite depuis 1971 un **musée Naval**.

Visite : payante t.l.j. sauf lundi, mardi, et en octobre, de 10 h à 12 h et de 15 h à 19 h en été, de 14 h à 18 h en hiver.

Le musée possède de belles et nombreuses maquettes de navires, certaines sorties des chantiers de La Seyne, des souvenirs du bagne de Toulon, de l'épopée napoléonnienne, de *George Sand* qui habita Tamaris en 1861 (elle y écrivit un roman, « Tamaris », et une pièce de théâtre, « Le Drac ») et de *Michel-Pacha*. Peintures de *P. Puget, Vernet, Roux* père et fils, *Brenet, A. Sebille, Maurel-Fatio, J.-B. de la Roze*.
Dans la **chapelle** du XVIIe s., récemment restaurée, exposition sur les **galères** et le **bagne** (1748-décembre 1873); nombreux documents, lithographies, dessins et objets créés par les bagnards, dont un très beau Christ en bois sculpté. Expositions anuelles.
Sur les remparts, canons de 18 livres, d'un poids de 3,7 t, ayant participé au siège de Toulon.
Des jardins et terrasses (table d'orientation; jumelles), *****panorama** unique sur la rade.

≈ **11,5** km : **Tamaris**, station balnéaire (commune de La Seyne) fondée par *Michel-Pacha*, enfant de Sanary devenu directeur des phares en Turquie. Villas et résidences s'allongent au bord de mer dans la verdure et montent au flanc d'une colline (86 m) couronnée par le fort de Napoléon.

Lors de l'occupation de Toulon par les Anglais, en 1793, il n'y avait là qu'une vieille redoute, dite Caire, que les Anglais transformèrent en véritable forteresse; clé de la défense de Toulon — on la surnomma pour cela le Petit-Gibraltar —, elle couvrait du côté de la terre les tours de l'Eguillette et de Balaguier. C'est en installant ses batteries sur les hauteurs voisines que Bonaparte réussit à s'en rendre maître, ouvrant la porte de Toulon à l'armée républicaine. Un fort plus puissant, le fort Napoléon, fut construit en 1811-1813.

La route, longeant le rivage de la baie du Lazaret où émergent les piquets de parcs à moules, passe devant un « palais mauresque » occupé par l'Institut de biologie marine de l'Université de Lyon.

≈ **13** km : **Les Sablettes**, jadis petit village de pêcheurs, auj. station balnéaire; situé sur l'isthme sablonneux reliant la presqu'île de Saint-Mandrier au continent, le village avait été pratiquement rasé en 1944; il a été reconstruit par l'architecte *Fernand Pouillon* en 1952.

Du côté de la pleine-mer, une belle plage de sable fin s'étend sur 1 500 m entre les quartiers de Mar-Vivo (à l'O.) et de Saint-Elme (à l'E.) où se trouve un petit port de plaisance dominé par un fort. Au S.-O., on aperçoit le promontoire du cap Sicié et, un peu avant, en mer, deux rochers jumeaux en forme de pain de sucre appelés les Deux Frères.

SAINT-MANDRIER — CHÂTEAUVALLON

Après avoir traversé l'isthme, la route s'élève en laissant à g. l'ancien Lazaret (1657) puis s'élève à travers bois avant de redescendre sur le port de Saint-Mandrier.

17 km : **Saint-Mandrier** (6 767 hab.), au fond d'une petite anse, dite Creux Saint-Georges, où se niche le port de pêche et de plaisance.

La partie orientale de la presqu'île, dominée par un fort (124 m) et couverte de bois, est occupée par divers établissements militaires (accès interdit) : École des mécaniciens de la Marine, installée depuis 1937 dans l'ancien hôpital, installations de la base aéronavale, etc.

Du fond du port on peut prendre à l'O. une petite ruelle montant jusqu'au cimetière : de là, très belle *vue sur la rade et la mer.

Si vous n'avez pas déjà eu l'occasion de faire l'excursion de N.-D. du Mai et cap Sicié vous pouvez, plutôt que rentrer directement à Toulon, prolonger votre promenade de la manière suivante :
Revenez par le même chemin jusqu'aux Sablettes où vous continuerez tout droit par la D 160. Un km plus loin (22 km de Toulon au total), au **Pas du Loup,** *s'amorce à g. la route montant à N.-D. du Mai par Fabrégas. Retour par l'itinéraire décrit en 28 B, à partir du km 76. Le circuit totalise alors 45 km.*

29 F - Châteauvallon et Evenos

Route : circuit de 58 km (en comptant les ascensions du mont Caume et du Bau de Quatre heures; 36 km seulement sans ces deux incursions).

Le chemin de Châteauvallon est fléché à partir de l'av. Maréchal-Lyautey (plan B 1-2). La route traverse les faubourgs où les maisons s'égaillent peu à peu parmi les arbres et les jardins puis atteint (6,5 km) un vallon boisé où elle tourne à dr. pour monter au flanc de colline.

7 km : **Centre culturel et artistique de Châteauvallon**, établi parmi les pins, les oliviers, les genêts et les pierres dans un site de toute beauté, avec la ville et la rade en fond de tableau.

Créé en 1964 par Henri Komatis *(peintre et sculpteur) et* Gérard Paquet *(journaliste), ce ne fut au départ qu'un théâtre en plein air aménagé près d'un ancien fortin du XVII*e *s. et où, dès les premières manifestations, se pressaient deux fois plus de spectateurs qu'il n'y avait de places. Répondant d'évidence aux besoins d'une population jusqu'alors assez démunie sur le plan de l'équipement culturel, Châteauvallon connût rapidement un vif succès, l'aventure se mua en entreprise, le théâtre s'agrandit, des salles furent aménagées, un restaurant ouvert.*

Châteauvallon aujourd'hui, c'est, dans un cadre que l'on a su respecter, deux théâtres en plein air dont un de 2 000 places, un théâtre couvert de 600 pl., des salles d'exposition et de conférences, un restaurant panoramique, une unité d'hébergement pour accueillir artistes et participants aux rencontres. C'est surtout, animé par une équipe dynamique, un **lieu de rencontres et de manifestations** artistiques de tous ordres : théâtre, cinéma, musique classique, jazz, danse, expositions, colloques y rassemblent tout au long de l'année, et plus particulièrement en juillet-août, des milliers de participants dans un vaste « carrefour d'idées ».

Du fond du vallon, un bon chemin balisé de 2 km monte à l'**oppidum de la Courtine**, établi sur un banc de basalte dominant Ollioules : vestiges de remparts et d'habitations d'une bourgade celto-ligure qui exploitait les roches basaltiques pour fabriquer des meules, lesquelles étaient exportées, à l'époque grecque, par les commerçants massaliotes; on y a trouvé des poteries grecques et des monnaies de Marseille.

De Châteauvallon, revenez sur vos pas sur env. 1,5 km pour prendre à dr. la rue Bonfante et rejoindre, encore à dr., la D 92 qui conduit à Ollioules.
11 km : on rejoint la N 8 à l'entrée d'**Ollioules** : suivez cette route jusqu'à
(**17 km**) **Sainte-Anne-d'Evenos** (V. it. 28 A, en sens inverse, du km 57,5 au km 52,5) où vous prendrez à dr. la D 462; celle-ci remonte sur 2 km les jolies ***gorges du Cimail**, creusées par les eaux dans des grès blancs, entre une falaise de calcaire rouge, à g., et des roches déchiquetées en aiguilles qui émergent au-dessus des pins, à dr. Promenade à la source vauclusienne de la Foux.
20 km : prenez à dr. pour monter à ***Evenos** (336 m; 221 hab., 700 pour la commune), vieux village remarquablement situé sur un piton rocheux et dominé par un fort (398 m) : ruines d'un château en basalte des Xe-XIe s., agrandi au XVIe s., dont un sentier (***vue**) permet de faire le tour.
Revenez au carrefour et prenez à dr.; la route descend dans les gorges du Destel, franchit le torrent au hameau du **Broussan** puis remonte vers (26,5 km) le **col du Corps de Garde** (690 m).
Peu après le col se détache à g. une petite route de **4** km montant aux deux forts du **mont Caume** (801 m; ***vue**), la plus élevée des montagnes toulonnaises.
39,5 km (en comptant l'aller et retour au mont Caume) : à dr. s'embranche la D 262, très étroite, qui monte jusqu'au **sommet du Bau de Quatre-Heures** (7 km; beau parcours; traversant un champ de tir, la route n'est ouverte que les dim. et j. fériés).
58 km : **Toulon**.

29 G - Le Revest-les-Eaux, le Coudon

Route : circuit de 40 km (24 sans l'ascension du Coudon).

Quittez Toulon par l'av. Saint-Roch (plan A 1) qui se prolonge par la D 46, remontant la vallée du Las, au pied du Faron.
4 km : chapelle Saint-Pierre : prenez à g. la D 846 qui s'élève, assez sinueuse, au pied des premières pentes du mont Caume.
8 km : **Le Revest-les-Eaux** (190 m; 1 688 hab.), vieux village dominé par une haute tour carrée médiévale servant de beffroi. Église de la 2e moitié du XVIIe s. : château du XVIIe s., à tourelle d'angle.
10 km : **barrage du Ragas**; construit en 1912 pour l'alimentation en eau de Toulon et de La Seyne, il est haut de 42 m et forme une retenue de 1 million de m^3; il est alimenté par une source vauclusienne sortie, à 1 500 m en amont, du profond gouffre de Ragas.
La route descend le joli ravin de Dardennes.
11 km : **château de Dardennes**, construit sur les bases d'une ancienne tour celto-ligure; suivez à g. la D 46.
13,5 km : à g. s'embranche la D 446, étroite et sinueuse, qui monte (**8** km) au **sommet du Coudon** (702 m; ***vue**) dont le fort fut, lors des combats pour la Libération, enlevé à l'arme blanche (sur le déroulement des opérations, V. ci-dessus 29 D).

32,5 km (avec l'excursion au Coudon) : **La Valette-du-Var** (64 m; 14 873 hab.), auj. totalement intégrée à l'agglomération toulonnaise.
L'**église**, dont la nef est un large vaisseau gothique du XVIe s., sans bas-côtés, conserve un chœur de trois travées carrées du XIIe s.; l'abside

a été crénelée au XIVe ou au XVe s. Sur l'imposte du portail, bas-relief attribué à *Puget* et représentant saint Jean rédigeant l'Apocalypse; vantaux du XVIe s.; à l'intérieur, tableau de *Guillaume Grêve,* d'Avignon (1656), représentant l'Institution du Rosaire.

Pour rentrer à Toulon, on peut rejoindre (1 km) l'autoroute. Il est plus agréable d'emprunter la corniche Marius-Escartefigue et de la suivre jusqu'à l'hôpital Sainte-Anne où l'on prendra à g. le bd Sainte-Anne pour aboutir aux Lices (plan D 1).

40 km : **Toulon.**

30 - De Toulon à Brignoles

Laissant de côté le sombre massif cristallin des Maures, boisé de pins, de chênes-lièges et de châtaigniers, la route s'insinue dans une de ces petites vallées caractéristiques des paysages de l'« arrière-pays » varois. Y alternent les collines caillouteuses aux formes abruptes, couvertes par la forêt, écorchées parfois d'une saignée de bauxite, et les bassins et cuvettes plus ou moins exigus, où les rangs réguliers des ceps de vigne viennent buter sur le fouillis de chênes verts des premières pentes. Tassés au pied des collines ou nichés sur de petits éperons, les villages se parent toujours au moins d'un bouquet de platanes, plus rarement de vieux ormes, et d'une fontaine qui chante doucement dans leur ombre claire.

30 A - De Toulon à Brignoles

Route : 51 km N. par l'autoroute C 52 et les routes D 554 et D 5.

☛ Quittez Toulon par l'av. Georges-Clemenceau (plan F 3) et l'autoroute C 52.
5 km : sortie pour La Valette-du-Var (V. it. 29 G, km 32,5).
6 km : sortie pour Hyères (V. le Guide Bleu *Haute-Provence-Côte d'Azur*).
Longeant la nationale, dominée à g. par le massif du Coudon, l'autoroute court en bordure d'une large plaine où l'industrialisation (zone industrielle de Toulon-Est à dr., entre l'autoroute et le chemin de fer) et l'expansion urbaine disputent la place aux cultures maraîchères et surtout aux vergers (figues et cerises du Solliès).
18 km : sortie vers **(1 km) La Farlède** (78 m; 3 027 hab.).

➜ De ce bourg, une petite route (D 67) en forte pente monte à **Solliès-Ville** (224 m; 850 hab.), vieux village perché possédant une intéressante ***église** (vers 1200; clé au musée), de plan très inhabituel : deux nefs d'égale hauteur, aux voûtes soutenues par des grosses ogives de profil carré reposant sur des piliers à ressauts; ni abside, ni transept. A l'intérieur, crucifix en bois du XIIIe s., retables des XVIe et XVIIe s., précieux buffet d'orgues en noyer sculpté, de 1499 (l'un des plus vieux de France) et, dans le chœur, ciborium en pierre, du XVe s., haut de 10 m.

◼ Le **musée Jean Aicard** (ouv. t.l.j. sauf mardi, et 10 h à 12 h et de 15 h à

SOLLIÈS-VILLE — MONTRIEUX

18 h; fermé en octobre) est installé dans la maison de vacances de l'écrivain (1848-1921); meubles provençaux; souvenirs de l'auteur de Maurin des Maures.
Dominant le village, ruines du château de Forbin : *vue sur la vallée du Gapeau et le massif des Maures.

14,5 km : l'autoroute laisse à dr. **Solliès-Pont** (72 m; 4 612 hab.; jolie place ombragée de platane et ornée d'une fontaine; château du XVIIe s.).
15 km : laissant, droit devant, la N 97 (vers Le Luc et Nice), prenez à g. la D 554 qui remonte la vallée du Gapeau, resserrée entre les montagnes toulonnaises.
16,5 km : à g., **Solliès-Toucas** (106 m; 1 549 hab.); église du XVIIe s.
18 km : hameau de **La Guiranne;** de la grotte de Truebis, longue de 250 m, jaillit parfois un important cours d'eau.
22,5 km : **Belgentier** (153 m; 694 hab.) conserve le souvenir de *Nicolas Fabri de Peiresc* (1580-1637), érudit et célèbre mécène (V. Aix) né au **château** (milieu du XVIe s.) que décora plus tard *Pierre Puget;* tanneries et faïenceries.

26 km : **Le Martinet,** où se détache à g. une route (D 202) pour (11 km) Signes.

Sur cette route, à **1** km du Martinet, s'embranche à g. le chemin (interdit aux voitures) montant (1 km) à la **chartreuse de Montrieux-le-Jeune,** située dans un beau cirque de montagnes boisées, « nid de fraîches verdures et d'eaux chantantes » qu'aima *Marcel Brion*. La chartreuse, l'une des quatre encore en activité en France, n'est pas ouverte au public; seul est autorisé l'accès à la chapelle Sainte-Roseline, ouvrant sur un terreplein ombragé où se trouvent une fontaine et des tables de pierre.

Fondée en 1118 à Montrieux-le-Vieux, à 2,5 km en amont (vestiges sans intérêt), la chartreuse fut transférée à son emplacement actuel dès le milieu du XIIe s., puis rebâtie à partir de 1635 : le petit cloître date de cette époque. La Révolution entraîna la ruine de l'établissement, dont les chartreux ne reprirent possession qu'en 1843 pour le rebâtir de 1850 à 1860; ils en furent chassés en 1901 et y revinrent en 1928.

La **forêt domaniale des Morières,** qui couvre de ses ombrages toutes les montagnes environnantes, peut donner lieu à de nombreuses et belles promenades, notamment celle conduisant aux **Aiguilles de Valbelle** (2 à 3 h aller et retour; jalons) : en suivant la route forestière qui passe devant la chartreuse, on contourne l'extrémité O. de l'arête calcaire de Valbelle pour atteindre une *cité dolomitique vaste de près de 25 ha. En continuant, on rejoint, à 570 m d'alt., le passage du GR 9; le suivre à dr. vers Belgentier sur env. 2 km pour bifurquer à dr. vers un sentier (jalons) qui traverse la crête et redescend sur la chartreuse (vues sur les montagnes et la mer).
Le **massif du Grand-Cap,** plus au S., est une contrée solitaire et sauvage où abondent les gouffres. Par la route forestière puis le GR 9 à dr., et, un peu plus loin, le GR 99 à g., les bons marcheurs pourront gagner la ferme du Siou-Blanc d'où l'on descend, en 3 h 30 env., au Revest-les-Eaux.

28 km : **Méounes-lès-Montrieux** (275 m; 632 hab.) tire davantage sa prospérité des attraits d'un site plein de charme — c'est un petit centre touristique — que de l'agriculture (vin; fruits).

L'église, gothique du XVIe s., renferme deux charmants chérubins pleurant (bas-côté g.) détachés d'un tombeau, et les statues de saint Omer et sainte Delphine (chœur), le tout en marbre (XVII-XVIIIe s.) et provenant de la chartreuse de Montrieux. Moulin à huile du XVIIe s. Plusieurs grottes, fréquentées par les membres du Spéléo-club de Toulon et du Var.

31 km : prenez à g. la D 5.
32,5 km : à g. (**0,7** km), la **ferme du Grand-Loou**, jadis domaine des Templiers, conserve des vestiges romains et médiévaux.
La route traverse le bassin supérieur de l'Issole, planté de vignes.
35 km : **La Roquebrussanne** (368 m ; 662 hab.) ; bourg viticole, sur l'Issole, au pied des ruines d'un château détruit en 1707 par les Piémontais. Le beffroi porte un joli campanile de fer forgé.
36,5 km : à dr., route privée (interdite aux voitures) montant au **sommet de la Loube** (env. 3,5 km).

La **montagne de la Loube** (830 m), couronnée de calcaires dolomitiques ruiniformes aux silhouettes fantasmagoriques près desquelles on a retrouvé les vestiges d'un habitat néolithique, commande un incomparable ***panorama** : des Alpes aux montagnes de Toulon, de la mer au Ventoux. Relais TV.

Belle descente à travers les montagnes boisées de pins, blessées çà et là par des exploitations de bauxite.
42 km : laissant tout droit la route de Tourves (V. it. 31 A, km 44,5) et Saint-Maximin, prenez à dr. vers Brignoles.

Tout droit, on atteindrait, quelques centaines de mètres plus loin, la ferme Saint-Julien près de laquelle s'élève la ***chapelle de la Gayole** (visite sur rendez-vous) ; ce petit édifice, qui passa longtemps pour remonter à l'époque mérovingienne, semble avoir été construit au début du XIe s. en remployant des éléments paléochrétiens ; entouré d'un nécropole, qui fut utilisée de l'époque mérovingienne au XIVe s., il possède un abside de plan semi-circulaire outrepassé et un petit transept où se trouvait un remarquable sarcophage, auj. au musée de Brignoles.

45 km : plutôt que de rejoindre Brignoles par la N 7 (5 km), continuez tout droit par la D 405 (détour de **1** km).
48,5 km : **La Celle** (227 m ; 619 hab.) ; le village doit son origine — et son nom — à une **abbaye de bénédictines** qui tint un moment, dans l'histoire religieuse de la Provence, une place assez particulière.

Le monastère, qui n'était à l'origine qu'un petit prieuré de moniales, fondé peut-être dès le Ve s., prit de l'importance à partir du XIIIe s., après que Garsende de Sabran, la mère de Raimond-Bérenger V, s'y fut retirée ; dès lors, les filles appartenant aux plus illustres familles de Provence y prirent l'habit de bénédictine.
Sans doute n'est-ce pas par pure facétie que, quelques siècles plus tard, Rabelais y plaça, en l'appelant « abbaye de Croquignoles » dans son Tiers Livre (1546), un épisode croustillant ; l'établissement avait à l'époque une fameuse réputation de légèreté ; les nonnes n'y avaient pour tout uniforme qu'un ruban de soie noire et on les reconnaissait, dit un chroniqueur « à la couleur de leurs jupons et au nombre de leurs galants ». Chacune recevait à sa guise, dans l'intimité de pavillons disséminés dans le parc. Mazarin, abbé commendataire, fit transférer les religieuses à Aix et le couvent périclita.

LA CELLE—BRIGNOLES

L'**église**, bâtie vers 1200, est un édifice roman d'une grande simplicité; elle abrite un Christ en croix du XVe s., d'une facture si réaliste qu'un dicton local dit « Laï coumo lou bouan Diou de la Cello » (laid comme le bon Dieu de la Celle). Des bâtiments conventuels, il ne reste qu'une partie du cloître, dont les baies ont été obturées, la salle capitulaire du XIIIe s., ainsi qu'un logis du XVIIIe s., occupé par un confortable hôtel.

49 km : on rejoint la D 554; prenez à g.
51 km : **Brignoles,** ci-après.

30 B - Brignoles

En provençal, *Brignolo*, 215 m d'alt. 10 482 hab., les *Brignolais*. Sous-préfecture du Var.

Au cœur du pays varois, adossé à une colline peu élevée au-dessus de la plaine du Carami, Brignoles offre le visage typique des petites villes de la Provence intérieure; maisons pressées autour de placettes et de ruelles étroites et pentues, fontaines rafraîchissant l'ombre des platanes. Abondonnant le vieux bourg médiéval à sa somnolence ensoleillée, l'animation s'est peu à peu reportée au pied de la butte, dans ces quartiers sans âge que traverse la grand'route. De là, sur les bords de la rivière et à l'orée de la bretelle qui mène à l'autoroute, la cité désormais prend possession de la plaine, qu'elle couvre de résidences, de lotissements et de supermarchés.

La ville dans l'histoire. — *Bien que située sur la voie Aurélienne, la ville n'a pas gardé trace de son passé romain. Son importance à l'époque médiévale, toute relative semble-t-il, est due en fait à la douceur de son climat qui incita les comtes de Provence à y construire un palais d'été : c'est là que la tradition fait naître, en 1274, saint Louis d'Anjou, évêque de Toulouse, fils de Charles II de Naples et petit neveu de saint Louis. Saccagée à deux reprises par les troupes de Charles Quint (1525 et 1536), puis par les Huguenots (1563), elle fut fortifiée à la fin du XVIe s. par le duc d'Epernon, gouverneur de la Provence.*

Célébrités. — Saint Louis d'Anjou *(1274-1297),* déjà cité; Rostang de Brignoles, *savant moine du XVe s., auteur de poésies provençales;* François Raynouard *(1761-1836), historien et philologue.* Brignoles est *aussi le lieu où s'établit en 1630 le peintre* Barthélemy Parrocel : *deux de ses trois fils, tous peintres,* Louis *(1634-1694), et* Joseph *(1646-1704), y naîtront et y travailleront un certain temps.*

Brignoles aujourd'hui. — C'est d'abord un important **centre viticole** (essentiellement vins de table et vins de pays des coteaux varois), et la Foire-Exposition des vins du Var et de Provence, début avril, est l'une des principales manifestations du négoce du vin en France. Les prunes de Brignoles (dénoyautées et séchées, ou confites), qui avaient un grand succès sous la Renaissance, ne sont plus qu'un souvenir depuis que, lors des troubles de la Ligue (XVIe s.) furent détruits les 20 000 pruniers que possédait la ville; l'**arboriculture fruitière** fournit aujourd'hui surtout des **pêches;** on fait également un peu d'**huile d'olive**.

Les **industries extractives** ont ici une certaine importance : carrières de Candelon, d'où l'on tire trois sortes de **marbre,** ocre, rose ou violet (le socle de la statue de la liberté, à New York, en est décoré); gisements de **bauxite**, exploités depuis le début du siècle, et qui ont fourni, en 1973, 2,4 millions de t de minerai; mais le gisement s'épuise (on prévoit qu'il le sera totalement en 1992 ou 1993) et l'on en ralentit progressivement l'exploitation : 1,4 et 1,5 millions de t/an actuellement.

Ville-marché, Brignoles a repris une certaine **importance administrative** en redevenant sous-préfecture lors du transfert de la préfecture du Var de Draguignan à Toulon fin 1974 : cela devrait stimuler un peu l'activité du secteur tertiaire, mais la ville mise davantage sur l'industrialisation et a, à cette fin, aménagé une vaste zone industrielle à l'O. de l'agglomération.

Visite de la ville. — Si vous êtes pressé, vous pouvez monter directement en voiture jusqu'à la place des Comtes de Provence (plan B 2) en passant par le cours de la Liberté (plan C 2) et la place du Portail-Neuf (plan B 2). Si vous avez le temps, laissez plutôt votre voiture sur le grand parking du marché (sauf le samedi matin) et rejoignez à pied la place Carami (plan B 1), bon point de départ pour la visite de la vieille ville.

La **place Carami,** ornée d'une fontaine moussue et de platanes, reste le centre de la vie traditionnelle; hôtel de ville, cafés, maison de la presse, boutiques et banques sont rassemblées là, ou dans les rue voisines, à deux pas de la gare routière. De là, un dédale de venelles tortueuses, parfois coupées d'escaliers ou passant sous des voûtes, monte au cœur du vieux bourg.

L'**église Saint-Sauveur** (plan B 2), de style gothique méridional, a été reconstruite aux XVe s. (nef) et XVIe s. (abside).

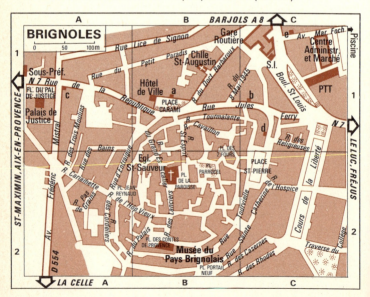

BRIGNOLES

Conservant le portail roman, très simple, de l'église antérieure, elle abrite une Descente de Croix de *Barthélemy Parrocel* et, dans une chapelle de g., une intéressante Piéta en bois; sur les côtés du maître-autel, surmonté d'un baldaquin du XVIIe s., deux **bas-reliefs en bois doré** du XVe s. figurent le Sacrifice d'Abraham et la Distribution de la manne; porte de la sacristie, sculptée, du XVe s.

En face de l'église, la rue des Lanciers garde une **maison romane** à quatre fenêtres géminées.

▣ Le **palais des comtes de Provence,** élevé au XIIIe s. et remanié par la suite, abrite le **musée du Pays brignolais** (plan B 2).

Visite : payante, du mercr. au sam., de 9 h à 12 h et de 14 h 30 à 18 h; dim. et jours fériés de 9 h à 12 h et de 15 h à 18 h; fermé lundi et mardi.

La **salle des gardes,** à dr. de l'entrée, conserve divers objets évoquant la vie et l'histoire locales : instruments aratoires, foudre, pressoir, etc., et la fameuse barque en ciment armé construite dès 1850 par *Joseph Lambot,* un des inventeurs du béton armé.

A g., devant l'entrée de la chapelle, **autels chrétiens** des IV et VIe s. et célèbre ***sarcophage de la Gayole,** prov. de la chapelle de ce nom (V. ci-dessus, it. 30 A, km 42); sculpté vers 260, c'est le plus ancien monument chrétien de la gaule. Orné d'une scène d'une exceptionnelle qualité, il diffère des sarcophages arlésiens par sa facture grecque et par le recours au répertoire iconographique païen qu'il utilise sous forme de symboles et dont on a donné plusieurs interprétations : on peut y voir de g. à dr. le pêcheur (saint Pierre) prenant le poisson, une femme priant (la défunte?) auprès d'une ancre, le Christ assis enseignant la défunte encore enfant, saint Pierre assis qui félicite le Bon Pasteur; les arbres du jardin céleste forment le fond de la scène qu'éclaire à g. le soleil (Dieu). L'inscription du bord supérieur ne date que du VIe s., époque à laquelle le sarcophage fut remployé.

Une **statue de san Sumian** (saint Siméon), vieux cippe mérovingien représentant un personnage aux mains croisées sur le ventre, passait jadis pour vaincre la stérilité : en dessous des mains, un creux résulte de l'usure provoquée par des siècles d'attouchements pieux... avant que l'église n'interdise cette pratique.

La **chapelle,** qui a conservé ses boiseries du XVIIe s., abrite entre autres diverses statues de bois, dont deux **Vierges des XIIIe et XIVe s.,** une collection de **bâtons de pénitents** et la chasuble brodée de saint Louis d'Anjou.

Après avoir vu la ***reconstitution d'une cuisine provençale,** vous pourrez monter à l'étage (maquette de la ville sur le palier) où plusieurs salles exposent des témoignages de la vie brignolaise : **salle Jaubert** (plafond du XVIIe s.) : collection d'ornements sacerdotaux et de peintures religieuses; **salle Paul,** avec une très belle série d'**ex-voto populaires; salle Raynouard,** avec quelques lettres et souvenirs divers de cet académicien. D'autres salles sont consacrées à *Joseph Parrocel* (le « Parrocel des batailles »), à *Frédéric Montenard* (1849-1926), à *Gaston Hoffman,* et abritent des œuvres diverses de ces peintres ainsi que de petites eaux-fortes coloriées de *Félix Capron.* Dans la **salle du Dr Rochas,** collection d'histoire naturelle (remarquer les œufs fossiles de dinosaures). Dans la dernière salle, grande **crêche provençale animée.**

↦ La principale excursion des environs de Brignoles est celle de l'****abbaye du Thoronet** (20,5 km E.) : V. le Guide Bleu *Haute-Provence-Côte-d'Azur.*

31 - D'Aix-en-Provence à Brignoles

Dernière étape du chemin par lequel toute une partie de la France du Nord venait se gaver de soleil sur les plages de la Côte d'Azur, la nationale 7, au-delà d'Aix, a retrouvé un peu de tranquillité depuis la mise en service de l'autoroute. Et si l'on fait halte aujourd'hui à Saint-Maximin et à Brignoles, ce n'est plus parce qu'un bouchon — il y en eut malheureusement de fameux — vous y contraint, mais bien parce qu'on s'aperçoit enfin que le pays mérite qu'on s'y attarde.

Passé la haute vallée de l'Arc, bassin plutôt que vallée, finie cette Provence où tout évoque encore la proximité et l'emprise de la vieille capitale aixoise : montagne Saint-Victoire — muraille d'un gris lumineux, comme imprégnée de magnétisme, qui n'en finit pas de solliciter le regard —, aussi bien que bastides, nichées, à l'écart de la route, au bout de quelque allée de platanes. Voici le Var intérieur, que route et autoroute traversent par un chapelet de dépressions tranquilles et plates. Pays fermé, borné au sud par des hauteurs vigoureuses, et se diluant au nord dans le moutonnement bleuté des collines boisées du Haut-Var; étangs de verdure claire, ridés par la houle des vignes, sur lesquels semble flotter çà et là le haut d'un tracteur crachant derrière lui des nuages de vert-de-gris.

31 A - D'Aix à Brignoles

Route : 57,5 km par la N 7; 2 km de plus en faisant le détour par Trets.

Quittez Aix par le cours Gambetta (plan F 4). Passant sous l'autoroute près du Pont des Trois-Sautets, où *Cézanne* venait planter son chevalet et où il rêvait de peindre des nus « sur le motif », la N 7 remonte la vallée de l'Arc.
5 km : **Palette,** d'où une petite route à g., conduit au Tholonet (2,5 km; V. it. 24 D).
8,5 km : carrefour du Canet, où s'embranche à dr. la N 96 vers Aubagne.

Variante par Trets. — Au carrefour du Canet, suivez la direction d'Aubagne et, 2 km plus loin, bifurquez à g. vers la D 6 qui longe l'Arc d'assez près, laissant sur la dr. le bassin industriel de Fuveau.

LES TRETS

15,5 km (d'Aix) : on laisse à dr. un chemin conduisant (**0,7** km) au **château l'Arc,** grande bastide de 1629 flanquée de tours, restaurée par *Bernard Buffet* qui, après l'avoir achetée, y travailla beaucoup de 1959 à 1965 (on ne visite pas). A g. de la route s'étend la zone industrielle de Rousset.
19 km : route à dr. pour (**2** km) **Peynier** : église romane où des voûtes d'arêtes ont remplacé le berceau primitif; près du cimetière, chapelle Saint-Pierre, couverte de voûtes d'ogives primitives.
23,5 km : **Trets** (242 m; 3 675 hab.), l'antique *Trittia*, au pied de la montagne de Regagnas que franchit une jolie route conduisant à Saint-Zacharie (V. it. 27 B, km 17). La ville conserve une partie de son **enceinte,** dont les portes s'ouvrent dans des tours carrées (XIVe s.), et un château du XVe s., haute bâtisse rébarbative; rues étroites et maisons romanes complètent le décor médiéval de la vieille ville où la synagogue conserve une façade du XIIIe s. L'**église,** dominée par un gros clocher inachevé du XVe s., est en partie romane : nef et bas-côté N.; les croisillons ont été ajoutés au XVe s., le bas-côté S. et l'abside ont été refaits au XVIIe s.; au maître-autel, Annonciation, bas-relief sculpté par *Christophe Veyrier,* élève de Puget.
30,5 km : on rejoint la N 7 au km 28,5 ci-après.

12,5 km : à dr., **Châteauneuf-le-Rouge** (285 hab.); à g. se profilent les falaises de la montagne du Cengle, soubassement de la Sainte-Victoire.
14 km : **La Galinière,** bastide du XVIIe s.
16 km : **Les Bannettes,** où se détache à dr. la route de (**1** km) **Rousset.**
17,5 km : **La Bégude;** autre route pour Rousset, à dr.; à g., route pour Saint-Antonin-sur-Bayon, traversant le plateau du Cengle (beau parcours; V. it. 24 D, km 12,5).
24,5 km : pont sur l'Arc, et carrefour de routes vers Trets et vers Pourrières.

A g. entre la rivière et la nationale, un chemin conduit en quelques instants à des vestiges romains non identifiés; l'on a voulu y voir les restes d'un arc que Marius aurait fait élever en commémoration de sa victoire, remportée dans les parages sur les Ambrons et les Teutons en 102 av. J.-C. (cette victoire a fait naître d'autres légendes : ainsi celle de l'étymologie de Pourrières, V. it. 24 D, km 26,5).

La vallée se resserre, dominée au S. par les pentes ravinées de l'Olympe (815 m) et de l'Aurélien (875 m).
28,5 km : à dr. débouche la route de Trets (V. ci-dessus).
30,5 km : la route, laissant à g. **Pourcieux,** s'élève pour quitter le bassin de l'Arc; passé le point culminant de la route, on entre en Provence orientale : ici, désormais, les ruisseaux coulent vers l'E., pour aller grossir l'Argens.

37,5 km : **Saint-Maximin-la-Sainte-Baume,** V. ci-après.

44,5 km : la route contourne largement **Tourves** (280 m; 1 844 hab.), gros bourg vivant de la viticulture et de l'extraction de la bauxite.

Sur un mamelon entaillé par la déviation de la N 7, les ruines du **château de Valbelle,** construit en 1775, témoignent du goût qu'avait le XVIIIe s.

pour l'antiquité gréco-romaine : une grande colonnade dorique, plaquée contre le château, s'élevait face à un parterre orné d'un obélisque, imité de la pyramide de Sextius, à Rome, et d'autres « fabriques » telle la « vacherie » en forme de temple. — Au pied de l'échangeur, entre la déviation et la route de Rougiers, une petite ferme conserve une ancienne chapelle construite sur des restes d'édifice gallo-romain : de nombreux débris lapidaires sont scellés dans les murs extérieurs.

La route redescend dans la plaine du Carami; sous la verdure des vignes et des pinèdes apparaît par endroits, sanglante, la terre à bauxite.
57,5 km : **Brignoles,** V. it. 30 B.

31 B - Saint-Maximin

303 m; 4 027 hab.

Amarré au bord d'une plaine aussi plate que peut l'être un ancien lac desséché, Saint-Maximin surprend doublement. De l'extérieur, d'abord, avec ses maisons pressées autour d'une église de taille inhabituelle, énorme nef à la silhouette en même temps haute et trapue, dépourvue de clocher, qui mobilise le regard d'aussi loin que l'on aperçoit le village. Par son plan ensuite, non moins inattendu ici : « ville neuve » établie au XIe s., à partir de rien ou presque, Saint-Maximin a à peu près observé la disposition en damier propre à ce type de fondation, sachant adoucir une trame rigoureuse par quelques décrochements et placettes, sans oublier fontaines et ombrages.

Le tombeau de Marie-Madeleine. — *Les légendes relatives à la sainte rapportent qu'après trente années de pénitence dans sa grotte de la Sainte-Baume (V. it. 27 A, km 44) elle aurait été transportée ici par les anges pour y rendre son âme à Dieu : c'est là, alors, qu'elle aurait été inhumée, auprès de saint Maximin, premier évêque et martyr d'Aix, qui, comme elle, avait débarqué, avec les autres saints de Béthanie, aux Saintes-Maries-de-la-Mer (V. it. 19 A).*
Un prieuré de cassianites assure, à partir du Ve s., la garde du sanctuaire établi sur le tombeau des saints, mais les invasions sarrasines, au début du VIIIe s., font tomber le pèlerinage dans l'oubli : par mesure de précaution, on a comblé la crypte abritant les tombeaux.
Les bénédictins ont pris la succession des cassianites lorque, au XIe s., les abbés de Vézelay prétendent être, grâce à un vol que l'on aurait jusque-là dissimulé, en possession des reliques de Marie-Madeleine; si cette affirmation (il semble bien qu'elle ait été lancée pour lutter contre la concurrence d'Avallon, qui venait justement d'hériter de la tête de saint Lazare... le frère de sainte Madeleine) a fait pour un temps la fortune de l'abbaye bourguignonne, elle a aussi ramené l'attention sur l'établissement provençal : en 1279, Charles d'Anjou, le futur comte de Provence Charles II, fait faire des fouilles qui amènent le déblaiement de la crypte et la découverte des sarcophages. Le sanctuaire provençal reprendra alors toute sa vogue, et les dominicains, qui pourfendaient le culte des reliques comme une grossière superstition, en deviendront eux-mêmes les surveillants.

La ****basilique Sainte-Madeleine** est sans doute le plus bel édifice gothique de Provence, conjuguant de manière magistrale l'élan et la luminosité du gothique septentrional avec une simplicité de lignes et une sobriété toutes provençales.

C'est en 1295 que Charles II *fit entreprendre la construction de l'édifice par* Jean Baudici, *l'architecte du palais des comtes de Provence à Aix. L'abside, les absidioles et les cinq travées orientales de la nef étaient achevées en 1316; la travée suivante ne fut bâtie qu'entre 1404 et 1412, et les trois travées occidentales de 1508 à 1532. L'argent manqua pour achever la façade et construire le clocher : une tourelle venue plus tard couronner l'escalier qui flanque l'abside, en tient lieu.*

A l'**intérieur**, le parti pris de sobriété est manifeste (la décoration sculptée d'origine se réduit aux clefs de voûtes armoriées), mais l'harmonie de la construction, la pureté de ses lignes, sa majesté et sa luminosité sont frappantes. L'édifice, long de 72,60 m et large de 37,20 m, avec une hauteur sous voûte de 28,70 m, n'a ni déambulatoire, ni transept. L'abside, polygonale, forme une immense et élégante verrière qui baigne le chœur de lumière provençale tandis que, sur les côtés, les hauteurs échelonnées de chapelles et des collatéraux permettent d'éclairer la nef par-dessus les collatéraux et ceux-ci par-dessus les chapelles, belle ordonnance que l'on retrouve par exemple dans les cathédrales de Bourges ou du Mans. Au revers du tympan de la porte S., des inscriptions du XVIe s. évoquent l'histoire du monument.

L'***orgue** date de 1773; entièrement construit par un dominicain de Tarascon, *Jean-Esprit Isnard* (également constructeur, entre autres, de celui de la cathédrale d'Aix), c'est l'un des rares grands instruments classiques qui nous soient parvenus sans aucune altération dans sa conception et sa sonorité. Il doit, dit-on, à *Lucien Bonaparte* d'avoir survécu aux destructions révolutionnaires : celui-ci, qui présidait le club des Jacobins de la localité (appelée alors Marathon) où il vivait, sous le nom de *Brutus*, d'un modeste emploi de garde-magasin, eut l'idée de faire jouer la Marseillaise au moment où *Barras*, le redoutable commissaire du peuple, entrait dans la basilique. On l'utilise plus volontiers, désormais, à des concerts de musique des XVIIe et XVIIIe s., pour lesquels il est particulièrement bien adapté, et, notamment, pendant la belle saison, lors des « six soirées de musique française ».

Bas-côté dr. (S.). — **2e chapelle** : retable peint du XVe s. représentant saint Clément, saint Antoine, saint Sébastien et saint Thomas d'Aquin; **3e chapelle** : Vierge de Gênes, statue en marbre du XVIIe s.
5e chapelle : présentation provisoire du ***retable de la Passion** (1520), 22 panneaux peints par le Vénitien *François Ronzen* (d'origine flamande) pour *Jacques de Beaune-Semblançay*, surintendant des finances; on y remarque la plus ancienne vue connue du palais des Papes à Avignon; d'autres panneaux ont pour fond le Colisée de Rome ou la Piazzetta de Venise.
6e chapelle : *chape de saint Louis d'Anjou (début du XIIIe s.; broderie d'or sur fond de toile tissée d'or), qui avait été frère prêcheur à Saint-Maximin avant d'être évêque de Toulouse.
7e chapelle : N.-D. de Bellevue (XVIe s.). Dans l'absidiole de g., autel primitif du XIIIe s. Dans l'absidiole de dr., retable du Rosaire, par *Balthazar Maunier* (1667), dans un encadrement monumental. Le devant de l'autel est formé par un panneau en bois doré orné de bas-reliefs représentant des scènes de la vie de sainte Madeleine, et signé : *Jean Béguin*, 1536.

Le **chœur** est entouré d'une ***clôture** en bois sculpté (1691), exécutée

sous la direction du dominicain *Vincent Funel.* Les portes ont leurs panneaux fermés par de belles grilles en fer forgé; les dossiers des stalles sont ornés de **22 médaillons** représentant des scènes relatives aux miracles ou à la mort de saint Dominique et de saints dominicains. Les quatre autels adossés à la clôture sont ornés chacun d'un tableau de *Michel Serre* et flanqués de statues en bois figurant les Vertus théologales et cardinales.
L'**abside** offre une décoration de la fin du XVIIe s. dont la richesse s'accorde assez mal avec l'austérité du vaisseau : murs revêtus de marqueteries de marbres ou de stucs (1684) encadrant, au N. un relief italien en marbre (Ravissement de sainte Madeleine), au S. un relief en terre cuite (Communion de sainte Madeleine), par *Lieutaud,* de La Ciotat. Maître-autel surmonté d'une urne en porphyre rouge avec ornements de bronze et statuette de sainte Madeleine : cette urne avait été commandée à Rome par l'archevêque d'Avignon, *Dominique Marini,* qui y avait fait déposer les ossements de la sainte lors de la translation qui eut lieu en 1660 devant Louis XIV. L'urne a été profanée en 1793. Au fond de l'abside, petit autel très ancien transformé en piscine.
Dans la **6e chapelle** latérale **du bas-côté g.**, prédelle du XVe s. figurant le **Noli me tangere** et sainte Marthe capturant la tarasque.

La ***crypte,*** à laquelle on accède par un escalier du XVIIe s., est placée au milieu de l'église. Sur le 1er palier, statue moderne de sainte Madeleine; sur le 2e palier, fragments de sarcophages et d'architecture antique. La crypte proprement dite est en réalité un caveau funéraire du IVe s. C'est du Ve s. en tout cas que datent les sarcophages chrétiens de sainte Madeleine, saint Maximin, sainte Marcelle et saint Sidoine, ce dernier à deux places. La crypte conserve quatre curieuses plaques de marbre ou de pierre, gravées au trait, représentant le Sacrifice d'Abraham, Daniel dans la fosse aux lions, deux orantes : elles datent du IVe ou du Ve s. Le chef de sainte Madeleine est enfermé dans une châsse exécutée en 1860 par les frères *Didron,* sur les dessins de *Révoil.* Deux reliquaires du XIVe s.
Dans la sacristie, du XIIIe s., belles armoires de 1757 et ornements sacerdotaux des XVIIe et XVIIIe s.

L'**hôtel de ville**, à g. de la façade de l'église, occupe l'ancienne hôtellerie du couvent des dominicains : c'est un majestueux pavillon du milieu du XVIIIe s., dû à l'architecte *Franque.*

L'ancien ***couvent royal,*** bâtiment de trois étages entourant un cloître accolé au flanc N. de la basilique, abrite désormais un centre culturel et sert régulièrement de cadre à des manifestations du plus haut intérêt.

Commencés en même temps que ceux de la basilique, les travaux de construction dureront à peu près aussi longtemps, avec les mêmes interruptions du chantier. Gravement endommagés pendant les guerres de Religion, les bâtiments seront remis en état et modernisés de 1630 à 1656; mais c'est du XVIIIe s. que datent les plus importants travaux de réaménagement : construction d'une hôtellerie (l'hôtel de ville actuel), prolongement de l'aile N. pour l'aménagement d'une grande bibliothèque, surélévation générale des bâtiments qui seront couverts d'une toiture à la Mansart.
Chassés par la Révolution en 1791, les dominicains reviennent en 1859 à l'instigation du Père Lacordaire qui fait restaurer les bâtiments (reconstruction de l'aile O.) et y installe une école de théologie de grand renom; celle-ci sera transférée en 1957 à Toulouse, abandonnant les bâtiments à un avenir incertain. C'est en 1965 que, sur l'initiative de personnalités

provençales, se constitue une société qui, regroupant associations, particuliers, collectivités locales, lance une souscription, rachète le couvent et le confie à une association. Celle-ci poursuit un double but : sauvegarde et restauration du monument; animation par la création d'un haut-lieu de rencontres et d'échanges culturels.

Ainsi est né le **Collège d'Échanges Contemporains** qui organise des séminaires, colloques et congrès, des stages de formation d'animateurs culturels, et anime un centre de création portant sur trois disciplines : arts graphiques, musique, recherche théâtrale; il dispose pour cela de salles de conférences, d'une cafétéria-restaurant et d'un équipement hôtelier permettant l'hébergement de congressistes et de stagiaires. Pendant la saison, concerts, récitals, expositions diverses.

Visite : payante, t.l.j. de 9 h à 12 h 30 et de 14 h à 18 h 30, le dimanche à partir de 10 h.

Passé l'entrée, précédée d'un profond et vieux puits, on pénètre directement dans le *cloître, du XVe s., lieu délicieux de lumière, de fraîcheur et de musique entourant un foisonnant jardin; çà et là; au détour d'une galerie, ou dans une salle dont la porte est restée ouverte, un piano, un autre piano et encore un autre, égrènent chacun leurs notes, un flûtiste répète à l'ombre du grand cèdre tandis que, d'une fenêtre de l'étage, s'échappe le chant d'un violon; de l'ancienne salle capitulaire au chauffoir, du grand réfectoire à l'ancienne chapelle, on passe de cimaises en ateliers, cheminant dans l'univers musical et coloré d'une sorte de Villa Médicis provençale.

Le reste de la ville n'est pas dénué d'intérêt; de la basilique, une courte et agréable promenade pourra vous conduire vers la rue Colbert, au S., bordée de vieilles **maisons à arcades,** du XIVe s.; puis, passant près de la tour de l'Horloge (joli campanile), vous rejoindrez la rue du Général-de-Gaulle où subsiste une belle maison du XVIe s. avec tourelle en encorbellement, avant de gagner les terrasses agréablement ombragées des cafés qui entourent la place Malherbe, ornée d'une fontaine à obélisque du XVIIIe s.

32 - Pays d'Argens et du Verdon

Perdue dans l'horizon bleuté et incertain de collines boisées entrevues sur la gauche lorsque, filant à la queue leu leu sur la Provençale, on descend vers la « Côte », cette partie du Haut-Var et des Alpes de Haute Provence est, à bien des égards, un pays méconnu, à l'écart des grandes voies de circulation; celles-ci préfèrent, pour s'établir, des zones de relief moins confus. De collines en plateaux, d'escarpements en vallées et de gorges en ravins courant en tous sens, c'est donc sur un réseau de petites routes pleines d'angles et de tournants, de grimpées et de descentes, que vous irez de l'un à l'autre de ces villages de la Provence intérieure. Et de forêts de chênes en champs de lavande, car rien n'est plus varié que cette région. Sous l'apparente unité que lui confèrent le soleil et les platanes, les fontaines et les maisons aux toits de tuiles rondes, sans oublier les hommes, leur accent, leur manière de vous accueillir, se cache en fait un enchevêtrement de zones plus ou moins contrastées, groupées sous la bannière provençale.

Ce qu'il faut savoir

Paysage et ressources. En schématisant quelque peu, on peut distinguer, dans la région sillonnée par les itinéraires de ce chapitre, quatre ensembles principaux :
— au N.-O., autour des routes de Tavernes à Vinon et de Varages à Peyrolles, une **zone forestière** où les vallons sont plantés de vigne et de blé; on a tôt exploité les **forêts de chênes pubescents et de pins sylvestres** situées sur les ubacs (charbon de bois; c'était là, jusque dans les années 30, l'activité principale des Piémontais immigrés; coupes, collectes de truffes, etc.); cette exploitation systématique (mais respectueuse) de la forêt était une protection efficace contre les incendies : on dégageait le sous-bois et on laissait toujours sur pied un certain nombre d'arbres régulièrement espacés.
— sur les collines du Var intérieur, une zone de **gros villages** (Barjols et, vers l'E., domaine du Guide Bleu *Haute-Provence-Côte d'Azur*, Cotignac, Salernes, Lorgues, etc.) dont la population était traditionnellement composée de **paysans** et **d'artisans**. Il arrivait fréquemment que les mêmes individus exercent couramment les deux activités : paysan-mallonier à Salernes, paysan-tanneur à Barjols. Ces collines sont encore parfois plantées d'oliviers qui contribuèrent naguère à la prospérité — toute relative d'ailleurs — de la région. Dès le début du siècle, quand la crise du

phylloxera fut surmontée, les **surfaces en vigne s'étendirent** au détriment des olivettes au rendement de plus en plus problématique. Sous l'impulsion de quelques gros propriétaires de la région, des efforts ont été récemment faits pour **améliorer la qualité de l'encépagement** et obtenir pour les vins locaux un label de qualité « *coteaux varois* ». La situation de ce vignoble demeure aujourd'hui incertaine.
— au N. du Verdon s'étend la vaste zone des **plateaux de Riez et de Valensole,** domaine des céréales et surtout de la **lavandiculture** et de l'**apiculture** : les apiculteurs des Bouches-du-Rhône, du Var et des Alpes-Maritimes louent aux Valensolais des emplacements où ils installent leurs ruches pendant l'été : le miel de lavande a une saveur particulièrement recherchée. Cette association se heurte aujourd'hui à un obstacle, la maladie de certains plants de lavande nécessitant des traitements chimiques néfastes aux abeilles.
— coupant du N.-E. au S.-O. cette zone de plateaux, la **vallée du Colostre** est un des **axes** privilégiés **du tourisme** régional, joignant la vallée de la Durance à l'entrée des gorges du Verdon en passant par une série de localités de grand attrait (Riez, Moustiers) et la plus importante station thermale de Provence (Gréoux).

32 A - De Brignoles à Manosque

Route : 73 km par la D 554, puis la D 4 et la D 907 au-delà de Vinon-sur-Verdon. Peu après le départ, une agréable variante allonge le parcours de 6,5 km.

Quittez Brignoles au N. par la route du Val. — Passant sous l'autoroute, la route monte jusqu'au petit col Notre-Dame (279 m; chapelle du XVIIe s.) puis redescend dans la vallée de la Ribeirote.
5 km : **Le Val** (1 308 hab.), où les troubles de la Fronde donnèrent lieu, en 1649, à une sanglante bataille. Beau campanile en fer forgé du XVIIIe s.

Variante par le « vallon Sourn ». — Du Val, suivez sur 3 km la route de Carcès (D 562) et bifurquez à g. vers Montfort-sur-Argens (D 27).
10,5 km (de Brignoles) : prenez à g. vers Correns. La route remonte la vallée de l'Argens, tapissée de vignobles.
14,5 km : **Correns** (414 hab.), dans un joli site, où l'on franchit l'Argens sur un pont étroit; le village conserve un vieux quartier aux ruelles étroites aboutissant à une place où s'élève l'ancien château de Fort-Gibron.
Quelques kilomètres plus loin, la vallée se resserre en une *gorge étroite, sinueuse et ombragée — d'où son nom de **« Vallon Sourn »** (c.-à-d. sombre) —, dominée par des falaises où des grottes servirent de refuge pendant les guerres de religion.
21 km : **Châteauvert,** où l'on rejoint la route principale.

Passé Le Val, la route, extrêmement sinueuse et assez étroite, s'engage dans les collines du Haut-Var, passant d'un vallon à un autre, traversant çà et là de tous petits bassins où ne règne que la vigne.
14,5 km : **Châteauvert** (98 hab.), où l'on rejoint, pour quelques kilomètres, la vallée de l'Argens.

22,5 km : **Barjols** (288 m; 2 092 hab.), un gros bourg perché sur un balcon dominant le vallon où se réunissent l'Eau Salée et le ruisseau des Ecrevisses et auquel ses nombreuses fontaines, chantant sur des placettes ombragées, ont valu le surnom de « Tivoli de la Provence ».

Ses eaux claires et abondantes ont permis jadis l'installation de **tanneries** sur lesquelles la ville fonda un temps sa prospérité. Mais les grands bâtiments qui tapissent le fond de la gorge ou émergent par-dessus la cascade des toits de tuiles ne sont plus, pour la plupart, que de grandes carcasses vides : une seule tannerie fonctionne encore, employant une centaine de personnes qui travaillent des peaux importées. Célèbre elle aussi, la toujours active fabrication de **galoubets** (fifres provençaux) et **tambourins** n'a pas grand intérêt économique. L'exploitation de la forêt fournit quelques ressources; celle de la **vigne** demeure assez prospère en dépit des difficultés que le relief oppose à la mécanisation.

Dans la seconde moitié du XVIe s., Barjols eut particulièrement à souffrir des guerres de Religion et des troubles de la Ligue. En 1562, les catholiques opposés à l'Édit de tolérance et qui, à ce titre, avaient massacré la population protestante de Tourves, y furent assiégés par les troupes du gouverneur de la Provence et six cents d'entre eux furent égorgés.

L'**église** gothique, de 1537, dominée par un fort clocher carré couvert de tuiles vernissées, conserve dans la chapelle des fonts (à dr.) un tympan roman de la fin du XIIe s. (le Christ entre les quatre Évangélistes) provenant de l'église primitive, et une belle cuve baptismale du XVIe s.; buffet d'orgues du XVIIe s.; dans la 2e chapelle de g., tableau octogonal de *Van Loo*, la Vierge allaitant l'Enfant Jésus.

Dans le bas du bourg, non loin du chevet de l'église, l'ancien **hôtel de Pontevès**, défiguré, garde une belle porte Renaissance. La place de la mairie, avec ses énormes platanes — si vieux et si gros que leurs troncs creux forment de véritables guérites — et sa fontaine moussue, mérite un regard.

Fête de Saint-Marcel. — Elle commémore, le 16 janvier, l'arrivée des reliques du saint (1350), prises plutôt frauduleusement dans un monastère voisin et ramenées triomphalement au bourg le jour même où l'on célébrait une fête d'origine païenne, le sacrifice du bœuf, évoquant un épisode très ancien de l'histoire de la cité : au cours d'un siège, un bœuf fut découvert dans l'enceinte fortifiée et sauva la population de la famine. Les deux sources de réjouissance furent dès lors confondues en une seule fête où la ville chantait et dansait sa joie de posséder *lei tripeto de sant Maceù* (les tripettes de saint Marcel).

La fête n'a plus lieu, désormais, que **tous les quatre ans** (la prochaine en 1982) et peut-être est-ce d'avoir été si longtemps attendue qu'elle revêt un tel éclat. Après un défilé d'inauguration, au son des galoubets et tambourins, le bœuf enrubanné, paré de guirlandes et de fleurs, escorté de bravadaires qui font pétarader leurs tromblons et de bouchers, est conduit jusqu'à la place de l'église où il est béni avant d'être immolé et placé sur un char. Dans l'église sont alors célébrées des complies, ponctuées de salves de mousqueterie et d'intermèdes joyeux — les curés ne dédaignaient pas, dit-on, de se mêler jadis à la sautillante et endiablée « danse des tripettes ». Le lendemain, après une messe non moins solennelle et non moins joyeuse que l'office de la veille, le bœuf est rôti tout d'une pièce sur la place de la Rouquière puis partagé dans l'allégresse générale d'une fête qui se poursuivra jusqu'au soir.

La route s'élève rapidement au-dessus de la ville (prendre à g. en haut du bourg) puis débouche sur le plateau de Tavernes.

28 km : **Tavernes** (369 m; 427 hab.), dominé au N. par une crête où s'élève la chapelle N.-D. de Bellevue. Très beau *campanile ouvragé, en fer forgé, de la 1re moitié du XVIIIe s.

33,5 km : **Varages** (304 m; 772 hab.), gros village où l'abondance de l'eau, du bois et de l'argile a permis l'éclosion, à la fin du XVIIe s. d'une petite industrie de la faïence.

La première faïencerie fut établie à Varages vers 1697 par Joseph II Clérissy, *neveu de* Pierre Clérissy, *le premier grand faïencier de Moustiers. Elle prospéra assez rapidement et, à la veille de la Révolution, le village comptait huit manufactures (contre douze à Moustiers) où s'illustraient les noms de faïenciers (*Niel, Bayol, *etc.) aussi bien que de peintres (*E. Armand, E. Bertrand, F. Agnel, *etc.).*
La mode de la porcelaine puis la Révolution portent un premier coup à la faïence de luxe qui se reconvertit; l'avènement des chemins de fer, qui favorise la concurrence avec les productions industrielles du Nord, en porte un plus fatal encore. Adaptées, mécanisées, deux petites manufactures regroupées en une seule société continuent aujourd'hui de soutenir la concurrence avec la grande industrie tandis qu'un seul artisan entretient vaillamment une tradition presque tricentenaire.

Petit **musée** (ouvert en saison). Dans l'église, l'autel de saint Claude, le patron des faïenciers, est orné de faïences du début du XIXe s.

De Varages à Peyrolles (vers la Basse-Provence; 36 km O.; bonne petite route). — On quitte Varages par la D 561 (directions Rians) qui remonte la rive g. du Grand Vallat au long d'un sauvage et beau ravin, puis débouche dans une large dépression où les vignobles alternent avec les cultures et les prairies.

8 km : à g., **Saint-Martin** (ou **Saint-Martin-de-Pallières**; 425 m; 102 hab.) dominé par un château reconstruit au XVIIe s., restauré et modifié (ajout d'une aile et du crénelage couronnant les tours) au XIXe s.

11 km : **Esparron** (480 m; 159 hab.), également dominé par un vaste château des XIIIe, XVe et XVIIIe s., une de « ces forteresses auxquelles on adjoignait un peu de fioritures » *(Giono);* dans l'église, retable sculpté. A la sortie du village, au bord de la route, de vieux chênes ombragent la **chapelle romane** du Revest, dans laquelle deux inscriptions romaines servent de table d'autel.

19 km : à g., **Rians** (455 m; 1 467 hab.) conserve une porte de ses anciens remparts.

La route traverse un bassin où passent d'un côté le **canal du Verdon** et de l'autre le **canal de Provence** qu'elle croise (le canal est alors enfermé dans l'énorme tuyau d'un aqueduc) à l'entrée d'un petit défilé. Peu après, sur la g., la chapelle Saint-Bachi passe pour conserver le nom d'un temple de Bacchus.

30,5 km : **Jouques** (264 m; 2 117 hab.), joli village aux nombreuses fontaines, étagé en amphithéâtre et dominé par la chapelle romane N.-D. de la Roque (belle vue); l'**église**, du XVe s., renferme un retable en bois sculpté du XIVe s. De belles petites routes relient Jouques au défilé de Mirabeau (10 km N.) et à Vauvenargues (13 km S.).

La route débouche bientôt dans la vallée de la Durance, où elle rejoint la grand'route de la rive g. à l'entrée de (36 km) **Peyrolles-en-Provence** (V. it. 11 B, km 57,5).

Au-delà de Varages, la route continue à s'élever dans les collines boisées du Haut-Var.

39,5 km : **La Verdière** (474 m; 505 hab.), village étagé aux pieds de son église et d'un remarquable ***château,** juché sur un éperon boisé.

Visite : payante, t.l.j., sous la conduite d'un guide, à partir de 14 h 30. Accès en voiture par un chemin prenant à la sortie du village vers Montmeyan.

Construite au Xe s. par les *Castellane*, la vieille forteresse médiévale, dont il reste les murs épais et les salles basses aux voûtes puissantes, fut transformée à partir de 1613, puis surtout après 1750 par les *Forbin d'Oppède*. Les appartements du XVIIIe s., décorés de gypseries charmantes et de sculptures délicates, renferment encore de beaux meubles de l'époque, ainsi que des tapisseries d'Aubusson et de Beauvais du XVIIe s. et une autre tapisserie de Bruxelles, du XVIIe s., figurant le Colosse de Rhodes.
La grande galerie abrite les restes des riches collections réunies par *Louis de Forbin* et dispersées par la Révolution : dessins de l'école de *Rubens*, toiles de l'école hollandaise du XVIIe s. et de l'école française du XVIIIe s.
— Les terrasses offrent un beau panorama.

43 km : route à dr. pour **(3,5 km) Saint-Julien.**

Aux abords immédiats du carrefour, les jeunes du club archéologique du C.E.S. de Barjols ont mis en évidence de nombreux fours, attestant la présence d'un très important centre de poterie, de taille véritablement industrielle, à l'époque gallo-romaine.
Perché à 578 m sur une colline isolée, ***Saint-Julien** (ou Saint-Julien-le-Montagnier; 611 hab.) est ce village où *Jean Giono* se place pour embrasser tout son pays d'un regard circulaire : « la forêt d'yeuses encercle étroitement le pied du rocher qui porte le village. Elle s'étend sur une bonne centaine de kilomètres carrés. On la voit de haut, parcourue par une route déserte, en ligne droite, filant vers les massifs de bronze qui, à l'horizon, séparent ce pays de la mer. Si j'ai choisi cet endroit, c'est qu'il est comme un belvédère d'où se découvre la haute Provence ».
Si son charme principal réside dans le panorama qu'il offre, Saint-Julien ne mérite pas, pour autant, qu'on l'ignore : église romane, restes importants de l'enceinte du XIIIe s. et vieilles maisons lui confèrent un visage plein de pittoresque. — De Saint-Julien, il est plus agréable de gagner directement Vinon (à 12 km) par la D 69 qui descend le joli vallon de Malaurie.

49,5 km : à g., **Ginasservis** (643 hab.). — La route descend dans un vallon, franchit une dernière colline au pied de laquelle se niche Vinon, au débouché du Verdon dans la vallée de la Durance.
57 km : **Vinon-sur-Verdon,** où l'on rejoint la route de la vallée de la Durance. De là à la bifurcation de Manosque, V. it. 11 B, km 79,5 à km 89,5.
73 km : **Manosque,** V. it. 11 A, km 81.

32 B - De Saint-Maximin à Moustiers

Route : 79 km par la D 560 jusqu'à Barjols, la D 594 jusqu'à Tavernes, la D 71 et la D 13-D 11 de là à Riez, et la D 952.

Quittez Saint-Maximin au N. en direction de Brue-Auriac.

5 km : à g., **Seillons-source d'Argens** (338 m; 309 hab.), joliment perché sur une crête.
7 km : à g., non loin de l'ancienne route, l'Argens prend sa source dans un site agréable.
La route longe les grands vignobles de **Saint-Estève;** on aperçoit le hameau à dr., au bord d'une route aussi sinueuse que charmante menant à **Bras** (à **6** km; 638 hab.), autre village perché sur une crête.
11 km : **Brue-Auriac** (254 m; 380 hab.); village fondé au milieu du XVIIIe s. par le célèbre armateur marseillais *Roux le Corse*.
La route s'engage dans le sinueux et boisé **vallon de Font-Taillade,** à la sortie duquel elle côtoie quelques instants l'Argens, puis s'élève durement avant de redescendre vers Barjols.

21 km : **Barjols** (V. ci-dessus, it. 32 A, km 22,5).

26,5 km : **Tavernes** (V. ci-dessus, it. 32 A, km 28), où l'on prend à dr.
La route vient courir sur le plateau des Plans de Provence, à une altitude moyenne de 450 m, dominée à g., de plus de 100 m, par le rebord d'un plateau boisé.

36,5 km : **Montmeyan** (504 m; 387 hab.).

Variante par le lac de Sainte-Croix (raccourci, plein d'intérêt, de 4 km).
— De Montmeyan, suivez la D 30 vers Aups et bifurquez à g. (D 71) au bout de 2 km.
50,5 km (de Saint-Maximin) : **Baudinard-sur-Verdon** (650 m; 37 hab.) dominé au N. par une colline portant la chapelle Notre-Dame (montée en 20 mn; très belle vue sur la région et sur le lac); prieuré roman de Valmogne (XIIe s.).

55 km : **pont de Sainte-Croix,** à quelques centaines de mètres en amont du **barrage** construit à partir de 1972 et derrière lequel les eaux du Verdon s'accumulent dans l'énorme retenue du ****lac de Sainte-Croix** (770 millions de m^3; 2 500 ha, superficie comparable à celle du lac d'Annecy).
Le barrage, du type voûte mince, haut de 95 m, épais de 6 m à la base et de 3 m à la crête, est la pièce maîtresse de l'aménagement du Verdon, commencé après la guerre, et destiné tant à la production hydro-électrique qu'à l'alimentation en eau de toute la région. Sur le plan hydro-électrique, sa production (162 millions de kWh/an) complète celles des ouvrages de Castillon (1948; 80 millions de kWh/an) et Chaudanne (1953; 60 millions de kWh/an), en amont des célèbres gorges du Verdon (V. le Guide Bleu *Haute-Provence-Côte d'Azur*), et de celui de Gréoux (1967; 130 millions de kWh/an); elle est elle-même complétée par celle de Quinson (1974; 100 millions de kWh/an); les eaux retenues par ce dernier barrage sont, en cas de besoin, repompées en amont dans le lac de Sainte-Croix, pendant les heures creuses, pour renforcer la production de celui-ci.

Aménagement du Bas-Verdon. — La Provence ne manque pas d'eau : il pleut à peu près autant à Marseille qu'à Paris, ou à Cannes qu'à Brest. Mais le régime des précipitations est très défavorable : des pluies rares, mais diluviennes, des torrents qui gonflent jusqu'à la catastrophe et qui sont à sec quelques heures plus tard. Les besoins à satisfaire sont cependant considérables : — besoins humains d'une population de plus d'un million et demi d'habitants et qui va passer à trois millions à la fin du siècle; — besoins industriels présents (il faut 40 m³ d'eau pour produire une tonne de produits pétroliers, 300 m³ pour une tonne d'acier, 1 300 m³ pour une tonne d'aluminium) et à venir; — besoins agricoles, l'agriculture étant une des fonctions économique, sociale, écologique, essentielle de la région. C'est dans ce but qu'a été créé le **canal de Provence**, qui doit permettre de satisfaire tous ces besoins à concurrence d'un volume de 700 millions de m³/an.

Cet ouvrage considérable, qui intéresse les départements des Bouches-du-Rhône et du Var, est en cours de réalisation par la *Société du Canal de Provence (SCP)*, société d'économie mixte créée en 1959 et qui regroupe les collectivités locales concernées.

Le canal s'amorce sur un canal mixte EDF-SCP qui amène les eaux retenues par le barrage de Gréoux (V. ci-après, it. 32 C, km 29) à la centrale de Vinon. Un premier tronçon est constitué par le « Canal maître I », long de 13,1 km, qui se dirige sur Rians où il bifurque pour donner naissance à la branche de Bimont (28,4 km) desservant la région d'Aix-en-Provence; cette branche alimente l'ancien réseau de distribution du canal du Verdon, réalisé vers 1870 et étendu vers 1950, et dont le principal réservoir est la retenue du Bimont (V. it. 24); sur ce réseau a été connectée la nouvelle branche de Marseille-Nord (5,9 km). Le « canal maître II », né à la bifurcation de Rians et long de 18,8 km, conduit quant à lui les eaux jusqu'au répartiteur de Pourcieux : là divergent les branches de Marseille-Est (commencée en 1976, elle doit être mise en eau en 1982), longue de 42,2 km, et celle du Var I, longue de 25,7 km. A son tour subdivisée à plusieurs reprises, celle-ci répartit les eaux du Verdon vers La Ciotat, Bandol, Toulon-Ouest (branche de Toulon-Ouest, 7,7 km), Toulon-Est et la basse vallée du Gapeau (encore partiellement en cours de réalisation) et vers la dépression permienne de Solliès au Luc (branche du Var IV, en cours; 50 km).

Au total, le canal de Provence constitue un réseau de **219 km de canaux, galeries souterraines** (114 km) **et ouvrages d'art** alimentant un réseau de distribution de près de 3 000 km de conduits. Sur le seul plan agricole, il permettra, après achèvement (1982) l'irrigation collective de 60 000 ha.

60,5 km : à dr., **Sainte-Croix-de-Verdon** (513 m; 61 hab.).
61,5 km : prenez à dr. (tout droit, on rejoindrait l'it. principal 6 km avant Riez); la route court au sommet de la rive N., très escarpée, du lac.
74 km : une longue descente en lacet dans la vallée de la Maïre (*vue en amont sur Moustiers) permet de rejoindre la route principale, 2,5 km avant l'entrée de **Moustiers**.

Suite de la route de Moustiers. — **42** km : pont de Quinson (307 m), dans un beau site des **basses gorges du Verdon**, barrées un peu en amont par le barrage de Quinson et également noyées, en aval, par la retenue de Gréoux : sur les 110 km de son cours entre Saint-André-des-Alpes et Gréoux, le Verdon n'est plus libre, aujourd'hui, que sur 27 km...
44 km : **Quinson** (370 m; 251 hab.); église du XVIIIe s.

A **5** km, **Saint-Laurent du Verdon** garde un manoir à tourelles du XVIIe s.; à **2** km N.-E. de Saint-Laurent, sur la rive dr. du Verdon, substructions circulaires gallo-romaines, restes supposés d'un temple.

La route court sur le plateau de Riez, où les champs de lavande alignent leurs grosses touffes d'un gris-vert piquetées de fines antennes bleutées.

58,5 km : après un fort virage à g., la route laisse sur la dr. les

installations émettrices de *Radio-Monte-Carlo* — le seul « poste périphérique » situé en territoire français...
64,5 km : **Riez,** d'où l'on remonte la vallée du Colostre jusqu'à Moustiers (V. ci-après, it. 32 C, en sens inverse à partir du km 15).

79 km : **Moustiers-Sainte-Marie** (631 m; 602 hab.), dans un *site admirable, évoque une crèche provençale. Nichées à l'entrée d'une crevasse ouverte dans une haute muraille calcaire, les maisons se pressent de part et d'autre d'un mince torrent, le Rioul, qui dégringole en cascatelles enjambées par une série de petits ponts étagés. Cent cinquante mètres plus haut, une étoile dorée brille au-dessus du village, suspendue à une gigantesque chaîne reliant les deux lèvres de la crevasse...

On ignore l'origine exacte de cette **chaîne de l'Étoile,** longue de 227 m, sujet de plusieurs légendes. L'une d'entre elles, adoptée par *Mistral* dans un poème des « Iles d'Or », en fait l'ex-voto qu'un baron de Blacas, prisonnier à la bataille de Damiette (7e croisade; 1249), aurait promis de consacrer à la Vierge s'il recouvrait la liberté.

Les origines de la localité elle-même sont mieux connues : la bourgade est l'héritière d'une colonie de moines installée ici en 432 par l'évêque Maxime de Riez. Si elle garde peu de traces visibles du monastère auquel elle doit son nom, elle a par contre conservé le renom acquis au XVIIIe s., alors qu'elle était la capitale de la faïence provençale (V. ci-après). Apparue vers 1660, cette industrie connaîtra un extraordinaire essor à partir de 1709 lorsque Louis XIV, prêchant d'exemple, sacrifiera sa vaisselle d'or et d'argent pour trouver les subsides nécessaires à la poursuite de la guerre. Vers le troisième quart du XVIIIe s., Moustiers comptera ainsi une douzaine d'ateliers, expédiant leur production dans toute la Provence. La concurrence de la porcelaine, à la fin du XVIIIe s., puis l'apparition des chemins de fer, qui répandront en Provence les produits industriels du Nord, ruineront les petites manufactures moustériennes.
Moustiers renaîtra en 1926, grâce aux efforts de Marcel Provence *qui fonde alors l'Académie de Moustiers. Quelques fours se rallument : certains d'entre eux entretiennent aujourd'hui encore une tradition de qualité que l'on ne retrouve hélas pas toujours dans toutes les boutiques du village.*

Un grand **parking,** *établi près du cimetière, en contre-haut du village (itinéraire fléché) tente, notamment en été, de faire face à l'invasion motorisée. Vous avez tout intérêt à y laisser votre voiture, à 2 mn à pied du centre du village.*

Le **musée historique de la Faïence,** fondé par *Marcel Provence* et installé dans trois petites salles au rez-de-chaussée de l'ancienne mairie, mériterait d'être mieux connu. Au moins cela donnerait-il quelques éléments de comparaison et points de repère aux innombrables visiteurs de la petite cité, lesquels, en majorité, le négligent. Malgré une présentation un peu vieillotte et une richesse certainement moins grande que le musée Cantini, à Marseille, il n'en possède pas moins de superbes ***spécimens de la production locale** et toute une collection d'instruments, moules, étuis en terre réfractaire dans lesquels on place les pièces pour la cuisson, et autres objets utilisés autrefois par les faïenciers.

Visite : payante, t.l.j. de 9 h à 12 h et de 14 h à 19 h du 1er juin au 31 août; jusqu'à 18 h du 1er avril au 31 mai et du 1er sept. au 31 oct. Fermé le reste de l'année.

C'est vers 1679 que Pierre I Clérissy, *fils et petit-fils de potier, potier lui-même, prend le titre de faïencier : la tradition rapporte que le secret de l'émail lui a été confié par un moine, originaire de Faenza (Émilie), ville alors célèbre par sa production d'une céramique particulière à laquelle elle a donné son nom. Dès lors, et pendant plus d'un siècle, cette production va faire la fortune du petit village bas-alpin et porter son nom bien au-delà des limites de la Provence.*

On distingue, dans l'histoire des faïences de Moustiers, cinq grandes périodes :
— la première (1680-1720) est celle de Pierre Clérissy *(1651-1728), plus tard associé à ses fils* Antoine III *(1673-1742) et* Pierre II *(1678-1748), dans l'atelier desquels travaillent les décorateurs* Jean-Baptiste Viry *et son fils* Gaspard; *la faïence est une faïence de grand feu (V. ci-après) avec des décors en camaïeu bleu, imités, comme ceux de Nevers, des peintures florentines de Tempesta.*
— vers 1710 est adopté le décor « à la Berain », d'une fantaisie originale et délicate;
— travaillant pour la fabrique dirigée alors par Pierre II Clérissy *(dont l'importance sera en quelque sorte saluée par Louis XV, qui fera Pierre Clérissy baron de Roumoules),* Joseph Olerys *introduit en 1721 l'usage, rapporté par lui de voyages en Espagne, de couleurs qui résistent au grand feu; il aura son propre atelier à partir de 1740, où il produira des faïences polychromes — notamment ses services « à rocaille » ou « à fleur de pomme de terre » — avec, toutefois, une certaine prédilection pour les jaunes et les verts;*
— à partir de la seconde moitié du XVIIIe s. dominent les décors à fleurs, évoquant ceux de Strasbourg et de Marseille, que popularisent l'atelier des frères Jean-Baptiste *et* Louis Ferrat.
— la dernière période est celle de Féraud *(à partir de 1773); l'usage du petit feu (V. ci-après) se répand, permettant l'utilisation de couleurs plus nombreuses et tendres grâce auxquelles on traite désormais des sujets mythologiques ou des scènes champêtres; mais certains, parfois, sombrent dans une mièvrerie annonciatrice d'une proche décadence.*

Technique de la faïence. — La pâte (argile, avec un peu de sable et de craie) façonnée, tournée et moulée, puis longuement séchée, est soumise à une **première cuisson** à 1 020 °C. On obtient alors le **biscuit**, pièce dure et poreuse, parfois rougeâtre (si l'on a utilisé une argile ferrugineuse) que l'on trempe dans une poudre délayée dans l'eau : l'**émail cru**. Sur le biscuit se dépose alors une mince pellicule, pulvérulente et fragile, qu'une semi-cuisson va permettre de sécher et de fixer légèrement : cela donne le « dégourdi », sur lequel va travailler le décorateur, soit directement au pinceau, soit en utilisant d'abord un « poncif », sorte de pochoir percé d'innombrables trous d'épingles. On procède ensuite à une **seconde cuisson**, à 940°, température à laquelle l'émail entre en fusion. C'est la technique dite au « grand feu » dans laquelle émail et décor sont donc cuits simultanément : **elle interdit** tout repentir du décorateur et **toute retouche**, et limite la palette aux couleurs susceptibles de supporter sans être dénaturées la température nécessaire à la cuisson de l'émail.

Dans la **technique** dite « **petit feu** », l'émail blanc est cuit sans avoir reçu le décor : celui-ci est exécuté ensuite, ce qui **autorise les retouches**. La fixation du décor se fait au moyen d'une **troisième cuisson**, à température moins élevée permettant l'emploi, sans risque de voir les jaunes virer à l'ocre et les rouges au brun, de couleurs plus nombreuses et variées.

Une autre sorte de faïence, qui s'est répandue surtout dans le domaine de la faïence industrielle, est la **faïence fine;** élaborée à partir d'une pâte faite de kaolin, de silice et d'un fondant calcaire ou feldspathique, elle est cuite vers 1 200-1 280° : le biscuit reçoit alors un **décor imprimé** ou une sorte de décalcomanie, qui est fixé par une cuisson puis recouvert d'un émail devenant transparent par une cuisson à 1 100°.

La partie ancienne du bourg, de l'autre côté (rive dr.) du ravin du Rioul (ou ravin de Notre-Dame), est un agréable dédale de placettes et de ruelles, enjambées par des voûtes et des arcades, conservant quelques belles maisons anciennes. Et partout, ici comme dans l'autre partie du village, des boutiques rivalisent en amoncellement de plats, bols, bougeoirs, fontaines, services de tables où le « vrai » Moustiers est soumis à la concurrence du Moustiers fabriqué dans quelque usine lointaine.

L'***église,** dominée par un beau clocher roman de type lombard avec trois étages ornés d'arcatures, offre une nef romane du XIIe s., aux murs déjetés portant une voûte en berceau brisé, et un élégant chœur gothique (XIIIe ou XIVe s.) à chevet plat, flanqué de deux collatéraux et éclairé par de longues fenêtres en meurtrières; elle abrite un Christ du XIVe s. et un tableau du XVe s. figurant les Ames du Purgatoire et conserve une croix processionnelle du XIIe s.

*Chapelle Notre-Dame de Beauvoir, ou d'Entre-Roches (demander la clé au presbytère). — Fléché, jalonné d'oratoires, le chemin Marcel-Provence y conduit en quelques minutes, franchissant le torrent au pied d'une jolie cascade puis passant sous une porte ouverte dans un fragment de l'ancienne enceinte.

Établie peut-être au Ve s., la chapelle, dans un très joli site à l'aplomb de la chaîne de l'Étoile, fut entièrement reconstruite au XIIe s. : elle conserve, de cette époque, deux travées romanes prolongées par deux travées et une abside gothique, fruits d'un remaniement du XIVe s., et un petit porche abritant les deux superbes vantaux dont la dota la Renaissance; à l'intérieur, autel en bois du XVIIe s.

De la terrasse, plantée de beaux cyprès, ***vue** sur la plaine et la cascade de toits du bourg.

En sortant de la chapelle, vous pouvez prendre à dr., après la vieille porte, le sentier de corniche qui, longeant le pied de la falaise, conduit à la **grotte-chapelle de la Madeleine,** précédée d'une terrasse : beau point de vue sur la vallée.

La principale excursion depuis Moustier est celle des ****Gorges du Verdon :** *V. le Guide Bleu Haute-Provence, Côte-d'Azur.*

32 C - De Moustiers à Vinon

Route : 43 km par la D 952.

Quittant Moustiers, la route descend dans la vallée de la Maïre puis s'élève jusqu'au petit col de Ségriès (680 m); elle atteint là le rebord du plateau de Riez puis redescend vers la vallée du

Colostre qu'elle va emprunter jusqu'à son confluent avec le Verdon, un peu en amont de Gréoux.
11,5 km : **Roumoules** (600 m; 249 hab.).
12,5 km : à g., joli **château de Campagne,** de la fin du XVIIe s.; il fut acquis en 1782 par *Pierre-Joseph Clérissy,* descendant des célèbres faïenciers de Moustiers, ce qui explique les tuiles en faïence polychrome couvrant les pavillons latéraux.

15 km : **Riez** (528 m; 1 638 hab.), un gros bourg agricole que son passé, égrenant ses monuments presque sans interruption depuis l'Antiquité, transforme l'été venu en un centre touristique très fréquenté; une petite cité provençale, avec tout ce qu'il faut de restes de remparts, de ruelles escarpées, de placettes, de fontaines et de platanes et qui, en juillet-août, sent *réellement* la lavande.

Au pied de l'oppidum celto-ligure d'Alebacce, chef-lieu de la tribu des Reii, s'établit à l'époque d'Auguste la colonie romaine de Colonia Julia Augusta Apollinaris Reiorum. Ce fut une petite cité assez importante (la carte de Peutinger, sur laquelle elle figure sous le nom de Reii Apollinares, lui attribue la même importance qu'à Marseille, Arles ou Vienne), favorisée par sa situation au carrefour de plusieurs routes transalpines. Insuffisamment protégée, elle se réfugia, lors des invasions du Bas-Empire, sur l'oppidum primitif; elle en redescendra à l'époque romane pour se fixer à son emplacement actuel, qui ne couvre qu'en partie la superficie occupée par la cité antique.
*Riez fut siège d'évêché du V*e *s. à 1790.*

En dépit du nombre de ses visiteurs, le tourisme n'est pas encore une des grandes ressources du bourg, qui vit surtout de l'agriculture : **céréales** et **lavande** notamment; on produit un peu d'olives, des truffes, du miel. Après avoir, en août, traité la récolte de lavande et de lavandin, les distilleries extraient de la sauge, de la menthe, de l'hysope, etc., des essences qui sont expédiées aux parfumeurs de Grasse. Riez est aussi un des principaux marchés de la région (mercredi et samedi).

La place du Quinconce, ombragée de platanes, constitue, au pied des vieux quartiers, le centre de la ville actuelle. Là s'élève l'église, presque totalement reconstruite au XIXe s. mais conservant dans ses dépendances plusieurs travées gothiques de l'édifice antérieur et un puissant clocher des XVIe-XVIIe s.
Prolongeant la place à l'E., les allées Gardiol passent à g. devant l'**hôtel de ville,** installé dans l'ancien hôtel épiscopal; un petit **musée** y rassemble des collections évoquant l'histoire naturelle de la Provence des origines à nos jours et y accueille régulièrement des expositions temporaires; on peut y voir également l'*anc*ienne prison.

Visite : payante, t.l.j. sauf mardi, de 9 h 30 à 12 h et de 14 h à 19 h. Entrée sous la voûte.

La **porte Aiguières,** bel ouvrage du XIIIe ou du XIVe s., précédée d'une fontaine portant une colonne corinthienne antique, donne accès à une ruelle permettant de rejoindre la **rue Droite,** axe de la vieille ville, le long de laquelle se pressent des maisons des XVe, XVIIe et XVIIIe s., offrant qui une moulure, qui un fronton ou une porte sculptée. Au n° 12, l'**hôtel de Mazan,** Renaissance, conserve un bel escalier orné de gypseries; l'administration des Beaux-Arts, qui l'a racheté, prévoit d'y installer un jour un musée archéologique; en attendant, de beaux débris lapidaires, rassemblés jadis, se morfondent parmi les herbes folles dans le jardin d'en face. Plus loin (n° 25-27), autre maison de la Renaissance, très dégradée, construite en 1598.

La rue aboutit, à l'O., à la **porte Saint-Sols** (XIVe s.) : vue à dr. sur les restes de l'enceinte et la tour de l'Horloge.

De la place du Quinconce, la route d'Allemagne sort de la ville en franchissant le Colostre sur un pont d'où l'on aperçoit à dr., dans une prairie, une **colonnade corinthienne** composée de quatre colonnes monolithiques en granit gris de l'Estérel.

Hautes de 5,90 m, avec bases et chapiteaux en marbre blanc et architrave en calcaire tendre du Luberon, elles constituaient la façade d'un petit temple tétrastyle, de 11 m env. sur 20 et d'une douzaine de m de hauteur, élevé sur un podium dominant de 2 m à 2,50 m le sol environnant (remblayé depuis par les alluvions du Colostre); peut-être ce temple était-il consacré à *Apollon,* ce dieu guérisseur dont le nom figure dans celui de la cité où, semble-t-il, on lui rendait un culte assez important attesté par plusieurs inscriptions.

Le ***baptistère,** à 100 m du pont, remonte à la fin du IVe s. ou au début du Ve s., mais la coupole est romane et tout l'extérieur et les parties hautes en ont été restaurés au début du XIXe s.

C'est un petit édifice carré à l'extérieur, octogonal à l'intérieur, avec huit niches alternativement rectangulaires et semi-circulaires (dans les pans coupés), déambulatoire circulaire et rotonde centrale reposant sur huit grandes colonnes antiques de remploi; au-dessus de la piscine, octogonale, la coupole, en arc de cloître, repose sur huit nervures plates s'appuyant sur des corbeaux ménagés dans les angles du tambour octogonal. Le baptistère, dont on voit bien l'intérieur à travers la grille (mais vous pouvez en demander la clé à la mairie), abrite un petit **musée lapidaire** : autel taurobolique, acrotère, cippes, inscriptions, sarcophages.

Le baptistère faisait à l'origine partie du groupe cathédral de la ville, établi à l'emplacement d'édifices du Haut-Empire détruits sans doute vers 270. Des fouilles, de l'autre côté de la route, ont ainsi permis de dégager les **substructions de la cathédrale primitive,** abandonnée comme siège épiscopal lors du repli de la cité sur la colline Saint-Maxime mais détruite seulement à la fin du XVe s. lors de la construction de l'église actuelle. On reconnaît encore l'emplacement de son abside et les traces d'un escalier appartenant à l'édifice romain sur lequel elle avait été construite.

Environs : 1 — **Colline Saint-Maxime** (640 m; 2 km N.-E.; route goudronnée). A l'emplacement l'oppidum celto-ligure, puis du castrum du Haut Moyen Age, une petite chapelle (clé au presbytère) reconstruite au XIXe s. conserve une abside romane : c'est un hémicycle pourvu d'un étroit déambulatoire reposant sur six belles colonnes corinthiennes antiques, disposition vraisemblablement imitée du baptistère. Au S. du sanctuaire, selon l'usage provençal, est accolé un petit bâtiment servant au logement des pèlerins. De la terrasse, ombragée de beaux pins, ***panorama.**

2 — **Puimoisson** (7 km N. par la route de Digne, D 253). — A 696 m d'alt., au milieu du plateau couvert de champs de lavande et planté d'amandiers, ce village de 491 hab. conserve une ancienne commanderie de Templiers avec une église du XVe s. Chapelle Saint-Apollinaire, du milieu du XIIIe s., d'une belle simplicité, avec nef de trois travées flanquée au N. de trois chapelles et terminée par un chevet plat.

3 — **Valensole** (569 m; 1 721 hab.; à 14 km O. par la route de Manosque, D 6). — Un vieux bourg dont les toitures s'imbriquent comme les écailles d'une tortue autour d'une butte arrondie que couronne l'église; celle-ci conserve un chevet plat percé d'une grande fenêtre à remplage (rare en Provence), un chœur et une façade du XIIIe s.; trois chapelles ont une belle clôture en bois de la fin du XVIe s. Le clocher porte un joli campanile en fer forgé du XVIIIe s.
La route de Riez à Valensole passe (3 km de Riez env.) près du **château de Pontfrac**, ancienne propriété des évêques de Riez (auj. hôtel), belle bastide provençale de plan rectangulaire précédée d'un terre-plein orné de deux pigeonniers en forme de tourelles rondes.

Suite de la route de Vinon. — La route descend la vallée du Colostre.

23 km : **Allemagne-en-Provence** (422 m; 202 hab.), où il y eut au XVIIIe s. quelques faïenceries, possède un imposant château de la fin du XVe s., très restauré, flanqué d'un grand donjon carré et crénelé du XIVe s. (colonie de vacances; on ne visite pas).

29 km : à dr., **Saint-Martin-de-Brômes** (358 m; 217 hab.), un joli village (illuminé en saison les sam. dim. et j. de fêtes) aux rues caladées qui se faufilent sous des voûtes ou s'entrecoupent d'escaliers; il conserve quantité de vieilles maisons, une église

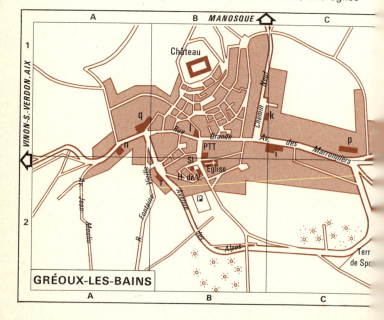

GRÉOUX-LES-BAINS

romane du XIe s. et une tour carrée et crénelée des XIIe et XIVe s., dite des Templiers et abritant, au rez-de-chaussée, un petit **musée gallo-romain** (ouv. mardi, jeudi et sam., de 15 h à 18 h).

↦ A **8** km S., de part et d'autre d'un ravin où le lac formé par le **barrage de Gréoux** enfonce une corne, le *site d'**Esparron-de-Verdon** (386 m; 118 hab.) est dominé par la vieille tour crénelée du Xe s., remaniée aux XIIIe et XIVe s., contre laquelle, à la veille de la Révolution, fut reconstruit le château des marquis de Castellane. Plage, base nautique.

La vallée du Colostre se resserre en une jolie gorge aux roches rouges puis rejoint celle du Verdon.

35 km : **Gréoux-les-Bains** (360 m; 1 297 hab.), très agréable station thermale dans un site verdoyant au pied d'un château ruiné, à quelques kilomètres en aval de la sortie des basses gorges du Verdon.

L'ancien **château** a encore grande allure. Construit au XIIe s. par les Templiers (seul le donjon carré, au N.-O., subsiste de cette époque) et remanié au XIVe s., il fut presque totalement reconstruit au XVIIe s. et était encore habité au début du XIXe s.

La petite **église** a une abside carrée gothique et une nef romane, flanquée au S. d'un bas-côté du XVe ou XVIe s., et au N. de chapelles du XVIIe s.

Aux portes du village propret, aux maisons restaurées, où tout traduit la prospérité qu'engendre la venue d'un flot sans cesse

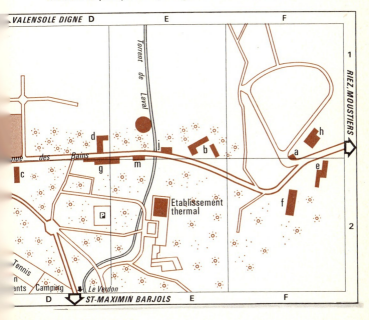

croissant de curistes (de 800 en 1953 on est passé à 1 700 en 1976, on en prévoit 25 000 en 1980 et l'on se propose d'augmenter encore la capacité d'accueil pour atteindre par la suite 45 000), s'étend le **quartier thermal** avec ses hôtels, pensions, résidences, cabinets médicaux et, dans un parc de 10 ha, l'établissement thermal.

Déjà utilisées par les Celtes, les **eaux** furent exploitées par les conquérants romains qui aménagèrent les bains et en firent, dit-on, un centre de remise en état de leurs légionnaires blessés : l'eau est fort efficace pour le traitement des séquelles de traumatismes. Sulfurée, calcique avec une forte proportion de chlorure sodique, iodo-bromurée, légèrement carbogazeuse, lithinée et radio-active (pour se limiter à ses principales caractéristiques!), elle jaillit d'une seule source, à 36,4°, à raison de 3 000 m³/jour. Elle est utilisée en rhumatologie (traumatologie, arthroses, arthrites) et en otorhino-laryngologie (rhinites, amygdalites, sinusites, otites, laryngites).

Perdant une partie de ses propriétés à la lumière du jour, l'eau alimente des piscines souterraines, qui se cachent derrière les grandes arcades en pierre de Rognes (on peut visiter le jeudi); mais, des vrais « thermes troglodytes celtes gallo-romains » de jadis (les Romains n'y prenaient leurs bains que la nuit), ne subsistent plus que quelques fragments lapidaires et une inscription avec dédicace aux nymphes de Gréoux, *Nymphis Grisellicis*, auj. dans le parc.

- **Environs : 1** — **Château de Laval** (à 2 km N. par la route de Valensole, D. 8). Il garde le souvenir de *Pauline Borghèse* qui passait de longues heures sous un chêne, appelé depuis le chêne de la Princesse.
- **2** — **Chapelle Notre-Dame-des-Œufs** (à 2 km S.-E. sur la rive g. du Verdon), Pèlerinage; vallon sauvage de Brâme-Vache.

La route descend la vallée du Verdon, désormais beaucoup plus large.

43 km : **Vinon-sur-Verdon,** V. it. 11 B, km 79,5.

Guide alphabétique
Renseignements pratiques

Signes conventionnels touristiques et hôteliers

Les **signes conventionnels** ci-dessous sont utilisés dans l'ensemble d Guides Bleus pour les renseignements **touristiques et hôteliers**, ils figurent donc pas tous nécessairement dans cet ouvrage.

- 🆂 Office du tourisme, informations touristiques.
- ✈ Aéroports, compagnies aériennes.
- ⛴ Ports, compagnies maritimes.
- 🚂 Gares, réservation et renseignements.
- 🚋 Tramways, trolleybus.
- 🚌 Autobus.
- 🚗 Renseignements concernant l'automobile location, taxis, garages.
- ✉ Poste et télécommunications.
- ⊠ Code postal.
- ⛺ Camping, caravaning.

Classification des hôtels et des restaurants :
- ¶¶¶¶¶ Grand Luxe.
- ¶¶¶¶ Luxe.
- ¶¶¶ Très confortable.
- ¶¶ Confortable.
- ¶ Simple.

- ☏ Téléphone de l'établissement.
- LF Logis de France.

- ✕ Restaurant.
- ★ Cuisine remarquable.
- ⫿⫿ Chauffage central.
- ❄ Air climatisé.
- 🛗 Ascenseur.
- 🛁 Salle de bains ou douch
- ☎ Téléphone dans les chambres.
- 📺 Télévision dans les chambres.
- 🚐 Service d'autocar privé.
- 🌳 Jardin.
- 🌲 Parc.
- 🏊 Piscine.
- 🏖 Plage privée ou publiqu
- 🎾 Tennis.
- ⛳ Golf 9 trous.
- ⛳ Golf 18 trous.
- 🐎 Équitation.
- Ⓖ Garage de l'hôtel.
- Ⓟ Parking.

Renseignements pratiques

Les départements sont indiqués sous leur numéro de code, en chiffres italiques, devant les noms des localités et des sites; le tableau ci-après indique à quel numéro correspond chacun des départements décrits dans notre ouvrage, en totalité ou en partie.

Numéro postal		Indicatif téléphonique
04	Alpes-de-Haute-Provence	92
13	Bouches-du-Rhône	90, 91 ou 42
26	Drôme	75
30	Gard	66
83	Var	94
84	Vaucluse	90

Aigle (Cap de l'), p. 545.
Aigle (Rocher de l'),

AIX-EN-PROVENCE, p. 425.

13100.

Office de Tourisme : 2 pl. Gal-de-Gaulle (☏ 26-02-93; télex 430466); réservations hôtelières; ouvert de 8 h à 19 h; du 1er juil. au 15 sept., de 8 h à 23 h; les dim. et jours fériés de 8 h 30 à 12 h 30.

Hôtels :
- ¶¶¶¶ *Le Roi René* (plan 1, D 4), 14 bd du Roi-René (☏ 26-03-01; télex 410880), 64 ch. 62 ⊟ ✕ 🎞 ☎ ♨ 🗔 ⓖ Ⓟ.
- ¶¶¶ *Paul Cézanne* (plan 6, C 4), 30 av. Victor-Hugo (☏ 26-34-73), 44 ch. 44 ⊟ 🎞 ☎.
- ¶¶¶ *Le Manoir* (plan 2, C 2), 8 rue d'Entrecasteaux (☏ 26-27-20), 43 ch. 43 ⊟ 🎞 ☎ ♨ Ⓟ. Relais du Silence.
- ¶¶¶ *La Caravelle* (plan 8, F 4), 29 bd du Roi-René (☏ 26-29-61), 29 ch. 21 ⊟ 🎞 ☎.
- ¶¶¶ *Nègre Coste* (plan 9, D 3), 33 cours Mirabeau (☏

¶¶¶ **Résidence Rotonde** (plan 7, B 4), 15 av. des Belges (☎ 26-29-88), 45 ch. 45 ⇌ ⊞ ☎.

¶¶¶ **Thermes Sextius** (à l'établissement thermal plan BC1), 55 cours Sextius (☎ 26-01-18), 65 ch. 38 ⇌ ✕ ⊞ ⚌ ⌂ ℗.

¶¶ **de France** (plan 3, C 3), 63 rue Espariat (☎ 27-90-15), 27 ch. 27 ⇌ ✕ ⊞ ☎.

¶¶ **Relais Saint-Christophe** (plan 13, C 4), 2 av. Victor-Hugo (☎ 26-01-24), 54 ch. 42 ⇌ ⊞ ☎ ©. Fermé en janv.

¶¶ **du Globe** (plan 15, B 2), 74 cours Sextius (☎ 26-03-58), 40 ch. 22 ⇌ ⊞ ☎ © ℗. Fermé janv. et févr.

¶¶ **Concorde** (plan 17, F 4), 68 bd du Roi-René (☎ 26-03-95), 39 ch. 39 ⇌ ⊞ ☎ ⚘ © ℗.

¶¶ **Moderne** (plan 10, C 4), 34 av. Victor-Hugo (☎ 26-05-16), 22 ch. 14 ⇌ ⊞ ☎.

¶¶ **Le Pasteur** (plan 4, C 1), 14 av. Pasteur (☎ 21-11-76), 19 ch. 15 ⇌ ✕ ℗.

¶¶ **Cardinal** (plan 11, E 4), 24 rue Cardinale (☎ 26-14-39), 20 ch. 13 ⇌ ⊞ ☎.

¶¶ **de l'Europe** (plan 12, C 3), 3 rue de la Masse (☎ 26-02-17), 27 ch. 10 ⇌ © ℗.

¶¶ **Le Portalis** (plan 16, D 2), 8 rue Riffle-Raffle (☎ 23-28-61), 33 ch. 16 ⇌ ⊞. Fermé en février.

¶¶ **de la Renaissance** (plan 14, B 3), 4 bd de la République (☎ 26-04-22), 31 ch. 12 ⇌ ℗. Fermé en janv.

¶ **Auberge de la Croix de Malte** (plan 18, B2), 2 rue Van-Loo (☎ 26-11-58), 24 ch. 7 ⇌ ⊞ ☎ ©. Fermé du 15 déc. au 16 janv.

¶ **Paul** (plan 25, C 1), 10 av. Pasteur (☎ 23-23-89), 24 ch. 24 ⇌ ⚘.

¶ **du Casino** (plan 23, C 3), 38 rue Victor-Leydet (☎ 26-08-88), 26 ch. 6 ⇌.

¶ **de la Fontaine** (plan 24, D 2 rue Nazareth (☎ 26-17-1 15 ch. 6 ⇌.

Hôtels situés hors du centre
¶¶¶¶ **Le Mas d'Entremont**, mor d'Avignon (☎ 23-45-3 14 ch. 14 ⇌ ✕ ☎ ⊞ ⚌ ⌂

¶¶¶¶ **PLM Le Pigonnet**, av. Pigonnet (☎ 59-02-90, té 410629), 48 ch. 48 ⇌ ✱✕ ⊞ ⚘ ☎ © ℗.

¶¶¶ **Novotel Aix Beauman** autoroute A8 (☎ 27-47- télex 400244), 97 ch. 97 ✕ ▦ ⊞ ☎ ⚘ © ℗.

¶¶¶ **Novotel Aix Sud,** Arc Mayran, périphérique sud 27-90-49; télex 42051 80 ch. 80 ⇌ ✕ ▦ ⊞ ☎ ⌂ ℗.

¶¶¶ **Relais du Soleil**, mon d'Avignon N 7 (☎ 23-33-0 36 ch. 36 ⇌ ✕ ☎ ⚘ © ℗.

¶¶¶ **Hôtel Super Aix**, à Célo N 7 (☎ 23-20-99), 36 ch. ⇌ ✕ ☎ ⚘ © ℗. Inter-Hôtel.

¶¶ **Le Moulin**, 1 av. Robert-Sc mann, près des nouve facultés (☎ 59-41-68), 32 ⇌ ⊞ ☎ © ℗. Fermé en déc.

¶¶ **Le Prieuré,** route des Alpe 2 km N. (☎ 21-05-23), 26 8 ⇌ ⊞ ☎ ℗.

Restaurants :
¶¶¶ ★**Charvet** (plan 27, E 3), 9 Lacépède (☎ 27-72-8 Fermé lundi et du dé d'août au 15 sept.

¶¶¶ **Vendôme** (au casino, p B 3), 2 bis bd de la Répu que (☎ 26-01-00).

¶¶ **La Rotonde** (plan 28, C 3), Jeanne-d'Arc (☎ 26-01-95)

¶¶ **Abbaye des Cordeliers** (p 33, C 2), 21 rue Lieutaud 27-29-47). Fermé lundi s et mardi et en oct.

¶¶ **Le Clam's** (plan 30, B 2), cours Sextius (☎ 27-64-7 Fermé mercr. et juil. et août

¶¶ **Table du Graal** (plan 29, E 22 rue Lacépède 59-70-30).

¶ **Les Deux Garçons** (plan : E 3), cours Mirabeau 26-00-51).

RENSEIGNEMENTS PRATIQUES

¶ *Le Pique-Feu* (plan 32, E 3), 3 rue Fernand-Dol (☎ 27-71-62).

¶ *Le Provence* (plan 34, C 3), 15 rue des Tanneurs (☎ 27-94-25).

¶ *Le Comté d'Aix* (plan 37, C 3), 17 rue de la Couronne (☎ 27-61-07).

¶ *Grand-Père* (plan 35, C 3), 19 rue des Tanneurs (☎ 27-92-66).

¶ *La Fourchette du Diable* (plan 36, E 2), 1 rue Manuel (☎ 27-30-22).

Auberge de la Jeunesse : av. Marcel-Pagnol, quartier du Jas-de-Bouffan (☎ 27-36-97), 95 lits.

Campings : *L'Arc-en-Ciel,* sortie de l'autoroute Aix-Est, au pont des Trois-Sautets (★★★★; 250 pl.; ☎ 26-14-29). — *Chantecler,* sortie de l'autoroute Aix-Est, au Val Saint-André (★★★★; 360 pl.; ☎ 26-12-98), location de caravanes. — *Le Félibrige,* route de Puyricard, à 4 km du centre (★★★; 350 pl.; ☎ 24-42-11).

Poste : 1 rue Lapierre (plan BC 4).

Chemin de Fer : Gare (hors plan C 4) sur la ligne de Marseille à Grenoble. Renseignements ☎ 26-12-50.

Autocars interurbains : services réguliers pour Marseille, Marignane, Martigues, Istres, Salon, Arles, Apt, Lourmarin, Manosque, Draguignan, etc.

Excursions en cars SNCF : *Compagnie des Autocars de Provence,* renseignements et billets à l'office de tourisme (☎ 26-02-93).

Taxis : *ATA,* cours Mirabeau (☎ 26-00-95). — *Les Artisans,* cours Mirabeau (☎ 26-29-30). — *Taxi-Radio,* 37 rue de la Verrerie (☎ 27-71-11).

Location de voitures : *Aix Automobile,* 21 av. Victor-Hugo (☎ 27-66-07). — *Avis,* 4 av. des Belges (☎ 27-58-56). — *Europcars,* 56 bd de la République (☎ 27-41-27). — *Hertz,* 3 av. des Belges (☎ 26-24-92). — *Mattei,* 39 bd A.-Briand (☎ 27-76-20).

Garages : *Citroën,* garage Central, 4 av. des Belges (☎ 27-74-79). — *Fiat,* 14 av. des Belges (☎ 27-74-27). — *Ford,* 2 cours Gambetta (☎ 26-19-60). — *Peugeot,* La Pioline, route des Milles (☎ 20-01-45). — *Renault,* 26 bd de la République (☎ 27-98-05). — *Simca,* 5 route de Galice (☎ 27-75-99).

Sports : *Office municipal des Sports et de la Jeunesse,* parc Rambot, 32 av. Sainte-Victoire (☎ 26-24-15). — *Aéro-Club,* aérodrome des Milles, à 6 km (☎ 24-21-70). — *Bowling,* bd A.-Charrier (☎ 27-69-92). — *Country-Club,* à Puyricard, 4 km N. (☎ 24-40-41) : tennis, piscine, équitation, volley-ball, etc. — *Centre équestre Aixois,* Les Pinchinats (☎ 27-55-24). — *Centre équestre de Saint-Pons,* aux Milles (☎ 24-20-02). — *Piscine municipale,* bd des Poilus (☎ 26-45-25), couverte et en plein air. — *Piscine Sextius,* av. des Thermes (☎ 26-01-52), en plein air. — *Piscine de l'Oliveraie,* route de Nice (☎ 27-60-46). — *Tennis du Country-Club* (ci-dessus) et à *Aix Université-club,* pont de Béraud, route de Vauvenargues (☎ 27-74-35). — *Golf-Club* (18 trous), aux Milles (☎ 24-20-41).

Adresses utiles : *Automobile-Club,* 7 bd J.-Jaurès (☎ 26-04-74). — *Club-Alpin,* 7 rue de la Glacière (jeudi de 19 à 20 h). *Maison des Jeunes et de la Culture,* 24 bd de la République (☎ 26-36-50).

Établissement Thermal : 55

cours Sextius (✆ 26-01-18), ouvert toute l'année.

Dancing-night-club : *Cardinal,* au Casino municipal, bd de la République.

Spectacles : *Opéra municipal,* rue de l'Opéra (✆ 26-06-10; plan F 3). — *Théâtre du Centre,* 27 rue du 11-Novembre (✆ 26-34-55). — *Casino municipal,* bd de la République (✆ 26-30-33; plan BC 3).

Manifestations : *Semaines gastronomiques* au restaurant Vendôme, Casino municipal en févr.-mars. *Course automobile de côte* le jour de l'Ascension. *Saison d'Aix, musique dans la rue,* de la 2ᵉ quinzaine de juin à fin août (concerts, conférences, spectacles). *Festival International d'Art Lyrique et de musique,* du 10 au 31 juil. *Foire d'Aix-en-Provence,* en sept. *Festival de musique contemporaine,* 2ᵉ quinzaine d'oct.

LIEUX, SITES ET MONUMENTS

Archevêché, p. 436.
Bibliothèque Méjanes, p. 439.
Cathédrale Saint-Sauveur, p. 433.
Cloître de la cathédrale, p. 435.
Cours Mirabeau, p. 448.
Cours Sextius, p. 443-445.
Église du Saint-Esprit, p. 441.
Église Saint-Jean-de-Malte, p. 453.
Église Sainte-Marie-Madeleine, p. 446.
Établissement Thermal, p. 444.
Fondation Vasarely, p. 462.
Hôpital Saint-Jacques, p. 460.
Hôtel de Caumont, p. 452.
Hôtel-de-Ville, p. 439.
Musée Granet, p. 454.
Musée d'Histoire Naturelle, p. 442.
Musée Paul Arbaud, p. 451.
Musée des Tapisseries, 436.
Musée du Vieil-Aix, p. 438.
Palais des Congrès, p. 448.
Palais de Justice, p. 445.
Pavillon Cézanne, p. 460.
Pavillon Vendôme, p. 443.
Place d'Albertas, p. 442.
Place des Cardeurs, p. 440.
Place aux Herbes, p. 440.
Place des Prêcheurs, p. 446
Place des Quatre-Dauphins, 453.
Place de l'Université, p. 437.
Quartier Mazarin, p. 450.
Remparts, p. 433-444.
Rue Méjanes, p. 441.
Tour de l'Horloge, p. 439.

13	**Albaron,** p. 395.	
84	**Albion** (Plateau d'), p. 305.	
13	**Allauch,** p. 525.	
13	**Alleins,** p. 421.	

04 **ALLEMAGNE-EN-PROVENCE,** p. 596.
✉ 04550.
Restaurant :
¶ *Le Moulin* (✆ 74-53-09), la route de Riez. Fermé janv. à mars.

13 **Alpilles** (Les), p. 334.

84 **ALTHEN-LES-PALUDS,** 200.
✉ 84520.
Hôtel :
¶ *Auberge des Gaffins* 61-01-50), 8 ch. 8 ⇔ ✕ ⚜. LF. Fermé le mardi.

13 **Ange** (Col de l'), p. 538.

84 **ANSOUIS,** p. 267.
✉ 84690.
Restaurant :
¶ *Auberge du Château,* av 5 ch.

84 **APT,** p. 250.
✉ 84400.
Office de Tourisme : pl. de Bouquerie (✆ 74-03-18 Fermé dim. et lundi h saison.

Hôtels :

- ¶¶ *du Louvre* (plan A, A 2), pl. de la Bouquerie (✆ 74-20-18), 26 ch. 15 ⇌ ⓖ ℗.
- ¶¶ *L'Aptois* (plan C, C 2), cours Lauze-de-Perret (✆ 74-02-02), 26 ch. 26 ⇌ ⌨ ⊗ ℗.
- ¶¶ *Le Palais* (plan B, A 2), pl. Gabriel-Péri (✆ 74-23-54), 10 ch. 8 ⇌ ℗. Fermé en janvier.
- ¶¶ *Le Ventoux* (hors-plan A 2), av. Victor-Hugo (✆ 74-07-58), 15 ch. 14 ⇌ ✕ ⌨ ⊗ ℗. change. LF.
- ¶¶ *Sainte-Anne* (plan D, A 1), 28 pl. du Ballet (✆ 74-00-80), 7 ch. 7 ⇌ ⚘ ℗.
- ¶ *Le Luberon* (plan E, A 1), quai Léon-Sagy (✆ 74-12-50), 10 ch. 10 ⇌ ℗.
- ¶ *Le Manoir*, à 4 km N.-O. (✆ 74-08-00), 20 ch. 20 ⇌ ✕ ⊗ ℗. Fermé le mardi.

Restaurants :

- ¶¶ *Les Vieilles Tourettes,* route de Marseille (✆ 74-19-77).
- ¶ *La Pignata,* rue de la République (✆ 74-09-40).

⛺ Camping : *Les Cèdres,* route de Viton (★★; 150 pl. ✆ 74-14-61), de Pâques au 30 sept.

✉ Poste : av. Victor-Hugo (hors-plan A 2).

🚌 *Autocars interurbains :* pour Aix et Marseille, Avignon, Bonnieux, Cavaillon, Digne, Isle-sur-la-Sorgue, Manosque, Roussillon, Sault.

🚗 Garages : *Citroën,* 53 av. Victor-Hugo (✆ 74-04-39). — *Ford,* 56 av. Victor-Hugo (✆ 74-10-17). — *Peugeot,* route d'Avignon (✆ 74-02-11). — *Renault,* route d'Avignon (✆ 74-18-41). — *Simca-Chrysler,* route d'Avignon (✆ 74-05-38).

Sports : piscine d'hiver couverte et piscine d'été; tennis (8 courts), piste de moto-cross, ball trap, etc.

🐎 Centre équestre : *de Roquefure* (✆ 74-22-80).

Manifestations : *cavalcade* de Pentecôte; *foire aux antiquaires* (dernière semaine de juillet), *festival d'artisanat* (juillet et août).

Artisanat : céramistes *S. Taes,* quartier du Puits; *Pringuey,* quartier Lançon; dinandier *Marty,* montée de la Cucuronne.

13 **Arc** (Château l'), p. 579.
13 **Arc** (Vallée de l'), p. 465.

13 **ARLES,** p. 363.

- ✉ 13200.
- 🛈 Office de Tourisme : bd des Lices, à côté de l'hôtel Jules César (✆ 96-29-35; télex 440096); réservations hôtelières. — *Automobile-club :* 18 rue de la Liberté (✆ 96-40-28).

Hôtels :

- ¶¶¶¶ *Jules César* (plan 1, D 4), bd des Lices (✆ 96-46-76; télex 400239), 60 ch. 60 ⇌ ✱✕ ⚘. Fermé de nov. à mars. Les Relais et châteaux.
- ¶¶¶ *D'Arlatan* (plan 1, D 2), 26 rue du Sauvage (✆ 96-36-75 ; télex 440096), 49 ch. 43 ⇌ ⊗ ⚘ ⓖ.
- ¶¶¶ *Primotel,* face au Palais des Congrès, av. de la 1ʳᵉ Division Française (hors-plan A 1; ✆ 96-81-70; télex 401001), 102 ch. 102 ⇌ ✕ ⌨ ⊗ 📺 ⚘ ⌂ ♪ ℗. Mapotel.
- ¶¶¶ *Le Select* (plan 3, C 4), 35 bd G.-Clemenceau (✆ 96-08-31), 24 ch. 24 ⇌ ⌨ ⊗ ⓖ ℗.
- ¶¶¶ *Le Forum* (plan 4, D 2), 10 pl. du Forum (✆ 96-00-24), 45 ch. 35 ⇌ ⌨ ⊗ ⌂.
- ¶¶¶ *Mireille* (plan 5, B 2), 2 pl. Saint-Pierre, à Trinquetaille (✆ 96-41-61; télex 420763), 29 ch. 26 ⇌ ✕ ⌨ ⊗ ⚘ ⌂ ℗. Fermé du 3 janv. au 15 févr. Inter-Hôtel.
- ¶¶¶ *Nord Pinus* (plan 11, D 2), 14 pl. du Forum (✆

¶¶ **Le Calendal** (plan 6, E 3), pl. Pomme (✆ 96-11-89), 21 ch. 18. Fermé du 15 déc. au 15 janv.

¶¶ **Le Cloître** (plan 8, D 3), 18 rue du Cloître (✆ 96-29-50), 35 ch. 26. Fermé du 30 oct. au 1ᵉʳ mars.

¶¶ **Le Mirador** (plan 7, E 2), 3 rue Voltaire (✆ 96-28-05), 15 ch. 15. Fermé du 10 janv. au 1ᵉʳ mars.

¶¶ **Régence** (plan 9, E 1), 5 rue M. Jouveau (✆ 96-39-85), 18 ch. 10.

¶¶ **Constantin** (plan 12, B 4), bd de Craponne (✆ 96-04-05), 11 ch. 7.

¶ **de la Muette** (plan 13, D 2), 15 rue des Suisses (✆ 96-15-39; télex 440096), 15 ch. 15. LF.

¶ **Diderot** (plan 15, E 3), rue de la Bastille (✆ 96-10-30), 14 ch. 10.

¶ **Lamartine** (plan 14, E 1), 1 rue M.-Jouveau (✆ 96-13-83), 32 ch.

¶ **Gauguin** (plan 16, E 2), pl. Voltaire (✆ 96-14-35), 17 ch. 6.

¶ **Terminus et Van Gogh** (plan 20, E 1), 5 pl. Lamartine (✆ 96-12-32) 16 ch. 7. Fermé du 15 déc. au 5 janv.

¶ **Savoy** (plan 18, A 4), 112 bd G.-Clemenceau (✆ 96-13-09), 17 ch. 12.

¶ **de France** (plan 19, EF 1), pl. Lamartine (✆ 96-01-24), 15 ch. 2.

Aux environs :

¶¶¶ **Les Cantarelles**, à Ville-Vieille, près de l'autoroute de Fos (✆ 96-44-10; télex 420763), 35 ch. 35. Inter-Hôtel.

¶¶¶ **Les Cabanettes**, aux Saliers, env. 15 km O. (✆ 87-31-53; télex 480451), 29 ch. 29. Fermé en janvier. Mapotel.

¶¶¶ **La Fenière**, à 6 km par anc. RN 113 (✆ 98-45-34; télex 440096); 24 ch. 24. Vue. Relais du Silence.

¶¶ **Europa**, à Pont-de-Crau (✆ 96-17-54), 28 ch. 28.

¶¶ **La Roseraie**, à Pont-de-Crau (✆ 96-06-58), 11 ch. 11.

¶¶ **de la Source**, à Pont-de-Crau (✆ 96-12-42), 16 ch. 8. Ouvert du 1ᵉʳ mars au 31 oct. LF.

Restaurants :

¶¶ ***Le Vaccarès*** (plan 28, D 3), 11 rue Favorin (✆ 96-06-17). Fermé du 20 déc. au 20 janv.

¶¶ **Hostellerie des Arènes** (plan 29, E 2), 62 rue du Refuge (✆ 96-13-05). Fermé du 22 dé. au 10 févr. et mercr.

¶¶ **La Grappe** (plan 31, C 4), 9 bd G.-Clemenceau (✆ 96-03-98). Fermé du 15 no. au 15 déc. et lundi.

¶ **Lou Caleu** (plan 30, E 3), 2 rue Porte-Laure (✆ 96-30-11). Fermé Noël, 1ᵉʳ janvier et févr. et le jeudi.

¶ **Le Tambourin** (plan 32, E 2), 65 rue A. Pichot (✆ 96-13-32). Fermé en févr. le sam. en hiver.

¶ **La Côte d'Adam** (plan 33, D 3), rue de la Liberté (✆ 96-15-05).

¶ **L'Union** (plan 34, D 4), 14 b. rue de la Rotonde (✆ 96-05-20).

¶ **Le Criquet** (plan 35, E 3), ru. Porte-de-Laure.

Auberge de la Jeunesse : a. Mar.-Foch (✆ 96-18-25), 100 places.

⛺ **Campings :** *Camping City*, 6 route de Marseille (**; 200 p. ✆ 96-26-69), de Pâques septembre. – *La Bienheureuse*, route RN 113 à 7 k. (**; 200 pl. ✆ 98-45-28) location de bungalows. – *Relais du Gardian*, au hamea. de Raphèle (**; 200 pl. ✆ 98-45-51). – *Les Portes o. Camargue*, route de Tarasco. (**; 100 pl. ✆ 96-23-64).

RENSEIGNEMENTS PRATIQUES

Camping à la Ferme, Villa des Roses, Pont-de-Crau par RN 113 (✆ 96-02-12), du 1er avril au 15 oct.

Poste : bd des Lices (plan E 4).

Chemin de fer : gare (hors-plan E 1) sur la ligne de Paris à Marseille (✆ 96-01-58 et 96-43-94).

Autocars interurbains : pour Tarascon et Avignon, Aix-en-Provence et Marseille, Nîmes, les Saintes-Maries, etc.

Excursions en cars SNCF : *Via-Courriers du Midi,* 24 bd G.-Clemenceau (✆ 96-01-90).

Taxis : cour de la gare (✆ 96-07-55); bd des Lices (✆ 96-09-60), jardin d'été (✆ 96-90-03).

Garages : *Citroën,* route de Tarascon (✆ 96-32-20). — *Fiat,* 9 av. Sadi-Carnot (✆ 96-28-27). — *Peugeot,* 3 av. Victor-Hugo (✆ 96-41-59). — *Renault,* av. de Stalingrad (✆ 96-06-33) et av. Ed.-Herriot (✆ 96-46-40). — *Simca,* 61 av. de Stalingrad (✆ 96-23-96).

Sports : piscine en plein air et piscine couverte; tennis; pêche; chasse, etc.

Manifestations : *Festival d'Arles* en juil. (tauromachie, folklore, fête du costume arlésien, course à la cocarde, etc.), se renseigner du comité des fêtes (✆ 96-47-00). *Courses à la cocarde et corridas,* de Pâques à fin sept. *Soirées folkloriques* au théâtre antique le jeudi en saison.

LIEUX, SITES ET MONUMENTS.

Alyscamps, p. 385.
Arènes, p. 375.
Boulevard des Lices, p. 377.
Cloître de Saint-Trophime, p. 372.
Cryptoportiques, p. 380.
Église Notre-Dame-la-Major, p. 376.
Église Saint-Blaise, p. 377.
Église Saint-Céraire, p. 388.
Église Saint-Honorat, p. 387.
Église Saint-Jean-du-Moustier, p. 377.
Église Saint-Julien, p. 381.
Église Saint-Trophime, p. 370.
Grand Prieuré de Malte, p. 381.
Hôtel de Ville, p. 379.
Musée lapidaire chrétien, p. 379.
Musée lapidaire païen, p. 378.
Musée Réattu, p. 381.
Museon Arlaten, p. 383.
Place du Forum, p. 380.
Remparts, p. 376.
Théâtre antique, p. 374.
Thermes de Constantin, p. 381.
Trinquetaille (faubourg de), p. 389.

13 **Armellière** (Château de l'), p. 399.

13 **AUBAGNE,** p. 530.
✉ 13400

Hôtels :
¶¶¶¶ *Relais Manon des Sources* (✆ 03-39-80), 52 ch. 52 🛏 ✕ 🕮 🎱 📺 🅿.

¶¶ *de la Source,* à Saint-Pierre-les-Aubagne, N 96 (✆ 82-11-01), 8 ch. 8 🛏 ✕ 🕮 🎱 📺 🅿.

¶ *Relais Belle Aurore* (✆ 03-29-85), 15 ch. 9 🛏 🎱 🅿.

¶ *Lunik* (✆ 03-19-13), 15 ch. 5 🛏 🅿.

⛺ **Camping** : *Claire Fontaine,* route de Tuilière, RD 44 (★★★; 200 pl. ✆ 03-02-28).

Garages : *Citroën,* camp Major (✆ 03-47-17). — *Peugeot,* route de La Ciotat (✆ 82-13-10). — *Renault,* 4 av. de Verdun (✆ 82-07-05). — *Simca,* Les Palluds (✆ 82-23-56).

84 **AUBIGNAN,** p. 229.
✉ 84190

S Syndicat d'Initiative : à la mairie (☎ 65-01-14).

Hôtel :
du Cours (☎ 65-01-06), 7 ch.

▲ Camping : *camp du district du Comtat Venaissin* (☎ 63-02-02), en cours de réalisation.

26 **Aulan**, p. 231.
13 **Aupiho** (Sommet de l'), p. 349.
13 **Aureille**, p. 350.

84 **AUREL**, p. 233.
✉ 84820

Hôtel :
¶ *Relais du Ventoux* (☎ 64-00-62) 10 ch. Fermé du 1er au 15 févr. LF.

84 **Aurès** (Col d'), p. 227.

84 **AURIBEAU**, p. 236.
✉ 84400 Apt
▲ Camping : *Les Fondons* (**; 200 pl.), du 1er juil. au 31 août.

13 **AURIOL**, p. 535.
✉ 13390

Hôtels :
¶ *du Commerce* (☎ 04-70-25), 11 ch. 11 ⊒ ✕ ♨ P.
¶ *Auberge de la Coutronne* (☎ 04-50-23), 9 ch. 9 ⊒ ✕ ♨ P.

13 **Aurons**, p. 405.
04 **Authon**, p. 299.

84 **AVIGNON**, p. 152. Voir aussi *le Pontet*.
✉ 84000
S Office de Tourisme : 41 cours J.-Jaurès (☎ 82-65-11; télex 432877), ouv. t.l.j. de 8 h à 20 h de juin à fin sept.; de 9 h à 12 h et de 14 h à 18 h et dim. matin (sauf en hiver) hors saison. — *Automobile-club*, 2 rue de la République (☎ 86-28-71).

Hôtels :

Service de réservations hôtelières : La Tourelle porte de la République (plan C 4; ☎ 81-61-60; télex 431033).

¶¶¶¶ *de l'Europe* (plan 1, B 2) 12 pl. Crillon (☎ 81-41-36 télex 431965), 65 ch. 65 ⊒ ✕, fermé du 1er janv. a 8 févr. ⊡ ♨ ⊠ P.

¶¶¶ *Bristol-Terminus* (plan 2, C 4 44 cours J.-Jaurès (☎ 81-46-14; télex 432730 85 ch. 61 ⊒ ⊡ ⊠ ⊙.

¶¶¶ *Cité des Papes* (plan 3, C 2 1 rue Jean-Vilar (☎ 86-22-45 télex 432734), 63 ch. 63 ⊒ ▦ ⊡ ⊠ ⊡. Inter-Hôtel.

¶¶¶ *Régina* (plan 4, C 3), 6 rue d la République (☎ 81-42-45 41 ch. 29 ⊒ ⊡ ⊠.

¶¶ *Auberge de France* (plan 5 C 3), 28 pl. de l'Horloge (☎ 82-58-86), 21 ch. 19 ⊒ ✕ ⊠.

¶¶ *Le Louvre* (plan 6, B 2), 2 rue Saint-Agricol (☎ 86-04-63), 52 ch. 25 ⊒ ⊡ ⊙. Fermé du 26 nov. a 3 janv.

¶¶ *Central* (plan 8, C 3-4), 3 rue de la République (☎ 86-07-81; télex 432777 29 ch. 19 ⊒ ⊠ ⊡.

¶¶ *du Midi* (plan 9, C 3), rue de République (☎ 81-08-78 télex 431074), 54 ch. 41 ⊒ ⊡. Inter-Hôtel.

¶¶ *du Palais des Papes* (plan 10 C 2), 1 rue Gérard-Philippe (☎ 81-08-66), 25 ch. 18 ⊒ ✕ ⊡.

¶¶ *Studio* (plan 11, D 2), 15 ru Petite-Saunerie (☎ 81-43-18 23 ch. 23 ⊒ ⊠. Fermé d 15 janv. au 1er mars.

¶ *Aigarden* (plan 7, D 4), 7 ru de l'Aigarden (☎ 86-63-87 25 ch. 7 ⊒.

¶ *Excelsior* (plan 12, B 3), 2 ru Petite-Calade (☎ 81-31-67 télex 431033), 24 ch. 24 ⊡ P.

¶ *Jacquemart* (plan 13, B 2), rue Félicien-David (☎ 86-34-71), 20 ch. 8 ⊒ ⊠.

RENSEIGNEMENTS PRATIQUES 609

- ¶ *Constantin* (plan 14, D 2), 46 rue Carnot (📞 86-35-37; télex 431033), 42 ch. 20 ⇔ 📺.
- ¶ *d'Angleterre* (plan 15, A 4), 29 bd Raspail (📞 86-34-31), 32 ch. 19 ⇔ 🕮.

Hôtels situés hors du centre :

- ¶¶ *Sofitel-Avignon-Nord,* à 7 km, A 7 (📞 31-16-43; télex 422869), 100 ch. 100 ⇔ ✕ 🎵 📺 🕮 📺 ⚙ 🗝 📺 🅿.
- ¶¶ *Les Frênes,* av. des Vertes-Rives, à Montfavet, 5,5 km E. (📞 31-17-93; télex 431033), 18 ch. 18 ⇔ ✕ 🕮 📺 ⚙ 🗝 🅿.
- ¶¶ *Holiday-Inn,* route de Marseille (📞 82-99-10; télex 431994), 105 ch. 105 ⇔ ✕ 🎵 📺 🕮 📺 ⚙ 🗝 🅿.
- ¶¶ *Novotel Avignon Sud,* route N 7 (📞 82-60-09; télex 432878), 79 ch. 79 ⇔ ✕ 🎵 🕮 📺 🗝 🅿.
- ¶¶ *Auberge de Cassagne,* au Pontet, 5 km N.-E. par N 7 et D 62 (📞 31-04-18), 16 ch. 16 ⇔ 🕮 📺 ⚙ 🗝 🅿. Relais du Silence.
- ¶¶ *Christina,* au Pontet, 5 km N.-E. 34 av. Gust.-Goutarel (📞 31-13-62), 46 ch. 46 ⇔ 🎵 📺 🕮 🅿. Fermé du 15 oct. au 15 mars.
- ¶ *Auberge de Bonpas,* au pont de Bonpas (📞 83-41-81), 10 ch. ✕ 🅿. Fermé mercr. en hiver. LF.

Restaurants :

- ¶¶ **Hiely-Luculus* (plan 16, C 2), 5 rue de la République (📞 81-15-05) 🎵. Fermé mardi et du 15 juin au 8 juil.
- ¶¶ *Helen* (plan 3, C 2), 1 rue Jean-Vilar (📞 86-06-45) 🎵. Fermé du 1ᵉʳ déc. au 15 janv.
- ¶¶ **Petit Bedon* (plan 18, B 3), 70 rue Joseph-Vernet (📞 81-30-22) 🎵. Fermé du 1ᵉʳ au 15 mars, et dim. et lundi.
- ¶¶ **La Fourchette* (plan 17, B 2), 7 rue Racine (📞 81-47-76). Fermé du 20 juin au 10 juil.; du 1ᵉʳ au 20 janv. dim. et lundi.
- ¶¶ *Les Mayenques,* route de Lyon (📞 81-74-96) 🅿.
- ¶ *La Ferigoulo* (plan 19, B 2), 30 rue Joseph-Vernet (📞 82-10-28). Fermé du 15 au 30 juin, du 15 au 31 janvier, dim. et lundi hors saison.
- ¶ *La Marmite* (plan 20, C 4), 3 rue de Lattre-de-Tassigny.
- ¶ *Auberge du Pont-Benezet* (plan 22, D 1), 48 quai de la Ligne (📞 81-19-08).
- ¶ *Le Palais* (plan 25, C 4), 36 bis cours J.-Jaurès (📞 82-53-42).
- ¶ *Le lutrin* (plan 21, C 2), 1 rue Gérard-Philipe (📞 82-47-31), le soir.

  Pizzeria L'Oulo (plan 23, B 3), 82 rue Joseph-Vernet (📞 81-48-37).

  Pizzeria La Pizza (plan 24, C 3), 3 rue Figuière (📞 81-50-26), le soir.

- ⛺ Camping : *camp Bagatelle,* île Barthelasse à 500 m de la RN 100 (★★★; 600 pl. 📞 86-30-39). ✕. — *Camp TCF du pont Saint-Bénezet,* près du pont d'Avignon (★★★★; 885 pl. 📞 82-63-50), ✕ 🕮.

- ✉ Poste : av. Président-Kennedy (plan B 4).

- 🚂 Chemin de fer : gare (hors plan C 4) sur les lignes de Paris à Marseille; de Genève à Barcelone; trains auto-couchettes (📞 81-40-40).

- 🚌 Autocars interurbains : services de cars journaliers pour toutes les directions : Lyon, Aix-en-Provence, Marseille et la Côte d'Azur.

- 🚌 Excursions en cars SNCF : *Société des circuits touristiques de Provence,* cour de la gare (📞 86-36-75), ou à l'office du tourisme (📞 82-65-11).

- 🚕 Taxis : à la gare, rue de la République, pl. Clemenceau.

- 🚗 Location de voitures : *Mattei, garage Dupeyre,* 144 bd de la 1ʳᵉ-D.B. (📞 82-29-76).

Garages : *Citroën,* 67 chemin de la Roquette (☎ 82-30-01) et 6 av. des Sources (☎ 81-45-30). — *Fiat,* 46 bd Saint-Roch (☎ 82-44-15). — *Ford,* 1 bis route de Morières (☎ 82-16-76). — *Peugeot,* 35 av. Fontcouverte (☎ 88-07-61). — *Renault,* route de Marseille (☎ 87-08-51). — *Simca,* au Pontet (☎ 31-08-54).

Sports : *Délégation de la Jeunesse et des Sports,* 8 rue Fr.-Mistral (☎ 82-51-99). Piscine, tennis, hippisme, plan d'eau, ski nautique, aviron, sports d'hiver et randonnées pédestres au Ventoux, etc.

Centre équestre *La Gourmelte,* route de Védène, au Pontet (☎ 31-04-91).

Clubs et discothèques : *Ambassy,* rue Bancasse. — *Les G2,* bd Limbert. — *Le Puits des Bœufs,* pl. Puits-des-Bœufs. — *La Soute Péniche,* route de Courtine.

Manifestation : *Festival d'Avignon,* du 15 juil. au 15 août; bureau du Festival, 8 rue de Mons (☎ 81-45-50).

LIEUX, SITES ET MONUMENTS.

Ancienne abbaye Saint Ruf, p. 190.
Cathédrale, p. 164.
Chapelle du Lycée, p. 184.
Chapelle de l'Oratoire, p. 187.
Chapelle des Pénitents Blancs, p. 175.
Chapelle des Pénitents Gris, p. 177.
Chapelle des Pénitents Noirs, p. 174.
Chapelle de la Visitation, p. 190.
Cité Épiscopale, p. 164.
Couvent des Célestins, p. 178.
Couvent des Cordeliers, p. 177.
Couvent Sainte-Claire, p. 176
Église des Carmes, p. 189.
Église Saint-Agricol, p. 187.
Église Saint-Didier, p. 175.
Église Saint-Pierre, p. 173.
Église Saint-Symphorien, p 189.
Hôpital Sainte-Marthe, p 190.
Hôtel de Beaumont, p. 174.
Hôtel Berton-de-Crillon, p 176.
Hôtel des Conditions de l Soie, p. 174.
Hôtel de Fortia de Montréal, p 176.
Hôtel de Graveson, p. 188.
Hôtel de Massillian, p. 184.
Hôtel des Monnaies, p. 172.
Hôtel de Rascas, p. 174.
Maison du Notaire Salviati, p 175.
Maison du Roi-René, p. 176.
Maison du Tourisme et du Vi p. 184.
Mont-de-Piété, p. 174.
Musée Calvet, p. 179.
Musée Lapidaire, p. 184.
Musée Théodore-Aubanel, p 172.
Palais des Papes, p. 159.
Palais du Roure, p. 178.
Petit Palais, p. 165.
Place de la Bulle, p. 174.
Place Crillon, p. 188.
Place de l'Horloge, p. 186.
Place du Palais, p. 164.
Pont Saint-Benezet, p. 188.
Préfecture, p. 179.
Quartier de la Balance, p 188.
Quartier de la Banasterie, p 173.
Remparts, p. 189.
Rocher des Doms, p. 166.
Rue Joseph-Vernet, p. 184.
Rue des Lices, p. 177.
Rue Rouge, p. 175.
Rues des Teinturiers, p. 177.
Rue du Vieux-Sextier, p. 175.
Tour Saint-Jean-le-Vieux, p 174.

13 **Avignon** (Château d'), p 395.

84 **Azé** (Aven de l'), p. 247.

Balaguier (Fort de), p. 568.

BANDOL, p. 547.

☒ 83150

ⓢ **Office de Tourisme :** allée Vivien (☏ 29-41-35; télex 400383), ouvert tous les jours de 8 h à 20 h en juil. et août. Le reste de l'année de 8 h à 12 h et de 14 h à 18 h même dim. en juil. et août.

Hôtels :
- ¶¶¶¶ *Ile Rousse PLM,* 17 bd L.-Lumière (☏ 29-46-86, télex 400372), 55 ch. 55 ⌬ ★✕ 🛏 ☎ 📺 ♨ 🅿.
- ¶¶¶ *Athena,* bd Engraviers, à 2 km. O. (☏ 29-47-22), 38 ch. 38 ⌬ ✕ ♨ 🛌 ⚓ ⚲ 🅿.
- ¶¶¶ *Le Provençal,* rue des Écoles (☏ 29-52-11, télex 400308), 22 ch. 21 ⌬ ✕ ♨. Fermé en nov.
- ¶¶¶ *La Réserve,* route de Sanary (☏ 29-42-71) 16 ch. 13 ⌬ ★✕ ☎ 🅿. Fermé du 30 sept. au 10 févr.
- ¶¶ *Les Galets,* route de Sanary (☏ 29-43-46), 22 ch. 11 ⌬ ☎ ♨ 🅿. Fermé du 31 oct. au 20 mars.
- ¶¶ *Golf Hôtel,* sur la plage Rénecros (☏ 29-45-83), 24 ch. 24 ⌬ ✕ ☎ ♨ ⚓ 🅿. Fermé du 16 oct. à Pâques.
- ¶¶ *Le Goëland,* av. Albert 1er (☏ 29-54-59), 26 ch. 18 ⌬ ✕ ☎ ⚓ 🅿. Fermé du 15 oct. au 15 déc.
- ¶¶ *La Ker Mocotte,* rue Raimu (☏ 29-46-53), 20 ch. 20 ⌬ ✕ ☎ ♨. Fermé du 31 oct. au 1er déc.
- ¶¶ *Le Splendid* (☏ 29-41-61), 26 ch. 26 ⌬ ♨. Ouvert du 1er avril au 30 sept.
- ¶ *Bel Ombra,* rue La Fontaine (☏ 29-40-90), 19 ch. 10 ⌬ ✕ ♨ 🅿. Ouvert du 1er juin au 30 sept.
- ¶ *Coin d'Azur,* rue Raimu (☏ 29-40-93), 21 ch. 15 ⌬ ✕ ♨ 🅿. Ouvert du 15 mars au 30 oct.
- ¶ *Ermitage* (☏ 29-46-50), 22 ch. 22 ⌬ ✕ ♨ 🅿.
- ¶ *L'Oasis,* 15 rue des Écoles (☏ 29-41-69), 10 ch. ✕ ♨ 📺 🅿.

Dans l'île de Bendor :
- ¶¶¶¶ *Soukana* (☏ 29-46-83), 50 ch. 50 ⌬ 🛏 📺 ♨ ⚓ ⚲ 📺 🅿. Fermé en déc.
- ¶¶¶ *Delos* (☏ 29-42-33, télex 400383), 19 ch. 19 ⌬ ✕ 🛏 ♨ ⚓ ⚲ 🅿. Fermé en déc.
- ¶¶¶ *Le Palais* (☏ 29-42-33, télex 400383) 36 ch. 36 ⌬ ✕ ♨ ⚓ ⚲ 🅿. Fermé en déc.

Route de Sanary :
- ¶¶¶ *Les Pieds dans l'Eau* (☏ 74-05-82, télex 400366), 45 ch. 45 ⌬ ✕ ☎ ♨ ⚓ 🅿.

Restaurants :
- ¶¶¶ ★*Auberge du Port,* quai Jean-Moulin (☏ 29-42-63). Fermé en nov. et le lundi.
- ¶¶ *Grotte Provençale,* 21 rue du Dr Marcon (☏ 29-41-52).
- ¶¶ *Le Lotus,* pl. Louis-Artaud (☏ 29-49-03). Fermé mercr. et du 1er oct. au 1er juin.
- ¶¶ *La Taverne,* 58 quai Général-de-Gaulle (☏ 29-40-41). Fermé en janv. et le mardi du 15 sept. au 15 juin.
- ¶ *Fin Gourmet,* 16 rue de la République (☏ 29-41-80).
- ¶ *Grand Large,* à l'île de Bendor (☏ 26-46-83).

⛺ Campings : *Vallongue,* route de Saint-Cyr-sur-Mer (★★★; 200 pl. ☏ 29-49-55 ✕), du 1er avril au 30 sept. — *Camp municipal de Capelan,* av. Albert 1er (★★, 400 pl.; ☏ 29-43-92). — *Happy Holidays,* rue Marivaux (★★, 50 pl.; ☏ 29-46-23).

✉ Poste : av. du 11 novembre 1918.

🚆 Chemin de Fer : gare sur la ligne de Paris à Marseille et Vintimille.

🚌 Autocars interurbains : pour La Ciotat et Marseille; Sanary et Toulon; Hyères, Le Lavandou, Saint-Tropez, Cannes, Antibes et Nice.

🚗 Excursions par cars SNCF : *Littoral Cars,* allées Vivien (☎ 29-46-58).

🚙 Garages : *Ford,* 6 av. du 11 Novembre (☎ 29-40-24). — *Renault,* av. du 11 Novembre (☎ 29-43-79).

Sports : tous les sports nautiques, location de bateau, rue Pons (☎ 29-45-41), Bowling au casino, boule; circuit automobile Paul Ricard ; tennis municipal; piscines; école de voile et école de plongée sous-marine à l'île de Bendor.

Spectacles et distractions : casino près de la plage et du jardin public, concerts lyrique, instrumental et d'orgue à l'église en juil., août et sept. Expositions de peinture en été. Dancings et discothèques.

🚗 Promenades en mer : visite des Calanques de Cassis, les îles d'Or, la rade de Toulon, etc. s'adresser à l'embarcadère de la Vedette *la Bandolaise II.*

13 **Bannettes (Les),** p. 579.

04 **BANON,** p. 306.
✉ 04150

Artisanat : *Atelier d'Art de Puyharas* (☎ 76-23-09), stages de poterie, tissage, sculpture; toute l'année. — *Atelier C. Millet,* Les Girons à l'Hospitalet, 7,5 km N.E. (☎ 76-21-60), stages de peinture, gravure et dessin; toute l'année. — *Atelier C. Visot,* à La Rochegiron à 5 km N. (poterie).

13 **Barbegal** (Aqueduc et minoterie de), p. 345.

13 **BARBEN (LA),** p. 422.
✉ 13330 Pélissanne.

Hôtels :
¶¶ *La Touloubre* (☎ 55-16-85 télex 430156) 14 ch. 14 ⇔ ★✕ 🍴 P. Relais du Silence LF.
¶¶ *Les Cèdres* (☎ 55-18-23) 12 ch. 12 ⇔ ✕ 🍴. Fermé du 15 janv. au 15 fév.

13 **BARBENTANE,** p. 317.
✉ 13570
🆂 Syndicat d'Initiative : à la mairie (☎ 95-50-39). Fermé dim. et fêtes.

Hôtels :
¶¶ *Castel Mouisson* (☎ 95-51-17), 18 ch. 18 ⇔ ✕ 🅿 🍴 ◧ P. Fermé du 30 nov à Pâques. LF.
¶ *Saint-Jean* (☎ 95-50-44) 12 ch. 3 ⇔ ✕ 🅶. Fermé du 15 nov. au 15 déc. et lundi de sept. à Pâques. LF.

🐎 Centre équestre : *Amicale équestre de la Montagnette* (☎ 95-52-27).

13 **Barcarin** (Bac de), p. 399.

83 **BARJOLS,** p. 586.
✉ 83670

Hôtel :
¶ *du Pont d'Or* (☎ 77-05-23) 15 ch. 8 ⇔ ✕ P. Fermé du 1er déc. au 15 janv.

🚙 Garages : *Citroën* (☎ 77-06-13). — *Peugeot* (☎ 77-00-14). — *Renault* (☎ 77-00-51).

04 **Barret-le-Bas,** p. 300.
26 **Barret-de-Lioure,** p. 311.
84 **Barroux (Le),** p. 228.

84 **BASTIDE-DES-JOURDANS (LA),** p. 269.
✉ 84240 La Tour d'Aigues

Hôtel :
Auberge du Cheval Blanc (☎ 77-81-08), 9 ch.

84 **Bastidon de Pradon,** p. 270.
83 **Bau de Quatre-Heures (Le),** p. 570.

RENSEIGNEMENTS PRATIQUES 613

Baudinard-sur-Verdon, p. 589.
Baume (Montagne de la), p. 298.
Baume des Peyrards, p. 261.
Baumelles (Château des), p. 546.

BAUX-DE-PROVENCE (LES), p. 334-336
- 13520 Maussane-les-Alpilles
- Syndicat d'Initiative : à l'hôtel de ville (✆ 97-34-39). Fermé dim. et lundi hors saison.

Hôtels :
- ¶¶¶¶ *L'Oustau de Baumanière* (✆ 97-33-07, télex 420203), 25 ch. 25 ⇔ ⚹✕ ▦ ☎ ⚒ ◻ ♒ 🐎 ▣ P.
- ¶¶¶¶ *La Cabro d'Or* (✆ 97-33-21; télex 420203); 15 ch. 15 ⇔ ⚹✕ ☎ ⚒ ◻ ♒ ▣ P. Fermé en janv.
- ¶¶¶ *Beauzetar* (✆ 97-32-09), 10 ch. 10 ⇔ ✕. Fermé du 10 janv. au 1ᵉʳ mars.
- ¶¶¶ *Le Bevengudo* (✆ 97-32-50), 15 ch. 15 ⇔ ✕ ☎ ⚒ ◻ ▣ P.
- ¶¶¶ *Le Mas d'Aigret* (✆ 97-33-54), 12 ch. 12 ⇔ ✕ ☎ ⚒ ◻. Fermé du 12 nov. au 20 déc.
- ¶¶ *La Reine Jeanne,* dans le village (✆ 97-32-06), 14 ch. 14 ⇔ ✕ vue. Fermé du 15 nov. au 15 déc.

Restaurants :
- ¶¶¶ **La Riboto de Taven,* à l'entrée du Val d'Enfer (✆ 97-34-23).
- ¶ *Le Prince Noir,* cité haute (✆ 97-34-41).
- ¶ *Le Musée,* dans le village (✆ 97-32-09).

🚖 Taxis : ✆ 97-70-48.

🚌 Autocars interurbains : pour Arles et Mouriès.

Sports : *club Hippique La Carita* (✆ 97-33-21); concours hippique en sept.

Manifestations : illuminations de la vieille cité les mercr. sam. et jours fériés; festival artistique en juil. et août; messe de minuit avec les bergers à Noël.

Stages : initiation au montage de programmes audio-visuels à la *Cathédrale d'Images* au Val d'Enfer (✆ 97-46-68; en été).

Bayle (Ferme du), p. 468.
Bayons, p. 300.

BEAUCAIRE, p. 357.
- 30300
- Office de Tourisme : 6 rue de l'Hôtel de Ville (✆ 59-26-57). Fermé dim. et lundi.

Hôtels
- ¶¶¶ *Les Vignes Blanches,* route de Nîmes (✆ 59-13-12, télex 480690), 55 ch. 38 ⇔ ✕ ▦ ⌿ ☎ ◻. Fermé du 15 oct. au 1ᵉʳ mars. Inter-Hôtel.
- ¶¶ *Robinson,* route du Pont-du-Gard (✆ 59-21-32) 25 ch 5 ⇔ ✕ ☎ ⚒ ◻ ♒ ▣ P. Fermé en févr. LF.
- ¶ *Le Glacier* (plan A, C 2), 36 quai Général-de-Gaulle (✆ 59-16-25), 17 ch. ✕.

⛺ Camping : *Le Rhodanien,* au champ de Foire, 300 m N: (**; 100 pl. ✆ 59-25-50).

🚗 Garages : *Peugeot,* 1 quai Général-de-Gaulle (✆ 59-13-63). — *Renault,* quai Général-de-Gaulle (✆ 59-12-30).

Beaucet (Le), p. 238.

BEAUMES DE VENISE, p. 229.
- 84190
- Pavillon du Tourisme : cours J.-Jaurès (✆ 65-00-42) de 9 h à 11 h sauf dim. et fêtes; en juil. et août ouvert également de 15 h à 17 h.

Hôtels :
- ¶¶ *Hostellerie du Château* (✆ 65-00-21) 16 ch. 10 ⇔ ✕ ☎ ⚒ P. Fermé du 1ᵉʳ nov. au 15 févr. Relais du Silence.
Lou Castelet (✆ 65-00-24), 10 ch. ✕, vue.

Restaurants :
Auberge Saint-Roch, près de la chapelle (✆ 65-00-31).
Chez Pedro, carrefour Saint-Roch (✆ 65-02-45).

⛺ Camping : *camp municipal,* sur la route R.D. 90 (★★; 200 pl. ✆ 65-02-01), du 15 juin au 15 sept.

Expositions : dans les locaux de l'*Académie de Beaumes* pl. du Marché.

84 **Beaumettes,** p. 249.

13 **BEAURECUEIL,** p. 468.
✉ 13100 Aix-en-Provence
Hôtels :
¶¶¶ *Le Logis de Maistre* (✆ 28-90-09), 8 ch. 8 🍽 ✆ 📺 🅿. Fermé lundi.
¶ *Relais Sainte-Victoire* (✆ 28-91-34), 22 ch. ✆ 🅿. Fermé en oct.

⛺ Camping : *Sainte-Victoire* (★★, 100 pl. ✆ 28-91-31).

83 **Beausset (Le),** p. 539.

84 **BÉDARRIDES,** p. 150.
✉ 84370
Hôtel :
¶ *Motel 7* (✆ 39-25-34), sur la N. 7, 20 ch. 5 🍽 🅿 LF.

84 **BÉDOIN,** p. 225.
✉ 84410
Ⓢ Office de Tourisme : pl. du Marché (✆ 65-63-95) en juil. et août. Fermé le dim.
Hôtel :
¶ *L'Escapade* (✆ 65-60-21), 11 ch. ✆ 🅿. Fermé du 20 nov. au 20 déc.
Motel de la Bréchette (✆ 65-60-96), 12 ch. ✆.

⛺ Camping : *camp municipal de la Pinède,* en forêt (★★★; 225 pl. ✆ 65-61-03) 🍽; de Pâques au 15 sept. — *Ménèque,* par RN 574 (★★; 60 pl. ✆ 65-60-17) 🍽 ✆ — *Camp naturiste Belezy-Provence* (★; 500 pl. ✆ 65-60-18) ✆ 🍽; location de tentes et de bungalows; du 1er avril au 30 sept.

🐎 Centre équestre : au camping de Ménèque.

13 **Bégude (La),** p. 579.
83 **Béguines** (Bau des), p. 533.
83 **Béguines** (Signal des), p. 533.

83 **BELGENTIER,** p. 573.
✉ 83118
⛺ Camping : *Le Peiresc* (★★★; 400 pl. ✆ 48-97-55).

83 **Bendor** (Ile de), p. 547. Hôtels, voir *Bandol.*
13 **Berre** (Étang de), p. 407.
13 **Berre-l'Étang,** p. 420.
13 **Bestouan** (Plage du), p. 541.
04 **Bevons,** p. 312.
13 **Bimont** (Barrage du), p. 471.
84 **Bluye** (Montagne de), p. 231.
84 **Bonde** (Étang de la), p. 267.

84 **BONNIEUX,** p. 264.
✉ 84480
Ⓢ Syndicat d'Initiative : à la mairie (✆ 75-80-06). Fermé du 15 sept. au 15 juin et le dim.
Hôtels :
¶¶¶ *Le Prieuré* (✆ 75-80-78), 10 ch. 10 🍽 ✆ 🅿. Fermé du 15 nov. au 15 mars et lundi.
¶¶¶ *Aiguebrun,* à 6 km S.-E. par route D 36 (✆ 74-04-14), 8 ch. 6 🍽 ✆ 🅿. Fermé du 15 janv. au 15 févr.
¶ *Le César* (✆ 75-80-18), 15 ch. 15 🍽 ✆. LF. Fermé oct.

⛺ Camping : *camp municipal,* en cours de réalisation.

84 **Bonpas** (Chartreuse de), p. 205.
13 **Bonpas** (Pont de), p. 421.
84 **Bories** (Les), p. 240.
84 **Bouillons** (Moulin des), p. 241.
13 **Bouffan** (Jas de), p. 424.

13	**Boulbon,** p. 357.		
84	**Boulinette** (Ferme de), p. 257.		

84	**BRANTES,** p. 231.
✉	84810

Hôtel :
Ayme (☎ 2), 5 ch.

Artisanat : *Atelier de la Falipe* (tissage, tapisserie). — Poteries *Gilles*.

83	**BRAS,** p. 589.
✉	83149

Hôtel :
¶ *des Alliés* (☎ 78-73-03), 4 ch. 4 🍴 ✕. Fermé de fin nov. au 1er mars.

13 **Brau** (Mas de), p. 344.

83	**BRIGNOLES,** p. 575.
✉	83170
ℹ	Office de Tourisme et A.C. : gare routière (☎ 69-01-78), fermé sam. après-midi et dim. matin.

Hôtels :
¶¶ *Château de Brignoles* (☎ 69-06-88. télex 400283), 39 ch. 32 🍴 ✕ 🐕 🏊 P.
¶¶ *de Paris* (☎ 69-01-00), 16 ch 14 🍴 ✕ P. Fermé du 30 oct. au 1er avril.
¶ *Univers* (☎ 69-11-08), 11 ch. 11 🍴 ✕ 🐕 🅖 P.

Aux environs :
¶¶¶ *Abbaye de la Celle,* à 2 km. S. par D 554 et D 405 (☎ 69-08-44), 39 ch. 32 🍴 ✕ ♨ 📺 P.
¶¶¶ *Le Mas de la Cascade,* à la Celle (☎ 69-01-85), 15 ch. 15 🍴 ✕ 🐕 P.
¶¶ *Hostellerie Saint-Louis,* à 6 km O. par N 7 (☎ 69-09-20), 11 ch. 5 🍴 ✕ 🐕 P.

⛺ Camping : *camp municipal* à 1 km E., route de Nice, (★★★ ; 260 pl.).

🚗 Garages : *Citroën,* route de Nice (☎ 69-01-83). — *Peugeot,* 13 chemin de la Burlière (☎ 69-06-27). — *Renault,* (☎ 69-03-54).

04	**Brillane** (La), p. 286.
83	**Brue-Auriac,** p. 589.
83	**Brun** (Cap), p. 565.

83	**BRUSC (LE),** p. 548.
✉	83140 Six-Fours-les-Plages.

Hôtel :
¶¶¶¶ *Hélios,* à l'île des Embiez (☎ 25-01-31), 62 ch. 62 🍴 ✕ 🎾 🛏 🏊 📺 🐕 🅿 ♨ P.

Restaurants :
¶¶ *Au Trou Normand* (☎ 25-00-47). Fermé lundi.
¶¶ *Mont Salva* (☎ 25-03-93). Fermé du 4 oct. au 17 déc.; mardi soir et mercr. du 1er avril au 15 juin.
¶ *Au Royaume de la Bouillabaisse,* au Gaou 1,5 km par D 16 (☎ 25-00-40). Fermé mardi et en nov.

⛺ Camping : *Les Charmettes* (★★★ ; 600 pl. ☎ 94-02-80) ✕, de Pâques au 30 oct. — **Camp municipal** de l'île du Gaou (★ ; 700 pl. ☎ 25-01-03), du 1er avril au 30 sept.

🚐 Excursions par cars SNCF : *Littoral cars,* ou bar Le Mistral (☎ 25-00-56).

84	**BUOUX,** p. 260.
✉	84480 Bonnieux.

Hôtel :
Auberge des Seguins (☎ 74-16-37), 15 ch. 🐕.

84 **Buoux** (Fort de), p. 261.

C

13	**Cabassols (Les),** p. 469.
84	**CABRIÈRES D'AVIGNON,** p. 239.
✉	84220 Gordes.

¶¶ *Hostellerie du Mas des Ortolans* (☎ 71-96-06) 10 ch. 10 🍴. Fermé mercr. LF.

RENSEIGNEMENTS PRATIQUES

84 **CABRIÈRES D'AIGUES,** p. 267.
- 84730.
- Camping : *Camp de la Bonde*, à l'étang de la Bonde, 3 km S.-E. (**; 200 pl.), location de caravanes. — *Les Chênes Verts*, par la route RD 27 (*; 100 pl. ☏ 77-62-05).

13 **Cacharel** (Mas de), p. 395.
13 **Cadarache** (Barrage de), p. 291.
13 **Cadarache** (Centre d'Études Nucléaires de), p. 291.

84 **CADENET,** p. 280.
- 84160.
- Hôtels :
- *du Commerce* (☏ 68-02-35), 10 ch. 4 ⌁ ⨯ ◫ P. Fermé du 15 déc. au 5 janv.
- *Les Ombrelles* (☏ 68-02-40), 11 ch. 6 ⌁ *⨯ ◫ ◫ P. Fermé du 30 nov. au 2 févr. et lundi hors saison. LF.

84 **Caderousse,** p. 150.

83 **CADIÈRE-D'AZUR (LA),** p. 539.
- 83740.
- Syndicat d'Initiative ; rond-point Salengro (☏ 29-32-56) ; l'après-midi du 1er juin au 30 sept. Fermé dim.
- Hôtels :
- *Bérard* (☏ 29-31-43), 10 ch. 10 ⌁ ⨯ ◫ ◫ P. Fermé en oct.
- *Bérard* (annexe), 20 ch. ⨯ ◫ P. Fermé en oct.
- Camping : *La Malissonne* (**; 600 pl. ☏ 29-30-60). — *Clos Sainte-Thérèse* (**; 210 pl.).
- Garages : *Citroën* (☏ 29-30-36). — *Renault* (☏ 29-32-47).

84 **Cairanne,** p. 202.
04 **Caire (Le),** p. 299.
04 **Caladaire** (Gouffre de), p. 306.
13 **Calade (La),** p. 422.
13 **Calès** (Grottes de), p. 315.

13 **Callelongue** (Calanque de), p. 514.
13 **Camarguais** (Musée), p. 394.
84 **Camaret-sur-Aigues,** p. 201.
13 **Camargue** (La), p. 390.
13 **Camargue** (Réserve Nationale de la), p. 399.
13 **Camoins-les-Bains,** p. 525.

83 **CAMP-DU-CASTELLET (LE),** p. 538. Voir aussi *Le Castellet*.
- 83330 Le Beausset.
- Hôtel :
- *Auberge du Camp* (☏ 98-74-03), 11 ch. 11 ⌁ ◫ P. Fermé du 4 sept. au 4 oct.

04 **Campagne** (Château de), p. 594.
13 **Canaille** (Cap), p. 542.
13 **Cardinal** (Tour du), p. 335.
04 **Carluc** (Prieuré de), p. 302.

13 **CARNOUX-EN-PROVENCE,**
- 13470.
- *Hostellerie La Crémaillère* (☏ 82-00-75), 2 rue Tony-Garnier, 17 ch. 17 ⌁ ⨯ ◫ ◫ ◫ ⌁ P. LF.

84 **CAROMB,** p. 228.
- 84330.
- Hôtel :
- *La Mirande* (☏ 65-40-31), 10 ch. 10 ⌁ P.

84 **CARPENTRAS,** p. 208.
- 84200.
- Maison du Tourisme et des Vins : pl. du Théâtre (☏ 63-00-78), de 9 h à 12 h 30 et de 15 h à 18 h 30 sauf dim. et lundi en hiver ; t.l.j. sauf lundi en été.
- Hôtels :
- *de l'Univers* (plan A, B 3), pl. A.-Briand (☏ 63-00-05) 25 ch. 12 ⌁ ⨯ fermé sam. hors saison ◫ ◫ ◫.
- *du Fiacre* (plan B, C 2), 49 rue Vigne (☏ 63-03-15) 16 ch. 6 ⌁ ◫.

RENSEIGNEMENTS PRATIQUES

- ¶¶ *Safari* (hors plan A 3), av. J.-H.-Fabre (☎ 63-35-35; télex 432700) 42 ch. 42 ⊟ ✕ fermé dim. soir 🎖 🏷 🖂 🅿. LF.
- ¶ *du Cours* (plan D, A 3), av. A.-Durand (☎ 63-10-07) 28 ch. 20 ⊟ ✕ fermé samedi ☺.
- ¶ *du Théâtre* (plan F, B 3), av. A.-Durand (☎ 63-02-90) 18 ch. 10 ⊟.

Restaurants :
- ¶¶ *Le Capucin*, 3 bis av. du Mont Ventoux (☎ 63-25-57). Fermé dim.
- ¶ *Le Marijo* (plan G, B 2), 73 rue Raspail (☎ 63-18-96).
- ¶ *Le Drop*, 1 av. A.-Durand (☎ 63-34-62). Fermé en mars et vendr. hors saison.
  Pizzeria Lou Caleu (plan H, A 2), 1 bd de la Pyramide (☎ 63-13-16).

- ⛺ Camping : *Camp municipal de Villemarie*, à 900 m par route N 550 (★★; 200 pl.; ☎ 63-09-55).
- ✉ Poste : pl. Inguimbert (plan B 2).
- 🚌 Autocars interurbains : lignes pour Avignon, Orange, Cavaillon, Sault, Marseille, etc.
- 🚌 Excursions en cars SNCF : *les Cars comtadins*, 21 av. Clemenceau (☎ 63-08-89).
- 🚕 Taxis : n° d'appel ☎ 65-08-70.
- 🚗 Location de voitures : *Europcar*, 32 rue A.-Durand (☎ 63-17-85).
- 🚗 Garages : *Citroën*, route de Pernes (☎ 63-33-18). — *Fiat*, route de Pernes-Cavaillon (☎ 66-23-80). — *Peugeot*, route de Saint-Didier (☎ 63-15-71). — *Renault*, route d'Avignon (☎ 63-07-72). — *Simca*, rue J.-Ferry (☎ 63-13-08).

Sports : *Stade nautique*, av. P.-de-Coubertin (☎ 63-72-50). — *Piscine municipale* couverte, rue du Mont-de-Pitié (plan C 2; ☎ 63-13-97). — *Tennis club* (5 courts), 1 av. du Comtat-Venaissin (☎ 63-16-24). Pêche, chasse.

Manifestations : *festival de Carpentras,* en juil. et août (théâtre, musique, variétés, expositions, etc.). — *Foires et marchés* : marché vendr. matin dans toute la ville; *marché aux truffes* le vendr. de 9 h à 12 h du 27 nov. à fin mars pl. du Théâtre; *marché aux oiseaux* le vendr. matin d'oct. à févr., rue David-Guillabert; *marché aux puces,* le vendr. matin pl. de Verdun; *foire de la Saint Siffrein,* agricole, commerciale et industrielle le 27 nov.

13 **Carro,** p. 415.

13 **CARRY-LE-ROUET,** p. 524.
  - ✉ 13620.
  - 🛈 Syndicat d'Initiative : 6 bd Moulins (☎ 45-01-00). Fermé dim. et fêtes.

  Hôtels :
  - ¶¶ *Moderne* (☎ 45-00-12), 19 ch. 16 ⊟ ✕ 🏷 🅿.
  - ¶ *La Tuilière* (☎ 45-02-96), 20 ch. 18 ⊟ ✕ 🏷 🅿.
  - ¶ *Carry Hôtel* (☎ 45-02-90), 17 ch. 2 ⊟ ✕ 🏷 🅿.

  Restaurant :
  - ¶¶¶ ★*L'Escale* (☎ 45-00-47). Fermé le lundi, sauf juil. et août, et du 20 oct. au 1er mars.
  - ⛺ Camping : *Lou Soulei* (★★★★; 2 100 pl.; ☎ 45-05-12) ✕.
  - 🚗 Garage : *Renault* (☎ 45-00-15).

84 **CASENEUVE,** p. 256.
  - ✉ 84770.
  - ⛺ Camping : *Moulin des Ramades* (★★; 200 pl.; ☎ 74-03-67), de Pâques au 1er nov.

13 **CASSIS,** p. 540.
  - ✉ 13260.

| | **Office de Tourisme** : pl. Baragnon (☎ 01-71-17). Fermé dim. après-midi.
Hôtels :
🏨🏨🏨 *Le Jardin des Campaniles*, route de Marseille (☎ 01-84-85; télex 420579), 30 ch. 30 ⇔ 🛁 🕿 🐕 Ⓟ. Fermé du 1er nov. au 1er mars.
🏨🏨🏨 *de la Plage*, plage du Bestouan (☎ 01-05-70), 29 ch. 29 ⇔ ✕ 📺 🕿. Fermé du 15 oct. au 15 mars.
🏨🏨🏨 *de la Rade*, av. Dardanelles (☎ 01-02-97), 27 ch. 27 ⇔ 🛁 Ⓟ. Fermé du 1er oct. au 10 mars.
🏨🏨🏨 *Les Roches Blanches*, route de Port-Miou, à 1 km S.-O. (☎ 01-09-30), 35 ch. 35 ⇔ ✕ 📺 🐕 ⬆ Ⓟ. Fermé du 1er oct. au 1er mars.
🏨🏨 *Cassitel* (☎ 01-83-44), 15 ch. 15 ⇔ 📺.
🏨🏨 *Lieutaud*, bd Barthélemy (☎ 01-75-37), 32 ch. 29 ⇔ ✕ 📺 🕿 🐕 📺. Fermé du 31 oct. au 1er janv.
🏨🏨 *Laurence*, rue de l'Arène (☎ 01-81-04), 15 ch. 15 ⇔ 🕿. Fermé en février.
🏨🏨 *Le Golfe*, quai Barthélemy (☎ 01-00-21), 30 ch. 30 ⇔ ✕ 🕿 Ⓟ. Fermé du 15 nov. au 15 mars.
🏨🏨 *du Grand Jardin* (☎ 01-70-10), 28 ch. 15 ⇔ 📺.
🏨 *du Commerce* (☎ 01-09-10), 15 ch. ✕. Fermé du 15 déc. au 1er février.
Restaurants :
🍴🍴 *Le Port — Chez Gilbert*, sur le port, quai des Baux (☎ 01-71-36). Fermé le mardi et du 15 déc. au 15 févr.
🍴🍴 *Chez Gève*, quai des Baux (☎ 01-78-22).
🍴🍴 *Chez Nino*, quai des Baux (☎ 01-74-32). Fermé lundi et du 15 déc. au 1er mars.
🍴🍴 *El Sol*, quai des Baux (☎ 01-76-10). Fermé mercr. et en janv.
🍴 *Les Calanques*, pl. Mirabeau (☎ 01-72-06).
Auberge de la Jeunesse : *Les Calanques*, La Fontasse, fermé mardi et du 1er oct. au 30 mars; 65 lits.
⛺ **Camping** : *Les Cigales*, route de Marseille (**; 900 pl.; ☎ 01-07-34).
✉ **Poste** : rue de l'Arène.
🚌 **Autocars interurbains** : Cassis-gare et Marseille.
🚗 **Garages** : *Citroën, garage Moderne* (☎ 01-70-35). — *Peugeot, garage de la Poste*, rue de l'Arène (☎ 01-71-99). — *Renault, garage des Calanques*, route de La Ciotat (☎ 01-79-20).
Sports : tennis; natation; ski nautique; voile; pêche sous-marine; équitation au *centre hippique l'Étalon*, route de Carnoux.
Spectacles : au Casino.

13 **Castellan** (Oppidum du), p. 409.

83 **CASTELLET (LE)**, p. 539. Voir aussi *Camp-du-Castellet (Le)*.
✉ 83330 Le Beausset.
Restaurants :
🍴🍴 *Le Castel Lumière* (☎ 90-62-20), avec 9 ch. 9 ⇔ 🕿.
🍴 *Lou Mestre Pin* (☎ 90-60-27).

13 **Castellet** (Butte du), p. 346.
83 **Castellet** (Aérodrome et circuit du), p. 538.

84 **CASTELLET**, p. 256.
✉ 84400 Apt.
⛺ **Camping** : *Les Bardons*, route D 48 (**; 200 pl.), 🛁 🏇. Du 15 juin au 15 sept.

84 **Castrum** (Point de vue du), p. 255.
83 **Caume** (Mont), p. 333.
84 **Caumont-sur-Durance**, p. 205.

84 **CAVAILLON**, p. 272.
✉ 84300.
| | **Syndicat d'Initiative** : rue Saunerie (☎ 71-32-01). Fermé sam. après-midi et dim.

Hôtels :

▟▟▟ *Christel* (hors plan), près de la Durance (☎ 71-07-79; télex 420547), 109 ch. 109 ⊟ ✕ ▨ ▥ ▦ ▧ ▨ ▩ ▣.

▟▟ *Toppin* (plan A, B 2), 70 cours Gambetta (☎ 71-30-42), 32 ch. 20 ⊟ ✕ ▨ ▣. Fermé en janv. et dim. hors saison.

▟ *Terminus* (plan D, C 3), pl. de la Gare (☎ 71-35-68), 20 ch. 8 ⊟ ▨ ▣.

Restaurants :

▟ *Lou Miradou* (plan B, B 2), pl. Gambetta (☎ 78-05-60), au 1er étage. Fermé du 20 janv. au 20 févr.

Pizzeria Le Palace (plan E, B 2), 56 cours Victor-Hugo (☎ 71-06-50).

⛺ Camping : *municipal de l'hippodrome*, route D 31 (★★★; 450 pl.; ☎ 71-11-78); toute l'année.

🚆 Chemin de fer : gare (☎ 71-04-40), sur la ligne d'Avignon à Marseille.

🚌 Autocars interurbains : pour Avignon, Carpentras, Orange, Apt et Digne, Saint-Rémy et Tarascon.

🚕 Taxis : ☎ 78-14-35 et 78-00-50; station av. Paul-Doumer (☎ 78-14-25).

🚗 Garages : *Citroën*, route d'Avignon (☎ 71-27-40). — *Ford*, av. Paul-Doumer (☎ 71-14-80). — *Peugeot*, route de l'Isle-sur-la-Sorgue (☎ 71-39-23). — *Renault*, 287 av. Clemenceau (☎ 71-34-96). — *Simca*, 4 rue de la Pomme-d'Or (☎ 71-33-14).

Sports : piscine couverte, av. Jean-Moulin, piscine d'été et centre de plein air, près de la Durance, stade, vélodrome.

Manifestations : *corso* de l'Ascension; *fête de Saint-Gilles*, 1er dim. et sem. de sept.; *foire de la Saint-Véran*, en nov.; *messe de minuit* à la chapelle de la colline Saint-Jacques.

84	**Cèdres** (Massif des), p. 262.
83	**Celle (La)**, p. 574. Voir aussi *Brignoles*.
13	**Celony**, p. 422.
13	**Cengle** (Plateau du), p. 468.

04 **CERESTE,** p. 302.

✉ 04110 Reillanne.

Hôtel :

▟▟ *de l'Aiguebelle* (☎ 79-00-91), 11 ch. 6 ⊟ ✕ ▨ ▣. Fermé du 1er janv. au 3 mars.

13 **Ceyreste**, p. 545.

84 **CHALET REYNARD,** p. 225.

✉ 84410 Bédoin.

Hôtel :

Chalet Reynard, versant S. du Ventoux.

13 **Champignon** (Grotte du), p. 471.
13 **Charleval,** p. 288.
04 **Chastelard** (Oppidum du), p. 306.

04 **CHÂTEAU-ARNOUX,** p. 288.

✉ 04160.

🛈 Syndicat d'Initiative 22 av. Gal-de-Gaulle (☎ 64-02-64), de juin à sept. Fermé le lundi.

Hôtels :

▟▟▟▟ *La Bonne Étape* (☎ 64-00-09) 22 ch. 22 ⊟ ✕✕ ▨ ▩ ▥ ▨ ▣. Fermé du 2 janv. au 16 fév. dim. soir et lundi oct. à mars. Les Relais et Châteaux.

▟▟ *du Lac* (☎ 64-04-32), 19 ch. 19 ⊟ ✕. Fermé en janv. et 15 jours en sept. LF.

▟ *Nouvel Hôtel* (☎ 64-00-69), 13 ch. 2 ⊟. Fermé du 1er oct. au 1er juin.

▟ *des Voyageurs* (☎ 64-00-26), 20 ch. 2 ⊟ ▣.

Restaurants :

▟▟▟ *★Auberge du Château* (☎ 64-00-18). Fermé le mardi et du 20 sept. au 20 oct.

⛺ Camping : *camp TCF Les Salettes,* pont de la Lance (★★★; 450 pl.; ☎ 64-02-40) ▨ ♨.

RENSEIGNEMENTS PRATIQUES

🚗 Garages : *Citroën,* route N 85 (☎ 64-06-15). — *Renault,* route N 96 (☎ 64-04-22).

13 04 **Château-Gombert,** p. 524.
Châteauneuf-de-Chabre, p. 300.

84 **Châteauneuf-de-Gadagne,** p. 206.

13 **Châteauneuf-lès-Martigues,** p. 418.

84 **CHÂTEAUNEUF-DU-PAPE,** p. 151.

✉ 84230.

🆂🅸 Syndicat d'Initiative : pl. Portail (☎ 39-70-92) d'avril à sept. Fermé dim. et lundi matin.

Restaurants :
¶¶¶ *Château des Fines Roches,* à 1,5 km par D 17 (☎ 39-70-23) avec 7 ch. 7 ⌁ 📺 ♨ 🅶 🅿. Fermé en févr. et lundi sauf juil. et août et jours fériés.

¶¶¶ **La Mule du Pape* (☎ 39-73-30) 🎖. Fermé lundi et mardi soir.

13 **CHÂTEAUNEUF-LE-ROUGE,** p. 579.

✉ 13790 Rousset.

Hôtel :
¶¶ *La Galinière* (☎ 58-72-04), 21 ch. 15 ⌁ ✕ ♨ 🅿.

13 **Château-Noir,** p. 467.

13 **CHÂTEAURENARD,** p. 313.

✉ 13160.

🆂🅸 Syndicat d'Initiative : à la mairie (☎ 94-07-27). Fermé sam. et dim.

Hôtels :
¶¶ *Le Phec,* près du Marché-gare (☎ 94-23-78), 20 ch. 20 ⌁ ✕ 📺 ♨ 🅿.

¶¶ *de Provence,* 10 av. Pdt-Wilson (☎ 94-01-20), 16 ch. 16 ⌁ ✕ ♨ 🅿.

¶¶ *Le Central,* 27 cours Carnot (☎ 94-10-90), 15 ch. 7 ⌁ ✕ ♨ 🅶 🅿. LF.

Restaurant :
¶ *Les Glycines,* 14 av. Victor Hugo (☎ 94-10-66).

🚗 Garages : *Citroën,* route de Graveson (☎ 94-13-26) et 2 bd Gambetta (☎ 94-10-05) — *Fiat,* route d'Avignon (☎ 94-12-05). — *Renault,* 9 rue des Allées (☎ 94-15-62). — *Simca,* 10 av. Fr.-Mistral (☎ 94-04-80).

84 **Châteauvallon** (Centre culturel de), p. 569.

83 **Châteauvert,** p. 585.

84 **Chaussée-des-Géants,** p. 255.

84 **Cheval-Blanc,** p. 280.

83 **Cimail** (Gorges du), p. 570.

13 **CIOTAT (LA),** p. 542.

✉ 13600.

🆂🅸 Office de Tourisme : 2 quai Ganteaume (☎ 08-61-32 télex 420656); ouvert de 9 h à 12 h et de 15 h à 18 h 30 sauf dim. et fêtes du 1er sept au 31 juin; en juil. et août t.l.j de 9 h à 20 h.

Hôtels :
¶¶¶ *Les Lavandes,* 38 bd de la République (plan B 3; ☎ 08-42-81), 15 ch. 15 ⌁ ♨.

¶¶¶ *Miramar* (à côté de l'hôtel Rose-Thé, plan H, C 1), 3 bd Beau-Rivage (☎ 83-09-54) 30 ch. 21 ⌁ ✕ ♨ ♨ 🅿. Fermé du 30 sept. à Pâques.

¶¶ *La Coquille* (plan C, B 1), 18 av. Fr.-Roosevelt (☎ 83-12-18), 14 ch. 14 ⌁ *✕ 🅿. Fermé du 15 oct. au 1er avril.

¶¶ *Provence Plage* (plan G, B 1) 3 av. de Provence (☎ 83-09-61), 20 ch. 8 ⌁ ✕ ♨ 🅿. Fermé du 30 oct. au 10 déc.

¶¶ *La Rotonde* (plan E, B 3), 44 bd de la République (☎ 08-67-50), 40 ch. 35 ⌁ 📺 🅿.

¶¶ *Les Sables d'Or* (plan B, A 1), 10 av. Fr.-Roosevelt (☎ 83-09-56), 25 ch. 21 ⌁ 🅿.

¶¶ *La Croix de Malte* (plan D, B 3), rue des Poilus (☎ 08-42-70), 35 ch. 27 🍴

¶¶ *Chantemer* (plan A, A 2), 5 av. Fr.-Roosevelt (☎ 83-09-14), 35 ch. 🍴 Fermé du 15 nov. au 15 déc.

¶¶ *Rose Hôtel* (plan H, C 1), 4 bd Beaurivage (☎ 83-09-23), 20 ch. 12 🍴 P.

¶ *La Marine,* (plan B 4), 40 quai Stalingrad (☎ 08-35-11), 15 ch. 11 🍴 ⛱ P. LF.

¶ *Central* (plan P, B 4), 5 bd Guérin (☎ 08-41-25), 27 ch. 18. Fermé du 15 oct au 15 avril.

¶ *Belle-Vue* (plan M, B 4), 3 bd Guérin (☎ 08-43-58), 12 ch. 12.

Hors plan :

¶¶ *Ciotel,* route de Toulon, à 6 km (☎ 83-01-93), 43 ch. 43 🍴 ⛱ 🏊 ♪ P. Fermé en déc. et janv.

¶¶ *King,* av. Saint-Jean (☎ 83-14-57) 31 ch. 31 🍴 ⛱ P.

¶¶ *Mas Arène Cros,* route de Toulon (☎ 08-41-44), 10 ch.

Restaurant :

¶ *Le Golfe,* 14 bd A.-France (☎ 08-42-59). Fermé mardi et en oct.

Thermalisme : *Centre Helio-Marin-Thalassothérapie* (plan K, C 2), av. Fr.-Mistral (☎ 08-51-66).

⛺ **Campings :** *Saint-Jean,* 30 av. Saint-Jean, bord de mer (★★★; 280 pl.; ☎ 08-47-35); du 1er avril au 30 sept. — *Le Soleil* (★★; 120 pl.; ☎ 08-53-11), location de bungalows. — *Les Oliviers,* route de bord de mer (★★; 600 pl.; ☎ 08-49-71). — *La Bastide Rose,* chemin du Baguier (★★; 200 pl.; ☎ 08-57-31); du 25 juin au 10 sept. — *Santa Gusta,* domaine de Fontsainte, près N 559 (★★; 600 pl.; ☎ 08-49-22) 🍴. — *Le Clos du Rêve,* chemin Charré, à 2 km, N 559 (★★; 400 pl.; ☎ 08-40-06). — *Le Grillon,* route D 40 (★★; 450 pl.; ☎ 08-52-80). — *La Sauge,* route de Marseille (★★; 700 pl.; ☎ 08-47-65). — *Castel Joli* (★★; 300 pl.; ☎ 08-51-37). — *La Roche Belle,* quartier Liouquet (★★; 50 pl.), du 1er juin au 30 sept.

✉ **Poste :** av. Galliéni (plan A 3).

🚂 **Chemin de fer :** gare, à 3 km du centre (☎ 08-40-95); ligne de Paris à Marseille et Vintimille.

🚌 **Autocars interurbains :** pour Bandol et Marseille, Nice, etc. gare routière (☎ 08-41-05 et 08-67-15).

🚕 **Taxis :** sur le Vieux-Port; av. Louis-Crozet; à la gare.

🚗 **Garages :** Dépannage jour et nuit (☎ 08-53-19). — *Citroën,* 53 bd de la République (☎ 08-41-69), av. Camugli (☎ 08-46-88); route de Marseille (☎ 08-46-14). — *Fiat,* 32 av. E.-Ripert (☎ 08-43-88). — *Peugeot,* av. Kennedy (☎ 08-66-26), 87 av. E.-Ripert (☎ 08-64-43). — *Renault,* 4 av. Fr.-Roosevelt (☎ 08-41-17), av. L.-Crozet (☎ 08-66-07). — *Simca,* 5 bd Jean-Jaurès (☎ 08-40-60).

Sports : *Tennis club municipal,* av. Léo-Lagrange (☎ 08-66-80); *Tennis Club privé,* av. du Dauphiné (☎ 08-46-09). *Club Hippique,* av. Guillaume-Dulac; *L'Eperon d'Argent,* route de Marseille. *Piscine,* av. Jules-Ferry. *Tir à l'Arc,* 3 av. de la Marine. *Sports nautiques :* école de voile, école de plongée, natation; port de plaisance.

Distractions : *casino* (jeux, roulette, danse, attractions). — *Théâtre de la Nature* (concerts, spectacles), bd J.-Jaurès. — *Salle des Fêtes,* bd A.-France angle rue J.-Guesde.

Manifestations : *fête de*

		13	**Croix du Garlaban** (La), 525.
	Saint-Jean (en juin), *fête de Saint-Pierre et du Canot de sauvetage* (1re quinzaine de juil.); fête du 15 août (joutes, feux d'artifice).	04	**Cruis,** p. 310.
		84	**CUCURON,** p. 266.

84 **Cire** (Rocher de), p. 232.
04 **Clairecombe** (Vallon de), p. 300.
84 **Claparèdes** (Plateau des), p. 256.
84 **Comte** (Col du), p. 234.
13 **Constantine** (Oppidum de), p. 419.
04 **Contadour (Le),** p. 305.
84 **Corbières,** p. 282.
13 **Cornillon-Confoux,** p. 419.
83 **Corps-de-Garde** (Col du), p. 570.
83 **Correns,** p. 585.
83 **Coudon** (Sommet du), p. 570.
84 **Coulon** (Vallée du), p. 249.
13 **Couronne (La),** p. 415.
13 **Couronne** (Cap), p. 415.

84 **COURTHÉZON,** p. 150.
 ⊠ 84350.
 Restaurant :
 ¶ *Porte des Princes* (☎ 70-70-26), avec 10 ch.; fermé du 12 nov. au 1er déc. et sam. d'oct. à avril.
 ⚠ Camping : *camp municipal,* à 1 km route N. 7 (★; 100 pl.; ☎ 70-87-10), du 15 juin au 15 sept.

83 **Courtine** (Oppidum de la), p. 569.

84 **COUSTELLET,** p. 249.
 ⊠ 84220 Gordes.
 Restaurant :
 ¶¶ *Lou Revenent* (☎ 71-91-21), avec ch. ☎ ❀ 🗔 ♆ Ⓟ. Fermé le lundi du 1er oct. au 30 juin; LF.

13 **Craponne** (Canal de), p. 316.
13 **Crau (La),** p. 320.
84 **Crémade** (Ferme de), p. 238.
84 **Crestet,** p. 229.
84 **Crillon-le-Brave,** p. 225.
84 **Croix-de-Fer** (Rocher de la), p. 270.

⊠ 84160.
Hôtel :
¶¶ *de l'Étang* (☎ 77-21-25), 5 ch. 5 ⊴ ✕. Fermé du 23 déc. au 23 janv. et merc. LF.

13 **CUGES-LES-PINS,** p. 538.
 ⊠ 13780.
  Centre équestre : *Les Amis des Randonnées,* ferme du Lion d'Or (☎ 03-83-61).

D

83 **Dardennes** (Château de), p. 570.
13 **Daudet** (Moulin de), p. 345.
04 **Dauphin,** p. 304-310.
13 **Destet (Le),** p. 349.
13 **Devanson** (Falaises du), p. 528.
84 **Drouine (La),** p. 270.
84 **Durance** (Vallée de la), p. 278.

E

13 **EGUILLES,** p. 465.
 ⊠ 13510.
 🆂 Syndicat d'Initiative : à la mairie (☎ 64-60-67).
 Hôtel :
 ¶¶¶ *Auberge du Belvédère* (☎ 24-62-92), 19 ch. 19 ⊴ ✕ ☎ ❀ 🗔 Ⓟ.

83 **Eguillette** (Fort de l'), p. 568.
83 **Embiez** (Ile des), p. 548. Voir aussi *Le Brusc.*
13 **Enfer** (Val d'), p. 343.
13 **Ensuès-la-Redonne,** p. 523.

RENSEIGNEMENTS PRATIQUES

ENTRAIGUES-SUR-SORGUE, p. 200.

84320.

Hôtel :
Le Pont de Béal (☎ 83-17-22) 21 ch. 21 ⇨ ✕ 🅿. LF.
Centres équestres : *L'Étalon blanc*; *Joël Moine* (☎ 81-00-35).

ENTRECHAUX, p. 231.

84340 Malaucène.

Restaurant :
Saint-Hubert (☎ 36-07-05) 🏵 🅿. Fermé du 25 sept. au 5 nov. mercr. soir et jeudi.

Camping : *Les Trois Rivières* (★; 200 pl.) ✕, du 20 mars au 15 oct.

Entremont (Oppidum d'), p. 466.
En-Vau (Calanque d'), p. 528-542.
Ermitage (Vallon de l'), p. 271.
Esparron, p. 587.
Esparron-de-Verdon, p. 597.
Espigoulier (Col de), p. 531.
Estaque (L'), p. 523.
Étoile (Chaîne de l'), p. 526.
Évenos, p. 570.

EYGALIÈRES, p. 350.

13810.

Hôtel :
Le Mas de la Brune (☎ 95-90-77), 12 ch. 12 ⇨ 🏵 🅿.

Restaurants :
Auberge Provençale (☎ 95-91-00), avec 4 ch. Fermé du 10 au 30 oct. et du 10 au 30 mars mercr. et jeudi.
Le Cade (☎ 95-90-95). Fermé du 2 janv. au 15 févr. mardi et mercr.

Camping : *Les Oliviers* (★; 100 pl.; ☎ 95-91-86).

Centre équestre : *L'homme à cheval* (☎ 95-90-57).

Eyguières, p. 350.
Eyragues, p. 352.

F

13	**Faraman** (Plage de), p. 399.
13	**Fare-les-Oliviers (La),** p. 406.
83	**Farlède (La),** p. 572.
83	**Faron** (Mont), p. 565.
04	**Faucon-du-Caire,** p. 300.
13	**Fées** (Grotte des), p. 343.
13	**Fiélouse** (Mas de), p. 399.
13	**Figuerolles** (Calanque de), p. 545.
13	**Figuière** (Vallon de la), p. 271.
13	**Flavien** (Pont), p. 419.
84	**Florets (Les),** p. 230.
84	**FONTAINE-DE-VAUCLUSE,** p. 235.

✉ 84800.
🆂 Syndicat d'Initiative : pl. de l'Église (☎ 38-17-27), fermé l'après-midi sauf en été.

Hôtels :
¶¶ *du Parc* (☎ 38-08-33), 12 ch. 12 ⇨ ★✕ 🛁 🏵 🅿. Fermé du 15 nov. au 1er mars; LF.
¶¶ *Grand Hôtel des Sources* (☎ 38-09-25), 14 ch. 7 ⇨ ✕ 🏵 🅿. Fermé en janv.
¶¶ *L'Ermitage* (☎ 38-17-03), 10 ch. 7 ⇨ ✕ 🏵 ⬜ 🅿.

Restaurants :
¶ *Hostellerie du Château* (☎ 38-08-37). Fermée en févr. et le mardi hors saison.
¶ *Philipp*, près des Cascades (☎ 38-09-11,). D'avril à sept.

Auberge de la Jeunesse : chemin de la Vignasse (50 pl.; ☎ 38-08-51).

Camping : *terrain municipal TCF Les Prés,* au bord de la Sorgue par N 24 (★★; 150 pl.), du 17 avril au 17 oct.

04	**Font-Belle** (Col de), p. 299.
84	**Font-de-l'Orme** (Maison forestière de la), p. 270.
83	**Fontfrège** (Glacières de), p. 533.
04	**Fontienne,** p. 310.

83 **Font-Mauresque** (Château de), p. 533.
84 **Fontségugne** (Château de), p. 206.
83 **Font-Taillade** (Vallon de), p. 589.

13 **FONTVIEILLE,** p. 344.
- ✉ 13990.
- **SI** Syndicat d'Initiative : à la mairie (☏ 97-70-01), fermé sam. et dim.

Hôtels :
- ¶¶¶¶ *La Régalido* (☏ 97-70-17), 11 ch. 11 ⚐ ★✕ ⚜ Ⓟ. Fermé du 15 nov. au 15 janv.
- ¶¶¶ *La Grâce de Dieu* (☏ 97-71-90), 10 ch. 10 ⚐ ☏ ⚜ Ⓟ. Fermé du 15 nov. au 15 févr.
- ¶¶¶ *Val Majour*, route d'Arles (☏ 97-70-37), 30 ch. 30 ⚐ ☏ ⚜ ⚑ Ⓟ. Fermé du 1er nov. au 1er mars.
- ¶ *Bernard* (☏ 97-70-35), 26 ch. 26 ⚐ ✕ Ⓟ. Fermé du 15 oct. au 15 déc.
- ¶ *Laetitia* (☏ 97-72-14), 9 ch. 5 ⚐ ✕. Fermé du 1er nov. au 1er févr. LF.
- *Hostellerie de la Tour* (☏ 97-72-21), 10 ch. ✕. Fermé de nov. à mars. LF.

Restaurants :
- ¶ *Amistadouse* (☏ 97-73-17). Fermé du 15 nov. au 15 déc.
- ¶ *Le Patio* (☏ 97-73-10). Fermé en févr. et du 1er au 15 sept.

Manifestations : courses de taureaux de Camargue en été : Fêtes folkloriques provençales en août ; A Noël, *messe de minuit* avec la participation des bergers.

04 **FORCALQUIER,** p. 307.
- ✉ 04300.
- Office de Tourisme : pl. du Bourguet (☏ 75-10-02), ouvert de 9 à 12 h et de 15 à 18 h.

Hôtels :
- ¶ *Les Lavandes*, pl. du Bourguet (☏ 75-00-29) 15 ch. 8 ⚐ ✕ Ⓟ. Fermé du 5 janvier 1er févr. et sam. LF.
- ¶ *Hostellerie des Quatre Re...* (☏ 75-02-10), 8 ch. ⚐ ⚜. Fermé en nov.

Restaurants :
- ¶ *Le Siphon*, pl. Saint-Miche 75-06-04). Fermé mardi et févr.
- *du Commerce*, pl. du Bo guet (☏ 75-00-08).
- *Auberge Charembeau*, ro de Niozelles (☏ 75-05-6 avec 7 ch. AR.

- ⚑ Camping : *camp munici* près du stade, par N 10C N 16 (★★ ; 100 pl. ; 75-02-81) ; du 15 mars 15 oct.
- 🚗 Garages : *Peugeot* 75-00-25). — *Renault* 75-01-38).

Sports : sports d'hiver, à Lu chasse, pêche, tennis, p d'eau, piscine, etc.

Manifestations : foire des p duits de Haute-Provence, août ; concerts à la cathédra spectacles folkloriques ; renseigner à l'office de t risme ou à la mairie 75-00-14).

13 **FOS-SUR-MER,** p. 416.
- ✉ 13270.
- **SI** Syndicat d'Initiative : J.-Jaurès (☏ 05-03-51) ; 8 h à 12 h et de 13 h à 17 fermé sam. et dim.

Hôtels :
- ¶¶¶¶ *Frantel*, à 2,5 km par N 5 (☏ 05-00-57 ; télex 41081 146 ch. 146 ⚐ ✕ ⚏ ☏ ⚇ ⚑ Ⓟ.
- ¶¶¶ *Novotel*, route de Port Sa Louis (☏ 05-12-10 ; té 420337), 93 ch. 93 ⚐ ✕ ⚏ ☏ ⚇ ⚜ ⚑ Ⓟ.
- ¶¶ *Mas de Cantegrillet* 05-03-27), 10 ch. 10 ⚐ Ⓟ.
- ¶ *Grand Casino* (☏ 05-04-1 45 ch. 45 ⚐ ✕ Ⓟ.
- ⚑ Camping : *L'Estagnon* (★ 550 pl. ; ☏ 05-01-19). — *L*

Cigales (**; caravanes; ☏ 05-34-84).

Garages : *Peugeot,* quai des Vallins (☏ 05-20-21). — *Renault,* quai des Vallins (☏ 05-01-63).

Sports : piscine, école de voile.

Fos (Golfe de), p. 407.
Fossette (Carrefour de la), p. 416.
Frioul (Archipel du), p. 521.

FUSTE (LA), p. 292.
- 04210 Valensole.

Hôtel :
Hostellerie de la Fuste (☏ 72-05-95), 10 ch. 10 ⇨ *✕ ☎ 📺 ♨ 🅿. Fermé du 15 nov. au 15 déc. Relais du Silence.

Gacholle (Phare de la), p. 398.
Galice (Château de), p. 424.
Galinière (La), p. 579.
Gânagobie (Prieuré de), p. 286.
Gardiole (Col de la), p. 527.
Gargas, p. 255.
Gaspard-de-Besse (Gouffre), p. 533.
Gatane (Col de la), p. 415.
Gaude (Château de la), p. 467.
Gaussier (Mont), p. 332.
Gayole (Chapelle de la), p. 574.

GEMENOS, p. 531.
- 13420.
- Syndicat d'Initiative : à la mairie (☏ 04-12-15).

Hôtels :
Relais de la Magdeleine (☏ 82-20-05), 20 ch. 20 ⇨ ✕ ☎ 📺 ♨ 🏊 🅿. Fermé du 2 nov. au 15 mars.
de Provence (☏ 82-20-60), 20 ch. 13 ⇨✕ 🍴 🅿.

Restaurant :
Fer à cheval (☏ 82-21-19). Fermé en août et sam.

- 13 **Genouillade** (Chapelle de la), p. 321.
- 84 **Gignac,** p. 257.

- 84 **GIGONDAS,** p. 230.
- 84190.
- Syndicat d'Initiative : *Les Dentelles,* pl. du Portail (☏ 65-85-46), du 15 juin au 30 sept.

Hôtel :
Les Florets, à 2 km du centre par V O (☏ 65-85-01), 15 ch. 13 ⇨ ✕ ☎ ♨ 🅿. Fermé en janv. et mercr. hors saison. LF.

Autocars interurbains : pour Carpentras et Avignon.

Sports : Ecole d'escalade au C.A.F. et refuge; sentiers de randonnées dans la chaîne des Dentelles de Montmirail.

Randonnées équestres : *centre équestre de Gigondas,* route des Florets (☏ 65-00-91).

- 83 **GINASSERVIS,** p. 588.
- 83940.

Hôtel :
Le Bastier (☏ 80-11-78), 24 ch. 24 ⇨✕ 🏊 🛌 🐎 🅿. Relais du silence.

- 13 **Ginès** (Centre d'information du Parc de), p. 396.
- 13 **Glanum** (fouilles de), p. 328.

- 84 **GORDES,** p. 239.
- 84220.
- Office de Tourisme : en face du Château (☏ 72-02-75), ouvert du 1ᵉʳ juil. au 15 sept. de 10 h à 12 h 30 et de 15 h à 18 h; fermé le lundi.

Hôtels :
La Mayanelle (☏ 72-00-28), 10 ch. 10 ⇨✕ ☎. Fermé du 2 janv. au 20 févr. Les Relais et Château.

RENSEIGNEMENTS PRATIQ...

¶¶¶ *La Gacholle,* à 1 km par route D 15 (☎ 72-01-36), 11 ch. 11 ⇔ ✕ ☎ ॐ. Fermé du 15 nov. au 1ᵉʳ févr.

¶¶ *Le Gordos* (☎ 72-00-75), 10 ch. 10 ⇔ ✕ ॐ. P.

¶¶ *Auberge de la Carcarille* (☎ 72-02-03), 9 ch. ✕ ॐ. P. Fermé du 15 nov. au 10 déc. LF.

Restaurant :

¶¶¶ **Les Bories,* à 2 km N.-O. par D 177 (☎ 72-00-51) P. Vue; restaurant aménagé dans de vieilles bories. Fermé du 25 nov. au 15 mars et mercr.

🚗 Garage : *Citroën* (☎ 72-00-24).

Artisanat : émaux, sculpture.

84	**GOULT,** p. 249.	

✉ 84220 Gordes

Hôtels :
Les Romarins (☎ 72-23-11), 14 ch.
Notre-Dame de Lumière (☎ 72-22-18), 80 ch.

04	**Graille** (Pas de la), p. 311.	
84	**Grambois,** p. 269.	
83	**Grand-Cap** (Massif du), p. 573.	
13	**Grand-Saint-Jean (Le),** p. 472.	
13	**Grans,** p. 405.	
84	**Grave** (Fontaine de la), p. 225.	
04	**GRÉOUX-LES-BAINS,** p. 597.	

✉ 04800.

🛈 Office de Tourisme : pl. de l'Hôtel de Ville (plan B 2; ☎ 78-01-08), fermé du 20 déc. à fin janv. et dim. et fêtes hors saison.

Hôtels (presque tous ouverts de mars ou avril à fin oct. ou nov.; se renseigner) :

¶¶¶¶ *Villa Borghèse* (plan B, E 1; ☎ 78-00-91), 70 ch 70 ⇔ ✕ ☎ ॐ ॐ ॐ. Mapotel.

¶¶¶ *Les Cèdres* (plan C, D 2; ☎ 78-00-40), 44 ch. 44 ⇔ ✕ ☎ ॐ ॐ ॐ P.

¶¶ *La Résidence* (plan D, D... ☎ 78-00-08), 21 ch. ✕ ☎ P.

¶¶ *Le Grand Jardin* (plan G, D... ☎ 78-00-03), 73 ch. 73 ⇔ ☎ ॐ P.

¶¶ *La Crémaillère* (plan E, F 2... 78-01-42) 10 ch. 10 ⇔ ✕ ☎ P.

¶¶ *Lou San Peyre* (Plan F, F 2... 78-01-14), 40 ch. 40 ⇔ ☎ ॐ P.

¶¶ *Le Verdon* (plan H, F 1... 78-00-09), 84 ch. 84 ⇔ ॐ ☎ ॐ P.

¶ *des Colonnes* (plan I, C 1... 78-00-04), 40 ch. 18 ⇔ ॐ P.

¶ *L'Auberge* (plan J, E 1... 78-00-26), 17 ch. 17 ⇔ ॐ P.

¶ *Chemin Neuf* (plan K, BC 1... 78-01-06), 10 ch. 6 ⇔ ✕

¶ *Moderne* (plan L, B 1... 78-00-39), 13 ch. 2 ⇔ ✕

¶ *Petit Casino* (plan M, E 1-2... 78-00-46).

¶ *Les Templiers* (plan N, A 1... 78-00-24), 13 ch. ✕ ॐ.

Hôtels Résidence (s'adres... à la Sté Thermale, plan A, ... ☎ 78-00-09, ou la Maison Thermalisme, 32 av. ... l'Opéra, 75002 Paris, ... 073-67-91).

¶¶¶ *L'Olivier,* 104 ch. 104 ⇔.
¶¶ *Les Amandiers,* 96 ch. 96
¶¶ *Le Mistral,* 96 ch. 96 ⇔.
¶ *Provence,* 96 ch. 96 ⇔.

Studios et apparteme... meublés : très nombre... demander la liste au S.I.

Restaurants :
Griselis (plan P, C 1).
La Tanière (plan R, B 2).

⛺ Camping : *camp munic...* (★★; 186 pl.; ☎ 78-00-... plan D 2).

🚐 Autocars interurbains : p... Aix-en-Provence et Marse... Manosque et Avignon; T... lon.

🚐 Excursions en cars SNC... Société Bas-alpine d'Autoc... agence Gréoux-Verdon-Vo...

RENSEIGNEMENTS PRATIQUES

ges, Le Passy, av. des Thermes (✆ 78-03-57).

Garage : *Renault* (✆ 78-00-50).

Établissement thermal (plan E 2; ✆ 78-00-09) ouvert du 20 janv. au 20 déc.

Sports : pêche; tennis; piscine; ball trapp.

Gros-Cerveau (Le), p. 540.
Gros-Collet (Le), p. 271.
Groseau (Chapelle et source du), p. 226.

Hautes-Plaines (Les), p. 262.
Hongrie (Rochers de), p. 299.
Hospitalet (L'), p. 306.
Hubac (Ferme de l'), p. 468.

If (Château d'), p. 520.
Infernet (Vallon de l'), p. 468.

ISLE-SUR-LA-SORGUE (L'), p. 203.
84800.

Office de Tourisme : pl. de la Liberté, près de l'église (✆ 38-04-78), ouv. de 9 h à 12 h et de 14 h à 18 h, du 1er oct. à Pâques (dim. de 9 h 30 à 12 h); de 9 h 30 à 12 h et de 14 h 30 à 19 h (dim. de 9 h 30 à 12 h) de Pâques au 30 sept. Fermé lundi, expositions permanentes des œuvres des artistes peintres de la ville.

Hôtels :
La Geulardière (✆ 38-10-52), 23 ch. 16 ⊜ ✕ ⏣ 🅿. Fermé en janv. LF.

Le Bassin (✆ 38-03-16), 8 ch. 8 ⊜ ✕. Fermé en nov. et le lundi en hiver. LF.

Le Pescadou (✆ 38-09-69) 9 ch. ✕ ⏣ 🅿.

Restaurants :
L'Oustalet (✆ 38-01-04).
La Guinguette, au camping des Espélugues (✆ 38-09-61).

⛺ Camping : *Les Espélugues,* au lieu-dit « Partage des Eaux », bord de rivière (✴; 120 pl.) ✕.

🚐 Autocars interurbains : pour Aix, Marseille, Cavaillon, Carpentras, Orange, Apt, Avignon, Les Baux, Saint-Rémy, Arles, Nîmes, Gap, etc.

🚗 Garages : *Citroën,* 9 av. des 4-Otages (✆ 38-00-41). — *Peugeot,* quai de la Charité (✆ 38-00-97). — *Renault,* route de Carpentras (✆ 38-07-75).

Sports : piscine, av. Bonaparte; tennis, boulodrome, pêche.

Manifestations : *foire à la brocante* dim. et lundi de Pâques et le 15 août; moto cross international, le jour de Pâques; *corso de nuit,* les premiers dim. et lundi d'août (joutes et jeux nautiques); *courses hippiques,* en juil. et août; *fête votive de Saint-Césaire,* le dernier dim. d'août; *compétition de canoë-kayak* sur la Sorgue en oct. *Représentations théâtrales et concerts en plein air* en juil. et août.

Marchés : marché de Provence, jeudi et dim. matin; foire de Saint-Laurent le dernier jeudi d'oct.; marché aux puces, le dim.

13 **ISTRES,** p. 409.
✉ 13800.
ℹ **Office de Tourisme** : allées J.-Jaurès (✆ 55-21-21). Fermé dim. et fêtes.

Hôtels :
🍴🍴🍴 *Le Mirage,* av. de Martigues, à 2,5 km par D. 5 (✆ 55-02-26), 28 ch. 28 ⊜ 🛁 ⏣ 📺 🅿.

J

- 84 **Jabron** (Vallée du), p. 300.
- 84 **Javon** (Château de), p. 246.
- 84 **Jean Nouveau** (Aven), p. 247.
- 13 **Jonquières,** p. 414.
- 84 **Jonquières,** p. 200.

- 84 **JOUCAS,** p. 244.
  - ✉ 84220 Gordes.

  Hôtels :
  - ¶¶¶¶ *Le Mas des Herbes Blanches,* à 2 km N par la route D 102 A (☎ 72-00-74), 14 ch. 14 ⌑ *✕ 🕿 📺 ☀ 🏊. Fermé du 15 janv. au 1ᵉʳ mars. Relais et châteaux.
  - ¶¶ *Hostellerie des Commandeurs* (☎ 72-00-05), 12 ch. 10 ⌑ ✕ 🕿 📍. Fermé du 3 janv. au 3 févr. et le merc. hors-saison. LF.
  - 🐎 Centre équestre : *Le Mas du Bois* (☎ 72-02-22).

  Artisanat : poterie.

- 13 **Jouques,** p. 587.
- 13 **Jouques** (Centrale électrique de), p. 291.
- 84 **Julien** (Pont), p. 249.

L

- 26 **Lachau,** p. 300.
- 84 **LACOSTE,** p. 264.
  - ✉ 84710.

  Hostellerie du Café de France (☎ 75-82-25), 11 ch. ✕. AR.

  Stages : *Atelier J.-P. Su...* Mourre du Bes (☎ 75-82-7... toute l'année (photograp... amateurs de haut niveau s... lement).

- 84 **Lagarde-d'Apt,** p. 247.
- 13 **Lamanon,** p. 315.

- 13 **LAMBESC,** p. 422.
  - ✉ 13410.

  Hôtel :
  - ¶¶ *Château Montplaisir* 28-01-64), 14 ch. 8 ⌑ ✕ 📍.

  Restaurant :
  - ¶¶ *✱Le Moulin de Tante Yvo...* (☎ 28-02-46). Fermé lund... mardi du 15 juil. au 15 aoû...

  - ⛺ Camping : *Provence* 100 pl.; ☎ 28-05-78) location de caravanes.

- 13 **LANÇON-PROVENCE,** 405.
  - ✉ 13680.

  Hôtel :
  - ¶¶¶¶ *Sofitel,* autoroute A 7 53-90-70; télex 43018... 100 ch. 100 ⌑ ✕ 🍴 🕿 📺 🏊 📍.

- 84 **Lardiers,** p. 306.
- 84 **LAURIS,** p. 280.
  - ✉ 84360.

  Hôtel :
  - ¶ *La Chaumière* (☎ 68-01-2... 10 ch. 7 ⌑ 🕿 📍. Fermé 30 nov. au 15 mars. LF.

- 04 **Laval** (Château de), p. 598.
- 13 **Lavéra** (Port pétrolier de), 414.
- 83 **Lecques (Les),** p. 546. *Saint-Cyr-sur-Mer.*

- 04 **LIMANS,** p. 307.
  - ✉ 04300 Forcalquier.
  - ⛺ Camping : *Les Lauzons,* à 2 (✱✱; 150 pl) centre naturis... stages d'artisanat.

- 04 **Lincel,** p. 303.
- 13 **Liouquet (Le),** p. 546.

Lioux, p. 246.
Logis Neuf (Le), p. 526.
Logis-de-Nans (Le), p. 534. V. *Nans.*
Logisson (Le), p. 540.
Loubatière (Combe de la), p. 226.
Loube (Montagne de la), p. 574.
Loubière (Grottes), p. 525.

LOUMARIN, p. 264.
84160 Cadenet.
Hôtel :
Hostellerie Le Paradou (☏ 68-04-05), 9 ch. 3 ⌣ ✕ ⚌ P. Fermé du 15 nov. au 1ᵉʳ févr. et mercr. soir.
Voir aussi à *Bonnieux.*
Restaurants :
Ollier (☏ 68-02-03). Fermé du 12 nov. au 3 janv.
Le Moulin (☏ 68-09-69). Fermé mardi.
Camping : *Les Hautes Prairies,* chemin de la Gravière (★★; 150 pl; ☏ 68-02-89) ⌣.
Garage : *Renault,* (☏ 68-06-07).

Luberon (Le), p. 258-270.
Luberon (Crêtes du), p. 262.
Lumigny (Domaine de), p. 517.
Lure (Montagne de), p. 310.
Lure (Refuge et signal de), p. 311.
Lurs, p. 310.

Macuègne (Col de), p. 311.
Madeleine (Grotte-Chapelle de la), p. 593.
Madrague-de-Gignac, p. 523.

MAILLANE, p. 332.
13910.
Restaurant :
L'Oustalet Maïanen (☏ 95-74-60). Fermé le soir du 15 sept. au 1ᵉʳ juil.

Manifestations : anniversaire de la mort de *Mistral,* 25 mars, messe en langue provençale. — *Saint-Éloi,* 3ᵉ dim. de juil., cavalcade. — Anniversaire de la naissance de *Mistral,* le dim. le plus proche du 8 sept., messe en langue provençale et spectacle folklorique.

84 **MALAUCÈNE,** p. 227.
84340.
Office de Tourisme : av. de Verdun, porte de Théron (☏ 65-22-59), de 9 h à 12 h et de 15 h à 19 h du 1ᵉʳ juin au 30 sept., sauf dim. après-midi; hors-saison mercr. et sam. matin.
Hôtels :
du Casino (☏ 65-20-39).
Le Cours (☏ 65-20-31), 12 ch. 5 ⌣ ✕ P. Fermé en oct. le mercr. soir. LF.
du Ventoux (☏ 65-22-04).
Restaurants :
Auberge de la Font de Pertus, à 2,5 km, route de Carpentras (☏ 65-20-68). Fermé en oct., le soir en sept. et mercr.
L'Eau salée (☏ 65-22-75), expositions ⌣.
Camping : *Le Lignol,* route N 538 (★★★; 200 pl.; ☏ 65-22-78), du 1ᵉʳ mars au 15 sept. — *Camp Saint-Baudrille,* route de Carpentras (★★; 100 pl.; ☏ 65-21-17), toute l'année.

Autocars interurbains : pour Carpentras et pour Vaison-la-Romaine.
Taxis : av. de Verdun (☏ 65-21-21).
Garages : *Citroën* (☏ 65-20-26). — *Fiat* (☏ 65-20-47).
Sports : randonnées pédestres, promenades à cheval, pêche, chasse, ascension du Mont Ventoux, école de ski, ski au Mont-Serein.

04	**Malijai**, p. 293.		
04	**Mallefougasse**, p. 311.		
13	**Mallemort**, p. 288.		

04 **MANE**, p. 305.

04300.

Hôtel :
de la Reine Rose (☎ 75-04-08), 13 ch. 13 ⚂ ✕ ☎ ⚙ ▣.

04	**Mane** (Lac de), p. 307.
13	**Manivert** (Plateau de), p. 422.

04 **MANOSQUE**, p. 283.

04100.

Office de Tourisme : pl. Dr. Joubert (hors plan B-C 3 ; ☎ 72-16-00). Fermé dim. et fêtes. AC.

Hôtels :
Voir aussi *La Fuste*.

Motel des Quintrands, à 4 km, route de Sisteron (☎ 72-08-86), 20 ch. 20 ⚂ ✕ ☎ ⚙ ▣. Fermé lundi et en oct.

Peyrache (plan C, B 2), rue J.-J. Rousseau (☎ 72-07-43), 18 ch. 18 ⚂ ▥ ☎.

François Ier (plan D, A 2), 18 rue Guilhempierre (☎ 72-07-99), 25 ch. 13 ⚂.

du Terreau (plan A, A 2), pl. du Terreau (☎ 72-15-50), 20 ch. 13 ⚂ ☎ ▣. Fermé du 1er nov. au 1er mars.

de Versailles (hors plan C 3), 17 av. J.-Giono (☎ 79-12-10), 17 ch. 6 ⚂ ☎ ▣.

Restaurants :
Rose de Provence, route de Sisteron (☎ 72-02-69) ⚙ ▣. Fermé du 15 janv. au 15 février et mercr.

André (plan E, A 2), place du Terreau (☎ 72-03-09) ▥. Fermé lundi et en juin.

Camping : *camp municipal Les Ubacs*, av. de la Repasse (170 pl., ☎ 72-28-08), ⌂.

Autocars interurbains : pour Forcalquier, Gréoux-les-Bains, Apt, Cavaillon, Sisteron, Gap, Toulon, Aix, Marseille, etc.

Garages : *Citroën*, route Marseille (☎ 72-09-94). *Ford*, route de Marseille 72-41-70). — *Peugeot*, rou de Marseille (☎ 72-04-18). *Renault*, route de Marseille 72-03-32) et rue Dauphine 72-06-09). — *Simca*, rou de Voix (☎ 72-07-93).

Centre équestre : *Le Pile* route de Pierrevert 72-06-29).

Stages : Recherches comm nautaires *La Thomassin* route de Dauphin (poter tissage, santons, observaio de la nature ; d'avril à sept.).

83	**Marie-Madeleine** (Grotte), 532.

13 **MARIGNANE**, p. 418.

13700.

Office de Tourisme : cou Mirabeau (☎ 09-78-83 Fermé sam. après-midi et dir

Hôtels :
Blanc, rue Barrellet 09-72-99). 43 ch. 43 ⚂ ▥ ☎ ⚙ ⚙ ▣.

Minimote, av. du 8 mai 88-35-35), 38 ch. 38 ⚂ ⚙ ▣.

Saint-André, av. de Vitroll (☎ 09-62-64), 27 ch. 27 ✕ ☎ ▣.

de Provence, 78, av. J.-Jaur (☎ 09-71-78), 30 ch. 30 ✕ ☎ ▣.

A l'aéroport :
Sofitel (☎ 89-91-02 ; télé 401.980), 180 ch. 180 ⚂ ▥ ▥ ☎ ⚙ ⌂ ≫ ▣.

Novotel (☎ 89-90-44 ; tél 420670), 166 ch. 166 ⚂ ▥ ▥ ☎ ⚙ ⚙ ⌂ ▣.

Camping : *Le Jai* (★★ ; 380 p ☎ 09-13-07).

Garages : *Citroën*, av. 8 mai (☎ 89-14-41). — *Pe geot*, 45 av. du 8 mai 88-54-54). — *Renault*, av. 8 mai (☎ 89-93-94). *Simca*, av. Mar.-Juin 09-14-88).

RENSEIGNEMENTS PRATIQUES

Location de voitures (à l'aéroport) : *Avis* (☏ 89-02-26); — *Europcars* (☏ 89-09-72); — *Hertz* (☏ 89-00-45); — *Inter-Rent* (☏ 89-25-46); — *Maggiore* (☏ 20-99-10); — *Mattei* (☏ 89-04-88).

Marseillais (Col du), p. 536.

MARSEILLE, p. 474.

13001 à 13016 suivant les arrondissements.

Office de Tourisme : *Accueil de France* (plan centre D 3), 4 La Canebière, 1ᵉʳ (☏ 33-69-20; télex 430681), informations, réservations d'hôtels; bureau de renseignements à la gare Saint-Charles en été (sauf dim.).

Hôtels :
Quartier de la gare Saint-Charles :

¶ *L'Arbois* (plan gén. 4, C 2), 47 bd Charles-Nédelec, 3ᵉ (☏ 50-15-35; télex 400579), 120 ch. 120 ⊜ ✕ 🛏 🛁 📺 © 🅿.

¶ *Splendide* (plan centre 2, E 1), bd d'Athènes, 1ᵉʳ (☏ 39-75-00; télex 410939), 140 ch. 140 ⊜ ✕ 🛏 🛁 📺 ©.

¶ *PLM Terminus,* à la gare Saint-Charles, 1ᵉʳ, (plan centre E 1; ☏ 50-38-47; télex 420323), 115 ch. 114 ⊜ ✕ 🛁 🅿.

¶ *Paris-Nice* (plan centre 10, E 1), 25 bd d'Athènes, 1ᵉʳ (☏ 39-13-22), 33 ch. 33 ⊜ 🛁 🛀 ©. Fermé du 15 déc. au 1ᵉʳ janv.

¶ *Select* (plan centre 12, E 2), 4 allées L.-Gambetta, 1ᵉʳ (☏ 62-41-26; télex 420579), 69 ch. 50 ⊜ 🛁 🛀.

¶ *Normandy* (plan centre 19, E 1), 28 bd d'Athènes, 1ᵉʳ (☏ 62-29-47), 70 ch. 70 ⊜ 🛁 🛀 © 🅿.

¶ *Lutétia* (plan centre 15, F 2), 38 allées Léon-Gambetta, 1ᵉʳ (☏ 50-81-78), 29 ch. 29 ⊜ 🛁 ©.

¶¶ *Martini* (plan gén. 14, C 2), 5 bd G.-Desplaces, 3ᵉ (☏ 64-11-17), 40 ch. 25 ⊜ 🛁 🛀 ©.

¶ *Saint-Dominique* (plan centre 21, E 1), 11 rue Saint-Dominique, 1ᵉʳ (☏ 39-14-46), 24 ch. ©.

Quartier du Vieux-Port :

¶¶¶¶ *Sofitel-Vieux-Port* (plan gén. 1, B3), 36 bd Charles-Livron, 7ᵉ (☏ 52-90-19; télex 401270) 222 ch. 222 ⊜ ✱✕ 🛏 🛁 🛀 📺 🍴 🎾 © 🅿.

¶¶¶¶ *PLM-Beauvau* (plan centre 8, D 3), 4 rue Beauvau, 1ᵉʳ (☏ 33-62-00; télex 401778), 71 ch. 71 ⊜ 🛏 🛁 🛀 📺.

¶¶¶ *de Genève* (plan centre 9, D 3), 3 bis rue Reine-Elisabeth, 1ᵉʳ (☏ 90-51-42; télex 440672), 48 ch. 48 ⊜ 🛁.

¶¶¶ *Résidence du Vieux-Port* (plan centre 4, C 2), 18 quai du Port, 2ᵉ (☏ 90-79-11), 54 ch. 54 ⊜ 🛁 🛀 🅿.

Centre ville :

¶¶¶¶ *Grand Hôtel de Noailles* (plan centre 1, E 2), 64 La Canebière, 1ᵉʳ (☏ 54-91-48; télex 430609), 152 ch. 144 ⊜ ✕ 🛏 🛁 🛀 📺. Mapotel.

¶¶¶¶ *Frantel,* rue Neuve-Saint-Martin, 1ᵉʳ (plan centre D 2; ☏ 91-91-29; télex 401886), 200 ch. 200 ⊜ ✱✕ 🛏 🛁 🛀 📺 🅿.

¶¶¶ *Astoria* (plan centre 7, E 2), 10 bd Garibaldi, 1ᵉʳ (☏ 54-17-74; télex 400707), 60 ch. 55 ⊜ 🛁 🛀 🅿.

¶¶¶ *Castellane* (plan gén. 7, C 4), 31 rue du Rouet, 8ᵉ (☏ 79-27-54), 47 ch. 40 ⊜ ✕ 🛁 🛀 ©.

¶¶¶ *Manhattan* (plan centre 6, E 4), 3 pl. de Rome, 6ᵉ (☏ 54-35-95), 41 ch. 41 ⊜ 🛏 🛀.

¶¶¶ *Petit-Louvre* (plan centre 3, D 3), 19 La Canebière, 1ᵉʳ (☏ 39-16-27; télex 430641), 40 ch. 35 ⊜ ✕ 🛁 🛀 📺 Inter-Hôtel.

¶¶¶ **Rome et Saint-Pierre** (plan centre 11, E 3), 7 cours Saint-Louis, 1er (✆ 54-19-52; télex 430641), 70 ch. 50 ⌇ 🅃 ☎. Inter-Hôtel.

¶¶ **Européen** (plan gén. 13, C 3), 115 rue du Paradis, 6e (✆ 37-77-20), 43 ch. 43 ⌇ 🏢 🅃 ☎ P. Inter-Hôtel.

¶¶ **de Paris** (plan centre 16, D 2), 11 rue Colbert, 1er (✆ 39-06-45; télex 401757), 90 ch. 90 ⌇ ✕ 🅃 ☎ ⌸ P.

¶¶ **des Deux-Mondes** (plan centre 5, D 2), 46 cours Belsunce, 1er (✆ 39-09-93), 46 ch. 34 ⌇ ✕ 🅃 ☎ ⌸ P.

¶¶ **Dieudé** (plan centre 13, E 4), 21 rue Dieudé, 6e (✆ 54-32-36), 16 ch. 16 ⌇ 🅃.

¶¶ **Estérel** (plan gén. 12, C 3), 124 rue de Paradis, 6e (✆ 37-13-90), 18 ch. 15 ⌇ 🅃 ☎ 📺 P.

¶¶ **Breton** (plan gén. 11, B 2), 52 rue Mazenod, 2e (✆ 90-00-81; télex 430641), 44 ch. 20 ⌇ 🅃 ☎.

¶¶ **du Globe** (plan centre 14, C 2), 26 rue Colbert, 1er (✆ 91-17-63), 48 ch. 38 ⌇ 🅃. Inter-Hôtel.

¶¶ **de la Poste** (plan centre 17, D 2), 2 rue Colbert, 1er (✆ 39-13-53; télex 401655), 132 ch. 80 ⌇ 🅃 ☎ ⌸.

¶¶ **de Provence** (plan centre 18, D 2), 16 cours Belsunce, 1er (✆ 39-12-99; télex 430641), 55 ch. 35 ⌇ 🅃.

¶¶ **du Velay** (plan gén. 15, C 3), 18 rue Berlioz, 6e (✆ 48-31-37), 17 ch. 16 ⌇ ☎ P.

¶¶ **Monthyon** (plan centre 20, D 4), 60 rue Montgrand, 6e (✆ 33-85-55), 12 ch. 8 ⌇.

¶ **Saint-Andréa** (plan centre 22, D 3), 17 rue Rouget-de-Lisles, 1er (✆ 33-66-63), 23 ch. 10 ⌇.

Corniche, bord de mer et hors centre :

¶¶¶¶¶ **Résidence Petit-Nice** (plan gén. 3, A 4), Marine Maldormé, corniche Kennedy, 7e (✆ 52-14-39; télex 430681), 20 ch. 20 ⌇ ✕ 🅃 ☎ 📺 ☆ P. Fermé en janv. Relais Châteaux.

¶¶¶¶ **Concorde Palm Beach** (plan gén. 2, B 5), 2 promenade de la Plage, 8e (✆ 76-20-00; télex 401894), 161 ch. 161 ⌇ ✕ 🏢 🅃 ☎ 📺 ☆ ⌸ ⌡ P.

¶¶¶¶ **Concorde Prado** (plan gén. C 5), 11 av. de Mazargues, (✆ 76-51-11; télex 420209), 100 ch. 100 ⌇ ✕ 🏢 🅃 ☎ ☆ ⌡ P.

¶¶¶¶ **Ribotel** (plan gén. 6, D 6), 50 bd Verne, 8e (✆ 77-23-9.; télex 400623), 45 ch. 45 ⌇ ✕ 🏢 🅃 ☎ 📺 ☆ ⌸ P.

¶¶¶ **Résidence Bompard** (plan gén. 9, B 4), 2 rue du Flots-Blais, 7e (✆ 52-10-93), 25 ch. 25 ⌇ 🅃 ☎ ☆ ⌸ P.

¶¶¶ **Saint-Georges** (plan gén. 1, B 3), 10 rue Capitaine-Dessemond, 7e (✆ 33-56-92), 2. ch. 28 ⌇ 🅃 ☎ 📺 P.

¶¶¶ **Novotel** (hors plan), à Saint Menet, 10 km E, 11e (✆ 43-90-60; télex 400667), 131 ch. 131 ⌇ ✕ 🏢 🅃 ☎ ☆ ⌡ P.

¶¶ **Péron** (plan gén. 8, A 4), 1 corniche Kennedy, 7e (✆ 31-01-41), 29 ch. 29 ⌇ ☆ P.

¶¶ **Ibis**, rue de Cassis, 8 119 ch. 119 ⌇ ✕ ouvertu. été 1979.

Restaurants :

Quartier du Vieux-Port :

¶¶¶ *★Chez Brun, Aux Mets de Provence* (plan centre 2, C 4), 18 quai Rive-Neuve, 1 (✆ 33-35-38). Fermé dim lundi, et vacances de Noël.

¶¶¶ *★New-York-Vieux-Port* (plan centre 23, D 3), 7 quai de Belges, 1er (✆ 33-91-79). Fermé dim. 🏢.

¶¶ *★Miramar* (plan centre 2, C 2), 12 quai du Port, 2e 91-10-40). Fermé dim. et 8 juil. au 8 août 🏢.

¶¶ *★Caruso* (plan centre 28, B 3), 158 quai du Port, 2e (✆ 90-94-04). Fermé dim. s.

RENSEIGNEMENTS PRATIQUES 633

lundi et du 10 oct. au 10 nov.
¶¶ *Le Caribou* (plan centre 29, C 3), 38 pl. Thiars, 2ᵉ (✆ 33-23-94). Fermé dim. et du 1ᵉʳ oct. au 1ᵉʳ juin.
¶¶ *Cintra* (plan centre 30, D 3), 1 quai des Belges, 1ᵉʳ (✆ 33-65-00).
¶¶ *La Rascasse* (plan centre 32, C 3), 6 quai Rive-Neuve, 1ᵉʳ (✆ 33-17-25).
¶¶ *Ami Fritz* (plan centre 40, C 4), 30 cours d'Estienne-d'Orves, 1ᵉʳ (✆ 33-11-34). Fermé dim. juil. et août.
¶ *L'Entrecôte* (plan centre 41, D 3), 9 quai des Belges, 1ᵉʳ (✆ 33-74-73).
¶ *Britisch American Bar* (plan centre 43, D 3), 6 pl. Gal-de-Gaulle, 1ᵉʳ (✆ 33-69-18).
¶ *Molinari* (plan centre 34, D 3), 32 rue Pavillon, 1ᵉʳ (✆ 33-31-75).

Centre-ville :
¶¶ ★*Jambon de Parme* (plan centre 25, E 4), 67 rue de la Palud, 6ᵉ (✆ 54-37-98). Fermé dim. et lundi et du 13 juil. au 16 août 🅿.
¶¶ ★*Pescadou* (plan gén. 18, C 4), 19 pl. Castellane, 6ᵉ (✆ 48-20-33). Fermé juil. et août 🅿.
¶¶ *Castelmagne* (plan gén. 19, C 4), 26 pl. Castellane, 6ᵉ (✆ 37-16-31).
¶¶ ★*La Ferme* (plan centre 26, D 4), 23 rue Sainte, 1ᵉʳ (✆ 33-21-12). Fermé sam. dim. et fêtes et août 🅿.
¶ *Antoine* (plan centre 32, E 3), 35 rue du Musée, 1ᵉʳ (✆ 54-02-64). Fermé mardi. 🅿.
¶ ★*Maison du Beaujolais* (plan gén. 20, D 2), 2 place Sébastopol, 4ᵉ (✆ 42-64-94). Fermé juil. et août dim., lundi et fêtes 🅿.
¶ *Le Faucigny* (plan gén. 22, B 2), 56 rue Mazenod, 2ᵉ (✆ 91-14-19). Fermé dim. et août.
¶ *Béarnais* (plan gén. B 2, C 3), 16 rue S.-Torrents, 6ᵉ (✆ 37-01-96). Fermé dim. et en août.
¶¶ *Le Français* (plan centre 5, D 2), 46 cours Belsunce, 1ᵉʳ (✆ 39-14-41).
¶¶ *François le Grec,* rue P.-Albrand, 2ᵉ (près bd de Paris, plan gén. B 2, ✆ 90-80-56).
¶ *Chez Angèle* (plan centre 39, B 2), 50 rue Caisserie, 2ᵉ (✆ 90-63-35). Fermé lundi, du 11 juil. au 1ᵉʳ août et du 23 au 29 déc.
¶ *Etienne* (plan centre 35, B 1), 43 rue de Lorette, 2ᵉ.
¶ *Barone* (plan centre 33, D 3), 23 rue Vacon, 1ᵉʳ (✆ 33-88-12). Fermé juil. et août.
¶ *Chez Mamie* (plan centre 37, E 3), 14 rue J.-Roque, 6ᵉ (✆ 33-12-32). Fermé dim.
¶ *Table de Brueghel* (plan centre 36, D 4), 57 rue Breteuil, 6ᵉ (✆ 37-46-11). Fermé dim. et août.
¶ *Maistre Jeannot* (plan centre 38, B 2), 1 montée des Accoules, 2ᵉ (✆ 90-96-85).
¶ *Le Poêlon* (plan centre 42, F 3), 30 rue des Trois-Mages 6ᵉ (✆ 48-76-11).
¶ *Chez Tania* (plan centre 44, E 2), 19 rue Vincent-Scotto, 1ᵉʳ (✆ 39-73-91). Fermé dim. et jours fériés et du 13 juil. au 17 août.
¶ *Pub 86* (plan centre 45, E 2), 86 La Canebière, 1ᵉʳ (✆ 48-74-65).

Corniche, bord de mer ou à proximité :
¶¶¶ *Calypso* (plan gén. 16, A 3), 3 rue des Catalans, 7ᵉ (✆ 52-64-00). Fermé dim. et lundi et août.
¶¶¶ ★*Les Catalans* (plan gén. 17, A3), 6 rue des Catalans, 7ᵉ (✆ 52-64-22). Fermé mardi, mercr. et en juil.
¶¶ ★*Chez Fonfon* (plan gén. 21, A 4), 140 vallon des Auffes, 7ᵉ (✆ 52-14-38). Fermé dim. et oct.
¶¶ *Péron* (plan gén. 8, A 4), 56 corniche Kennedy, 7ᵉ (✆

¶¶ 52-43-70). Fermé le soir du 1er déc. au 28 févr., les lundis et en janv.

¶¶ *L'Épuisette* (plan gén. près 21, A 4), vallon des Auffes, 7e (✆ 52-17-82). Fermé dim. et en janv. Ⓟ.

¶¶ **Mont-Rose* (hors plan), 38 bd Mont-Rose, 8e (✆ 73-17-22), 🎫 Ⓟ. Fermé mercr.

¶¶ *Panorama* (hors plan), 16 bd Panorama, 8e (✆ 73-24-06). Fermé dim. soir et lundi et du 15 déc. au 15 janv.

Auberges de la Jeunesse : 47, av. Joseph-Vidal, 6e (✆ 73-12-81). — *Château de Bois-Luzy*, 76 av de Bois-Luzy, 12e (73 lits; ✆ 49-06-18), du 1er mai au 30 sept.

⛺ **Campings :** *La Calanque Blanche*, route des Goudes (**; 200 pl.), de Pâques au 30 sept. — *Les Iris*, 69 route Léon-Lachamp, 9e, par R.N. 559 (**; 100 pl. ✆ 41-14-94), location de bungalows. — *Camp municipal de Bonneveine*, 187 av. Clot-Bey (**; 600 pl. ✆ 73-26-99), du 10 juin au 10 oct. — *Camp municipal de Mazargues*, 5 av. de Lattre-de-Tassigny, 9e, R.N. 559 (**; 300 pl. ✆ 40-09-88). — *Camp municipal des Vagues*, 52, av. de Bonneville, 8e, à 5 km (**; 600 pl. ✆ 73-04-88).

✈ **Poste :** bureau central (plan centre C 2) rue H. Barbusse; bureaux secondaires dans tous les quartiers.

✈ **Aéroport :** *de Marseille-Marignane*, à 25 km N.-O. par autoroute; aérogare (✆ 89-90-10); bureau informations passagers (✆ 89-09-74).

✈ **Compagnies aériennes :** *Air Alpes*, bd des Alpes (✆ 49-20-64). — *Air France*, 14 La Canebière 1er (✆ 33-78-50), et à l'aéroport (✆ 89-25-44). — *Air Inter*, 8 r des Fabres, 1er (✆ 54-77-2 et à l'aéroport (✆ 89-02-8(— *Alitalia*, 41 La Canebièr 1er (✆ 39-60-78); *British A ways*, 75 La Canebière ✆ 39-77-10). — *El Al*, 41 Canebière (✆ 39-07-30). *Iberia*, 41 La Canebière ✆ 54-18-00). — *Royal A Maroc*, 72 La Canebière ✆ 47-21-00). — *S.A.S.*, 5 Canebière (✆ 39-15-43). *Swissair*, 41 La Canebière ✆ 39-42-83). — *Tunis Air*, rue Beauvau (✆ 54-20-00). *U.T.A* et *Air Afrique*, 6 Gl-de-Gaulle (✆ 33-70-75). *Aeroflot*, 13 La Canebière ✆ 90-61-72). — *Air Algérie*, rue M.-Bourdet (✆ 39-65-7(

🚢 **Compagnies Maritimes :** ga maritime de la Joliette (pl. centre, A 1; ✆ 91-13-89 91-90-44). *Sté Nationale Maritime Co se-Méditerranée*, 61 bd d Dames, 2e (✆ 91-90-20). *Messageries Maritimes*, 3 Sadi-Carnot (✆ 91-90-95). *Fabre et Chargeurs Réun* 70 rue de la République ✆ 91-90-30). — *Cie Mérid nale de Navigation*, 4 qu d'Arenc (✆ 91-24-60). — *C Française de Navigation*, rue Fr.-Moisson (91-90-30). — *Cie Algérien de Navigation*, 98 rue l'Evêché (✆ 90-81-35). *Worms*, 30 bd R. Schuman ✆ 91-90-22). — *Cie Mar caine de Navigation*, 102 b des Dames (✆ 90-81-74).

🚂 **Chemin de fer :** gare Sain Charles (plan centre E 1 grandes lignes de Paris à Ni et Vintimille; Nîmes à Mor pellier, Toulouse et Bordeau Grenoble; Avignon, etc. Re seignements ✆ 50-39-1 réservation ✆ 50-18-0 Bureau S.N.C.F. à l'Office Tourisme, 4 La Canebière, (renseignements, réservatio billets ✆ 33-76-87).

RENSEIGNEMENTS PRATIQUES

Transports urbains : Marseille est desservie par un réseau de lignes d'autobus et de trolleybus exploité par la R.A.T.V.M., siège 6 rue Senac, 1er (📞 47-48-60), où vous pourrez vous procurer le plan des lignes. Les tickets s'achètent dans les bureaux de tabac ou dans les kiosques de la régie, cours d'Estienne-d'Orves, Noailles, Joliette, Cazemajou, Cinq-Avenues, cours Belsunce, Préfecture, Castellane, Garibaldi, Gambetta, cours Joseph-Thierry.

Métro : une seule ligne actuellement en service, de La Rose (hors plan gén. D 1) à la place Castellane (plan gén. C 4). Une rame toutes les 5 mn (3 mn aux heures de pointe).

Taxis : *Maison du Taxi,* TUP radio, 20 bd de Plombières, 14e (jour et nuit 📞 50-19-50 et 50-29-50). — *Taxis-radios Marseillais,* 18 rue Menpenti, 6e (📞 47-20-00). — *Marseille-Taxi,* 53 bd Michelet, 8e (📞 53-54-00).

Bateaux d'excursion : services fréquents pour le château d'If; visite du port, des îles du Frioul, Martigues, Les Calanques, Cassis et la Ciotat, etc. Embarcadère quai des Belges (plan centre C 3). Renseignements à l'Office de Tourisme.

Excursions en cars SNCF : *Via-Comett,* agence Alice, 12 cours Jean-Ballard (📞 54-75-78 et 54-79-12).

Garages : *Citroën* : 45 av. R.-Salengro, 3e (📞 50-09-91); 5 rue H.-Auzias, 3e (📞 62-45-45); 47 rue F.-Pyat, 3e (📞 62-62-05); 11 bd Philipon, 4e (📞 62-25-03); 83 rue J.-Moulet, 6e (📞 37-59-46); 53 bd Ed.-Herriot, 8e (📞 77-60-39); 148 bd Valbarelle, 11e (📞 42-94-90); 10 av. de la Timone, 10e (📞 42-76-22).

Peugeot : 27 bd de Paris, 2e (📞 91-90-65); 3 rue Jauffret, 8e (📞 53-32-01); 44 rue Liandier, 8e (📞 79-90-00); 7 pl. Gén.-Ferrié 10e (📞 79-30-30); 39 av. J.-Lombard, 11e (📞 47-70-64); 1 rue Beauregard, Saint-Just, 13e (📞 66-06-99); 218 av. R.-Salengro, 15e (📞 62-61-56); 14 route nationale de Saint-Antoine, 15e (📞 51-32-37).
Renault : 59 allées Gambetta, 1er (📞 64-00-57); 36 rue Loge, 2e (📞 90-05-03); 137 bd de Plomblières, 3e (📞 50-64-04); 10 bd Flammarion, 4e (📞 50-50-72); 11 rue de Verdun, 5e (📞 47-01-53); 26 rue Gondard, 5e (📞 42-44-94); 6 rue F.-Taddei, 7e (📞 52-20-84); 134 bd Michelet, 8e (📞 77-69-00); 89 bd Jean-Labro, à Saint-André, 16e (📞 46-08-07).
Simca : 204 bd Michelet, 8e (📞 77-16-11); av. du Cap Pinède, 15e (📞 50-71-52).

Location de voitures : *Avis,* 38 bd Ch.-Nedelec, 1er (📞 54-78-22); 267 bd National, 3e (📞 50-71-11); aéroport de Marignane (📞 89-00-22-26). — *Mattei,* 121 av. du Prado, 8e (📞 79-90-10); 83 bd National, 3e (📞 50-50-20); 146 av. des Chartreux, 4e (📞 46-67-28); 133 rue Saint-Pierre, 5e (📞 42-12-28); aéroport de Marignane (📞 89-04-88). — *Hertz,* 16 rue Ch.-Nédelec (📞 39-19-77); aéroport de Marignane (📞 89-90-10). — *Europcars,* 7 bd M.-Bourdet, 1er (📞 39-75-19); 97 av. du Prado, 8e (📞 79-05-29).

Agences de voyages : *Canebière Voyages,* 39 La Canebière 1er (📞 39-18-33). — *CIT,* 3 pl. Gl-de-Gaulle, 1er (📞 33-66-00). — *Havas Voyages,* 20 La Canebière 1er (📞 33-61-00). *Wagons-Lits-Cook,* 67 La Canebière, 1er (📞

33-61-00, 33-61-40, 33-61-52); 210 av. du Prado, 8e (☎ 76-10-74).

Adresses utiles : *American Express,* chez Havas-Voyages (v. ci-dessus). *Automobile-Club,* 143 cours Lieutaud, 6e (☎ 47-86-23). *Touring-Club de France,* 11 allées L.-Gambetta, 1er (☎ 62-73-11). *Fédération unie des Auberges de Jeunesse,* 50 rue Vacon, 1er (☎ 33-70-63).

Sports : *golf* (18 trous), aux Milles, 22 km N., près d'Aix-en-Provence (☎ 24-20-41). — *Stade Olympique* et hippodrome près du parc Borély (plan gén. C 6). — *Stade Nautique de Marseille,* pavillon flottant, quai Rive-Neuve (☎ 33-05-84). — *Yacht Motor-Club,* quai Rive-Neuve (☎ 33-72-00).

Théâtres : *Opéra municipal* (plan centre D 3), pl. E.-Reyer (☎ 33-17-51). — *Nouveau Théâtre National,* Cie Marcel Maréchal, 4 rue du Théâtre Français (☎ 47-00-20). — *Théâtre Axel Toursky,* 22 av. Ed. Vaillat, 3e (☎ 50-75-91). — *Mini-Théâtre,* pl. Aug. Carli, 1er (☎ 48-70-48). — *Variétés Théâtre,* rue Vincent-Scotto, 1er (☎ 39-09-65).

LIEUX, SITES ET MONUMENTS

Basilique Notre-Dame de la Garde, p. 518.
Basilique Saint-Victor, p. 494.
Bibliothèque, p. 502.
Bourse, p. 497.
Canebière (La), p. 497.
Cathédrale : nouvelle, p. 492.
Cathédrale : ancienne, p. 492.
Château Borély, p. 515.
Château d'If, p. 521.
Cité Radieuse, p. 517.
Corniche, p. 513.
Cour des Accoules, p. 490.
Cours Belsunce, p. 501.
Église Saint-Cannat, p. 485.
Église Saint-Ferréol, p. 485.
Église Saint-Laurent, p. 491.
Église Saint-Théodore, p. 501.
Église Saint-Vincent-de-Paul, p. 503.
Fort Saint-Jean, p. 491.
Fort Saint-Nicolas, p. 496.
Fouilles archéologiques, p. 498.
Hôtel-de-Ville, p. 485.
Hôtel Dieu, p. 490.
Jardin zoologique, p. 512.
Joliette (gare maritime de la), p. 519.
Musée d'Archéologie, p. 515.
Musée d'Art provençal, p. 524.
Musée des Beaux-Arts, p. 506.
Musée Cantini, p. 504.
Musée des Docks romains, p. 488.
Musée Grobet-Labadié, p. 512.
Musée de la Marine, p. 498.
Musée du Vieux-Marseille, p. 489.
Museum, p. 511.
Opéra, p. 505.
Palais des Congrès, p. 518.
Palais Longchamp, p. 506.
Parc Amable-Chanot, p. 518.
Parc Borély, p. 515.
Parc du Pharo, p. 497.
Place Castellane, p. 518.
Plage du Prado, p. 514.
Port, p. 519.
Porte d'Aix, p. 502.
Quai des Belges, p. 485.
Quai du Vieux-Port, p. 484.
Quai Rive-Neuve, p. 494.
Rue Saint-Ferréol, p. 503.
Vieille Charité, p. 493.
Vieux-Port, p. 484.

13 **Marseilleveyre** (Côte et massif de la), p. 527.

13 **MARTIGUES,** p. 412.
✉ 13500.
🆂 **Office de Tourisme et TCF,** quai Paul-Doumer (☎ 80-30-82; télex 43067. Fermé dim. et fêtes sauf matin en saison.

Hôtels :
- *Saint-Roch,* route d'Arles (☎ 80-19-73), 39 ch. 39 🛏 ✕ 📺 📞.
- *Eden,* bd E.-Zola (☎ 07-36-37), 38 ch. 38 🛏 📞.
- *Le Lido* (☎ 07-00-32), 19 ch. 8 🛏 ✕ 📞.
- *Clair Hôtel,* bd M.-Cachin (☎ 07-02-43), 39 ch. 12 🛏 📞.

Restaurants :
- *Gousse d'Ail,* quai Gén.-Leclerc (☎ 07-13-26). Fermé dim. et du 26 août au 10 sept.
- *Le Provençal,* bd du 14 juillet (☎ 80-49-16).

Campings : *Les Mouettes* (**; 300 pl. ☎ 80-70-01). — *Chez Marius* (**; 300 pl. ☎ 07-10-29). — *Le Mas* (***; 500 pl. ☎ 80-70-34). — *Le Cap* (***; 400 pl. ☎ 80-73-02). — *Lou Cigalou* (**; 350 pl.). — *Les Pins* (**; 300 pl. ☎ 80-73-34). — *Le Corsica* (*; 100 pl.), tous plage de Sainte-Croix à la Couronne (12 km S.). — *La Clairette,* pointe de Cottoya, R.N. 7 (*; 55 pl. ☎ 07-05-98). — *Camp municipal l'Hyppocampe* (**; 700 pl. ☎ 80-73-46). — *Pascalounet,* plage de la Saulce (**; 600 pl. ☎ 80-71-01). — *Les Tamaris* (**; 300 pl. ☎ 07-07-61 ✕), du 15 mars au 30 sept.

Garages : *Citroën,* quai Toulmond (☎ 07-07-54). — *Peugeot,* quai Alsace-Lorraine (☎ 07-09-98). — *Renault,* route de Fos (☎ 06-09-92). — *Simca* 48 av. Fr. Mistral (☎ 80-08-63).

Sports : piscine, sports nautiques sur l'étang de Berre.

Martigues-Ponteau (Centrale thermique de), p. 415.
Martinet (Le), p. 573.
Mas Blanc des Alpilles, p. 316.

84 **MAUBEC,** 263.
- ✉ 84660.
- Restaurant :
  - *Auberge de Maubec* (☎ 71-92-20).
- Camping : *camp municipal de la Combe de Saint-Pierre* (**; 100 pl. ☎ 71-92-09 à la mairie), du 1er juin au 30 sept.

13 **MAUSSANE-LES-ALPILLES,** p. 344.
- ✉ 13520.
- Hôtel :
  - *Les Magnarelles* (☎ 97-30-25), 21 ch. 15 🛏 📞. Fermé du 30 oct. au 1er mars.
- Camping : *camp municipal Les Romarins* (****; 500 pl. ☎ 97-33-60), du 15 mars au 30 sept.

84 **MAZAN,** p. 232.
- ✉ 84380.
- 🛈 Maison du Tourisme et des Vins : pl. du 8 mai.
- Hôtel :
  - *Le Siècle* (☎ 61-70-27), 15 ch. 4 🛏 ✕. LF.
- Camping : *Le Ventoux,* route de Bédoin (***; 100 pl. ☎ 61-70-94) 🛏. — *Le Bigourd,* route N. 542 (**; 100 pl. ☎ 61-72-52), location de caravannes et bungalows, du 1er juin au 15 sept.

83 **Mazaugues,** p. 534.
13 **Mède** (Raffinerie de La), p. 418.

04 **MEES (LES),** p. 292.
- ✉ 04190.
- Hôtel :
  - *Auberge des Pénitents* (☎ 34-03-64), 17 ch. 2 🛏 ✕ 📞.
- Camping : *Camp municipal La Pinède* (**; 150 pl.) du 15 juin au 10 sept.

13	**Méjanes** (Mas de), p. 395. V. *Saintes-Maries-de-la-Mer*.	13	**MIRAMAS**, p. 409.

13 **Méjanes** (Mas de), p. 395. V. *Saintes-Maries-de-la-Mer*.

84 **MENERBES**, p. 263.
   ⊠ 84560.
   Hôtel :
   Granier (☎ 72-22-13), 10 ch. ✕ Ⓟ. Fermé mercr. soir.
   Stages d'artisanat : *M. Djian*, Les Hautes Arthèmes (☎ 72-21-62), toute l'année sauf du 15 août au 15 sept. (sculpture).

04 **Méouge** (Gorges de la), p. 300.

83 **MÉOUNES-LES-MONTRIEUX**, p. 573.
   ⊠ 83880.
   Hôtels :
   ¶ *La Poêle d'Or* (☎ 48-98-06), route nationale, 9 ch. 3 ⊌ ✲✕ Ⓟ.
   ¶ *La Source* (☎ 28-98-08), route de Brignoles, 9 ch. 4 ⊌ ✲✕.
   ¶ *Bellone* (☎ 22-98-06), ✕.
   ⚠ Camping : *Aux Tonneaux* (✶✶; 150 pl.; ☎ 48-98-34), location de caravanes.

84 **Mérindol**, p. 280.
84 **Méthamis**, p. 232.

13 **MEYRARGUES**, p. 290.
   ⊠ 13650.
   Hôtels :
   ¶¶¶ *Château de Meyrargues*, dans l'ancien château (☎ 57-50-32), 14 ch. 14 ⊌ ✕ ☎ ⚿ ◨ Ⓟ. Fermé du 15 déc. au 15 février.
   ¶¶ *La Cigale* (☎ 57-50-12), 19 ch. 19 ⊌ ✕ ☎ ◨ Ⓟ. LF.

13 **Mignarde** (Château de la), p. 467.
13 **Milles (Les)**, p. 465. V. *Aix-en-Provence*.
13 **Mimet**, p. 526.
84 **Mirabeau**, p. 282.
13-84 **Mirabeau** (Défilé de), p. 291.

13 **MIRAMAS**, p. 409.
   ⊠ 13140.
   🆂 Syndicat d'Initiative : p J.-Jaurès (☎ 58-08-24) Fermé sam. et dim.
   Hôtel :
   ¶ *Borel*, 37 rue L.-Pasquet (☎ 58-18-73), 24 ch. 7 ⊌ ◨ Ⓟ.
   🚗 Garages : *Citroën*, 67 av Gal-de-Gaulle (☎ 58-03-83). — *Peugeot*, 79 av. Gal-de-Gaulle (☎ 58-00-80). — *Renault*, 11 route des Chiron (☎ 58-23-09).

13 **Miramas-le-Vieux**, p. 419.
84 **Modène**, p. 225.
04 **Molard (Le)**, p. 298.
13 **Mollégès**, p. 316.
84 **Monieux**, p. 233.
04 **Monsalier**, p. 306.
84 **Monsieur** (Vallon du), p 271.
83 **Montauban** (Château de), p 540.

26 **MONTBRUN-LES-BAINS** p. 231.
   ⊠ 26570.
   Village de vacances : *VV* (40 appart.; 283 pl.; ☎ 28-82-35); ouv. pendant le vac. de printemps, les week ends et de début juin a 15 sept.

84 **MONTEUX**, p. 200.
   ⊠ 84170.
   Hôtels :
   ¶¶¶ *La Genestière*, route de Car pentras (☎ 61-22-14; téle 431809), 18 ch. 18 ⊌ ✕ ☎ ◨ ⚿ ◳ ✎ Ⓟ. Fermé du 8 a 21 janvier.
   ¶¶¶ *Sélect*, 24 bd de Carpentra (☎ 63-36-75), 10 ch. 10 ⊌ ✕ ☎ ◨ ⚿ ◳ Ⓟ. Fermé déc janv. et sam.

84 **MONTFAVET**, p. 206.
   ⊠ 84140.
   Hôtel : *voir Avignon*.

Montfroc, p. 312.
Montfuron, p. 271.
Montmajour (Abbaye de), p. 346.
Montmeyan, p. 589.
Montmirail, p. 230.
Montmirail (Dentelles de), p. 229.
Montrieux-le-Jeune (Chartreuse de), p. 573.
Morgiou (Calanque de), p. 527.
Morières (Forêt domaniale de), p. 573.
Morières-lès-Avignon, p. 206.

MORMOIRON, p. 232.
- 84570.

Hôtels :
Relais de l'Auzon (☎ 61-80-42), 6 ch.
du Mont Ventoux (☎ 61-80-09), 9 ch.

⛺ Camping : *Relais de l'Auzon*, sur la route N 542 (★★; 150 pl.; ☎ 61-80-42).

MORNAS, p. 150.
- 84550.

Hôtel :
¶¶ *Le Manoir* (☎ 70-41-09; télex 431033) 16 ch. 10 🍴 ✕ 🏊 ⛱ 🅿. Fermé du 15 oct. au 15 nov. et dim. soir sauf juil. et août. LF.

⛺ Camping : à 3 km par les routes D 74 et N 7 (★★; 300 pl.; ☎ 70-42-11), location de bungalows ✕ 🏊, de Pâques au 10 oct.

Motte (La), p. 299.
Motte d'Aigues (La), p. 207.
Moulin-Clos, p. 261.
Moulin-Clos (Falaise et grottes du), p. 261.

MOURIÈS, p. 344.
- 13890.

Hôtels :
¶¶ *de Servanes* (☎ 97-50-03), 18 ch. 18 🍴 ✕ 🏊 ⛱ 🅿. Fermé du 15 janv. au 15 févr. LF.
¶ *Relais des Baux* (☎ 97-50-11), 10 ch. ✕ 🏊 ⛱ 🅿.

⛺ Camping : *camp Le Devenson* (★★★★; 200 pl.; ☎ 97-52-01), du 15 mars au 30 sept.

Manifestation : fête de l'Olive, le 3ᵉ dim. de sept.

83 **Mourillon (Le),** p. 564.
04 **Mourres** (Rochers de), p. 310.
84 **Moustier** (Chapelle N.-D. de), p. 225.

04 **MOUSTIERS-SAINTE-MARIE,** p. 591.
- 04360.

🛈 Syndicat d'Initiative : (☎ 74-66-84), ouvert du 1ᵉʳ juil. au 10 sept.

Hôtels :
¶¶ *Le Belvédère* (☎ 74-66-04), 23 ch. 17 🍴 ✕ 🏊 🅿. Fermé du 30 oct. au 1ᵉʳ janv.
¶ *Le Relais* (☎ 74-66-30), 14 ch. 3 🍴 ✕. Fermé du 30 nov. au 1ᵉʳ mars.

⛺ Campings : *Saint-Jean* (★★; 200 pl.; ☎ 74-66-30), du 25 mars au 15 oct. — *Saint-Clair* (en cours de classement, ☎ 74-67-15), du 1ᵉʳ avril au 15 oct.

84 **MURS,** p. 244.
- 84220 Gordes.

Hôtel :
Crillon (☎ 72-02-03), 4 ch.

Stages d'artisanat : tissage, chez *C.* et *J.-P. Beaucourt,* Les Beylons (☎ 72-00-56).

Village de vacances : *VVF* (40 appart.; 250 pl.; ☎ 72-02-33); ouv. pendant les vac. de printemps, les week-ends et de début juin au 22 sept.

84 **Murs** (Col de), p. 244.

N

- **83** **NANS-LES-PINS,** p. 534.
  - ✉ 83860.
  - Hôtels :
  - ₶₶₶ *Domaine du Châteauneuf,* au Logis-de-Nans, 3 km N. par D. 80 (📞 78-90-06), 30 ch. 29 🍴 ✕ 📺 ♨ 🏊 ⌘ 🅿. Fermé du 30 nov. à Pâques. Relais et châteaux.
  - ₶ *de Nans et de la Sainte-Baume* (📞 78-90-62), 16 ch. 5 🍴 ✕ ☎ 🅿. Fermé du 20 déc. au 1ᵉʳ mai.
  - 🚗 Garage : *Renault* (📞 78-92-53).

- **84** Nesque (Gorges de la), p. 232.
- **04** **Nibles,** p. 299.
- **13** Niolon (Calanque de), p. 523.
- **04** **Notre-Dame-des-Anges** (Chapelle), p. 286.
- **84** **Notre-Dame-d'Aubune** (Chapelle), p. 230.
- **83** **Notre-Dame-de-Baudinard** (Chapelle), p. 588.
- **04** **Notre-Dame-de-Beauvoir** (Chapelle), p. 593.
- **83** **Notre-Dame-de-Beauvoir** (Chapelle), p. 539.
- **13** **Notre-Dame-de-Caderot** (Chapelle), p. 420.
- **26** **Notre-Dame-de-Calma** (Église), p. 300.
- **84** **Notre-Dame-de-la-Cavalerie,** p. 269.
- **13** **Notre-Dame-du-Château,** p. 316.
- **13** **Notre-Dame-de-Consolation** (Chapelle), p. 291.
- **04** **Notre-Dame-de-Dromont** (Chapelle et rocher de), p. 299.
- **13** **Notre-Dame-de-la-Garde** (Chapelle), p. 545.
- **84** **Notre-Dame-de-Lumières,** p. 249.
- **04** **Notre-Dame-de-Lure** (Ermitage), p. 311.
- **83** **Notre-Dame-du-Mai** (Chapelle), p. 549.
- **13** **Notre-Dame-des-Marins** (Chapelle), p. 414.
- **04** **Notre-Dame-des-Œufs** (Chapelle), p. 598.
- **83** **Notre-Dame-de-Pépiole** (Chapelle), p. 548.
- **13** **Notre-Dame-du-Pieux-Zèle** (Chapelle), p. 332.
- **04** **Notre-Dame-de-l'Ortiguière** (Chapelle), p. 305.
- **04** **Notre-Dame-de-la-Roche** (Chapelle), p. 286.
- **04** **Notre-Dame-de-Salagon** (Prieuré), p. 304.
- **84** **Notre-Dame-de-Vie** (Chapelle), p. 245.

- **13** **NOVES,** p. 314.
  - ✉ 13550.
  - 🛈 Syndicat d'Initiative : à mairie (📞 94-14-01). Fermé sam. après-midi et dim.
  - Hôtel :
  - ₶₶₶₶ *Auberge de Noves* (📞 94-19-21; télex 401612) 22 ch. 22 🍴 ★ ✕ ☎ ♨ 🏊 🅿. Fermé du 1ᵉʳ dim. de jan. au 2ᵉ dim. de févr.
  - ⛺ Camping : *Belle Laure,* route de Bompas (★★; 200 pl.; 📞 94-01-56), du 15 juin au 15 sept.

- **04** **Noyers-sur-Jabron,** p. 312.

O

- **83** **Observatoire de la mer,** p. 549.
- **83** **Œufs** (Grotte aux), p. 533.
- **13** **Olivier** (Étang de l'), p. 409.
- **83** **Ollioules,** p. 539. V. *Saint-Cyr-sur-Mer.*
- **83** **Ollioules** (Gorges d'), p. 539.
- **04** **Omergues (Les),** p. 312.
- **04** **Ongles,** p. 306.
- **84** **Onze-Heures** (Rochers de), p. 270.

RENSEIGNEMENTS PRATIQUES

OPPEDE-LE-VIEUX, p. 263.

✉ 84580.

Restaurant :
Le Gite, chez Pascal (☎ 71-91-32).

Oppedette (Canyon d'), p. 256.

ORAISON, p. 292.

✉ 04700.

🛈 Syndicat d'Initiative : pavillon ouvert du 15 juin au 15 sept. t.l.j.; du 15 sept. au 15 juin les mardis matin et sam. après-midi (☎ 78-60-80).

Restaurant :
Bon Accueil (☎ 72-62-90), P.

⚑ Camping : *camp municipal Les Oliviers* (★★★; 250 pl.; ☎ 78-60-80), du 1er juin au 30 sept.

Sports : piscine chauffée; ball-trap, de mars à sept.; pêche.

ORANGE, p. 144.

✉ 84100.

🛈 Office de Tourisme : cours A.-Briand, à l'entrée du parc gasparin (☎ 34-06-00), ouvert t.l.j. de 8 h à 20 h en été; de 8 à 12 h et de 14 à 18 h d'oct. à Pâques (change, réservation de chambres).

Hôtels :

¶¶ *de l'Arène* (plan A, B 2), pl. Langes (☎ 34-10-95) 30 ch. 28 ⊟ ✕ fermé lundi 🅦 P. Fermé en nov.; LF.

¶¶ *Louvre et Terminus* (hors plan C 2), 89 av. Fr.-Mistral (☎ 34-10-08; télex 431195), 40 ch. 40 ⊟ 🏧 🅦 🅘 🅖 P. Fermé du 15 déc. au 15 janv.

¶¶ *Euromotel* (hors plan A 2), route de Caderousse (☎ 54-24-10; télex 401550) 99 ch. 99 ⊟ ✕ 🏧 🅦 P.

¶¶ *des Princes* (plan B, B 1), 7 av. Arc-de-Triomphe (☎ 34-30-16), 47 ch. 43 ⊟ ✕ 🏧 🅘 P. Fermé du 15 janv. au 15 févr.

¶¶ *Le Glacier* (plan C, A 2), 46 cours A.-Briand (☎ 34-02-01) 29 ch. 25 ⊟ 🅘 🅦 P. Fermé du 20 déc. au 15 janv. et dim. de nov. à Pâques.

¶¶ *Boscotel* (hors plan A 2), route de Caderousse (☎ 34-47-50) 57 ch. 57 ⊟ ✕ 🅘 🅦 P.

¶ *du Commerce* (plan D, B 1), 4 rue Caristie (☎ 34-10-07) 29 ch. 16 ⊟ 🅘 🅦 P.

¶ *des Arts* (plan E, C 3), cours Pourtoules (☎ 34-01-88) 15 ch. 16 ⊟ 🅦 P.

¶ *Saint-Florent* (plan F, B 2), 4 rue Mazeau (☎ 34-18-53) 16 ch. 8 ⊟ P. Fermé du 23 déc. au 2 janv.

¶ *Au Père Tranquille* (plan G, B 2), 8 pl. aux Herbes (☎ 34-09-23) 12 ch. 5 ⊟ P. Fermé du 30 avril au 1er juin.

Restaurants :

¶¶ *Le Provençal* (plan H, C 2), 27 rue de la République (☎ 34-01-89).

¶ *Bec Fin,* 14 rue Segond-Weber (☎ 34-14-76). Fermé du 2 au 16 juin du 17 nov. au 2 déc. jeudi soir et vendredi.

¶ *Le Forum,* 3 rue Mazan (☎ 34-01-09). Fermé du 22 déc. au 10 janv., sam. soir et dim. hors saison.

¶ *La Grille,* bd Ed.-Daladier (☎ 34-00-24), fermé du 1er au 15 sept.

⚑ Camping : *camp municipal,* colline Sainte-Eutrope (★★; 150 pl.; ☎ 34-09-22), du 1er avril au 31 oct. — *Camping à la ferme,* M. Tailleferd, piscine de l'Oasis, route de Lyon (☎ 34-02-14), réservation à l'avance; du 15 mars au 15 nov.

✈ Poste : av. Ed.-Daladier (plan C 3).

🚂 Chemin de fer : gare (hors plan C 2) à l'extrémité de l'av. Fr.-Mistral (☎ 34-17-82).

🚗 Taxis : stationnement pl. de la République (☎ 34-15-55).

RENSEIGNEMENTS PRATIQUES

- **Locations de voitures** : *Herzt* (plan I, B 1), 11 bd Ed.-Daladier (☏ 34-00-34). — *Europcars,* 105 bd de la Meyne (☏ 34-15-10). — *Avis,* 13 rue Segond-Weber (☏ 34-37-56).

- **Garages** : *Citroën*, route d'Avignon (☏ 34-15-99). — *Simca*, route de Lyon (☏ 34-04-16). — *Fiat*, 28 av. Arc-de-Triomphe (☏ 34-10-65). — *Ford*, 78 av. Mar.-Foch (☏ 34-24-35). — *Peugeot*, av. Mar.-Foch (☏ 34-24-11). — *Renault*, 7 route de Lyon (☏ 34-02-68).

Sports : *piscine municipale*, au parc colline Sainte-Eutrope; *piscine de l'Oasis*, route de Lyon.

Manifestations : *Chorégies d'Orange,* représentations au théâtre antique en juillet. Renseignements à la Maison du Théâtre (plan J, B 2), pl. des Frères-Mounet (☏ 34-15-52 et 32-24-24). Foire aux vins des Côtes-du-Rhône, en juil. et août. Foire exposition commerciale, agricole, industrielle et artisanale, seconde décade d'oct. Exposition des antiquaires et brocanteurs, en mai. Marché aux puces le jeudi.

13 **ORGON,** p. 315.
  ✉ 13660.
  Hôtels :
  ¶¶ *Beauregard* (☏ 57-01-77), 14 ch. 14 ⌿ 🕭 🅿 🅖.
  ¶ *Auberge des Trois Canards* (☏ 57-01-19), 14 ch. 2 ⌿ ✕ 🕭 🅖 🅿.
  ¶ *Auberge des Petits Pavés* (☏ 57-21-44), 13 ch. ★✕ 🕭 🅿 🅖. LF.
  ¶ *des Fumades* (☏ 57-00-81), 12 ch. 🕭 🅿 🅖.
  Restaurant :
  ¶¶ ★*Relais Basque,* à 4 km S., RN 7 (☏ 57-00-39), 🕭 🅿. Fermé du 15 nov. au 15 déc. et sam.

⛺ **Camping** : *La Vallée Heureuse* (★★; 100 pl.; ☏ 57-02-78).

13 **Oule** (Col et vallon de l'), p. 528.
84 **Oulles** (Gour des), p. 233.

04 **Paillerols** (Château de), p 292.
13 **Pain-de-Munition** (Oppidum du), p. 469.
13 **Palette,** p. 578.
13 **Paradis** (Carrefour de), p 399.
13 **Paradou,** p. 344.
13 **Paty-de-la-Trinité,** p. 395.
04 **Peipin,** p. 288.
13 **Pélissanne,** p. 422.

84 **PERNES-LES-FONTAINES,** p. 202.
  ✉ 84210.
  ℹ **Pavillon du Tourisme** : (☏ 61-31-04); possibilité de visites commentées en saison.
  Hôtels :
  ¶¶ *Christine,* à Prato-Plage (☏ 61-31-72), 10 ch. ✕ 🅿. LF.
  ¶ *L'Auberge* (☏ 61-31-78) 12 ch. 7 ⌿ ✕ 🅖 🅿.
  ⛺ **Camping à la ferme** : à 3 km S. de la commune; s'adresse à M. Leforestier (☏ 61-63-96), du 1er juin au 15 sept.

84 **Perrache** (Plateau de), p 225.
84 **Perrial** (Colline de), p. 255.

84 **PERTUIS,** p. 281.
  ✉ 84120.
  ℹ **Office de Tourisme** : pl. Mirabeau (☏ 79-15-56), fermé lundi.
  Hôtels :
  ¶¶¶ *Sevan,* route de Manosque (☏ 79-19-30), 40 ch. 40 ⌿ ✕ 🏊 🎾 🅖 🅿. Fermé du 1er nov. au 1er mars. LF Mapotel.

Aubarestiero, pl. Garcin (☎ 79-14-74), 13 ch. 13 ⌂ ✕ ☎ ☒ Ⓟ. Fermé en févr. LF.
Le Quatre Septembre, pl. 4-Septembre (☎ 79-01-52), 15 ch. 15 ⌂ ✕ Ⓟ.
du Cours, pl. J.-Jaurès (☎ 79-00-68), 18 ch. 4 ⌂ ✕ Ⓟ.

Restaurant :
L'Escapade, route de la Bastidonne (☎ 79-03-52), fermé mardi et du 15 sept. au 1er oct.

Camping : *camp municipal,* route N 573, à 1 km (★★★; 400 pl.; ☎ 79-10-98), du 1er mars au 30 nov.

Garage : *Peugeot,* pl. de la Diane (☎ 79-00-62).

Peynier, p. 579.
Peypin-d'Aigues, p. 267.
Peyrards (Baume de), p. 261.

PEYROLLES-EN-PROVENCE, p. 290.
✉ 13750.
¶¶ *Hôtel Mirabeau* (☎ 51-81-78), 9 ch. ✕. LF.

PEYRUIS, p. 287.
✉ 04310.
Hôtels :
¶¶ *Au Faisan Doré* (☎ 51), 10 ch., 2 ⌂ ✕ ☒ ◨ ⌗ Ⓟ.
¶ *Lou Vieil Moulin* (☎ 14) 10 ch. ✕ ☒ Ⓟ ⊙.

Pied-de-l'Aigle (Le), p. 271.
Piémanson (Plage de), p. 399.
Pierre-Écrite (Défilé de), p. 299.
Pierres-Tombées (Calanque des), p. 527.
Pigeons (Grotte des), p. 262
Pigière (Col de la), p. 312.
Pilon-du-Roi (Le), p. 526.
Plan (Manoir du), p. 304.

PLAN D'AUPS, p. 531.
✉ 83640.
Hôtel :
¶¶ *Lou Pebre d'Aï* (☎ 04-50-42), 13 ch. 9 ⌂ ✕ ☒ Ⓟ. Fermé du 1er janv. au 10 févr.

13 **Plan-de-Cuques,** p. 525.

13 **PLAN D'ORGON,** p. 315.
✉ 13750.
Hôtel :
¶¶ *Le Flamand Rose,* route de Saint-Rémy (☎ 57-10-17), 30 ch. 30 ⌂ ✕ ☎ ☒ ◨ ⊙ Ⓟ. Fermé janv. et févr.

Camping : *Les Cerisiers,* sur la route N 7 (★★; 100 pl.; ☎ 57-12-06).

Garage : *Citroën,* route de Cavaillon (☎ 57-12-04).

13 **Planier** (Phare du), p. 521.
13 **Pont-de-Gau,** p. 395.
13 **Pont-de-Rousty** (Mas du), p. 394.

84 **PONTET (LE),** p. 150.
✉ 84130.
Hôtels : *voir Avignon.*

Camping : *Camp du Lac,* N 7 (★; 150 pl.; ☎ 83-11-40), du 1er mars au 31 oct. — *Camp du Grand Bois La Tapy,* par routes D 62 ou N 542 (★; 200 pl.; ☎ 31-37-44).

Centre équestre : *La Gourmette vauclusienne* (☎ 31-04-91).

04 **Pontfrac** (Château de), p. 596.

13 **PONT-ROYAL,** p. 421.
✉ 13370 Mallemort.
Hôtels :
¶¶¶¶ *Hostellerie le Moulin de Vernègues* (☎ 57-42-33; télex 430183) 38 ch. 38 ⌂ ✕ ☎ ᵀᵛ ⌂ ◨ ⊙ Ⓟ.
¶ *Le Provençal* (☎ 57-40-64), 10 ch. 10 ⌂ ✕ ☒ ⊙ Ⓟ.

13 **Port-de-Bouc,** p. 415.
13 **Port-Miou** (Calanque de), p. 542.
13 **Port-Pin** (Calanque de), p. 542.

13	**PORT-SAINT-LOUIS-DU-RHÔNE**, p. 417.	13	**Raphèle-lès-Arles**, p. 32
		84	**Rasteau**, p. 202.
	✉ 13230.	13	**Redon (Le)**, p. 540.
	Hôtels :	13	**Redonne (La)**, p. 523.
	Le Lazzeri (☏ 86-01-28), 16 ch. 16 🛏 ✕.	04	**Redortiers**, p. 305.
	Le Tamaris (☏ 86-10-49), 10 ch. ✕ 🏛 🅿.	13	**Regagnas** (Montagne du) 535.
	⛺ Camping : *camp municipal Le Mazet* (✯✯; 400 pl.).	84	**Régalon** (Gorges du), p. 2
		26	**Reilhanette**, p. 231.
		04	**Reillanne**, p. 303.
83	**Pourcieux**, p. 579.	83	**Renecros** (Plage de), p. 54
13	**Pourrières**, p. 469.	04	**Revest-du-Bion (Le)**, 305.
13-83	**Provence** (Canal de), p. 590.		
13	**Puget** (Massif du), p. 528.	04	**Revest-des-Brousses (L** p. 306.
04	**PUIMOISSON**, p. 595.	83	**Revest-les-Eaux (Le)**, 570.
	✉ 04410.		
	Restaurant : *Pizzeria Les Siffleurs* (☏ 74-54-59).	83	**RIANS**, p. 587.
			✉ 83560.
13	**Puyloubier**, p. 469.		🆂 Syndicat d'Initiative : pl. Pe teuil, ouvert en été sauf di après-midi.
13	**Puyricard**, p. 467.		
13	**PUY-SAINTE-RÉPARADE (LE)**, p. 290.		Hôtel : *de l'Esplanade* (☏ 80-31-1 8 ch. Fermé en févr.
	✉ 13610.		
	Restaurant : ¶¶ *Mas des Olivades*, chemin de Taillade (☏ 28-60-44) 🅿. Fermé en janvier, dim. soir et lundi.		⛺ Camping : *camp municip* (✯✯✯; 70 pl.), du 1er avril 31 oct.
			🚗 Garage : *Renault* 80-30-78).
		04	**Ribiers**, p. 300.
	Q	83	**Riboux**, p. 534.
04	**QUINSON**, p. 590.	04	**RIEZ**, p. 594.
	✉ 04480.		✉ 04500.
	Hôtel : *Notre-Dame* (☏ 1), 17 ch. 7 🛏 ✕ 🏛 🅿. Fermé du 6 janv. au 10 févr.		Hôtel : *Des Alpes* (☏ 74-50-03 30 ch. ✕ 🏛 🅿.
			⛺ Camping : *ESSI du Colost* (✯; 75 pl.; ☏ 93), du 15 ju au 15 sept. — *Camp Euro péen*, Pont Robert Schuman (en cours de réalisation).
	R		
83	**Ragas** (Barrage du), p. 570.	13	**Riou** (Île), p. 514.
84	**Ramayettes** (Maison forestière des), p. 226.	84	**Rissas** (Crête du), p. 234.
		84	**Roaix**, p. 202.
84	**Rams** (Route forestière de), p. 234.	84	**Roards (Les)**, p. 201.
		84	**Robion**, p. 262.
		13	**Rognes**, p. 472.
		13	**Rognonas**, p. 317.
		13	**Roland** (Baume), p. 527.

RENSEIGNEMENTS PRATIQUES

Rolland (Ferme de), p. 225.
Romanin (Centre de vol à voile), p. 316.

ROQUE D'ANTHÉRON (LA), p. 288.

- ✉ 13640.
- 🆂 Office de tourisme : à la mairie (☏ 28-42-94).

Hôtel :
- ¶¶ *Relais de Silvacane.* Réouverture prévue automne 1979.

▲ Camping : *de Silvacane* (★★★★; 420 pl.; ☏ 28-41-17).

Centre d'accueil pour les jeunes : Village de vacances de la Baume (☏ 28-44-30).

Sports : piscine olympique; base nautique sur la Durance (plan d'eau de 18 ha; ☏ 28-40-97); tennis, en face de l'hôtel de ville; golf miniature; équitation aux Gontards.

Roquebrussanne (La), p. 574.

ROQUEFAVOUR, p. 423.

- ✉ 13122 Ventabren.

Hôtel :
- ¶¶ *Arquier* (☏ 24-20-45), 20 ch. 14 ⊿ ✕ ☏ ∭ Ⓟ. Fermé en février. Relais du Silence.

Roquemartine (Château de), p. 349.
Roquemaure (Château de), p. 151.
Roque-sur-Pernes (La), p. 238.
Roquevaire, p. 536.
Rouet-Plage (Le), p. 523.
Rougiers, p. 534.
Roumoules, p. 294.
Rousset (Château de), p. 292.

ROUSSILLON, p. 255.

- ✉ 84220 Gordes.

Hôtels :
- ¶¶¶ *Rose d'Or* (☏ 75-60-21), 10 ch. 10 ⊿ ✕ ☏ ∭ Ⓟ. Fermé du 15 nov. au 15 janv. et merc. Relais et châteaux.
- ¶¶ *Résidence des Ocres* (☏ 75-60-50), 11 ch. 11 ⊿ ☏ 🄶 Ⓟ. Fermé en févr. LF.

Restaurant :
- ¶¶ ★*David* (☏ 75-60-13); vue. Fermé du 20 juin au 4 juil. et du 30 janv. au 20 février, dim. soir hors saison et lundi.

▲ Camping : *L'Arc-en-Ciel*, route D 104 (★★; 100 pl. ☏ 70-60-18), de mars au 31 oct.

🚗 Garage : *Citroën,* route N 7 (☏ 86-34-81).

- 13 **Rousty** (Mas du Pont de), p. 394.
- 13 **Rove** (Tunnel du), p. 523.

- 84 **RUSTREL,** p. 257.
  - ✉ 84400 Apt.
  - ▲ Camping : *Le Colorado* (★★; 300 pl.), toute l'année.

S

- 84 **Sablet,** p. 230.
- 83 **Sablettes (Les),** p. 568. V. *La Seyne-sur-Mer.*
- 04 **Sacristie** (Col de la), p. 298.
- 84 **Sadaillan** (Ferme de), p. 271.
- 04 **Sagnes** (Col de), p. 300.

- 84 **SAIGNON,** p. 255.
  - ✉ 84610.

  Restaurants :
  - ¶ *Auberge du Rocher* (☏ 74-13-01), avec ch.
  - ¶ *Auberge du Presbytère* (☏ 74-11-50) avec ch.

  Auberge de la Jeunesse : *Regain,* du 15 juin au 1er oct. et congés scolaires, 50 pl.

- 84 **Saint-Amand** (Cirque de), p. 229.

- 13 **SAINT-ANDIOL,** p. 314.
  - ✉ 13670.
  - 🆂 Syndicat d'Initiative : à la mairie (☏ 96-02-02); fermé sam. après-midi et dim.

Hôtel :

🍴 *Motel garden Center*, à 2 km, route d'Avignon (📞 95-02-60), 21 ch. ✕ 🕿 🐕. Fermé du 15 oct. au 15 nov.

⛺ Camping : *camp Saint-Andiol*, route N 7 (★★★ ; 250 pl.; 📞 95-01-13) ✕. Location de tentes et bungalows ; du 1er mars au 30 nov.

🚗 Garages : *Citroën*, Central garage (📞 95-00-12). — *Renault*, Blazy (📞 95-02-22).

13 **Saint-Antonin-sur-Bayon**, p. 468.

04 **SAINT-AUBAN**, p. 288.
✉ 04600.

Hôtels :

🍴 *Villiard* (📞 64-17-42), 22 ch. 22 ⇨ 🕿 🐕 ▣ 🅿. Fermé du 15 sept. au 15 oct.

🍴 *Le Barrasson* (📞 64-17-12), 10 ch. 3 ✕ 🕿 🐕 ▣ 🅿. Ferme lundi et en juin.

13 **Saint-Blaise** (Chapelle), p. 410.
13 **Saint-Blaise** (Oppidum), p. 411.
84 **Saint-Baudille** (Plan de), p. 226.

13 **SAINT-CANNAT**, p. 422.
✉ 13760.

Restaurant :

🍴 *Auberge Saint-Cannat* (📞 28-20-22). Fermé le mardi et du 1er au 15 oct.

⛺ Camping : *International camping* (★★ ; 100 pl. ; 📞 28-22-53 ; ✕).

🐎 Centre équestre : *Les Pecanis* (📞 28-21-25) ; ouvert pendant les vacances scolaires.

13 **Saint-Chamas**, p. 419.
84 **Saint-Christol**, p. 246.
13 **Saint-Cyr** (Chapelle), p. 540.

83 **SAINT-CYR-SUR-MER — LES LECQUES**, p. 546.
✉ 83270.

🅸 Pavillon du Tourisme : plage du Soleil, aux Lecques (📞 26-13-46), ouvert de 9 h à 12 h et de 15 h à 18 h sauf dim. et fêtes ; tous les jours de juil. à oct.

Hôtels :

🍴🍴🍴 *Grand Hôtel des Lecques* (📞 26-23-01), 60 ch. 60 ⇨ ✕ 🏨 ♨ ▥ ⌂ 🅿. Fermé du 30 sept. au 10 mars.

🍴 *Chante Plage* (📞 26-16-55), 22 ch. 22 ⇨ ✕ 🐕 🅿. Fermé du 30 sept. au 15 mai.

🍴 *Les Pins*, à la Madrague (📞 26-28-36), 20 ch. 20 ⇨ 🕿 🅿. Fermé du 30 sept. à Pâques.

🍴 *Normandy* (📞 26-26-16), 11 ch. 11 ⇨ 🅿.

🍴 *Le Petit Nice* (📞 26-22-91), 30 ch. 21 ⇨ ✕ 🕿 🐕 🅿. Fermé du 30 sept. au 10 mai LF.

🍴 *Le Tapis de Sable* (📞 26-26-34), 14 ch. 🕿 🅿. Fermé d'oct. à avril.

🍴 *Les Terrasses* (📞 26-24-23), 10 ch. 10 ⇨ ✕.

A Ollioules :

🍴 *R.N. 8* (📞 98-21-67), 24 ch. 24 ⇨ ✕ 🐕 🅿.

Restaurants :

🍴 *La Roseraie* (📞 26-28-54).
🍴 *Clos Fleuri* (📞 26-27-46).

⛺ Campings : *Les Baumelles*, route N 559, aux Lecques (★★★ ; 2 100 pl. ✕ ; 📞 26-21-27). — *Le Port d'Alon*, à 1 km N 559 (★★ ; 100 pl. ✕, 📞 29-11-20).

🚗 Garages : *Citroën* (📞 26-10-62). — *Peugeot* (📞 26-23-80). — *Renault* (📞 26-12-13).

Sports : tennis ; tous les sports nautiques ; location de voiliers à la Calanque, Tahiti-Plage ; pêche.

Distractions : promenades en mer en mini-croisières (se renseigner au pavillon du tourisme).

84 **SAINT-DIDIER**, p. 238.
✉ 84210 Pernes-les-Fontaines.

Hôtel :
- *La Sérignane* (☎ 61-39-16), 7 ch. ✗ 廊 ℗. Fermé du 1er nov. au 1er mars.

Centre équestre : *ranch de la Vallée Verte* (☎ 61-31-99), route de Venasque.

Saint-Donat (Chapelle), p. 287.
Saint-Estève, p. 223.
Saint-Estève (Vignobles de), p. 589.

SAINT-ESTÈVE-JANSON, p. 290.
✉ 13760.
Centre équestre : *Le Tournebride* (☎ 28-62-21).

SAINT-ÉTIENNE-DU-GRÈS, p. 316.
✉ 13150 Tarascon.
Restaurants :
Pizzeria Lou Gresouilles, route de Saint-Rémy (☎ 91-19-32).
L'Oasis, route de Saint-Rémy (☎ 91-17-52) avec ch.
Camping : *camp municipal* (★; 90 pl.; ☎ 91-16-46).

SAINT-ÉTIENNE-LES-ORGUES, p. 310.
✉ 04230.
Hôtels :
- *du Parc* (☎ 13), 25 ch. 25 ⊟ ✗ 廊 ℗.
- *Lure Hôtel* (☎ 6), 14 ch. ✗.
- *Saint-Clair* (☎ 84), 30 ch. ✗ 廊 ℗. Fermé du 15 nov. au 15 déc. LF.

Camping : à l'*Association Culturelle de la Source* (★; 50 pl.; ☎ 83), du 1er avril au 30 sept.

Sports : sports d'hiver à la station de Lure, école de ski, pistes balisées, remontées mécaniques, téléluge; sentier de grandes randonnées.

04 **Saint-Eucher** (Chapelle), p. 282.
04 **Saint-Eusèbe** (Abbaye), p. 256.

13 **Saint-Gabriel** (Chapelle), p. 319.
04 **Saint-Geniez,** p. 299.
84 **Saint-Hilaire** (Anc. abbaye de), p. 263.
84 **Saint-Jean-de-Durfort,** p. 246.
13 **Saint-Jean-de-Garguier** (Chapelle), p. 536.
13 **Saint-Jean-du-Puy** (Oratoire de), p. 535.
04 **Saint-Joseph** (Oratoire), p. 311.

83 **SAINT-JULIEN,** p. 588.
✉ 83560 Rians.
Stages d'artisanat : *J. Feldman* (tissage).

13 **Saint-Julien-lès-Martigues,** p. 524.
84 **Saint-Lambert** (Château de), p. 246.
04 **Saint-Laurent-du-Verdon,** p. 590.
84 **Saint-Léger-du-Ventoux,** p. 231.
04 **Saint-Maime,** p. 309.
83 **Saint-Mandrier,** p. 569. V. *La Seyne-sur-Mer.*
13 **Saint-Marc** (Source de), p. 471.
13 **Saint-Marc-Jaumegarde** (Château de), p. 471.
83 **Saint-Martin,** p. 587.
84 **Saint-Martin-de-la-Brasque,** p. 267.
04 **Saint-Martin-de-Brômes,** p. 596.

84 **SAINT-MARTIN-DU-CASTILLON,** p. 256.
✉ 84640.
Restaurants :
- ★*Auberge du Boisset,* au Boisset, 3 km S. (☎ 75-20-10) ℗. Fermé du 1er au 15 juin; du 15 nov. au 15 déc. mercr. midi et mardi.
- *Le Mazet,* avec ch.

Camping à la ferme : *Les Joncquiers,* par N 100 ou N 48, à 3 km de la commune (☎ 75-20-11), du 1er juin au 30 sept.

Artisanat (stages) : Centre de rencontres au *domaine du Griffon* (☏ 75-22-31) (poterie sculpture), en juil.

13 **SAINT-MARTIN-DE-CRAU,** p. 321.

✉ 13310.

Hôtels :

¶¶ *Auberge des Épis* (☏ 98-41-17), 12 ch. 12 ⇌ ✕ 🅿. Fermé en févr., le dim. soir et le lundi. LF.

¶¶ *de la Crau* (☏ 98-41-04), 39 ch. 39 ⇌ ✕ 🅿.

▲ Camping : *La Crau* (★★★★ ; 500 pl. ; ☏ 98-41-04), location de bungalows. — *La Chapelette* (★★ ; 300 pl. ; ☏ 98-43-47).

04 **Saint-Martin-les-Eaux,** p. 303.

04 **Saint-Maxime** (Colline), p. 595.

83 **SAINT-MAXIMIN-LA-SAINTE-BAUME,** p. 580.

✉ 83470.

Hôtels :

¶ *de France* (☏ 78-00-14), 20 ch. 5 ⇌ 🅿. Fermé en janv.

¶ *Relais Saint-Maximin* (☏ 78-01-79), 12 ch. 3 ⇌ ✕ 🅿.

Restaurants :

¶ *Chez Nous* (☏ 78-02-57). Fermé du 1er déc. au 15 janv.

¶ *La Grillade* (☏ 78-00-05). Fermé du 15 oct. au 1er déc.

🚗 Garages : *Peugeot* (☏ 78-00-45). — *Renault* (☏ 78-01-04).

Manifestations : concerts et autres manifestations culturelles, en saison, dans l'ancien couvent royal (☏ 78-01-93).

13 **Saint-Michel-de-Frigolet** (Abbaye), p. 318.

04 **Saint-Michel-l'Observatoire,** p. 303.

13 **Saint-Mitre-les-Remparts,** p. 412.

84 **Saint-Pancrace** (Chapelle) p. 271.

84 **Saint-Pantaléon,** p. 242.

13 **Saint-Paul-de-Mausole** (Monastère), p. 328.

13 **Saint-Paul-lès-Durance,** p. 291.

13 **Saint-Pierre-des-Canons** (Prieuré de), p. 405.

83 **Saint-Pilon (Le),** p. 533.

13 **Saint-Pons,** p. 465.

13 **Saint-Pons** (Parc départemental de), p. 531.

13 **Saint-Pons-de-Gémenos** (Anc. abbaye de), p. 531.

04 **Saint-Promasse** (Chapelle) p. 309.

13 **SAINT-RÉMY-DE-PROVENCE,** p. 322.

✉ 13210.

ℹ Office de Tourisme : pl Jean-Jaurès (plan B 3, ☏ 92-06-22), fermé dim. e fêtes, sauf le matin en saison.

Hôtels :

¶¶¶ *Hostellerie du Vallon de Valrugues* (hors plan), chemin du Canto Cigalo (☏ 92-04-20 télex 430477), 34 ch. 34 ⇌ ✕ 🅿. Fermé du 2 déc. au 1er mars.

¶¶¶ *des Antiques* (plan A, C 3) 15 av. Pasteur (☏ 92-03-02) 27 ch. 27 ⇌ 🅿. Fermé en janv.

¶¶¶ *Le Castellet des Alpilles* (plan B, B 3), 6 place Mireille (☏ 92-07-21), 20 ch. 18 ⇌ ✕ 🅿. Fermé du 15 janv au 20 févr.

¶¶¶ *Auberge de la Graio* (plan C, C 2), 12 bd Mirabeau (☏ 92-15-33, télex 401623) 10 ch. 10 ⇌ ✕ 🅿. Fermé en janvier.

¶¶¶ *Résidence des Alpilles* (hors plan), à 1,5 km, route de Grès (☏ 92-03-33), 16 ch. 10 ⇌ 🅿. Ouvert du 1er juin au 30 sept.

¶¶ *Auberge Lou Cossonou* (hors plan), route de Noves (☏ 92-12-53), 10 ch. 10 ⇌ ✕ 🅿.

¶¶ *du Cheval Blanc* (plan D, A 2), 6 av. Fauconnet (☎ 92-09-28), 21 ch. 🕿.

¶¶ *Le Soleil* (plan E, C 4), av. Pasteur (☎ 92-00-63), 13 ch. 13 ⊟ 🕿 🍽 🅿. Fermé du 15 nov. au 15 déc.

¶¶ *Château de Roussan* (hors plan), route de Tarascon (☎ 92-11-63), 12 ch. 12 ⊟ 🕿 ⚜ 🅿. Fermé du 15 oct. au 15 mars.

¶¶ *Canto Cigalo* (hors plan), chemin de Canto Cigalo (☎ 92-14-28), 20 ch. 20 ⊟ 🍽 🅿. Fermé du 1er nov. au 1er mars.

¶¶ *Les Arts* (plan H, C 3), 30 bd Victor-Hugo (☎ 92-08-50), 19 ch. 18 ⊟ ✕ 🕿 🅿. Fermé du 20 janv. au 1er mars.

¶¶ *Les Glaniques* (plan F, A 2), 7 pl. de la République (☎ 92-13-31), 12 ch. 12 ⊟.

¶¶ *Van Gogh*, route d'Orgon (☎ 92-14-02), 18 ch. 18 ⊟ 🕿 🍽 🔲 🅿.

¶¶ *Chalet Fleuri*, av. Fr.-Mistral (☎ 92-03-62), 12 ch. 12 ⊟ ✕ 🍽 🅿. Fermé du 30 oct. au 15 janv.

¶ *de Provence* (plan G, C 2), 36 bd Victor-Hugo (☎ 92-06-27), 27 ch. 10 ⊟ ✕ 🍽 🅿. Fermé du 1er oct. au 15 mars.

¶ *Villa Glanum*, 46 av. Van-Gogh (☎ 92-03-59), 8 ch. 8 ⊟ ✕ 🕿 🍽 🅿. Fermé du 20 nov. au 10 janv. LF.

Restaurants :

¶ *Auberge du Mas de Nierne,* La Galine, route d'Orgon (☎ 92-00-88).

¶ *Le Gaulois*, 8 av. Marceau (☎ 92-11-63).

¶ *Le France*, 2 av. Faucounet (☎ 92-11-56).

¶ *du Musée*, 18 rue Carnot (☎ 92-08-25).

⛺ Camping : *camp municipal Les Platanes* par N 99 (★★; 100 pl.; ☎ 92-07-63), à Pâques et du 1er juin au 30 sept. — *Pégonas*, route de Noves (★★; 90 pl.; ☎ 92-01-21), toute l'année. —

Monplaisir, camping à la ferme (M.D. Gérard), à 800 m de la commune.

✉ Poste : square de Verdun (plan A 2).

🚖 Taxis : station pl. de la République.

🚗 Garages : *Citroën*, 22 bd Mirabeau (☎ 92-09-34). — *Fiat*, 35 av. de la Libération (☎ 92-10-88). — *Ford*, 38 av. de la Libération (☎ 92-01-24). — *Peugeot*, 29 av. Faucounet (☎ 92-10-21). — *Renault*, route de Tarascon (☎ 92-13-16). — *Simca*, route de Tarascon (☎ 92-13-16).

Sports : randonnées pédestres dans les Alpilles; piscine.

🐎 Centre équestre : *Club des Antiques,* à l'hôtel du même nom.

30 **Saint-Roman-de-l'Aiguille** (Monastère troglodytique de), p. 361.

84 **SAINT-SATURNIN-D'APT,** p. 246.

✉ 84490.

Hôtel :

¶ *des Voyageurs* (☎ 75-42-08), 13 ch. 8 ⊟ ✕ 🅿. LF.

Restaurants :

¶¶ *Saint-Hubert* (☎ 75-42-02), avec 10 ch. Fermé en févr. et le lundi. AR.

¶ *Hostellerie Sainte-Radegonde* (☎ 75-43-79). Fermé jeudi et en oct.

⛺ Camping : *Les Chênes Blancs,* à 4 km S.-O. du centre ville, route D 101 (★★; 100 pl.; ☎ 74-09-20).

13 **Saint-Ser** (Ermitage de), p. 469.

84 **Saint-Symphorien** (Prieuré de), p. 262.

84 **Saint-Trinit,** p. 305.

13 **Saint-Vincent** (Défilé de), p. 536.

04 **Saint-Vincent-sur-Jabron,** p. 312.

83	**SAINT-ZACHARIE,** p. 535.		
✉	83640.		
	Restaurant :		

¶¶ *Moulin de la Sambuc,* N 560 (☎ 03-90-46), avec 3 ch. ✕ P. Fermé en févr. et le mercr. hors saison.

▲ Camping : *Domaine de la Gantesse* (☎ 03-91-38).

83 Sainte-Anne-d'Évenos, p. 539.

13 Sainte-Anne-de-Goiron (Chapelle), p. 422.

83 Sainte-Baume (Grotte de la), p. 532.

83 Sainte-Baume (Hôtellerie de la), p. 531.

83 Sainte-Baume (Massif de la), p. 529.

84 Sainte-Cécile-les-Vignes, p. 201.

13 Sainte-Croix (Chapelle), p. 346.

83 Sainte-Croix (Lac et barrage de), p. 589.

04 Sainte-Croix-du-Verdon, p. 590.

84 Sainte-Madeleine (Chapelle), p. 282.

84 Sainte-Madeleine (Prieuré de), p. 227.

13 **SAINTES-MARIES-DE-LA-MER (LES),** p. 396.

✉ 13460.

🅸 Office de Tourisme : av. Van-Gogh (☎ 97-82-55); t.l.j. de 9 h à 12 h et de 14 h à 18 h (de 9 à 13 h les dim. en hiver).

Hôtels :

¶¶¶ *Les Amphores et Brûleurs de Loup* (☎ 97-80-31), 10 ch. 9 ⌐ ✕ ☎ P.

¶¶¶ *Le Galoubet* (☎ 97-82-17), 20 ch. 20 ⌐ ☎ P.

¶¶¶ *Mas des Roseaux* (☎ 97-86-12), 15 ch. 15 ⌐ ☎ ⌂ P.

¶¶ *Lou Marquès* (☎ 97-82-89), 13 ch. 13 ⌐ ☎ ☎. Fermé du 1ᵉʳ nov. au 1ᵉʳ mars.

¶¶ *La Camargue* (☎ 97-82-00), 32 ch. 32 ⌐ ☎ P. Fermé du 1ᵉʳ oct. au 1ᵉʳ avril.

¶¶ *Bellevue* (☎ 97-81-47), 13 ch. 11 ⌐ ☎ ☎ P.

¶¶ *Méditerranée* (☎ 97-82-09), 14 ch. 14 ⌐ ☎.

¶¶ *Le Mirage* (☎ 97-80-43), 24 ch. ☎ P.

¶¶ *du Port Dromar* (☎ 97-80-18), 10 ch. 10 ⌐ ☎ ⌂ P. LF.

Hors du centre :

¶¶¶ *Résidence Hôtelière,* au po. des Bannes (☎ 97-81-09), 20 ch. 20 ⌐ ✕ ☎ ☎ ⌂ P.

¶¶¶ *Auberge Cavalière,* au po. des Bannes (☎ 97-84-62), 18 ch. 18 ⌐ ✕ ☎ ☎ ⌜ P.

¶¶¶ *Le Mas Sainte-Hélène* (☎ 97-83-29), 17 ch. 17 ⌐ ☎ ⌂ P.

¶¶¶ *L'Étrier Camarguais* (☎ 97-81-47), 21 ch. 21 ⌐ ☎ 🆃 ⌂ ✎ P. Fermé jan. et févr.

¶¶¶ *La Cabane du Boumian* (☎ 97-81-15), 22 ch. 22 ⌐ ☎ ☎ ⌜ P.

¶¶¶ *Le Mas Cacharel* (☎ 97-84-59), 10 ch. 10 ⌐ ☎ ☎ P. Fermé de nov. a 1ᵉʳ avril.

¶¶¶ *Clamador* (☎ 97-84-26), 20 ch. 20 ⌐ ☎ P. Ferm de nov. à mars.

¶¶¶ *Motel du Clarousset* (☎ 97-81-66), 10 ch. 10 ⌐ ☎ ☎ P. Fermé du 5 janv. a 15 mars.

¶¶ *Mas de Méjanes* (☎ 97-10-51), 16 bungalows 1 ⌐ ✕ ✎.

¶ *Les Arnelles* (☎ 97-84-83), 8 ch. ☎ P. Fermé du 10 janv. au 10 févr.

Restaurants :

¶¶ *Hippocampe* (☎ 97-80-91). Fermé en janv. et févr. et le mardi d'oct. à fin mars.

¶ *Le Chalet* (☎ 97-83-20). Fermé mercr. et d'oct. à mars.

▲ Camping : *camp municipa* (★★★; 6 000 pl.; ☎ 97-84-67).

🚐 Excursions en cars SNCF *Via-Courriers du Midi* et *Cie des chemins de fer de la Camargue,* à l'office de tourisme.

RENSEIGNEMENTS PRATIQUES

Équitation : s'adr. à l'*Association des loueurs de chevaux de Camargue* (☏ 97-83-73).

Promenades sur le Petit-Rhône : par le bateau le « Tiki ». Départ à 2,5 km du centre, sur la route d'Aigues-Mortes. Durée 1 h 30 ; plusieurs départs quot. en saison.

SAINTE-TULLE, p. 282.

04220.

Hôtel :
- *Les Marronniers* (☏ 78-22-17), 28 ch. P. Fermé du 20 déc. au 20 janv. LF.

Camping : *camp municipal le Chaffere*, routes N 105 et N 96 (**; 165 pl.; ☏ 78-22-76) P, du 1er juin au 30 sept.

Sainte-Victoire (Montagne et prieuré de), p. 470.
Salérans, p. 300.
Salignac (Centrale de), p. 293.
Salin-de-Badon, p. 399.
Salin-de-Giraud, p. 399.

SALON-DE-PROVENCE, p. 400.

13300.

Office de Tourisme : cours Carnot, angle de la rue des Fileuses-de-soie (plan A 2) ; *AC* et *TCF* à la même adresse (☏ 56-27-60, télex 430156), fermé dim. et fêtes.

Hôtels :
- *Le Vendôme* (plan B, B 2), 34 rue Mar.-Joffre (☏ 56-01-96), 20 ch. 20.
- *Roi René* (hors plan), 561 allée de Craponne (☏ 53-20-22), 20 ch. P. Fermé du 15 déc. au 15 janv.
- *d'Angleterre* (plan A, A 2), 98 cours Carnot (☏ 56-01-10), 26 ch. 16.
- *Sélect* (plan E, A 1), 35 rue Bailli-de-Suffren (☏ 56-07-17), 19 ch. 13.

Aux environs :
- *Abbaye de Sainte-Croix*, à 5 km par route D 16 et voie privée (☏ 56-24-55 ; télex 430156), 23 ch. 23. Fermé du 1er déc. au 1er févr. Relais et Châteaux.

Restaurants :
- ★*Boissin* (plan H, A 2), 1 bd Clemenceau (☏ 56-06-63). Fermé lundi sauf fériés.
- *Craponne* (hors plan), 146 allées de Craponne (☏ 53-23-92). Fermé en juil. dim. soir et lundi.
- *Poêlon* (hors plan), 71 allée de Craponne (☏ 53-31-38). Fermé août, sam. midi et mardi.

Camping : *camp Nostradamus*, à 5 km N.-O. route d'Eyguières (*** ; 250 pl. ; ☏ 56-08-36).

Poste : rue Massenet (plan A 2).

Chemin de fer : ligne secondaire d'Avignon à Marseille (☏ 56-04-05).

Autocars interurbains : pour Arles, Aix, Marseille.

Garages : *Citroën*, 306 av. Michelet (☏ 53-26-36). — *Fiat*, pl. Gambetta (☏ 53-33-21). — *Ford*, 302 av. Mar.-Foch (☏ 56-21-19). — *Peugeot*, 9 bd de la République (☏ 56-23-71). — *Renault*, 245 allées de Craponne (☏ 56-02-40). — *Simca*, 122 allées de Craponne (☏ 53-13-52).

Sports : golf de l'École de l'Air (9 trous) à 3 km S. (☏ 56-09-00).

Manifestations : *festival de Salon*, en juil. et août (concerts dans la cour du château de l'Emperi).

SANARY-SUR-MER, p. 547.

83110.

Office de Tourisme : jardin de la Ville (☏ 74-01-04) ; fermé dim. et fêtes en hiver.

RENSEIGNEMENTS PRATIQUES

Hôtels :
- ¶¶ *Grand Hôtel des Bains* (☏ 74-13-47), 34 ch. 24 ⊖ ✕ 🕿 ⌕ ♨ ▣.
- ¶¶ *de la Tour* (☏ 74-10-10), 25 ch. 15 ⊖ ✕ 🕿 ▣. Fermé du 15 nov. au 15 janv.
- ¶¶ *Primavéra* (☏ 74-00-36), 14 ch. 14 ⊖ ✕ 🕿 ▣. Fermé du 1er oct. au 1er avril.
- ¶¶ *Roc Amour* à 3 km O. (☏ 74-13-54), 20 ch. 18 ⊖ ✕ 🕿 ♨ ▣. Fermé du 15 sept. au 15 mars.
- ¶ *Le Synaya* (☏ 74-10-50), 12 ch. 10 ⊖ ✕ ♨ ▣. Fermé du 30 oct. au 1er mars.
- ¶ *du Parc* (☏ 74-00-39), 40 ch. 30 ⊖ ✕ ♨ ▣.
- ¶ *Chardon* (☏ 74-00-44), 21 ch. ✕ ♨ ▣. Fermé du 31 oct. au 1er mars.

Restaurant :
- ¶ *La Calèche* (☏ 74-22-20); fermé lundi et du 15 nov. au 15 déc.

⚠ Camping : *Les Girelles* (★★★; 600 pl.; ☏ 74-13-18) ✕. — *Mogador* (★★★; 600 pl.; ☏ 74-10-58) ✕. — *Le Lançon* (★★; 50 pl.). — *Mas de Pierredon* (★★★; 500 pl.; ☏ 74-25-02) ✕.

🚐 Excursions en cars SNCF. — *Littoral cars*, à l'office de tourisme (☏ 74-01-04).

13	**Sarragan** (Col de), p. 336.
84	**Sarrazins** (Plateau des), p. 230.
84	**Sarrians,** p. 200.

| 84 | **SAULT,** p. 233. |

✉ 84390.

🅢 Syndicat d'Initiative : av. de la Promenade (☏ 64-01-21); du 15 juin au 15 sept.

Hôtels :
- ¶¶ *du Louvre* (☏ 64-00-01), 30 ch. 19 ⊖ ✕ 🕿 ⌕ ▣.
- *Signoret* (☏ 64-00-45), 26 ch.

⚠ Camping : *terrain municipal,* forêt du Deffends (★★;

200 pl.); du 15 juin au 15 sept.

🐎 Centre équestre : à l'*Auberge du Bourguignon* (☏ 64-01-02), route de la Gabelle, 10 ch. fermé en janv.

🚗 Garages : *Citroën* (☏ 64-02-29). — *Renault* (☏ 64-02-41).

| 04 | **Saumane,** p. 306. |
| 84 | **Saumane-de-Vaucluse,** p. 238. |

| 13 | **SAUSSET-LES-PINS,** p. 524. |

✉ 13960.

🅢 Syndicat d'Initiative : bd Ch.-Roux (☏ 45-16-34), fermé dim. en juil. et août hors saison à la mairie (☏ 45-06-15), sauf sam. aprèsmidi et dim.

Hôtels :
- ¶¶ *de la Plage* (☏ 45-06-31), 12 ch. 11 ⊖ ✕ 🕿 ♨ ⌕ ▣. Fermé du 24 sept. au 21 oct. et lundi. LF.
- ¶ *La Réserve* (☏ 45-06-04), 19 ch. 6 ⊖ ✕ ♨ ⌕ ▣.

Restaurant :
- ¶ *La Jetée* (☏ 45-07-61). Fermé nov. et déc.

⚠ Camping : *l'Hermitage* (★★; 600 pl.; ☏ 45-06-65); du 1er avril à fin sept.

04	**Sauvan** (Château de), p. 304.
84	**Savoillan,** p. 231.
26	**Séderon,** p. 300.
04	**Ségriès** (Col de), p. 593.

| 84 | **SÉGURET,** p. 229. |

✉ 84110 Vaison-la-Romaine.

🅢 Syndicat d'Initiative : à la mairie (☏ 36-91-06).

Hôtel :
- ¶¶ ★*La Table du Comtat* (☏ 56-91-49), 9 ch. 9 ⊖ ✕ 🕿 ♨ ▣. Fermé du 12 nov. au 20 janv. LF.

Auberge de la Jeunesse : *Le Bresquet,* ouv. pendant les vacances de Noël, de Pâque et du 15 juin au 1ᵉʳ oct., le reste de l'année le week-end seulement sauf du 1ᵉʳ oct. au 1ᵉʳ déc.

Manifestations : Expositions de crèches et santons de Provence, en juil.-août et déc.-janv.; festival provençal (théâtre et folklore), 2ᵉ quinzaine d'août.

83 **SEILLONS-SOURCE-D'ARGENS,** p. 589.
- 83139.

Hôtel :
- ¶ *de Paris* (✆ 78-02-07), 24 ch. 13 ⇌ ✕ ⛱ 🗔 🆗 🅿. Fermé en févr.

Selle (Col et bois de la), p. 527.
Sénanque (Abbaye de), p. 242.

SÉNAS, p. 315.
- 13560.

Hôtels :
- ¶¶ *Terminus* (✆ 57-20-08), 16 ch. 16 ⇌ ✕ 🗔 🆗 🅿. Fermé en janv.
- ¶ *Le Luberon* (✆ 57-20-10), 7 ch. 4 ⇌ ✕ 🅿. Fermé du 15 oct. au 1ᵉʳ déc. LF.

⚠ Camping : *La Roubine* (*; 100 pl.); du 1ᵉʳ mai au 30 sept.

SEREIN (Mont), p. 226.
- 84340 Malaucène.

Hôtels :
- ¶ *Pan' Orama* (✆ 65-21-06), 12 ch. ✕. LF.
- *Liotard* (✆ 65-20-01), 12 ch.

Sérignan-du-Comtat, p. 201.
Serre (Cap de), p. 271.
Servanes (Château de), p. 344.

LA SEYNE-SUR-MER, p. 567.
- 83500.
- 🛈 Syndicat d'Initiative : 6 rue Léon-Blum (✆ 94-73-09), fermé oct., dim. et fêtes.

Hôtels :
- ¶¶ *Les Rives d'Or* (✆ 94-72-75), 20 ch. 20 ⇌ ⛱ 🅿.
- ¶ *Le Cannier* (✆ 94-82-96), 10 ch. 10 ⇌ ✕ ⇌.
- ¶ *La Frégate* (✆ 94-84-71), 18 ch. ✕ ⇌.
- ¶ *Moderne* (✆ 94-86-68), 18 ch. 10 ⇌.
- ¶ *Univers* (✆ 94-85-70), 8 ch. 8 ⇌.

A Saint-Elme :
- ¶¶ *La Méditerranée* (✆ 94-81-83), 42 ch. 9 ⇌ 🏊 ⛱ 🗔 🅿. Fermé du 15 déc. au 1ᵉʳ févr.
- ¶ *La Crémaillère* (✆ 94-89-89), 14 ch. 5 ⇌ ✕ ⛱ 🅿. Fermé en nov.
- ¶ *Lamy* (✆ 94-87-87), 16 ch. 4 ⇌ ✕ ⛱ ⇌ 🅿. Fermé du 28 oct. au 18 déc.

Aux Sablettes :
- ¶¶ *Provence-Plage* (✆ 94-84-38), 18 ch. ✕ 🏊 ⛱ ⇌ 🅿.

Restaurants :
- ¶¶¶ *★La Jetée,* aux Sablettes (✆ 94-77-60), fermé lundi et du 4 sept. au 10 oct. et du 2 au 10 janv.
- ¶ *Le Rivage,* plage de Fabrégas (✆ 94-75-13), fermé mercr.

⚠ Campings : *Les Pins* (★★★★; 150 pl.; ✆ 94-82-94), du 20 mai au 30 sept. — *Les Mimosas* (★★★; 225 pl.; ✆ 94-73-15). — *Les Fontanelles* (★★; 200 pl.; ✆ 94-75-07), location de bungalows. — *l'Union* (★★★; 325 pl.; ✆ 94-86-10). — *Buffalo Park* (★★★; 600 pl.; ✆ 25-22-08), location de caravanes. — *Camp municipal de Janas* (★★; 350 pl.; ✆ 25-20-16) ✕, du 15 juin au 15 sept. — *Le Petit Bois* (★★; 200 pl.; ✆ 94-61-14), du 1ᵉʳ févr. au 15 sept. — *Les Sablettes* (★★; 50 pl.); du 1ᵉʳ avril au 30 sept. — *Camp municipal,* à Saint-Mandrier (★★; 150 pl.; ✆ 94-97-06), du 1ᵉʳ juil. au 10 sept.

🚗 Garages : *Peugeot,* av. d'Estienne-d'Orves (☏ 94-64-19). — *Renault,* bretelle autoroute (☏ 94-19-55).

83 **Sicié** (Cap), p. 549.

83 **SIGNES,** p. 546.
✉ 83870.
⛺ Camping : *Les Promenades* (★★★; 60 pl.; ☏ 98-88-12).

13 **Silvacane** (Abbaye de), p. 288.

84 **Simiane-la-Rotonde,** p. 257.

SISTERON, p. 294.
04200.

Office de Tourisme : *Les ...ades* (plan A 4; ☏ 6...1-11), fermé dim. et fête...

Hôtel...
🍴🍴🍴 *Grand Hôtel du Cours* (plan F, D 4), pl. de l'Église (☏ 61-04-51), 50 ch. 50 ⊟ 🕻 🌶 ⊙ Ⓟ. Fermé du 1er déc. au 1er mars. Inter-hôtel.
🍴 *La Citadelle* (plan A, B 2), 126 rue Saunerie (☏ 61-13-52), 24 ch. 16 ⊟ 🕻 Ⓟ.
🍴 *Le Moulin du Gabron,* à 4 km S., route N. 85 (☏ 64-14-01), 30 ch. 30 ⊟ ✕ 🌶 ⊡ Ⓟ.
🍴 *Sélect Hôtel* (hors plan A 4), pl. de la République (☏ 61-12-50), 14 ch. 5 ⊟ ✕. Fermé du 1er nov. à Pâques.
🍴 *Tivoli* (plan G, A 3), pl. Tivoli (☏ 61-15-16), 19 ch. 6 ⊟ ✕ 🌶 🌶 Ⓟ. Fermé du 1er déc. au 1er mars.
🍴 *Touring Napoléon* (hors plan B 4), 85 av. de la Libération (☏ 61-00-06), 29 ch. 12 ⊟ ✕ ⊙ Ⓟ.

⛺ Camping : *camp municipal,* quartier de la Baume, au bord de la Durance (★★; 600 pl.; ☏ 9-99).

✉ Poste : place de la République (plan A 4).

🚗 Garages : *Citroën,* av. J.-Jaurès (☏ 61-00-85). — *Fiat,* route de Marseille (☏ 61-03-17). — *Peugeot,* 1 av. Jean-Jaurès (☏ 61-07-09). — *Renault,* av. de la Libération (☏ 61-01-64). — *Simca,* av. J.-Jaurès (☏ 61-00-26).

Manifestations : *Nuits de la Citadelle,* représentations en plein air en juil. et août (théâtre, concert, ballets classiques).

84 **Sivergues,** p. 256.

83 **SIX-FOURS-LES-PLAGE** p. 548-549.
✉ 83140.
Ⓢ Syndicat d'Initiative : pl. Bonnegrâce (☏ 74-08-61 fermé sam. et dim. hors sa son.

Hôtels :
🍴🍴 *d'Isly* (☏ 25-25-61), 20 c 10 ⊟ 🌶 🌶 ⊙ Ⓟ.
🍴🍴 *L'Oustalet* (☏ 25-21-11 23 ch. 18 🌶 ⊙ Ⓟ. Fermé 30 sept. au 1er avril.
🍴🍴 *Solviou* (☏ 74-14-27), 18 c 10 ⊟ 🌶 ⊡ Ⓟ.
🍴 *La Girelle* (☏ 74-03-04 16 ch. 8 ⊟ ✕ ⊡ Ⓟ. Fermé 30 sept. à Pâques.
🍴 *du Parc* (☏ 25-00-15), 19 c 7 ⊟ ✕ Ⓟ.

A la plage de Bonnegrâce :
🍴🍴 *Ile Rose* (☏ 74-01-44), 25 cl 16 ⊟ ✕ 🌶 🌶 ⊡ Ⓟ. Fermé oct.
🍴 *Rayon de Soleil* (74-14-90), 14 ch. 2 ⊟ ✕ ⊡ Ⓟ. Fermé du 1er déc. a 10 janv.

Restaurant :
🍴 *Le Colombier* (☏ 25-67-19 fermé mercr. et du 1er a 20 oct.

⛺ Campings : *Heliosports* (★★ 300 pl.; ☏ 74-27-83), d 1er juin au 30 sept. — *L Rayolet* (★★★★; 700 pl.; 25-24-01), du 1er mars a 31 oct. — *Saint-Jean,* à 3 kr

(★★★; 300 pl.; ✆ 94-87-88) ⤬). — *Les Playes* à 1 km (★★★; 300 pl.; ✆ 74-26-86). — *Camp de Pépiole* (★★★; 375 pl.; ✆ 74-20-64 ⤬).

83 **Solliès-Pont,** p. 573.

83 **SOLLIÈS-TOUCAS,** p. 573.
- ✉ 83210 Solliès-Pont.
- ▲ Camping : *Les Oliviers* (★★★; 300 pl.; ✆ 28-95-39 ⤬), du 15 juin au 5 sept.

83 **Solliès-Ville,** p. 572.

84 **SORGUES,** p. 150.
- ✉ 84700.
- Hôtels :
- ¶¶ *Davico* (✆ 39-11-02; télex 431033) 30 ch. 27 ⌬ ⤬ 🗍 ☎ ℗. Fermé du 15 déc. au 15 janv. et dim.
- ¶ *Les Cèdres* (✆ 39-00-61) 10 ch. 6 ⌬ ☎ ℗. LF.
- ¶ *Lapin Bleu* (✆ 39-31-82) 29 ch. 13 ⌬ ⤬ 🛁 ℗.
- ▲ Camping : *La Montagne*, chemin de la Montagne (★; ✆ 39-36-66), toute l'année.

Sourmiou (Calanque de), p. 526.
Sourribes, p. 293.
Sourn (Vallon), p. 585.
Sugiton (Calanque de), p. 527.
Suzette, p. 529.
Sylvéréal (Pont de), p. 395.

T

4 **Taillades,** p. 262.
3 **Tamaris,** p. 560.
4 **Tapets** (Colline des), p. 257.
4 **Tapi** (Vallon de la), p. 271.

3 **TARASCON,** p. 351.
- ✉ 13150.
- 🅂 **Office de Tourisme** : av. de la République (plan A 2; ✆ 91-03-52), ouvert de 9 h à 12 h et de 14 h à 18 h du 1er juin au 30 sept. de 10 h à 12 h le reste de l'année, fermé le dim.
- Hôtels :
- ¶¶¶ *Le Provençal Bis* (plan A, B 3), 7 bd Victor-Hugo (✆ 91-06-43), 11 ch. 11 ⌬ ☎ ℗.
- ¶¶ *Le Provençal* (plan B, A 3), 12 cours A.-Briand (✆ 91-11-41) 22 ch. 6 ⌬ ⤬ ☎ ℗.
- ¶¶ *Terminus* (plan C, A 3), pl. Col.-Berrurier (✆ 91-18-95), 27 ch. 14 ⌬ ⤬ ☎ 🛁. Fermé en nov.
- ¶ *Moderne* (plan E, B 1), bd Itam (✆ 91-01-70), 28 ch. 22 ⌬ ☎ ℗.
- ¶ *du Rhône* (plan D, A 3), pl. Col.-Berrurier (✆ 91-03-35), 15 ch. 5 ⌬ 🛁 ℗. Fermé du 5 janv. au 10 févr. et sam. de nov. à mars.
- Restaurants :
- *Reine Jehanne* (plan F, B 3), 16 bd Victor-Hugo (✆ 91-14-22).
- *Saint-Jean* (plan I, B 3), 11 bd Victor-Hugo (✆ 91-13-87).
- *Le Trident* (plan J, A 3), pl. Col.-Berrurier (✆ 91-11-71).
- *du Pont* (plan A 2), 2 av. de la République (✆ 91-09-06), avec 7 ch.
- **Auberge de la Jeunesse** : 31 bd Gambetta (plan C 2; ✆ 91-04-08); 55 pl.
- ▲ Camping : *Camp Tartarin*, route N 99, au bord du Rhône (★★; 250 pl.; ✆ 91-01-46).
- ✉ **Poste** : (plan A 3), pl. Col.-Berrurier.
- 🚂 **Chemin de fer** : gare (plan B 3) sur les lignes de Paris à Marseille et de Marseille à Toulouse et Bordeaux (✆ 91-04-82).
- 🚗 **Garages** : *Citroën*, bd Gambetta (✆ 91-12-71). — *Fiat*, 66 bd Itam. — *Peugeot*, 13 bd Victor-Hugo (✆ 91-00-71). — *Renault*, 59 bd Itam (✆ 91-00-38).

Sports : stade municipal, tennis, piscine, etc., bd Alph.-Daudet.

Manifestations : fin juin, *fêtes de la Tarasque;* 14 juil. lâcher de taureaux dans les rues de la ville; du 8 au 13 oct. grande foire.

83	**Tavernes,** p. 587.	
84	**Tempêtes** (Col des), p. 225.	
13	**They de la Gracieuse,** p. 417.	
13	**They de Roustan,** p. 417.	
04	**Thoard,** p. 529.	
13	**Tholonet (Le),** p. 468.	

84 **THOR (LE),** p. 206.

✉ 84250.

Hôtel :
¶ *Le Chasselas* (☎ 22-20-55) 14 ch. 5 ⇒ ✕ ⚜. ℗. Fermé du 1er au 15 nov. et du 1er au 15 févr.

⛺ Camping : *La Grange,* route de Caumont (**; 50 pl.), location de caravanes. — *Le Jantou,* quartier du Bourdis, par C 1 (***; 300 pl.; ☎ 22-01-63), du 1er avril au 30 sept.

🚗 Garage : *Citroën,* Sélect Garage (☎ 22-20-33).

84 **Thouzon** (Grotte de), p. 207.

83 **TOULON,** p. 551.

✉ 83100.

🆂 Office de Tourisme et Accueil de France : 3 bd Gl.-Leclerc (plan C 2; ☎ 93-37-64); télex 430065); réservation d'hôtels; ouvert de 9 h à 12 h et de 14 h à 19 h; fermé dim. et fêtes, sauf le matin en saison.

Hôtels :
¶¶¶¶ *Grand Hôtel* (plan A, D 2), 4 pl. de la Liberté (☎ 93-59-50; télex 430048), 81 ch. 81 ⇒ ✕ 🕿 📺 ℗.
¶¶ *L'Amirauté* (plan B, D 2), 4 rue A.-Guiol (☎ 92-29-67), 63 ch. 31 ⇒ 📺 ℗.

¶¶ *Continental et Métropole* (plan C, D 2), 1 rue Racine (☎ 92-36-26), 47 ch. 47 ⇒ 📺 ℗.

¶¶ *Europe* (plan D, D 2), 7 bis rue de Chabannes (☎ 92-37-44), 30 ch. 24 ⇒ 📺.

¶¶ *du Louvre* (plan E, D 3), 9 rue Corneille (☎ 92-23-35), 44 ch. 14 ⇒ 📺.

¶¶ *La Maritima* (plan F, C 2), 9 rue Gimelli (☎ 92-29-33), 47 ch. 20 ⇒ 📺 🕿 ℗.

¶¶ *Moderne* (plan G, D 2), 21 av. Colbert (☎ 22-29-84), 39 ch. 39 ⇒ 📺 🕿 ℗.

¶¶ *Nouvel Hôtel* (plan H, D 2), 11 bd de Tessé (☎ 92-76-44), 29 ch. 21 ⇒ 📺 🕿 📺 ℗.

¶¶ *Le Régent* (plan I, C 2), 3 rue A.-Guiol (☎ 92-65-63), 29 ch. 16 ⇒ 📺 ℗.

¶¶ *Terminus* (plan J, C 2), 7 b de Tessé (☎ 93-08-23), 40 ch. 22 ⇒ 📺 🕿.

¶ *Prémar* (plan L, D 3), Monsenergue (☎ 92-27-42), 27 ch. 9 ⇒.

Hôtels hors du centre :

¶¶¶ *Frantel-La Tour Blanche,* Super-Toulon, près du téléphérique du Mont Faron (☎ 24-41-57; télex 400347), 100 ch. 100 ⇒ ✕ 📺 🕿 📺 ⛱ 🅟 ℗.

¶¶¶ *Résidence du Cap Brun,* chemin du Lieut.-Gueyrand (☎ 41-29-46), 20 ch. 20 ⇒ ⚜ ⛱ 🅟 ℗.

¶¶¶ *La Corniche,* 1 littoral Fr.-Mistral (☎ 41-29-53), 22 ch. 2 ⇒ ✕ 📺 📺 ⚜ 🅟 🅟 ℗.

¶¶ *de la Mer,* bd Toucas (☎ 41-22-73), 42 ch. 25 ⇒ ⚜ ℗. Fermé du 15 oct. a 15 avril.

¶ *La Réserve,* 25 bd Fr.-Mistr (☎ 41-27-81), 18 ch. 3 ⇒ Fermé du 15 janv. a 1er mars.

Restaurants :
¶¶ *★Le Dauphin* (plan M, C 2-3) 21 bis rue J.-Jaurès (☎ 93-12-07). Fermé dim. soir e lundi et du 15 au 28 févr. e du 15 au 30 juin.

RENSEIGNEMENTS PRATIQUES

¶¶ *La Réale* (plan N, D 4), 364 av. de la République (☏ 41-09-81). Fermé le mercr. et en janv.

¶¶ *La Calanque* 25 rue Denfert-Rochereau (☏ 92-28-58). Fermé dim. soir et lundi.

¶¶ *Aux Deux Chapons* (plan Q, D 4), av. de la République (☏ 92-34-78), vue sur la rade.

¶¶ *La Vigie,* 49 bis littoral Fr.-Mistral (☏ 41-32-35). Fermé du 15 au 31 janv. et dim. soir et mercr. 21, vue.

¶¶ *Buffet de la Gare* (plan C 1; ☏ 92-33-41).

¶ **Madeleine,* 7 rue Tombades (☏ 92-67-85).

¶ *Les Palmiers,* 49 bis littoral Fr.-Mistral (☏ 41-32-35). Fermé en janv., le mardi soir, et, en hiver tous les soirs.

¶ *Le Grill* (plan R, D 3), 39, rue Victor-Micholet (☏ 92-66-35). Fermé dim. midi.

▰ **Poste** : rue Proper-Ferrero (plan D 2).

▰ **Aéroport** : de *Toulon-Hyères,* à Polyvestre 21 km N.-E. (☏ 65-10-40); ligne *Air Inter* pour Paris (☏ 65-10-40); ligne *Air Alpes* pour la Corse, en été (☏ 65-10-40).

▰ **Chemin de fer** : gare, pl. Albert-Ier (plan C 1), sur la ligne de Paris à Marseille, Nice et Vintimille; trains auto-couchettes (☏ 22-39-19).

▰ **Liaisons maritimes** : services fréquents de vedettes à travers la rade pour la Seyne, les Sablettes, Saint-Mandrier; circuit du tour de la rade; services réguliers pour les îles de Porquerolles, Port-Cros et du Levant. Car-ferries pour la Corse et la Sardaigne. D'avril à nov. certains paquebots de croisière font escale ou partent de Toulon. Renseignements à l'Office de Tourisme ou quai Stalingrad. Gare maritime rond-point Bonaparte, Port-Marchand (☏ 41-18-38).

▰ **Transports interurbains** : cars S.N.C.F. pour Nice et pour Marseille. Cars de la Corniche des Maures, Toulon-Saint-Raphaël. Nombreux services réguliers pour toutes les plages et les localités des environs.

▰ **Excursions en cars S.N.C.F.** : *Sodetrav,* bureau Gaby, gare S.N.C.F. (☏ 92-26-41).

Téléphérique : station inférieure à Super-Toulon près de l'hôtel de la Tour Blanche (☏ 92-68-25), pour le mont Faron.

▰ **Taxis** : à la gare S.N.C.F. (☏ 92-95-65); pl. de la Liberté (☏ 92-96-34); pl. Noël-Blache (☏ 93-08-45); Taxi-Radio (☏ 93-51-51).

▰ **Location de voitures** : *Mattei,* 8 et 10 rue Montéty (☏ 92-74-32). — *Citer,* 133 av. Gl.-Brosset (☏ 24-56-91). — *Hertz,* 18 rue Cuzin (☏ 41-60-53) et 22 av. Foch (☏ 92-61-91).

▰ **Garages** : *Citroën,* garage du Languedoc (☏ 27-44-15). — *Ford,* 5 av. F.-Cuzin (☏ 41-65-71). — *Peugeot,* bd des Armanis, à Sainte-Musse (☏ 23-90-55). — *Renault,* route d'Hyères (☏ 27-90-10). — *Simca,* rue Sainte-Claire-Deville (☏ 27-02-15).

P **Parkings souterrains** : pl. de la Liberté (plan D 2); place d'Armes (plan C 3); Porte d'Italie (plan E 3).

Sports : *golf de Valcrose* (18 trous) à La Londe (☏ 66-81-02); *Tennis-club du Littoral,* av. du 22e R.I.C. (☏ 41-24-35); stades, bd Dutasta (☏ 41-08-10), av. A.-Briand (☏ 24-01-90); Léo Lagrange, quartier Font-Pré (☏ 27-48-68). Bowling, pl. Marie-Curie (☏ 41-03-93). École de voile et tous les sports nautiques sur les plages des environs. Piscine olympique, port de plaisance (☎ 41-12-51).

Adresses utiles : *Délégation départementale de la Jeunesse et des Sports,* cité Administrative, pl. Noël-Blache (☎ 92-60-78); — *Aéro-club,* à Cuers (☎ 28-63-73); — *Automobile-Club,* 17 rue Mirabeau (☎ 93-01-18); — *Club Alpin,* 9 pl. de la Liberté; — *Maison des Jeunes et de la Culture,* pl. P.-Compte (☎ 93-10-63). — *Touring-Club de France,* 7 pl. d'Armes (☎ 92-80-83). *Comité des fêtes,* à l'Hôtel-de-Ville (☎ 24-90-20).

Manifestations : *Festival de Toulon* (musique, chants, ballets), du 1er juin au 12 juil. *Salon International d'Art* (peinture, sculpture), en juil. et août. *Festival international du film maritime et d'exploration,* en juil. *Festival du jeune cinéma. Festival folklorique,* vers le 15 juil., etc.

LIEUX, SITES ET MONUMENTS

Arsenal maritime, p. 551.
Cathédrale Sainte-Marie, p. 557.
Corniche Fr.-Mistral, p. 564.
Cours Lafayette, p. 559.
Fontaine des Trois-Dauphins, p. 557.
Fort de la Croix Faron, p. 566.
Mémorial du Débarquement, p. 565.
Mont Faron, p. 565.
Musée-bibliothèque, p. 562.
Musée Naval, p. 560.
Musée du Vieux-Toulon, p. 559.
Place d'Armes, p. 561.
Place de la Liberté, p. 562.
Quai Stalingrad, p. 559.
Tour Beaumont, p. 565.
Tour Royale, p. 564.

84 **Toulourenc** (Vallée du), p. 231.

84 **TOUR D'AIGUES (LA),** p. 268.
✉ 84240.

Restaurant :
¶¶ *Hostellerie du Château* (☎ 77-43-35). Fermé dim. soir et lundi du 20 juin au 17 juil.

▲ Camping : *camp municipal Le Château,* N 556 (**; 300 pl.; ☎ 77-41-68), du 15 juin au 15 sept.

 Garage : *Renault* (☎ 77-40-47).

Stages d'artisanat : *Atelier M. Labarthe,* 2 rue des Sept-Pontius (☎ 77-45-75), toute l'année (poterie).

84 **Tourreau** (Château de), p. 200.

83 **TOURVES,** p. 579.
✉ 83650.

Hôtel :
¶ *Lou Paradou,* à 2 km E., route N 7 (☎ 78-70-39), 8 ch. 8 ⇌ ✕ ♨ ⌨ P. Fermé en oct.

▲ Camping : *camp munici(***; 75 ch.; ☎ 78-70-03). *Lou Paradou* (**; 100 pl.; 78-70-39), du 10 juin 15 sept.

13 **Trets,** p. 579.
84 **Trois-Frères** (Vallon des), 271.
26 **Tuilière (La),** p. 312.

04 **TURRIERS,** p. 300.
✉ 04250 La Motte-du-Caire.

Hôtel :
¶¶ *Roche Cline* (☎ 54-41-38 18 ch. 18 ⇌ ✕ ♨ P.

U V

13 **Ulmet** (Anc. abbaye d'), 399.

13 **Vaccarès** (Étang de), p. 39
84 **Vacqueyras,** p. 230.

RENSEIGNEMENTS PRATIQUES 659

84 **VAISON-LA-ROMAINE,** p. 215.

- 84110.
- Office de Tourisme : pl. Chanoine-Sautel (☎ 36-02-11).

Hôtels :
- ₶₶₶ *L'Oustau* (hors plan), av. Gabriel-Péri (☎ 36-01-10), 11 ch. 11 ⇔ ⤫ 🏨 ⚜ ◎ ℗. Fermé du 15 oct. au 15 mars.
- ₶₶ *Le Beffroi* (plan A, B 3), Haute-Ville (☎ 36-04-71), 21 ch. 14 ⇔ *⤫ 🏨 ⚜ ℗. Fermé du 1ᵉʳ déc. au 10 févr.
- ₶₶ *Le Logis du Château* (☎ 36-09-98), 40 ch. ⤫ 🎱 ⛳. LF.
- ₶ *L'Escargot d'Or* (plan B, A 2), route d'Orange (☎ 36-02-88), 8 ch. 8 ⇔ ⤫ ⚜ ℗. Fermé en oct. LF.
- ₶ *du Théâtre Romain* (plan C, B 1), pl. Chanoine-Sautel (☎ 36-05-87), 23 ch. 14 ⇔ ⤫ 🏨 ◎. Fermé du 1ᵉʳ déc. au 10 févr.
- ₶ *d'Orient* (plan D, C 2), 10 ch. 4 ⇔ ⤫ ◎ ℗. Fermé du 15 nov. au 15 déc.

Restaurant :
- ₶₶ ★*La Grasihado* (☎ 36-05-75), place du 11-Novembre (plan B 1).

⛺ Camping : *Le Moulin de César*, av. César-Geoffray (★★; 420 pl.; ☎ 36-06-91).

🚗 Garages : *Fiat* (☎ 36-00-08). — *Peugeot* (☎ 36-04-56). — *Simca* (☎ 36-01-50).

Sports : piscine, av. Gal-de-Gaulle; gymnase, stade, etc.

Manifestations : Expositions d'art populaire et d'ethnologie régionale, sous les voûtes de la cathédrale de la Haute Ville, en été; fête du Printemps, dim. et lundi de Pentecôte; *festival au théâtre antique*, en juil. et 15 août; *chorales*, en août tous les 3 ans; foire des Côtes-du-Rhône, début nov.

Val (Le), p. 585.
Valbelle, p. 311.

83 **Valbelle** (Aiguilles de), p. 573.
83 **Valbelle** (Château de), p. 579.
84 **Val des Fées,** p. 255.

04 **VALENSOLE,** p. 596.

- 04210.

Hôtels :
- ₶₶ *Pies* (☎ 74-83-13), 18 ch. 18 ⇔ ⤫ 🏨 ⚜ ◎ ℗. Fermé en nov.
- ₶₶ *Grand Hôtel* (☎ 74-80-19), 14 ch.

⛺ Camping : *Rivière et Colline* (★★; 100 pl.), de Pâques au 15 oct. — *Camp municipal Les Lavandes* (★★; 280 pl.; ☎ 74-86-14).

🚗 Garages : *Citroën* (☎ 74-80-43). — *Peugeot* (☎ 74-83-65). — *Renault* (☎ 74-80-15).

83 **Valette-du-Var (La),** p. 570.
30 **Vallabrègues** (Barrage de), p. 357.
84 **Valsaintes** (Abbaye de), p. 257.
83 **Varages,** p. 587.
84 **Vaugines,** p. 266.

13 **VAUVENARGUES,** p. 469.

- 13126.

Hôtel :
- ₶ *Moulin de Provence* (☎ 24-93-11), 12 ch. 9 ⇔ ⤫ ⚜ ◎ ℗. Fermé du 4 janv. au 1ᵉʳ mars.

Stages d'artisanat : *Atelier Camille*, rue Ferdinand-Thorame (peinture sur tissus).

84 **Veaux,** p. 234.
84 **Veaux** (Col de), p. 231.
84 **Vedène,** p. 200.

84 **VELLERON,** p. 203.

- 84210 Pernes-les-Fontaines.

Hôtel :
- ₶₶₶ *Hostellerie La Grangette* (☎ 38-11-27), 17 ch. 17 ⇔ ⤫ 🏨 📺 ♨ ⛳ ℗.

RENSEIGNEMENTS PRATIQUES

Camping : *International camping*, route D 938 (**; 200 pl.; ✆ 38-11-81) ⊠ ▭ ☗.

Artisanat : atelier de poterie, exposition permanente *J.C. et B. Signoret*.

84 **VENASQUE**, p. 245.
⊠ 84210 Pernes-les-Fontaines.

Hôtel :
¶¶ *La Garrigue* (✆ 61-38-95) 5 ch. 5 ⊒ ⊠ ⛉ ▣. Fermé du 31 oct. au 1er mars. LF.

Artisanat : émaux; tissages; tissus peints; stages au *Mas de la Tuilière* (✆ 61-36-13), de juil. à sept. (tapisserie) et au *Mas de la Rouvière* (✆ 61-65-98), de fin mai à fin sept. (dessin, peinture).

13 **Venelles**, p. 467.
13 **Ventabren**, p. 465.

84 **VENTOUX (Mont)**, p. 223.
⊠ 84410 Bédoin.

Hôtel :
Vendran (✆ 81-40-18), 4 ch.

13 **Ventrons (Les)**, p. 415.
83 **Verdière (La)**, p. 588.
83-04 **Verdon** (Aménagement du Bas-), p. 589.
83 **Verdon** (Canal du), p. 587.
13 **Vernègues**, p. 421.
13 **Verte** (Ile), p. 545.

84 **VIENS**, p. 256.
⊠ 84750.

Hôtel :
¶¶ *Saint-Paul* (✆ 75-20-40), 25 ch. 25 ⊒ ⊠ ⛉ ▭ ⌕ ▣.

Restaurant :
¶ *Dumas* (✆ 75-20-05).

Équitation : *Edenwald élevage*.

04 **Vieux-Noyers**, p. 312.
04 **Vilhosc**, p. 298.
84 **Villelaure**, p. 281.

04 **VILLENEUVE**, p. 286.
⊠ 04130 Volx.

Hôtel :
¶¶ *Le Mas Saint-Yves* (✆ 78-42-51), 14 ch. 7 ⊒ ⊠ ⛉ ▣. Fermé du 1er nov. au 1er février. Relais du Silence.

30 **VILLENEUVE-LÈS-AVIGNON**, p. 190.
⊠ 30400.
ⓘ Office de Tourisme : à la mairie (✆ 81-45-93); fermé sam. dim. et fêtes.

Hôtels :
¶¶¶¶ *Le Prieuré* (plan C, ②), pl. du Chapitre (✆ 25-18-20; télex 431042), 30 ch. 30 ⊒ ★⊠ ⛉ ⊠ ▣. Fermé du 1er nov. au 20 fév. Les Relais et Châteaux.

¶¶¶ *La Magnaneraie* (hors plan), 37 rue du Champ-de-Bataille (✆ 25-11-11), 21 ch. 21 ⊒ ⊠ ⛉ ▭ ⌕ ▣. Fermé du 15 janv. au 1er mars. LF.

¶¶ *Hostellerie du Vieux-Moulin* (hors plan), rue du Vieux-Moulin (✆ 25-00-26), 23 ch. 14 ⊒ ⊠ ⛉ ▣.

¶¶ *L'Atelier* (plan D, ②), 5 rue de la Foire (✆ 81-59-12) 16 ch. 16 ⊒ ⊠ ⛉. Fermé du 23 déc. au 31 janv. LF.

¶¶ *Les Cèdres* (hors plan), 39 b Pasteur (✆ 81-56-13), 14 ch 12 ⊒ ⊠ ⛉ ▣. LF.

¶¶ *Coya* (hors plan), au po d'Avignon (✆ 82-28-61 23 ch. 23 ⊒ ⊠ ▣.

¶ *Beauséjour*, 61 av. Gabri Péri (✆ 25-20-56), 15 ch. ⊒ ⊠ ⛉ ▣.

¶ *Auberge du Canard*, 65 Fr.-Mistral (✆ 81-57-9 20 ch. 20 ⊒ ⊠ ⛉ ▣.
Aux Angles :

¶¶ *Motel Petit Manoir* (25-03-36), chemin de Pinède, 21 ch. 21 ⊒ ⊠ ▭ ▣.

¶¶ *L'Olivier* (✆ 81-47-54), ch min de Laurette, 21 ch. 21 ⊠ ⛉ ▣.

Restaurants :
¶¶¶ *★Ermitage-Meissonnier*, 4 km, route de Nîmes (44-08) ⛉ ▣. Cadre rustiqu